UTB 8249

Eine Arbeitsgemeinschaft der Verlage

Beltz Verlag Weinheim und Basel
Böhlau Verlag Köln · Weimar · Wien
Wilhelm Fink Verlag München
A. Francke Verlag Tübingen und Basel
Paul Haupt Verlag Bern · Stuttgart · Wien
Verlag Leske + Budrich Opladen
Lucius & Lucius Verlagsgesellschaft Stuttgart
Mohr Siebeck Tübingen
C. F. Müller Verlag Heidelberg
Ernst Reinhardt Verlag München und Basel
Ferdinand Schöningh Verlag Paderborn · München · Wien · Zürich
Eugen Ulmer Verlag Stuttgart
UVK Verlagsgesellschaft Konstanz
Vandenhoeck & Ruprecht Göttingen
WUV Facultas · Wien

Heinz Pürer

Publizistik- und Kommunikationswissenschaft

Ein Handbuch

Unter Mitarbeit von Helena Bilandžić, Friederike Koschel,
Johannes Raabe, Rudi Renger, Stefan Schirmer und
Susanne Wolf

UVK Verlagsgesellschaft mbH

Bibliografische Information Der Deutschen Bibliothek
Die Deutsche Bibliothek verzeichnet diese Publikation in der Deutschen
Nationalbibliografie; detaillierte bibliografische Daten sind im Internet
über <http://dnb.ddb.de> abrufbar.

ISBN 3-8252-8249-X

Einbandgestaltung: Atelier Reichert, Stuttgart
Druck: fgb Freiburger Graphische Betriebe, Freiburg

UVK Verlagsgesellschaft mbH
Schützenstr. 24 · 78462 Konstanz
Tel. 07531-9053-21 · Fax 07531-9053-98
www.uvk.de

Inhalt

Vorwort

Das vorliegende Buch löst meine 1978 erstmals erschienene und sodann in sechs Auflagen herausgebrachte »Einführung in die Publizistikwissenschaft« ab. Diese verstand sich lediglich als Grundgerüst des Faches. Sie war so angelegt, dass in den einzelnen Abschnitten über die wichtigsten Lehr- und Forschungsfelder, über Perspektiven, Theorien und Methoden gezielt Fragestellungen angesprochen wurden. Deren konkrete Aufarbeitung sollte daraufhin, auf der Basis weiterführender Literaturhinweise, im Selbststudium erfolgen. Der vorliegende Band bricht mit dieser Tradition: Das Anliegen der neuen »Publizistik- und Kommunikationswissenschaft« ist es nun, das ursprüngliche Grundgerüst selbst mit möglichst vielen Inhalten zu füllen und das Fach im Überblick darzustellen.

Am Beginn der Ausführungen des vorliegenden Bandes steht eine Skizze des Faches. Aus ihr wird ersichtlich, dass man sich dem Gegenstand der Publizistik- und Kommunikationswissenschaft aus unterschiedlichen Perspektiven nähern kann (Kapitel 1). Es folgt eine kompakte Fachgeschichte (Kapitel 2), ehe im Weiteren wichtige Begriffe erörtert werden, nämlich: »Kommunikation«, »Massenkommunikation« und »computervermittelte Kommunikation« (Kapitel 3). Im Anschluss daran sind die wichtigsten Lehr- und Forschungsfelder Gegenstand der Ausführungen (Kapitel 4): die Kommunikator-, die Medieninhalts-, die Medien(struktur)- sowie die Rezipientenforschung. Kapitel 5 versucht Einblicke in den transdisziplinären, sozialwissenschaftlichen Charakter des Faches zu vermitteln, indem wichtige politologische, (sozial-)psychologische und soziologische Aspekte der Publizistik- und Kommunikationswissenschaft angesprochen werden. Kapitel 6 schließlich ist den sozialwissenschaftlichen Methoden gewidmet. Es sind dies jene empirischen Forschungstechniken, die im Fach Anwendung finden, um offene Fragestellungen im Rahmen von Forschungsaufgaben zu klären: Befragung, Inhaltsanalyse, Beobachtung, experimentelle Designs.

Der Grundriss der Publizistik- und Kommunikationswissenschaft, wie er nachfolgend erarbeitet wird, stellt einen von mehreren möglichen Zugängen zum Fach dar. Insofern wird hier auch keine Denkschule vertreten. Die Gliederung des Buches folgt im Kern nach wie vor dem Ablauf kommunikativer bzw. publizistischer und massenkommunikativer Prozesse und vieler mit ihnen verbundener Vorgänge bei Individuen und in der Gesellschaft. Da sich der Gegenstand der Publizistik- und Kommunikationswissenschaft infolge stets neuer, meist technologischer Entwicklungen nach wie vor ausweitet, musste auch für das vorliegende Buch eine Auswahl wichtiger Fachinhalte getroffen werden. Dabei stand das Bemühen im Vordergrund, möglichst viele und relevante Aspekte aus zahlreichen Teilgebieten des Faches zu berücksichtigen.

Wichtigstes Anliegen des Buches ist es, die Publizistik- und Kommunikationswissenschaft als Disziplin auszuweisen, die sich mit anderen Sozialwissenschaften wie vor allem der Politikwissenschaft, der Psychologie und Sozialpsychologie sowie der Soziologie in den Kanon der Gesellschaftswissenschaften einreiht. Und wenn das Buch den Titel »Publizistik- und Kommunikationswissenschaft« trägt, so deshalb, weil sich das Fach nicht nur, aber doch vorwiegend mit Formen und Gegenständen öffentlicher, also publizistischer Kommunikation befasst. Der Einfachheit halber ist in den Ausführungen selbst aber meist nur von »Kommunikationswissenschaft« die Rede.

Bei der Arbeit an diesem Buch haben mich einige Mitautoren unterstützt, die einzelne Abschnitte oder Subkapitel beigesteuert bzw. miterarbeitet haben. Dafür danke ich Helena Bilandžić, Friederike Koschel, Johannes Raabe, Rudi Renger, Stefan Schirmer und Susanne Wolf. Ihre Autorenschaft oder Mitarbeit ist an entsprechender Stelle jeweils im Text vermerkt. Wolfgang Alexander Mayr hat mit Umsicht und Sorgfalt das Register erarbeitet. Susanne Wolf danke ich zudem für zahlreiche Zuarbeiten und für die Anfertigung vieler Abbildungen. Wertvolle Anregungen für einzelne Abschnitte des Buches habe ich von Erich Lamp, Johannes Raabe und Stefan Weber erhalten. Seitens des Verlages erwiesen sich Rüdiger Steiner und Sonja Rothländer (Lektorat) sowie Dieter Heise (Gestaltung und Satz) als stets zuverlässige Kooperationspartner.

Vorgänge im Medienwesen Deutschlands sind bis zur Jahreswende 2001/02 berücksichtigt.

Mehrere Abschnitte des Buches fanden Eingang in das internetbasierte Selbstlernsystem »CLIC« – Computer-based Learning: Introduction to Communications. Es wurde an der Universität Erfurt von Kommunikationswissenschaftlern erarbeitet und kann unter www.clic-online.de aus dem Internet abgerufen werden.

München, im Februar 2003   Heinz Pürer

I. Einleitung

Die Kommunikationswissenschaft ist eine verhältnismäßig junge Disziplin. Als Lehrfach gibt es sie in Deutschland erst seit 1916: Damals wurde an der Universität Leipzig das erste Institut für Zeitungskunde eingerichtet. Weitere Institute und Lehrstühle folgten, später auch mit Prüfungs- und Promotionsrecht. Wissenschaftliche Betrachtungen des Zeitungswesens reichen allerdings bis ins 17. Jahrhundert zurück; sie fallen, wohl nicht zufällig, mit dem Aufkommen der periodischen Presse in Deutschland zusammen. Zu Beginn der Beschäftigung mit dem Zeitungswesen herrschte eine eher kulturpessimistische, dogmatisch-moralisierende Sichtweise vor. Im 18. Jahrhundert zeigte die Epoche der Aufklärung auch Auswirkung auf die Befassung mit dem Zeitungswesen. In der ersten Hälfte des 19. Jahrhunderts wurde die von den Zeitungen getragene öffentliche Meinung erstmals thematisiert; und die Aufhebung der Zensur im Jahre 1848 führte im Weiteren zu einer raschen Ausdifferenzierung des Zeitungs- und Zeitschriftenwesens. In der Folge beschäftigten sich in der zweiten Hälfte des 19. Jahrhunderts Fachvertreter zahlreicher Disziplinen mit dem Pressewesen: Unter ihnen waren Staatswissenschaftler, Nationalökonomen und Juristen ebenso vertreten wie Historiker, Germanisten, Philosophen und Philologen. Es wuchs die Zahl der Publikationen über das Zeitungswesen; und es stieg auch das Angebot der an deutschen Universitäten und Hochschulen sporadisch durchgeführten zeitungskundlichen Vorlesungen und Seminare. Mit der Gründung zeitungskundlicher Institute ab 1916 aber waren wichtige erste Schritte für die allmähliche Etablierung des Fachs im deutschen Sprachraum getan.

Die zu Beginn des 20. Jahrhunderts entstehende Zeitungskunde verband ihr wissenschaftliches Interesse am Phänomen Presse mit Ausbildungsbestrebungen für Journalisten. An der Wiege der Zeitungskunde, gleichsam in ihrem Entstehungsmilieu, waren im Hinblick auf die inhaltliche Ausrichtung des Faches also zwei Strömungen vorzufinden: einerseits die Forderung nach der *Verwissenschaftlichung der Zeitungskunde;* andererseits das Postulat nach einer *systematischen Ausbildung der Journalisten.* Priorität erhielt die Verwissenschaftlichung der Zeitungskunde. Sie entwickelte sich im Laufe ihrer inzwischen knapp neunzigjährigen Geschichte von der Zeitungs- über die Publizistik- zur Kommunikationswissenschaft. Dabei weitete sie nicht nur ihren Fachgegenstand ständig aus, sondern sie vollzog auch einen Wandel im methodischen Vorgehen von einer historisch-hermeneutischen Geisteswissenschaft zu einer empirisch verfahrenden Sozialwissenschaft. Erst sechzig Jahre nach der Gründung der Zeitungskunde wurden in Westdeutschland Schritte unternommen, dem stets wiederkehrenden Postulat nach einer akademischen Journalistenausbildung Rechnung zu tragen. So kam es ab 1974 an mehreren westdeutschen Universitäten zur Errichtung von berufsbezogenen Diplomstudiengängen für Journalistik in

Form von Grund- oder Aufbaustudiengängen. (Eine Art Vorläufer solcher Studiengänge ist in einem Journalistischen Seminar zu sehen, das zwischen 1897 und 1912 an der Universität Heidelberg existierte; es verband Vorlesungen über das Presse- und Nachrichtenwesen mit intensiven praktischen Übungen zum Zeitungsjournalismus). Die DDR nahm, was wissenschaftliche Journalistik betrifft, eine andere Entwicklung: Dort wurde bereits Mitte der Fünfzigerjahre das Fach auf der Basis des Marxismus-Leninismus in den Dienst der sozialistischen Journalistenausbildung gestellt und in den 1960er-Jahren die Sektion Journalistik an der Karl-Marx-Universität Leipzig eingerichtet, ehe sie 1990 im Kontext der Wiedervereinigung abgewickelt und in der Folge durch neue Studiengänge ersetzt wurde.

Die moderne Kommunikationswissenschaft in Deutschland, Österreich und der Schweiz geht im Wesentlichen auf zwei Stränge zurück: auf die *zeitungs- bzw. publizistikwissenschaftliche Tradition des deutschen Sprachraumes* sowie auf die (journalistik- und) *kommunikationswissenschaftliche Tradition angloamerikanischer Herkunft.*

- Die deutschsprachige Zeitungswissenschaft hatte ihrerseits nationalökonomisch-statistische und historische Wurzeln. Sie widmete sich – auch als Publizistikwissenschaft – bis in die 1960er-Jahre vorwiegend der Journalismus- und Mediengeschichte sowie der Medienstatistik; und sie bediente sich dabei, neben der Statistik, primär geisteswissenschaftlich-hermeneutischer Methoden. Im Mittelpunkt standen *Medien* und *publizistische Persönlichkeiten.*
- Am Anfang der wissenschaftlichen Beschäftigung mit Journalismus und Massenmedien in den USA stand eine praktizistische Journalistik, ehe sich die Disziplin – ab Mitte der Zwanzigerjahre – mit Fragen der Medienwirkungen beschäftigte. Um diese zu ergründen, bedienten sich (damit befasste) Soziologen, Sozialpsychologen, Psychologen und Politikwissenschaftler bereits damals sozialwissenschaftlicher Forschungsmethoden. Im Mittelpunkt stand – und steht – die empirisch-analytische Untersuchung von Kommunikations*prozessen.* Diese empirische Kommunikationsforschung, die im deutschen Sprachraum übrigens Vorläufer in den quantitativen Methoden der Staatswissenschaften (also der »Statistik«) hatte, begann ab Mitte der Sechzigerjahre in die deutsche Publizistikwissenschaft einzufließen und zunehmend um sich zu greifen.

Heute ist die Kommunikationswissenschaft ein Fach, das von der Mehrzahl seiner Fachvertreter im empirisch-sozialwissenschaftlichen Sinne verstanden und betrieben wird, ohne hermeneutisch-geisteswissenschaftliches Vorgehen gering zu schätzen oder gar auszugrenzen. Auch ist ein unübersehbares Bemühen um Trans- und Interdisziplinarität zu erkennen. Aus gesellschaftswissenschaftlicher Sicht ist dieses Bemühen beinahe unumgänglich: Das Fach entlehnt ständig Fragestellungen und Kenntnisse aus anderen (Gesellschafts-)Wissenschaften, die sich ihrerseits der Kommunikationswissenschaft bedienen und deren Erkenntnisse für sich nutzbar machen. Zu erwähnen sind vor allem die Soziologie, die (Sozial-)Psychologie, die Politikwissenschaft, die Pädagogik, die Werbe- und Wirtschaftswissenschaften, die Informatik sowie die Computerwissenschaft. In jüngster Zeit gesellt sich eine fachliche Ausrichtung hinzu, die sich »Medienwissenschaft« nennt. Ihre Protagonisten kommen weitgehend aus der Sprach- und Literaturwissenschaft sowie aus der Germanistik und – teilweise zumindest – auch aus der Medienpädagogik; ihren Gegenstand findet sie vor allem in den formalen Angebotsweisen der Massenmedien (insbesondere des Mediums Fernsehen), in deren kulturellen Leistungen sowie in der Ästhetik der Medien. Die rein historisch orientierte Kommunikationswissenschaft als pure Mediengeschichte rückt etwas in den Hintergrund, wiewohl diese fachliche Orientierung zweifellos ihre ganz großen Verdienste hat: Aus der historischen Genese lassen sich gegenwärtige kulturelle und soziale Phänomene, welcher Art auch immer, besser verstehen und erklären. Dies gilt in Deutschland, trotz – oder gerade wegen – der Zäsur durch den Zweiten Weltkrieg auch und vor allem für Erscheinungen der Massenkommunikation.

1.1 Gegenstand des Faches

Kommunikation ist ein Phänomen, das alle Bereiche menschlicher Existenz tangiert und durchdringt. Die Kommunikationswissenschaft hat daher einen umfassenden Fachgegenstand, den sie mit zahlreichen anderen Wissenschaften teilt und der in seiner Komplexität und Gesamtheit wohl nie vollständig zu erfassen sein wird. Sie befasst sich – im weitesten Sinne – *mit den im gesellschaftlichen Diskurs ausgetauschten Informationen,* vor allem mit den über die Massenmedien vermittelten Botschaften, ihren Entstehungs- und Verbreitungsbedingungen sowie Rezeptionsprozessen. Gegenstand des Faches ist insgesamt also das Phänomen der gesellschaftlichen Kommunikation. Dieses lässt sich allgemein gliedern in:

- interpersonale Kommunikation (Face-to-face-Kommunikation);
- technisch vermittelte (Tele-)Kommunikation (Telefon, Mobilfunk, SMS, MMS, Sprechfunk, Telex, Teletext, Telefax, Telefoto, Datenfernübertragung etc.);
- Massenkommunikation (Print, Radio, Fernsehen, Film/Kino, Unterhaltungselektronik einschließlich Nachrichtendienste und Nachrichtenwesen) sowie
- computervermittelte (On- und Offline-)Kommunikation.

Der Lehr- und Forschungsschwerpunkt liegt dabei – vorerst noch – im weiten Feld dessen, was allgemein als Massenkommunikation bezeichnet wird. Er umfasst also die traditionellen Massenmedien Zeitung, Zeitschrift, Hörfunk und Fernsehen. In zunehmendem Maße aber gilt die Aufmerksamkeit des Faches dem, was allgemein als Multimedia bezeichnet wird – also die Verschmelzung bzw. technische Konvergenz von Telekommunikation, Computer, Unterhaltungselektronik und Medienindustrie in Form der Online-Kommunikation, der interaktiven Medien (einschließlich der Offline-Medien wie CD-ROMS) sowie des digitalen Fernsehens.

Sowohl zwischenmenschliche als auch medien- und computervermittelte Kommunikation ist in gesamtgesellschaftliche, soziopolitische Bezüge eingebunden. Daher gilt die Aufmerksamkeit der Kommunikationswissenschaft nicht nur den Manifestationen originärpublizistisch verbreiteter (wie öffentliche Reden) bzw. über ›alte‹ und ›neue‹ (Massen-)Medien vermittelter Kommunikation. Das Fach befasst sich vielmehr auch mit:

- den *rechtlichen und politischen Bedingungen,* die den Ordnungsrahmen für Kommunikation und Massenkommunikation vorgeben;
- den *ökonomischen Gesetzmäßigkeiten und wirtschaftlichen Zwängen,* unter denen sich (Massen-)Kommunikation vollzieht;
- den unterschiedlichen *Organisationsformen, Medienverfassungen und Strukturen,* die im System Massenkommunikation vorfindbar sind;
- den technisch bedingten *Funktionsweisen und Eigengesetzlichkeiten* der Massenmedien, die sowohl für die Gestaltung der über sie vermittelten Botschaften wie auch für Rezeption und Wirkung der vermittelten Kommunikate von Bedeutung sind;
- den *Medienschaffenden* (Kommunikatoren, Journalisten, Programmgestaltern etc.), die die Inhalte und Programme der Massenmedien unter je unterschiedlichen Gegebenheiten und Bedingungen produzieren;
- den *Bedingungen und Prozessen publizistischer Aussagenentstehung,* die wesentlichen Einfluss auf jene Wirklichkeit haben, die wir Medienwirklichkeit nennen (und die mit der »realen Wirklichkeit« nicht einfach gleich gesetzt werden kann);
- den *Rezeptionsgewohnheiten und Nutzungsweisen* der Medienkonsumenten, also mit dem Publikum der Massenmedien und der Art und Weise, wie es Medienbotschaften auswählt, aufnimmt und nutzt;
- den *individuellen Wirkungen und gesellschaftlichen Folgen,* die von medien- bzw. computervermittelter oder originärpublizistischer Kommunikation ausgehen können;
- dem *Verhältnis von Politik und Medien,* d.h. mit Aspekten politischer Kommunikation, insbesondere mit medialer Politikvermittlung;
- *Public Relations* und *Werbung* sowie deren Abgrenzung von journalistischer Kommunikation;
- zunehmend mit der Erforschung von *Organisations- und Unternehmens- Kommunikation;*
- und nicht zuletzt gehören aber auch *der Massenkommunikation vorgeschaltete und nachgelagerte Erscheinungen* wie etwa das Nachrichtenwesen, die Markt- und Meinungsforschung sowie Marketing und Medienmanagement zum Gegenstand der Kommunikationswissenschaft.

Die Zeitungs- und Publizistikwissenschaft der 1950er- und 1960er-Jahre konzentrierte sich in ihren Lehr- und Forschungsbemühungen im Wesentlichen auf die

Kernbereiche Presse, Rundfunk (Hörfunk und Fernsehen) und Film sowie – in geringerem Ausmaß – auf originäre Publizistik, deren Bedeutung jedoch schwindet und damit auch das wissenschaftliche Interesse an ihr. Als hochkomplex erweist sich die Erforschung zwischenmenschlicher (Face-to-face-)Kommunikation, der sich neben der Kommunikationswissenschaft vor allem Sprachforscher, Psychologen, Soziologen und Pädagogen annehmen.

Im Gefolge neuer Entwicklungen im Medienbereich weitete die Kommunikationswissenschaft ihren Fachgegenstand verständlicherweise aus. Ihr Interesse gilt neben Presse und Rundfunk nun auch den »neuen Medien«, der Organisationskommunikation sowie weiteren bereits angeführten »Materialobjekten«. Wenn sich die Kommunikationswissenschaft also in erster Linie gegenwärtiger und aktueller Phänomene von Individual-, Gruppen- und Massenkommunikation annimmt, so darf dies jedoch nicht zu einer Vernachlässigung traditioneller Forschungsfelder führen. Dies gilt insbesondere für die historische Kommunikationsforschung: Ihre nicht einfach zu bewältigende Aufgabe ist es, die *Medien*geschichte zur *Kommunikations*geschichte weiterzuentwickeln und die bisherige historische Entwicklung der Massenmedien in ihre jeweiligen politischen, wirtschaftlichen, kulturellen und sozialen Kontexte einzubetten.

1.2 Das Lehr- und Forschungsfeld

Die Kommunikationswissenschaft hat also, wie dargelegt, einen umfassenden Untersuchungsgegenstand. Sie stellt somit ein weites (und sich im Zuge der rasanten Entwicklung im Medienbereich immer noch ausweitendes) Lehr- und Forschungsfeld dar. Dies ist wohl der Grund dafür, dass es nur wenige Versuche gibt, ihren komplexen Fachgegenstand modellhaft aufzubereiten. Solche Systematisierungsversuche sind mitunter auch nicht unproblematisch; nur selten gelingt es nämlich, alle denkbaren Teildisziplinen gebührend zu berücksichtigen. Zudem besteht beim Aufgliedern immer die Gefahr, ein Fach in scheinbar zusammenhangslose Teilbereiche zu zerstückeln.

Die nachfolgende Systematik (vgl. Abbildung 1) versucht zweierlei: Sie will zum einen die wichtigsten Lehr- und Forschungsfelder der Kommunikationswissenschaft ausweisen; und sie möchte zweitens den trans- und interdisziplinären Charakter des Faches als Sozialwissenschaft aufzeigen und damit deutlich machen, dass man sich dem Gegenstand Kommunikationswissenschaft aus je unterschiedlichen Perspektiven nähern kann.

19

Abbildung 1:
Das Lehr- und Forschungsfeld der Publizistik- und Kommunikationswissenschaft

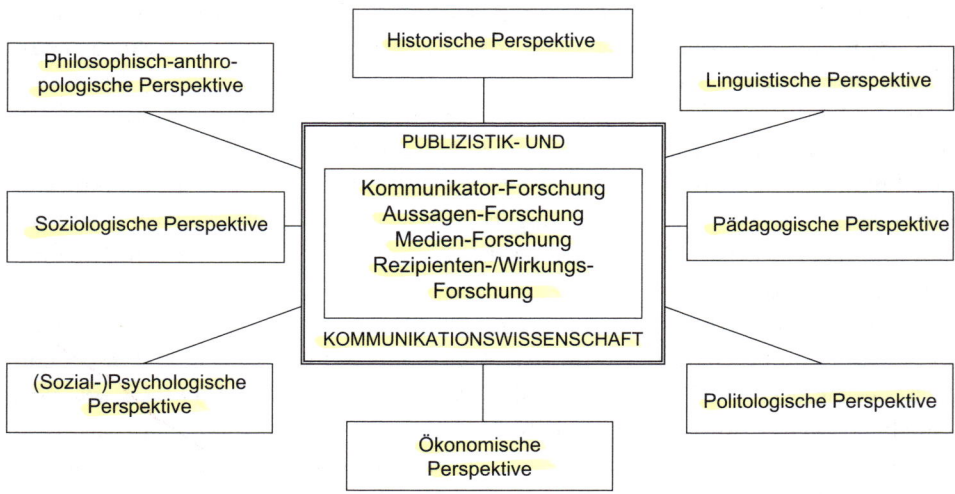

Als eine unter mehreren Möglichkeiten bietet es sich an, einen solchen Systematisierungsversuch am Beispiel eines vereinfacht dargestellten publizistischen Prozesses vorzunehmen. Dabei darf nicht außer Acht gelassen werden, dass solche Prozesse in soziopolitische, -ökonomische und -kulturelle Bezüge eingebettet sind. Ausgangspunkt ist folgendes, aus der traditionellen Massenkommunikation stammende Denkmodell:

> Ein Journalist (= *Kommunikator)* berichtet über ein beobachtetes Ereignis in seinem Beitrag (= *Aussage*) in einer Zeitung oder im Rundfunk (= *Medium*); er wendet sich dabei an ein Publikum (= *Rezipienten*) und beabsichtigt bzw. erzielt – möglicherweise in anderer als intendierter Weise – eine Wirkung (= *Wirkung*).

Der amerikanische Kommunikationsforscher Harold D. Lasswell hat dieses Modell in seiner bereits 1948 geprägten und weithin bekannten Formel festgehalten (vgl. Lasswell 1948, 37-51):

who says	communicator
what	content
in which *channel*	medium
to *whom*	recipient, audience
with what *effect*	effect

Lasswell fragt also nach den Bestandteilen des Kommunikationsprozesses, den er als System sieht. Zugleich ermöglicht seine Systematik eine Zuordnung einschlägiger

Forschungsbereiche der Kommunikationswissenschaft. Seine Formel »ist mitunter als ›lineares‹ Kommunikationsmodell missverstanden worden. Tatsächlich wollte der Autor nur anhand der Elemente des Kommunikationsprozesses die wichtigsten Forschungsfelder der Kommunikationswissenschaft identifizieren« (Noelle-Neumann 1997, S. 144; vgl. auch Burkart 1998, S. 481ff). Dementsprechend lassen sich in der Kommunikationswissenschaft in einem ersten Schritt die folgenden Forschungsfelder ausfindig machen:

Kommunikator-Forschung: hat die Medienschaffenden, die Journalisten, die Programmgestalter, PR-Referenten etc. in ihrem (engeren oder weiteren Berufsumfeld) zum Untersuchungsgegenstand;

Aussagen-Forschung: befasst sich mit den Massenmedien vorfindbaren manifesten und latenten Inhalten (Kommunikaten);

Medien-Forschung: untersucht die Massenmedien in ihren vielgestaltigen Ausprägungen, in ihren Strukturen und Organisationsformen, in ihren formalen Angebotsweisen, technisch bedingten Eigengesetzlichkeiten und Funktionsweisen;

Rezipienten-Forschung: legt den Fokus auf die Nutzer der Massenmedien, die Leser, Hörer und Zuschauer, ihre Nutzungsgewohnheiten, Nutzungsmotive und Nutzungserwartungen;

Wirkungs-Forschung: versucht, den Folgen von Kommunikation und Massenkommunikation auf den Grund zu gehen, den individuellen wie sozialen Wirkungen – den Wirkungen im Bereich der Kenntnisse und des Wissens, der Einstellungen und Meinungen, des Handelns und der Verhaltensweisen sowie der Emotionen bzw. Gefühle.

Keines der hier aufgezählten Lehr- und Forschungsfelder soll jedoch ausschließlich für sich betrachtet werden. Da zahlreiche Fragestellungen eines Forschungsfeldes oftmals andere tangieren, ist es sinnvoll, je nach Forschungsfrage andere Feldbereiche mit zu berücksichtigen. Dies lässt sich exemplarisch etwa an der Kommunikatorforschung (am Beispiel der Journalismusforschung) aufzeigen: Die Zeitungs-, Hörfunk- und Fernsehjournalisten sowie ihre Kollegen in professionell arbeitenden Online-Redaktionen agieren nicht im luftleeren Raum. Sie sind – je nach Medienbetrieb – eingebunden in eine Redaktion mit in aller Regel hierarchischen Strukturen; sie arbeiten unter spezifischen Bedingungen der Redaktionsausstattung, unter Zeit- und Konkurrenzdruck sowie unter ökonomischen Zwängen und Marktanforderungen; sie gehören Medienunternehmen mit unterschiedlichen Organisationsstrukturen an; sie verfügen über ein mehr oder weniger konkretes Publikumsbild; nicht zuletzt haben sie je unterschiedliche Erziehungsstile und Prozesse der gesellschaftlichen Integration (Sozialisation) erfahren. Kommunikatorforschung wird also im Kern speziellen Berufsfragen (beispielsweise des Journalismus) auf den Grund gehen; zugleich wird sie (daneben) aber auch andere Aspekte ergründen – Aspekte, die Bereiche wie beispielsweise die Aussagen-, Medien- oder Rezipientenforschung tangieren, um sich so ein zuverlässiges und differenziertes Bild über eine untersuchte Kommunikatorgruppe zu machen. Gleiches gilt vice versa für die Erforschung der anderen Bereiche.

1.3 Der interdisziplinäre Charakter des Faches

Kommunikationswissenschaft wird gegenwärtig primär aus einem sozialwissenschaftlichen Verständnis heraus und oftmals auch interdisziplinär betrieben. Je nach konkreter Fragestellung werden Phänomene individueller und/oder gesellschaftlicher Kommunikation (»Materialobjekt«) unter je unterschiedlichem Erkenntnisinteresse (»Formalobjekt«) ergründet. Im Folgenden seien exemplarisch und damit ohne jeden Anspruch auf Vollständigkeit einige Fachperspektiven genannt, anhand deren der interdisziplinäre Charakter der Kommunikationswissenschaft, insbesondere der sozialwissenschaftliche, gut deutlich gemacht werden kann (ohne andere Fächer bzw. Perspektiven gering schätzen, vernachlässigen oder ausgrenzen zu wollen):

historisch	Kommunikations- und Mediengeschichte, nach Möglichkeit unter Berücksichtigung der jeweiligen politischen, ökonomischen, sozialen, kulturellen und technischen Gegebenheiten und Bedingungen; oder: Medien als Geschichtsquelle; nicht zuletzt auch kommunikations-theoretische Fragestellungen fachgeschichtlicher Art:
philosophisch-anthropologisch	Kommunikation als Grundvoraussetzung menschlicher Existenz und individueller Entfaltung; medienvermittelte Kommunikation in ihrer Bedeutung für zwischenmenschliche Kommunikation; Ethik der sozialen Kommunikation;
soziologisch	Massenmedien und ihre Bedeutung für die gesellschaftliche Integration; Sozialisation durch Massenkommunikation, Medien als Vermittler von gesellschaftlichen Werten, Normen, Rollen und Verhaltensweisen; aber auch: Merkmale und Modalitäten von Individual-, Gruppen- und Massenkommunikation;
(sozial-)psychologisch	Kommunikations- und Medienwirkungen auf das Individuum, auf sein Wissen, Denken, Fühlen, Handeln; Verhalten; Kommunikations- und Medienpsychologie;

politologisch	Kommunikations- und Medienpolitik, Recht der Massenmedien, politische Grundlagen und Strukturen von Massenkommunikation; Politikvermittlung und Massenmedien; demokratietheoretische Bedeutung der Massenmedien; Medien, Öffentlichkeit und öffentliche Meinung; politische Rhetorik;
ökonomisch	Medienökonomie und Medienwettbewerb; Konzentration und Monopolbildung im Bereich der Massenmedien; volkswirtschaftliche Bedeutung der Massenmedien; betriebswirtschaftliche Grundlagen von Presse, Funk, Fernsehen, Film, »neuen Medien«; Medieninhalte und -programme als wirtschaftliche Güter;
pädagogisch	Massenmedien als Lehr- und Lerngegenstand in Schule und Erwachsenenbildung; Kinder und Medien; Vermittlung aktiver und passiver Medien- und Computerkompetenz; auch Medienverwendung und Unterrichtstechnologie;
linguistisch	Kommunikation, Massenkommunikation und Sprache; Massenmedien, Sprachgebrauch und Sprachverhalten; Verstehen und Verständlichkeit in Kommunikation und Massenkommunikation; Massenmedien und Alltagssprache; Sprechakttheorie.

Zu ergänzen ist dieser Katalog u.a. um rechtswissenschaftliche, kulturwissenschaftliche, kunstwissenschaftliche sowie informationswissenschaftliche Perspektiven; diese gewinnen in der Kommunikationswissenschaft zunehmend Aufmerksamkeit und Bedeutung. Abgrenzungen der einzelnen Perspektiven sind in aller Regel nicht so einfach möglich, zumal Übergänge in andere Fächer und Perspektiven fließend sein können.

1.4 Theoretische Zugänge und wissenschaftliche Methoden

Die Aufarbeitung eines Forschungsfeldes (z.B. Rezipientenforschung) und einer gewählten Perspektive (z. B. die psychologische) kann je nach konkreter Fragestellung bzw. Hypothese und je nach wissenschaftlichem Standort des Forschers aus unterschiedlichen theoretischen Positionen bzw. Theorien heraus erfolgen. Unter *Theorien* werden Begründungszusammenhänge verstanden, die eine (in unserem Fall gesellschaftliche) Wirklichkeit – das *Ganze* – oder nur einen Ausschnitt davon – die *Teile* – zu erklären versuchen. Dabei kann man aus kommunikationswissenschaftlicher Sicht zwischen Makro-, Meso- und Mikrotheorien unterscheiden. *Makrotheorien* zeichnen sich durch eine ganzheitliche Betrachtung eines Materialobjektes (z.B. das Materialobjekt »Kommunikation« oder »Massenkommunikation« als Ganzes) sowie durch einen hohen Abstraktionsgrad aus und beanspruchen eine »große Reichweite«. Dazu gehören beispielsweise systemtheoretische, kritisch-theoretische oder materialistische Ansätze sowie Ansätze in der Tradition der Cultural Studies. *Mesotheorien* beziehen sich auf einen Teilausschnitt des gesellschaftlichen Phänomens Massenkommunikation (z.B. Journalismustheorien, Medientheorien, PR-Theorien, Werbetheorien, Theorien zur Online-Kommunikation etc.) und stellen somit in aller Regel Theorien »mittlerer Reichweite« dar. *Mikrotheorien* wie etwa jene der Kommunikations- und Medienpsychologie beschränken sich auf ausgewählte, eher klein dimensionierte, gleichwohl durchaus hochkomplexe Teilbereiche der Kommunikation und beanspruchen nur »geringe Reichweite«. Dazu gehören beispielsweise zahlreiche Theorien über individuelle Wirkungen der Massenmedien, also etwa (sozial-)psychologisch begründete Handlungstheorien, der Symbolische Interaktionismus, die Lern- und Verhaltenstheorien, Einstellungstheorien und Gruppentheorien. Da es nicht nur in der Kommunikationswissenschaft, sondern generell in den Sozialwissenschaften streng allgemein gültige Theorie-Aussagen (so genannte Allaussagen) nicht gibt, wird oftmals nicht von Theorien, sondern richtiger – und bescheidener – von »theoretischen Ansätzen« gesprochen (vgl. Burkart (1998), S. 411 ff).

Die internationale Kommunikationswissenschaft verfügt über zahlreiche theoretische Ansätze unterschiedlicher Herkunft, Reichweite und Güte. Auch die deutschsprachige Zeitungs-, Publizistik- und Kommunikationswissenschaft hat zahlreiche solcher Ansätze hervorgebracht. Auf folgende (makrotheoretische) Ansätze kann man verweisen, die sowohl die Entwicklung des Faches im deutschen Sprachraum wie auch die Vielfalt unterschiedlicher theoretischer Zugänge widerspiegeln (hier in der Chronologie ihres Entstehens):

- der (bereits aus den 1930er-Jahren stammende) normative Denkansatz Emil Dovifats (vgl. Dovifat 1968; Hachmeister 1987, S. 79ff; Pürer 1998, S. 141f);
- der ursprünglich auf Karl d'Ester sowie Otto Groth (1960) zurückgehende (im Fach wenig rezipierte und diskutierte) zeitungswissenschaftliche Denkansatz, wie er von Hans Wagner vertreten wird und von ihm auch fortentwickelt wurde (vgl. Groth 1960ff; Wagner 1978; Wagner 1995, Groth 1998 [Reprint], Wagner 1998).
- der in den 1950er-Jahren formulierte Ansatz der systematischen Publizistik Walter Hagemanns (vgl. Hagemann 1966; Hachmeister 1987, S. 130ff; Pürer 1998, S. 142ff; Hemels et al. 2000);
- die in den 1960er-Jahren entstandene funktionale Publizistik Henk Prakkes (vgl. Prakke 1968; Hachmeister 1987, S. 230ff; Pürer 1998, S. 145ff; Hemels et al. 2000);
- der 1963 erstmals veröffentlichte Ansatz Gerhard Maletzkes (vgl. Maletzke 1963; Pürer 1998, S. 149ff), dessen viel beachtetes Prozessmodell der Massenkommunikation von Roland Burkart und Walter Hömberg im Hinblick auf computervermittelte (Gemeinschafts-)Kommunikation weiterentwickelt wurde (vgl. Burkart/Hömberg 1998);

- die ideologiekritischen Ansätze aus dem Umfeld der Frankfurter Schule, die Ende der 1960er-/Anfang der 1970er-Jahre aufgekommen sind (vgl. Enzensberger 1971; Negt 1973; Baacke 1974; Pürer 1998, S. 163ff);
- die ebenfalls aus den 1970er-Jahren stammenden materialistischen bzw. neomarxistischen Ansätze (vgl. Holzer 1973; Dröge 1973; Hoffmann 1973; Schreiber 1984; Pürer 1998, S. 168ff);
- der demokratietheoretische Ansatz von Rainer Geißler (vgl. Geißler 1973, 1976, 1979; Burkart 1998);
- die Ende der 1960er-Jahre erstmals formulierten, vorwiegend auf den Journalismus bezogenen und in der Folge vielfältig im Fach verorteten und weiterentwickelten systemtheoretischen Überlegungen Manfred Rühls (vgl. Rühl 1969, 1980, 1992, 1996; Löffelholz 2000; Scholl 2002) sowie die systemtheoretische Medientheorie Niklas Luhmanns (vgl. Luhmann 1996);
- der verständigungsorientierte Ansatz nach Jürgen Habermas (die so genannte Theorie des kommunikativen Handelns – vgl. Habermas 1981, 1984, 1990; Burkart 2002);
- sowie der in den 1990er-Jahren auf die Kommunikationswissenschaft allgemein sowie auf den Journalismus im Besonderen bezogene (radikale) Konstruktivismus (vgl. Schmidt 1994; Merten 1995; Weber 1995 und 1997; Scholl/Weischenberg 1998).

Zu den gegenwärtig am meisten diskutierten theoretischen Ansätzen gehören systemtheoretische sowie konstruktivistische Überlegungen (vgl. Kapitel 4.1.4.5; vgl. Bentele/Rühl 1993; Löffelholz 2000; Scholl 2002; Kunczik/Zipfel 2001, S. 66-83).

Hinzu kommen zahlreiche, mehrheitlich aus dem angloamerikanischen Raum stammende und in die deutschsprachige Kommunikationswissenschaft übernommene theoretische Ansätze unterschiedlicher Reichweite, die sich beispielsweise auf Prozesse journalistischer Aussagenentstehung (wie die Gatekeeper- und Nachrichtenwerttheorien – vgl. Galtung/Ruge 1965; Schulz 1976; Staab 1990; Eilders 1997) sowie vor allem auf individuelle und gesellschaftliche Wirkungen bzw. Folgen von Publizistik und Massenkommunikation beziehen (vgl. Schenk 2002; Bonfadelli 1999; Jäckel 1999; Winterhoff-Spurk 1999). Dazu gehören auch Theorieansätze über Wirkungen von Gewaltdarstellungen in den Massenmedien (vgl. Kunczik 1998; Kunczik 2002). Bezüglich der zahlreichen in der Kommunikationswissenschaft vorfindbaren Wirkungstheorien darf der Hinweis nicht fehlen, dass die von Elisabeth Noelle-Neumann entworfene Theorie der Schweigespirale (vgl. Kapitel 5.2.4) sowie der von Werner Früh und Klaus Schönbach entwickelte dynamisch-transaktionale Ansatz (vgl. Kapitel 4.4.3.4) Theorieentwürfe deutschsprachiger Provenienz sind, die auch außerhalb Deutschlands, vor allem in der angloamerikanischen Kommunikationswissenschaft, aufmerksam rezipiert und diskutiert werden.

Zu vielen der oben erwähnten (sowie zahlreichen hier nicht angesprochenen) Theorien bzw. theoretischen Ansätzen gibt es mehrere Überblicksdarstellungen (vgl.

Kunczik 1984; Bentele/Rühl 1993; Bentele/Beck 1994; Burkart/Hömberg 1995; Renckstorf 1995). Modelltheoretische Darstellungen sind beispielsweise den Publikationen von Roland Burkart (2002), Denis McQuail (2000) sowie Michael Kunczik und Astrid Zipfel (2001) zu entnehmen. Viele theoretische Ansätze sind auch in die Ausführungen mehrerer Abschnitte der vorliegenden Publikation integriert.

Aus dem eben Ausgeführten über den Theorienpluralismus des Faches geht hervor, dass es *die eine* (Gesamt-)Theorie für Kommunikation, Massenkommunikation oder Online-Kommunikation, für Journalismus, PR, Organisationskommunikation oder Werbung etc. nicht gibt. Gerhard Maletzke resümierte zuletzt 1998 kritisch, dass die Kommunikationswissenschaft von dem Ziel eines empirisch kohärenten Systems von Allgemeinaussagen noch weit entfernt ist. »Gegenwärtig besteht diese Wissenschaft unter dem Aspekt der Theorienbildung aus einer großen Zahl von Einzelsätzen, Hypothesen, Konzepten, die unverbunden und oft untereinander unstimmig auf sehr verschiedenen Abstraktionsebenen im Raum stehen« (Maletzke 1998, S. 102). Ob es angesichts des Theorien- (und übrigens auch des Methoden-)Pluralismus jemals eine einheitliche Theorie von zwischenmenschlicher Kommunikation, Massenkommunikation, Online-Kommunikation, Werbekommunikation etc. geben wird, ist nicht absehbar und beispielsweise im Hinblick auf Medienwirkungen wohl auch nicht wünschenswert. Man stelle sich vor, es gäbe etwa in der so genannte wissenschaftlichen Rhetorik, wo es um Überzeugungskommunikation geht, empirisch absolut abgesicherte, einschlägige Erkenntnisse über die Wirkung von Argumentationen und Schlussfolgerungen in der (öffentlichen) politischen Kommunikation – der Manipulation der Leser, Hörer oder Zuschauer wäre Tür und Tor geöffnet.

Um zu einer einheitlichen Theorie im Bereich der Kommunikationswissenschaft zu gelangen, ist wohl auch ihr Gegenstandsbereich und ihr Perspektivenreichtum zu umfassend und zu heterogen. Dies bringt dem Fach mitunter den Vorwurf ein, eine eklektizistische Wissenschaft zu sein, die Denkmodelle, Theoreme und Erkenntnisse aus anderen Bereichen übernimmt und in neuer Weise synthetisiert (vgl. Krallmann/Ziemann 2001, S. 12).

Gleichwohl verlangt die Klärung theoretisch begründeter wissenschaftlicher Fragestellungen immer auch nach dem Einsatz geeigneter *Methoden* bzw. *Forschungstechniken*. Darunter versteht man wissenschaftliche Verfahrensweisen, durch deren systematische Anwendung im Rahmen eines Forschungsplanes eine offene Fragestellung abgeklärt werden soll. Die Fragestellung bestimmt dabei die Methode (und nicht umgekehrt). In der Kommunikationswissenschaft finden folgende Methoden Anwendung: die historische Methode, die beschreibt und analysiert; der hermeneutisch-interpretative Weg, der phänomenologisch ausgerichtet ist; sowie der Einsatz quantitativer wie qualitativer empirisch-analytischer Verfahren, die heute im Fach überwiegen. Zu den letztgenannten gehören vor allem die quantifizierenden sozialwissenschaftlichen Forschungstechniken der Inhaltsanalyse, der wissenschaftlichen Befragung (Interview), der Beobachtung und experimenteller Designs (vgl. Kapitel 6; vgl. Brosius/Koschel 2001). Unter den qualitativen Methoden ragen das Intensiv-

Interview, Gruppeninterviews, das Expertengespräch, die qualitative Inhaltsanalyse sowie tiefenpsychologische Verfahren heraus (vgl. Lamnek 1995a und 1995b).

Literatur

Baacke, Dieter (Hrsg.) (1974): Kritische Medientheorien. München.

Bentele, Günter; Beck, Klaus (1994): Information – Kommunikation – Massenkommunikation: Grundbegriffe und Modelle der Publizistik- und Kommunikationswissenschaft. In: Jarren, Otfried (Hrsg.): Medien und Journalismus 1. Eine Einführung. Opladen, S. 15-50.

Bonfadelli, Heinz (1999): Medienwirkungsforschung I: Grundlagen und theoretische Perspektiven. Konstanz.

Bonfadelli, Heinz (2000): Medienwirkungsforschung II: Anwendungen in Politik, Wirtschaft und Kultur. Konstanz.

Brosius, Hans-Bernd; Koschel, Friederike (2001): Empirische Methoden der Kommunikationsforschung. Opladen.

Burkart, Roland (1998): Kommunikationswissenschaft. Grundlagen und Problemfelder. Umrisse einer interdisziplinären Sozialwissenschaft. Köln.

Burkart, Roland; Hömberg, Walter (1998): Elektronisch mediatisierte Gemeinschaftskommunikation. Eine Herausforderung für die kommunikationswissenschaftliche Modellbildung. In: Pfammater, Rene (Hrsg.): Multi Media Mania. Reflexionen zu Aspekten neuer Medien. Konstanz, S. 19-36.

Burkart, Roland; Hömberg, Walter (Hrsg.) (1995): Kommunikationstheorien. Ein Textbuch zur Einführung. 2. Aufl. Wien.

Dovifat, Emil (1968): Allgemeine Publizistik. Einleitung. In: Dovifat, Emil (Hrsg.): Handbuch der Publizistik. Band I: Allgemeine Publizistik. Berlin, S. 1-12.

Dröge, Franz (1973): Wissen ohne Bewusstsein. Materialien zur Medienanalyse der Bundesrepublik Deutschland. Frankfurt/Main.

Eilders, Christiane (1997): Nachrichtenfaktoren und Rezeption. Eine empirische Analyse zur Auswahl und Verarbeitung politischer Information. Wiesbaden.

Enzensberger, Hans Magnus (1973): Baukasten zu einer Theorie der Medien. In: Prokop, Dieter (Hrsg.): Massenkommunikationsforschung. Bd. 2: Konsumption. Frankfurt/Main, S. 420-434.

Faulstich, Werner (Hrsg.) (1998): Grundwissen Medien. 3. Aufl. München.

Galtung, Johan; Ruge, Mari H. (1965): The Structure of Foreign News. The Presentation of the Congo, Cuba and Cyprus Crisis in Four Foreign Newspapers. In: Journal of Peace Research, 2:1965, S. 64-91.

Geißler, Rainer (1973): Massenmedien, Basiskommunikation und Demokratie – Ansätze zu einer normativ-empirischen Theorie. Tübingen.

Geißler, Rainer (1976): Bedürfnisvermittlung und Kommunikation. Voraussetzungen und Hindernisse für kommunikative Chancengleichheit. In: Rundfunk und Fernsehen 23:1976, S. 3-14.

Geißler, Rainer (1979): Partizipatorisch-pluralistische Demokratie und Medieninhalte. In: Publizistik 24:1979, S. 71-187.

Gottschlich, Maximilian (Hrsg.) (1987): Massenkommunikationsforschung. Theorieentwicklung und Problemperspektiven. Wien. *[Darin ein Reprint des Lasswell-Aufsatzes »The Structure and Function of Communication in Society«].*

Groth, Otto (1960ff): Die unerkannte Kulturmacht. 7 Bände. Berlin.

Groth, Otto (1998): Vermittelte Mitteilung. Ein journalistisches Modell der Massenkommunikation. Hrsg. von Wolfgang R. Langenbucher. München *[Reprint und Textcollage]*.

Habermas, Jürgen (1981): Theorie des kommunikativen Handelns. Band 1: Handlungsrationalität und gesellschaftliche Rationalisierung. Band 2: Zur Kritik der funktionalistischen Vernunft. Frankfurt/Main.

Habermas, Jürgen (1984): Vorstudien und Ergänzungen zur Theorie des kommunikativen Handelns. Frankfurt/Main.

Habermas, Jürgen (1990): Strukturwandel der Öffentlichkeit. Untersuchungen zu einer Kategorie der bürgerlichen Gesellschaft. Mit einem Vorwort zur Neuauflage. Frankfurt/Main.

Hachmeister, Lutz (1987): Theoretische Publizistik. Studien zur Geschichte der Kommunikationswissenschaft in Deutschland. Berlin.

Hagemann, Walter (1966): Grundzüge der Publizistik. Hrsg. von Henk Prakke. Münster.

Hemels, Joan et al. (2000): Entgrenzungen. Erinnerungen an Henk Prakke. Assen.

Hoffmann, Burkard (1973): Zum Problem der Entwicklung einer materialistischen Medientheorie. In: Aufermann, Jörg et al. (Hrsg.): Gesellschaftliche Kommunikation und Information. Bd. 1. Frankfurt/Main, S. 190-206.

Holzer, Horst (1973): Massenkommunikation und Demokratie. Politökonomische Aspekte. In: Prokop, Dieter (Hrsg.): Massenkommunikationsforschung. Bd. 1: Produktion. Frankfurt/Main, S. 113-129.

Hunziker, Peter (1996): Medien, Kommunikation und Gesellschaft: Einführung in die Soziologie der Massenkommunikation. 2. Aufl. Darmstadt.

Jäckel, Michael (1999): Medienwirkungen. Ein Studienbuch zur Einführung. Opladen.

Jarren, Otfried (Hrsg.) (1994): Medien und Journalismus. Eine Einführung. 2 Bde. Opladen.

Jarren, Otfried; Bonfadelli, Heinz (Hrsg.) (2001): Einführung in die Publizistikwissen-schaft. Stuttgart.

Koszyk, Kurt; Pruys, Karl Hugo (Hrsg.) (1981): Handwörterbuch der Massenkommunikation. Frankfurt/Main. *[Immer noch lesenswert]*.

Krallmann, Dieter; Ziemann, Andreas (2001): Grundkurs Kommunikationswissenschaft. Mit einem Hypertextprogramm im Internet. München. *[Der Band beschränkt sich auf Kommunikation im genuinen Wortsinn und spart Phänomene der Publizistik, der Massenkommunikation, der PR und Werbung etc. aus]*.

Kunczik, Michael (1984): Kommunikation und Gesellschaft. Theorien zur Massenkommunikation. Köln, Wien. *[Immer noch lesenswert]*.

Kunczik, Michael (1998): Gewalt und Medien. Köln.

Kunczik, Michael (2002): Gewaltforschung. In: Schenk, Michael: Medienwirkungsforschung. 2., vollständig überarb. Auflage. Stuttgart, S. 206-238.

Kunczik, Michael, Zipfel, Astrid: (2001): Publizistik. Ein Studienhandbuch. Köln, Weimar, Wien.

Lamnek, Siegfried (1995a): Qualitative Sozialforschung. Band 1: Methodologie. Weinheim.

Lamnek, Siegfried (1995b): Qualitative Sozialforschung. Band 2: Methoden und Techniken. Weinheim.

Langenbucher, Wolfgang R. (Hrsg.) (1999): Publizistik- und Kommunikationswissenschaft. Ein Textbuch zur Einführung in ihre Teildisziplinen. Wien.

Löffelholz, Martin (Hrsg.) (2000): Theorien des Journalismus. Ein diskursives Handbuch. Wiesbaden.

Ludes, Peter (1998): Einführung in die Medienwissenschaft. Entwicklungen und Theorien. Berlin. *[Medienwissenschaftlicher Ansatz]*.

Luhmann, Niklas (1996): Die Realität der Massenmedien. 2. Aufl. Opladen.

Maletzke, Gerhard (1963): Psychologie der Massenkommunikation. Hamburg. *[Klassiker, immer noch lesenswert]*.

Maletzke, Gerhard (1999): Kommunikationswissenschaft im Überblick. Opladen.

McQuail, Denis (2000): Mass Communication Theory. An Introduction. London.

Merten, Klaus (1995): Konstruktivismus als Theorie für die Kommunikationswissenschaft. Eine Einführung. In: Medien Journal 4:1995, S. 3-20.

Merten, Klaus (1999): Einführung in die Kommunikationswissenschaft. Bd. 1: Grundlagen der Kommunikationswissenschaft. Münster.

Merten, Klaus; Schmidt, Siegfried J.; Weischenberg, Siegfried (Hrsg.) (1994): Die Wirklichkeit der Medien. Eine Einführung in die Kommunikationswissenschaft. Opladen.

Meyen, Michael (2001): Mediennutzungsforschung. Eine Einführung. Konstanz.

Meyn, Hermann (2001): Massenmedien in Deutschland. Konstanz.

Negt, Oskar (1973): Massenmedien – Herrschaftsmittel oder Instrumente der Befreiung? In: Prokop, Dieter (Hrsg.): Kritische Kommunikationsforschung. München, S. 1-28.

Noelle-Neumann, Elisabeth; Schulz, Winfried; Wilke Jürgen (Hrsg.) (2000): Fischer-Lexikon Publizistik – Massenkommunikation. 7., überarb. Aufl. Frankfurt/Main.

Prakke, Henk (1968): Kommunikation der Gesellschaft. Einführung in die funktionale Publizistik. Münster.

Pürer, Heinz (1998): Einführung in die Publizistikwissenschaft. Systematik, Fragestellungen, Theorieansätze, Forschungstechniken. 6. Aufl. Konstanz.

Pürer, Heinz; Raabe, Johannes (1996): Medien in Deutschland I: Presse. 2. Aufl. Konstanz.

Renckstorf, Karsten (1995): Kommunikationswissenschaft als sozialwissenschaftliche Disziplin: Theoretische Perspektiven, Forschungsfragen und Forschungsansätze. Nijmegen.

Rühl, Manfred (1969): Systemdenken und Kommunikationswissenschaft. In: Publizistik 14:1969, S. 185-205.

Rühl, Manfred (1980): Journalismus und Gesellschaft. Mainz.

Rühl, Manfred (1992): Theorie des Journalismus. In: Burkart, Roland; Hömberg, Walter (Hrsg.): Kommunikationstheorien. Wien, S. 117-133.

Rühl, Manfred (1996): Systemtheoretische Erkenntnisgrenzen. In: Publizistik 41:1996, S. 225-227.

Schenk, Michael (2002): Medienwirkungsforschung. Stuttgart.

Schmidt, Siegfried (1994): Die Wirklichkeit des Beobachters. In: Merten, Klaus et al. (Hrsg.): Die Wirklichkeit der Medien. Eine Einführung in die Kommunikationswissenschaft. Opladen, S. 3-19.

Schmidt, Siegfried J.; Zurstiege, Guido (2000): Orientierung Kommunikationswissenschaft. Was sie kann, was sie will. Reinbek bei Hamburg.

Scholl, Armin (2002): Systemtheorie und Konstruktivismus in der Kommunikationswissenschaft. Konstanz.

Scholl, Armin; Weischenberg, Siegfried (1998): Journalismus in der Gesellschaft. Theorie, Methodologie, Empirie. Opladen.

Schramm, Wilbur (1969): Grundfragen der Kommunikationswissenschaft. 2. Aufl. München. *[Immer noch lesenswert]*.

Schreiber, Erhard (1984): Kritik der marxistischen Kommunikationstheorie. München.

Schulz, Winfried (1976): Die Konstruktion von Realität in den Nachrichtenmedien. Analyse der aktuellen Berichterstattung. Freiburg. *[Neuauflage 1990]*.

Staab, Joachim R. (1990): Nachrichtenwert-Theorie. Formale Struktur und empirischer Gehalt. Freiburg.

Stöber, Rudolf (2000): Deutsche Pressegeschichte. Einführung, Systematik, Glossar. Konstanz.

Stuiber, Heinz-Werner (1998): Medien in Deutschland II. Rundfunk. 2 Teile. Konstanz.

Tonnemacher, Jan (1996): Kommunikationspolitik in Deutschland. Eine Einführung. Konstanz.

Wagner, Hans (1978): Kommunikation und Gesellschaft. 2 Bde. München.

Wagner, Hans (1995a): Journalismus I: Auftrag. Gesammelte Beiträge zur Journalismustheorie. Erlangen.

Wagner, Hans (1995b): Fachstichwort: Massenkommunikation. In: Groth, Otto: Vermittelte Mittei-

lung: ein journalistisches Modell der Massenkommunikation. Hrsg. von Wolfgang R. Langenbucher. München, S. 187-240.

Wagner, Hans (1997): Erfolgreich Kommunikationswissenschaft (Zeitungswissenschaft) studieren.
München. *[Zeitungswissenschaftliche Perspektive]*.

Weber, Stefan (1995): The Message Makes the Event. Zur Richtung des Denkens in konstruktivistischen Medientheorien. In: Medien Journal Heft 4:1995, S. 21-35.

Weber, Stefan (1997): Doppelte Differenz. Schritte zu einer konstruktivistischen Systemtheorie der Medienkommunikation. In: Medien Journal Heft 1:1997, S. 34-43.

Weischenberg, Siegfried (1998): Journalistik I und II. 2. Aufl. Opladen.

Wilke, Jürgen (2000): Grundzüge der Medien- und Kommunikationsgeschichte. Von den Anfängen bis
ins 20. Jahrhundert. Köln, Weimar, Wien.

Wilke, Jürgen (Hrsg.) (1999): Mediengeschichte der Bundesrepublik Deutschland. Bonn.

Winterhoff-Spurk, Peter (1999): Medienpsychologie. Eine Einführung. Stuttgart.

2. Zur Fachgeschichte

Die wissenschaftliche Reflexion über gesellschaftliche Kommunikation beginnt nicht erst etwa mit der Begründung der Zeitungswissenschaft im zweiten Jahrzehnt des 20. Jahrhunderts. Vielmehr setzt die Beschäftigung mit publizistischer Kommunikation im europäischen Raum bereits mit der Entwicklung der Rhetorik in der Antike ein. Ein kräftiger Impuls ging des Weiteren von der Erfindung der Buchdruckerkunst sowie in deren Gefolge vom Aufkommen erster Zeitungen zu Beginn des 17. Jahrhunderts aus. Seither verdichtet sich das wissenschaftliche Interesse an den publizistischen Medien kontinuierlich. Mit der Begründung der universitären Zeitungswissenschaft im Jahre 1916 durch Karl Bücher war ein wichtiger Schritt zur Etablierung des Faches getan. Es entfaltete sich anfangs nur langsam und erlitt durch den Nationalsozialismus insofern eine Zäsur, als es politisch vereinnahmt wurde. Der Wiederaufbau nach 1945 ging ebenfalls nur eher zögernd voran. Erst im letzten Drittel des 20. Jahrhunderts erhielt es durch die Errichtung neuer Institute, Studiengänge, Lehrstühle und Professuren wichtige Anschubimpulse. Die Kommunikationswissenschaft ist heute – im Vergleich zu den Naturwissenschaften, den technischen Wissenschaften, der Medizin oder der Jurisprudenz – zwar immer noch ein relativ kleines Fach; sie ist aus dem Kanon der Geistes- und Sozialwissenschaften sowie ästhetisch-künstlerischer Disziplinen jedoch nicht mehr wegzudenken.

2.1 Rhetorik der Antike

In der Rhetorik der Antike ist ein erster Versuch zu sehen öffentliche Kommunikation systematisch zu durchdringen. Die Rhetorik war und ist ein »politisch und ethisch fundiertes Lehrsystem wirksamer öffentlicher Rede« (Bußmann 1990, S. 486). Zu ihren wohl größten Schöpfern gehörten der Grieche Aristoteles (4. Jh. vor Chr.) sowie die Römer Cicero und Quintilian (beide 1. Jh. nach Chr.). Sie schufen »die wichtigsten Grundgesetze, Methoden und Techniken der öffentlichen Meinungsbildung und -führung durch das Urmedium aller Publizistik, die menschliche Stimme« (Kieslich 1972, S. 68f). Die klassische Dreiteilung der Redegattungen in *Gerichtsrede* (Anklage, Verteidigung), *Ratsrede* (auf der Polis) sowie *Lob- und Tadelrede* (z.B. Festrede) geht auf Aristoteles zurück. Sie orientiert sich an den für die Antike relevanten Kommunikationssituationen Gericht, Volksversammlung und Fest. Das umfassende Lehrsystem der antiken Rhetorik bestand, stark verkürzt wiedergegeben, aus mindestens drei Bündeln wichtiger Anleitungen. Es enthielt (vgl. Bußmann 1990, S. 648):

a) wichtige *Elemente der Rede zur Schilderung von Geschehensabläufen* (wer, was, wo, wann, wie, warum);

b) detaillierte *Schemata für die Arbeitsphasen des Redners* (Stoffsammlung, Gliederung, rednerischer Ausdruck, Einprägen der Rede, Verwirklichung durch Vortrag); sowie

c) genaue *Hinweise auf mögliche Stilarten* (schlichter, mittlerer, erhabener Stil) und *Stilqualitäten* (Sprachrichtigkeit, Verständlichkeit, Angemessenheit, Schmuck).

Die Rhetorik wurde vom Altertum über das Mittelalter bis zur Aufklärung an Hochschulen und Akademien als eigenes Fach gelehrt. Das christliche Mittelalter eignete sich das rhetorische Wissen für Bibelauslegung und Predigtlehre an. Renaissance und Humanismus brachten der Rhetorik in vielen Bereichen des gesellschaftlichen Lebens neue Höhepunkte. Von besonderer politischer Bedeutung war die Rhetorik in der Französischen Revolution sowie im Zusammenhang mit der Entwicklung einer kritischen bürgerlichen Öffentlichkeit. Im 20. Jahrhundert wird sie als »New Rhetoric« in den USA wieder entdeckt – als Rhetorik der Massenmedien, der politischen Kommunikation und der Werbung mit psychologischem Schwerpunkt. Von ihrer Gegenstandszuordnung als Materialobjekt der Kommunikationswissenschaft gehört die öffentliche Rede in den Bereich der *originären Publizistik*. In ihren Regeln finden sich nicht nur Gebote für Art, Aufbau, Stil und Form der Rede, sondern auch für die Absicht, mithilfe von Argumentation und Schlussführung in der öffentlichen Rede ein Höchstmaß an (politischer) Überzeugung zu erreichen – also das, was wir heute »persuasive Kommunikation« nennen (vgl. Hovland/Janis/Kelly 1953; Koeppler 2000).

2.2 Dogmatiker und Aufklärer im 17. und 18. Jahrhundert

Mit der Erfindung des Buchdrucks durch Johann Gensfleisch zu Gutenberg etwa zur Mitte des 15. Jahrhunderts (konkret: 1445) verlagerte sich das akademische Interesse von der Rhetorik auf die gedruckte Publizistik. Es waren vornehmlich Pädagogen, (Moral-)Theologen und Politiker, die mehr oder weniger wissenschaftlich über die Zeitungen des 17. Jahrhunderts reflektierten. Groth bezeichnet sie pauschal als *Dogmatiker*, da sie alle »von bestimmten Dogmen ausgingen, sei es dem absolutistisch-religiösen, sei es dem rationalistischen« (Groth 1948, S. 15). Zu erwähnen sind beispielsweise der Hofrat und Politiker Ahasver Fritsch sowie der lutherische Geistliche und Superintendent Johann Ludwig Hartnack. Beide richteten sich gegen den Missbrauch der Presse und gegen die Zeitungen als Laster der Zeit (vgl. Groth 1948, S. 17). Diesen kulturpessimistischen Haltungen stehen jedoch auch andere Stimmen gegenüber wie jene Christian Weises oder Daniel Hartnacks. Der Philosoph und Pädagoge Weise, ein Vorreiter der Aufklärung, tritt für die Zeitung ein und will sie zur Ausbildung verwerten (vgl. Groth 1948, S. 17). Der Pädagoge und Pfarrer Hartnack hob u.a. den Nutzen der Zeitungslektüre hervor (vgl. Groth 1948, S. 18). Nicht zu übersehen ist der Literat, Sprachwissenschaftler und Lexikograf Kaspar von Stieler, der für den Übergang von den Zeitungsdogmatikern zu den Aufklärern steht. Aus seiner 1695 verfassten Gelegenheitsschrift »Zeitungs Lust und Nutz« geht, wie der Titel bereits sagt, eine positive Sichtweise des Mediums Zeitung hervor (Stieler 1695).

Auf die moralisierenden Zeitungsdogmatiker des Barock »folgten die analysierenden *Zeitungstheoretiker der Aufklärung*« (Kieslich 1972, S. 70). Die Staatskunde wendete sich als »Statistik« dem Zeitungswesen zu; und auf vielen Ebenen der gehobenen Gesellschaft wurden sog. Zeitungskollegien eingerichtet (vgl. Groth 1948, S. 33). Diese Kollegien sollten die Studierenden anleiten, »die damaligen Zeitungen mit Gewinn zu lesen, das Wichtige vom Unwichtigen zu unterscheiden und aus den mitgeteilten Informationen auf eventuell verschwiegene Hintergründe zu schließen« (Koerber/Stöber in: Jarren 1994, S. 95). Es entstand eine Zeitungs- und Zeitschriftenkunde, zu deren prominentesten Lehrern Jacob Marperger, Christian Thomasius, Johann Georg Hamann, Johann Peter von Ludewig sowie der Begründer der modernen Staatswissenschaft, August Ludwig Schlözer, zählten. Zu den Aufklärern des ausgehenden 18. Jahrhunderts und gleichzeitig zu den ersten »Opinionisten« gehörte auch der Diplomat Joachim von Schwarzkopf (vgl. Schwarzkopf 1795). Er versuchte, »die Entwicklungsbedingungen des Zeitungswesens historisch zu klären, die Zeitungen typologisch zu ordnen, Wirkungsmechanismen zu demonstrieren und Kriterien für eine vernünftige Zeitungs- und Journalismuspolitik zu entwickeln« (Wagner 1997, S. 84). Schwarzkopf schuf laut Koszyk/Pruys »die Grundlage der Zeitungskunde, wie sie dann in Deutschland bis ins 20. Jahrhundert betrieben wurde« (Koszyk/Pruys 1976, S. 9).

2.3 Das 19. Jahrhundert: Opinionisten, Historiker, Ökonomen, Soziologen

Für das 19. Jahrhundert ist auf mehrere Entwicklungsstadien der wissenschaftlichen Beschäftigung mit der Presse zu verweisen: auf die Zeit des Vormärz und die in ihr wirkenden Opinionisten; auf den Historismus und die aus ihm hervorgegangenen Pressehistoriografen; sowie schließlich auf nationalökonomische und soziologische Betrachtungen des Pressewesens als Folge des Aufkommens der Massenpresse.

Mit der Wiedereinführung der 1806 aufgehobenen Zensur als Folge der Karlsbader Beschlüsse von 1819 geriet die Presse in der Zeit des Vormärz unter den Druck politischer Strömungen. Den liberalen und demokratisch gesinnten *Opinionisten*, die die Presse »als Organ und Spiegel der öffentlichen Meinung« sahen, standen absolutistisch gesinnte Antipoden gegenüber; für sie war die Presse ein »Werk ›subjektiver‹ und ›individueller‹ Geister zur Lenkung oder gar Manipulation der öffentlichen Meinung« (Wagner 1997, S. 84). So forderte der liberale Staatsrechtslehrer und Politiker Carl Theodor Welcker 1830 in einer Petition an die Bundesversammlung die »vollkommene und ganze Preßfreiheit« (Welcker 1830). Auf der anderen Seite stand, gleichsam als »Repräsentant des untergehenden Absolutismus« (Wagner 1997, S. 84), der protestantische Theologe Franz Adam Löffler. Er verfasste 1837 sein umfassendes Werk »Über die Gesetzgebung der Presse. Ein Versuch zur Lösung ihrer Aufgabe auf wissenschaftlichem Wege« (Löffler 1837). Es ist dies ein weitangelegtes System der Presswissenschaft, das u.a. die Wissenschaft des Pressbegriffs, eine Philosophie des Pressrechts und eine Geschichte der Druckerpresse umfasste. Löffler befasste sich auch mit der Bedeutung der Presse für die Entstehung der öffentlichen Meinung, deren soziologische Funktion er erkannte und die durch ihn zum Gegenstand der pressewissenschaftlichen Theorie wurde. Damit war der »entscheidende Schritt vom Medium zu seiner Wirksamkeit in der Gesellschaft getan« (Koszyk/Pruys 1976, S. 9). Groth sieht in Löfflers Werk das bis dahin »umfangreichste, gründlichste und geschlossenste Werk der Publizistik« und bezeichnet Löffler als den »Begründer« bzw. »Bahnbrecher« der Publizistikwissenschaft (Groth 1948, S. 125).

Ein scharfer *Kritiker* der in der zweiten Hälfte des 19. Jahrhunderts aufkommenden Massenpresse ist schließlich in dem Historiker, Publizisten und Politiker Heinrich Wuttke zu sehen. Sein Werk »Die deutschen Zeitschriften und die Entstehung der öffentlichen Meinung« (Wuttke 1866) stellt eine »scharfe Absage an das Bismarcksche System der Korrumpierung der Presse durch das Anzeigenwesen« dar (Koszyk/Pruys 1976, S. 10; vgl. auch Groth 1948, S. 209-244).

Eine wichtige Strömung ist des Weiteren in dem im 19. Jahrhundert aufkommenden *Historismus* zu sehen. Man versteht darunter die Betrachtung gesellschaftlicher Phänomene unter dem Aspekt ihrer historischen Genese. Zu den prominenten Pressehistoriografen gehören Robert E. Prutz und Ludwig Salomon. Prutz veröffentlichte 1845 die erste »Geschichte des deutschen Journalismus«, eine groß angelegte Gesamtgeschichte des deutschen Zeitungs- und Zeitschriftenwesens bis in die Zeit des Vormärz (Prutz 1845). Von Salomon stammt eine zwischen 1900 und 1906 in drei Bänden veröffentlichte »Geschichte des Deutschen Zeitungswesens« (Salomon 1906); sie galt lange Zeit als Standardwerk, ist inzwischen aber längst überholt.

Die 1848 erfolgte Aufhebung der Zensur hatte eine rasche Ausdifferenzierung des Pressewesens sowie eine rapide Vermehrung des Anzeigenaufkommens (vor allem in der so genannten Generalanzeiger-Presse) zur Folge. Die wirtschaftliche Bedeutung der Zeitungen wurde zunehmend evident. So verwundert es nicht, dass sich *Nationalökonomen* und frühe *Soziologen* des Presse- und Nachrichtenwesens annehmen. Von Karl Knies, dem Begründer der modernen Nationalökonomie, stammt zweierlei: eine auf der Ausdifferenzierung des Nachrichtenwesens aufbauende Informationstheorie; sowie eine Theorie der Geschäftsanzeige in ihrer volkswirtschaftlichen Funktion, nämlich die Steuerung von Angebot und Nachfrage durch das Anzeigenwesen (vgl. Knies 1857). Der Soziologe Albert E. Schäffle verweist in seinem Hauptwerk »Bau und Leben des socialen Körpers« (Schäffle 1875) auf die eminente Bedeutung der Pressfreiheit für das Funktionieren der Gesellschaft und sieht in der öffentlichen Meinung die »Reaktion des Publikums«, getragen von »Wertbestimmungen«.

Gleichzeitig manifestiert sich für ihn in der Tagespresse ein »Erzeugnis der bürgerlichen, kapitalistischen Epoche« und er verurteilt »Preßkorruption« und »Preßmißbrauch« (Groth 1948, S. 255-282).

Der Nationalökonom und Begründer der Zeitungskunde, Karl Bücher, war sowohl Zeitungsstatistiker wie auch Zeitungshistoriker. Von ihm stammt eine Fülle zeitungskundlicher und zeitungswirtschaftlicher Veröffentlichungen (vgl. Bücher 1926; Groth 1948, S. 354f). Die Bedeutung der Zeitung sieht er in ihrer Leistung als Vermittler »zwischen dem Volk und seinen führenden Geistern«, als »Stützorgan der Volkswirtschaft« sowie als »Organ der öffentlichen Meinung«. Der kulturelle Nutzen der Tagespresse ist für ihn unbestritten, ihren Schaden sieht er in ihrer Eigenschaft als »kapitalistische Unternehmung«. Insgesamt betrachtete Bücher die Geschichte des Zeitungswesens als einen Teil der Kulturgeschichte (vgl. Groth 1848, S. 282-296). Zu den Soziologen, die sich der Presse widmeten, gehört auch Max Weber. Er selbst hat zwar kein Werk über die Presse geschrieben; von ihm stammt allerdings ein 1910 erarbeiteter Grundriss zu einer »Soziologie des Zeitungswesens« (Weber 1911, S. 39-62; vgl. Kutsch 1988, S. 5-31), der nie realisiert wurde, sondern einem Professorenstreit zum Opfer fiel (vgl. Obst 1986, S. 45-62).

Speziell dem Nachrichtenwesen widmete sich Wolfgang Riepl in seinem 1913 publizierten Buch »Das Nachrichtenwesen des Altertums« (Riepl 1913). Riepl erarbeitete allgemeine Prinzipien und Gesetze des Nachrichtenverkehrs; von ihm stammt das Gesetz, wonach neu aufkommende Medien die alten nie gänzlich verdrängt, sondern diese gezwungen haben, »andere Aufgaben und Verwertungsgebiete aufzusuchen« (Riepl 1913, S. 5). Riepl erkannte, wie wir heute sagen würden, den Zusammenhang von Kommunikation und gesellschaftlichem Wandel (vgl. Lerg 1977, S. 9-24; und 1986, S. 134).

Als Zwischenfazit der Fachgeschichte lässt sich festhalten: Das Erkenntnisinteresse an publizistischen Phänomenen, vorwiegend an der Presse, ist bis zum 20. Jahrhundert »eng verbunden mit den kulturellen und politischen Energien der jeweiligen Zeiten« und es »kumuliert in den Namen nicht weniger weltaufgeschlossener, universaler Gelehrter«; jedoch »führten diese (...) von einem persönlichen Engagement durchpulsten Untersuchungen (...) nicht dazu, eine selbstständige Zeitungs- bzw. Publizistikwissenschaft an den deutschen Universitäten durchzusetzen« (Kieslich 1972, S. 71f). Man muss aber einräumen, dass insbesondere in Löffler, Schäffle und Bücher Wegbereiter für die Etablierung der wissenschaftlichen Zeitungskunde zu sehen sind.

2.4 Wissenschaftliche Zeitungskunde – Zeitungswissenschaft

Lehraufträge und Seminare für Zeitungskunde gab es an Universitäten und Hochschulen des deutschen Sprachraumes bereits vor der und um die Wende vom 19. zum 20. Jahrhundert. Sie gingen im Wesentlichen auf persönliche Initiativen von Hochschullehrern verschiedener Fachgebiete zurück (vgl. Wagner 1997, S. 133). Auch sind bereits vor der Jahrhundertwende Promotionen über zeitungskundliche bzw. zeitungswissenschaftliche Themen aus verschiedenen Fachgebieten wie Jurisprudenz, Nationalökonomie, Geschichte usw. bekannt (vgl. Jaeger 1926, S. 17ff). Der in Deutschland früheste Versuch das Fach zu institutionalisieren, geht auf ein »Journalistisches Seminar« an der Universität Heidelberg zurück. Es wurde 1897 von Adolf Koch eingerichtet und bestand bis 1912 (vgl. Jaeger 1926, S. 12; Obst 1986, S. 45ff).

Die endgültige Etablierung der Zeitungskunde ist Karl Bücher zu verdanken. Er hielt bereits ab 1884 Vorlesungen über das Pressewesen, zunächst in Basel (Schweiz), ab 1892 in Leipzig. Weitere zeitungskundliche Kollegs, Vorlesungen und Seminare von Dozenten unterschiedlicher Herkunft folgten in Heidelberg, Greifswald, Danzig, Darmstadt, Berlin, Köln und München. Die wissenschaftliche Zeitungskunde begann allmählich Fuß zu fassen. Die Etablierung der Zeitungskunde erhielt des Weiteren wichtige Impulse a) durch den von Max Weber erarbeiteten und vom Deutschen Soziologentag verabschiedeten Plan »Zu einer Soziologie des Zeitungswesens«; b) durch eine Ausbildungsresolution des Reichsverbandes der Deutschen Presse, die vorsah, dass die Vorbildung von Journalisten durch die Zeitungskunde zu pflegen sei und dass bei der Errichtung von Lehrstühlen für Zeitungskunde Medienpraktiker berücksichtigt werden sollen; c) durch engagierte Verleger, die ebenfalls Interesse an einer praxisnahen, zeitungskundlichen Vorbildung für Journalisten hatten; nicht zuletzt aber d) auch durch den Ersten Weltkrieg mit seiner auf die Zeitungen durchschlagenden Propagandamaschinerie. Es wuchs die Erkenntnis, dass es an der Zeit war, sich der Zeitungen und des Journalismus konsequent anzunehmen und für einen »systemreformierenden Journalismus« zu sorgen (Kutsch 1996, S. 8).

Karl Bücher verfolgte genau dieses Ziel. Er verfügte aus seiner früheren Tätigkeit bei der »Frankfurter Zeitung« über Praxiserfahrung und nutzte als Wissenschaftler die Presse als Quelle für seine Forschungen. 1915 warf er der deutschen Presse vor, sie habe sich den Anforderungen des (Ersten Welt-) Krieges nicht gewachsen gezeigt und verfüge über ein beschämend geringes Bewusstsein von ihrer Pflicht zum Dienst an der Wahrheit. Bücher gründete 1916 in Leipzig unter Mitwirkung des Verlegers Edgar Herfurth (»Leipziger Neueste Nachrichten«) das Institut für Zeitungskunde – die erste Einrichtung dieser Art an einer deutschen Universität. Der Nationalökonom Bücher »trat von seiner Professur für Nationalökonomie zurück und widmete sich hinfort der Zeitungskunde« (Jaeger 1926, S. 14). Nach der Leipziger Initiative kam es in relativ rascher Folge zu weiteren Institutsgründungen. Bis 1935 entstanden zehn weitere Institute für Zeitungskunde, Zeitungswissenschaft, Zeitungsforschung (oder wie auch immer sie geheißen haben) in Münster (1919), Köln (1920), Freiburg (1923), München (1924), Nürnberg (1924), Berlin (1925), Dortmund (1926), Halle (1926), Heidelberg (1927) sowie Königsberg (1935). Daneben gab es an weiteren deutschen Universitäten, Technischen Hochschulen und Handelshochschulen zeitungskundliche Lehrveranstaltungen in Form von Kursen, Seminaren und Vorlesungen.

Die wissenschaftliche Zeitungskunde, die Zeitungswissenschaft, hat sich im gesamten deutschen Sprachraum nicht gerade explosionsartig entwickelt: Vielmehr ließ die Ausstattung der Institute mit Personal, Räumen und Sachmitteln zahlreiche Wünsche offen. Dennoch zeigen die Veröffentlichungen der Gründerväter, ihrer Schüler und Doktoranden, dass die »Presseforschung nicht nur Hilfswissenschaft war, sondern selbstständiger Forschungsgegenstand« (Kieslich 1972, S. 72). Die wissenschaftliche Zeitungskunde orientierte sich in diesem frühen Stadium vornehmlich an juristischen, nationalökonomisch-statistischen und historischen Fragen. Im Jahr 1926 weist Karl Jaeger 221 Dissertationen nach, die zwischen 1885 und 1922 in Deutschland erarbeitet wurden und die das Zeitungswesen zum Gegenstand hatten. Davon entfielen 74 Arbeiten auf juristische Themen, 73 auf nationalökonomisch-statistische, 34 auf historische, 26 auf germanistische, sieben auf anglistische, sechs auf romanistische sowie eine auf ein philosophisches Thema. Edith S. Grün fand für den (früheren) Zeitraum von 1874 bis 1919 des Weiteren heraus, dass ein Großteil der von ihr bibliografisch ermittelten Pressedissertationen in Deutschland an philosophischen Fakultäten und in der Tradition des Historismus entstanden war. Es handelt sich dabei vorwiegend um biografische Arbeiten über Journalisten und Publizisten sowie um Monografien von Zeitungen und Zeitschriften. Daneben sind – im weitesten Sinne – soziologische Arbeiten zur öffentlichen Meinung, einige deskriptiv-statistische struktur- und inhaltsanalytische Studien sowie Arbeiten über strafrechtlich relevante Themen vorzufinden (vgl. Grün 1986, S. 31-34).

2.5 Publizistik (-wissenschaft)

Knapp zehn Jahre nach der Begründung der Zeitungswissenschaft in Deutschland kam von Karl Jaeger, einem Mitarbeiter Karl Büchers, der Vorschlag, die wissenschaftliche Zeitungskunde von ihrem Fachgegenstand her auszuweiten und in Publizistik (-wissenschaft) umzubenennen. Jaeger erkannte in Anlehnung an Walter Schöne (ebenfalls Leipzig), dass die öffentliche Meinung das Zentralproblem der Zeitungslehre darstellt. Die Urzelle der öffentlichen Meinung sah Jaeger jedoch in der *Mitteilung* – daher müsse jede Form der Mitteilung zum Gegenstand der Wissenschaft gemacht werden. »Das Erkenntnisziel rückt damit von der Zeitung als Ausdrucksmittel des gesellschaftlichen Bewusstseins zur *Mitteilung als Ausdrucksmittel des gesellschaftlichen Bewusstseins*« (Jaeger 1926, S. 67; vgl. auch Jaeger 2000). Jaeger stellt folglich den Begriff Zeitungswissenschaft in Frage, zumal er das Blickfeld »doch allzu positiv auf die Zeitung allein« umgrenzt, »während all die anderen Mittel, die auf die öffentliche Meinung wirken können, unberücksichtigt bleiben« (Jaeger 1926, S. 67). Jaeger meinte also, dass neben Zeitung und Zeitschrift auch das Flugblatt, die Flugschrift, das Nachrichtenwesen, öffentliche Rede und Verkündigung sowie insbesondere auch die damals in der Anfangsphase steckenden »neuen Medien« Rundfunk (Hörfunk) und Tonfilm zum Untersuchungsgegenstand der Disziplin gehören. »Auf der Suche nach einem Begriffe«, so Jaeger, »der jegliche Möglichkeit der Mitteilung bzw. Meinungsbildung bzw. -beeinflussung in sich schließt, stößt man, als treffendsten, auf den Begriff *Publizistik*, der jegliche Art der Veröffentlichung, Verkündigung deckt. Für die Wissenschaft von den Formen, Trägern, dem Wesen und den Wirkungen der Mitteilungen sagt man also am besten hinfort: publizistische Wissenschaft« (Jaeger 1926, S. 67) bzw. kurz Publizistik. Die Ideen und das Werk Karl Jaegers haben jüngst Arnulf Kutsch und Stefanie Averbeck ausführlich gewürdigt (vgl. Jaeger 2000).

Mit diesem Vorstoß war die Ausweitung des Materialobjektes des Faches über die gedruckten Medien hinaus in die Wege geleitet. Nur ein Teil der Fachvertreter folgte jedoch dieser neuen Terminologie. Die Zeitungswissenschaftler Karl d'Ester (München) und Walter Heide (Berlin) sowie der Privatdozent Otto Groth (Frankfurt, später München) haben sich der Programmatik und Terminologie der Publizistikwissenschaft nicht angeschlossen. Für sie hatte der Begriff ›Zeitung‹ nämlich eine andere Bedeutung: Er stand nicht (nur) für das materialisierte Objekt Tages- oder Wochenzeitung, sondern ›Zeitung‹ wurde im Sinne der alten Bedeutung von ›Nachricht‹ aufgefasst – eine Bedeutung, die der Begriff bis in die Zeit Schillers hatte (vgl. Koszyk/ Pruys 1976, S. 12; Starkulla 1963, S. 160; Wagner 1997, S. 39).

Das aufstrebende Fach befasste sich mit Fragen der Terminologie und Systematik. Als Forum dazu diente die 1926 von Karl d'Ester (München) und Walter Heide (Berlin) gegründete Fachzeitschrift »Zeitungswissenschaft«. Auch entstanden zeitungskundliche Publikationen, die bis in die Fünfziger- und Sechzigerjahre zu Standardwerken des Faches zählten und die heute mitunter noch als wertvolle Quellen zu verwenden sind. Zu erwähnen sind insbesondere:

a) Emil Dovifats 1931 erstmals erschienene »Zeitungswissenschaft«; deren erster Band stellte eine Allgemeine Zeitungslehre, der zweite Band eine Praktische Zeitungslehre dar (Dovifat 1931). Die nachfolgenden Auflagen von 1937, 1955, 1962 sowie 1976 (letztgenannte unter Bearbeitung von Jürgen Wilke) wurden daher richtigerweise als »Zeitungslehre« publiziert.

b) Otto Groths vierbändige Enzyklopädie »Die Zeitung« (Groth 1928); ihr Autor bezeichnet sie zwar als »System der Zeitungskunde (Journalistik)«, sie stellt aber eher eine Strukturbeschreibung denn einen systematischen Aufriss dar (vgl. Koszyk/Pruys 1976, S. 12). Groth, ein erfahrener Journalist und Gelehrter, hatte – von zahlreichen Lehraufträgen abgesehen – nie eine feste Stelle als Hochschullehrer inne. Von ihm stammt auch die dreißig Jahre später teils posthum veröffentlichte Periodik »Die unerkannte Kulturmacht« (Groth 1960ff.). Dieses in sieben Bänden zwischen 1960 und 1972 herausgebrachte Mammut-Werk sollte, wie ihr Untertitel versprach, eine »Grundlegung der Zeitungswissenschaft« sein, war allerdings zum Zeitpunkt seiner Veröffentlichung wissenschaftsgeschichtlich über weite Strecken überholt (vgl. Lerg 1977, S. 10).

Hinzuweisen ist auch darauf, dass die Zeitungswissenschaft eine bedeutende Rolle bei der Vorbereitung der Internationalen Presseausstellung »Pressa« 1928 in Köln einnahm. Mehrere zeitungswissenschaftliche Institute (wie Berlin, Freiburg, Halle, München, Münster) haben dabei mitgewirkt (vgl. Klose 1986). Wissenschaftsgeschichtlich ist schließlich zu vermerken, dass die Zeitungs- bzw. frühe Publizistikwissenschaft zur Soziologie sowohl Berührungspunkte suchte wie auch Abgrenzungstendenzen erkennen ließ (vgl. Averbeck 1999). Auch das Verhältnis des Faches zur Praxis blieb ungeklärt. Die Folge war, dass – zur Unzufriedenheit beider Seiten, also der Wissenschaftler wie der Praktiker – »das Fach stets zwischen der jeweils geforderten Praxisbezogenheit einerseits und der eingemahnten Wissenschaftlichkeit andererseits lavierte« (Koszyk/Pruys 1976, S. 12; vgl. Neff 1986, S. 63-74).

2.6 Das Fach im Nationalsozialismus

Von der Gleichschaltung des kulturellen Lebens durch den Nationalsozialismus blieb auch die Zeitungswissenschaft nicht verschont, die schrittweise in die Schulung des Pressenachwuchses einbezogen wurde. Dabei haben viele mitgemacht, viele andere sich aber auch verweigert. Von jenen Fachvertretern und Funktionären, die die Entwicklung des Faches in dieser Zeit wesentlich beeinflussten, seien vor allem drei Personen hervorgehoben: Walter Heide, Karl Oswin Kurth und Hans Amandus Münster.

Eine wichtige, in zahlreichen Details aber bis heute nicht vollständig geklärte Rolle als Verbindungsglied zwischen Zeitungswissenschaft und nationalsozialistischem Regime spielte Walter Heide. Er kam aus der Deutschen Volkspartei (DVP), war promovierter (Sozial-)Historiker und hatte vor der Machtergreifung durch die Nationalsozialisten Aufgaben zunächst in der Presseabteilung der Reichsregierung im Auswärtigen Amt inne, später im innenpolitischen Referat der Reichspressestelle. Für kurze Zeit war er – bereits unter dem NS-Regime – stellvertretender Pressechef der Reichsregierung, wurde jedoch Mitte 1933 zur Disposition gestellt und übernahm Aufgaben auf dem Gebiet der Presse der Auslandsdeutschen und der offiziösen Pressekorrespondenzen. Im Frühjahr 1933 erhielt Heide eine Honorarprofessur für Zeitungswissenschaft an der Technischen Hochschule Berlin, im Sommer 1933 gründete er den »Deutschen Zeitungswissenschaftlichen Verband« (DZV). Es war dies ein privater Verein, der die lokalen zeitungswissenschaftlichen Vereinigungen auf Reichsebene zusammenführte und dessen Präsident Heide wurde (vgl. Bohrmann/Kutsch 1975, S. 806). Aufgrund Heides politischer Kontakte auf vielen Ebenen war es ihm möglich, die Entwicklung des Faches im Dritten Reich stark zu beeinflussen. Straetz sieht in ihm jene Person, die die Zeitungswissenschaft »in den Dienst der nationalsozialistischen Sache« stellte (Straetz 1986, S. 91). Mit Karl O. Kurth und anderen gehörte er auch zu jenen Repräsentanten, die das Fach auf die wissenschaftliche Beschäftigung mit der Zeitung eingeschränkt wissen wollten (vgl. Benedikt 1986, S.125-129).

Das NSDAP-Mitglied Karl O. Kurth absolvierte das Studium der Zeitungswissenschaft und entfaltete in der nationalsozialistischen Studentenschaft zahlreiche Aktivitäten. Er war u.a. Begründer der ersten »Zeitungswissenschaftlichen Fachschaft« (Leipzig) im Deutschen Reich. Deren wesentliche Aufgaben sah er in der Festlegung des Gegenstandes der Zeitungswissenschaft auf die Presse, in der Ausbildung des journalistischen Nachwuchses sowie in der Ausrichtung der Disziplin nach den Wünschen und Forderungen der nationalsozialistischen Presseführung. 1935 ernannte ihn Walter Heide zum Geschäftsführer des »Deutschen Zeitungswissenschaftlichen Verbandes« (DZV), im gleichen Jahr erhielt er von Heide die Stelle des Hauptschriftleiters des Fachorgans »Zeitungswissenschaft«. Den Höhepunkt seiner wissenschaftlichen Karriere erreichte er 1942, als ihm für seine loyalen wissenschaftspolitischen Dienste die Leitung des (1939 von Walter Heide gegründeten) Wiener Instituts für Zeitungswissenschaft und die mit ihr verbundene Professorenstelle übertragen wurde (vgl. Kutsch 1981, S. 407).

Heide, der »Treuhänder des Reichsministeriums für Volksaufklärung und Propaganda« (Benedikt 1986, S. 120f) an der Spitze des DZV, nutzte diesen Verband in zweifacher Hinsicht: Einerseits sah er in ihm eine Schaltstelle für den Ausbau des Faches; andererseits betrieb er gemeinsam mit Karl O. Kurth die Einbindung der Zeitungswissenschaft in nationalsozialistische Zielsetzungen. Es gelang ihm »die Anrechnung eines sechssemestrigen Studiums der Zeitungswissenschaft auf das Pressevolontariat« (Koszyk 1997, S. 30), und auch die einheitliche Umbenennung sämtlicher damals bestehender Institute in »Institut für Zeitungswissenschaft« sowie die Einführung eines einheitlichen Lehrplanes ab dem WS 1935/36 geht schlussendlich auf Heide zurück (vgl. Straetz 1986, S. 71). Heide, ebenso wie Kurth ein vehementer Warner vor »einer Überfremdung der Disziplin durch Film und Rundfunk« (Straetz 1986, S. 91), erreichte auch, dass alle ab Ende der 20er-Jahre geschaffenen Rundfunk- und Filmabteilungen an den zeitungswissenschaftlichen Instituten abgebaut werden mussten; Ausnahmen bildeten lediglich Leipzig und Berlin. Die rundfunkwissenschaftliche Arbeit wurde in der Folge 1939 dem in Freiburg i. B. errichteten und 1940 offiziell eröffneten Institut für Rundfunkwissenschaft überantwortet (vgl. Kutsch 1985). Joseph Goebbels, Reichsminister für Volksaufklärung und Propaganda, stand der Zeitungswissenschaft skeptisch gegenüber und war auch für eine Trennung zeitungswissenschaftlicher und rundfunkkundlicher Arbeit (vgl. Kieslich 1972, S. 73).

Zu den Protagonisten der Zeitungswissenschaft im Dritten Reich gehörten primär Fachvertreter der zweiten Generation, unter ihnen auch Hans Amandus Münster, zunächst wissenschaftlicher Mitarbeiter (und empirischer Kommunikationsforscher, wie wir heute sagen würden) bei Emil Dovifat am Deutschen Institut für Zeitungskunde (DIZ) in Berlin. Münster trat 1933 der NSDAP bei und wurde 1934 auf den Lehrstuhl für Zeitungswissenschaft der Universität Leipzig berufen (er war dort nach Karl Bücher und Erich Everth also der dritte Lehrstuhlinhaber). Münster lieferte sich mit seinen fachlichen Widersachern Heide und Kurth über Jahre hinweg Positionskämpfe über den Gegenstand der Zeitungswissenschaft. Heide und Kurth waren energische Befürworter der Eingrenzung des Faches auf das Materialobjekt Zeitung. Münster hingegen wollte die Disziplin unbedingt auch auf die Medien Rundfunk und Film ausgeweitet wissen. Unter Publizistik verstand er jene Art der Verständigung, Beeinflussung, Aussprache und Mitteilung von Mensch zu Mensch, »die im Dienst eines politischen Beeinflussungswillens wirksam ist« (Kutsch 1981, S. 402). So ist in Münster der engagierteste Verfechter einer Wissenschaft von den politischen Führungsmitteln zu sehen – Publizistik als geistige Gestaltung von einem zentralen Willen her (vgl. Münster 1934). So wurde »die ›Wissenschaft von der Publizistik‹ (...) zu einer ›Wissenschaft von der politischen Publizistik‹, deren maßgeblicher Wegbereiter Münster war« (Straetz 1984, S. 79). Trotz aller Unterschiede über die Fachbezeichnung (Zeitungs- oder Publizistikwissenschaft) stimmten Münster und Kurth aber darin überein, dass die Nachricht (Mitteilung) »vornehmlich aus der Perspektive der politischen Beeinflussung« (Kutsch 1981, S. 405) zu sehen ist und dass das Wirkungsziel der Nachricht die »Willensbildung und Willensbeeinflussung«, die »politische Beeinflussung« ist (Kutsch 1981, S. 405). Nachrichtendarbietung im nationalsozialistischen Sinne hatte der politischen Führung zu dienen, dem Einsatz im geistigen Kampf der Nation. Diesem Ziel verschrieb sich die nationalsozialistische Zeitungs- und Publizistikwissenschaft.

Bei weitem nicht alle Zeitungs- bzw. Publizistikwissenschaftler schlossen sich dem Regime an. Es gab Fachvertreter, die nicht bereit waren, sich an die Lehrinhalte und die Methodologie einer nationalsozialistisch ausgerichteten Disziplin anzupassen. Sie wurden entweder zwangsbeurlaubt oder in den Ruhestand versetzt, entlassen oder wegen ihrer jüdischen Abstammung aus dem Fach entfernt. Mancher wählte den Weg in die Emigration. Einige Fachvertreter entzogen sich der nationalsozialistischen Verfolgung, indem sie sich auf Arbeitsgebiete – beispielsweise historische Themen – zurückzogen, die unverdächtig waren (vgl. Kutsch 1984 und 1988b). Mit der Emigration deutscher Zeitungswissenschaftler nach 1933 war zugleich ein Verlust sozialwissenschaftlicher Perspektiven verbunden, wie sie ansatzweise in Deutschland im Entstehen begriffen waren (vgl. Averbeck 2001).

Man kann allerdings auch nicht übersehen, dass infolge von Kompetenzüberschneidungen verschiedener Ressorts und Einrichtungen (z.B. Reichsministerium für Volksaufklärung und Propaganda, Reichsministerium für Wissenschaft, Erziehung und Volksbildung, Deutscher Zeitungswissenschaftlicher Verband, Reichspresseamt, Reichsrundfunkkammer u.a.m.) und daraus resultierender Machtkämpfe die offizielle Linie der nationalsozialistischen (Medien-)Funktionäre gegenüber einer Zeitungswissenschaft bzw. einer Wissenschaft von den publizistischen Führungsmitteln wenig einhellig war (vgl. Straetz 1984, S. 71). Die Medienverantwortlichen des Dritten Reiches hatten ein zumindest ambivalentes Verhältnis zur Zeitungswissenschaft. Sie wollten einerseits durchaus wissen, wie Propaganda und politische Publizistik auf das Publikum bzw. die Öffentlichkeit wirken. Zugleich hegten sie Befürchtungen, die durch die Zeitungs- (und Rundfunk-)Wissenschaft ermittelten Erkenntnisse über Technik, Funktion und Wirkung der Propaganda in öffentlicher Rede sowie mittels Presse, Rundfunk und Film könnten durchschaut und einer größeren Öffentlichkeit bekannt und transparent gemacht werden und sich in der Folge gegen den nationalsozialistischen Staat selbst richten (vgl. Kieslich 1972, S. 73).

2.7 Der Neubeginn nach 1945

Die Zeitungswissenschaft konnte und durfte nach dem Zweiten Weltkrieg verständlicherweise nicht anschließen, wo sie 1945 aufgehört hatte. Deren Inhalte waren weitgehend nicht Wissenschaft, sondern verbrämte Ideologie. Ihre nationalsozialistischen Repräsentanten mussten abtreten. Mehrere Institute wurden mit Kriegsende geschlossen und von den Besatzungsmächten nicht wiedererrichtet (wie z.B. Halle/Wittenberg, Freiburg, Köln, Hamburg u.a.m.).

Dennoch kam es zu Wiederbelebungen des Faches in München (1946), Münster (1946), Nürnberg (1946), Leipzig (1946) und Heidelberg (1948). An ihre Spitze kamen mit Karl d'Ester (München), Emil Dovifat (Berlin), Hans von Eckart (Heidelberg) und Ernst Meyer (Nürnberg) Personen, die sich nicht der Ideologie des Nationalsozialismus verschrieben hatten oder nur wenig belastet waren. Neu in Münster war Walter Hagemann. Für ihn war die Publizistikwissenschaft die »Lehre von der öffentlichen Aussage aktueller Bewusstseinsinhalte« (Hagemann 1947), ihr Gegenstand folglich originäre sowie medienvermittelte Publizistik. Von ihm stammen auch eine kritische Darstellung der »Publizistik im Dritten Reich« (Hagemann 1948) sowie später auch Medienlehren über Zeitung, Film und Rundfunk (Hagemann 1954). In Westdeutschland wurden die wieder errichteten Institute ab 1948 in »Institute für Publizistik« umbenannt; lediglich München hielt – bis 1974 – an der Bezeichnung »Zeitungswissenschaft« fest. (Das Leipziger Institut, das Einzige in der Sowjetisch Besetzten Zone und späteren DDR, ging ab Mitte der fünfziger Jahre einen eigenen Weg: Es wurde, wie noch ausgeführt werden wird, erneut in den Dienst einer Ideologie gestellt, und zwar der Journalistenausbildung im Sinne der herrschenden Lehre des Marxismus-Leninismus). 1956 wurde das wissenschaftliche Fachorgan »Publizistik« gegründet. Sein Name sollte insofern Programm signalisieren, als bewusst nicht an die Tradition der 1944 eingestellten Fachzeitschrift »Zeitungswissenschaft« angeschlossen werden sollte.

Wichtige Impulse für die Publizistikwissenschaft der sechziger Jahre kamen von Repräsentanten der US-amerikanischen Kommunikationsforschung. Diese wandte sich bereits seit Ende der zwanziger Jahre vornehmlich Fragen der Medienwirkung zu. Initialzündungen kamen einerseits aus der Medien- und Konsumindustrie, andererseits aus der Politik. Die kommerziellen Rundfunkanstalten sowie die Medienindustrie begannen sich zunehmend für die Strukturen ihres Publikums sowie für die Vorlieben und Gewohnheiten potenzieller Käufergruppen zu interessieren, um diese Gruppen entsprechend bedienen und mit Produkten bewerben zu können. Die Politik wiederum hatte Interesse an Kenntnissen über die Wirkung politischer Kommunikation und Propaganda via Presse und Rundfunk vor allem im Rahmen von Wahlkämpfen (vgl. Silbermann/Krüger 1973, S. 38). Auf vier Einfluss-Ströme der empirischen Kommunikationsforschung ist folglich zu verweisen, nämlich (vgl. Schramm 1963):

- auf die *Umfrageforschung* (»Sample Survey Approach«) mit Höreranalysen, Wahlkampfanalysen, Untersuchungen des Verhältnisses von personalem Einfluss und Massenmedien etc. – ihr Name ist mit Paul F. Lazarsfeld verbunden;
- auf die *Propaganda-Forschung* (»Political Approach«) mit Untersuchungen zum Einfluss politischer Kommunikation – einer ihrer wichtigsten Protagonisten war Harold D. Lasswell;
- auf die *experimentalpsychologische Forschung* (»Experimental Approach«) mit der Erforschung von Kommunikation und Gesinnungswandel und deren Bedeutung für die wissenschaftlich begründete Rhetorik – an ihrer Spitze stand Carl I. Hovland; sowie
- auf die *Kleingruppenforschung* (»Small Group Approach«), die die Erforschung von Kommunikation in Gruppen zum Gegenstand hatte – Kurt Lewin war einer ihrer ersten Repräsentanten.

Die wichtigsten Methoden dieser Forschungsrichtungen waren die Befragung, das Experiment und die Inhaltsanalyse. Nicht unerwähnt bleiben soll in diesem Kontext, dass die empirische Kommunikationsforschung durchaus auch europäische Wurzeln hatte, die sich bis ins 19. Jahrhundert zurück verfolgen lassen. Auf dem Gebiet der Gesellschaftswissenschaften, insbesondere der Soziologie, waren dies »die Statistik und frühe sozio- und ethnografische Versuche sowie sozialpolitische Enqueten« (Reimann 1989, S. 30). Auch statistische und wirtschaftswissenschaftlich orientierte Untersuchungen des Pressewesens aus den Anfängen des Faches im deutschen Sprachraum weisen quantifizierende empirische Verfahren auf. Nicht zuletzt erscheint aber auch der Hinweis angebracht, dass zwei prominente Protagonisten der amerikanischen Kommunikationsforschung, nämlich Paul F. Lazarsfeld und Kurt Lewin, aus Europa stammten: Die beiden Österreicher entzogen sich wegen ihrer jüdischen Herkunft der Verfolgung durch den Nationalsozialismus, indem sie in die USA emigrierten. So ist es durchaus nicht illegitim festzuhalten, dass die empirische Kommunikationsforschung gleichsam über Umwege aus dem angloamerikanischen Raum in der deutschsprachigen Publizistikwissenschaft wieder Fuß fasste (vgl. Reimann 1989; Wagner 1997, S. 109).

2.8 Von der Publizistik- zur Kommunikationswissenschaft

Die Implementierung der US-amerikanischen Kommunikationsforschung, ihrer Theorien und Methoden, in die deutschsprachige Publizistikwissenschaft geht vor allem auf vier Personen zurück: auf Gerhard Maletzke, Elisabeth Noelle-Neumann, Henk Prakke und Fritz Eberhard.

- Gerhard *Maletzke,* langjähriger Forscher am Hamburger Hans-Bredow-Institut für Rundfunkforschung, trug Anfang der sechziger Jahre wichtige Ergebnisse der nordamerikanischen Kommunikationsforschung zusammen und entwickelte auf ihrer Basis ein Prozessmodell der Massenkommunikation, deren Faktoren (Kommunikator, Aussage, Medium, Rezipient/Wirkung) er genau beschrieb. Seine 1963 erschienene »Psychologie der Massenkommunikation« war zweifellos eine bedeutende fachliche Innovation (Maletzke 1963). Maletzke hat wesentlich dazu beigetragen, »die deutschsprachige Publizistikwissenschaft von einer vorwiegend normativen zu einer auch empirisch arbeitenden Wissenschaft weiterzuentwickeln« (Bentele/Beck 1994, S. 38). Seine Definition von Massenkommunikation (vgl. Maletzke 1963) war für ihn nie Dogma, Schulenbildungen in der Kommunikationswissenschaft steht er skeptisch gegenüber (vgl. Maletzke 1997, S. 114).
- Die Zeitungswissenschaftlerin Elisabeth *Noelle-Neumann* hatte während eines Studienaufenthaltes in den USA insbesondere die Methoden der empirischen Sozialforschung kennen gelernt. Deren praktische Anwendung bewerkstelligte sie sowohl in der kommerziellen Umfrageforschung wie auch bei der Ergründung der öffentlichen Meinung zunächst am Institut für Demoskopie Allensbach sowie später – nach ihrer Berufung – auch am Institut für Publizistik der Universität Mainz (vgl. Noelle-Neumann 1997). Für die Publizistikwissenschaft der sechziger Jahre war ihr 1963 erschienenes Buch »Umfragen in der Massengesellschaft« Anstoß und Anreiz, sich ebenfalls der empirischen Kommunikationsforschung zuzuwenden (Noelle-Neumann 1963).
- Der aus Holland stammende Buchverleger und Münsteraner Kommunikationswissenschaftler Henk *Prakke* hatte sich Anfang der sechziger Jahre ebenfalls der amerikanischen Kommunikationsforschung zugewandt. Auch er entwickelte ein Prozessmodell, die so genannte »funktionale Publizistik« (Prakke 1968). Von seinen Mitarbeitern Winfried B. Lerg und Franz Dröge stammen Arbeiten zur Erforschung von Stereotypen und ihrer Wirkung in der Gesellschaft (vgl. Dröge 1967).
- Fritz *Eberhard*, langjähriger Intendant des Süddeutschen Rundfunks (SDR) und später Publizistik-Professor in Berlin, sah – ähnlich wie Maletzke – in der Wirkungsfrage das zentrale Problem der Publizistikwissenschaft. In seinen 1961 veröffentlichten fünf »Thesen zur Publizistikwissenschaft« forderte er entschieden die Einbeziehung der empirischen Forschung über die Massenkommunikationsmittel und ihre Wirkung. Eberhard verwies u.a. auch auf die Wirkung von Ge-

waltdarstellungen, deren rein phänomenologische Klärung für ihn unbefriedigend war (vgl. Eberhard 1961, S. 263).

Impulse für eine Neuorientierung des Faches und für die methodische Öffnung in Richtung empirische Sozialforschung gingen also vom Generationenwechsel an der Spitze der damals bestehenden Institute aus. 1960 folgte in Münster auf Walter Hagemann der Soziologe Henk Prakke, auf Dovifat in Berlin Fritz Eberhard. Beide machten »soziologische Denk- und Arbeitsweisen für die Publizistik nutzbar« (Bohrmann 1997, S. 58), im Mittelpunkt des Interesses stand der publizistische Prozess. Mit Otto B. Roegele wurde 1963 ein erfahrener Journalist und Quereinsteiger (Mediziner und Historiker) nach München berufen, der das Fach ebenfalls gegenüber benachbarten Disziplinen öffnete (vgl. Roegele 1997). Auf ihn geht die Anregung zurück, das Fach in »Kommunikationswissenschaft« umzubenennen. 1964 erhielt Franz Ronneberger, ein Jurist und Soziologe mit journalistischen und politischen Erfahrungen, das neu geschaffene Ordinariat für Publizistik und politische Wissenschaft in Nürnberg. Ronneberger profilierte sich nicht nur im Bereich Kommunikationspolitik, sondern erschloss im Weiteren auch die Felder Sozialisation durch Massenkommunikation sowie Kommunikation in Organisationen (vgl. Ronnebeger 1997). Schließlich wirkte ab 1965 Elisabeth Noelle-Neumann an dem neu geschaffenen Lehrstuhl für Publizistik der Universität Mainz. Ihr besonderes Interesse galt der Erforschung der öffentlichen Meinung, ein Spezialgebiet, auf dem sie Pionierarbeit leistete. Ihre in diesem Kontext erarbeitete Theorie »der Schweigespirale« (Noelle-Neumann 1980) ist zwar nicht unumstritten (vgl. Scherer 1990), wurde aber auch außerhalb Europas, insbesondere in den USA, anerkennend rezipiert (vgl. Salmon/Glynn 1996). Insgesamt führte der Neuansatz der Publizistikwissenschaft zu vielfältiger empirischer Forschung in den Bereichen Journalismusforschung, Medieninhaltsforschung, Medienstrukturforschung, Rezipientenforschung und Wirkungsforschung. Politologische, soziologische sowie sozialpsychologische Denkansätze wurden dabei berücksichtigt; die zunehmend (und heute vorwiegend) empirisch betriebene Publizistikwissenschaft mutierte allmählich zur Kommunikationswissenschaft (vgl. Kutsch/Pöttker 1997). Dass sich daneben in der Folge der Studentenrevolte von 1968 (»Enteignet Springer«) auch ideologiekritische Strömungen wie die Kritische Publizistik in der Tradition der Frankfurter Schule (vgl. Enzensberger 1971; Prokop 1973) sowie materialistische Massenkommunikationstheorien (Holzer 1971; Dröge 1973) entfalteten, kann und darf hier nicht unerwähnt bleiben. Allerdings waren diese Denkansätze »in weiten Teilen eher kommunikationspolitische Programme als kommunikationstheoretische Modelle empirisch beobachtbarer Massenkommunikation« (Bentele/Beck 1994, S. 35).

2.9 Die Einrichtung von Diplomstudiengängen für Journalistik

Ab Mitte der siebziger Jahre erfolgte an mehreren deutschen Universitäten die Errichtung von Diplomstudiengängen für Journalistik. Ursache und Anlass der Gründungen war auch die von Teilen der Berufspraxis mitgetragene Erkenntnis, dass die traditionellen Wege der Ausbildung von Journalisten vorwiegend in Form eines zweijährigen Volontariats in Zeitungs-, Hörfunk- oder Fernsehredaktionen den gewachsenen Anforderungen an diesen verantwortungsvollen Beruf nicht mehr entsprachen (und übrigens weder davor noch danach jemals auch nur annähernd entsprochen haben bzw. hätten). Eine intensiv von allen Betroffenen – Journalisten, Verleger, Rundfunkanstalten, Berufsverbände, Publizistikwissenschaft – geführte Ausbildungsdebatte machte sich breit (vgl. Aufermann/Elitz 1975; Publizistik 3-4/1974 sowie 1-2/1975). Den Anstoß zur Errichtung berufsbezogener Diplomstudiengänge gab schließlich u.a. auch das aus 1971 stammende Memorandum des Deutschen Presserates für einen Rahmenplan zur Journalistenausbildung, an dessen Erarbeitung auch Publizistikwissenschaftler mitwirkten. Darin waren mehrere Möglichkeiten und Wege der Ausbildung von Journalisten festgehalten, zumal der Beruf des Journalisten weiterhin ein prinzipiell frei zugänglicher Beruf bleiben sollte. Wenige Jahre später entstanden Grundstudiengänge für Diplom-Journalistik zunächst in Dortmund (1976) und München (1978), in Eichstätt (1983) und – nach der Wiedervereinigung – auch in Leipzig (1993). Sie bieten eine sowohl kommunikationstheoretische wie auch mehrmediale praktisch-handwerkliche Ausbildung und qualifizieren durch verpflichtend zu absolvierende Nebenfächer auch für eine Tätigkeit in einem Ressort. Ausbildungsziel ist eine berufsqualifizierende Ausbildung für den Journalismus in Zeitung, Zeitschrift, Radio und Fernsehen (sowie neuerdings auch für den Online-Journalismus). Aufbau- bzw. Nebenfachstudiengänge wurden errichtet in Stuttgart-Hohenheim (1974), Mainz (1978), Hamburg (1982), Bamberg (1983) und Hannover (1985). Diese Studiengänge vermitteln in aller Regel eine kommunikationswissenschaftliche und praktisch-handwerkliche Ausbildung im Anschluss an ein bereits ganz oder teilweise abgeschlossenes Fachstudium (vgl. Hömberg 1978; Wilke 1987). Die Studiengänge erfahren regelmäßig inhaltliche Nachjustierungen und Reformen, zumal der Beruf des Journalisten angesichts des Wandels des Mediensystems mehr als je zuvor ständigen Veränderungen unterliegt (vgl. Mast 1997; Neuberger/Tonnemacher 1998).

2.10 Das Fach in Ostdeutschland

Wie bereits erwähnt, verzeichnete die Zeitungs- bzw. Publizistikwissenschaft nach dem Zweiten Weltkrieg in Ostdeutschland eine andere Entwicklung: Das Fach wurde erneut in den Dienst einer Ideologie gestellt. Es nahm dabei die Entwicklung von der Publizistikwissenschaft zur Journalistikwissenschaft (vgl. Blaum 1979; 1980; 1985).

Das 1916 durch Karl Bücher in Leipzig eingerichtete Institut für Zeitungskunde (später: Zeitungswissenschaft) bestand bis 1945. Es wurde 1946 von Gerhard Menz an der neu etablierten Sozial- und wirtschaftswissenschaftlichen Fakultät als Institut für Publizistik wiedererrichtet (vgl. Münster 1956, S. 305-309), fand jedoch nicht die Billigung der SED. So folgte 1948 die Gründung eines gleichnamigen Instituts an der Gesellschaftswissenschaftlichen Fakultät unter der Leitung von Hermann Budzislawski. Dieser bemühte sich gemeinsam mit einer Reihe namhafter »antifaschistischer Intellektueller« um einen neuen »antifaschistisch-demokratischen Geist« an der Universität (Schlimper 1996, S. 5). Beide Institute gingen auf in einem 1951 etablierten »Institut für Publizistik- und Zeitungswissenschaft«, das nun – nach der 1950 erfolgten Auflösung der Gesellschaftswissenschaftlichen Institute – der Philosophischen Fakultät angehörte. Diese Gründung entsprach wieder einer ausdrücklichen Forderung der 1. Pressekonferenz des Parteivorstandes der Sozialistischen Einheitspartei (SED) aus dem Jahr 1950, wonach das System »Massenkommunikation« in der damaligen SBZ stärker nach Parteiinteressen auszurichten war (vgl. Blaum 1979, S. 20ff). Das Institut ging 1954 in der nach sowjetischem Vorbild gegründeten »Fakultät für Journalistik« auf. Deren Bemühung bestand darin, auf der Basis der Lehre des Marxismus-Leninismus in Theorie und Praxis die »Formung zuverlässiger Kader« zu betreiben (Schlimper 1996, S. 5). Zudem wurde der Begriff »Journalistik« dem der »Publizistik« bzw. der »Zeitungswissenschaft« vorgezogen, »weil er a) die aktive Einwirkung auf die gesellschaftliche Entwicklung hervorhebe, b) sich nicht nur auf die Zeitung, sondern auch auf andere Instrumente, z.B. den Rundfunk beziehe, c) in der Sowjetunion und anderen Ländern üblich sei und d) sich von der bürgerlichen Tradition abgrenze« (Liebert 1995, S. 7). Die »Fakultät für Journalistik« wurde 1969 erneut reorganisiert. Es entstand die »Sektion Journalistik der Karl-Marx-Universität Leipzig«, nach wie vor die einzige Einrichtung dieser Art in der DDR, an der nun das Studium der Diplomjournalistik absolviert werden konnte (vgl. Blaum 1979, S. 23f). Das Studium verzahnte theoretische Kenntnisse, insbesondere des Marxismus-Leninismus mit einer praktisch-handwerklichen Ausbildung auf Basis der leninistischen Pressetheorie (vgl. Blaum 1980). Auf ein zweisemestriges Grundstudium (Sozialistische Gesellschaftstheorie, wissenschaftliche Arbeitsmethoden, Grundkenntnisse des Journalismus) folgte ein viersemestriges Fachstudium (unmittelbare journalistische Ausbildung in Theorie und Praxis) sowie ein zweisemestriges, medienspezifisches und fachjournalistisches Spezialstudium. Das Studium wurde mit einer Diplomprüfung (wissenschaftliche und praktische Abschlussarbeit) abgeschlossen. Rund 800 Studierenden standen bis an die 80 Lehrende gegenüber.

In der DDR konnte in aller Regel nur journalistisch tätig sein, wer entweder das Journalistikstudium absolvierte oder sich an der Fachschule für Journalistik (ebenfalls Leipzig) eine entsprechende Ausbildung aneignete. Der Zugang zum Journalistikstudium war zudem an Voraussetzungen gebunden. So musste jeder Interessent nicht nur das Abitur, sondern auch ein einjähriges Volontariat in einer Presse-, Hörfunk- oder Fernsehredaktion nachweisen. Geschätzt wurden des Weiteren Praxiserfahrungen in einem Produktionsbetrieb, günstigstenfalls ein Facharbeiterbrief. Von Vorteil für die Aufnahme in den Studiengang war auch eine feste Parteibindung sowie ein Engagement im FDJ, dem Freien Deutschen Jugendverband, einer Vorfeldorganisation der SED (vgl. Blaum 1985, S. 87ff).

Die »Sektion Journalistik der Karl-Marx-Universität Leipzig« bestand bis 1990. Nach der Wende versuchte sie einen Neubeginn, der durch die im Dezember 1990 per Dekret verordnete Abwicklung jedoch im Ansatz unterbrochen wurde (vgl. Schlimper 1996, S. 5). Von dieser Abwicklung betroffen waren auch zahlreiche Wissenschaftler, die sich in der DDR in besonderer Weise der herrschenden Lehre des Marxismus-Leninismus verschrieben bzw. unterworfen hatten.

2.11 Neugründungen in den neuen Bundesländern

Zu einem Neubeginn kam es in Leipzig ab 1991/92. Dem vom sächsischen Kultusminister nach Leipzig geholten Gründungsdekan Karl Friedrich Reimers von der Hochschule für Fernsehen und Film (HFF) München gelang es, einen Fachbereich Kommunikations- und Medienwissenschaft mit neun planmäßigen Professorenstellen aufzubauen (der gegenwärtig größte Fachbereich in Deutschland). Zentrales Anliegen von Reimers war es, das Fach aus seiner ideologischen Fixierung und politischen Instrumentalisierung herauszulösen und ganz neu für den schöpferischen Wissenschaftspluralismus zu öffnen (vgl. Steinmetz 1997, S. 9).

Neben Leipzig wurden in den neuen Bundesländern des Weiteren Professuren für Kommunikationswissenschaft, Medienwissenschaft, Journalistik u. Ä.. mit je unterschiedlichen inhaltlichen Schwerpunkten an der Technischen Universität Dresden, an den (teils neu errichteten) Universitäten Erfurt, Greifsberg, Halle-Wittenberg, Ilmenau, Jena, Magdeburg und Weimar sowie an der Hochschule für Film und Fernsehen »Konrad Wolf« Potsdam-Babelsberg eingerichtet. Vor allem die Freistaaten Sachsen und Thüringen engagieren sich für die Kommunikations- und Medienwissenschaft überdurchschnittlich (vgl. Ruhrmann et al. 2000, S. 286ff). Die inhaltliche Ausrichtung der neuen Professuren versucht, dem beobachtbaren Medienwandel gerecht zu werden (vgl. Ruhrmann et al. 2000, S. 292f). Sofern alle Auf- und Ausbaupläne tatsächlich realisiert werden, soll es allein in den neuen Bundesländern an die 30 Professuren für Kommunikationswissenschaft, Medienwissenschaft und Journalistik geben (vgl. Ruhrmann et al. 2000).

2.12 Zur gegenwärtigen Lage des Faches

Die Kommunikationswissenschaft ist eine nach wie vor nicht gerade üppig ausgestattete Disziplin. Sie hat aber seit 1975 durch die Neu- oder – wie etwa in den neuen Bundesländern – Wiederbegründung von Instituten, Lehrstühlen, Professuren und

Studiengängen einen durchaus beachtenswerten Aufschwung genommen (vgl. Ruhrmann et al. 2000). Während in den siebziger Jahren kommunikationswissenschaftliche »Programme und Postulate« (Stichwort: Professionalisierung der Journalistenausbildung) aufgestellt wurden, folgte in den achtziger Jahren eine Phase der Institutionalisierung und Etablierung, in den neunziger Jahren schließlich »Expansion und Differenzierung« (Hömberg 2000, S. 21f). Seinen Aufschwung stellt das Fach durch seine vielfältigen Forschungsaktivitäten sowie durch eine sich geradezu explosionsartig vermehrende Publikationstätigkeit eindrucksvoll unter Beweis. Allenfalls ist zu kritisieren, dass in der Fülle der unterschiedlichsten Publikationen ein Eklektizismus vorherrscht und Überblickswerke selbst über einzelne Lehr- und Forschungsfelder selten sind oder gänzlich fehlen.

Im Zentrum des Fachgegenstandes stehen dem Selbstverständnis der Deutschen Gesellschaft für Publizistik- und Kommunikationswissenschaft (DGPuK) zufolge die indirekte, durch Massenmedien vermittelte, öffentliche Kommunikation und damit verbundene Produktions-, Verarbeitungs- und Rezeptionsprozesse; ebenso aber auch die Kommunikation in und durch Organisationen, die versuchen, in die Öffentlichkeit zu wirken. »Besondere Bedeutung haben dabei die klassischen Medien wie Zeitung, Hörfunk und Fernsehen. Andere Massenmedien wie Zeitschrift, Buch, Film, Tonträger, Telekommunikationsmedien wie das Telefon, und zunehmend verschiedene Formen computervermittelter Kommunikation (z.B. World Wide Web, Internet, Intranet) zählen ebenfalls zum Gegenstand des Faches. Hier zeigt sich die zunehmende Verschränkung privater und öffentlicher Kommunikationsprozesse« (DGPuK-Selbstverständnispapier 2000).

Das Fach kann an zahlreichen deutschen Universitäten (sowie in Österreich und in der Schweiz) in recht unterschiedlicher Weise, unter unterschiedlichen Fachbezeichnungen (Publizistikwissenschaft, Kommunikationswissenschaft, Journalistik, Medienwissenschaft etc.) sowie unter ebenso unterschiedlichen inhaltlichen Fachperspektiven an Universitäten, (künstlerischen) Hochschulen, Fachhochschulen sowie Akademien studiert werden. Es gibt geisteswissenschaftlich orientierte, sozialwissenschaftliche, journalistische bzw. journalistikwissenschaftliche sowie ästhetisch-produktiv-gestalterische Studiengänge (vgl. Wirth 2000, S. 38ff). Studienpläne, Studienordnungen und Lehrangebote erweisen sich »als außerordentlich heterogen mit einer häufig multiplen wissenschaftlichen Orientierung« (Wirth 2000, S. 38). Wirth spricht – in einem eher weit gefassten Verständnis von Kommunikations- und Medienwissenschaft – von 131 Studien- bzw. Ausbildungsmöglichkeiten alleine in Deutschland (vgl. Wirth 2000, S. 38f). Ihre konkreten Bezeichnungen, Studienziele, inhaltlichen Schwerpunktsetzungen, Adressen und Ansprechpersonen sind dem Studienführer »Journalismus, Medien, Kommunikation« zu entnehmen (Hömberg/Hackel-de Latour 2000). Die Herausgeber des Studienführers unterscheiden zwischen a) Haupt- und Nebenfachstudiengängen (Publizistik- und Kommunikationswissenschaft, Medienwissenschaft, Journalistik); b) Aufbau- und Zusatzstudiengängen (Publizistik- und Kommunikationswissenschaft, Medienwissenschaft, Journalistik);

c) Nebenfach-, Ergänzungs- und Teilstudiengängen; d) Studiengängen zur Weiterbildung sowie e) Studiengänge für AV-Medienberufe (vgl. Hömberg/Hackel-de Latour S. 621ff).

In Österreich sind publizistik- bzw. kommunikations- und medienwissenschaftliche Studiengänge an den Universitäten Klagenfurt, Salzburg und Wien eingerichtet (vgl. Siegert et al. 2000). Daneben existieren mehrere andere hochschulgebundene Formen und Einrichtungen (vgl. Siegert et al. 2000, S. 74f; Pürer 1996, S. 411ff). In der Schweiz ist das Fach in Basel, Bern, Fribourg, Lausanne, Lugano, St. Gallen und Zürich vertreten (vgl. Süss 2000, S. 19ff).

Die Kommunikationswissenschaft ist eine Disziplin, die sich – mehr denn je – durch einen Theorien- und Methodenpluralismus auszeichnet (vgl. Burkart/Hömberg 1992; Bentele/Rühl 1993). »Die meisten der im Fach verwendeten Theorien stellen Aussagen(systeme) über unterschiedliche Teilbereiche öffentlicher Kommunikationsprozesse dar. Sie beziehen sich auf (1) die Struktur und Organisation von Massenmedien, auf (2) die verschiedenen Typen von Kommunikatoren (zum Beispiel Journalistik, Public Relations, Werbung), auf (3) die Bedingungen der publizistischen Aussagengestaltung, auf (4) Nutzungs- und Rezeptionsmuster sowie auf (5) die Wirkungen der Medien. Allgemeine Theorien zum Prozess der öffentlichen Kommunikation (z.B. Öffentlichkeitstheorien) oder Theorien innerhalb der o. g. Teilbereiche (z.B. ökonomische und psychologische Theorien) spielen ebenfalls eine wichtige Rolle« (DGPuK-Selbstverständnispapier 2000). Wie in anderen Fächern auch existiert keine alles dominierende Theorie (vgl. Kapitel 1.4). Auch bemüht sich das Fach um Trans- und Interdisziplinarität (vgl. Brosius 2000, S. 8ff). Das Fach integriert vornehmlich politik- und wirtschaftswissenschaftliche, soziologische und sozialpsychologische, pädagogische sowie kultur- und sprachwissenschaftliche Perspektiven (vgl. Pürer 1996). Hinzu kommt eine vor allem hermeneutisch, ästhetisch und historisch orientierte medienwissenschaftliche Perspektive, die sich aus den Literaturwissenschaften und der Theaterwissenschaft herausgebildet hat. Angesichts von Multimedia und Online-Kommunikation kooperiert die Kommunikationswissenschaft zunehmend mit den Computerwissenschaften und der Informatik. Das Feld »neue Medien« (Multimedia, Internet, WWW, Online-Kommunikation) wurde von der Kommunikationswissenschaft ab Mitte der neunziger Jahre inhaltlich rasch besetzt und ist Gegenstand intensiver kommunikationswissenschaftlicher Forschung und Veröffentlichungen.

Im Kern versteht sich die Kommunikationswissenschaft heute als eine »*theoretisch und empirisch arbeitende Sozialwissenschaft*« (Hervorhebung im Original) mit interdisziplinären Bezügen (DGPuK-Selbstverständnispapier 2000). Neben den quantitativen wie qualitativen Methoden der empirischen Sozialforschung (z.B. Interview, Inhaltsanalyse, Befragung, experimentelle Designs) werden aber auch andere methodische Zugänge gepflegt wie historische, hermeneutisch-interpretative und kulturwissenschaftlich orientierte.

Die wissenschaftliche Ausbildung zeichnet sich zunehmend durch eine starke Berufsfeldorientierung aus. Auf mindestens drei Praxisbezüge ist zu verweisen: »einen *analytischen,* einen *pragmatischen* und einen *edukativen.* Der analytische Praxisbezug wird besonders in der universitären Forschung und Lehre vollzogen, der pragmatische innerhalb von Entwicklungs- und Beratungsprojekten und der edukative vor allem in der Ausbildung der Studierenden« (DGPuK-Selbstverständnispapier 2000) im Hinblick auf die breite Palette der Medien- und Kommunikationsberufe. Dabei wird Grundlagenwissen, Reflexionswissen, Planungswissen und Methodenwissen vermittelt (vgl. Jarren 1994) sowie in den genuin berufsorientierten Studiengängen (z.B. Diplom-Journalistik) konkret berufspraktisches und handwerkliches Wissen.

Dies alles darf jedoch nicht darüber hinwegtäuschen, dass das Fach an der Mehrzahl der Universitäten personell, materiell und technisch nicht gerade üppig ausgestattet, die Prüfungslast infolge des hohen studentischen Zuspruchs enorm und dadurch das Forschungspotenzial des Faches beeinträchtigt ist. »Eine durchschnittliche kommunikationswissenschaftliche Einrichtung (Institut, Lehrstuhl) verfügt in Deutschland über 3,6 Professuren und 5,5 wissenschaftliche MitarbeiterInnen« (Wirth 2000, H. 2, S. 42). Vollstudiengänge sind mit im Durchschnitt 5 Professoren und 7,3 Mitarbeitern besser ausgestattet als Teilstudiengänge mit im Schnitt 1,5 Professuren und 2,6 Mitarbeitern (vgl. Wirth 2000, H. 2, S. 42). 269 Professoren und 390 wissenschaftliche Mitarbeiter stehen in der Summe rund 18.600 Studierenden in Haupt- und Nebenfach gegenüber, wobei es zulassungsbeschränkte und nicht-zulassungsbeschränkte Studiengänge gibt (vgl. Wirth 2000, H. 2, S. 41f; Wirth 1999, S. 6). Dies ergibt vor allem in den kommunikations-, medien- und journalistikwissenschaftlichen Studiengängen erhebliche Überlasten: »Insgesamt entfallen in den Vollstudiengängen etwa 117 StudentInnen auf eine(n) Professor(in). Bei einer geistes- bzw. sozialwissenschaftlichen Ausrichtung lautet diese Quote 1:232 (Magister) bzw. 1:208 (Diplom). Bei den gestalterisch-produzierenden Einrichtungen kommen 45 StudentInnen auf ein(e) Professor(in). Das Bild gewinnt an Dramatik, berücksichtigt man zusätzlich, dass die Mehrheit der StudentInnen in einem Magisterstudiengang (rund 12.000) eingeschrieben sind und sich so mit den relativ gesehen schlechtesten Studienbedingungen zurechtfinden müssen« (Wirth 2000, H. 2, S. 44). Die Ausstattung der einzelnen Institute, Lehrstühle, Abteilungen oder Professuren mit Bibliotheken, Zeitungs-, Hörfunk-, Fernseh- und Online-Redaktionen ist äußerst unterschiedlich – am ehesten sind Bibliotheken und Computerräume vorhanden (vgl. Wirth 1999, S. 7). Und was die jährlich verfügbaren Budgets der Institute betrifft, so ergeben sich beispielsweise in den geistes- und sozialwissenschaftlichen Studiengängen pro Student bzw. Studentin 154 DM ~ 78,75 €. »Dieser Wert liegt für Diplomstudiengänge deutlich höher (226 DM ~ 115,55 €) als für Magisterstudiengänge (100 DM ~ 51,10 €)« (Wirth 1999, S. 7).

Gleichwohl ist mit Genugtuung zu vermerken, dass die Absolventen der Publizistik-, Kommunikations- und Medienwissenschaft sowie der Journalistik in aller Regel im weiten Feld der Medien- und Kommunikationsberufe rasch und gut unterkommen. Es sind dies insbesondere: der klassische Journalismus (in Print- wie Funkmedien), die Organisationskommunikation und Public Relations, Werbung und Mediaplanung, das Feld der Online-Medien, das Medienmanagement sowie die empirische Medien- und Marktforschung. Auch im künstlerisch-ästhetischen Bereich sind die Chancen auf einen raschen Berufseinstieg gut. Um die internationale Vergleichbarkeit der Studienabschlüsse zu ermöglichen, werden an mehreren kommunikationswissenschaftlichen Instituten vorhandene Magister- bzw. Diplomstudiengänge in Bachelor- und Masterstudiengänge umgewandelt; zugleich wird die Ausbildung auch stärker als bisher an den Erfordernissen der Berufspraxis orientiert.

Insgesamt stellt das Fach eine inzwischen selbstbewusste Disziplin dar. Seine Interessen werden von der Deutschen Gesellschaft für Publizistik- und Kommunikationswissenschaft (mit ihren mehr als 600 Mitgliedern) nach außen vertreten. Wenn das Fach mit seinen wissenschaftlichen Erkenntnissen in den Massenmedien weniger in Erscheinung tritt als andere Gesellschaftswissenschaften, so wohl nicht zuletzt deshalb, weil sich die Kommunikationswissenschaft u.a. auch kritisch mit Journalismus und Massenmedien auseinander setzt und auf Fehlleistungen und Fehlentwicklungen im Mediensystem aufmerksam macht. Mit der Veröffentlichung solcher Kritik tun sich Journalismus und Massenmedien schwer – vor allem dann, wenn ein Medium unmittelbar selber betroffen ist (vgl. Ruß-Mohl 1998).

Literatur

Aufermann, Jörg; Elitz, Ernst (Hrsg.) (1975): Ausbildungswege zum Journalismus. Bestandsaufnahmen, Kritik und Alternativen der Journalistenausbildung. Opladen.

Averbeck, Stefanie (1999): Kommunikation als Prozess. Soziologische Perspektiven in der Zeitungswissenschaft 1927-1934. Münster, Hamburg.

Averbeck, Stefanie (2001): Die Emigration der Zeitungswissenschaft nach 1933 und der Verlust sozialwissenschaftlicher Perspektiven in Deutschland. In: Publizistik 46: 2001, S. 1-19.

Benedikt, Klaus Ulrich (1986): Das Berliner Institut für Zeitungskunde/Zeitungswissenschaft. In: Bruch, Rüdiger vom; Roegele, Otto B. (Hrsg.): Von der Zeitungskunde zur Publizistik. Frankfurt/Main, S. 105-142.

Bentele, Günter; Beck, Klaus (1994): Information – Kommunikation – Massenkommunikation. In: Jarren, Otfried (Hrsg.): Medien und Journalismus 1. Eine Einführung. Opladen, S. 16-52.

Bentele, Günter; Rühl, Manfred (Hrsg.) (1993): Theorien öffentlicher Kommunikation. Problemfelder, Positionen, Perspektiven. München.

Blaum, Verena (1979): Journalistikwissenschaft in der DDR. Erlangen.

Blaum, Verena (1980): Marxismus-Leninismus, Massenkommunikation und Journalismus. Zum Gegenstand der Journalistikwissenschaft in der DDR. München.

Blaum, Verena (1985): Ideologie und Fachkompetenz. Das journalistische Berufsbild in der DDR. Köln.

Bohrmann, Hans (1981): Kommunikationswissenschaft, -forschung. In: Koszyk, Kurt; Pruys, Karl Hugo (Hrsg.): Handbuch der Massenkommunikation. München, S. 132-137.

Bohrmann, Hans (1997): Zur Geschichte des Faches Kommunikationswissenschaft seit 1945. In: Fünfgeld, Hermann; Mast, Claudia (Hrsg.): Massenkommunikation. Ergebnisse und Perspektiven. Opladen, S. 51-67.

Bohrmann, Hans; Kutsch, Arnulf (1975): Der Fall Walter Heide. Zur Vorgeschichte der Publizistikwissenschaft. In: Publizistik 20:1975, S. 805-808.

Brosius, Hans-Bernd (2000): Zum Fachverständnis der Kommunikationswissenschaft in Deutschland. In: Medien Journal 24:2000, H. 2, S. 8-9.

Bruch, Rüdiger vom; Roegele, Otto B. (Hrsg.) (1986): Von der Zeitungskunde zur Publizistik. Biographisch-institutionelle Stationen der deutschen Zeitungswissenschaft in der ersten Hälfte des 20. Jahrhunderts. Frankfurt/Main.

Bücher, Karl (1915): Die deutsche Tagespresse und die Kritik. In: Bücher, Karl (Hrsg.): Gesammelte Aufsätze zur Zeitungskunde. Tübingen 1926.

Bücher, Karl (1926): Gesammelte Aufsätze zur Zeitungskunde. Tübingen.

Burkart, Roland; Hömberg, Walter (Hrsg.) (1992): Kommunikationstheorien. Ein Textbuch zur Einführung. Studienbücher zur Publizistik- und Kommunikationswissenschaft. Wien.

Bussmann, Hadumod (1990): Lexikon der Sprachwissenschaft. 2. Aufl. Stuttgart.

DGPuK – Deutsche Gesellschaft für Publizistik- und Kommunikationswissenschaft (Hrsg.) (2000): Selbstverständnispapier.

Dovifat, Emil (1931): Zeitungswissenschaft. 2 Bde. Berlin, Leipzig [ab 2. Auflage geänderter Titel: Zeitungslehre 1937, 1955, 1962, 1976; bearb. von Jürgen Wilke].

Dröge, Franz (1967): Publizistik und Vorurteil. Münster.

Dröge, Franz (1973): Wissen ohne Bewußtsein. Materialien zur Medienanalyse in der Bundesrepublik Deutschland. Frankfurt/Main.

Eberhard, Fritz (1961): Thesen zur Publizistikwissenschaft. In: Publizistik 6:1961, S. 259-266.

Enzensberger, Hans Magnus (1973): Baukasten zu einer Theorie der Medien. In: Prokop, Dieter (Hrsg.): Massenkommunikationsforschung. Bd. 2: Konsumption. Frankfurt/Main, S. 420-434.

Fünfgeld, Hermann; Mast, Claudia (Hrsg.) (1997): Massenkommunikation. Ergebnisse und Perspektiven. Opladen.

Groth, Otto (1928ff): Die Zeitung. Ein System der Zeitungskunde (Journalistik). 4 Bde. Mannheim, Berlin, Leipzig.

Groth, Otto (1948): Geschichte der deutschen Zeitungswissenschaft. München.

Groth, Otto (1960ff): Die unerkannte Kulturmacht. Grundlegung der Zeitungswissenschaft (Periodik). 7 Bde. Berlin.

Grün, Edith S. (1986): Pressedissertationen in Deutschland 1874 – 1919. Zur Vorgeschichte der deutschen Zeitungswissenschaft. In: Bruch, Rüdiger vom; Roegele, Otto B. (Hrsg.): Von der Zeitungskunde zur Publizistik. Frankfurt/Main, S. 31-44.

Hagemann, Walter (1947) : Grundzüge der Publizistik. [Neuauflage Münster 1966, hrsg. von Henk Prakke].

Hagemann, Walter (1948): Publizistik im Dritten Reich. Ein Beitrag zur Methodik der Massenführung. Hamburg.

Hagemann, Walter (1954): Fernhören und Fernsehen. Eine Einführung in das Rundfunkwesen. Heidelberg.

Holzer, Horst (1971): Gescheiterte Aufklärung? Politik, Ökonomie und Kommunikation in der Bundesrepublik. München.

Hömberg, Walter (2000): Zur Einführung. Wegweiser in die Ausbildungslandschaft. In: Hömberg, Walter; Hackel-de Latour, Renate (Hrsg.): Journalismus, Medien, Kommunikation. Studienführer. 2. Aufl. Konstanz, S. 17-26.

Hömberg, Walter (Hrsg.) (1978): Journalistenausbildung. Modelle, Erfahrungen, Analysen. München.

Hömberg, Walter; Hackel-de Latour, Renate (Hrsg.) (2000): Journalismus, Medien, Kommunikation: Studienführer. 2. Aufl. Konstanz.

Hovland, Carl et al. (1953): Communication and persuasion. New Haven CT.

Jaeger, Karl (1926): Von der Zeitungskunde zur publizistischen Wissenschaft. Jena.

Jaeger, Karl (2000): Mitteilung statt Medium. Probleme, Methoden und Gegenstände der publizistischen Wissenschaft. Hrsg. u. eingeleitet von Arnulf Kutsch und Stefanie Averbeck. München.

Jarren, Otfried (Hrsg.) (1994): Medien und Journalismus. 2 Bde. Opladen.

Kieslich, Günter (1972): Zum Selbstverständnis der Publizistikwissenschaft. In: Publizistik 17:1972, S. 68-78.

Klose, Hans Georg (1986): Presseausstellung und Zeitungswissenschaft. Die Kölner Pressa im Spannungsfeld von politischer Repräsentation und fachwissenschaftlicher Institutionalisierung. In: Bruch, Rüdiger vom; Roegele, Otto B. (Hrsg.): Von der Zeitungskunde zur Publizistik. Frankfurt/Main, S. 197-234.

Knies, Karl (1857): Der Telegraph als Verkehrsmittel. Mit Erörterungen über den Nachrichtenverkehr überhaupt. Tübingen *[als Neudruck München 1996]*.

Koeppler, Karlfritz (2000): Strategien erfolgreicher Kommunikation. München, Wien.

Koerber, Esther; Stöber, Rolf (1994): Geschichte der öffentlichen Kommunikation. In: Jarren, Otfried (Hrsg.): Medien und Journalismus 1. Eine Einführung. Opladen, S. 53-106.

Koszyk, Kurt (1997): Zeitungskunde in der Weimarer Republik. In: Fünfgeld, Hermann; Mast, Claudia (Hrsg.): Massenkommunikation. Ergebnisse und Perspektiven. Opladen, S. 24-29.

Koszyk, Kurt; Pruys, Karl Hugo (1969): Einführung. In: Dies. (Hrsg.): dtv-Wörterbuch zur Publizistik. München 1976, S. 7-18 *[Erstauflage 1969]*.

Koszyk, Kurt; Pruys, Karl Hugo (Hrsg.) (1981): Handbuch der Massenkommunikation. München.

Kutsch, Arnulf (1981): Karl Oswin Kurth (1910-1981). Ein biographischer Hinweis zur Geschichte der Zeitungswissenschaft. In: Publizistik 26:1981, S. 397-413.

Kutsch, Arnulf (1984) (Hrsg.): Zeitungswissenschaftler im Dritten Reich. Sieben biographische Studien. Köln.

Kutsch, Arnulf (1985): Rundfunkwissenschaft im Dritten Reich. München.

Kutsch, Arnulf (1988a): Max Webers Anregung zur empirischen Journalismusforschung. Die »Zeitungs-Enquete« und eine Redakteursumfrage. In: Publizistik 33:1988, S. 5-31.

Kutsch, Arnulf (1988b): Die Emigration der deutschen Zeitungswissenschaft ab 1933. Anmerkungen zu einem vergessenen Thema. In: Medien & Zeit 1988, H. 1, S. 3-16.

Kutsch, Arnulf (1996): Das Fach in Leipzig – 1916 bis 1945. In: relation leipzig. news und infos aus dem Institut für Kommunikations- und Medienwissenschaft der Universität Leipzig 1996, Nr. 5, S. 8-11.

Kutsch, Arnulf; Pöttker, Horst (1997): Kommunikationswissenschaft – autobiographisch. Einleitung. In: Dies. (Hrsg.): Kommunikationswissenschaft – autobiographisch. Zur Entwicklung einer Wissenschaft in Deutschland. Opladen, S. 7-20.

Lerg, Winfried B. (1977): Pressegeschichte oder Kommunikationsgeschichte. In: Presse und Geschichte. Beiträge zur historischen Kommunikationsforschung. München, S. 9-24 (neu abgedruckt in: Langenbucher, Wolfgang R. (Hrsg.) (1986): Publizistik- und Kommunikationswissenschaft. Ein Textbuch zur Einführung in ihre Teildisziplinen. Wien, S. 130-142).

Liebert, Tobias (1996): Ein deutscher Ort. Über die Gründung der Leipziger Fakultät für Journalistik 1954. In: transparent. Mitteilungen aus dem Institut für Kommunikations- und Medienwissenschaft der Universität Leipzig 1995, Nr. 2, S. 7-8.

Löffler, Franz Adam (1837): Über die Gesetzgebung der Presse. Erster Theil. Leipzig.

Maletzke, Gerhard (1963): Psychologie der Massenkommunikation. Hamburg.

Maletzke, Gerhard (1997): Erlebte Kommunikationswissenschaft im Rückblick. In: Kutsch, Arnulf; Pöttker, Horst (Hrsg.): Kommunikationswissenschaft – autobiographisch. Zur Entwicklung einer Wissenschaft in Deutschland. Opladen, S. 110-119.

Mast, Claudia (1997): Journalisten auf der Datenautobahn. Qualifikationsprofile im Multimedia-Zeitalter. Konstanz.

Münster, Hans Amandus (1934): Die drei Aufgaben der Zeitungswissenschaft. Leipzig.

Neff, Berthold (1986): Aspekte zur öffentlichen Diskussion um die akademische Journalistenvorbildung im ersten Drittel des 20. Jahrhunderts in Deutschland. In: Bruch, Rüdiger vom; Roegele, Otto B. (Hrsg.): Von der Zeitungskunde zur Publizistik. Frankfurt/Main, S. 63-74.

Neuberger, Christoph; Tonnemacher, Jan (Hrsg.) (1998): Online – Zukunft der Zeitung? Opladen.

Noelle-Neumann, Elisabeth (1963): Umfragen in der Massengesellschaft. Reinbek bei Hamburg.

Noelle-Neumann, Elisabeth (1980): Die Schweigespirale. Öffentliche Meinung – unsere soziale Haut. München *[1991 neu erschienen unter dem Titel: Öffentliche Meinung. Die Entdeckung der Schweigespirale. Frankfurt/Main].*

Noelle-Neumann, Elisabeth (1997): Über den Fortschritt der Publizistikwissenschaft durch Anwendung empirischer Forschungsmethoden. Eine autobiographische Aufzeichnung. In: Kutsch, Arnulf; Pöttker, Horst (Hrsg.): Kommunikationswissenschaft – autobiographisch. Zur Entwicklung einer Wissenschaft in Deutschland. Opladen, S. 36-61.

Obst, Bernhard (1986): Das Ende der Presse-Enquete Max Webers. Der Heidelberger Professorenprozeß von 1912 und seine Auswirkungen auf die deutsche Zeitungswissenschaft. In: Bruch, Rüdiger vom; Roegele, Otto B. (Hrsg.): Von der Zeitungskunde zur Publizistik. Frankfurt/Main, S. 45-62.

Prakke, Henk (1968): Kommunikation der Gesellschaft. Einführung in die funktionale Publizistik. Münster.

Prutz, Robert (1845): Geschichte des deutschen Journalismus. Hannover.

Publizistik 3-4/1974 und 1-2/1975. Themenheft »Journalismus als Beruf«. Konstanz.

Pürer, Heinz (1996): Ausbildungserfordernisse und Ausbildungswege. In: Pürer, Heinz (Hrsg.): Praktischer Journalismus in Zeitung, Radio und Fernsehen. Mit einer Berufs- und Medienkunde für Journalisten in Österreich, Deutschland und der Schweiz. 2., überarb. u. erw. Aufl. Konstanz, S. 401-444.

Pürer, Heinz (1998): Einführung in die Publizistikwissenschaft. Systematik, Fragestellungen, Theorieansätze, Forschungstechniken. 6. Aufl. Konstanz.

Reimann, Horst (1989): Die Anfänge der Kommunikationsforschung. Entstehungsbedingungen und gemeinsame europäisch-amerikanische Entwicklungslinien im Spannungsfeld von Soziologie und Zeitungswissenschaft. In: Kaase, Max; Schulz, Winfried (Hrsg.): Öffentlichkeit, öffentliche Meinung und soziale Bewegungen. Sonderheft 30/1989 der Kölner Zeitschrift für Soziologie und Sozialpsychologie, S. 28-45.

Riepl, Wolfgang (1913): Das Nachrichtenwesen des Altertums. Mit besonderer Rücksicht auf die Römer. Leipzig, Berlin.

Ronneberger, Franz (1997): Wegemeister einer interdisziplinären Kommunikationswissenschaft. Autobiographische Fragen von Manfred Rühl. In: Kutsch, Arnulf; Pöttker, Horst (Hrsg.): Kommunikationswissenschaft – autobiographisch. Zur Entwicklung einer Wissenschaft in Deutschland. Opladen, S. 21-35.

Ruhrmann, Georg et al. (2000): Im Osten was Neues? Ein Beitrag zur Standortbestimmung der Kommunikations- und Medienwissenschaft. In: Publizistik 45:2000, S. 283-309.

Ruß-Mohl, Stephan (1998): Medienjournalismus, Medien-PR und die Corporate Identity von Medienunternehmen. In: Duchkowitsch, Wolfgang u.a. (Hrsg.): Journalismus als Kultur. Analysen und Essays. Opladen, S. 173-187.

Salmon, Charles T.; Glynn, Caroll J. (1996): Spiral of Silence: Communication and Public Opinion as Social Control. In: Salwen, Michael B. Stacks; Don W. (Ed.): An Integrated Approach to Communication Theory and Research. New York, S. 165-180.

Salomon, Ludwig (1906): Geschichte des deutschen Zeitungswesens. 3 Bde. Oldenburg, Leipzig.

Schäffle, Albert E. Fr. (1873): Über die volkswirthschaftliche Natur der Güter der Darstellung und der Mittheilung. In: Zeitschrift für die gesamte Staatswissenschaft 29/1873, S. 1ff.

Schäffle, Albert E. Fr. (1875f): Bau und Leben des socialen Körpers. 4 Bde. Tübingen.

Scherer, Helmut (1990): Massenmedien, Meinungsklima und Einstellung. Eine Untersuchung zur Theorie der Schweigespirale. Opladen.

Schlimper, Jürgen (1996): Wechselvolle Institutsgeschichte. Worüber man in Leipzig reden könnte. In: Aviso 1996, Nr. 16, S. 5.

Schramm, Wilbur (1963): Kommunikationsforschung in den Vereinigten Staaten. In: Schramm, Wilbur (Hrsg.): Grundfragen der Kommunikationsforschung. 2. Aufl. München 1969, S. 9-26 *[Titel der Originalausgabe: The Science of Human Communication. New York 1963]*.

Schwarzkopf, Joachim von (1795): Über Zeitungen. Ein Beytrag zur Staatswissenschaft. Frankfurt/Main *[Neudruck: München 1993]*.

Siegert, Gabriele et al. (2000): Parallele Vielfalt. Institutionelle Strukturen und Ausbildungssituation der Kommunikations- und Medienwissenschaft Österreichs. In: Medien Journal 24:2000, H. 2, S. 64-75.

Silbermann, Alphons; Krüger, Udo Michael (1973): Soziologie der Massenkommunikation. Stuttgart.

Starkulla, Heinz (1963): Publizistik und Kommunikation. In: Festschrift für Hanns Braun. Bremen, S. 562-571.

Steinmetz, Rüdiger (1997): Der Medienstandort Leipzig und die Universität. In: relation leipzig. news und infos aus dem Institut für Kommunikations- und Medienwissenschaft der Universität Leipzig 1997, Nr. 7, S. 8-11.

Stieler, Kaspar von (1695): Zeitungs Lust und Nutz. Hamburg *[Neudruck: Bremen 1969]*.

Straetz, Silvia (1984): Hans A. Münster (1901-1963). Sein Beitrag zur Rezipientenforschung. Frankfurt/Main.

Straetz, Silvia (1986): Das Institut für Zeitungskunde in Leipzig bis 1945. In: Bruch, Rüdiger vom; Roegele, Otto B. (Hrsg.): Von der Zeitungskunde zur Publizistik. Frankfurt/Main, S. 75-104.

Süss, Daniel (2000): Institutionelle Strukturen und Ausbildungssituationen. Kommunikations- und Medienwissenschaft in der Schweiz. In: Medien Journal 24:2000, H. 2, S. 19-27.

Ueding, Gert; Steinbrink, Bernd (1994): Grundriß der Rhetorik. 3. Aufl. Stuttgart.

Wagner, Hans (1997): Erfolgreich Kommunikationswissenschaft (Zeitungswissenschaft) studieren. München.

Weber, Max (1911): Zu einer Soziologie des Zeitungswesens. In: Schriften der Deutschen Gesellschaft für Soziologie, Serie I, Bd. 1. Tübingen *[Neu abgedruckt in: Langenbucher, Wolfgang R. (Hrsg.) (1986): Publizistik und Kommunikationswissenschaft. Ein Textbuch zur Einführung in ihre Teildisziplinen. Wien, S. 18-24]*.

Welcker, Carl Theodor (1830): Die vollkommene und ganze Preßfreiheit. Freiburg.

Wilke, Jürgen (Hrsg.) (1987): Zwischenbilanz der Journalistenausbildung. München.

Wirth, Werner (1999): Interdisziplinär oder heterogen? Ausstattung und Struktur der kommunikations- und medienwissenschaftlichen Einrichtungen. In: Aviso 1999, Nr. 25, S. 4-7.

Wirth, Werner (2000): Wachstum bei zunehmender Unübersichtlichkeit. Institutionelle Strukturen und Ausbildungssituation in der Kommunikations- und Medienwissenschaft in Deutschland. In: Medien Journal 24:2000, H. 2, S. 36-46.

Wuttke, Johann Karl Heinrich W. (1866): Die deutschen Zeitschriften und die Entstehung der öffentlichen Meinung. Hamburg *[2. Aufl. Leipzig 1875]*.

3. Grundbegriffe der Kommunikationswissenschaft

Auch die Kommunikationswissenschaft kommt ohne eigenes Begriffsinventar nicht aus. Zwar sind viele ihrer Begriffe der Alltagssprache entnommen oder umgekehrt aus dem Fach in die Alltagssprache eingeflossen. Gleichwohl bedient sich die Disziplin oftmals einer Fachsprache, die für Fachfremde mitunter nicht gleich verständlich ist. Dies gilt übrigens auch für die Begrifflichkeit zahlreicher Berufe. Welcher Durchschnittsbürger weiß schon, was im grafischen Gewerbe mit »Hurenkind« gemeint ist, was in der Medizin »intubieren« heißt, was im Tunnelbau der »Kalottenvortrieb« ist oder in der Luftfahrt »abschmieren« bedeutet?

Fachbegriffe stellen folglich nichts anderes als Verallgemeinerungen konkreter Phänomene dar. Ihre Funktion besteht darin, vor allem komplexe Phänomene und Sachverhalte nach Möglichkeit vereinfacht – jedoch nicht verkürzt – zu beschreiben. Daher zeichnet sich die Fach- oder Wissenschaftssprache durch genau definierte Begriffe oder, wo kompakte Definitionen nicht möglich sind, zumindest durch konkrete Begriffsbeschreibungen aus. Es liegt auch im Wesen der Wissenschaft, dass ständig neue Fachbegriffe »generiert«, d.h. aus neuen Erkenntnissen hergeleitet, entwickelt und gebildet werden. Dabei kommt es oftmals zu Fremdwortbildungen und zu Übernahmen aus dem Englischen bzw. Amerikanischen, »zumal ein großer Teil der kommunikationswissenschaftlichen Fachliteratur aus diesem Sprachraum stammt und die internationale Wissenschaftskommunikation (Kongresse und Fachzeitschriften) zur Verbreitung dieser Fachsprache erheblich beigetragen hat« (Bentele/Beck 1994, S. 16). Auch ist nicht zu übersehen, dass die Kommunikationswissenschaft Begriffe aus anderen Fächern, vor allem aus sozialwissenschaftlichen Disziplinen wie der Soziologie, der (Sozial-)Psychologie, der Politikwissenschaft sowie der (Sozio-)Linguistik entlehnt bzw. übernimmt.

Es ist nicht möglich, nachfolgend alle Fachbegriffe der Kommunikationswissenschaft detailliert aufzuführen und inhaltlich zu klären (schließlich soll hier kein Fachwörterbuch der Kommunikationswissenschaft geschrieben werden). Vielmehr seien einige zentrale Begriffe herausgehoben, deren Kenntnis für das Verständnis des Fachgegenstandes wichtig sind, zumal schon die Fachbezeichnung »Kommunikationswissenschaft« nicht selten zu Missverständnissen führen kann. Als derart zentrale Begriffe erweisen sich die Termini *Kommunikation, Publizistik, Massenkommunikation* sowie *elektronische, computervermittelte (Gemeinschafts-)Kommunikation.* Dem interdisziplinären Charakter des Faches folgend werden dabei neben kommunikationswissenschaftlichen Aspekten auch soziologische, psychologische sowie (sozio-)linguistische Aspekte angesprochen. Zahlreiche andere Fachbegriffe erfahren ihre Klärung jeweils innerhalb der einzelnen Abschnitte.

3.1 Kommunikation

Kommunikation ist ein sowohl fach- wie auch alltagssprachlich verwendeter Begriff mit zahlreichen Bedeutungsgehalten. Bezogen auf soziale, also gesellschaftliche Kommunikation ist er im deutschen Sprachraum über den Begriff Massenkommunikation »bekannt, ja modisch geworden« (Merten 1977, S. 141). Massenkommunikation wiederum ist die in den Sechzigerjahren aus dem Amerikanischen übernommene Bezeichnung für mass communication. Zweifellos erfuhr der in jüngerer Zeit inflationär verwendete Begriff Kommunikation seine inhaltliche Prägung durch die Kommunikationswissenschaft. Für die deutschsprachige Kommunikationswissenschaft ist von der Übernahme der beiden aus dem Amerikanischen stammenden Begriffe der wichtige Impuls ausgegangen, sich nicht nur mit medienvermittelter Kommunikation, sondern auch mit dem wesentlich komplexeren Phänomen zwischenmenschlicher Kommunikation zu befassen.

3.1.1 Unterscheidung von Kommunikation

In einer bereits 1977 durchgeführten Analyse von 160 Begriffsbestimmungen über Kommunikation nahm der Münsteraner Kommunikationswissenschaftler Klaus Merten eine hierarchische Unterscheidung von Kommunikation vor. Dabei differenzierte er zwischen subanimalischer, animalischer, Human- und Massenkommunikation (Merten 1977, S. 94ff):

- Mit *subanimalischer* Kommunikation ist die Kommunikation zwischen Organismen gemeint. Dabei geht es um technische oder naturwissenschaftliche Erscheinungen von Kommunikation wie etwa die reziproke Einwirkung zweier magnetischer Substanzen aufeinander oder die Entstehung einer Verbindung aus zwei Molekülen.
- *Animalische* Kommunikation meint Kommunikation zwischen Lebewesen, sei es zwischen Tieren oder zwischen Menschen und Tieren.
- Mit der Bezeichnung *Humankommunikation* ist ausschließlich Kommunikation unter Menschen angesprochen. Ihr besonderes Kennzeichen ist die Verfügbarkeit eines sprachlichen Kanals über und neben anderen – nonverbalen – Kommunikationskanälen.
- *Massenkommunikation* ist Merten zufolge eine besondere Form der Humankommunikation, deren Kennzeichen u.a. darin besteht, dass sie auf technische Medien angewiesen (also indirekt) ist, in aller Regel einseitig abläuft und sich an die Öffentlichkeit richtet.

Zu ergänzen ist diese Systematisierung um die

- *Computervermittelte (Gemeinschafts-)Kommunikation*. Dabei handelt es sich um einen aus der Multimedia-Kommunikation hergeleiteten Begriff. Gemeint sind neue Kommunikationsformen, die durch das Verschmelzen von Telekommunikation, Computerisierung und herkömmlichen elektronischen Massenmedien möglich geworden sind.

Summa summarum kann man der hier dargestellten Differenzierung zufolge also zwischen Kommunikation im weiteren sowie im engeren Sinne unterscheiden. Kommunikation *im weiteren Sinne* meint alle Prozesse der Informationsübertragung und bezieht technische, biologische, psychische, physische und soziale Informationsvermittlungssysteme ein. Unter Kommunikation *im engeren Sinn* versteht man einen Vorgang der Verständigung und der Bedeutungsvermittlung zwischen Lebewesen (vgl. Maletzke 1963, S. 18). Kommunikation *zwischen Menschen* schließlich stellt – soziologisch betrachtet – eine Form sozialen Handelns dar, das mit subjektivem Sinn verbunden sowie auf das Denken, Fühlen und Handeln anderer Menschen bezogen ist.

3.1.2 Kommunikation und Interaktion

Der Gedanke, wonach soziales Handeln »mit subjektivem Sinn verbunden« sowie »auf das Handeln anderer Menschen bezogen und daran in seinem Ablauf orientiert ist«, geht auf den Soziologen Max Weber zurück (Weber, 5. Aufl. 1980. S. 1). Wenn zwei oder mehr Personen sich »in ihrem gegenseitigen Verhalten aneinander orientieren und sich auch gegenseitig wahrnehmen können« (Jäckel 1995, S. 463), wird dies als Interaktion bezeichnet (ebd.). Interaktion ist also gekennzeichnet durch »Prozesse der Wechselbeziehung bzw. Wechselwirkung (...). Demgemäß soll in Anlehnung an Burkart unter sozialer Interaktion ein wechselseitiges Geschehen zwischen zwei oder mehr Personen verstanden werden, »welches mit einer Kontaktaufnahme beginnt und zu (Re-)Aktionen der im Kontakt stehenden Lebewesen führt« (Burkart 1998, S. 30). Kommunikation kann somit als eine »spezifische Form der sozialen Interaktion« verstanden werden (Graumann 1972, S. 1110; vgl. auch Burkart 1998, S. 30), zumal zwischenmenschliche Kommunikation sich in aller Regel auch durch Wechselseitigkeit auszeichnet.

Die Begriffe Kommunikation und Interaktion werden gelegentlich auch synonym verwendet. Dies ist nicht uneingeschränkt zulässig, sondern bedarf einer Differenzierung: Zweifellos stehen die Begriffe Kommunikation und Interaktion zueinander in Beziehung. Mit *Kommunikation* ist von der Wortbedeutung her jedoch eher Verständigung und sind damit in erster Linie inhaltliche Bedeutungsprozesse gemeint (vgl. Maletzke 1998, S. 43). *Interaktion* hingegen meint den Charakter und Handlungsablauf sozialer Beziehungen (Jäckel 1995, S. 463; vgl. Graumann 1972, S. 1110ff). Wenn Interaktion folglich als Synonym für soziales Handeln steht, kann Kommunikation als Interaktion vermittels Zeichen und Symbolen bezeichnet werden.

Versucht man folglich, eine Definition für zwischenmenschliche Kommunikation von Angesicht zu Angesicht zu finden, die sowohl den formalen Charakter sozialer

Beziehungen als auch das Merkmal der Verständigung in sich vereinigt, so kann man Kommunikation einfach definieren als *verbales und/oder nonverbales Miteinander-in-Beziehung-Treten von Menschen zum Austausch von Informationen.*

3.1.3 Merkmale von Kommunikation

In dem hier verstandenen Sinne besteht Kommunikation in einer vereinfachten Vorstellung aus mindestens vier Elementen, nämlich: einem Sender (Kommunikator), einem Kommunikationsinhalt (Aussage, Mitteilung, Botschaft), einem Kanal, über den der Inhalt vermittelt wird (Medium) sowie einem Empfänger (Rezipient). Der Kommunikationsvorgang läuft – vereinfacht dargestellt – so ab, dass der Sender eine Information verschlüsselt (encodiert), sprachlich an den Kommunikationspartner übermittelt und der Empfänger die übermittelte Botschaft erfasst und entschlüsselt (decodiert). Dieser Vorgang bzw. Prozess ist in zahlreichen Kommunikationsmodellen dargestellt (vgl. beispielsweise McQuail/Windahl 1994; siehe auch Bentele/Beck 1994, S. 21-25). Beim Gespräch zwischen zwei oder auch mehr Personen läuft dieser Prozess in aller Regel wechselseitig, also im ständigen Tausch der Rollen von Kommunikator und Rezipient ab.

- *Wechselseitigkeit* (Reziprozität) ist in aller Regel also eines der Merkmale von Face-to-face-Kommunikation (vgl. Merten 1977, S. 75). »Der Status der beiden Kommunikationspartner und/oder die soziale Strukturierung der Kommunikationssituation« können jedoch zu einem »kommunikativen Gefälle« zwischen Sender und Empfänger führen, sodass der Kommunikationsprozess bzw. sein dialogischer Charakter nicht zwingend symmetrisch strukturiert sein muss (vgl. Kübler 1994, S. 38).

In seiner Analyse von Kommunikationsbegriffen hat Merten neben der Reziprozität weitere Merkmale von (Face-to-face-)Kommunikation ausfindig gemacht. Es sind dies die Merkmale Intentionalität, Anwesenheit, Sprachlichkeit, Wirkung und Reflexivität.

- Mit dem Charakteristikum *Intentionalität* ist die Absichtshaftigkeit des Senders und Zielgerichtetheit der Botschaft an den Empfänger gemeint. Intentionalität kann auch gegeben sein, wenn der angestrebte Empfänger möglicherweise nicht reagiert (vgl. Merten 1977, S. 77f) oder etwas anderes versteht als der Sender.
- Das Merkmal *Anwesenheit* bezeichnet die gegenseitige Wahrnehmbarkeit der Kommunikationspartner in der direkten Interaktion. Diese gegenseitige Wahrnehmbarkeit ist nicht nur im persönlichen Gespräch zwischen zwei Personen gegeben, sondern beispielsweise auch beim Telefonieren (vgl. Merten 1977, S. 79ff). In dieser – technisch vermittelten – Form der Kommunikation nehmen die beiden Gesprächspartner einander wegen der eingeschränkten Zahl der be-

nutzten Kommunikationskanäle allerdings anders wahr als in der Face-to-face-Kommunikation.

- Obwohl wir in vielfältiger Weise auch nonverbal kommunizieren, ist *Sprachlichkeit* ein sehr wesentliches Merkmal von Kommunikation (vgl. Merten 1977, S. 82). Sprache ist das leistungsfähigste Kommunikationsinstrument und spielt für die Verständigung zwischen zwei oder mehreren Kommunikationspartnern eine eminent wichtige Rolle.
- Unter *Wirkung* sind sämtliche Verhaltensweisen und Erlebnisprozesse zu verstehen, die beim Kommunizieren ablaufen bzw. erfahrbar und beobachtbar sind (vgl. Merten 1977, S. 84ff).
- In der *Reflexivität,* also in der Rückbezüglichkeit, sieht Merten das wichtigste Merkmal von Kommunikation. Reflexivität bezieht sich auf die beiden Kommunikationspartner, und so ist mit Reflexivität die Reflexion von Prozessen in der Kommunikation auf sich selbst gemeint. Merten unterscheidet zwischen Reflexivität in der Zeitdimension, in der Sachdimension sowie in der Sozialdimension (Merten 1977, S. 86-88 sowie S. 161f). Dabei bedeutet Reflexivität in ihrer *zeitlichen* Dimension die Rückwirkung der Folgen von Kommunikation auf den Kommunikationsprozess selbst. Reflexivität in der *sachlichen* Dimension meint, »dass Kommunikation jeweils mit dem Kanal bzw. Code operieren kann, der dem sachlichen Anliegen am angemessensten ist. Kommunikation rekurriert mithin auf kulturelle und bewusstseinsmäßige Vorleistungen, kann adäquat Informationen auswählen, aufeinander beziehen, vorantreiben, Traditionen bilden und an Sinnstrukturen anknüpfen.« (Kübler 1994, S. 18). Reflexivität in der *sozialen* Dimension bedeutet, dass Kommunikation Individuen (für vielleicht auch nur ganz kurze Zeit – Erg. H. P.) verbindet, Sozialität stiftet, kognitive Leistungen wie Wahrnehmen, Erwarten und Handeln verlangt bzw. erzeugt und damit letztlich menschliche Identität konstituiert« (Kübler 1994, S. 18). Gemeint ist, dass Kommunikation zeitlich, sachlich und sozial immer an bereits Vorhandenes »andockt«. So manifestiert sich beispielsweise in der Frage eines Ortsunkundigen nach einer Straße oder Gasse (*zeitliches und sachliches »Andocken«*) bei einem – vermeintlich – Ortskundigen ein Mindestmaß an Vertrauen (*soziales »Andocken«* i. S. »der kann mir vielleicht helfen«).

Kommunikation ist durch ein Mindestmaß an Verständigung, an Gemeinsamkeiten der Gedanken oder Absichten zwischen Sender und Empfänger gekennzeichnet. Sie dient der Verständigung, dem Austausch und der Teilhabe an dem, worüber gesprochen wird. Verständigung liegt dann vor, »wenn der Rezipient eine ihm mitgeteilte Aussage so versteht, wie sie vom Kommunikator gemeint ist« (Burkart 1998, S. 75). Dazu bedarf es eines gemeinsamen, übereinstimmenden Zeichenvorrates. Über einen in hohem Maße übereinstimmenden Zeichenvorrat verfügen Kommunikationspartner, die nicht nur die gleiche Sprache sprechen, sondern auch ähnliche oder gleiche Interessen haben sowie ähnliche oder gleiche Erfahrungen, Anschauungen und

Werthaltungen (vgl. Merten 1977, S. 47-49). Innere Monologe, Denkprozesse, Selbstgespräche – also das, was wir *intra*personale Kommunikation nennen – kann nicht als Kommunikation im bisher dargelegten Sinn bezeichnet werden. Das Denken ist, wie Plato sagt, das »Selbstgespräch der Seele« und damit zweifellos eine Art kommunikativer Vorgang, aber eben ein intrapersonaler im Gegensatz zur *inter*personalen Kommunikation (vgl. Schreiber 1990, S. 249).

3.1.4 Kommunikation – ein komplexer Prozess

Der uns so selbstverständlich erscheinende Vorgang von Kommunikation als Prozess ist kein Vorgang, der mit der Denkkategorie der einfachen Kausalität zu erfassen ist (Merten 1977, S. 53). Vielmehr stellt Kommunikation einen komplexen Sachverhalt dar, in dessen Verlauf Rücksteuerungen und Rückkopplungen sowie ein- und gegenseitige Beziehungen und Abhängigkeiten zwischen den Kommunizierenden eine Rolle spielen. Bei Kommunikation bzw. kommunikativem Handeln wird seitens der Kommunikationspartner Sinn konstruiert, Information generiert und ausgetauscht und es kommen auch subjektive Auswahl- bzw. Selektionsprozesse der Kommunikationspartner zum Tragen (vgl. Bentele/Beck 1994, S. 32). In der zwischenmenschlichen Kommunikation von Angesicht zu Angesicht (face-to-face) nehmen die Kommunizierenden abwechselnd die Rolle von Sender und Empfänger, von Kommunikator und Rezipient ein. Dies erfolgt oft »in so rascher Folge und mit Überschneidungen, dass man von einer gewissen Koinzidenz beider Rollen bei beiden Partnern ausgehen kann« (Schulz 1994, S. 147). Dabei handelt es sich weniger um eine Übertragung als vielmehr um einen Austausch von Information.

Dieser Austausch von Information bedient sich sprachlicher (verbaler) wie nichtsprachlicher (nonverbaler) Kommunikationsformen. Das *Sprachliche* manifestiert sich – übrigens in Spreche wie in Schreibe – im Gebrauch von Zeichen bzw. Symbolen. Bei gesprochener Sprache kommen paraverbale Merkmale wie Stimmqualität, Tonfall, Lautstärke, Stimmelodie, Sprechpausen, dialektische Färbung u.a.m. hinzu. Bei geschriebener Sprache, beispielsweise im Brief oder auch bei gedruckten Medien, spielen (qualitativ-)formale Merkmale wie Schriftcharakter und Schriftbild eine Rolle. Allen diesen Merkmalen kann der Empfänger Informationen über den Sender entnehmen.

Nonverbale Kommunikation bezeichnet »Formen des menschlichen Elementarkontaktes neben und außerhalb der Sprache« (Beth/Pross 1976, S. 93.) Diese *nichtsprachliche* Kommunikation findet ihren Ausdruck in zahlreichen – (quasi-)formalen – Manifestationen wie Mimik, Gestik, Körperhaltung, Blickkontakt, raumbezogenem Verhalten (räumliche Distanz der Kommunizierenden) etc.; sie werden vorwiegend über den optischen bzw. visuellen Kanal wahrgenommen. Nonverbale Kommunikationselemente sind aber auch in Mitteilungen zu sehen, die durch Geruch, Geschmack, Berührungen und Wärmeempfindungen vermittelt und wahrgenommen werden. Insgesamt kann man also unterscheiden zwischen sprachunabhängigen und sprachabhängigen nonverbalen Elementen (vgl. Kübler 1994, S. 24). Einen Sonderfall stellt die Sprache der (Taub-)Stummen dar, die vorwiegend mit Mimik, Gestik und Gebärden operiert.

Was verbale und nonverbale Kommunikation betrifft, so ist darauf hinzuweisen, dass alle verbale Kommunikation aus der nonverbalen entwickelt wurde (nämlich aus raumbezogenem Verhalten, Körperhaltung, Mimik, Vokalisation und Gestik (vgl. Bergler/Six 1979, S. 26f). »Nonverbale Kommunikation ist durch verbale nicht ab-gelöst, sondern ergänzt worden.« (...). Der verbale Kanal ersetzt den nonverbalen nicht; vielmehr ergänzen sich beide Kanäle »komplementär zu einer wirksamen Struktur, die in der Bezogenheit aufeinander Leistungen ermöglicht, die keiner der Kanäle allein erbringen könnte« (Merten 1977, S. 82). Es ist jedoch unbestritten, dass alle leistungsfähige Kommunikation, die erinnerbar, multiplizierbar oder zure-chenbar sein will, auf Sprache aufbaut (vgl. Merten 1977, S. 82). Im Unterschied zu nonverbaler Kommunikation befähigt Sprache zur Kommunikation über Personen, Dinge und Gegenstände sowie Sachverhalte »unabhängig von ihrer raum-zeitlichen Gegenwart« (Bergler/Six 1979, S. 27). Dies gilt übrigens auch für einen beträchtli-chen Teil der Kommunikation von Blinden. Für sie muss geschriebene Sprache in ei-nen eigenen materiellen Code transformiert werden, dessen Dekodierung etwa über den Tastsinn erfolgt.

3.1.5 Kommunikation – ein vermittelter Prozess

In der Kommunikationswissenschaft versteht man unter zwischenmenschlicher Kommunikation den sich der Sprachen, Zeichen und Symbole bedienenden Aus-tausch von Bedeutungsgehalten zwischen zwei oder mehreren Personen, der auch nicht-sprachliche Elemente enthält. Wenn wir uns zum Kommunizieren also bei-spielsweise der gesprochenen Sprache bedienen, so ist damit ausgesagt, dass alle menschliche Kommunikation – auch jene von Angesicht zu Angesicht – vermittelt ist. Kommunikation bedarf folglich immer einer Instanz, eines Mittels oder Medi-ums, mit dessen Hilfe eine Botschaft generiert bzw. artikuliert und »durch das hin-durch eine Nachricht übertragen bzw. aufgenommen wird« (Graumann 1972, S. 1182). Der Begriff »Medium« steht daher »sowohl für personale (der menschli-chen Person ›anhaftende‹) Vermittlungsinstanzen als auch für jene technischen Hilfs-mittel zur Übertragung einer Botschaft« (Burkart 1998, S. 36), wie wir sie aus Tele-kommunikation (Telefon, Sprechfunk, Fax etc.), Massenkommunikation (Zeitung, Zeitschrift, Radio, Fernsehen) sowie neuerdings auch aus der computervermittelten Kommunikation (Multimedia-, Online- und Offline-Kommunikation etc.) kennen.

Menschliche Kommunikation zeichnet sich also durch eine Vielfalt immaterieller wie materieller Vermittlungsformen und –möglichkeiten aus. Von Harry Pross stammt der 1972 unternommene, immer noch überzeugende (weil auch auf die computervermittelte Kommunikation übertragbare) Versuch, diese mediale Vielfalt zu differenzieren. Er un-terscheidet zwischen primären, sekundären und tertiären Medien (Pross 1972, S. 10 ff).

- *Primäre Medien* sind demzufolge die Medien des »menschlichen Elementarkontaktes«. Dazu gehören die Sprache sowie nichtsprachliche Vermittlungsinstanzen wie Mimik, Gestik, Körperhaltung, Blickkontakt etc. Allen diesen originären Medien ist gemeinsam, dass kein Gerät zwischen den Kommunikationspartnern geschaltet ist »und die Sinne der Menschen zur Produktion, zum Transport und zum Konsum der Botschaft ausreichen« (Pross 1972, S. 145).
- *Sekundäre Medien* sind dann jene, die auf der Produktionsseite technische Geräte erfordern, nicht aber beim Empfänger zur Aufnahme der Mitteilung. Gemeint sind Rauchzeichen, Feuer- und Flaggensignale sowie alle jene Manifestationen menschlicher Mitteilungen, die der Schrift (z.B. öffentliche Inschriften, Brief etc.), des Drucks (Einblattdruck, Flugblatt, Flugschrift, Zeitung, Zeitschrift, Buch, Plakat) oder einer anderen Form der materiellen Speicherung und Übertragung (z.B. Kopie) bedürfen.
- Mit *tertiären Medien* sind alle jene Kommunikationsmittel gemeint, bei denen sowohl aufseiten des Senders (zur Produktion und Übermittlung) wie auch aufseiten des Empfängers (zur Rezeption) ein technisches Mittel erforderlich ist. Dazu gehören der gesamte Bereich der Telekommunikation (Telefon, Fernschreiber, Funkanlagen etc.) sowie v.a. die elektronischen Massenmedien wie Radio, Fernsehen, Film, Schallplatte, Musik-Cassette, Videotechniken, Personalcomputer und Datenträger unterschiedlichster Art.

Kommunikation von Angesicht zu Angesicht bedient sich der hier dargelegten Differenzierung zufolge primärer Medien. Ihre wichtigsten Kanäle sind verbale und nonverbale Vermittlungsformen. Kommunikation ist demnach erfolgreich, wenn folgende drei Bedingungen erfüllt sind: Wenn die zu vermittelnden Gedanken, Absichten oder Bedeutungen – der »immaterielle Bewusstseinsgehalt« eines Kommunikators – in ein kommunizierbares verbales und/oder nonverbales Zeichensystem umgewandelt werden können; wenn sich die Codes bzw. Zeichen und Chiffren in »physikalische Signale« (optische, akustische, taktile) transformieren lassen und von den Sinnesorganen des Adressaten wahrgenommen werden; sowie wenn der Adressat die empfangenen Zeichen deuten, d.h. decodieren, dechiffrieren und durch Interpretation die vermittelten Inhalte erschließen kann (vgl. Merten 1977, S. 46).

3.1.6 Die Kommunikations-»Kanäle«

Nicht nur, aber vor allem in der zwischenmenschlichen Kommunikation kommunizieren wir über mehrere Kanäle. Gemeint sind jene Sinnesmodalitäten, mithilfe derer und über die wir unsere Kommunikationspartner wahrnehmen. Dabei kann zwischen dem auditiven, dem visuellen, dem taktilen, dem olfaktorischen, dem thermalen und dem gustatorischen Kanal unterschieden werden.

- Über den *auditiven* Kanal nehmen wir gesprochene Sprache bzw. Information wahr, wobei paraverbale Komponenten wie Stimmvariation, Sprechgeschwindigkeit und Sprechrhythmus sowie extralinguistische Elemente (wie Lachen, Weinen, Husten, Rülpsen, Gähnen etc.) zugleich mit wahrgenommen werden.
- Der *visuelle* Kanal vermittelt uns die meisten nonverbalen Informationen. Dazu gehören: Mimik (Gesichtsausdruck), Gestik, Körperhaltung, raumbezogenes Verhalten (wie interpersonale Distanz, Annäherungs- und Vermeidungstendenzen) sowie äußere Attribute (Körpergröße, Kleidung, Frisur). Eine wichtige Rolle spielt in der visuellen Kommunikation des Weiteren der Blickkontakt, wie Bergler/Six unter Bezugnahme auf Koenig festhalten: »Das Auge ›sieht‹ nicht nur, es ›schaut‹ auch ›an‹ und wird umgekehrt selbst angeschaut, es ist Sender und Empfänger zur gleichen Zeit« (Koenig 1970, S. 183). Insofern hat das Auge eine wichtige Intimfunktion für zwischenmenschliche Kommunikation (vgl. Bergler/Six 1979, S. 28ff). Der visuelle Kommunikationskanal ist im Hinblick auf die Verarbeitungsgeschwindigkeit den anderen Kanälen überlegen.
- Über den *taktilen* Kanal nehmen wir Körperberührungen wahr. Dazu zählt etwa der Händedruck bei Begrüßungen, Verabschiedungen, Beglückwünschungen, Vertragsvereinbarungen etc. ebenso wie vor allem Körperberührungen in der Intimkommunikation (beispielsweise zwischen Eltern und Kind oder zwischen zwei Liebenden).
- Eng verbunden mit dem taktilen ist der *thermale* Kanal, über den wir, beispielsweise beim Händedruck bei einer Begrüßung oder beim Streicheln in der Intimkommunikation, zugleich auch die Körperwärme unseres Kommunikationspartners wahrnehmen.
- Der *olfaktorische* Kanal vermittelt uns Gerüche, die von Kommunikationspartnern ausgehen können und die für das Gelingen oder Misslingen von Kommunikation von Bedeutung sein können (wie etwa der angenehme oder unangenehme Duft von Parfüm, ebenso Transpirations-, Mund- oder anderer Körpergeruch).
- Schließlich ist auf den *gustatorischen* Kanal zu verweisen, der, wie etwa beim Kuss, Geschmacksempfindungen vermittelt. Solche Geschmacksempfindungen können aber auch beispielsweise von einem guten Essen ausgehen, das einer Kommunikation zuträglich (oder, wenn das Gegenteil der Fall ist, abträglich) sein kann.

Die Menschen benutzen ihre Kommunikationskanäle nicht isoliert. Zwischenmenschliche Kommunikation bedient sich zumeist nicht nur eines, sondern »gleichzeitig mehrerer dieser Kanäle« (Bentele/Beck 1994, S. 40); und »je mehr Kanäle in der Kommunikation jeweils zusammenwirken, desto höher ist der Grad der Präzision und der Reflexivität der Kommunikation« (Schreiber 1990, S. 132). Als besonderes Beispiel für Mehrkanalität nennt Schreiber den Kuss, »bei dem im (...) optimalen Fall der taktile (Berührung), gustatorische (Geschmacksempfindungen), olfaktorische

(Riechen von Körpergeruch), thermale (Wärmeempfindungen), optische (sektoraler Gesichtsausdruck) und der akustische (›typische‹ Kussgeräusche) Kanal beteiligt sind« (Schreiber 1990, S. 132).

Für Bergler/Six (1979, S. 35) ist Kommunikation »immer die integrierte Einheit verbaler und nonverbaler Kommunikation«. In diesem Kontext verweisen sie auf unterschiedliche Vermittlungsleistungen verbaler und nonverbaler Kommunikation. So vermittelt verbale Kommunikation in erster Linie Tatsachen, Meinungen, Probleme, Sachverhalte. Sie wird nicht ausschließlich, aber primär kognitiv erfasst. Die nonverbale Kommunikation stellt oftmals erst die eigentliche emotionale Beziehung zum Angesprochenen her. Sie wird stark gefühlsbezogen wahrgenommen. Von nonverbaler Kommunikation gehen folglich wichtige Leistungen aus. »Nonverbale Kommunikation

- reguliert unmittelbar soziale Kontakte: Weckt Sympathie (und damit erhöhte Kontaktbereitschaft) oder Antipathie [und damit Verringerung der Kontaktbereitschaft; H.P.];
- bereitet den Zuhörer auf kommende verbale Information vor;
- hält das Interesse des Zuhörers wach: Weckt Aufmerksamkeit und Bereitschaft zur weiteren Informationsaufnahme und Kommunikation;
- ist die glaubwürdigere Information im Falle auftretender Diskrepanzen zwischen verbaler und nonverbaler Information;
- unterstützt die verbale Kommunikation;
- ersetzt und ergänzt verbale Kommunikation.« (Bergler/Six 1979, S. 33).

Zwischenmenschliche Kommunikation von Angesicht zu Angesicht bedient sich in aller Regel stets mehrerer Kommunikationskanäle. »Nicht isolierte, abstrakte Worte und Sätze werden wirksam, sondern die verbalen Elemente werden immer von bestimmten Menschen, mit einem charakteristischen Äußeren, einem spezifischen Attraktivitätswert, in einer spezifischen stimmlichen Artikulation, Stimmlage, mit einer spezifischen Mimik, Gestik usw. vorgetragen.(...). Diesem nonverbalen Verhalten (...) kommt im Sinne von sozialen Techniken zentrale Bedeutung für die psychologische Wirksamkeit der eigentlichen Sachinformation zu« (Bergler/Six 1979, S. 35).

Im Unterschied zu Kommunikation von Angesicht zu Angesicht ist technisch vermittelte Kommunikation (Telekommunikation, Massenkommunikation, computervermittelte Kommunikation) von der Zahl der benutzten Kanäle bzw. Sinne betrachtet eingeschränkte Kommunikation. So wird beim Lesen der visuelle Kanal beansprucht; beim Radiohören der auditive; beim Fernsehen, beim Kinofilm sowie teilweise auch in der computervermittelten Kommunikation visueller und auditiver zugleich. In Telekommunikation, Massenkommunikation und computervermittelter Kommunikation gibt es aber keine Berührungen, keine Wärme- oder Geschmacksempfindungen sowie keine Gerüche. Auszunehmen sind allenfalls die Druckmedien: Sie verschaffen ihren Nutzern oftmals auch ein haptisches Erlebnis (und möglicherweise regt neben dem Inhalt auch der vertraute Geruch der Druckfarbe einer Zeitung, einer Zeitschrift oder eines Buches zum Weiterlesen an).

3.1.7 Exkurs: Man kann nicht *nicht* kommunizieren

Von den amerikanischen Kommunikationsforschern Paul Watzlawick, Janet Beavon und Don Jackson stammt u.a. das metakommunikative Axiom, wonach man nicht *nicht* kommunizieren kann. Es handelt sich dabei um einen nicht beweisbaren Grundsatz von Kommunikation. Begründet wird er von seinen Urhebern wie folgt (vgl. Watzlawick et al. 1990, S. 53ff):

Voraussetzung, um von Kommunikation sprechen zu können, sind zwei Systeme: jenes der Informations*abgabe* und jenes der Informations*aufnahme*. Bei der Informationsabgabe kann wieder zwischen zwei Haupttypen unterschieden werden, nämlich zwischen *beabsichtigter* (intentionaler) und *nicht beabsichtigter* (nicht-intentionaler). Allein dadurch aber – und nun ist die nicht beabsichtigte Informationsabgabe angesprochen -, dass ein Mensch (bzw. ein Lebewesen oder auch nur ein Organismus) existiert, sich kleidet, sich im Raum oder in der Zeit bewegt usw., können von anderen Menschen Informationen über die Gestalt, das Aussehen, die Bewegungen, die Zugehörigkeit (z. B. zu einer sozialen Gruppe), den Gemütszustand etc. entnommen werden, ohne dass die Person beabsichtigt, solche Information gezielt über sich abzugeben.

Bentele/Beck weisen darauf hin, dass dieses Axiom eine bedeutsame Unterscheidung verwischt, »nämlich die zwischen Verhalten und Kommunikation. Tatsächlich kann jedem beobachteten Verhalten von einem wahrnehmenden Subjekt (oder einem anderen informationsaufnehmenden System) eine Bedeutung beigemessen werden, doch unterscheidet sich dieser Vorgang wesentlich von dem einer bewussten Verständigung« (Bentele/Beck 1994, S. 20). Ungeachtet dessen besteht Kommunikation »meist zugleich aus absichtlicher Mitteilung und nicht-absichtlicher Informationsabgabe: Wir teilen nicht nur eine bestimmte Aussage mit, sondern bieten unserem Kommunikationspartner eine Fülle weiterer Informationen, aus denen er Schlüsse ziehen kann« (Bentele/Beck 1994, S. 20). Folgerichtig nehmen Beth/Pross (1976, S. 71ff) die Unterscheidung von intendierter (also beabsichtigter und zielgerichteter) Kommunikation und von anzeigender (oder indizierender) Kommunikation vor. Gegenstand der Kommunikationswissenschaft ist nicht das gesamte Verhalten, sondern primär der Mitteilungsaspekt« (Bentele/Beck 1994, S. 20).

3.1.8 Sprache und Kommunikation

In den Sozialwissenschaften besteht Einigung darüber, »als Sprache nur die Verständigung mithilfe von Symbolen zu bezeichnen« (Maletzke 1998, S. 44). Die Sprache »ist das für den Menschen allein typische und bei weitem am höchsten entwickelte Kommunikationsmittel« (Griese 1976, S. 28). Sie entsteht »durch Laute, die sich nach bestimmten Regeln zu größeren sprachlichen Einheiten zusammensetzen und so zu Trägern von Bedeutungen werden« (Döhn 1979, S.206). Sprache »ist immer Kommunikation, aber sie ist eine Kommunikationsform unter mehreren anderen« (Maletzke 1998, S. 44). In ihrer Leistungsfähigkeit und vielseitigen Verwendbarkeit ist Sprache anderen Kommunikationsformen gegenüber weit überlegen: Der Sprache wohnt die Möglichkeit inne, mit einer endlichen Anzahl von sprachlichen Regeln und Elementen eine unendliche Anzahl von sprachlichen Äußerungen und Bedeutungen auszudrücken.

Von der Sprachwissenschaftlerin Hadumod Bußmann stammt der Versuch, Sprache nicht nur aus linguistischer Sicht, sondern als gesellschaftliches Phänomen kompakt zu beschreiben. Sie definiert *Sprache* als ein »auf kognitiven Prozessen basierendes, gesellschaftlich bedingtes, historischer Entwicklung unterworfenes Mittel zum Ausdruck bzw. Austausch von Gedanken, Vorstellungen, Erkenntnissen und Informationen sowie zur Fixierung von Erfahrung und Wissen« (Bußmann 1990, S. 699). Auf den »kognitiven Charakter« von Sprache (verbaler Kanal) wurde bereits hingewiesen. »Gesellschaftlich bedingt« heißt, dass Sprache in ihrer Ausprägung und Anwendung auf gesellschaftlichen Konventionen (Übereinkünften) beruht. Die im deutschen Sprachraum vor kurzem durchgeführte Rechtschreibreform, die de facto auf geänderten gesellschaftlichen Konventionen der Anwendung von Sprache bzw. sprachlichen Zeichen aufbaut, ist ein gutes Beispiel dafür. Im Zusammenhang damit steht der Gedanke, dass Sprache ein historischer Entwicklung unterworfenes Ausdrucksmittel darstellt. Sprache verändert sich im Laufe der Zeit, entlehnt aus anderen Sprachen Begriffe, kreiert (nicht zuletzt durch die Übernahme fachsprachlicher Begriffe in die Umgangssprache) Wortneuschöpfungen und streicht mitunter auch veraltete Ausdrucksformen aus ihrem Begriffsrepertoire.

Schrift schließlich stellt die optische Fixierung sprachlicher Laute zu einem Zeichensystem dar und gilt als eine der genialsten Erfindungen des Menschen. Sie »schuf die Möglichkeit, Kommunikationsinhalte zu speichern und in dieser Form auch persönlich Abwesenden und persönlich Unbekannten mitzuteilen« (Hunziker 1988, S. 5), und sie ermöglicht weit besser als mündliche Überlieferung die Speicherung von »Erfahrung und Wissen« und damit auch die soziokulturell so bedeutsame Fixierung von Kulturtradition. Das Grundinventar des (alphanumerischen) Zeichensystem der deutschen Sprache besteht bekanntlich aus 26 Buchstaben (A bis Z) und 10 Ziffern (0-9).

Merten verweist im Hinblick auf das Kriterium der Reflexivität von Kommunikation auf die sachlichen, zeitlichen und sozialen Leistungen bzw. Dimensionen von Schrift. So erlaubt Schrift in der *sachlichen* Dimension »gegenüber mündlicher Weiter- und Wiedergabe eine immens gesteigerte Wiedergabe des Inhalts, entlastet also von subjektiver Verfälschung und konvergiert damit den Interpretationsspielraum« (Merten 1977, S. 140). In der *zeitlichen* Dimension »erlaubt Schrift die Akkumulation großer Erfahrungsbestände und deren Nutzbarmachung für alles zukünftige Handeln« (Merten 1977, S. 140). In *sozialer* Hinsicht »erlaubt Schrift die Heranführung beliebig vieler und zueinander indifferenter Personen an die fixierbaren Selektionsleistungen, insbesondere die Bindung an die Kenntnis und die Befolgung aufgeschriebener Normen« (Merten 1977, S. 140). Merten verweist allerdings auch darauf, dass »Schrift [...] nicht nur exakte Reproduktion [zulässt], sondern gerade auch wirkungssichere Fälschung« (Merten 1977, S. 140).

Sprache dient in erster Linie der zwischenmenschlichen Verständigung. Dazu ist es erforderlich, dass von den Kommunikationspartnern die gleichen sprachlichen Zeichen benutzt und identisch interpretiert werden. In diesem Zusammenhang erscheint es sinnvoll, a) unter Bezugnahme auf die Semiotik auf die Dimensionen sprachlicher Zeichen zu verweisen; b) aus psycholinguistischer Sicht kurz die Funktionen von Sprache zu erörtern; c) den Inhalts- und Beziehungsaspekt von sprachlicher Kommunikation kurz anzusprechen sowie schließlich d) auch noch kurz zu erörtern, worin Sprachbarrieren begründet sein können.

- Die Semiotik, die Lehre von den sprachlichen Zeichen, unterscheidet die folgenden drei *Dimensionen* sprachlicher Zeichen (Morris 1938; Pelz 1975): die semantische, die syntaktische und die pragmatische Dimension.
- Mit der *semantischen* Dimension ist die Beziehung zwischen den sprachlichen Zeichen und den Gegenständen, d.h. Personen, Sachverhalten, Dingen, Ereignissen etc. gemeint, »auf die sie verweisen, die sie ›be-zeichnen‹ sollen (Burkart 1998, S. 76). Die Semantik als Zeichen- bzw. Wortbedeutungslehre befasst sich folglich mit der Bedeutung sprachlicher Zeichen und Zeichenfolgen (Wörter).
- Die *syntaktische* Dimension meint die Beziehung der Zeichen untereinander. Untersuchungsgegenstand der Syntaktik, der Lehre von den Sprachregeln, sind folglich »die grammatischen Regeln, nach denen sprachliche Zeichen miteinander verknüpft werden können« (Burkart 1998, S. 76). Sie manifestieren sich u.a. auch in den Satzkonstruktionen sowie im Satzbau.
- Die *pragmatische* Dimension »meint die Beziehung zwischen den Zeichen und ihren Benutzern« (Burkart 1998, S. 76). Die Pragmatik als ›Lehre von der Zeichenverwendung‹ (...) fragt nach der Art und Weise des Gebrauchs sprachlicher Zeichen und Zeichenfolgen« (Burkart 1998, S. 76). Sie untersucht, was von einem Sprechenden in einer konkreten Kommunikationssituation mit sprachlichen Zeichen und Zeichenkombinationen »gemacht«, wozu sie »benützt« werden (konkrete Anwendung der Sprache durch einen Sprechenden).

Im Zusammenhang mit der pragmatischen Dimension der Sprache spielt das Lexikon des Sprachverwenders, seine Sprachkompetenz und seine Sprachperformanz eine wichtige Rolle. Mit *Lexikon* ist der Wortschatz einer Sprache gemeint, der sich durch neu hinzukommende Wörter, Begriffe und Wortzusammensetzungen ständig verändert. Die Unterscheidung zwischen Sprachkompetenz und Sprachperformanz geht auf Benjamin Lee Whorf zurück (Whorf 1963). Mit Sprach*kompetenz* ist die allgemeine Kenntnis gemeint, die ein Sprachbenutzer von einer Sprache hat. Mit

Sprach*performanz* bezeichnet man den tatsächlichen Gebrauch, den ein Sprachbenutzer auf Grund seiner Sprachkompetenz in einer bestimmten Sprechsituation von Sprache macht (d.h. die Fähigkeit, Sprache situationsgerecht anzuwenden). Der schweizerische Sprachwissenschaftler Ferdinand de Saussure (1857-1913) schließlich nimmt die Unterscheidung von »langue« und »parole« vor. *Langue* meint Sprache als statisches System (z.B. das Deutsche, die englische Sprache, das Italienische), *parole* dagegen Sprechen in konkreten sprachlichen Äußerungen (vgl. Saussure 1931), also einen dynamischen Vorgang.

- Von dem Psychologen Karl Bühler stammt die nachfolgende, bereits 1934 entwickelte Systematik der Sprach- bzw. Zeichenfunktionen. In Anlehnung an Plato verstand Bühler unter Sprache ein »Werkzeug« (griechisch: »organon«) des Kommunikationsprozesses. Dieses Werkzeug erfüllt für Bühler drei Funktionen, nämlich die Darstellungsfunktion, die Ausdrucksfunktion sowie die Appellfunktion (Bühler 1978, S. 28ff).
- Mit der *Darstellungsfunktion* ist die Möglichkeit gemeint, Dinge und Sachverhalte zu beschreiben. Sie ist objektorientiert; im Vordergrund stehen die sprachlich vermittelten Sachverhalte. Das sprachliche Zeichen ist »Symbol für Gegenstände oder Sachverhalte, für die es steht« (Graumann 1972, S. 1197).
- Die *Ausdrucksfunktion* verweist auf die Fähigkeit der Sprache, Gedanken und Empfindungen auszudrücken. Sprachliche Zeichen sind also »Symptom eines inneren Zustandes des Senders« (Graumann 1972, S. 1197). Die Ausdrucksfunktion ist kommunikationsorientiert, sie vermittelt die emotionalen Färbungen des Sprechers.
- Die *Appellfunktion* meint die Möglichkeit, mittels Sprache das Verhalten des Kommunikationspartners beeinflussen zu können. Sie ist rezipientenorientiert. Das sprachliche Zeichen ist »Signal für einen Empfänger« (Graumann 1972, S. 1197).

Jede dieser Funktionen kommt bei sprachlicher Kommunikation, insbesondere bei solcher von Angesicht zu Angesicht, zur Geltung. Freilich können in je unterschiedlichen Kommunikationssituationen und je nach physischer und psychischer Verfassung des jeweils Sprechenden einzelne Funktionen überwiegen bzw. etwas stärker zum Ausdruck kommen.

a) Unter Bezugnahme auf Watzlawick sei darauf hingewiesen, dass sprachliche Kommunikation einen Inhalts- und einen Beziehungsaspekt aufweist. Im *Inhalts*aspekt manifestiert sich das, *was* eine Mitteilung enthält. Im *Beziehungsaspekt* sollte zum Tragen kommen, *wie* der Sender seine Mitteilung vom Empfänger verstanden wissen will. Gemeint ist, dass der Inhaltsaspekt die ›Daten‹ vermittelt, während der Beziehungsaspekt anweist, »wie diese Daten aufzufassen sind« (Watzlawick et al. 1969, S. 55). Dabei ist das Verhältnis zwischen Inhalts-

und Beziehungsaspekt derart, »dass letzterer den ersteren bestimmt« (Watzlawick et al. 1969, S. 55). Der Inhalt (*was*) einer Mitteilung wird primär kognitiv erfasst, der Beziehungsaspekt (*wie*) primär eher intuitiv und emotiv.

b) Was schließlich Sprachbarrieren betrifft, also Missverstehen und Nichtverstehen, so verweist Burkart in Anlehnung an Badura (1971) darauf, dass sich beides auf der Sprachebene des Gegenstandes und auf der Sprachebene der intersubjektiven Wahrnehmung der Gesprächpartner abspielen kann.

- »Auf der *gegenständlichen* Ebene liegt ein *Nichtverstehen* vor, wenn Sprecher und Hörer über unterschiedliche Zeichenvorräte verfügen« (Burkart 1998, S. 84). Dies ist z. B. der Fall, wenn der Sprecher ein Fremdwort verwendet, das der Hörer nicht kennt.
- »Ein *Missverstehen* auf der gegenständlichen Ebene von Kommunikation liegt dagegen vor, wenn beide Kommunikationspartner wohl mehr oder weniger gleiche Zeichenvorräte besitzen, (...) wenn beide Kommunikationspartner aber dennoch unterschiedliche Bedeutungen mit den betreffenden Wörtern verbinden« (Burkart 1998, S. 84). Es entsteht also ein »semantisches« Problem.
- »Auf der *intersubjektiven* Ebene von Kommunikation liegt ein *Nichtverstehen* dann vor, wenn sprachliche Äußerungen (eines Kommunikators vom Rezipienten – Erg. H. P.) gar nicht als solche erkannt werden. Die Gründe dafür liegen im Unvermögen des Empfängers, die sprachlichen Manifestationen überhaupt zu identifizieren« (Burkart 1998, S. 85).
- »Ein *Missverstehen* auf der intersubjektiven Ebene liegt hingegen dann vor, wenn die beiden Kommunikationspartner die gesetzten Sprechakte unterschiedlich interpretieren« (Burkart 1998, S. 85). Es entsteht also ein pragmatisches Problem, es gibt »Differenzen im Bereich der pragmatischen Zeichendimension zwischen Sprecher und Zuhörer« (ebd.).

Sprachbarrieren können aber auch gesellschaftlich bedingt sein. J. Weinberg (1972), B. Bernstein (1972) sowie H. Holzer und K. Steinbacher (1972) verweisen in teils unterschiedlicher Art darauf, dass es schichtspezifische Unterschiede in Spracherwerb, Sprachentwicklung und Sprachgebrauch gibt. Mittel- und Unterschicht gebrauchen verschiedene Varianten der gemeinsamen Einheitssprache. So verwendet die Unterschicht eine Sprache, deren Code »restringiert«, also (mehr oder weniger stark) beschränkt ist, die Mittel- und Oberschicht dagegen einen »elaborierten« (also gut entwickelten und erweiterten) Sprachcode. Die Verschiedenartigkeit der beiden Codes kann zu einer gesellschaftlichen Benachteiligung sozial schwacher bzw. niedriger Schichten führen, insbesondere im Hinblick auf den gesellschaftlichen Aufstieg und bei beruflichen Karrieren (vgl. auch Burkart 1998, S. 100-102).

Nach diesem kurzen Exkurs in die Sprachsoziologie kann resümiert werden, dass Sprache nicht nur für die zwischenmenschliche Verständigung eine wichtige Rolle spielt. Sprache ist vielmehr generell von unübersehbarer soziokultureller Bedeutung (Döhn 1979, S.207ff):

- Sprache ist ein wichtiger Informationsträger, von dem alle anderen Formen der Kommunikation abhängen.
- Individuelle wie soziale Kommunikation ist auf Sprache angewiesen, auch wenn Verständigung über andere Kommunikationskanäle erfolgt.
- Sprache spielt für die Bewusstwerdung des Individuums eine wichtige Rolle, und unser Denken folgt den Regeln der Sprache.
- Die Speicherung und Weitergabe von Wissen und neuer Information ist auf Sprache angewiesen.
- Nicht zuletzt werden gesellschaftliche und kulturelle Werte durch Sprache vermittelt und tradiert.

3.1.9 Arten von Kommunikation

Kommunikation kann in verschiedenen Arten vor sich gehen: direkt oder indirekt; wechselseitig oder einseitig; privat oder öffentlich sowie in Anwesenheit oder in Abwesenheit (und damit gegenseitig wahrnehmbar oder nicht wahrnehmbar).

So verläuft *Kommunikation zwischen zwei Personen* (face-to-face) in aller Regel in direkter Interaktion, wechselseitig und privat, wobei eine Vielzahl von Kommunikationskanälen benutzt wird. Die Kommunikationspartner sind gleichzeitig anwesend und gegenseitig wahrnehmbar, wodurch ein hoher Grad an Reaktion gegeben sowie Rückfragen möglich sind. Kommunikation zwischen zwei Personen von Angesicht zu Angesicht hat eine dyadische oder dialogische Struktur. Dagegen ist unter zeitversetzter und/oder räumlich getrennter Interaktion bereits ein besonderer Typus von persönlicher Kommunikation zu sehen, auch wenn ihre Dialogstruktur weitgehend erhalten bleibt. Dies ist beispielsweise bei der Telefonkommunikation, bei Kommunikation mittels CB-Funk, beim Chat im Internet oder auch beim Brief der Fall.

Gruppenkommunikation ist von der dyadischen, interpersonalen Kommunikation abzugrenzen. Sie zeichnet sich durch zweierlei aus. Zunächst ist ihre »Kommunikationsstruktur »von der Zahl und den Rollen der einzelnen Gruppenmitglieder« bestimmt (Kübler 1994, S. 21). Und strukturell ist sie vor allem gekennzeichnet »von den Normierungen und Differenzierungen der in der Gruppe herrschenden Konventionen und Handlungsweisen« (ebenda).

Zeitversetzte und/oder räumlich getrennte Kommunikation (wie Brief, Telefonkommunikation, E-Mail, Chat) schließt von der Kapazität der Kanalübertragung »alle nonverbalen Komponenten wie Mimik und Gestik, überhaupt alle visuellen Kommunikationskomponenten (derzeit noch) aus« und es fehlen »die sensorischen Eindrücke unmittelbarer Anwesenheit (die über den Geruchs-, Geschmacks- und Tastsinn wahrgenommen werden« (Kübler 1994, S. 21).

Das *Telefongespräch* stellt eine Form der wechselseitigen Kommunikation dar, die allerdings indirekt verläuft (sie ist technisch vermittelt) und die privaten bzw. quasi-privaten (beruflichen) Charakter hat. Von der Zahl der benutzten Kommunikations-kanäle her gesehen ist Telefonkommunikation eine eingeschränkte Form der Kommunikation (sie wird nur auditiv-vokal wahrgenommen). Beim Telefonieren sind die Kommunikationspartner zwar nicht (im Sinne von Angesicht zu Angesicht) anwesend, aber über den auditiven Kanal gegenseitig wahrnehmbar. Telefonkommunikation ermöglicht direkte Rückkopplung. Ähnliches gilt für Kommunikation via CB-Funk. Beim künftigen Videotelefon sind Mimik und teilweise auch Gestik je nach Perspektive der Videokamera in eingegrenztem Maße mitübertragbar. (vgl. Kübler 1994, S. 21).

Kommunikation mittels *Brief* oder *E-Mail* stellt eine einseitige, indirekte und technisch vermittelte (Papier als Träger/Speicher der Information, der Computer als elektronischer Vermittler) Form der Kommunikation dar. Die Kommunikations-partner sind abwesend, Rückkopplungen nicht unmittelbar möglich. Im Hinblick auf die benutzten Kanäle ist briefliche und E-Mail-Kommunikation auf den visuellen Kanal begrenzt, wobei der visuelle Kanal selbst wieder einer starken Einschränkung unterliegt, zumal der Kommunikationspartner nicht wahrnehmbar ist. In modifiziertem Maße gilt eben Gesagtes auch für Internet-Chats, an denen in aller Regel aber mehr als zwei Personen teilnehmen.

Ein *Vortrag* (oder auch eine Vorlesung oder Rede) ist direkte, einseitige, oftmals technisch vermittelte (d.h. durch ein Mikrofon zumindest verstärkte) und zumeist öffentliche Kommunikation (auch wenn er beispielsweise nur für eine gezielt ausgewählte, d.h. eingeschränkte Öffentlichkeit gedacht sein sollte). Die Kommunikationspartner sind anwesend und gegenseitig wahrnehmbar (der Kommunikator für die Rezipienten jedoch eher als umgekehrt). Reaktionen und feed back sind nur in eingeschränktem Maße möglich.

Massenkommunikation im herkömmlichen Sinn (Zeitung, Zeitschrift, Radio, Fernsehen) ist eine Form öffentlicher, indirekter und einseitiger Kommunikation. Sie bedient sich technischer Verbreitungsmittel und wendet sich an ein disperses (d.h. räumlich und/oder raum-zeitlich verstreutes) Publikum, auch wenn beispielsweise nur bestimmte Publikumssegmente bzw. Zielgruppen angesprochen werden. Bei den Printmedien (Zeitung/Zeitschrift) sind die Kommunikatoren für die Rezipienten nicht wahrnehmbar; im Hörfunk sind sie dies mit ihrer Stimme, im Fernsehen mit Bild und Stimme. Rückkopplungen sind in aller Regel nicht möglich, Ausnahmen bilden bei den Funkmedien so genannte Call-in-Sendungen bzw. Leserbriefe an und Telefonanrufe in Redaktionen. Massenkommunikation stellt Inhalte für weiterführende persönliche Kommunikation bereit, hat also kommunikationsstiftenden Charakter.

Online-Kommunikation ist technisch vermittelte, indirekte, teils einseitige (z.B. E-Mail), teils gegenseitige (z.B. Internet Relay Chat), teils private, teils öffentliche Kommunikation (z.B. Mailing Lists, Dienstleistungen via Internet). Online-Kommunikation ist Kommunikation in Abwesenheit, die Kommunikationspartner können sich gegenseitig (vorerst meist noch) nicht wahrnehmen, allenfalls imaginieren. Rückkopplungen sind, je nach Kommunikationsangebot und -form, direkt oder nur indirekt möglich.

Kommunikation im bisher geschilderten Sinne ist ein alle Aspekte des sozialen Lebens durchdringender, fundamentaler Prozess. Erst Kommunikation, und zwar sprachliche Kommunikation, ermöglicht das Wachstum, den Erhalt und die Übertragung von Kultur und somit die Kontinuität einer Gesellschaft, ebenso aber auch ihren Wandel. Ohne sprachliche Kommunikation ist organisiertes soziales Leben nicht möglich (vgl. Döhn 1979, S. 107f).

3.2 Massenkommunikation

Der uns so geläufige Begriff »Massenkommunikation« fand in den Sechzigerjahren des 20. Jahrhunderts Eingang in den deutschen Sprachgebrauch – zunächst fachsprachlich, dann auch umgangssprachlich. Davor (bereits ab Ende der Zwanzigerjahre) und daneben bedient(e) man sich für Aussagen und Botschaften, die sich an die Öffentlichkeit richteten, des Begriffes »Publizistik«. Dabei wurde und wird unterschieden zwischen originärer und medial vermittelter Publizistik. Mit *originärer* Publizistik sind Formen der an eine Öffentlichkeit gerichteten, aktuellen Informationen (welcher Art auch immer) gemeint, die ohne vermittelnde technische Medien auskommen wie etwa die öffentliche Rede bei einer Wahlveranstaltung, die Predigt in der Kirche, aber auch ein Vortrag oder eine Vorlesung vor einer nur begrenzten, relativ kleinen Öffentlichkeit. *Medial vermittelte Publizistik* meint über technische Medien ablaufende, an eine (wie immer große oder kleine) Öffentlichkeit gerichtete Kommunikation, also Zeitungs-, Zeitschriften-, Hörfunk oder Fernsehpublizistik. Publizistik impliziert(e) auch, dass es sich um *aktuelle* Botschaften handelt, mit denen man sich an die Öffentlichkeit wendet.

Die Publizistikwissenschaft verstand (und versteht) sich demzufolge auch als die wissenschaftliche Beschäftigung mit öffentlicher Kommunikation; private oder beruflich bedingte zwischenmenschliche Kommunikation (face-to-face) war und ist nicht ihr Gegenstand. Dies geht aus zwei hier beispielhaft vorgestellten Definitionsversuchen über Publizistik hervor. So verstand Walter Hagemann unter Publizistik »die öffentliche Aussage aktueller Bewusstseinsinhalte« (Hagemann 1947 bzw. 1966). Henk Prakke definierte Publizistik als »das öffentliche Miteinander-in-Beziehung-Treten von Menschen mittels originärer Kommunikationsformen und/oder technischer Medien zur Herstellung von Verständigung über Aktuelles in Zeit und Gesellschaft« (Prakke 1968). In jüngster Zeit ist der Begriff »Publizistik« fach- wie umgangssprachlich allerdings immer seltener anzutreffen. Auch bei den universitären Institutsbezeichnungen ist der Terminus nur noch selten vorzufinden. Es verwundert dies insofern, als auch die moderne Kommunikationswissenschaft sich zwar nicht ausschließlich, aber doch weitestgehend mit Erscheinungsformen öffentlicher und quasi-öffentlicher Kommunikation befasst – unter welcher theoretischen oder methodischen Perspektive auch immer (vgl. Bohrmann 1999).

Doch zurück zum Begriff »Massenkommunikation«. Es handelt sich dabei um die aus dem Amerikanischen ins Deutsche übernommene Bezeichnung von *mass communication*. Allgemein betrachtet meint man damit in einem sehr weiten Sinne politische, ökonomische, soziale und kulturelle Prozesse, die durch das Vorhandensein von klassischen Massenmedien wie Zeitung, Zeitschrift, Hörfunk und Fernsehen ausgelöst werden und die sich in den Massenmedien selbst widerspiegeln. In einem engeren Sinne versteht man unter Massenkommunikation von profesionellen Medienkommunikatoren (also von Journalisten, Moderatoren, Kommentatoren, Entertainern etc.) öffentlich, indirekt, über technische Medien (Presse, Radio, Fernsehen) und weitestgehend einseitig an eine Vielzahl von Menschen gerichtete Aussagen (informierender, bildender, überredender, werbender oder unterhaltender Natur), die von ihren Empfängern entschlüsselt sowie mit Sinn verbunden und mit Bedeutung versehen werden.

Auf Multimedia, zumindest auf mehrere seiner Teilbereiche, trifft diese Beschreibung von Massenkommunikation im klassischen und engeren Sinne nicht bzw. nicht mehr uneingeschränkt zu. Es gibt nämlich Multimedia-Anwendungen, die spontane Rückkopplungsmöglichkeiten des Rezipienten an den Kommunikator gestatten. So kann, um ein Beispiel zu nennen, etwa ein Nutzer (User) einer Online-Zeitung via E-Mail unmittelbar an den Kommunikator zurückreagieren, womit das Merkmal der Einseitigkeit des (Massen-)Kommunikationsprozesses durchbrochen ist. Andere Medienanwendungen im Internet ermöglichen dem User, sich an Chats zu beteiligen oder an Newsgroups und virtuellen Rollen-Spielen (MUDs) teilzunehmen. Überhaupt kann jeder Internet-Nutzer, entsprechende Anwender-Kenntnisse vorausgesetzt, grundsätzlich seinen eigenen Online-Auftritt bewerkstelligen und somit selbst zum Sender werden. Über diese interaktiven Möglichkeiten und andere Formen, Merkmale und Grenzen der elektronisch vermittelten Kommunikation gibt Kapitel 3.3 umfassend Auskunft.

3.2.1 Schrift – Druck – Funk

Was wir heute so selbstverständlich als Massenkommunikation bezeichnen, ist – technisch gesehen – über Jahrtausende schrittweise zunächst über die (Laut-)Schrift, dann über den Buchdruck sowie schließlich über die elektrischen und später elektronischen Medien entstanden (vgl. Hunziker 1988).

- So ist »die erste grundlegende medientechnische Errungenschaft in der Gesellschaftsentwicklung« in der »Herausbildung der *Laut-Schrift* als Fort- und Weiterentwicklung der Sprache« zu sehen. Die Laut-Schrift »schuf die Möglichkeit, Kommunikationsinhalte zu speichern und in dieser Form auch persönlich Abwesenden und persönlich Unbekannten mitzuteilen« (Hunziker 1988, S. 5). Für die Entstehung von Hochkulturen mit städtischen Lebensformen und ausdifferenzierten Funktionsbereichen in Politik, Verwaltung, Produktion und Handel war Schriftlichkeit eine ganz wesentliche Voraussetzung.

- Die Erfindung des *Buchdrucks* in der Mitte des 15. Jahrhunderts veränderte die Qualität schriftlicher Information »insofern, als damit schriftlich fixierte Kommunikationsinhalte massenhaft hergestellt und verbreitet werden konnten« (Hunziker 1988, S. 5). Die geistigen, politischen, kulturellen und wirtschaftlichen Folgen dieser technischen Errungenschaft waren gewaltig, kamen zunächst aber jener eher kleinen Elite in der Bevölkerung zugute, die des Lesens (und Schreibens) kundig war. Von Massenmedien und der Ansprache eines Massenpublikums kann erst ab der zweiten Hälfte des 19. Jahrhunderts gesprochen werden, als Trivialromane in massenhaften Auflagen hergestellt wurden und sich auch die Massenpresse (Zeitungen mit hohen Auflagen) entfaltete.

- Die sich im 20. Jahrhundert ausbreitenden elektrischen bzw. elektronischen Medien, im Wesentlichen also Radio und Fernsehen (aber auch Film/Kino), erleichterten »den Prozess der Massenkommunikation insofern, als sie für den Empfang der Mitteilungen zwar ein technisches Gerät, dafür aber keine über das alltägliche Kommunikationsverhalten hinausgehenden Fähigkeiten voraussetzen« (Hunziker 1988, S. 6). Das Radio erlebte bald nach der Einführung öffentlicher Hörfunksendungen (ab Anfang der Zwanzigerjahre) vor allem in den 30er-Jahren des 20. Jahrhunderts massenhafte Verbreitung – aus Propagandagründen hatte das nationalsozialistische Regime daran besonderes Interesse und ließ preiswerte, für jedermann erschwingliche Empfangsgeräte produzieren. Das Fernsehen trat seinen Siegeszug ab Anfang der Sechzigerjahre an, nachdem im deutschen Sprachraum bereits in den 50er-Jahren regelmäßige TV-Programme ausgestrahlt wurden.

- Es folgten elektronische Speichermedien (Audio, Video) und Versuche mit digitalem Radio und Fernsehen, bis schließlich – Ende der Neunzigerjahre – die computervermittelte (Online- und Gemeinschafts-)Kommunikation sowie Multimedia neben die klassischen Funkmedien trat und sich seither ebenfalls rapide ausbreitete. Die Teilnahme an computervermittelter Kommunikation setzt allerdings eine gegenwärtig immer noch relativ kostenintensive technische Ausstattung sowie die Fähigkeit voraus, diese Technik zu bedienen – das also, was man »computer literacy« nennt.

3.2.2 »Massen«-Kommunikation

Was den Begriff Massenkommunikation selbst betrifft, so ist für den europäischen, respektive für den deutschen Sprachraum vor allem im Hinblick auf den Wortbestandteil »Masse« ein klärender Hinweis erforderlich. Keinesfalls soll der Terminus »Masse« massenpsychologische (Le Bon 1895 bzw. 1950) oder kulturpessimistische

Assoziationen (Ortega y Gasset 1930 bzw. 1973) wecken. Weder sind mit »Masse« etwa niedere soziale Schichten, Personen oder Personengruppen gemeint, die sich im kulturpessimistischen Sinne durch Degenerierung und Persönlichkeitsverarmung auszeichnen; noch solche, denen aus einer psychologischen Sicht heraus pauschal und kumulativ bestimmte negative, psychopathische Verhaltensweisen zugewiesen werden würden. Im Wortbestandteil »Masse« ist also kein negativ wertgeladener Terminus zu sehen. Vielmehr ist gemeint, dass sich in der Massenkommunikation die über die Medien vermittelten Aussagen an eine Vielzahl von Menschen richten, die man angemessener als *Publikum* bezeichnet (vgl. Burkart 1998, S. 166).

Diese Vielzahl von Menschen, das Publikum, stellt sich dem Kommunikator in der Massenkommunikation freilich als unüberschaubar, heterogen und anonym dar, so Burkart in Anlehnung an Wright 1963:

- ›unüberschaubar‹, weil sie zahlenmäßig einen solchen Umfang aufweisen, dass es dem Kommunikator unmöglich ist, direkt (von Angesicht zu Angesicht) mit ihnen zu interagieren;
- ›heterogen‹, weil diese Menschen eine Vielzahl sozialer Positionen bekleiden;
- und schließlich anonym, weil das einzelne Mitglied der jeweiligen Rezipientenschaft eines Massenmediums dem Kommunikator unbekannt ist« (vgl. Burkart 1998, S. 165).

Gerhard Maletzke hat für die Rezipienten der Massenkommunikation folgerichtig den Begriff »disperses Publikum« geprägt (Maletzke 1963, S. 28f). Er versteht darunter einzelne Individuen, aber auch kleine Gruppen von Menschen, deren verbindendes Charakteristikum (nur) darin besteht, dass sie sich an verschiedenen Orten und ggf. zu unterschiedlichen Zeiten einem gemeinsamen Gegenstand zuwenden – nämlich den Aussagen der Massenmedien. Im Unterschied dazu ist das *Präsenzpublikum* zu sehen, das a) räumlich versammelt ist, b) dessen Interessen in aller Regel identisch, c) dessen Sinne und Erwartungen weitgehend gleichgerichtet sind und d) das sich unter identischen technisch und räumlich situativen Bedingungen (z.B. abgedunkelter Raum in Kino und Theater) beispielsweise bei einer öffentlichen Veranstaltung (z.B. Rede, Vortrag), in der Kirche (Predigt), im Kino (Film), im Theater (Schauspiel) oder bei einem Konzert (Musik) einem gemeinsam geteilten Gegenstand zuwendet.

3.2.3 Massen-»Kommunikation«

Der Wortbestandteil »Kommunikation« bedarf im Kontext von klassischer Massenkommunikation ebenfalls einer Erläuterung. Er suggeriert nämlich die Vorstellung, der Empfänger massenmedial verbreiteter Inhalte könne mit dem Produzenten der Aussage »kommunizieren«. Dies ist aber nicht – oder doch nur in äußerst eingeschränktem Maße – möglich. Massenkommunikation ist nicht an *eine* Person gerichtet, sondern je nach Medium und Zielgruppe des Mediums a) entweder an einen breiten Querschnitt der Bevölkerung wie etwa überregional oder regional/lokal verbreitete Tages- und Wochenzeitungen, Publikumszeitschriften sowie die meisten Programme öffentlich-rechtlicher oder privater Hörfunk- und Fernsehveranstalter; oder b) nur an einen speziellen Teil der Bevölkerung (wie Fachzeitschriften, Verbandszeitschriften, Special-Interest-Zeitschriften sowie spezielle Zielgruppensendungen in Hörfunk und Fernsehen). Massenkommunikation richtet sich also an eine mehr oder weniger große Öffentlichkeit und ist damit grundsätzlich immer auch *öffentlich*.

Darüber hinaus hat man es in der Massenkommunikation »in aller Regel mit einer Polarisierung der kommunikativen Rollen zu tun. Es fehlt (weitestgehend – Erg. H. P.) der – für die zwischenmenschliche Kommunikation so typische – Rollentausch zwischen den Kommunikationspartnern« (Burkart 1998, S. 167). Klassische Massenkommunikation schließt die Möglichkeit einer Rückkopplung (feed back) zwar nicht grundsätzlich aus: Solche Rückkopplungen erfolgen in aller Regel über Telefonanrufe, Leserbriefe oder E-Mails an Redaktionen von Zeitungen, Zeitschriften, Hörfunk und Fernsehen. Rückmeldungen eines Rezipienten der Massenkommunikation sind zumeist aber weniger unmittelbar, und »sie wirken sich auf das Kommunikationsverhalten (wenn überhaupt – Erg. H. P.) erst mit Verzögerung aus« (Schulz 1994, S. 147). Dies gilt im Großen und Ganzen auch für Live- oder Call-in-Sendungen in Hörfunk und Fernsehen. Da findet zwar punktuell interindividuelle Kommunikation zwischen einem medialen Akteur (Journalist oder Moderator bzw. Präsentator einer Radio- oder Fernsehsendung) und einem Mitglied des dispersen Publikums vor einer mehr oder weniger großen Öffentlichkeit statt. Dennoch tauschen bei einem solchen feed back die beteiligten Partner (Medien-)Kommunikator und (Medien-)Rezipient nicht grundsätzlich ihre Rollen. Wohl kann der Rezipient mit dem Kommunikator kommunizieren, »er besitzt jedoch nicht die Rollen*macht* des professionellen Kommunikators! So kann er (der Rezipient) beispielsweise auf den strukturellen Ablauf einer Sendung (infolge eines vorgegebenen Programmrahmens) keinen Einfluss nehmen« (Burkart 1998, S. 164). Auch der Produktionsprozess von Zeitungen und Zeitschriften wird durch Leserbriefe nicht tangiert. Rückkopplungen von Lesern, Hörern oder Zusehern verharren eben meist auf einem Niveau, welches spätestens dann seine Grenzen erfährt, »wenn die Struktur des Mediums berührt wird« (Burkart 1988, S. 164). Wechselseitigkeit und Rollentausch, wie sie in der Face-to-face-Kommunikation zwischen den Kommunikationspartnern vorherrschend vorfindbar sind, stellen in massenkommunikativen Prozessen die Ausnahme dar.

Massenkommunikation ist daher in erster Linie *Übertragung*, nur ganz selten Austausch von Mitteilungen; der Kommunikationsprozess ist weitestgehend *einseitig* und damit asymmetrisch.

3.2.4 Sender und Empfänger in der Massenkommunikation

Für klassische Erscheinungen der Massenkommunikation ist ferner kennzeichnend, »dass sich die an einem solchen Kommunikationsvorgang beteiligten Kollektive hinsichtlich Zusammensetzung, innerem Aufbau und Tätigkeitsweise wesentlich voneinander unterscheiden« (Hunziker 1988, S. 6).

So sind die in der Massenkommunikation tätigen *Kommunikatoren* (Sender) zumeist in komplex aufgebauten Organisationen tätig, die die Produktion von Massenkommunikationsinhalten bewerkstelligen. Die Kommunikatoren (z.B. Journalisten) sind Personen, »die arbeitsteilig sowie unter Einsatz vielfältiger technischer Hilfsmittel und fachlicher Kompetenzen routinemäßig Kommunikationsinhalte hervorbringen« (Hunziker 1988, S. 6). Massenkommunikation bedient sich aufseiten der Sender einer hoch entwickelten Technologie, um in Printmedien wie auch in Funkmedien sowohl die Produktion als auch die Verbreitung der Inhalte zu ermöglichen.

Das Publikum, die *Rezipienten* der Massenkommunikation »weisen demgegenüber einen äußerst niedrigen Organisationsgrad auf. Als Mitglieder eines Publikums sind sie zwar gemeinsam der Massenkommunikation ausgesetzt; die Rezeption besorgt aber typischerweise doch jeder für sich, ohne dabei auf breiter Basis mit den Mitrezipienten in Kontakt zu treten« (Hunziker 1988, S. 6).

Verständlicherweise resultiert aus dieser Asymmetrie im Organisationsgrad und in der Sachkompetenz ein beträchtliches Machtgefälle zwischen Sendern und Empfängern, zumal die Sender den Kommunikationsprozess aktiv gestalten und die Empfänger mehr oder weniger passiv darauf reagieren (wiewohl Mediennutzung durch die Leser, Hörer und Zuseher sehr wohl als aktiver Vorgang zu bezeichnen ist). »Dieses Machtgefälle findet seinen Ausdruck darin, dass der Prozess der Massenkommunikation praktisch einseitig verläuft und dass ein Rollentausch zwischen Kommunikatoren und Rezipienten auch bei vorhandenen übertragungstechnischen Möglichkeiten (Zweiwegekommunikation) kaum zu verwirklichen ist. Typisch für Massenkommunikation ist außerdem, dass die Kommunikationspartner sich *nicht persönlich kennen*« (Hunziker 1988, S. 6).

Massenkommunikation ist ferner eine Form der *indirekten* Kommunikation. Dies resultiert nicht nur aus der Tatsache, dass Massenkommunikation auf technische Medien als Ver- und Übermittlungsinstanzen angewiesen ist. Hinzu kommt nämlich, dass zwischen Kommunikator und Rezipient eine räumliche Distanz (wie z. B. bei Livesendungen in Hörfunk und Fernsehen) sowie eine raum-zeitliche Trennung (wie etwa beim Lesen einer Zeitung oder einer aufgezeichneten Fernsehsendung) besteht. Auch von einer Interaktion der Kommunikationspartner kann in der Massenkommunikation nicht die Rede sein. Allenfalls kann man von parasozialer Interaktion sprechen, wenn etwa ein TV-Zuschauer einen Moderator, Präsentator oder Kommentator einer Sendung auf Grund langjähriger Mediennutzung gut zu kennen meint und ihm vertraut vorkommt (vgl. Merten 1977, S. 145).

Von den im deutschen Sprachraum vorhandenen Definitionen über Massenkommunikation ist jene von Gerhard Maletzke am weitesten verbreitet und – trotz mancher Kritik (z. B. Bergler/Six 1979; Faulstich 1991; Wagner 1998) – auch allgemein anerkannt. Er bezeichnet Massenkommunikation als *»jene Form der Kommunikation, bei der Aussagen öffentlich, durch technische Verbreitungsmittel indirekt und einseitig an ein disperses Publikum vermittelt werden« (Maletzke* 1963, S. 28). Trotz der Einseitigkeit des Prozessverlaufes sieht Maletzke Massenkommunikation jedoch nicht als ausschließlich lineare Form der Kommunikation vom Kommunikator zum Rezipienten. Vielmehr macht sich der Rezipient auch ein Bild vom Kommunikator und es reagieren viele Rezipienten spontan, indem sie versuchen, »die Einseitigkeit der Massenkommunikation durch Antworten, Anfragen, Beschwerden, Vorschläge usw. zu überwinden« (Maletzke). So betrachtet ist Massenkommunikation ein rückgekoppelter Prozess.

Zusammenfassend ist auf folgende Merkmale zu verweisen, die für Massenkommunikation kennzeichnend sind:

- Massenkommunikation ist *öffentlich*. Im Unterschied zur privaten, zwischenmenschlichen Kommunikation ist der Kreis der Adressaten weder eine begrenzte noch eine bestimmte Anzahl von Personen. Jeder kann sich im Prinzip den Aussagen der Massenmedien zuwenden. Es besteht ein räumlicher, zeitlicher oder raum-zeitlicher Abstand zwischen den Kommunikationsteilnehmern.
- Massenkommunikation läuft *einseitig* ab, weil der Fluss der Information – von Ausnahmen abgesehen – nur in eine Richtung erfolgt. Der Adressat bleibt in aller Regel Empfänger, es findet de facto kein Rollenwechsel zwischen Aussagendem und Aufnehmendem statt, wie dies etwa in der zwischenmenschlichen Kommunikation von Angesicht zu Angesicht der Fall ist. Gleichwohl ist Massenkommunikation ein rückgekoppelter Prozess.
- Massenkommunikation bedient sich immer *technischer Medien*, ist also stets *ver*mittelt und *über*mittelt. Sender und Empfänger sind räumlich, zeitlich oder raum-zeitlich voneinander getrennt; damit ist Massenkommunikation auch *indirekt*. Als klassische Medien fungieren nach wie vor Zeitung, Zeitschrift, Flugblatt, Plakat, Buch; Hörfunk und Fernsehen; Film sowie Schallplatte, Audiocassette, Videocassette u.a.m.
- In der Massenkommunikation werden als *Aussagen* bzw. Botschaften unzählig große Mengen von Informationen informierender, kommentierender und unterhaltender Natur vermittelt. Diese Botschaften werden dem Publikum in äußerst vielfältigen formalen, dem jeweiligen Medium angepassten Präsentationsformen an- und dargeboten.
- Die Adressaten der Massenkommunikation stellen ein *disperses Publikum* dar, d.h. eine vielschichtig inhomogene Vielzahl von Menschen, die in aller Regel untereinander keine engeren zwischenmenschlichen Beziehungen unterhalten, unstrukturiert und unorganisiert sind und einander auch nicht kennen – es sei

denn, die Zuwendung zu den Medieninhalten erfolgt beispielsweise gemeinsam im Familienverband, Verwandten-, Freundes- oder Bekanntenkreis.

3.2.5 Kommunikation und Massenkommunikation

Interpersonale Kommunikation und Massenkommunikation sind »historisch und aktuell miteinander verknüpft. Historisch gesehen kann Massenkommunikation als ein relativ junges Phänomen begriffen werden, das sich entwickelt hat, um bestimmte räumliche, zeitliche oder soziale Grenzen interpersonaler Kommunikation zu erweitern« (Bentele/Beck 1994, S. 34). Oftmals sind über die Massenmedien vermittelte Botschaften auch Gegenstand zwischenmenschlicher Kommunikation, können diese Botschaften also kommunikationsstiftenden Charakter für interpersonale Kommunikation haben. (Allerdings ist in einer Zeit der zunehmenden Ausdifferenzierung des Medienwesens mit immer mehr Angeboten eine Tendenz zur Individualisierung der Mediennutzung verbunden. Daher wird es für den Einzelnen schwieriger, sich in persönlichen Gesprächen über genutzte Medieninhalte auszutauschen. Dies gilt vor allem für das Fernsehen, dessen Angebotsvielfalt an Programmen individualisierte TV-Nutzung ebenso begünstigt wie der Umstand, dass es in zahlreichen Haushalten bereits Zweit- und Dritt-TV-Empfangsgeräte gibt. Auch das Internet mit seiner ungeheuren Angebotsfülle verstärkt den Trend zu individualisierter Bildschirmnutzung).

Zwischen Kommunikation und Massenkommunikation gibt es folglich manche Gemeinsamkeiten und Unterschiede. Zunächst zu den *Gemeinsamkeiten*:

- Die wohl wichtigste Gemeinsamkeit von Kommunikation und Massenkommunikation liegt laut Bentele/Beck in der Intention etwas mitzuteilen. Dazu bedarf es, wie bereits erwähnt, eines gemeinsamen Zeichenvorrates.
- Ohne interpersonale Kommunikation ist Massenkommunikation undenkbar, zumal die Produktion journalistischer Aussagen »der Kooperation und Kommunikation von Personen [bedarf], die daran arbeitsteilig zusammenwirken« (Bentele/Beck 1994, S. 34).
- Beide Kommunikationsarten sind, wie Bergler/Six schreiben, mit bestimmten Reaktionen aufseiten des Rezipienten verbunden und setzen für ihre Wirkung bestimmte Prozesse voraus (vgl. Bergler/Six 1979, S. 37): So wird die mitgeteilte Information vom Rezipienten selektiv wahrgenommen (attention). Sie muss von diesem decodiert und interpretiert werden (comprehension). Der Rezipient muss sich zu dieser Information ins Verhältnis setzen und ihr eine bestimmte Bedeutung beimessen (identification, yielding). Er muss die Information speichern oder erinnern (retention), sie annehmen oder ablehnen (accpetance), was eine Bestätigung oder Änderung seiner Einstellungen, Werte und Verhaltensweisen (mit-)auslösen kann (disposition, action). Alle diese Punkte gelten für interpersonale wie Massenkommunikation gleichermaßen.

Neben diesen Gemeinsamkeiten ist im Folgenden nun auf *Unterschiede* zwischen Kommunikation und Massenkommunikation zu verweisen (vgl. Bentele/Beck 1994, S. 34).

- Interpersonale Kommunikation ist ein bi-direktionaler und reflexiver Prozess (Merten 1977), »Massenkommunikation hingegen verläuft überwiegend uni-direktional von einem Sender zu vielen Empfängern« (Bentele/Beck 1994, S. 34).
- Auch wenn es Rückkopplungen durch die Rezipienten in der Massenkommunikation gibt, bleibt die »institutionalisierte Grenze zwischen professionellen Journalisten und ›aktiven Rezipienten‹ [...] bestehen. Es ist deshalb sinnvoll, im Bereich der Massenkommunikation weiter von Kommunikator und Rezipient zu sprechen« (Bentele/Beck 1994, S. 35).
- Ein weiterer bedeutender Unterschied zwischen Massenkommunikation und interpersonaler Kommunikation besteht darin, dass Letztere »oftmals auf dauerhaften Sozialbeziehungen [basiert] (Bentele/Beck 1994, S. 35).
- Schließlich ist – noch einmal – darauf hinzuweisen, dass in der Massenkommunikation die Produktion der Aussagen in komplex organisierten formalen Organisationen erfolgt und auch erst eine hoch entwickelte Technologie sowohl die Produktion als auch die Verbreitung der Inhalte ermöglicht (Silbermann 1982, S. 25).

3.2.6 Zur Terminologie in der Massenkommunikation

Es ist wiederholt versucht worden, Kommunikation und Massenkommunikation modellhaft darzustellen (vgl. bspw. Kunczik 1984; Bentele/Beck 1994; McQuail/Windahl 1996). Die Mehrzahl dieser Modelle zeichnet sich durch die Verwendung einer relativ identischen Terminologie aus. So ist, bezogen auf den Prozess von Kommunikation und Massenkommunikation, oft von Kommunikator, Aussage, Medium, Rezipient und Wirkung die Rede. Die nachfolgend angeführten Bezeichnungen bzw. deren Modifikationen für jede dieser Prozesspositionen findet man in der Mehrzahl dieser Modelle vor. Maletzke hat die wichtigsten Begriffe zusammengefasst (Maletzke 1963, S. 35):

- *Kommunikator:* Sender, Journalist, Produzent, Urheber; im Englischen die Bezeichnungen communicator, source (Quelle), encoder (jemand, der eine Botschaft verschlüsselt, um sie anderen zugänglich zu machen), controller (jene Instanz, die die Letztentscheidung über die Art und Weise der Veröffentlichung bzw. Nichtveröffentlichung einer Information fällt).
- Für *Aussage* steht auch Inhalt, Produkt, Mitteilung, Botschaft, Kommunikat bzw. im Englischen die Bezeichnungen content, message, cue, symbol etc.

- *Medium*: Kanal bzw. im Englischen channel, communication agency (was nicht mit news agency, also Nachrichtenagentur verwechselt werden darf).
- *Rezipient*: Kommunikand, Empfänger, Konsument, Nutzer; bzw. im Englischen communicatee, interpreter, decoder, receiver. Für die Summe der Rezipienten stehen Bezeichnungen wie Publikum, Leserschaft, Hörerschaft, Zuschauerschaft bzw. im Englischen audience oder public audience (im Sinne von Leser, Hörer, Zuschauer).
- Für *Wirkung* findet man die Bezeichnungen Effekte (effects) und Folgen, wobei zwischen individuellen Wirkungen und sozialen bzw. gesellschaftlichen Wirkungen ebenso zu unterscheiden ist wie zwischen affektiven bzw. emotionalen auf der einen und kognitiven Wirkungen auf der anderen Seite. Eine wichtige Differenzierung ist auch diejenige in kurzfristige Effekte und langfristige Wirkungen von Massenkommunikation.

Unbestreitbar ist, dass Massenkommunikation in modernen Gesellschaften zum Alltäglichen geworden ist und in zahlreiche Bereiche der Gesellschaft, aber auch in das Leben des Einzelnen eindringt. So können Massenmedien zweifellos zu einer beträchtlichen Erweiterung unseres geistigen Horizonts beitragen und uns mit Informationen versorgen, die wir sonst nicht in Erfahrung bringen. Indem sie uns rund um die Uhr Nachrichten und andere Informationen aus aller Welt liefern, wird die Welt gleichsam zum globalen Dorf (zum »global village« wie Marshall McLuhan es nennt). Auch liefern sie einen wichtigen Beitrag dazu, dass wir uns in der immer komplexer werdenden Welt zurechtfinden. Neben Familie und Schule tragen die Massenmedien auch dazu bei, dass der Mensch in seiner Persönlichkeitsentwicklung die in der Gesellschaft vorherrschenden Wertvorstellungen, Normen, Rollen und Verhaltensweisen kennen lernt und – zu seinem eigenen Vorteil und Schutz bzw. zur Integration in die menschliche Gemeinschaft – teilweise oder ganz übernimmt. Massenkommunikation ist also auch Bestandteil jenes Prozesses, den man Sozialisation nennt.

Als nicht unproblematisch erweist sich in der Massenkommunikation jedoch, dass viele ihrer Angebote »für das Publikum an die Stelle der Wirklichkeit treten« (Döhn/Klöckner 1979) und direkte Erfahrung zu verdrängen drohen. So ist es problematisch, wenn uneingeschränkt für wahr gehalten wird, was durch die Medien vermittelt wird. Die Massenmedien bzw. die in ihnen arbeitenden Medienschaffenden sind selbst – so wie wir auch – nur Beobachter unserer Umwelt, und nicht zuletzt auf Grund von vielfältigen Auswahlprozessen in der Informationskette vom Ereignis bis zum Leser, Hörer oder Zuschauer liefern uns die Massenmedien nicht ein Bild der Wirklichkeit, sondern nur ein – mehr oder weniger vollständiges – Abbild.

Im Zusammenhang mit Wirkungen bzw. Folgen von Massenkommunikation ist überdies zu unterscheiden zwischen der Macht der Medien und der Wirkung der Medien. Die *Macht* der Medien besteht darin, soziopolitisch relevante Themen aufzugreifen, öffentlich bekannt zu machen und in diesem Kontext beispielsweise den

Rücktritt eines Politikers auszulösen. Die *Wirkung* der Medien hingegen meint anderes. Sie besteht im Allgemeinen darin, dass durch die Medien veröffentlichte und vom Rezipienten aufgenommene Sachverhalte in dessen Wissen, Denken, Meinen, Fühlen oder Handeln eine Veränderung erfolgt – sei es nun Bestärkung, Verfestigung, Abschwächung oder Veränderung vorhandener Kenntnisse, Einstellungen, Gefühle und Verhaltensweisen.

3.2.7 Massenkommunikation als gesamtgesellschaftliches Phänomen

In einem weiten Sinne haben wir Massenkommunikation eingangs betrachtet als politische, ökonomische, soziale und kulturelle Prozesse, die durch das Vorhandensein von Massenmedien ausgelöst werden und die sich in den Massenmedien selbst wieder finden. Häufig wird eine solche Perspektive in systemischen bzw. systemtheoretischen Betrachtungen von Massenkommunikation verfolgt. Beim Denken in Systemen versucht man, die Beschaffenheit einer Wirklichkeit als Ganzes und als Summe von in Beziehung stehenden Teilen des Ganzen zu erfassen, wobei die Summe der Teile mehr als das Ganze ergibt. Wenn also von Massenkommunikation als gesamtgesellschaftlicher Erscheinung die Rede ist, so sind damit nicht nur die am Prozess der Massenkommunikation beteiligten Faktoren (Kommunikator, Aussage, Medium, Rezipient) gemeint, sondern auch die Eingebundenheit von Massenkommunikation in das soziopolitische, sozioökonomische und soziokulturelle Gesamtsystem. Insbesondere sind in diesem Kontext die politischen Rahmenbedingungen sowie die wirtschaftlichen Gegebenheiten zu erwähnen, unter denen sich Massenkommunikation vollzieht. Ebenso gehören dazu aber auch die wechselseitigen Wirkungen der (gesellschaftlichen Teil-) Systeme Politik, Medien und Kultur.

Es ist nicht möglich, alle diese Aspekte hier im Einzelnen umfassend zu erörtern. Auch wird hier keine Systemtheorie der Massenkommunikation entwickelt. Vielmehr sollen lediglich einige zentrale Gesichtspunkte kurz angesprochen werden.

Die *politischen Rahmenbedingungen* sind primär in den rechtlichen Grundlagen zu sehen, auf deren Basis Massenkommunikation ermöglicht wird. Von herausragender Bedeutung in pluralistischen Systemen ist in erster Linie das Grundrecht auf Informations- und Meinungsfreiheit, das in aller Regel in Grundgesetzen oder Verfassungsbestimmungen, in Medien-, Presse- und Rundfunkgesetzen sowie in zahlreichen anderen Rechtsmaterien festgehalten ist. Oberstes Ziel ist es, Medienfreiheit optimal zu gewährleisten, ohne gleichwertige Rechtsgüter von Verfassungsrang (wie beispielsweise den Persönlichkeitsschutz) zu beeinträchtigen. Rechtliche Regelungen zielen vor allem in konzentrierten Medienmärkten auf die Gewährleistung der Meinungsvielfalt durch publizistischen und ökonomischen Medienwettbewerb ab, erweisen sich in globalisierten Märkten aber als zunehmend schwieriger realisierbar. Im Hinblick auf ihre organisatorische Verfasstheit – private Medien, öffentlich-rechtliche Medien – tangieren gesetzliche Regelungen vor allem je unterschiedliche Formen der (inneren) Kontrolle der Massenmedien durch Aufsichtsorgane. Dies sind in privaten Medien Vorstände und Aufsichtsräte, in öffentlich-rechtlichen Medien so genannte Medien-, Rundfunk- und Verwaltungsräte oder auch Hörer- und Zuschauervertretungen. Zu den unübersehbaren politischen Rahmenbedingungen im weiteren Sinne zählen aber auch alle beobachtbaren, wie auch immer motivierten Formen der Einflussnahme auf Journalismus und Massenmedien durch Interventionen politischer, wirtschaftlicher und kultureller Lobbys sowie durch vielfältige Formen der Öffentlichkeitsarbeit.

Die *wirtschaftlichen Gegebenheiten* und ökonomischen Zwänge sind primär in den marktwirtschaftlichen Bedingungen zu sehen, denen auch die Massenmedien als Kultur- und Wirtschaftsgüter in pluralistischen Demokratien unterliegen. Zu verweisen ist insbesondere auf die beiden Märkte, auf denen sich Medien behaupten müssen, nämlich auf dem Publikums- und auf dem Werbemarkt. Daraus resultieren unterschiedliche Erlösquellen und Finanzierungsformen der Massenmedien. Bei den klassischen Printmedien wie Zeitungen und Zeitschriften sind dies – abgesehen von gratis verteilten Printprodukten – in aller Regel Vertriebs- und Anzeigenerlöse, bei den klassischen Funkmedien Radio und Fernsehen sind es Formen der Gebühren- und Werbefinanzierung. Hinzu kommen, beispielsweise bei Online-Medien, auch Möglichkeiten der Finanzierung durch E-Commerce. Die starke Abhängigkeit von Werbeerlösen macht die Massenmedien generell konjunkturabhängig und führt in einer globalisierten Welt zunehmend zu internationalen Monopol- und Konzernbildungen. Marktzutritte neuer Medien lösen dabei jeweils Wettbewerbsveränderungen in bestehenden Medienmärkten (und Verdrängungsängste bestehender Medien) aus. Allerdings kann als Konstante der Kommunikationsgeschichte festgehalten werden, dass »neue« Medien die »alten« Medien in aller Regel nicht verdrängen, sondern (nur) zu Veränderungen in den inhaltlichen Strukturen und gesellschaftlichen Funktionen der »alten« Medien führen, also zu Veränderungen in ihren äußeren Erscheinungsformen und redaktionellen Inhalten sowie in ihren Leistungen für die Nutzer (Riepl'sches Gesetz).

Was die *sozialen* und *kulturellen* Dimensionen von Massenkommunikation betrifft, so handelt es sich um ein sehr unterschiedlich strukturiertes und diskutiertes Feld. Im Allgemeinen ist von komplexen Wechselwirkungen zwischen Gesellschaft, Medien und Kultur die Rede, und es ist schwer herauszufinden, welcher dieser Bereiche welchen jeweils anderen prägt. Zwei Thesen stehen dabei im Wesentlichen im Widerstreit, nämlich:

a) die These, wonach die Massenmedien die in einer Gesellschaft dominanten Wertvorstellungen und Leitmotive nur widerspiegeln (reflektieren) und nicht etwa prägen (Reflexionsthese); sowie

b) die These, wonach massenmediale Inhalte kulturelle Trends schaffen und prägen und der Wertewandel auf die Medien zurückzuführen ist (Kontrollthese).

De facto ist die komplexe, nicht eindeutig beantwortbare Frage von Wirkungen bzw. Folgen von Massenkommunikation angesprochen. Wenn dabei zwischen individuellen und sozialen Wirkungen unterschieden wird, gilt es zu bedenken, dass beide Wirkungsbereiche nicht trennscharf voneinander abgrenzbar sind: So können aus langfristigen individuellen Wirkungen soziale Wirkungen resultieren und können diese umgekehrt auf das Individuum zurückwirken. Mit *individuellen* Wirkungen sind Wirkungen bzw. Folgen von Massenkommunikation im Bereich der Kenntnisse und des Wissens, der Meinungen, Einstellungen und Wertorientierungen, der Emotionen, Gefühle und Stimmungen, sowie der Handlungen und Verhaltensweisen einer Person gemeint. Unter *sozialen* Wirkungen versteht man die Fülle der in der Gesellschaft beobachtbaren Erscheinungen und Folgen von Massenkommunikation. Selbst Medienverweigerer können sich ihrer nicht ganz entziehen. Besondere Aufmerksamkeit gilt in diesem Zusammenhang u.a. Fragen der politischen Beeinflussung durch Massenmedien (vgl. Kapitel 4.4.3) sowie der Problematik gewaltdarstellender Inhalte und ihrer Folgen für Individuum und Gesellschaft (vgl. Kapitel 5.3.1.8). Nicht zuletzt ist aber auch die Frage anzusprechen, welches Abbild der Realität uns die Massenmedien vermitteln. Es kann insofern besonders verzerrt sein, als in zahlreichen Medien eine Tendenz zu Konflikt, Sensationalisierung, Skandalisierung, Emotionalisierung, Dramatisierung und Personalisierung vorfindbar ist.

Besonderen Angriffen und öffentlicher Kritik ist immer wieder das Fernsehen ausgesetzt: Es fördere den Realitätsverlust der Zuschauer, lasse Politik zur Unterhaltung verkommen, vereinfache in unzulässiger Weise Umweltkomplexität, rege zu gewalttätigen Verhaltensweisen an und begünstige den Verfall der Kulturtechnik Lesen (vgl. Postman 1985; Winn 1979; Mander 1979). Solcher Medienkritik wird nicht zu Unrecht der Vorwurf gemacht, von einem unmündigen, den Medien hilflos ausgelieferten Bürger auszugehen (Maletzke 1988; Huter 1988; Frank 1991). Andererseits sind mögliche negative Einflüsse der Massenmedien auf Kinder und Jugendliche sowie auf Rezipienten mit entsprechenden psychischen Dispositionen nicht so ohne weiteres von der Hand zu weisen.

3.2.8 Mögliche theoretische Annäherungen an Massenkommunikation

Es gibt mehrere Möglichkeiten, sich dem Phänomen Massenkommunikation theoretisch anzunähern. Hier soll zunächst lediglich auf zwei Zugänge verwiesen werden, nämlich auf kommunikationsprozess-orientierte sowie mediensystem-orientierte.

Prozessmodelle wie etwa jene von Westley/McLean (vgl. McQuail 1994) und Maletzke (vgl. Maletzke 1993) konzentrieren sich auf den Ablauf massenkommunikativer Prozesse vom Ereignis bzw. Sender (Kommunikator) zum Empfänger (Rezipient), auf die einzelnen Prozesspositionen sowie schließlich auf die vielfältigen Beziehungen zwischen den einzelnen Prozessfaktoren – also beispielsweise zwischen Informant bzw. Ereignis, Kommunikator, Aussage, Medium und Rezipient.

Mediensystem-orientierte Modelle hingegen wie jene von de Fleur und Baacke (vgl. Kunczik 1984) verweisen primär auf die politischen Rahmenbedingungen und ökonomischen Zwänge, unter denen sich Massenkommunikation vollzieht, konzentrieren sich also auf die komplexen Prozesse der Produktion, Distribution und Konsumption von Massenkommunikation.

3.3 Computervermittelte Kommunikation

Elektronisch vermittelte Kommunikation gibt es schon seit langem. Im Bereich der Telekommunikation finden sich ausgeprägte Formen beispielsweise in den Kommunikationsmöglichkeiten des Telefons; Hörfunk und Fernsehen sind, wie ihr Name sagt, elektronische Massenmedien. Im Zeitalter von Multimedia unterliegen Möglichkeiten elektronisch vermittelter Individual- und Massenkommunikation jedoch durch ihr Verschmelzen einem Wandel und es entstehen auch neue Kommunikationsformen. Beispiele hierfür sind in der computervermittelten Kommunikation etwa die E-Mail, der Chat, die Kommunikation in Newsgroups auf elektronischen »schwarzen Brettern« oder die Teilnahme an virtuellen Rollenspielen in MUDs (Multi User Dungeons bzw. Dimensions).

Mit Multimedia bezeichnet man bekanntlich das Zusammenwachsen bzw. Verschmelzen von Informationstechnologie (Computer), Telekommunikation, Massenmedien und elektronischer Unterhaltungsindustrie durch fortschreitende Digitalisierung der Inhalte auf Produktions-, Distributions- und Verwaltungsebene (vgl. Trappel 1999, S. 89). Latzer spricht von »Mediamatik« und meint, »dass nach dem Einzug der digitalen Computertechnik (InforMATIK) in die TELEkommunikation (=TELEMATIK) nun auch die traditionellen Grenzziehungen zwischen den (digitalisierten) Medien und der Telematik verschwimmen (=MEDIAMATIK)« (Latzer 1999, S. 25). Das Verschmelzen der Endgeräte Telefon, PC und Fernseher wird *technische* Konvergenz genannt. Sie schlägt auch auf die *Inhalte* (durchgängige Digitalisierung von Text, Sprache, (Bewegt-)Bild, Grafik) auf die *Medien* (Verschwimmen der Grenzen zwischen Zeitung, Zeitschrift, Radio, Fernsehen, Kino, Video, CD), auf die *Vertriebswege* (Verbreitung der Inhalte über Kabel, Satellit und Terrestrik) sowie auf die *Verwaltungs-* und *Abrechnungsvorgänge* durch (vgl. Heinrich 1999, S. 79f). Bezüglich des Begriffes Konvergenz ist ein klärender Hinweis erforderlich. Ursprünglich wurde damit die Angleichung von Programmen unterschiedlicher institutioneller Rundfunkveranstalter bezeichnet bzw. in einem weitergehenden Sinn die Beobachtung zunehmender Übereinstimmung von Organisations- und Arbeitsformen, von Programmierung und Präsentation sowie von Formen und Genres bei öffentlich-rechtlichen und kommerziellen Sendern (vgl. Meier 1998, S. 31).

Historisch betrachtet haben sich die Bereiche Telekommunikation, Computer und Massenmedien zwar weitgehend getrennt voneinander entwickelt. Allerdings haben sich vor allem die klassischen Massenmedien sehr bald der Telekommunikation (z.B. Telefon, Fernschreiben, Fax) für die rasche Nachrichtenübermittlung sowie später des Computers für die Informationsverarbeitung (z.B. elektronische Zeitungsherstellung auf digitaler Basis, elektronisches Broadcasting, digitales Speichern sowie digitales Schneiden von Hörfunk- und Fernsehbeiträgen) bedient. Durch fortschreitende Digitalisierung war die Konvergenz dieser Bereiche – rückblickend gesehen – also vorprogrammiert und nur noch eine Frage der Zeit.

Multimedia-Anwendungen sind in der Lage, Text, Bild, Ton, Video, Grafik und Datenkommunikation unterschiedlichster Herkunft zu integrieren sowie traditionelle Medienangebote und neue digitalisierte Medien wie Internet (bzw. WWW) und Online-Kommunikation zusammenzuführen. Neu an vielen dieser Anwendungen ist vor allem, dass durch spontane Rückkopplungsmöglichkeiten des Rezipienten (Nutzers) beispielsweise via E-Mail an die Kommunikatoren (Produzenten, Sender) das für die klassische Massenkommunikation geltende Merkmal der Einseitigkeit vom Kommunikator (Sender) zum Rezipienten (Empfänger) nicht mehr zutrifft. Viele Nutzer von Online-Angeboten, insbesondere auch von Online-Zeitungen, machen davon nachweislich auch Gebrauch. Dies bedeutet, dass so genannte Steuerungsfunktionen, die in der klassischen Massenkommunikation bisher ausschließlich aufseiten der Produzenten der Medieninhalte vorhanden waren, sich durch Eingriffsmöglichkeiten der Rezipienten nun auch auf die Nutzerseite verlagern und Individualisierungsprozesse zur Folge haben: Der Nutzer bzw. User kann nicht nur selbst darüber entscheiden, wann er welche Online-Angebote im Internet nutzt. Er hat bei den Online-Medien und in der Online-Kommunikation auch die Möglichkeit, direkt und unmittelbar zum Sender zurück zu reagieren. Abonnenten Digitalen Fernsehens können selbst darüber entscheiden, wann sie etwa einen Film abrufen oder welche Kameraperspektive sie bei einer TV-Sportübertragung bevorzugen. Diese Steuerungs- und Eingriffsmöglichkeiten werden allgemein als Interaktivität (vgl. S. 91 ff) bezeichnet. Bei den Online-Medien und in der Online Kommunikation heben sie in der Folge die Einseitigkeit bisheriger Prozesse technisch vermittelter (Massen-)Kommunikation auf. Feed-backs waren und sind zwar in der klassischen Massenkommunikation etwa in Form von Leserbriefen oder telefonischen Interventionen auch möglich, wirken sich jedoch – wenn überhaupt – immer erst mit Verzögerungen aus. Reziprozität, Wechselseitigkeit und Rollentausch zwischen Kommunikatoren und Rezipienten sind bei diesen Formen der Rückkopplung nicht gegeben (vgl. Kapitel 3.2.3).

3.3.1 Elektronisch mediatisierte Kommunikationsräume

Technisch vermittelte Kommunikation – ob Telekommunikation oder Massenkommunikation – war bisher »auf recht genau umgrenzte Sinnprovinzen (...) und abgegrenzte soziale Welten (...) beschränkt« (Krotz 1995, S. 446): Man las die Zeitung, sah etwas Bestimmtes im Fernsehen, telefonierte ganz speziell mit jemandem oder arbeitete am Computer. Im elektronisch mediatisierten Kommunikationsraum ist dies vielfach anders: »Man kann schon heute zu Hause am PC sitzen, online ein Computerspiel spielen, dabei am Telefon mit einem Bekannten sprechen, der auf seinem

Bildschirm beobachtet, wie sich das Spiel im Wettkampf mit anderen Beteiligten entwickelt und dies kommentiert, und gleichzeitig läuft in einem Bildschirmausschnitt noch eine Musiksendung von MTV. Ein solcher User steht also gleichzeitig in einer Vielfalt elektronisch mediatisierter kommunikativer Bezüge, die bisher im Wesentlichen für sich stattfanden. Ihre Gemeinsamkeit ist, dass es sich um elektronisch mediatisierte Kommunikation handelt, mit was oder wem auch immer« (Krotz 1995, S. 446).

Neu aus der Sicht des Rezipienten, Konsumenten bzw. Users ist im Wesentlichen also, dass mehrere bisher voneinander getrennte Kommunikationsformen zusammenwachsen und dass diese sich in direktem Bezug zueinander weiterentwickeln. Dabei entstehen auch neue Kommunikationspotenziale und Dienste, die wiederum neue Kommunikationsformen bzw. -modalidäten (vgl. Krotz 1995, S. 447) erfordern. In diesem neuen – elektronisch mediatisierten – Kommunikationsraum gehen bisher spezialisierte Nutzungen des Telefons, des Rundfunks (Hörfunk und Fernsehen), der Distribution von Printerzeugnissen (Online-Zeitungen) oder beispielsweise auch des Abrufs von Informationen aus einer Datenbank auf. In Anlehnung an Krotz lassen sich Merkmale und Konsequenzen aus dieser Entwicklung wie folgt zusammenfassen (Krotz 1995):

- Markantes Kennzeichen dieses neuen Kommunikationsraumes ist, »dass sich für das kommunizierende Individuum die Kommunikationspartner Mensch, Computer oder massenmedial ausgerichtetes Produkt tendenziell ununterscheidbar vermischen, dass also *die Differenz zwischen technisch vermittelter interpersonaler und medien- sowie computerbezogener Kommunikation verschwindet*« (Krotz 1995, S. 447).
- Der neue Kommunikationsraum ist (längst) im Begriffe, »sich zu einer eigenständigen Totalität von kommunikativem Geschehen aus[zu]weiten, mit eigenen Normen und Werten, eigener Kultur und Institutionen, mit Machtstrukturen und subversiven Elementen« (Krotz 1995, S. 448). Arbeitsbereiche wie Teleworking, Telebanking und Telelearning sowie Industrie und Handel (E-Commerce), vor allem aber auch Werbung, sind in diesen Kommunikationsraum integriert.
- Der neue Kommunikationsraum ermöglicht eine Erweiterung der menschlichen Kommunikation insofern, als die möglichen Kommunikationspartner beispielsweise via E-Mail, Teilnahme an Newsgroups und Chats sowie Mitspielen in MUDs beliebig vermehrt werden können. Die neuen kommunikativen Praktiken bleiben auch nicht ohne Auswirkungen auf Interessen, Gefühle, kommunikative Erwartungen und Weltwissen der Nutzer – insgesamt also auf Kultur und Gesellschaft, auf Alltag und Individuen (vgl. Krotz 1995, S. 448).
- Der neue Kommunikationsraum, insbesondere jener des Internet bzw. WWW, ist in vielen Bereichen weitgehend entgeltfrei zugänglich, wird sich gleichwohl dennoch unter dem »Primat der Ökonomie« (Werbung, E-Commerce, teilweise auch Gebühren) entwickeln.

- Im neuen elektronisch mediatisierten Kommunikationsraum verschmelzen neue Formen technisch vermittelter Individual- (z.B. E-Mail), Gruppen- (Chat, Teilnahme an Newsgroups) und Massenkommunikation (z.B. Lektüre der Online-Ausgabe einer Zeitung). Man kann daher einerseits durchaus von einer *Erweiterung* der Massenkommunikation sprechen. Andererseits wird Massenkommunikation *im traditionellen Sinne* aber nicht verschwinden. »Sie wird als Spezialfall erhalten bleiben, auf den auch in absehbarer Zukunft ein großer Teil der Kommunikation in diesem Kommunikationsraum entfallen wird« (Krotz 1995, S. 450).
- Sofern nicht interpersonal, also zu zweit oder auch in Gruppen, kommuniziert wird (z.B. Chat, Newsgroup, MUD), bleibt die meiste elektronisch mediatisierte Kommunikation eine Kommunikation mit vorgefertigten Produkten und bleibt Handeln im elektronischen Kommunikationsraum auf ein zunehmend differenzierteres Auswählen beschränkt, auch wenn »man selbst leichter eine Mitteilung einbringen kann. (...). Eine echte und aktive Gestaltung von Kommunikation wird (...) auch weiterhin nur in interpersonaler Kommunikation möglich sein« (Krotz 1995, S. 455).

3.3.2 Der Computer als Kommunikationsmedium

Der Computer ist – und bleibt auch wohl noch für geraume Zeit – unabdingbare technische Zentrale elektronisch mediatisierter Kommunikation. In Verbindung mit dem Telekommunikationsnetz ist es mithilfe des Computers möglich, auf neue, digitalisierte Medienangebote zuzugreifen sowie elektronisch vermittelte Kommunikationsformen zu realisieren. Im Kontext von Multimedia ist der PC ein Kommunikationsmedium, das Möglichkeiten der Individual-, der Gruppen- und der Massenkommunikation integriert und neue Kommunikationsformen bzw. -modi entstehen lässt. Daher wird bei elektronisch mediatisierter Kommunikation nicht selten und zu Recht auch von computervermittelter Kommunikation gesprochen.

Für Joachim R. Höflich ist der alle diese Kommunikationsformen und -modi integrierende Computer daher ein Hybridmedium »mit Merkmalen, die weder bei der Massenkommunikation noch bei der Individualkommunikation gefunden werden« (Höflich 1999, S. 45). Vor allem der im Hinblick auf das Internet vorfindbare ›multimediale‹ Charakter macht es schwer, ein solches »Medium« »auf der Basis technischer Gesichtspunkte in ein Klassifikationsschema einzufügen« (Höflich, ebd.). Immerhin kann man mittels Computer über das Internet nicht nur Datenbanken unterschiedlichster Art abfragen, elektronische Post versenden, telefonieren, sich per Chat austauschen oder kommunikativ in Newsgroups und MUDs einbringen, sondern beispielsweise auch Radio hören, fernsehen, Videos anschauen, CDs nutzen oder an einer Videokonferenz teilnehmen. Indem er unterschiedliche »alte« und »neue« Medienangebote integriert, ermöglicht der Computer (in der Begrifflichkeit computervermittelter Kommunikation) also vielfältige Medien*anwendungen*, die bisher auf mehrere Endgeräte wie Telefon, Fax, Fernseher verteilt waren (und teilweise ja auch noch sind). Wegen seiner hybriden Eigenschaften werden mit dem Computer bislang auch ungeahnte Potenziale assoziiert, die nicht zuletzt im ›Mythos Internet‹ (Höflich 1999, S. 45) ihren Ausdruck finden.

Von Joachim R. Höflich stammt der Versuch, die Anwendungs- und Nutzungsmöglichkeiten des Computers innerhalb so genannter *Medienrahmen* zu verorten. Der Computer stellt für ihn ein Medium dar, das in sich distinkte, d.h. voneinander klar unterscheidbare Medienrahmen vereint, »die bislang auf separate Medien aufgeteilt waren oder aber so vorher noch nicht bestanden haben. Von einem Medienrahmen soll (...) gesprochen werden, wenn ein Medium benutzt und damit eine (gemeinsame) Mediensituation hergestellt wird« (Höflich 1998, S. 45). Unter einem »Computerrahmen« versteht man folglich jene computervermittelte Mediensituation, in die die kommunikativen Handlungen der Nutzer eingebunden sind. Mit Blick auf den Computer als Kommunikationsmedium hat man es mit folgenden voneinander unterscheidbaren Medien- bzw. Computerrahmen zu tun: Distributionsrahmen, Rahmen öffentlicher Foren und Diskurse sowie Rahmen technisch vermittelter interpersonaler Kommunikation (vgl. Höflich 1998b). Im Einzelnen ist Folgendes gemeint:

- Im *Distributionsrahmen* stellt der Computer ein Informations- und Abruf-Medium dar. Angesprochen ist das massenmediale Element computervermittelter Kommunikation: Abruf von Informationen aus öffentlich zugänglichen Datenbanken, Information, Nachrichten sowie unterschiedliche Dienstleistungen (wie etwa Teleshopping und Telebanking). Das ›interaktive Element‹ besteht im Wesentlichen aus Auswahl und Abruf (ist also ein rein technisches Feed-back) – und nicht aus interpersonaler Bezugnahme.
- Im *Rahmen öffentlicher Foren und Diskurse* ist der Computer als Forum und Diskussionsmedium zu begreifen: Newsgroups im Internet, Electronic Bulletin Boards sowie Chat-Foren – also Foren öffentlicher Kommunikation, bei denen die Einseitigkeit massenmedialer Kommunikation aufgehoben ist, der Sender zum Empfänger wird und umgekehrt. Die aktive Teilhabe des Nutzers bzw. Users ist *konstitutiv* für solche Foren (wobei es auch passive Leser bzw. User gibt, die als »Lurker« bezeichnet werden).
- Im *Rahmen technisch vermittelter interpersonaler Kommunikation* ist im Computer ein Beziehungsmedium zu sehen mit Möglichkeiten zeitgleicher oder zeitverschobener Kommunikation zwischen zwei oder mehreren Nutzern, sei es via E-Mail, Online Chats u.a.m. Hier sind privat genutzte Möglichkeiten computervermittelter Kommunikation angesprochen.

Im »Medium Computer« sind also nicht nur unterschiedliche Medien- bzw. Computerrahmen zugänglich, es kann auch »zwischen verschiedenen Rahmen gewechselt werden (...), ohne zugleich ›aus dem Rahmen‹ – sprich: aus einem Medium – zu fallen« (Höflich 1999, S. 46). Das heißt zum einen: Von Formen öffentlicher Kommunikation kann in private übergegangen werden, »sodass computervermittelte Kommunikation gleichsam eine ›Vermittlungsform von Öffentlichkeit und Privatsphäre‹ (Flichy 1994, S. 276) darstellt« (Höflich 1999, S. 46). Das bedeutet zum anderen: Mit den unterschiedlichen Computerrahmen kommen unterschiedliche Momente der Interaktion bzw. richtiger: unterschiedliche Formen des »Telelogs« zum Vorschein. Ein solcher Telelog »ist im Falle des Distributionsrahmens (Telelog als Austausch) stärker auf den *Inhalt* bezogen, beim Diskursrahmen (Telelog als Debatte) sind *Inhalts- und Beziehungsdimension* miteinander verwoben, während beim Rahmen computervermittelter interpersonaler Kommunikation (Telelog als Assoziation) der *Beziehungsaspekt* dominiert« (Höflich 1999, S. 46 f). Durch einen Rahmenwechsel können Inhalts- und Beziehungsaspekte gänzlich ineinander übergehen (vgl. Höflich 1999, S. 46).

3.3.3 Interaktivität und computervermittelte Kommunikation

Im Zusammenhang mit Multimedia, Internet und Online-Kommunikation ist immer wieder von »interaktiven« Medien und Kommunikationsformen die Rede. Man kommt also nicht umhin zu klären, was mit Interaktivität gemeint ist und auch darzulegen, worin Unterschiede zwischen Interaktion in der zwischenmenschlichen Kommunikation, parasozialer Interaktion in der Massenkommunikation und Interaktivität in der elektronisch vermittelten Kommunikation bestehen.

Interaktion – Kommunikation

Auf das Element der Interaktion im Kontext zwischenmenschlicher Kommunikation wurde bereits kurz hingewiesen (vgl. Kapitel 3.1.2), es soll hier jedoch noch einmal zurückgegriffen werden. *Interaktion* im hier verstandenen Sinn ist ein aus der Soziologie stammender Begriff. Das Grundmodell, an dem er sich orientiert, »ist die Beziehung zwischen zwei oder mehr Personen, die sich in ihrem Verhalten aneinander orientieren und sich gegenseitig wahrnehmen können« (Jäckel 1995, S. 463). Dabei ist die physische Präsenz, also die gegenseitig wahrnehmbare Anwesenheit der Interagierenden, ein wichtiges Definitionselement. Interaktion »beschreibt einen Handlungsablauf und die diesen Handlungsablauf konstituierenden Faktoren« (Jäckel 1995, S. 463). Interaktion ist, wie Max Weber sagt, eine bestimmte Form sozialen Handelns, das »mit subjektivem Sinn verbunden« sowie »auf das Handeln anderer Menschen bezogen und daran in seinem Ablauf orientiert ist« (Weber 1980, 5. Aufl., S. 1). Zwischenmenschliche Kommunikation kann somit als eine spezifische Form der sozialen Interaktion verstanden werden: als Interaktion vermittels Zeichen und Symbolen, als *Miteinander-in-Beziehung-Treten von Menschen* (Interaktion) *zum Austausch von Informationen* (Kommunikation). Dieser Informationsaustausch kann *verbal und/oder nonverbal* erfolgen und bedient sich in aller Regel aller jener Kommunikationskanäle (vgl. Kapitel 3.1.6), über die Menschen in der Face-to-Face-Kommunikation verfügen. Durch die Anwesenheit der Kommunikationspartner bestehen vielfältige Möglichkeiten der Rückkopplung und gegenseitigen Kontrolle. Reflexitität, also Rückbezüglichkeit in der Zeit-, Sach- und Sozialdimension ist *das* elementare Kennzeichen der unmittelbaren zwischenmenschlichen Kommunikation. Rückzugsmöglichkeiten sind – wie generell bei sozialen Interaktionen – nur in geringem Ausmaß möglich bzw. bedürfen stets sozial akzeptierter Konventionen (z.B. angemessene Beendigung eines zwischenmenschlichen Gesprächs). Mangelnde Aufmerksamkeit eines (Kommunikations-)Partners kann durch den anderen Partner in der Face-to-face-Kommunikation sanktioniert werden.

Parasoziale Interaktion – Massenkommunikation

Ein Fehlen von Rückkopplungsmöglichkeiten und gegenseitiger Kontrolle steigert auch bei kommunikativen Vorgängen die Unverbindlichkeit von Interaktion. Dies ist bekanntlich in der klassischen Massenkommunikation der Fall, bei der der Rezipient »mit medialen Angeboten in der konkreten Nutzungssituation viel freizügiger und ohne kommunikativ bedingte Rücksichten nach seinem Geschmack verfahren kann« (Krotz 1992, S. 237). Der Zeitungsleser, Radiohörer oder TV-Zuschauer kann den Rezeptionsakt jederzeit unterbrechen, ohne Sanktionen in Kauf nehmen zu müssen: Der Nutzer massenmedialer Kommunikationsangebote ist direkter interpersonaler Handlungsfolgen enthoben. Allenfalls kann es in der Massenkommunikation, insbesondere beim Fernsehen, zu *parasozialen Interaktionen* kommen. Dies ist etwa der Fall, wenn beim Zuschauer die Illusion einer Begegnung von Angesicht zu Angesicht beispielsweise mit einem gut bekannten TV-Moderator oder Nachrichtenpräsentator entsteht. »Man glaubt, die Menschen auf dem Bildschirm zu kennen, sie zu treffen« (Jäckel 1995, S. 470). Solche Identifikationsprozesse, die durch bestimmte Formen von Ansprechakten (»Guten Abend, meine Damen und Herren« u.a.m.) begünstigt, wenn nicht sogar evoziert werden, sind vornehmlich bei sozial isolierten und älteren Menschen beobachtbar. Beziehungen para-sozialer Art »können in der Zuwendung zu massenkommunikativ verbreiteten Inhalten für den Zuschauer die Funktion haben, ein durch die Alltagserfahrung nicht mehr gewährleistetes Bedürfnis nach Zugehörigkeit zu einer Gesellschaft herzustellen« (Jäckel 1995, S. 470). In para-sozialen Effekten ist daher (auch) ein Nutzungsmotiv von Medienangeboten zu sehen.

Interaktivität – computervermittelte Kommunikation

Anders als in der zwischenmenschlichen Kommunikation verhält es sich mit »Interaktion« in der computervermittelten Kommunikation. Der für die zwischenmenschliche Kommunikation zutreffende soziologische Begriff Interaktion wird im Kontext der Möglichkeiten von Multimedia und Online-Kommunikation ersetzt durch den kommunikationswissenschaftlichen Begriff *Interaktivität*. Dabei wird versucht, sich sowohl am soziologischen Verständnis von Interaktion zu orientieren (wechselseitig auf die Interaktions- bzw. Kommunikationspartner bezogene Handlungen) wie auch an dem in der Informatik gebräuchlichen Sinn von Interaktion, nämlich: Prozesse zwischen Mensch und Maschine, respektive solche zwischen Mensch und Computer. Als »Interactive Mode« wird in der Informatik jener »Dialogverkehr« bezeichnet, »der es dem Benutzer von Computern gestattet, ständig Zwischenergebnisse oder Auswahlmenüs zu sichten und durch neue Tastatur- oder Mauseingaben auf diese zu reagieren« (Goertz 1995, S. 478). Im Verständnis der Informatik bezeichnet ›Interaktion‹ übrigens nur das Verhältnis von Mensch und Maschine. Kommunikation zwischen zwei Menschen *mittels* Maschine, die in der elektronisch vermittelten Kommunikation jedoch eine ganz bedeutende Rolle spielt, ist nicht gemeint. (vgl. Goertz 1995, S. 478).

Als die ersten computerbasierten »neuen Medien« wie Videotext und Bildschirmtext auf den Markt kamen (in Europa Ende der Siebziger-/Anfang der Achtzigerjahre), wurde das Konzept der Interaktivität im Medien- und Kommunikationswesen übernommen. Von Interaktivität im *technischen Sinne* ist seither die Rede, wenn a) ein Medium über die Fähigkeit verfügt, »mit dem Nutzer in einen Dialog zu treten« (Goertz 1995, S. 478) – also Kommunikation *mit* dem Medium gestattet; und wenn b) ein Medium »synchrone (z.B. Chat – Erg. H. P.) und asynchronische (z.B. E-Mail, Newsgroups, MUDs – Erg. H. P) Kommunikation zwischen geografisch getrennten Kommunikationspartnern« ermöglicht (Höflich 1994, S. 391) – also Kommunikation *durch* ein Medium. Interaktivität im *soziologischen* Verständnis ist bei elektronisch vermittelter Kommunikation gegeben, sobald die Nutzer von den technisch-interaktiven Möglichkeiten auch Gebrauch machen und interaktive Kommunikationsmodi in praxi anwenden. Die am häufigsten praktizierten interaktiven Kommunikationsmodi in der computervermittelten Kommunikation sind (vgl. Rössler 1998, S. 29): a) Abruf gespeicherter Informationen aus dem World Wide Web (einschließlich des Herunterladens von Dateien aus dem WWW auf den eigenen PC); b) das Versenden und Empfangen elektronischer Post (E-Mail); c) die Beteiligung an Diskussionsforen (Newsgroups, Usenet); d) die sprachliche Interaktion mit anderen Nutzern (Chat); f) die Interaktion in virtuellen Räumen (Teilnahme an MUDs).

Interaktivität ist ein in der Multimedia- und Computerkommunikation viel verwendeter und vielschichtiger Begriff. Mit Bezugnahme auf Goertz (1995), Höflich (1995, 1996), Jäckel (1995), Krotz (1995), Ruhrmann/Nieland (1997), Rössler (1998) und Sutter (1999) lassen sich Überlegungen zum Thema Interaktivität wie folgt zusammenfassen:

- Im kommunikationswissenschaftlichen Sinne kann es sich bei Interaktivität sowohl Mensch-Maschine-Kommunikation als auch um die Kommunikation zweier Menschen mittels Maschine (die dialoghaften Charakter haben) handeln.
- Interaktion ist nicht nur technisch zu begründen, sondern berücksichtigt auch die jeweiligen Nutzer, die Art und Weise der Nutzung sowie den jeweils spezifischen Nutzungskontext. Interaktion tangiert sowohl Medieneigenschaften als auch Merkmale des Kommunikationsprozesses.

- Der Begriff »interaktive Medien« bezieht sich auf technische Systeme, die Reziprozität und einen Rollentausch zwischen Sender und Empfänger zulassen (so gesehen ist bereits das Telefon ein interaktives Medium, das in Verbindung mit
Computern zusätzliche Formen der interaktiven Kommunikation ermöglicht).
- Wichtig für interaktive Medien sind die Rückkanäle, also der Feed-back-Prozess
und damit die Überwindung der gerichteten, einseitigen Kommunikation. Interaktivität ist (zunächst) nur ein Potenzial, dessen Realisation vom jeweiligen
Nutzer abhängt.
- Mit dem Begriff interaktive Medien kann die Netzkommunikation von der klassischen Massenkommunikation unterschieden werden. In der Netzkommunikation ist es möglich, neben die einseitig gerichtete Einer-an-Viele-Kommunikati-
on (One-to-many) andere Kommunikation treten zu lassen, nämlich eine One-
to-one-, One-to-few-, Many-to-many-, Many-to-one-Kommunikation.
- In der interaktiven Kommunikation können die Teilnehmer nicht nur zwischen
Sender- und Empfänger-Rollen wechseln, es bieten sich auch Eingriffs- und Gestaltungsmöglichkeiten an. Interaktive Anwendungen implizieren auch, dass Inhalte durch Nutzer verändert werden können.
- In der interaktiven Kommunikation wird insofern von »erweiterter« wechselseitiger Wahrnehmung der Kommunikationspartner gesprochen, als die Nutzer
gleichsam »telepräsent« sind. Weitere Kriterien für Interaktivität sind eine nur
teilweise mögliche gegenseitige Kontrolle (auf Grund schriftlicher Antworten des
Kommunikationspartners) sowie eine (durch reale oder fiktive Namensnennung
der User) nur teilweise aufgehobene Anonymität der Kommunikationspartner.

Medien (nicht nur Online-Medien) unterscheiden sich generell im Hinblick auf ihr
kommunikatives Potenzial und damit auch dadurch, ob und auf welche Weise sie gegenseitig aufeinander bezogenes Handeln der Nutzer zulassen. Interaktivität wird daher auch als Gradmesser dafür gesehen, »in welchem Maße [...] eine Medienanwendung in der Lage ist, sich auf die individuellen Bedürfnisse der Beteiligten ›einzustel-
len‹« sowie »welche Medienanwendungen [...] dem Beteiligten den größten Hand-
lungsspielraum [bieten]«, d.h. inwieweit man als Mediennutzer den Rezeptions- und
Kommunikationsprozess beeinflussen kann (Goertz 1995, S. 485). Es gibt mehrere
mehr oder weniger überzeugende Versuche, Faktoren für die Bestimmung des Inter-
aktivitätsgrades einer Medienanwendung festzulegen (vgl. Goertz 1995, S. 479ff).
Goertz nennt seinerseits a) den Grad der Selektionsmöglichkeiten (unterschiedliche
Auswahloptionen einer Medienanwendung; b) den Grad der Modifikationsmöglich-
keiten (Möglichkeiten der Veränderung von Aussagen); c) die quantitative Größe des
Selektions- und Modifikationsangebotes; sowie d) den Grad der Linearität/Nicht-Li-
nearität, also beispielsweise Bestimmung von Zeitpunkt, Tempo und Abfolge der Re-
zeption bzw. Kommunikation. »Dabei soll gelten: Je höher die Größe/der Grad eines
Faktors, desto größer die Interaktivität« (vgl. Goertz 1995, S. 485ff).
Was die Kommunikationsmodi selbst betrifft, so gibt es auch mehrere Dimensionen,

anhand derer sich das Interaktivitätspotenzial beschreiben lässt (vgl. Rössler 1998, S. 32ff). Die Interaktivität der Kommunikationsmodi steigt aus Sicht der Nutzer an, »wenn

- das Kommunikationsziel eher auf Informationsaustausch als auf Überzeugung abzielt;
- sie glauben, die Kommunikationssituation kontrollieren zu können;
- sie eine aktive Rolle für erforderlich halten, um aus der Kommunikation zu profitieren;
- alle Teilnehmer die Gelegenheit haben, Mitteilungen zu initiieren und auf andere Medien zu reagieren;
- das Timing der Kommunikation flexibel ist und auf die Zeitplanung der Teilnehmer eingehen kann; und
- wenn die Kommunikationssituation das Gefühl eines gemeinsamen ›Ortes‹ hervorruft« (Rössler 1998, S. 33 unter Bezugnahme auf McMillan/Downes 1998).

Neben diesen die Online-Kommunikation betreffenden Überlegungen von Interaktivität ist noch auf so genannte interaktive Möglichkeiten zu verweisen, die man etwa beim Digitalen Fernsehen hat. Abonnenten digitaler TV-Programme können beispielsweise individuell Fernsehangebote abrufen (Video-on-Demand), bei digitalen TV-Sportkanälen individuell zwischen verschiedenen Kameraperspektiven wählen oder (in derzeit noch ganz seltenen Fällen) auch den Handlungsablauf von Fernsehfilmen beeinflussen, kurz: Sie können über Zeitpunkt und Inhalt der Nutzung elektronischer Medienangebote, insbesondere des Fernsehens, selbst bestimmen. Zwischen welchen Stufen man dabei im Hinblick auf Interaktivität im Allgemeinen unterscheidet, ist bei Ruhrmann/Nieland und Soukup dargestellt (Ruhrmann/Nieland 1997; Soukup 1998).

Aus kommunikationswissenschaftlicher Perspektive sind im Hinblick auf Interaktivität weniger die Mensch-Maschine-Dialoge als vielmehr die kommunikativen Möglichkeiten zwischen Menschen *mittels* Computer von Interesse. Sie weisen einerseits nämlich Ähnlichkeiten computervermittelter Kommunikation mit zwischenmenschlicher Kommunikation auf, unterscheiden sich andererseits aber dennoch wesentlich von dieser: So sind die Partner computervermittelter Kommunikation in aller Regel nicht persönlich anwesend und können sich auch gegenseitig nicht bzw. nur sehr eingeschränkt wahrnehmen. Auch sind ihre Interaktionen weder orts- noch zeitgebunden. Zentrale Elemente der gesamten nonverbalen Kommunikation, die in der zwischenmenschlichen Kommunikation eine wichtige Rolle spielen, kommen in der computervermittelten Kommunikation nicht zum Tragen. Kurz: Die interaktiven Möglichkeiten computervermittelter Kommunikation »liegen *nicht* (Hervorh. H.P.) auf der Ebene direkter sozialer Interaktion« (Sutter 1999, S. 297). Dadurch sind wechselseitige Wahrnehmumgs- und Kontrollmöglichkeiten (z.B. Mimik, Gestik, Blickkontakt, Tonfall etc.) nicht oder nur sehr eingeschränkt möglich und somit kann computervermittelte Kommunikation einen unverbindlichen und anonymen Charakter annehmen. Sie erlaubt es, etwa in Chats oder bei der Teilnahme an MUDs, »sich zu maskieren und zu inszenieren« (Sutter 1999, S. 297). So bleibt umstritten, ob in der computervermittelten Kommunikation ›Nähe‹, ›Gemeinschaft‹, Verbindlichkeit etc. entstehen kann und welcher Art sie sind (vgl. Sutter 1999, S. 297).

3.3.4 Elektronische Gemeinschaften

Im Kontext von Multimedia »etabliert sich mit dem Computer ein neues interaktives Massenmedium, das es möglich macht, nicht nur Botschaften von beliebig vielen Mitnutzern zu empfangen, sondern umgekehrt auch an diese zu verschicken« (Höflich 1995, S. 518). Dadurch entstehen neue Formen der Gruppen- oder Gemeinschaftskommunikation, die sich neben die klassische Massenkommunikation gesellen. Zur Erinnerung: Für den Prozess der Massenkommunikation ist – trotz bestehender Rückkopplungsmöglichkeiten etwa in Leserbriefen – dessen Einseitigkeit charakteristisch: Auf der einen Seite (der Senderseite) sind die in Medienorganisationen eingebundenen Kommunikatoren (z.B. Journalisten), die die Medieninhalte erarbeiten. Auf der anderen Seite stehen die Rezipienten, die Leser, Hörer und Zuseher. Maletzke spricht bekanntlich vom »dispersen Publikum«. Es konstituiert sich durch eine »gemeinsame Zuwendung mehrerer, in der Regel vieler Menschen zu einem gemeinsamen Gegenstand, nämlich zu den Aussagen der Massenkommunikation« (Maletzke 1963, S. 28). Disperse Publika sind keine überdauernden strukturierten oder organisierten Sozialgebilde, sie bestehen aber »auch nicht aus ›atomisierten‹, sozial isolierten Einzelnen. Die Mediennutzung ist sozial eingebunden, Massenmedien werden in jeweiligen sozialen Kontexten genutzt« (Höflich 1995, S. 519). Gleichwohl sind mit dem Mediengebrauch in der Massenkommunikation für den Nutzer verbundene Gratifikationen »individuell, ohne ein Mitwirken anderer Nutzer zu erlangen« (Höflich 1995, S. 519).

Bei Medien der Individualkommunikation, respektive bei computervermittelter Kommunikation, ist dies »prinzipiell anders: Deren Gebrauch ist nur zusammen mit anderen möglich; Gratifikationen, selbst wenn sie vom Nutzer individuell je unterschiedlich interpretiert werden, erhält man nur, wenn andere sie mittragen« (Höflich 1995, S. 519). Wie erwähnt, wird der Computer als interaktionsermöglichendes Medium bezeichnet. Er zeichnet sich »durch die Möglichkeit eines, sei es zeitgleichen (Chat – Erg. H. P.) oder zeitverschobenen (E-Mail, Newsgroups etc. – Erg. H. P.) gegenseitig aufeinander bezogenen, technisch vermittelten kommunikativen Handelns« aus, »sodass letztlich der ›aktive‹ Rezipient zu einem ›inter-aktiven‹ Nutzer wird« (Höflich 1995, S. 519).

Der Computer macht es im Kontext von Medienanwendungen des Internets nun auch möglich, mit mehreren Personen, also in Gruppen, zu kommunizieren. Gruppen können Kommunikationsnetzwerke bilden, die als »elektronische Gemeinschaften« bezeichnet werden. Sie entstehen, wenn Menschen (relativ dauerhaft) beispielsweise über Mail-Box-Systeme, elektronische »schwarze Bretter« oder virtuelle Spiele (MUDs) miteinander in Kontakt treten. Nicht selten eröffnen elektronische Gemeinschaften (virtual communities) neue, öffentliche Kommunikationsforen, sodass man für sie auch die Bezeichnung »elektronische Cafés«, »Pubs« oder auch »elektronische Agora« findet (vgl. Höflich 1995, S. 523).

Mit elektronischen Gemeinschaften sind »Netzwerke von Personen« gemeint, »die via Kommunikationstechnologien im Kontext gemeinsamer Gebrauchsweisen miteinander verbunden und die trotz wechselnder Mitgliedschaften von relativer Beständigkeit sind« (Höflich 1995, S. 526). Mit Bezugnahme auf Höflich (1995) lassen sich im Hinblick auf elektronische Gemeinschaften folgende Charakteristika und Merkmale elektronischer Gemeinschaften anführen sowie sonstige Aspekte aufzeigen:

- Statusunterschiede sowie Geschlecht, Alter, ethnische Abstammung, nationale Herkunft, physisches Aussehen etc. spielen in elektronischen Gemeinschaften wenn überhaupt so nur eine untergeordnete Rolle. In diesen communities herrscht eher eine *auf Egalität basierende Geselligkeit* (Höflich 1995, S. 523). In der Welt der Netzwerke wird nicht der »Einfluss an Reichtum und Macht [gemessen], sondern daran, wie gut man schreibt oder argumentiert« (Höflich 1995, S. 524).
- Die Partizipation an elektronischen Gemeinschaften und Foren erfordert neben der »Fähigkeit, themenbezogen mitreden, oder besser: mitschreiben zu können, auch eine technische Kompetenz« (Höflich 1995, S. 524), um mit dem neuen Medium Computer überhaupt umgehen zu können. Durch zunehmend nutzerfreundliche Software wird diese Eingangsbarriere jedoch immer kleiner. Freilich erfordert die Anschaffung des entsprechenden technischen Equipments, der Hardware, finanzielle Ressourcen – ebenso wie der laufende Betrieb (Telekommunikationskosten).
- Elektronische Gemeinschaften gründen »auf einem netzwerkbezogenen, medienvermittelten Zusammenkommunizieren auf der Basis zuschreibbarer (realer oder fiktiver – Erg. H. P.) Medienidentitäten. Es handelt sich hierbei insofern um soziale Gruppen, wenn man als Kriterien eine gewisse *Dauer* und die *Interaktion mit deren Folgen* zugrundelegt« (Höflich 1995, S. 526). Bekanntlich existieren Gruppen, »solange die Mitglieder interagieren und solange Wirkungen dieser Beziehungen zu beobachten sind« (Schneider 1985, S. 37 zitiert nach Höflich 1995, S. 526).
- Kommunikationstechnologien, respektive Computer, schaffen ein neues Verhältnis zum Raum. Sie stehen für eine der unmittelbaren sinnlichen Erfahrung entzogene Enträumlichung der Kommunikation, sie eröffnen aber auch einen neuen, sozial konstituierten, auf Netzwerken interpersonaler Beziehungen gründenden *virtuellen Raum der Kontaktnahme*. Teilnehmer elektronischer Gemein-

schaften sitzen einerseits zu Hause vor dem Computer, andererseits befinden sie sich »inmitten eines Kommunikationsnetzes, das geografisch nicht mehr zu verorten ist« (Flichy 1994, S. 276 zitiert nach Höflich 1995, S. 526).

- Die Mitglieder elektronischer Gemeinschaften kennen sich in aller Regel nicht persönlich und geben sich weitgehend auch nicht durch ihren realen Namen zu erkennen. Vielmehr ist von Medienidentitäten zu sprechen, die kommunikative Rückbezüge möglich machen. »Inwieweit eine mediale Identität hin zur persönlichen Identität geöffnet wird, ist nicht nur beziehungsspezifisch (...), sondern auch abhängig von den Möglichkeiten, wie Medienidentitäten in Foren computervermittelter Kommunikation präsentiert werden können« (Höflich 1995, S. 526).

- Elektronische Gemeinschaften werden oftmals auch als »virtuelle Gruppen« bezeichnet. Die Mitglieder partizipieren nämlich am Kommunikationsgeschehen, »ohne physisch präsent zu sein; der Kommunikationsraum ist nicht sozio-geographisch lokalisiert, sondern ein *imaginärer elektronischer ›Ort‹ des Zusammenkommunizierens* (...), den man (...) auch als weit gefassten *Cyberspace* bezeichnen« kann (Höflich 1995, S. 527).

- In elektronischen Gemeinschaften realisieren die Teilnehmer ihre Interessen und Kommunikationsabsichten zusammen mit anderen. In vielen dieser *communities* gibt es daher eine »Verpflichtung auf *gemeinsame* Gebrauchsweisen, seien diese sozio-emotional oder informativ-sachbezogen motiviert« (Höflich 1995, S. 528). Sie manifestieren sich in so genannten *Medienregeln* und »stellen eine intersubjektive Grundlage der Medienverwendung dar, die es der handelnden Person ermöglicht, ihre Kommunikationsabsichten erwartbar zu realisieren« (Höflich 1995, S. 529).

- Solche Medienregeln sind in zahlreichen elektronischen Gemeinschaften in Form von Verhaltenscodes festgelegt und beziehen sich auf Form und Ablauf der Kommunikation. Sie manifestieren sich in so genannten »Medienetiketten« bzw. »Netiketten« und enthalten nicht nur technische, sondern vor allem auch sozialkommunikative Anleitungen – Gebote und Verhaltensstandards also, die von den Teilnehmern der jeweiligen Gemeinschaft einzuhalten sind. (Solche Netiketten mit quasi-normativen Vorschriften für das Kommunizieren in elektronischen Gemeinschaften weisen u.a. Ähnlichkeiten beispielsweise mit Regeln auf, wie sie etwa auch für CB-Funker gelten).

- Oft weisen Verhaltenskodizes elektronischer Gemeinschaften Regeln, verbunden mit kommunikativen Lösungen, auf, um die dramaturgische Schwäche der Computerkonversation durch eine »elektronische Parasprache« auszugleichen. »Es handelt sich um mit der Computertastatur herstellbare Zeichen und Zeichenkomplexe, die als *innovative Ausdrucksvarianten* die übermittelten Texte ergänzen« (Höflich 1995, S. 531). Diese Zeichen(komplexe) dienen v.a. der interpretationsfördernden Kontextualisierung der schriftlich übermittelten Inhalte. »Zu erwähnen sind in diesem Zusammenhang die als Emotikons bezeichneten emotionsanzeigenden Ikone, wie die so genannten Smileys« (Höflich 1995,

S. 531). Viele dieser Smileys, die Stimmungen (wie Spaß, gute Laune, Fröhlichkeit, aber auch das Gegenteil) vermitteln, gehen inzwischen oft über den beziehungsanzeigenden Aspekt hinaus.

- Ohne eine Mindestzahl (kritische Masse) von aktiven Nutzern kommen elektronische Gemeinschaften kaum zu Stande. Solche Gemeinschaften existieren nicht, »weil sich die Teilnehmer in Nutzerlisten eingetragen haben, sondern durch ›inter-aktive‹ Mitnutzer. Letztlich sind es nicht die Mitglieder, die eine ›elektronische Gemeinschaft‹ ausmachen, sondern es sind die beständigen Kommunikationen, die sie am Leben halten« (Höflich 1995, S. 533). Freilich gibt es (aus kommerziellen Gründen initiierte und kommerziell orientierte) elektronische Gemeinschaften, in denen professionelle Organisatoren dafür sorgen, dass Kommunikation aufrechterhalten bleibt.

Unter Aspekten der Bezugsgruppentheorie sind elektronische Gemeinschaften sozialen Welten vergleichbar. »Soziale Welten (...) implizieren keine territoriale Bindung von deren Mitgliedern, sondern gründen auf deren kommunikativen Beziehungen. Ihr konstitutives Element sind netzwerkgetragene Interaktionen, und es bilden sich hierbei je eigene kulturelle Bereiche, deren Grenzen (...) nicht durch formale Gruppenmitgliedschaften abgesteckt sind, sondern durch die Möglichkeiten zur effektiven Kommunikation« (Höflich 1995, S. 532). Dies gilt auch für elektronische Gemeinschaften.

3.3.5 Neue Begriffe?

Elektronisch mediatisierte Kommunikation eröffnet, wie dargelegt, kommunikative Möglichkeiten, die bisher weder in der traditionellen Telekommunikation noch in der klassischen Massenkommunikation möglich waren. Sie wirken letztlich auch auf die Begrifflichkeit zurück, die in der Massenkommunikationsforschung vorzufinden ist. Lutz Goertz meint, dass das bisherige Vokabular (Kommunikator, Aussage, Medium, Rezipient), »das die alte Beziehung zwischen Kommunikator und Rezipient sehr gut charakterisiert, [...] bei der Übertragung auf viele interaktive Medien nicht mehr [greift]. Angemessener wären folgende Begriffe, die sich sowohl auf Massenmedien als auch auf Individualmedien anwenden lassen« (Goertz 1995, S. 484):

alter Begriff	neuer Begriff
Rezipient	Beteiligter
Kommunikator	Organisierender Beteiligter
Medium im technischen Sinne	Kommunikationsstruktur
Medium (als Angebot, Dienst)	Medienanwendung
Aussage	Aussage (bleibt bestehen)

Goertz begründet seinen Vorschlag wie folgt (vgl. Goertz 1995, S. 484f):

- Die Modifikation des Rezipientenbegriffs »wird notwendig, weil der Rezipient nun auch in den Kommunikationsprozess eingreifen kann, also nicht nur ›Aufnehmender‹ ist. Neutral kann man ihn daher als ›Beteiligten‹ (...) bezeichnen« (ebd., S. 484).
- Der Kommunikator, der beispielsweise als Provider im Internet bzw. WWW »im Extremfall überhaupt keine Aussagen mehr produziert, sondern lediglich den technischen Ablauf der Kommunikation kontrolliert, wird auf diese Weise zum ›organisierenden Beteiligten‹. Die Parallele der beiden Begriffe soll verdeutlichen, dass beide – Beteiligter und organisierender Beteiligter – zumindest theoretisch auf einer Stufe stehen können« (ebd., S. 484).
- Der neue Begriff Kommunikationsstruktur an Stelle von Medium im technischen Sinne »ist ein Zugeständnis an die veränderte Medientechnik. Konnte man früher ein Gerät, einen Kommunikationsdienst und die zugehörigen Kommunikatorinstitutionen noch gleichsetzen (z.B. beim ›Fernsehen‹), so können heute unterschiedliche Geräte funktional die gleichen Aufgaben wahrnehmen (z.B. Faxdienst sowohl per Faxgerät, aber auch direkt per Computer) und umgekehrt kann *ein* Gerät verschiedene Funktionen übernehmen (z.B. der Personalcomputer zur Textverarbeitung, Datenkommunikation, ja sogar als Fernsehgerät)« (ebd., S. 484f).
- Angesichts des ohnehin schon verwässerten Begriffs Medium, der mehrere Bedeutungen einschließt, erscheint es im Hinblick auf Medienangebote bzw. Mediendienste sinnvoller, von Medienanwendung zu sprechen. Der Terminus »umfasst somit *eine* Leistung eines Endgerätes, z.B. die Electronic Mail, den Telefaxdienst oder den Fernsehempfang« (ebd., S. 485).

Die hier vorgeschlagene Begrifflichkeit hat in der Kommunikationswissenschaft inzwischen Fuß gefasst. Sie hat auch Eingang gefunden in eine modellhafte Darstellung computervermittelter (Gemeinschafts-)Kommunikation von Walter Hömberg und Roland Burkart (Hömberg/Burkart 1998). Die beiden Kommunikationswissenschaftler haben das auf die klassische Massenkommunikation bezogene Prozessmodell von Gerhard Maletzke (vgl. Maletzke 1963) modifiziert und abgeändert und auf Prozesse so genannter »elektronisch mediatisierter Gemeinschaftskommunikation« (Hömberg/Burkart 1998) übertragen.

3.3.6 Neue Kompetenzen

Noch nicht erwähnt wurde, dass sich in der elektronisch mediatisierten Kommunikation die Anforderungen an die kommunikative Kompetenz der Teilnehmer oder, um in der neuen Terminologie zu bleiben, der Beteiligten auf Nutzerseite erhöhen.

In Anlehnung an Krotz lassen sich folgende Selektions-, Lokalisierungs- und Beurteilungskompetenzen benennen (vgl. Krotz 1995, S. 455f):

- die Kompetenz, auf der Suche nach geeigneten Kommunikationsangeboten mit »Informationsüberflutungen autonom umgehen« zu können, aggressiven Kommunikationsangeboten »nicht zu unterliegen« und sich genau das an Informationen zu holen, was man braucht (*die Selektions- und Beschaffungskompetenz*);
- die Kompetenz, den multimedialen Charakter vieler Netzangebote auszuschöpfen, »also die Fähigkeit der Berücksichtigung aller darstellenden Formen Bild, Ton, Wort, Schrift (und Grafik – Erg. H. P.)« – Krotz nennt sie »*Code-Kompetenz*«;
- die Kompetenz, mit Geräten der computervermittelten Kommunikation (Computer, Scanner, CD-Brenner, Drucker etc.) und mit Netzangeboten souverän umzugehen (*»informationstechnische Kompetenz«*);
- die Kompetenz, »Status und Qualität, Wichtigkeit und Konsequenz einer Information« richtig einschätzen zu können (*»Beurteilungskompetenz«*).

Hier wird deutlich, dass elektronisch mediatisierte Kommunikation möglicherweise Wissensklüfte, aber auch Informations- und Kompetenzklüfte in der Gesellschaft begünstigen kann. Es ist nämlich nachgewiesen, dass formal höher gebildete junge Menschen sowie Personen mit höherem sozioökonomischem Status die Welt der computervermittelten Kommunikation rascher erobern, ihre Angebote nutzen und sich in ihr auch besser zurechtfinden. Auch kann man nicht übersehen, dass die Teilnahme und Teilhabe an computervermittelter Kommunikation auch materielle Aufwendungen zur Anschaffung der Geräte sowie der Telekommunikationskosten erfordert.

Ebenso muss man auf die Problematik der Virtualisierung von Beziehungen und Gemeinschaften durch computervermittelte Kommunikation hinweisen. »Wenn die persönliche und private Kommunikation (...) künftig in nennenswertem Umfang computervermittelt erfolgt, dann stellt sich die Frage, ob und in welchem Maße sich die Qualität unserer Sozialbeziehungen verändern wird« (Beck/Glotz/Vogelsang 2000).

Mit dem Thema elektronisch mediatisierte Kommunikation eröffnet sich für die Kommunikationswissenschaft ein neues und sich gegenwärtig rapide ausweitendes Forschungsfeld. Hier wurde nur versucht, den Begriff zu erläutern und einige seiner wichtigsten Fassetten aufzuzeigen. Es ist hier hingegen nicht möglich, im Detail darzulegen, welche gesellschaftlichen Bereiche neben den vielfältigen Kommunikationsanwendungen inzwischen von computervermittelter Kommunikation durchdrungen sind (z.B. Teleworking, Telebanking, Telelearning, Telemedizin, Electronic Commerce etc.) und welche Folgen daraus für Gesellschaft, Kultur, Wirtschaft und Politik resultieren.

Literatur

Badura, Bernhard (1971): Sprachbarrieren. Zur Soziologie der Kommunikation (Serie Problemata, Bd.1). Stuttgart.

Beck, Klaus; Glotz, Peter; Vogelsang, Gregor (2000): Die Zukunft des Internet. Konstanz.

Bentele, Günter; Beck, Klaus (1994): Information – Kommunikation – Massenkommunikation. Grundbegriffe und Modelle der Publizistik- und Kommunikationswissenschaft. In: Jarren, Otfried (Hrsg.): Medien und Journalismus 1. Eine Einführung. Opladen 1994, S.18-50.

Bergler, Reinhold; Six, Ulrike (1979): Psychologie des Fernsehens. Bern.

Bernstein, Basil (1972): Studien zur sprachlichen Sozialisation. Düsseldorf.

Beth, Hanno; Pross, Harry (1976): Einführung in die Kommunikationswissenschaft. Stuttgart.

Bühler, Karl (1978): Sprachtheorie. Die Darstellungsfunktion der Sprache. Frankfurt/Main.

Burkart, Roland (1998): Kommunikationswissenschaft. Grundlagen und Problemfelder. Umrisse einer interdisziplinären Sozialwissenschaft. 3., überarb. Aufl. Wien.

Bußmann, Hadumod (1990): Lexikon der Sprachwissenschaft. 2. Aufl. Stuttgart.

Döhn, Lothar (1979): Kommunikation. In: Döhn, Lothar; Klöckner, Klaus: Medienlexikon. Kommunikation in Gesellschaft und Staat. Baden-Baden, S. 106-109.

Döhn, Lothar (1979): Sprache. In: Döhn, Lothar; Klöckner, Klaus: Medienlexikon. Kommunikation in Gesellschaft und Staat. Baden-Baden, S. 206-210.

Faulstich, Werner (1991): Medientheorien. Einführung und Überblick. Göttingen.

Flichy, Patrice (1994): Tele. Geschichte der modernen Kommunikation. Frankfurt/Main.

Frank, Bernward; Maletzke, Gerhard; Müller-Sachse, Karl H. (1991): Kultur und Medien. Angebote, Interessen, Verhalten. Eine Studie der ARD/ZDF-Medienkommission. Baden-Baden.

Goertz, Lutz (1995): Wie interaktiv sind Medien? Auf dem Weg zu einer Definition von Interaktivität. In: Rundfunk und Fernsehen 43:1995, S. 477-493.

Graumann, Carl Friedrich (1972): Interaktion und Kommunikation. In: Graumann, Carl Friedrich (Hrsg.): Handbuch der Psychologie. Band 7: Sozialpsychologie, 2. Halbband. Göttingen, S. 1109-1262.

Griese, Hartmut M. (1976): Soziologische Anthropologie und Sozialisationstheorie. Weinheim.

Hagemann, Walter (1966): Grundzüge der Publizistik. Münster [Erstauflage 1947].

Heinrich, Jürgen (1999): Konsequenzen der Konvergenz für das Fach »Medienökonomie«. In: Latzer, Michael u.a. (Hrsg.): Die Zukunft der Kommunikation. Innsbruck, S. 73-86.

Höflich, Joachim R. (1995): Vom dispersen Publikum zu »elektronischen Gemeinschaften«. Plädoyer für einen erweiterten kommunikationswissenschaftlichen Blickwinkel. In: Rundfunk und Fernsehen 43:1995, Heft 4, S. 518-537.

Höflich, Joachim R. (1996): Technisch vermittelte interpersonale Kommunikation. Grundlagen, organisatorische Medienverwendung, Konstitution »Elektronischer Gemeinschaften«. Opladen.

Höflich, Joachim R. (1998): Computerrahmen und die undifferenzierte Wirkungsfrage. Oder: Warum erst einmal geklärt werden muss, was die Menschen mit dem Computer machen. In: Rössler, Patrick (Hrsg.): Online-Kommunikation. Beiträge zu Nutzung und Wirkung. Opladen, S. 47-64.

Höflich, Joachim R. (1999): Der Mythos vom umfassenden Medium. Anmerkungen zur Konvergenz aus einer Nutzerperspektive. In: Latzer, Michael u.a. (Hrsg.): Die Zukunft der Kommunikation. Innsbruck, S. 43-60.

Holzer, Horst; Steinbacher, Karl (1972): Sprache und Gesellschaft. München.

Hömberg, Walter; Burkart, Roland (1998): Elektronisch mediatisierte Gemeinschaftskommunikation. Eine Herausforderung für die kommunikationswissenschaftliche Modellierung. In: Pfammater, René (Hrsg.): Multi Media Mania. Reflexionen zu Aspekten neuer Medien. Konstanz, S. 19-36.

Hunziker, Peter (1988): Medien, Kommunikation und Gesellschaft. Einführung in die Soziologie der Massenkommunikation. Darmstadt.

Huter, Alois (1988): Zur Ausbreitung von Vergnügung und Belehrung. Fernsehen als Kulturwirklichkeit. Zürich.

Jäckel, Michael (1995): Interaktion. Soziologische Anmerkungen zu einem Begriff. In: Rundfunk und Fernsehen: 43:1995 Heft 4, S. 463-476.

Jarren, Otfried (Hrsg.) (1994): Medien und Journalismus 1. Eine Einführung. Opladen.

Kagelmann, Jürgen; Wenninger, Gerd (1982): Medienpsychologie. Ein Handbuch in Schlüsselbegriffen.

Koenig, Otto (1970): Kultur und Verhaltensforschung. München.

Krotz, Friedrich (1992): Handlungsrollen und Fernsehnutzung. Umriß eines theoretischen und empirischen Konzepts. In: Rundfunk und Fernsehen 40:1992, S. 222-246.

Krotz, Friedrich (1995): Elektronisch mediatisierte Kommunikation. Überlegungen zur Konzeption einiger zukünftiger Forschungsfelder der Kommunikationswissenschaft. In: Rundfunk und Fernsehen 43:1995, Heft 4, S. 445-462.

Kübler, Hans-Dieter (1994): Kommunikation und Massenkommunikation. Ein Studienbuch. Münster.

Kunczik, Michael (1984): Kommunikation und Gesellschaft. Theorien zur Massenkommunikation. Köln und Wien.

Latzer, Michael (1999): Konvergenz. In: Latzer, Michael u.a. (Hrsg.): Die Zukunft der Kommunikation. Innsbruck, S. 25-28.

Latzer, Michael u.a. (Hrsg.) (1999): Die Zukunft der Kommunikation. Phänomene und Trends in der Informationsgesellschaft. Innsbruck.

Le Bon, Gustave (1950): Psychologie der Massen. Stuttgart [Erstauflage Paris 1895].

Maletzke, Gerhard (1963): Psychologie der Massenkommunikation. Hamburg.

Maletzke, Gerhard (1988): Kulturverfall durch Fernsehen? Berlin.

Maletzke, Gerhard (1998): Kommunikationswissenschaft im Überblick. Grundlagen, Probleme, Perspektiven, Opladen.

Mander, Jerry (1979): Schafft das Fernsehen ab. Ein Streitgespräch gegen das Leben aus zweiter Hand. Reinbek.

McMillan, Sally; Downes, Edward (1998): Interactivity. A Qualitative Exploration of Definitions and Models. Paper presented at the Annual ICA Conference 1998, Jerusalem.

McQuail, Denis; Windahl, Sven (1994): Communication Models for the Study of Mass Communication. London.

Meier, Werner A. (1999): Was macht die Publizistik- und Kommunikationswissenschaft mit der Konvergenz? In: Latzer, Michael u.a. (Hrsg.): Die Zukunft der Kommunikation. Innsbruck, S. 29-42.

Merten, Klaus (1977): Kommunikation. Eine Begriffs- und Prozessanalyse. Opladen.

Merten, Klaus (1999): Einführung in die Kommunikationswissenschaft. Band 1: Grundlagen der Kommunikationswissenschaft. Münster.

Morris, Charles W. (1938): Foundations of the Theory of Signs. Chicago [Deutsche Ausgabe: Morris, Charles W. (1972): Grundlagen der Zeichentheorie. München].

Ortega y Gasset, Jose (1973): Der Aufstand der Massen. Hamburg. [Erstauflage Madrid 1930].

Pelz, Heidrun (1975): Linguistik für Anfänger. Hamburg.

Postman, Neil (1985): Wir amüsieren uns zu Tode. Urteilsbildung im Zeitalter der Unterhaltungsindustrie. Frankfurt/Main.

Prakke, Henk (1968): Kommunikation der Gesellschaft. Einführung in die funktionale Publizistik. Münster.

Pross, Harry (1972): Medienforschung. Film, Funk, Presse, Fernsehen. Darmstadt.

Rössler, Patrick (Hrsg.) (1998): Online-Kommunikation. Beiträge zu Nutzung und Wirkung. Opladen.

Rössler, Patrick (1998): Wirkungsmodelle: die digitale Herausforderung. Überlegungen zu einer Inventur bestehender Erklärungsansätze der Medienwirkungsforschung. In: Rössler, Patrick (Hrsg.): Online-Kommunikation. Beiträge zu Nutzung und Wirkung. Opladen, S. 17-46.

Ruhrmann, Georg; Nieland, Jörg Uwe (1997): Interaktives Fernsehen: Entwicklung, Dimensionen, Fragen, Thesen. Opladen.

Saussure, Ferdinand de (1931): Grundfragen der allgemeinen Sprachwissenschaft. Hrsg. von Charles Bally und Albert Sechehaye. 2. Aufl. 1967. Berlin.

Schenk, Michael (1994): Kommunikationstheorien. In: Noelle-Neumann, Elisabeth; Schulz, Winfried; Wilke, Jürgen (Hrsg.): Fischer Lexikon Publizistik/Massenkommunikation. Frankfurt/Main, S. 171-187.

Schneider, Hans-Dieter (1985): Kleingruppenforschung. Stuttgart.

Schreiber, Erhard (1990): Repetitorium Kommunikationswissenschaft. 3., überarb. Aufl. Konstanz.

Schulz, Winfried (1994): Kommunikationsprozess. In: Noelle-Neumann, Elisabeth; Schulz, Winfried; Wilke, Jürgen (Hrsg.): Fischer Lexikon Publizistik/Massenkommunikation. Frankfurt/Main, S. 140-171.

Selhofer, Hannes (1999): Der Medienbegriff im Wandel. Folgen der Konvergenz für die Kommunikationswissenschaft und Medienökonomie. In: Latzer, Michael u.a. (Hrsg.): Die Zukunft der Kommunikation. Innsbruck, S. 99-108.

Silbermann, Alphons (1982): Handwörterbuch der Massenkommunikation und Medienforschung. 2 Bde. (Band 1: A-K, Band 2: L-Z). Berlin.

Silbermann, Alphons; Krüger, Udo Michael (1973): Soziologie der Massenkommunikation. Stuttgart.

Soukup, Michael (1998): Interaktives Fernsehen – quo vadis? (Berner Texte zur Medienwissenschaft). Bern.

Sutter, Tilmann (1999): Medienkommunikation als Interaktion. In: Publizistik 44:1999, S. 288-300.

Trappel, Josef (1999): Was die Mediamatik für die Unternehmen zu leisten vermag. In: Latzer, Michael u.a. (Hrsg.): Die Zukunft der Kommunikation. Innsbruck, S. 87-98.

Wagner, Hans (1998): Fachstichwort Massenkommunikation. In: Groth, Otto: Vermittelte Mitteilung. Ein journalistisches Modell der Massenkommunikation, hrsg. von Wolfgang R. Langenbucher. München, S.187-241.

Watzlawick, Paul; Beavon, Janet; Jackson, Don (1969): Menschliche Kommunikation. Formen, Störungen, Paradoxien. Bern.

Weber, Max (1980): Wirtschaft und Gesellschaft. Grundriss der verstehenden Soziologie. 5. Aufl. Tübingen.

Weinberg, Johannes (1975): Sprache im Alltag. München.

Whorf, Benjamin Lee (1963): Sprache, Denken, Wirklichkeit. Beiträge zur Metalinguistik und Sprachphilosophie. Reinbek.

Winn, Marie (1979): Die Droge im Wohnzimmer. Für die kindliche Psyche ist Fernsehen Gift. Reinbek.

Wright, Charles (1963): Mass Communication. New York.

4. Zentrale Forschungsfelder der Kommunikationswissenschaft

Die nachfolgende Erörterung relevanter kommunikationswissenschaftlicher Lehrinhalte und Forschungsfragen bezieht sich primär auf den Gegenstandsbereich der öffentlichen Kommunikation und hier insbesondere auf klassische Massenkommunikation sowie Kommunikation in Online-Medien. Aspekte der Organisationskommunikation, der Public Relations sowie der Werbekommunikation klingen, wenn überhaupt, nur sporadisch an. Die Ausführungen folgen in ihrer Systematik in Analogie zu den wichtigsten Faktoren bzw. Positionen des publizistischen Prozesses in »alten« wie »neuen« Medien, nämlich: Kommunikator (Medienschaffende), Aussage (Medieninhalte), Medium (technisch, formal, institutionell, organisatorisch), Rezipient (Mediennutzer, Mediennutzung), Wirkung (Folgen von Massenkommunikation). Auch wenn, wie erwähnt, für Phänomene der Online-Kommunikation ein neues Begriffsinventar vorgeschlagen wird (vgl. Kapitel 3.3.5), findet hier, wo immer es möglich und vertretbar ist, die Verwendung traditioneller Begriffe der Kommunikationswissenschaft Anwendung.

Über die nachfolgend zu erörternden Themenkreise liegt allein im deutschen Sprachraum eine große Fülle von thematisch wie inhaltlich recht heterogenen Forschungsarbeiten und wissenschaftlicher Literatur vor. Theoretische Denkansätze und methodisches Vorgehen bei der Aufarbeitung der einzelnen Felder durch verschiedene Autoren unterscheiden sich dabei zum Teil erheblich. Es ist nicht möglich, auf sie alle hier im Einzelnen einzugehen. Vielmehr erscheint es sinnvoll, sich auf einige jeweils relevante Aspekte zur Kommunikator-, Aussagen-, Medien-, Rezipienten und Wirkungsforschung zu konzentrieren, die in der Summe dennoch ein wenigstens einigermaßen abgerundetes, mit Sicherheit aber nicht vollständiges Bild ergeben. Dabei ist, wie bereits ausgeführt (vgl. Kapitel 1.2), auch zu berücksichtigen, dass keines der Lehr- und Forschungsfelder für sich allein gesehen werden kann, sondern viele Forschungsfragen des einen Feldes (z.B. Kommunikatorforschung) jeweils auch andere Felder (Aussagen-, Medien-, Rezipienten-, Wirkungsforschung) tangieren – und umgekehrt. Die nachfolgenden Ausführungen folgen zwar keiner in sich geschlossenen Journalismus-, Medien- oder Kommunikationstheorie, gehen aber insgesamt von einer systemischen Auffassung von Massenkommunikation aus.

4.1 Kommunikator-/Journalismusforschung

Bezogen auf öffentliche Kommunikation versteht man unter dem Kommunikator eine Person, eine Gruppe von Personen oder eine Institution, die originärpublizistisch oder über ein Massenmedium Aussagen an eine unbegrenzte Zahl von Rezipienten mitteilt. Es ist dies ein sehr weit gefasstes Verständnis vom Kommunikator, das beispielsweise sich an die Öffentlichkeit wendende Politiker, Wirtschaftskapitäne und Gewerkschaftsfunktionäre ebenso einschließt wie predigende Priester, Public Relations-Referenten, Werbeagenten, Autoren, Journalisten, Online-Publizisten u.a.m. Bezogen auf Prozesse der Massenkommunikation, und darum geht es hier im Wesentlichen, stellt der Begriff Kommunikator eine Sammelbezeichnung für alle Personen dar, die – in welcher Form auch immer – an der Produktion und Publikation von Medieninhalten beteiligt sind. Die Kommunikatorforschung bezieht in ihr Untersuchungsfeld daher Personen ein, die durch Vorarbeiten, durch Auswahl, Schreiben und Redigieren, durch Gestalten und Präsentieren, aber auch durch Einwirken auf die technische Herstellung sowie nicht zuletzt durch Organisation und Kontrolle an der Entstehung und Verbreitung publizistischer Aussagen mitwirken.

Solche Personen sind – ohne Anspruch auf Vollständigkeit, aber um wenigstens einige Beispiele zu nennen – bei Zeitung, Zeitschrift, Hörfunk und Fernsehen sowie in Nachrichtenagenturen und Mediendiensten:

- bei den *Vorarbeiten*: Rechercheure, Archivare, Dokumentatoren, Programm- und Sendungsplaner etc.;
- bei *Auswahl, Schreiben und Redigieren*: Reporter, Fotoreporter, Redakteure, Hörspiel- oder Drehbuchautoren sowie Literaten etc.;
- beim *Gestalten und Präsentieren*: Layouter, Grafiker, Producer, Moderatoren und Präsentatoren;
- bei der *Einwirkung auf die technische Herstellung*: Texterfasser, Drucker, Cutter, Bild- und Toningenieure, Kameraleute;
- bei *Organisation und Kontrolle*: Chefredakteure, Ressortleiter, Chefs vom Dienst, Herausgeber, Verleger, Programmdirektoren, Intendanten etc.

Zur Gruppe der Kommunikatoren zählen beispielsweise jedoch auch Personen, die als Texter oder Gestalter in der Werbung, als Public Relations-Manager in der Öffentlichkeitsarbeit oder als Medienreferenten in der Organisationskommunikation tätig sind. Kommunikatoren sind zudem alle jene ›elektronischen Publizisten‹, die bei Multimedia, bei Online-Medien bzw. in der Online-Kommunikation professionell mit der Produktion von ›Content‹ befasst sind wie Online-Redakteure, Multimedia-Autoren, Multimedia-Konzepter, Multimedia-Producer, Web-Master, Videoreporter, Information-Broker u.a.m.
Die Kommunikatorforschung widmet sich also allen Personen oder Personengruppen, die im Zentrum oder an der Peripherie publizistischer Aussagenproduktion wirken. Die deutschsprachige Kommunikationswissenschaft hat sich im Bereich der Kommunikatorforschung bisher – von Ausnahmen abgesehen – in starkem Maße auf den Bereich des (Informations-)Journalismus in Zeitung, Zeitschrift, Hörfunk und

Fernsehen konzentriert (vgl. dazu: die Synopse von Böckelmann 1993; Donsbach 1996; Pürer 1997). Dabei sind auch einschlägige Studien über Journalismus und Journalisten in verschiedenen Ressorts wie Politik, Lokales, Wirtschaft, Wissenschaft Kultur etc. entstanden. Auch wird beispielsweise Frauen im Journalismus zunehmend Aufmerksamkeit zuteil (vgl. Fröhlich/Holtz-Bacha 1995). Jüngst gehört das Interesse der Kommunikator- bzw. Journalismusforschung auch dem ›klassischen‹ Online-Journalismus (also Journalismus in Online-Ausgaben von Zeitungen und Zeitschriften; vgl. dazu: Mast 1999; Neuberger/Tonnemacher 1998; K. Meier 1998). Kommunikatorforschung ist, bezogen auf die Massenmedien, weitgehend also immer noch Journalismusforschung. Kommunikatoren beispielsweise, die im weiten Feld der Unterhaltungsmedien tätig sind wie Talk- und Showmaster in Hörfunk und Fernsehen, Präsentatoren von Radio- und TV-Sendungen usw. oder Personen, die in eher künstlerischer, bildnerischer oder wissenschaftlicher Weise in Presse und Rundfunk publizistisch wirken, fanden durch die Kommunikationswissenschaft bislang nur wenig Beachtung. Erst in jüngerer Zeit beginnt das Fach sich auch diesen Personengruppen zuzuwenden (vgl. Bosshart/Hoffmann-Riem 1994).

Es gibt unterschiedliche Möglichkeiten, das Lehr- und Forschungsfeld Kommunikator-/Journalismusforschung zu strukturieren (vgl. z.B: Jarren 1994; Donsbach 1994; Blöbaum 1994; Weischenberg 1998; Merten 1999; Kunczik/Zipfl 2001, Jarren/Bonfadelli 2001). Hier werden die folgenden Themenkomplexe erörtert: wichtige Aspekte der journalistischen Berufsforschung; der Themenkreis Journalisten und Medieninhalte; aktuelle Themen der Journalismusforschung sowie neuere Theorien zur Journalismusforschung.

4.1.1 Journalistische Berufsforschung

Die journalistische Berufsforschung hat eine lange Tradition. Sie begann bereits im 19. Jahrhundert, als in die medienkundliche Geschichtsschreibung berufsgeschichtliche Überlegungen zum Journalismus einflossen (vgl. Prutz 1845). Die deutschsprachige Zeitungswissenschaft und die frühe Publizistikwissenschaft haben sich vorwiegend historisch und personenzentriert (und weitgehend auch normativ) mit herausragenden journalistischen Persönlichkeiten sowie mit dem Wesen des Journalismus befasst. Im Mittelpunkt standen Einzelpersonen und deren Biografie (vgl. etwa Spael 1928) oder auf das praktische Handwerk bezogene Überlegungen (vgl. Dovifat 1931; Groth 1928). Nach 1945 setzten allmählich Studien ein, die sich traditionellen Fragen des journalistischen Berufes widmeten und ihren Gegenstand von den Print- auf die Funkmedien ausweiteten. Ermittelt wurden demographische Daten und Tätigkeitsmerkmale, ansatzweise auch die soziale Lage der Journalisten. Es entstanden im weiteren berufsstatistische Erhebungen, und Fragen der Einstellung der Journalisten zu ihrem Beruf und Berufsverständnis (Selbstbild) gewannen an Bedeutung. Ab etwa 1965 entfaltet sich eine empirische Berufsforschung, in der Fragestellungen im Vordergrund stehen, aus denen berufsstrukturelle Merkmale über Journalisten ermittelt,

Berufsauffassungen festgestellt sowie ein allfälliger Wandel des Berufs-»Bildes« erschlossen werden können. Es sind dies Fragen nach

- demographischen und anderen berufsrelevanten Merkmalen wie Alter, Geschlecht, Bildung, Einkommen, soziale Herkunft;
- Berufserwartungen und -vorstellungen sowie Motiven der Berufswahl;
- Berufsausbildung und Berufsanforderungen;
- Berufsweg und Karriereverlauf;
- Berufs- und Berufsrollenverständnis, Selbstbild und Fremdbild;
- Selbsteinschätzung von sozialem Status und gesellschaftlichem Ansehen;
- Berufsweg, Berufszufriedenheit, Karriereverlauf;
- Berufsmobilität;
- Einstellungen zu berufspolitischen, parteipolitischen und anderen gesellschaftlich relevanten Fragen sowie zur Parteizugehörigkeit;
- Berufsethik.

Die meisten Kommunikator-Studien sind folglich Versuche, die Wirklichkeit journalistischer Berufe empirisch zu fassen und daraus Merkmale für ein Berufsbild abzuleiten.

4.1.1.1 Berufsgeschichte des Journalismus

Vorformen dessen, was wir heute als Journalismus bezeichnen, gehen im deutschen Sprachraum bis ins 14. Jahrhundert zurück. Die Berufsgeschichte des Journalismus umfasst somit eine Zeitspanne von mehr als 600 Jahren. Dementsprechend vielfältig sind wissenschaftliche Bemühungen, sie zu erforschen. Es ist hier daher nicht möglich, die Berufsgeschichte des Journalismus von ihren Anfängen bis zur unmittelbaren Gegenwart im Detail nachzuzeichnen. Vielmehr soll in groben Konturen auf einige wichtige Etappen der Entstehung und Entwicklung dieses Berufes verwiesen und damit wenigstens ein grober Überblick geboten werden. Dabei ist vorab festzuhalten, dass die Berufsgeschichte des Journalismus untrennbar mit der Geschichte des Nachrichtenwesens (Zulieferung von Informationen an die Korrespondentennetze der großen Handelshäuser, Errichtung von Postlinien), der gedruckten Medien (Zeitung, Zeitschrift), später der elektrischen bzw. der elektronischen Medien (Hörfunk, Fernsehen) sowie schließlich der digitalen Medien (Online-Medien) verbunden ist.

In dem von Dieter Paul Baumert 1928 vorgelegten Werk »Die Entstehung des deutschen Journalismus« ist die erste, im eigentlichen Sinn des Wortes zu verstehende Journalismusgeschichte des deutschen Sprachraumes zu sehen. Ihrer kohärenten Systematik, die naturgemäß um seither eingetretene Entwicklungen zu ergänzen ist, kann man auch heute noch folgen. Im Hinblick auf die Zeitspanne von den ersten Anfängen bis zur Vollendung des journalistischen Berufsbildungsprozesses unterscheidet Baumert zwischen vier Phasen bzw. Perioden (vgl. Baumert 1928):

- In der *präjournalistischen Periode* (bis zum Ausgang des Mittelalters) sind Nachrichtenüberbringer in Sendboten, wandernden Spielleuten und berufsmäßigen Dichtern und Sängern zu sehen, die (in Reim und Lied gefasste) Neuigkeiten in die Öffentlichkeit trugen – aber auch in Historiographen, fürstlichen Sekretären und Chronisten, die von Amts wegen ihnen zugängliche Quellen als (Nachrichten-)Material benutzten.
- In der *Periode des korrespondierenden Journalismus* (frühe Neuzeit) belieferten Handelsleute, Konsulats- und Stadtschreiber, Beamte und Diplomaten, aber auch Angehörige gebildeter Schichten und politisch Interessierte Informationen an die im 16. Jahrhundert entstehenden (unperiodisch erscheinenden) »Avisenblätter« sowie – ab dem 17. Jahrhundert – an Postmeister und Drucker. Die »Zeitungs- bzw. Nachrichtensammler« (das Wort »Zeitung« hatte damals die Bedeutung von »Nachricht«) waren auf zuverlässige Korrespondenten angewiesen. Innerhalb der Zeitungen selbst allerdings übten sie keine »journalistische« Tätigkeit aus.
- Ab Mitte des 18. Jahrhunderts entstand nicht zuletzt im Gefolge der Aufklärung der schriftstellerische (und politische) Journalismus; daher spricht man von der Periode des *schriftstellerischen Journalismus*. Er fand seine Ausdrucksform zuerst in der Zeitschriftenliteratur, floss im Weiteren aber in die Zeitungen ein und trug zur literarischen Veredelung der Zeitung bei. Protagonisten des politisch-literarischen Journalismus waren Joseph Görres (Rheinischer Merkur) sowie der junge Karl Marx (Rheinische Zeitung).
- Der *redaktionelle Journalismus*, wie wir ihn auch heute noch kennen, entstand um die Mitte des 19. Jahrhunderts mit der Aufhebung der Zensur, die eine rapide Ausdifferenzierung des Zeitungswesens zur Folge hatte. Die Aufgaben des Redakteurs bestanden (und bestehen) aus dem selbstständigen Referieren über Tagesereignisse (*korrespondierende* Leistung), aus dem Selektieren, Prüfen, Sichten, Kürzen etc. eintreffender Nachrichten (*redigierende* Leistung) sowie aus tagesliterarischem Schaffen z.B. im Feuilleton (*schriftstellerische* Funktion). Redakteure arbeiten seither in stets komplexer werdenden Medienorganisationen.

Die Vollendung des journalistischen Berufsbildungsprozesses wurde von Jörg Requate detailreich und international vergleichend aufgearbeitet (vgl. Requate 1995). In der Periode des redaktionellen Journalismus entfaltete sich die journalistische Tätigkeit zum Ganztagesberuf, der nun hauptberuflich ausgeübt wurde. Er ist in der zweiten Hälfte des 19. Jahrhunderts gekennzeichnet von der Herausbildung der Zeitungsressorts (Politik, Lokales, Wirtschaft, Feuilleton, Sport), vom Aufkommen der Korrespondenz- bzw. Nachrichtenbüros, von der Nutzbarmachung der Telegrafie für den Zeitungsnachrichtendienst sowie vom organisierten Pressestellenjournalismus.

Mit dem Aufkommen des öffentlichen Radios (in Deutschland ab 1923) entfalten sich auch erste Formen des Radio-Journalismus. Er differenziert sich ebenso bald vielfältig aus wie zwanzig Jahre später der Fernseh-Journalismus im Gefolge der raschen Ausbreitung dieses audiovisuellen Mediums ab Anfang der 50er-Jahre des 20. Jahrhunderts. Eine große Fülle journalistischer Berufe in Zeitungen, Zeitschriften, Hörfunk, Fernsehen und Nachrichtenagenturen entsteht. Die jüngste, vermutlich noch geraume Zeit nicht abgeschlossene Entwicklung betrifft den Journalismus in Online-Medien. Hier kristallisieren sich je eigene journalistische Berufe erst heraus.

Obwohl technische Innovationen das Berufsbild von Journalisten stets verändert und mitgeprägt haben, blieben im Print- wie im Funkjournalismus redaktionelle Aufgaben einerseits und technische Aufgaben andererseits bis weit in die zweite Hälfte des 20. Jahrhunderts weitgehend getrennt. Ab Mitte der 70er-Jahre des 20. Jahrhunderts ändert sich dies jedoch grundlegend, als elektronische Produktionssysteme im Medienbereich Einzug halten. Dies gilt zunächst in besonderer Weise für den Zeitungs- und Zeitschriftenjournalismus in der Folge der Implementation von Redaktionselektronik in den Zeitungsverlagshäusern. Denn dadurch wurden technische Aufgaben wie Texterfassung und Textgestaltung, die zuvor von Setzern und Metteuren vorgenommen wurden, aus den Setzereien weitgehend in die Redaktionen verlagert und müssen dort nun von den Journalisten selbst durchgeführt werden. Ähnliches vollzog sich durch sog. elektronisches Broadcasting sowie durch die Einführung der digitalen Technik (z.B. elektronisches Schneiden) in den Radio- und Fernsehredaktionen. Ein weiterer Technologieschub, der für Journalisten nicht ohne Folgen bleibt, ist in den multimedialen Möglichkeiten des Online-Journalismus zu sehen, die Text, Ton, Bild, Video und Grafik vereinen. Nicht zu Unrecht wurde daher zunächst vom »redaktionstechnischen Journalismus« (Pürer 1985) gesprochen und ist neuerdings vom »elektronischen Publizisten« (Mast et al 1997) die Rede, der sowohl redaktionelle (Inhalt) wie auch zunehmend technische Aufgaben (Form, Gestaltung) integriert.

4.1.1.2 Journalismus und politisches System

Für den Journalismus in Deutschland gilt, dass Möglichkeiten seiner mehr oder weniger ungehinderten Ausübung von Anfang an eng mit dem jeweils herrschenden politischen System verbunden waren. Dies geht aus dem langen Kampf um die Pressefreiheit in Deutschland hervor (vgl. Fischer 1982; Wilke 1984a). Es gibt sie – trotz Aufhebung der Zensur im Jahre 1848 – uneingeschränkt de facto erst seit 1949 mit dem In-Kraft-Treten des Grundgesetzes in Westdeutschland, in Ostddeutschland erst seit der 1990 erfolgten Wiedervereinigung. Davor wurden deutsche Journalisten »in den absoluten Fürstenstaaten politisch verfolgt, durch Bismarcks Sozialistengesetz kaltgestellt, in Weimar für ideologische Ziele missbraucht, in Nazideutschland ins Konzentrationslager geworfen und in der DDR als Funktionäre des Klassenkampfes eingesetzt, wobei jede dieser Zeiten sich durchaus nicht nur auf eine Repressalie beschränkte« (Donsbach 1999, S. 492).

Grundsätzlich kann zwischen zwei verschiedenen Formen der Einbindung der Massenmedien – und damit des Journalismus – in das Gefüge des Staates unterschieden werden (vgl. Kepplinger 1996): In monistischen Systemen (ein Herrscher, ein

Potentat, eine Partei) sind Journalismus und Massenmedien eingebunden in das Prinzip der Gewaltenkonzentration und stellen den verlängerten Arm des Staates, des Herrschers, der allein herrschenden Partei dar. Bezogen auf die jüngere Vergangenheit Deutschlands war dies im Nationalsozialismus sowie in der DDR der Fall. Journalismus und Medien waren auf den Staat bzw. auf »die Partei« verpflichtet. In pluralistischen Systemen (mehrere Parteien, freie Wahlen, demokratisch legitimierte politische Willensbildung und Regierung) fungieren die Massenmedien gleichsam im Sinne der Gewaltenteilung: Sie erfüllen eine demokratiepolitisch wichtige Aufgabe, indem sie nicht nur Öffentlichkeit über gesellschaftlich relevante Vorgänge in Politik, Wirtschaft und Kultur herstellen, sondern vor allem auch Kritik- und Kontrollaufgaben wahrnehmen, indem sie auf die Wahrung rechtsstaatlicher Prinzipien bei Gesetzgebung (Legislative), Gesetzesvollzug (Exekutive) und Rechtsprechung (Judikative) sorgfältig achten. Gleichwohl stellen Medien und Journalismus keine »Vierte Gewalt« dar; weder sieht dies die deutsche Verfassung vor, noch verfügt die Mehrheit der Journalisten auch nur annähernd über die dazu erforderliche Kompetenz und Qualifikation. (Nicht zu übersehen ist in diesem Kontext, dass große Medienbetriebe selbst mächtige Institutionen darstellen und sich damit die Frage nach der »Kontrolle der Kontrolleure« stellt).

In den meisten pluralistischen Demokratien westlichen Typs ist in der Ausübung des journalistischen Berufs ein Jedermannsrecht zu sehen. Dies ist auch in Deutschland der Fall. Daher ist hier die Berufsbezeichnung Journalist auch nicht geschützt. Begründet wird dies mit Art. 5 des Grundgesetzes, wonach »jeder ... das Recht (hat), seine Meinung in Wort, Schrift und Bild frei zu äußern und zu verbreiten...«. Folgerichtig ist der Zugang zum Beruf im Prinzip auch nicht an spezielle Voraussetzungen oder Ausbildungsgänge gebunden. (Dies schließt freilich nicht aus, dass sich Journalisten angesichts zunehmender Komplexität von Vorgängen in Politik, Wirtschaft, Gesellschaft und Kultur mehr denn je eine besonders qualifizierte Ausbildung angedeihen lassen sollten – vgl. S. 114). In Art. 5 Abs. 1 des Grundgesetzes ist auch die wichtigste Rechtsgrundlage der journalistischen Arbeit zu sehen. Er verbürgt einerseits die Pressefreiheit als individuelles (Abwehr-)Recht für jeden einzelnen Bürger und garantiert andererseits die Freiheit der Medien von jeglicher staatlichen Einflussnahme. Weitere relevante Rechtsgrundlagen für den Journalismus sind (nicht zuletzt auf Grund der föderativen Struktur Deutschlands) u.a. in den Landesverfassungen und Landespressegesetzen, in medienrelevanten zivil- und strafrechtlichen Bestimmungen sowie in zahlreichen anderen Rechtsmaterien zu sehen (vgl. Pürer/Raabe 1996, S. 261ff).

Zu erwähnen ist in diesem Kontext, dass die Journalisten zur Erfüllung ihrer öffentlichen und dem Gemeinwohl dienenden Aufgabe einerseits mit Sonderrechten ausgestattet sind, ihnen andererseits aber auch besondere Pflichten auferlegt werden. Zu den Sonderrechten (vgl. Pürer/Raabe 1996, S. 287ff) gehören beispielsweise der besondere Auskunftsanspruch gegenüber Behörden, das Zeugnisverweigerungsrecht (Informantenschutz) sowie die Wahrung des Redaktionsgeheimnisses (Beschlagnahmeverbot von eigenbeschafften Unterlagen, Durchsuchungsverbot). Zu den besonderen Pflichten zählen die Verpflichtung zur Berichtigung falscher Nachrichten sowie vor allem die Sorgfaltspflicht: Sie hält Journalisten an, alle Nachrichten vor ihrer Verbreitung genau auf ihren Wahrheitsgehalt hin zu überprüfen.

4.1.1.3 Ausbildung und Sozialisation im Journalismus

Da, wie erwähnt, der Journalismus ein Jedermannsrecht ist, ist der Berufszugang in den Journalismus prinzipiell offen. Mehr noch: Der Berufszugang darf nach Auffassung des Bundesverfassungsgerichts zur Gewährleistung der Pressefreiheit nicht an eine formalisierte Ausbildung gebunden sein. In die Ausbildung von Journalisten wurde seitens der Medienbetriebe folglich für lange Zeit nur wenig Zeit und Mühe investiert, dem klassischen, einer Lehre vergleichbaren Volontariat nur wenig Aufmerksamkeit geschenkt. Für lange Zeit galt der Journalismus vor allem unter Medienpraktikern gar als »Begabungsberuf«, der nicht erlernbar sei. Diese befremdende und überholte Auffassung (um nicht zu sagen: Ideologie) ist heute nur noch selten vorzufinden. Im Gegenteil: Da a) zunehmend viele Bereiche des gesellschaftlichen Lebens einer wissenschaftlichen Durchdringung unterliegen, b) zahlreiche Vorgänge in Politik, Wirtschaft, Gesellschaft und Kultur infolge ihrer hohen Komplexität nur noch schwer zu durchschauen sind und c) immer größer werdende Informationsmengen zu bewältigen sind, hat sich weithin die Einsicht durchgesetzt, dass (nicht nur – aber vor allem) im Informationsjournalismus tätige Personen über eine gute Ausbildung verfügen sollten.

Die Forderung nach qualifiziert ausgebildeten Journalisten kam Anfang der 1970er-Jahre auf. Damals konnte in einer bundesweit unter Zeitungsvolontären durchgeführten Umfrage empirisch nachgewiesen werden, dass die redaktionelle Ausbildung den Anforderungen an einen modernen Journalismus weitgehend nicht entsprach (vgl. Kieslich 1971). In einem vom Deutschen Presserat initiierten und (zunächst 1971 und dann 1973) von Verlegern, Journalisten und Wissenschaftlern erarbeiteten »Memorandum zur Journalistenausbildung« wurden Empfehlungen zur Verbesserung der Ausbildungsmöglichkeiten von Journalisten festgehalten. Es entfaltete sich daraufhin in weiten Bereichen des Medienwesens eine heftige Ausbildungsdebatte, die in der Kommunikationswissenschaft in eine Diskussion über die Professionalisierung des Journalismus mündete (vgl. Publizistik 19:1974 Heft 3-4 sowie Publizistik 20:1975, Heft 1-2; vgl. Aufermann/Elitz 1976). Ihr ursprünglich aus den USA stammender Grundgedanke war, angesichts gestiegener Berufsanforderungen für den Journalismus unter anderem ähnliche Ausbildungs- und Zugangsregeln zu schaffen wie sie etwa für klassische Professionen (Lehrer, Ärzte, Rechtsanwälte etc.) gelten und die Journalisten auf verantwortungsethisches Handeln zu verpflichten. Zu einer solchen – allgemein verbindlichen – Professionalisierung des journalistischen Berufs kam es aber aus mehreren Gründen nicht: So wurde sie mit dem Grundrecht auf freie Meinungsäußerung nicht für vereinbar gehalten. Außerdem wurde eingewendet, eine vereinheitlichte Journalistenausbildung könnte zu einer Homogenisierung der Weltsicht der Journalisten führen, was die Vielfalt der Meinungen beeinträchtigen könnte. Auch wurde befürchtet, dass die Professionalisierung des Journalismus zu einer Abschirmung der Journalisten vom Publikum führt. Last but not least wurde argumentiert, dass der Journalist der Wahrheit verpflichtet sei und somit auch gesinnungsethisch handeln müsse; ihm könne und dürfe – nicht zuletzt infolge unzureichender Kenntnisse der Medienwirkungsforschung – (ausschließlich) verantwortungsethisches, also an den vermeintlichen oder wirklichen Folgen orientiertes Handeln, nicht abverlangt werden (vgl. Kepplinger/Vohl 1977).

Gleichwohl gingen von dieser Ausbildungsdebatte zahlreiche Impulse und Initiativen für die Verbesserung der Ausbildung von Journalisten aus. So wurden in der Folge an mehreren Universitäten Diplomstudiengänge für Journalistik errichtet, universitäre und außeruniversitäre studien- und berufsbegleitende Ausbildungseinrichtungen geschaffen, neue Journalistenschulen etabliert und auch dem Volontariat mehr Aufmerksamkeit geschenkt. Ein Ausbildungsvertrag zwischen Verleger- und Journalistenverbänden, der das zweijährige Volontariat in Zeitungsverlagshäusern inhaltlich regelt, kam allerdings erst viele Jahre später, nämlich 1990 zu Stande.

Mindestvoraussetzung, um heute im Journalismus tätig zu sein, ist der Nachweis des Abiturs. In zahlreichen Zeitungs- und Rundfunkredaktionen ist für den Einstieg in den Journalismus ein abgeschlossenes (Fach-)Studium unabdingbar. Es gibt auch mehrere Wege, die in den Journalismus (Print-, Funk-, Online-Medien) führen. Zu erwähnen sind insbesondere folgende:

- Das klassische *Volontariat:* Es dauert in den Zeitungsverlagshäusern zwei Jahre, führt den Volontär durch mehrere Ressorts und vermittelt in aller Regel eine gute praktisch-handwerkliche Ausbildung.
- Freie *Journalistenschulen:* Die Ausbildung findet in Kompaktkursen statt, die 18 bis 24 Monate dauern und neben einer soliden, teils mehrmedialen praktisch-handwerklichen Ausbildung (Print, Funk, Online) auch medien- und berufskundliche Inhalte vermitteln.
- Universitäre Ausbildungsgänge in Form sog. *Diplomstudiengänge für Journalistik:* Es gibt sie als Grund- und Aufbaustudiengänge. Sie integrieren eine mehrmediale praktisch-handwerkliche Ausbildung mit einer theoretisch-kommunikationswissenschaftlichen und wollen – in Form des Nebenfachstudiums – inhaltlich auch auf die Tätigkeit in einem Ressort vorbereiten.
- Das Studium der *Publizistik- und Kommunikationswissenschaft:* Es vermittelt, wie sein Name sagt, eine primär theoretische bzw. wissenschaftliche Ausbildung und versucht, Einblicke in die breite Palette der Kommunikationsberufe (Journalismus, Public Relations, Werbung, Medienmanagement, Online-Kommunikation etc.) zu bieten. Praktika ergänzen ihr Lehrprogramm.
- *Fachhochschulstudiengänge:* Sie leisten eine ressortbezogene Grundausbildung, vermitteln gleichzeitig eine (in aller Regel mehrmediale) praktisch-handwerkliche Ausbildung (Print, Funk, Online) sowie medien- und berufskundliches Wissen.

- *Studienbegleitende Akademien:* Sie vermitteln Studierenden aller Studienrichtungen begleitend zum Studium (vorwiegend in der vorlesungsfreien Zeit) eine intensive praktisch-handwerkliche (Print oder Funk oder Online) sowie medien- und berufskundliche Ausbildung in Form von mehrwöchigen bzw. mehrmonatigen Kompaktkursen und ergänzenden (Wochenend-)Seminaren.
- *Berufsbegleitende Akademien:* Sie bieten für bereits im Beruf stehende Journalisten (vor allem für Jungjournalisten) und sog. Seiteneinsteiger mehrmonatige bzw. mehrwöchige, vorwiegend praktisch-handwerkliche Ausbildungskurse (Print, Funk, Online) sowie mehrtägige medien-, berufs- oder ressortkundliche Fortbildungsseminare.

Was die *Ausbildungsinhalte* betrifft, so besteht Übereinkunft darüber, dass Journalisten – vor allem jene, die bei den klassischen Medien im Informationsbereich arbeiten – über eine möglichst umfassende und breit angelegte Ausbildung verfügen sollten. Fünf Gebiete sind anzusprechen (vgl. Pürer 1996, S. 402f):

1. Eine solide, nach Möglichkeit mehrmediale *praktisch-handwerkliche Ausbildung*; also die Kenntnis der journalistischen Tätigkeiten, Darstellungsformen und Gestaltungstechniken. Eine mehrmediale Ausbildung (Print, Funk, Fernsehen, Online) erhöht die Berufsmobilität zwischen den Medien.
2. Ein fundiertes, allgemeines *gesellschaftliches Grundlagenwissen* mit Kenntnissen über Staat, Politik, Recht, Gesellschaft und Kultur. Es ermöglicht im Bedarfsfall den Einsatz des Journalisten in mehreren Ressorts.
3. Ein umfassendes *Ressortwissen* in Politik oder Wirtschaft oder Kultur oder Sport oder Sozialem usw. Es ist unerlässlich für jenes Ressort, in welchem man vorwiegend arbeitet und für das man ohne Spezialwissen nicht mehr auskommt.
4. Die Grundlagen der Methoden und Techniken der *Sozial- und Medienforschung*. Journalisten sind oft mit empirischem Datenmaterial konfrontiert, dessen Entstehung und Qualität sie unbedingt beurteilen können sollten.
5. Eine gute Kenntnis des *Medien- und Berufswissens*, um über eigene Rechte und Pflichten genau Bescheid zu wissen.

Siegfried Weischenberg meint in diesem Kontext, dass es in der Journalistenausbildung um die Vermittlung von mindestens drei Kompetenzen geht (vgl. Weischenberg 1990): die Fach- und Organisationskompetenz (das Handwerk und das Medienwissen), die Sachkompetenz (das Ressortwissen) sowie die Vermittlungskompetenz (die mediengerechte Artikulationsfähigkeit). Claus Eurich spricht die folgenden Kompetenzen an: die Selektionskompetenz (Herstellung und Wahrung des Blicks auf und für das Wesentliche); die Recherchekompetenz (Auffinden und Prüfen der Seriosität von Quellen, systematisches Gegenrecherchieren etc.); die Kontextkompetenz (ereignisbezogen Schnittstellendimensionen freilegen, neue Themenfolgen erschließen etc.); die Vermittlungskompetenz (Sprachkompetenz, Kompetenz der Stilformen, Kompetenz der Visualisierung etc.); die Reflexionskompetenz (Berücksichtigung sozialer Prozesse und ontologischer Komponenten) und die Sozialkompetenz (Bedachtnahme auf den Umstand, dass durch die Folgen journalistischer Tätigkeit im weitesten Sinne die Herstellung und Verstärkung von gesellschaftlichem Sinn und Eigensinn erfolgt) (vgl. Eurich 1998, S. 16).

Im Zusammenhang mit dem Thema Ausbildung sei noch kurz die Frage angesprochen, welche Stadien ein Journalist durchschreitet, wenn er im Zuge des Eintritts in eine Redaktion gleichsam schrittweise die journalistische Berufsrolle übernimmt. Es handelt sich dabei um einen Vorgang, der allgemein als *berufliche Sozialisation* bezeichnet wird und den es in allen anderen Berufen auch gibt. Sie geht im Wesentlichen in drei Etappen vor sich (vgl. Rühl 1971, Langenbucher 1971; Gruber 1973, Gottschlich 1980): In der *Rekrutierungsphase* (unmittelbar vor Berufseintritt) sind die soziale Herkunft des Journalisten, vor allem aber seine Vorstellungen über den Beruf, seine Erwartungen an den Beruf sowie seine Motivation von Bedeutung. Es konnte festgestellt werden, dass Journalisten eher der Mittel- und Oberschicht entstammen, sie den Beruf ergreifen, weil sie sich ein hohes Maß an Selbstverwirklichung erwarten und mit dem Beruf oftmals idealistische Erwartungen verbunden sind (die Welt verbessern, Macht ausüben können, anderen helfen). In der *Konkretisierungsphase*, also während der redaktionellen Ausbildung, erhält der in die Redaktion Eintretende vielfältige An- und Unterweisungen, lernt Sanktionsmöglichkeiten (Lob, Tadel) kennen und erfährt bei Bewährung auch berufliche Förderung. In dieser Phase übernimmt oder antizipiert er bewusst oder unbewusst Verhaltensregeln, verinnerlicht allmählich die in der Redaktion geltenden Werte, passt sich an und übt vielleicht auch Selbstzensur. Kurz: Er lernt die Diskrepanz zwischen Berufsvorstellungen und -erwartungen einerseits und der Berufswirklichkeit andererseits kennen. In der *Konsolidierungsphase*, nach dem Ende der Ausbildung, kommen die Ergebnisse beruflicher Sozialisation zum Tragen: Die redaktionellen Mitgliedsregeln und die Berufsethik werden übernommen, es bildet sich das persönliche Berufsverständnis heraus. Die Grundmuster berufsspezifischer Vorstellungsbilder wie berufliche Autonomie, moralische Integrität sowie das Gefühl persönlicher Kompetenz verfestigen sich.

4.1.1.4 Berufsbild und Berufsstruktur

Wie erwähnt, ist die Berufsbezeichnung Journalist in Deutschland und zahlreichen anderen demokratischen Ländern westlicher Prägung nicht geschützt: Rein rechtlich kann sich jeder als Journalist bezeichnen. Es gibt daher auch kein allgemein verbindliches Berufsbild. Und angesichts der Fülle journalistischer Berufe mit je unterschiedlichen Arbeitsfeldern und Tätigkeitsmerkmalen verwundert es folglich nicht, dass neuere Definitionen von »Journalist« bzw. »Journalismus« in aller Regel eher allgemein gehalten sind. So definiert beispielsweise Manfred Rühl Journalismus (aus systemtheoretischer Sicht) als »Herstellung und Bereitstellung von Themen zur öffentlichen Kommunikation« (Rühl 1980, S. 319), wobei das Kennzeichen der Themen, die der Journalismus bereitstellt, das Aktualitätsprinzip ist.

117

Gleichwohl haben »seit jeher die Strukturdefinitionen im Berufsbild des Deutschen Journalisten-Verbandes (DJV) eine starke normative Kraft ausgeübt« (Donsbach 1999, S. 489) und zumindest in der Praxis weithin Anerkennung gefunden. Vergleicht man die Berufsbilder des 1949 gegründeten DJV von den Anfangsjahren bis zur Gegenwart, so hat sich der Journalismus entlang dreier Dimensionen bis heute verändert, wie Donsbach festhält: So ist a) ein Wandel vom Journalismus als Begabungsberuf zum Ausbildungs- und Qualifikationsberuf feststellbar; wird b) der sog. »subsidiäre Journalismus«, also Tätigkeiten in der Öffentlichkeitsarbeit, in das Berufsbild integriert; und schließlich werden c) Tätigkeitsmerkmale und Arbeitsformen an die technischen und wirtschaftlichen Veränderungen in der Medienwelt angepasst (vgl. Donsbach 1999, S. 490). Die derzeit gültige Definition (1996) des Berufsbildes des DJV lautet:

> »Journalistin/Journalist ist, wer nach folgenden Kriterien hauptberuflich an der Erarbeitung bzw. Verbreitung von Informationen, Meinungen und Unterhaltung durch Medien mittels Wort, Bild, Ton oder Kombinationen dieser Darstellungsmittel beteiligt ist: (1) Journalistinnen und Journalisten sind fest angestellt oder freiberuflich für Printmedien (Zeitungen, Zeitschriften, Anzeigenblätter oder aktuelle Verlagsproduktionen), Rundfunksender (Hörfunk und Fernsehen) und andere elektronische Medien (On- und Offline-Medien, sowie sie an publizistischen Ansprüchen orientierte Angebote und Dienstleistungen schaffen), Nachrichtenagenturen, Pressedienste, in Wirtschaft, Verwaltung und Organisationen (Öffentlichkeitsarbeit und innerbetriebliche Kommunikation) sowie in der medienbezogenen Bildungsarbeit und Beratung tätig. (2) Zu journalistischen Leistungen gehören vornehmlich die Erarbeitung von Wort- und Bildinformationen durch Recherchieren (Sammeln und Prüfen) sowie Auswählen und Bearbeiten der Informationsinhalte, deren eigenschöpferische medienspezifische Aufbereitung (Berichterstattung und Kommentierung), Gestaltung und Vermittlung, ferner disponierende Tätigkeiten im Bereich von Organisation, Technik und Personal. (3) Journalistinnen und Journalisten üben ihren Beruf aus als freiberuflich Tätige oder als Angestellte eines Medienunternehmens bzw. im Bereich der Öffentlichkeitsarbeit eines Wirtschaftsunternehmens, einer Verwaltung oder einer Organisation...« (DJV 1996).

Aus der sehr detaillierten Beschreibung geht hervor, dass das Berufsbild im Hinblick auf das Arbeitsverhältnis (fest angestellt oder freiberuflich), auf die Medien (Presse, Rundfunk, Online-, Offline-Medien, Öffentlichkeitsarbeit etc.), auf die Tätigkeitsmerkmale (Recherchieren, Auswählen, Aufbereiten, Gestalten etc.) und auf die Unternehmensart (Medienunternehmen, Wirtschaftsunternehmen, Verwaltung, Organisation) konkretisiert wird. Es bezieht damit einen möglichst umfassenden Kreis von Personen ein, die in Kommunikationsberufen tätig sind. Dies ist nicht zuletzt berufspolitisch für die Verbände selbst (hohe Mitgliederzahlen) sowie für die jeweils Betroffenen (Tarifverträge) von besonderer Bedeutung.

Es ist wiederholt versucht worden, Daten zu Berufsbild, Berufsstruktur, Selbstbild und Fremdbild der Journalisten in Deutschland zu ergründen. Es ist dies forschungstechnisch gar nicht so einfach zu bewerkstelligen: So liegen keine Berufslisten oder Berufsverzeichnisse vor, in die Einsicht genommen werden könnte. Und auch die Berufsverbände sind aus Gründen des Datenschutzes in aller Regel nicht bereit, die Namen ihrer Mitglieder bekannt zu geben. Daher sind Journalismusforscher weitgehend auf die Bereitschaft von Medienbetrieben angewiesen, wenn sie Informationen über die Anzahl der journalistisch Beschäftigten erhalten oder sich für Zwecke wissenschaftlicher Befragungen (mittelbaren oder unmittelbaren) Zugang zu Journalisten verschaffen wollen. Nicht selten stößt man dabei unter den Journalisten auch auf eine beträchtliche Zahl von Antwortverweigerern. Es verwundert dies bei einer Berufsgruppe, die anderen Personengruppen – berufsbedingt natürlich – sehr gerne auf die Finger, unter den Teppich (und mitunter sogar in die Betten) schaut.

Zur Berufsstruktur der Journalisten in Deutschland liegen zwei verschiedene, aus dem Jahr 1992 stammende und damit nicht mehr sonderlich aktuelle, wissenschaftliche Studien vor. Sie geben auch über Berufsmerkmale, Berufsbild und Publikumsbild der Journalisten Auskunft. Es sind dies die Untersuchungen »Journalismus in Deutschland« (vgl. Weischenberg/Löffelholz/Scholl 1993f; 1.500 schriftlich Befragte) sowie die »Sozialenquête über die Journalisten in der Bundesrepublik Deutschland« (Schneider/Schönbach/Stürzebecher 1993f; 1.500 Telefoninterviews). Beide Studien beanspruchen Repräsentativität, gelangen aber infolge unterschiedlicher methodischer Designs zu mitunter mehr oder weniger voneinander abweichenden Ergebnissen.

Diese Abweichungen betreffen in erster Linie Daten über die Zahl der in Deutschland hauptberuflich (fest angestellt oder in fester freier Mitarbeit) bei Presse und Rundfunk tätigen Journalisten: Sie liegt zwischen rund 32.000 (Sozialenquête) und rund 36.000 (Journalismus in Deutschland) Personen. Hinzu kommen rund 18.000 bis 20.000 freie Mitarbeiter. In der Summe ergibt dies etwa 52.000 bis 55.000 Journalisten. (Der Deutsche Journalisten-Verband schätzte 1999 die Zahl der Journalisten in Deutschland auf rund 61.500 Personen, davon rund 43.700 Redakteure, 15.000 freie Journalisten sowie rund 2.800 Volontäre). Größter Arbeitgeber sind die Zeitungs- und Zeitschriftenverlage, gefolgt von den öffentlich-rechtlichen Rundfunkanstalten sowie vom privaten Rundfunk (Hörfunk wie Fernsehen), von Pressestellen und Agenturen (sowie neuerdings wohl den Online-Medien). Infolge der seit diesen Erhebungen inzwischen weiter vorangeschrittenen Ausdifferenzierung des Medienwesens sowohl im Printbereich (vor allem Special-Interest-Zeitschriften) wie auch im Rundfunk (Radio- und TV-Produktionsgesellschaften als Zulieferer für vor allem private Rundfunkveranstalter) und nicht zuletzt im weiten Feld des Internet (Online-Journalismus) liegt die Zahl hauptberuflich tätiger Journalisten gegenwärtig vermutlich höher. In der Summe kann man jedoch davon ausgehen, dass in Deutschland bei rund 80 Mio. Einwohnern lediglich knapp ein Promille der Bevölkerung das allen zustehende Grundrecht auf freie Meinungsäußerung professionell ausübt. Dieses Privilegs sollte sich diese Berufsgruppe bewusst sein und neben der öffentlichen Aufgabe des Journalismus auch seinen der Gesellschaft dienenden Charakter nicht übersehen.

Sofern Ergebnisse beider Journalismus-Studien in der Tendenz annähernd vergleichbar sind, lassen sie sich wie folgt zusammenfassen (wobei nicht zu übersehen sei, dass die Daten knapp zehn Jahre alt sind):

- Journalisten sind in Deutschland eine *relativ junge* Berufsgruppe: ihr Durchschnittsalter beträgt 37 Jahre. Männer weisen eine längere Berufszugehörigkeit auf als Frauen.
- Der Anteil der *Frauen* im Journalismus beträgt im Bundesdurchschnitt 30 Prozent und ist in Ostdeutschland höher als in Westdeutschland. Der Anteil der Frauen in Leitungspositionen ist in den neuen Ländern höher als in den alten.
- Das monatliche *Durchschnittseinkommen* liegt bei 2.045 € netto. Männer verdienen – nicht zuletzt auf Grund ihres höheren Anteils in Führungspositionen – besser als Frauen. Journalisten in Westdeutschland (2.250 € netto) verdienen besser als jene in Ostdeutschland (1.687 € netto).
- Die *Berufszufriedenheit* ist bei den deutschen Journalisten hoch (90 Prozent »sehr zufrieden« oder »ziemlich zufrieden«). Das innerredaktionelle Verhältnis wird als gut und das Verhältnis zu den Kollegen mehrheitlich als sehr positiv bezeichnet. Besonders geschätzt wird die hohe berufliche Autonomie sowie die hoch eingeschätzte Sicherheit des Arbeitsplatzes.
- Im Hinblick auf das *Berufsverständnis* bzw. das *Rollenbild* stehen Informationsfunktion sowie Kritik- und Kontrollaufgaben an vorderer Stelle. Beide Studien sehen keine Veranlassung, die Journalisten als »Missionare« zu bezeichnen.
- Die deutschen Journalisten haben ein überaus *positives Publikumsbild* (»aufgeschlossen«, »gut informiert«, »politisch interessiert«, »kritisch-anspruchsvoll«). Dieses Bild ist bei Journalisten in den neuen Ländern etwas positiver als in den alten Ländern.
- Bei *politischen Präferenzen* bewerten die Journalisten die SPD tendenziell besser als andere Parteien.
- Der *Organisationsgrad* der Journalisten ist im Osten höher (70 Prozent Gewerkschaftsmitglieder) als im Westen (56 Prozent).
- Was *ethische Fragen* des Journalismus betrifft, so stehen die ostdeutschen Journalisten unfairen Methoden der Informationsbeschaffung deutlich zurückhaltender gegenüber als die westdeutschen. Junge Journalisten stehen der Berufsethik unbekümmerter gegenüber als ältere.
- Wichtigste *Orientierungsmedien* der Journalisten sind »Der Spiegel« und die »Süddeutsche Zeitung« sowie »Tagesthemen« (ARD) und »Tagesschau« (ARD).
- Die *Arbeitszeit* der hauptberuflich tätigen Journalisten beträgt im Durchschnitt 46 Wochenstunden und steigt mit höherer Berufsposition. Den größten Zeitaufwand nimmt bei den Printmedien die Recherche ein, bei den Funkmedien die technisch aufwändigere Produktion der Beiträge.

- Bei den *journalistischen Ausbildungswegen* dominiert das Volontariat immer noch mit Abstand, gefolgt von Kombinationen (Volontariat/Publizistik- oder Journalistik- bzw. anderes Fachstudium).

In der Summe sind die deutschen Journalisten eine relativ homogene Berufsgruppe, die Unterschiede zwischen West und Ost sind trotz einer mehr als 50-jährigen unterschiedlichen politischen Vergangenheit nicht sonderlich groß. Bezüglich des Aufgabenverständnisses liegen die ostdeutschen Journalisten vermutlich sozialisationsbedingt näher beisammen als die westdeutschen. Im gesamten deutschen Journalismus ist eine ausgeprägte Tendenz zur »Selbstreferenz« nicht zu übersehen: Externe Einflüsse werden gering bewertet, hohe Beachtung kommt dagegen der Kollegenorientierung zu.

Es mangelt auch nicht an Versuchen, das Ansehen bzw. Image der Journalisten in der Bevölkerung zu untersuchen (vgl. Pürer 1997, S. 99f). Während dabei die Berufsgruppe der Journalisten in den Sechziger-, Siebziger- und Achtzigerjahren des 20. Jahrhunderts jeweils im unteren Drittel einer Liste von vorgegebenen Berufen rangierte, hat sich die Situation Mitte der Neunzigerjahre etwas gebessert. Einer 1995 veröffentlichten »Spiegel«-Umfrage zufolge (vgl. »Spiegel extra« 1995) lagen die Journalisten im unteren Mittelfeld (Wert 4,5 auf einer Skala von 1 bis 7). Solche Umfragen sind jedoch nicht unproblematisch, und dies aus mehreren Gründen. Zum einen ist es unmöglich, in die den Befragten vorgelegte Berufsliste alle Berufe aufzunehmen (es muss also immer eine Auswahl von Berufen getroffen werden). Zum Zweiten vermögen sich die Befragten in aller Regel kaum ein richtiges Bild über die Arbeit des Journalisten zu machen; allenfalls können sie dies bei TV-Journalisten, weil man diese gelegentlich im Fernsehen sieht, klischeehaft vermuten. Drittens hängt das Urteil der Befragten vom Zeitpunkt der Umfrage ab: Sollte er zufällig mit öffentlich bekannt werdenden Fehlleistungen im Journalismus zusammenfallen, sind die Befragten möglicherweise nicht unvoreingenommen. Schließlich haben viertens die Befragten offenbar ein ambivalentes Verhältnis zum Journalismus. Anders ist es nämlich nicht zu erklären, dass das Ansehen der Journalisten in der Bevölkerung einerseits eher schlecht ist, andererseits die Befragten aber der Meinung sind, dass a) die Demokratie ohne Medien und Journalismus nicht auskommt; b) Journalisten den Mächtigen auf die Finger schauen; c) Journalisten schonungslos Missstände aufdecken; und d) Journalisten in der Lage sind, komplexe Zusammenhänge einfach und verständlich darzustellen (vgl. Gottschlich/Karmasin 1977 und 1984).

Im Zusammenhang mit dem Berufsbild Journalismus ist schließlich auch auf *Berufsauffassungen* bzw. Berufsverständnisse zu verweisen, die im Journalismus vorzufinden sind. Dabei ist es nicht unproblematisch, journalistisches Handeln typischen beruflichen Rollenmustern zuzuordnen, zumal Journalisten nicht oder nur selten »ausschließlich einem einzigen Rollenmuster folgen. Vielmehr wechseln sie zwischen verschiedenen Rollen, wie es ihre Aufgabenstellungen eben von Fall zu Fall erfordern« (vgl. Haas/Pürer 1996, S. 355). Auch ist darauf hinzuweisen, dass für die Ausprägung journalistischer Berufsauffassungen individuelle wie mediensystemische Faktoren eine Rolle spielen. Dazu gehören u.a. persönliche Lebensläufe der Journalisten, ihre Bildungs- und Ausbildungswege sowie Erwartungen und Ansprüche an den Beruf. Zu erwähnen sind auch Erfahrungen der beruflichen Sozialisation, Sachzwänge des medienspezifischen Umfeldes und der konkreten Arbeitsbedingungen sowie Funktion und Position eines Journalisten innerhalb des Medienbetriebes selbst. Nicht zuletzt spielen für die Ausprägung des Berufsverständnisses aber auch Haltungen eines Journalisten zu den politischen und sozialen Funktionen des Journalismus und der Massenmedien eine Rolle (vgl. Haas/Pürer 1996, ebd.). Auf folgende, mehr oder weniger typische und auch empirisch vorfindbare journalistische Berufsauffassungen (Haas/Pürer 1996; Haas 2000) bzw. Journalismus-Konzeptionen (vgl. Bonfadelli/Wyss 1998) ist zu verweisen (die hier nicht in ihren einzelnen Details beschrieben, sondern nur im kurz gerafften Überblick vorgestellt werden):

- *Objektive Vermittlung:* Journalismus als neutrale Vermittlungsaufgabe bedeutenden Geschehens in Politik, Wirtschaft, Gesellschaft und Kultur; der Journalist als unparteiischer Vermittler, der Nachrichten möglichst faktengetreu und unverfälscht weitergibt; verzichtet auf Wertung und Bewertung, will Bürger unvoreingenommen informieren. Die Problematik ist folgende: Kann zum Verlautbarungsjournalismus abdriften, wenn er Hintergründe und Ursachen ausklammert, auf kritische Wachsamkeit verzichtet und an der Oberfläche bleibt (wird verkürzt gelegentlich auch »Informationsjournalismus« genannt).

- *Kritik und Kontrolle:* Journalismus als Aufgabe der Meinungsbildung und des Wächters der Demokratie; *Kritik*funktion findet Ausdruck in prüfenden und kritisch bewertenden Beiträgen (wie Glossen, Kommentaren, Leitartikeln etc.); *Kontroll*funktion in aufdeckend-enthüllenden Beiträgen. Dabei ergibt sich die Problematik, dass das Berufsverständnis mitunter getragen wird von der Auffassung, wonach Medien neben Legislative, Exekutive und Judikative eine »Vierte Gewalt« sein sollen; Journalismus und Medien sind dazu jedoch nicht legitimiert.

- *Interpretativer Journalismus:* Begnügt sich nicht damit, Fakten zu sammeln und zu referieren, sondern integriert sie in größere Zusammenhänge, recherchiert Hintergründe und bietet Analysen an; nicht die Weitergabe von Nachrichten ist wichtig, sondern besonders deren Bewertung; will Interpretationsweisen und Zusammenhangseinschätzungen von Wirklichkeit anbieten. Die Problematik dieser Berufsauffassung ist, dass sie mitunter einer individuellen, subjektiven Wirklichkeitssicht verfällt und sich als Hüter der Wahrheit zu gerieren (vorwiegend im Magazin-Journalismus vorfindbar) droht.

- *Anwaltschaftlicher Journalismus:* Ist geprägt von parteiischer (nicht parteipolitischer) Subjektivität und versteht sich als Advokat von Personen oder Gruppen, die selbst keinen Zugang zu Medien und Interessenvertretungen haben; versucht eher »von unten nach oben« zu vermitteln (für die Schwachen und gegen die

Starken, für die Ohnmächtigen gegen die Mächtigen); sieht sich als »Kommunikationshelfer«: will dem sprachlosen Bürger Gehör in der Öffentlichkeit verschaffen; verzichtet durch parteiische Stellungnahme auf Sachlichkeit und Objektivität. Problematik: Kann Gefahr laufen, sich für unredliche Zwecke missbrauchen zu lassen oder aus Fanatismus sich in deren Dienst zu stellen.

- *Investigativer Journalismus:* Will der Öffentlichkeit vorenthaltene oder verschwiegene, gesellschaftlich aber relevante Informationen bekannt machen, Missstände und Machtmissbrauch aufdecken (to investigate = aufspüren) bzw. öffentlich machen; bedarf einer äußerst gründlichen Recherche (Tiefenrecherche) und entsprechenden Beweisführung (und wird auch »nachforschender Journalismus« oder – missverständlich – »Recherche-Journalismus« genannt); recherchiert (zunächst) nicht selten in verdeckter Form, also ohne dass dem Informanten das Ziel der Recherche bekannt ist; ergreift mitunter Partei und verzichtet auf Objektivität; der Journalist strebt mit prononciertem Standpunkt eine authentische Darstellung seiner Wirklichkeitssicht an. Das Problem ist, dass er dadurch nur einseitig berichten und unvollständig informieren kann. Fließender Übergang zum *Enthüllungsjournalismus,* dem Gefahr droht, dass Insider »aus dem Apparat« den Journalismus instrumentalisieren, indem sie Informationen für eigene Zwecke weitergeben.

- *Präzisionsjournalismus:* Möchte dem Vorwurf der Oberflächlichkeit begegnen und macht die Instrumente und Validitätskriterien der empirischen Sozialforschung zur Basis der journalistischen Recherche; Vorbild des Journalisten ist der (empirische) Forscher, der versucht, seine Themen umfassend und mittels sozialwissenschaftlicher Verfahren zu ergründen. Problem: Läuft Gefahr, in dilettierende (Pseudo-)Wissenschaft zu entarten und die Grenzen zwischen Journalismus und Wissenschaft zu verwischen.

- *New Journalism:* Versucht, unter Rückgriff auf literarische Formen und Stilmittel Realität (oft aus der Sicht der Betroffenen) wiederzugeben, wobei der ästhetischen Ausdruckskraft des Journalisten Priorität zukommt; verzichtet bewusst auf die Trennung von Nachricht und Meinung sowie von Fiction und Nonfiction, mischt Fakten und Erfundenes; bedient sich dialogischer Formen und innerer Monologe. Stammt aus der Studentenbewegung und Hippie-Kultur der Sechzigerjahre in den USA (Tom Wolfe, Truman Capote), fand und findet im deutschen Sprachraum sein Forum in den Zeitgeist-Zeitschriften.

- *Marketingjournalismus:* Versteht als stark publikumsorientiertes Konzept den Journalisten als Dienstleister und den Rezipienten als Kunden und berücksichtigt dessen Bedürfnisse bei der Produktion journalistischer Angebote; Ziel ist die langfristige Zufriedenstellung der kommunikativen Bedürfnisse des Rezipienten. Läuft dabei jedoch Gefahr, in Kommerz-Journalismus abzudriften und rein ökonomischem Kalkül zu folgen (d.h. möglichst kostengünstig bei der Werbewirtschaft nachgefragte Publika als Waren abzusetzen).

Die hier dargestellten Journalismus-Konzeptionen finden sich in unterschiedlichen Ausprägungen in Presse und Rundfunk (und teilweise auch in Online-Medien) wieder und sind in aller Regel auch theoretisch begründet. Sie sind nicht zu verwechseln mit zumeist negativ beurteilten Erscheinungen im Journalismus wie dem »Sensationsjournalismus«, dem »Scheckbuchjournalismus«, dem »erschlichenen Journalismus«, dem »Katastrophenjournalismus« u.a.m. Der Sensationsjournalismus übertreibt. Der Scheckbuchjournalismus monopolisiert Information gegen Geld. Der erschlichene Journalismus täuscht lautere Ziele vor. Der Katastrophenjournalismus arbeitet voyeuristisch mit den Gefühlen, Ängsten und Nöten sowohl seiner Objekte als auch des Publikums. Aus einer normativen, journalismus-kritischen Sicht manifestieren sich in diesen Journalismen Fehlleistungen eines nur noch auf Gewinn hin orientierten Mediensystems, in welchem der ökonomische Erfolg (Auflage, Reichweite) gleichsam die journalistische Ethik diktiert.

Simone Ehmig ist – im weiteren und allgemeineren Sinne des Wortes – journalistischen Berufsverständnissen deutscher Journalisten auf den Grund gegangen. Sie meint einen Generationswechsel im deutschen Journalismus festzustellen, und zwar unter dem Einfluss historischer Ereignisse auf das journalistische Selbstverständnis. So hätten zeitgeschichtliche Ereignisse das Selbstverständnis des deutschen Journalismus in drei Generationen geprägt: die »Berichterstatter« der Nachkriegszeit; den »Anwaltstypus« der 1970er und 1980er-Jahre; sowie den »Nachrichtenjäger« der 1990er-Jahre (vgl. Ehmig 2000).

4.1.2 Journalisten und Medieninhalte

In der Kommunikationswissenschaft wird seit langem der Frage nachgegangen, wie Medieninhalte zu Stande kommen und welche Rolle dabei u.a. auch die Journalisten spielen. Es geht also um die Entstehungsbedingungen journalistischer Aussagen(produktion). Diese Thematik wirft für die Systematik des vorliegenden Buches ein Abgrenzungsproblem auf: Soll das Thema im Rahmen der Kommunikator- bzw. Journalismusforschung erörtert oder in den Ausführungen über Aussagen- bzw. Medieninhaltsforschung abgehandelt werden? Die Ermittlung von Nachrichtenfaktoren, um die es im Folgenden u.a. auch geht, erfolgt nämlich oftmals auch inhaltsanalytisch (vgl. Wilke 1984b). Die Entscheidung wird hier zu Gunsten der Kommunikator-/Journalismusforschung getroffen. Es sind mehrere Themenkreise anzusprechen, nämlich: a) Donsbachs Modell der vier Einflusssphären; b) die Theorien zur Nachrichtenauswahl, insbesondere die Gatekeeper- und Nachrichtenwertforschung; c) die Problematik der instrumentellen Aktualisierung sowie d) das Verhältnis Public Relations und Journalismus.

Was das Zustandekommen von Medieninhalten betrifft, so ist auf eine Erkenntnis zu verweisen, die ursprünglich auf Östgaard (1965) zurückgeht, inzwischen aber zum Allgemeingut kommunikationswissenschaftlicher Forschung und Lehre gehört, nämlich dass exogene und endogene Faktoren für den allgemeinen Nachrichtenfluss von Bedeutung sind. *Exogene* Faktoren, solche also, die außerhalb der Medien liegen, sind in politisch-rechtlichen Bestimmungen und Maßnahmen, in ökonomischen Bedingungen, in internationalen Modalitäten des Nachrichtenflusses etc. zu sehen, kurz: Faktoren, die Journalismus und Massenkommunikation von außen tangieren. Dazu gehört aber beispielsweise auch der Einfluss, der von Öffentlichkeitsarbeit und anderen Formen organisierter Kommunikation auf den Journalismus ausgehen kann. *Endogene* Faktoren sind dagegen solche, die im Nachrichtensystem und im Journalismus selbst angelegt sind, also von innen her zum Tragen kommen.

4.1.2.1 Das Modell der vier Einflusssphären

Der Kommunikationswissenschaftler Wolfgang Donsbach hat ein Forschungsmodell entwickelt und auf dessen Basis konsequent Ergebnisse der empirischen Kommunikatorforschung zusammengetragen, mit deren Hilfe es möglich ist, Journalismusforschung in ihrer Relevanz für die Erklärung der Entstehung von Medieninhalten und möglichen Medienwirkungen zu betreiben. Der Journalist wird diesem Modell zufolge in (mindestens) vier Sphären gesehen, die letztlich für die Entstehung von Medieninhalten bedeutsam sind: in der Subjekt-Sphäre (Individual-Ebene), der Professions-Sphäre (Journalisten als soziale Gruppe), der Institutions-Sphäre (Medienbetriebe, in denen Journalisten arbeiten) und der Gesellschafts-Sphäre (soziopolitische

Abbildung 2: Modell von Wolfgang Donsbach

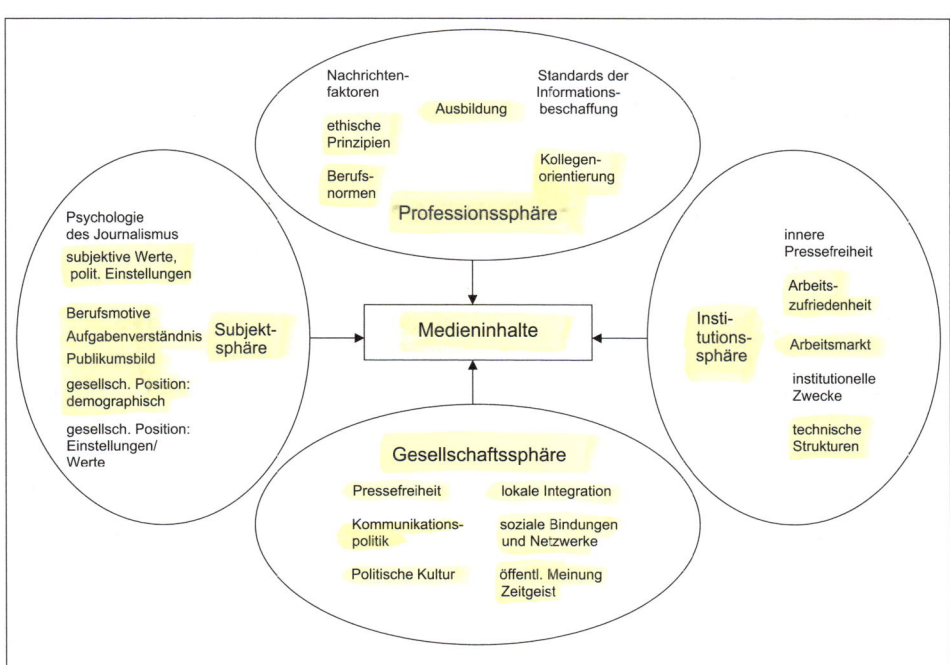

Quelle: Donsbach, Wolfgang (1987): Journalismusforschung in der Bundesrepublik: Offene Fragen trotz Forschungsboom. In: Wilke, Jürgen (Hrsg.): Zwischenbilanz der Journalistenausbildung. München, S. 114.

Rahmenbedingungen, unter denen Journalisten arbeiten). Donsbach ordnet allen diesen Sphären – ohne Anspruch auf Vollständigkeit – Faktoren zu, die möglicherweise die Gestaltung der Medieninhalte beeinflussen (vgl. Donsbach 1987, S. 114). Das Modell hält endogene und exogene (v.a. Gesellschafts-Sphäre) Faktoren fest. Es dient dem Autor zur Strukturierung von Forschungsergebnissen bundesdeutscher, angloamerikanischer oder ländervergleichender Studien, deren Ergebnisse auf zahlreiche Quellen verteilt sind (vgl. Donsbach 1994, S. 80ff; vgl. Pürer 1997, Anm. 53; vgl. Esser 1999). Im Kern steht hinter diesem Modell die Auffassung, wonach vor allem persönliche Wertvorstellungen und politische Haltungen des Journalisten sowie Berufsauffassungen (also insbesondere Subjekt-Sphäre und Professions-Sphäre) entscheidenden Einfluss auf die Medienberichterstattung haben können. Die Ergebnisse lassen sich, zumindest für deutsche Studien und geordnet nach diesen Sphären, wie folgt zusammenfassen (wobei auch hier kein Anspruch auf Vollständigkeit erhoben wird):

- *Subjekt-Sphäre:* Deutsche Journalisten zeichnen sich (stärker als beispielsweise ihre britischen Kollegen) durch politisch-partizipatorische und advokatorische Elemente im Berufsverständnis aus. Der journalistische Beruf wird eher als eine politische Rolle verstanden und deutsche Journalisten setzen sich für bestimmte Werte und Ideen ein. Der gründlichen Recherche wird tendenziell weniger Bedeutung beigemessen als der Möglichkeit, Ereignisse und Fakten zu bewerten und Meinung zu machen. Subjektive Einstellungen der Journalisten haben nicht unerheblichen Einfluss auf die Nachrichtenauswahl. Deutsche Journalisten treffen eher Publikationsentscheidungen, die ihre persönlichen Problemsichten stützen; sie tendieren in der Berichterstattung dazu, zu Konflikten Experten einseitig zu zitieren. Außerdem sprechen sie jenen Informationen höhere Aktualität zu, die ihren subjektiven Konfliktstandpunkt unterstützen (Problem der »instrumentellen Aktualisierung«; vgl. Kap. 4.1.2.3). Deutsche Journalisten sind wenig bereit, auf die beim Publikum vorhandenen Kommunikationsinteressen einzugehen und sich als Dienstleistungsberuf zu verstehen. Das Publikumsbild ist von Unkenntnis geprägt. Die Umweltwahrnehmung der Journalisten weicht einstellungsbedingt von jener der Bevölkerungsmehrheit ab. Bei deutschen Journalisten ist eine politische Präferenz zu Parteien links von der Mitte (sozialdemokratisch, grün) festzustellen. Die Arbeitszufriedenheit ist hoch.
- *Professions-Sphäre:* Information und Recherche haben für deutsche Journalisten weniger Bedeutung als die Interpretation und Bewertung von Ereignissen. Die Bereitschaft zur Recherche korreliert negativ mit einem eher missionarischen Selbstverständnis. Im deutschen Journalismus ist eine starke Kollegen-Orientierung (ingroup-Verhalten) vorfindbar. Unter deutschen Journalisten ist – mit Rücksichtnahme auf eigene Interessen – die Bereitschaft zur öffentlichen Kollegenkritik, wenn überhaupt, so nur in geringem Ausmaß vorfindbar. Je größer der Aktualitätsdruck, desto eher ist die Bereitschaft vorhanden, die journalistische Sorgfalts-

pflicht zu vernachlässigen. Journalisten tendieren dazu, moralische Verdienste für positive Folgen der Berichterstattung zu beanspruchen; hingegen ist die Bereitschaft, moralische Konsequenzen für negative Folgen journalistischer Berichte zu übernehmen, gering. Das Postulat der Objektivität ist in der journalistischen Wertehierarchie niedrig angesetzt. In der Nachrichtenauswahl kommen Faktoren wie Thematisierung, Elite-Status, Ethnozentrismus, Negativismus und Erfolg besonders zum Tragen; die Nachrichtenauswahl orientiert sich zudem an den in den Meinungsstilformen vertretenen Positionen. Es gibt eine nicht zu übersehende Bereitschaft, auch unbewiesene Kritik, insbesondere an Personen der Zeitgeschichte, zu publizieren. Kritisch sein heißt für deutsche Journalisten dagegen zu sein (und nicht etwa, wie im eigentliche Sinn von »krineon«, zu unterscheiden).

- *Institutions-Sphäre:* Im deutschen Journalismus gibt es eine vergleichsweise geringe Arbeitsteilung: das Sammeln von Fakten, die Entscheidung über Veröffentlichung oder Nichtveröffentlichung sowie die Bewertung von Ereignissen wird oft derselben Person überlassen. Deutsche Journalisten unterliegen einer geringen redaktionellen Kontrolle durch Vorgesetzte und Management; sie wird außerdem nur dann verspürt, wenn sich Journalisten in politischer Distanz zur Linie ihres Mediums befinden. Die publizistische Autonomie ist hoch: Publikationsentscheidungen können in aller Regel nach den eigenen Standards des Journalisten getroffen werden. Vor dem Hintergrund der relativ großen Entscheidungsfreiheit von Journalisten ist der Einfluss der institutionellen Interessen des Mediums, in welchem sie arbeiten, relativ gering.
- *Gesellschafts-Sphäre:* Pressefreiheit nimmt in der Bundesrepublik Deutschland einen hohen Stellenwert ein. Journalisten üben ihren Beruf auf der Basis und im Schutze gesetzlicher Bestimmungen aus. Auf Grund der verfassungsrechtlich anerkannten, öffentlichen Aufgabe der Massenmedien genießen sie Privilegien in Form von Vorrechten und Schutzgarantien. Journalisten sind Einnahmeversuchen von politischen und anderen Lobbys ausgesetzt; vor allem im Lokaljournalismus ist eine Assimilation von Interessen der lokalen Eliten und der Lokaljournalisten festzustellen.

Aus den Ergebnissen werden (nicht nur von Donsbach) starke Einflussmöglichkeiten der Berufsgruppe der deutschen Journalisten auf die Gesellschaft hergeleitet, die sich notgedrungen in den Medieninhalten niederschlagen müssten. Donsbach selbst räumt allerdings ein, dass bei vielen Journalismus-Studien, aus denen oben referierte Ergebnisse hervorgehen, nicht zwingend auch Medieninhalte oder Medienwirkungen Bestandteil der Untersuchungen waren, sondern »dass bei der Mehrzahl Inhalts- und oder Wirkungsvermutungen hergestellt [wurden]« (Donsbach 1987, S. 140). Viele der hier referierten Ergebnisse, vor allem die daraus gezogenen, empirisch oftmals nicht belegten Schlussfolgerungen auf Medieninhalte und mögliche Wirkungen, blieben auch nicht unwidersprochen (vgl. Weischenberg/Bassewitz/Scholl in Kaase/Schulz 1989). Manche Ergebnisse sind durch andere Journalismus-Studien, so

127

beispielsweise durch »Journalismus in Deutschland« (Weischenberg et al. 1993 und 1994) sowie durch die »Sozialenquête« (Schneider et al. 1993; 1994a; 1994b; vgl. dazu Kapitel 4.1.1.4) auch widerlegt.

4.1.2.2 Theorien zur Nachrichtenauswahl

Theorien zur Nachrichtenauswahl versuchen zu erklären, warum Journalisten in den Medien über bestimmte Themen und Ereignisse berichten und über andere nicht. Neuerdings wird auch versucht herauszufinden, warum Rezipienten bestimmte Themen in den Medien konsumieren und andere nicht (ein Forschungsbereich, der also eher in das Feld der Rezipientenforschung gehört, gleichwohl aber hier abgehandelt werden soll). Zu den klassischen Forschungsrichtungen, die sich mit Nachrichtenauswahl von Journalisten befassen, gehören die Gatekeeper-Forschung (einschließlich der News-Bias-Forschung), organisationstheoretische Studien sowie die Nachrichtenwerttheorie.

Die in den 1950er-Jahren in den USA aufkommende *Gatekeeper-Forschung* stellte den Journalisten in den Mittelpunkt ihrer Forschungsbemühungen. Dieser Forschungszweig geht ursprünglich auf sozialpsychologische Studien Kurt Lewins über das Einkaufsverhalten von Hausfrauen am Beispiel der Auswahl von Lebensmitteln zurück (was kommt in den Einkaufskorb, was nicht). Das Konzept wurde 1949 von David M. White auf den Journalismus übertragen. In einer kleinen amerikanischen Zeitungsredaktion wurde ergründet, welche aus dem Fernschreiber stammenden Nachrichten vom Nachrichtenredakteur »Mr. Gates« (gatekeeper = der Türhüter, Pförtner) für die Zeitung verwendet bzw. nicht verwendet wurden. Die Gatekeeper-Forschung ging anfangs davon aus, dass die Nachrichtenauswahl nach mehr oder weniger subjektiven Kriterien des einzelnen Journalisten sowie nach professionellen Auswahlkriterien eher passiv erfolgt (vgl. White 1950; Gieber 1956). Insbesondere die *News-Bias-Forschung* legte ihren Schwerpunkt vor allem auf die persönlichen Überzeugungen von Journalisten und deren Einfluss auf die Nachrichtenauswahl (vgl. Klein/Maccoby 1954; Carter 1959; Flegel/Chaffee 1971). Dieser Persönlichkeitsansatz – und das ist seine Schwäche – stützt(e) sich einseitig auf eine Persönlichkeitspsychologie ab und geht beim Gatekeeper von einer individualistischen Entscheidungssituation aus, »die auf der Annahme basiert, der Journalist arbeite mehr oder weniger allein« (Bonfadelli/Wyss 1998, S. 25).

In weiterführenden Gatekeeper-Studien wurde erkannt, dass bei der Nachrichtenauswahl auch sozialpsychologische (der Gatekeeper als Träger einer Berufsrolle) und soziologische Aspekte (Strukturen und Funktionen einer Gesamtredaktion) eine Rolle spielen. So fand beispielsweise Breed die Bedeutung der beruflichen Sozialisation heraus, in deren Verlauf Journalisten Normen und Werte (z.B. Blattlinie, Blattpolitik, »Rotstift« des Chefredakteurs etc.) der Redaktion kennen lernen (vgl. Breed 1955). Weiterhin wurde herausgefunden, dass handwerkliche Kriterien, Produktionszwänge (wie Zeitdruck und Platzvorgaben, insbesondere Platzmangel, Redaktionsschluss), politische und ideologische Orientierungen (z.B. Grundrichtung einer

Zeitung, redaktionelle Gruppennormen) sowie Wertorientierungen der Berufsgruppe die Nachrichtenauswahl mitbestimmen (vgl. Shoemaker/Reese 1991). Solche organisationstheoretische Studien berücksichtigen, »dass Gatekeeper keine isolierten Individuen sind, sondern in bürokratisch organisierte Institutionen integriert sind« (Bonfadelli/Wyss 1998).

Die von der amerikanischen Soziologin Gaye Tuchman entwickelte und im deutschen Sprachraum von Ulrich Saxer aufgenommene *Theorie der redaktionellen Entscheidungsprogramme/Routinen* kann als Weiterführung und Modifikation des organisationstheoretischen Ansatzes betrachtet werden, wie Schanne und Schulz (1993) ausführen. Ausgangsthese ist folgende Annahme (Bonfadelli/Wyss 1998 in Anlehnung an Schanne/Schulz 1993): »Journalismus als Massenproduktion von Unikaten unter hohem Zeitdruck setzt ausgewählte Gesichtspunkte der Wirklichkeit in Szene, »und zwar auf Grund redaktioneller Entscheidungsroutinen« (Bonfadelli/Wyss 1998). Das bedeutet in der Konsequenz: Zunächst muss auf Grund struktureller Kriterien wie Zugänglichkeit der Informationsquellen, Beschaffungsaufwand, Zeit-/ Platzmangel etc. die Zahl der berichtenswerten Themen und Ereignisse eingeschränkt werden. Sodann sind die Themen und Ereignisse bestimmten Ressorts bzw. Rubriken im Medium zuzuordnen. Schließlich drittens müssen die Ereignisse »bestimmten journalistischen Kriterien genügen, d.h. sie müssen Nachrichtenwerte verkörpern« (Bonfadelli/Wyss 1998, S. 26).

Damit ist die Brücke zur *Nachrichtenwert-Theorie* geschlagen. Die Nachrichtenwert-Forschung konzentriert sich auf Merkmale von Ereignissen, über die berichtet wird. Das Konzept der Nachrichtenwert-Theorie geht ursprünglich auf Walter Lippmann zurück. Er identifizierte spezifische Ereignismerkmale, so genannte »news values«, von denen er annahm, dass sie die Publikationswahrscheinlichkeit erhöhen (vgl. Lippmann 1922). Der Nachrichtenwert wird einer Nachricht durch entsprechende Nachrichtenfaktoren verliehen. Im Kern geht die Nachrichtenwert-Theorie davon aus, dass Ereignisse, auf die mehrere Nachrichtenfaktoren in hohem Maße zutreffen, eher zur Veröffentlichung ausgewählt werden als Ereignisse mit niedrigem Nachrichtenwert.

Im Laufe der Zeit entwickelten verschiedene Kommunikationsforscher anhand theoretischer Überlegungen und empirischer Studien ein immer differenzierteres Spektrum von Nachrichtenfaktoren. Anhand einer Analyse von zehn Titelgeschichten in amerikanischen Tageszeitungen ergründete Carl Merz Merkmale wie *Personalisierung, Prominenz, Spannung* und *Konflikt*. In den 1950er-Jahren wurde in den USA ein relativ stabiler Katalog von sechs Faktoren entwickelt, die als Definitionskriterien für Nachrichten in Lehrbüchern für Journalisten aufscheinen, nämlich: *Konflikt, Unmittelbarkeit, Nähe, Prominenz, Ungewöhnlichkeit* und *Bedeutung* (vgl. Warren 1953). In Europa trug Östgaard verschiedene Ergebnisse empirischer Forschung zusammen und kam zu dem Schluss, dass in erster Linie die Faktorendimensionen *Vereinfachung, Identifikation* und *Sensationalismus* die Zeitungsinhalte bestimmen (vgl. Östgard 1965; Schmidt/Zurstiege 2000, S. 134): Mit *Vereinfachung* ist gemeint, »dass die Medien einfache Nachrichten gegenüber komplexer strukturierten bevorzugen«. Mit dem Faktorkomplex *Identifikation* wird zum Ausdruck gebracht, »dass Nachrichten, sollen sie ihr Publikum erreichen, nicht nur verständlich, sondern darüber hinaus auch *relevant* für das Publikum sein müssen«. Dabei erhalten kulturell nahe liegende Themen eine Bevorzugung gegenüber kulturell entfernteren Themen. »Mit dem Faktorenkomplex *Sensationalismus* beschrieb Östgaard seine Beobachtung, dass die Nachrichtenmedien die Aufmerksamkeit ihres Publikums vor allem durch Berichte über dramatische und emotional aufgeladene Ereignisse zu gewinnen suchen. Aus diesem Grund dominieren Nachrichten über Krisen, Konflikte und Auseinandersetzungen in der Berichterstattung der Medien« (Schmidt/Zurstiege 2000, S. 134).

Aufbauend auf den Überlegungen Östgaards entwickelten die ebenfalls norwegischen Friedensforscher Johan Galtung und Mari Holmboe Ruge die Nachrichtenwert-Theorien theoretisch weiter. Galtung und Ruge formulierten zwölf Auswahlregeln, die sie als Nachrichtenfaktoren bezeichneten; deren empirisch-inhaltsanalytische Überprüfung nahmen sie allerdings nur anhand eines kleinen Ausschnittes, nämlich an der Auslandsberichterstattung (Kongo, Kuba, Zypern-Krise) von vier Tageszeitungen vor. Es sind dies die Faktoren *Elite-Nationen, Elite-Personen, Frequenz, Schwellenfaktor, Eindeutigkeit, Negativismus, Bedeutsamkeit, Konsonanz, Überraschung, Kontinuität, Variation/Kompensation* sowie *Personalisierung*. Aus den nachfolgenden Ausführungen geht hervor, was inhaltlich jeweils gemeint ist.

Abbildung 3: Nachrichtenfaktoren nach J. Galtung und M. H. Ruge

F1: **Frequenz**
Je mehr der zeitliche Ablauf eines Ereignisses der Erscheinungsperiodik der Medien entspricht, desto wahrscheinlicher wird das Ereignis zur Nachricht.

F2: **Schwellenfaktor** (absolute Intensität, Intensitätszunahme)
Es gibt einen bestimmten Schwellenwert der Auffälligkeit, den ein Ereignis überschreiten muss, damit es registriert wird.

F3: **Eindeutigkeit**
Je eindeutiger und überschaubarer ein Ereignis ist, desto eher wird es zur Nachricht.

F4: **Bedeutsamkeit** (kulturelle Nähe, Betroffenheit, Relevanz)
Je größer die Tragweite eines Ereignisses, je mehr es persönliche Betroffenheit auslöst, desto eher wird es zur Nachricht.

F5: **Konsonanz** (Erwartung, Wünschbarkeit)
Je mehr ein Ereignis mit den vorhandenen Vorstellungen und Erwartungen übereinstimmt, desto eher wird es zur Nachricht.

F6: **Überraschung** (Unvorhersehbarkeit, Seltenheit)
Überraschendes (Unvorhersehbares, Seltenes) hat die größte Chance, zur Nachricht zu werden, allerdings nur dann, wenn es im Rahmen der Erwartungen überraschend ist.

F7: Kontinuität

Ein Ereignis, das bereits als Nachricht definiert ist, hat eine hohe Chance, von den Medien auch weiterhin beachtet zu werden.

F8: Variation

Der Schwellenwert für die Beachtung eines Ereignisses ist niedriger, wenn es zur Ausbalancierung und Variation des gesamten Nachrichtenbildes beiträgt.

F9: Bezug zur Elite-Nation

Ereignisse, die Elite-Nationen betreffen (wirtschaftlich oder militärisch mächtige Nationen), haben einen überproportional hohen Nachrichtenwert.

F10: Bezug auf Elite-Personen

Entsprechendes gilt für Elite-Personen, d.h. prominente und/oder mächtige, einflussreiche Personen.

F11: Personalisierung

Je stärker ein Ereignis personalisiert ist, sich im Handeln oder Schicksal von Personen darstellt, desto eher wird es zur Nachricht.

F12: Negativismus

Je »negativer« ein Ereignis, je mehr es auf Konflikt, Kontroverse, Aggression, Zerstörung oder Tod bezogen ist, desto stärker wird es von den Medien beachtet.

Quelle: nach Galtung/Ruge 1965, Fischer Lexikon Publizistik/Massenkommunikation 1996, S. 331

In den Faktoren 1 bis 8 sind kulturunabhängige Faktoren zu sehen, in den Faktoren 9 bis 12 kulturabhängige. Wie Siegfried J. Schmidt und Guido Zurstiege (2000) schreiben, haben Galtung und Ruge versucht, »das Zusammenwirken der einzelnen Nachrichtenfaktoren im gesamten Prozess der Nachrichtenselektion näher zu bestimmen. In fünf Hypothesen konkretisierten Galtung und Ruge die Ergebnisse ihrer theoretischen Überlegungen:

1. *Selektionshypothese:* Je stärker die Nachrichtenfaktoren auf ein Ereignis zutreffen, desto wahrscheinlicher ist es, dass darüber berichtet wird.

2. *Verzerrungshypothese:* Die Merkmale, die den Nachrichtenwert eines Ereignisses bestimmen, werden in der Berichterstattung akzentuiert. Dies hat zur Folge, dass das Bild, das die Nachrichtenmedien von den berichteten Ereignissen vermitteln, in Richtung auf Nachrichtenfaktoren verzerrt ist.

3. *Wiederholungshypothese:* Weil Prozesse der Selektivität und der Verzerrung auf allen Stufen der Nachrichtenproduktion ablaufen, verstärken sich die Verzerrungseffekte, je mehr Selektionsstufen im Prozess der Nachrichtenproduktion überwunden werden müssen. Gerade im Rahmen der Auslandsberichterstattung müssen lange Selektionsketten überwunden werden, was zur Folge hat, dass Auslandsmeldungen stärker in Richtung auf die Nachrichtenfaktoren verzerrt sind als Inlandsmeldungen.

4. *Additivitätshypothese:* Je mehr Nachrichtenfaktoren auf ein Ereignis zutreffen, desto wahrscheinlicher ist es, dass über dieses Ereignis berichtet wird.

131

5. *Komplementaritätshypothese:* Die Nachrichtenfaktoren verhalten sich komplementär zueinander, das Fehlen eines Faktors kann also durch einen anderen ausgeglichen werden« (Schmidt/Zurstiege 2000, S. 137f).

Der Faktorenkatalog von Galtung/Ruge wurde von den deutschen Kommunikationswissenschaftlern Winfried Schulz, Joachim F. Staab und Christiane Eilders in je verschiedenen Studien grundlegend überarbeitet, erweitert und anhand breit angelegter Forschungsarbeiten (Medieninhaltsanalysen, Befragung von Mediennutzern) empirisch überprüft. Während Schulz und Staab in ihren Forschungsbemühungen kommunikator-orientiert sind, hat Eilders die Rezipienten im Auge (vgl. S. 131). Die Faktoren von Schulz (1976) und Staab (1990) lassen sich dabei wie folgt gegenüberstellen, wobei erkennbar wird, dass zahlreiche Faktoren übereinstimmen, lediglich etwas anders benannt werden:

Abbildung 4: Nachrichtenfaktoren nach W. Schulz und J. F. Staab

Nachrichtenfaktoren Schulz (1976)	Nachrichtenfaktoren Staab (1990)
Persönlicher Einfluss	Status der Ereignisnation
Prominenz	Status der Ereignisregion
Erfolg	Institutioneller Einfluss
Zeitliche Ausdehnung	Räumliche Nähe
Räumliche Nähe	Persönlicher Einfluss
Politische Nähe	Prominenz
Kulturelle Nähe	Politische Nähe
Struktur	Wirtschaftliche Nähe
Relevanz	Kulturelle Nähe
Ethnozentrismus	Tatsächlicher Nutzen/Erfolg
Überraschung	Möglicher Nutzen/Erfolg
Thematisierung	Tatsächlicher Schaden/Misserfolg
Nationale Zentralität	Möglicher Schaden/Misserfolg
Personalisierung	Personalisierung
Konflikt	Überraschung
Kriminalität	Zusammenhang von Themen
Schaden	Etablierung der Themen
Regionale Zentralität	Faktizität
	Reichweite
	Kontroverse
	Aggression
	Demonstration

Quellen: Schulz, Winfried (1976): Die Konstruktion von Realität in den Nachrichtenmedien. Freiburg, München. Staab, Joachim Friedrich (1990): Nachrichtenwerttheorie. Formale Struktur und empirischer Gehalt. Freiburg, München.

Als problematisch erweist sich, wenn Journalismus und Massenmedien, und dies ist bei Presse, Hörfunk und Fernsehen weitestgehend der Fall, sich an Nachrichtenfaktoren orientieren und ihr Selektionsverhalten danach ausrichten. Es kommt dann nämlich zu einer verzerrten Berichterstattung, die Realität und Medienrealität weit auseinander klaffen lässt. Winfried Schulz, der sich intensiv mit Nachrichtenwerten beschäftigt hat, »sieht – wie schon Lippmann (1922) – in den Nachrichtenfaktoren weniger Merkmale von Ereignissen, als vielmehr journalistische Hypothesen von Wirklichkeit, d.h. Annahmen der Journalisten über Inhalt und Struktur von Ereignissen, die ihnen zu einer als sinnvoll angenommenen Interpretation von Realität dienen« (Schulz 1994, S. 332; vgl. auch Schulz 1989). Konsequent weitergedacht würde dies bedeuten, dass Journalisten nur noch Konstrukte von Wirklichkeit liefern bzw. dass Wirklichkeit die Folge der Medien sei – ein Grundgedanke, von dem der Konstruktivismus, respektive der radikale Konstruktivismus, ausgeht.

Dem (Kausal-)Modell, das Nachrichtenfaktoren als Determinanten der Auswahl versteht (Orientierung der Journalisten an Nachrichtenwerten – entsprechendes Selektions- und Publikationsverhalten als Folge), wird von Joachim F. Staab und Hans Mathias Kepplinger ein sog. »Finalmodell« (Staab 1990) gegenübergestellt. »Es verweist auf die Möglichkeit der Instrumentalisierung von Nachrichtenfaktoren. Demzufolge spielen bei der Nachrichtenselektion politische Einstellungen der Journalisten eine wichtige Rolle; Nachrichten sind bloß Nebenprodukt oder Legitimation der letztlich durch politische Absichten (der Journalisten – Erg. H. P.) gesteuerten Auswahlprozesse« (Schulz 1994, S. 332).

Die aktuellste Studie, die sich mit Nachrichtenfaktoren auseinandersetzt, stammt von Christiane Eilders (vgl. Eilders 1997 und 1999). Sie übernimmt weitgehend die Nachrichtenfaktoren von Staab und überträgt das ursprünglich kommunikatororientierte Konzept der Nachrichtenwert-Theorie auf die Nachrichten*rezeption.* Neu fügt sie die Faktoren *Emotion* sowie *Sex/Erotik* hinzu. Ihre Untersuchungen beschäftigen sich mit der Frage, ob die in der bisherigen Nachrichtenwertforschung überwiegend zu journalistischen Auswahlkriterien reduzierten Nachrichtenfaktoren auch die Rezeption von Nachrichten durch das Publikum beeinflussen, und zwar sowohl die Hinwendung zu als auch die Erinnerung an bestimmte Nachrichten (vgl. Eilders 1997 und 1999). Empirisch wurde diese Fragestellung überprüft, indem Medienbeiträge und deren Rezeption in Bezug auf ihre Orientierung an Nachrichtenfaktoren verglichen wurden. Eilders konnte das auf die Rezeption erweiterte Nachrichtenwertkonzept im Wesentlichen bestätigen, d.h. Nachrichtenfaktoren steuern sowohl die journalistische Verarbeitung wie auch Interesse und Rezeption durch Nachrichtenrezipienten. Als besonders bedeutsam stuften Rezipienten dabei v.a. die Faktoren Etablierung, Kontroverse, Überraschung, Einfluss/Prominenz, Personalisierung und Schaden ein, während die Faktoren Nutzen, Faktizität und Reichweite für Rezipienten offenbar keine besonderen Kriterien darstellen.

4.1.2.3 Nachrichtenauswahl als »instrumentelle Aktualisierung«

Die Theorie der instrumentellen Aktualisierung geht im deutschen Sprachraum v.a. auf Hans Mathias Kepplinger zurück. Mit dieser 1989 vorgestellten Journalismus-Theorie erweitert Kepplinger die in den klassischen Gatekeeper-Forschungen vertretenen Nachrichtenselektionsmodelle um eine weitere Dimension (vgl. Kepplinger 1989b). Dabei unterscheidet er Selektions-, Inszenierungs- und Aktualisierungsmodelle und das jeweilige Verhältnis von Realität und Realitätsdarstellung in diesen Modellen (vgl. Kepplinger 1989b).

- Im *Selektionsmodell* agieren Journalisten bei der Nachrichtenselektion als weitgehend passive, apolitische, neutrale und nicht-zweckorientierte Vermittler, die auf sog. »Realitätsreize« (d.h. mehr oder weniger berichtenswerte Ereignisse) nur reagieren. Die Berichterstattung wird in dieser Auffassung als kausale Kette aus Ursache und Wirkung angesehen: Ereignisse mit bestimmtem Charakter und von öffentlichem Interesse gelten als Ursache für die darauf folgende Berichterstattung von Journalisten (vgl. Kepplinger 1990, S. 39).
- In *Inszenierungsmodellen* ist die Berichterstattung Folge geschickter Inszenierungen (Kampagnen) durch politische, wirtschaftliche oder kulturelle »Akteure«, durch Repräsentanten aus Politik, Wirtschaft und Kultur also, die gezielt »Pseudo-Ereignisse« (wie Pressemitteilungen, Produktvorstellungen, Bilanzpressekonferenzen u. Ä.) schaffen mit dem Ziel, dass darüber in den Medien berichtet wird.
- Im *Aktualisierungsmodell* werden bereits geschehene Ereignisse durch Journalisten gezielt und zweckgerichtet genutzt. Dabei steht am Anfang die Überlegung des Journalisten, welche Wirkung er mit einer Publikation verfolgt. Diese Überlegung entscheidet über die Art der Berichterstattung.

Dem Aktualisierungsmodell zufolge selektieren Journalisten also nicht nur als Reaktion auf Schlüsselreize (Ereignisse), sondern sie berichten vielmehr über bestimmte Themenaspekte oder Ereignisse, um bestimmte Ziele zu unterstützen (oder auch auf Grund der zu erwartenden Folgen). Dabei machen sie sich – je nach persönlicher Zustimmung oder Ablehnung eines Ereignisses – vor allem Argumente von außermedialen Experten zu Eigen, die ihre persönlichen Ansichten stützen; umgekehrt blenden sie Aspekte aus, die nicht ihre persönliche Problemsicht fördern. Diese Form der Informations- bzw. Nachrichtenauswahl bezeichnet Kepplinger als »*instrumentelle Aktualisierung von Ereignissen*« (Kepplinger 1989a, S. 11). Nachrichtenfaktoren sind in seinem Verständnis nicht nur Ursachen, sondern auch Folgen der Entscheidung von Journalisten, etwas zu publizieren oder nicht.

Instrumentelle Aktualisierung ist Kepplinger zufolge vor allem bei sog. publizistischen Konflikten zu beobachten – bei Konflikten also, die zwischen zwei (oder mehr) Kontrahenten in der Öffentlichkeit über die Massenmedien ausgetragen werden. Dabei, so Kepplinger, spielen Journalisten bewusst bestimmte Ansichten hoch oder herunter – je nachdem, welche Argumentation sie sich zu Eigen machen wollen – um entsprechend ihrer persönlichen Problemsicht Entwicklungen bewusst zu fördern (oder bewusst nicht zu fördern). Kepplinger hat seine Theorie wiederholt empirisch belegt, u.a. am Beispiel Kernenergie: So hätten deutsche Tageszeitungen, deren Journalisten sich überwiegend für die Kernenergie aussprachen, in den 1980er-Jahren vor allem positive Expertenurteile über Kernenergie veröffentlicht, während atomkritische Zeitungen genau umgekehrt verfahren seien (vgl. Kepplinger 1989a, S. 12).

4.1.2.4 Journalismus und Public Relations

Seit geraumer Zeit – etwa seit Mitte der 80er-Jahre des 20. Jahrhunderts – nimmt Öffentlichkeitsarbeit rapide zu, spielen Public Relations für öffentliche Kommunikation eine immer größere Rolle. Offensichtlich haben viele ›Akteure‹ in Politik, Wirtschaft, Kultur und Verwaltung erkannt, dass man Journalismus und Massenmedien für eigene Zwecke nutzen bzw. instrumentalisieren kann. Die Entwicklung ist auch aus der Mitgliederzahl der Deutschen Public Relations Gesellschaft (DPRG) ersichtlich: Waren es Anfang der 1980er-Jahre noch 500, so sind es zur Jahrtausendwende weit mehr als 2000 Mitglieder. Wenn, was unbestritten zu sein scheint, die »hohe Schule« der PR darin besteht, Einfluss auf das Mediensystem zu nehmen und Wirklichkeit so geschickt zu inszenieren, dass sie nicht als Konstrukt, sondern als reale Wirklichkeit erscheint (vgl. Merten 1999, S. 269), stellt sich verständlicherweise die Frage nach dem Verhältnis von Journalismus und Public Relations: Sind Öffentlichkeitsarbeiter bzw. PR-Manager mithilfe von Pressemitteilungen, Veranstaltungen, Events, Pressekonferenzen etc. in der Lage, wesentlich auf Journalismus und Medienberichterstattung Einfluss zu nehmen (zumal Überzeugung die basale Funktion von PR darstellt)? Sind sich Journalisten dieser Einflussversuche bewusst und erliegen sie der Flut jener von PR-Beratern gezielt gesteuerten Informationen nicht, die täglich die Schreibtische der Journalisten überschwemmen?

Theoretische Beschreibungen des Verhältnisses zwischen Public Relations und Journalismus finden sich zumindest in drei Forschungskontexten: in der Forschung zur politischen Kommunikation, in der medienrelevanten Forschungstradition des Agenda-Setting-Ansatzes sowie in der Kommunikationswissenschaft als Beziehung zwischen den Tätigkeitsbereichen Journalismus und Öffentlichkeitsarbeit.

Diese drei Forschungskontexte können hier nicht im Einzelnen erörtert werden. Nur so viel sei zu den beiden ersten angemerkt: Im Forschungskontext *politische Kommunikation* stellt sich die Frage, ob das politische System mit seinen öffentlichkeitswirksamen Akteuren das Mediensystem nach eigenen Bedürfnissen steuert (Konzept der *ohnmächtigen* Medien) oder ob das Mediensystem durch die eigene Medienlogik Voraussetzungen und Formen der Kommunikation politischer Akteure bestimmt (Konzept der *mächtigen* Medien)? Als zwischen diesen beiden Auffassungen vermittelnde Position ist jene zu sehen, die das Verhältnis zwischen politischem System und Mediensystem als »Symbiose« (vgl. Sarcinelli 1987, S. 213) bzw. als

»komplexe Interaktion zwischen zwei Gruppen von wechselseitig abhängigen und daher anpassungsbereiten Akteuren (vgl. Schmidt-Beck/Pfetsch 1994, S. 215) sieht. Diese Position kommt der kommunikationswissenschaftlichen Theorie der Intereffikation von Public Relations und Journalismus nahe.

In der Forschungstradition des medienbezogenen *Agenda-Setting-Ansatzes* stellt sich die Frage nach dem Entstehungsprozess öffentlicher Themen: Bezogen auf Public Relations meint dies, ob Public Relations Themen in die Öffentlichkeit streuen, die von den Medien aufgegriffen und thematisiert werden oder ob umgekehrt Themen in der Gesellschaft vorhanden sind, die durch Public Relations und Medien öffentliche Bedeutung erfahren? Eindeutige Antworten auf diese Fragen stehen aus, zumal es schwer ist nachzuweisen, wie öffentliche Themen im Einzelnen entstehen (vgl. Brosius/Weimann 1995).

In der *kommunikationswissenschaftlichen* Forschungstradition, und die erscheint hier besonders relevant, wird das Verhältnis zwischen Journalismus und PR als *Verhältnis von Berufsfeldern* gesehen. Es konkurrieren in diesem Forschungsfeld im Wesentlichen zwei theoretische Zugänge: die These von der Determination des Journalismus durch Public Relations sowie die These von der Intereffikation von Public Relations und Journalismus. Was ist damit gemeint?

Die im deutschen Sprachraum von Barbara Baerns 1985 auf der Basis empirischer Ergebnisse (Untersuchung über die Verwendung von Pressemitteilungen bei Landespressekonferenzen Nordrhein-Westfalens durch die Medien) formulierte *Determinationsthese* besagt, dass Öffentlichkeitsarbeit die Informationsleistung tagesbezogener Medienberichterstattung determiniere, also wesentlich bestimme: Öffentlichkeitsarbeit, so·Baerns damals, habe die *Themen* der Medienberichterstattung und das *Timing* unter Kontrolle (vgl. Baerns 1985 und 1991). Beide Systeme, Public Relations und Journalismus, werden von Baerns als um Macht konkurrierende Systeme verstanden (wobei sie nur den Einfluss vonseiten der PR auf den Journalismus untersuchte). Etwas anders formuliert es René Grossenbacher, der Öffentlichkeitsarbeit als »Hilfssystem« der Medien bezeichnet und feststellt, dass Medien sich »offensichtlich auf Leistungen von Öffentlichkeitsarbeit verlassen« (Grossenbacher 1989, S. 90). Informationen würden zunehmend weniger durch Journalismus produziert als vielmehr durch PR, beide Systeme seien aber im Sinne von Komplementarität voneinander abhängig. Journalismus sei um Objektivität bemüht und diene der Allgemeinheit; Aufgabe der Public Relations sei es, Informationen in die Öffentlichkeit zu bringen, die den Interessen bestimmter Institutionen nützen. Es gibt auch Studien, die die These von der Determination des Journalismus durch PR dahingehend modifizieren, dass als intervenierende Variablen *Nachrichtenwert* und *Krisensituation* eingeführt werden. Dabei zeigte sich mehrfach, dass der Einfluss von PR auf Medieninhalte dann relativ groß ist, wenn PR für die Medien ein Ereignis inszeniert, das *nicht* aus einer Krisensituation resultiert. Hingegen ist der Einfluss von PR auf Medieninhalte dann deutlich *geringer*, wenn PR in einer *Krisen-* oder *Konfliktsituation* an das Mediensystem herantritt (vgl. Barth/Donsbach 1992, S. 163).

Auf Grund der Erfahrungen aus dem praktischen Journalismus und der praktischen PR kann übrigens angenommen werden, dass es auch Einflüsse des Mediensystems in Richtung PR gibt. So sind PR-Praktiker gezwungen, sich an zeitliche Abläufe und Routinen des Journalismus anzupassen oder sich bei der Selektionsentscheidung der dem Mediensystem zu präsentierenden Themen an Nachrichtenfaktoren (Aktualität, Relevanz, Prominenz etc.) zu orientieren, wenn sie erfolgreich agieren wollen.

Aus dieser Überlegung heraus kann nach Günter Bentele u.a. festgehalten werden, dass ein differenziertes Modell notwendig erscheint, um die gegenseitigen Einflussbeziehungen zwischen Journalismus und Public Relations zu untersuchen. Bentele und seine Mitarbeiter entwickelten daher das *Intereffikations-Modell* (efficare = ermöglichen). Es beschreibt das Verhältnis zwischen PR-System und journalistischem System als »komplexes Verhältnis eines *gegenseitig vorhandenen Einflusses,* einer gegenseitigen *Orientierung* und einer gegenseitigen *Abhängigkeit* zwischen zwei relativ autonomen Systeme[n] ... Die Kommunikationsleistungen jeder Seite sind nur *möglich,* weil die jeweils andere Seite existiert und mehr oder weniger bereitwillig ›mitspielt‹« (Bentele/Liebert/Seeling 1997, S. 240). Das PR-System mit seinen Akteuren kann die jeweiligen Kommunikationsziele in der Regel nur mithilfe des Mediensystems und dessen Akteuren erreichen. Umgekehrt ist die Existenz des Mediensystems von der Zuliefer- und Kommunikationsbereitschaft des PR-Systems abhängig. Weil die Kommunikationsleistungen jeder Seite nur dadurch möglich werden, dass die Leistungen der anderen Seite vorhanden sind, ergibt sich die Feststellung, dass jede Seite so die Leistungen der anderen Seite erst *ermöglicht* – daher der Begriff Intereffikation (vgl. Bentele/Liebert/Seeling 1997, S. 240).

Innerhalb der Intereffikationsbeziehungen kann man zwischen kommunikativen Induktionen und Adaptionen unterscheiden (vgl. Bentele/Liebert/Seeling, S. 241 ff). *Induktionen* sind intendierte, gerichtete Kommunikationsanregungen oder -einflüsse, die beobachtbare Wirkungen im jeweils anderen System haben. *Adaptionen* lassen sich als kommunikatives und organisatorisches Anpassungshandeln definieren, das sich bewusst an verschiedenen sozialen Gegebenheiten (wie organisatorischen oder zeitlichen Routinen) der jeweils anderen Seite orientiert, um den Kommunikationserfolg der eigenen Seite zu optimieren. Gegenseitige Adaption ist die Voraussetzung für gelingende Interaktion.

Zu den Induktionsleistungen des *PR-Systems* (in Richtung auf das journalistische System) gehört die Themensetzung bzw. Themengenerierung (Issue-Building, Agenda-Building), die Bestimmung über den Zeitpunkt der Information (Timing), aber auch die Bewertung von Sachverhalten, Personen, Ereignissen etc. Zu den Adaptionen des PR-Systems gehören Anpassungen an zeitliche, sachliche und soziale (z.B. redaktionelle) Regeln und Routinen des Journalismus (wie Anpassungen an die Zeiten des Redaktionsschlusses). Vonseiten des *Journalismus* sind Induktionsleistungen vor allem durch die Selektion der Informationsangebote, in der Entscheidung über Platzierung und Gewichtung der Information, in der journalistischen Bewertung der Information, in der Veränderung sowie in der journalistischen Informationsgenerierung vorhanden. Journalistische Adaptionsprozesse finden statt durch die Orientierung an organisatorischen, sachlich-thematischen und zeitlichen Vorgaben des PR-Systems. Das Intereffikations-Modell will also vor allem einen Beitrag zum Verständnis des komplexen Prozesses der Themengenerierung und Themengestaltung auf Kommunikatorseite leisten (vgl. Bentele, Liebert/Seeling, ebd.). Beide Systeme, das der Public Relations und das des Journalismus, können sich weder dem Einfluss noch der Abhängigkeit vom jeweils Anderen entziehen. Auch muss es nicht zu einem »Nullsummenspiel« zwischen beiden kommen; vielmehr sind auch »Win-Win-Situationen« (vgl. Szyszka 1997, S. 222) denkbar. So ist Journalismus (nicht zuletzt unter ökonomischen Zwängen) darauf angewiesen, Öffentlichkeitsarbeit als leicht zugängliche Quelle zu nutzen. Die Public Relations wieder müssen daran interessiert sein, dass ihre Informationen von funktionierenden journalistischen Medien geprüft und einer Weitervermittlung für wert befunden werden, denn: Journalistische Information gilt in den Augen des Publikums als glaubwürdiger als erkennbar partikulare Organisationsmeinung einer PR-Abteilung (vgl. Szyszka 1997, S. 223). Das Beziehungsgeflecht zwischen Journalismus und Public Relations wird auch von Merten (vgl. Merten 1999, S. 256-292) dargestellt.

4.1.3 Neue Themen der Kommunikator-/Journalismusforschung

Wie in anderen Feldern der Kommunikationswissenschaft auch, gibt es ebenso in der Kommunikator- bzw. Journalismusforschung Themenkontinuität und Themenwandel. Der Wandel in den Forschungsperspektiven ergibt sich nicht zuletzt dadurch, dass auch das Mediensystem permanent einem Wandel unterliegt. Besonders deutlich wird dies beispielsweise an jenen Veränderungen, denen weite Bereiche des Journalismus durch Multimedia und Online-Kommunikation unterliegen. Es ist dies eines jener Themen, die nachfolgend neben anderen abgehandelt werden sollen wie etwa die Thematik Qualität im Journalismus, Ethik im Journalismus, redaktionelles Marketing sowie das, was man neuerdings »Populären Journalismus« nennt.

4.1.3.1 Qualität im Journalismus

Angesichts der Tatsache, dass ein beträchtlicher Teil des Journalismus und der Massenmedien wirtschaftlichen Zwängen unterliegt, stellt sich sowohl für kritisch reflektierende Medienpraktiker wie auch für die Kommunikationswissenschaft die Frage, was journalistische Qualität ist und wie Qualität im Journalismus gesichert werden kann. Dabei ist wichtig zu erkennen, »dass das Bemühen um Qualität und Qualitätssicherung im Journalismus nicht nur als eine Frage der individuellen Verantwortung (des Journalisten – Erg. H. P.) zu betrachten ist, sondern die vielfältigen Einflüsse gesellschaftlicher Rahmenbedingungen, des Mediensystems, der Medienunternehmen usw. jeweils zu berücksichtigen sind« (Fabris 1997, S. 71). So wird denn auch die Diskussion über journalistische Qualität »von ganz unterschiedlichen Akteurskategorien mit unterschiedlichen Interessen am Journalismus und aus unterschiedlichen Perspektiven bestritten« (Bonfadelli/Wyss 1998, S. 39).

Erschwerend kommt hinzu, dass es sich bei journalistischen Produkten – abgesehen von deren technisch-materieller Qualität – vorwiegend um geistig-kulturelle Güter handelt. Deren Qualität ist bekanntlich schwerer zu bestimmen als etwa jene rein materieller Güter. Auch hängt das Qualitätsurteil vielfach vom subjektiven Gesichtspunkt des Betrachters bzw. der Anspruchsträger ab: So wird ein leidenschaftlicher und ausschließlicher Leser der »Bild«-Zeitung etwas anderes unter journalistischer Qualität verstehen als etwa ein langjähriger Abonnent der »Süddeutschen Zeitung« oder der »Frankfurter Allgemeinen Zeitung«. (Deren Wirtschaftsteile sind beispielsweise für Geschäftsleute und Manager äußerst wichtig und qualitativ gehaltvoll, können aber wegen ihrer oftmals sehr speziellen Themen und ihrer relativ unverständlichen Fachsprache für den Normalverbraucher möglicherweise irrelevant und wertlos sein). Und auch der Werbekunde, der auf das redaktionelle Umfeld seiner Anzeige sowie vor allem auch auf deren Druckqualität achtet, wird mit Qualität anderes verbinden als etwa ein Linguist, für den die gute Verständlichkeit der Texte einer Zeitung ein besonderes Qualitätsmerkmal darstellt – vom Juristen ganz zu schweigen, für den Qualität im Journalismus nicht zuletzt darin besteht, dass er inhaltlich nicht gegen Gesetze verstößt. Die Zahl der Beispiele ließe sich fortsetzen, und der Berliner Journalismusforscher Stephan Ruß-Mohl meinte Anfang der 1990er-Jahre nicht ganz zu Unrecht, Qualität im Journalismus definieren zu wollen gleiche »dem Versuch, einen Pudding an die Wand zu nageln« (Ruß-Mohl 1992, S. 85).

Gleichwohl ist es Ruß-Mohl im deutschen Sprachraum als einem der Ersten gelungen, Mehrdimensionalität und Multiperspektivität von Qualität im Journalismus aufgezeigt zu haben. Er definierte Qualität als abhängige Variable und machte deutlich, dass Qualitätsmaßstäbe abhängig sind vom jeweiligen Medium, seiner Periodizität, dem einzelnen journalistischen Genre, der angestrebten Zielgruppe und der erwarteten Funktion des Mediums sowie vom Selbstverständnis der Medienschaffenden (vgl Ruß-Mohl 1992, S. 85). Weiter verweist Ruß-Mohl auf innerredaktionelle und außerredaktionelle Infrastrukturen (sog. »I-Faktor«), die für Qualität im Journalismus relevant sind (Ruß-Mohl 1994a). Der Dortmunder Kommunikationswissenschaftler Horst Pöttker sieht vier auf Journalismus und Medien bezogene Qualitäten (Richtigkeit, Vollständigkeit, Wahrhaftigkeit und Verschiedenartigkeit) sowie vier mehr zum Publikum gewandte Qualitäten (Unabhängigkeit, Zeitigkeit bzw. Aktualität, Verständlichkeit sowie Unterhaltsamkeit) (vgl. Pöttker 2000). An anderen Versuchen, journalistische Qualität zu bestimmen, hat es nicht gefehlt (vgl. z.B. Rosengren 1991; McQuail 1992; Göpfert 1993; Wallisch 1994; Meier/Bonfadelli 1994; Ruß-Mohl 1994b; Hagen 1995; Themenheft »Qualitätssicherung im Mediensystem« der Zeitschrift Medienjournal 23:1999). Aus ihnen geht in je unterschiedlicher Weise hervor, dass sich Beschreibungsversuche von Qualität im Journalismus orientieren an a) verschiedenen Anspruchsträgern (Leser, Hörer, Zuschauer, Werbewirtschaft, Rechtsgrundlagen, journalistische Berufskultur etc.); b) sozialen Bezugssystemen (Gesellschaft, Interessengruppen, Publikum etc.) sowie c) worauf die Qualitäts-beurteilung jeweils fokussiert: auf das Gesamtsystem, auf das journalistische Han-deln, auf bestimmte Produktionsprozesse (Auswahl, Recherche etc.) sowie auf das Produkt, z.B. einen einzelnen Beitrag oder die Gesamtausgabe (vgl. Bonfadelli/Wyss 1998, S. 40).

Auch pragmatische, empirisch messbare Qualitätskriterien wurden entwickelt. Sie beziehen sich weitgehend auf das (zu messende bzw. zu beurteilende) Produkt. Der Dortmunder Journalistikprofessor Günther Rager beispielsweise nennt für *Printme-dien* die vier Qualitätsdimensionen Aktualität, Relevanz, Richtigkeit und Vermitt-lung (vgl. Rager 1994a und 1994b). Stefan Schirmer fügte mit Bezugnahme auf den deutschen Pressekodex den Faktor ethische Angemessenheit hinzu (vgl. Schirmer 2000). Die Kommunikationswissenschaftler Heribert Schatz (Duisburg) und Win-fried Schulz (Nürnberg) ziehen zur Bestimmung von Qualitätskriterien für *Fernseh-programme* das deutsche Rundfunkrecht heran und benennen vier Anforderungen: das Gebot der inhaltlichen Vielfalt, das Gebot der Relevanz, das Gebot der Professi-onalität, das Gebot der Rechtmäßigkeit. Diesen fügen sie die Publikumsakzeptanz hinzu (vgl. Schatz/Schulz 1992; Schulz 1996). Ein weiteres Konzept zur Qualitäts-bewertung von Rundfunkangeboten stammt von den Medienforschern Michael Buß und Harald Gumbl (vgl. Buß/Gumbl 2000). Ein Versuch, Qualitätskontrolle im Rundfunk zu realisieren, ist jüngst von Marianne Blumers erarbeitet worden (vgl. Blumers 2000); mit Qualitätssteuerung im Fernsehen haben sich auch Jan Metzger und Ekkehardt Oehmichen befasst (vgl. Metzger/Oehmichen 2000). Und was bei-spielsweise die Qualität von *Nachrichtenagenturen* betrifft, so hat Lutz M. Hagen die folgenden Kriterien theoretisch erarbeitet und empirisch überprüft: Menge der In-formation, Relevanz, Richtigkeit, Transparenz, Sachgerechtigkeit, Ausgewogenheit, Vielfalt, Aktualität und Verständlichkeit (Hagen 1995). (Selbstverständlich haben die hier genannten Autoren ihre Kriterien jeweils auch definiert und entsprechend operationalisiert; aus Platzgründen muss hier jedoch auf deren nähere Erläuterung verzichtet werden.)

Die Forschungsbemühungen um das Thema Qualität im Journalismus sind von Kritik nicht verschont geblieben. Kübler wirft der Qualitätsforschung vor, im Hin-blick auf die Aufgaben der Medien in der Gesellschaft nur ideologisch-normativ vor-zugehen sowie eine utilitaristisch-pragmatische Perspektive der Medienproduzenten einzunehmen, die auf Akzeptanz bei Publikum und Werbewirtschaft abziele. Expli-zite Kriterien der Professionalität würden nur zögernd und vage artikuliert, blieben willkürlich oder erschöpften sich in informellen oder intuitiven journalistischen Routinen, konventionalisierten Standards oder professionellen Selbstverständlich-keiten des Journalismus (vgl. Kübler 1997).

Ungeachtet dieser teils durchaus zutreffenden Kritik ist es vor allem angesichts im-mer wieder (und in zunehmendem Maße) zu beobachtender Fehlleistungen im Jour-nalismus wichtig, das Thema zu artikulieren und Berufspraktiker mit ihm zu kon-frontieren. Denn es stimmt schon nachdenklich, dass weiten Bereichen des Journalismus Qualitätsmaßstäbe und Qualitätsbewusstsein abhanden zu kommen drohen. Den *einen* Maßstab für journalistische Qualität freilich gibt es nicht. Der Salzburger Kommunikationswissenschaftler Hans Heinz Fabris sieht in der journalistischen Qualitätsforschung »den Versuch, bestimmte Merkmale, Eigenschaften, Werte eines Medienprodukts, eines Medienakteurs, Medienunternehmens oder Mediensystems zu untersuchen und spezifische Standards herauszufinden, die es erlauben, zwischen ›gutem‹ und ›schlechtem‹ Journalismus – um hier auch die Ebene des Geschmacksurteils anzusprechen – zu unterscheiden« (Fabris 1997, S. 80). Auch kommt dem Thema demokratiepolitische Bedeutung zu: In einer nachweislich von den Massenmedien geprägten Zeit hängt von der Qualität des Mediendiskurses auch die Qualität des politischen Diskurses ab (vgl. Fabris 1997, S. 74).

Von Fabris selbst stammen keine konkret definierten Kriterien oder Parameter für Qualität und Qualitätssicherung im Journalismus, wohl aber ein Katalog journalistisch/publizistischer und betriebswirtschaftlicher Aspekte (vgl. Fabris 1999, S.6f). Er spricht auch die seiner Ansicht nach relevanten Ebenen an, auf denen nach Qualität im Journalismus geforscht werden sollte: auf der Ebene der Medien*akteure*, auf der Ebene der Medien*unternehmen* (Institutionen), auf der Ebene des Medien*systems,* auf *Rezipienten*ebene sowie auf *gesellschaftlicher* Ebene (vgl. Fabris 1997, S. 83ff; siehe auch Fabris 2000, S. 363ff). Es ist dies eine sehr weit ausholende Perspektive, die eine teilweise Konkretisierung in dem Sammelband »Qualität als Gewinn« erfährt (vgl. Fabris/Rest 2001). Für den durchschnittlichen Zeitungsleser, Radiohörer, TV-Zuschauer oder auch Internetsurfer wird die Qualität von Medienprodukten wohl in erster Linie auf der Ebene der Medienakteure sowie der Medienunternehmen beurteilt werden (»ein guter Journalist«, »ein guter Moderator oder Präsentator«, »eine gute Zeitung oder Zeitschrift«, »ein gutes Hörfunk oder TV-Programm«, »eine gute Sendung«, »ein guter Web- bzw. Online-Auftritt«). Ob dem durchschnittlichen Rezipienten bewusst ist, dass er durch den Konsum der von ihm präferierten Medienprodukte selbst zur Qualität im Journalismus einen Beitrag leistet, kann hier nicht geklärt werden. Allenfalls sei der Hinweis angebracht, dass es in demokratischen und zunehmend wertepluralen Gesellschaften nicht möglich ist, das Publikum auf normativ festgelegte Qualitätsmaßstäbe einheitlich zu verpflichten.

4.1.3.2 Redaktionelles Marketing

Nicht nur, aber auch im Zusammenhang mit journalistischer Qualität wird seit geraumer Zeit das Thema »Redaktionelles Marketing« angesprochen. Gemeint sind damit – im weitesten Sinne des Wortes – systematische Bemühungen von Medienredaktionen, Wünsche, Interessen und Bedürfnisse von Zeitungslesern, Radiohörern und TV-Zuschauer zu ergründen und die publizistischen Produkte daran zu orientieren (nicht aber bedingungslos anzupassen). Marketing als Maßnahme der Markterschließung kommt ursprünglich aus der Nationalökonomie. Der Begriff gilt als Bezeichnung für einen bedarfsorientierten Denk- und Führungsstil von Unternehmen, der gedanklich bereits vor dem Produktionsprozess ansetzt und Planung,

Durchführung und Kontrolle aller Maßnahmen umfasst, also Marktschaffung, Marktausweitung und Markterhaltung eines Unternehmens. Der Marketinggedanke impliziert folglich eine stark kundenorientierte Sichtweise, und Marketing gilt als bewusst marktorientierte Führung von Unternehmen (vgl. Meffert 1986).

Marketing ist für alle Mediengattungen wichtig. Es gilt besonders im Zeitungswesen bereits seit längerem als Ansatz für die Zukunftssicherung der von den anderen Medien bedrängten Tageszeitung. Für lange Zeit wurde im Marketing eine genuin verlegerische Aufgabe gesehen – vor allem als Anzeigen- und Vertriebsmarketing. Da die Zeitung jedoch auf einem »interdependenten Doppelmarkt« (Möllmann 1998) auftritt, mit einer publizistischen Dienstleistung (Mediennutzer) und einer Werbedienstleistung (Anzeigenkunden), wird Zeitungsmarketing in zunehmendem Maße auch als Aufgabe der Redaktionen gesehen. *Zeitungsmarketing* allgemein umfasst daher eine differenzierte Ausrichtung des Verlages am Markt (Leser, Inserenten), an der Branche (intra- und intermediäre Konkurrenz bzw. Wettbewerber) sowie an der Umwelt (soziopolitische Rahmenbedingungen) (vgl. Wolf/Wehrli 1990).

Unter *redaktionellem Marketing* im Besonderen versteht man einerseits die konsequente Ausrichtung der redaktionellen Arbeit auf die Bedürfnisse und Interessen der Leserschaft (vgl. Schaefer-Dieterle 1993, S. 30). Es stellt »ein Instrument dar, redaktionellen Anspruch und Marktnotwendigkeiten zu vereinbaren« (Möllmann 1998, S. 51) oder, wie der Dortmunder Journalistikprofessor Günther Rager meint, einen wichtigen Beitrag »im Ensemble aller Anstrengungen des Verlags, mit der Zeitung die Leserschaft besser zu bedienen, sie konsequent an Bedürfnissen, Interessen und Erwartungen der Leserinnen und Leser auszurichten« (Rager 1994, S. 8). Andererseits herrscht aber auch Übereinstimmung darüber, dass Zeitungsmarketing nicht nur ein auf kommerzielle Erwägungen abgestelltes, strategisches Handeln sein darf (vgl. Möllmann 1998, S. 51). Auch bedeutet redaktionelles Marketing nicht, den journalistischen Anspruch einer Zeitungsredaktion und ihre gesellschaftliche Verantwortung aufzugeben. »Es bleibt der Spagat zwischen publizistischem Anspruch, journalistischer Qualitätssicherung und redaktioneller Eigenständigkeit auf der einen Seite, Sicherung der Ertragskraft und Rentabilitätsdenken auf der anderen Seite« (Schaefer-Dieterle 1994, S. 53).

An diesem Spagat setzt immer wieder journalistische Kritik ein. Die Forderung nach der Einbindung der Redaktionen in die Marketingaktivitäten stieß (und stößt) nicht selten auf den Widerstand der Journalisten: »Sie fürchten um ihre Autonomie und um ihre Rolle als ›Watchdogs‹, vermuten hinter redaktionellem Marketing eine drohende Kommerzialisierung des Mediums und bezichtigen redaktionelles Marketing allzu rasch der einseitigen Ausrichtung an möglichen Auflagensteigerungen und dabei der eilfertigen Anpassung an den Massengeschmack« (Pürer/Raabe 1996, S. 520).

Gleichwohl ist aber unbestritten, dass in Zeiten der Ausdifferenzierung des Medienangebotes und der ständigen Veränderungen der Leserinteressen in forciertem Zeitungsmarketing eine unabdingbare Möglichkeit gesehen wird, den Leser als Kunden zu verstehen und das Produkt »Zeitung« an den Leserbedürfnissen zu orientieren. Keineswegs ist damit die kritiklose Anpassung am Durchschnittsleser zu verstehen. Vielmehr ist ein problem- und prozessorientiertes Denken und Handeln gemeint, »das auf ein situatives Eingehen auf Publikumswünsche und die Berücksichtigung der Veränderung von Umweltbedingungen angelegt ist« (Pürer/Raabe 1996, S. 520). Modernes Zeitungsmarketing ist von ganzheitlichen Strategien gekennzeichnet, in das die wichtigsten Abteilungen des Zeitungsverlagshauses, respektive Anzeigen- und Vertriebsabteilung, Werbeabteilung und Leserservice sowie auch die Redaktion eingebunden sein müssen. Es erfordert nicht zuletzt eine wissenschaftlich abgesicherte Leserschaftsforschung, deren Ergebnisse auch die Redaktion erreichen müssen. Bernhard Möllmann hat empirisch nachgewiesen, dass – ungeachtet einer nach wie vor beobachtbaren, gesunden Skepsis – redaktionelles Marketing in weiten Teilen des bundesdeutschen Zeitungswesens Fuß gefasst hat. Es erfordert nicht zuletzt auch geeignete redaktionelle Strukturen und ein besonders qualifiziertes Redaktionsmanagement (vgl. Möllmann 1998).

4.1.3.3 Ethik und Journalismus

Ähnlich wie dem Thema Qualität wird seit geraumer Zeit auch dem Thema Ethik und Journalismus zunehmend Aufmerksamkeit zuteil (vgl. Boventer 1988 und 1989; Erbring/Ruß-Mohl 1988; Haller/Holzhey 1992; Holderegger 1992; Wilke 1996; Wunden 1989 und 1994; Wiegerling 1998; Debatin 1997). Es sind nicht nur die Aufsehen erregenden, großen Fehlleistungen des Journalismus, die die Thematik in den Vordergrund journalismuspraktischer wie medienwissenschaftlicher Reflexion rücken (Beispiele: Hitler-Tagebücher, Barschel-Affäre, Geiseldrama Gladbeck/Köln, Grubenunglücke Borken und Lassing, Paparazzi-Fotojagden, Schmuddel-Talkshows etc.). Auch die beinahe täglich erfolgenden Verletzungen des Persönlichkeitsschutzes und der Unschuldsvermutung in der lokalen Kriminal- und Unfallberichterstattung lassen manche Fragen aufkommen: Wie steht es um Moral, Ethik und Verantwortung im Journalismus? Sind Journalisten persönlich und alleine verantwortlich dafür, was sich im Mediensystem tut oder gibt es noch eine Reihe anderer Verantwortlichkeiten? Liegt – nicht zuletzt im Sinne einer Medienökologie – nicht auch Verantwortung beim Publikum, bei den Zeitungslesern, Radiohörern, Fernsehzuschauern und Internet-Surfern? Diese und ähnliche Fragen sollen im Folgenden angesprochen und erörtert werden.

Zunächst kurz zur Klärung von Begriffen: Mit *Moral* (lat. mos = Gewohnheit, Sitte, Brauch) ist jenes uns anerzogene Werte-, Sitten- und Normengeflecht gemeint, auf dessen Basis wir täglich bewusst oder unbewusst unsere Handlungen vollziehen. Unter *Ethik* versteht man die Lehre von den sittlichen Werten und Forderungen, eine Morallehre, die einer »praktischen Philosophie« vergleichbar ist. Ethik meint also das Nachdenken über unsere (moralisch bedingten und moralisch zu bewertenden) Handlungen. Und ethische Prinzipien sollen, auch im Journalismus, *»den Spielraum des rechtlich nicht Verbotenen auf das moralisch Verantwortbare eingrenzen«* (Wilke

1998, S. 292). Das *Gewissen* wieder ist das Mitwissen um die von uns getätigten Handlungen. Medienethik befasst sich folglich mit moralischen Prinzipien des Journalismus, nicht zuletzt also damit, wie Journalisten auf der Basis demokratischer Werte und anderer allgemeiner gesellschaftlicher Übereinkünfte handeln sollen. In einer wertepluralen Gesellschaft, deren gemeinsame Wertebasis immer schmäler wird, ist dies eine nicht einfach zu beantwortende Frage.

Moral und Ethik – und damit auch journalistische Moral und Ethik – haben eine eminent normative Komponente. Ihr Normensystem, auf dessen Basis Journalisten in Ausübung ihres Berufes agieren, finden sie zunächst – wie jeder Bürger – in verfassungsmäßig gewährten Grundrechten sowie in den allgemeinen Vorschriften und Gesetzen. Von besonderer Bedeutung sind für Journalisten aber neben anderen Gesetzesmaterien vor allem Verfassungsbestimmungen (die sich auf das Grundrecht der Meinungsfreiheit beziehen), Medien-, Presse- und Rundfunkgesetze sowie medienrelevante zivil- und strafrechtliche Bestimmungen (vgl. Weischenberg 1992, S. 136). An ihnen können bzw. müssen Journalisten ihr Handeln orientieren, um mit dem Gesetz nicht in Konflikt zu geraten. Weiterhin finden Journalisten für ihre Arbeit gute Orientierungsmöglichkeiten in sog. Pressekodizes (vgl. Deutscher Presserat 2000). Das sind freiwillige, auf internationaler oder nationaler Ebene festgehaltene Übereinkünfte von Journalisten- und Verlegerverbänden, Presse- und Medienräten.

Vordergründig könnte nun der Eindruck entstehen, Ethik und Verantwortung im Journalismus sei alleine Sache der Medienschaffenden. Dies ist nicht der Fall. Vielmehr gibt es drei durchaus tragfähige Theorien, wonach diese Verantwortung auf viele Schultern verteilt ist, nicht zuletzt auch auf das Publikum der Massenmedien. Die drei Theorien (vgl. Pürer 1992 und 1996b) sind zu sehen a) in der sich auf den einzelnen Journalisten beziehenden Theorie der journalistischen Individualethik; b) in der auf das System Journalismus und Medien bezogenen Mediensystem-Ethik; sowie c) in der auf das Medienpublikum gerichteten Ethik der kollektiven Verantwortung. Dazu im Einzelnen:

Die *journalistische Individualethik* weist, wie ihr Name sagt, die Verantwortung journalistischen Handelns dem einzelnen Journalisten persönlich zu und fordert von ihm ein hohes Maß an Moral, Ethik und Verantwortungsbewusstsein (vgl. Boventer 1988 und 1989). Neben einer qualifizierten fachlichen und handwerklichen Ausbildung wird vom einzelnen Journalisten eine solide, berufsethische Fundierung gefordert, die ihm seine hohe Verantwortung gegenüber den Objekten seiner Berichterstattung, aber auch gegenüber Publikum und Gesellschaft bewusst machen soll. Seine professionellen Berufsnormen findet der Journalist, wie erwähnt, einerseits in allgemein verbindlichen Medien- und Pressegesetzen sowie andererseits in freiwillig vereinbarten, berufsethischen Grundsätzen, wie sie in den internationalen und nationalen Pressekodizes festgehalten sind. Rechtsverletzungen können bei Gericht eingeklagt werden. Für behauptete Verletzungen von Berufsgrundsätzen sind in aller Regel Presse- oder Medienräte zuständig; deren Sanktionsmöglichkeiten sind allerdings sehr gering und bestehen (in Deutschland, Österreich und der Schweiz etwa) im Wesentlichen aus Rügen, die im betroffenen Medium veröffentlicht werden soll(t)en (vgl. Wiedemann 1994).

Abbildung 5:
Gemeinsamkeiten internationaler und nationaler journalistischer Berufsgrundsätze

- allgemeine Appelle an das Verantwortungsbewusstsein des Journalisten bei der Erfüllung seiner öffentlichen und dem Gemeinwohl dienenden Aufgabe
- Appelle zur Wahrung der journalistischen Unabhängigkeit
- Achtung vor Wahrheit und Streben nach Wahrhaftigkeit
- korrekte Beschaffung und Wiedergabe von Information
- Richtigkeit unzutreffender Mitteilungen
- Wahrung der Vertraulichkeit, des journalistischen Berufsgeheimnisses und des Zeugnisverweigerungsrechtes
- Respektierung des Privatlebens und der Intimsphäre von Betroffenen der Berichterstattung
- Eintreten für Menschenrechte und Frieden
- keine Verherrlichung von Gewalt, Brutalität und Unmoral
- keine Veröffentlichungen in Wort und Bild, die das sittliche Empfinden verletzen könnten
- keine Diskriminierung rassischer, religiöser und nationaler Gruppen
- Zurückhaltung in ermittelnden und schwebenden Gerichtsverfahren
- die Unvereinbarkeit des journalistischen Berufs mit Geschenkannahme oder Gewährleistung von Vorteilen
- u.a.m.

Solche Berufskodizes sind in aller Regel unumstritten, und Journalisten können sich bei ihrer Arbeit im Prinzip gut an ihnen orientieren. Allerdings unterliegen sie in starkem Ausmaß der persönlichen Interpretation des einzelnen Journalisten und greifen im Berufsalltag daher oft nur in eingeschränkter Weise.

Im Zusammenhang mit journalistischer Individualethik wird – in Anlehnung an Max Weber – auf die Unterscheidung zwischen Gesinnungs- und Verantwortungsethik hingewiesen (vgl. Möller 1993). Der *gesinnungs*ethisch Handelnde fühlt sich der Wahrheit verpflichtet und achtet nicht auf die Folgen seines Handelns. Der *verantwortungs*ethisch Agierende hat (auch) die Folgen seines Handelns im Auge. Journalistisches Handeln erfolgt stets im Spannungsfeld zwischen Gesinnungs- und Verantwortungsethik. Der journalistischen Individualethik zufolge sollte der handelnde Journalist daher stets auf die Verhältnismäßigkeit der angewendeten Mittel achten (d.h. z.B.: auf den kleinen Ladendieb nicht »mit journalistischen Kanonen schießen«). Der (zuerst) von Manfred Rühl und Ulrich Saxer vertretene Ansatz der *Mediensystem-Ethik* lehnt eine rein individualethische Betrachtung von Verantwortung im Journalismus ab (vgl. Rühl/Saxer 1981). In der Annahme, Journalismus sei allein an

Personen festzumachen, wird eine unzulässige Verkürzung der Diskussion über journalistische Ethik gesehen. Vielmehr wird der Journalist der System-Ethik zufolge als Person mit zugewiesenen Arbeits- und Berufsrollen gesehen, der in ein größeres System, in eine (Medien-)Institution eingebunden ist und von der er wiederum abhängig ist. Zu diesem System gehören die äußeren, relativ abstrakten Strukturen des Mediengesamtsystems, die konkrete Medienorganisation bzw. –institution sowie dem Medienbetrieb vorgeschaltete (Politik, Wirtschaft) und nachgelagerte (Publikum) Instanzen. So gesehen ist es zu kurz gedacht, Journalismus-Ethik alleine als eine Frage der persönlichen Moral der Journalisten zu sehen; es bedarf vielmehr eines Nachdenkens über die Moral des Mediensystems (vgl. Saxer 1988). Journalismus ist makroperspektivisch zu sehen: mit seinen politischen, ökonomischen, juristischen und – im Hinblick auf das Publikum – seinen ökologischen Strukturen. Aus einer solchen Sicht ist es eher angebracht, in Anlehnung an Robert Spaemann von einer »gestuften Verantwortung« (Spaemann 1977) zu sprechen, und es müsste eine Ethik des Mediensystems mit verschiedenen Teilethiken entwickelt werden. Verantwortlichkeiten im und für das Mediensystem (vgl. Pürer 1996b) liegen, einer gestuften Verantwortung vergleichbar, a) bereits beim Gesetzgeber, der den (Orientierungs-)Rahmen für Presse- und Meinungsfreiheit vorgibt; b) beim Medieninhaber, der die inhaltliche Linie bestimmt; c) bei Intendanten und Herausgebern, die auf die Einhaltung dieser Linien achten; d) innerhalb der Medienbetriebe durch hierarchisch festgelegte Kompetenzen und aufgabenspezifische Verantwortlichkeiten bei Chefredakteuren und Programmdirektoren, Programmabteilungs- und Ressortleitern, Chefs vom Dienst, fest angestellten und freien Journalisten usw. Die Mediensystem-Ethik entlässt den einzelnen Journalisten also nicht aus seiner Verantwortung. Sie sieht ihn vielmehr als Berufsrollenträger, für den das Prinzip der »mitmenschlichen Achtung« (Rühl/Saxer 1981) im Hinblick auf das Objekt der Berichterstattung und auf das Publikum ebenso gilt wie für alle anderen Entscheidungsträger.

Die u.a. von dem US-amerikanischen Kommunikationsforscher Clifford Christians (Illinois) stammende Theorie der *Publikumsethik* sieht eine kollektive Verantwortung für das, was sich in Journalismus und Massenkommunikation tut, insbesondere auch bei den Zeitungslesern, Radiohörern und Fernsehkonsumenten. Christians versteht unter »kollektiver Verantwortung« oder »Verantwortung des Gemeinwesens« (communal responsibility) eine »umfassende moralische Pflicht der Öffentlichkeit, soziale Prozesse wie die gesellschaftliche Kommunikation zu überwachen« (Christians 1989, S. 258). Christians meint, dass wir als kulturell Handelnde die gemeinsame Verantwortung für die Lebensfähigkeit unserer Kultur tragen. Er beruft sich u.a. auf den Philosophen Hans Jonas und dessen Ethik der Voraussicht und der Fernverantwortung (vgl. Jonas 1979). Verantwortung versteht Jonas als Pflicht des Zu-Tuenden: Als Publikum, so Christians, unterliegen wir dem kategorischen Imperativ, unser Schicksal als Medienrezipienten selbst in die Hand zu nehmen und für eine künftige Journalismus-Kultur Sorge zu tragen, zumal wir gleichsam jene Medienkost erhalten, die wir verdienen. Christians unterbreitet keine Vorschläge, wie sein Ansatz in der Praxis umzusetzen ist. In seinen Ausführungen klingt aber die Idee der Medienverweigerung an. Gemeint scheint nicht eine Flucht vor den Medien zu sein, sondern die Idee der Medienverweigerung in Form der bewussten Zurückweisung von Medienangeboten – die Kauf- oder Konsumverweigerung gewisser Medienprodukte als Akt des kollektiven Widerstandes gegen minderwertigen Journalismus und überflüssige Programmangebote (d.h.: was nicht gekauft bzw. konsumiert wird, kann sich am Markt auch nicht durchsetzen).

Was den von Clifford Christians vehement vertretenen Aspekt der kollektiven Verantwortung betrifft, stellt sich für den klassischen Ethiker die Frage, ob undifferenzierte Größen wie ein Publikum für etwas verantwortlich gemacht werden können. Christians lässt sich aber von dem Gedanken leiten, dass Gesellschaften keine Größen ohne Moral seien (Christians 1989, S. 256 und 265). Nur das ethische Konzept einer von allen geteilten Verantwortung sei der Macht der technologisch hoch entwickelten Medien von heute gewachsen. So gesehen versteht er sein Konzept auch als ein medienökologisches. Der Ansatz Christians' geht zweifellos von einem sehr aufgeklärten und emanzipierten Publikum aus. Dabei stellt sich auch die Frage, wie in pluralistischen Gesellschaften so etwas wie kollektive Gesinnung überhaupt herstellbar ist.

Die Frage der Verantwortung in Journalismus und Massenkommunikation umfasst ein weites Feld. Der Schweizerische Medienforscher Matthias Loretan verweist auf sechs verschiedene Ebenen, auf denen das Thema inhaltlich zu diskutieren ist: die metaethische Ebene (Prinzipien der Medienethik), die gesellschaftspolitische Ebene, die medienpolitische Ebene, die Organisationsebene (Medienunternehmen), die berufsbezogene Ebene (Journalismus) sowie die personale Ebene (der einzelne Journalist, der einzelne Rezipient) (vgl. Loretan 1994). Das Thema hat vor allem in der jüngeren Kommunikationswissenschaft mehr denn je Konjunktur (vgl. u.a. Kunczik/Zipfel 2001, S. 198ff; Thomaß 2000) und tangiert verständlicherweise auch Internet und Online-Kommunikation (vgl. Debatin 1998; Sandbote 1998; Wiegerling 1999). Der Kommunikationswissenschaftler Bernhard Debatin sieht in der Ethik-Debatte eine Steuerungsfunktion (im Hinblick auf Medienschaffende und Medieninstitutionen) und eine Reflexionsfunktion (für Gesellschaft und politisches System (vgl. Debatin 1997). Das Konzept der gestuften Verantwortung (vgl. w.o.) weist zweifellos hohe Plausibilität auf, bedarf aber dringend einer Ausdifferenzierung. Wenn der Journalismus (vgl. Kunczik/Zipfel 2001, S. 198ff), respektive die Journalisten und andere Berufskommunikatoren, dennoch immer wieder ins Zentrum der Ethik-Debatte rücken, so deshalb, weil sie als Berufsrollenträger im System Massenkommunikation eine Schlüsselrolle einnehmen und das Grundrecht auf Pressefreiheit, in welcher spezifischen Berufsrolle auch immer, stellvertretend und treuhänderisch für die Bürger wahrnehmen (vgl. Stolte 1988). In jedem Fall trägt der einzelne Journalist die Verantwortung für die (auch an ethischen Kriterien zu messende) Qualität des von ihm persönlich geschaffenen Produkts, nicht jedoch für alle Eventualitäten und möglichen Wirkungen, die er mit seinem Beitrag auslöst. Auch kann kein

Journalist unbedingt dafür haftbar gemacht werden, was etwa das Publikum aus dem macht, was er publiziert (vgl. Pörksen/Weischenberg 2000, S. 144).

4.1.3.4 Online-Journalismus

Mit dem Aufkommen des Internets und der Online-Medien sieht sich auch der Journalismus neuen Herausforderungen und Aufgaben gegenüber. Zahlreiche klassische Medien, ob Zeitungen, Zeitschriften, Hörfunk- oder Fernsehveranstalter, engagieren sich mit eigenen Online-Auftritten im World Wide Web und ergänzen damit ihr publizistisches Angebot. Es braucht daher auch Personen, die diese Angebote mit Inhalt füllen – mit »Content«, wie das inzwischen häufig strapazierte Zauberwort heißt. Dabei ist zu berücksichtigen, dass es wenig sinnvoll ist, die in den klassischen Medien publizierten Inhalte eins zu eins ins Web zu übertragen: Zum einen hat auch das Internet, ebenso wie alle anderen Medien, seine – großteils technisch bedingten – medienspezifischen Eigengesetzlichkeiten; diese wirken auf Art und Weise der Aufbereitung und Präsentation der Inhalte zurück und sind von den Online-Journalisten daher zu berücksichtigen. Zum Zweiten: In den Angeboten der »alten« Medien und in ihren neuen Online-Angeboten sind einander ergänzende Medienangebote zu sehen, die seitens des Publikums auch komplementär genutzt werden.

Es gibt zahlreiche Versuche, Merkmale und Charakteristika von Online-Medien aufzuzeigen, die das Internet bzw. die Online-Medien auszeichnen und von den klassischen Medien abgrenzen bzw. unterscheiden (vgl. Meier 1998; Bolter 1997; Sandbothe 1997; Riefler 1997a; Wagner 1998; Mrazek 1998; Friedrichsen et al. 1999). Jene wichtigen Merkmale, die unmittelbar auch auf den Journalismus zurückwirken, sind: Aktualität/Schnelligkeit, Hypertextualität-/Vernetzung, Interaktivität, Multimedialität, unbegrenzte Speicherkapazität, Digitalisierung, Technikgebundenheit, einfache Publikationsmöglichkeiten und Anonymität. Im Hinblick auf Herausforderungen, Chancen und Gefahren für den Journalismus lassen sie sich wie folgt beschreiben:

Aktualität

In keinem anderen Medium kann – noch dazu bei vergleichsweise wenig Aufwand – so schnell publiziert und seitens des Journalisten aktuell reagiert werden wie im Internet. Aktualität prägt im Netz stärker als jede andere Norm die Arbeit der Journalisten. Der Online-Journalist muss daher lernen, mit der kürzeren Verfallszeit seines Produkts umzugehen. Überholte Information muss er löschen, zeitlose Information (möglicherweise über einen Link) in ein Archiv umleiten, aktuelle mit latent aktueller Information vernetzen. Dadurch kann Hintergrund hergestellt und angeboten, können Themen gut eingeordnet, kann analysiert und kommentiert werden. Fehler können im Internet sehr leicht korrigiert werden. Gleichzeitig darf der Journalist nicht der Gefahr unterliegen, der Aktualität bedingungslos zu erliegen. Recherche und Überprüfung der Richtigkeit top-aktueller Informationen sind weiterhin unabdingbar erforderlich. (vgl. Meier 1998b).

Hypertextualität/Vernetzung

Hypertextualität ermöglicht es, verschiedene Textelemente durch »Verlinkung« vielfältig zu verknüpfen. Komplexe Themen können »modular« aufbereitet und durch Links mit anderen vernetzt werden. Dadurch erhalten sie allerdings eine nicht-lineare Struktur. Der Journalist muss um die Wirkung der Hypertextualität und nicht-linearer Erzählstrukturen Bescheid wissen und sich immer die Frage stellen, ob es überhaupt sinnvoll ist, einen Text hypertextuell zu zerstückeln (vgl. Meier 1998a, S. 43). Auch ist immer zu prüfen, wie tief man einen Text verlinkt (wie tief man Links staffelt), wo und wie viele Links man einsetzt und welche Navigationshilfen man dem User anbietet (vgl. Mrazek 1998, S. 42) – schließlich soll der Online-Leser im Cyberspace nicht verloren gehen. Durch das Anlegen von Dossiers und von Archiven beispielsweise kann Information hypertextuell perfekt nach Tiefe gestaffelt werden. Über Links ist es auch möglich, auf weiter(führend)e Aspekte eines Themas/einer Information zu verweisen (vgl. Friedrichsen/Ehe/Janneck 1999, S. 141). Freilich muss der Journalist Inhalt und Glaubwürdigkeit jener Information, auf die seine Links verweisen, ständig überprüfen (vgl. Meier 1998b, S. 85). In der Hypertextualität liegen freilich auch Gefahren: Sie kann Unübersichtlichkeit zur Folge haben, Links als Selbstzweck können zu Orientierungsverlust, unsinnige Links zu Glaubwürdigkeitsverlust beim User bzw. Leser führen. Zudem können im Dickicht von Hypertexten hierarchische Strukturen einer Information (was ist wichtig, was nicht) verloren gehen (vgl. Maier-Rabler/Sutterlütti 1997, S. 243ff).

Interaktivität

Mit Interaktivität (vgl. Kapitel 3.3.3) ist die Möglichkeit des Rezipienten gemeint, Einfluss auf den Kommunikationsvorgang zu nehmen und spontan zum Kommunikator zurück zu reagieren. Im Internet ist es also möglich, den User »nicht nur lesen, hören und sehen, sondern auch sprechen zu machen und ihn nicht zu isolieren, sondern ihn in Beziehung zu setzen« (Meier 1998a, S. 95). Interaktion vollzieht sich über verschiedene Rückkanäle wie E-Mails, Chats, Teilnahme an Umfragen und Newsgroups etc. Für Online-Journalisten eröffnet sich hier ein neues Aufgabenfeld. Sie müssen offen für die Interessen ihrer User sein und (mitunter zeitaufwändige) Kommunikation mit dem Online-Leser managen können. Über Online-Umfragen kann der Journalist beispielsweise aber auch Informationen über die Interessen seiner Leser einholen und so erforderlichenfalls seine Zielgruppe besser bedienen. Umgekehrt soll sich journalistisches Handeln in der Online-Zeitung nicht ausschließlich etwa aus Nutzer-Profilen (User-Logfiles) und Artikelrankings herleiten (vgl. Mast 1997, S. 38).

Multimedialität

Unter Multimedialität versteht man die Kombination und Integration verschiedener Medienanwendungen wie Text, Ton (Sound), Bild, Film bzw. Video und Grafik. Möglich ist dies durch die Technik der Digitalisierung, die in der technischen Auflösung keine Unterschiede zwischen unterschiedlichen »Daten« (Text-, Ton-, Bilddaten) macht. Die hoch gesteckten Erwartungen an die Möglichkeit der Multimedialität hat das WWW bisher jedoch nicht erfüllt. Dies liegt nicht nur an den derzeit noch geringen technischen Übertragungsbandbreiten. Vielmehr setzt Multimedialität vom Journalisten voraus, dass er unterschiedliche Medienanwendungen (z.B. Ton oder Video neben Text und Grafik) nicht nur zur Verfügung hat, sondern technisch auch handhaben und im Online-Produkt praktisch-handwerklich umsetzen kann. Infolge ihrer bisherigen Spezialisierung auf oftmals nur ein Medium ist dies bei vielen Journalisten aber nicht der Fall. Hinzu kommt, dass auch im Internet das geschriebene Wort die grundlegende Medienanwendung bleibt, weil Texte harte und knappe Information immer noch am besten transportieren können (vgl. Meier 1998b, S. 88). Gleichwohl wird die Beherrschung multimedialer Gestaltungstechniken künftig eine wichtige Voraussetzung für Online-Journalisten sein, zumal die technische Konvergenz inhaltliche Konvergenz zur Folge hat und dadurch Synergien für Mehrfachverwertungen erzielt werden können. Umgekehrt ist die Problematik nicht zu übersehen, dass durch den hohen technischen Aufwand von Multimedialität die eigentlich journalistischen Tätigkeiten, insbesondere gründliche Recherche und Selektion, in den Hintergrund gedrängt werden und ein oberflächlicheres Produkt entsteht (vgl. Klinenberg 1999, S. 17).

Unbegrenzte Speicherkapazität

Der »unendliche Speicher« (Meier 1998a, S. 80) der vielen Internet-Server hebt die quantitative Umfangsbeschränkung (Raum wie Zeit) aller bisherigen Medien auf – im Internet spielen Zeitungsumfänge oder die Länge der Sendezeit (Hörfunk, Fernsehen) usw. keine Rolle. Das digitale Netz bietet über Datenbanken nahezu unbeschränkte Möglichkeiten, »Vergangenheit im Heute« (Meier 1998a, S. 83) festzuhalten. Das WWW wird gewissermaßen zum Medium mit Gedächtnis. Den einen erscheint es als Informationsparadies, den anderen als (Informations-)Weltmüllhalde. Dies tangiert klassische journalistische Qualifikationen wie a) die Fähigkeit, rasch und präzise aus der unübersehbaren Fülle von Informationen die richtigen und wichtigen zu schöpfen (also wissen, wo); b) die Fähigkeit, die gefundene Information, ihre Qualität und Güte, richtig einzuschätzen und zu bewerten (wissen, von wem und von wann); sowie c) Entscheidungen darüber zu treffen, welche Informationen gespeichert, verlinkt und archiviert werden sollen (wissen, wohin). Im Internet wird der Journalist zum Wissensmanager, dem Datenbanken zur Verfügung stehen und der Datenbanken wiederum beliefert.

Digitalisierung der Information

Durch Digitalisierung ist dreierlei möglich: a) die weltweit einheitliche Verbreitung von Daten (und damit deren globale Verfügbarkeit und Abrufbarkeit); b) die technisch identische, einfache Übermittlung von Daten (z.B. über das TCP/IP-Protokoll des Internets), bei deren Kopieren es keinen Qualitätsverlust gibt; sowie c) der jederzeit mögliche Zugriff auf Daten, die ebenso jederzeit aktualisiert, korrigiert, aber auch manipuliert werden können (vgl. Wagner 1998). Digitalisierte journalistische Inhalte sind also austauschbar, kopierbar und modifizierbar, stellen »Content« und damit Ware dar. Es liegt an den Online-Journalisten, digitalisiert vorliegende Information richtig und gegebenenfalls mehrfach sowie differenziert für verschiedene Online-Medien bzw. -Ausgaben zu verwerten (Meldung, Newsletter, Artikel, Analyse, Dossier, Archivstück). Digitalisierung intensiviert im Internet auch intermediären Wettbewerb: Online-Zeitungen bringen neben Texten Ton und Bild; Online-Angebote von Hörfunk- und Fernsehstationen bieten neben Ton und Bild vielfältige Textangebote an. Digitalisierung ermöglicht infolge leichter Kopierbarkeit von Daten deren Plagiat und damit die Verletzung von Urheberrechten (vgl. Bolter 1997). Digitalisierung begünstigt die Automatisierung journalistischer Arbeit, respektive journalistischer Selektion, wenn Software-Programme nach Angaben des Users Informations- bzw. Datenpakete zusammenstellen und automatisch an den Endverbraucher übermitteln. Dies ist beispielsweise beim »Daily Me« der Fall (vgl. Riefler 1999). Es ist dies ein inhaltlich nach persönlichen Wünschen des Users zusammengestellter Informationsdienst, eine Art für den persönlichen Bedarf zusammengestellte Zeitung, die über ein Endgerät beim User ausgedruckt werden kann.

Einfache Publikationsmöglichkeit/Anonymität

Das Internet als digitale Plattform für Content-Darbietungen vielfältiger Art ermöglicht jeder Person, die mit Computern umgehen kann, die Verwirklichung des Grundrechtes auf Pressefreiheit. Die dazu erforderliche technische Ausstattung ist wesentlich weniger aufwändig als bei klassischen Medien, deren technischer, personeller und materieller Aufwand für den Durchschnittsbürger in der Startphase in aller Regel unfinanzierbar ist. Im Internet kann jeder Empfänger (User bzw. Konsument) zum Sender (Produzenten) werden (und dies übrigens auch anonym) und (s)ein Angebot ins Netz stellen. Die Fülle dieser Online-Angebote ist seit Jahren nicht mehr überschaubar, täglich kommen weltweit tausende neu hinzu. Selbst technisch hoch entwickelte Internet-Suchmaschinen sind nicht oder nur selten in der Lage, diese ungeheure Fülle zu bewältigen, sodass immer noch leistungsfähigere Selektionsprogramme entwickelt werden. Umso mehr erfordert die Fülle der vorhandenen Angebote vom Online-Journalisten ein hohes Maß an Recherchekompetenz und die Bereitschaft und Verpflichtung zu Quellenverifikation und Glaubwürdigkeitsüberprüfung (vgl. Meier 1998a). Dies gilt auch im Hinblick auf die vielfältigen Web-Angebote professioneller Online-Anbieter, bei deren Online-Auftritt sich Information, Public Relations und Werbung oftmals ununterscheidbar vermengen. Nicht unerwähnt bleiben soll, dass die technisch einfachen, aber weltweit wirksamen Publikationsmöglichkeiten im Internet auch als Chancen für Meinungsfreiheit und publizistische Vielfalt in autoritären Systemen begriffen werden können, in denen traditionelles Publizieren für regimekritische Personen und Gruppen kaum oder nur unter sehr schwierigen Bedingungen möglich ist.

Technikgebundenheit

Online-Medien sind in hohem Maße technikgebunden. Als Eingabe- und Empfangsmedium dienen neben Internet-Handys und Fernseh-Terminals in aller Regel immer noch vorwiegend (Personal-)Computer mit rapide wachsender technischer Leistungsfähigkeit. Hard- und Software sind aber nach wie vor extrem störanfällig. Ihre professionelle Handhabung und komplexe Bedienung erfordert viel Expertenwissen, das auch Online-Journalisten beherrschen müssen. Dies gilt auch im Hinblick auf Kenntnisse um die Beschränkungen des Mediums, insbesondere, was den Bildschirm betrifft: Er ist ein schlechtes, weil in aller Regel (zu) kleines Ausgabemedium, zudem ist der Platz auf einer Bildschirmseite sehr beschränkt. Lesen am Schirm, besonders das Lesen langer Texte, ist für den User anstrengend und mühsam (Onliner lesen, wenn überhaupt, anders). Der »Unbegrenztheit der Informationsmenge steht die Enge des Bildschirms gegenüber, die eine Entwicklung neuer Präsentationsformen quasi erzwingt« (Friedrichsen et al. 1999, S. 140). Die Folge ist Häppchenjournalismus mit kurzen, zerhackten Texten. Dieses Szenario verkennt die Möglichkeiten des Meta-Mediums Internet. So sind lange Texte zum Beispiel als Download oder in einer ausdruckbaren Print-Version möglich und nützlich.

Journalismus in Online-Medien unterscheidet sich also in mancher Hinsicht vom Journalismus in klassischen Medien. Ein regelrechtes Leitbild für Journalismus in Online-Medien gibt es aber (noch) nicht. Festzustehen scheint, dass sich im Online-Journalismus die klassische Gatekeeper-Rolle zum Informationsmanager weiterentwickelt (vgl. Kramers 1997). Aufgabe des Journalisten im Netz ist nicht mehr nur die Selektion, sondern vor allem – angesichts ihrer Überfülle – die Verknüpfung von Information zu Wissen. Wissen ist verknüpfte, vernetzte, relevante, subjektgebundene und zweckorientierte Information (vgl. Stehr 1994), die sich in Beziehung zur Umwelt setzt. Nicht abstrakte und punktuelle Information, erst Wissen befähigt zu sozialem Handeln. Auf der Weltinformationsmüllhalde, wie das Internet mitunter abfällig bezeichnet wird, ist der Journalist daher besonders gefordert: Er ist weniger der Chronist; er hat vielmehr die Aufgabe, die Materialflut zu bändigen, sie zu nutzenbringendem Wissen umzubauen und zusammenzufassen und damit die Chance, sich von zahllosen anderen Quellen des Internet nutzergerecht zu unterscheiden (vgl. Meier 1998a, S. 39). Er hat die Aufgabe, den Informationsstrom zu managen und durch Links isolierte Informationswelten spezialisierter Anbieter einzuordnen und zu verknüpfen. Gleichzeitig muss er sich mit einem Machtverlust gegenüber dem User abfinden, der – zumindest theoretisch – über das Netz zu den gleichen Informationsquellen Zugang hat.

Im Übrigen verlief die Entwicklung des Online-Journalismus im deutschen Sprachraum in drei Phasen (vgl. Mrazek 1998, S. 29): Ab 1993/94 kann man zunächst vom Einzelkämpfertum sprechen, als einzelne Technikfans in Zeitungs- und Zeitschriftenredaktionen mit dem neuen Medium mehr oder weniger kreativ spielten (Phase 1). Ab 1995 entstanden erste Webpräsenzen von Zeitungen und Zeitschriften. Die damaligen Web-Journalisten waren Programmierer, Texter, Layouter, Grafiker, Anzeigenakquisiteur, Marketing- und Vertriebsleiter, Nutzerbetreuer (und manchmal auch Service-Techniker) in einer Person (Dernbach 1998, S. 60). Die Webauftritte bestanden aus PR-Teilen in eigener Sache sowie in der mehr oder weniger gelungenen Umsetzung der Inhalte des gedruckten Mediums ins Netz (Phase 2). Ab 1997/1998 kann man von professionell arbeitenden Online-Redaktionen sprechen, mit eigenen Redaktionsstrukturen und -systemen sowie mit erweiterten und inhaltlich gegenüber dem Ursprungsmedium modifizierten Webpräsenzen (Phase 3). Den klassischen, nicht online-tätigen Journalisten wird es wohl auch in Zukunft geben. Um Synergien auszuschöpfen, werden aber beide – Online- und Offline-Journalisten – einander gegenseitig zuarbeiten.

Wichtige Aspekte zum Thema Online-Journalismus lassen sich abschließend wie folgt zusammenfassen, (wobei der Hinweis darauf nicht fehlen soll, dass Teile dieser Entwicklung bereits in Phase 2 absehbar waren) (vgl. Fuchs 1996):

- Online-Journalismus ist Geschwindigkeits-Journalismus, der unter dem Diktat bzw. Zwang zur Aktualität steht. Die Frage ist, ob darunter die Sorgfalt leidet.
- Online-Journalismus ist multimedialer Journalismus, der die dem Medium Internet inhärenten technischen Möglichkeiten der multimedialen Aufbereitung und Präsentation (Integration von Text, Ton, Bild, Film, Grafik, Animation) ausschöpft.
- Online-Journalismus ist vernetzender und vernetzter Journalismus, der Themen und Texte sinnvoll verknüpft bzw. verlinkt und dadurch ein hohes Maß an Informationstiefe erbringen kann.
- Online-Journalismus ist Kommunikationsmanagement, das auf den interaktiv reagierenden User Rücksicht nimmt und ihn durch Zielgruppen-Journalismus (noch) besser bedienen kann.
- Online-Journalismus ist in hohem Maße technikgebundener Journalismus, der die Gestaltungsmöglichkeiten des Internets ausschöpft, Online-Angebote selbst aktiv als Arbeitsmittel (z.B. Recherche) nutzt, aber auch die Grenzen des Mediums (Gestaltungszwänge auf Grund der Enge des Bildschirms) berücksichtigt.
- Online-Journalismus ist Informations- und Wissensmanagement, das Informationen für den User zu nutzenbringendem Wissen verknüpft und mehrmedial verwertet.
- Online-Journalismus und Offline-Journalismus kooperieren, um vielfältige Synergien für Online- und Offline-Medien auszuschöpfen und Kosten sparend zu nutzen.
- Online-Journalismus ist Ganzheits- und Schnittstellen-Journalismus, der Arbeits- und Kompetenzgrenzen des klassischen Journalismus weitgehend aufhebt.
- Online-Journalismus verdrängt den klassischen Journalismus nicht, (neue) Online- und (alte) Offline-Medien sind einander ergänzende Medien, die komplementär genutzt werden.

- Online-Journalismus ist entgrenzender Journalismus, der für sein Medium (Online- wie Offline-Ausgabe) auch Public Relations betreibt und ebenso Werbeaufgaben wahrnimmt.

Über die Zukunft des Journalismus in einer digital vernetzten Gesellschaft lässt sich vermutlich Folgendes mit ziemlicher Sicherheit sagen: *Jeder Journalist wird online sein* und das Netz vielfältig für Recherche- und Kommunikationszwecke (z.B. E-Mail) nutzen. *Nicht jeder Journalist aber wird Online-Journalist sein,* zumal in den klassischen Medien vorerst immer noch der vergleichsweise größere Arbeitsmarkt für Journalisten zu sehen ist.

4.1.3.5 Boulevardjournalismus – Populärer Journalismus

Obwohl Boulevard- bzw. Straßenverkaufszeitungen das mediale Erscheinungsbild in den Straßen von Städten, aber auch Landgemeinden und Dörfern bestimmen, wurde dem Boulevardjournalismus in der Kommunikationswissenschaft bislang nur wenig Beachtung zuteil. Erst in jüngster Zeit gewinnt die wissenschaftliche Beschäftigung mit ihm an Bedeutung – in allen seinen Erscheinungsformen in Print- wie Funkmedien. Unter Boulevardjournalismus wird (vor allem aus der Perspektive eines sich kritisch verstehenden Aufklärungsjournalismus) »ein von oben nach unten abfallender Prozess bezeichnet: der scheinbare Niedergang von einem den Qualitätsnormen der Objektivität und der Vermittlung von Wahrheit verpflichteten, hoch stehenden Informationsjournalismus zu einem sich an die Begierden und Unterhaltungswünsche des Publikums anbiedernden, minderwertigen Sensationsjournalismus« (Renger 1998, S. 28).

Der Boulevardjournalismus hat seinen Ursprung übrigens nicht erst in der jüngeren Vergangenheit. Er reicht vielmehr ins 19. Jahrhundert zurück, als zunächst in Amerika und England die »Penny Press« und kurz darauf in Frankreich die »petite presse« entstanden. Es waren dies (z.T. kleinformatige) billige Boulevardprodukte mit bereits damals hohem Anzeigenaufkommen und vergleichsweise hohen Auflagen. Dieser Medientyp stellt also auch die Anfänge der Massenpresse dar (vgl. Bollinger 1996). In Deutschland gab es vergleichbare Produkte erstmals an der Wende vom 19. zum 20. Jahrhundert – so z.B. den »Berliner Lokalanzeiger« (ab 1883) sowie die »BZ am Mittag« (ab 1904). Allerdings soll nicht unerwähnt bleiben, dass bereits in den sog. »Newen Zeitungen« des 16. Jahrhunderts, aber auch später in den periodisch erscheinenden Zeitungen (ab Beginn des 17. Jahrhunderts) von Anfang an Unglücksfälle, Krieg, Mord und andere Verbrechen durchaus regelmäßig Bestandteil der Berichterstattung waren. Neu ist das Phänomen also nicht, relativ neu ist vielmehr die intensivere Beschäftigung mit ihm.

Im Boulevardjournalismus wird ein an kommerziellen Interessen orientierter Journalismus gesehen, der Nachrichten auf bloße Reizeffekte reduziert und auf ihre Vermarktung hin ausrichtet. Er ist nicht nur in den Boulevard- bzw. Straßenverkaufszeitungen vorzufinden, sondern auch in zahlreichen Magazinen und Talkshows des

Fernsehens. Auch in vielen Hörfunkprogrammen gibt es ihn. Sein besonderes Kennzeichen ist, dass Information – für die Medienmacher wie für das Publikum – »nur interessant ist, wenn sie unterhaltsam ist« (Renger 1998, S. 28). Die aus Wien stammende Kulturjournalistin Sigrid Löffler, bekannt geworden vor allem durch ihre langjährige Mitwirkung an der ZDF-Sendung »Literarisches Quartett«, sieht im Boulevardjournalismus einen »Journalismus light«, der als »Vehikel der Unterhaltung« dient und »nicht als Instrument ernst gemeinter Information. Seine politische Haltung orientiert sich an den Markterfordernissen. Politische Inhalte sind transformiert zur Markt-Veranstaltung« (Löffler 1997, S. 22). Der sog. U-Journalismus versteht sich laut Löffler nicht mehr als »Transporteur von Meldungen«, sondern »ausschließlich als Mittler zwischen Konsum und Konsument. Er ist ein Marktschreier, er ist ein Entertainer, ein fröhlicher Kumpel jedweder Prominenz und zugleich deren Verlautbarungsorgan« (Löffler 1997, ebd.). Dieser Journalismus-Typ, so Löffler, zeichnet sich v.a. dadurch aus, dass er »öffentliche Meinung bloß noch kopiert und simuliert«, dass er »schreibt, was gefällt – nicht, was geschah« (Löffler 1997, S. 23).

Ähnlich sehen dies die Verfasser des »Berichtes zur Lage des Journalismus. Erhebungsjahr 1997« (in Österreich). Der Boulevard- und Infotainment-Journalismus präsentiere sich als Showbusiness. Dabei werde Kritik und Kontrolle gegenüber den Regierenden und Mächtigen vorwiegend durch Entertainment mit stark fiktionalen Elementen ersetzt. Der Hamburger Journalistik-Professor Siegfried Weischenberg nennt diese Entwicklung in Anspielung an eine langjährig tätige Moderatorin im deutschen Fernsehen recht treffend die »Schreinemakerisierung« der Medienwelt (Weischenberg 1997). Journalismus dieser Art »wird als permanente Seifenoper verkauft, der keine Fakten mehr vermittelt, sondern lediglich »das Gefühl, dass die Menschen (...) auf dem Laufenden gehalten werden« (Weischenberg 1997, S. 11).

Auf der Suche nach Besonderheiten des Boulevardjournalismus (und damit der Boulevardmedien) können Merkmale ausfindig gemacht werden, die sich im Hinblick auf seine Themen, seine grafische Gestaltung, seine Sprache und seiner diskursiven Strategien wie folgt zusammenfassen lassen (hier in Anlehnung an Schirmer 2001, Bruck/Stocker 1996; Bürgi 1994 und Renger 1998):

Themen

Bei der Themenauswahl rangiert in Boulevardmedien das Kriterium *Publikumsinteresse* weit vor dem Faktor *Bedeutung*.

- Höchsten Stellenwert haben Themen aus der Sparte »Sex and Crime«. Verbrechen aller Art, Skandale, Katastrophen, Klatsch und Sensationen nehmen in Boulevardmedien ebenso breiten wie formal hervorgehobenen Raum ein.
- Personalisierung und der Attraktivitätsfaktor Prominenz spielen dabei eine wichtige Rolle.
- Dem Sport wird mehr Raum geschenkt als der Politik. Sport eignet sich besonders dazu, mit seinen ewig wiederkehrenden Geschichten von Siegen und Nie-

derlagen der Alltagswelt Spannung zu verleihen sowie dem Ablenkungs- und Unterhaltungsbedürfnis entgegenzukommen.

- Boulevardmedien betonen »Human Interest« vergleichsweise wesentlich mehr als etwa das Wirtschaftsleben; und Boulevardjournalismus konzentriert sich stark auf Individuen und weniger auf Institutionen.
- Ebenso beschäftigen sich Boulevardmedien mehr mit dem Lokalen und Unmittelbaren – und weniger mit internationalen und langfristigen Themen.
- Generell orientiert er sich an Alltagsthemen, und er hält – zugegebenermaßen – auch zahlreiche Service-Angebote (nach Möglichkeit für viele Zielgruppen) bereit.

Grafische Gestaltung

Boulevardzeitungen weisen eine attraktive, schnell und leicht konsumierbare Gestaltung auf, oftmals reißerisch und plakativ.

- In einem Platz verschlingenden Layout wird Typografie und Farbe großflächig eingesetzt.
- Überdimensionierte Schriften sowie farbige (meist rote) Raster und Linien dienen als Blickfang.
- Eine ausführliche Bebilderung mit großen, ausdrucksvollen (und oftmals freigestellten) Fotos heischt um Aufmerksamkeit.
- Der Lesestoff wird nach Eindrücklichkeit und optischer Opulenz aufgeteilt und eingeordnet.
- Der Leser wird nicht über den Verstand, sondern über das Auge mit Gefühlen angesprochen; Emotionalisierung findet in Bild und Text statt.
- Die grafische Gestaltung wird an den Lesemodus des raschen Überfliegens angepasst; ermöglicht wird dies durch einen übersichtlichen Aufbau der Seiten sowie durch leicht fassbare, prägnante Überschriften.

Sprache

Die Sprache ist in Boulevardzeitungen einfach, die Sätze sind kurz, der Sprachduktus ist an die Umgangssprache angelehnt.

- Boulevardmedien arbeiten sprachlich mit Simplifizierung und Alltagsnähe, mit Bemühen um maximale Verständlichkeit.
- Es herrscht ein ebenso vertrautes wie reizstarkes Vokabular vor, eine alltagsweltliche Sprache.
- Boulevardmedien bemühen sich um hohe Verständlichkeit und vielfältige emotionalisierende Aussageweisen (Text wie Bild).

Diskursive Strategien

Um den Leser anzusprechen (und ihn auch »bei der Stange zu halten«), kultivieren Boulevardmedien, wie Stefan Schirmer sagt, »bestimmte Erfahrungswelten, die sich auf die ständige Aktualisierung und Variation narrativer (also erzählender – Erg. H. P.) Ur- und Grundmuster zurückführen lassen« (Schirmer 2000, S. 10). Oder, wie Peter Bruck und Günther Stocker es ausdrücken: »Simplifizierung, die Konstruktion von übersichtlichen Weltbildern und die Reduktion komplexer, unpersönlicher gesellschaftlicher Vorgänge auf das Handeln einzelner Personen, die dann der moralischen Bewertung durch die Zeitung unterliegen, sind zentrale diskursive Strategien« (Bruck/Stocker 1996, S. 25). Folgende »Techniken« kommen zum Einsatz (hier nach Schirmer 2001, Bruck/Stocker 1996; Bürgi 1994 und Renger 1998):

- Das *Eindampfen von Sachverhalten auf das Einfache, Konkrete und Vertraute* soll sicherstellen, dass Boulevardzeitungen ihren Leser nicht kognitiv überfordern. Vielmehr sollen boulevardeske Erzählstrukturen seine emotionale Anteilnahme (von Freude bis tragische Erregung) provozieren, ihm erlebnisstarke Gefühlswelten vermitteln.
- Boulevardjournalismus bemüht sich um die *Herstellung emotionaler Adäquanz.* Sachverhalte werden in einer Weise interpretiert, die Wertkonflikte zwischen Medium und Leser vermeiden und eine eindeutige Urteilsbildung erleichtern soll – nicht zuletzt durch eine Darstellung nach Schwarz-Weiß-Schemata.
- Boulevardjournalismus nimmt die *Perspektive der kleinen, machtlosen Leute* ein, stützt sich – in populistischer Weise – auf die vermutete Meinung der Bevölkerungsmehrheit und inszeniert publizistisch das »gesunde Volksempfinden«. Politikberichterstattung in Boulevardmedien beispielsweise reduziert komplexe Sachverhalte auf Schlagwortlosungen und Schlagwortlösungen; über »Sex and Crime« wird aus der Perspektive der Augenzeugen berichtet und gibt damit Live-Charakter vor.
- Unter den Gefühlen, die Boulevardmedien herzustellen versuchen, spielt neben Effekten wie Jubel und Angst die Emotionsfärbung *Empörung* eine zentrale Rolle. Im Gefühl der Empörung dreht sich nämlich die soziale Rangordnung der individuell erfahrenen Lebenswelt um: Der Mediennutzer fühlt sich (scheinbar) im Besitz der Macht, indem die Zeitung für ihn die Mächtigen verurteilt oder straft.
- Ein Mittel zur Integration des einzelnen Nutzers in die große Nutzergemeinschaft von Boulevardmedien (und damit etwa zur Vertiefung der Leser-Blatt-Bindung) ist die *Ab- und Ausgrenzung von »den Anderen«.* Dies erfolgt, indem ein »Wir-Gefühl« erzeugt wird, etwa in Form der häufigen Verwendung von Personalpronomen in der 1. Person Plural (wie »Nein, Kanzler, da machen wir nicht mit!« oder »Gen-Test sagt Krebs voraus – Wollen wir das?«). Dazu gehört auch, den sozialen Abstand zu statushöheren (prominenten) Menschen zu verringern, sie als »Menschen wie du und ich« zu präsentieren, indem deren Vor- oder Kosenamen verwendet werden (wie »Boris, du bist der Größte« oder »Danke, Gorbi, alles klar«).
- Eine weitere diskursive Strategie ist die *Einbettung öffentlicher Themen in Unmittelbarkeit* und Totalität. Nähe wird dabei dadurch erreicht, dass an persönliche

Erfahrungen des Lesers oder Zuschauers apelliert wird. Die populäre Konzeption des Persönlichen wird zum Erklärungsrahmen, innerhalb dessen die soziale Ordnung transparent dargestellt wird.

Schließlich ist auch noch zu verweisen auf Techniken der *Emotionalisierung* in einer gefühlsärmer werdenden Welt; auf jene der vielfältigen *Unterhaltung* in einer sonst (scheinbar) spannungsarmen Welt; sowie auf jene der *Befriedigung eines basalen Informationsbedürfnisses* im Sinne der Vermittlung des (trügerischen) Gefühls, über wichtige (freilich nur verkürzt abgehandelte) politische Themen informiert zu sein.

Was im deutschen Sprachraum seit langem als Boulevardjournalismus bezeichnet wird, trägt in der angloamerikanischen Kommunikationswissenschaft die wertfreie Bezeichnung »Populärer Journalismus« und geht über das Verständnis von Boulevardjournalismus noch hinaus. Der österreichische Kommunikationswissenschaftler Rudi Renger widmet sich speziell diesem Phänomen aus der Perspektive der sog. Cultural Studies (vgl. Renger 2000b). Diese sehen die Massenmedien und den Journalismus als *die* dominanten Systeme der Bedeutungs- und Kulturproduktion, der öffentlichen Orientierung und sozialen Konstruktion von Wirklichkeit – Systeme, die die bestehenden gesellschaftlichen Machtstrukturen und die dahinter stehende Ideologie legitimieren und verfestigen.

Im Populären Journalismus sieht Renger »journalistische Spielarten, die in den Boulevardzeitungen, den bunten Illustrierten, den Life-Style- und Special Interest-Magazinen oder im sog. Tabloid-TV den Großteil der Bevölkerung mit Orientierungswissen, Service-Informationen und vergnüglichen Geschichten versorgen und dabei eine dramatisierte, sensationalisierte und fiktionale Weltsicht vermitteln, die, in das Gewand der scheinbar objektiven Berichterstattung gekleidet, entweder für wahr gehalten oder aus – durchaus legitimen – Entspannungs- und Unterhaltungsgründen konsumiert wird« (Renger 2000a, S. 15). Dabei ist eine allgemeine und markante »Tendenz zum Drama« sowie der Vorzug von Skandalisierung gegenüber Orientierung nicht zu übersehen (vgl. Nitz 1998, S. 12; Scholl; Weischenberg 1998, S. 262). Die im weiteren spürbaren Trends zur Technisierung und Kommerzialisierung tragen dazu bei, dass inzwischen selbst Mainstream- und angesehene Newsformate mehr und mehr die Methoden und Darstellungsweisen des Unterhaltungs- und Sensationsjournalismus übernehmen. Der Populäre Journalismus wird von Renger als Journalismus gesehen, der mit vergleichsweise geringen journalistischen Mitteln massenhafte Auflagen, große Reichweiten und damit maximalen unternehmerischen Profit erreicht. Sein markantes Kennzeichen, so Renger, ist die operative Verknüpfung von bestimmten Informationsinhalten (›news to use‹) mit unterhaltsamen und gefühlsbetonten Gestaltungsmerkmalen (vgl. Renger 2000b, S. 13ff). Diese inzwischen weit um sich greifende Verknüpfung von Information (information) und Unterhaltung (entertainment) hat unter der Bezeichnung bzw. Wortkreuzung »Infotainment« Eingang in die kommunikationswissenschaftliche Terminologie und Diskussion gefunden.

Populärer Journalismus stellt also einen *stark differenzierten Gegenstand* dar, der weniger an einem bestimmten Medientypus fixiert ist, sondern bestimmte »Formate« präferiert (vgl. Renger 2000a, S. 18 in Anlehnung an Bruck/Stocker 1996, S. 11ff). In seiner *printmedialen Variante* ist er, wie erwähnt, sowohl in Tageszeitungen wie auch in Publikumszeitschriften und Magazinen vorzufinden. Dabei werden in den Zeitschriften eng abgesteckte Themenkreise in immer neuer Form wiederholt und sog. »Easy reading-Pakete« angeboten, die vorwiegend aus Prominentenstorys, Ratgeberrubriken, Fortsetzungsromanen, Witzen und Rätseln bestehen und mit pseudo-aktuellen Aufmacherthemen den Leser locken. Boulevardzeitungen wiederum präsentieren eine dramatisierte, sensationalisierte und nicht selten fiktionalisierte Weltsicht, wobei, wie erwähnt, Schwerpunkte des journalistischen Angebots auf den Themen Lokales, Human interest und Sport liegen. Politik nimmt eine eher nachrangige Stelle ein. Populärer Journalismus dient hier primär als Zeitvertreib und Alltagsspaß (vgl. Blöbaum 1994, S. 270); er operiert als Diskurs- und Erzählmaschine und zielt auf Vermarktbarkeit ab (vgl. Renger 2000b, S. 492ff).

Aus den USA kommend, gibt es den Populären Journalismus im *Fernsehen* des deutschen Sprachraumes seit den 1970er-Jahren (sowie vor allem mit der Einführung privaten Fernsehens Mitte der 1980er-Jahre). Sein Kennzeichen ist – in Talkshows, News-Shows, TV-Magazinen etc. – das »Happy talk-Format« von »Augenzeugen- und Action-Nachrichten«: Mithilfe ihrer (Pseudo-)Aktualität vermittelnden Bilder, ihrer Klänge und Geräusche »erzählen populäre Nachrichten eine *Story*, wobei das Hier mittels *lokaler Bezüge* und das Jetzt in Begriffen von *Unmittelbarkeit* und *Gegenwärtigkeit* definiert wird. (...) Dem *Infotainment* verpflichtete populärjournalistische Sendungen rechnen in der Grundeinheit des immer und überall bedrohten *Opfers*. Normativ für das Publikum wirkt beim Boulevardfernsehen ein abstraktes und universales System von schneller und leichter Wiedererkennung, das v.a. durch die Darstellung einer *Scheibchen-Aktualität* bzw. – zynisch formuliert – durch einen *Fetzenjournalismus* begünstigt wird. Das Weltverständnis erfolgt in diesem Zusammenhang weniger im Kopf als aus dem Bauch heraus« (Langer 1998, S. 34). Vier Erzähltypen herrschen im Populären Journalismus des Fernsehens vor: a) besonders bemerkenswerte Ereignisse (vorwiegend aus der Prominentenwelt); b) tragische Opfer des Alltagslebens; c) die bedrohte Sozialgemeinschaft; und d) Traditionen bzw. große Taten der Vergangenheit (vgl. Langer 1998, S. 34f).

Aus der hier dargelegten Sichtweise lassen sich die Produkte des Populären Journalismus' nicht über einen Kamm scheren. Vielmehr reicht er – je nach Mischung von Information und Unterhaltung – vom billigen Massenboulevard bis zu jenen journalistischen Produkten in Print und Funk, die Sigrid Löffler als »Journalismus light« bezeichnet (vgl. Löffler 1997). Dem »billigen Massenboulevard« prophezeit Uwe Zimmer, langjähriger Chefredakteur der »Abendzeitung« München, übrigens keine Zukunft: »Nur mit Sensationen, Emotionen, mit Manipulation und Erektion lässt sich keine Zeitung der Zukunft machen« (Zimmer 1999, S. 61). Information als Aufklärung, Unterhaltung als positives lebensbejahendes Element und vor allem auch Service (»news you can use«) seien die Bestandteile jeder guten Zeitung.

4.1.3.6 Entgrenzung des Journalismus[1]

Seit geraumer Zeit ist im Bereich der Massenmedien die Entstehung neuer Arbeitsformen und Berufe zu beobachten, die sich aus dem Journalismus heraus entwickelt haben oder eng mit ihm in Verbindung stehen. Auch verschmelzen Tätigkeiten inhaltlicher, technischer und wirtschaftlicher Art, wodurch mehr und differenziertere Berufsprofile entstehen. Die Journalistikwissenschaftler Armin Scholl und Siegfried Weischenberg konstatieren in diesem Zusammenhang, Journalismus sei gegenwärtig ein System, das »an den Rändern zerfranst« (Scholl/Weischenberg 1998, S. 270). In den USA wie in Deutschland würden sich neue Formen des Journalismus erkennen lassen, die ihn zur Technik hin, zum Marketing, zur Unterhaltung und zu den Public Relations erweitern. Die Ursachen dafür liegen im stets steigenden Wettbewerbsdruck, in der Differenzierung der Medienangebote sowie in weitreichenden technischen Innovationen der jüngsten Zeit. Unterschiedliche Akteure aus Wirtschaft, Politik und Kultur bedienen sich in zunehmendem Maße journalistischer Experten, um sich mit ihren Botschaften in der Öffentlichkeit Gehör zu verschaffen – die Grenze zwischen Journalismus und Public Relations beginnt zunehmend zu verschwimmen. Nicht zuletzt ist aber auch auf Entwicklungen im Bereich der Online-Medien zu verweisen, innerhalb derer Journalismus, Public Relations, Werbung und E-Commerce oftmals nicht mehr zu unterscheiden sind. Obwohl einige dieser Themenkreise bereits angesprochen wurden, soll im Folgenden auf Entwicklungen verwiesen werden, die zu dem führen, was man unter »Entgrenzung« im Journalismus versteht.

Outsourcing

Das Outsourcing, d. h. die teilweise oder vollständige Auslagerung von Unternehmensaufgaben an Dritte, ist im Journalismus zwar kein neues Phänomen, wie die langjährige Tradition der Tätigkeit »freier« Journalisten zeigt. Allerdings erhält Outsourcing in jüngster Zeit eine neue Qualität: Um in den Medienbetrieben Kosten zu sparen, werden in zunehmendem Maße feste Stellen im Journalismus abgebaut. Heute spannt sich um viele Redaktionen herum ein weit verzweigtes Netzwerk von ausgelagerten Dienstleistern, die komplette Produktionseinheiten wie Zeitungsbeilagen, Sonderseiten, Film- und Hörfunkbeiträge, ganze TV- oder Hörfunksendungen sowie Online-Auftritte redaktionsextern herstellen. Vorreiter ist die Fernsehbranche. So arbeiteten 1999 beispielsweise beim größten deutschen Privatfernsehsender RTL rund 4.000 freie Mitarbeiter den (nur) 900 Festangestellten zu. Bei SAT.1, dem zweitgrößten TV-Veranstalter in der Bundesrepublik, stehen 3.500 »Freie« (nur) 650 Festangestellten gegenüber (vgl. Gesterkamp 1999, S. 6-8). Auch

---

1   Stefan Schirmer

der öffentlich-rechtliche Rundfunk macht – seit langem – in hohem Maße von »freien« Mitarbeitern Gebrauch.

Offensichtlich funktioniert die Medienbranche »als Netzwerk, in dem Auftraggeber und Auftragnehmer im Rahmen eines bestimmten, zeitlich begrenzten Projektes zusammenarbeiten. (...) Aus dem Arbeitnehmer wird zunehmend der ›Arbeitskraft-Unternehmer‹, der betriebliche Organisationsformen überschreitet und seine Arbeitskraft eigenhändig vermarktet« (Gesterkamp 1999, S. 7f). Freie Journalisten oder Produktionsgesellschaften übernehmen hierbei oft kreativ-journalistische Tätigkeiten, für die fest angestellte Redakteure wegen ihrer ständig wachsenden technisch-organisatorischen Belastung keine Zeit (mehr) haben. Nach Schätzungen des Deutschen Journalisten-Verbandes arbeitet inzwischen, wie bereits erwähnt, etwa ein Drittel der rund 61.500 deutschen Journalisten als »Freie«. Im Journalismus geht die »Erosion des Normalarbeitsverhältnisses« (Wickel 2000) im Zeichen von personeller Verschlankung (lean management) schon so weit, dass es inzwischen Zeitarbeitsfirmen (wie den Hamburger »Time Media Personalservice«) gibt, die Arbeitskräfte als »Redakteure auf Zeit« zur Überbrückung redaktioneller Engpässe an Medienunternehmen verleihen (vgl. Hinzle 2000).

Im Zusammenhang mit der Auslagerung journalistischer Tätigkeiten werden nicht zu Unrecht Warnungen vor der » publizistischen Gefahr der Verantwortungslosigkeit von Redaktionen« laut (Weischenberg 1999, S. 20). Als Symptome für die Krisenanfälligkeit der entstandenen Produktionsverfahren gelten aufgedeckte Fälschungen im Journalismus wie die von Michael Born (Fernsehbeiträge für diverse TV-Sender) oder Tom Kummer (Zeitschriften-Interviews u.a. für das prominente »SZ-Magazin«). Auch kann das Faktum nicht übersehen werden, dass offenbar immer öfter unausgebildete bzw. nur gering qualifizierte Mitarbeiter journalistische Tätigkeiten ausführen, vor allem bei stark expandierenden elektronischen Medien (vgl. Meschede 1999). Neue Initiativen für Qualität im Journalismus, wie sie beispielsweise in der Schweiz, in Bayern und in Österreich gegründet wurden, wollen u.a. auch dieser Entwicklung entgegenwirken.

Entgrenzung zu Public Relations und Werbung

Ein weiteres Problem stellt die zunehmende Verwässerung zwischen Journalismus, Public Relations und Werbung dar. Diese Entgrenzung wird im Internet besonders deutlich. Anders als noch in den meisten Printmedien stehen in zahlreichen Online-Auftritten nicht selten Anzeigen ungekennzeichnet zwischen redaktionellen Beiträgen und Sponsoring-Aktivitäten. Als heikel erweisen sich redaktionelle Links, die auf kommerzielle Internet-Seiten (E-Commerce) führen. Bei solchen Links ist oftmals schwer unterscheidbar, ob sie ausschließlich als Service für den Nutzer oder primär aus geschäftlichen Interessen der jeweiligen Medienunternehmen heraus entstanden sind. Der letztgenannte Verdacht liegt nahe, wenn z.B. in Online-Ausgaben von Zeitschriften redaktionelle Links auf konzerneigene Auktionshäuser oder Buchhändler im Internet verweisen: Ist dies journalistischer Service oder Schleichwerbung? Kennzeichnungsverpflichtungen, die dem Nutzer bzw. User hier Klarheit verschaffen könnten, gibt es im Netz leider nicht (und es bleibt fraglich, ob es sie jemals geben wird).

Entgrenzungen zwischen Journalismus und Public Relations gibt es auch außerhalb des Internets. Ein anschauliches Beispiel liefert »Business TV«. Es sind dies Fernsehprogramme, die größere Unternehmen (wie etwa die Deutsche Bank oder Kaufhof) zur internen Kommunikation mit ihren Mitarbeitern betreiben. Hier beginnen journalistische Grauzonen zu entstehen: »Manch ein Moderator«, so die Süddeutsche Zeitung vom 28. 12. 1999, »wechselt lässig die Fronten zwischen Journalismus und Public Relations, indem er in der einen Woche für die Deutsche Bank und in der nächsten Woche für das SAT.1-Regionalprogramm vor die Kamera tritt« (Deul 2000). »Generell«, so Scholl und Weischenberg, »wird die Differenz zwischen Journalismus und Public Relations zunehmend schwieriger zu beobachten sein, da sich Interpenetrationszonen (Bereiche bzw. Zonen gegenseitiger Durchdringung – Erg. H. P.) ausweiten und somit die Strukturen des Journalismus immer mehr durch deren Überlagerungen von anderen Systemen (Wirtschaft, Technik, Politik) und deren Selbstbeschreibungen gekennzeichnet sind« (Scholl/Weischenberg 1998, S. 272).

Ausweitung journalistischer Tätigkeitsfelder

Steigender Wettbewerb sowie massive technische Weiterentwicklungen in der Medienbranche haben in den vergangenen Jahren die Kompetenz-Anforderungen an Journalisten beträchtlich verändert – meist im Sinne einer Ausweitung. Gerade im Internet eröffnet sich ein weites Feld für das, was künftig Kommunikatoren unter Online-Bedingungen alles sein könnten oder müssten: Navigatoren, Web-Jockeys und Info-Piloten, Präsentatoren und Moderatoren, Berater und Briefkastenonkel zur Bearbeitung von E-Mails sowie Entertainer und Techniker (vgl. Weischenberg 1999). Dabei ist unklar, ob es bei den neuen Online-Berufen in allen Fällen um journalistische Tätigkeiten geht.

Einerseits entstehen in Online-Medien und bei Multimedia neue Berufe, und zwar insbesondere an den Schnittstellen (vgl. Weischenberg 1999, S. 20) a) zwischen Gestaltung und Technik (z.B. Computer-Animations-Design); b) zwischen Business und Technik (z.B. Info-Broker) sowie c) zwischen Text und Technik (z.B. Online-Redakteur, also noch am ehesten genuin journalistisch).

Andererseits sehen sich Journalisten auch in den »alten« Medien neuen Herausforderungen gegenüber. Um Kosten zu sparen, werden ihre Aufgaben zunehmend entgrenzt. In zahlreichen Hörfunkredaktionen gilt das Arbeitsprinzip »Jede/r macht Vieles« (Altmeppen et al. 2000, S. 207). Journalisten müssen dort in der Lage sein, einen Nachrichtenbeitrag ebenso stilsicher herzustellen wie einen Unterhaltungsbeitrag; mit Vor-Ort-Recherchen müssen sie ebenso kompetent umgehen können wie mit der Moderation im Studio; und »nicht selten entwickeln Nachrichtenredakteure eine Idee zu einem Comedy-Beitrag und setzen das Konzept dann auch produktionstechnisch um« (Altmeppen et. al. 2000, S. 207). In zahlreichen Printmedien, in

Zeitungen wie Zeitschriften, sind Journalisten durch das Internet vor die zusätzliche Aufgabe gestellt, zum Online-Auftritt ihres Mediums beizutragen.

Medienübergreifende Redaktionsarbeit soll vor allem der Gewinnung von Synergie-Effekten dienen. In zahlreichen US-amerikanischen Medienbetrieben ist dies bereits der Fall, so beispielsweise bei der »Chicago Tribune«: Die dortige Zeitungsredaktion arbeitet im Verbund mit konzerneigenen Fernseh- und Hörfunksendern sowie Nachrichtendiensten im Internet zusammen. »Ein Journalist schreibt also bis Redaktionsschluss an einer Zeitungsgeschichte, anschließend präsentiert er das Thema im Fernsehen, um es dann noch fürs Internet zu bearbeiten, indem er neues Material einfließen lässt und Links zu anderen Artikeln und Websites vorschlägt« (Klinenberg 1999, S. 5). Ob sich die beschriebene Entgrenzung des Journalismus und der Medien in jener Radikalität auch in Europa, respektive im deutschen Sprachraum, durchsetzt, ist vorerst offen. Zumindest unter freien Journalisten ist die Entwicklung aber bereits beobachtbar. Um ihre Produkte gewinnbringender vermarkten zu können, werden viele zu »Verwertungskünstlern« (Klinenberg 1999), die ihre Beiträge für unterschiedliche Medien aufbereiten.

Redaktionelles Management

Angesichts wachsender Differenzierung und steigendem Konkurrenzdruck im Medienmarkt sind zahlreiche journalistische Tätigkeiten den Gesetzen der Kommerzialisierung und des Markterfolges unterworfen. Bislang traditionell getrennte Bereiche wie Redaktion, Verlag und Geschäftsführung werden zunehmend verzahnt. Redakteure übernehmen neben ihrer journalistischen Tätigkeit immer häufiger auch Aufgaben des redaktionellen Managements: von der Ablauforganisation über die Personalführung und das Kostencontrolling bis hin zum Produktmanagement (vgl. Meckel 1999). Hinzu kommt, dass professionelle Planung, Steuerung und Kontrolle redaktioneller Arbeit in zunehmendem Maße auch von anderen Faktoren abhängt: von Auflagenzahlen, Reichweiten und Einschaltquoten, von Rezipientenbefragungen, Copy-Tests und Image-Studien. Insbesondere auch das redaktionelle Marketing (vgl. Kapitel 4.1.3.3) ist zu erwähnen, das sich unter dem Diktat der Marktforschung herausgebildet hat. Charakteristisch für die genannte Entwicklung ist die »strenge und marktgerechte Formatierung von Medienprodukten« (Altmeppen et al. 2000, S. 214) durch rigide Strukturvorgaben für Zeitungs- und Zeitschriftenlayouts (mit strikt einzuhaltenden Zeilenbegrenzungen und Gestaltungsvorschriften oder ähnlichen Vorgaben für formatgerechte Hörfunk- und Fernsehsendungen).

Gleichzeitig kommt es zu einer »Zweckentfremdung journalistischer Basisqualifikationen« (Meckel 1999, S. 167). Im privaten Hörfunk beispielsweise werden diese nicht mehr nur für herkömmliche journalistische Tätigkeiten (Produktion von Nachrichten, Wortbeiträgen etc.) verwendet, sondern auch für andere Programmanforderungen: »Hörer- und Gewinnspiele, Teaser, Aktionen, Senderpromotion sind Beiträge, die von Journalistinnen und Journalisten erstellt werden, die aber nicht der originären journalistischen Arbeit zugerechnet werden können« (Altmeppen et al. 2000, S. 214).

Nordamerikanische Zeitungen tendieren außerdem dazu, Barrieren zwischen Redaktion und Marketing einzuebnen und sogar Anzeigenabteilung und Vertrieb direkt in die redaktionelle Planung zu integrieren – »also die Maßstäbe für journalistisches Handeln strukturell neu zu definieren« (Weischenberg 1999, S. 19). Besonders weit gediehen ist dieser Trend etwa bei der »Los Angeles Times«, wo es gemeinsame Beratungen zwischen Anzeigenabteilung und Redaktion gibt, Ressorts in Profit Center umgewandelt sind und der Gesamtredaktion ein Chefredakteur und ein Verlagsvertreter (General Manager) gemeinsam vorstehen. Dass eine derartige Fusion von Journalismus und Geschäft die publizistische Unabhängigkeit in Frage stellt, zeigte sich im Herbst 1999. Damals wurde bekannt, dass die »Los Angeles Times« die Anzeigenerlöse ihrer Sonderbeilage zur Eröffnung einer neuen Sportarena mit deren Betreibergesellschaft, gleichzeitig Anzeigenkunde der Zeitung, geteilt hatte (vgl. Brill 2000).

So lässt sich resümieren, dass an den Schnittstellen zwischen Journalismus und Unternehmensführung auch neue Berufe entstehen. Manche Redaktionen wie z.B. die der Programmzeitschrift »TV Spielfilm« haben Stellen für »Redaktionsmanager« geschaffen, die sich in der Redaktion um Personalmanagement, Marketingaufgaben oder auch um kaufmännische Fragen kümmern (vgl. Meckel 1999, S. 244-248). In diesem Zusammenhang ist beispielsweise auch die unlängst eingerichtete Ausbildung zum »Medienwirt« zu nennen. Dieser Beruf »versucht den Spagat zwischen Journalismus, Öffentlichkeitsarbeit und Medienmanagement« (Arnold 2000, S. 50).

4.1.4 Systemtheoretische Journalismusforschung[2]

Als theoretisches Paradigma gewinnt die funktional-strukturelle Systemtheorie von Niklas Luhmann auch in der Kommunikationswissenschaft zunehmend an Bedeutung (vgl. Scholl 2002; Löffelholz 2000; Scholl/Weischenberg 1998). Joachim Westerbarkey spricht sogar von einem »Siegeszug« (Westerbarkey 1995, S. 152), den die – ursprünglich aus der Naturwissenschaft in die Sozialwissenschaft transferierte – Theorie angetreten habe (vgl. Luhmann 1996). Die systemtheoretische Perspektive wird im Fach besonders gern dann eingenommen, wenn nicht einzelne Akteure (z.B. Kommunikatoren, Journalisten, Moderatoren etc.) oder das Ergebnis von deren Handlungen (z.B. Nachrichtenselektion) im Mittelpunkt des Erkenntnisinteresses stehen sollen; vielmehr geht es der Systemtheorie grundsätzlich um die Erklärung der Zusammenhänge zwischen Strukturen und Funktionen gesellschaftlicher ›Entitäten‹. Daher stehen die beteiligten Personen oder Individuen gerade *nicht* im Zentrum des Interesses der systemtheoretischen Journalismusforschung. Für sie sind Journalismus, Massenmedien, Öffentlichkeit usw. soziale Beziehungsgefüge eigener Qualität, die aus strukturierten Handlungs- und Kommunikationszusammenhängen bestehen; diese lassen sich daher nicht durch die beteiligten Personen, deren Einsichten, Motive oder Handlungsabsichten erklären, sondern müssen als System rekonstruiert werden.

---

2   Unter Mitarbeit von Johannes Raabe

4.1.4.1 Der funktional-strukturelle Ansatz

Das Interesse gilt also ausschließlich den sozialen Systemen, wobei nach Interaktions-, Organisations- und gesellschaftlichen Funktionssystemen sowie der Gesellschaft als dem umfassenden Sozialsystem unterschieden wird. Während die frühere, strukturell-funktionale Theorie von Talcott Parsons nach den funktionalen Leistungen fragte, die von einem sozialen System erbracht werden müssen, damit es in seinen Strukturen erhalten bleibt (d.h. sein Überleben sichert), geht es dem funktional-strukturellen Ansatz Niklas Luhmanns um die Frage der Systembildung durch den Aufbau eigener Strukturen in der Differenz zu einer sich wandelnden komplexen Umwelt (vgl. Willke 1993). Dieses System/Umwelt-Paradigma (Rühl 1992) wird von Luhmann mit der Übernahme des »Autopoiesis-Konzepts« aus der Zell-Biologie als Prinzip der Selbstorganisation dann noch einmal radikalisiert. Statt offener Systeme, die sich in Differenz zu ihrer Umwelt konstituieren, wird nun auf die selbstbezogene Operationsweise, auf die Selbstreferenzialität geschlossener Systeme (durch Handhabung der Leitunterscheidung von Selbstreferenz und Fremdreferenz) abgestellt, die zur permanenten Selbstreproduktion der Systeme aus ihren eigenen Elementen führt. Unerlässlich für eine systemtheoretische Journalismusforschung ist dabei zunächst a) die Bestimmung des Systems (und damit zentral die Bestimmung von dessen Grenzen), b) die Identifizierung der spezifischen Funktion für die Gesellschaft, mit der sich das System zugleich von seiner Umwelt abgrenzt sowie c) der Leistung, die es für andere Funktionssysteme erbringt. Da das System seine Operationen anhand einer Leitdifferenz mit positivem und negativem Designationswert ausführt, gilt es schließlich den binären Code zu bestimmen, mithilfe dessen das System erst die Unterscheidung systemzugehörig vs. nicht-systemzugehörig vornehmen kann.

Hinsichtlich dieser Festlegungen, die für die Journalismusforschung zum Teil weitreichende Folgen haben, besteht unter den verschiedenen systemtheoretisch argumentierenden Autoren allerdings alles andere als Einigkeit. Handelt es sich um ein System der Massenmedien, wie etwa Luhmann (1996) und Weischenberg (1992, 1995b) es sehen? Oder sollte man, wie Frank Marcinkowski, von einem publizistischen System ausgehen, das seine Umwelt mit der Leitdifferenz *öffentlich* oder *nicht öffentlich* beobachtet? (vgl. Marcinkowski 1993). Oder hat sich vielleicht doch – wie Bernd Blöbaum behauptet – der Journalismus in seiner Geschichte als autonomes, aber gegenüber anderen Systemen nicht autarkes, somit als selbstreferenzielles (autopoietisches) System ausdifferenziert (vgl. Blöbaum 1994)? Dann könnte z.B. nicht – wie Luhmann es Mitte der 1990er-Jahre konzipiert – neben dem Informationsjournalismus und der (Fernseh-)Unterhaltung auch die Werbung zum gleichen System gezählt werden, das nach dem einheitlichen Code *informativ/nicht informativ* (und nicht etwa *aktuell/inaktuell*) die Systemzugehörigkeit bestimmt (und von Systemfremden unterscheidet).

4.1.4.2 Redaktionen als soziale Systeme

Als Pionier systemtheoretischen Denkens in der Publizistik- und Kommunikationswissenschaft kann ohne Zweifel Manfred Rühl gelten. Er hat bereits Ende der Sechzigerjahre die Redaktion nicht als Summe von einzelnen (journalistischen) Akteuren,
sondern als organisiertes soziales System beschrieben (vgl. Rühl 1969 und 1979).
Rühl gibt als Erster die subjekttheoretische Fixierung auf die journalistischen Akteure
auf und führt die Systemtheorie als Erkenntnishilfe ein, um die Organisation ›Redaktion‹ als informationsverarbeitendes Subsystem mit eigenen *Routine-* und *Zweckprogrammen* zu kennzeichnen. Zeitungsredaktionen werden als soziale Handlungssyste-
me aufgefasst. Das bedeutet, dass die Journalisten (seltsamerweise) selbst nicht Bestandteil des Systems sind, sondern der Umwelt der Redaktion zugeordnet werden
müssen. Systemzugehörig ist aber das redaktionelle Handeln der Journalisten. Dafür
bildet das System über generalisierte Erwartungen Strukturen in Form von Rollen
aus, sodass die soziale Rolle den Schnittpunkt zwischen System (Redaktion) und
Umwelt (Person des Journalisten) bildet und der Redakteur (nur) über sein Rollen-
handeln in das Handlungssystem inkludiert ist. Mit dem Eintritt in die Redaktion
stimmt der Journalist der Anerkennung aller (formalen) Erwartungen zu. Persönliche
Motivationen, in der Redaktion zu verbleiben, erfährt der Redakteur unter anderem
durch die ihm entgegengebrachte Achtung, die Möglichkeit des Aufstieges innerhalb
der Redaktion sowie durch diverse ideelle und materielle Gratifikationen. Neben formalen Rollenerwartungen gibt es auch informale, die in der Mitgliedschaft zwar
nicht vorgeschrieben, aber angelegt sind.

Systemtheoretische Redaktionsforschung, der auch die Studie von Ulrich
Hienzsch (1990) zuzuordnen ist, verhilft unter anderem zu der Erkenntnis, dass Ent-
scheidungsprämissen den journalistischen Alltag sehr stark routinisiert haben (und
noch routinisieren). Die Prämissen werden jedoch nicht von außen übergestülpt,
sondern systemintern ausgebildet. Der einzelne Medienakteur kann der systemtheoretischen Perspektive zufolge letztlich nur in seinem *Rollenkontext* beobachtet werden, wobei diese *Rolle* nach Luhmann eine temporäre, eine »*situative*« ist. Der Redakteur darf, systemtheoretisch gedacht (und wie erwähnt), nicht zum System selbst hin-
zugezählt werden. Der Journalist befindet sich nämlich – so die Argumentation – wie
jede andere Person auch, zeitweise in der Rolle des Wählers und damit in einer Komplementärrolle im politischen System. Er ist beispielsweise ebenso als Verbraucher situativ in das Wirtschaftssystem inkludiert. Zuletzt entscheidet sich Rühl daher, das
hier gemeinte System als *Marktpublizistik* zu bezeichnen (Rühl 1993). Dies bringt
ihm die Kritik ein, ein solches System könne kaum vom Wirtschaftssystem abgegrenzt werden, da keine exklusive Leitdifferenz bestehe, sondern der Leitcode der
Wirtschaft *(zahlen/nicht zahlen)* unzulässigerweise auf die Publizistik übertragen werde (vgl. Görke/Kohring 1996 sowie die Replik von Rühl 1996).

4.1.4.3 Funktion des Journalismus: Beobachtung gesellschaftlicher (Teil-)Systeme

Die Vorzüge einer Übernahme systemtheoretischen Denkens in die Publizistik- und Kommunikationswissenschaft bzw. Journalistik liegen – zumindest gegenwärtig noch – in erster Linie bei der Bestimmung von Funktionen, sei es der Massenmedien oder des Journalismus, für die Gesellschaft. Nach Luhmann ist es die Funktion der Massenmedien, durch aktuelle Veröffentlichungen von Informationen einen Beitrag zur permanenten Selbstbeobachtung der Gesellschaft und ihrer Teilsysteme zu leisten (ohne bei der Realitätskonstruktion einen Exklusivanspruch zu besitzen). Während nämlich beispielsweise das politische System nach dem Code *Macht/Ohnmacht* bzw. *Regieren/Opponieren*, das Wirtschaftssystem nach *zahlen/nicht zahlen* bzw. *Gewinn/Verlust*, das Rechtssystem nach *Recht/Unrecht* etc. beobachtet, ist die ausdifferenzierte Gesellschaft darauf angewiesen, dass noch einmal eine Beschreibung der relevanten Beobachtungen (aus den verschiedenen Teilsystemen) erfolgt, die deren Logik bzw. Systemrationalität nicht unterliegt: So wird der Journalismus das System Wirtschaft oder Politik aus einer »(funktionslogischen) Distanz« beobachten können, weil er dabei der Logik der Massenmedien bzw. der Logik der journalistischen Aufmerksamkeit folgt und eben nicht der Frage nach dem Machterhalt (politisches System) oder Gewinn (wirtschaftliches System) nachgeht. Freilich können die Beobachtungen der Massenmedien bzw. des Journalismus selbst umstritten sein bzw. kritisiert werden, wie dies etwa beim journalistischen Super-GAU von Gladbeck der Fall war. Matthias Kohring und Detlef M. Hug sprechen vom Journalismus als einem Leistungssystem (des Funktionssystems Öffentlichkeit), das »ausschließlich über Ereignisse mit Mehrsystemzugehörigkeit bzw. Umweltrelevanz« kommuniziere (Kohring/Hug 1997, S. 13, S. 20-26). Eine solche nicht den systemimmanenten der funktionalen Teilsysteme(n) Politik, Wirtschaft, Recht etc. gehorchende Beobachtung bzw. Beschreibung gesellschaftlich relevanten Geschehens dient angesichts der funktionalen Ausdifferenzierung der Gesellschaft der erforderlichen Gesamtintegration.

Der Blick ins Innere des Systems Massenmedien bzw. Publizistik bzw. Journalismus zur Analyse der eigenen Strukturen ist hingegen angesichts der noch jungen Tradition systemtheoretischer Redaktions- bzw. Kommunikationsforschung wenig geschärft.

4.1.4.4 Organisationsforschung und Journalismus

Im Zusammenhang mit systemtheoretischer Kommunikatorforschung spricht Rühl im Weiteren von einem Mangel an *Organisationsforschung*. Er mahnt daher die intensivere Beschäftigung mit organisatorischem Journalismus an. Drei Themenkreise spricht er an: das Rollenbündel »Journalismus als Beruf«, die Redaktion als »organisiertes System« sowie schließlich »redaktionelles Entscheiden« (Rühl 1989, S. 253ff). Im Hinblick auf den *Beruf* des Journalisten beklagt er, dass in der verbreiteten Berufsforschung der journalistische Beruf quasi in einer Omnibusrolle »Kommunikator«

bzw. »mass communicator« gesehen werde. Dabei signalisiere bereits die Vortypisierung der Praxis, dass der Einzelne entweder Angestellter einer journalistischen Arbeitsorganisation (Redaktion) ist oder als »freier Journalist« mit einer oder mehreren Redaktionen in Arbeitsbeziehungen steht. Darüber hinaus seien viele Journalisten berufsbedingt Mitglieder von Berufsorganisationen. Insofern »müssten Berufsforscher zwei ungleiche journalistische Qualifikationstypen in den Blick nehmen: die Redaktion als Prototyp einer Arbeitsorganisation und die Gewerkschaft bzw. den Berufsverband als Prototyp der Berufsorganisation. An beiden Organisationstypen können Individuen über eine je unterschiedliche Mitgliedsrolle als Journalisten teilhaben: an der Redaktion in Verbindung mit Arbeitsrollen und an der Berufsorganisation im Kontext mit Berufsrollen« (Rühl 1989, S. 254f). Um eine angemessene Trennung zwischen Arbeitsrollen und Berufsrollen ringe die Journalismusforschung bis heute. Eine organisationsorientierte Differenzierung von Arbeits- und Berufsrollen sei jedoch wichtig, um zwischen Problemen journalistischer Arbeit und solchen journalistischer Berufe unterscheiden zu können. Vor allem würden »mögliche Diskrepanzen zwischen Arbeitswirklichkeit und Berufsbewusstsein« (Rühl 1989, S. 255) verschlossen bleiben. Rühl vermutet, dass Arbeitsrollen wesentlich ausgeprägter sind als Berufsrollen und dies somit für die Erarbeitung von Berufsbildern und die Bestimmung von Berufskriterien (im Sinne von Professionen) wichtig sei. Dann könne auch Antwort auf die berufssoziologisch und -politisch bedeutende Frage gegeben werden, »ob Journalistenberufe eher ›occupations‹ denn ›professions‹ seien« (Rühl 1989, S. 256).

Was das *soziale System Redaktion* betrifft, so sollte nach Rühl Übereinstimmung darüber bestehen, »dass es sich bei Massenkommunikation grundsätzlich um organisierte Kommunikation handelt« (Rühl 1989, S. 257). Ein Blick auf die bisherigen Etappen der Organisationsforschung in Redaktionen zeige auch, dass dabei durchaus Fortschritte erzielt wurden; allerdings sei das Individuum als theoretischer Bezugsrahmen zunächst weiterhin bestehen geblieben. Die Gatekeeper-Forschung habe sich von individuenzentrierten Ansätzen zu kybernetischen Modellen weiterentwickelt. Redaktionelle Arbeit sei nun nicht mehr auf der Ebene sozial isolierter Einzelhandlungen beobachtet worden, sondern auf derjenigen der Redaktion als sozialem Handlungssystem. Mitte der Sechzigerjahre seien Zeitungs-, Zeitschriften- und Rundfunkredaktionen als »formalisierte soziale Gebilde untersucht (worden), deren Binnenstrukturen einschließlich der Mitgliederkreise, zur Verfolgung spezifischer Zwecke bzw. zur Erfüllung gut umrissener Aufgaben eingesetzt werden« (Rühl 1989, S. 259). Im Weiteren seien Redaktionen anhand von System-Umwelt-Modellen rekonstruiert worden. Die systemrationale Organisationsforschung operierte schließlich mit dem Konstrukt der Mitgliedsrolle als einer empirisch zugänglichen Rationalität. »Als Redaktionsmitgliedsregeln konnten ausgemacht werden: die Zustimmung (der Redaktionsmitglieder – Erg. H. P.) zu den Redaktionszwecken; die Anerkennung der Entscheidungsvorrechte der Redaktionsleitung; die Informationsverarbeitung nach dem internen Entscheidungsprogramm; die personale Identifikation mit der Redaktion; die Wahrung der redaktionellen Diskretion u.a.m. Werden solche Mitgliedsregeln aufgespürt, dann fasst man sie in der redaktionellen Mitgliedsrolle zusammen« (Rühl 1989, S. 260). Solche Mitgliedsrollen seien, wie die Forschung weiterhin zeigt, für alle in die Redaktion Eintretenden verbindlich und dienten gleichzeitig zur Integration und zur Abgrenzung der Redaktion nach außen. Sie seien Voraussetzungen für die Übernahme anderer, formaler und informaler Redaktionsrollen und würden die Unterscheidung zu Stellen (Positionen) zulassen; kurz: »Mitgliedsrollen bilden den Kern für das Verständnis der Formalisierung der Redaktion und erweisen sich als wichtige Stabilisierungselemente für deren konfliktreiche Interaktion und Kommunikation« (Rühl 1989, S. 261). Hingegen können nach Rühl eine »Redaktionskultur« oder ein »Redaktionsklima«, also gesamthafte Milieuvorstellungen, wie sie in der modernen Organisationsforschung bereits vorfindbar sind, für die Redaktion noch nicht als empirisch überprüft gelten.

Rühl wendet sich schließlich dem *redaktionellen Entscheiden* zu. »Entscheiden« sei in der redaktionellen Organisationsforschung längst ein elementarer Begriff; und redaktionelles Entscheiden führe oftmals zu Produktionen, die Ergebnisse komplexer Entscheidungsprozesse seien. »Typischerweise erfolgt Entscheiden nicht von Punkt-zu-Punkt, sondern wird durch ein zweistufiges Auswählen konstituiert: (1) Auswählen von Entscheidungsstrukturen, die als ›redaktionelle Linie‹ oder ›Grundhaltung‹ (...) zur Programmierung von Entscheidungsprozessen im Einzelfall dienen, und (2) durch die zu wählenden Alternativen selbst, die anhand der vorab gebildeten Entscheidungsprogramme situativ zustandekommen« (Rühl 1989, S. 262). Von Ausnahmen wie etwa im investigativen Journalismus (mit sog. »Zweckprogrammen« und »Output-Programmen«) abgesehen, würden in den meisten Redaktionen sog. »Konditionalprogramme« bzw. »Input-Programme« nach konditionalen Wenn-Dann-Arbeitsformeln vorherrschen. Diese ermöglichen Muss-, Soll- oder Kann-Optionen. Beide Entscheidungsprogramme tragen zur Entlastung situativen redaktionellen Entscheidens bei, werden von den Redakteuren gelernt und mehr oder weniger bewusst angewendet. »Entscheidungsprogramme in ihrer Eigenkomplexität sind sozialwissenschaftliche Rekonstruktionen, die in Redaktionen so gut wie nie schriftlich festgelegt werden – aber, empirisch überprüfbar, fungieren« (Rühl 1989, S. 262).

4.1.4.5 Neue systemtheoretische Journalismusforschung

In der jüngsten systemtheoretischen Beschäftigung mit dem Journalismus ist auf drei Entwicklungen zu verweisen, die hier nicht unerwähnt bleiben dürfen, nämlich: die Umstellung in der autopoietischen Systemtheorie von Handlungs- auf Kommunikationssysteme und deren Folgen; die Verbindung des radikalen Konstruktivismus mit der Systemtheorie; sowie die theoretischen Erweiterungen und Fortführungen durch Anschlüsse neuer Fragestellungen an systemtheoretische Konzeptionen. Dazu im Einzelnen:

Die Umstellung von Handlungs- auf Kommunikationssysteme

Die neuere Theorieentwicklung der Luhmannschen Systemtheorie hat auch zu Veränderungen in der systemtheoretischen Journalismusforschung geführt. Wurde Journalismus von Rühl wie von Weischenberg noch als Handlungssystem konzipiert, so ging mit der bereits angesprochenen autopoietischen Wende in der Systemtheorie auch die Umstellung von Handlung auf Kommunikation als Letztelement sozialer Systeme einher. Das bedeutet, dass gesellschaftliche Funktionssysteme aus nichts als Kommunikation »bestehen« und ausschließlich über Kommunikation fortdauern. Luhmann geht so weit zu sagen, dass Handlungen eigentlich nichts anderes sind als eine simplifizierende Verkürzung von Kommunikation, die sich durch die Zurechnung von Kommunikation auf Akteure oder Institutionen ergibt (vgl. Luhmann 1984, S. 192f). Diese vereinfachenden Zuschreibungen sind notwendig, um dem System Anschlussselektionen, d.h. die Fortsetzung von Kommunikation, zu ermöglichen. Dies wird nur verständlich, wenn man sich von dem im Fach immer noch vorfindbaren Kommunikationsbegriff verabschiedet, demzufolge Kommunikation die Übertragung einer Information von einem Kommunikator auf einen Rezipienten darstellt. Luhmann versteht unter Kommunikation die (unwahrscheinliche) Synthese dreier Selektionen, nämlich die von Information, Mitteilung und Verstehen. Nur wenn jemand eine Information auswählt, sich für eine Form der Mitteilung entscheidet und ein Mitteilungsangebot macht, und nur wenn mindestens ein anderer dieses Mitteilungsangebot auswählt und die mitgeteilte Information auch versteht, lässt sich von Kommunikation sprechen. Eine Person oder ein Akteur kann also dieser Sichtweise zufolge nicht kommunizieren, sondern Kommunikation wird (aus systemfunktionaler Perspektive) als emergentes Produkt sozialer Systeme verstanden, das zwei oder mehr Beteiligte lediglich zur Voraussetzung hat (vgl. Raabe 2000, S. 314ff). Die Folge dieser Umstellung ist ein noch höheres Abstraktions- und Differenzierungsniveau der Theorie, freilich um den Preis, dass die Distanz zur empirischen Journalismusforschung weiter zunimmt. Immerhin aber führte die neue Konzeption von Kommunikation zu der theoretischen Einsicht, dass die Beobachtung des Journalismus als System die Rezeptionsseite berücksichtigen muss, und nicht bereits mit der Produktion von journalistischen Texten bzw. der Herstellung von Themen zur öffentlichen Kommunikation (vgl. Rühl 1980) abgeschlossen ist. Entsprechend der Handlungsrolle Produzent und der Komplementärrolle Konsument im Wirtschaftssystem oder Arzt und Patient im Gesundheitssystem, Anwalt und Klient im Rechtssystem, hat sich im Journalismus neben der Handlungsrolle komplementär die Rezipientenrolle ausgebildet, mit der potenziell alle Gesellschaftsmitglieder am Funktionssystem Journalismus teilhaben (vgl. Blöbaum 1994, S. 167). Das Publikum ist folglich als integraler Bestandteil des Systems Journalismus zu sehen, womit der Bedeutung der Selektion durch Rezipienten auch journalismustheoretisch Rechnung getragen werden kann (vgl. Kohring 2000, S. 166f).

Konstruktivismus und Systemtheorie

Vor allem Weischenberg (1992; 1995a; 1995b) und Scholl (1997) haben versucht, die Verbindung von Systemtheorie und (radikalem) Konstruktivismus auf die Journalismusforschung zu übertragen. Dabei halten sie an der systemtheoretischen Konzeption des Journalismus als modernem Funktionssystem für die ausdifferenzierte Gesellschaft fest. Die Systemtheorie wird verknüpft mit Auffassungen des Radikalen Konstruktivismus, dessen Kern die prinzipielle Beobachterabhängigkeit aller Wirklichkeitsbeschreibungen darstellt – eine Auffassung, die Luhmann selbst für die Weiterentwicklung der Systemtheorie genutzt hat. Während Luhmann jedoch konsequent die »Entsubjektivierung« des Systembegriffs vorantreibt (vgl. Scholl 2002, S. 8), was sich an der Bestimmung von Kommunikation als dem Letztelement sozialer Systeme zeigt (vgl. oben), fokussieren konstruktivistische Autoren auf Kognition bzw. auf die Geschlossenheit des Gehirns als dem »kognitiven Apparat« des Menschen. Dies bedeutet, dass es nach konstruktivistischem Verständnis keinen Zugriff auf das gibt, was normalerweise als »die Realität« bezeichnet wird. Vielmehr würden die Menschen in einer Wirklichkeit leben, die sie selbst subjektiv konstruieren (vgl. Merten 1995, S. 7). Wenn dem so ist, dann gibt es so viele Wirklichkeiten, wie es Menschen gibt. Und eine zweite Folge ist, dass »Objektivität nur mehr den Rang einer operativen Fiktion besitzen kann« (Merten ebd.). Für die Journalismusforschung bedeutet das: Auch der Journalismus hat es mit subjektabhängigen Wirklichkeitskonstruktionen zu tun. Auch für Journalisten gilt, dass sie (wie alle anderen Menschen) Wirklichkeiten »im Prinzip autonom« konstruieren (Weischenberg 1992, S. 219). Journalistische Angebote, und das ist die konstruktivistische Antwort auf die Frage nach den Medienwirkungen, determinieren aber die Rezipienten journalistischer Inhalte nicht, weil diese bei der Rezeption aus Medienangeboten je eigene Wirklichkeiten konstruieren. Das sind Auffassungen, die mit Ergebnissen der neueren Rezeptionsforschung durchaus in Einklang zu bringen sind (vgl. Krotz 1995; Morley 1996; Früh 2001). Dagegen sind vor allem die Konsequenzen der konstruktivistisch-systemtheoretischen Perspektive für den Umgang mit Problemen journalistischer Objektivität wie auch für Fragen der journalistischen Ethik im Fach nach wie vor umstritten (vgl. Saxer 1993; Weischenberg 1995b; Bentele 1996; Saxer 2000, S. 89f).

Theoretische Erweiterungen und Fortführungen

Schließlich ist noch darauf hinzuweisen, dass in der jüngeren Entwicklung der Journalismustheorie Tendenzen zu beobachten sind in Richtung auf eine Erweiterung systemtheoretischen Denkens durch die Kombination mit anderen theoretischen Ansätzen sowie durch Variationen bzw. den Umbau von Theorieelementen der klassischen Systemtheorie. Sie scheinen der Journalismusforschung durchaus neue Impulse geben zu können.

Zu verweisen ist dabei zunächst auf Versuche, System- und Akteurtheorie miteinander zu verknüpfen, um der Vernachlässigung der Bedeutung journalistischer Akteure am Zustandekommen der Strukturzusammenhänge des Journalismus entgegenzuwirken. So betrachtet beispielsweise Christoph Neuberger unter Einbezug der Theorien rationalen Wahlhandelns (Rational Choice als rationales Handeln unter verschiedenen Wahlmöglichkeiten) den Journalismus als eine »systembezogene Akteurkonstellation zur institutionalisierten Lösung von Kommunikationsproblemen« und zugleich als funktional differenziertes Teilsystem der Gesellschaft (Neuberger 1996, S. 293). Andere Autoren versuchen der Vorstellung, journalistisches Handeln sei allein durch systemische Strukturen etwa der Redaktionsorganisationen bedingt und erschöpfe sich in programmiertem Entscheidungshandeln, durchaus systemtheoretisch, aber erweitert um den Aspekt der Strukturierungsleistung von Handeln zu begegnen. Der Umstand, dass journalistisches Handeln nie vollständig formalisiert und reguliert ist, öffnet den Blick für Handlungsspielräume der journalistischen Akteure sowie für die Notwendigkeit, journalistisches Handeln nicht allein als Entscheidungshandeln (Rühl), sondern auch als koordinierendes Handeln zu analysieren (vgl. Altmeppen 1999). Zugleich erlaubt es diese Perspektiverweiterung, nach dem Beitrag der journalistisch Handelnden an Prozessen der Strukturbildung, Strukturerhaltung und Strukturveränderung im Journalismus zu fragen (vgl. Altmeppen 2000; Bucher 2000; ebenso Raabe 2000, S. 324f; Quandt 2000, S. 506).

Daneben knüpfen auch Beiträge der jüngeren Gender-Forschung an die Systemtheorie an. Sie untersuchen die Kategorie Geschlecht als sekundäres Differenzierungsmerkmal etwa im Hinblick auf die Ausbildung geschlechtsspezifischer Rollen und Stereotypen im Journalismus (vgl. Lünenborg 1997; Klaus 1998 und 2000), erweitern die Theorie aber zugleich um das Paradigma »Kultur« (vgl. Klaus 2000).

Zu verweisen ist schließlich auf theoretische Bemühungen Stefan Webers (vgl. Weber 2000a und 2000b), systemtheoretische Unterscheidungen nicht länger binärdichotomisch zu betrachten und deren innewohnenden Dualismus (wie *Information/ Nicht-Information* oder *öffentlich/nicht öffentlich* etc.) zu überwinden. Dabei ist die Gradualisierung systemtheoretischer Konzepte, d.h. deren Überführung in ein Kontinuum von mehr oder weniger Selbstreferenz, mehr oder weniger Konstruktivität, mehr oder weniger Autopoiesis etc. als eine Operationalisierung gedacht, die entsprechende Entwicklungen im Journalismus wieder empirisch zugänglich und messbar macht (vgl. Weber 1999 und 2000b). Es ist zu erwarten, dass diese theoretischen Weiterentwicklungen bzw. Modifizierungen im Fach weiterhin diskutiert werden. Diskussionswürdig bleibt vor allem, inwiefern die akteursbezogenen Theorieerweiterungen mit genuin systemtheoretischem Ideengut vereinbar sind. Vorerst kann die Diskussion den Sammelbänden von Martin Löffelholz (2000) und Armin Scholl (2002) sowie einer Publikation Stefan Webers (1999) entnommen werden.

4.1.5 Journalistik(-Wissenschaft)

Im Zusammenhang mit der Errichtung von Diplomstudiengängen für Journalistik in Deutschland ab 1975 hat sich innerhalb der Kommunikationswissenschaft der

Zweig der Journalistik herausgebildet. Die Journalistik als wissenschaftliche Disziplin sieht als ihren Gegenstand den Journalismus. Der Journalistikwissenschaftler Siegfried Weischenberg, der 1992 eine Systematisierung des Lehr- und Forschungsfeldes Journalistik vorgenommen hat (vgl. Weischenberg 1992 und 1995), stellt in den Mittelpunkt seiner Überlegungen den Journalisten in seiner Berufsrolle als Akteur der Medienkommunikation. Er greift auf eine Metapher zurück, indem er das System Journalismus mit einer Zwiebel vergleicht (vgl. auch Weischenberg 1990), deren Ringe die Kontexte des Journalismus darstellen. Konkret verortet Weischenberg diese Kontexte, die Gegenstand der Journalistik sind, in den Mediensystemen, in den Medieninstitutionen, in den Medienaussagen sowie schließlich in den Medienakteuren (vgl. Weischenberg 1992, S. 68). Dazu im Einzelnen:

- In den Medien*systemen* (äußerer Kreis) sieht Weischenberg den *Normenkontext* des Journalismus, also die sozialen Rahmenbedingungen, die historischen und rechtlichen Grundlagen, die Maßnahmen der Kommunikationspolitik sowie nicht zuletzt auch die mehr oder weniger formalisierten professionellen und ethischen Standards für die Berufsausübung des Journalismus.
- In den Medien*institutionen* verortet Weischenberg den *Strukturkontext* des Journalismus, also »vor allem die Zwänge der Medieninstitutionen (...), in denen Journalismus zu Stande kommt: die – für die einzelnen Medien zum Teil unterschiedlich wirksamen – ökonomischen, politischen, organisatorischen und technologischen Imperative« (Weischenberg 1992, S. 69).
- Die Medien*aussagen* stellen für Weischenberg den *Funktionskontext* des Journalismus dar. »Hier geht es um die Leistungen und Wirkungen des Systems Journalismus: Woher beziehen die Journalisten ihr Material und in welche Abhängigkeiten begeben sie sich gegenüber ihren Informationsquellen? Welchen Mustern folgt die Berichterstattung, welche Darstellungsformen werden wann und wie von den Journalisten verwendet? Nach welchen Regeln machen die Journalisten aus Ereignissen Nachrichten, welche Merkmale hat die von ihnen konstruierte Wirklichkeit? Welche Konsequenzen hat das, was Medien und Journalismus produzieren? Eine zentrale Frage im Zusammenhang mit den journalistischen Leistungen betrifft schließlich die Effekte von Medienangeboten für Meinungen, Einstellungen und Handlungen des Medienpublikums und ihre Rück-Wirkungen auf die Aussagenentstehung« (ebd.).
- Bezüglich der Medien*akteure* (innerster Kreis) verweist Weischenberg im Besonderen auf deren *Rollenkontext*. »Themen sind bei der Beschäftigung mit den Medienakteuren ihre Rollenstereotype und Beziehungsmuster, ihre Merkmale und Einstellungen und schließlich die Professionalisierung und Sozialisation der journalistischen Berufsgruppe« (Weischenberg 1992, S. 69f).

Aufgabe der Journalistik ist es, die Faktoren, die das Handlungssystem des Journalismus definieren (also Normenkontext, Strukturkontext, Funktionskontext und Rol-

Abbildung 6:

Kontexte des Journalismus – Gegenstände der Journalistik nach Weischenberg

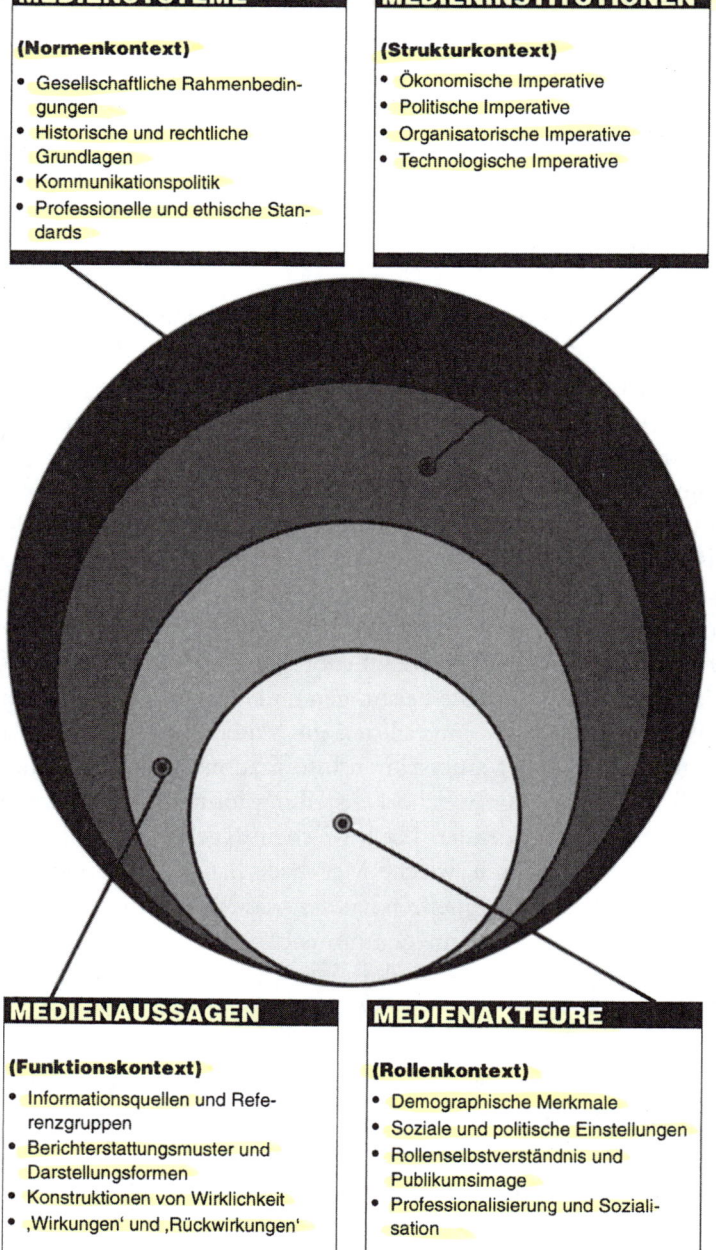

MEDIENSYSTEME

(Normenkontext)

- Gesellschaftliche Rahmenbedingungen
- Historische und rechtliche Grundlagen
- Kommunikationspolitik
- Professionelle und ethische Standards

MEDIENINSTITUTIONEN

(Strukturkontext)

- Ökonomische Imperative
- Politische Imperative
- Organisatorische Imperative
- Technologische Imperative

MEDIENAUSSAGEN

(Funktionskontext)

- Informationsquellen und Referenzgruppen
- Berichterstattungsmuster und Darstellungsformen
- Konstruktionen von Wirklichkeit
- ‚Wirkungen' und ‚Rückwirkungen'

MEDIENAKTEURE

(Rollenkontext)

- Demographische Merkmale
- Soziale und politische Einstellungen
- Rollenselbstverständnis und Publikumsimage
- Professionalisierung und Sozialisation

Quelle:
Weischenberg, Siegfried (1992): Journalistik. 1: Mediensysteme, Medienethik, Medieninstitutionen. Opladen, S. 68.

lenkontext), zu beschreiben und zu analysieren. Die inter- und transdisziplinär orientierte Kommunikationswissenschaft kann ihr dabei gut behilflich sein, zumal zur Analyse der einzelnen Kontextfelder neben der Kommunikationswissenschaft Disziplinen unterschiedlicher Herkunft notwendig sind, wie die Geschichts- und Rechtswissenschaft, die Philosophie, die Wirtschaftswissenschaften, die Soziologie und die Sozialpsychologie. Zahlreiche Vertreter der Kommunikationswissenschaft stammen entweder aus diesen Feldern oder haben sich im Laufe ihrer wissenschaftlichen Beschäftigung mit Phänomenen gesellschaftlicher Kommunikation (wie der Journalistik) auf eine oder mehrere der genannten Disziplinen konzentriert und spezialisiert.

Bezüglich des Journalistikstudiums (aber auch im Hinblick auf das Studium der Publizistik- und Kommunikationswissenschaft) wird seitens der Medienpraxis immer wieder gefragt, worin die Praxisrelevanz eines solchen Studiums liegen soll und kann. Die Frage soll nicht unbeantwortet bleiben: Auf sechs spezifische Wissensbereiche bzw. Kenntnisse und Fertigkeiten ist zu verweisen, die im Rahmen eines solchen Studiums vermittelt werden sollten, nämlich (vgl. Jarren 1994; Pürer 1996c):

- *Grundlagenwissen,* also die Klärung wichtiger Begriffe, der Geschichte und des Wesens öffentlicher Kommunikation, Kommunikationspolitik und Medienökonomie etc.;
- *Reflexionswissen,* also die Erörterung der Entstehung und Geschichte der Kommunikations- und Medienberufe, der Konzepte und Ergebnisse der Berufsforschung, der Ethik, Objektivität und Glaubwürdigkeit des Journalismus sowie des Verhältnisses von Journalismus und Öffentlichkeitsarbeit etc.;
- *Berufswissen,* also die Vermittlung des Rechtes der Massenmedien, der Sonderrechte und –pflichten der Journalisten, des Urheber- und Arbeitsrechtes etc.;
- *Planungswissen,* also die Beschäftigung mit den Ergebnissen der Mediennutzungs- und Rezeptionsforschung, der Medienwirkungsforschung, des redaktionellen Marketings und Managements etc.;
- *Methodenwissen,* also die Lehre der Grundlagen der empirischen Sozialforschung, der Methoden der Kommunikationsforschung, der Techniken der Archivierung und Dokumentation etc.;
- sowie nicht zuletzt natürlich auch das *praktische Wissen,* also die journalistischen Tätigkeiten, Darstellungsformen und Gestaltungstechniken, Redaktions- und Arbeitsorganisation, Sprachkompetenz u.a.m.

Die Sichtung der Lehr- und Studienpläne der Studienrichtungen Journalistik (aber auch Kommunikationswissenschaft) zeigen, dass diese Wissensbereiche bzw. Kompetenzen im Allgemeinen durch Lehre und Forschung in den einzelnen Instituten gut abgedeckt sind (vgl. Hömberg/Hackel-de Latour 2000). Wichtig erscheint hier der Hinweis darauf, dass im Studium der Journalistik eine berufs*qualifizierende* Ausbildung zu sehen ist, während das Studium der Publizistik- und Kommunikationswissenschaft eher allgemeinen berufs*vorbereitenden* Charakter hat. Im Kontext der Einführung von Bachelor- und Masterstudiengängen wird dem Praxisbezug sowie der Praxisrelevanz journalistik- und kommunikationswissenschaftlicher Studienrichtungen noch mehr Aufmerksamkeit zuteil (vgl. Altmeppen/Hömberg 2002).

Literatur

Altmeppen, Klaus-Dieter (1999): Redaktionen als Koordinationszentren. Beobachtungen journalistischen Handelns. Opladen, Wiesbaden.

Altmeppen, Klaus-Dieter (2002): Entscheidungen und Koordinationen. Dimensionen journalistischen Handelns. In: Löffelholz, Martin (Hrsg.): Theorien des Journalismus. Ein diskursives Handbuch. Wiesbaden, S. 293-310.

Altmeppen, Klaus Dieter et al. (2000): Transformationen im Journalismus. In: Publizistik 45:2000, Heft 2, S. 200-218.

Altmeppen, Klaus-Dieter; Hömberg, Walter (Hrsg.) (2002): Journalistenausbildung für eine veränderte Medienwelt. Diagnosen – Institutionen – Projekte. Konstanz.

Arnold, Ingun (2000): Allrounder im Aufwind. In: Medium Magazin 4/2000, S. 50f.

Aufermann, Jörg; Elitz, Ernst (Hrsg.) (1975): Ausbildungswege zum Journalismus. Bestandsaufnahme, Kritik und Alternativen der Journalistenausbildung. Opladen.

Baerns, Barbara (1991): Öffentlichkeitsarbeit oder Journalismus? Zum Einfluß im Mediensystem. 2., überarb. Aufl. Köln (1. Aufl. 1985).

Barth, Henrike; Donsbach, Wolfgang (1992): Aktivität und Passivität von Journalisten gegenüber Public Relations. Fallstudie am Beispiel von Pressekonferenzen zu Umweltthemen. In: Publizistik 37:1992, S. 151-165.

Baum, Achim (1994): Journalistisches Handeln. Eine kommunikationstheoretisch begründete Kritik der Journalismusforschung. Opladen.

Baumert, Dieter Paul (1928): Die Entstehung des deutschen Journalismus. Eine sozialgeschichtliche Studie. Leipzig.

Bentele, Günter (1996): Wie wirklich ist die Medienwirklichkeit? Anmerkungen zu Konstruktivismus und Realismus in der Kommunikationswissenschaft. In: Wunden, Wolfgang (Hrsg.): Wahrheit als Medienqualität. Frankfurt/Main, S. 121-142.

Bentele, Günter; Liebert, Tobias; Seeling, Stefan (1997): Von der Determination zur Intereffikation. Ein integriertes Modell zum Verhältnis von Public Relations und Journalismus. In: Bentele, Günter; Haller, Michael (Hrsg.): Aktuelle Entstehung von Öffentlichkeit. Konstanz, S. 225-250.

Bericht zur Lage des Journalismus [in Österreich] – Erhebungsjahr 1997. Hrsg. vom Institut für Publizistik- und Kommunikationswissenschaft der Universität Salzburg. Salzburg 1998 (Eigenverlag).

Blöbaum, Bernd (1994): Journalismus als soziales System. Geschichte, Ausdifferenzierung und Verselbständigung. Opladen.

Blumers, Marianne (2000): Qualitätskontrolle im SWR. Ein theoretisches Modell auf dem Weg in den Redaktionsalltag. In: Media Perspektiven, Heft 5/2000, S. 201-206.

Böckelmann, Frank (1993): Journalismus als Beruf. Bilanz der Kommunikatorforschung im deutschsprachigen Raum 1945-1990. Konstanz.

Bolter, Jay D. (1997): Das Internet in der Geschichte der Technologien des Schreibens. In: Münker, Stefan; Roesler, Alexander (Hrsg.): Mythos Internet. Frankfurt/Main, S. 37-55.

Bonfadelli, Heinz; Wyss, Vinzenz (1998): Kommunikator-/Journalismusforschung. In: Bonfadelli, Heinz; Hättenschwiler, Walter (Hrsg.): Einführung in die Publizistikwissenschaft. Eine Textsammlung. Zürich, S. 19-50.

Bosshart, Louis; Hoffmann-Riem, Wolfgang (Hrsg.) (1994): Medienlust und Mediennutz. Unterhaltung als öffentliche Kommunikation. Konstanz.

Boventer, Hermann (1988): Medien und Moral. Ungeschriebene Regeln des Journalismus. Konstanz.

Boventer, Hermann (1989): Pressefreiheit ist nicht grenzenlos. Einführung in die Medienethik. Bonn.

Boventer, Hermann (1993): Medien und Demokratie. Nähe und Distanz zur Politik. Konstanz.

Breed, Warren (1955): Social Control in the Newsroom. A Functional Analysis. In: Social Forces 33, S. 326-355.

Brill, Klaus (2000): Zerknirscht in L.A. In: Süddeutsche Zeitung, 14. 01. 2000.

Brosius, Hans-Bernd; Weimann, Gabriele (1995): Medien oder Bevölkerung: Wer bestimmt die Agenda? Ein Beitrag zum Zwei-Stufen-Fluß von Agenda-Setting. In: Rundfunk und Fernsehen 43:1995, Heft 3, S. 312-329.

Bruck, Peter A.; Stocker, Günther (1996): Die ganz normale Vielfältigkeit des Lesens. Zur Rezeption von Boulevardzeitungen. Münster.

Bucher, Hans-Jürgen (2000): Journalismus als kommunikatives Handeln. Grundlagen einer handlungstheoretischen Journalismustheorie. In: Löffelholz, Martin (Hrsg.): Theorien des Journalismus. Ein diskursives Handbuch. Wiesbaden, S. 245-274.

Bürgi, Jürg (Hrsg.) (1994): BLICK – immer dabei. Die tägliche Inszenierung des gesunden Volksempfindens. Basel.

Buß, Michael; Gumbl, Harald (2000): Theoriegeleitete Evaluation im öffentlich-rechtlichen Rundfunk. Ein Konzept zur Qualitätsbewertung von Rundfunkangeboten. In: Media Perspektiven, Heft 2/2000, S. 194-200.

Carter, Roy E. jr. (1959): Racial Identification Effects upon the News Story Writer. In: Journalism Quarterly 36:1959, S. 284-290.

Christians, Clifford G. (1989): Gibt es eine Verantwortung des Publikums? In: Wunden, Wolfgang (Hrsg.): Medien zwischen Markt und Moral. Stuttgart, S. 255–266.

Debatin, Bernhard (1997): Ethische Grenzen – Grenzen der Ethik? Überlegungen zur Steuerungs- und Reflexionsfunktion der Medienethik. In: Bentele, Günter; Haller, Michael (Hrsg.): Aktuelle Entstehung von Öffentlichkeit. Akteure, Strukturen, Veränderungen. Konstanz 1997, S. 281-290.

Debatin, Bernhard (1998): Ethik und Internet. In: Dernbach, Beatrice; Rühl, Manfred; Theis-Berglmair, Anna (Hrsg.): Publizistik im vernetzten Zeitalter. Opladen, S. 207-221.

Dernbach, Beatrice et al. (Hrsg.) (1998): Publizistik im vernetzten Zeitalter. Berufe, Formen, Strukturen. Opladen.

Deul, Dieter (1999): Meine Familie und ich. In: Süddeutsche Zeitung, 28. 12. 1999.

Dijk, Teun A. van (1988): News as Discourse. Hillsdale/New Jersey.

Donsbach, Wolfgang (1981): Legitimationsprobleme des Journalismus. Gesellschaftliche Rolle der Massenmedien und berufliche Einstellungen von Journalisten. Freiburg.

Donsbach, Wolfgang (1987): Journalismusforschung in der Bundesrepublik: Offene Fragen trotz Forschungsboom. In: Wilke, Jürgen (Hrsg.): Zwischenbilanz der Journalistenausbildung. München, S. 105-142.

Donsbach, Wolfgang (1994): Journalist. In: Noelle-Neumann, Elisabeth; Schulz, Winfried; Wilke Jürgen (Hrsg.): Fischer Lexikon Publizistik/Massenkommunikation. Frankfurt/Main, S. 64-91.

Donsbach, Wolfgang (1999a): Journalismus und journalistisches Berufsverständnis. In: Wilke, Jürgen (Hrsg.): Mediengeschichte der Bundesrepublik Deutschland. Köln, Wien, S. 489-517.

Donsbach, Wolfgang (1999b): Journalism Research. In: Brosius, Hans-Bernd; Holtz-Bacha, Christina (Ed.): German Communication Yearbook. Cresskill NJ, S. 159-178.

Dovifat, Emil (1931): Zeitungslehre. Bd. 1: Allgemeine Zeitungslehre. Bd. 2: Praktische Zeitungslehre. Berlin [6. Aufl. 1976, bearb. von Jürgen Wilke].

Ehmig, Simone Christine (2000): Generationswechsel im deutschen Journalismus. Zum Einfluss historischer Ereignisse auf das journalistische Selbstverständnis. Freiburg, München.

Eilders, Christiane (1997): Nachrichtenfaktoren und Rezeption. Eine empirische Analyse zur Auswahl und Verarbeitung politischer Information. Wiesbaden.

Eilders, Christiane; Wirth, Werner (1999): Die Nachrichtenwertforschung auf dem Weg zum Publikum. Eine experimentelle Überprüfung des Einflusses von Nachrichtenfaktoren bei der Rezeption. In: Publizistik 44:1999, S. 35-57.

Erbring, Lutz; Ruß-Mohl, Stephan (Hrsg.) (1988): Medien ohne Moral. Variationen über Ethik im Journalismus. Berlin.

Esser, Frank (1998): Die Kräfte hinter den Schlagzeilen. Englischer und deutscher Journalismus im Vergleich. Freiburg.

Eurich, Claus (1998): Qualität wird in Zukunft mehr gefragt sein. Journalisten brauchen Kompetenzen und vernetztes Denken als Grundlage. In: Journalistik Journal (JoJo) Frühjahr 1998, S. 14-16.

Fabris, Hans Heinz (1997): Hoher Standard: Qualität und Qualitätssicherung im Journalismus. In: Renger, Rudi; Siegert, Gabriele (Hrsg.): Kommunikationswelten. Wissenschaftliche Perspektiven zur Medien- und Informationsgesellschaft. Innsbruck, Wien, S. 69-92.

Fabris, Hans Heinz (1999): Qualitätssicherung in Medienunternehmen und im Mediensystem. In: Medien Journal 23:1999, Heft 2, S. 3-15. *[= Themenheft Qualitätssicherung im Mediensystem]*.

Fabris, Hans Heinz (2000): Vielfältige Qualität. Theoretische Ansätze und Perspektiven der Diskussion um Qualität im Journalismus. In: Löffelholz, Martin (Hrsg.): Theorien des Journalismus. Ein diskursives Handbuch. Wiesbaden, S. 363-374.

Fabris, Hans Heinz; Rest, Franz (Hrsg.) (2001): Qualität als Gewinn. Salzburger Beiträge zur Qualitätsforschung im Journalismus. Innsbruck, Wien.

Fischer, Heinz-Dietrich (1982): Deutsche Kommunikationskontrolle des 15. bis 20. Jahrhunderts. München.

Flegel, Ruth C.; Chaffee Steven H. (1971): Influences of Editors, Readers, and Personal Opinion Reporters. In: Journalism Quarterly 48:1971, S. 645-651.

Friedrichsen, Mike et al. (1999): Journalismus im Netz. Zur Veränderung der Arbeits- und Selektionsprozesse von Journalisten durch das Internet. In: Wirth, Werner; Schweiger, Wolfgang (Hrsg.): Selektion im Internet. Empirische Analysen zu einem Schlüsselkonzept. Opladen, S. 125-145.

Fröhlich, Romy; Holtz-Bacha, Christina (1995): Frauen in den Medien. Eine Synopse der deutschen Forschung. Opladen.

Früh, Werner (2001): Gewaltpotenziale des Fernsehangebots. Opladen, Wiesbaden.

Fuchs, Peter (1996): Journalismus online. Handwerk mit Zukunft. In: journalist 46:1996, Heft 12, S. 12-15.

Galtung, Johan; Ruge Mari H. (1965): The Structure of Foreign News. The Presentation of the Congo, Cuba und Cyprus Crisis in Four Foreign Newspapers. In: Journal of Peace Research 2, S. 64-91.

Gesterkamp, Thomas (1999): Gute Zeiten, Schlechte Zeiten. In: M – Menschen machen Medien 1-2/ 1999, S. 6-8.

Gieber, Walter (1956): Across the Desk: A Study of 16 Telegraph Editors. In: Journalism Quarterly 33:1956, S. 423-432.

Göpfert, Winfried (1993): Publizistische Qualität. Ein Kriterien-Katalog. In: Bamme, Arno et al. (Hrsg.): Publizistische Qualität. Probleme und Perspektiven ihrer Bewertung. München, Wien, S. 99-110.

Görke, Alexander; Kohring, Matthias (1996): Unterschiede, die Unterschiede machen: Neuere Theorieentwürfe zu Publizistik, Massenmedien und Journalismus. In: Publizistik, 41:1996, S. 15-31.

Görner, Felix (1995): Vom Außenseiter zum Aufsteiger. Ergebnisse der ersten repräsentativen Befragung von Sportjournalisten in Deutschland. Berlin.

Gottschlich, Maximilian (1980): Journalismus und Orientierungsverlust. Wien.

Gottschlich, Maximilian; Karmasin, Fritz (1984): Beruf Journalist. Wien *[1. Aufl. 1977]*.

Grossenbacher, René (1989): Die Medienmacher. Eine empirische Untersuchung zur Beziehung zwischen Public Relations und Medien in der Schweiz. 2., überarb. Aufl. Solothurn.

Groth, Otto (1928ff): Die Zeitung. Ein System der Zeitungskunde (Journalistik). Leipzig.

Gruber, Thomas (1976): Die Übernahme der journalistischen Berufsrolle. Nürnberg.

Haas, Hannes (1999): Empirischer Journalismus. Verfahren zur Erkundung gesellschaftlicher Wirklichkeit. Wien, Köln, Weimar.

Haas, Hannes; Pürer, Heinz (1996): Berufsauffassungen im Journalismus. In: Pürer, Heinz (Hrsg.): Praktischer Journalismus in Zeitung, Radio und Fernsehen. Mit einer Berufs- und Medienkunde für Journalisten in Österreich, Deutschland und der Schweiz. 2., überarb. Aufl. Konstanz, S. 355-365.

Hagen, Lutz M. (1995): Informationsqualität von Nachrichten. Meßmethoden und ihre Anwendung auf die Dienste von Nachrichtenagenturen. Opladen.

Haller, Michael (Hrsg.) (1999): Berufsbilder im Journalismus. Von den alten zu den neuen Medien. Konstanz.

Haller, Michael; Holzhey, Helmut (Hrsg.) (1992): Medien-Ethik. Beschreibungen, Analysen, Konzepte. Opladen.

Haller, Michael; Puder, Klaus; Schlevoigt, Jochen (Hrsg.) (1995): Presse Ost – Presse West. Journalismus im vereinten Deutschland. Berlin.

Hartley, John (1982): Understanding News. London, New York.

Heinzle, Christoph (2000): Lücken füllen mit Zeitarbeit. In: Frankfurter Rundschau, 26. 04. 2000.

Hienzsch, Ulrich (1990): Journalismus als Restgröße. Redaktionelle Rationalisierung und publizistischer Leistungsverlust. Wiesbaden.

Holderegger, Adrian (Hrsg.) (1992): Ethik der Medienkommunikation. Grundlagen. Freiburg. *[Erweiterte Neuauflage 1999]*.

Hömberg, Walter (1989): Das verspätete Ressort. Die Situation des Wissenschaftsjournalismus. Konstanz.

Hömberg, Walter; Hackel-de Latour, Renate (Hrsg.) (2000): Studienführer Journalismus, Medien, Kommunikation. 2., überarb. Aufl. Konstanz.

Hömberg, Walter; Pürer, Heinz (1996) (Hrsg.): Medien-Transformation. Zehn Jahre dualer Rundfunk in Deutschland. Konstanz.

Jarren, Otfried (1994): Medien und Journalismus 1. Eine Einführung. Opladen.

Jarren, Otfried (1995): Medien und Journalismus 2. Eine Einführung. Opladen.

Jonas, Hans (1979): Das Prinzip Verantwortung. Versuch einer Ethik für die technische Zivilisation. Frankfurt/Main.

Journalismus als Beruf (1974/75). In: Publizistik 19:1974, Heft 3-4 sowie 20:1975, Heft 1-2. Sonderheft. Konstanz.

Kepplinger, Hans Mathias (1989a): Theorien der Nachrichtenauswahl als Theorien der Zeitgeschichte. In: Aus Politik und Zeitgeschichte, B 15/89, S. 3-16.

Kepplinger, Hans Mathias (1989b): Instrumentelle Aktualisierung – Grundlage einer Theorie publizistischer Konflikte. In: Kaase, Max; Schulz, Winfried (Hrsg.): Massenkommunikation. Theorien, Methoden, Befunde, Sonderheft der Kölner Zeitschrift für Soziologie und Sozialpsychologie. Opladen, S. 199-220.

Kepplinger, Hans Mathias (1990): Realität, Realitätsdarstellung und Medienwirkung. In: Wilke, Jürgen (Hrsg.): Fortschritte der Publizistikwissenschaft. Freiburg, S. 39-55.

Kepplinger, Hans Mathias (Hrsg.) (1977): Angepaßte Außenseiter. Was Journalisten denken und wie sie arbeiten. Freiburg, München.

Kepplinger, Hans Mathias; Vohl, Inge (1976): Professionalisierung des Journalismus? Theoretische Probleme und empirische Befunde. In: Rundfunk und Fernsehen 27:1976, Heft 4, S. 309-343.

Kieslich, Günter (1971 bzw. 1974): Der journalistische Nachwuchs in der Bundesrepublik Deutschland. Ein Forschungsbericht. Köln. *[Der Forschungsbericht lag bereits 1971 als vervielfältigtes Manuskript vor. Die Drucklegung erfolgte posthum 1974].*

Klaus, Elisabeth (1998): Kommunikationswissenschaftliche Geschlechterforschung. Zur Bedeutung der Frauen in den Massenmedien und im Journalismus. Opladen.

Klaus, Elisabeth (2000): Jenseits von Individuum und System. Journalismustheorien in der Perspektive der Geschlechterforschung. In: Löffelholz, Martin (Hrsg.): Theorien des Journalismus. Ein diskursives Handbuch. Wiesbaden, S. 333-350.

Klaus, Elisabeth (2000): Kommunikationswissenschaftliche Geschlechterforschung. Zur Bedeutung der Frauen in den Massenmedien und im Journalismus. Opladen.

Klein, Malcolm W.; Maccoby, Nathan (1954): Newspaper Objectivity in the 1952 Campaign. In: Journalism Quarterly 31:1954, S. 285-296.

Klinenberg, Eric (1999): Der Journalist als Verwertungskünstler. Weniger Information für mehr Profit. In: Le Monde diplomatique *[deutsche Ausgabe],* 12.03.1999, S. 7.

Kohring, Matthias; Hug, Detlef Matthias (1997): Öffentlichkeit und Journalismus. Zur Notwendigkeit der Beobachtung gesellschaftlicher Interdependenz – Ein systemtheoretischer Entwurf. In: Medien Journal. Zeitschrift für Kommunikationskultur, 21:1997, Heft 1, S. 15-33.

Kramers, Michael (1997): Vom Gatekeeper zum Informationsmanager. Chancen in Medienberufen, Teil 6: Online-Journalismus. In: Medium Magazin 8/1997, S. 44-45.

Krotz, Friedrich (1995): Fernsehrezeption kultursoziologisch betrachtet. In: Soziale Welt, 46:1995, S. 245-265.

Kübler, Hans Dieter (1997): Medienqualität – was macht sie aus? In: Wunden, Wolfgang (Hrsg.): Wahrheit als Medienqualität. Beiträge zur Medienethik. Bd. 3. Frankfurt/Main 1997, S. 193-210.

Langenbucher, Wolfgang R. (1971): Der Lokalredakteur als Sozialisator und Sozialisand im Prozeß der Lokalkommunikation. In: Ronneberger, Franz (Hrsg.): Sozialisation durch Massenkommunikation, Stuttgart, S. 32-101.

Langer, John (1998): Tabloid Television. Popular Journalism and the »other news«. London, New York.

Lippmann, Walter (1922): Public Opinion. New York. *[1964 in deutscher Sprache: Die öffentliche Meinung. München].*

Löffelholz, Martin (Hrsg.) (2000): Theorien des Journalismus. Ein diskursives Handbuch. Wiesbaden.

Löffler, Sigrid (1997): Gedruckte Videoclips. Vom Einfluß des Fernsehens auf die Zeitungskultur. Wien.

Luhmann, Niklas (1996): Die Realität der Massenmedien. 2. Aufl. Opladen.

Lünenborg, Margret (1997): Journalistinnen in Europa. Eine internationale vergleichende Studie zum Gendering im sozialen System Journalismus. Opladen.

Maier-Rabler, Ursula; Sutterlütti, Erich (1997): Hypertextualität als neues Informationsprinzip. In: Renger, Rudi; Siegert, Gabriele (Hrsg.): Kommunikationswelten. Wissenschaftliche Perspektiven zur Medien- und Informationsgesellschaft. Innsbruck, Wien, S. 243-265.

Marcinkowski, Frank (1993): Publizistik als autopoietisches System. Politik und Massenmedien. Eine systemtheoretische Analyse. Opladen.

Marr, Mirko; Wyss, Vinzenz; Blum, Roger; Bonfadelli, Heinz (2001): Journalisten in der Schweiz. Eigenschaften, Einstellungen, Einflüsse. Konstanz.

Mast, Claudia (1996): Multimedia. Neue Anforderungen an den Journalismus. In: journalist. Das deutsche Medienmagazin 9/1996, S. 58-64.

Mast, Claudia et al. (Hrsg.) (1997): Journalisten auf der Datenautobahn. Konstanz.

McQuail, Denis (1992): Media Performance. Mass Communication and the Public Interest. London.

Meckel, Miriam (1999): Redaktionsmanagement. Ansätze aus Theorie und Praxis. Wiesbaden.

Meffert, Heribert (1986): Marketing. Grundlagen der Absatzpolitik. 7. Aufl. Wiesbaden.

Meier, Klaus (1998b): Individueller Nutzwert. In: Medium Magazin, Heft 8/1998, S. 80-85.

Meier, Klaus (Hrsg.) (1998a): Internet-Journalismus. Ein Leitfaden für ein neues Medium. Konstanz *[Neuauflage 2002]*.

Meier, Werner A.; Bonfadelli, Heinz (1994): Medienleistungen. In: ZOOM Kommunikation und Medien, Heft 3/1994, S. 45-53.

Merten, Klaus (1995): Konstruktivismus als Theorie der Kommunikationswissenschaft. Eine Einführung. In: Medien Journal. Zeitschrift für Kommunikationskultur, 19:1995, Heft 4, S. 3-20.

Merten, Klaus (1999): Einführung in die Kommunikationswissenschaft. Bd 1: Grundlagen der Kommunikationswissenschaft. Münster.

Merz, Carl (1925): What Makes a First Page Story? A Theory Based on the Ten Big News Stories of 1925. In: New Republic 30, S. 156-158.

Meschede, Eva: Der Job ist supergenial. In: Spiegel 34/1999, S. 104-106.

Metzger, Jan; Oehmichen, Ekkehard (2000): Qualitätssteuerung im hessischen Fernsehen. Strategie, Verfahren und erste Erfahrungen. In: Media Perspektiven, Heft 5/2000, S. 207-212.

Möller, Thomas (1983): Ethisch relevante Äußerungen von Max Weber zu den von ihm geprägten Begriffen der Gesinnungs- und Verantwortungsethik. München.

Möllmann, Bernhard (1998): Redaktionelles Marketing bei Tageszeitungen. München.

Morley, David (1996): Medienpublika aus Sicht der Culturals Studies. In: Hasebrink, Uwe; Krotz, Friedrich (Hrsg.): Die Zuschauer als Fernsehregisseure? Zum Verständnis individueller Nutzungs- und Rezeptionsmuster. Baden-Baden, S. 37-51.

Mrazek, Thomas (1998): Journalismus und Internet – Auswirkungen eines neuen Mediums auf den Journalismus. Unveröff. Magisterarbeit. München.

Neuberger, Christoph (1996): Journalismus als Problembearbeitung. Konstanz.

Neuberger, Christoph; Tonnemacher, Jan (Hrsg.) (1998): Online – Zukunft der Zeitung. Das Engagement deutscher Tageszeitungen im Internet. Wiesbaden.

Noelle-Neumann, Elisabeth; Schulz, Winfried; Wilke, Jürgen (Hrsg.) (1994): Fischer Lexikon Publizistik/Massenkommunikation. Frankfurt/Main *[Neudruck 1999]*.

Östgaard, Einar (1965): Factors Influencing the Flow of News. In: Journal of Peace Research 2, S. 39-63.

Pörksen, Bernhard (2000): »Journalismus macht aus allem Journalismus«. Ein Gespräch mit Siegfried Weischenberg. In: Communicatio Socialis 33:2000, 132-150.

Pöttker, Horst (2000): Kompensation von Komplexität. Journalismustheorie als Begründung journalistischer Qualitätsmaßstäbe. In: Löffelholz, Martin (Hrsg.): Theorien des Journalismus. Ein diskursives Handbuch. Opladen, S. 375-390.

Prutz, Robert (1845): Geschichte des deutschen Journalismus. Hannover.

Pürer, Heinz (1985): Elektronische Zeitungsherstellung und ihre Folgen. Salzburg.

Pürer, Heinz (1992): Ethik in Journalismus und Massenkommunikation. Versuch einer Theorien-Synopse. In: Publizistik 37:1992, S. 304-321.

Pürer, Heinz (1996b): Ethik und Verantwortung im Journalismus. In: Pürer, Heinz (Hrsg.): Praktischer Journalismus in Zeitung, Radio und Fernsehen. Mit einer Berufs- und Medienkunde für Journalisten in Österreich, Deutschland und der Schweiz. 2., überarb. Aufl. Konstanz, S. 366-379.

Pürer, Heinz (1996c): Ausbildungserfordernisse und Ausbildungswege. In: Pürer, Heinz (Hrsg.): Praktischer Journalismus in Zeitung, Radio und Fernsehen. Mit einer Berufs- und Medienkunde für Journalisten in Österreich, Deutschland und der Schweiz. 2., überarb. Aufl. Konstanz, S. 401-414.

Pürer, Heinz (1997): Zwischen Tradition und Wandel. Zum Stand der Kommunikatorforschung in Deutschland. In: Fünfgeld, Hermann; Mast, Claudia (Hrsg.): Massenkommunikation. Ergebnisse und Perspektiven. Festschrift für Gerhard Maletzke. Opladen, S. 89-123.

Pürer, Heinz; Raabe, Johannes (1996a): Medien in Deutschland. Bd. 1: Presse. 2. Aufl. Konstanz.

Qualitätssicherung im Journalismus (1999). Themenheft der Zeitschrift Medienjournal 23:1999, Heft 4.

Quandt, Thorsten (2000): Das Ende des Journalismus? Online-Kommunikation als Herausforderung für die Journalismusforschung. In: Löffelholz, Martin (Hrsg.): Theorien des Journalismus. Ein diskursives Handbuch. Wiesbaden, S. 483-509.

Raabe, Johannes (2000): Journalismus ohne Bewusstsein? Theoretische Grenzen und ihre Folgen für die Journalismusforschung. In: Löffelholz, Martin (Hrsg.): Theorien des Journalismus. Ein diskursives Handbuch. Wiesbaden, S. 311-326.

Rager, Günther (1994a): Dimensionen der Qualität. In: Bentele, Günter; Hesse, Kurt R. (Hrsg.): Publizistik in der Gesellschaft. Konstanz 1994, S. 198-209.

Rager, Günther (1994b): Zeile für Zeile. Qualität in der Zeitung. Münster, Hamburg.

Rager, Günther (1994c): Mehr Dienst am Kunden. In: Rager, Günther et al. (Hrsg.): Redaktionelles Marketing. Wie Zeitungen die Zukunft meistern. Bonn, S. 7-38.

Renger Rudi (1998): Zur »Boulevardisierung« der österreichischen Medienwelt. In: Institut für Publizistik- und Kommunikationswissenschaft der Universität Salzburg (Hrsg.): Bericht zur Lage des Journalismus in Österreich. Erhebungsjahr 1997. Salzburg, S. 28-32.

Renger, Rudi (2000a): Geringfügige Nachrichten. Populärer Journalismus zwischen wissenschaftlicher Agnosie und theoretischem Pluralismus. In: Paus-Haase, Ingrid u.a. (Hrsg.): Information, Emotion, Sensation. Wenn im Fernsehen die Grenzen zerfließen. Bielefeld, S. 12-19.

Renger, Rudi (2000b): Populärer Journalismus. Nachrichten zwischen Fakten und Fiktion. Innsbruck, Wien, München.

Requate, Jörg (1995): Journalismus als Beruf. Entstehung und Entwicklung des Journalistenberufs im 19. Jahrhundert. Deutschland im internationalen Vergleich. Göttingen.

Riefler, Katja (1997a): Zeitungen Online. Was sucht ein Traditionsmedium in Computernetzen? In: Beck, Klaus; Vowe, Gerhard (Hrsg.): Computernetze – ein Medium öffentlicher Kommunikation. Berlin, S. 47-61.

Riefler, Katja (1997b): Ins Netz gegangen. Arbeitsplatz Online-Redaktion. In: journalist. Das deutsche Medienmagazin, Heft 6/1997, S. 15-18.

Riefler, Katja (1999): The Daily Me – Personalisierte Informationsdienste im Internet. In: Zeitungen '99. Hrsg. vom Bundesverband Deutscher Zeitungsverleger. Bonn, S. 196-204.

Rosengren, Karl E.; Carlsson, Mats; Tagerud, Yael (1991): Quality in Programming: Views from the North. In: Studies of Broadcasting 27:1991, S. 21-80.

Rühl, Manfred (1969): Systemdenken und Kommunikationswissenschaft. In: Publizistik, 14:1969, S. 185-206.

Rühl, Manfred (1971): Berufliche Sozialisation von Kommunikatoren. In: Ronneberger, Franz (Hrsg.): Sozialisation durch Massenkommunikation. Stuttgart 1971, S. 126-150.

Rühl, Manfred (1979): Die Zeitungsredaktion als organisiertes soziales System. 2., überarb. Auflage. Bielefeld.

Rühl, Manfred (1980): Journalismus und Gesellschaft. Bestandsaufnahme und Theorieentwurf. Mainz.

Rühl, Manfred (1988): Organisatorischer Journalismus. Tendenzen der Redaktionsforschung. In: Kaase, Max; Schulz, Winfried (Hrsg.): Massenkommunikation. Theorien, Methoden, Befunde. Opladen, S. 253-269.

Rühl, Manfred (1992): Theorie des Journalismus. In: Burkart, Roland; Hömberg, Walter (Hrsg.): Kommunikationstheorien. Ein Textbuch zur Einführung. Wien, S.117-133.

Rühl, Manfred (1993): Marktpublizistik. Oder: Wie alle – reihum – Presse und Rundfunk bezahlen. In: Publizistik 38:1993, S. 125-152.

Rühl, Manfred (1996): Systemtheoretische Erkenntnisgrenzen. In: Publizistik 41:1996, S. 225-227.

Rühl, Manfred; Saxer, Ulrich (1981): 25 Jahre Deutscher Presserat. Ein Anlaß für Überlegungen zu einer kommunikationswissenschaftlich fundierten Ethik des Journalismus und der Massenkommunikation. In: Publizistik 26:1981, S. 471-507.

Ruß-Mohl, Stefan (1994b): Anything goes? Ein Stolperstein und sieben Thesen zur publizistischen Qualitätssicherung. In: Reiter, Sybille; Ruß-Mohl, Stephan (Hrsg.): Zukunft oder Ende des Journalismus? Gütersloh, S. 20-28.

Ruß-Mohl, Stephan (1992): Am eigenen Schopfe. Qualitätssicherung im Journalismus – Grundfragen, Ansätze, Näherungsversuche. In: Publizistik 37:1992, S. 83-96.

Ruß-Mohl, Stephan (1994a): Der I-Faktor. Qualitätssicherung im amerikanischen Journalismus. Modell für Europa? Zürich.

Sandbothe, Mike (1997): Interaktivität, Hypertextualität, Transversalität. Eine medienphilosophische Analyse des Internet. In: Münker, Stefan; Roesler, Alexander (Hrsg.): Mythos Internet. Frankfurt/Main, S. 56-82.

Sarcinelli, Ulrich (1987): Symbolische Politik. Zur Bedeutung symbolischen Handelns in der Wahlkampfkommunikation der Bundesrepublik Deutschland. Opladen.

Saxer, Ulrich (1988): Journalistische Ethik im elektronischen Zeitalter – eine Chimäre? In: Erbring, Lutz; Ruß-Mohl, Stephan (Hrsg.): Medien ohne Moral. Variationen über Journalismus und Ethik. Berlin, S. 267-283.

Saxer, Ulrich (1993): Fortschritt als Rückschritt? Konstruktivismus als Epistemologie einer Medientheorie. Kommentar zu Klaus Krippendorf. In: Bentele, Günter; Rühl, Manfred (Hrsg.): Theorien öffentlicher Kommunikation. München, S. 65-73.

Schaefer-Dieterle, Susanne (1993): Integriertes Zeitungsmarketing – Ein strategisches Konzept. In: Zeitungen '93. Hrsg. vom Bundesverband Deutscher Zeitungsverleger. Bonn, S. 166-183.

Schaefer-Dieterle, Susanne (1994): Was wollen die Werbeleute bei uns in der Zeitung? In: Rager, Günther et al. (Hrsg.): Redaktionelles Marketing. Wie Zeitungen die Zukunft meistern. Bonn, S. 39-65.

Schanne, Michael; Schulz, Peter (Hrsg.) (1993): Journalismus in der Schweiz. Aarau.

Schatz, Heribert; Schulz, Winfried (1992): Qualität von Fernsehprogrammen. Kriterien und Methoden zur Beurteilung von Programmqualität im dualen Fernsehsystem. In: Media Perspektiven, Heft 11/1992, S. 690-712.

Schirmer, Stefan (2001): Die Aufmacher. Die Titelseiten-Aufmacher der BILD-Zeitung. Eine Inhaltsanalyse unter Berücksichtigung von Merkmalen journalistischer Qualität. München.

Schmidt, Siegfried J.; Zurstiege, Guido (2000): Orientierung Kommunikationswissenschaft. Was sie kann, was sie will. Reinbek bei Hamburg.

Schmidt-Beck, Rüdiger; Pfetsch, Barbara (1994): Politische Akteure und die Medien der Massenkommunikation. Zur Generierung von Öffentlichkeit in Wahlkämpfen. In: Neidhardt, Friedhelm (Hrsg.) (1994): Öffentlichkeit, öffentliche Meinungen, soziale Bewegungen. Sonderheft 34:1994 der Kölner Zeitschrift für Soziologie und Sozialpsychologie. Opladen, S. 106-138.

Schneider, Beate; Schönbach, Klaus; Stürzebecher, Dieter (1993): Westdeutsche Journalisten im Vergleich: jung, professionell und mit Spaß an der Arbeit. In: Publizistik 38:1993, S. 5-30.

Schneider, Beate; Schönbach, Klaus; Stürzebecher, Dieter (1994a): Ergebnisse einer Repräsentativbefragung zur Struktur, sozialen Lage und zu den Einstellungen von Journalisten in den neuen Bundesländern. In: Böckelmann, Frank; Mast, Claudia; Schneider, Beate (Hrsg.): Journalismus in den neuen Ländern. Ein Berufsstand zwischen Aufbruch und Abwicklung. Konstanz, S. 145-190.

Schneider, Beate; Schönbach, Klaus; Stürzebecher, Dieter (1994b): Oberlehrer oder Missionare? Das Selbstverständnis deutscher Journalisten. In: Neidhardt, Friedhelm (Hrsg.): Öffentlichkeit, öffentliche Meinung, soziale Bewegungen. Sonderheft 34:1994 der Kölner Zeitschrift für Soziologie und Sozialpsychologie, S.139-161.

Scholl, Armin (1997): Journalismus als Gegenstand empirischer Forschung. Ein Definitionsvorschlag. In: Publizistik, 42:1997, S. 468-486.

Scholl, Armin (2002): Systemtheorie und Konstruktivismus in der Kommunikationswissenschaft. Konstanz.

Scholl, Armin; Weischenberg, Siegfried (1998): Journalismus in der Gesellschaft. Theorie, Methodologie und Empirie. Opladen.

Schulz, Winfried (1976): Die Konstruktion von Realität in den Nachrichtenmedien. Analyse der aktuellen Berichterstattung. Freiburg. *[Neuauflage 1990]*.

Schulz, Winfried (1977): Nachrichtenstruktur und politische Informiertheit. Die Entwicklung politischer Vorstellungen der Bevölkerung unter dem Einfluß des Nachrichtenangebots. Mainz. *[Unveröff. Gutachten im Auftrag des Presse- und Informationsamtes der Bundesregierung]*.

Schulz, Winfried (1994): Nachricht. In: Noelle-Neumann, Elisabeth; Schulz Winfried; Wilke Jürgen (Hrsg.): Fischer Lexikon Publizistik/Massenkommunikation. Frankfurt/Main, S. 307-337.

Schulz, Winfried (1996): Qualität von Fernsehprogrammen. In: Hömberg, Walter; Pürer, Heinz (Hrsg.): Medien-Transformation. Zehn Jahre dualer Rundfunk in Deutschland. Konstanz, S. 45-59.

Shoemaker, Pamela J.; Reese, Stephen D. (1991): Communication Concepts 3: Gatekeeping. Newbury Park.

Spael, Wilhelm (1928): Publizistik und Journalistik bei Joseph Görres. Köln.

Spaemann, Robert (1977): Wer hat wofür Verantwortung? In: Spaemann, Robert (Hrsg.): Zur Kritik der politischen Utopie. Stuttgart, S. 127-141.

Staab, Joachim F. (1990): Nachrichtenwert-Theorie. Formale Struktur und empirischer Gehalt. Freiburg.

Stolte, Dieter (1988): Die Rolle der Massenmedien in einer freiheitlichen Gesellschaft. München.

Szyszka, Peter (1997): Bedarf oder Bedrohung? Zur Frage der Beziehungen des Journalismus zur Öffentlichkeitsarbeit. In: Bentele, Günter; Haller, Michael (Hrsg.): Aktuelle Entstehung von Öffentlichkeit. Konstanz, S. 209-224.

Thomaß, Barbara (1998): Journalistische Ethik. Ein Vergleich der Diskurse in Frankreich, Großbritannien und Deutschland. Opladen.

Thomaß, Barbara (2000): Von Aristoteles zu Habermas. Theorien zur Ethik im Journalismus. In: Löffelholz, Martin (Hrsg.): Theorien des Journalismus. Ein diskursives Handbuch. Wiesbaden, S. 351-362.

Wagner, Franc (1998): Sind Printmedien im Internet Online-Medien? In: Pfammatter, René (Hrsg.): Multi Media Mania. Reflexionen zu Aspekten neuer Medien. Konstanz 1998, S. 191-221.

Wallisch, Gianluca (1995): Journalistische Qualität. Definitionen, Modelle, Kritik. Konstanz.

Warren, Carl (1953): Modern News Reporting. New York. *[Deutsche Ausgabe: ABC des Reporters. Einführung in den praktischen Journalismus. München 1953]*.

Weber, Stefan (1995): Nachrichtenkonstruktion im Boulevardmedium. Die Wirklichkeit der »Kronen Zeitung«. Wien.

Weber, Stefan (1999): Wie journalistische Wirklichkeiten entstehen. Salzburg (Journalistik 15, Hefte des Kuratoriums für Journalistenausbildung).

Weber, Stefan (2000a): Was steuert Journalismus? Ein System zwischen Selbstreferenz und Fremdsteuerung. Konstanz.

Weber, Stefan (2000b): Ist eine integrative Theorie möglich? Distinktionstheorie und nicht-dualisierender Ansatz als Herausforderungen für die Journalismustheorie. In: Löffelholz, Martin (Hrsg.): Theorien des Journalismus. Ein diskursives Handbuch. Wiesbaden, S. 455-466.

Weischenberg, Siegfried (1990): Journalismus und Kompetenz. Qualifizierung und Rekrutierung für Medienberufe. Opladen.

Weischenberg, Siegfried (1992): Journalistik. Medienkommunikation: Theorie und Praxis, Band I: Medienethik, Medieninstitutionen. Opladen.

Weischenberg, Siegfried (1995a): Journalistik. Medienkommunikation: Theorie und Praxis, Band II: Medientechnik, Medienfunktionen, Medienakteure. Opladen.

Weischenberg, Siegfried (1995b): Konstruktivismus und Journalismusforschung. Probleme und Potentiale einer neuen Erkenntnistheorie. In: Medien Journal. Zeitschrift für Kommunikationskultur, 19:1995, Heft 4, S. 47-56.

Weischenberg, Siegfried (1997): Neues vom Tage. Die Schreinemakerisierung unserer Medienwelt. Hamburg.

Weischenberg, Siegfried (1999): Werte-Wandel. In: journalist, Heft 12/1999 (Sonderbeilage 50 Jahre DJV), S. 18-23.

Weischenberg, Siegfried: Journalistik (1998): Theorie und Praxis aktueller Medienkommunikation. Bd. 1: Mediensysteme, Medienethik, Medieninstitutionen. 2., überarb. Aufl. Opladen.

Weischenberg, Siegfried: Journalistik (1998): Theorie und Praxis aktueller Medienkommunikation. Bd. 2: Medientechnik, Medienfunktionen, Medienakteure. 2., überarb. Aufl. Opladen.

Weischenberg, Siegfried; Löffelholz, Martin; Scholl, Armin (1993): Journalismus in Deutschland. Design und erste Befunde der Kommunikatorstudie. In: Media Perspektiven, Heft 1/1993, S. 21-33.

Weischenberg, Siegfried; Löffelholz, Martin; Scholl, Armin (1994): Merkmale und Einstellungen von Journalisten in Deutschland II. In: Media Perspektiven, Heft 4/1994, S. 154-167.

Westerbarkey, Joachim (1995): Journalismus und Öffentlichkeit. Aspekte publizistischer Interdependenz und Interpenetration. In: Publizistik, 40:1995, S. 152-162.

White, David M. (1950): The Gatekeeper. A Case Study in the Selection of News. In: Journalism Quarterly 27:1950, S. 383-390.

Wickel, Horst Peter (1999): Jeder dritte Journalist arbeitet »frei«. In: Welt am Sonntag, 02.05.1999.

Wiedemann, Verena (1994): Die 10 Todsünden der freiwilligen Selbstkontrolle. In: Rundfunk und Fernsehen 41:1994, S. 82-94.

Wiedemann, Verena (1996): Dem Presserat die Zähne schärfen. In: Hamm, Ingrid (Hrsg.): Verantwortung im freien Medienmarkt. Internationale Perspektiven zur Wahrung professioneller Standards. Gütersloh 1996, S. 93-103.

Wiegerling, Klaus (1998): Medienethik. Stuttgart.

Wilke, Jürgen (1984a): Pressefreiheit. Darmstadt.

Wilke, Jürgen (1984b): Nachrichtenauswahl und Medienrealität in vier Jahrhunderten. Eine Modellstudie zur Verbindung von historischer und empirischer Publizistikwissenschaft. Berlin, New York.

Wilke, Jürgen (1998): Analytische Dimensionen der Personalisierung des Politischen. In: Imhof, Kurt; Schulz, Peter (Hrsg.): Die Veröffentlichung des Privaten – Die Privatisierung des Öffentlichen. Opladen, S. 283-294.

Wilke, Jürgen (Hrsg.) (1996): Ethik der Massenmedien. Wien.

Willke, Helmut (1993): Systemtheorie. Eine Einführung in die Grundprobleme der Theorie sozialer Systeme. 4. Aufl. Stuttgart, Jena.

Wolf, Maili; Wehrli, Hans Peter (1990): Verlagsmarketing. Wetzikon (Schweiz).

Wunden, Wolfgang (Hrsg.) (1989): Medien zwischen Markt und Moral. Beiträge zur Medienethik, Bd. 1. Stuttgart.

Wunden, Wolfgang (Hrsg.) (1994): Öffentlichkeit und Kommunikationskultur. Beiträge zur Medienethik. Bd. 2. Stuttgart.

Wunden, Wolfgang (Hrsg.): (1996): Wahrheit als Medienqualität. Beiträge zur Medienethik, Bd. 3. Frankfurt/Main.

Zender, Mathias (1998): Die Dekonstruktion der Journalisten. Wie das Internet Arbeit und Rolle der Journalisten verändert. In: Pfammatter, René (Hrsg.): Multi Media Mania. Reflexionen zu Aspekten neuer Medien. Konstanz 1998, S. 180-190.

Zimmer, Uwe (1999): Boulevardjournalismus am Ende? In: Fabris, Hans Heinz u.a. (Hrsg.): Journalismus in der Informationsgesellschaft. Antworten aus Praxis & Theorie. Innsbruck, Wien, S. 57-62.

4.2 Medieninhalts-/Medienaussagenforschung

In diesem Lehr- und Forschungsfeld befasst sich die Kommunikationswissenschaft mit originärpublizistisch verbreiteten und – verständlicherweise in weitaus größerem Ausmaß – mit den über die Massenmedien (einschließlich Internet bzw. WWW) veröffentlichten Botschaften. Zu den *originärpublizistisch* verbreiteten Aussagen gehören in erster Linie öffentliche Reden und Ansprachen, Vorträge vor kleineren oder größeren Präsenzpublika, Predigten, aber beispielsweise auch die (methodisch zu Analysezwecken überaus schwer zu erfassende) Pantomime als Form der nonverbalen Kommunikation. Zu den über die *Massenmedien* verbreiteten Inhalten zählt das gesamte Repertoire an Medienbotschaften, das wir in Zeitungen und Zeitschriften, Radio und Fernsehen, im Internet sowie in anderen Medien vorfinden.

Gegenstand der Aussagenforschung sind die Inhalte selbst sowie die Art und Weise ihrer Vermittlung in je unterschiedlichen Darbietungsformen (also das, was gemeinhin als journalistische Darstellungsform, Genre oder auch Format genannt bezeichnet wird). Folglich gehört die Untersuchung von Hörfunk- und Fernsehprogrammen und Programmformaten ebenso in das Feld der publizistischen Aussagenforschung wie etwa Untersuchungen zur Programmgeschichte in Hörfunk und Fernsehen. Zu letzterem liegen zwar in Ansätzen mehrere Einzeldarstellungen vor (vgl. Bleicher 1993; Halefeldt 1999; Ludes 1999), es gibt jedoch noch keine in sich geschlossene Gesamtdarstellung. (An solchen Gesamtdarstellungen mangelt es in der Kommunikationswissenschaft überhaupt sehr). Gegenstand der Inhaltsforschung im Internet bzw. WWW sind nicht ausschließlich, aber doch vorwiegend Inhalte von Online-Auftritten klassischer Medien, aber auch Botschaften, die in Chats oder Newsgroups ausgetauscht sowie über E-Mails oder SMS versendet werden (vgl. z.B. Debatin 1998).

4.2.1 Medieninhalte, Programme, Formate

Das gesamte Repertoire an Medienbotschaften präsentiert sich uns in einer ungewöhnlichen Vielfalt von Inhalten und Darbietungsformen. Selbst mithilfe der über die Grenzen der Medien hinweg vorfindbaren journalistischen Darstellungsformen (vgl. Kap. 4.2.2) lässt sich diese Vielfalt kaum systematisieren. Im Hinblick auf ihre Alltags-Funktionen könnte man allenfalls grob zwischen informierenden, meinungsbildenden, belehrenden, berufs- und allgemein bildenden sowie unterhaltenden Medieninhalten unterscheiden. Dabei ist einzuräumen, dass die Grenzen zwischen solchen Typen oftmals fließend sind und ihre Funktionen jeweils besser aus der Sicht des jeweiligen Nutzers bestimmt werden müssten: Was für den einen unterhaltend ist (wie etwa die in jüngster Zeit auf zahlreichen TV-Sendern ausgestrahlten Quiz-Shows im Fernsehen), kann für einen anderen höchst informativ, für einen Dritten allgemein bildend und für einen Vierten gar ärgerlich sein (sodass er sich im schlimmsten Falle davon abwendet und andere Inhalte sucht).

In den klassischen Massenmedien Zeitung, Zeitschrift, Hörfunk und Fernsehen finden wir die Vielfalt der Inhalte in aller Regel geordnet vor. Dies war nicht immer so. In den ersten Zeitungen, die im 16. Jahrhundert aufkamen und die seit Beginn des 17. Jahrhunderts periodisch zunächst als Wochen- und später (ab 1650) als Tageszeitungen erschienen, wurden die Nachrichten in jener Reihenfolge abgedruckt, wie sie bei den damaligen Zeitungsmachern einliefen. Die uns heute bekannte Einteilung und Ordnung der Inhalte in Ressorts oder Sparten (Politik, Wirtschaft, Kultur, Lokales, Sport etc.) bildete sich erst im ausgehenden 19. Jahrhundert heraus. Anders war dies bei den in der zweiten Hälfte des 17. Jahrhunderts aufkommenden Zeitschriften, die bereits damals zwei Typen aufwiesen, nämlich: die wissenschaftlichen Zeitschriften, die sich später in eine große Vielfalt von Fachzeitschriften unterschiedlicher Fachgebiete und Inhalte ausdifferenzierten; sowie die Unterhaltungszeitschriften, die einem damals gehobenen Publikum, das des Lesens fähig war, der Zerstreuung und Unterhaltung, der Bildung und Belehrung dienten und die folglich entsprechende Inhalte aufwiesen. Auch im Hörfunk, und später im Fernsehen, bildeten sich geordnete Programmstrukturen und Sendeschemata mit regelmäßig wiederkehrenden Sendungen informierender, unterrichtender, bildender, belehrender und unterhaltender Art erst im Laufe der Entwicklung dieser Medien heraus.

Die heute in den Massenmedien vorfindbaren, in aller Regel gut geordneten und von Journalisten und Programmgestaltern sorgfältig zusammengestellten Inhalte erleichtern uns die Mediennutzung beträchtlich. So sind die *Tageszeitungen* inhaltlich in Ressorts untergliedert und innerhalb dieser Ressorts nach uns vertrauten Mustern bzw. Subsystemen geordnet, sodass wir gezielt gesuchte Inhalte rasch auffinden (und dabei mitunter von anderen Inhalten überrascht werden, die wir vielleicht gar nicht gesucht haben, aber interessant finden). Diese Ressorts sind in aller Regel Politik (Innen-, Außenpolitik), Wirtschaft, Lokales, Kultur (und Feuilleton), Sport, Chronik und Vermischtes. Es gibt Zeitungen, die daneben noch andere Ressorts wie Medien, Wissenschaft/Umwelt, Recht/Gericht etc. enthalten. Aufteilungen der Inhalte nach Ressorts, Rubriken oder Sparten finden wir auch in *Publikumszeitschriften* und (politischen) *Magazinen* (wie beispielsweise Politik, Wirtschaft, Geld/Anlagen, Gesellschaft, Kultur, Leute etc.) vor. Zeitschriften und Fachzeitschriften folgen diesbezüglich ihrer eigenen, jeweils fachspezifisch-inhaltlichen Logik.

Auch in den Funkmedien finden wir Ordnungsschemata für die zu sendenden Inhalte vor. Dort ist von Programmstrukturen und Sendeschemata die Rede. Diese erfüllen für einen Rundfunksender (ob Hörfunk oder Fernsehen) eine interne und eine externe Funktion (vgl. Stuiber 1998, S. 1007). *Intern* dienen sie »als Ordnungsmuster für die Programmgestaltung und übernehmen darüber hinaus die Aufgabe der Eigendefinition« (Stuiber ebd.), also welche Art von Sender ein Rundfunkveranstalter sein will. Die *externe* Funktion von Programmstrukturen »besteht in der Imagebildung gegenüber der Öffentlichkeit. Das Publikum braucht ein wiederkehrendes Programm, um einen Sender identifizieren und von seinen Konkurrenten unterscheiden zu können. Außerdem kommt ein vertrautes, immer wiederkehrendes Sendeschema den Nutzungsgewohnheiten der Rezipienten entgegen. (...) Die Komplexität und Vielfalt der Angebote wird durch deren Struktur für die Rezipienten erheblich reduziert: Die Gewissheit, zu bestimmten Zeitpunkten gewisse Inhalte aufzufinden, erleichtert ihnen die Befriedigung von Informations-, Unterhaltungs- oder Bildungsbedürfnissen (...). Die Vertrautheit mit Inhalten, ihrer Form und ihrer Ausstrahlungsfrequenz fördert die Bindung des Publikums an einen Kanal und stellt so unter anderem die Basis für dessen wirtschaftlichen Erfolg dar« (Stuiber 1998, S.1007f). Die systematische, immer wiederkehrende identische Ordnung von Medieninhalten ist für Print- wie Funkmedien also gleichermaßen wichtig.

Im *Hörfunk* haben sich etappenweise Programmstrukturen und -farben herausgebildet. Von den Anfängen des Radios bis in die 1960er-Jahre herrschten so genannte *Mischprogramme* vor, innerhalb deren Wort- und Musikprogramme, Informations-, Bildungs- und Unterhaltungssendungen etc. an steten Sendeplätzen regelmäßig wiederkehrten. Diese Mischprogramme wurden Ende der 1960er-Jahre im deutschen Sprachraum durch *Strukturprogramme* abgelöst. Den Anfang machte 1967 der Österreichische Rundfunk ORF, der damals in Anlehnung an Radio Luxemburg damit begann, drei Strukturprogramme zu senden: ein informationslastiges, gehobenes Wort- und E-Musikprogramm (Ö1), ein dem ländlichen Hörer entgegenkommendes Lokalprogramm mit Volksmusik und Volkskultur (Ö2), sowie ein Unterhaltungs- und Service-Programm für die eher jugendlichen Hörer (Ö3). Solche oder ähnliche Programmstrukturen waren ab 1970 bei allen öffentlich-rechtlichen Sendern vorzufinden, so auch bei den Radioprogrammen der ARD, von deren Anstalten einige Sender bis zu fünf Strukturprogramme betreiben. Der Bayerische Rundfunk strahlt gegenwärtig bekanntlich fünf solcher Strukturprogramme aus, nämlich Bayern 1 (Musik und Wortprogramm mit Regional- und Lokalbezügen), Bayern 2 Radio (anspruchsvolles Wort- und Bildungsprogramm), Bayern 3 (jugendorientiertes Rock- und Pop-Programm mit Informations- und Serviceelementen), Bayern 4 Klassik (klassisches Musikprogramm) sowie B5 aktuell (ein rund um die Uhr laufender Informationssender mit Nachrichten im Viertelstundenintervall aus Politik, Wirtschaft, Kultur, Sport, etc.). Jeder dieser Sender hat seine eigene Zielgruppe.

Mit dem Marktzutritt privater Hörfunkveranstalter (in Deutschland ab 1984) kam der Typ bzw. Begriff des so genannten *Formatradios* amerikanischer Herkunft auf. Formatradio heißt vor allem (vgl. Hass/Frigge/Zimmer 1991): »1. Musikalisch und altersmäßig stärkere Einengung der Zielgruppe als bei den Musik- und Servicewellen der ARD; 2. Konsequente ›Durchhörbarkeit‹ der Programme; 3. Orientierung an Stundenrastern, die genau die Platzierung und die (Mach-)Art einzelner Programmelemente vorgeben; 4. Platzierung kurzer Nachrichten jeweils am Beginn einer Stunde, sei es zur vollen Stunde oder – um sich schneller zu zeigen als die Konkurrenz – fünf Minuten früher; 5. Beschränkung der Musikauswahl auf einen überschaubaren Kanon von Titeln, die sich in relativ kurzen Abständen wiederholen; 6. Abstimmung wirklich aller Programmelemente, von der Art des Moderators über die Sprache der Nachrichten bis hin zur Aggressivität der Musik, auf das jeweilige Gesamt-konzept« (Halefeldt 1999, S. 223). Das Format eines Senders ergibt sich – entspre-chend der angestrebten Zielgruppe – also aus der jeweils spezifischen Kombination von Struktur, Inhalt und Präsentation (vgl. Haas/Frigge/Zimmer 1991, S.162ff). Folgende Programmformate sind im deutschen Sprachraum vorzufinden: Adult Contemporary (AC); Album Oriented Rock (AOR); Beautiful Music; Bigband; Contemporary Hit Radio (CHR, z.B. als Adult- oder Dance-CHR); Deutscher Schlager; Classic Rock; Easy Listening/Arabella-Format; Jazz; Klassik; Middle-of-the-Road (MOR); Oldies; sowie nicht zuletzt auch Volkstümliche Musik (vgl. Haas/Frigge/Zimmer 1991, S. 162ff).

Für das Medium *Fernsehen* ist festzuhalten, dass es von seinen Anfangszeiten (in Deutschland 1952) bis zur unmittelbaren Gegenwart den Sendebetrieb von anfangs zwei Stunden auf 24 Stunden (also rund um die Uhr) ausgeweitet und damit auch sein inhaltliches Angebot beträchtlich erweitert hat. 1952 nahm die ARD mit dem *Ersten deutschen Fernsehprogramm* einen regelmäßigen Sendebetrieb auf, das rasch zu einem Vollprogramm entwickelt wurde. 1963 kam das 1961 gegründete *Zweite Deutsche Fernsehen* (ZDF) als Vollprogramm hinzu. Ab 1964 wurden die so genann-ten *Dritten Programme* (ARD) in Betrieb genommen, die ursprünglich Bildungspro-gramme (aus heutiger Sicht also Spartenprogramme) waren und sich mittlerweile selbst längst zu Vollprogrammen entfaltet haben.

Mit dem Marktzutritt privaten Fernsehens 1984 kamen neben privat-kommerzi-ellen Vollprogrammen auch Spartenprogramme wie Spielfilm-, Musik- oder Nach-richtenkanäle etc. hinzu, die es mittlerweile auch bei den öffentlich-rechtlichen TV-Veranstaltern gibt (wie etwa den Kinderkanal, Bayern alpha, den Parlamentskanal etc. sowie digitale Programmbouquets).

Grosso Modo ist im Fernsehen also zwischen Vollprogrammen einerseits und Spartenprogrammen andererseits zu unterscheiden. Laut Rundfunkstaatsvertrag von 1991 sind in Deutschland *Vollprogramme* »Rundfunkprogramme mit vielfältigen In-halten, in welchen Information, Bildung, Beratung und Unterhaltung einen wesent-lichen Teil des Gesamtprogramms bilden« (Rundfunkstaatsvertrag 1991). Sie setzen sich inhaltlich in aller Regel aus den Programmelementen Information/Bildung, Fik-tion (Spielfilme, Serien, Krimis etc.), Nonfiktion (Shows, Quiz-, Ratesendungen), Musik, Sport, Kinder/Jugend, Sonstiges und Werbung zusammen. (Die Bereiche Fiktion und Nonfiktion sowie Musik ergeben zusammen den Programmbereich Un-terhaltung). Auf Grund unterschiedlicher Programmaufträge unterscheiden sich öf-fentlich-rechtliche und private Vollprogramme voneinander. So ist der Anteil infor-mierender bzw. bildender Programminhalte bei den öffentlich-rechtlichen Veranstal-tern deutlich stärker ausgeprägt, bei den Privaten ist es die Unterhaltung, also Fikti-on, Nonfiktion und Musik (vgl. Krüger 1998).

Als *Spartenprogramme* gelten laut Rundfunkstaatsvertrag von 1991 »Rundfunk-programm(e) mit im Wesentlichen gleichartigen Inhalten« (Rundfunkstaatsvertrag 1991). In der deutschen Fernsehlandschaft sind dies Sender wie n-tv oder N24 (beides Nachrichtensender), Viva oder MTV (Musiksender) oder etwa der Spielfilmkanal Kabel1.

Die Vielfalt der im *Internet* bzw. *World Wide Web* vorfindbaren Inhalte ist so groß und vielfältig, dass eine Systematisierung schwer fällt. Zahlreiche Online-Auftritte gleichen großen Kiosken, die Information, Unterhaltung, Service, E-Commerce etc. sowie zahlreiche Medienanwendungen in beinahe schon unüberschaubarer Form anbieten (vgl. Brandl 2002). Innerhalb dieser Angebote finden sich mehr oder weniger klassische Inhalte von Online-Auftritten traditioneller Medien, freilich in anderer Form und – den Möglichkeiten des Webs entsprechend (Stichworte Multimedialität, Hypertextualität) – aufbereitet (vgl. S. 269 ff).

Auf einen wichtigen Unterschied zwischen klassischen Medienangeboten sowie -inhalten und jenen im Internet bzw. WWW ist noch hinzuweisen: In den *traditionellen Medien* wie Zeitung, Zeitschrift, Hörfunk und Fernsehen finden wir die Inhalte in *linearer Form* vor. (Und bei der Rezeption folgen wir in aller Regel auch dieser Linearität – bzw. müssen wir ihr folgen, wie dies bei Hörfunk und Fernsehen durch den vorgegebenen Programmablauf unabdingbar der Fall ist. Bei Zeitungen und Zeitschriften haben wir immerhin die Möglichkeit, Inhalte zu überspringen oder auch zurückzublättern – die angebotene Linearität also teilweise zumindest zu übergehen). Im *Internet* bzw. WWW finden wir die große Mehrzahl der Inhalte in *nicht-linearer Form* vor. Bedingt wird diese Nicht-Linearität vor allem durch die Möglichkeit der Hypertextualität, also der Verlinkung von Texten oder Textelementen mit anderen Informationsangeboten, E-Commerce, Medienanwendungen (wie Chats und Newsgroups) etc. Nicht selten geht dabei die in den klassischen Medien weitgehend noch vorhandene Trennung von redaktionellen Inhalten einerseits (wie Information, Bildung, Unterhaltung etc.) sowie werblichen Inhalten andererseits verloren.

4.2.2 Journalistische Darstellungsformen

Die in den Massenmedien vorfindbaren Inhalte präsentieren sich uns in recht unterschiedlichen Darstellungs- und Präsentationsformen sowie formalen Angeboten, auf die in einem Abschnitt über Medieninhalte verwiesen werden muss. Damit ist der Teilkomplex der journalistischen Darstellungsformen bzw. Genres angesprochen. Die journalistische Darstellungsform ist jene »formal charakteristische Art, in der ein zur Veröffentlichung in den Massenmedien bestimmter Stoff gestaltet wird« (Reumann 1997, S. 91). Über die Grenzen der klassischen Medien (Zeitung, Zeitschrift, Radio, Fernsehen) hinweg lassen sich die journalistischen Darstellungsformen grosso modo in fünf Gruppen gliedern, nämlich in informierende, interpretierende, meinungsbildende, fantasiebetonte/unterhaltende sowie illustrierende. Neben diesen »klassischen« Darstellungsformen sind vor allem in den Nachrichtenmagazinen sowohl der Print- wie auch der Funkmedien Präsentationsformen vorzufinden, die sich nicht mehr so eindeutig zuordnen lassen. In den Printmedien ist dies beispielsweise die sog. »Nachrichtenmagazingeschichte«, die einerseits durchaus nachrichtlich faktiziert, andererseits aber recht stark interpretiert und damit dem Geschehen eine Tendenz verleiht. Diese Tendenz wird dann allgemein gültig formuliert. (Solche Formen findet man beispielsweise in politischen Magazinen wie Time, Newsweek, Spiegel, Focus etc.). Ähnliches ist auch in (im weitesten Sinne politischen) Magazinsendungen des Fernsehens zu beobachten.

Doch zurück zu den Darstellungsformen in den klassischen Print- und Funkmedien (vgl. Reumann 1997; Pürer 1996):

Zu den *informierenden Darstellungsformen* zählen die Nachricht, die Meldung, der Bericht sowie die Bildnachricht. Diese Formen zeichnen sich durch ihre tatsachenbetonten und referierenden Inhalte aus und haben einen so genannten »kopflastigen« Aufbau: Das Wichtigste zuerst, das weniger Wichtige später. Dieser Aufbau hat für Journalisten wie Leser Vorteile: Der *Journalist* kann die Mitteilung im erforderlichen Fall sehr leicht von hinten kürzen, ohne dass die wichtigsten Informationen verloren gehen. Der *Leser* wird durch diesen Aufbau in die Lage versetzt, das Wesentliche auf den ersten Blick zu erfassen und sich später in Details zu vertiefen.

Zu den *interpretierenden Darstellungsformen* gehören die Reportage, das Feature, das Interview, das Porträt und die Dokumentation. Alle diese Formen sind auch tatsachenbetont, es fließen jedoch weiter ausholende, oftmals persönlich gefärbte Zusatzinformationen des Journalisten ein. Interpretierende Formen erlauben folglich auch eine persönliche Schreibweise und überwinden damit in gewisser Weise auch institutionelle Barrieren und soziale Distanz.

Die *meinungsbildenden Formen* wie Glosse, Kommentar, Leitartikel, Kolumne etc. sowie alle Formen der Kunst-, Theater-, Film-, Buch-, Fernsehkritik usw. interpretieren und bewerten aktuelle Ereignisse, Handlungen und Haltungen von Politikern oder anderen in der Öffentlichkeit wirkenden Personen oder Institutionen. Dabei werden vom Journalisten Argumente (pro und contra) abgewogen und persönlich deutende sowie schlussfolgernde Positionen bezogen.

Zu den *fantasiebetonten* und damit wohl auch unterhaltenden Darstellungsformen gehören das Feuilleton (als Form), die Erzählung, der Fortsetzungsroman, die Kurzgeschichte, das Hörspiel, das Lied, das Ratespiel, die Talkshow, das Fernsehquiz u.a.m.

Angesichts der großen gesellschaftlichen Bedeutung des Mediums Fernsehen nehmen *illustrative Formen* auch in den Printmedien immer noch zu. Klassische Print-Illustrationen sind die Abbildung, das Foto, die Karikatur, der Cartoon sowie der Comic-Strip. Zu den illustrativen Formen gehört aber auch die wachsende Zahl grafischer Darstellungen, also das gesamte Repertoire von Infografiken in Form von Säulen, Diagrammen, Kreisen, Karten etc.

Wer sich über diesen Teilbereich der Aussagenforschung informieren will, sollte die dazu vorhandene Praktikerliteratur einsehen, von der es bereits über 150 Buchtitel allein im deutschsprachigen Raum gibt. Eine sog. Darstellungs- bzw. »Genre«-Lehre oder »Genre-Theorie« gibt es in der deutschsprachigen Kommunikationswissenschaft bislang weitgehend nicht. Allenfalls ist sie für einige Formen, wie etwa die

Nachricht (Weischenberg 2001), die Reportage (Haller 1997) sowie für das Interview (Haller 2000) »angedacht«. In der DDR hat es eine solche »Genre«-Lehre gegeben. Auf Grund der primär politischen Funktion des Journalismus in der DDR (im Sinne des Marxismus-Leninismus) und der darauf aufbauenden Lehre der journalistischen Darstellungsformen lässt sich diese »Genre«-Lehre aber nicht uneingeschränkt auf journalistische Darstellungsformen in demokratischen Systemen und pluralistischen Medien übertragen.

Berücksichtigen muss man des Weiteren Darstellungsformen und Darstellungsmöglichkeiten in den Online-Medien bzw. in der computervermittelten Kommunikation. Entsprechende Typologien sind aber angesichts der Dynamik, der das Netz unterliegt, schwierig. An und für sich handelt es sich bei klassischen Online-Auftritten etwa der Tageszeitungen bei den Darstellungsformen um modifizierte, bisherige Formen in den klassischen Medien, die den Gegebenheiten des Bildschirms sowie den Möglichkeiten des Computers (wie vor allem Multimedialität und Hypertextualität – vgl. Kapitel 4.1.3.4) angepasst sind. Durch die Möglichkeit der Verlinkung, also der Einrichtung einer großen Zahl von Verzweigungen in und Vernetzungen mit andere(n) Texte(n), entsteht bei Online-Zeitungen die bereits erwähnte, nicht-lineare (Text-)Struktur und damit für den User das Erfordernis bzw. sogar der Zwang zur zusätzlichen Auswahl. Daher müssen die einzelnen Pages einer Site zunächst vor allem übersichtlich und klar strukturiert sein. Der Bildschirm, auf dem der Inhalt einer Site nach Möglichkeit übersichtlich darzustellen ist, setzt sehr enge Grenzen, innerhalb derer die Ganzheit des Angebotes nach Möglichkeit sichtbar gemacht und die funktionale und thematische Zugehörigkeit von Texten oder Textelementen zu größeren Einheiten für den User deutlich erkennbar sein muss (vgl. Storrer 2001, S. 190). Zwei Gestaltungsmerkmale enthalten in Online-Auftritten eine zentrale Wegweiserfunktion für den User. Zum einen: Auf jeder Webpage muss durch Linklisten und Suchbäume eine Übersicht über die Inhalte der gesamten Website gegeben sein. Zum Zweiten: Jeder einzelne Hyperlink muss klar ausgezeichnet sein. Der Rezipient soll eine bewusste Entscheidung für eine bestimmte Verknüpfung von Textelementen über Links treffen können und muss wissen, wohin der Link führt (vgl. Storrer 2001, S. 196ff). So gesehen kommt dem Journalisten im WWW eine neue Rolle als »Wissens-Architekt« zu (Storrer 2001, S. 190)

Bei Chats, Newsgroups, MUDs etc. wird man wohl nicht von Darstellungsformen als vielmehr von unterschiedlichen Kommunikationsmodi sprechen müssen bzw. handelt es sich um verschiedene Kommunikationsforen, die jeweils unterschiedliche Inhalte bedingen. Allenfalls ist in diesem Kontext auf beziehungsanzeigende parasprachliche Hilfsmittel zu verweisen, mit deren Gebrauch versucht wird, die fehlenden nonverbalen Kommunikationskanäle, z.B. den visuellen, aber auch den auditiven Kommunikationskanal zu ersetzen. Zu nennen sind die sog. Emoticons (Wortbildung aus »Emotion« und »Icon«) wie z.B. der Smiley, dessen variantenreiches Gesicht die Stimmung der Gesprächspartner ausdrückt (vgl. z.B. Sanderson 1997). Innere Empfindungen und situative Vorgänge können des Weiteren mit Aktionswörtern (*denk*, *erschreck*) und Soundwörtern (*kicher*, *tststs*) beschrieben werden (vgl. z.B. Wetzstein et al. 1995, S. 76).

4.2.3 Analyse von Medieninhalten

Die wichtigste Methode zur Erforschung von Medieninhalten stellt die *Inhaltsanalyse* dar (vgl. Kapitel 6.3). Sie ist, wie Werner Früh sagt, »eine empirische Methode zur systematischen, intersubjektiv nachvollziehbaren Beschreibung inhaltlicher und formaler Merkmale von Mitteilungen« (Früh 1991, S. 24). Kernstück jeder Inhaltsanalyse ist die Erarbeitung eines Kategorienschemas, mit dessen Hilfe es möglich ist, die zu analysierenden Inhalte der jeweiligen Forschungs- bzw. Untersuchungsfrage entsprechend systematisch zu erfassen. Inhaltsanalysen in diesem Sinne gibt es seit der Wende vom 19. zum 20. Jahrhundert, und die Forschungstechnik der Inhaltsanalyse ist seither, vor allem aber in den letzten dreißig Jahren, ständig weiterentwickelt worden. Die Kommunikationswissenschaft kann für sich in Anspruch nehmen, zur methodischen Verbesserung und Verfeinerung der Inhaltsanalyse wesentlich beigetragen zu haben.

Die Methode der Inhaltsanalyse als Forschungstechnik steht hier allerdings nicht zur Diskussion (darüber gibt Abschnitt 6.3 umfassend Auskunft). Vielmehr soll im Folgenden anhand einiger durchgeführter Analysen von Medieninhalten exemplarisch aufgezeigt werden, welche kommunikationswissenschaftlich relevanten Fragestellungen mithilfe der Inhaltsanalyse beantwortet werden können.

4.2.3.1. Makroanalysen

Unter den zahlreich vorliegenden Inhaltsanalysen kann man grob zwischen makro- und mikroperspektivisch angelegten Analysen unterscheiden. *Makroanalysen* holen weiter aus; sie versuchen, auf der Grundlage einer eher weit gefassten Fragestellung einen möglichst breiten Ausschnitt einer Medienwirklichkeit zu erfassen. Beispiele für solche Inhaltsuntersuchungen sind etwa in Strukturanalysen von Tageszeitungen zu sehen, wie sie Ende der 1960er-/Anfang der 1970er-Jahre aufgekommen sind (vgl. Schulz 1970; Vyslozil/Pürer/Roloff 1973). Oberstes Forschungsziel war dabei herauszufinden, aus welchen Inhalten sich die Tageszeitungen in Deutschland (Schulz) bzw. Österreich (Vyslozil/Pürer/Roloff) zusammensetzen und wie sich innerhalb des redaktionellen Teils der Zeitungen die Inhalte auf die Zeitungsressorts verteilen. Weiterhin interessierte, ob es Unterschiede zwischen den einzelnen, vorfindbaren Zeitungstypen (überregional, regional/lokal verbreitete, parteipolitisch orientierte, unabhängige, Abonnement- bzw. Boulevardzeitungen etc.) hinsichtlich der redaktionellen Strukturen gibt und ob in diesem Kontext etwa auch historisch bedingte Ursachen (wie etwa die Lizenzpolitik der Besatzungsmächte) und Unterschiede zwischen Lizenzzeitungen und solchen Zeitungen existieren, die erst nach der Erteilung der Generallizenz von den so genannten »Altverlegern« herausgebracht wurden. Sowohl in der bundesdeutschen wie auch in der österreichischen Analyse konnte eine

Vielzahl von sehr unterschiedlichen Ergebnissen ermittelt werden. Es wäre nicht uninteressant, derart (extrem weit ausholende) Untersuchungen, für die man große Mitarbeiterstäbe braucht, in der Gegenwart zu wiederholen und die Resultate von damals mit den heutigen zu vergleichen.

Zu makroperspektivisch angelegten Inhaltsuntersuchungen gehören beispielsweise auch Analysen von Zeitungen, wie Jürgen Wilke sie über einen Zeitraum von vier Jahrhunderten im Hinblick auf Nachrichtenwerte durchführte (vgl. Wilke 1984). Matthias Schuppe wieder ist dem Wertewandel in der Bundesrepublik Deutschland anhand einer empirischen Analyse der Zeitschrift Stern, des ZDF-Magazins und des ARD-Magazins Monitor über den Zeitraum von 1965 bis 1983 auf den Grund gegangen (vgl. Schuppe 1988). Andreas Narr untersuchte, um ein weiteres Beispiel zu nennen, die Verständlichkeit von Hörfunkmagazinen (vgl. Narr 1988), Ralph Weiss analysierte am Beispiel des Hörfunkangebots der Hansestadt Hamburg Programmstrukturen im dualen Rundfunksystem (vgl. Weiss 1988). Günter Bentele und Otfried Jarren etwa untersuchten das Berlin-Bild in Presse und Fernsehen, wobei sie sich auf Berliner Tageszeitungen sowie die Berliner Abendschau (ARD) konzentrierten (vgl. Bentele/Jarren 1986). Peter Pleyer wiederum ermittelte nationale Stereotypen im deutschen Spielfilm (vgl. Pleyer 1968). Marie-Therese Guggisberg versuchte, das Auslandsbild der Presse anhand einer vergleichenden Auslandsberichterstattung ausgewählter Zeitungen neutraler Kleinstaaten zu rekonstruieren (vgl. Guggisberg 1976). Jüngst hat Karin Böhme-Dürr einen Band über den Wandel des Deutschlandbildes im Kontext des Endes des Kalten Krieges in der amerikanischen Presse herausgebracht (vgl. Böhme-Dürr 2000). Zahlreiche weitere Beispiele ließen sich anführen. Stellvertretend für viele hier eine kleine Auswahl:

Beispiel 1:
Zur Darstellung von Politik in ost- und westdeutschen Tageszeitungen
Die Vereinigung beider deutscher Staaten hat vielfältigen Anlass dazu gegeben, den Inhalten von West- und Ostmedien nach der Wiedervereinigung vergleichend auf den Grund zu gehen. Immerhin wurden mit der Wiedervereinigung zwei politisch sehr unterschiedlich ausgestaltete und strukturierte Mediensysteme zusammengeführt. Zwar wurden die Ostmedien, Print wie Funk, sehr rasch nach demokratisch-pluralistischen Grundsätzen umstrukturiert und umgestaltet (vgl. die Abschnitte 4.3.5.1 und 4.3.5.2); gleichwohl standen und stehen hinter west- wie ostdeutschen Journalisten recht unterschiedliche Sozialisationsbedingungen, professionelle Orientierungen sowie weltanschauliche Haltungen. Vor diesem Hintergrund hat beispielsweise ein Forschungsteam um Helmut Scherer und Winfried Schulz 1994 die *Darstellung von Politik* in je zehn ost- und westdeutschen Tageszeitungen vergleichend untersucht (vgl. Scherer et al. 1997). Die Forscher fanden u.a. heraus, dass die Selektionskriterien in der Politikberichterstattung in Ostdeutschland jenen westdeutscher Zeitungen sehr ähnlich sind (und es – vom »Neuen Deutschland« abgesehen – keine »roten Socken« unter den ostdeutschen Journalisten gibt). Gleichwohl ist die Politik-

berichterstattung in ostdeutschen Zeitungen (bei gleicher Anzahl der Beiträge) deutlich kürzer und meinungsärmer sowie in der Außenpolitik stärker auf die Staaten des ehemaligen Ostblocks orientiert. Dem Prozess der Wiedervereinigung widmen die ostdeutschen Zeitungen mehr Aufmerksamkeit als die Westblätter, in denen im Kontext der politischen Berichterstattung über die Wiedervereinigung stärker die Altlasten der DDR betont werden. Scherer und Schulz folgern, dass offenbar das Sein im gemeinsamen Deutschland das Bewusstsein der Journalisten im Osten der Republik bestimmt. Wahrscheinlich dokumentiert die Analyse aber nur eine Momentaufnahme in einer Übergangsphase. Zahlreiche Detailergebnisse sind der publizierten Studie zu entnehmen (vgl. Scherer et al. 1997).

Beispiel 2:
Zur publizistischen Leistung lokaler Tageszeitungen (in Ostdeutschland)
Ebenfalls 1997 veröffentlichte Beate Schneider mit ihren Mitarbeitern eine Studie über die publizistischen Leistungen lokaler Tageszeitungen in Ostdeutschland (vgl. Schneider/Möhring/Stürzebecher 1997 und 2000). Auch bei dieser Inhaltsanalyse handelte es sich um einen Ost-West-Vergleich (je zehn Ost- und Westzeitungen). Die Autoren gingen der Frage nach, ob Tageszeitungen vom gleichen Verleger in Ost oder West unterschiedliche Profile und Leistungen mit der *örtlichen* Berichterstattung hervorbringen. Außerdem wurde versucht zu klären, inwiefern sich die Lokalberichterstattung von ostdeutschen Lokalzeitungen in Alleinstellung von jenen mit lokaler Konkurrenz unterscheidet. Als Resultate konnten die Forscher u.a. festhalten, dass die untersuchten Zeitungen in den neuen Bundesländern generell deutlich dünner sind als in den alten (Ost: 29 Seiten; West: 33 Seiten). In der Summe ist die Lokalberichterstattung in den neuen Ländern deutlich kürzer gehalten und von insgesamt geringerem Stellenwert. Umfang und Stellenwert der Lokalberichterstattung hängen in West wie Ost von der jeweiligen Marktsituation ab (Monopol vs. Wettbewerb): Zeitungen mit lokaler Konkurrenz, also in Wettbewerbsposition, enthalten eine wesentlich stärker ausgeprägte Lokalberichterstattung – Konkurrenz führt also zu erhöhten publizistischen Leistungen. Auch das Themenprofil der Lokalberichterstattung ist im Großen und Ganzen ähnlich. Unterschiede bestehen darin, dass die ostdeutschen Lokalzeitungen ihren Schwerpunkt auf Stadtentwicklung und -erneuerung legen, im Westen hingegen Berichte über Vereine, Parteien und Bürgerinitiativen stärker ausgeprägt sind. Außerdem ist die Lokalberichterstattung im Osten stärker politisiert (nicht jedoch in den Kommentaren). In beiden Teilen Deutschlands konzentriert sich die Lokalberichterstattung sehr deutlich auf handelnde Personen; in den Ostzeitungen stammen die erwähnten Akteure vor allem aus Ämtern und Behörden, in den Westzeitungen aus Vereinen, Organisationen und der Wirtschaft. Die Autoren vermuten, dass sich die ostdeutsche Lokalberichterstattung traditionsbedingt stärker auf Staat und Obrigkeit bezieht (»obrigkeitsstaatliche Berichterstattung«). Der Schwerpunkt der Kommentare liegt im Osten auf Themen wie Kommunalpolitik, Stadtentwicklung und Soziales, im Westen mehr auf weichen, unpoliti-

schen Themen. Dennoch sind die untersuchten westdeutschen Lokalzeitungen meinungsfreudiger; Meinungsbeiträge in ostdeutschen Lokalblättern ergreifen nicht so oft Partei für eine Seite wie jene in Westzeitungen. Darin manifestiert sich ein sozialisationsbedingtes Defizit der ostdeutschen Journalisten, denen es vor der Wende nicht erlaubt war, persönliche Kommentare zu verfassen (in der DDR mussten Ereignisse stets auf der Basis der Lehre des Marxismus-Leninismus beurteilt werden). Zahlreiche Detailergebnisse sind der publizierten Studie zu entnehmen (vgl. Schneider/Möhring/Stürzebecher 2000).

4.2.3.2 Mikroanalysen

Mikroanalysen versuchen, eher kleine Ausschnitte der Medienwirklichkeit zu erfassen und gehen dabei mitunter recht differenzierten Teil-Fragestellungen auf den Grund. Sie wenden sich einzelnen Themen der Berichterstattung von Medien zu und untersuchen, wie in Zeitungen oder Zeitschriften bzw. Hörfunk und Fernsehen über Einzelphänomene wie beispielsweise Atommülltransporte, Krankheiten (BSE), Krisen und Katastrophen, kulturelle Events u.a.m. berichtet wird und welche Berichterstattungsmuster dabei deutlich werden. So wurde jüngst versucht, die Berichterstattung ausgewählter deutscher Tageszeitungen über BSE zu analysieren (vgl. Rottmann 2001). Die Verfasserin ging u.a. von der Annahme aus, dass Tageszeitungen, die in Gebieten mit BSE-Fällen erscheinen, umfangreicher und differenzierter über diese Krankheit berichteten als Zeitungen, in deren Verbreitungsgebiet keine BSE-Fälle auftreten. Hier sollte u.a. der Nachrichtenfaktor »Nähe« überprüft werden, der sich übrigens als zutreffend erwies. Mikroperspektivisch angelegte Inhaltsanalysen finden sich übrigens häufig in studentischen Abschlussarbeiten. Der Analyseaufwand und die Bewältigung der Datenfülle ist bei solchen Arbeiten in aller Regel Einzelpersonen zumutbar. Freilich können auch Mikroanalysen sehr umfangreich angelegt sein, wie die nachfolgenden Beispiele zeigen.

Beispiel 1: Der Kampf um Castor in den Medien

Winfried Schulz, Harald Behrens und Reimar Zeh analysierten die Berichterstattung über die umstrittenen Castor-Transporte von Atommüll in die Zwischen- bzw. Endlagerstätte Gorleben im Frühjahr 1997 (vgl. Schulz/Behrens/Zeh 1998). Die Forscher untersuchten den Vergleich der Leistung verschiedener Medien, den politischen Standort im Rahmen des Konflikts sowie Merkmale der Qualität der Berichterstattung (wie etwa die Einhaltung des Kriteriums der Trennung von Nachricht und Meinung). Ausgangssituation war, dass sich einige Medien durch Kernkraftgegner deutlich instrumentalisieren ließen, die Medienberichterstattung Erwartungen hinsichtlich des Konfliktverlaufes weckte und damit auf die Realität zurückwirkte. Durch geschürte Erwartungen bereiteten die Medien selbst (teilweise zumindest) die Ereignisse vor, über die sie anschließend berichteten. Bei der Studie handelte es sich um eine systematische, quantitative Inhaltsanalyse von Print- und Funkmedien sowie des Basisdienstes der Deutschen Presseagentur dpa. Untersuchte Printmedien waren die weltanschaulich unterschiedlich ausgerichteten, überregional verbreiteten bundesdeutschen Tageszeitungen Frankfurter Rundschau (FR), Süddeutsche Zeitung (SZ), Frankfurter Allgemeine (FAZ), die tageszeitung (taz), Die Welt sowie die Bild-Zeitung. Zu den untersuchten Funkmedien gehörten die ARD, das ZDF, SAT.1, RTL und ProSieben, und zwar jeweils die tagesaktuelle Berichterstattung zwischen 18.30 Uhr und 20.15 Uhr. Der Untersuchungszeitraum der Analyse erstreckte sich auf die Zeit vom 1. Februar 1997 bis zum 31. März 1997. Ergänzend dazu wurde der Basisdienst der dpa für die Zeit vom 1. Januar 1995 bis 31. März 1997 in die Analyse mit einbezogen. Von den zahlreichen Ergebnissen der publizierten Studie seien einige herausgehoben:

Zum Medienvergleich: Die Berichterstattung über den Castor-Transport wird im Medienvergleich von zwei wesentlichen Faktoren bestimmt. Zum einen hängen Umfang und Art der Berichterstattung von der *politisch-weltanschaulichen Grundrichtung* der einzelnen Medien ab. Zum anderen führen Unterschiede im *Niveau des Nachrichtenstils* zu einer unterschiedlichen Art der Präsentation des Geschehens.

- In den links orientierten Zeitungen wurde quantitativ häufiger über den Castor-Transport berichtet als in den konservativen Zeitungen (wobei die FAZ recht zurückhaltend ist). Das Selektionsverhalten der Bild-Zeitung glich eher dem der Fernsehsender als dem der anderen Zeitungen.
- Im Fernsehen hatte das Thema Castor bei den privaten Kanälen RTL, SAT.1 und ProSieben die deutlich größere Resonanz. Generell beachteten Fernsehnachrichten das Geschehen intensiv und eher kurz, und nach dem Eintreffen des Transports in Gorleben wandten sie sich schnell anderen Themen zu.
- Bei der ARD sowie bei den links orientierten Zeitungen war eine umfangreichere Vorthematisierung im Februar 1997 festzustellen.
- Im Basisdienst der dpa dominierten bei den *Themenbezügen* die Aspekte der Zwischen- und Endlagerung. Ähnliche Akzente setzte die FAZ. In der SZ wurde das weiter gefasste Thema Kernenergie häufig behandelt. In den TV-Nachrichten lag der Anteil der Beiträge mit konkretem Themenbezug deutlich unter dem der dpa und der Tageszeitungen. Extrem gering war der Themenbezug dagegen in der Bild-Zeitung.
- Von den *Ereignisbezügen* spielten vor allem zwei eine große Rolle, nämlich a) Demonstranten als Urheber von Aggressionen und b) Demonstranten als Urheber von Schäden. Demonstranten und Sicherheitskräfte als Verletzte finden bei der Bild-Zeitung und bei der taz relativ starke Beachtung. Dabei erwähnt die Bild-Zeitung häufiger die Sicherheitskräfte, die taz häufiger die Demonstranten.
- Insgesamt werden die Kernenergie- und Entsorgungsthematik einerseits sowie die konkreten Ereignisse andererseits in separaten Beiträgen behandelt. Der Leser muss die Zusammenhänge zwischen beidem selbst herstellen.

Zur Eskalation des Konflikts im Fernsehen: Alle Sender maßen dem Castor-Transport große Bedeutung bei und berichteten darüber innerhalb der Nachrichtensendungen an erster oder zweiter Position. Offene Konflikte, Demonstrationen und gewaltsame Auseinandersetzungen kamen dem Bedürfnis der TV-Sender nach Aktion und Dramatik sehr entgegen. Für eine fernsehgerechte Darbietung ist es nämlich von Vorteil, wenn – wie in diesem Fall – die Konfliktparteien eindeutig auszumachen sind, der Geschehensablauf gut disponierbar ist und in relativ kurzer Zeit auf einen Höhepunkt zuläuft. Dazu wieder einige Resultate:

- Von allen TV-Sendern widmete RTL dem Ereignis die mit Abstand meiste Sendezeit. Mittels Liveübertragung demonstrierten fast alle Sender Aktualität und erweckten den Eindruck von Dramatik. Dabei passte die Darstellungsform (Livebericht) nur selten zum tatsächlichen Geschehen vor Ort, denn meist berichteten die Reporter über Vorbereitungen, Erwartungen oder Befürchtungen, selten jedoch über tatsächliche Vorfälle und Entwicklungen.
- Die Fernsehsender reduzierten den Konflikt auf eine simple bipolare Struktur und auf diejenigen Konfliktparteien, von denen die meiste bildlich darstellbare Aktivität ausgeht, nämlich von den Demonstranten und den Polizisten.
- Die politische Dimension der Ereignisse trat dabei in den Hintergrund, vor allem bei den Privatsendern. RTL hatte am meisten dazu beigetragen, den Konflikt zu dramatisieren und sensationalistisch aufzubauschen.

Zur Bewertung der Kernenergiepolitik und der Konfliktbeteiligten: Alle untersuchten Medien setzten sich deutlich mehr mit dem Handeln der Beteiligten (Politiker, Demonstranten, Sicherheitskräfte) am Castor-Konflikt auseinander als mit den Problemen der Kernenergie, außerdem überwogen kritische Urteile.

- In den analysierten Zeitungen waren vor allem die politischen Akteure Objekt heftiger Kritik, und die Zeitungen vermittelten fast einhellig den Eindruck vom Versagen der Politik.
- Am moderatesten gab sich dabei die FAZ, am entschiedensten kritisch die SZ. In den konservativen Zeitungen (FAZ, Die Welt, Bild-Zeitung) war überwiegend Kritik an den Castor-Gegnern zu finden. In den links orientierten Zeitungen wurden diese Personen nicht nur weniger kritisiert; es fand sich daneben durchaus auch Zustimmung für ihre Forderungen – weitaus am häufigsten in der taz. Die Kritik in diesen Zeitungen richtete sich eher an die verantwortlichen Politiker.
- Die Sicherheitskräfte wurden in allen untersuchten Medien häufiger negativ als positiv bewertet, wenn auch aus unterschiedlichen Gründen: von den links orientierten Blättern wegen ihres als zu hart empfundenen Einsatzes, von den konservativen wegen ihrer zu starken Zurückhaltung.
- Beim Fernsehen ließ sich für die ProSieben-Nachrichten und die Tagesschau (ARD) eine deutliche Tendenz der Unterstützung der Castor-Gegner ausma-

chen, auf SAT.1 und im heute-journal (ZDF) dominierte eher Kritik an den
Castor-Gegnern.

- Insgesamt nahmen ARD, ProSieben und RTL sowie die links orientierten Zeitungen eher eine Anti-Castor-Haltung ein; ZDF und SAT.1 sind wie die konservativen Zeitungen eher zu den Befürwortern des Transports zu zählen.
- Bei den Aussagen über die verschiedenen Aspekte der Kernenergiepolitik überwog die Kritik in fast allen untersuchten Zeitungen, am ausgeprägtesten in der links orientierten Presse. In den Fernsehsendungen kamen so gut wie keine Stellungnahmen zu diesem Thema vor.

Zur journalistischen Qualität: Insgesamt fällt auf, dass es alle Zeitungen und auch einige Fernsehsender mit der Trennung von Nachricht und Meinung nicht so genau nahmen. Die Tendenz der berichteten Urteile über den Konflikt stimmte bei allen Medien im Großen und Ganzen mit der jeweiligen redaktionellen Linie überein (und die öffentliche Diskussion wurde weitgehend sehr selektiv wiedergegeben). Die Fernsehberichterstattung (v.a. bei den Privaten) wies im Vergleich zu den untersuchten Abonnementzeitungen insgesamt Qualitätsmängel auf: Sie war themenarm, auf Aktion und Konfrontation fixiert und teils sensationalistisch aufgebauscht. Bezüglich der Betonung von Negativismus und Dramatik erwiesen sich der Analyse zufolge die taz und die Bild-Zeitung als besonders auffällig, von den Fernsehsendern die privaten Kanäle.

Beispiel 2: Wissenschaft als Nachricht

Christoph Kiese erarbeitete 1997 eine Fallstudie zur Behandlung der Ozonproblematik in der Frankfurter Allgemeinen Zeitung (Kiese 1997). Er führte dazu eine Inhaltsanalyse der Berichterstattung der FAZ über die Ozonproblematik von 1974 bis 1994 durch (und stellte in diesem Kontext übrigens auch eine mikrosoziologische Untersuchung von redaktionellen Handlungsmustern in der FAZ über Experteninterviews mit Redakteuren an, die Ozon-Beiträge verfasst haben). Kiese wollte wissen, a) wie sich die gesellschaftliche Kommunikation zum Thema Ozon aus der Sicht der Berichterstattung eines Massenmediums (FAZ) zwischen 1974 und 1994 (also einer doch recht langen Zeitspanne) gestaltete; b) in welchem Umfang Phänomene der Popularisierung und Politisierung in der Ozon-Berichterstattung der FAZ zu erkennen sind. Unter *Popularisierung* ist dabei die vereinfachende Übersetzung wissenschaftlicher Ergebnisse in eine dem Laien verständliche Sprache zu verstehen. *Politisierung* wiederum meint die über die Massenmedien transportierte Instrumentalisierung wissenschaftlichen Wissens in außerwissenschaftlichen – im konkreten Fall politischen – Kontexten. Dazu einige wichtige Ergebnisse:

- Von 1974 bis 1984, also in der ersten Hälfte des gesamten Untersuchungszeitraumes, ist Ozon ein vorwiegend wissenschaftliches Problem mit Bedeutung für Experten und Wissenschaftsinteressierte.

- Dagegen gewinnt zwischen 1985 und 1994 die Ozonproblematik zusehends auch Relevanz für die ganze Gesellschaft. Die Lösung der Ozonproblematik wird mit politischen Entscheidungen in Verbindung gebracht.
- Das wissenschaftliche Problem Ozon wird allmählich von einem Gegenstand der Popularisierung zu einem Gegenstand der Politisierung. Als politisch-gesellschaftliches Problem findet Ozon dabei eine sehr viel größere Bedeutung denn als rein wissenschaftliches Problem.
- Als politisches Thema ist Ozon Gegenstand journalistischer Reflexion und Auslöser journalistischer Aktivität: Die Journalisten der FAZ verstärken die gesellschaftliche und politische Diskussion zu diesem Thema.
- Der Ozonproblematik widmen sich die Redaktionen »Natur und Wissenschaft« (naturwissenschaftliche Aspekte), »Politik« (politische Aspekte) und »Wirtschaft« (ökonomische Aspekte). Die Redaktion »Natur und Wissenschaft« bearbeitet das Thema rubrikübergreifend und federführend.
- Wissenschaftsredakteure stellen die Problematik im politischen Teil oftmals anders dar als in ihrem eigenen. In jenen Beiträgen, die sie für andere Ressorts (Politik, Wirtschaft) schreiben, beurteilen sie die Informationen unter politischen Relevanzkriterien (und nicht unter rein wissenschaftlichen Aspekten).

Kiese unterscheidet auf der Basis seiner Analyse, deren Ergebnisse freilich nur für die FAZ repräsentativ sind, zwei Typen von Wissenschaftsnachrichten, nämlich politische und populäre Wissenschaftsnachrichten. *Politische* Wissenschaftsnachrichten sind wie alle anderen Nachrichten solche Konstruktionen, die von Journalisten aus Information gemacht werden. Die Selektionskriterien entsprechen jenen aus anderen journalistischen Bereichen. Sie sind nicht naturwissenschaftlich, sondern gesellschaftswissenschaftlich und haben die Mitgestaltung politischer Verhältnisse im Auge. *Populäre* Wissenschaftsnachrichten folgen anderen Selektionskriterien. Für sie ist von Bedeutung, ob eine Information fundiert und unter Wissenschaftlern konsensfähig ist. (Tages-)Aktualität spielt eine eher untergeordnete Rolle. Publizierte Informationen stammen aus wissenschaftlichen Quellen und beziehen sich primär auf Sachverhalte (nicht so sehr auf Personen).

Beispiel 3: TV-Berichterstattung über Katastrophen

Andreas Fahr untersuchte die Fernsehberichterstattung über den Flugzeugabsturz einer Boeing 757 der türkischen (Charter-)Fluggesellschaft Birgenair vor der Dominikanischen Republik im Februar 1996 (Fahr 2001). Gegenstand der Analyse war die gesamte Berichterstattung in den Hauptnachrichten von Tagesschau (ARD), heute (ZDF), SAT.1 18:30, VOX-Nachrichten und ProSieben-Nachrichten. Der Untersuchungszeitraum erstreckte sich über fünf Wochen (7. Februar bis 14. März 1996). Insgesamt flossen 88 Fernsehbeiträge dieser als Vollerhebung angelegten Studie in die Analyse ein. Außerdem wurde die Fernsehberichterstattung mit ausgewählter Printberichterstattung (FAZ, NZZ, Focus und Spiegel) verglichen. Die Inhaltsanalyse stellte die Frage nach der Qualität von Fernsehnachrichten. Als Qualitätsdimensionen wurden die zentralen Konstrukte a) Vielfalt und b) Professionalität (Ausgewogenheit, Neutralität, Aktualität und Vollständigkeit) herangezogen. Neben der Operationalisierung dieser normativen Qualitätsbegriffe wurden kommunikationswissenschaftliche Konzepte für die Erklärung der Berichterstattungsmuster herangezogen. Dazu gehörten u.a. die Konzepte Konsonanz/Konvergenz und Framing. Der Überprüfung des Qualitätsfaktors *Ausgewogenheit* diente die Einbeziehung der Printmedienanalyse. *Neutralität* wurde an der Tendenz bzw. Instrumentalität der Aussagen über die allgemeine Flugsicherheit und an den Bildinhalten festgemacht. Als Maßstab für *Richtigkeit* wurden offizielle Statistiken über Flugzeugabstürze sowie die Transparenz der Aussagen herangezogen; *Aktualität* wurde über die Neuigkeit der Bilder operationalisiert. Der Grad der *Vollständigkeit* der Hauptnachrichten wurde u.a. am Anteil von (Primär-)Aussagen in der Printberichterstattung festgemacht. Die Studie weist sich also insgesamt durch ein klar und anspruchsvoll strukturiertes Design aus. Analyseeinheiten waren die in den Beiträgen enthaltenen Aussagen. Insgesamt wurden 1.902 Aussagen codiert. Die Analyse erbrachte u.a. folgende Ergebnisse:

- Alle analysierten Hauptnachrichtensendungen berichteten über das Thema etwa gleich häufig, die beiden großen Privatsender RTL und SAT.1 jedoch deutlich länger, was deren stärkere Ausrichtung an Human-Interest-Themen bestätigte. Die Vielfalt der Urheber und Aussageobjekte war zwischen den Sendungen vergleichsweise konstant (was auf eingeschränkte Vielfaltspotenziale hinweist).
- Die Hauptnachrichten konnten (vor dem Hintergrund der analysierten Printberichterstattung) zwar im Großen und Ganzen als ausgewogen gelten, erwiesen sich allerdings eher als ereignis- denn reflexionsorientiert und stärker folgen- als ursachenorientiert. Darüber hinaus wurde der Einzelfall des Absturzes der Birgenair sofort zum *pars pro toto* für angeblich unsichere – weil an Wartung sparende – »Billigflieger« generalisiert. Die tatsächliche Absturzursache war jedoch nicht auf technische Mängel, sondern – wie der Untersuchungsbericht der Flugaufsichtsbehörde ergab – auf Fehler der Flugbesatzung zurückzuführen.
- Die anfänglich nahe liegende »Erklärung« (technische Mängel) gab offenbar den Frame, also den Einordnungs- und Interpretationsrahmen für die nahezu gesamte Folgeberichterstattung vor und zeigte eine erstaunliche Resistenz gegenüber Alternativerklärungen. Die Framing-Hypothese konnte auf der Mikroebene bei diesem Thema also belegt werden.
- Die Fehlerhaftigkeit der Interpretation der Absturzursache schlug sich in einer mangelhaften Richtigkeit der Berichterstattung über die allgemeine Flugsicherheit nieder: Während weltweit etwa 10 Prozent der Flugzeugabstürze auf technisches Versagen und die Hälfte auf menschliches Versagen zurückzuführen sind (Stand 1996), musste man bei der Betrachtung der Hauptnachrichten den Eindruck gewinnen, Fliegen sei vor allem ein technisches Risiko.

- Hinsichtlich der Neutralität war vor allem den öffentlich-rechtlichen Hauptnachrichten eine gewisse Distanz zu attestieren, die beiden großen Privaten kritisierten die allgemeine Flugsicherheit deutlicher.
- Akzeptiert man die Gesamtberichterstattung der Printmedien als Vollständigkeitsmaßstab, so fanden sich in den analysierten TV-Nachrichten gerade einmal neun Prozent aller potenziell möglichen Aussagen zum Thema. Rezipienten, die sich eingehender mit einem Thema auseinander setzen wollten, kamen um die Lektüre zusätzlicher Printmedien nicht umhin. Vor dem Hintergrund dieser Kritik ist allerdings anzumerken, dass eine eingehende Hintergrundberichterstattung von den vergleichsweise kurzen TV-Hauptnachrichten nicht ohne weiteres erwartet werden kann.

Insgesamt zeigt die Studie, dass die deutschen TV-Hauptnachrichten allesamt unmittelbar im Anschluss an das Ereignis sehr umfangreich, aktuell und nach gegebenen Umständen durchaus vielfältig über ein relevantes Thema berichten. Schwer wiegt allerdings die Tendenz zur unmittelbaren und vergleichsweise unreflektierten Generalisierung des Einzelfalls. Wenn, wie im hier untersuchten Fall, das zu Grunde liegende Ereignis kein Prototyp des allgemeinen Problems ist, werden eilfertige (Vor-)Urteile prekär, die erstaunlich resistente Framing-Prozesse in Gang setzen. Solch fehlerhaftem Framing und vielfaltseinschränkender Konvergenz kann seitens der Journalisten entgegengetreten werden, indem frühzeitig alternative Erklärungsmöglichkeiten in Betracht gezogen werden und diesen in der Recherche stärker nachgegangen wird.

4.2.4 Medieninhalte und Journalismus

Zur Medieninhaltsforschung gehören des weiteren Ausführungen darüber, wie Inhalte in Massenmedien zu Stande kommen. Überlegungen dazu wurden bereits in Kapitel 4.1.2.2 (Journalismus und Medieninhalte) angestellt, wobei u.a. auch die Nachrichtenfaktoren zur Sprache kamen. Diese Faktoren als Merkmale von berichteten Ereignissen in den Medien wurden u.a. auch inhaltsanalytisch ermittelt. Winfried Schulz sieht in ihnen, wie erwähnt, jedoch weniger Merkmale von Ereignissen als vielmehr journalistische Hypothesen von Wirklichkeit, d.h. »Annahmen der Journalisten über Inhalt und Struktur von Ereignissen, die ihnen zu einer als sinnvoll angenommenen Interpretation von Realität dienen« (Schulz 1994, S. 332). Konsequent weitergedacht würde dies, wie ausgeführt, bedeuten, dass Journalisten nur noch Konstrukte von Wirklichkeit liefern bzw. dass Wirklichkeit eine Folge der Medien sei – ein Grundgedanke, von dem der Konstruktivismus, respektive der radikale Konstruktivismus, ausgeht. Ein Sammelband liegt dazu von Armin Scholl vor (vgl. Scholl 2002).

Im Zusammenhang mit Medieninhalten wird gelegentlich auch der Aspekt der Objektivität von Medienbotschaften sowie das Postulat der Trennung von Nachricht und Meinung angesprochen. Beides soll hier kurz angesprochen werden (auch wenn diese beiden zusammengehörenden Themenkreise auch im Abschnitt über Kommunikatorforschung stimmig gewesen wären).

4.2.4.1 Trennung von Nachricht und Meinung

Das Postulat der Trennung von Nachricht und Meinung, dem im amerikanischen Journalismus große Bedeutung zukommt, ist an sich an die Journalisten gerichtet. Da sich die Beachtung oder Nichtbeachtung der Trennungsnorm in den Medieninhalten niederschlägt (und auch über Inhaltsanalysen ermittelt wird – vgl. Schönbach 1977), kann die Thematik durchaus hier erörtert werden. *Nachrichten* sollen die Leser, Hörer, Zuschauer und User sachlich informieren und unterrichten – den Mediennutzern soll ein möglichst stimmiges Abbild der Wirklichkeit geboten werden, ungefärbt von persönlichen Sichtweisen des Journalisten. *Meinungsbeiträge* mit persönlichen Wertungen und Bewertungen sollen das Nachrichtenangebot lediglich ergänzen. Durch die Trennung von Nachricht und Meinung soll dem Bürger ermöglicht werden, sich durch unvoreingenommen mitgeteilte Fakten und die getrennt davon mitgelieferte Interpretation selbst eine Meinung zu bilden (vgl. Schönbach 1977). Aus dem US-amerikanischen Journalismus ist der Grundsatz »facts are sacred, comment is free« bekannt. In der Trennung von Nachricht und Meinung liegt somit auch ein journalistisches Qualitätskriterium vor. Freilich: *die* objektive Nachricht gibt es nicht.

4.2.4.2 Aspekt der Objektivität

Das Thema Objektivität wird im Zusammenhang mit der nachrichtlichen Berichterstattung immer wieder thematisiert. Von nachrichtlichen Medieninhalten wird allgemein erwartet, dass sie »objektiv« sind. Hinter solchen Erwartungen kann sowohl ein Anspruch an journalistisches Handeln als auch eine politische Forderung stehen, die letztlich wieder auf journalistisches Handeln zielt, nämlich: Ein zur Veröffentlichung bestimmtes Ereignis faktengetreu (von der Sache her) und unvoreingenommen (vom Journalisten her) zu vermitteln.

Zunächst zur *politischen Forderung* nach Objektivität: Diese wird in Deutschland (mit Ausnahme Hessens) in allen Landespressegesetzen erhoben, wenn es heißt, dass die Presse »alle Nachrichten vor ihrer Verbreitung mit der nach den Umständen gegebenen Sorgfalt auf Wahrheit, Inhalt und Herkunft zu prüfen« habe (so etwa das Bayerische Landespressegesetz). Nach gängiger Interpretation muss hierbei das »objektive und ernstliche Bemühen« um wahrheitsgemäße Darstellung ausreichen, was heißt, dass die Presse zur *Wahrhaftigkeit,* nicht zur objektiven Wahrheit verpflichtet ist (vgl. Löffler 1994, S. 265). Auch die Landesrundfunkgesetze und Satzungen der Länder stellen in verschiedenen Formulierungen die Forderung nach Objektivität auf. Manfred Heun hat sie analysiert und kommt in seiner Gesamtbetrachtung auf vier Dimensionen der »objektiven Nachricht« im öffentlich-rechtlichen Rundfunk (vgl. Heun 1975): (1) So soll das Verhältnis der kommunizierenden Aussagen (Inhalte) zur Realität stimmig sein (anders gesagt: Der in der Nachricht berichtete Sachverhalt entspricht einem realen Geschehen oder realen Zustand). (2) Die sprachliche Darstellung der berichteten Sachverhalte soll stimmig sein. Gefordert wird Sachlichkeit des Stils, eine sachorientierte sprachliche Darstellung des Geschehens, bei der jede wertende Stellungnahme durch Wortwahl, Satzbau und Anordnung der Inhalte unterbleibt. (3) Die Auswahl der zu sendenden Sachverhalte muss stimmig sein, d.h. das Prinzip der Objektivität ist auf die Nachrichtenauswahl zu übertragen. (4) Die optisch-artikulatorische Realisierung der Nachrichten muss der Zielvorstellung von Objektivität entsprechen – also keine Manipulation durch Bild, Ton, Sprache und Sprechweise (vgl. Heun 1975, S. 69).

Auch die Ziffern 1, 2, 3 und 7 der Publizistischen Grundsätze des Deutschen Presserates enthalten für das Objektivitätspostulat relevante Forderungen. Nicht zuletzt meinen 66 Prozent der bundesdeutschen Journalisten selbst, dass die Journalisten die Realität genauso abbilden sollen, wie sie ist (vgl. Weischenberg/Löffelholz/Scholl 1994, S. 154-167).

Was das Thema *Objektivität als journalistischen Anspruch,* als handlungsleitende professionelle Norm betrifft, so lassen sich die folgenden Kriterien benennen, durch deren praktische Umsetzung sich die Zielvorstellung Objektivität einigermaßen realisieren lässt (vgl. Bentele/Ruoff 1982; Bentele 1995):

- *Sachlichkeit*: die sich absolut an Fakten haltende Informationsvermittlung, die Darstellung eines Ereignisses ohne jede Emotion
- *Überparteilichkeit*: die Unabhängigkeit des Journalisten von eigenen wie fremden Sonderinteressen, die genaue Ermittlung der Fakten und ihrer Zusammenhänge
- *Vollständigkeit*: die Berücksichtigung aller relevanten Aspekte, keine Verschleierung von Information
- *Richtigkeit*: die sorgfältige Überprüfung des Wahrheitsgehaltes einer zur Veröffentlichung vorgesehenen Information, ihre Überprüfung durch Quellenvergleiche, Zusatzrecherchen bei Augenzeugen, in Datenbanken, Gutachten etc.
- Hinzu kommt die *Sachlichkeit der optischen und nichtverbalen Darstellung*, also der optischen, auditiven, mimischen und gestischen Elemente: In der Praxis heißt dies für Objektivität beispielsweise nichtmanipulative Tonmischungen und Kameraführungen, nichtmanipulative Bildauswahl und nichtmanipulativer Bildschnitt.

Diese praktisch-handwerklichen Aspekte sind zweifellos richtig und wichtig, und gute Journalisten werden sich um deren Realisierung auch bemühen. Objektive Sichten gibt es freilich nicht, und Objektivität ist auch nicht messbar (vgl. Donsbach 1990). Mit Winfried Schulz lassen sich Argumente zusammenfassen, die nicht gegen das Bemühen um die Realisierung des Objektivitätspostulats sprechen sollen, die aber deutlich machen können, wie sich *Objektivität als theoretisches Problem* darstellt, nämlich:

- Die uns umgebende Umwelt ist viel zu groß und zu komplex, um sie real und objektiv erfassen zu können.
- Sowohl bei der individuellen wie auch bei der Umweltbeobachtung durch die Massenmedien kann Realität nur modellhaft rekonstruiert werden.
- Jeder Beobachter, ob Einzelperson oder Journalist, wählt dabei notgedrungen aus, macht sich gleichsam ein Bild.
- Die Auswahl der »Bilder« sind das Resultat individueller Schemata, mit deren Hilfe man automatisch Umweltkomplexität zu reduzieren versucht (wobei Stereotypen und Vorurteile ein Rolle spielen).
- Hinzu kommen – im Journalismus – professionelle Routinen sowie medieninterne (z.B. Aktualitätsdruck, Platz- oder Zeitvorgaben etc.) und medienexterne Zwänge (z.B. Angewiesenheit auf Agenturen und eine Vielzahl von Quellen bzw. Informanten, die ihrerseits subjektive Sichten vermitteln).
- Was die Medien vermitteln, ist folglich Resultat von Wahrnehmungs-, Selektions- und Interpretationsprozessen. Ereignisse werden immer »definiert«.
- Ohne derartige Definitionen und »konstruktive Operationen« eines Betrachters ist weder persönliche Wahrnehmung noch Medienberichterstattung möglich. Immer wird Realität »konstruiert« (vgl. Schulz 1994, S. 332ff).

Da der Vorgang der Konstruktion von Realität also von den Massenmedien geleistet wird, kann man, so Schulz, die Medien auch als »kollektive Organe« begreifen, »mit der Funktion, gesellschaftliche Wirklichkeit in Nachrichten zu konstruieren (...). Damit stellt sich Objektivität nicht nur als ein Abbildungs- und Selektionsproblem, sondern auch als Frage nach der *Interpretation* von Wirklichkeit: (Schulz 1994, S. 337). Die Frage ist freilich, so Schulz weiter, nach welchen Interpretationsschemata und Hypothesen die Rekonstruktion von Realität in den Massenmedien erfolgt, »wenn uns die Medien die Welt durch Nachrichten deuten und damit wahrnehmbar machen« (Schulz ebd.). Mit dem Thema Objektivität haben sich in jüngerer Zeit u.a. Wolfgang Donsbach (1990) sowie Günter Bentele (1995) befasst.

Literatur

Bentele, Günter (1995): Wirklichkeitsreduktionen. Zur Objektivität und Glaubwürdigkeit der Medien. Opladen.

Bentele, Günter; Ruoff, Robert (Hrsg.) (1982): Wie objektiv sind unsere Medien? Frankfurt/Main.

Bentele, Günter; Jarren, Otfried (1986): Berlin in Presse und Fernsehen. Eine Inhaltsanalyse zur Berlin-Berichterstattung Berliner Tageszeitungen und der Berliner Abendschau. Berlin.

Bleicher, Joan Kristin (1993): Chronik zur Programmgeschichte des deutschen Fernsehens. Berlin.

Böhme-Dürr, Karin (2000): Perspektivensuche. Das Ende des Kalten Krieges und der Wandel des Deutschlandbildes in der amerikanischen Presse (1976-1998). Konstanz.

Brandl, Annette (2002): Webangebote und ihre Klassifikation. München.

Debatin, Bernhard (1998): Analyse einer öffentlichen Gruppenkonversation im Chat-Room. Referenzformen, kommunikationspraktische Regularitäten und soziale Strukturen in einem kontextarmen Medium. In: Prommer, Elizabeth; Vowe, Gerhard (Hrsg.): Computervermittelte öffentliche Kommunikation – makroskopische und mikroskopische Einblicke. Konstanz, S. 13-37.

Donsbach, Wolfgang (1990): Objektivitätsmaße in der Publizistikwissenschaft. In: Publizistik 35:1990, S. 18-29.

Fahr, Andreas (2001): Katastrophale Nachrichten? Eine Analyse von Fernsehnachrichten. München.

Früh, Werner (2001): Inhaltsanalyse. Theorie und Praxis. Konstanz.

Guggisberg, Marie-Therese (1976): Das Auslandsbild der Presse. Eine vergleichende Analyse der Auslandsberichterstattung ausgewählter Zeitungen neutraler Kleinstaaten. Bern, Stuttgart.

Haas, Michael; Frigge, Uwe; Zimmer, Gert (1991): Radio-Management. Ein Handbuch für Radio-Journalisten. München.

Halefeldt, Horst O. (1999): Programmgeschichte des Hörfunks. In: Wilke, Jürgen (Hrsg.): Mediengeschichte der Bundesrepublik Deutschland. Bonn, S. 211-213.

Haller, Michael (1997): Die Reportage. 4., überarb. Aufl. Konstanz.

Haller, Michael (2000): Das Interview. 3., überarb. Aufl. Konstanz.

Heun, Manfred (1975): Die Subjektivität der öffentlich-rechtlichen Nachrichten. In: Straßner, Erich (Hrsg.): Nachrichten. Entwicklungen, Analysen, Erfahrungen. München, S. 66-82.

Kiese, Christoph (1997): Wissenschaft als Nachricht. Eine Fallstudie zur Behandlung der Ozonproblematik in der Frankfurter Allgemeinen Zeitung (1974-1994). Berlin.

Krüger, Udo Michael (1998): Modernisierung bei stabilen Programmstrukturen. Programmanalyse 1997: ARD, ZDF, RTL, SAT.1 und ProSieben im Vergleich. In: Media Perspektiven 7/1998, S. 314-330.

Löffler, Martin (1994): Handbuch des Presserechts. 3., überarb. Aufl. München.

Ludes, Peter (1999): Programmgeschichte des Fernsehens. In: Wilke, Jürgen (Hrsg.): Mediengeschichte der Bundesrepublik Deutschland. Bonn, S. 255-271.

Narr, Andreas (1988): Verständlichkeit im Magazinjournalismus. Probleme einer rezipientengerechten Berichterstattung im Hörfunk. Frankfurt/Main.

Pleyer, Peter (1986): Nationale Stereotypen im gegenwärtigen deutschen Spielfilm. Eine aussagenanalytische Leitstudie des Instituts für Publizistik Münster. Münster.

Pürer, Heinz (Hrsg.) (1996): Praktischer Journalismus in Zeitung, Radio und Fernsehen. Mit einer Berufs- und Medienkunde für Journalisten in Österreich, Deutschland und der Schweiz. [2., überarb. Aufl.] Konstanz.

Reumann, Kurt (1997): Journalistische Darstellungsformen. In: Noelle-Neumann, Elisabeth; Schulz, Winfried; Wilke Jürgen (Hrsg.): Fischer Lexikon Publizistik/Massenkommunikation. Frankfurt/Main, S. 91-116.

Rottmann, Vera (2001): »Von wahnsinnigen und blinden Kühen«. Zur Berichterstattung über BSE in ausgewählten deutschen Tageszeitungen. (unveröffentlichte Magisterarbeit, München)

Rundfunkstaatsvertrag 1991 – Staatsvertrag über den Rundfunk im wiedervereinigten Deutschland. In: Media Perspektiven 1991, Dokumentation IIIa/1991.

Sanderson, David (1997): Lexikon der Emotikons. In: Zeitschrift für Semiotik 3/19/1997, S. 307-315.

Scherer, Helmut et al. (1997): Die Darstellung von Politik in ost- und westdeutschen Tageszeitungen. Ein inhaltsanalytischer Vergleich. In: Publizistik 42:1997, S. 413-438.

Schneider, Beate et al. (1997): Lokalzeitungen in Ostdeutschland – Strukturen, publizistische Leistung und Leserschaft. In: Media Perspektiven 7/1997, S. 380-390.

Schneider, Beate et al. (2000): Ortsbestimmung. Lokaljournalismus in den neuen Ländern. Konstanz.

Schönbach, Klaus (1977): Trennung von Nachricht und Meinung. Freiburg i. Brsg.

Scholl, Armin (2002): Systemtheorie und Konstruktivismus in der Kommunikationswissenschaft. Konstanz.

Schulz, Winfried (1970): Der Inhalt der Zeitungen. Düsseldorf.

Schulz, Winfried (1994): Nachricht. In: Noelle-Neumann, Elisabeth; Schulz, Winfried; Wilke, Jürgen (Hrsg.): Fischer-Lexikon Publizistik/Massenkommunikation. Frankfurt/Main, S. 307-337.

Schulz, Winfried; Berens, Harald; Zeh, Reimar (1998): Der Kampf um Castor in den Medien. Konfliktbewertung, Nachrichtenresonanz und journalistische Qualität. München.

Schuppe, Matthias (1988): Im Spiegel der Medien. Wertewandel in der Bundesrepublik Deutschland. Eine empirische Analyse von Stern, ZDF-Magazin und Monitor im Zeitraum 1965-1983. Frankfurt/Main.

Storrer, Angela (2001): Schreiben, um besucht zu werden. Textgestaltung fürs World Wide Web. In: Bucher, Hans-Jürgen; Püschel, Ulrich (Hrsg.): Die Zeitung zwischen Print und Digitalisierung. Wiesbaden, S. 173-206.

Stuiber, Heinz-Werner (1998): Medien in Deutschland, Band 2: Rundfunk (2 Teile). Konstanz.

Vyslozil, Wolfgang; Pürer, Heinz; Roloff, Eckart Klaus (1973): Die Struktur der österreichischen Tagespresse (1971). Sonderheft der Zeitschrift I+M. St. Pölten.

Weischenberg, Siegfried (2001): Nachrichten-Journalismus. Anleitungen und Qualitätsstandards für die Medienpraxis. Opladen.

Weischenberg, Siegfried; Löffelholz Martin; Scholl, Armin (1994): Merkmale und Einstellungen von Journalisten in Deutschland II. In: Media Perspektiven 4/1994, S. 154-167.

Weiss, Ralph (1988): Programmstrukturen im dualen Hörfunksystem: Ergebnisbericht über die inhaltsanalytische Untersuchung der Programmstruktur des Hörfunkangebots in Hamburg. Hamburg.

Wetzstein Thomas A.; Dahm, Hermann; Steinmetz, Linda; Schampaul, Stephan; Eckert, Roland (1995): Datenreisende. Die Kultur der Computernetze. Opladen.

Wilke, Jürgen (1984): Nachrichtenauswahl und Medienrealität in vier Jahrhunderten. Berlin, New York.

4.3 Medienforschung

Der Begriff »Medienforschung« wird im allgemeinen Sprachgebrauch nicht selten als Synonym für Massenkommunikationsforschung generell gebraucht. Dies ist hier nicht gemeint. Im Hinblick auf die dieser Publikation zu Grunde gelegte Systematik von Kommunikationsprozessen befasst sich die Kommunikationswissenschaft im Bereich Medienforschung vielmehr mit den – nicht nur technischen – Mitteln und Mittlern der Kommunikation, deren man sich bedient, um anderen etwas mitzuteilen. In der Face-to-face-Kommunikation sind diese Mittel, wie erwähnt (vgl. Kapitel 3.1.4f), primär die Sprache sowie eine Vielzahl nonverbaler Ausdrucksformen, die den Austausch von Informationen zwischen zwei oder auch mehr Kommunizierenden ermöglichen. In der technisch vermittelten Individualkommunikation (Telefon, Fax, SMS), in der Massenkommunikation (Print, Funk) sowie – mit notwendigen Differenzierungen – auch in der computervermittelten Kommunikation (Internet, Online-Kommunikation) sind Medien primär technische Geräte und organisationelle Infrastrukturen, mit deren Hilfe Botschaften und Mitteilungen generiert und ausgetauscht bzw. öffentlich vermittelt werden. In der Massenkommunikation sowie zu einem großen Teil auch in der computervermittelten Kommunikation werden diese technischen Medien in aller Regel von komplexen Organisationen wie Zeitungs- und Zeitschriftenbetrieben, Radio- und Fernsehanstalten, Film- und Videoproduktionsunternehmen, kommerziellen und nicht-kommerziellen Online-Anbietern etc. betrieben. Da zahlreiche Medienunternehmen inzwischen Medienprodukte und Mediendienste unterschiedlicher Art anbieten, ist bei solchen Unternehmen oft auch von Medienhäusern bzw. Multimediakonzernen die Rede.

4.3.1 Begriff »Medium«

Im Zusammenhang mit dem Medien-Begriff ist zu erwähnen, dass die Kommunikationswissenschaft de facto über keinen eindeutigen Medien-Begriff verfügt und sich trotz mancher Bemühungen schwer tut, zu einer klaren Begrifflichkeit zu finden. Im Folgenden seien einige Aspekte angesprochen, die diese Problematik verdeutlichen. Drei Themenkreise sollen dabei kurz erörtert werden: zunächst der Aspekt, dass technische Medien keine neutralen Instrumente sind; zum Zweiten Vorschläge deutschsprachiger Kommunikationsforscher zur Klärung und Ausdifferenzierung des Medien-Begriffes; sowie schließlich drittens der Umstand, dass infolge neuer Entwicklungen im Kommunikationssystem (Multimedia, Online-Kommunikation) herkömmliche Begriffe in Frage gestellt werden und über neue (Medien-)Begriffe nachgedacht werden muss.

4.3.1.1 Medien – gesellschaftliche Instrumente

Die Kommunikationswissenschaft ist lange Zeit von einem technischen Medien-Begriff ausgegangen (das *Druck*medium Zeitung, die *Funk*medien Hörfunk und Fernsehen, der Film etc.) und hält z.T. noch immer daran fest. Darin ist jedoch eine unzulässige Verkürzung des Verständnisses von Medium bzw. Massenmedium zu sehen. Die deutschen Medienforscher Günter Bentele und Klaus Beck weisen zu Recht darauf hin, dass »technische Medien (...) in mehrfacher Hinsicht ohne den Menschen nicht vorstellbar (sind): Sie wurden von Menschen in einem sozialen Prozess erfunden und entwickelt, über das *ob* und *wie* ihrer Anwendung wird beraten und gestritten. Technische Medien sind ohne eine soziale Form des Gebrauchs wirkungs- und bedeutungslos, denn sie sind im Wortsinne ›Mittel‹ und ›Vermittler‹« (Bentele/Beck 1994, S. 40). Der Wiener Kommunikationswissenschaftler Roland Burkart merkt an, dass ein kommunikationswissenschaftlicher Medienbegriff »nur dann nicht zu kurz (greift), wenn er berücksichtigt, dass das Vorhandensein einer technisch-kommunikativen Infrastruktur und auch die Art und Weise ihrer Nutzung erst dann angemessen erfasst werden kann, wenn man die gesellschaftlichen Rahmenbedingungen nicht übersieht, unter denen es zur Ausbildung, zur Bereitstellung und auch zur Nutzung dieser technischen Einrichtung kommt« (Burkart 1999, S. 67). Dies heißt, dass die Medien neben ihren technischen Ausprägungen und Bedingtheiten von der Art und Weise ihrer politischen, sozialen und ökonomischen Organisation und Implementation in das System der Massenkommunikation sowie von ihren Nutzungsweisen im Alltag nicht zu trennen sind.

Diese Überlegungen sollen am Beispiel der klassischen Massenmedien kurz konkretisiert werden. Um zunächst bei technischen Aspekten zu bleiben: Auf Grund ihrer unterschiedlichen technischen Eigengesetzlichkeiten und Zwänge erfordert und bedingt das statische Druckmedium Zeitung andere Produktionsweisen, Darstellungsmöglichkeiten und Kommunikationsmodi als etwa der flüchtige Hörfunk (auditives bzw. Tonmedium) und dieser wieder andere als die audiovisuellen Medien Film und Fernsehen (Bild und Ton). Oder, um etwa politische Aspekte anzusprechen: Im dualen Rundfunksystem beispielsweise resultieren aus rechtlich-politischen Gründen für die gemeinwohlverpflichteten öffentlich-rechtlich verfassten Rundfunkanstalten – z.T. zumindest – andere Aufgaben (Stichwort: »Grundversorgung«) als etwa für die privat-kommerziellen Radio- und Fernsehsender. Oder, um ein weiteres Beispiel zu erwähnen: Boulevardzeitungen bieten formal wie inhaltlich in aller Regel andere Kommunikationsangebote an als etwa lokale und regionale Abonnementzeitungen und diese wieder andere als überregional verbreitete Tageszeitungen. Schon gar nicht übersehen werden kann, dass allein aus der jeweiligen Blattlinie von Zeitungen und Zeitschriften jeweils auch unterschiedliche Kommunikationsziele verfolgt werden. Der amerikanische Medienphilosoph Marshall McLuhan hat mit dem viel zitierten Satz »The Medium Is the Message« (Das Medium ist die Botschaft) recht treffend auf die direkte Abhängigkeit von der zu transportierenden Aussage vom jeweils transportierenden Medium hingewiesen und damit auch den konkreten Gebrauchs- und Verwendungskontext thematisiert.

4.3.1.2 Medien – (neue) Begriffsdifferenzierungen

Was den Medien-Begriff betrifft, so gibt es vor allem in jüngerer Zeit mehr oder weniger überzeugende Versuche zu differenzieren, was man darunter alles verstehen kann. Dazu einige Beispiele:

- Klaus Merten etwa unterscheidet in Anlehnung an Fritz Heider zwischen *physikalischen Medien* der Wahrnehmung (wie etwa Sprache und Schrift) und *technischen Medien*, die auf Sprache und Schrift zurückgreifen (und von Merten daher als *unechte Medien* gesehen werden) (vgl. Merten 1999, S. 141ff).
- Günter Bentele und Klaus Beck halten es für sinnvoll, zwischen folgenden Typen von Medien zu unterscheiden: *Materielle* Medien wie Luft, Licht, Wasser, Ton, Stein, Papier, Zelluloid; *kommunikative* Medien oder Zeichensysteme wie Sprache, Bilder, Töne; *technische* Medien wie Mikrofone und Kameras; *institutionelle* Medien, also einzelne Medienbetriebe wie Zeitungen oder Fernsehanstalten; sowie die *Gesamtmedien* (z.B. Film, Hörfunk, Fernsehen etc.) (vgl. Bentele/Beck 1994, S. 40).
- Für Siegfried J. Schmidt »bündelt der abstrakte Medienbegriff eine Reihe von Faktoren«, nämlich: *semiotische Kommunikationsinstrumente* (z.B. natürliche Sprachen); *Materialien der Kommunikation* (z.B. Zeitungen); *technische Mittel zur Herstellung und Verbreitung von Medienangeboten* (z.B. Kameras, Mikrofone, Computer etc.); *soziale Organisationen zur Herstellung und Verbreitung von Medienangeboten* (z.B. Verlage oder Rundfunkanstalten samt ihren juristischen, sozialen und politischen Handlungsvoraussetzungen); schließlich die *Medienangebote* selbst (also Zeitungsartikel, Hörfunkbeiträge und Fernsehsendungen) (vgl. Schmidt 1996, S. 3).
- Ursula Ganz-Blättler und Daniel Süss unterscheiden zwischen *Printmedien* (Zeitungen, Zeitschriften, Buch), *szenischen* Medien (Theater, Oper, Musical, Musikkonzerte etc.), *audiovisuellen* Medien (Radio, Fernsehen, Film, Tonband, Video) sowie »*neuen Medien*« bzw. *Multimedia* (Internet, WWW, CD-ROM etc). Sie halten ferner fest, dass sich Medien auf vier Zuschreibungen reduzieren lassen, nämlich: Medien sind *Kommunikationskanäle*, die bestimmte Zeichensysteme transportieren; Medien sind *Organisationen,* also zweckerfüllende oder zumindest zweckgerichtete Sozialsysteme; publizistische Medien bestehen im Allgemeinen aus verschiedenen *Subsystemen* und sind dementsprechend *komplex;* Medien sind in ihrer funktionalen Bedeutung *gesellschaftliche Institutionen* (vgl. Ganz-Blättler/Süß 1998, S. 53 sowie S. 64ff).
- Ulrich Schmid und Herbert Kubicek schlagen vor, zwischen technischen und institutionellen Medien zu unterscheiden. *Technische* Medien dienen als Produktions- und Übertragungssysteme; *institutionelle* Medien nutzen die technische Infrastruktur und selektieren, strukturieren und produzieren für ein Publikum (vgl. Schmid/Kubicek 1994, S. 403).

- Auch sei in Erinnerung gerufen (vgl. Kapitel 3.1.5), dass Harry Pross zwischen *primären* Medien (ohne Technikeinsatz, z.B. Sprache), *sekundären* Medien (Technikeinsatz nur auf Produktionsseite, Printmedien) sowie *tertiären* Medien (Technikeinsatz auf Produktions- und Rezeptionsseite) unterscheidet (Pross 1972).
- Klaus-Dieter Altmeppen meint, dass Medien (auch Online-Medien) »über die Wechselwirkungen von Technik, Organisation und Funktion« zu definieren seien (Altmeppen 2000, S. 131). In der *Technik* sieht er »eine konstituierende Grundlage, um Medienkommunikation öffentlich zu machen« (ebd.). Die *Organisation(sform)* – das Zeitungsverlagshaus, die Rundfunkanstalt etc. – gewährleistet in aller Regel »medienspezifische Strukturierungen hinsichtlich publizistischer Leistungen (...) Zu den Merkmalen und Eigenschaften, die die traditionellen Medien auszeichnen, gehören konsentierte Entscheidungs-, Organisations- und Arbeitsprogramme, die publizistische Leistungen sicherstellen sollen« (ebd.). Mit *Funktionen* sind einerseits normative Anforderungen an die Medien gemeint wie Information, Kritik und Kontrolle, Bildung, Unterhaltung etc.; andererseits – auf einer abstrakteren Ebene und in Anlehnung an Luhmann – das »Dirigieren der Selbstbeobachtung des Gesellschaftssystems« (Luhmann 1996, S. 173). Die Funktion dieses Dirigierens liegt Altmeppen zufolge darin, »eine Orientierung für die Rezipienten zu bieten« (Altmeppen 2000, S. 131). Diese Aufgabe erfüllen die Medien auf Grund gesellschaftlich delegierter Zuschreibung und nicht – wie bei anderen Organisationen wie etwa Public Relations und Werbung – »im Auftrag bestimmter Interessen (auch wenn empirisch Interessenkollisionen in den Medien feststellbar sind)« (Altmeppen 2000, S. 131). Legt man die drei erwähnten und zusammengehörenden Aspekte (Technik, Organisation, Funktion) beispielsweise »an eine Definition auch von Online-Medien zu Grunde, können derzeit lediglich die Online-Ableger der traditionellen Medien als Online-Medien bezeichnet werden. Nur sie können legitimerweise die Selbstbeobachtung der Gesellschaft auf autonomer Basis leisten, nur bei diesen Online-Medien sind die Organisationsmuster des Journalismus deutlich ausgeprägt« (Altmeppen 2000, S. 132).

Aus den dargelegten Differenzierungsversuchen geht hervor, dass es an einer einigermaßen einheitlichen und überzeugenden Systematik für einen Medienbegriff immer noch fehlt bzw. sich die Frage stellt, ob eine solche Systematik überhaupt noch generell festgelegt werden kann. Eine der Ursachen dafür ist wohl in den je unterschiedlichen fachlichen Perspektiven und theoretischen Positionen zu sehen, aus denen heraus solche Systematisierungen erfolgen. Angesichts der Tatsache, dass sich in zunehmendem Maße auch andere Disziplinen mit Kommunikation und Medien befassen, ist in Zukunft mit weiteren Medien-Begriffen zu rechnen. Exemplarisch sei etwa auf den aus der Literaturwissenschaft kommenden Medienbegriff verwiesen. Dort versteht man unter Medien »Texte«, wobei nicht nur gedruckte Texterscheinungen, sondern auch

Bilder, Fotos, Karikaturen, Hörspiele, Fernseh- und Filmkommunikate als »Texte« verstanden werden. Ähnlich weit wird dieser Textbegriff auch in der Denktradition der Cultural Studies (vgl. Kapitel 5.3.3) verwendet. Am ehesten übereinstimmen kann man vermutlich mit dem Hinweis von Siegfried J. Schmidt und Guido Zurstiege, wonach der Medienbegriff »vier Komponentenebenen« bündelt (Schmidt/Zurstiege 2000, S. 170): a) ganz allgemein *Kommunikationsinstrumente* wie natürliche Sprachen und materielle Zeichen, die zur Kommunikation benutzt werden; b) *Medientechniken,* mit deren Hilfe es möglich ist, Medienangebote etwa in Form von Büchern und Filmen, aber auch E-Mails herzustellen und zu verbreiten; c) *institutionelle Einrichtungen* bzw. Organisationen wie Zeitungsverlage oder Fernsehanstalten, die Medientechniken betreiben, verwalten, finanzieren; sowie d) »die *Medienangebote* selbst, die aus dem Zusammenwirken aller genannten Faktoren hervorgehen« (Zeitungsbeiträge, Hörfunk- und Fernsehsendungen etc.) (Schmidt/Zurstiege 2000, S. 170).

4.3.1.3 Medium – Dienst(e) – Diensteanbieter

Was den Begriff Massenmedium im *klassischen* Sinne betrifft, so bezeichnet der Begriff »Medium« immer noch die technischen Mittel und die hinter diesen Mitteln stehenden organisatorischen und institutionellen Gebilde, die redaktionelle und zahlreiche andere Inhalte bereitstellen, um Massenkommunikation und gesellschaftlichen Austausch von Informationen (im weitesten Sinne des Wortes) zu realisieren. Im Allgemeinen wird dabei nach wie vor zwischen Druck- bzw. Printmedien sowie Funk- bzw. audiovisuellen Medien unterschieden. Wichtig für die klassischen Massenmedien Zeitung, Zeitschrift, Hörfunk und Fernsehen ist, dass physisches *Trägermedium* (z.B. eine Zeitung, eine Hörfunk- oder Fernsehsendung), die damit zugänglich gemachte *Dienstleistung* (z.B. auf Papier gedruckte bzw. über Radio oder Fernsehen gesendete redaktionelle und werbliche Inhalte bzw. Programme) sowie *herstellendes Unternehmen* (Zeitungsverlagshaus, bestehend aus Redaktion und Verlag, Hörfunk- oder Fernsehanstalt) eine organisatorische *Einheit* darstellen.

In den konvergenten Sektoren der *digitalen computervermittelten* Kommunikation muss diese Einheit nicht mehr zwingend gegeben sein, und dies im Wesentlichen aus folgenden Gründen.

Zum einen gibt es im Internet eine (stets größer werdende) Fülle von sog. Diensteanbietern, die sich nur noch digitaler Plattformen im WWW bedienen, um ihre Dienste entgeltlich oder unentgeltlich anzubieten wie: klassische massenkommunikative Angebote (etwa Online-Zeitung, Web-Radio oder Web-TV); E-Commerce (elektronischer Warenhandel); E-Banking (elektronischer Zahlungsverkehr); Teleteaching und Telelearning (elektronisch vermitteltes Lernen); diverse Service-Leistungen (wie etwa Termin- und Veranstaltungskalender, Fahrpläne öffentlicher Verkehrsmittel, Buchungsmöglichkeiten von Veranstaltungen etc.); neue, interaktive Kommunikationsformen (wie Teilnahme an Newsgroups, Mailing Lists, Chat-Foren, Multi User Dungeons) usw. Der Salzburger Kommunikationsforscher Hannes Selhofer schlägt daher vor, für den Bereich der neuen digitalen, computervermittelten Online-

Kommunikation die folgenden Begriffe zu verwenden (vgl. Selhofer 1999, S. 102f): den Begriff *Medium* nur noch für die jeweilige Kommunikationsplattform; den Begriff *(Medien-)Dienst* für das jeweilige Angebot; und den Begriff *Diensteanbieter* für jene Person, Personengruppe oder Institution, die einen oder mehrere Dienst(e) über eine Plattform zugänglich macht. Im Übrigen werden auf neuen digitalen Plattformen eine Reihe bislang getrennter Medienformen angeboten, woraus sich multimediale Ensembles und sog. Hybridisierungen ergeben (vgl. Kapitel 3.3.2).

Zum anderen integriert, wie erwähnt (vgl. Kapitel 3.3), infolge der technischen Konvergenz von Informationstechnologie, Telekommunikation und Massenmedien die computervermittelte Kommunikation die für den Nutzer sich ergebenden Möglichkeiten der Individual-, Gruppen- und der Massenkommunikation. Die Grenzen zwischen diesen Kommunikationsarten werden unscharf, weil sie sich nicht mehr spezifischen Informations- und Kommunikationstechnologien zuordnen lassen. Beispielhaft sei hier das Mobiltelefon erwähnt: Man ist mit neueren Generationen des Handys in der Lage a) im Internet zu »surfen« und über das Display beispielsweise Inhalte einer Online-Zeitung zu lesen (Massenkommunikation); b) an einem Online-Chat oder einer Newsgroup teilzunehmen (Gruppenkommunikation); oder c) einfach nur zu telefonieren, ein Fax zu verschicken oder eine SMS zu versenden (Individualkommunikation). Dies wirft zu Recht die Frage auf, ob und bei welcher Medien- bzw. Kommunikationsanwendung das Handy nun ein (Massen-)Medium oder »nur« ein technisches Kommunikationsinstrument ist (vgl. Selhofer 1999, ebd.): Es vereint beide Möglichkeiten in sich, ist je nach Medienanwendung jedoch jeweils etwas anderes. Hier wird ersichtlich, dass es schwierig zu sein scheint, einen einheitlichen, gleichsam neutralen, allgemein gültigen Medien-Begriff aufzustellen. Die durch die Konvergenzdynamik sich ergebende Transformationsentwicklung stellt zunehmend bislang gültige Trennungslinien (z.T. radikal) in Frage.

Nach diesen den Medien-Begriff betreffenden Ausführungen werden im Folgenden überblicksartig Themenkreise angesprochen, die in den Bereich Medienforschung fallen. Es sind dies Ausführungen zur Geschichte der Massenmedien, zu den Eigengesetzlichkeiten der Medien, zu den Organisationsformen der Medien, sowie zu den Medienstrukturen in Deutschland einschließlich ihrer wirtschaftlichen Grundlagen.

4.3.2 Geschichte der Massenmedien

Es ist nicht möglich, die Geschichte der Massenmedien hier vollständig abzuhandeln. Allein für die Druckmedien ließen sich dazu tausende von Seiten füllen, ebenso jeweils für die Funkmedien (Hörfunk und Fernsehen), für den Film und für die »neuen Medien« (Multimedia bzw. Online-Medien). Vielmehr sollen im Folgenden einige der wichtigsten Etappen der Entwicklung von Presse, Film, Hörfunk, Fernsehen und Online-Medien im groben Überblick – und damit nur sehr rudimentär – dargestellt werden. Dabei kommen naturgemäß auch technische Errungenschaften und Entwicklungen zur Sprache, die wichtige Voraussetzungen für die industrielle

Medienproduktion darstellen. Ein kurzer Blick in die Anfänge öffentlicher originärer, also nicht technisch vermittelter, Kommunikation im europäischen Sprachraum soll dabei nicht ganz fehlen. Erwähnenswert erscheint vorab zudem, dass technische Errungenschaften immer auch ökonomische Verwertungsprozesse zur Folge hatten, allgemeine kulturelle Entwicklungen begünstigten und nicht zuletzt politische Konsequenzen nach sich zogen. Die Erfindung des Buchdrucks um die Mitte des 15. Jahrhunderts stellt ein gutes Beispiel dafür dar: Sie hatte die Herausbildung und Ausdifferenzierung des Buchgewerbes mit seinen einzelnen Berufen zur Folge. Sie führte u.a. zur Vereinheitlichung der Schrift und der Druckformate, zur Entstehung und Ausdifferenzierung der periodischen Presse, begünstigte die Verbreitung der Technik des Lesens und war eine der wichtigsten Voraussetzungen für den Prozess der Aufklärung. Nicht zuletzt zog sie eminente politische Konsequenzen nach sich, die zunächst zwar in Zensurmaßnahmen der kirchlichen und weltlichen Obrigkeit mündeten, später jedoch zur Entstehung von Öffentlichkeit und in der Mitte des 19. Jahrhunderts schließlich zur Pressefreiheit führten.

Da Primärquellen zu diesen Themen auf eine überaus große Fülle von Literatur verteilt sind, fußen zahlreiche der nachfolgenden Ausführungen auf wissenschaftlichen Publikationen, die ihrerseits ebenfalls Überblickscharakter haben (und damit eher Sekundär- denn Primärliteratur darstellen).

Originäre öffentliche Kommunikation in der Antike

Die Geschichte öffentlicher Kommunikation allgemein reicht im europäischen Raum bis weit in die Antike zurück. Die Griechen und später die Römer verfügten über institutionalisierte Formen öffentlichen Gedankenaustausches (primär politischer Natur) auf Agora bzw. Polis und Forum vorwiegend in Form der öffentlichen Rede vor der politischen Elite. Die öffentliche Rede war durch die griechischen (Aristoteles) und römischen (z. B. Cicero, Quintilian) Regeln der Rhetorik – für Ratsrede, Gerichtsrede und Festrede – in hohem Maße entwickelt (vgl. Kapitel 2). Von Bedeutung für öffentliche Kommunikation waren in der Antike auch öffentlich sichtbare Inschriften auf öffentlichen Gebäuden. Zu erwähnen sind daneben vor allem aber die römischen »acta diurna« (auch »acta urbis«), eine Art römische Staatszeitung (acta diurna = tägliche Akten). Das waren auf Anschlagzetteln aus Papyrus für die Bürger (cives) öffentlich bekannt gemachte Informationen. Sie enthielten Protokolle der Senatsverhandlungen, Chroniken wichtiger Daten und Ereignisse im Jahresverlauf sowie durchaus auch Informationen aus amtlichen oder auch privaten Briefen (vgl. Wilke 2000, S. 8). Weiterhin ist zu erwähnen, dass in Theater und Schauspiel, den szenischen Medien also, zweifellos auch Formen öffentlicher Kommunikation zu sehen sind. Das Theater geht noch weit vor die Antike zurück: Schamanen und Priester etwa und der sakrale Akt spielten dabei eine ebenso wichtige Rolle wie später Mythen und Epen, Sänger von Balladen, Märchenerzähler u.a.m. Bei den alten Griechen beispielsweise (z.B. Aischylos, Sophokles, Euripides) hatte das Drama eminente Bedeutung, den Römern etwa waren daneben u.a. auch Gladiatorenspiele wichtig (vgl. Faulstich 1994).

Abbildung 7: (Technik-)Geschichte der Massenmedien

1400: vor 1400 Vervielfältigung durch Abmalen und Abschreiben sowie mittels Inkunablen (Ein-blattdrucke einer ganzen Seite)

1445: Buchdruck mit beweglichen, also austauschbaren Lettern (Johann Gensfleisch zu Gutenberg bei Mainz; sog. Hochdruck, d.h. Druck mittels erhabener Lettern)

1500: Tiefdruck auf der Basis des Kupfer- und Stahlstichs (wichtig für den Druck von Bildern)

1605: Zeitungen im heutigen Sinne (zunächst als Wochenzeitungen; der Begriff Zeitung hatte da-mals die Wortbedeutung von Nachricht)

1650: erste Tageszeitung der Welt »Einkommende Zeitungen« in Leipzig (heute »Leipziger Volkszei-tung«)

1682: erste Zeitschrift in Deutschland (noch in lateinischer Sprache; in deutscher Sprache 1688)

1800: Flachdruck auf der Basis der Lithografie; Prinzip des gegenseitigen Abstoßens von Fett (Farbe) und Wasser; später Offsetdruck)

1811: Rotationspresse (Friedrich König); runde Druckform, wichtig für hohe Auflagen; 1823 ange-wendet)

1839: Patentierung der Fotografie (Daguerre)

1850: elektrische, an Draht gebundene Telegrafie (Fernschreiben); wichtig für rasche Nachrichtenü-bermittlung über Distanz

1877: elektrische Tonaufzeichnung (Phonografie; später die Schallplatte)

1880: Zeilensetz- und Zeilengießmaschine; löst maschinellen Handsatz ab; enorme Steigerung der Setzleistung

1895: erste öffentliche Filmvorführungen in Berlin (Gebrüder Skladanowsky) und Paris (Gebrüder Lumière)

1897: Katodenstrahlröhre (wichtig für Medium Fernsehen)

1900: alle technischen Voraussetzungen für Hörfunk gegeben; erste (nicht-öffentliche) Versuchssen-dungen

1920: öffentlicher Hörfunk in Europa (in Deutschland 1923)

1928: erste Fernseh(versuchs-)vorführungen auf der 5. Berliner Funkausstellung

1930: Offsetdruck

1935: Beginn des Schwarz-Weiß-Fernsehens in Deutschland (1936: Übertragung der Olympischen Spiele aus Berlin im Fernsehen)

1946: erste Computer (in den USA)

1950: Farbfilm in Europa

1952: Beginn des regelmäßigen Fernsehbetriebes in Deutschland

1962: erste Fernsehsatelliten-Übertragung aus den USA nach Europa

1968: Farbfernsehen in Europa

1970: Fernsehen via Breitbandkabel

1975: elektronische Zeitungsherstellung in Europa; PCs in Europa

1977: so genannte Teletexte (Videotext, Kabeltext, Bildschirmtext)

1982: Direktrundfunksatelliten in Europa

1990: versuchsweise hoch auflösendes Fernsehen HDTV (High Definition Television; bislang nicht eingeführt)

1994: Multimedia in Deutschland; Einstieg ins Internet bzw. WWW

1995: digitales Radio in Deutschland (vorerst versuchsweise)

1997: digitales Fernsehen in Deutschland

2000: 400 Mio. Teilnehmer/User im Internet bzw. WWW

2010: (voraussichtlich) Ende des analogen Radios und Fernsehens in Deutschland

Mundpublizisten, Handschriften und Bücher im Mittelalter

Auch im Mittelalter gab es unterschiedliche Formen öffentlicher Unterrichtung, wenngleich sich Öffentlichkeit damals auf eher enge Kreise in der Burg und am Hofe sowie in Kirche und Kloster beschränkte. Ihre Agenten waren einerseits kirchliche Lehrer, Prediger, Professoren und Bibliothekare. Teilöffentlichkeiten gab es in den Städten, Dörfern und am Lande. Von Bedeutung waren andererseits vor allem Marktplätze, auf denen von weltlichen »Mundpublizisten« wie Fahrenden, Dichtern, Sängern und Spielleuten Neuigkeiten überbracht wurden (vgl. Faulstich 1994). Vervielfältigen erfolgte nicht nur, aber vor allem in den Schreibstuben der Klöster, wo vorwiegend wissenschaftliche und religiöse Texte (vor-)gelesen und durch schreibkundige Mönche und Scholasten niedergeschrieben und damit vervielfältigt wurden. Dies blieb für die Beeinflussung der Kulturtradition verständlicherweise nicht ohne Folgen – im positiven wie negativen Sinne. So entstanden einerseits prächtige, kulturgeschichtlich bedeutsame, mit Farben ausgestaltete Handschriften vorwiegend wissenschaftlicher, literarischer und religiöser Texte; andererseits wurde Ideen- und Gedankengut, das nicht in das (damalige) Weltbild der Kirche passte, oftmals nicht vervielfältigt. Möglicherweise ist u. a. auch daher zu erklären, dass das frühe und mittlere Mittelalter im Vergleich zu anderen historischen Epochen zu einem noch etwas weniger gut erforschten Abschnitt der abendländischen Menscheitsgeschichte gehört.

Erste, teils durchaus aufwändig gestaltete Drucke – zunächst auf Stoff, erst später auf Papier – gab es im 14. Jahrhundert in Form von sog. Inkunabeln; das waren (ebenfalls teils schmuckreiche) Holzdrucke einer ganzen Seite. Bücher, die es davor auch schon gab, waren ebenfalls handgeschrieben. Sie gehen ursprünglich auf gebrannte Tontafeln (bei den Babyloniern und Assyrern), zusammengeschnürte Palmblätter (bei den Indern), Papyrusrollen (bei den Ägyptern, Griechen und Römern) sowie auf Pergament (ab dem 3. Jahrhundert n. Chr.) zurück. Erst im 13. Jahrhundert wurden Bücher auf Papier gedruckt. Inhalte der Bücher waren im Mittelalter »zuallererst Abschriften der Bibel, der Texte der Kirchenväter, theologische Kompendien, Schriften antiker Philosophen, aber auch (wie wir heute sagen würden – Erg. H. P.) juristische Literatur für Verwaltungsbeamte« (Faulstich 1994, S. 128). Werner Faulstich sieht im Mittelalter den allmählichen Übergang von den *Menschmedien* (wie Hofnarr, Sänger, Erzähler, Spiel und ritualisierte Feste, Pfaffe und Prediger, Marktplatztheater etc.) zu den *Schreibmedien* (wie Blatt, Brief, Buch, aber auch das Glasfenster mit seinen zeitbezogenen Darstellungen). Der Funktionsverlust der Menschmedien (»primäre Oralität«) beginnt sich gegen Ende des Mittelalters abzuzeichnen, als v.a. infolge des Bevölkerungswachstums sowie der Zunahme des Wissens mnemotechnische Möglichkeiten an ihre Grenzen stießen. Spätestens mit der Erfindung des Buchdrucks erfuhren die bis dahin üblichen Wege und Methoden der öffentlichen (primär oralen) Kommunikation und Verständigung einen epochalen Wandel (vgl. Faulstich 1996).

Buchdruck, Printmedien, Massenpresse

Technisch gesehen reicht in Mitteleuropa die Geschichte der Massenmedien – bzw. richtiger: der Druckmedien – in die Mitte des 15. Jahrhunderts zurück. Damals (1445) wurde von Johann Gensfleisch zur Laden (bei Gutenberg nahe Mainz) der Druck mit beweglichen, also austauschbaren Lettern entdeckt. Wichtigste Elemente dieser Erfindung waren die (Holz- bzw. Metall-)Lettern, Bedruckstoff (Papier) sowie Farbe, die sowohl auf den Lettern wie auch auf dem Bedruckstoff haftete. Die Druckerpresse selbst (mit Spindel, Tiegel und Druckstock) wurde aus der Traubenpresse hergeleitet (vgl. Wilke 2000).

Mit dem Buchdruck war die wichtigste technische Voraussetzung für rasches Vervielfältigen gegeben. Seinen Namen hat er davon, dass bedruckte Einzelblätter zwischen zwei Deckel aus Buchenholz gelegt wurden, wodurch das Buch entstand. Erste Druckwerke waren Flugblätter und Einblattdrucke, es folgten Bücher und andere Druckschriften sowie – im 16. Jahrhundert – nichtperiodische Nachrichtenblätter. Die neuen Druckmedien »schufen Öffentlichkeit und wurden damit zur Bedrohung der Herrschenden: der Kirche und des Adels. Die Reaktion darauf war Zensur und Unterdrückung« (Faulstich 1994, S.32). Kirchliche und weltliche Zensur beherrschten in der Folge über Jahrhunderte die Geschichte der Druckmedien (vgl. Wilke 1984).

Zu Beginn des 17. Jahrhunderts entstanden regelmäßig erscheinende Periodika und es bildeten sich die Medien Zeitung und Zeitschrift aus (die erste Tageszeitung gab es 1650 in Leipzig). In der zweiten Hälfte des 18. Jahrhunderts entfaltete sich eine hochwertige literarische Zeitschriftenkultur (vgl. Lindemann 1969). Erst die technische Ausreifung der Drucktechnik mit dampfbetriebenen Druckmaschinen (an Stelle von Handpressen), Zeilensetz- und -gießautomaten (an Stelle des maschinellen Handsatzes) und Papierrollen (an Stelle von Bögen) im 19. Jahrhundert ermöglichte jedoch die Herstellung von Druckwerken mit hohen Auflagen (vgl. Pürer/Raabe 1996a). Nach Aufhebung der Zensur 1848 bildete sich ein vielfältig ausdifferenziertes Zeitungs- und Zeitschriftenwesen aus; gegen Ende des 19. Jahrhunderts entstanden die Massenpresse und erste Großverlage (vgl. Koszyk 1966). Spätestens seit diesem Zeitpunkt kann von Massenmedien und – infolge der stark ansteigenden Zeitungs- und Zeitschriftennutzung – auch von Massenkommunikation die Rede sein. Das Pressewesen erlebte in den beiden ersten Jahrzehnten des 20. Jahrhunderts in Deutschland einen rasanten Aufschwung, erlitt durch den Nationalsozialismus und den Zweiten Weltkrieg jedoch eine tiefe Zäsur (vgl. Koszyk 1972). Mitte der 1950er-Jahre gehörte Deutschland jedoch wieder zu den zeitungs- und zeitschriftenreichsten Ländern der Welt (vgl. Kapitel 4.3.5.1).

Telefon, Telegrafie, Korrespondenzbüros

In das 19. Jahrhundert, vorwiegend in seine zweite Hälfte, fällt auch die technische Entwicklung der Telegrafie (durch Samuel Morse, 1840) und des Telefons (durch Johann Philipp Reis, 1861 und Alexander Graham Bell, 1876). Die bedeutendsten

Mittel der Telekommunikation, wie wir heute sagen würden, waren damit geschaffen (vgl. Geretschlaeger 1983). In Deutschland wurde die Telegrafie 1840, das Telefon 1877 eingeführt (und ein Jahr später durch Werner von Siemens technisch optimiert). Das Telefon baut auf den physikalischen Erkenntnissen der Entstehung bzw. Erzeugung von Elektrizität sowie auf Kenntnissen der Umwandlung von Schallwellen in elektromagnetische Wellen auf. Beim (analogen) Telefon werden aufseiten des Sprechers Schallwellen mittels Mikrofon in niederfrequente elektromagnetische Wellen transformiert, entlang eines elektrischen Leiters (Kupferdraht) zum Empfänger transportiert und dort mittels Hörer (eine Art umgekehrtes Mikrofon) in akustisch wahrnehmbare Schallwellen zurückverwandelt. Fernsprechen und Fernschreiben (drahtlos ab 1897 durch Guglielmo Marconi) als elektrisch bzw. elektronisch vermittelte Kommunikationsmöglichkeiten stellten nicht nur wesentliche Erweiterungen zwischenmenschlicher Kommunikation über Distanz dar. Sie dienten vor allem auch der raschen Nachrichtenübermittlung über weite Distanzen, was für die um die Mitte des 19. Jahrhunderts entstehenden Korrespondenzbüros (die heutigen Nachrichtenagenturen), aber auch für die Versorgung der Zeitungen und Zeitschriften mit aktuellen Nachrichten von besonderer Bedeutung war (vgl. Wilke 1991).

Radiotelegrafie, Hörfunk

Zur Wende vom 19. zum 20. Jahrhundert waren die technischen Voraussetzungen (Aufnahme-, Sende- und Empfangstechnik) für die »Radiotelegrafie« gegeben. Ihr technisches Prinzip baute auf dem Telefon auf, ging jedoch weit darüber hinaus. Es mussten nämlich auf Senderseite die aus dem Mikrofon kommenden niederfrequenten elektromagnetischen Wellen in hochfrequente elektromagnetische Sendesignale transformiert, über Antennen ausgestrahlt und eingefangen sowie auf Empfängerseite wieder in niederfrequente Wellen demoduliert, dem Lautsprecher zugeführt und von diesem in Schallwellen zurückverwandelt werden. Die Identifikation und Klassifikation hochfrequenter elektromagnetischer Wellen – das Maß der Schwingungszahl pro Sekunde bei Langwellen, Mittelwellen, Kurzwellen und Ultrakurzwellen – geht bekanntlich auf Heinrich Hertz zurück (vgl. Geretschlaeger 1983).

Die Radiotelegrafie diente anfangs zunächst vor allem dem Postverkehr und militärischen, später auch wirtschaftlichen Zwecken. Ab 1920 kam es jedoch in ganz Europa zur Errichtung öffentlichen Hörfunks (in Deutschland Ende Oktober 1923), der rasch über hohe Hörerzahlen verfügte und sich infolge seines primär unterhaltenden Charakters und seiner bequemen Nutzung allerorts relativ rasch zu einem beliebten Massenmedium entwickelte. So gab es in Deutschland 1924 rund 1.500 Radioteilnehmer, 1925 bereits 549.000. Zur Jahreswende 1925/26 war die Millionengrenze überschritten. 1934 stieg die Zahl der Rundfunkteilnehmer auf 5 Millionen, fünf Jahre später (1939) waren es 10 Millionen (vgl. Lerg 1965). In Deutschland wurde die Verbreitung des Hörfunks durch die Produktion billiger Massenempfänger von den Nationalsozialisten besonders gefördert und das Radio für Propagandazwecke schamlos missbraucht (vgl. Diller 1980). Eine große Zeit hatte der Hörfunk in

Deutschland nach dem Zweiten Weltkrieg, vor allem in den 1950er-Jahren. Nach Rückgängen in den 1960er-Jahren infolge der rapiden Ausweitung des Fernsehens erlebte das Medium Radio ab Mitte der 1970er-Jahre eine Renaissance: Sie hält in Deutschland nicht zuletzt infolge der Neupositionierung der Radioprogramme des öffentlich-rechtlichen Rundfunks (Strukturprogramme an Stelle von Mischprogrammen) sowie der Einführung privaten Hörfunks (1984) mit seinen mittlerweile auch in den öffentlich-rechtlichen Sendern beobachtbaren Formatradios bis zur unmittelbaren Gegenwart ungebrochen an (vgl. auch Kapitel 4.3.4.2).

Foto, Film und Kino

Mit der Erfindung der Fotografie durch die Franzosen Joseph Nicéphore Niepce und Louis Jacques Mande Daguerre im Jahr 1826 (als Patent 1839) war es möglich, mithilfe von chemisch präparierten, lichtempfindlichen Trägermaterialien (zunächst Metallplatten, später beschichtetes Papier) über optische Geräte fototechnische Abbildungen anzufertigen. Der aus dem Griechischen stammende Begriff »Phos« bedeutet »Licht«, »Fotografie« folglich »Lichtzeichnung« bzw. »Lichtbild«. Die rasche technische Weiterentwicklung der Fotografie zum Rollfilm sowie die Erfindung von entsprechenden Projektionsgeräten (sog. »Kinematographen«, daher der Begriff »Kino«) mündete schließlich in die Möglichkeit, auch Filme mit laufenden, also bewegten Bildern herzustellen und in abgedunkelten Räumen vorzuführen. Runde, das Auge des Betrachters nicht störende Bewegungsabläufe erfordern die Aufnahme bzw. Projektion von 24 Bildern pro Sekunde. 1895 wurden in Deutschland durch die Gebrüder Skladanowsky (Berlin), in Frankreich durch die Gebrüder Lumière (Paris) die ersten Filme öffentlich vorgeführt. Auf Stummfilme, die z.T. durch kleine, sog. Film- und Kinoorchester musikalisch begleitet wurden, folgte 1929 der Tonfilm. Damit war der Film jenes Medium, das beim Zuschauer zwei Wahrnehmungskanäle, nämlich Auge und Ohr, beanspruchte bzw. befriedigte und rasch breitenwirksame Akzeptanz fand. Mit dem Tonfilm war folglich das erste audiovisuelle Medium geschaffen; von ihm geht bis heute auf viele Menschen immer noch hohe Faszination aus. Von besonderer Eindringlichkeit und Wirkung werden vor allem optische Effekte durch bewegte Bilder empfunden, die in aller Regel durch besondere Techniken der Aufnahme (wie Totale, Halbtotale, Nahaufnahme), der Kameraführung (wie Zooms, Schwenks, Fahrten etc.), der Beleuchtung (wie Intensität der Lichtstärke, also hell und dunkel), Variationen von Lichtfarbe und Lichttemperatur etc. sowie durch spezielle Schnitttechniken (wie weiche und harte Schnitte, Überblendungen, Gegenschnitte etc.) erzeugt werden. Der Tonfilm wurde von Anfang an primär als Unterhaltungsmedium eingesetzt, erfüllte aber durchaus auch andere, vor allem auch gesellschaftskritische Funktionen. Auch wurden filmische Darstellungen bald als eigene Kunstform anerkannt. Bereits in der Weimarer Republik, vor allem aber im Nationalsozialismus wurde das Medium Film in geschickter (und vordergründig unverdächtiger) Weise für politisch-ideologische Zwecke eingesetzt. (vgl. Gregor/Patalas 1962; Pflaum/Prinzler 1979 und 1992; Jacobsen/Kaes/Prinzler 1993).

Erste, allerdings noch sehr kostenintensive (Prestige-)Farbfilme gab es in den USA bereits 1935/36, eine weniger teure Farbtechnik (Eastman-Color) setzte sich ab Anfang der 1950er-Jahre durch. Neben dem Spiel- und Unterhaltungsfilm entstanden Varianten wie Dokumentar- und Lehrfilm, Propaganda- und Werbefilm u.a.m. Von Bedeutung als Quelle aktueller Information war die »Wochenschau«. Sie wurde bereits im Ersten Weltkrieg eingesetzt, hatte bis weit in die zweite Hälfte des 20. Jahrhunderts ihren Stellenwert als Nachrichtenmedium und wurde erst durch die Ausbreitung des Fernsehens mit seinen wesentlich aktuelleren, täglichen Nachrichtensendungen ihrer Bedeutung enthoben und vom Markt verdrängt. Das Medium Spielfilm hatte seit seinem Beginn eine durchaus wechselvolle Geschichte (vgl. Jacobsen/Kaes/Prinzler 1993). Seine größten (Besucher-)Erfolge erzielte es in den 1950er-Jahren. Darauf folgten weniger gute Jahre. Dies lag sowohl an der mangelnden Qualität v.a. des deutschsprachigen Films in den Sechziger-, Siebziger- und beginnenden Achtzigerjahren wie auch an der Faszination des noch breitenwirksameren Unterhaltungsmediums Fernsehen. Umgekehrt verleiht vor allem in jüngerer Zeit das Fernsehen dem Film Auftrieb, indem zahlreiche Spielfilme im Fernsehen gesendet und nachweislich gut genutzt werden. Auch der Videovertrieb von Spielfilmen sorgt für steigende Verwertung (vgl. Faulstich 1994). Über die Etappen der technischen und zeitgeschichtlichen Entwicklung, der apolitischen, politischen und ideologischen Indienstnahme sowie künstlerischen und kulturellen Entwicklung des Mediums Film in allen seinen Ausprägungen geben die Sammelbände von Uli Jung (1993) Wolfgang Jacobsen, Anton Kaes und Hans Helmut Prinzler (1993) sowie Hans Günther Pflaum und Hans Helmut Prinzler (1992) detail- und facettenreich Auskunft.

Fernsehen – Terrestrik, Kabel, Satellit

Das elektronische Medium Fernsehen stellte an die Funktechnik noch weitaus höhere Anforderungen als der Hörfunk. Es ging dabei primär darum, elektrotechnische Verfahren zu entwickeln, mit deren Hilfe es möglich ist Bilder zu übertragen. Zu diesem Zweck mussten auf Senderseite zur Aufnahme Bilder »zerlegt« und in elektromagnetische Wellen transformiert sowie auf Empfängerseite wieder in sichtbare Signale zurückverwandelt und zusammengestellt werden. Die Katodenstrahlröhre (Ferdinand Braun, 1897), zunächst wesentlicher Bestandteil des Wiedergabegerätes (Bildschirm) und schließlich auch des Aufnahmegerätes (Kamera), erwies sich dabei neben der Nipkow-Scheibe (Paul Nipkow, 1883) für die elektrische Zerlegung der TV-Bilder auf Aufnahmeseite als grundlegende technische Errungenschaft. 1928 waren Aufnahme- (Kamera), Übertragungs- und Wiedergabetechnik (Bildschirm) so weit entwickelt, dass auf der Berliner Funkausstellung eine erste Fernsehübertragung vorgeführt werden konnte. Erste öffentliche Fernsehsendungen wurden in Deutschland 1935 ausgestrahlt; ein Jahr später (1936) hatten rund 140.000 Personen in Berlin, Potsdam und Leipzig die Möglichkeit, in öffentlichen Fernsehstuben (der Post) die Übertragung der Olympischen Spiele zu verfolgen. Aufnahme- wie Wiedergabegeräte waren noch groß und sperrig, die Fernsehbilder dagegen sehr klein und technisch noch wenig ausgereift. Der Zweite Weltkrieg stoppte die weitere Entwicklung dieses Mediums (vgl. Longolius 1967ff).

Seinen Siegeszug erlebte das Fernsehen in Deutschland in den 60er-Jahren des 20. Jahrhunderts, nachdem in der Bundesrepublik Deutschland 1952 zunächst der versuchsweise und 1954 der regelmäßige Fernsehbetrieb aufgenommen und schrittweise ausgebaut wurde. Auch in der Deutschen Demokratischen Republik startete das Fernsehen zunächst 1952, der regelmäßige TV-Sendebetrieb ebenfalls 1954. 1968 folgte in Europa das Farbfernsehen. Das Fernsehbild hat in Europa eine technisch hohe Auflösung: Es besteht gegenwärtig aus 25 Bildern pro Sekunde, jedes Bild wieder aus 625 Zeilen, jede Zeile aus 800 Bildpunkten. Das ursprünglich bereits für 1990 geplante und bislang nicht realisierte, hoch auflösende Fernsehen HDTV – High Definition Television sollte die doppelt hohe Bildauflösung haben. HDTV hätte freilich auch auf Senderseite eine technische Umrüstung erforderlich gemacht, was für alle TV-Veranstalter mit hohen Investitionskosten verbunden gewesen wäre.

Bereits 1962 gab es erste Fernsehübertragungen via TV-Satellit, allerdings waren dies noch keine direkt strahlenden, geostationären TV-Satelliten. Geostationäre Telekommunikationssatelliten stellen Sendemasten am Himmel dar, die mit Raketen in das Weltall befördert, über Bodensignale von der Trägerrakete gelöst und in eine Erdumlaufbahn gebracht werden. Sie umkreisen in einer knapp 36.000 Kilometer hoch über dem Äquator liegenden Umlaufbahn die Erde mit der gleichen Geschwindigkeit, wie die Erde sich um ihre eigene Achse dreht. Dadurch befinden sie sich immer am gleichen Punkt über der Erdoberfläche – erscheinen also geostationär – und können vom Boden aus ständig mit Sendesignalen (uplink) versorgt werden. Diese Signale werden in verstärkter Form vom Satelliten wieder an die Erdoberfläche zurückgesendet (downlink). Die (Solar-)Energie dazu bezieht der Satellit über seine Sonnensegel. In den 1980er-Jahren wurden solche TV-Satelliten weltweit in Betrieb genommen. Sie heben die Knappheit terrestrischer Frequenzen am Boden auf. Ihre Signale können mit Spezialantennen (Schüsselantennen bzw. TV-Schüsseln) empfangen werden (vgl. Ratzke 1984).

Eine weitere Übertragungstechnik stellt seit langem das sog. Breitbandkabel dar, über das gleichzeitig dutzende von Fernseh- und Hörfunkprogrammen in technisch sehr guter Qualität übermittelt werden können. Es wurde ursprünglich in topografisch ungünstig gelegenen Gebieten (vorwiegend in alpinen Lagen) sowie in eng bebauten städtischen Regionen (Probleme der TV-Signalreflexion durch hohe Gebäude) zum Einsatz gebracht, wo mit terrestrischen TV-Signalen keine optimale Sendeversorgung möglich war. Ab Mitte der 1970er-Jahre wurden solche TV-Kabel jedoch bundesweit verlegt, zunächst in den großen Ballungszentren, dann auch in weniger dicht besiedelten Regionen (vgl. Ratzke 1984). Die in Deutschland 1984 vorgenommene Einführung privaten Hörfunks und Fernsehens wäre wegen mangelnder terrestrischer UKW-Frequenzen ohne Kabel- und Satellitentechnik nicht möglich gewesen (vgl. Lenhardt 1987). In den bundesdeutschen TV-Haushalten mit Kabelanschluss konnten im Jahr 2000 im Durchschnitt 35 TV-Programme sowie zahlreiche lokale, regionale und nationale Hörfunksender empfangen werden. Das künftige digitale Radio und Fernsehen wird – technisch gesehen – eine noch größere Programmvielfalt ermöglichen. Es soll in Deutschland bis spätestens 2010 die analog ausgestrahlten Hörfunk und Fernsehprogramme vollständig ablösen.

Computer, Multimedia, Online-Kommunikation

Vom Computer als einem Medium zu sprechen, ist nicht ganz unproblematisch: er vereint (in Verbindung mit moderner Telekommunikation) technisch Möglichkeiten der Individual-, Gruppen- und der Massenkommunikation und wird in diesem Kontext, wie erwähnt, auch als Hybridmedium bezeichnet. Als solches ist er zum einen tatsächlich ein Medium, wenn über ihn massenkommunikative Inhalte wie etwa eine Online-Zeitung, Web-Radio oder Web-TV abgerufen und konsumiert werden. Er ist zum anderen eher (nur) technisches Kommunikationsinstrument, wenn ein Nutzer mit anderen Nutzern im Internet bzw. WWW kommuniziert (Gruppenkommunikation wie Chat, Newsgroup etc.) oder wenn sein Benutzer ihn dazu verwendet, um beispielsweise nur eine E-Mail, ein Fax oder eine SMS abzusenden (Individualkommunikation). Wie auch immer: Aus dem täglichen Leben, im Privatbereich wie am Arbeitsplatz, ist der Computer heute nicht mehr wegzudenken, und er wird in Zukunft eine wohl noch wesentlich größere Bedeutung haben als bisher.

Computer wurden in ihren Anfangsjahren lediglich als elektronische Rechenmaschinen betrachtet. So gesehen könnte man sagen, dass in den Rechenbrettern der frühen Ägypter, in den mechanischen Rechenmaschinen des 17. Jahrhunderts (n. Chr.) sowie in den tastaturgesteuerten Rechenautomaten des 19. Jahrhunderts bereits Vorformen des Computers zu erkennen sind. Elektromechanische (Röhren-)Rechner gab es ab Anfang der 1940er-Jahre, die eigentliche Geschichte des Computers beginnt jedoch erst 1946: Damals wurde in den USA ein Rechner gebaut, der bereits 5.000 Rechenvorgänge pro Sekunde abwickeln konnte; er wog allerdings 30 Tonnen, arbeitete mit 18.000 Elektronenröhren und sein Speicher betrug ganze zwei Kilobyte. Computer dienten anfangs ausschließlich militärischen Zwecken (z.B. zur Berechnung von komplizierten Geschossbahnen). Erst 1955 wurden erste Computer für zivile Zwecke an Großbanken, Versicherungen, Automobilfirmen etc. verkauft (vgl. Faulstich 1994, S. 149). Die Ende der 1950er-Jahre einsetzende Raumfahrt – und damit beispielsweise auch die Kommunikation via Fernmeldesatellit – wäre ohne Computer undenkbar gewesen. Die Erfindung des Transistors (Ende der 1940er-Jahre), der an die Stelle der Elektronenröhre trat, kam der Weiterentwicklung des Computers ebenso zugute wie etwas später die Erfindung der integrierten Schaltkreise und Halbleiterspeicher (1960er-Jahre), Magnetplattenspeicher und Mikroprozessoren (1980er-Jahre). In den 1980er-Jahren hatten Computer eine Speicherleistung von 8 Megabyte; 30 Mio. Instruktionen pro Sekunde konnten abgewickelt werden. Es gab und gibt zahlreiche komplexe Programmiersprachen und bereits Abertausende von Software-Programmen. Schrift-, Bild- und Spracherkennung mittels Computer sind inzwischen weit entwickelt. Gegenwärtig rechnen Rechner »nicht mehr nacheinander, sondern nebeneinander (Parallelrechner), sodass die Vision von einer Billion Instruktionen pro Sekunde kein Hirngespinst mehr ist« (Faulstich 1994, S. 150). Generationenwechsel von Computern sind heutzutage auf ein bis zwei Jahre zusammengeschmolzen.

Im Bereich der klassischen Massenmedien gelangen Computer im deutschen Sprachraum seit etwa 1975 zum Einsatz: in der elektronischen Zeitungsherstellung (ab Mitte der 1970er-Jahre) in Form von computergesteuerten Texterfassungs- und -gestaltungssystemen, bei Hörfunk und Fernsehen in Form elektronischer Redaktionssysteme sowie beim elektronischen Broadcasting (EB). Mit zunehmender Durchdringung von Hörfunk und Fernsehen durch digitale Technik wird mittels Computer digital gespeichert und geschnitten.

Jedoch auch das gesamte Arbeits-, Wirtschafts-, Wissenschafts- und Verwaltungsleben sowie ein beträchtlicher Teil der Freizeitgestaltung vieler Menschen sind intensiv vom Computer durchdrungen. Zum Symbol der Computerisierung des Alltags sind vor allem Personal Computer (PCs) geworden. »Dabei handelt es sich um kleine, selbstständige Systeme, die nicht mehr nur im Bürobereich, sondern generell in Industrie, Gewerbe, Verwaltung und nicht zuletzt im Privatbereich« selbstverständlich geworden sind (Faulstich 1994, S. 148). Hier dient er u.a. der Textverarbeitung, der Tabellenkalkulation und zahlreichen anderen professionellen und semiprofessionellen Anwendungen. Im deutschen Sprachraum verschmelzen in den 1990er-Jahren Computer, Telekommunikation, elektronische Massenmedien und Unterhaltungselektronik zu Multimedia. Für den User stellt der Computer als intelligente Maschine gewissermaßen das »Eingangstor« ins Internet mit seinen zahlreichen Diensten und Anwendungen sowie in die Online-Kommunikation dar. Dazu gehören u.a. das Surfen durch die unzähligen Angebote des WWW; das *File Transfer Protocol*, also vorwiegend Herunter-, aber auch Hinaufladen von Dateien; *Newsgroups*, also Teilnahme an elektronischen schwarzen Brettern; *Internet Relay Chat* (IRC), d.h. Plaudern mit anderen in Echtzeit; Teilnahme an sog. *Multi User Dungeons* (MUDs), also (Rollen-)Spiele in virtuellen Welten u.a.m. Auch Telefonieren via Internet und TV-Übertragungen sind möglich, bedürfen aber noch dringend einer Verbesserung und Verfeinerung der Übertragungsqualität. Im Jahr 2001 sollen weltweit rund 400 Mio. Menschen über einen Internet-Zugang verfügt haben, vorwiegend in westlichen und westlich orientierten Ländern. Folgende Zahlen sprechen zudem für sich: Es hat 55 Jahre gedauert, bis 50 Mio. Menschen ein Auto besaßen; 38 Jahre, bis die gleiche Zahl ein Radio-Gerät hatte; 13 Jahre, bis sie über ein TV-Gerät verfügten; aber nur drei Jahre, bis es 50 Mio. Internet-Nutzer gab (vgl. Neue Zürcher Zeitung vom 10. 03. 1998).

Wie eingangs erwähnt, ist diese kleine (Technik-)Geschichte der Medien in hohem Maße unvollständig. Beispielsweise wurde nichts gesagt über die 1877 entdeckte elektrische Tonaufzeichnung, die die Schallplatte zur Folge hatte. Auch nicht erwähnt wurden etwa die einzelnen Ausprägungen der Drucktechnik in Form des

Hochdrucks (1445; Basis: Holzschnitt), des Tiefdrucks (1500; Basis Stahl- bzw. Kupferstich) sowie des Flachdrucks (1800; Basis: Lithografie). Vor allem der Tiefdruck (der sich sehr gut für eine qualitativ hochwertige drucktechnische Wiedergabe von Farbbildern eignet und etwa im Katalogdruck zum Einsatz kommt) und der Flachdruck (der im Zeitungs- und Zeitschriftendruck vorherrscht) sind heute weltweit industriell eingesetzte Druckverfahren. Der Hochdruck findet allenfalls noch im sog. Akzidenzdruck (für elegante Visitenkarten, individuell gestaltetes Briefpapier, für gedruckte Einladungen zu festlichen Anlässen etc.) Anwendung. Nicht angeführt wurden technische und kulturelle Errungenschaften, die sich als Folge der Entdeckung der Drucktechnik einstellten wie etwa: die Erzeugung von Papier als Bedruckstoff; oder die Herausbildung von Schrifttypen – in Deutschland etwa die heute äußerst veraltet anmutende (und schlecht lesbare) Fraktur, in Italien die elegante (und sehr gut lesbare) Antiqua. Auch nicht zur Sprache gekommen ist die Vereinheitlichung der Papier- bzw. Bogenformate sowie der Schrifttypen (Höhe, Breite, mager, kursiv, fett etc.). Absolut nicht übersehen werden darf im Kontext der Erfindung des Buchdrucks zweierlei: zum einen, dass kirchliche und weltliche Macht sehr bald eine Fülle von Zensurmaßnahmen ergriffen haben, um das freie Wort und die Herstellung von Öffentlichkeit zu unterbinden. Zum anderen, dass trotz dieser Maßnahmen die Erfindung des Buchdrucks wesentlichen Anteil an der Epoche der Aufklärung und damit geradezu atemberaubende kulturelle, politische und soziale Veränderungen zur Folge hatte (vgl. Füssel 1999; Eisenstein 1997). Die audiovisuellen Medien, insbesondere das Fernsehen, haben in der zweiten Hälfte des 20. Jahrhunderts Kultur- und Konsumverhalten sowie Freizeitgewohnheiten der Menschen nachhaltig verändert (vgl. Meyrowitz 1987). Und die Online-Medien sind, wie erwähnt, an der Schwelle zum dritten Jahrtausend im Begriffe, nicht nur das Medien- und Freizeitverhalten, sondern vor allem auch Arbeits-, Wirtschafts- und Verwaltungsprozesse grundlegend zu revolutionieren – mit positiven wie negativen Folgen.

4.3.3 Eigengesetzlichkeiten der Medien

Die klassischen Massenmedien zeichnen sich durch weitgehend technisch bedingte Eigengesetzlichkeiten aus, die sowohl für die Kommunikatoren (bei der Produktion der Medieninhalte) wie auch für die Rezipienten (bei der Rezeption dieser Inhalte) von Bedeutung sind.

Die *Kommunikatoren*, also die Medienschaffenden, müssen diese Eigenarten, die Möglichkeiten und Grenzen der einzelnen Medien, kennen, weil die Auswahl der Inhalte und die Art und Weise ihrer Aufbereitung und Präsentation von den Eigengesetzlichkeiten des jeweiligen Mediums abhängig sind. Das visuelle Medium Zeitung verlangt nach einer anderen »Dramaturgie« bei der Aufbereitung der Medieninhalte als etwa das auditive Medium Hörfunk, dieses wieder andere als das audiovisuelle Medium Fernsehen (Pürer 1996c, S. 224). Der Computer wieder integriert auf Grund seiner Möglichkeiten der Multimedialität Eigenschaften der Zeitung, des

Hörfunks und des Fernsehens, also Text, Bild (bzw. Video), Ton (bzw. Sound), Grafik und Animation.

Für die *Rezipienten* als Mediennutzer und -konsumenten werden Art und Weise der Wahrnehmung (visuell, auditiv, audiovisuell, multimedial) von den Eigengesetzlichkeiten der Medien geleitet. Hinzu kommen Momente der Verhaltensfreiheit bzw. der Verhaltensbindung bei der Nutzung: Die Zeitung und andere Druckmedien beispielsweise kann man lesen wann und wo man will – man spricht daher auch von einem disponiblen Medium. Anders ist dies bei Hörfunk und Fernsehen: Deren Nutzung ist für die Hörer und Zuschauer durch Programmstruktur und -ablauf vorgegeben. Auch die räumliche (z. B. gewohnte häusliche Umgebung, Büro, speziell eingerichteter Raum, Fahrt zum Arbeitsplatz in privatem oder öffentlichem Verkehrsmittel etc.) und die familiäre Situation (einzeln oder im Verband der Familie, im Freundeskreis oder in einem Kollektiv) sind für die Art und Weise der Rezeption von Relevanz. Im Folgenden werden daher die wichtigsten, weitgehend technisch bedingten Eigengesetzlichkeiten der Massenmedien aufgezeigt (vgl. Kaupp 1980, S. 118ff).

Die *Zeitung* und die anderen gedruckten Medien sind sog. statische Medien. Der Text richtet sich an das Auge, spricht also (nur) den visuellen Kanal an. Der Leser hat die Möglichkeit, das Tempo der Informationsaufnahme selbst zu bestimmen. Auch hat der Leser einen ständigen Überblick über den Text und seine formale Gestaltung; optische Hilfen im Text, die Interpunktion, erleichtern ihm die Lektüre. Bei den Printmedien hat der Leser außerdem die Möglichkeit, nachzulesen, zurück-, vor- und überzublättern. Insgesamt ist der Nutzer gedruckter Medien also sehr autonom (vgl. Kaupp 1980, S.121f; Pürer 1996c, S. 224ff). Druckmedien sind stets verfügbare Informationsspeicher von hoher Disponibilität und können sehr individuell genutzt werden. Die Dimension des Gedruckten ist der Raum, und im Raum Mitgeteiltes lässt sich nicht nur systematisch ordnen; es kann durch Größe und Kraft der Schrifttypen sowie mithilfe zahlreicher anderer grafischer Elemente gestaltet und gewichtet werden. Druckmedien können den Leser besser in Beziehung setzen, zu Erklärung und Verständnis beitragen, Orientierungshilfen bieten sowie durch Hintergrundberichterstattung Sinnzusammenhänge besser herstellen als die flüchtigen Funkmedien. Die schnelleren Funkmedien geben Themen oftmals vor, die langsameren Druckmedien füllen sie mit tiefer gehenden Informationen aus (vgl. Bausch 1978; Pürer 1982, S. 55ff).

Das *Radio* ist ein sehr flüchtiges Medium, nicht zuletzt, weil es oftmals nur als Hintergrundmedium bei Inhouse- und Outdoor-Aktivitäten genutzt wird. Der Text bzw. Ton richtet sich an das Ohr; das Tempo der Informationsaufnahme wird durch das Medium bzw. Programm vorgegeben. Der Hörer hat in aller Regel keine Möglichkeit, zurückzublättern bzw. etwas zu wiederholen, um es dem besseren Verständnis zu erschließen. Auch hat er keinen Überblick über den Text und keine optischen Hilfen, der Hörer ist an das Programm bzw. seine Text-Abfolge gebunden (vgl. Kaupp 1980, S. 122f; LaRoche/Buchholz 1993, S.226; Pürer 1996c, S. 224ff).

225

Auch das *Fernsehen* ist ein flüchtiges Medium, zumal das Tempo der Informationsaufnahme durch die Programmabfolge vorgegeben ist, der Zuschauer keinen Überblick über den Text bzw. die unmittelbare Abfolge des Programms und auch nicht die Möglichkeit hat, zurück-, vor- oder überzublättern. Die Informationsaufnahme beansprucht Auge und Ohr, ist also zweikanalig; optische Hilfen werden durch Bildmaterial wie Fotos, Filme, Inserts, Grafiken etc. angeboten. Bild und Ton zusammen verleihen dem Medium Fernsehen hohe Glaubwürdigkeit – in aktuellen Nachrichtensendungen beispielsweise hat der Zuschauer das Gefühl, als Augenzeuge dabei zu sein (vgl. Kaupp 1980, S. 123f; Schult/Buchholz 1997, S. 11ff; Pürer 1996c, S. 224ff; Wember 1983).

Was das publizistische Wettbewerbsverhältnis der Massenmedien betrifft, so sind die Funkmedien (Radio, Fernsehen) schneller und aktueller sowie mit einem hohen Maß an Bequemlichkeit zu nutzen. Die immer wieder faszinierende Wirkung des Fernsehens beruht auf dem (scheinbaren) Miterleben des Gezeigten bzw. Dargestellten. Der zeitlich unveränderbare Ablauf von Hörfunk und Fernsehen, vor allem auch was die Informationsprogramme betrifft, bedingt jedoch Flüchtigkeit. Radio- und Fernsehprogramme sind nicht beliebig nutzbar, sondern zwingen die Hörer oder Zuschauer, zu einer bestimmten Zeit für die Aufnahme der Botschaften präsent zu sein (vgl. Bausch 1978; Pürer 1982, S. 55ff). Selbst Kassettengeräte, Video- und DVD-Rekorder, mit deren Hilfe es möglich ist, Radio- bzw. TV-Programme aufzuzeichnen, können nur bedingt Abhilfe schaffen.

Wie erwähnt, integriert der *Computer* – und nun sind Online-Medien angesprochen – als Medium elektronisch vermittelter Kommunikation die weitgehend technisch bedingten Möglichkeiten von Print, Funk und Fernsehen. Online-Medien können sehr individuell genutzt werden, ein einschränkender Faktor ist aber in den Begrenzungen der Bildschirmseite zu sehen, deren Gestaltungsmöglichkeiten und -zwänge auf Anbieter wie Nutzer zurückwirken. Der Online-Nutzer hat nur einen begrenzten Überblick über den Text bzw. das Programm, er kann mittels Maus vor- und (über die Back-Funktion) auch zurückblättern. Im Unterschied zu den klassischen Medien, die durch die Festlegung der Abfolge der Inhalte sog. lineare Medien sind, sind Online-Medien vor allem durch die Möglichkeiten der Verlinkung nichtlineare Medien. Dem User sollte von den Anbietern das Surfen bzw. Navigieren durch ein Online-Angebot daher so leicht wie möglich gemacht werden (vgl. Meier 1998).

Online-Medien integrieren nicht nur Eigenschaften der Print- und Funkmedien, sie generieren neue hinzu. Gegenüber den klassischen Medien zeichnen sie sich (prinzipiell) aus durch a) Aktualität: Die angebotenen Inhalte, welcher Art auch immer, können grundsätzlich jederzeit aktualisiert werden, es gibt keinen Redaktionsschluss; b) Globalität: Online-Angebote können von jedem Ort der Welt aus erstellt und abgerufen werden; c) Multimedialität: Online-Angebote können Text, Bild, Ton, Grafik und Datenbanken integrieren; d) Hypertextualität: Online-Angebote können mit zahlreichen anderen Online-Angeboten verlinkt werden; e) Interaktivität: Online-

Angebote eröffnen dem User, beispielsweise via E-Mail, direkte Feed-back-Möglichkeiten (vgl. Meier 1998).

Joachim R. Höflich weist darauf hin, dass technische Medien und damit auch die über Massenmedien vermittelten Botschaften sich dadurch unterscheiden, »inwiefern sie die verbalen und auch die nonverbalen Ausdrucksmöglichkeiten, auf die in der direkten Kommunikation von Angesicht zu Angesicht gegenseitig Bezug genommen wird, begrenzen, wenn nicht sogar gänzlich ausblenden« (Höflich 1995, S. 527). Wenn man davon ausgeht, dass in der zwischenmenschlichen Kommunikation interpretationsfördernde metakommunikative sowie die Beziehung der Kommunikationspartner anzeigende Hinweise nicht immer verbal, sondern vor allem nonverbal (wie Mimik, Gestik etc.) ausgedrückt werden, ist dies von Bedeutung. Je stärker nämlich »ein Medium die verbalen und nonverbalen kommunikativen Codierungsmöglichkeiten begrenzt, umso mehr müssen [in der medienvermittelten Kommunikation – Erg. H.P.] fehlende interpretationsfördernde und beziehungsanzeigende Hinweise i. S. eines (...) et cetera-Prinzips (...) ergänzt werden« (Höflich 1995, S. 527f). Diese vom Kommunikator beim Verschlüsseln der Botschaft (Encodieren) zu berücksichtigenden und vom Rezipienten beim Entschlüsseln (Decodieren) teils imaginativ zu leistenden Ergänzungen unterscheiden sich je nach eingesetztem Medium. Dies ist auch der Grund dafür, weswegen Zeitung, Radio, Fernsehen und der Computer (im Kontext von Online-Kommunikation) je eigene Dramaturgien bzw. Erzählstrukturen erfordern (vgl. Höflich ebd.).

4.3.4 Organisationsformen der Massenmedien

Bevor im Folgenden unterschiedliche Organisationsformen (nicht Rechtsformen) der Massenmedien angesprochen werden, sei darauf hingewiesen, dass Medien auf unterschiedliche Weise in je unterschiedliche politische Systeme integriert sind. Im Allgemeinen wird zwischen pluralistischen und monistischen Systemen unterschieden (vgl. Kepplinger 1997, S. 117f):

In *pluralistischen* Systemen, in den westlichen Demokratien also, in denen die Staatsmacht von demokratisch legitimierten Funktionsträgern ausgeübt wird, sind die Massenmedien in das System der Gewalten*teilung* eingebunden, ohne allerdings – neben Legislative, Exekutive und Judikative – selbst eine eigene (Staats-)Gewalt darzustellen. Vielmehr sollen die Massenmedien (aus einer normativ begründeten, demokratietheoretischen Sicht) eine öffentliche Aufgabe erfüllen. Diese besteht darin, unbeeinflusst und unabhängig von staatlicher Macht in vielfältiger Weise Öffentlichkeit über relevante Vorgänge in Politik, Wirtschaft, Kultur und Gesellschaft herzustellen und Gesetzgebung (Legislative), Gesetzesvollzug (Exekutive) sowie Rechtsprechung (Judikative) kritisch und kontrollierend zu beobachten (vgl. Löffler 1984; Bergsdorf 1980).

In *monistischen* Systemen, in Staaten mit totaler Repräsentation (wie dies im Nationalsozialismus oder in den Sozialistischen Staaten wie der DDR der Fall war), sind Journalismus und Massenmedien in das Prinzip der Gewaltenkonzentration eingebunden. Sie stellen dort den verlängerten Arm von Staat und Partei (bzw. Alleinherrscher) dar und sind zentral ›von oben‹ gesteuert. Sie folgen also nur einem politischen Willen und lassen keinen politischen Pluralismus zu. Die Medien sind von der Exekutive weisungsabhängig, Nachrichten können nicht frei beschafft werden, der Nachrichtenfluss wird staatlich geregelt und kontrolliert. Insgesamt sind sie politische Führungs- und Kampfinstrumente (Kepplinger 1997, S. 171f).

Diese wichtigen Aspekte der Funktionen der Massenmedien in je unterschiedlichen politischen Systemen werden an späterer Stelle ausführlich erörtert (vgl. Kapitel 5.1.6.4). Wenn sie hier dennoch kurz angesprochen wurden, so nur um zu verdeutlichen, dass die in der politischen Realität vorfindbaren Organisationsformen (nicht Rechtsformen!) der Massenmedien aus ihrer Einbindung in das jeweilige politische System resultieren (vgl. Kepplinger 1997, S. 117f).

In den meisten westlichen Demokratien – und damit sind wieder *pluralistische* Systeme angesprochen – sind im Wesentlichen zwei Organisationsformen von Massenmedien vorzufinden: privatwirtschaftlich verfasste sowie öffentlich-rechtlich organisierte Massenmedien. Kepplinger spricht vom wirtschaftlichen Konkurrenzmodell, wenn er privatwirtschaftliche Medien meint. Im Unterschied dazu ist bei öffentlich-rechtlichen Medien vom administrativen Kooperationsmodell die Rede (vgl. Kepplinger 1997, S. 119f). Neben diesen beiden Grundformen gibt es Misch- und Sonderformen.

- *Privatwirtschaftlich* verfasste Medien agieren und funktionieren ähnlich wie andere kommerziell geführte Unternehmen. Der Markt, also Angebot und Nachfrage, entscheidet über Erfolg oder Misserfolg. Privatwirtschaftlich organisierte Medien operieren auf zwei Märkten, nämlich: auf dem Markt des Publikums sowie auf dem Markt der Werbewirtschaft. Aus beiden Märkten resultieren die Erlöse privatwirtschaftlich organisierter Medien: Bei den privaten Printmedien (sofern diese nicht gratis verbreitet werden wie etwa Anzeigenblätter) sind dies in aller Regel Vertriebs- (Abonnement, Einzelverkauf) und Anzeigenerlöse. Bei den privaten Funkmedien sind es entweder Werbe- oder Gebührenerlöse (Pay-TV, auch Bezahlfernsehen). Bezüglich dieses Bezahlfernsehens ist wieder zu unterscheiden zwischen Gebühren für den Bezug eines gesamten Programmpaketes (Pay-TV), eines einzelnen Kanals (Pay per Channel) oder nur einer einzelnen Sendung (Pay per view). Auch Mischfinanzierungsformen aus Werbung und Abonnementgebühren kommen vor. Die redaktionelle Linie (Zeitung) bzw. die inhaltliche Ausrichtung des Programms (Hörfunk, Fernsehen) wird vom Medieninhaber festgelegt; die gesellschaftsrechtliche Kontrolle privatwirtschaftlich organisierter Medien erfolgt in aller Regel durch Aufsichtsräte, Vorstände, Präsidenten etc. Privatwirtschaftlich organisierte Medien tendieren auf Grund des Wettbewerbs und einer zunehmend globalisierten Welt zur Medienkonzentration. Sie können Einflussversuchen der werbungtreibenden Wirtschaft ausgesetzt sein. Um wirtschaftlichen Erfolg zu erzielen, orientieren sich viele privatwirtschaftlich orientierte Medien am Massengeschmack. Der wirtschaftliche Erfolg privat-kommerzieller Medien ist eng mit hohen Auflagen und Reichweiten verbunden, zumal die Preise für Werbung und Anzeigen nicht zuletzt von der Größe des jeweils angepeilten Publikums abhängig sind. Bei den privatwirtschaftlich verfassten Medien wird von der quantitativen Vielzahl der Medien und Anbieter auch auf Inhalts-, Programm- und Meinungsvielfalt geschlossen (sog. außenplurales Modell), was allerdings nicht unumstritten ist.

- *Öffentlich-rechtlich* organisierte Medien werden in aller Regel zwar vom Staat konstituiert, nicht jedoch staatlich kontrolliert. Vielmehr unterliegen sie der Kontrolle durch die Gesellschaft. Kontrollorgane sind in Rundfunk- und Medienräten zu sehen, in denen gesellschaftlich relevante Gruppen wie politische Parteien und gesellschaftliche Organisationen und Institutionen vertreten sind. Öffentlich-rechtliche Rundfunkanstalten haben festgelegte Programmaufträge mit besonders ausgewiesenen Informations-, Kultur- und Bildungsaufgaben. In ihren Programmen müssen die gesellschaftlich relevanten Gruppen angemessen berücksichtigt werden. Öffentlich-rechtliche Medien sind zu politischer Ausgewogenheit und damit Binnenpluralismus verpflichtet. Die pluralistisch zusammengesetzten Kontrollgremien wachen über die Einhaltung der Programmaufträge. Öffentlich-rechtliche Rundfunkanstalten werden in aller Regel von einem Intendanten geleitet, dem andere Funktionsträger (wie Chefredakteur, Programmdirektor, technischer Direktor, kaufmännischer Leiter etc.) zur Seite stehen. Die Finanzierung öffentlich-rechtlicher Rundfunkanstalten erfolgt meist gemischt aus Teilnehmerentgelten und Werbeerlösen. Nicht selten sind öffentlich-rechtliche Rundfunkanstalten über ihre Kontrollorgane parteipolitischen Einflussversuchen ausgeliefert, wodurch nicht zuletzt staatliche Nähe gegeben sein kann.

- Neben privatwirtschaftlich verfassten und öffentlich-rechtlichen Medien gibt es in geringer Zahl des Weiteren sog. »*Freie Medien*«. Es sind dies meist alternative oder auch sog. autonome Medien, die frei von politischen und ökonomischen Zwängen sein wollen und sich auch selbst verwalten. Sie versuchen, sich vorwiegend aus Mitgliedsbeiträgen, Spenden, Abonnements, Veranstaltungen etc. zu finanzieren und rufen mitunter auch nach Unterstützung durch die öffentliche Hand. Werbung spielt, wenn überhaupt, für ihre Finanzierung nur eine untergeordnete Rolle. Die technischen und journalistischen Standards sind nicht selten gering, da die Programme weitgehend von Laien gestaltet und produziert werden.

Massenmedien wie Zeitung, Radio und Fernsehen in ihren klassischen Erscheinungsformen können in aller Regel den hier dargelegten Organisationsformen problemlos zugeordnet werden. Bei den Online-Medien ist dies nicht so einfach möglich, zumal sich zahlreiche Online-Anbieter des WWW nur als Plattform bedienen, um ihre Angebote im Web kostenlos auszustellen oder Online-Zugänge mit einer Gebühr zu verbinden, wie dies bei den kommerziellen Online-Anbietern wie etwa AOL, CompuServe oder t-online der Fall ist. Auch gibt es im Bereich der Online-Medien beispielsweise Kooperationsformen öffentlich-rechtlicher Medien mit privaten Online-Diensten. Traditionelle Klassifikationsschemata versagen im WWW nicht zuletzt auch deshalb, weil im Web auch neue Wege der Finanzierung der Online-Angebote etwa durch Service-Providing, Content-Providing, Content-Syndication oder E-Commerce beschritten werden (vgl. Kapitel 4.3.5.3).

4.3.5 Medienstrukturen in Deutschland

Gegenstand der nachfolgenden Ausführungen ist die Entwicklung des Medienwesens in Deutschland von 1945 bis zur unmittelbaren Gegenwart. Es handelt sich um einen kompakt gehaltenen, kurzen Überblick, der für das Pressewesen mit dem Jahr 1945 startet und für den Rundfunk die Zeit zwischen 1923 (Gründung) und 1945 (Ende des Nationalsozialismus und des von ihm entfachten Zweiten Weltkrieges) kurz mit einbezieht. Im Bereich der Printmedien liegt der Schwerpunkt der Ausführungen auf dem Gebiet der Tagespresse. Ein eigener kurzer Abschnitt ist auch den Online-Medien gewidmet. Auf andere Medien wie Zeitschriften, Buch, Film, Video und »neue Medien« wird lediglich über Literaturhinweise verwiesen. Über die Entwicklung des Pressewesens in der Bundesrepublik Deutschland liegt von Heinz Pürer und Johannes Raabe ein detaillierter Überblick vor (vgl. Pürer/Raabe 1996a), über das Rundfunkwesen jener von Heinz-Werner Stuiber (1998). Zahlreiche Einzelbeiträge zur »Mediengeschichte der Bundesrepublik Deutschland« enthält schließlich der gleich lautende, von Jürgen Wilke herausgegebene Sammelband (vgl. Wilke 1999). Nicht zuletzt sei hier auch auf das Fischer-Lexikon Publizistik/Massenkommunikation hingewiesen, das Überblicksbeiträge über Presse und Rundfunk enthält (vgl. Noelle-Neumann/Schulz/Wilke 1997).

Das deutsche Medienwesen hat sich nicht erst seit 1945 entwickelt. Vielmehr reicht seine äußerst wechselhafte Geschichte bis an den Beginn des 17. Jahrhunderts zurück (vgl. Wilke 2000): Zeitungen (im heutigen Sinne) gab es in Deutschland seit 1605, Tageszeitungen seit 1650, Zeitschriften seit der zweiten Hälfte des 17. Jahrhunderts. Die Aufhebung der Zensur 1848 hatte – neben anderen Faktoren – die rasche Ausdifferenzierung des Zeitungs- und Zeitschriftenwesens stark begünstigt (vgl. Pürer/Raabe 1996a). Gegen Ende des 19. Jahrhunderts entstand die Massenpresse. 1895 kam das Medium Film hinzu (vgl. Gregor/Patalas 1962; Pflaum/Prinzler 1992; Jacobsen/Kaes/Prinzler 1993), der Rundfunk (im Sinne von Hörfunk) 1923 (vgl. Lerg 1965ff; Stuiber 1998) und das Fernsehen 1935 (vgl. Longolius 1967; Stuiber 1998). Vor der nationalsozialistischen Machtergreifung bestand in Deutschland ein vielfältig ausgeprägtes Medienwesen, Deutschland war das zeitungsreichste Land Europas. Durch den Nationalsozialismus und den Zweiten Weltkrieg erlitt das deutsche Medienwesen jedoch eine tiefe Zäsur: Die Zeitungen und Zeitschriften der politischen Parteien wurden ausgeschaltet, die unabhängige Presse weitgehend mit der NS-Presse gleichgeschaltet, der Rundfunk (und auch der Film) ausschließlich in den Dienst des Nationalsozialismus, seiner Ideologie und Propaganda gestellt. Schließlich stand am Ende des Zweiten Weltkrieges auch das Ende des damaligen Medienwesens.

Es ist nur allzu gut zu verstehen, dass die Besatzungsmächte beim Wiederaufbau des Medienwesens im Nachkriegsdeutschland nicht dort anschließen wollten und durften, wohin die Nationalsozialisten es geführt hatten. Daher hatte das neu errichtete Presse- und Rundfunkwesen auch keine unmittelbaren Anknüpfungspunkte, auch nicht an die Zeit *vor* der nationalsozialistischen Machtergreifung. Damals – 1932 – hatte es in Deutschland ein vielfältig ausgeprägtes Pressewesen mit über 4.000 Titeln an Tages- und Wochenzeitungen gegeben (vgl. Koszyk 1972). Der Rundfunk (Hörfunk) war unter dem Dach der Reichsrundfunkgesellschaft dezentral organisiert und auf Grund von Beteiligungen der Post an den Landesrundfunkgesellschaften relativ staatsnahe (vgl. Bausch 1965; Stuiber 1998). Der Film war in privater Hand, wobei die in Alfred Hugenbergs Eigentum befindliche, nationalistisch ausgerichtete Ufa eine Monopolstellung innehatte und später im nationalsozialistischen Medienwesen aufging (vgl. Gregor/Patalas 1965).

4.3.5.1 Pressewesen in Deutschland

Die Entwicklung des Zeitungswesens seit 1945, respektive die der Tagespresse, lässt sich in sechs Phasen gliedern, nämlich (vgl. Pürer/Raabe 1996a): in die Phase des Wiederaufbaus, die Phase der Pressekonzentration, die Phase der Konsolidierung, die Phase zwischen Wende und Wiedervereinigung, die Phase nach der Wiedervereinigung sowie die Phase der neuen Herausforderungen. Um die Phase zwischen Wende und Wiedervereinigung zu verstehen, ist es notwendig, auch auf die Strukturen des Pressewesens in der ehemaligen Deutschen Demokratischen Republik (DDR) einzugehen (vgl. Pürer/Raabe 1996a). Dazu im Einzelnen:

Die Phase des Wiederaufbaus (1945-1954)

Das Ende des Zweiten Weltkrieges bedeutete auch die »Stunde Null« des deutschen Pressewesens (vgl. Hurwitz 1972). Nach der Kapitulation Hitler-Deutschlands Anfang Mai 1945 übernahmen die alliierten Besatzungsmächte (die USA, Großbritannien, Frankreich und die Sowjetunion) die Herrschaft über Deutschland. Alle bestehenden Druckereien wurden geschlossen, alle Redaktionen aufgelöst. Die Herausgabe von Zeitungen war vorübergehend verboten, an ihre Stelle traten zunächst Heeresgruppenzeitungen der Besatzungsmächte. Es folgte die Vergabe von Lizenzen für die Herausgabe von Zeitungen an nationalsozialistisch nicht vorbelastete Personen, wobei von den Besatzungsmächten unterschiedliche Praktiken angewendet wurden: Die Amerikaner vergaben primär sog. Gruppenlizenzen (an mehrere politisch unterschiedlichen Richtungen nahe stehende Personen) für die Herausgabe unabhängiger Zeitungen und Zeitschriften, erst ab 1848 auch für Parteizeitungen. Die Briten lizenzierten primär Parteirichtungszeitungen, später auch überparteiliche Blätter. Die Franzosen praktizierten ein gemischtes System, vergaben also Lizenzen für Parteizeitungen und unabhängige Blätter. Die Sowjets erteilten Lizenzen für die Herausgabe von Zeitungen nur an politische Parteien, wobei die KPD und später die SED bevorzugt wurden, sodass in der Sowjetisch Besetzten Zone (SBZ) eine vorwiegend sozialistische Presse entstand. Bis 1948 wurden insgesamt 178 Tageszeitungen, die in 753 Ausgaben erschienen, lizenziert (vgl. Koszyk 1986; Koszyk 1999).

Abbildung 8: Anzahl der bis 1948 lizenzierten Zeitungen

Besatzungszone	Zeitungen	Ausgaben
amerikanische Zone	56	112
britische Zone	53	387
französische Zone	29	174
sowjetische Zone	21	80
Berlin	19	–
	178	753

Quelle: Koszyk, Kurt: Die deutsche Presse 1945-1949: Wagner, Hans (Hrsg.) (1988): Idee und Wirklichkeit des Journalismus. Festschrift für Heinz Starkulla. München, S. 61-74, hier: S. 70f.

1949 erfolgte schließlich die Erteilung der Generallizenz. Damit durften auch die »Altverleger« wieder Zeitungen herausgeben. Es waren dies Personen, die vor 1938 bzw. 1945 Zeitungen herausgaben. Bis Ende 1950 entstanden 500 neue Titel. Die Folge war ein scharfer Konkurrenzkampf der Lizenzzeitungen mit jenen der Altverleger. 1954 wurde der größte Zeitungsgesamtbestand der Bundesrepublik gezählt: Es gab 225 redaktionell selbstständige Tageszeitungen (sog. publizistische Einheiten), die in 1.500 Ausgaben erschienen und zusammen von 624 Verlagen herausgegeben wurden (vgl. Schütz 1956). Eine so große Zahl von Tageszeitungen wurde in Deutschland nie wieder erreicht, auch nicht nach der Wiedervereinigung. Die Phase des Wiederaufbaus in Deutschland-West kann 1954 als abgeschlossen betrachtet werden, obwohl es danach noch weitere Zeitungsgründungen gab. Nur wenige von ihnen existieren noch heute (vgl. Pürer/Raabe 1996a; vgl. Wilke 1997; Schütz 1999). Mit dem Jahr 1954 setzte auch die pressestatistische Erfassung des Zeitungswesens nach Walter J. Schütz ein. Auf ihn geht die (bisweilen kritisierte, im Allgemeinen aber doch anerkannte) Differenzierung nach »publizistischen Einheiten«, »(redaktionellen) Ausgaben« und »Verlagen als Herausgeber« zurück (vgl. Schütz 1956; Schütz 2001a).

- *Publizistische Einheiten* sind redaktionell selbstständige Tageszeitungen mit Vollredaktionen. Dazu gehören Blätter, die den gesamten redaktionellen Teil (und damit sämtliche Ressorts) wie auch den Anzeigenteil selbstständig erarbeiten und verantworten – ungeachtet ihrer verlegerischen Struktur. Solche publizistische Einheiten geben in ihrem gesamten Verbreitungsgebiet in aller Regel (Lokal-) Ausgaben heraus, die den »Zeitungsmantel« (den Politik-, Wirtschafts- und Kulturteil etc. vom Stammblatt) übernehmen – womit sich der folgende Begriff erklärt:
- *(Redaktionelle) Ausgaben* sind folglich Tageszeitungen, die in ihrer Berichterstattung durch einen umfassenden Lokalteil eindeutig Bezug nehmen auf ihr vorwiegendes lokales Verbreitungsgebiet, aber redaktionelle Teile wie den Politik-, Kultur- und Wirtschaftsteil etc. (also den sog. »Zeitungsmantel«) aus einer Vollredaktion (auch »Mutterblatt«) übernehmen. Gelegentlich findet man für den Terminus »Ausgabe« auch noch die Bezeichnung »Mutation« oder »Kopfblatt« vor.
- Unter der pressestatistischen Kategorie *Verlage als Herausgeber* lassen sich alle redaktionellen Ausgaben zusammenfassen, bei denen im Impressum der gleiche Verleger oder Herausgeber aufscheint. Zahlreiche Zeitungen werden in Deutschland nämlich nicht nur von einem Verleger, sondern von mehreren Verlegern gemeinsam herausgegeben.

Phase der Konzentration (1955-1976)

Ab Mitte der 1950er-Jahre setzte in Westdeutschland ein dramatischer Konzentrationsprozess im Pressewesen ein, der erst 1976 zum (vorläufigen) Stillstand kam. Ihm fielen vor allem auflagenschwächere Regional- und Lokalzeitungen zum Opfer, die entweder ihr Erscheinen ganz einstellen mussten oder mit anderen Zeitungen fusionierten. Wichtigste Ursache war die Veränderung der Erlösrelationen aus Vetrieb (Abonnement, Einzelverkauf) und Anzeigen. Während 1954 die deutschen Tageszeitungen ihre Einnahmen im Durchschnitt zu 53 Prozent aus dem Vertrieb und zu 46,6 Prozent aus Anzeigen (sowie zu 0,4 Prozent aus Sonstigem) erwirtschafteten, verschob sich das Verhältnis dramatisch in Richtung Anzeigenerlöse: Diese machten 1975 knapp zwei Drittel der Einnahmen aus, die Vertriebserlöse nur noch ein Drittel. Die Zeitungen wurden also in immer größerem Ausmaß von Anzeigenerlösen abhängig (und sind dies nach wie vor auch gegenwärtig). Hinzu kam der Marktzutritt des Fernsehens, das sich rasch verbreitete und die Aufmerksamkeit des Publikums ebenso auf sich zog wie die der werbungtreibenden Wirtschaft (vgl. Schütz 1966, Kieslich 1968; Schütz 1999).

Das intensiv und vielseitig erforschte Phänomen Pressekonzentration (vgl. u.a. Aufermann 1971; Schütz 1971; Diederichs 1973; Mestmäcker 1978; Knoche 1978,

Kisker/Knoche/Zerdick 1979) wurde von den Zeitungsverlegern in der Folge (und fälschlicherweise, wie sich herausstellen sollte) primär auf das Aufkommen des Fernsehens zurückgeführt. Zwei von Regierungsseite in den 1960er-Jahren eingesetzte und nach ihren Vorsitzenden benannte Kommissionen, die »Michel-Kommission« sowie die »Günther-Kommission«, versuchten, dem Konzentrationsprozess im Pressewesen auf den Grund zu gehen (vgl. Kieslich 1968). Die »Michel-Kommission« prüfte das *intermediäre Wettbewerbsverhältnis* von Print- und Funkmedien sowie das *intramediäre der Printmedien* untereinander. Sie kam zu der Erkenntnis, dass der Pressekonzentrationsprozess primär auf das Wettbewerbsverhältnis auflagenstarker und auflagenschwacher Zeitungen (also Print : Print) auf dem Leser- wie vor allem auf dem Anzeigenmarkt zurückzuführen war und dass auch die Illustrierten in diesem Wettbewerb eine Rolle spielten. Der Wettbewerb vor allem um das Werbeaufkommen zwischen Print- und Funkmedien (insbesondere des Fernsehens) spielte den Erkenntnissen der Kommission zufolge eine nur untergeordnete Rolle. Die »Günther-Kommission« wiederum befasste sich mit den *Folgen* der Pressekonzentration. Sie schlug verschiedene Maßnahmen zu deren Eindämmung vor, von denen allerdings nur einige wenige politisch auch realisiert wurden (vgl. Pürer/Raabe 1996a). So gab es für kleinere Zeitungen wirtschaftliche Förderungsmaßnahmen durch Investitionshilfen sowie zinsengünstige Kredite und Darlehen. Weiterhin wurden Maßnahmen zur Beobachtung der Entwicklung des Pressewesens ergriffen. Neben der regelmäßigen Erarbeitung von Medienberichten ist hier vor allem auf das (erst 1975 erlassene) Pressestatistikgesetz zu verweisen. Es verpflichtete die Verleger dazu, wichtige pressestatistische Daten (wie Rechtsform der Unternehmen, Zahl der Mitarbeiter, Bezugs- und Anzeigenpreise, Auflagendaten, Kosten- und Erlösrelationen, Umsatzarten etc.) offen zu legen, um Konzentrationsvorgängen nach Möglichkeit entgegenwirken zu können. Schließlich wurde 1976 ein Gesetz zur Pressefusionskontrolle beschlossen, demzufolge Zusammenschlüsse von Presseunternehmen ab einem gemeinsamen Umsatz von 25 Mio. DM dem Bundeskartellamt anzuzeigen waren. Dieses kann seine Zustimmung zu beabsichtigten Zusammenschlüssen erteilen, verweigern oder an bestimmte Vorgaben knüpfen (vgl. Ronneberger 1986, Klatt 1987, Pürer/Raabe 1996a).

1976 war der absolute Tiefstand des Zeitungsgesamtbestandes in Westdeutschland zu verzeichnen (vgl. Schütz 1976): Es gab nur noch 121 publizistische Einheiten (1954: 225), die in 1.229 redaktionellen Ausgaben erschienen (1954: 1.600) sowie von 403 Verlagen (1954: 624) herausgegeben wurden. Die Zahl der sog. Einzeitungskreise – Gebiete also, in denen die Einwohner nicht mehr zwischen zwei oder mehr Blättern wählen können, sondern nur noch auf eine Zeitung angewiesen sind – wurde ständig größer. Umgekehrt stieg die Auflage der Tageszeitungen zwischen 1954 und 1976 von 13,4 Mio. auf 19,5 Mio. an – ein typisches Phänomen der Pressekonzentration. Zugleich bildeten sich große Verlagsgruppen heraus. Für den Tageszeitungsbereich sind der Springer-Verlag (Bild, Die Welt u.a.), die WAZ-Gruppe (Westdeutsche Allgemeine, Westfälische Rundschau etc.), der Süddeutsche Verlag (Süddeutsche Zeitung, Donau-Kurier etc.), die Stuttgarter Verlagsgruppe (Stuttgarter Zeitung, Stuttgarter Nachrichten etc.) sowie die Verlagsgruppe DuMont-Schauberg (z.B. Kölner Stadtanzeiger) zu erwähnen. Die zehn größten Tageszeitungsverlage konzentrierten damals zusammen mehr als 53 Prozent der Gesamtauflage aller Tageszeitungen auf sich. Im Bereich der Publikumszeitschriften, einem ebenfalls heiß umkämpften Markt, bildeten sich die Verlage Bauer (Bravo, Neue Revue etc.), Springer (Hör zu, Bild der Frau, Auto-Bild etc.), Burda (Bunte, Freizeit-Revue etc.) sowie Gruner+Jahr/Bertelsmann (Stern, Spiegel etc.) heraus (vgl. Diederichs 1976, Diederichs 1981). Sie gehören auch gegenwärtig zu den größten Medienbetrieben Deutschlands (und alle haben sich inzwischen zu Medienunternehmen entwickelt, die neben ihren Printaktivitäten auch im Bereich des privaten Hörfunks und/oder Fernsehens, der AV-Medien sowie des Internets tätig sind).

Phase der Konsolidierung (1976-1989)

In der Phase der Konsolidierung (vgl. Pürer/Raabe 1996a, S. 147ff) verfestigten sich die Strukturen des westdeutschen Zeitungs- (und auch Zeitschriften-)Wesens und der Pressekonzentrationsprozess kam vorübergehend zum Stillstand. Es ist dies auch die Phase, in der in den deutschen Zeitungsverlagshäusern – und natürlich auch bei den Zeitschriften – elektronische Systeme der Zeitungsherstellung installiert und implementiert wurden (vgl. Weischenberg 1978 und 1982; Mast 1984; Pürer 1986). Die Struktur der bundesdeutschen Tagespresse war in dieser Phase vor der Wiedervereinigung gekennzeichnet durch (vgl. Wenger 1988; Pürer/Raabe 1996a): a) eine vergleichsweise immer noch vielfältig ausgeprägte und tief gegliederte Regional- und Lokalpresse mit Lokalmonopolen und einer zunehmenden Zahl von Einzeitungskreisen; b) eine dürftig ausgeprägte, aber angesehene überregionale Presse (Süddeutsche Zeitung, Frankfurter Allgemeine Zeitung, Frankfurter Rundschau, Die Welt, die tageszeitung); c) eine der Titelzahl nach eher kleine (Bild, Express, B.Z., Abendzeitung, tz, Hamburger Morgenpost), der Auflagenzahl nach (5,6 Mio.) aber durchaus beachtenswerte Straßenverkaufspresse (deren größte Repräsentantin die Bild-Zeitung mit einer Auflage von damals 4,33 Mio. Exemplaren war; d) eine nicht existente Hauptstadt-Presse (in Bonn erschien keine große bundesdeutsche Tageszeitung); e) sowie durch eine nur noch auf zwei kleine Titel beschränkte Parteipresse (Die Wahrheit, UZ – Unsere Zeit). Dennoch gehörte Deutschland damals – wie auch heute – trotz Pressekonzentration zu den zeitungsreichsten Ländern der Welt.

Presse in der DDR

Die Presse und auch die anderen Massenmedien waren in der DDR eingebunden in das Prinzip der staatlichen Gewaltenkonzentration: Presse, Rundfunk und Fernsehen der DDR waren gewissermaßen der verlängerte politische Arm von Partei (SED) und Staat (vgl. Pürer/Raabe 1996a, S. 356). Ihre besondere Funktion hatten sie der Lenin'schen Pressetheorie zufolge als Führungs- und Kampfinstrumente der Arbeiterklasse zur a) Propaganda (langfristige politisch-ideologische Erziehung durch die

Darlegung und Erläuterung sozialistischer Ideale und Theorien); b) Agitation (Aufrütteln und Anspornen der Werktätigen im Sinne des Marxismus-Leninismus, Appell an die Aktionsbreitschaft im Alltag); sowie c) Organisation (Mobilisierung der Menschen zum Auf- und Weiterbau des Sozialismus) (vgl. Blaum 1980). Die zentrale Lenkung der Medien der DDR erfolgte durch die Abteilung für Propaganda im Zentralkomitee der SED. Besondere Lenkungsmaßnahmen bestanden a) in einer gezielten Personalpolitik (Achtung auf linientreue Kader); b) in der staatlichen Lizenzpflicht für alle Presseorgane (Lizenzen für die Herausgabe von Presseprodukten wurden nur an politische oder staatliche Organisationenen, Parteien etc., nie an Einzelpersonen vergeben); c) in der staatlichen Zuteilung von Materialien (Papier, Druckfarbe, Druckkapazität etc.) an die jeweiligen Presseorgane; d) im staatlichen Vertriebsmonopol der Post (die auch die Zeitungskioske betrieb und die Abonnementverrechnung durchführte); e) in der einheitlichen, der Lehre des Marxismus-Leninismus verpflichteten Ausbildung der Journalisten; sowie d) in der oftmals bis in kleinste Details gehenden Sprachregelung der Berichterstattung aller Medien (vgl. Holzweißig 1989; Geißler 1986; Pürer/Raabe 1996a). Inhaltliche Merkmale der Medienpolitik der DDR waren: (1) die staatliche Integration der DDR in die sozialistische Staatengemeinschaft (wobei die UdSSR bis zum Machtantritt Michail Gorbatschows eine Vorbildrolle innehatte); (2) die Abgrenzung zur BRD, die als Ausland galt; (3) die politisch-ideologische Immunisierung der Bevölkerung im Sinne des Marxismus-Leninismus; (4) sowie die ökonomische Agitation zur Übererfüllung der wirtschaftlichen Planziele (vgl. Holzweißig 1989; Schulz 1979; Geißler 1986). Das gesamte Pressewesen unterstand weisungsgebunden dem Presseamt beim Ministerrat der DDR sowie den für die Presse zuständigen SED-Funktionären in den 14 (Verwaltungs-)Bezirken der DDR. Die zentrale Nachrichtenlenkung erfolgte über den Allgemeinen Deutschen Nachrichtendienst (ADN), der ebenfalls dem Presseamt unterstellt und von dessen Weisungen abhängig war (vgl. Wörterbuch der sozialistischen Journalistik 1981). Die Journalisten waren der Parteilichkeit (Parteinahme für die Interessen der Arbeiterklasse), der Wissenschaftlichkeit (Erklärung der politischen Entscheidungen auf der wissenschaftlichen Basis des Marxismus-Leninismus) sowie der Massenverbundenheit (Solidarität mit den Werktätigen, Bemühen um deren Mitarbeit in der Presse) verpflichtet (vgl. Blaum 1980).

Vor der Wende, im Jahr 1988, gab es in der DDR insgesamt 1.812 Presseerzeugnisse, darunter 39 Tageszeitungen (9,7 Mio. Auflage), 30 Wochenzeitungen (9,5 Mio. Auflage), 508 Zeitschriften (21,4 Mio. Auflage), 667 SED-Betriebszeitungen (2 Mio. Auflage), 176 zentrale Mitteilungsblätter, 354 regionale Mitteilungsblätter sowie 34 Wochenzeitungen und Zeitschriften der Kirchen und religiösen Gemeinschaften (377.000 Auflage) (vgl. Grubitzsch 1990). Die 39 Tageszeitungen der DDR hatten eine gemeinsame Auflage von 9,7 Mio. Exemplaren, wobei den größten Auflagenanteil, nämlich 6,1 Mio. Exemplare bzw. 63 Prozent der Gesamtauflage, die SED-eigenen Zeitungen auf sich konzentrierten. Die Tageszeitungen wurden von der SED selbst (16 Titel), einigen ihrer großen Vorfeldorganisationen (drei Titel, knapp 2 Mio. Auflage) sowie von den vier Blockparteien (18 Titel, gemeinsame Auflage von 834.000 Exemplaren) herausgegeben. Ein Titel (»B.Z. am Abend«), die einzige Boulevardzeitung der DDR (Auflage: 204.000), war SED-nahe; ein weiterer Titel (»Nowa Doba«, Auflage: 2.000 Exemplare) vertrat offiziell die Interessen der in der DDR lebenden sorbischen Minderheit (vgl. Grubitzsch 1990). Alle Tageszeitungen, auch jene der Blockparteien, waren in das politische System der DDR eng eingebunden und hatten in ihrer Berichterstattung kaum bzw. nur wenige Freiräume. Diese gab es am ehesten in den (nur wenigen) politikfernen Bereichen der Berichterstattung. Der Umfang der Zeitungen betrug wochentags zwischen sechs und acht Seiten, am Wochenende mehr (teils das Doppelte). Ein Tageszeitungsabonnement kostete 3,15 (DDR-)Mark, ein Einzelexemplar 0,15 bis 0,20 Mark. Die DDR war also bestrebt, ihren Bürgern den Bezug von Zeitungen (und Zeitschriften) leicht erschwinglich zu machen. Daher wurden auch zahlreiche Printmedien durch den Staat bzw. die Partei subventioniert: 1988 soll der Subventionsaufwand der Zeitungen der SED 332 Mio. (DDR-)Mark betragen haben (vgl. Grubitzsch 1990). Bezug und Lektüre westlicher Zeitungen waren der Bevölkerung in der DDR untersagt. Lediglich eine kleine politische Führungsschicht sowie ranghohe Funktionäre der SED hatten begrenzten Zugang zu westlichen Printmedien.

Phase zwischen Wende und Wiedervereinigung

Wenige Wochen nach dem Mauerfall und dem offiziellen Ende der gesellschaftlichen Führungsrolle gab die SED noch im Dezember 1989 auch ihren Monopolanspruch auf Presse (und Rundfunk) auf und trennte sich von den meisten ihrer Zeitungen und Zeitschriften. Alle Chefredakteure wurden ausgewechselt, leitende Stellen mit Personen besetzt, die das Vertrauen der Redaktionen besaßen. Titel und Untertitel der Zeitungen (und vieler Zeitschriften) wurden z.T. mehrmals geändert, um die neue Unabhängigkeit von Staat und Partei auch nach außen zu demonstrieren. Wichtig war auch, nach dem Wegfall der Subventionen für Pressemedien, die Umstellung auf eine marktwirtschaftliche Unternehmensführung. Über einen Medienbeschluss der Volkskammer wurde die Pressefreiheit politisch durchgesetzt; ein Medienkontrollrat hatte die Aufgabe, sie zu überwachen. Die Erarbeitung eines Mediengesetzes wurde in Angriff genommen, infolge der dann rasch herbeigeführten Wiedervereinigung jedoch nicht mehr fertig gestellt bzw. obsolet (vgl. Pürer/Raabe 1996a, S. 418ff).

Abbildung 9:
Privatisierung von ehemaligen SED-Zeitungen nach der Entscheidung der Treuhand

Alter Titel, Verlagsort	Auflage 1988 in Tsd. Ex.	Neuer Titel	Auflage 2001 in Tsd. Ex.*	Neuer Besitzer
Berliner Zeitung	425	-	197	Gruner+Jahr
BZ am Abend, Berlin	204	Berliner Kurier	159	Gruner+Jahr
Neues Deutschland, gesamte DDR	1.100	-	57	eigenständig/PDS
Bezirkszeitungen:				
Freie Erde, Neubrandenburg	202	Nordkurier	117	Augsburger Allgemeine/ Kieler Nachrichten/ Schwäbische Zeitung
Freie Presse, Chemnitz	661	freie presse	396	Stuttgarter Zeitung/Die Rheinpfalz, Ludwigshafen/Südwest Presse
Freies Wort, Suhl	178	-	**88	Süddeutscher Verlag (70%)
Freiheit, Halle	585	Mitteldeutsche Zeitung	320	DuMont Schauberg
Lausitzer Rundschau, Cottbus	291	-	146	Georg von Holtzbrinck (52%)
Leipziger Volkszeitung	484	-	302	Madsack/Springer (jew. 50%)
Märkische Volksstimme, Potsdam	348	Märkische Allgemeine	196	FAZ-Gruppe
Neuer Tag, Frankfurt/Oder	211	Märkische Oderzeitung	120	Stuttgarter Zeitung/Die Rheinpfalz, Ludwigshafen/Südwest Presse
Ostsee-Zeitung, Rostock	292	-	185	Springer (74,5%)
Sächsische Zeitung	566	-	337	Gruner+Jahr (60%)
Schweriner Volkszeitung	201	-	131	Burda-Verlag
Volksstimme, Magdeburg	451	-	259	Bauer-Verlag
Volkswacht, Gera	238	Ostthüringer Zeitung	**151	WAZ
Das Volk, Erfurt	401	Thüringer Allgemeine	**244	WAZ (50%)
Gesamtauflage	**6.838**		**3.405**	

*Auflagenzahl nach ivw 4/01
**Auflagenzahl nach Schütz 2001.
Quellen:
Pürer, Heinz/Raabe, Johannes (1996): Medien in Deutschland. Band 1: Presse. Konstanz, S. 448.
Schütz, Walter J. (2001): Deutsche Tagespresse 2001. In: Media Perspektiven 12/2001., S. 602-632.
Media Perspektiven/Basisdaten (2001): Daten zur Mediensituation 2001.
http://www.ivw.de

Der erosionsartig einsetzende Umbruch erfasste den gesamten ostdeutschen Pressemarkt. Es kam zu zahlreichen Titelneugründungen ohne Westhilfe, zu Ausgaben westdeutscher Zeitungen in Ostdeutschland sowie zu angestrebten Verlagskooperationen und Joint Ventures westdeutscher Verlage mit DDR-Zeitungen und Zeitschriften (vgl. Müllerleile/Schulze 1990; Schneider 1991; Röper 1991). Das Vertriebsmonopol der Post wurde aufgehoben. Westdeutsche Verlage versuchten, eigene Vertriebsstrukturen aufzubauen und ihre Produkte, insbesondere auch Zeitschriften, in der (Noch-)DDR abzusetzen, ehe der Pressevertrieb generell neu geregelt wurde (vgl. Wilke 1992). Die entstandenen Kooperationen und (geplanten) Fusionen ostdeutscher Zeitungen mit westdeutschen Verlagen waren für Erstere ein aus wirtschaftlichen Gründen notwendiger Schritt, für Letztere die Chance auf einen neu zu erschließenden Absatzmarkt.

Gleichzeitig mussten einige durchaus prominente ostdeutsche Zeitungen innerhalb kurzer Zeit dramatische Auflagenrückgänge verzeichnen. Unter ihnen befanden sich Titel wie: das ehemalige SED-Zentralorgan »Neues Deutschland« (von 1,1 Mio. auf 100.000); die von der SED-Vorfeldorganisation Freier Deutscher Jugendverband (FDJ) herausgebrachte »Junge Welt«, die zum Zeitpunkt der Wende auflagenstärkste Tageszeitung der DDR (von 1,5 Mio. auf 70.000); sowie die Zeitungen der Vorfeldorganisationen der SED (»Tribüne«, das Organ des Freien Deutschen Gewerkschaftsbundes FDGB sowie »Deutsches Sportecho«, Organ des Deutschen Turn- und Sportbundes DTSB), die bald eingestellt wurden. Betroffen von starken Auflageneinbußen waren aber auch viele Zeitungen der ehemaligen Blockparteien. Am Markt relativ gut behaupten konnten sich hingegen – trotz mancher Auflagenverluste – die ehemaligen 14 SED-Bezirkszeitungen. Diese verfügten schon zu DDR-Zeiten über vergleichsweise hohe Auflagen und hatten infolge ihrer hohen Vielfalt an Lokalausgaben auch eine starke Leserbindung, wenngleich zu DDR-Zeiten der Lokalteil in diesen Blättern in aller Regel nur zwischen einer halben und einer ganzen Seite ausmachte (vgl. Röper 1991; Schütz 1992). Im Frühherbst 1990 kam es zur spektakulären Übernahme des Berliner Verlags durch das deutsche Verlagshaus Gruner+Jahr sowie den englischen Verleger Maxwell. Der Berliner Verlag (»BZ am Abend«, »Berliner Zeitung«, »Junge Welt«, »FF dabei« u.a.m.) war das größte Verlagsunternehmen der DDR und gab damals Zeitungen und Zeitschriften mit einer Gesamtauflage von zehn Mio. Exemplaren heraus. Das Verlagsunternehmen wurde von der PDS, der Nachfolgepartei der SED, für einen Preis von 235 Mio. DM komplett verkauft (vgl. Röper 1990).

Die Phase nach der Wiedervereinigung

Die Phase unmittelbar nach der Wiedervereinigung war medienpolitisch geprägt von der Verkaufspolitik der Treuhand-Anstalt. Diese war laut Einigungsvertrag zuständig für die wettbewerbliche Neustrukturierung und Privatisierung ehemaligen DDR-Volkseigentums – und damit auch für die nach der Wende unter ihre Obhut gestellten Zeitungsunternehmen. Von besonderem Interesse für die Westverlage waren die

14 SED-Bezirkszeitungen mit ihren hohen Auflagen und großen Verbreitungsgebieten sowie ihrer ausgeprägten Ausgabenvielfalt. Vergabekriterien bei den Verkaufsverhandlungen waren: a) die Höhe des gebotenen Kaufpreises; b) die von den Kaufinteressenten vorgelegten Sanierungs- und Investitionskonzepte (zumal die Zeitungsbetriebe technisch völlig veraltet waren); sowie c) die Zusicherung des Erhalts von Arbeitsplätzen. Zusätzlich gab die Treuhand vor, dass ein Käufer nicht mehr als eine Zeitung erwerben bzw. nicht an mehreren beteiligt sein dürfe und dass die Verbreitungsgebiete der erwerbenden und der zu verkaufenden Zeitungen nicht aneinander grenzen dürften (vgl. Röper 1991; Schütz 1991; Schneider 1992). An diese Vorgaben hat sich die Treuhand bei der Vergabepraxis sodann selbst jedoch nicht immer gehalten. Da nur große westdeutsche Zeitungsverlage den hohen Kapital- und Investitionsbedarf der zu verkaufenden ostdeutschen Zeitungen decken konnten, kamen mehrheitlich auch nur Großverlage zum Zuge wie der Springer-Verlag, Gruner+Jahr, Burda, der WAZ-Konzern, Südwestpresse/Stuttgarter Zeitungsgruppe, die FAZ-Gruppe, der Madsack-Verlag (Hannover), die Saarbrücker Zeitung u.a.m. (vgl. Abbildung 9). Die Treuhand erzielte einen Verkaufserlös von rund 1,5 Mrd. DM sowie Investitionszusagen in einer Größenordnung von 1,3 Mrd. DM. An der Verkaufspolitik der Treuhand wurde u.a. kritisiert, dass alle 14 ehemaligen SED-Bezirkszeitungen komplett, also einschließlich der ihnen angeschlossenen Druckereien sowie mit ihren vielen Ausgaben und großen Verbreitungsgebieten, in aller Regel an nur einen neuen Eigentümer veräußert wurden und dass – von einer einzigen Ausnahme (Maxwell) abgesehen – nur westdeutsche Großverlage akzeptiert wurden. Die unter publizistischen Gesichtspunkten wünschenswerte Aufteilung der riesigen Verbreitungsgebiete dieser Zeitungen und ihrer ungewöhnlich hohen Auflagen auf mehrere Teilverlage stand bei der Treuhand offenbar nicht zur Debatte. Und die aus der Pressekonzentrationsdebatte der Bundesrepublik bekannten Besonderheiten des Pressemarktes und ihre möglichen Gefahren spielten bei den Treuhand-Entscheidungen offensichtlich ebenfalls keine Rolle (vgl. Röper 1991, Schütz 1991, Schneider 1992). Umgekehrt ist den erwerbenden Verlagen einzuräumen, dass sie ihre Investitionszusagen vollständig eingelöst haben: Die von ihnen erworbenen Zeitungen gehören heute zu den technisch modernst ausgestatteten Presseverlagshäusern Deutschlands.

Die rasch wachsende publizistische und ökonomische Kraft der großen Regionalblätter (also der ehemaligen SED-Bezirkszeitungen) in den neuen Bundesländern hat es den nach Wende und Wiedervereinigung erfolgten Zeitungsgründungen schwer gemacht, sich am ostdeutschen Markt zu behaupten. Hinzu kam, dass viele der von Westverlagen vorgenommenen Zeitungsneugründungen in Ostdeutschland publizistisch die Befindlichkeit der Bundesbürger in den neuen Ländern bei weitem nicht so gut trafen wie dies bei den ehemaligen Bezirkszeitungen der Fall war. (vgl. Schneider/Stürzebecher 1993; Schneider/Stürzebecher/Möhring 1997; Schneider 2000). Die hohe Arbeitslosigkeit in Ostdeutschland macht(e) es vielen Bürgern zudem nicht möglich, sich eine Zeitung zu leisten. So setzte nach einem regelrechten Zeitungsboom zwischen 1990 und 1993 im neuen Bundesgebiet spätestens ab 1994 ein weit um sich greifender Pressekonzentrationsprozess und Auflagenrückgang ein. Ihm fielen vor allem Zeitungsneugründungen sowie fast alle der ebenfalls an Westverlage verkauften Zeitungen der ehemaligen Blockparteien zum Opfer. Die beiden ehemals größten Tageszeitungen der DDR, das »Neue Deutschland« (Auflage derzeit 57.000) und die »Junge Welt« (Auflage derzeit 20.000) ringen um ihre Existenz. Die Zeitungen der Massenorganisationen wurden eingestellt. Während es 1989 in der DDR 39 Tageszeitungen gab (die in 291 Ausgaben erschienen und eine Auflage von 9,6 Mio. Exemplaren hatten) und 1991 vorübergehend gar 58 publizistische Einheiten (mit 348 Ausgaben und einer Auflage von sieben Mio. Exemplaren) zu verzeichnen waren, gibt es gegenwärtig (Stand: 2001) in den neuen Bundesländern (einschließlich Berlin-Ost) nur noch 21 Tageszeitungen (i. S. publizistischer Einheiten, also Vollredaktionen) mit zusammen 270 Ausgaben und einer gemeinsamen Auflage von rund fünf Mio. Exemplaren (vgl. Schütz 2000). Zeitungsbezugspreise (Abonnement, Einzelverkauf) sowie Anzeigenpreise, die in den neuen Bundesländern für geraume Zeit nach der Wiedervereinigung teils weit unter jenen der westdeutschen Zeitungen lagen, erreichen in Ostdeutschland inzwischen weitgehend Westniveau (Zeitungen 2001). Auch das publizistische, also inhaltliche Profil (Politik, Wirtschaft, Lokales, Kultur etc.) der Ostzeitungen entspricht in vielem jenem der westdeutschen Tageszeitungen, die Themenprofile haben sich weitestgehend angeglichen. Verständlicherweise ist die Berichterstattung der ostdeutschen Tageszeitungen stärker auf Vorgänge in den neuen Bundesländern bezogen (vor allem bei den Themen Stadtentwicklung und Infrastruktur). Eine Art »obrigkeitsstaatliche Fixierung« (Schneider 1999, S. 622) scheint aber immer noch Bestand zu haben. In vielen Fällen konzentriert sich die Berichterstattung (vor allem aus den Ländern und aus dem Lokalen) »in hohem Maße auf Exekutive und Legislative; Behörden und Ämter bzw. deren Vertreter kommen weitaus häufiger zu Wort als Vereine, Wirtschaftsunternehmen oder andere nichtstaatliche Einrichtungen« (Schneider 1999, S. 622). Und in Gebieten, in denen mehrere Zeitungen miteinander konkurrieren, ist die Lokalberichterstattung wesentlich umfangreicher als in sog. Einzeitungskreisen. Monopolzeitungen werden von den Lesern weniger gut beurteilt als Blätter, die mit anderen Zeitungen konkurrieren (Schneider 1999, ebd.). Wie sich die ostdeutsche Tagespresse strukturell und inhaltlich seit der Wiedervereinigung entwickelt und verändert hat, ist im Einzelnen den Publikationen »Wenn das Blatt sich wendet« (Schneider/Stürzebecher 1998) sowie »Ortsbestimmung« (Schneider/Möhring/Stürzebecher 2000) zu entnehmen.

Das Zeitungswesen im wiedervereinigten Deutschland

Sieht man von den erwähnten Veränderungen des Zeitungswesens in den Jahren nach der Wiedervereinigung in Ostdeutschland ab, so weist die Zeitungslandschaft der Bundesrepublik seit geraumer Zeit eine sehr konsolidierte Struktur auf: Sie ist auf so hohem Niveau konzentriert, dass Zeitungsschließungen eher eine Seltenheit sind. (Dass die »tageszeitung« und die »Junge Welt« immer wieder mit Existenzproblemen kämpfen, ist allgemein bekannt). Nicht auszuschließen sind hingegen weitere Verlagsverflechtungen-, -kooperationen und -übernahmen im Bereich der Presseverlage (vgl. Schütz 2000, Röper 2000).

Abbildung 10: Statistik zur deutschen Tagespresse 1954 bis 2001

Jahr*	Publizistische Einheiten		Ausgaben		Verlage als Herausgeber		Verkaufte Auflage in Mio.	
	absolut	Index	absolut	Index	absolut	Index	absolut	Index
1954	225	100	1.500	100	624	100	13,4	100
1976	121	54	1.229	82	403	65	19,5	146
1985	126	56	1.273	85	382	61	20,9	156
1989	119	53	1.344	90	358	57	20,3	152
1989 DDR	37	-	291	-	38	-	9,6	-
1991	158	100	1.673	100	410	100	27,3	100
2001	136	86	1.584	95	356	87	23,7	87

* 1954-1989: altes Bundesgebiet, ab 1991 inkl. neuer Bundesländer
Quelle: Schütz, Walter J. (2001): Deutsche Tagespresse 2001. In: Media Perspektiven 12/2001, S. 603.

Zum Jahrtausendwechsel stellte sich der Markt der Tageszeitungen wie folgt dar: Es gab 136 redaktionell selbstständige Tageszeitungen (publizistische Einheiten), die in 1.584 Ausgaben erschienen und zusammen von 356 Verlagen herausgegeben wurden. Ihre gemeinsame Auflage betrug im Jahr 2000 knapp 24 Mio. Exemplare. Viele Zeitungsverlagshäuser sind – bereits seit Mitte der 1980er-Jahre – im privaten Hörfunk engagiert, einige große auch im privaten Fernsehen. Mehrere große Verlagsunternehmen haben des Weiteren auf ausländischen Märkten Engagements getätigt, insbesondere auch in den Reformländern des gewendeten Ostens. Der Großteil der deutschen Tageszeitungen – alle publizistischen Einheiten, aber auch viele redaktionelle Ausgaben – verfügen mittlerweile über Online-Ausgaben. Viele Zeitungsverlage haben sich spätestens ab der zweiten Hälfte der Neunzigerjahre des 20. Jahrhunderts also zu Medienhäusern entwickelt, die in vielfältiger Weise auf den Feldern Print, Radio, Fernsehen und Online-Medien tätig sind. Ihr Hauptgeschäft bleibt aber – von den großen Medienkonzernen wie Springer, Burda, Gruner+Jahr/Bertelsmann sowie Bauer abgesehen – die gedruckte (Tages-)Zeitung.

Abbildung 11: Gesamtbild der Tagespresse in Deutschland (2001)

Publizistische Einheiten	136
(Redaktionelle) Ausgaben	1.584
Verlage als Herausgeber	356
Gesamtauflage in Mio.	23,7
Exemplare je tausend Einwohner	375
Reichweite in %	77,9
Überregional verbreitete Abonnementzeitungen	8*
Straßenverkaufszeitungen	7**
Regionale/lokale Abonnementzeitungen	121***

* Zu den Abonnementzeitungen mit dem Anspruch *überregionaler Verbreitung* zählen:
Süddeutsche Zeitung (SZ)
Frankfurter Allgemeine Zeitung (FAZ)
Frankfurter Rundschau (FR)
Handelsblatt
Die Welt
Financial Times Deutschland (FTD)
Neues Deutschland
die tageszeitung (taz)

** Zu den *Straßenverkaufszeitungen* zählen:
Bild (Hamburg)
B.Z. (Berlin)
Express (Köln)
Berliner Kurier (Berlin)
Abendzeitung (München)
tz (München)
Hamburger Morgenpost (Hamburg)

*** Der weitaus größte Teil der bundesdeutschen Abonnementzeitungen ist dem Typ der *regional oder lokal gebundenen Tageszeitung* zuzuordnen. Die meisten von ihnen verfügen über (mehr oder weniger) zahlreiche (Lokal-)Ausgaben.

Quellen:
Schütz, Walter J. (2001): Deutsche Tagespresse 2001. In: Media Perspektiven 12/2001, S. 602-632.
Zeitungen 2001. Hrsg. vom Bundesverband Deutscher Zeitungsverleger. Berlin.

Gleichwohl bleibt das Feld der Tageszeitungen nicht ohne Veränderungen. Auf folgende Entwicklungen aus jüngster Zeit ist hinzuweisen:

- Die *Auflagen* der Tageszeitungen (2001: knapp 24 Mio. Exemplare) sind seit der Wiedervereinigung leicht rückläufig. Der Auflagenrückgang ist primär auf Auflageneinbußen bei den ostdeutschen Tageszeitungen sowie bei den Straßenverkaufszeitungen zurückzuführen. Ebenfalls leicht rückläufig ist die *Reichweite* der Tageszeitung, die der Media Analyse 2001 zufolge 78 Prozent betrug. Sinkende Reichweiten sind seit vielen Jahren vor allem in der jüngeren Leserschaft, also bei den 14- bis 19-Jährigen sowie bei den 20- bis 29-Jährigen beobachtbar. Der Leserrückgang in diesen Altersgruppen wird von den Verlegern nicht auf die Online-Ausgaben der Tageszeitungen zurückgeführt; vielmehr sehen sie in den Online-Auftritten Möglichkeiten, junge Leser für die Printausgabe zu gewinnen (vgl. Zeitungen 2001).
- Die Zeitungsverlagsbranche ist durch sog. *Konkurrenzvermeidungs-Strategien* gekennzeichnet: Verlage ziehen sich aus Verbreitungsgebieten zurück, in denen sie nur zweitrangige Auflagen erzielen. Dadurch wird das Angebot an konkurrierenden Titeln weiter etwas ausgedünnt, der Druck des Wettbewerbs fällt (vgl. Röper 2000). Die Konzentration bei den Tageszeitungen ist dadurch in den letzten Jahren erneut – allerdings nur sehr leicht – zugunsten der auflagenstärksten Verlagsgruppen gestiegen. Der Marktanteil der zehn größten Tageszeitungsverlagsgruppen lag im Jahr 2000 bei 55,9 Prozent (1997: 55,7 Prozent). Marktführer ist nach wie vor der Springer-Verlag: Mit einem Marktanteil von 23,6 Prozent stammt nahezu jede vierte verkaufte Tageszeitung aus diesem Konzern (wobei dieser hohe Anteil auf die Auflage der »Bild«-Zeitung mit 4,8 Mio. Exemplaren zurückzuführen ist). Zur Gruppe der fünf größten Zeitungsverlagshäuser gehören neben dem Springer-Verlag die Westdeutsche Allgemeine Zeitungsgruppe (WAZ), die Stuttgarter Zeitungsgruppe, der Verlag du Mont Schauberg sowie der Süddeutsche Verlag (vgl. Röper 2000).
- Mit dem Umzug des Bundestages von Bonn nach Berlin haben die überregional verbreiteten Tageszeitungen wie »Die Welt«, die »Süddeutsche Zeitung« und die »Frankfurter Allgemeine« ihr Engagement in Berlin verstärkt und eigene Berlin-Seiten eingerichtet. Einige dieser Qualitätsblätter versuchen des Weiteren, regionale Märkte zu erschließen. So hat die Tageszeitung »Die Welt« im Februar 2001 eine eigene Ausgabe für Bayern installiert, was für die »Süddeutsche Zeitung« Anlass war, für Nachrichten aus Bayern noch mehr Platz zur Verfügung zu stellen. Die »Süddeutsche Zeitung« realisiert im Jahr 2002 ihr Vorhaben, die Berichterstattung über Nordrhein-Westfalen auszuweiten und einen eigenen Teil für diese Region einzurichten. »die tageszeitung« wiederum streckte ihre Fühler ebenfalls nach Nordrhein-Westfalen aus, um dort mit mehr Lokalbezug zu reüssieren. Nicht unerwähnt bleiben soll, dass die »Frankfurter Allgemeine« seit April 2000 mit einer »English Edition« aufwartet, die (mit 8 Seiten) den in

Deutschland abgesetzten Exemplaren der »International Herald Tribune« beige-fügt ist (vgl. Facius 2001; Schütz 2001a).

- Obwohl der Tageszeitungsmarkt gesättigt erscheint, hat es – teils erfolgreiche, teils gescheiterte – Versuche von *Zeitungsneugründungen* gegeben. So ist es dem Hamburger Verlag Gruner+Jahr mit seinem britischen Partner, dem Verleger der »Financial Times«, im Jahr 2000 gelungen, neben dem Düsseldorfer »Handels-blatt« in Deutschland eine zweite Wirtschaftstageszeitung zu etablieren, die »Fi-nancial Times Deutschland« (FTD). Ihre Auflage betrug im Herbst 2001 im-merhin 76.224 Exemplare. Ob sich der Titel auf lange Sicht halten kann, bleibt vorerst abzuwarten, zumal der Ende der 1990er-Jahre einsetzende Boom der Wirtschaftspresse im Zeitschriftenbereich bereits wieder abklingt. Nicht erfolg-reich hingegen war der im September 1998 gestartete Versuch des Spiegel-Ver-lags, die Tageszeitung »Der Tag« auf den Markt zu bringen: Zehn Wochen spä-ter, Ende November 1998, wurde der Titel bereits wieder vom Markt genom-men (vgl. Schütz 2000; Röper 2000).
- Ebenfalls gescheitert sind – zumindest vorerst – Versuche, auch in Deutschland *Gratistageszeitungen* auf den Markt zu bringen. Es sind dies Tageszeitungen, die versuchen, sich alleine aus Anzeigenerlösen zu finanzieren und die als freie Stape-lauslage in Geschäften, in Zeitungsboxen, in (quasi-)öffentlichen Räumen wie Lebensmittel- und Fastfood-Ketten, zur freien Entnahme aufliegen bzw. per Handverteilung an Leserinnen und Leser gebracht werden (vgl. Vogel 2001a). So wurde ab dem 16. Oktober 1998 in Berlin der Gratis-Titel »15 Uhr aktuell« an (städtischen) Verkehrsbrennpunkten an Passanten verteilt, 1999 folgten Ausga-ben in Hamburg und München. Im Februar 2000 wurde der Titel wieder einge-stellt. Ähnlich erging es der Ende 1999 gegründeten, werktäglich erscheinenden Gratiszeitung »20 Minuten Köln«, die im Juli 2001 wieder aufgab. Ein Zeitungs-finanzierungsmodell in Form der ausschließlichen Anzeigenfinanzierung, das in Deutschland auf dem Gebiet der wöchentlich erscheinenden Gratisanzeiger her-vorragend funktioniert – gegenwärtig gibt es in Deutschland rund 1.300 wö-chentlich oder 14-täglich erscheinende Titel mit einer gemeinsamen Auflage von 88,6 Mio. Exemplaren –, scheint sich hier im Tageszeitungsbereich (noch) nicht durchzusetzen. Dies steht ganz im Unterschied etwa zu skandinavischen Län-dern, zu Griechenland, Brasilien, Chile, USA und Kanada (oder auch der Schweiz und Österreich), wo es mittlerweile erfolgreiche Gratistageszeitungen gibt. An sich sollte die Bundesrepublik Deutschland als größter Werbemarkt Eu-ropas durchaus günstige Voraussetzungen für den Typ der Gratistageszeitung bieten. Ob er sich vielleicht zu einem späteren Zeitpunkt doch noch durchsetzt, bleibt abzuwarten (vgl. Vogel 2001a; Röper 2000; Schütz 2001a).
- Auch der seit langem stabile Markt der *Sonntagsblätter* ist in Bewegung geraten. Er ist hier anzusprechen, weil bundesdeutsche Tageszeitungen jüngst entspre-chende Initiativen gestartet haben. So erscheint seit Herbst 2000 eine eigenstän-dige Sonntagszeitung der »Passauer Neuen Presse«, wenig später ging im Raum

Würzburg der »Merkur am Sonntag« (ein Produkt der Wochenzeitung »Rheinischer Merkur«) an den Start. Die jüngste Neugründung ist in der Ende September 2001 erstmals erschienenen »Frankfurter Allgemeinen Sonntagszeitung« (FAS), einer bundesweiten Ausgabe des Verlages der »Frankfurter Allgemeinen Zeitung« (FAZ), zu sehen. Die »Töchter« präsentieren sich allesamt anders als die Mutterblätter: bunter, leichter und unterhaltsamer (vgl. Facius 2001).

- Nicht zuletzt ist darauf hinzuweisen, dass zahlreiche bundesdeutsche Tageszeitungen auch über *Online-Ausgaben* verfügen. Den Anfang haben bereits 1995 die Tageszeitungen »Die Welt« (Berlin), »Der Tagesspiegel« (Berlin), die »Schweriner Volkszeitung«, »die tageszeitung« (sowie »Der Spiegel«) gemacht. Zahlreiche weitere Online-Ableger folgten. Heute gibt es kaum eine Tageszeitung (und auch kaum eine Zeitschrift) mehr, die nicht mit einer Online-Ausgabe im Web vertreten ist – sei es mit einem eigenen Online-Auftritt, sei es in Form von Gemeinschafts- bzw. Verbundauftritten mehrerer Tageszeitungen zusammen. Die Zeitungsverleger haben rasch erkannt, dass ihnen in den kommerziellen wie nicht-kommerziellen Online-Diensten Konkurrenz erwächst, zumal auch diese Dienste Nachrichten, redaktionell gestaltete Inhalte, Service-Leistungen, E-Commerce etc. anbieten. Über die einzelnen Gründe des Engagements der Zeitungsverlage im Online-Geschäft, die Vorteile der Web-Auftritte sowie die – bislang nicht zufrieden stellend gelösten – Probleme der Finanzierung von Online-Zeitungen gibt Kapitel 4.3.5.3 Auskunft. Zahlreiche Online-Auftritte von Tageszeitungen sind inzwischen großen Portalen vergleichbar, die dem User neben topaktuellen Nachrichten und Informationen vielfältige Service-Leistungen, Spaß-, Spiel-, Sport- und Freizeitangebote, Online-Buchungs- und Online-Einkaufsmöglichkeiten sowie interaktive Elemente (E-Mail, Chats, Newsgroups, SMS etc.) anbieten.

Dieser Überblick über das bundesdeutsche Pressewesen konzentrierte sich, wie erwähnt, auf die Tagespresse. Daneben gibt es Wochenzeitungen, wöchentlich erscheinende (den Tageszeitungen beigefügte) TV-Supplements, (politische) Magazine, den vielfältig ausgeprägten Bereich der Zeitschriften (mit den Gruppen der Publikumszeitschriften, der Fachzeitschriften, der Special-Interest-Zeitschriften, der Verbands- und Vereinszeitschriften, der Kunden- und Betriebszeitschriften, der Amtspublizistik sowie der Alternativen Zeitschriften) sowie nicht zuletzt (mehrheitlich wöchentlich erscheinende) Anzeigenblätter. Der Zeitschriftenbereich erweist sich immer wieder als recht unübersichtlich: Es gibt keine wirklich verlässlichen Zahlen über die in Deutschland vorhandenen Zeitschriften (die Angaben schwanken zwischen 7.000 und 12.000 Titeln); und auf diesem Markt herrscht ein permanentes Kommen und Gehen, sodass es sich als schwierig erweist, verlässliche Statistiken zu erstellen. Noch am ehesten Klarheit besteht über den Markt der Publikumszeitschriften. Dazu gehören die klassischen Illustrierten ebenso wie etwa die sog. Regenbogenpresse oder die (TV-)Programmzeitschriften. Die Publikumszeitschriften zählen nach der Tagespresse und vor den Fachzeitschriften zu den umsatzstärksten Pressegattungen in Deutschland. Ihre Gesamtzahl hat sich seit 1975 (340 Titel) bis März 2000 (1.114 Titel) beträchtlich erhöht. Die erfolgreichsten Verlage sind (nach wie vor) der Bauer-Verlag (Hamburg), der Springer-Verlag (Hamburg und Berlin), der Burda-Verlag (München und Offenburg) sowie der Verlag Gruner+Jahr (Hamburg) (vgl. Vogel 2000). Wissenschaftliche Veröffentlichungen über Vorgänge auf dem Markt der Publikumszeitschriften, über Konzentrationserscheinungen sowie über mediendiagonale Verflechtungen zwischen Presseverlagen, Rundfunkanstalten (Hörfunk wie Fernsehen) sowie Multimedia-Unternehmungen finden sich u.a. regelmäßig in der Zeitschrift »Media Perspektiven«.

4.3.5.2 Rundfunkwesen in Deutschland

Die Geschichte des öffentlichen deutschen Rundfunkwesens reicht in die 20er-Jahre des 20. Jahrhunderts zurück. Davor gab es bereits Rundfunk, allerdings nur für staatliche, militärische und z.T. auch wirtschaftliche Zwecke. Die Funkhoheit lag dem Reichstelegraphengesetz von 1892 zufolge beim Staat. Die Sende- und Empfangstechnik war bald nach der Jahrhundertwende (1904) so weit entwickelt, dass Rundfunk im Sinne von Radiotelegrafie probeweise betrieben werden konnte. Anfang der 1920er-Jahre wurde in zahlreichen europäischen Ländern, so auch in den deutschsprachigen, für die Öffentlichkeit gedachter Rundfunk (im Sinne von Hörfunk) in Betrieb genommen (vgl. Lerg 1965 und 1980).

Die Entwicklung, Verbreitung und Ausdifferenzierung des deutschen Rundfunkwesens weist im Rückblick sieben größere (historische) Etappen auf, die im Folgenden skizziert werden sollen. Es sind dies: Die Errichtung und Entwicklung öffentlichen Rundfunks (1923-1932); Rundfunk im Nationalsozialismus (1933-1945); der Rundfunk der Besatzungsmächte (1945-1949); die Errichtung öffentlich-rechtlichen Rundfunks (ab 1949); die Errichtung privaten Rundfunks und damit das Entstehen eines »dualen« Rundfunksystems (ab 1984); der Rundfunk nach Wende und Wiedervereinigung (ab 1990); sowie jüngere und aktuelle Entwicklungen (u.a. digitaler Rundfunk).

Wenn im Folgenden von Rundfunk die Rede ist, so sind damit – der einheitlichen Terminologie des Faches entsprechend – immer Radio und Fernsehen gemeint. Unter Rundfunk versteht man in Deutschland dem Medienstaatsvertrag zufolge (und trotz neuer Entwicklungen – Digitalisierung, Multimedia, Online-Medien – im Medienbereich) immer noch »*die für die Allgemeinheit bestimmte Veranstaltung und Verbreitung von Darbietungen aller Art in Wort, Ton und Bild unter Benutzung elektrischer Schwingungen ohne Verbindungsleitung oder mittels eines Leiters. Der Begriff schließt Darbietungen ein, die verschlüsselt werden oder gegen besonderes Entgelt empfangbar sind, sowie Fernsehtext*« (vgl. Stuiber 1998, S. 32).

Öffentlicher Rundfunk – »Radio – Stunde AG« (1923)

Die Vergabe einer ersten Konzession zur Eröffnung eines regelmäßigen öffentlichen Programmdienstes erfolgte in Deutschland 1923 an die »Radio – Stunde AG« in Berlin. Sie eröffnete am 29. Oktober 1923 ihr Hörfunkprogramm und wurde im März 1924 in »Funk – Stunde AG« umbenannt. Hinter dieser Aktiengesellschaft stand einerseits eine Gesellschaft der Elektroindustrie (»Funk – Stunde AG«) sowie eine Aktiengesellschaft des Reichsministeriums (die »DRADAG« – Drahtloser Dienst AG für Buch und Presse). Die Gesellschaft war eine mehrheitlich staatliche Aktiengesellschaft, die Lizenzvergabe stellte gleichsam ein Präjudiz für quasi-öffentlich-rechtlichen Rundfunk dar, zumindest für Rundfunk unter staatlichem Geleit. Ab 1924 kam es in acht weiteren deutschen Städten – in Leipzig, München, Frankfurt, Hamburg, Stuttgart, Breslau, Königsberg und Münster (später Köln) – zur Gründung regionaler Rundfunkgesellschaften, und zwar durchaus mit privater Beteiligung, jedoch mit Aktienmehrheit für die Reichspost. 1925/26 schlossen sich die damals neun Sender in der Reichsrundfunkgesellschaft m.b.H. (RRG) zusammen. 1926 wurde die Erste Rundfunkordnung erlassen. Sie sah zwei Kontrollorgane vor, nämlich »Überwachungsausschüsse« und »Kulturbeiräte«. Es war dies ein erster Schritt zu einem Rundfunk in Staatsnähe, dem 1932 mit der Zweiten Rundfunkordnung eine noch nähere Bindung des Rundfunks an den Staat folgte. Das private Kapital der Rundfunkgesellschaften wurde von den jeweiligen Ländern übernommen (jeweils 49 Prozent), 51 Prozent verblieben bei der Reichspost. Die Reichsrundfunkgesellschaft als Dachorganisation wurde zum zentralen Betriebsunternehmen. Als Gremien für die staatliche Exekutive in der Reichsrundfunkgesellschaft wurden der Verwaltungsrat und der Programmbeirat geschaffen; und auch in den Regionalgesellschaften gab es staatliche Exekutivorgane. Die Reichsrundfunkgesellschaft erhielt einen eigenen, überregionalen Reichssender, den »Deutschlandsender«; ebenso wurde eine »Stunde der Reichsregierung« eingeführt. Mit der Zweiten Rundfunkordnung wurden für den Rundfunk also eine staatliche Aufsicht, eine zentrale Verwaltung sowie eine Programmkontrolle geschaffen. Bereits 1926 hatte der Langwellensender »Deutsche Welle« seinen Programmdienst eröffnet; 1929 folgte ein für das Ausland gedachter Kurzwellensender, der ab 1930 offiziell »Deutscher Kurzwellensender« hieß (vgl. Lerg 1965 und 1980; Stuiber 1998, S. 133ff; Dussel 1999, S. 19ff).

Rundfunk unter dem Nationalsozialismus (1933-1945)

Mit der Machtübernahme durch Adolf Hitler wurde auch der Rundfunk dem nationalsozialistischen Regime untergeordnet. Die Dritte Rundfunkordnung (1934/35) hatte die Auflösung der damals elf selbstständigen Rundfunk-Regionalgesellschaften zur Folge – sie wurden als »Reichssender« der staatlichen Reichsrundfunkgesellschaft einverleibt. Damit waren die Kompetenzen der Länder im Bereich des Rundfunks abgeschafft, die Besitzrechte lagen voll beim Deutschen Reich. Die Leitung des Rundfunks hatte ein (General-)Intendant, dem drei Direktionsbereiche (Programm, Wirtschaft, Technik) untergeordnet waren. Die politische Lenkung des Rundfunks lag in der Folge bei dem 1933 geschaffenen »Reichsministerium für Volksaufklärung und Propaganda«. Die Reichsrundfunkkammer (als Teil der Reichskulturkammer) war die zuständige Körperschaft für die Mitarbeiter im Rundfunk (es bestand Pflichtmitgliedschaft), hatte jedoch auch andere Aufgaben wie die Organisation von Rundfunkausstellungen und Volkssenderaktionen sowie die Steuerung der Produktion preiswerter, für jedermann erschwinglicher Rundfunkempfangsgeräte u.a.m. (vgl. Diller 1980; Stuiber 1998, S. 161ff; Dussel 1999, S. 79ff).

In die Zeit des Nationalsozialismus fiel auch (am 22. März 1935) die Eröffnung des ersten regelmäßigen Fernsehprogramm-Betriebes der Welt, allerdings war die Bildauflösung noch schwach entwickelt, die TV-Geräte waren teuer und für den Durchschnittsbürger nicht erschwinglich. 1936 erfolgte aus Berlin die Übertragung der Olympischen Spiele. Sie konnten in öffentlich zugänglichen »Fernsehstuben«, die von der Post in Berlin, Leipzig und Potsdam eingerichtet wurden, von rund 160.000 Personen mit verfolgt werden. Die technische Entwicklung des Fernsehens wurde von den Nationalsozialisten zwar noch vorangetrieben; die Ereignisse des Zweiten Weltkrieges machten jedoch die Pläne zunichte, das Medium Fernsehen ähnlich dem Hörfunk zu einem Volksmedium aufzubauen und für propagandistische Zwecke zu nutzen (vgl. Diller 1980; Winkler 1994; Zeutschner 1995; Dussel 1999, S. 116).

Das Radio hingegen wurde von den Nationalsozialisten als *das* Propaganda-Instrument völlig in den Dienst des Staates gestellt. So wurden u.a. sämtliche Reden Adolf Hitlers sowie ein großer Teil jener von Joseph Goebbels, dem Chef des Reichsministeriums für Volksaufklärung und Propaganda, im Hörfunk übertragen. Um das Radio zu einem breitenwirksamen Medium zu machen, gab es bereits ab 1933 Parolen wie »Rundfunk in jedes Haus«. Es wurden billige Kleinradios entwickelt wie der »Volksempfänger«, der »Deutsche Kleinempfänger« (auch »Goebbels-Schnauze« genannt) oder der transportable »Deutsche Olympiakoffer«. Der »Deutsche Arbeitsfront-Empfänger« diente dem Gemeinschaftsempfang von Radioprogrammen am Arbeitsplatz. 1940 führte Goebbels für alle Funkhäuser ein Radio-Einheitsprogramm ein, das während des Zweiten Weltkrieges für Sondermeldungen sowie propagandistische Zwecke unterbrochen wurde. Die letzte Propaganda-Lüge war die am 1. Mai 1945 ausgesendete Meldung über »den Heldentod des Führers Adolf Hitler im Kampf gegen die Russen«. Die zu Kriegsende noch bestehenden Sendeanlagen wurden weitgehend von den Nationalsozialisten selbst vernichtet, um sie nicht den Alliierten zu überlassen. Am 7. Mai 1945 wurde über den Sender Flensburg die bedingungslose Kapitulation der deutschen Truppen bekannt gegeben (vgl. Diller 1980; Stuiber 1998, S. 161ff; Dussel 1999, S. 79ff).

Der Rundfunk der Besatzungsmächte

Unmittelbar nach dem Ende des Zweiten Weltkrieges wurde von den Besatzungsmächten jede Sendetätigkeit verboten, die größtenteils zerstörten Sendeanlagen wurden beschlagnahmt. Zunächst wurden Besatzungs- und Soldatensender der jeweiligen Militärregierungen geschaffen. Es folgte die Errichtung von Rundfunkanstalten durch die Besatzungsmächte. Die Briten gründeten in ihrem Besatzungsgebiet nach dem Vorbild der öffentlich-rechtlichen BBC den »Nordwestdeutschen Rundfunk« (NWDR) mit Sitz in Hamburg. Die Franzosen errichteten in Baden-Baden den »Südwestdeutschen Rundfunk« mit einer Außenstelle in Saarbrücken. Die Amerikaner bauten dezentrale Rundfunksender in München, Frankfurt, Stuttgart und Bremen auf. Die Sowjets schufen in ihrer Zone den »Berliner Rundfunk« mit Außenstellen in anderen Teilen der SBZ. In Berlin errichteten außerdem die Amerikaner in ihrem Sektor den »RIAS« (Radio im amerikanischen Sektor), die Briten in ihrem Hoheitsgebiet den »Sender Freies Berlin« (SFB). Die Militärregierungen nutzten die Radiosender zur Kontrolle der politischen und wirtschaftlichen Situation in Deutschland und führten auch Zensurmaßnahmen ein. Bereits ab 1946 wurden in den westlichen Besatzungszonen die Sender nach und nach in die Hände deutscher Verantwortlicher und Mitarbeiter gelegt. Die westlichen Alliierten hatten zwar das Interesse, für die Organisationsform des Rundfunks in deutscher Hand jeweils das Rundfunksystem des eigenen Landes übertragen zu wissen. Ein Kompromiss bestand aber schließlich darin, das britische Modell eines gemeinwohlverpflichteten, öffentlich-rechtlichen Rundfunks zu übernehmen, dessen Kontrolle von staatlichen Instanzen unabhängig sein sollte (vgl. Bausch 1980 (1), S. 13ff; Kapust 1981, S. 13ff; Stuiber 1998, S. 184ff; Platho 1999; Dussel 1999, S. 181ff; Diller 1999).

(Öffentlich-rechtlicher) Rundfunk in der neuen Bundesrepublik Deutschland

Die Struktur des öffentlich-rechtlichen Rundfunks in der neu gegründeten Bundesrepublik Deutschland, zumindest was die in der ARD zusammengeschlossenen Rundfunkanstalten betraf, war zu einem nicht unerheblichen Teil Folge der Rundfunkpolitik der Besatzungsmächte. Bereits ab 1948, also noch vor der am 23. Mai 1949 gegründeten Bundesrepublik, kam es in einigen Bundesländern zur Schaffung von Landesrundfunkgesetzen, auf deren Basis der Bayerische Rundfunk (BR), der Hessische Rundfunk (HR), Radio Bremen (RB) und der Süddeutsche Rundfunk (SDR) sowie der Südwestfunk (SWF) errichtet wurden. Der Nordwestdeutsche Rundfunk (NWDR) mit seinem ungewöhnlich großen Sendegebiet wurde 1954 in den Norddeutschen Rundfunk (NDR) und in den Westdeutschen Rundfunk (WDR) geteilt. Im gleichen Jahr ging der Sender Freies Berlin (SFB) auf Sendung, der seinerseits aus dem Berliner Funkhaus des NWDR hervorgegangen ist. Der Saarländische Rundfunk entstand 1956, als das französisch besetzte Saargebiet in die Bundesrepublik Deutschland eingegliedert wurde. Die Unabhängigkeit des Rundfunks in Deutschland war bereits 1949 in Artikel 5 des Grundgesetzes festgeschrieben, seine völlige politische Unabhängigkeit erhielt er jedoch erst mit dem Deutschlandvertrag vom 5. Mai 1955, als die volle Souveränität der Bundesrepublik Deutschland hergestellt wurde (vgl. Bausch 1980 (1) S. 160ff; Stuiber 1998, S. 184ff; Diller 1999; Kapust 1981).

Die ARD

1950 schlossen sich die damals sechs bestehenden Rundfunkanstalten (NWDR, RB, HR, BR, SDR und SWF) zur *Arbeitsgemeinschaft öffentlich-rechtlicher Rundfunkanstalten der Bundesrepublik Deutschland (ARD)* zusammen, die später gegründeten Anstalten (WDR, SFB und SR) folgten. Die Arbeitsgemeinschaft diente zunächst (nur) der Herstellung und dem Austausch von Hörfunkprogrammen. Mit dem 1953 von den ARD-Anstalten vereinbarten Fernsehvertrag wurde die Grundlage für ein gemeinsames (Erstes) Fernsehprogramm geschaffen, das am 1. November 1954 seinen offiziellen Sendebetrieb aufnahm. (Der NWDR strahlte bereits ab Weihnachten 1952 in seinem Sendegebiet einen regelmäßigen Fernsehprogrammdienst aus. Zu seinen ersten Sendungen gehörte u.a. die Hauptabendnachrichtensendung »Tagesschau«) (vgl. Bausch 1980 (1) S. 239ff; Stuiber 1998, S. 211ff; Diller 1999; Donsbach/Mathes 1997).

Die ARD, unter deren gemeinsamem Dach sich gegenwärtig (Stand: Herbst 2002) zehn Landesrundfunkanstalten befinden, ist ein *föderalistisch* strukturierter, öffentlich-rechtlicher Rundfunkverband. Jede Landesrundfunkanstalt verfügt über einen je eigenen Rundfunkrat, einen Verwaltungsrat und einen Intendanten. Höchstes Organ ist der nach gesellschaftlich relevanten Gruppen pluralistisch zusammengesetzte *Rundfunkrat*. Er vertritt gegenüber der jeweiligen Anstalt die Interessen der Allgemeinheit, wählt den Intendanten (und auf dessen Vorschlag leitende Positionen wie Fernsehdirektor, Hörfunkdirektor und Technischen Direktor). Der *Verwaltungsrat* nimmt Kontrollaufgaben im Bereich der Rundfunkwirtschaft, der Verwaltung sowie der Finanzen wahr. Der *Intendant* vertritt die Anstalt nach innen und außen und verantwortet das Programm (Stuiber 1998, S. 713ff; Platho 1999, S. 28ff; Donsbach/Mathes 1997).

Die *Geschäftsführung* der ARD mit ihren zehn Landesrundfunkanstalten liegt einem Rotationsprinzip zufolge in aller Regel für die Dauer eines Jahres bei einer Anstalt; *Vorsitzender* der ARD ist folglich jeweils der Intendant der geschäftsführenden Anstalt. Für die Koordination und Produktion der Fernsehprogramme der ARD gibt es eine ständige *Programmkonferenz*, der der Direktor der *Programmdirektion* vorsteht. Der Programmkonferenz der ARD steht ein eigener Fernsehbeirat zur Seite (vgl. Stuiber 1998, S. 713ff; Platho 1999, S. 28ff; Donsbach/Mathes 1997).

Wichtig für die ARD sind der Finanzausgleich (der Anstalten untereinander) sowie die Regelung der Programmanteile für das »Erste Deutsche Fernsehprogramm«. Die Notwendigkeit des *Finanzausgleichs* ergibt sich durch das Nebeneinander »großer« Landesrundfunkanstalten mit bevölkerungsbedingt hohem Gebührenaufkommen (wie vor allem WDR, SWR, BR) und »kleiner« Anstalten mit bevölkerungsbedingt niedrigen Gebührenerträgen. Diese kleinen, »nehmenden« Anstalten sind der »Saarländische Rundfunk« (SR), »Radio Bremen« (RB), der »Sender Freies Berlin« sowie – seit der Wiedervereinigung – der »Ostdeutsche Rundfunk Brandenburg« (ORB). Sie erhalten von den großen Anstalten über den Finanzausgleich Geldbeträge, um ihren Aufgaben bei der Programmproduktion nachkommen zu können. Die

Regelung der von den einzelnen ARD-Anstalten zu produzierenden (Fernseh-)*Programmanteile* für das »Erste Deutsche Fernsehprogramm« erfolgt nach einem Verteilungsschlüssel, der sich am jeweiligen Bevölkerungsanteil orientiert. Die so genannten »Dritten Fernsehprogramme« sowie die Hörfunkprogramme der einzelnen ARD-Anstalten sind von dieser Programmkoordination nicht berührt (vgl. Stuiber 1998, 746ff; Donsbach/Mathes 1997).

Das Zweite Deutsche Fernsehen – ZDF

Die Gründung des Zweiten Deutschen Fernsehens geht indirekt auf Bemühungen zurück, in Deutschland über eine Bundesfernsehanstalt privates Fernsehen einzuführen. Bereits in den 1950er-Jahren gab es vereinzelt Projekte, in Deutschland auch privaten Rundfunk einzuführen. Keines wurde jedoch realisiert. Außerdem gab es zwischen Bund und Ländern wiederholt Konflikte um die Rundfunkkompetenz. Dennoch kam es Ende 1960 zur gesetzlichen Errichtung der beiden Bundessender »Deutsche Welle« (für weltweit ausgestrahlte Hörfunksendungen) und »Deutschlandfunk« (für Hörfunksendungen ins deutschsprachige Ausland, respektive in die DDR). Beide Sender wurden in die ARD kooptiert, ebenso der aus Besatzungszeiten in Berlin stammende Sender RIAS. Ein Höhepunkt im Konflikt um die Rundfunkkompetenzen zwischen Bund und Ländern wurde erreicht, als 1960 der damalige Bundeskanzler Konrad Adenauer versuchte, das »Deutschland-Fernsehen« zu gründen. Dieses sollte ebenfalls eine Bundesrundfunkanstalt sein, wobei der Bund mit 51 Prozent und die Länder mit 49 Prozent beteiligt sein sollten. Gedacht war der Fernsehsender als Auftraggeber für private Programmanbieter. Die Länder weigerten sich jedoch, sich an der »Deutschland-Fernsehen-GmbH« zu beteiligen, woraufhin die ihnen zugedachten 49 Prozent ebenfalls an den Bund übertragen wurden und der Bund somit Alleineigentümer war (Bausch 1980 (1), S. 447; Stuiber 1998, S. 225; Dussel 1999, S. 227f; Diller 1999).

Das Vorhaben Adenauers scheiterte schlussendlich am Bundesverfassungsgericht. Es gab der Klage der SPD-geführten Bundesländer Hessen und Niedersachsen sowie der Freistädte Hamburg und Bremen statt und erklärte in einem 1961 ergangenen Urteil die Gründung der »Deutschland-Fernsehen-GmbH« für verfassungswidrig. Im Einzelnen hielt das Urteil mit Berufung auf das Grundgesetz fest (vgl. Bausch (1) 1980, S. 430ff; Hesse 1987; Stuiber 1998, S. 424; Donsbach/Mathes 1997, Altendorfer 2001, S. 129ff):

- Die Veranstaltung von Rundfunk als kulturelles Gut sei eindeutig Ländersache und falle damit in die Gesetzgebungskompetenz der Länder.
- Rundfunk sei eine staatsfreie, öffentliche Aufgabe. Der Staatseinfluss bei der »Deutschland-Fernsehen-GmbH« sei nicht zu übersehen.
- Die Möglichkeit, privaten Rundfunk zu betreiben, sei grundsätzlich nicht ausgeschlossen, angesichts der technisch bedingten Frequenzknappheit sowie der kostspieligen Finanzierung jedoch nicht möglich.

- Der Bund habe lediglich Kompetenzen für die Bereitstellung des sendetechnischen Betriebes (Bundespost).

Dieses so genannte Erste Rundfunkurteil ist als »magna carta« in die Geschichte des Rundfunks in Deutschland eingegangen. Es hat dem öffentlich-rechtlichen Rundfunk für viele Jahre ein Sendemonopol (de facto bis 1984) beschert. Es führte im Weiteren dazu, dass sich die Bundesländer entschlossen, auf der Basis eines Staatsvertrages der Länder eine zweite Rundfunkanstalt öffentlichen Rechts einzurichten. So wurde 1961 das »Zweite Deutsche Fernsehen« (ZDF) gegründet, das am 1. April 1963 seinen Sendebetrieb aufnahm (vgl. Wehmeier 1997; Bausch 1980 (1), S.465ff, S. 476ff). Im Unterschied zur föderalen Struktur der ARD ist das ebenfalls öffentlich-rechtlich verfasste ZDF zwar eine Länderanstalt, aber *zentralistisch* organisiert: Es hat seinen Sitz und seine Sendezentrale in Mainz; daneben verfügt es über Landesstudios in den Bundesländern, die v.a. zum aktuellen Informationsprogramm des ZDF Beiträge zuliefern, z. T. aber auch eigene, bundesweit ausgestrahlte Sendereihen gestalten. Auch das ZDF verfügt über zwei pluralistisch zusammengesetzte Kontrollinstanzen, den *Fernsehrat* sowie den *Verwaltungsrat*. Es wird von einem *Intendanten* geleitet, dem der Verwaltungsdirektor, der Finanzdirektor, der Programmdirektor (Unterhaltung) und der Chefredakteur (Information) zur Seite stehen. (vgl. Platho 1999). Zwischen 1963 und 1991 gab es zwischen ARD und ZDF regelmäßig vereinbarte Koordinierungsabkommen, deren Ziel es war, die Fernsehprogramme der beiden Anstalten so aufeinander abzustimmen, dass die Zuschauer zwischen zwei inhaltlich verschiedenen Programmen wählen konnten. Seitens des ZDF wurde dieses Abkommen 1991 nicht mehr verlängert. Dabei dürften v. a. Konkurrenzgründe gegenüber den privaten Fernsehprogramm-Anbietern eine Rolle gespielt haben (Lilienthal 1999).

Die »Dritten (TV-)Programme«

Ab 1963 begannen die Landesrundfunkanstalten der ARD, entweder eigenständig (wie etwa der Bayerische Rundfunk) oder im Zusammenwirken (wie etwa Süddeutscher Rundfunk und Südwestfunk) so genannte »Dritte (TV-)Programme« einzuführen (vgl. Roß 1967; Dussel 1999, S.232; Roß 1981). Diese waren zunächst primär als Bildungsprogramme konzipiert (vgl. Roß 1967), entwickelten sich jedoch – nicht zuletzt aus Konkurrenzgründen gegenüber öffentlich-rechtlichen wie (später, ab 1984) privaten Fernsehanbietern – zu je eigenen Vollprogrammen (vgl. Brosius/Fahr/Vlasic 1999).

Abbildung 12: Öffentlich-rechtliche Fernsehprogramme in Deutschland (2002)

ARD/Das Erste	Vollprogramm
Zweites Deutsches Fernsehen (ZDF)	Vollprogramm
Dritte Programme:	
Bayerisches Fernsehen	regionales Vollprogramm
Hessen Fernsehen	regionales Vollprogramm
MDR Fernsehen	regionales Vollprogramm
NDR Fernsehen	regionales Vollprogramm
ORB Fernsehen	regionales Vollprogramm
Südwest Fernsehen	regionales Vollprogramm
WDR Fernsehen	regionales Vollprogramm
3sat	gemeinsames Kulturprogramm von ARD, ZDF, ORF, SRG
ARTE	gemeinsames Kulturprogramm Deutschland/Frankreich
BR-alpha	Bildungsprogramm
Phoenix	Ereignis-/Dokumentationskanal
KIKA	Kinderprogramm (Kinderkanal)
Öffentlich-rechtliche digitale Fernsehprogramme:	
ARD Digital	
ZDF.Vision	

Quelle:
Jahrbuch Fernsehen 2000. Herausgegeben vom Adolf Grimme Institut, dem Gemeinschaftswerk der Evangelischen Publizistik und dem Katholischen Institut für Medieninformation in Zusammenarbeit mit HMR International. Marl 2002, S. 254 f.

Zur (Misch-)Finanzierung des öffentlich-rechtlichen Rundfunks

Der öffentlich-rechtliche Rundfunk finanziert sich in Deutschland im Wesentlichen aus Teilnehmergebühren und Werbeerlösen sowie – zu einem nur geringen Teil – aus Programmverwertung bzw. Programmrechteverkauf. Betriebswirtschaftlich gesehen findet das finanztechnische Prinzip der Kostendeckung Anwendung. Dies bedeutet, dass die Sender nicht verpflichtet sind, Gewinne zu erwirtschaften, wohl aber ihre eigenen Kosten zu decken. Werden Überschüsse erzielt, so sind diese in die Unternehmen – in Personal, Programm, Technik etc. – zu reinvestieren. Angesichts des zunehmend härter werdenden Wettbewerbs um Programmrechte (für Sportübertragungen, Spielfilme, Serien, Shows etc.) mit privaten Fernsehveranstaltern gestaltet sich die Finanzplanung des öffentlich-rechtlichen Rundfunks zunehmend schwieriger (vgl. Stuiber 1998, S. 925ff; Donsbach/Mathes 1997; Kiefer 1997; Altendorfer 2001, S. 155ff).

Den Hauptanteil der Finanzierung des öffentlich-rechtlichen Rundfunks machen die *Gebühren* aus. Sie kommen zu etwa 70 Prozent den Anstalten der ARD zu, zu etwa 30 Prozent dem ZDF. Die Festlegung ihrer Höhe erfolgt bundesweit einheitlich durch Gebührenstaatsverträge der Länder. Dabei bedienen sich die Länder seit 1975 der damals geschaffenen »Kommission zur Ermittlung des Finanzbedarfs der Rundfunkanstalten« (KEF). Eingezogen werden die Gebühren von der »Gebühreneinzugszentrale der öffentlich-rechtlichen Rundfunkanstalten« (GEZ). Die Rundfunkgebühr, in aller Regel eine Kombinationsgebühr aus Radio- und Fernsehgebühr, ist in Deutschland von jeder Person zu entrichten, die ein Rundfunkempfangsgerät in Betrieb nimmt – ungeachtet ob sie öffentlich-rechtliche Programme konsumiert oder nicht (vgl. Stuiber 1998, S. 925ff; Kiefer 1997; Altendorfer 2001, S. 155ff).

Für die Lukrierung des Werbeaufkommens sind die einzelnen Rundfunkanstalten über ihre »Werbetöchter« selbst zuständig. Dabei sind ihnen jedoch Grenzen gesetzt. So gilt im Fernsehen für ARD und ZDF (bereits seit den 1960er-Jahren) eine zeitliche Begrenzung für Werbung von je 20 Minuten pro Tag; außerdem darf im öffentlich-rechtlichen Fernsehen nur bis 20.00 Uhr geworben werden. An Sonn- und Feiertagen ist Werbung nicht gestattet, auch dürfen die »Dritten Fernsehprogramme« nicht beworben werden. In den öffentlich-rechtlichen Hörfunkprogrammen der ARD ist Werbung im Ausmaß von max. 90 Minuten täglich zugelassen; nicht alle Radio-Programme werden jedoch beworben. Die (gegenwärtig zehn) Landesrundfunkanstalten der ARD beschreiten dabei je unterschiedliche Wege (vgl. Kiefer 1997; Platho 1999, S. 74).

Bis zur Einführung privaten Rundfunks – Hörfunk wie Fernsehen – hatten ARD und ZDF keine Probleme, ihre Werbezeiten auszulasten; im Gegenteil: Oftmals waren diese mehrfach überbucht. Dies ist seit dem Marktzutritt privaten Radios und Fernsehens nicht mehr der Fall. Die Erlösrelationen verschieben sich zunehmend in Richtung Gebühren, wodurch Gebührenerhöhungen in ständig kürzeren Intervallen notwendig sind (Kiefer 1997).

Privater Rundfunk in Deutschland

Die Einführung privaten Rundfunks in Deutschland war ein langer und zögerlich beschrittener Weg, der hier im Detail nicht nachgezeichnet werden kann. Dies lag nicht zuletzt an den unterschiedlichen parteipolitischen Auffassungen über die Gestaltung des Rundfunkwesens (die CDU/CSU, teils auch die FDP traten schon Anfang der 1970er-Jahre für privaten Rundfunk ein, die SPD war dagegen) sowie an der politisch schwierigen Durchsetzbarkeit dieser Vorstellungen angesichts der föderalen Struktur der Bundesrepublik sowie der Kompetenz der Länder für den Rundfunk (vgl. Steinmetz 1996; Steinmetz 1999; Stuiber 1998, S.547ff). Im Wesentlichen ist auf drei Faktoren zu verweisen, die in ihrem Zusammenwirken schließlich doch dazu geführt haben, dass es zur Einführung privaten Rundfunks kam, nämlich: technische, medienpolitische und verfassungsrechtliche (vgl. Privatkommerzieller Rundfunk in Deutschland 1992; Donsbach/Mathes 1997; Steinmetz 1999):

- Im *technischen* Bereich führte ab Mitte der 1970er-Jahre das Ausweichen auf Breitbandkabel, der Einsatz von Kommunikationssatelliten und die Ausweitung der UKW-Frequenzbänder zu einer Entschärfung der Frequenzknappheit für Hörfunk- und TV-Programme.
- *Medienpolitisch* war die 1976 von einer Expertenkommission empfohlene und ab 1984 realisierte Durchführung von zeitlich befristeten Kabelrundfunk-Pilotprojekten zur Erprobung privaten Rundfunks (Radio, Fernsehen) in vier deutschen Großstädten (Mannheim/Ludwigshafen, München, Dortmund, Berlin) von Bedeutung.
- Von *verfassungsrechtlicher* Relevanz war schließlich ein 1981 ergangenes Rundfunkurteil des Bundesverfassungsgerichtes, in welchem die Länder aufgefordert wurden, für die Zulassung privaten Rundfunks je eigene Gesetze zu erarbeiten, wobei das Gericht dafür auch eine Art Ordnungsrahmen vorgab.

Damit war der Weg für privaten Rundfunk de facto frei. Mehrere Bundesländer – ihnen voran CDU-regierte Länder sowie Bayern (CSU) – verabschiedeten (zunächst z.T. probeweise) Landesmediengesetze, die die Errichtung privaten Rundfunks ermöglichten (und wodurch die Kabelpilotprojekte de facto obsolet wurden; gleichwohl wurden sie zu Ende geführt). So entstanden ab 1984 neben privaten Radiosendern auch privat-kommerzielle Fernsehveranstalter wie SAT.1 und RTLplus (heute RTL), die zunächst nur über Kabel und/oder Satellit zu empfangen waren und später auch terrestrisch verbreitet wurden. Ein von 1986 stammendes Urteil des Bundesverfassungsgerichts (im Zusammenhang mit dem Landesmediengesetz von Niedersachsen) erklärte das Nebeneinander von öffentlich-rechtlichem und privatem Rundfunk für verfassungskonform. Gleichzeitig stellte es an die privaten Programmveranstalter im Hinblick auf Breite und Ausgewogenheit des Programmes geringere Anforderungen als an die öffentlich-rechtlichen Rundfunkveranstalter, die laut Verfassungsspruch die Aufgabe der Grundversorgung (*nicht* Mindestversorgung!) mit informierenden, bildenden und unterhaltenden Programmen zu leisten haben (vgl. Berg 1987; Privat-kommerzieller Rundfunk in Deutschland 1992; Donsbach/Mathes 1997).

Aus diesem und weiteren Rundfunkurteilen resultiert in Deutschland eine *Aufga-benteilung* zwischen öffentlich-rechtlichem Rundfunk (Grundversorgung) und pri-vatem Rundfunk (Zusatzaufgaben). Gleichzeitig wird den öffentlich-rechtlichen An-stalten eine Bestands- und Entwicklungsgarantie gegeben, indem sie weiterhin das al-leine ihnen zustehende Recht haben, (Zwangs-)Gebühren zu erheben sowie an neuen Rundfunkentwicklungen teilzunehmen, die sich aus technischen Weiterentwicklun-gen wie Satellitenrundfunk oder Digitalisierung ergeben. Im Hinblick auf die privat-kommerziellen Rundfunkanbieter, die ausschließlich auf Erlöse aus der Werbung an-gewiesen sind, spricht das Bundesverfassungsgericht von einer Minderung der Viel-faltsvorkehrungen: Die Privaten müssen Information nicht in der vollen Breite der Meinungen und kulturellen Strömungen vermitteln. Voraussetzung für diese gerin-geren Anforderungen an die Privaten ist jedoch, dass die öffentlich-rechtlichen An-stalten weiterhin in der Lage sind, den Grundversorgungsauftrag zu erfüllen. Der 1987 von den Ländern abgeschlossene und seither wiederholt novellierte Rundfunk-staatsvertrag schrieb auf der Basis der Verfassungsgerichtsurteile das »duale Rund-funksystem« endgültig fest (vgl. Privatkommerzieller Rundfunk in Deutschland 1992; Glotz/Kopp 1987; Donsbach/Mathes 1997)

Die wichtigsten *Rechtsgrundlagen* des privaten Rundfunks sind in den Landesme-diengesetzen, in Urteilen des Bundesverfassungsgerichts sowie im jeweils gültigen Medienstaatsvertrag zu sehen. Vor allem die Landesmediengesetze enthalten zahlrei-che und z.T. auch unterschiedliche Bestimmungen über a) die rechtlichen Vorausset-zungen und Rahmenbedingungen der Zulassung und des Betreibens privater Rund-funkunternehmen; b) die Aufgaben und Organisation der Landesmedienanstalten; sowie c) Regeln für die Programmgestaltung mit gesetzlichen Leitlinien (vgl. Her-mann 1994).

Oberste Aufsichts- und Kontrollorgane für den privaten Rundfunk in den Län-dern sind die *Landesmedienanstalten*. Es sind dies in aller Regel rechtsfähige Anstalten öffentlichen Rechts mit Eigenverantwortlichkeit und Selbstverwaltungsrecht. Sie entscheiden über die Erteilung, Rücknahme und Widerruf von Sendelizenzen für Hörfunk und Fernsehen und haben die Aufsicht über die Programme der von ihnen zugelassenen Anbieter. Im Weiteren obliegt ihnen die Durchführung von Ordnungs-widrigkeitsverfahren, die Errichtung und Betreuung »offener Kanäle« (oder ver-gleichbarer Institutionen) sowie die Wahrnehmung technischer Aufgaben bei der Frequenzerschließung, der Frequenzzuteilung und bei der Weiterleitung von Pro-grammen. Ebenso haben die meisten Landesmedienanstalten die Aufgabe, Aus- und Fortbildungsmaßnahmen für die Mitarbeiter der privaten Rundfunkveranstalter zu ergreifen sowie nicht zuletzt auch Forschungsaufgaben wahrzunehmen. Zur Aufgabe der Landesmedienanstalten gehört des Weiteren die Mitwirkung an der Konzentra-tions- bzw. Fusionskontrolle, die seit 1997 im Medienstaatsvertrag einheitlich gere-gelt ist (vgl. S. 260). Trotz mancher Unterschiede im Detail ist den insgesamt 15 Landesmedienanstalten der Bundesrepublik Deutschland gemeinsam, dass sie jeweils über einen Direktor (bzw. Präsidenten oder Vorstand), über einen Medienrat (bzw. Versammlung oder Kommission) sowie – in Bayern, Sachsen und Schleswig-Holstein – auch über einen Verwaltungsrat verfügen. Der *Direktor* nimmt vorwiegend Exekutivaufgaben gegenüber den privaten Anbietern wahr. Der *Kommission* obliegen legislative Aufgaben und Kontrollfunktionen. Der *Verwaltungsrat* ist, wo es ihn gibt, für die Überprüfung der Finanzen und des Geschäftsgebarens der jeweiligen Landesmedienanstalt zuständig. Ihre *finanzielle Grundlage* schöpfen die Landesmedienanstalten im Wesentlichen aus zwei Quellen: Sie erhalten zu ihrer Finanzierung einerseits zwei Prozent aus der für die öffentlich-rechtlichen Rundfunkanstalten eingezogenen Rundfunkgebühr. Zum anderen (und weitaus größeren Teil) finanzieren sie sich aus Gebühren und Abgaben der von ihnen zugelassenen privaten Rundfunkbetreiber. Art und Weise der Gebühren- und Abgabengestaltung sind je nach Landesmediengesetz unterschiedlich geregelt (vgl. Stuiber 1998, S. 754ff; Hermann 1994).

Die privaten bundesdeutschen Rundfunkveranstalter finanzieren sich in Hörfunk wie Fernsehen aus Werbung, Werbesonderformen (wie Sponsoring) und Programm-Merchandising. Um ihre Finanzierung zu gewährleisten, gesteht ihnen der Gesetzgeber auch großzügige Werbezeiten zu. Laut Rundfunkstaatsvertrag darf Werbung im privaten Rundfunk max. 20 Prozent der Gesamtsendezeit betragen. Die Werbung darf sowohl in Blöcken wie auch innerhalb der Sendungen (Unterbrecherwerbung) ausgestrahlt werden. Werbung ist im privaten Rundfunk – im Unterschied zu den öffentlich-rechtlichen Anbietern – auch an Sonn- und Feiertagen gestattet (vgl. Stuiber 953ff).

Lediglich der digitale Privatfernsehkanal »Premiere World« verlangt – einem Zeitungsabonnement ähnlich – für die von ihm angebotenen Programmpakete eine Gebühr (Pay-TV). Wer sich ein »Premiere World«-Abonnement anschafft, kann über einen entsprechendern Decoder (d-Box) die über Kabel oder Satellit ausgestrahlten Programme empfangen. Die Gebühr richtet sich je nach dem Umfang der bezogenen Programmpakete.

Das Gesamtangebot privaten Rundfunks in Deutschland umfasst gegenwärtig etwas mehr als 200 (vorwiegend regionale, lokale und sublokale) Hörfunkprogramme sowie knapp 120 Fernsehprogramme, darunter bundesweit etwa 20 empfangbare TV-Voll- oder -Spartenprogramme. Zu den größten und reichweitenstärksten gehören RTL, SAT.1 und ProSieben; daneben senden zahlreiche kleinere Sender wie RTL 2, Vox, Kabel 1, DSF, n-tv, N24 u.v.a. Angesichts der Fülle privater wie öffentlich-rechtlicher Radio- und Fernsehveranstalter ist der Wettbewerb um das Publikum groß. In der Gunst der Zuschauer liegen die TV-Sender ARD, RTL, ZDF und SAT1 seit Jahren an der Spitze. Dies geht aus der in 5.640 bundesdeutschen TV-Haushalten elektronisch vorgenommenen Messung der Fernsehnutzung hervor. Die mittels Telefoninterviews repräsentativ erhobene Hörfunknutzung entfällt – bei regionalen Unterschieden – etwa zu gleichen Teilen auf die 200 privaten und etwas mehr als 50 öffentlich-rechtlichen Kanäle (vgl. dazu die jährlich erscheinenden ARD-, ZDF- und ALM-Jahrbücher).

Abbildung 13: Private Fernsehprogramme in Deutschland (2002)

Bloomberg	Nachrichten-/Wirtschaftsprogramm
DSF	Sportprogramm
NBC Europe	Unterhaltungs-/Informationsprogramm
Home Shopping Europe	Einkaufskanal
Kabel 1	Vollprogramm
MTV Germany	Musikprogramm
MTV 2 POP	Musikprogramm
N24	Nachrichtenprogramm
Neun Live	Unterhaltungsprogramm
n-tv	Nachrichtenprogramm
Onyx TV	Musikprogramm
ProSieben	Vollprogramm
QVC Deutschland	Einkaufskanal
RTL	Vollprogramm
RTL II	Vollprogramm
RTL Shop	Einkaufskanal
SAT.1	Vollprogramm
Super RTL	Unterhaltungsprogramm
VIVA	Musikprogramm
VIVA Plus	Musikprogramm
VOX	Vollprogramm

Privates digitales Fernsehen (Bezahlfernsehen):
Premiere World

Quelle:
Jahrbuch Fernsehen 2000. Herausgegeben vom Adolf Grimme Institut, dem Gemeinschaftswerk der Evangelischen Publizistik und dem Katholischen Institut für Medieninformation in Zusammenarbeit mit HMR International. Marl 2000, S. 254 f.

Deutsche Wiedervereinigung und das Rundfunkwesen

Die 1990 vollzogene Wiedervereinigung blieb nicht ohne Auswirkungen auf das deutsche Rundfunksystem. Wichtigste Aufgabe war es, das Rundfunkwesen der DDR (vgl. Mühl-Benninghaus 1997) mit seinen zwei Fernseh- und sechs Hörfunkprogrammen in demokratisch-pluralistische Strukturen überzuführen. Bereits kurz nach der Wende gab es mehrere Vorschläge, Hörfunk und Fernsehen der DDR umzustrukturieren und zu demokratisieren. Auch ein Rundfunküberleitungsgesetz wurde erarbeitet; infolge der rasch herbeigeführten Wiedervereinigung wurden alle diese Versuche jedoch obsolet (vgl. Kresse 1992; Lojewski/Zerdick 2000; Stuiber 1998, S. 268ff).

Grundlage für den politischen Wandel des Rundfunks in den neuen Ländern war schließlich Artikel 36 des Einigungsvertrages. Er hielt fest, den »Deutschen Fernsehfunk« (DFF) und den »Rundfunk der DDR« in einer gemeinsamen »Einrichtung« aufgehen zu lassen. Diese hatte die Bevölkerung in Ostdeutschland nach allgemeinen Grundsätzen des öffentlich-rechtlichen Rundfunks mit Hörfunk- und Fernsehprogrammen zu versorgen. Weiterhin musste die »Einrichtung« dem Einigungsvertrag zufolge von einem Rundfunkbeauftragten und einem ihm zur Seite gestellten Beirat bis spätestens 31. Dezember 1991 weitergeführt und durch einen gemeinsamen Staatsvertrag der neuen Länder bis spätestens zu diesem Zeitpunkt aufgelöst bzw. »abgewickelt« werden. Gleichzeitig wurden die neuen Länder, bei denen infolge der Wiedervereinigung nun die Rundfunkkompetenz lag, durch Art. 36 des Einigungsvertrages angehalten, spätestens ab 1. Januar 1992 zunächst neue Strukturen für den öffentlich-rechtlichen Rundfunk zu schaffen und sodann auch privaten Rundfunk zu realisieren (vgl. Kresse 1992; Schneider 1999 S. 611ff; Tichy/Dietl 2000; Altendorfer 2001, S. 46f).

Noch im Laufe des Jahres 1991 entschlossen sich die Länder Thüringen, Sachsen und Sachsen-Anhalt, auf der Basis eines Staatsvertrages eine gemeinsame öffentlich-rechtliche Landesrundfunkanstalt, den »Mitteldeutschen Rundfunk« (MDR) zu gründen. Er nahm am 1. Januar 1992 seinen Sendebetrieb auf und trat als zehnte Landesrundfunkanstalt der ARD bei. Eine politisch ähnlich »große« Lösung, für die es bereits den Namen NORA (»Nordostdeutsche Rundfunkanstalt«) gab, kam im Norden Ostdeutschlands leider nicht zu Stande. Die NORA, ein gemeinsamer Sender der Länder Mecklenburg-Vorpommern, Brandenburg und Berlin, scheiterte letztlich an politischen Vorbehalten. So trat Mecklenburg-Vorpommern dem »Norddeutschen Rundfunk« (NDR) bei, der nun von vier Ländern betrieben wird (nämlich Niedersachsen, Schleswig-Holstein, Hamburg und Mecklenburg-Vorpommern). Brandenburg entschloss sich dazu, eine eigene Landesrundfunkanstalt zu errichten, den »Ostdeutschen Rundfunk Brandenburg« (ORB). Auch er trat – als elfte Anstalt – der ARD bei und startete zu Neujahr 1992 seinen Sendebetrieb (vgl. Kresse 1992; Schneider 1999, 611ff; Stuiber 1998, S. 268ff).

Das ZDF weitete nach der Wiedervereinigung seine Sendetätigkeit auf die neuen Bundesländer aus, die Gremien des ZDF (Fernsehrat, Verwaltungsrat) wurden aufgestockt, um den neuen Ländern Kontroll- und Mitspracherechte zu ermöglichen (vgl. Kresse 1992).

Nach der Errichtung des öffentlich-rechtlichen Rundfunks in Ostdeutschland verabschiedeten die neuen Länder je eigene Landesmediengesetze, um auch privaten Rundfunk zu realisieren. Dabei gingen die Länder Berlin und Brandenburg eine Kooperation ein und gründeten eine gemeinsame Landesmedienanstalt (daher gibt es in den 16 Bundesländern nur 15 Landesmedienanstalten). Der Privatfunk (Hörfunk wie Fernsehen) kam in den neuen Bundesländern mit Verspätung »auf Sendung«, was vereinzelt den Vorwurf der Diskriminierung zur Folge hatte. Im 1991 von den Ländern vereinbarten »Staatsvertrag über den Rundfunk im vereinten Deutschland« sind alle diese Veränderungen berücksichtigt; somit liegen in diesem Vertrag der Bundesländer für alte wie neue Länder gleichermaßen geltende rundfunkrechtliche Regelungen (vgl. Witt 1992). Dessen ungeachtet gelten in den Bundesländern je eigene Landesrundfunkgesetze (öffentlich-rechtlicher Rundfunk) sowie Landesmediengesetze (privater Rundfunk).

Im Zusammenhang mit der Wiedervereinigung ist schließlich noch auf die Entstehung des nationalen Hörfunkprogramms »DeutschlandRadio« zu verweisen. Es ist erst 1993/94 aus der Fusion des Hörfunksenders »Deutschlandfunk« (Bundesrepublik), des RIAS (Berlin) sowie des ehemaligen DDR-Hörfunkprogramms »Deutschlandsender« (früher »Stimme der DDR«) hervorgegangen, der nach der Wende den Namen »DS-Kultur« erhielt. Als nationaler Hörfunksender strahlt das »DeutschlandRadio« zwei Programme aus: den eher informationsorientierten »Deutschlandfunk« (aus Köln) und das eher kulturorientierte »DeutschlandRadio« aus Berlin. Das nationale DeutschlandRadio ist seit 1. April 1994 auf Sendung. Es stellt eine gemeinsam von ARD und ZDF eingerichtete rechtsfähige Anstalt öffentlichen Rechts dar (vgl. Diller 1999; ARD-Jahrbuch 1994; ZDF-Jahrbuch 1994; Stuiber 1998, S. 274ff)

Neuere Entwicklungen im Rundfunkwesen seit 1995

Mit der Neuordnung des Rundfunkwesens in den neuen Bundesländern, mit der Schaffung gemeinsamer Rechtsgrundlagen für den Rundfunk in den neuen und alten Ländern durch den Medienstaatsvertrag von 1991 sowie mit der Zusammenführung des Deutschlandfunks, des Deutschlandsenders sowie des RIAS zum bundesweit empfangbaren DeutschlandRadio waren zweifellos wichtige kommunikations- und medienpolitische Aufgaben erledigt, die sich aus der Wiedervereinigung der beiden deutschen Staaten ergeben haben. Die Welt des Rundfunkwesens ist damit freilich nicht zum Stillstand gekommen. Vielmehr haben sich daneben und danach weitere politische, ökonomische, rechtliche und technische Entwicklungen vollzogen, deren Wichtigsten im Folgenden dargelegt werden. Zu erwähnen sind insbesondere: die Konzentrationskontrolle im Bereich des privaten Rundfunks; die Strukturreform der ARD; das Informations- und Kommunikationsdienste-Gesetz; Maßnahmen zum Schutz der Jugend; sowie Entwicklungen, die sich aus der Digitalisierung im Rundfunkbereich ergeben.

Zur Konzentrationskontrolle im privaten Rundfunk

Die Einführung privaten Rundfunks hatte in Deutschland das Entstehen zweier großer Sendergruppen zur Folge, nämlich die Sender der Kirch-Gruppe (mit SAT.1, ProSieben, Kabel 1, Deutsches Sport Fernsehen DSF) sowie die Sender der RTL/Ufa/Bertelsmann-Gruppe (mit RTL, RTL2, Vox, n-tv). Das alte »Beteiligungsmodell«, das Beteiligungsgrenzen eines Unternehmens von 49,9 Prozent an je einem Fernseh-Vollprogramm und -Spartenprogramm vorsah, erwies sich (wegen schwierig zu durchschauender Cross-Media-Verflechtungen) als nicht befriedigend. In einer Novelle des Rundfunkstaatsvertrages (mit Wirkung vom 1. Januar 1997) einigten sich die Ministerpräsidenten der Länder auf das »Zuschauermarktanteilsmodell«. Diesem Modell zufolge ist die Beteiligung eines jeden Unternehmens an beliebig vielen TV-Veranstaltern bis zu 100 Prozent erlaubt, bis alle diese Sender einen Anteil von 30 Prozent am Zuschauermarkt erzielen. Dann dürfen keine weiteren Beteiligungen erworben (bzw. müssen Anteile abgetreten) werden, zumal ab der Grenze von 30 Prozent vorherrschende Meinungsmacht vermutet wird. Die Aufgabe, sie festzustellen sowie der Beschluss, welche Maßnahmen dann zu ergreifen sind, obliegt der mit der Novelle des Rundfunkstaatsvertrages von 1997 neu geschaffenen »Kommission zur Ermittlung der Konzentration im Medienbereich« (KEK). (Dabei bedient sich die KEK u.a. der Daten der elektronischen Zuschauerforschung, die die Zuschauer-Marktanteile der einzelnen Sender kontinuierlich ermittelt). Vielfaltssichernde Maßnahmen, die von der KEK u.a. getroffen werden können, sind neben der Einrichtung eines Programmbeirates die Abgabe von Sendezeit der betroffenen TV-Veranstalter an unabhängige Dritte. Diese werden von den zuständigen Landesmedienanstalten (die, wie erwähnt, für die Vergabe der Sendelizenzen und damit für die Zulassung von Sendern zuständig sind) in Absprache mit den betroffenen Sendern ausgewählt. Sofern jedoch die zuständige Landesmedienanstalt einem Beschluss der KEK nicht folgen will, kann sie sich an die (ebenfalls 1997 neu geschaffene) »Konferenz der Direktoren der Landesmedienanstalten« (KDLM) wenden. Die KDLM kann ihrerseits mit Dreiviertel-Mehrheit einen von der KEK abweichenden Beschluss fassen (vgl. ALM-Jahrbuch 1997/98). Die Wirkung der neuen Konzentrationskontrolle ist durchaus nicht unumstritten (vgl. Altes 2000).

In die Novelle des Medienstaatsvertrages von 1997 wurde übrigens auch die Bestimmung aufgenommen, wonach private Fernseh-Voll- oder -Spartenprogramme mit Schwerpunkt Information ab einem Zuschaueranteil von zehn Prozent (Sendezeit) wöchentlich mindestens 260 Minuten Fensterprogramme von unabhängigen Dritten aufnehmen müssen, davon 75 Minuten zwischen 19.00 und 23.30 Uhr (vgl. ALM-Jahrbuch 1997/98).

Zur Strukturreform der ARD

Mit der Einführung privaten Rundfunks ist den öffentlich-rechtlichen Rundfunkanstalten in vielerlei Hinsicht beträchtliche Konkurrenz erwachsen – Konkurrenz um Publikum, um Programmrechte und Werbung. Dies hat, vor allem aus dem Bereich der

Politik, zu Forderungen nach Effizienzsteigerung, Kostensenkung, Nutzung von Synergien und Modernisierung geführt. Die Forderungen zielten vor allem auf die ARD mit ihren zahlreichen Landesrundfunkanstalten und mündeten schließlich in das Projekt »ARD-Strukturreform«. Ihre Kernpunkte sind der Zusammenschluss verschiedener ARD-Sender zu wirtschaftlicheren Einheiten sowie die Neuregelung (bzw. langfristig nach Möglichkeit die Abschaffung) des ARD-Finanzausgleichs (vgl. die ARD-Jahrbücher 1996ff; vgl. Matzen 2000). Erstes Ergebnis der Bemühungen um eine solche Strukturreform der ARD war die 1998 durchgeführte Fusion von Süddeutschem Rundfunk (SDR) und Südwestfunk (SWF) zum Südwestrundfunk (SWR) im Süden der Bundesrepublik (vgl. ARD-Jahrbuch 1998). Vorgesehen ist auch die Fusion des Senders Freies Berlin (SFB) mit dem Ostdeutschen Rundfunk Brandenburg (ORB), die bis Ende 2002 ratifiziert sein soll. Weitere Fusions-»Kandidaten« sind wohl auch die kleinen Landesrundfunkanstalten Saarländischer Rundfunk (SR) sowie Radio Bremen (RB). Bis zum Jahr 2006 soll außerdem der Finanzausgleich für die nehmenden Sender von derzeit 1,9 Prozent (186 Mio. DM ~ 95,1 Mio. €) linear auf ein Prozent reduziert werden (vgl. Matzen 2000, ARD-Jahrbuch 2000).

Zum Jugendschutz

Dem Schutz der Jugend (vgl. Altendorfer 2001; Schorb/Theunert 1998) sind neue Regelungen gewidmet, wie sie in einer neuerlichen Novelle zum Rundfunkstaatsvertrag festgeschrieben und am 1. April 2000 in Kraft getreten sind (vgl. Gangloff 1999). Anlass waren zunächst Vorgaben der 1997 geänderten EU-Fernsehrichtlinie, die in deutsches Medienrecht umgesetzt werden musste. Die Neuregelungen betreffen im Wesentlichen:

- eine Kennzeichnungspflicht für potenziell jugendgefährdende Sendungen: Betroffene Filme müssen durch akustische Signale angekündigt oder durch optische Mittel während der Sendung kenntlich gemacht werden. Skeptiker dieser Regelung befürchten den sog. »Verbotenen-Frucht-Effekt«, also dass diese gekennzeichneten Programme für Kinder und Jugendliche besonders attraktiv sind;
- Neuregelungen für indizierte Filme: Grundsätzlich gilt ein Ausstrahlungsverbot indizierter Filme. Genehmigungen von Ausnahmen können jedoch durch Kontrollorgane (Rundfunkrat) erteilt werden, sodass solche Filme allenfalls in den Nachtstunden, also zwischen 23.00 Uhr und 06.00 Uhr ausgestrahlt werden dürfen (wobei angenommen wird, dass in dieser Zeit weder Kinder noch Jugendliche vor dem TV-Gerät sitzen);
- die Wahlmöglichkeit, in Einzelfällen für ganze Sendeformate zeitliche Ausstrahlungsbeschränkungen vorzusehen: Diese Regelung ist als politische Reaktion auf die Diskussion um einige nachmittägliche Talkshows des Privatfernsehens (»Schmuddeltalk«) zu sehen. Problematisch ist bei diesen Sendungen die aufeinander folgende Dichte solcher Inhalte, die sich am Rande der Gefährdung von Kindern und Jugendlichen bewegen; sowie

263

- Sonderregelungen für das digitale Fernsehen: Danach kann z.B. von den klassischen Sendezeitbeschränkungen (wieder) abgewichen werden, wenn jugendschutzrelevante Sendungen einzeln verschlüsselt oder vorgesperrt sind (vgl. Ridder 2000; Gangloff 1999).

Zum Informations- und Kommunikationsdienstegesetz (IuKDG)

Im Zusammenhang mit den rasanten Entwicklungen im Bereich der »neuen Medien« ist die im Juli 1997 erfolgte Verabschiedung des Informations- und Kommunikationsdienstegesetzes IuKDG durch die Bundesregierung zu sehen. Das Gesetzespaket enthält, wie sein Name sagt, Regelungen der Rahmenbedingungen für die Informations- und Kommunikationsdienste (z.B. Internet, Online-Dienste, Telespiele etc.) und besteht aus zahlreichen Teilgesetzen. Herzstück des IuKDG ist das Teledienstegesetz (TDG, Art. 1), das alle elektronischen Informations- und Kommunikationsdienste, insbesondere den individualkommunikativen Datenaustausch, aber auch Fragen der Nutzung des Internets (wie beispielsweise die Providerverantwortlichkeit) regelt (vgl. Altendorfer 2001, S.279ff). Teledienste sind danach grundsätzlich genehmigungs- und anmeldefrei. Weitere Bestandteile sind Datenschutzbestimmungen (Teledienstedatenschutzgesetz TDDSG, Art. 2), in denen z. B. festgehalten ist, dass Provider nicht gezwungen werden können, Kundendaten an Polizei- und Geheimdienste weiterzugeben. Außerdem ist im IuKDG das Gesetz zur digitalen Unterschrift (Art. 3) verankert. Es geht dabei um die Regelung der Authentifizierung des Absenders durch sog. asymmetrische Schlüssel, die – vor Gebrauch – durch eine Regulierungsbehörde zertifiziert werden müssen (vgl. Telemediarecht 2001).

Weiterhin befindet sich im IuKDG das Gesetz über die Verbreitung jugendgefährdender Schriften und Medien (GjSM, Art. 6). Dieses novellierte Gesetz, das bisher nur die Verbreitung von Schriften mithilfe einer Prüfstelle regelte, sieht unter anderem vor, dass gewerbsmäßige IuK-Dienste einen Jugendschutzbeauftragten bestellen müssen, wenn ihre Angebote öffentlich zugänglich sind. Das Zugänglichmachen von indizierten Schriften ist nicht gestattet (vgl. Held/Schulz 1999; Matzen 2000).

Auf der Ebene der Länder ist, ebenfalls 1997, der Staatsvertrag über Mediendienste (MDStV) verabschiedet worden (vgl. Telemediarecht 2001). Er bezieht sich auf Mediendienste, die eher dem herkömmlichen Rundfunkbegriff zuzuordnen sind wie Fernseh- oder Radiotext, Teleshopping und Abrufdienste. Mediendienste sind nach dem MDStV ebenfalls zulassungs- und anmeldefrei. Den Anbietern werden allerdings Pflichten auferlegt wie z.B. zur Anbieterkennzeichnung, zur Sorgfaltspflicht oder auch zum Sponsoring (vgl. Wilke 1999, S. 765). Über Abgrenzungsprobleme zwischen dem Mediendienste-Staatsvertrag und dem IuKDG geben Thorsten Held und Wolfgang Schulz (1999) Auskunft.

Zum digitalen Fernsehen

Das digitale Fernsehen wurde in Deutschland am 28. Juli 1986 gestartet. Damals nahm der deutsche Medienmogul Leo Kirch via Satellit den Sendebetrieb von DF1

auf (das später zu Premiere World mutierte). Ab Oktober 1997 folgten digital verbreitete Fernseh-Programme in deutschen Kabelnetzen. Überhaupt scheint dem digitalen Fernsehen die Zukunft zu gehören. So soll in Deutschland einem Plan der Initiative »Digitaler Rundfunk« zufolge die Digitalisierung des Fernsehens über Kabel,
Satellit und terrestrische Verbreitung im Jahr 2010 abgeschlossen und eine Markt-
durchdringung von mindestens 95 Prozent je Versorgungsgebiet erreicht sein; analoge Übertragung wird es dann nicht mehr geben. Die Mitglieder der Initiative »Digitaler Rundfunk« der Bundesregierung erhoffen sich folgende Vorteile: sinkende Kosten der Programmübertragung; neue, multimediale Dienste; neue Absatzmärkte für
die Elektronik-Industrie (TV-Geräte, Decoder, Software); größere Vielfalt und höhere Qualität der Angebote sowie nicht zuletzt eine effizientere Nutzung der Frequenz-
ressourcen (und die damit verbundene Minderung der Frequenzknappheit).

Während über TV-Satellit bereits zahlreiche digitale Programme empfangen werden können, sind der digitalen Übertragung via Kabel beim gegenwärtigen Ausbau-
zustand der Kabelnetze Grenzen gesetzt. Durch den geplanten Verkauf der im Besitz
der Telekom befindlichen bundesdeutschen Kabelnetze an finanzkräftige angloame-
rikanische Unternehmen (wie Callahan, Liberty Media und iesy), die den raschen
technischen Ausbau der Breitbandkabel und damit etappenweise bis 2006 die Erhöhung der Übertragungskapazität für (bis zu 100) TV-Programme planen, soll die
Entwicklung des digitalen Fernsehens weiter vorangetrieben werden (vgl. Breunig
2000; Morhart 2001; Langer 1997). Diese war in Deutschland auch insofern behin-
dert, als es bis in den Frühsommer 2001 keine Decoder-Version gab, mit deren Hilfe
alle in Deutschland vorhandenen digitalen Programme und Dienste entschlüsselt
werden konnten. Mit der Einigung auf die im Frühjahr 2001 entwickelte Multimedia Home Platform (DVB MHP) ist jedoch eine standardisierte Software vorhanden,
die in der Lage ist, alle digitalen Angebote zu decodieren. MHP erlaubt aber auch
interaktive Funktionen wie den Internetzugriff, E-Mail, Telebanking, E-Commerce
und elektronische Programmführer für die Fernsehzuschauer (vgl. Breunig 2000;
ARD-Jahrbuch 2001). Die Sicherung des chancengleichen, angemessenen und nicht
diskriminierenden Zugangs des Nutzers zu allen digitalen Angeboten und Diensten
ist im 2001 erneut novellierten Rundfunkstaatsvertrag der Länder (in Paragraf 53)
festgeschrieben. Die Hersteller von Decodern werden verpflichtet, die Decoder mit
»zugangsoffenen Schnittstellen« zu versehen, die es möglich machen, die verschiedenen digitalen Angebote mit *einem* Gerät empfangen zu können (vgl. ARD-Projektgruppe Digital 2001).

Auf dem bundesdeutschen Fernsehmarkt haben sich bislang (Stand: Frühjahr
2002) mit ARD Digital, ZDF.vision und Premiere World (hervorgegangen aus den
Digitalangeboten DF1 und Premiere) drei sog. Programmbouquets etabliert (vgl.
Breunig 2000). Jene von ARD und ZDF enthalten neben den öffentlich-rechtlichen
Standardprogrammen (ARD, ZDF, Dritte Programme), den internationalen Ge-
meinschaftsprogrammen (wie ARTE und 3sat, Euronews und Eurosport) spezielle
Informations-, Kultur-, Sport- und Kinderprogramme und sind ohne zusätzliche Ge-

bühr zu empfangen. Das Bouquet von Premiere World umfasst acht inhaltlich unterschiedlich ausgeprägte Spielfilm-Channels, Pay-per-View-Angebote sowie einen Sportkanal. Je nach Umfang des bezogenen Abonnements fallen für den Nutzer in unterschiedlicher Höhe Gebühren an. Ob die neuen Angebote des digitalen Fernsehens bei den Zuschauern auf breite Akzeptanz stoßen, vor allem, wenn damit zusätzliche (Abonnement-)Kosten verbunden sind, bleibt nicht zuletzt angesichts der Fülle der in Deutschland unentgeltlich zu empfangenden TV-Programme abzuwarten (vgl. Breunig 2000). Dass früher oder später die analogen Fernsehempfangsgeräte durch digitale ersetzt werden müssen, ist angesichts der fortschreitenden technischen Entwicklung und medienpolitischen Zielsetzung unstrittig.

4.3.5.3 Die »neuen Medien« in Deutschland

Die Bezeichnung »neue Medien« ist in Wirklichkeit schon recht alt. Immer nämlich, wenn neue Medien oder auch nur neue Medientechniken aufkamen, tauchte der Begriff »neue Medien« auf. Das war schon so, als das Radio öffentlich eingeführt wurde oder als sich das Fernsehen verbreitete. In den ausgehenden 1970er-Jahren wurde die Bezeichnung »neue Medien« erstmals regelrecht inflationär gebraucht. Damals fanden das Kabelfernsehen, der Direktsatellitenrundfunk sowie die sog. Teletexte (Videotext, Bildschirmtext und Kabeltext) allmählich öffentliche Verbreitung. De facto handelte es sich bei diesen »neuen Medien« nicht wirklich um neue Medien, sondern um neue Medientechniken, genauer gesagt neue Verteiltechniken für schmal- und breitbandige Rundfunkdienste. Allenfalls kann man sagen, dass Videotext, Bildschirmtext und Kabeltext neue Medienanwendungen darstellten. Richtig jedoch ist, dass durch Kabel- und Satellitenrundfunk der UKW-Frequenzknappheit im terrestrisch verbreiteten Rundfunkwesen (Hörfunk wie Fernsehen) ein Ende bereitet wurde und es via Kabel und Satellit möglich geworden ist, zahlreiche Hörfunk- und Fernsehprogramme in technisch recht guter Qualität zu verbreiten (vgl. Ratzke 1984).

Multimedia, Digitalisierung, Datenkompression

Mit »Multimedia« erfährt der Begriff »neue Medien« auch eine neue Bedeutung. Es handelt sich dabei, wie erwähnt, um die Verschmelzung (Konvergenz) von Telekommunikation, Computer, Unterhaltungselektronik und Rundfunk (i. S. von Hörfunk und Fernsehen). Technische Voraussetzung dafür ist die Digitalisierung, also die Verschlüsselung elektronischer Signale in Form binärer Zeichen an Stelle analoger Übertragung (elektrische bzw. elektronische Transformation der Schwingungsanzahl bzw. -breite von Licht- und Schallwellen). Die mit der Digitalisierung verbundene elektronische »Datenkompression« verringert den Kapazitäts- und Speicherbedarf elektromagnetischer Signale beträchtlich, sodass die eingesparte Kapazität zur Vermehrung elektronischer Dienstleistungen und Programmangebote genutzt werden kann (vgl. Pape 1997, S. 113ff).

Durch die einheitliche digitale Codierung können bislang getrennte Endgeräte wie Computer, Telefon, Faxgerät, Radio- und TV-Apparat sowie CD-Player zusammenwachsen. Aus dieser technischen Konvergenz ergibt sich eine mannigfaltige inhaltliche Konvergenz, die neue Informations- und Kommunikationsmöglichkeiten zur Folge hat. Um diese Möglichkeiten voll nutzen zu können, sind a) entsprechende Übertragungswege erforderlich wie hochleistungsfähige Glasfaserkabel mit ISDN-Fernmeldenetz (Integrated Services Digital Network) und digitale Satelliten. Ebenso benötigt man b) multimedial taugliche Endgeräte. Zum Teil können herkömmliche Geräte entsprechend auf- bzw. umgerüstet werden. So braucht man beispielsweise für den Empfang digitaler Fernsehsignale einen Decoder (auch: Set-Top-Box), der die digital übermittelten Signale in analoge zurück verwandelt. Die etappenweise Umstellung von analoger auf digitale Technik ist sowohl im Telekommunikationsbereich wie auch bei Radio und Fernsehen im Gange und soll in Deutschland, wie erwähnt, bis zum Jahr 2010 endgültig abgeschlossen sein. Ab diesem Zeitpunkt wird es auch keine analog ausgestrahlten Radio- und TV-Programme mehr geben (vgl. http://www.ard-digital.de/dvb/index.html bzw. http://www.bmwi.de/Homepage/Politikfelder/Telekommunikation%20&%20Post/Telekommunikationspolitik/digitaler_rundfunk.jsp).

Multimedia eröffnet neue Anwendungs- und Nutzungsformen verschiedener Informations- und Kommunikationstechniken. Die wichtigsten sollen im Folgenden kurz vorgestellt werden (vgl. Kaiser 1996; Plate 1997; Kreuzberger 1997; Musch 1997).

Internet

Das Internet ist de facto kein Medium im klassischen Sinn des Wortes. Es stellt vielmehr die Basis für eine ganze Reihe von Anwendungs- und Nutzungsmöglichkeiten dar. Dieser »interconnected set of networks« ist ein weltweiter, dezentraler Verbund von Computern, Workstations und Servern, die per Telefon oder über andere Datenleitungen zusammengeschlossen sind (vgl. Kaiser 1996). Die Rechner kommunizieren miteinander über ein standardisiertes, elektronisches Datenübertragungsprotokoll. Dieses TCP/IP-Protokoll (Transmission Control Protocol/Internet Protocol) bildet zugleich die Basis, auf der die unterschiedlichen Anwendungen bzw. Dienste des Internets aufsetzen (vgl. Kaiser 1996). Keimzelle des Internets war ursprünglich ein in den 1960er-Jahren von der US-Regierung geschaffenes, atombombensicheres militärisches Netzwerk mit dezentral aufgestellten, miteinander kommunizierenden Rechnern: fällt ein Rechner aus, übernimmt ein anderer dessen Funktion. In den darauf folgenden beiden Jahrzehnten kamen universitäre Netze hinzu, wobei die dezentrale Struktur der Rechnerverbünde gewahrt blieb. Seither haben sich unzählige weitere universitäre, staatliche, kommerzielle und private Netzwerke diesem Rechnerverbund angeschlossen und sind somit selbst ein Teil des Internets (vgl. Kreuzberger 1997). Das geradezu explosionsartige Wachstum des Internets hat Anfang der 1990er-Jahre begonnen, und zwar mit der Entwicklung massenattraktiver Anwendungen wie WWW, E-Mail, Datentransfer, Newsgroups und Chats. Im Herbst 2001 soll es weltweit 350 Millionen Internet-Nutzer gegeben haben; das entspricht 5,8 Prozent der Weltbevölkerung (vgl. Eimeren/Gerhard/Frees 2001, S. 382). Die Mehrheit der Nutzer befindet sich in den USA, Europa, Japan und Australien – so gesehen ist das Internet eine von westlichen Usern dominierte Kommunikationsplattform, deren Nutzerzahl rapide zunimmt. Die wichtigsten Anwendungen des Internets sind (vgl. Kaiser 1996; Plate 1997; Kreuzberger 1997; Musch 1997):

- *World Wide Web:* Das WWW ist der populärste Teil des Internets – ein Dienst, dessen Funktionsweise auf der Hypertextstruktur basiert, über die Dokumente miteinander verlinkt werden können. Eine einfach zu bedienende grafische Benutzeroberfläche ermöglicht dem User, quasi von Link zu Link, von Dokument zu Dokument zu surfen und im Web-Angebot sorglos zu wühlen. Zu den besonderen Kennzeichen des WWW gehört neben seiner Hypertextstruktur vor allem auch seine Multimedialität, also die Integration von Texten, Tönen, Bildern, Grafiken und Animationen innerhalb eines Dokuments. Innerhalb des WWW gibt es eine unübersehbare Anzahl kommerziell wie nicht-kommerziell nutzbarer Online-Dienste und anderer Angebote und Dienstleistungen. Zahlreiche Zeitungen und Zeitschriften, Hörfunk- und TV-Sender sind mit Online-Auftritten im WWW vertreten. Kommerziell genutzte Anwendungen des WWW sind u.a. im Teleshopping (elektronischer Einkauf), im Electronic Commerce (elektronischer Handel) sowie im Homebanking (Abwicklung von Bankgeschäften, Konto- und Umsatzabfragen etc.) zu sehen.
- *Electronic Mail:* Elektronische Post kann weltweit an jede Person mit Internet-Anschluss rasch, bequem, preiswert und umweltfreundlich übermittelt werden. Dabei lassen sich nicht nur kurze Botschaften, sondern ganze Dateien (samt Bildern und Tönen) als sog. »Attachments« versenden.
- *File Transfer Protocol (FTP):* Über den FTP-Dienst ist es möglich, Dateien von weit entfernten Rechnern (Servern) auf den eigenen PC herunterzuladen (Download) und umgekehrt vom eigenen PC auf einen Server hinaufzuladen (Upload).
- *Newsgroups, Bulletin Boards:* Unter Newsgroups versteht man die elektronische, weltweit verbreitete Version von »Schwarzen Brettern«, auf denen die Internet-Nutzer lesen und schreiben (»posten«) können. Für Newsgroups findet man auch die Bezeichnung Usenet-News. Sie dienen zur Diskussion sowie zum Informationsaustausch und zur Verteilung von Daten.
- *Internet Relay Chat (IRC):* Der IRC-Dienst ermöglicht es, mit unzähligen Gesprächspartnern per Tastatur in Echtzeit zu »chatten« (plaudern). Die Nachrichten werden dabei nicht direkt zwischen den Gesprächsteilnehmern ausgetauscht, sondern laufen über gemeinsame Vermittlungsrechner (Relay), in die sich die Chatter einloggen müssen.
- *Multi User Dungeons:* Das Internet wird auch zum Spielen verwendet. Dabei erfreuen sich Rollenspiele großer Beliebtheit. Unter Multi User Dungeons (kurz: MUDs) versteht man virtuelle Welten, in denen sich Spieler mit selbst definierten Spielfiguren in Echtzeit bewegen können. MUDs haben ihren Ur-

sprung im Gesellschaftsspiel »Dungeons & Dragons«, von dem sich auch der Name ableitet.

- *Internet-Telefonie:* Über das Internet lassen sich weltweit auch Gespräche von PC zu PC führen, was äußerst kostengünstig ist. Allerdings ist die Tonqualität noch mäßig und es gibt zeitliche Verzögerungen. Mit der Optimierung der Übertragungstechnik ist jedoch auch auf diesem Feld mit wesentlichen Verbesserungen zu rechnen.

Das Internet eignet sich auch für die Organisation von Teleworking, Teleteaching und E-Learning. Der technische Aufwand für Teleteaching beispielsweise ist jedoch beträchtlich, zumal in aller Regel aus Gründen der Lehrdidaktik breitbandige – und damit kostenintensive – Übertragungswege (Satellit/Kabel) erforderlich sind.

Online-Dienste im WWW

Im World Wide Web gibt es eine nach wie vor täglich wachsende, nur noch schwer quantifizierbare Fülle von Online-Auftritten. Für die einen stellt das Web folglich ein Informationsparadies dar, für die anderen droht es zur Weltmüllhalde zu verkommen. Qualitativ hochwertige Angebote sind nur einen Mausklick von wenig bis nicht brauchbaren Homepages entfernt. Neben den vielen nicht-kommerziellen Angeboten gibt es kommerzielle Online-Dienste, die gegen Entgelt Nachrichten, Reiseinformationen, Unterhaltungsangebote, Spaß, Spiele, Sport, Lexika u.a.m. zur Nutzung bereitstellen. Zu den bekanntesten zählen in Deutschland T-Online (Deutsche Telekom, früher btx) sowie die seit 1997 fusionierten Anbieter America Online (AOL) und CompuServe. AOL zielt dabei eher auf den privaten Unterhaltungsmarkt, CompuServe setzt mehr auf Geschäftskunden. Ein großer Vorteil der kommerziellen Online-Dienste ist in der nutzerfreundlichen Strukturierung ihrer Angebote zu sehen, wofür zu bezahlen ist. Daneben werden Online-Dienste auch von Presseverlagen und Rundfunkanstalten bereitgestellt. Generell ist in diesem Kontext festzuhalten, dass sich viele Online-Auftritte von Medienunternehmen in zunehmendem Maße zu großen Online-Portalen entwickeln, über die nicht nur aktuelle Nachrichten und Informationen abgerufen, sondern über die auch Waren eingekauft, Reisen gebucht und beispielsweise kommunale Dienstleistungen online in Anspruch genommen werden können. Im nicht-kommerziellen Bereich helfen dem User Suchmaschinen (wie Yahoo, Alta Vista, Lycos oder Web.de usw.) durch den Informations-, Unterhaltungs-, Waren- und Geschäftsdschungel beim Surfen durch das WWW (vgl. Eimeren/Gerhard/Frees 2001, S. 387).

Online-Zeitungen und -Zeitschriften

Online-Ausgaben von Zeitungen und Zeitschriften gibt es bereits seit Anfang der 1990er-Jahre. Vorläufer dieser elektronischen Ausgaben sind in den btx-Zeitungen zu sehen, wie sie zu Beginn der 1980er-Jahre aufkamen, aber nicht erfolgreich waren (vgl. Bär 1997, S. 229 bzw. Tonnemacher 1999, S. 64). Eine wichtige technische Voraussetzung war die in Deutschland ab 1975 erfolgte Einführung elektronischer Redaktionssysteme (vgl. Weischenberg 1978 und 1982), mit deren Hilfe es möglich war, die elektronisch erfassten Texte auch elektronisch zu speichern und zu archivieren (wofür Computer mit extrem hohen Speicherkapazitäten eingesetzt werden mussten). Die Digitalisierung schließlich stellte den zweiten wichtigen Entwicklungsschritt dar.

Online-Ausgaben von Zeitungen gab es zunächst bei Internet-Providern, fast zeitgleich folgten aber eigenständige Online-Ausgaben unterschiedlicher nationaler Provenienz. 1995 waren 78 US-amerikanische Zeitungen mit Online-Ausgaben im Web vertreten, in Deutschland haben im gleichen Jahr »Die Welt«, der »Berliner Tagesspiegel«, die »Schweriner Volkszeitung«, »die tageszeitung« (taz) und »Der Spiegel« erste Online-Ausgaben ins WWW gestellt (vgl. Bär 1997, S. 231). Heute gibt es kaum eine Tageszeitung (und fast keine Zeitschrift mehr), die nicht mit einer Online-Ausgabe im Web vertreten ist. Viele Zeitungen wählen die Form des Einzelauftritts, andere wieder schließen sich zu Gemeinschafts- bzw. Verbundauftritten zusammen (sind dabei aber in aller Regel wieder einzeln abrufbar). Mit der »Netzeitung« ist seit Herbst 2000 in Deutschland auch eine Online-Zeitung vertreten, die kein Printprodukt im Rücken hat. Die Tageszeitungen stehen mit ihren Online-Engagements zum Teil zumindest in Konkurrenz zu den gleichfalls tagesaktuellen Online-Auftritten von Zeitschriften (wie Spiegel, Focus oder Stern) und Rundfunkanstalten. Letztere haben oftmals den Vorteil, dass sie auf digitalisierte Audio- und Videodokumente zurückgreifen können und sie damit leichter als die Zeitungen Möglichkeiten der Multimedialität in ihren Online-Ausgaben auszuschöpfen vermögen.

Die Zeitungs- und Zeitschriftenverleger haben rasch erkannt, dass ihnen in den kommerziellen wie nicht-kommerziellen Online-Diensten beträchtliche Konkurrenz erwächst: Viele dieser Dienste bieten Nachrichten, (zugekaufte) redaktionell gestaltete Inhalte sowie Service-Leistungen an – Domänen, die bislang von Printprodukten wahrgenommen und angeboten wurden. Zudem versuchen viele Online-Anbieter, sich über Werbung zu finanzieren. Aus diesen und den folgenden weiteren Gründen engagieren sich Presseverlage mit Online-Auftritten im Web (vgl. Gutting 1997; Breyer-Mayländer 1999, S. 171):

- Zunächst geht es um den Erhalt und den Ausbau des Stammgeschäftes, nämlich die Bereitstellung von Inhalten und deren Mehrfachverwertung u.a. für andere Online-Anbieter, um zusätzliche Erträge zu erwirtschaften (vgl. Gutting 1997, S. 180).
- Es geht des Weiteren auch um die Sicherung des Kerngeschäftes, nämlich den Anzeigenmarkt. In Gefahr sind vor allem Rubrikenanzeigen wie der Stellen- und Arbeitsmarkt, der Kraftfahrzeugmarkt sowie der Immobilienmarkt. Im Internet entstehen Angebote branchenfremder Anbieter (wie Jobagenturen, Kfz- und Immobilienringe), die dieses Angebot ins Web exportieren. Es ist daher zu befürchten, dass Werbegelder vorbei ins WWW fließen. Die Intention der Verlage ist es

daher, diese Gelder über Online-Ableger des Printproduktes abzufangen (vgl. Riefler 1996, S. 159).

- Drittens geht es um neue Werbe- und Anzeigenformen. Online-Auftritte eröffnen die Möglichkeit und Notwendigkeit, neue Werbung zu erschließen, da es Vertriebserlöse im Web nicht gibt. Solche neuen Werbeerlöse werden nach wie vor primär durch Bannerwerbung erzielt und decken übrigens die den Verlagen entstehenden Kosten für ihre Online-Präsenzen bei weitem nicht (vgl. Gutting 1997, S. 180; Breyer-Mayländer 1999, S. 171).

- Ziel der Verlage ist es viertens, junge Leser für das Printprodukt über den Online-Auftritt zu gewinnen, zumal nachgewiesen ist, dass vor allem junge Menschen zunehmend weniger Zeitung lesen, aber starke Online-Nutzer sind. Es liegt folglich nahe, junge Menschen über das jugendadäquate Online-Medium für die Printausgabe zu begeistern und beispielsweise über (kostenlose) Schnupper-Abonnements das Printprodukt zu bewerben (vgl. Gutting 1997, S. 179; Höflich 1998, S. 114).

- Nicht zuletzt sind es aber auch Image-Gründe gewesen, die die Presseverlage dazu bewogen haben, Online-Ausgaben herauszubringen. Sie wollten damit unter Beweis stellen, dass auch sie moderne Medien sind. Es ging und geht ihnen um die symbolische Präsenz der Zeitung in einem neuen elektronischen Umfeld, das sich auch für Marketing-Zwecke eignet und über das vielleicht auch die Leser-Blatt-Bindung verstärkt werden kann. Zweifellos ist es ein eminenter Vorteil für die gedruckte Zeitung, Image und Kernkompetenz der Printausgabe auf das Online-Produkt übertragen zu können (vgl. Höflich 1998, S. 114; Riefler 1996, S. 159f).

Online-Zeitungen können für sich übrigens Vorteile nutzen, die generelle Merkmale und Möglichkeiten des World Wide Web darstellen und an anderer Stelle bereits erörtert wurden wie: Globalität, Multimedialität, Hypertextualität, Interaktivität, Aktualität und unbegrenzte Speicherkapazität (vgl. Kapitel 4.1.3.4). Übertragen auf Online-Zeitungen heißt dies konkret: Sie können (das technische Equipment freilich vorausgesetzt) von jedem Ort der Welt ins Netz gestellt und abgerufen werden (Globalität). Es ist möglich, die Texte der Online-Zeitungen multimedial, also mit Text, Bild, Ton, Video, Grafik und Animation, zu gestalten (Multimedialität) und mit anderen Texten und Dokumenten im Web zu verlinken (Hypertextualität). Die Online-Zeitungsnutzer haben die Möglichkeit, von den interaktiven Elementen des Webs wie E-Mail, Newsgroup, Chat etc. Gebrauch zu machen und zu den Kommunikatoren der Zeitung spontan zurück zu reagieren (Interaktivität). Die Online-Zeitung kann jederzeit aktualisiert werden, es gibt keinen Redaktionsschluss und keine Andruckzeiten (Aktualität). Nicht zuletzt gibt es im World Wide Web keine Platzprobleme: Der geradezu unendliche Speicher der WWW-Server hebt die quantitative Beschränkung aller bisherigen Medien auf (unbegrenzte Speicherkapazität). Weder der druckbare Umfang der Zeitung noch der Papierpreis spielt beim Webauftritt eine

Rolle. Dies bedeutet, dass in Online-Zeitungen Inhalte Platz finden können, die in der gedruckten Ausgabe nicht enthalten sind, und dass alte Online-Ausgaben problemlos gespeichert und (gegen Entgelt) weiter verwertet werden können (vgl. Gutting 1997, S. 180).

Zu den bislang nicht zufrieden stellend gelösten Problemen gehört die Finanzierung von Online-Zeitungen. Von wenigen Ausnahmen abgesehen sind sie in der großen Mehrzahl immer noch (und voraussichtlich auch noch für lange Zeit) Zuschussbetriebe. Es liegt dies daran, dass Einnahme- und Geschäftsmodelle, wie sie sich im Printgeschäft über Jahrzehnte entwickelt haben – im wesentlichen Vertriebs- und Werbeerlöse – im WWW nicht funktionieren (vgl. Breyer-Mayländer 1999, S. 171). Vor allem gibt es den Vertriebserlös nicht, denn in aller Regel herrscht im WWW das Marktprinzip »content is free« (vgl. Breyer-Mayländer 1999, S. 171). Gleichwohl versuchen die Presseverlage, allmählich auch diese Einnahmequelle zu nutzen.

Auf insgesamt vier Erlösquellen ist zu verweisen, die in je unterschiedlicher Weise von den einzelnen Zeitungsverlagshäusern erschlossen werden (vgl. Riefler 2000):

- Erlöse aus *Inhalten*: Dies können Gebühren in Form eines Abonnements für das Online-Angebot einer Zeitung sein (wie z.B. bei der Online-Ausgabe des Wall Street Journals wjs.online); Gebühren für den Zugang zu Archiven und Datenbanken (wie dies etwa »Der Spiegel« versucht); individualisierte Informationsservices (wie es sie in Form des »Daily Me« beim Düsseldorfer »Handelsblatt« oder bei der »Süddeutschen Zeitung« gibt); sowie das Weiterverkaufen bzw. Lizenzieren von Inhalten (Syndication) an Online-Auftritte von Handelsunternehmen oder Markenartiklern (vgl. Riefler 2000, S. 185 und 2001b, S. 194).
- Erlöse aus *E-Commerce*: Darunter versteht man Erlöse, die ein Verlag als »Intermediär« in Form von Provisionen einnimmt. Dies kann auf dreifache Weise erfolgen, nämlich: a) indem der Verlag die eigene Site an Online-Handelsunternehmen für einen festen Betrag untervermietet; b) indem ein Verlag für Online-Einkäufe, die von seiner Site aus getätigt werden, Provisionen erhält; sowie c) über eigene Shopping Malls im Rahmen des eigenen Online-Auftritts (vgl. Riefler 2000, S. 177).
- Erlöse aus *Internet-Services*: Damit sind Erlöse aus Dienstleistungen gemeint, die ein Zeitungsverlag für andere erbringt wie Access-Providing und Service-Providing (vgl. Ziegler/Becker 2000, S. 166). Beim *Access*-Providing stellt der Zeitungsverlag gegen Entgelt für (Privat-)Kunden den Internet-Zugang her (womit er Kundenbeziehungen aufbauen und Nutzerstrukturen entschlüsseln kann). Beim *Service*-Providing tritt der Verlag insofern als Dienstleister auf, als er beispielsweise für Unternehmen, Behörden, Ämter und andere Institutionen in der Region gegen Entgelt den Eintritt in die Internet-Welt ermöglicht und für externe Kunden den Webauftritt entwickelt, gestaltet und laufend betreut (Homepage-Hosting). Zu den Internet-Services gehört auch das Angebot bzw. die Möglichkeit, E-Mails und SMS über den Online-Zugang zu realisieren. Freilich ist

die Konkurrenz diesbezüglich durch Freemail- und Free-SMS-Anbieter groß (vgl. Riefler 2000, S. 176 und 2001a, S. 81).

- Erlöse aus *Werbung:* Obwohl es inzwischen auch andere Werbeformen im WWW gibt, steht die sog. »Banner-Werbung« vorerst immer noch im Vordergrund. Allerdings ist die Konkurrenz hier groß, da sich auch zahlreiche andere Websites über Banner-Werbung zu finanzieren versuchen und die verfügbaren Werbeplätze bei weitem nicht verkauft werden können. Zudem werden nur wenige Websites als hochwertige Werbeumfelder angesehen, sodass Markenartikelwerbung im WWW kaum stattfindet. Gleichwohl weist die Online-Werbung überdurchschnittlich hohe Zuwachsraten (bei allerdings niedrigem Gesamtniveau) auf. (Wie zurückhaltend sich die Werbewirtschaft bei Online-Werbung dennoch verhält, ist daraus ersichtlich, dass vom gesamten Werbeaufkommen Deutschlands im Jahr 2000 bei insgesamt 45 Mrd. DM der Betrag von nur 300 Mio. DM – und damit nur 0,6 Prozent – auf Online-Werbung entfiel (vgl. Zimmer 2001, S. 298). Neben der Banner-Werbung ist des Weiteren auf Erlöse aus dem Website-Sponsoring zu verweisen. In Entwicklung befindlich sind auf einzelne Nutzer themenspezifisch oder lokalspezifisch zielgerichtete Werbeformen (sog. Targeting); ebenso die Schlüsselwort-Werbung, die am Computerbildschirm nur auftaucht, wenn der User in eine Suchmaschine bestimmte Suchbegriffe eingibt.

Die Online-Auftritte der deutschen Tageszeitungen nahmen sich zu Beginn der Entwicklung sehr unterschiedlich aus. Da das Web generell einer ungewöhnlichen Dynamik unterliegt, sind Typenbildungen aber kaum möglich und auch wenig sinnvoll (obwohl durchaus ernst zu nehmende Versuche dazu unternommen wurden; vgl. Riefler 1998; Klettke et al. 1998). Dass die Printausgabe im Verhältnis 1:1 ins Web übernommen wird, kommt nur noch selten vor. Synergien zwischen Print- und Online-Redaktionen werden zunehmend angestrebt und genutzt. Verständlicherweise unterscheiden sich die Online-Auftritte der großen, überregional verbreiteten Tageszeitungen und die der national verbreiteten Zeitschriften von jenen regionaler und lokaler Tageszeitungen. Außerdem gibt es, wie erwähnt, Einzelauftritte und Verbundauftritte. Die großen Medienkonzerne wie Springer, Burda, Gruner+Jahr oder Holtzbrinck haben ihre Online-Auftritte koordiniert und neu geordnet (vgl. Vogel 2001b). Im Bereich der Online-Auftritte der regionalen und lokalen Tageszeitungen ist eine unübersehbare Tendenz zu sog. regionalen und lokalen Informationszentren festzustellen: Das sind Online-Auftritte, die inzwischen großen Portalen vergleichbar sind und die dem User neben topaktuellen Nachrichten und Informationen vielfältige kommunale Service-Leistungen, Spaß, Spiel-, Sport- und Freizeitangebote sowie zahlreiche Online-Buchungs- und Online-Einkaufsmöglichkeiten sowie interaktive Elemente (E-Mail, Newsgroups, SMS etc.) anbieten. Die Entwicklung von der Online-Zeitung zum Online-Kiosk ist also längst im Gange, und das zum Multimedia-Unternehmen mutierte Zeitungsverlagshaus gleicht im Web einem großen virtuellen

Konsumtempel, der Informations-, Unterhaltungs-, Bildungs-, Dienstleistungs- und Warenangebote aller Art bereithält (vgl. Klettke1998, S. 272; Wagner 1998, S. 209; Riefler 2000). Bei diesen Online-Auftritten werden die Zeitungsmarken (aus dem Printbereich) ins Web übertragen und im Internet als aktuelle Sites platziert. Dabei wird in besonderer Weise die Regionalkompetenz des Verlages herausgestellt – auch im Online-Zeitungs-Markt scheint die Formel zu gelten »All business is local«. Schließlich schützen die Verlage ihre Anzeigenmärkte durch Onlinemärkte oder bundesweite Spartenportale, an denen sich die Zeitungsverlage beteiligen. Zahlreiche Verlage mit einem Online-Angebot haben auch ihre Rubrikenmärkte bereits im Netz, wobei sie mitunter auch Kooperationen beispielsweise mit Kfz- und Immobilienringen sowie mit Jobbörsen eingehen. (vgl. Vogel 2001b, S. 596).

Bald nach dem Aufkommen erster Online-Zeitungen ist die Frage aufgetaucht, ob dieses neue Medium die gute alte gedruckte Tageszeitung möglicherweise verdrängt. Dies ist – auf mittlere Sicht gesehen – mit großer Wahrscheinlichkeit nicht der Fall. Die gedruckte Tageszeitung stellt ein in aller Regel sorgfältig geschnürtes und gut gegliedertes Informationspaket dar. Sie ist (und bleibt wohl auch) für die Leser nach wie vor die Informationsquelle Nummer eins für regionale und lokale Nachrichten. Die Tageszeitung kann Hintergrundinformationen bieten und stellt so etwas wie ein »soziales Register« dar. Sie ist ein untechnisches und auf Grund ihrer einfachen Transportabilität ein vielseitig disponibles Medium, das nahezu überall und sehr einfach genutzt und erforderlichenfalls auch archiviert werden kann. Zudem verfügt es, wie Klaus Schönbach (1995) richtig feststellt, nicht nur über die »Ästhetik des Schriftlichen«, sondern auch über die »Dezenz des Schriftlichen« (oder hat jemand beispielsweise Familien- oder Todesanzeigen schon im Radio gehört, im Fernsehen gesehen oder im Internet angezeigt vorgefunden?). Ob sich die in Entwicklung und Erprobung befindlichen »Electronic Papers« (E-Papers) – Zeitungen als eine Art elektronisierte Plastik-Folie, die mit digitalen Codes immer wieder neu aufgeladen, einer gedruckten Zeitung ähnlich auf- und zusammengefaltet sowie einem Printprodukt ähnlich gelesen werden können – bleibt abzuwarten.

Im Kontext von Multimedia ist auch auf Entwicklungen im digitalen Hörfunk (DAB – Digital Audio Broadcasting) sowie digitalem Fernsehen (DVB – Digital Video Broadcasting) zu verweisen. Ausführungen darüber befinden sich in Kapitel 4.3.5.2, wo es um neue Entwicklungen im Rundfunkwesen geht.

Abbildung 14: Die Top 10 der deutschen Online-Zeitungen im Dezember 2001

(Inklusive Online-Auftritten von Zeitschriften wie Focus oder Spiegel, die in direkter Konkurrenz zu Online-Zeitungen stehen.)

	Name der Online-Zeitung	Summe Visits	Summe Page Impressions
1.	FOCUS Online	17.096.116	56.252.392
2.	SPIEGEL online	14.308.273	57.662.340
3.	Bild.de	13.297.382	71.881.479
4.	sueddeutsche.de	3.821.657	12.016.831
5.	Die WELT online	3.691.030	11.796.729
6.	Stern.de	3.612.755	16.353.164
7.	RP-Online	3.022.038	8.854.730
8.	RZ-Online	2.047.494	4.609.774
9.	Handelsblatt.com	2.032.659	7.310.891
10.	Financial Times Deutschland	1.912.782	4.516.251

Quelle: http://www.ivw.de/data/index.html (12.01.2002)

(Exklusive Online-Auftritten von Zeitschriften wie Focus oder Spiegel, die in direkter Konkurrenz zu Online-Zeitungen stehen.)

	Name der Online-Zeitung	Summe Visits	Summe Page Impressions
1.	Bild.de	13.297.382	71.881.479
2.	sueddeutsche.de	3.821.657	12.016.831
3.	Die WELT online	3.691.030	11.796.729
4.	RP-Online	3.022.038	8.854.730
5.	RZ-Online	2.047.494	4.609.774
6.	Handelsblatt.com	2.032.659	7.310.891
7.	Financial Times Deutschland	1.912.782	4.516.251
8.	FAZ.NET	1.707.886	7.314.813
9.	Stuttgarter Zeitung/Stuttgarter Nachrichten	812.475.	2.475.899
10.	Frankfurter Rundschau Online	654.796	2.756.076

Quelle: http://www.ivw.de/data/index.html (12.01.2002)

4.3.5.4 Finanzierung der Medien

Fragen zu wirtschaftlichen Aspekten des Medienwesens gehören seit den Anfängen zeitungskundlicher Forschung zum Gegenstand der frühen Zeitungs- und späteren Publizistik- und Kommunikationswissenschaft. Dabei wurden verständlicherweise zuerst ökonomische Fragen des Pressewesens aufgegriffen, zumal sich die Funkmedien Radio und Fernsehen erst später entwickelten. Beiträge über die Presse- oder Rundfunkwirtschaft liegen in relativ großer Zahl vor, eine systematische Presse- oder Medienökonomie wurde aber im deutschen Sprachraum noch nicht erarbeitet. Zwar gibt es inzwischen zahlreiche, auch größere Publikationen zur Ökonomie der Printmedien (vgl. Schenk/Donnerstag 1989; Heinrich 1994; Stahmer 1995; Neissl/Siegert/Renger 2001), der Funkmedien (vgl. Schenk/Donnerstag 1989; Heinrich 1999), des Films (vgl. Gaitanides 2001) sowie der »neuen Medien« und medienübergreifender Darstellungen (vgl. Altmeppen 1996; Enquête-Kommission 1997; Knoche/Siegert 1999; Kruse 2000; Karmasin/Knoche/Winter 2001; Siegert 2001); eine in sich geschlossene Darstellung zur Medienökonomie lässt vorerst aber auf sich warten. Am ehesten kann die von Marie-Luise Kiefer mit Akribie erarbeitete Medienökonomik (Kiefer 2001) dies für sich beanspruchen. Gesamtdarstellungen erweisen sich auch insofern als relativ schwierig, als sich zahlreiche Presseverlagshäuser im ausgehenden 20. Jahrhundert zu modernen Medienkonzernen weiterentwickelt haben, die sowohl im Bereich der Print-, als auch der Funk-, als auch der Online-Medien tätig sind.

Zudem gibt es crossmediale und internationale Verflechtungen zwischen Print- und Funkmedienkonzernen (mit bisweilen oftmals wechselnden Anteilen bzw. Beteiligungsverhältnissen), sodass es sich nicht selten als schwierig erweist, die jeweils geltenden Beteiligungsverhältnisse einigermaßen aktuell festzuhalten. Für den deutschen Sprachraum ist in diesem Kontext auf mehr oder weniger regelmäßige Veröffentlichungen von Horst Röper und Helmut Diederichs zu verweisen, die v.a. in der Zeitschrift »Media Perspektiven« Beiträge über crossmediale Verflechtungen sowie Konzentrationserscheinungen im Medienwesen publizieren (vgl. Röper 1999 und 2001).

Auch hier kann eine in sich abgerundete Darstellung einer Medienökonomie nicht geleistet werden. Stattdessen soll lediglich in wesentlichen Grundzügen die Finanzierung der Print- und Funkmedien erörtert werden. Zunächst erfolgt dies für die Tageszeitungen, dann für den Rundfunk (Hörfunk und Fernsehen). Einige eher vorläufige Ausführungen über die Finanzierung von Online-Medien sollen die Darstellung abrunden, ehe das Problem des Marktzutritts in gesättigten Medienmärkten noch kurz gestreift wird.

Vorweg ist festzuhalten, dass über die Finanzierung der Printmedien sowie von Hörfunk und Fernsehen seit geraumer Zeit einigermaßen zuverlässige Daten vorliegen. So wurden die Zeitungsverleger mit dem Pressestatistikgesetz von 1975 verpflichtet, dem Bundesamt für Statistik (Wiesbaden) neben Daten über Anzahl und Titel der verlegten Zeitungen und Zeitschriften, über die Rechtsform des Verlagsunternehmens, die Zahl der Mitarbeiter etc. auch ihre Kosten- und Erlösstrukturen bekannt zu geben. Seit 1985 veröffentlichen die Zeitungsverleger diese Daten erfreulicherweise auch in den jährlich erscheinenden Zeitungsjahrbüchern (z.B. Zeitungen 2001). Auch von den dem Gemeinwohl verpflichteten öffentlich-rechtlichen Rundfunkanstalten liegen ähnliche Daten vor allem zur Programm- und Hörerstruktur sowie zu den Kosten und Erlösen vor, die den jährlich erscheinenden ARD- und ZDF-Jahrbüchern entnommen werden können (z.B. ARD-Jahrbuch 2001; ZDF-Jahrbuch 2001). Für den privaten Rundfunk sind ähnliche Daten – zumindest in recht guten Ansätzen – den Jahrbüchern der Landesmedienanstalten zu entnehmen (so etwa dem ALM-Jahrbuch 2001/02). Auf viele dieser Daten kann auch online zugegriffen werden, so z. B. über den Online-Auftritt des Bundesverbandes Deutscher Zeitungsverleger (BDZV), des Deutschen Zeitschriftenverbandes (DZV), aller ARD-Anstalten, des ZDF und der für den privaten Rundfunk zuständigen Landesmedienanstalten (z. B. Bayerische Landeszentrale für neue Medien – BLM). Insofern gibt es hier ein relativ hohes Maß an Datentransparenz.

Für die Zeitungen und Zeitschriften ist weiterhin zu erwähnen, dass ihre Auflagen (die gedruckte, die verbreitete und die verkaufte) bereits seit 1949 kontinuierlich von der *Informationsgemeinschaft zur Feststellung der Verbreitung von Werbeträgern (IVW)* ermittelt werden. Seit Mitte der 1950er-Jahre werden des Weiteren regelmäßig Daten zur Reichweite der Zeitungen und Zeitschriften sowie der Hörfunk- und Fernsehprogramme erhoben. Dabei gelangen auch unterschiedliche Verfahren zum Einsatz, die von je verschiedenen Forschungseinrichtungen bzw. Auftraggebern durchgeführt werden (vgl. Kapitel 4.4.1.1). Zu erwähnen sind u.a.: die *Arbeitsgemeinschaft Media Analyse (AG.MA)* mit Sitz in Frankfurt, die jährlich die Media Analyse erhebt; die *Allensbacher Markt- und Werbeträger-Analyse AWA,* die vom Institut für Demoskopie Allensbach durchgeführt wird; die *Arbeitsgemeinschaft Fernsehforschung AGM*, in deren Auftrag von der GfK (der Gesellschaft für Konsum-, Markt- und Absatzforschung) elektronisch die Fernsehreichweiten ermittelt werden; oder die *ARD/ZDF-Online-Studie*, die jährlich die Nutzung der Online-Medien abfragt. Hinzu kommen zahlreiche weitere Studien und Institutionen, die in den Kapiteln 4.4.1.2 und 4.4.1.3 detailliert dargestellt sind. Nicht zuletzt ist auf den *Zentralverband der deutschen Werbewirtschaft (ZAW)* mit Sitz in Köln zu verweisen, der jährlich für alle Medien das Werbeaufkommen sowie seine Verteilung auf die einzelnen Medien bzw. Werbeträger eruiert.

Daten zur Auflage und Reichweite der Medien sind u.a. deshalb wichtig, weil auf ihrer Basis Streupläne für Werbebotschaften (Anzeigen, Spots, Banner etc.) erstellt werden und der sog. 1.000-Leser-Preis (Kosten einer Zeitungsanzeige je tausend Leser oder eines TV-Spots je tausend Zuschauer) ermittelt werden kann. Diese Preise schlagen auf der Kostenseite der werbenden Unternehmen und auf der Erlösseite der Medienbetriebe zu Buche. Dabei gilt in aller Regel, dass die Zeitungsanzeige oder der Hörfunk- bzw. TV-Werbespot für reichweitenstarke Medien absolut gesehen zwar höher, bezogen auf je 1.000 Leser oder Zuschauer, also relativ betrachtet, jedoch niedriger ist.

Zur Finanzierung der Zeitungen

Presseerzeugnisse werden in marktwirtschaftlichen Systemen in aller Regel auf zwei Märkten abgesetzt, nämlich auf dem Markt der Leser und auf dem Markt der Anzeigenkunden (vgl. Schütz 1989). Daher ist auch vom »Koppelprodukt« Zeitung die Rede. Auf dem *Lesermarkt* verfolgt der Zeitungsverleger publizistische Ziele wie Information, Kommentierung, Bildung, Unterhaltung, Service etc., um einen möglichen ökonomischen Erfolg – den Erwerb der Zeitung durch den Leser im Abonnement oder Einzelverkauf – zu erzielen. Im Hinblick auf den *Markt der Anzeigen* »stehen all jene Bemühungen im Vordergrund, mit denen versucht wird, das Medium Zeitung der Werbewirtschaft als effizienten Werbeträger und als Kontaktmedium für Werbebotschaften zu ›verkaufen‹«(Pürer/Raabe 1996a, S. 204). Beide Märkte, Leser- und Anzeigenmarkt, sind »wirtschaftlich eng miteinander verflochten und hängen voneinander ab: Eine große Zahl von Lesern bzw. eine spezifische Leserschaft ist Voraussetzung für hohe Anzeigenerlöse, da der Anzeigenpreis weitgehend von der allgemeinen oder spezifischen Reichweite des Presseorgans abhängig ist; ein großes Anzeigenaufkommen ermöglicht niedrige Bezugspreise bzw. ein verbessertes redaktionelles Angebot, sodass dadurch wiederum zusätzliche Leser angezogen werden können« (Schütz 1989, S. 313). Der wirtschaftliche Erfolg von Printmedien ist also auflagen- und reichweitenabhängig. Gleichzeitig wird deutlich, dass Zeitungen auf zweierlei Weise miteinander im Wettbewerb stehen, da sie nicht nur um Leser, sondern auch um die Anzeigenkunden miteinander konkurrieren. Zu diesem in*tra*mediären Wettbewerb kommt dann noch der in*ter*mediäre Wettbewerb der Tageszeitungen mit Hörfunk und Fernsehen hinzu, bei dem es primär um die Konkurrenz mit Werbekunden geht (vgl. Pürer/Raabe 1996a, S. 206).

Die wichtigsten betriebswirtschaftlichen Bestimmungsgrößen sind auch im Zeitungswesen in den Kosten- und Erlösrelationen zu sehen. Daher sollen diese nachfolgend auch erörtert werden.

Kosten im Zeitungswesen

Unter *Kosten* versteht man alle Aufwendungen, die dem Presseunternehmen bei der Printmedienproduktion (also bei der Herstellung der Zeitung) entstehen. Es sind dies Kosten für die technische Herstellung (v.a. Druck), Papier, Redaktionskosten, Vertriebskosten, Kosten für die Anzeigenakquisition sowie für die Verwaltung. Bei den Kosten ist weiterhin zu unterscheiden zwischen fixen und variablen Kosten. In den alten Bundesländern verhielt sich die Kostenstruktur bei den Abonnementzeitungen wie folgt: 36,6 Prozent entfielen auf die Herstellung (Druck, Papier), 21,6 Prozent auf die Redaktion, 20,6 Prozent auf den Vertrieb, 14 Prozent auf die Anzeigenakquisition sowie 7,3 Prozent auf die Verwaltung (vgl. Keller 2001, S. 45).

Fixe Kosten sind betriebliche Aufwendungen, deren Höhe vom Umfang des hergestellten Produkts weitgehend unabhängig sind (sich also nicht mit der Zunahme des Umfangs des hergestellten Produkts verändern). Dazu gehören beispielsweise Aufwendungen für den Bezug von Agenturen und Bilderdiensten, Post- und Telekommunikationsgebühren, Instandhaltungskosten technischer Einrichtungen, aber auch großteils Personalkosten (Gehälter, Löhne, Sozialleistungen) sowie Abschreibungen für Investitionen und Aufwendungen.

Variable Kosten hängen hingegen in ihrer Höhe von der sich verändernden Menge des herzustellenden Produkts ab, also beispielsweise von einem vor allem am Wochenende veränderten größeren Seitenumfang sowie von einer veränderten Auflage (also größere Stückzahlen). Solche variablen Kosten fallen daher vor allem im Bereich Druck (Papier, Farbe), teilweise noch im Bereich Satz sowie im Vertrieb an. Bei den Produktionskosten hat für Zeitungsverlagshäuser der Grundsatz der regressiven Kostenstruktur (auch: degressiver Kostenverlauf) Gültigkeit: Je niedriger die Auflage einer Zeitung oder Zeitschrift, umso höher sind die Stückkosten; je höher die Auflage, umso günstiger werden die Stückkosten. Mit zunehmender Auflage nämlich steigen zwar die Gesamtkosten, relativ zum einzelnen Exemplar erfolgt dies aber in geringerem Ausmaß (vgl. Noll 1977, S. 30ff).

Abbildung 15:
Kostenstruktur: Durchschnittswerte der Abonnementzeitungen in Deutschland 2000 (in Prozent)

Kosten	Alte Bundesländer[a]	Neue Bundesländer
Herstellung	36,6%	29,4%
Redaktion	21,6%	27,5%
Anzeigen	14,0%	9,8%
Vertrieb	20,6%	21,5%
Unternehmensleitung/ Verwaltung	7,3%	11,8%
Gesamtkosten[b]	100%	100%

a. Durchschnittswert aller fünf Auflagengrößenklassen (bis 25.000, 25.000-50.000, 50.000-125.000, 125.000-200.000, über 200.000 Exemplare)
b. Bei der Addition können sich Rundungsdifferenzen ergeben.

Quelle: Zeitungen 2001. Hrsg. vom Bundesverband Deutscher Zeitungsverleger (BDZV). Berlin, S. 92.

Als kostenintensivster Bereich erweisen sich alle Aufwendungen, die mit der *technischen Herstellung* der Zeitung zu tun haben, also vorwiegend Druck und Papier sowie – zumindest teilweise noch – Satzkosten. Es ist dies der Grund, weswegen Rationalisierungsmaßnahmen im Zeitungsgewerbe immer schon auf den technischen Bereich abgezielt haben. Um vor allem die Satzkosten (Texterfassung) zu verringern, wurden, wie ausgeführt, Mitte der 1970er-Jahre elektronische Systeme der Zeitungsherstellung eingeführt (vgl. Kapitel 4.3.5.1). Damit konnte die besonders kostenintensive

Texterfassung, also Arbeiten, die früher von Setzern ausgeführt wurden, aus dem Bereich der Technik in die Redaktionen verlagert werden. Dort schreiben die Journalisten ihre Beiträge längst nicht mehr auf der Schreibmaschine (um die Manuskripte sodann zur Texterfassung in die Setzerei weiterzugeben), sondern auf hochleistungsfähigen Redaktionscomputern, die auch die automatisierte Weiterverarbeitung der Texte bewerkstelligen (vgl. Weischenberg 1978 und 1982; Pürer 1986).

Was den *Vertrieb* der Zeitungen betrifft, so ist zwischen Abonnement und Einzelverkauf zu unterscheiden. Beim *Abonnement* entscheidet sich der Leser, die Zeitung über einen bestimmten Zeitraum regelmäßig zu beziehen. Es hat für den Verleger den Vorteil, »dass er auf längere Zeit mit einem festen Leserkreis rechnen und die Druckauflage sehr genau auf den Bedarf abstimmen kann« (Schütz 1989, S. 318). Dadurch kann die Zahl der sog. »Remittenden«, d. h. die Zahl der an den Verlag zurückgehenden, unverkauften Einzelexemplare gering gehalten werden (was auch einen bewussteren Umgang mit der Ressource Papier zur Folge hat). Für den Leser besteht der Vorteil des Abonnements darin, dass er das Produkt Zeitung billiger erhält als beim täglichen Einzelkauf. Die jährliche Fluktuation des Abonnements durch Abbestellungen wegen Wohnortwechsels, Unzufriedenheit mit dem Blatt, Todesfälle etc. liegt bei den regionalen und lokalen Abonnementzeitungen bei zehn Prozent. Der Verlag muss versuchen, diese Abo-Fluktuation durch Marketingmaßnahmen zur Erhaltung und nach Möglichkeit auch zur Erweiterung des Abonnentenkreises auszugleichen (vgl. Gaßdorf 1986, S 19ff). Das Abonnement wird dem Leser übrigens vorwiegend über die (verlagseigene) Hauszustellung vor die Haustüre gebracht, wodurch die von den Lesern besonders geschätzte Verfügbarkeit der »Zeitung am Frühstückstisch« gewährleistet ist. In entlegeneren Gebieten, wo die Hauszustellung sehr hohe Kosten verursachen würde, erfolgt die Zeitungszustellung immer noch durch den Postzeitungsdienst; dieser erfüllt damit auch eine wichtige demokratiepolitische Funktion, indem er den Lesern weitab von (dichteren) Siedlungsgebieten die Möglichkeit zur Information sowie zur politischen Meinungs- und Willensbildung durch das Medium Zeitung bietet.

Der *Einzelverkauf* erfolgt überwiegend über Pressegrossisten, die die Zeitungen an die Verkaufsstellen wie Zeitungskioske, Bahnhofsbuchhandlungen, Papierwarengeschäfte, Tabakwarenläden etc. zustellen. (Kosten-)Nachteil für den Verleger ist, dass bei dieser Vertriebsform ein Zwischenhandel anfällt. Vorteil dagegen ist, dass über die Tätigkeit der Pressegrossisten Versorgungslücken beim Absatz vor allem der Abonnementzeitungen geschlossen werden können. Der Einzelverkauf ist für Straßenverkaufszeitungen besonders wichtig, zumal er für sie die beinahe ausschließliche Vertriebsform darstellt. Die Boulevardblätter werben daher auch täglich mit sich überbietenden Schlagzeilen um den Leser bzw. Einzelkäufer. Regional- und Lokalzeitungen werden zu etwa 90 Prozent im Abonnement und nur zu 10 Prozent im Einzelverkauf vertrieben. Straßenverkaufszeitungen finden ihren Absatz zu 98 Prozent im Einzelverkauf und nur zu zwei Prozent im Abonnement. (Die »Bild«-Zeitung, Deutschlands auflagenstärkste Straßenverkaufszeitung mit einer Auflage von rund

4,8 Mio. Exemplaren, kann gar nicht im Abonnement bezogen werden). Bei den überregional verbreiteten Tageszeitungen (wie etwa SZ, FAZ, FR, Die Welt etc.) beträgt das Verhältnis von Abonnement-Vertrieb und Einzelverkauf etwa 75:25 (vgl. Zeitungen '90, S. 81).

Bezüglich des Vertriebs der Zeitungen ist noch auf den Verkauf über Zeitungsständer zu verweisen, wie er in (Groß-)Städten zu beobachten ist. Diese »stummen Verkäufer« leben weitgehend von der Zahlungsmoral des entnehmenden Publikums, sofern – wie etwa bei den Zeitungsautomaten der »Süddeutschen Zeitung« – die Entnahme des Zeitungsexemplares nicht etwa an den Geldeinwurf vorab gebunden ist und sich erst dann der Automat öffnet. Ergänzt wird der Zeitungsvertrieb des Weiteren durch verlagseigene Abendverkäufer, die druckfrische Exemplare der Ausgabe vom folgenden Tag in Lokalen und an öffentlichen Plätzen an die Leserin bzw. den Leser zu bringen versuchen (vgl. Pürer/Raabe 1996a, S. 211).

Im Bereich des Vertriebs genießt die bundesdeutsche Presse (ähnlich wie Zeitungen in vielen anderen Ländern) um ihrer öffentlichen Aufgabe willen in zweierlei Hinsicht eine indirekte staatliche Förderung: zum einen durch den günstigen Tarif des Postzeitungsdienstes; zum anderen durch die Tatsache, dass die Vertriebserlöse nur dem halben Mehrwertsteuersatz unterliegen (vgl. Schütz 1989, S. 321).

Erlöse im Zeitungswesen

Den Kosten der Zeitungsproduktion und –distribution stehen die Erlöse des Zeitungsgewerbes gegenüber. Mit den *Erlösen* sind die dem Medieninhaber oder Presseverlag durch den Verkauf des Produkts zufließenden Mittel gemeint, die sich im Wesentlichen aus den Vertriebserlösen (Leser), den Anzeigenerlösen sowie den Beilagenerlösen zusammensetzen. Beilagen sind den Zeitungen beigefügte, von Dritten in Auftrag gegebene Druckwerke wie Prospekte u. Ä., sodass die Zeitung nur als Trägermedium fungiert.

Die bundesdeutschen Tageszeitungen wiesen für das Jahr 2000 einen Gesamtumsatz von 21,1 Mrd. DM ~ 10,79 Mrd. € auf (vgl. Keller 2001, S. 20, S. 66). Dabei wurden die höchsten Umsätze bzw. Erlöse von den Tageszeitungen mit den höchsten Auflagen erreicht. Generell gilt, dass der Umsatz eines Presseunternehmens immer auch »von der Zahl der verlegten Objekte, von der Auflagenhöhe sowie von der Zahl der produzierten Text- und Anzeigenseiten bestimmt wird« (Schütz 1989, S. 316). Die Herausgabe mehrerer Objekte innerhalb eines Presseunternehmens ermöglicht meistens a) eine bessere Kapazitätsauslastung der Produktionsmittel (vor allem im Druckereibereich) und b) des Vertriebs (wenn mehrere Zeitungen über die Hauszustellung angeliefert werden); c) die Inanspruchnahme akquisitorischer Vorteile (gemeinsame Anzeigentarife, Anzeigensplitting, Kombitarife für Anzeigen in mehreren Produkten des gleichen Hauses); sowie nicht zuletzt d) auch eine bessere Risikoverteilung (z.B. Verlustausgleich bei wenig erfolgreichen Einzelprodukten innerhalb eines Verlagshauses).

Entsprechend den beiden Märkten, auf denen Zeitungen abgesetzt werden, setzen sich die Erlöse im Zeitungsgewerbe vorwiegend aus Vertriebserlösen (Einnahmen durch den Verkauf der Zeitung im Abonnement oder Einzelverkauf) sowie aus den Anzeigenerlösen (Werbeentgelte) zusammen. Hinzu kommen Erlöse aus dem Transport von Fremdbeilagen sowie (in nur ganz geringem Ausmaß) sonstige Erlöse (z. B. aus Merchandising-Produkten). Für Abonnementzeitungen – also den weitaus größten Teil der bundesdeutschen Tageszeitungen – liegen Angaben zu den Erlösrelationen vor. Dabei unterscheiden sich diese Relationen bei den Zeitungen in den alten und neuen Bundesländern deutlich voneinander. In den alten Ländern erwirtschafteten die Abonnementzeitungen 35,5 Prozent ihrer Erlöse (also gut etwas mehr als ein Drittel) aus dem Vertrieb, 54,3 Prozent aus Anzeigen- bzw. Werbeentgelten und 10,2 Prozent aus dem Transport von Fremdbeilagen. In den neuen Bundesländern liegen Vertriebserlöse einerseits (48,9 Prozent) sowie Anzeigen- und Beilagenerlöse andererseits (51,1 Prozent) prozentuell wesentlich stärker beieinander (vgl. Keller 2001).

Abbildung 16:
Erlösstruktur: Durchschnittswerte der Abonnementzeitungen in Deutschland 2000 (in Prozent)

Erlöse	Alte Bundesländer[a]	Neue Bundesländer
Werbeerlöse gesamt	64,5%	51,1%
davon Anzeigen	84,2%	81,4%
davon Beilagen	15,8%	18,6%
Vertriebserlös	35,5%	48,9%
Gesamterlös[b]	100%	100%

a. Durchschnittswert aller fünf Auflagengrößenklassen (bis 25.000, 25.000-50.000, 50.000-125.000, 125.000-200.000, über 200.000 Exemplare)
b. Bei der Addition können sich Rundungsdifferenzen ergeben.

Quelle: Zeitungen 2001. Hrsg. vom Bundesverband Deutscher Zeitungsverleger (BDZV). Berlin, S. 92.

Knapp zwei Drittel der Erlöse der Tageszeitungen stammen aus dem Anzeigen- und Beilagengeschäft. Diese Erlöse können a) aus der (überregionalen) Werbung für Markenartikel, Konsumgüter und Dienstleistungen, b) aus der vielfältig ausgeprägten Regional- und Lokalinsertion des örtlichen Gewerbes, c) aus Rubrikenanzeigen (Stellen, Immobilien, Kfz- und Veranstaltungsanzeigen), d) aus (privaten) Kleinanzeigen sowie e) aus dem Beilagentransport von Werbeprospekten stammen.

Der Anzeigenpreis richtet sich bei Tageszeitungen weitgehend nach der Höhe der verkauften Auflage und der tatsächlichen Verbreitung – er steigt folglich mit wachsender Auflage und Reichweite. Relativ aber, d.h. bezogen auf die Multiplikation und

Abbildung 17: Anzeigenpreise deutscher Zeitungen und Zeitschriften (2001)

Titel	1/1 Seite, sw, Mo-Fr
Überregionale Tageszeitungen	
Frankfurter Allgemeine Zeitung	31.257,60
Frankfurter Rundschau	18.789,36
Süddeutsche Zeitung	33.475,30
Die Welt	20.085,18
Handelsblatt	31.046,40
Sonntagszeitungen	
Bild am Sonntag	40.064,00
Welt am Sonntag	33.259,33
Kaufzeitungen	
Bild	236.921,01
Express	14.906,20
B.Z.	10.357,50
Abendzeitung	20.534,94
tz	11.380,74
Wochenzeitungen	
Die Zeit	28.508,00
Rheinischer Merkur	11.024,00
	1/1 Seite, 4c
Zeitschriften	
Focus	40.500
Der Spiegel	46.000
Stern	47.700

Quelle: heller&partner (Werbeagentur GmbH): Zahlen und Daten für die Werbung, S. 12 u. S. 18; Stand: November 2001 (Preise in €).

Verbreitung der geschalteten Anzeige, vermindert sich dieser Betrag, der entweder auf je 1.000 Stück der verkauften Auflage zu beziehen ist (sog. *Tausenderpreis*) oder auf je 1.000 Leser einer Zeitung (sog. *Tausend-Leser-Preis*). Der Tausenderpreis bzw. der Tausend-Leser-Preis ist folglich bei auflagenstarken Blättern bzw. bei solchen mit großen Reichweiten niedriger (vgl. Zohlnhöfer 1989, S. 46ff). Aus diesem Grund hat im Falle von zwei (oder mehr) konkurrierenden Tageszeitungen das Objekt mit der höheren Auflage und Reichweite Wettbewerbsvorteile, und außerdem kann die

Anzeigen-Auflagen-Spirale in Gang kommen: Je höher die Auflage und Reichweite einer Tageszeitung, umso günstiger ist der Tausenderpreis für eine Anzeige in dieser Zeitung. Je günstiger der Tausenderpreis, desto mehr Werbekunden kann die Zeitung gewinnen, umso höher ist das Werbeaufkommen und umso größer sind die Anzeigenerlöse. Diese Erlöse stellen ihrerseits eine Voraussetzung für niedrigere Bezugspreise, für Investitionen und Produktverbesserungen dar. Ein solchermaßen verbessertes Blatt wird dann auch leichter höhere Auflagen und Reichweiten erreichen können. Mit diesem Prozess kommt eine Entwicklung in Gang, die die größeren Zeitungen am Anzeigenmarkt begünstigen (Anzeigen-Auflagen-Spirale nach oben) und die kleineren benachteiligen (Anzeigen-Auflagen-Spirale nach unten) kann (vgl. Zohnhöfer 1989, S. 47-51; vgl. Schütz 1989, S. 321f; vgl. Abbildung Pürer/Raabe 1996, S. 216).

Werbeaufkommen und gesamtwirtschaftliche Entwicklung

Der hohe Anteil der Anzeigenerlöse an den Gesamterlösen der Zeitung macht die Zeitungen – wie übrigens auch viele andere Medien – in starkem Maße konjunkturabhängig. Dies ist vor allem deshalb der Fall, weil die werbungtreibende Wirtschaft »prozyklisch« wirbt, d.h.: Geht es der Wirtschaft gut, so sind die Werbeetats hoch und die Medien profitieren davon. Geht es der Wirtschaft hingegen schlecht, dann sind die Werbeetats niedriger und den Medien entgeht folglich Anzeigenaufkommen. Bleiben Anzeigenerlöse jedoch aus, so kann nicht einfach der Bezugspreis der Zeitung erhöht werden – möglicherweise macht dabei der Leser nämlich nicht mit. Außerdem würde die Zeitung einem Mitbewerber am Markt gegenüber in einen Nachteil geraten. So gesehen erweist sich die Ökonomie der Printmedien (und auch der anderen Medien) als eine komplexe und äußerst sensible Materie.

Das Anzeigenaufkommen ist in den Jahren zwischen 1980 und 2000 im Vergleich zur sonstigen wirtschaftlichen Entwicklung stets überproportional gewachsen. Dieses Wachstum kam, *absolut* betrachtet, allen Medien gleichermaßen zugute, also auch den Tageszeitungen. Der Marktzutritt des privaten Rundfunks (Fernsehen, Hörfunk) hatte verständlicherweise Verschiebungen der Anteile der einzelnen Mediengruppen am Gesamtwerbeaufkommen zur Folge. Dies hat – trotz Werbewachstum – dazu geführt, dass der Anteil der Tagespresse am Gesamtwerbeaufkommen *relativ gesehen* jedoch gesunken ist. Hatten die Tageszeitungen im Jahr 1980 noch einen Anteil am Gesamtwerbeaufkommen von 42,7 Prozent, betrug er 1990 noch 32,9 Prozent; im Jahr 2000 machte er nur noch 28 Prozent aus (vgl. Pürer/Raabe 1996a, S. 222; Keller 2001, S. 59). Mit dem Jahr 2001 setzte infolge der gesamtwirtschaftlichen Entwicklung auch in der Werbewirtschaft eine Rezession ein, von der alle Mediengruppen (Zeitung, Zeitschrift, Hörfunk, Fernsehen, Online-Medien, Plakat, Direktwerbung) betroffen waren. Erst mit steigendem Wirtschaftswachstum ist auch wieder mit höherem Werbewachstum zu rechnen.

Abbildung 18:
Entwicklung des Werbeaufkommens und seine Verteilung auf die Werbeträger
in Prozent (1980, 1990 und 2000)

Medium	1980	1990[1]	2000
Gesamt Mrd. Euro	8,96	12,55	23,29
Tageszeitungen	42,7%	32,9%	28,2%
Wochen- und Sonntagszeitungen	1,7%	1,4%	1,2%
Zeitungssupplements	–	0,9%	0,3%
Publikumszeitschriften	16,4%	12,5%	9,6%
Fachzeitschriften	8,4%	7,9%	5%[4]
Anzeigenblätter	-	8,0%	7,7%
Fernsehen	9,0%	11,3%[2]	20,2%
Hörfunk	3,2%	3,6%[2]	3,1%
Direktwerbung	10,7%	12,2%[2]	14,5%
Online	–	–	0,7%
Sonstiges[3]	8,1%	9,3%[2]	10%[4]

1   in der Rubrik Tageszeitungen nur bedingt, in den Positionen Wochen- und Sonntagszeitungen, Publikumszeit-
    schriften mit den Vorjahren nicht vergleichbar, da die Erhebungsbasis 1988 strukturell bereinigt wurde
2   inkl. Werbeaufwendungen in den neuen Bundesländern; seit 1992 für alle Medien
3   Verzeichnis-Medien, Außen- und Filmtheaterwerbung
4   Zahlen standen nur gerundet zur Verfügung

Quellen:
Pürer, Heinz/Raabe, Johannes (1996): Medien in Deutschland. Band 1: Presse. Konstanz, S. 222.
ZAW-Jahrbuch (2001). Werbung in Deutschland 2001. Bonn, S. 21.
Zeitungen 2001. Hrsg. vom Bundesverband Deutscher Zeitungsverleger (BDZV). Berlin, S. 80/81.

Finanzierung des Rundfunks

Die Finanzierung des Rundfunks in Deutschland, des öffentlich-rechtlichen wie des privaten, wurde im Kontext der Erörterung des Rundfunkwesens (vgl. Kapitel 4.3.5.2) im Wesentlichen bereits dargestellt. Diese Ausführungen sollen hier um einige grundsätzliche Überlegungen ergänzt werden.

Grundformen der Rundfunkfinanzierung

Rundfunk lässt sich aus verschiedenen und durchaus vielfältigen Quellen finanzieren (vgl. Stuiber 1998, S. 921ff):

- aus Pflicht- bzw. Zwangsabgaben zu Gunsten des öffentlich-rechtlichen, gemeinwohlverpflichteten und gemeinwirtschaftlichen Rundfunks in Form von Gebühren, Beiträgen oder Entgelten. Solche Gebühren sind auch in Deutschland von jeder Person zu entrichten, die ein Rundfunkempfangsgerät (Radio oder Fernsehen) in Betrieb nimmt. Die Gebühr ist für die Bereitstellung der Programme zu entrichten, also auch dann, wenn die öffentlich-rechtlichen Programme seitens eines Rundfunkteilnehmers gar nicht genutzt werden;
- aus öffentlichen Haushalten, also aus Steuermitteln, wie dies beispielsweise in Großbritannien bei der öffentlich-rechtlichen British Broadcasting Corporation (BBC) der Fall ist. Aus Staatsfinanzen finanzierte Rundfunkanstalten laufen allerdings einer staatlichen Einflussnahme Gefahr (was hier für die BBC allerdings nicht unterstellt werden soll);
- aus Leistungsentgelten der Zuhörer oder Zuschauer, wie dies beispielsweise beim sog. Abonnementfernsehen der Fall ist. Hier kann man unterscheiden zwischen »Pay per Channel« (Abonnementfernsehen für den Bezug eines Kanals) und »Pay per View« (Einzelentgelt bzw. »Münzfernsehen« für eine gesehene Sendung);
- aus Leistungsentgelten der werbetreibenden Wirtschaft in Form von Spotwerbung, Sponsoring, Bartering und Product-Placement. *Spotwerbung* ist allgemein bekannt und braucht hier nicht erörtert zu werden. Beim *Sponsoring* kann zwischen »Sende-Sponsoring« (»Diese Sendung widmet Ihnen ...«) und »Ereignis-Sponsoring« (»Diese Veranstaltung widmet Ihnen...«) unterschieden werden. Unter *Bartering* versteht man den Tausch von Fernseh- oder Hörfunkproduktionen gegen Werbezeit (z.B. »Diese Sendung präsentiert Ihnen...«). Dabei produziert beispielsweise ein Unternehmen, das einen Markenartikel herstellt, im eigenen Namen und auf eigene Rechnung Hörfunk- oder Fernsehsendungen und stellt diese einem Rundfunkveranstalter zur Verfügung. Als Gegenleistung stellt der Rundfunkveranstalter dem Unternehmen kostenlos Werbezeit zur Verfügung. Beim *Product-Placement* werden gegen Entgelt gezielt Marken (wie etwa Automobile), Produkte (wie etwa Parfüms) oder Dienstleistungen (wie etwa Versicherungsgeschäfte) in den natürlichen Handlungsablauf beispielsweise eines TV-Films eingebettet. Ihr werbender Charakter wird dem flüchtigen Durch-

schnittsbürger oftmals gar nicht bewusst (sodass diese Form der Werbung als besonders subtil anzusehen ist);

- aus der Verwertung von Programmen und Senderechten in Form von Programmverkäufen, Lizenzierung (Überlassung oder Abtretung von Senderechten) sowie Merchandising (Verkauf von Rechten aus den Programmen eines Programmveranstalters an einen anderen) gegen entsprechendes Entgelt;
- aus freiwilligen Leistungen in Form von Spenden, Mitgliedsbeiträgen oder Stiftungen. (Kleinere) Radio- oder Fernsehveranstalter, die beispielsweise von Trägervereinen finanziert werden, sind oft auf solche freiwilligen Leistungen angewiesen.

Daneben gibt es weitere Finanzierungsformen, die in aller Regel öffentlich-rechtlichen Programmveranstaltern zugute kommen. Zu erwähnen sind etwa Aktionserlöse aus der Versteigerung von Sendelizenzen an private Rundfunkveranstalter; oder auch die zweckgebundene Besteuerung privater Rundfunkveranstalter zu Gunsten öffentlich-rechtlicher Programmanbieter. Alle Finanzierungsformen und -sonderformen sind in Heinz-Werner Stuibers Publikation »Medien in Deutschland, Band 2: Rundfunk« übersichtlich dargestellt und gut zusammengefasst (vgl. Stuiber 1998, S. 921ff).

Finanzierung des öffentlich-rechtlichen Rundfunks

Wie erwähnt, finanziert sich der öffentlich-rechtliche Rundfunk in Deutschland im Wesentlichen aus einer Mischform von Gebühren (dz. rund 90 Prozent) und Werbung (dz. rund zehn Prozent). Da in der Bundesrepublik die Ausstattung mit Rundfunkempfangsgeräten (Radio, TV) gesättigt ist und die Werbezeiten für die Öffentlich-Rechtlichen infolge ihrer Gebührenhoheit eng begrenzt sind (vgl. S. 253), können für ARD und ZDF Mehreinnahmen in aller Regel nur noch über Gebührenerhöhungen erzielt werden. Solche Mehreinnahmen werden de facto laufend erforderlich, da sich der öffentlich-rechtliche Rundfunk seit dem Marktzutritt privaten Rundfunks im Hinblick auf die stets steigenden Kosten von Programm- und Senderechten etwa für Spielfilme, Serien und Sportübertragungen in einem scharfen Wettbewerb mit den Privaten befindet. Insofern stellt die Rundfunkgebühr auch einen »politischen Preis« dar (vgl. Hoffmann-Riem 1991, S. 9): Er muss sich einerseits daran orientieren, was den Gebührenzahlern zumutbar ist, andererseits aber auch nach den Handlungsmöglichkeiten des öffentlich-rechtlichen Rundfunks gegenüber der privaten Konkurrenz (z.B. Erwerb von Senderechten) richten.

Die *Rundfunkgebühr* hat eine lange und wechselvolle Geschichte (vgl. Stuiber 1998, S. 925ff). Sie stellt in ihrer gegenwärtigen Form in der Bundesrepublik eine »öffentlich-rechtliche Abgabe« dar (vgl. Schneck 1993), wird allgemein als »Anstaltsnutzungsgebühr« gesehen und ist ungeachtet der Nutzung der Programme zu entrichten (vgl. Stuiber 1998, S. 929). Sie betrug 1969 als Kombi-Gebühr für Radio und Fernsehen insgesamt 7 DM (Hörfunk 2 DM, Fernsehen 5 DM) und liegt derzeit

– Stand: Frühjahr 2002 – bei 31,58 DM ~ 16,15 € (Hörfunk 10,40 DM ~ 5,32 €; Fernsehen 21,18 DM ~ 10,83 €).

Die Festsetzung der Höhe der Rundfunkgebühr obliegt der Rundfunkkommission der Länder (in der die Ministerpräsidenten der Länder und Bürgermeister der Freien Hansestädte vertreten sind). Diese Kommission bedient sich seit 1975 der damals eingerichteten »Kommission zur Ermittlung des Finanzbedarfs der Rundfunkanstalten« (KEF). Deren Zusammensetzung gestaltet sich gegenwärtig so, dass jedes Bundesland in die KEF je ein Mitglied entsendet. Dabei wird darauf geachtet, dass in der Kommission Sachverständige aus den Bereichen der Wirtschaftprüfung und Unternehmensberatung, der Betriebswirtschaft, des Rundfunkrechts, der Rundfunktechnik, der Medienwirtschaft und Medienwissenschaft sowie aus den Landesrechnungshöfen vertreten sind. Die Gebührenfestsetzung erfolgt in einem dreistufigen Verfahren, das wie folgt abläuft:

- Die Rundfunkanstalten (ARD, ZDF) ermitteln unter Aspekten der Wirtschaftlichkeit sowie der Sparsamkeit ihren Finanzbedarf und legen ihre Zahlenwerke der KEF vor.
- Die KEF überprüft unter fachlichen Gesichtspunkten in vielfältiger Weise (u.a. vor allem auch im Hinblick auf den rechtlich umgrenzten Rundfunkauftrag der Grundversorgung), ob der Finanzbedarf richtig ermittelt wurde und auch gerechtfertigt ist.
- Der von der KEF errechnete Gebührenvorschlag stellt die Grundlage der Entscheidung der Landesregierungen bzw. -parlamente dar. (Es ist also nicht so, dass etwa eine ARD-Anstalt oder das ZDF von sich aus eine Gebührenerhöhung vornehmen können).

Unmittelbar nach der Wiedervereinigung haben für die neuen Bundesländer etwas niedrigere Rundfunkgebühren gegolten als für die alten Länder (zumal in der ehemaligen DDR die Rundfunkgebühr in Höhe von zehn DDR-Mark sehr niedrig war). Seit 1995 gelten in West- wie Ostdeutschland die gleichen Gebührensätze. Eingehoben werden die Gebühren für ARD und ZDF zusammen von der gemeinsam errichteten Gebühreneinzugszentrale (GEZ). Von der Rundfunkgebühr erhält die ARD mit ihren zehn Landesrundfunkanstalten rund 70 Prozent, das ZDF rund 30 Prozent. Aus der Rundfunkgebühr wird auch das DeutschlandRadio (DR) als gemeinsame Einrichtung öffentlichen Rechts von ARD und ZDF finanziert. Insgesamt zwei Prozent der Rundfunkgebühr erhalten die 15 Landeszentralen bzw. -anstalten für neue Medien zur Erfüllung ihrer Aufgaben als Organisatoren und Aufsichtsbehörden des privaten Rundfunks.

Im Zusammenhang mit der ARD ist des Weiteren auf den ARD-*Finanzausgleich* zu verweisen. Das Gebührenaufkommen und seine Verteilung auf die ARD-Anstalten ist in den einzelnen Bundesländern infolge stark divergierender Teilnehmerzahlen sehr unterschiedlich. Damit die kleineren Rundfunkanstalten, nämlich der Saarländische Rundfunk (SR), Radio Bremen (RB) sowie der Sender Freies Berlin (SFB) ihre Programmaufträge im Rahmen der ARD (Zulieferung an Das Erste Deutsche Fernsehprogramm) erfüllen können, erhalten die kleinen »nehmenden« ARD-Anstalten von den großen »gebenden« (wie WDR, BR und NDR) über den in Form eines Staatsvertrages (im Rahmen des Rundfunkstaatsvertrages) geregelten Finanzausgleich zusätzliche finanzielle Mittel. Langfristig ist vorgesehen, nicht zuletzt über eine Strukturreform der ARD (also durch die Fusion kleiner Sender mit größeren Anstalten) den Finanzausgleich abzuschaffen (vgl. Matzen 2001, ARD-Jahrbuch 2000). Ob dies freilich gelingt, bleibt abzuwarten.

Neben den Gebühren finanziert sich der öffentlich-rechtliche Rundfunk in Deutschland auch aus *Werbeerlösen*. Werbung findet sowohl im Hörfunk wie auch im Fernsehen statt. Was die Ausstrahlung von Radio-Werbung betrifft, so beschreiten die Anstalten der ARD unterschiedliche Wege: Nicht alle von den ARD-Anstalten betriebenen Hörfunksender werden nämlich auch beworben. Es gelten für die Anstalten der ARD jedoch laut Rundfunkstaatsvertrag identische Werberegeln. So ist Werbung in den Hörfunkprogrammen im Jahresdurchschnitt nur bis zu 90 Minuten werktäglich je Programm erlaubt. Bezüglich der Werbung im Fernsehen gilt, dass im Ersten Deutschen Fernsehprogramm (ARD) sowie im ZDF werktags je 20 Minuten Werbung gesendet werden darf, und zwar nur bis 20 Uhr. ARD und ZDF strahlen Werbung daher vorwiegend zwischen 17.00 und 20.00 Uhr, also weitgehend im Vorabendprogramm, aus. Werbung wird dabei in aller Regel in Werbeblöcken gesendet, die einzelnen Spots werden durch Cartoons (ZDF) oder Standbilder getrennt. An Sonn- und Feiertagen wird keine Werbung ausgestrahlt. Außerdem ist Fernsehwerbung in den Dritten Programmen (ARD) nicht gestattet.

Für die Akquisition von Werbung bedienen sich die Anstalten der ARD eigener Werbetochtergesellschaften, die sich bereits 1962 in der ARD zusammengeschlossen und die 1975 die »Arbeitsgemeinschaft der Rundfunkwerbung« (ARW) gegründet haben. In der ARW sind Werbefunk und Werbefernsehen der ARD zusammengefasst. Das ZDF hingegen besorgt seinerseits die Akquisition von Werbung selbst. Am Werbemarkt verspüren die öffentlich-rechtlichen Anstalten zunehmenden Druck der privaten Rundfunkanbieter, für die wesentlich großzügigere Werberegelungen gelten. Für die Anstalten der ARD mit ihren Hörfunk- und Fernsehprogrammen sowie für das ZDF gelten für das Finanzierungsverhältnis aus Gebühren und Werbung durchaus unterschiedliche Größenordnungen (vgl. ARD-Jahrbuch 2001; ZDF-Jahrbuch 2001). Neben diesen beiden Haupterlösquellen der Finanzierung des öffentlich-rechtlichen Rundfunks ist noch auf das Sponsoring zu verweisen, das auch in den Programmen von ARD und ZDF vorzufinden ist und künftig zunehmend von Bedeutung sein wird. Daneben erzielen ARD und ZDF aus der Programmrechte-Verwertung sowie aus dem Licensing Erlöse, die jedoch nur einen recht kleinen Teil ihrer Finanzierung ausmachen (vgl. ARD-Jahrbuch 2001; ZDF-Jahrbuch 2001).

Finanzierung des privaten Rundfunks

Der private Rundfunk finanziert sich in aller Regel aus Werbung und Werbenebenformen sowie – etwa im Falle des werbefreien Programmbouquets von »Premiere World« – aus Teilnehmerentgelten. Allerdings fallen diese Entgelte nur an, wenn man ein solches Programm abonniert. Um es empfangen zu können, erhalten die Abonnenten einen Decoder, der das Programm entschlüsselt und zugänglich macht. Eine Finanzierung privater Rundfunkveranstalter aus der Rundfunkgebühr ist in Deutschland laut Rundfunkstaatsvertrag nicht gestattet.

Bei der Finanzierung privaten Rundfunks wird oftmals übersehen, dass dessen Errichtung mit (in aller Regel privatem) Kapitaleinsatz verbunden ist. »Denn wer privaten Rundfunk veranstalten will, muss zuallererst eigenes Geld in die Hand nehmen, um das aufzubauen, woraus später im Zuge der Werbeerlöse Rendite geschöpft wird« (Stuiber 1998, S. 954). So haben in Deutschland beispielsweise die meisten privaten, national empfangbaren Fernsehveranstalter Anlaufverluste in dreistelliger DM-Millionenhöhe, im Falle von SAT.1 oder dem digitalen DF1 bzw. Premiere World sogar in DM-Milliardenhöhe angehäuft (vgl. Stuiber 1998, S. 956). Damit wird deutlich, welche Risiken mit der Veranstaltung von privatem Rundfunk, vor allem mit privatem Fernsehen, verbunden sind. »Das investierte Kapital muss durch Werbeerlöse erst noch verdient werden, ehe Gewinne abgeschöpft werden können« (Stuiber 1998, S. 955).

Angesichts der Vielfalt von in Deutschland bundesweit empfangbaren werbefinanzierten Fernsehprogrammen ist der Wettbewerb um TV-Werbung sehr groß. Über die größten Positionen im Werbemarkt verfügen die beiden großen Fernsehanbieter RTL und SAT.1 sowie die Sender ProSieben, Kabel1, RTL2, VOX und DSF. Der Fernsehveranstalter RTL hat 1996 mit seinen Nettowerbeeinnahmen erstmals die 2-Milliardengrenze (DM) überschritten (vgl. ZAW-Jahrbuch 1997, S. 233) und war in der Bundesrepublik übrigens der erste TV-Sender, der – nach vielen Jahren von Anlaufverlusten – Gewinne erwirtschaftete.

Bestimmungen für Werbung sind im Rundfunkstaatsvertrag von 1991 für öffentlich-rechtlichen wie privaten Rundfunk geregelt. Was die Dauer der Werbung betrifft, so gelten für den privaten Rundfunk wesentlich großzügigere Bedingungen als für den öffentlich-rechtlichen (der ja Pflichtgebühren einheben darf). In privaten Rundfunkprogrammen, Hörfunk wie Fernsehen, darf laut Rundfunkstaatsvertrag Werbung das Ausmaß von maximal 20 Prozent der täglichen Sendezeit nicht überschreiten (was durchschnittlich etwa 12 Minuten Werbung pro Stunde bedeutet). Im Verlauf einer Stunde darf die Spotwerbung 20 Prozent nicht überschreiten. Für bundesdeutsche Sender mit Teleshopping gilt, dass Fernseheinkaufssendungen eine Stunde am Tag nicht überschreiten dürfen.

Allgemeine Grundregeln für Werbung in Hörfunk und Fernsehen wurden in Deutschland im Rundfunkstaatsvertrag von 1991 festgelegt und seither in einigen Novellen präzisiert. Sie gelten für öffentlich-rechtlichen wie privaten Rundfunk gleichermaßen. So darf Werbung nicht irreführen sowie den Interessen von Kindern und ihrer Unerfahrenheit nicht schaden. Das Programm darf inhaltlich und redaktionell von Werbung und Werbetreibenden nicht beeinflusst werden. Werbung muss als solche erkennbar und von anderen Programmteilen getrennt sein (vgl. Dritter Staatsvertrag zur Änderung rundfunkrechtlicher Staatsverträge vom 26. August und 21. September 1996).

Finanzierung von Online-Medien

Wie erwähnt, funktionieren herkömmliche Geschäftsmodelle bei der Finanzierung von Online-Medien nicht. Werbung ist bei ihnen aber auch eine von mehreren Möglichkeiten. Klassische Medienbetreiber, die sich auch online engagieren (wie Zeitungen, Hörfunk- und Fernsehanbieter), beschreiten folgende Wege (vgl. Breyer-Mayländer 1999; Riefler 2000 und 2001a und 2001b):

- die Finanzierung ihrer Online-Auftritte aus Erlösen von Inhalten (was sich als schwierig erweist, zumal im Web das Prinzip »Content is free« herrscht);
- die Finanzierung aus Content-Syndication (also der Verkauf von Inhalt bzw. Content gegen Entgelt an andere Online-Anbieter);
- die Finanzierung aus Werbung (die nicht so recht auf die Beine kommen will: Ihr Anteil am Gesamtwerbeaufkommen betrug im Jahr 2000 nur 0,6 Prozent; (vgl. Zimmer 2001; ZAW-Jahrbuch 2001);
- die Finanzierung aus E-Commerce (also über den Verkauf von Produkten über den Online-Auftritt); sowie
- Erlöse aus Internet-Services (also Service-Providing und Content-Providing).

Problem des Marktzutritts in gesättigten Medienmärkten

In gesättigten Medienmärkten, deren es zahlreiche im europäischen Raum gibt und zu denen auch Deutschland gehört, erweisen sich Marktzutritte im Bereich der klassischen Medien – also neuer Tageszeitungen und Zeitschriften, neuer Hörfunkprogramme oder gar Fernsehveranstalter – als sehr schwierig. Marktzutritte finden ja stets auf jenen beiden Märkten statt, auf denen die bereits vorhandenen Medien um Marktanteile kämpfen, nämlich auf dem Publikumsmarkt sowie auf dem Werbemarkt. Im Regelfall stehen Neugründungen damit vor folgenden Problemen (vgl. Kopper 1983; Pürer/Raabe 1996, S. 229f): (1) Zunächst ist für einen Marktzutritt ein hoher Kapitaleinsatz erforderlich, dessen Höhe davon abhängt, um welchen Marktzutritt (Zeitung, Zeitschrift, Radio, TV) es sich handelt. (2) Es ist für den Newcomer sehr schwer, auf einem gesättigten Medienmarkt die dort vorhandenen Medienbindungen des Publikums aufzubrechen. (3) Für den oder die neu in den Markt Eintretenden fehlen in aller Regel Reichweiten- und Mediennutzungsdaten und damit auch konkurrenzfähige Grundlagen für Anzeigen- bzw. Werbeaufträge; auch die Kalkulation für Anzeigen in Zeitungen und Werbespots in Hörfunk und Fernsehen gestaltet sich damit sehr schwierig. (4) Wichtig für Marktzutritte im Medienbereich ist jedenfalls, Marktstudien durchzuführen, um Marktnischen zu entdecken, die inhaltlich noch besetzt werden können. (5) Außerdem bedarf es genauer Analysen darüber, wann der sog. Break-Even-Point erreicht wird – jener Zeitpunkt also, an dem die Erlöse die Kosten decken (und wann allmählich mit Gewinnen gerechnet werden kann).

In den zurückliegenden zehn Jahren war auf dem Tageszeitungsmarkt nur eine Zeitungsneugründung erfolgreich, nämlich jene der »Financial Times Deutschland« (FTD). Im Bereich der Zeitschriften herrscht ohnedies ein ständiges Kommen und Gehen. Als besonders erfolgreich erwies sich aber der Marktzutritt von »Focus«; erfolgreich sind auch »Gala«, »Men's Health«, »Life Style« etc. oder beispielsweise Computer-Zeitschriften und andere Special-Interest-Titel. Im Bereich des Hörfunks ist auf den in den bundesdeutschen Kabelnetzen empfangbaren Radio-Sender »Klassik-Radio« zu verweisen. Im Fernsehen haben sich neue Sender wie »Kabel 1«, »DSF« oder »N24« halten können.

Das Internet stellt ein eigenes Phänomen für sich dar. Es ermöglicht eine Vielzahl von neuen und alten Medienanwendungen und integriert bekanntlich auch neue Formen der Individual-, Gruppen- und Massenkommunikation. Beobachtbar ist auch, dass alte (Zeitung, Zeitschrift, Radio und Fernsehen) wie neue Medien (das Internet samt allen seinen Medienanwendungen) komplementär genutzt werden. Es scheint sich erneut das Riepl'sche Gesetz als richtig zu erweisen, wonach neue Medien die alten nicht verdrängen, aber in ihrer Struktur und Funktion verändern (vgl. Riepl 1913). »Alte« Medien bestehen weiter, wenn sie sich auf Stärken besinnen, die den »neuen« Medien nicht zu Eigen sind.

4.3.6 Medien, Politik und mediale Politikvermittlung[3]

Politik und politisches Entscheidungshandeln mag auf lokaler und regionaler Ebene für den einzelnen Bürger noch unmittelbar wahrnehmbar sein – auf nationaler und internationaler Ebene ist dies aber kaum mehr der Fall. Politik, politische Institutionen und politisches Entscheidungshandeln sind zu komplexe Phänomene, als dass sich der Bürger selbst ein umfassendes Bild darüber verschaffen könnte (vgl. Marcinkowski 1998, S. 166). Daher bilden die Massenmedien eine wichtige »Brücke zur Welt der Politik« (Klingemann/Voltmer 1989): Sie liefern uns den Großteil jener Informationen, aus denen wir als Bürger unsere Vorstellungen von politischer Realität konstruieren. Damit erfüllen die Medien für die Bürger politische Integrations- und Sozialisationsfunktionen (vgl. Brettschneider/Vetter 1998 mit Hinweis auf Klingemann/Volter 1989; vgl. Pfetsch 1991). Politik muss sich andererseits auch vermitteln lassen (und bedarf dazu der Medien). Wenn nämlich Politik für den Bürger undurchschaubar und intransparent erscheint, droht die Gefahr, dass die Bürger den Staat bzw. die Politik für alles verantwortlich machen, was ihnen nicht passt. Der Politik drohen dann Missstände im politischen System angelastet zu werden, die sie nicht zu

---

3   Susanne Wolf

verantworten hat. Bei Politikvermittlung durch die Medien (vgl. auch Kapitel 5.1.6.4) geht es neben Information folglich auch um Legitimation und um die Unterstützung des politischen Systems durch die Bürger (vgl. Marcinkowski 1998, S. 166f).

Die Funktion politischer Informationsangebote der Massenmedien liegt darin, die Bürger möglichst umfassend und objektiv über den politischen Diskurs sowie vor allem über politisches (Entscheidungs-)Handeln zu informieren. Zur Erfüllung dieser Funktion sind nach demokratietheoretischen Überlegungen die im Folgenden genannten Maßstäbe bzw. normativen Bezugsrahmen für die Politikvermittlung ausschlaggebend (vgl. Sarcinelli 1998, S. 12):

- Zugangspluralität und Offenheit, d.h. Politikvermittlung muss Zugang zu einer Vielzahl von Quellen haben;
- richtungspolitische Pluralität, d.h. die Vielfalt politischer Richtungstendenzen muss dargestellt werden;
- Pluralität von Komplexitätsgraden, d.h. Politikvermittlung muss unterschiedliche Adressatengruppen erreichen können;
- kommunikative Rückkopplung, d.h. Politikvermittlung muss auch für die Interessenvermittlung vom Bürger zur politischen Führung einstehen.

Diese Pluralitäten scheinen infolge der vielfältigen Ausdifferenzierung des Mediensystems in Deutschland durchaus gewährleistet zu sein.

Politikvermittlung durch Massenmedien verfolgt auch unterschiedliche Absichten und Ziele. Diese können – je nach politischem Akteur und Politikfeld – unterschiedliche Mischungen aus Information, Appellation, Persuasion, Partizipation oder auch pädagogischen Intentionen sein (vgl. Sarcinelli 1998, S. 12). Zweifellos haben vor allem elterliche Erziehung, aber auch Schule und Ausbildung, berufliche Bildung etc. am Prozess der Politikvermittlung ihren Anteil. Die Massenmedien sind jedoch geradezu für die Aufgabe der Politikvermittlung prädestiniert, und dies aus zwei Gründen, die mit der Reichweite der Medien zu tun haben. Zum einen mit der *zeitlichen Reichweite:* Während nämlich Eltern, Lehrer, Peers etc. die Menschen »immer nur ein kleines Stück ihres Lebensweges begleiten, sind die ... Medien praktisch Dauergast, sie ›verfolgen‹ den Menschen fast sein ganzes Leben lang« (Marcinkowski 1998, S. 167f). Zum Zweiten mit der *sozialen Reichweite:* Die Massenmedien sind in der Lage, unvergleichlich viele Menschen mit Politik in Kontakt zu bringen. Es können nämlich auch solche Personen über die Medien erreicht werden (und diese sind in der großen Mehrzahl), die sich nicht durch ein persönliches politisches Engagement (etwa im Sinne einer Parteizugehörigkeit) auszeichnen (vgl. Marcinkowski ebd.).

Selbstverständlich ist nicht zu übersehen, dass die mediale Darstellung von Politik nur einen spezifischen Ausschnitt politischer Wirklichkeit abdeckt. Nach Sarcinelli gibt es zwei »politische Wirklichkeiten«, nämlich: die Politik*darstellung* in den Medien sowie die Politik*herstellung* in den Verhandlungs- und Entscheidungssystemen von Politik und Gesellschaft (vgl. Sarcinelli 1998, S. 13f; vgl. Edelmann 1976). Innerhalb des politischen Prozesses spielen die Massenmedien zunächst eine bedeutende Rolle in der Phase der *Problemartikulation,* in der gesellschaftliche Gruppen oder Individuen Probleme artikulieren und formulieren. Die Medien entscheiden durch Thematisierung oder Nicht-Thematisierung darüber, ob diese Probleme öffentlich werden oder nicht; sie können dabei als Filter, aber auch als Verstärker wirken. Auch in der Phase der *Problemdefinition,* in der die artikulierten Probleme für das politische System bearbeitbar gemacht werden, ist der Einfluss der Medien noch vorhanden. Dagegen erscheint die Rolle der Medien bei der *Politikdefinition,* bei der *Programmentwicklung* (z.B. Gesetzgebungsprogramm), bei der *Politikimplementation* (also bei der administrativen Umsetzung von Politik) sowie nicht zuletzt bei der *Politikevaluation* eher als gering (vgl. Donges/Jarren 2001, S. 427ff).

Im Hinblick auf Politikvermittlung spielen die verschiedenen Medien unterschiedliche Rollen. Auf Grund seiner audiovisuellen Darbietung, seiner höheren Aktualität und seiner hohen Reichweite scheint dem Medium Fernsehen bei der Politikvermittlung eine tragende Rolle zuzukommen. Jens Tenscher meint, dass die visuelle Komponente des Fernsehens den politischen Akteuren im Vergleich zu Hörfunk und Presse ein »einzigartiges Forum zur Selbstdarstellung« bietet, mit der Konsequenz, »dass politische Akteure primär über das Fernsehen öffentlich kommunizieren« (Tenscher 1998, S. 187). Natürlich darf nicht übersehen werden, dass auch die anderen Medien am Prozess der Politikvermittlung beteiligt sind: Klaus Schönbach hat bereits 1983 herausgefunden, dass die Printmedien in ihrer Rolle als Politikvermittler ungerechtfertigterweise unterschätzt wurden (und er spricht von der Zeitung als einem »unterschätzten Medium«; vgl. Schönbach 1983). Die Printmedien darf man allein deshalb hinsichtlich der Politikvermittlung nicht ausblenden, weil sie die ältesten Massenmedien sind und folglich die historisch längste Tradition in der Vermittlung von Politik besitzen (vgl. Wilke 1998, S. 146). Auch das Medium Hörfunk ist nicht zu übersehen. Wegen seiner Flüchtigkeit und seiner deutlich unterhaltungsorientierten Nutzung hat es aber möglicherweise einen geringeren Stellenwert.

Politikvermittlung in Printmedien

Der Begriff Printmedien umfasst verschiedene Arten gedruckter Medien, die in der Politikvermittlung jeweils unterschiedliche Funktionen erfüllen. So findet Politikvermittlung in sehr breitem Umfang in den überregional verbreiteten Tageszeitungen (wie FAZ, SZ, FR, Die Welt etc.) statt. Unersetzlich für die Politikvermittlung in der Region und im Lokalen sind regionale und lokale Abonnementzeitungen, die im deutschen Pressewesen dominieren. Eine eigene Form der Politikvermittlung betreiben Straßenverkaufszeitungen: »Soweit Politisches überhaupt vorkommt, wird es dementsprechend funktionalisiert, es geht um das Persönliche, die Gefühle und den ›human-interest-touch‹« (Wilke 1998, S. 157). Im Unterschied zur aktuellen Berichterstattung der Tageszeitungen stehen bei politischen Wochenzeitungen (z.B. Die Zeit, Rheinischer Merkur etc.) Hintergründe, Zusammenhänge und vertiefte Interpretation sowie Kommentierung im Vordergrund. Im Bereich der Nachrichten-magazine gab es mit dem Wochenmagazin Der Spiegel lange Zeit nur einen einzigen Vertreter; erst 1992 kam als zweites politisches Wochenmagazin der Focus hinzu, so-dass auf diesem Feld inzwischen zwei weltanschaulich unterschiedlich orientierte Wochenschriften auf dem Markt sind: Der Spiegel als linksliberales Organ, der Focus als liberalkonservatives.

Die Printmedien, jahrhundertelang die einzigen Massenmedien, die Politikver-mittlung betrieben, sind seit dem 20. Jahrhundert durch Hörfunk und Fernsehen starker Konkurrenz ausgesetzt. Sie mögen zwar nicht so rasch, so aktuell sein wie die audiovisuellen Medien, haben jedoch auch ihre Vorteile: Ihre Leistungskraft liegt nicht so sehr in der Erst-, als vielmehr in der Hintergrundberichterstattung. Sie sind in der Lage, komplexe Sachverhalte ausführlich darzustellen. Wie sich die Online-Medien, respektive Online-Zeitungen, auf die Printmedien sowie auf die Art der Po-litikvermittlung auswirken, ist vorerst noch schwer abzuschätzen.

Politikvermittlung im Fernsehen

Während die Printmedien hauptsächlich *inter*mediärer Konkurrenz ausgesetzt sind (also mit anderen Printmedien sowie mit Hörfunk und Fernsehen im Wettbewerb stehen), sind die Funkmedien, respektive das Fernsehen, eher durch *intra*mediäre Konkurrenz geprägt: Hier stehen gemeinwohlverpflichtete öffentlich-rechtliche An-stalten privat-kommerziellen Sendern einander gegenüber. Erstere bleiben an die Er-füllung ihrer gesellschaftlichen und politischen Funktionen gebunden (vgl. Kapitel 5.1.6), Letztere können nach rein ökonomischen Gesichtspunkten handeln und die steigenden Unterhaltungsinteressen des Publikums bedienen (vgl. Tenscher 1998, S. 192). Knapp 20 Jahre nach Einführung des privaten Fernsehens lässt sich, so Ten-scher, festhalten: Die Darstellung von Politik im Fernsehen hat sich im Vergleich zum wachsenden und zunehmend publikums- bzw. unterhaltungsorientierten Gesamt-programm *aller* Sender prozentual und damit quantitativ verändert. Die Darstellung von Politik unterliegt zudem auch einem qualitativen Wandel. Das Spektrum von Politik ist heterogener und diffuser geworden; die Grenzen zwischen einzelnen Sen-deformen von politischen Informationsangeboten sind verwischt. Politik vermittelt sich »zusehends durch eine fernsehgerechte Visualisierung, Inszenierung, Ritualisie-rung, Emotionalisierung und vor allem durch eine – auch auf Unterhaltung ausge-legte – Personalisierung«, wie überhaupt eine Boulevardisierung des Gesamtbildes von Politik im Fernsehen festzustellen ist (Tenscher, ebd.). Gleichwohl sprechen Udo Michael Krüger und Thomas Zapf-Schramm von einer »Boulevardisierungskluft« zwischen öffentlich-rechtlichen und privaten Informationsangeboten (vgl. Krüger/ Zapf-Schramm 2001; vgl. auch Ridder/Engel 2001).

Politik wird im Fernsehen in verschiedenen Sendeformen und -typen in recht un-terschiedlicher Art und Weise vermittelt: in Nachrichtensendungen und Magazinen, in klassischen politischen Magazinen (wie Weltspiegel oder Report), in sog. Infotain-mentsendungen (wie stern-tv und Spiegel-TV), in politischen Diskussionssendungen (wie »Sabine Christiansen« oder »Berlin Mitte«), durchaus auch in Talkshows mit bekannten TV-Talkmastern sowie nicht zuletzt in Wahlwerbespots (vgl. Tenscher 1998, 1999). Dabei werden vom Publikum die Informationssendungen und politischen Informationsangebote der öffentlich-rechtlichen Sender als sachlicher, glaubwürdiger, informativer, kritischer und aktueller bewertet. Zur Bundestagswahl 1998 beispielsweise beschränkten sich nur knapp zehn Prozent der Zuschauer in Deutschland allein auf die Berichterstattung von RTL und SAT.1, gut 60 Prozent informierten sich vor der Wahl bei den öffentlich-rechtlichen Sendern (29 Prozent haben keine Vorwahlberichte gesehen). Bei widersprüchlichen Berichten glaubt die Mehrheit der Zuschauer in Deutschland am ehesten der Tagesschau (vgl. Ridder/Engel 2001; Darschin/Zubayr 2001; Zubayr/Gerhard 1999).

Wirkungen bzw. Folgen der Politikvermittlung

Auf die Frage, welche Effekte von der Politikvermittlung in den Massenmedien ausgehen, ist zunächst die Agenda-Setting-Funktion der Massenmedien zu erwähnen. Politische Informationsangebote (respektive der audiovisuellen Medien) spielen eine wichtige Rolle für die Setzung politischer Themen, über die in der Gesellschaft bzw. im gesellschaftlichen Diskurs gesprochen wird. Eine meinungsbildende Funktion kommt diesen Themen jedoch kaum zu (vgl. Marcinkowski 1998, S. 180). Politische Themen werden zwar häufig aus den Medien übernommen, jedoch im persönlichen Umfeld, also durch die interpersonale (Anschluss-)Kommunikation, interpretiert und bewertet (vgl. auch Hoffmann/Sarcinelli 1999, S. 733f). Dass im Hinblick auf politische Kommunikation und ihre Wirkung Meinungsführer im gesellschaftlichen bzw. Gruppenumfeld im Spiel sind, darauf haben bereits Elihu Katz und Paul Lazarsfeld in den 1940er-Jahren hingewiesen (vgl. Katz/Lazarsfeld 1962).

Aus bundesdeutschen Studien, die vor allem im Superwahljahr 1994 (mit Bundestags-, Landtags- und Kommunalwahlen) entstanden sind, gehen im Hinblick auf Politikvermittlung die folgenden Ergebnisse hervor (vgl. Marcinkowski 1998; Gleich 1998):

- Massenmedien, vor allem Fernsehen und Zeitung, sind nach wie vor die wichtigsten Informationsquellen der Wähler im Wahlkampf;
- Massenmedien beeinflussen sowohl die beherrschenden Wahlkampfthemen als auch insbesondere die öffentliche Präsenz und das Image der Kandidaten nicht unerheblich;
- elektronische Medien tragen entscheidend zur Aktivierung und Mobilisierung der Wählerschaft bei (ohne Medienwahlkampf dürfte der Anteil der Nichtwähler noch höher sein);
- Massenmedien haben zu einem Stilwandel der Wahlkampfführung aller Parteien geführt, indem die Kampagnen, aber auch die Images von Parteien und Kandidaten auf die vermeintliche Medienlogik eingestellt, also medienadäquat produziert werden. (Für den damaligen SPD-Spitzenkandidaten Gerhard Schröder sei

dies, wie Andreas Dörner ausführt, besonders überzeugend gelungen (vgl. Dörner 1999, S. 18).

Im Hinblick auf Politikdarstellung und Politikvermittlung betonen Jochen Hoffmann und Ulrich Sarcinelli, dass Spitzenpolitiker heute Doppelprofile entwickeln müssen, wobei Kompetenzen in der *Darstellungspolitik* gegenüber Kompetenzen in der *Entscheidungspolitik* an Bedeutung gewinnen (vgl. Hoffmann/Sarcinelli 1999, S. 734). Heinrich Oberreuter zufolge müssten Politiker im *Entscheidungs*prozess Substanz und Kompetenz freisetzen, im *Legitimations*prozess dagegen Showtalente (vgl. Kunczik/Zipfel 2001, S. 91 mit Hinweis auf Oberreuter 1989, S. 40). Dem Publikum werde dadurch allerdings ein unzutreffendes Politikbild vermittelt, auf dessen Basis Erwartungen geweckt werden, die die Politik nicht einlösen könne (vgl. Sarcinelli 1994, S. 36).

Hart ins Gericht mit dem politischen Journalismus geht Hans-Bernd Brosius. Er meint, ein verzerrtes Politikbild werde dadurch erzeugt, dass Fernsehnachrichten als »Flaggschiff« eines Senders zunehmend als Marketing-Instrument eingesetzt werden und dem Konkurrenzkampf der Rundfunkanstalten untereinander unterworfen sind. Aktualität, drastische Bilder und damit Einschaltquoten seien wichtiger als sorgfältige Recherche, Sensationen wichtiger als politische Relevanz. Als Folge stelle sich die Welt für viele Menschen voller Katastrophen und Leid dar, Politik und Politiker erscheinen korrupt und bestechlich, die Umwelt verseucht (vgl. Brosius 1998).

Vor diesem Hintergrund wird seit Anfang der 1990er-Jahre auch das Problem der Politikverdrossenheit thematisiert. Der Begriff, der 1992 zum Wort des Jahres gekürt wurde, wird mit mehrerem verbunden, u.a.: mit dem sinkenden Vertrauen der Bürger in Politik, Politiker und politische Parteien; mit der nachlassenden Bereitschaft, sich in politischen Organisationen zu engagieren; mit der steigenden Zahl der Wechsel-, Protest- und Nichtwähler; nicht zuletzt auch mit schrumpfenden Mitgliedszahlen der traditionellen Parteien. Die Annahme jedoch, wonach vor allem das Medium Fernsehen Politikverdrossenheit hervorrufe, die »Videomaläse-Hypothese« (Robinson 1976), konnte empirisch für die USA ebenso wenig bestätigt werden wie für die Bundesrepublik Deutschland (vgl. Holtz-Bacha 1990 und 1994; Tenscher 1998, S. 205ff; Brettschneider/Vetter 1998, S. 456). Jens Tenscher will dennoch eine weitere Zunahme politischer Entfremdung angesichts der zu erwartenden Unterhaltungsexpansion und der Marginalisierung von Politik durch weitere private Fernsehanbieter nicht ausschließen (vgl. Tenscher 1998; vgl. auch Brosius 1998; Hoffmann/Sarcinelli 1999). Im Übrigen haben ein hohes Bildungsniveau und ein ausgeprägtes politisches Interesse den größten Einfluss auf die (positive) Beschaffenheit des Politikbildes. In diesem Kontext ist nicht uninteressant, dass Anhänger der Privat-TV-Sender ein negativeres Politikbild besitzen als Anhänger öffentlich-rechtlicher TV-Sender (vgl. Zubayr/Gerhard 1999; Darschin/Zubayr 2001).

Zum Verhältnis von Politik und Medien

Abschließend seien noch einige Überlegungen zum Verhältnis von Politik und Medien angestellt. Ist die Politik abhängig von den Medien, weil sie sich mediengerecht verkaufen muss? Oder hat es die Politik geschafft, die Medien zu instrumentalisieren, indem sie nicht zuletzt mit einer steigenden Anzahl an PR-Strategen und Spin-Doctors die medialen Vermittlungscodes geknackt hat? In der wissenschaftlichen Diskussion werden die folgenden Paradigmen über das Verhältnis Politik-Medien einander gegenübergestellt (vgl. Donges/Jarren 2001, S. 421f; Kunczik/Zipfel 2001, S. 84ff):

- das *Gewaltenteilungsparadigma:* Die Massenmedien werden diesem Paradigma zufolge als Kritik- und Kontrollinstanz gesehen, die als »Vierte Gewalt« ein Gegengewicht bzw. eine Überwachungsinstanz zu den klassischen Gewalten Legislative (Gesetzgebung), Exekutive (Gesetzesvollzug) und Judikative (Rechtsprechung) darstellen. Voraussetzung dafür ist allerdings eine völlige wirtschaftliche (private Medien) und politische (öffentlich-rechtliche Medien) Unabhängigkeit sowie ein von Autonomie und Distanz geprägtes Verhältnis zwischen Politik und Medien. Wie Kritiker dieses Ansatzes jedoch bemerken, ist die Vorstellung von zwei unabhängigen Systemen (hier Politik, dort Medien) unrealistisch. Außerdem können und dürfen die Massenmedien staatliche Herrschaft nicht ersetzen und nicht über das gleiche Macht- und Sanktionspotenzial verfügen wie die politischen Institutionen.
- das *Instrumentalisierungsparadigma:* Im Mittelpunkt dieses Ansatzes steht ein Dependenz-Dominanz-Verhältnis zwischen Politik und Massenmedien, das in zwei Formen seine Ausprägung finden kann, nämlich: (1) in einer Übermacht der Massenmedien, die sich an einem wachsenden Einfluss der Medien, vor allem des Fernsehens, auf das politische System erkennen lässt (Vertreter: Noelle-Neumann, Kepplinger, Oberreuter); im Unterschied dazu (2) als eine Übermacht der Politik (Vertreter: Schatz, Langenbucher). Massenmedien werden dieser Auffassung zufolge durch den Ausbau von Pressestellen, der Professionalisierung der politischen PR etc. als Steuerungsinstrumente eingesetzt bzw. instrumentalisiert.

Die gegenwärtig in der Publizistik- bzw. Kommunikationswissenschaft dominierende Ansicht lässt sich am besten mit den Begriffen

- *Interdependenz und Symbiose* beschreiben. Das Verhältnis zwischen Massenmedien und Politik ist als komplexe Interaktion mit wechselseitigen Abhängigkeiten und Anpassungsprozessen zu betrachten. Die Beziehung ist durch »ein für beide Seiten existenzielles Tauschverhältnis gekennzeichnet«, in dem Publizität gegen Information getauscht wird (Sarcinelli 1987, S. 218).

298

Fritz Plasser zufolge führt diese Interdependenz jedoch so weit, dass das politische System immer medialer und das Mediensystem immer politischer agiert (vgl. Plasser 1985). Das Ende dieser Entwicklung sei eine Verschmelzung beider Systeme zu einem

- *»Supersystem«,* das sich immer mehr vom Bürger und seinen Bedürfnissen entfernt. Auch Ulrich Saxer (1998) meint eine solche Problematik durchaus erkennen zu können; er bemerkt jedoch, dass diese Annahme noch differenziert und empirisch überprüft werden müsse (vgl. auch Kunczik/Zipfel 2001 mit Hinweis auf Plasser 1985).

Ob das Internet bzw. World Wide Web mit seinen Mediendiensten und Kommunikationsanwendungen das Verhältnis von Politik und Medien grundlegend zu ändern vermag (Stichwort Cyber-Democracy u.a.m.), wird zwar nicht ausgeschlossen (vgl. Kamps 1999), bleibt vorerst aber abzuwarten (vgl. auch Kunczik/Zipfel 2001; Marschall 1997).

Literatur

ALM-Jahrbuch 1997/98 (1998). Hrsg. von der Arbeitsgemeinschaft der Landesmedienanstalten in der Bundesrepublik Deutschland (ALM). München.

ALM-Jahrbuch 2001/02 (2002). Hrsg. von der Arbeitsgemeinschaft der Landesmedienanstalten in der Bundesrepublik Deutschland (ALM). München.

Altendorfer, Otto (2001): Das Mediensystem der Bundesrepublik Deutschland. Bd.1. Wiesbaden.

Altes, Bärbel (2000): Paradigmenwechsel in der europäischen Fusionskontrolle? Steigende Medienkonzentration in Deutschland und Europa: Gefahr für den Pluralismus. In: Media Perspektiven 11/2000, S. 482-490.

Altmeppen, Klaus-Dieter (2000): Online-Medien. Das Ende des Journalismus? In: Altmeppen, Klaus-Dieter u.a. (Hrsg.): Online-Journalismus. Perspektiven für Wissenschaft und Praxis. Wiesbaden, S. 123-138.

Altmeppen, Klaus-Dieter (Hrsg.) (1996): Ökonomie der Medien und des Mediensystems. Grundlagen, Ergebnisse und Perspektiven medienökonomischer Forschung. Opladen.

ARD-Jahrbuch 1996 (1996). Hrsg. von der ARD. Hamburg.

ARD-Jahrbuch 1997 (1997). Hrsg. von der ARD. Hamburg.

ARD-Jahrbuch 1998 (1998). Hrsg. von der ARD. Hamburg.

ARD-Jahrbuch 1999 (1999). Hrsg. von der ARD. Hamburg.

ARD-Jahrbuch 2000 (2000). Hrsg. von der ARD. Hamburg.

ARD-Jahrbuch 2001 (2001). Hrsg. von der ARD. Hamburg.

ARD-Projektgruppe Digital (2001): Digitales Fernsehen in Deutschland – Markt, Nutzerprofile, Bewertungen. In: Media Perspektiven 4/2001, S. 202-219.

Aufermann, Jörg (1971) (Hrsg.): Pressekonzentration. Eine kritische Materialsichtung und Systematisierung. München.

Bär, Oliver (1997): Online-Zeitungen und elektronisches Publizieren. In: Wilke, Jürgen; Imhof, Christiane (Hrsg.): Multimedia. Voraussetzungen, Anwendungen, Probleme. Berlin, S. 225-234.

Bausch, Hans (1956): Der Rundfunk im Kräftespiel der Weimarer Republik 1923-1933. Tübingen.

Bausch, Hans (1978): Was die publizistischen Medien unterscheidet. Bemerkungen zur medienpolitischen Diskussion. Stuttgart (Südfunkhefte, Bd. 1).

Bausch, Hans (1980): Rundfunkpolitik nach 1945. Erster Teil: 1945-1962. München.

Bausch, Hans (1980): Rundfunkpolitik nach 1945. Zweiter Teil: 1963-1980. München.

Bentele, Günter; Beck, Klaus (1994): Information – Kommunikation – Massenkommunikation.
Grundbegriffe und Modelle der Publizistik- und Kommunikationswissenschaft. In: Jarren, Otfried (Hrsg.): Medien und Journalismus 1. Eine Einführung. Opladen 1994, S. 16-52.

Berg, Klaus (1987): Grundversorgung. Begriff und Bedeutung im Verhältnis von öffentlich-rechtlichem
und privatem Rundfunk nach der neueren Rechtsprechung. In: Media Perspektiven 5/1997,
S. 265-274.

Bergsdorf, Wolfgang (1980): Die vierte Gewalt. Mainz.

Blaum, Verena (1980): Marxismus-Leninismus. Massenkommunikation und Journalismus. Zum Gegenstand der Journalistikwissenschaft in der DDR. München.

Brettschneider, Frank; Vetter, Angelika (1998): Mediennutzung, politisches Selbstbewusstsein und politische Entfremdung. In: Rundfunk und Fernsehen 46/1998, S. 463-479.

Breunig, Christian (2000): Programmbouquets im digitalen Fernsehen. Marktübersicht, Inhalte und
Akzeptanz von digitalem Free-TV und Pay-TV in Deutschland. In: Media Perspektiven 9/
2000, S. 378-394.

Breyer-Mayländer, Thomas (1999): Zeitungen online – woher kommen die Umsätze? In: Zeitungen
'99. Hrsg. vom Bundesverband Deutscher Zeitungsverleger (BDZV). Bonn, S. 169-179.

Brosius, Hans-Bernd (1998): Politikvermittlung durch Fernsehen. Inhalte und Rezeption von Fernsehnachrichten. In: Klingler, Walter; Roters, Gunnar; Zöllner, Oliver (Hrsg.): Fernsehforschung in Deutschland. Themen – Akteure – Methoden. Teilband 1. Baden-Baden, S. 283-
317.

Brosius, Hans-Bernd; Fahr, Andreas; Vlasic, Andreas (1999): Die Dritten Programme der ARD. Entwicklung, Angebot, Nutzung. Berlin.

Burkart, Roland (1999): Was ist eigentlich ein ›Medium‹? In: Latzer, Michael u.a. (Hrsg.): Die Zukunft
der Kommunikation. Innsbruck, S. 61-72.

Darschin, Wolfgang; Zubayr, Camille (2001): Die Informationsqualität der Fernsehnachrichten aus
Zuschauersicht. In: Media Perspektiven 5/2001, S. 238-246.

Die Massenmedien der DDR (1983). Presse, Rundfunk, Fernsehen und Literaturbetrieb im Dienste der
SED. Hrsg. von der Friedrich-Ebert-Stiftung. Bonn.

Diederichs, Helmut H. (1973): Konzentration in den Massenmedien. Systematischer Überblick zur Situation in der BRD. München.

Diederichs, Helmut H. (1976): Ökonomische und publizistische Konzentration der Pressemedien in
der Bundesrepublik 1975/76. In: Media Perspektiven 5/1976, S. 200-208.

Diederichs, Helmut H. (1981): Daten zur Konzentration der Tagespresse und der Publikumszeitschriften im IV. Quartal 1980. In: Media Perspektiven 7/1981, S. 521-536.

Diller, Ansgar (1980): Rundfunkpolitik im Dritten Reich. München.

Diller, Ansgar (1997): Rundfunkgeschichte. Vorgeschichte, Weimarer Republik, Drittes Reich, Besat-
zungszeit West, Bundesrepublik Deutschland. In: Was Sie über Rundfunk wissen sollten. Materialien zum Verständnis eines Mediums. Hrsg. von ARD und ZDF. Berlin, S. 311-368.

Diller, Ansgar (1999): Der nationale Hörfunk. In: Schwarzkopf, Dietrich (Hrsg.): Rundfunkpolitik in
Deutschland. Wettbewerb und Öffentlichkeit. Band 2, S. 978-1007.

Donges, Patrick; Jarren, Otfried (2001): Politische Kommunikation. In: Jarren, Otfried; Bonfadelli,
Heinz (Hrsg.): Einführung in die Publizistikwissenschaft. Bern, Stuttgart, Wien, S. 417-438.

Donsbach, Wolfgang; Mathes, Rainer (1997): Rundfunk. In: Noelle-Neumann, Elisabeth; Schulz,
Winfried; Wilke, Jürgen (Hrsg.): Fischer-Lexikon Publizistik/Massenkommunikation. Frank-
furt/Main, S. 475-518.

Dörner, Andreas (1999): Politik im Unterhaltungsformat. Zur Inszenierung des Politischen in den Bildwelten von Film und Fernsehen. In: Aus Politik und Zeitgeschichte 41./1999, S. 17-25.

Dritter Staatsvertrag zur Änderung rundfunkrechtlicher Staatsverträge vom 26. August/11. September 1996 (Dritter Rundfunkänderungsstaatsvertrag). In: Media Perspektiven. Dokumentation I/ 1996, S. 1-37.

Dussel, Konrad (1999): Deutsche Rundfunkgeschichte. Eine Einführung. Konstanz.

Edelmann, Murray (1976): Politik als Ritual. Die symbolische Funktion staatlicher Institutionen und politischen Handelns. Frankfurt/Main, New York 1976.

Eimeren, Birgit van; Gerhard, Heinz; Frees, Beate (2001): ARD/ZDF-Online-Studie 2001. In: Media Perspektiven 8/2001, S. 382-397.

Eisenstein, Elizabeth I. (1997): Die Druckerpresse. Kulturrevolutionen im frühen modernen Europa. Wien, New York.

Enquête Kommission Zukunft der Medien in Wirtschaft und Gesellschaft. Deutschlands Weg in die Informationsgesellschaft. Deutscher Bundestag (Hrsg.) (1997): Zur Ökonomie der Informationsgesellschaft. Perspektiven, Prognosen, Visionen. Bonn.

Facius, Gernot (2001): Lektüre für den siebten Tag – der Markt der Sonntagszeitungen. In: Zeitungen 2001. Hrsg. vom Bundesverband deutscher Zeitungsverleger (BDZV). Berlin, S. 97-103.

Faulstich, Werner (1994): Grundwissen Medien. München.

Faulstich, Werner (1996): Medien und Öffentlichkeiten im Mittelalter 800-1400. Göttingen.

Füssel, Konrad (1999): Gutenberg und seine Wirkung. Leipzig.

Gaitanides, Michael (2001): Ökonomie des Spielfilms. München

Gangloff, Tilmann (1999): Risiken und Nebenwirkungen: 4. Rundfunkänderungsstaatsvertrag verschärft die Bestimmungen zum Jugendschutz. In: tendenz 3/1999, S. 4-11.

Ganz-Blättler, Ursula; Süss, Daniel (1998): Medien und Aussagen. In: Bonfadelli, Heinz; Hättenschwiler, Walter (Hrsg.): Einführung in die Publizistikwissenschaft. Eine Textsammlung. Zürich, S.19-50 (Reihe Diskussionspunkt 27 des IPMZ).

Gaßdorf, Heinz (1986): Markt und Leser. In: Vom Zeitungsverkauf zum Zeitungsmarketing. Düsseldorf, Wien, S. 19-40.

Gaßdorf, Heinz (1992): Postzeitungsdienst – bewährtes Vertriebsmodell in Gefahr. In: Zeitungen '92. Hrsg. vom Bundesverband deutscher Zeitungsverleger (BDZV). Bonn, S. 150-157.

Geißler, Rainer (1986): Vom Kampf der Agitatoren mit einem widerspenstigen Publikum. Die Massenmedien der DDR im Überblick. In: medium 2/1986 (Sonderteil).

Geretschlaeger, Erich (1983): Medientechnik I: Non-Print-Medien. München.

Gleich, Uli (1998): Die Bedeutung medialer politischer Kommunikation für Wahlen. In: Media Perspektiven 8/1998, S. 411-422.

Glotz, Peter; Kopp, Reinhold (Hrsg.) (1987): Das Ringen um den Medienstaatsvertrag der Länder. Berlin.

Gregor, Ulrich; Patalas, Enno (1962): Geschichte des Films. [Neuauflage 1976].

Groß, Rolf (1986): Medienlandschaft im Umbruch. Wiesbaden.

Grubitzsch, Jürgen (1990): Presselandschaft der DDR im Umbruch. In: Media Perspektiven 3/1990, S. 140-155.

Gutting, Doris (1997): Multimedia. Neue Chancen und Anforderungen für die Zeitung. In: Ludes, Peter; Werner, Andreas (Hrsg.): Multimediakommunikation. Theorien, Trends und Praxis. Opladen, S. 179-190.

Hall, Peter Christian (1997): Rundfunk in der Bundesrepublik Deutschland. Dualer Rundfunk: ein neues System – und die Folgen. In: Was Sie über Rundfunk wissen sollten. Materialien zum Verständnis eines Mediums. Hrsg. von ARD und ZDF. Berlin, S. 15-86.

Heinrich, Jürgen (1994): Medienökonomie. Band 1: Mediensystem, Zeitung, Zeitschrift, Anzeigenblatt. Opladen.

Heinrich, Jürgen (1999): Medienökonomie. Band 2: Hörfunk und Fernsehen. Opladen 1999.

Held, Thorsten; Schulz, Wolfgang (1999): Überblick über die Gesetzgebung für elektronische Medien von 1994 bis 1998: Aufbau auf bestehende Regelungsstrukturen. In: Rundfunk und Fernsehen 47:1999, S. 78-117.

Hermann, Günter (1994): Rundfunkrecht. Fernsehen und Hörfunk mit neuen Medien. München.

Hoffmann, Jochen; Sarcinelli, Ulrich (1999): Politische Wirkungen der Medien. In: Wilke, Jürgen (Hrsg.): Mediengeschichte der Bundesrepublik Deutschland. Bonn, S. 720-748.

Hoffmann-Riem, Wolfgang (1991): Indexierung der Rundfunkgebühr. Baden-Baden.

Höflich, Joachim R. (1995): Vom dispersen Publikum zu »elektronischen Gemeinschaften«. Plädoyer für einen erweiterten kommunikationswissenschaftlichen Blickwinkel. In: Rundfunk und Fernsehen 43:1995, S. 518-537.

Höflich, Joachim: http://www.zeitung.de. Perspektiven der Online-Aktivitäten lokaler Tageszeitungen – oder: Das Wagnis Internet und der Verlust des Lokalen? In: Publizistik 43:1998, S. 111-129.

Holtz-Bacha, Christina (1990): Videomalaise Revisited: Media Exposure and Political Alienation in West Germany. In: European Journal of Communication 5, S. 73-85.

Holtz-Bacha, Christina (1994): Massenmedien und Politikvermittlung – Ist die Videomalaise-Hypothese ein adäquates Konzept? In: Jäckel, Michael; Winterhoff-Spurk, Peter (Hrsg.): Politik und Medien. Analysen zur Entwicklung der politischen Kommunikation. Berlin, S. 181-191.

Holzweißig, Gunter (1989): Massenmedien in der DDR. Berlin/West.

Hömberg, Walter; Pürer, Heinz (Hrsg.) (1996): Medien-Transformation. Zehn Jahre dualer Rundfunk in Deutschland. Konstanz.

http://www.ard-digital.de/dvb/index.html [Stand: 13.1.2002].

http://www.bmwi.de/Homepage/Politikfelder/Telekommunikation %20&%20Post/Telekommunikationspolitik/digitaler-rundfunk.jsp [Homepage des Bundesministeriums für Wirtschaft und Technologie. Stand: 13.1.2002].

http://www.nua.com/survey/how-many-online/index.html [Stand: 13.1.2002].

Hurwitz, Harold (1972): Die Stunde Null der deutschen Presse. Köln.

Jacobsen, Wolfgang; Kaes, Anton; Prinzler, Hans Helmut (Hrsg.) (1993): Geschichte des deutschen Films. Stuttgart.

Jung, Uli (Hrsg.) (1993): Der deutsche Film. Aspekte seiner Geschichte von den Anfängen bis zur Gegenwart. Trier.

Kaiser, Ulrich (1996): Stichwort Internet. München.

Kamps, Klaus (1999): Elektronische Demokratie? Perspektiven politischer Partizipation. Wiesbaden.

Kapust, Wolfgang (1981): Entwicklung des Rundfunks nach 1945. In: Aufermann, Jörg et al. (Hrsg.): Fernsehen und Hörfunk für die Demokratie: ein Handbuch über Rundfunk in der Bundesrepublik Deutschland. Opladen, S. 34-51.

Karmasin, Matthias; Knoche, Manfred; Winter, Carsten (Hrsg.) (2001): Medienwirtschaft und Gesellschaft I. Medienunternehmen und die Kommerzialisierung von Öffentlichkeit. Münster, Hamburg, Berlin, London.

Katz, Elihu; Lazarsfeld, Paul (1962): Persönlicher Einfluß und Meinungsbildung. München [zuerst 1955].

Kaupp, Peter (1980): Presse, Hörfunk, Fernsehen. Funktion – Wirkung. Ein medienkundliches Handbuch. Frankfurt/Main.

Keller, Dieter (2001): Zur wirtschaftlichen Lage der Zeitungen. In: Zeitungen 2001. Hrsg. vom Bundesverband deutscher Zeitungsverleger (BDZV). Berlin, S. 21-95.

Kepplinger, Hans Mathias (1997): Kommunikationspolitik. In: Noelle-Neumann, Elisabeth et al. (Hrsg.): Fischer Lexikon Publizistik/Massenkommunikation. Frankfurt/Main, S. 116-139.

Kiefer, Marie Luise (1997): Das Publikum als Kunde. Programmleistung und Programmfinanzierung. In: Was Sie über Rundfunk wissen sollten. Materialien zum Verständnis eines Mediums. Hrsg. von ARD und ZDF. Berlin, S. 191-229.

Kiefer, Marie Luise (2001): Medienökonomik. Einführung in eine ökonomische Theorie der Medien. München, Wien.

Kieslich, Günter (1968): Wettbewerb der Massenmedien und Konzentration im Pressewesen. Dokumentation der drei Untersuchungskommissionen und der parlamentarischen Diskussion. In: Publizistik 13:1968, S. 180-196.

Kisker, Klaus; Knoche, Manfred; Zerdick, Axel (1979): Wirtschaftskonjunktur und Pressekonzentration. München.

Klatt, Hartmut (1987): Medienpolitik in einer sich wandelnden Medienlandschaft. In: Medienpolitik. Hrsg. von der Landeszentrale für politische Bildung Baden-Württemberg. Stuttgart, Berlin.

Klettke, Sascha u.a. (1998): Der digitale Zeitungskiosk. Eine Typologisierung von Online-Tageszeitungen. In: Neverla, Irene (Hrsg.): Das Netz-Medium. Kommunikationswissenschaftliche Aspekte eines Mediums in Entwicklung. Opladen, S. 263-276.

Klingemann, Hans-Dieter; Voltmer, Katrin (1989): Massenmedien als Brücke zur Welt der Politik. Nachrichtennutzung und politische Beteiligungsbereitschaft. In: Kaase, Max; Schulz, Winfried (Hrsg.): Massenkommunikation. Theorien, Methoden, Befunde. Opladen, S. 221-238.

Knoche, Manfred (1978): Einführung in die Pressekonzentrationsforschung. Berlin.

Knoche, Manfred; Siegert Gabriele (Hrsg.) (1999): Strukturwandel der Medienwirtschaft im Zeitalter digitaler Kommunikation. München.

Kopper, Gerd (Hrsg.) (1983): Marktzutritt – Grundfrage funktionierenden Wettbewerbs. Schlußfolgerungen aus Expertenmeinungen, Pressestatistik und empirischer Forschung. In: Media Perspektiven Heft 3/1983, S. 145-154.

Koszyk, Kurt (1966): Deutsche Presse im 19. Jahrhundert. Berlin.

Koszyk, Kurt (1972): Deutsche Presse 1914-1945. Berlin.

Koszyk, Kurt (1986): Pressepolitik für Deutsche 1945-1949. Berlin.

Koszyk, Kurt (1999): Presse unter alliierter Besatzung. In: Wilke, Jürgen (Hrsg.): Mediengeschichte der Bundesrepublik Deutschland. Bonn, S. 31-58.

Kresse, Hermann (1992): Die Rundfunkordnung in den neuen Bundesländern. Stuttgart.

Kreuzberger, Thomas (1997): Internet. Geschichte und Begriffe eines neuen Mediums. Wien, Köln, Weimar.

Krüger, Udo Michael; Zapf-Schramm, Thomas (2001): Die Boulevardisierungskluft im deutschen Fernsehen. In: Media Perspektiven 7/2001, S. 326-344.

Kruse, Jörn (Hrsg.) (2000): Ökonomische Perspektiven des Fernsehens in Deutschland. München.

Kunczik, Michael; Zipfel, Astrid (2001): Publizistik. Ein Studienhandbuch. Köln, Weimar, Wien.

La Roche, Walther von; Buchholz, Axel (Hrsg.) (1993): Radio-Journalismus. München.

Langer, Ulrike (1997): Aufstand gegen die Kabelblockade. Medienanstalten, TV-Veranstalter und regionale Netzbetreiber üben Druck auf die Telekom aus. In: tendenz 1/1997, S. 38-40.

Latzer, Michael u.a. (Hrsg.) (1999): Die Zukunft der Kommunikation. Phänomene und Trends in der Informationsgesellschaft. Innsbruck.

Lenhardt, Helmut (1987): Rundfunk im Satellitenzeitalter. Wien.

Lerg, Winfried B. (1965): Die Entstehung des Rundfunks in Deutschland. Herkunft und Entwicklung eines publizistischen Mittels. Frankfurt/Main.

Lerg, Winfried B. (1980): Rundfunkpolitik in der Weimarer Republik. München.

Lilienthal, Volker (1999): Die Rolle des ZDF. Kontraste, Konkurrenz, Kooperation. In: Schwarzkopf, Dietrich (Hrsg.): Rundfunkpolitik in Deutschland. Wettbewerb und Öffentlichkeit. Band 2. München, S. 408-435.

Lindemann, Margot (1969): Deutsche Presse bis 1915. Berlin.

Löffler, Martin (1984): Der Verfassungsauftrag der Presse. In: Wilke, Jürgen (Hrsg.): Pressefreiheit. Darmstadt, S. 343-356.

Lojewski, Günther von; Zerdick, Axel (Hrsg.) (2000): Rundfunkwende. Der Umbruch des deutschen Rundfunksystems nach 1989 aus der Sicht der Akteure. Berlin.

Longolius, Christian (Hrsg.) (1967ff): Fernsehen in Deutschland. 3 Bde. München.

Luhmann, Niklas (1996): Die Realität der Massenmedien. 2. Aufl. Opladen.

Marcinkowski, Frank (1998): Politikvermittlung durch Fernsehen und Hörfunk. In: Sarcinelli, Ulrich (Hrsg.): Politikvermittlung in der Mediengesellschaft. Beiträge zur Politischen Kommunikationskultur. Opladen, S. 165-183.

Marschall, Stefan (1997): Politik »online« – Demokratische Öffentlichkeit dank Internet? In: Publizistik 42:1997, S. 304-324.

Mast, Claudia (1984): Der Redakteur am Bildschirm. Konstanz.

Matzen, Christiane (2000): Rundfunkentwicklung in Deutschland. In: Internationales Handbuch für Hörfunk und Fernsehen. Baden-Baden, S. 238-288.

Meier, Klaus (1998): Internet-Journalismus. Ein Leitfaden für ein neues Medium. Konstanz.

Merten, Klaus (1999): Einführung in die Kommunikationswissenschaft. Bd. 1: Grundlagen der Kommunikationswissenschaft. Münster.

Mestmäcker, Ernst Joachim (1978): Medienkonzentration und Meinungsvielfalt. Baden-Baden.

Meyrowitz, Joshua (1987): Die Fernsehgesellschaft: Wirklichkeit und Identität im Medienzeitalter. Weinheim, Basel.

Morhart, Claus (2001): Kabelmotor kommt nur stotternd in Gang. In: tendenz 2/2001, S. 24-27.

Mühl-Benninghaus, Wolfgang (1999): Rundfunk in der SBZ/DDR. In: Schwarzkopf, Dietrich (Hrsg.): Rundfunkpolitik in Deutschland. Wettbewerb und Öffentlichkeit. München, S. 795-873.

Mühl-Benninghaus, Wolfgang (1997): Rundfunkgeschichte. Sowjetische Besatzungszone, DDR, Wende. In: Was Sie über Rundfunk wissen sollten. Materialien zum Verständnis eines Mediums. Hrsg. von ARD und ZDF. Berlin, S. 369-394.

Müllerleile, Christoph; Schulze, Volker (1990): Zur Presseentwicklung in der DDR. In: Zeitungen '90. Hrsg. vom Bundesverband deutscher Zeitungsverleger (BDZV). Bonn, S. 16-20.

Musch, Jochen (1997): Die Geschichte des Netzes: ein historischer Abriß. In: Batinic, Bernd (Hrsg.): Internet für Psychologen. Göttingen.

Neissl, Julia; Siegert, Gabriele; Renger, Rudi (Hrsg.) (2001): Cash und Content. Populärer Journalismus und mediale Selbstdarstellung als Phänomene eines ökonomisierten Mediensystems. München.

Neuberger, Christoph (2000): Massenmedien im Internet 1999. In: Media Perspektiven 3/2000, S. 102-109.

Noelle-Neumann, Elisabeth; Schulz, Winfried; Wilke, Jürgen (Hrsg.) (1997): Fischer Lexikon Publizistik/Massenkommunikation. Frankfurt/Main.

Noll, Jochen (1977): Die deutsche Tagespresse. Ihre wirtschaftliche und verlegerische Struktur. Frankfurt/Main.

Oberreuter, Heinrich (1989): Mediatisierte Politik und politischer Wertewandel. In: Böckelmann, Frank E. (Hrsg.): Medienmacht und Politik. Mediatisierte Politik und politischer Wertewandel. Berlin, S. 31-41.

Pape, Martin (1997): Wörterbuch der Kommunikation: Geschichte, Technik, Medien, Sprache, Gesellschaft, Kultur. Berlin.

Pfetsch, Barbara (1991): Politische Folgen der Dualisierung des Rundfunksystems in der Bundesrepublik. Konzepte und Analysen zum Fernsehangebot und zum Publikumsverhalten. Baden-Baden.

Pflaum, Hans Günther; Prinzler, Hans Helmut (1992): Film in der Bundesrepublik Deutschland. Der neue deutsche Film. Von den Anfängen bis zur Gegenwart. Mit einem Exkurs über das Kino der DDR. Ein Handbuch. München.

Plasser, Fritz (1985): Elektronische Politik und politische Technostruktur reifer Industriegesellschaften. In: Plasser, Fritz; Ulram, Peter A.; Welan, Manfried (Hrsg.): Demokratierituale. Zur politischen Kultur der Informationsgesellschaft. Wien, Köln, Graz, S. 9-31.

Plate, Jürgen (1997): Internet glasklar: Einführung für Studenten. München, Wien.

Platho, Rolf (1999): Fernsehen und Hörfunk transparent. Recht, Wirtschaft, Programm, Technik. München.

Privatkommerzieller Rundfunk in Deutschland (1992): Hrsg. von der Bundeszentrale für politische Bildung. Bonn.

Pross, Harry (1972): Medienforschung. Film, Funk, Presse, Fernsehen. Darmstadt.

Pürer, Heinz (1982): Presse im Umbruch. Zur Zukunft der Presse im Wettbewerb mit den elektronischen Medien. Salzburg.

Pürer, Heinz (1986): Elektronische Zeitungsherstellung und ihre Folgen. Salzburg.

Pürer, Heinz (Hrsg.) (1996a): Praktischer Journalismus in Zeitung, Radio und Fernsehen. Mit einer Berufs- und Medienkunde für Journalisten in Österreich, Deutschland und der Schweiz. 2., überarb. u. erw. Aufl. Konstanz.

Pürer, Heinz (1996b): Sprache im Journalismus – Grundsätze der Mediensprache. In: Pürer, Heinz (Hrsg.): Praktischer Journalismus in Zeitung, Radio und Fernsehen. Mit einer Berufs- und Medienkunde für Journalisten in Österreich, Deutschland und der Schweiz. 2., überarb. u. erw. Aufl. Konstanz, S. 224-232.

Pürer, Heinz (1996c): Grundsätze der Mediensprache. In: Pürer, Heinz, (Hrsg.): Praktischer Journalismus in Zeitung, Radio und Fernsehen. 2. Aufl. Konstanz, S. 224-232.

Pürer, Heinz; Raabe, Johannes (1996a): Medien in Deutschland – Band 1: Presse. 2. Aufl. Konstanz.

Pürer, Heinz; Raabe, Johannes (1996b): Presse in Deutschland. In: Pürer, Heinz (Hrsg.): Praktischer Journalismus in Zeitung, Radio und Fernsehen. Mit einer Berufs- und Medienkunde für Journalisten in Österreich, Deutschland und der Schweiz. 2., überarb. u. erw. Aufl. Konstanz, S. 582-605.

Ratzke, Dietrich (1984): Lexikon der Medien. Elektronische Medien. Frankfurt/Main.

Ridder, Christa-Maria (2000): Paradigmenwechsel im Jugendschutz? Anmerkungen zu den Jugendschutzbestimmungen im 4. Rundfunkänderungsstaatsvertrag. In: Media Perspektiven 5/2000, S. 213-223.

Ridder, Christa Maria; Engel, Bernhard (2001): Massenkommunikation 2000: Images und Funktionen der Massenmedien im Vergleich. In: Media Perspektiven 3/2001, S. 102-125.

Riefler, Katja (1995): Zeitung Online. Neue Wege zu Lesern und Anzeigenkunden. Bonn.

Riefler, Katja (1996): Tanz auf dem Vulkan – Sollen sich Zeitungen online engagieren? In: Zeitungen '96. Hrsg. vom Bundesverband Deutscher Zeitungsverleger (BDZV). Bonn, S. 158-179.

Riefler, Katja (1998): Zeitung Online. Was fasziniert Printmedien am weltweiten Computernetz? In: Dernbach, Beatrice u.a. (Hrsg.): Publizistik im vernetzten Zeitalter. Opladen, S. 109-122.

Riefler, Katja (2000): Was ist das Kerngeschäft? Content-Strategien für Verlage. In: Zeitungen 2000. Hrsg. vom Bundesverband Deutscher Zeitungsverleger (BDZV). Berlin, S. 195-205.

Riefler, Katja (2001a): Content-Cooperation – Der Weg zu neuen Inhalten. In: Breyer-Mayländer, Thomas; Fuhrmann, Hans-Joachim (Hrsg.): Erfolg im neuen Markt. Online-Strategien für Zeitungsverlage. Berlin, S. 79-91.

Riefler, Katja (2001b): Geld verdienen mit Inhalten? Geschäftsmodelle für regionale Zeitungsverlage. In: Zeitungen 2001. Hrsg. vom Bundesverband Deutscher Zeitungsverleger (BDZV). Berlin, S. 23-24.

Riepl, Wolfgang (1913): Das Nachrichtenwesen des Altertums mit besonderer Rücksicht auf die Römer. Leipzig, Berlin.

Robinson, Michael J. (1976): Public Affairs Television and the Growth of Political Malaise: The Case of ›The Selling of the Pentagon‹. In: American Political Science Review 70/1976, S. 409-432.

Ronneberger, Franz (1986): Kommunikationspolitik. Band III. Mainz.

Röper, Horst (1990): Die Multis sind da. In: Journalist 10/1990, S. 18-22.

Röper, Horst (1991): Die Entwicklung des Tageszeitungsmarktes in Deutschland nach der Wende in der ehemaligen DDR. In: Media Perspektiven 7/1991, S. 421-430.

Röper, Horst (1999): Formationen deutscher Medienmultis 1998/99. Entwicklungen und Strategien der größten deutschen Medienunternehmen. In: Media Perspektiven 7/1999, S. 345-378.

Röper, Horst (2000): Zeitungsmarkt 2000: Konsolidierung beendet? In: Media Perspektiven 7/2000, S. 297-309.

Röper Horst (2001): Formationen deutscher Medienmultis 1999/2000. Entwicklungen und Strategien der größten deutschen Medienunternehmen. In: Media Perspektiven 1/2001, S. 2-30.

Roß, Dieter (1967): Die Dritten Fernsehprogramme. Hamburg.

Roß, Dieter (1981): Funktionen der Dritten Programme. In: Aufermann, Jörg et. al. (Hrsg.): Fernsehen und Hörfunk für die Demokratie. Ein Handbuch über den Rundfunk in der Bundesrepublik Deutschland. Opladen, S. 334-347.

Sarcinelli, Ulrich (1987): Symbolische Politik. Zur Bedeutung symbolischer Politik in der Wahlkampfkommunikation der Bundesrepublik Deutschland. Opladen.

Sarcinelli, Ulrich (1994): Mediale Politikdarstellung und politisches Handeln: Analytische Anmerkungen zu einer notwendigerweise spannungsreichen Beziehung. In: Jarren, Otfried (Hrsg.): Politische Kommunikation in Hörfunk und Fernsehen. Opladen, S. 35-50.

Sarcinelli, Ulrich (1998): Politikvermittlung und Demokratie: zum Wandel der politischen Kommunikationskultur. In: Sarcinelli, Ulrich (Hrsg.): Politikvermittlung in der Mediengesellschaft. Beiträge zur Politischen Kommunikationskultur. Opladen, S. 11-23.

Saxer, Ulrich (1998): Mediengesellschaft: Verständnisse und Missverständnisse. In: Sarcinelli, Ulrich (Hrsg.): Politikvermittlung in der Mediengesellschaft. Beiträge zur Politischen Kommunikationskultur. Opladen, S. 52-73.

Schenk, Michael; Donnerstag, Joachim (Hrsg.) (1989): Medienökonomie. Einführung in die Ökonomie der Informations- und Mediensysteme. München.

Schmid, Ulrich; Kubicek, Herbert (1994): Von den ›alten‹ Medien lernen. Organisatorischer und institutioneller Gestaltungsbedarf interaktiver Medien. In: Media Perspektiven 8/1994, S. 401-408.

Schmidt, Siegfried J. (1996): Die Welten der Medien. Grundlagen und Perspektiven der Medienbeobachtung. Braunschweig, Wiesbaden.

Schmidt, Siegfried J.; Zurstiege, Guido (2000): Orientierung Kommunikationswissenschaft. Was sie kann, was sie will. Reinbek bei Hamburg.

Schneck, Ottmar (1993) : Finanzmanagement von Rundfunkanstalten. Frankfurt/Main.

Schneider, Beate (1991): Pressemarkt Ost: Ein Refugium des demokratischen Zentralismus. In: Mahle, Walter (Hrsg.): Medien im vereinten Deutschland. Nationale und internationale Perspektiven. München.

Schneider, Beate (1992): Die ostdeutsche Tagespresse – eine (traurige) Bilanz. In: Media Perspektiven 7/1992, S. 428-441.

Schneider, Beate (1999): Massenmedien im Prozess der deutschen Wiedervereinigung. In: Wilke, Jürgen (Hrsg.): Mediengeschichte der Bundesrepublik Deutschland. Köln, Weimar, Wien, S. 602-629.

Schneider, Beate; Stürzebecher, Dieter (1993): Wettbewerb auf dem Zeitungsmarkt in den neuen Bundesländern. Gutachten im Auftrag des Presse- und Informationsamtes der Bundesregierung. Hannover [vervielfältigtes Manuskript].

Schneider, Beate; Stürzebecher, Dieter (1998): Wenn das Blatt sich wendet. Die Tagespresse in den neuen Bundesländern. Baden-Baden.

Schneider, Beate; Stürzebecher, Dieter; Möhring, Wiebke (1997): Lokalzeitungen in Ostdeutschland – Strukturen, publizistische Leistung und Leserschaft. In: Media Perspektiven 7/1997, S. 378-390.

Schneider, Beate; Möhring, Wiebke; Stürzebecher, Dieter; (2000): Ortsbestimmung. Lokaljournalismus in den neuen Ländern. Konstanz.

Schönbach, Klaus (1983): Das unterschätzte Medium. Politische Wirkungen von Presse und Fernsehen im Vergleich. München.

Schönbach, Klaus (1995): Zur Zukunft der Zeitung. In: Schneider, Beate et al. (Hrsg.): Publizistik. Beiträge zur Medienentwicklung. Festschrift für Walter J. Schütz. Konstanz, S. 337-347.

Schorb, Bernd; Theunert, Helga (1998): Jugendschutz im digitalen Fernsehen. Wie er technisch funktioniert und wie die Familien damit umgehen. Berlin.

Schult, Gerhard; Buchholz, Axel (Hrsg.) (1993): Fernseh-Journalismus. München.

Schulz, Wilfried (1979): Medienpolitik. In: DDR-Handbuch. Hrsg. vom Bundesministerium für innerdeutsche Beziehungen. Köln.

Schütz, Walter J. (1956): Deutsche Tagespresse in Tatsachen und Zahlen. Ergebnisse einer Strukturuntersuchung des gesamten deutschen Zeitungswesens. In: Publizistik 1:1956, S. 31-48.

Schütz, Walter J. (1966): Die redaktionelle und verlegerische Struktur der deutschen Tagespresse. In: Publizistik 11:1966, S. 13-44.

Schütz, Walter J. (1971): Pressekonzentration. In: Arndt, Helmut (Hrsg.): Die Konzentration in der Wirtschaft. 2. Band. Berlin, S. 567-686.

Schütz, Walter J. (1989): Pressewirtschaft. In Noelle-Neumann, Elisabeth; Schulz, Winfried; Wilke, Jürgen (Hrsg.): Fischer Lexikon Publizistik/Massenkommunikation. Frankfurt/Main 1989, S. 313-330.

Schütz, Walter J. (1992): Zur Entwicklung des Zeitungsmarktes in den neuen Ländern 1989-1992. In: Zeitung '92. Hrsg. vom Bundesverband Deutscher Zeitungsverleger (BDZV). Bonn, S. 270-296.

Schütz, Walter J. (1999): Entwicklung der Tagespresse. In: Wilke, Jürgen (Hrsg.): Mediengeschichte der Bundesrepublik Deutschland. Bonn, S. 109-134.

Schütz, Walter J. (2000): Deutsche Tagespresse 1999. Ergebnisse der fünften gesamtdeutschen Zeitungsstatistik. In: Media Perspektiven 1/2000, S. 8-29.

Schütz, Walter J. (2001a): Deutsche Tagespresse 2001. In: Media Perspektiven 12/2001, S. 602-632.

Schütz, Walter J. (2001b): Redaktionelle und verlegerische Struktur der deutschen Tagespresse. In: Media Perspektiven 12/2001, S. 633-642.

Selhofer, Hannes (1999): Der Medienbegriff im Wandel. Folgen der Konvergenz für Kommunikationswissenschaft und Medienökonomie. In: Latzer, Michael u.a. (Hrsg.): Die Zukunft der Kommunikation. Innsbruck, S. 99-108.

Siegert, Gabriele (2001): Medien Marken Management. Relevanz, Spezifika und Implikationen einer medienökonomischen Profilierungsstrategie. München.

Stahmer, Frank (1995): Ökonomie des Presseverlages. München.

Steinmetz, Rüdiger (1996): Freies Fernsehen. Das erste privat-kommerzielle Fernsehprogramm in Deutschland. Konstanz.

Steinmetz, Rüdiger (1999): Initiativen und Durchsetzung privat-kommerziellen Rundfunks. In: Wilke, Jürgen (Hrsg.): Mediengeschichte der Bundesrepublik Deutschland. Köln, Weimar, Wien, S. 167-193.

Stöber, Rolf (2000): Deutsche Pressegeschichte. Einführung, Systematik, Glossar. Konstanz.

Streul, Irene Charlotte (1999): Rundfunk und Vereinigung der beiden deutschen Staaten. In: Schwarzkopf, Dietrich (Hrsg.): Rundfunkpolitik in Deutschland. Wettbewerb und Öffentlichkeit. Band 1. München, S. 874-925.

Stuiber, Heinz-Werner (1998): Medien in Deutschland, Band 2: Rundfunk (2 Teile). Konstanz.

Telemediarecht (2001). Telekommunikations- und Multimediarecht. München.

Tenscher, Jens (1998): Politik für das Fernsehen – Politik im Fernsehen. Theorien, Trends und Perspektiven. In: Sarcinelli, Ulrich (Hrsg.): Politikvermittlung in der Mediengesellschaft. Beiträge zur Politischen Kommunikationskultur. Opladen, S. 184-208.

Tenscher, Jens (1999): »Sabine Christiansen« und »Talk im Turm«. Eine Fallanalyse politischer Fernsehtalkshows. In: Publizistik 44:1999, S. 317-333.

Tichy, Roland; Dietl, Sylvia (Hrsg.) (2000): Deutschland einig Rundfunkland? Eine Dokumentation zur Wiedervereinigung des deutschen Rundfunksystems 1989-1991. München.

Tonnemacher, Jan (1999): Wege zur Online-Zeitung. In: Neuberger, Christoph; Tonnemacher, Jan (Hrsg.): Online – die Zukunft der Zeitung? Opladen, S. 88-123.

Vogel, Andreas (2000): Leichtes Wachstum der Großverlage: Daten zum Markt und zur Konzentration der Publikumspresse im 1. Quartal 2000. In: Media Perspektiven 10/2000, S. 464-478.

Vogel, Andreas (2001a): Die tägliche Gratispresse. Ein neues Geschäftsmodell für Zeitungen in Europa. In: Media Perspektiven 11/2001, S. 576-586.

Vogel, Andreas (2001b): Online-Strategien der Pressewirtschaft. Bestandsaufnahme des Onlineengagements der großen Zeitungs- und Zeitschriftenverlage. In: Media Perspektiven Heft 12/2001, S. 590-601.

Wagner, Franc (1998): Sind Printmedien im Internet Online-Medien? In: Pfammatter, René (Hrsg.): Multi Media Mania. Reflexionen zu Aspekten neuer Medien. Konstanz, S. 191-211.

Was Sie über Rundfunk wissen sollten (1997). Materialien zum Verständnis eines Mediums. Hrsg. von ARD und ZDF. Berlin.

Wehmeier, Klaus (1997): Die Geschichte des ZDF. Entstehung und Entwicklung 1961-1969. Mainz.

Weischenberg, Siegfried (1978): Die elektronische Redaktion. Publizistische Folgen der neuen Technik. München.

Weischenberg, Siegfried (1982): Journalismus in der Computergesellschaft. München.

Wember, Bernward (1983): Wie informiert das Fernsehen? Ein Indizienbeweis. München.

Wenger, Klaus (1988): Kommunikation und Medien in der Bundesrepublik Deutschland. München.

Wilke, Jürgen (1984) (Hrsg.): Pressefreiheit. Darmstadt.

Wilke, Jürgen (1991) (Hrsg.): Telegraphenbüros und Nachrichtenagenturen in Deutschland. Untersuchungen zu ihrer Geschichte bis 1949. München u.a.

Wilke, Jürgen (1992): Der Pressevertrieb in den neuen Bundesländern. In: Mahle, Walter (Hrsg.): Pressemarkt Ost. Nationale und internationale Perspektiven. München.

Wilke, Jürgen (1997): Presse. In: Noelle-Neumann, Elisabeth; Schulz, Winfried; Wilke, Jürgen (Hrsg.): Fischer Lexikon Publizistik/Massenkommunikation. Frankfurt/Main.

Wilke, Jürgen (1998): Politikvermittlung durch Printmedien. In: Sarcinelli, Ulrich (Hrsg.): Politikvermittlung in der Mediengesellschaft. Beiträge zur Politischen Kommunikationskultur. Opladen, S. 146-164.

Wilke, Jürgen (1999): Zukunft Multimedia. In: Wilke, Jürgen (Hrsg.): Mediengeschichte der Bundesrepublik Deutschland. Köln, Weimar, Wien, S. 751-774.

Wilke, Jürgen (2000): Grundzüge der Medien- und Kommunikationsgeschichte. Von den Anfängen bis ins 20. Jahrhundert. Köln, Wien.

Winkler, Klaus (1994): Fernsehen unterm Hakenkreuz. Organisation, Programm, Personal. Köln.

Witt, Carola (1992): Der Staatsvertrag über den Rundfunk im vereinten Deutschland. In: Media Perspektiven 1/1992, S. 24-28.

Wörterbuch der sozialistischen Journalistik (1981). Hrsg. von der Karl-Marx-Universität Leipzig, Sektion Journalistik. Leipzig.

ZAW-Jahrbuch 1997 (1997): Werbung in Deutschland 1997. Bonn.

ZAW-Jahrbuch 1998 (1998): Werbung in Deutschland 1998. Bonn.

ZAW-Jahrbuch 2001 (2001): Werbung in Deutschland 2001. Bonn.

ZDF-Jahrbuch 2000 (2000). Mainz.

ZDF-Jahrbuch 2001 (2001). Mainz

Zeitungen '90 (1990). Hrsg. vom Bundesverband Deutscher Zeitungsverleger (BDZV). Bonn.

Zeitungen 2000 (2000). Hrsg. vom Bundesverband Deutscher Zeitungsverleger (BDZV). Berlin.

Zeitungen 2001 (2001). Hrsg. vom Bundesverband Deutscher Zeitungsverleger (BDZV). Berlin.

Zeutschner, Heiko (1995): Die braune Mattscheibe. Fernsehen im Nationalsozialismus. Hamburg.

Ziegler, Marc; Becker, Andreas (2000): Neue Geschäftsmodelle für Zeitungen im Internet. In: Zeitungen 2000. Hrsg. vom Bundesverband Deutscher Zeitungsverleger (BDZV). Berlin, S. 162-171.

Zimmer, Jochen (2001): Werbeträger Internet: Ende des Booms oder Wachstum aus der Nische? In: Media Perspektiven 6/2001, S. 298-305.

Zohlnhöfer, Werner (1989): Zur Ökonomie des Pressewesens der Bundesrepublik Deutschland. In: Schenk, Michael; Donnerstag, Joachim (Hrsg.): Medienökonomie. Einführung in die Ökonomie der Mediensysteme. München, S. 37-75.

Zubayr, Camille; Gerhard, Heinz (1999): Wahlberichterstattung und Politikbild aus Sicht der Fernsehzuschauer. In: Media Perspektiven 5/1999, S. 237-248.

4.4 Rezipientenforschung

Im Lehr- und Forschungsfeld Rezipient befasst sich die Kommunikationswissenschaft mit den Empfängern (lat. rezipere = aufnehmen, empfangen) publizistischer Aussagen, also mit den Lesern, Hörern, Zuschauern und Usern von Medienprodukten. Das Fach widmet sich dabei sowohl Fragen der Nutzung der Medien durch den *Einzelnen* und seiner Auseinandersetzung mit Medienangeboten (Mikroebene) wie auch mit *gesellschaftlichen* Prozessen, die durch Mediennutzung direkt oder indirekt verursacht werden (Makroebene). Es geht also auch um die Interaktionen und das Beziehungsgeflecht zwischen Medien, Gesellschaft und Kultur. Nutzungs-, Verarbeitungs- und Wirkungsvorgänge sind dabei jedoch fließend und lassen sich nicht trennscharf voneinander abgrenzen.

Mit Medienrezeption bezeichnet man im Allgemeinen jenen Vorgang, bei dem sich ein Mensch mit einer publizistisch vermittelten Aussage auseinander setzt. Diese Auseinandersetzung kann von recht unterschiedlicher Qualität sein. Sie kann von einem flüchtigen Überfliegen der Medienbotschaft über die Nutzung als Hintergrundkulisse bis hin zu einer eingehenden Auseinandersetzung reichen, in deren Verlauf die Medienbotschaft verstanden und in den Wissensbestand des Rezipienten (also des Lesers, Hörers, Zuschauers und Users) integriert wird. Rezeption als aktive Auseinandersetzung mit einer Medienbotschaft kann an eine konkrete Medienbotschaft und eine bestimmte Rezeptionssituation gebunden sein, wenn etwa die Anmutung formaler und inhaltlicher Merkmale der Botschaft oder die Verständlichkeit der Information untersucht wird. Beforscht wird aber auch die Nutzung ganzer Medien oder Gattungen unabhängig von einzelnen Situationen. Dabei werden z.B. Phänomene fokussiert wie die Motive der Fernsehnutzung, das Image von Tageszeitungen oder die Umstände, das Ausmaß und die Intensität der Nutzung einzelner Radiosender.

Wie der Begriff »Medienrezeption« ist auch der des »Rezipienten« weit gefasst: Minimalkriterium ist der flüchtige Kontakt mit der Medienbotschaft, etwa das Anlesen eines Zeitungsartikels, das Nebenbeihören eines Radiosenders oder das nur teilweise Mitverfolgen einer TV-Sendung. Was unter einem Rezipienten zu verstehen ist, wird in der Medienforschung von Fall zu Fall und je nach Forschungsinteresse pragmatisch definiert.

Mit Rezipieren ist jedenfalls nicht »das Empfangen von Aussagen durch einen passiv ›rezipierenden‹ Empfänger« gemeint (Maletzke 1998, S. 55). Eine solche Vorstellung gilt als überholt. Der Empfänger im Prozess der Massenkommunikation greift aktiv in diesen Prozess ein: » [E]r wählt aus, prüft, verwirft; und oft setzt er den Medieninhalten auch Widerstand entgegen. Dieses Konzept vom aktiven Rezipienten hat die Lehre von der Massenkommunikation grundlegend verändert« (Maletzke 1998, S. 55). Rezipienten im Prozess öffentlicher Kommunikation sind also Personen, die sich originärpublizistisch oder massenmedial vermittelten Inhalten mehr oder weniger bewusst zuwenden und im Kontext dieser Zuwendung die vermittelten Botschaften wahrnehmen, verstehen und darauf reagieren.

Die Summe der Empfänger publizistischer Aussagen bezeichnet man allgemein als Publikum, wobei grundsätzlich zwischen Präsenzpublikum und dispersem Publikum zu unterscheiden ist. Ein *Präsenzpublikum* ist zur gleichen Zeit und am gleichen Ort versammelt, um sich der gleichen Kommunikation auszusetzen. Beispiele hierfür sind: das Kinopublikum in einer bestimmten Vorstellung; die Zuhörer einer öffentlichen Rede bei einer (Partei-)Versammlung oder bei einer Demonstration auf der Straße; durchaus auch die Teilnehmer an einem Gottesdienst, die einer Predigt folgen; oder etwa auch die Besucher einer Theateraufführung. Ein *disperses* Publikum hingegen hat ausschließlich die Zuwendung zu ein und demselben Medieninhalt gemeinsam. Örtlich und zeitlich sind die Rezipienten voneinander getrennt, und auch die jeweiligen Empfangs-, Motivations- und Situationsbedingungen können sich stark unterscheiden. Ein disperses Publikum bzw. disperse Publika können sein: die Leser einer konkreten Zeitung oder Zeitschrift, die das Medium zu einem von ihnen selbst bestimmten Zeitpunkt (beim Frühstück, in der Straßenbahn, am Abend) lesen; die Hörer eines Radioprogramms, die dieses Programm an einem von ihnen bestimmten Ort (zu Hause, im Auto, beim Joggen etc.) hören; oder die an unterschiedlichen Orten und in unterschiedlichen Situationen sich befindenden Zuschauer einer Fernsehsendung, die dem Programm beispielsweise alleine, mit einem Partner, im Kreis der Familie etc. nutzen. Ein disperses Publikum stellen aber ebenso die User einer Online-Zeitung im WWW dar, die zu unterschiedlichen Zeiten und an unterschiedlichen Orten ein solches Medium aus unterschiedlichen Motiven nutzen. Im Sammelbegriff werden die Publika der Massenkommunikation auch mit dem Begriff Öffentlichkeit bezeichnet (vgl. Kapitel 3.2).

Das Forschungsfeld Rezipient/Wirkung lässt sich grosso modo in drei größere Forschungsfelder unterteilen:

- in die Mediennutzungsforschung, die in aller Regel das quantitative Ausmaß der Nutzung eines oder mehrer Medien ermittelt (Reichweitenforschung);
- in die Rezeptionsforschung, die Motive und Erwartungen, Gewohnheiten und Modi, Ausmaß und Intensität etc. der Mediennutzung zu ergründen versucht; sowie
- schließlich in die Medienwirkungsforschung, die sich mit den unterschiedlichen und vielfältigen individuellen und sozialen Folgen von Massenkommunikation befasst. Diese drei Felder sollen nachfolgend im Einzelnen umrissen werden.

4.4.1 Mediennutzungsforschung (Reichweitenforschung)[4]

Die Mediennutzungsforschung dient dazu, Daten über das Publikum eines Mediums zu ermitteln. In erster Linie sind dies die Reichweiten von Zeitungen, Zeitschriften, Hörfunk- und Fernsehprogrammen sowie die Zusammensetzung der Publika hin-

---

4   Helena Bilandžić unter Mitarbeit von Heinz Pürer

sichtlich ihrer soziodemographischen Struktur nach Alter, formaler Bildung, Geschlecht, Einkommen Beruf etc. In jüngster Zeit werden auch die Kontakte von Online-Medien gezählt. In Deutschland werden dazu laufend Untersuchungen von Medienunternehmen und der werbungtreibenden Wirtschaft mit den unterschiedlichsten Methoden und Schwerpunkten durchgeführt. Diese Daten sind in mehrfacher Hinsicht von Bedeutung (vgl. Siegert 1993, S. 123ff; Angermann/Diem/Pürer 1996, S. 467):

- Sie dienen der werbungtreibenden Wirtschaft für die Entwicklung von Streuplänen für Werbebotschaften in Zeitungs- und Zeitschriftenanzeigen, Hörfunk- und Fernsehspots sowie Werbung in Online-Medien. Dabei geht es vor allem darum, diese Planung so zu optimieren, dass Werbung möglichst präzise an die anvisierten Zielgruppen eines Produkts herangeführt wird und Streuverluste vermieden werden.
- Sie kommen den Zeitungs- und Zeitschriftenverlagen, den Hörfunk- und Fernsehveranstaltern sowie den Anbietern von Online-Medien für die Festlegung von Preisen für Anzeigenwerbung in Printmedien, für Werbespots in Hörfunk und Fernsehen sowie für Werbebanner und andere Werbeformen im WWW zugute. Gleichzeitig haben sie Bedeutung als Marketing-Instrument und für Service-Leistungen für die werbungtreibende Wirtschaft.
- Sie sind für die Medienschaffenden (wie Journalisten und Programmplaner) wichtig, um sich zumindest ein grobes Bild über das Publikum machen und die Daten für die inhaltliche und formale Optimierung ihres Medienproduktes verwenden zu können. Insofern sind die Daten auch ein Indikator für den Publikumserfolg eines Medienprodukts und dienen damit der Erfolgskontrolle.
- Nicht zuletzt profitieren aber auch die Medienforscher von den Daten der Nutzungsforschung. Medienwissenschaftler, Soziologen, Bildungsforscher und Pädagogen können ihnen – vor allem im Langzeit- bzw. Zeitreihenvergleich – wichtige Informationen über Lese-, Hör- und Sehgewohnheiten, deren Entwicklungen, Veränderungen und Trends entnehmen. Dies gilt längst auch für die Daten der User-Forschung von Medienangeboten im Internet.

Reichweiten und Kontakthäufigkeiten können freilich keine Aussagen über die Intensität der Mediennutzung oder gar über ihre Wirkung bei den Nutzern machen. Nicht selten geht die Mediennutzungsforschung daher über die Ermittlung bloßer Nutzungs- und Strukturdaten hinaus. So werden in vielen Studien auch Wünsche, Erwartungen und Interessen des Publikums erhoben, ebenso die Anmutung einzelner Ausgaben von Zeitungen und Zeitschriften, von Sendungen in Hörfunk und Fernsehen sowie über das Image von Medienprodukten. Medienforschung für diesen Zweck wird dann als redaktionelle Publikumsforschung bezeichnet, die nicht zuletzt auch dem redaktionellen Marketing zugute kommt (vgl. Kapitel 4.1.3.2).

Da alle Medien gleichermaßen etwas über ihr Publikum in Erfahrung bringen wollen und die werbungtreibende Wirtschaft auch Interesse an vergleichbaren Daten hat, haben sich in vielen Ländern (so auch in Deutschland, Österreich und der Schweiz) Medienbetriebe zusammengeschlossen, um gemeinsame Studien zu betreiben:

- In Deutschland für den Print- und Hörfunkbereich führend ist die *Media Analyse (MA),* eine jährlich durchgeführte, repräsentative Befragung der deutschen Bevölkerung zu ihrem Mediennutzungsverhalten. Zusätzlich werden, ebenfalls meist jährlich, vor allem in den regionalen Verbreitungsgebieten so genannte Funkmedienanalysen durchgeführt, die detailliert die Hörfunknutzung ermitteln (beispielsweise die jährlich erscheinende »Funkmedienanalyse Bayern«) (vgl. AG.MA 2001a; BLM 2001).
- Für das Fernsehen gibt es in Deutschland eine ständige elektronische Messung der Fernsehnutzung über eine repräsentative Stichprobe in derzeit 5.200 Fernsehhaushalten (mit zusammen rund 12.000 Zuschauern). Diese so genannte »telemetrische Reichweitenmessung« wird von der in Nürnberg beheimateten *Gesellschaft für Konsum-, Markt- und Absatzforschung GfK* durchgeführt (daher auch GfK-Fernsehforschung) und liefert täglich und sekundengenau Reichweitendaten zu den laufenden Fernsehprogrammen (vgl. Buß 1998; Müller 2000).
- Eine langfristige Beobachtung der Entwicklung der Mediennutzung leistet die *Langzeitstudie Massenkommunikation.* Es handelt sich dabei um eine seit 1964 etwa alle fünf bis sechs Jahre mit weitgehend gleichem Fragebogen erhobene Befragung zur Mediennutzung (einschließlich Buchlektüre und Kinobesuch). Sie lässt Trends in Nutzung und Wahrnehmung von Medien erkennen, die nicht zuletzt auch durch den Wandel in der Medienlandschaft und in der Gesellschaft bedingt sind (vgl. Berg/Kiefer 1996).
- Einen relativ neuen Zweig der Kommunikationsforschung bringt das Internet mit sich, dessen Angebote sich ebenfalls zu einem großen Teil durch Werbung finanzieren und die daher ebenfalls intensiv untersucht werden. Beispielhaft für die User-Forschung sind die halbjährlich durchgeführte so genannte *W3B-Studie* (vgl. Fittkau & Maaß 2001) oder die jährlich ermittelte ARD/ZDF-Online-Studie mit jeweils rund 1.000 repräsentativ erhobenen Interviews zur Online-Nutzung (vgl. van Eimeren/Gerhard 2000).

In der Publikumsforschung existieren je eigene Forschungszweige für die einzelnen Medien, für die sich jeweils spezifische Forschungsmethoden und Standardstudien entwickelt haben. Im Folgenden sollen die wichtigsten Verfahren der Leserschaftsforschung (Zeitung und Zeitschrift), Hörerschaftsforschung (Radio), Zuschauerforschung (Fernsehen) sowie die Userforschung (Internet) in groben Zügen dargestellt werden. Die »Langzeitstudie Massenkommunikation« als nicht-kommerzielle und intermediär vergleichende Studie wird in einem eigenen Abschnitt vorgestellt (vgl.

Kapitel 4.4.1.5). Insgesamt können dabei drei Typen von Studien unterschieden werden, und zwar:

- traditionelle Reichweitenanalysen, die versuchen, den Anteil der Bevölkerung zu bestimmen, der eine Publikation nutzt;
- (vor allem bei auflagenkleineren Printmedien) Nutzerschaftsanalysen z.B. in Form von Abonnentenbefragungen mit dem Ziel der Bestimmung von deren Werbewert; und
- *Typologien*, die Zielgruppen oder Nutzer nach anderen als soziodemographischen Merkmalen beschreiben und diese zu homogenen Gruppen nach persönlichen Einstellungen, Konsumverhalten oder Mediennutzung gruppieren. Sie finden sich in unterschiedlicher Weise in den nachfolgend im Einzelnen beschriebenen Studien zur Leserschaftsforschung, zur Hörerforschung, zur Fernsehforschung sowie zur Userforschung im Internet wieder.

4.4.1.1 Leserschaftsforschung

Für die Leserschaftsforschung kann in Deutschland auf die nachfolgend genannten und methodisch sich unterscheidenden Studien und Datenquellen verwiesen werden:

Die IVW

Die *Informationsgemeinschaft zur Verbreitung von Werbeträgern (IVW)*, ein gemeinnütziger Verein, verfolgt bereits seit 1949 das Ziel, vergleichbare und objektiv erhobene Unterlagen über die Verbreitung von Werbeträgern (Printmedien) zu beschaffen und bereitzustellen. Die IVW führt *keine* Leserschaftsstudien durch, sondern veröffentlicht vierteljährlich stichprobenartig überprüfte Auflagen-Listen (IVW-Listen) von Zeitungs- und Zeitschriftenverlagen sowie (seit 1997) von Zugriffen der User auf Internet-Angebote. Die IVW gibt also regelmäßig bekannt, wie viele Exemplare eines Printerzeugnisses gedruckt (Druckauflage), verbreitet (verbreitete Auflage) sowie – im Abonnement oder Einzelverkauf – tatsächlich abgesetzt wurden (Verkaufsauflage). Diesen Angaben kann man *nicht* entnehmen, wie viele Leser oder Mitleser etwa eine Zeitung oder Zeitschrift hat und welche Merkmale die Leserschaft trägt. Werbeplaner können an den Daten der IVW aber bemessen, was sie eine Anzeige bezogen auf 1.000 Käufer (nicht Leser!) einer Zeitung oder Zeitschrift kostet (sog. Tausenderpreis)(vgl. IVW 2001a; Koschnik 1995, S. 822ff).

Die Media Analyse (MA)

Die Media Analyse ist die größte Werbeträgeranalyse in Deutschland. Sie wird von der Arbeitsgemeinschaft Media Analyse (AG.MA), einem Zusammenschluss aus Print- und Funkmedien, Werbeagenturen und werbungtreibenden Unternehmen, getragen. Die MA enthält die Daten einer jährlich bundesweit durchgeführten mündlichen Face-to-face-Befragung einer Zufallsstichprobe (so genanntes Random-

Verfahren) Deutsch sprechender Personen ab 14 Jahren. Mit Gedächtnisstützen wie Karteikarten mit den Titelzügen von Zeitungen und Zeitschriften werden Bekanntheit und Nutzung von Printmedien abgefragt. Die Radionutzung wird seit 2000 in einer telefonischen Befragung anhand eines Tagesablaufschemas ermittelt: Die Interviewer gehen dabei den Vortag des Interviews mit den Befragten durch und erfragen für jede Viertelstunde welche Tätigkeit ausgeübt wurde, wie z.B. Schlafen, Essen, Arbeiten, Radio hören (vgl. AG.MA 2001a, b).

Insgesamt erhebt die Media Analyse in Deutschland rund 160 Zeitschriften und Wochenzeitungen, 640 Tageszeitungsausgaben, 245 in Deutschland empfangbare Hörfunksender (darunter auch mehrere aus dem Ausland einstrahlende Programme) und den Kinobesuch. Mittlerweile müssen so viele Medien abgefragt werden, dass eine Abfrage aller in Deutschland verfügbaren Medien den Befragten nicht mehr zuzumuten ist. Daher wird seit 1987 an Stelle einer so genannten »Single-Source-Erhebung« (*alle* Befragten werden zur Nutzung *aller* interessierenden Medien befragt) eine so genannte »Multiple-Source-Erhebung« in einem Partnerschaftsmodell angewandt. Die Befragung der MA wird seither in zwei getrennten Untersuchungen durchgeführt: in der *Pressetranche* für die Nutzung der Printmedien (rund 155.000 Fälle für Tageszeitungen und rund 25.000 Fälle für Zeitschriften), und in der *Funkmedientranche* für die Radio-Nutzung mit rund 56.000 Interviews (vgl. AG.MA 2001a). Die Fernsehnutzung wird nicht mehr via MA abgefragt. Vielmehr werden deren Daten aus der telemetrischen Messung der GfK-Fernsehforschung in die MA übernommen und integriert. Die Ergebnisse der drei Teile (Printtranche, Funktranche, GfK-Daten) werden zusammengeführt (vgl. AG.MA 2001a).

Die Allensbacher Werbeträgeranalyse (AWA)

Ursprünglich mit Vorgängern der Media Analyse verbunden, veranstaltet das Institut für Demoskopie in Allensbach (Bodensee) wegen methodischer Differenzen seit 1958 eine eigene jährliche Befragung zu Mediennutzung und Konsumgewohnheiten. Im Unterschied zur MA stellt die AWA eine Single-Source-Erhebung dar; ihr liegt auch keine Random-Stichprobe wie bei der MA, sondern eine Quotenstichprobe zu Grunde. Die Ergebnisse der AWA fußen auf der Befragung von rund 20.000 Personen bundesweit. Im Vergleich zur MA erhebt die AWA mehr Daten zum generellen Konsumverhalten der Befragten. Die Besonderheit der Studie liegt vor allem in der Beschreibung der Faktoren für den Kauf und Konsum von Produkten sowie in der Einschätzung der Marktpotenziale von Produkten. Zielgruppen können damit nach psychologischen Kriterien definiert werden (vgl. AWA 2001; Koschnik 1995, S. 55).

Verbraucher-Analyse (VA)

Bei der Verbraucher-Analyse handelt es sich um eine Single-Source-Untersuchung der deutschen Presseverlage Heinrich Bauer und Springer. In einer mündlichen Befragung (Zufallsstichprobe von rund 30.000 Personen) werden zunächst das Medienverhalten (15 Mediengruppen, darunter ca. 140 Zeitschriften) und die Demographie erhoben – mündlich deshalb, weil für diese Angaben der Befragten Befragungshilfen wie etwa Titelkarten durch einen Interviewer erforderlich sind. In einer zusätzlichen schriftlichen Befragung werden sodann ausführliche Daten zu Konsum (657 Produktbereiche mit 1.790 Marken), Besitz und Psychographie (»qualitative Zielgruppenmerkmale« wie z.B. Lebensphasen und Sinus-Milieus) erhoben. Die VA wird vor allem für die Marketing- und Werbeplanung genutzt, da sie sowohl Mediennutzungs- als auch Konsumdaten erhebt (vgl. Verlagsgruppe Bauer 2001).

Ebenso wie die MA und die AWA ermöglicht diese Untersuchung die Analyse von Zielgruppen und die Erarbeitung von Werbe-Streuplänen. Die VA versucht aber, statt einer tiefer gehenden Analyse nur weniger Produkte möglichst viele Produkte im Überblick zu berücksichtigen, sodass eine vergleichende Analyse für sehr viele Zielgruppen- und Produktkombinationen möglich ist (vgl. Koschnik 1995, S. 1790).

Spezielle Zielgruppenanalysen

Es gibt des weiteren Studien, die spezielle Zielgruppen abfragen. Dies ist etwa erforderlich, wenn deren Fallzahl bei herkömmlichen Untersuchungen zu klein ausfällt oder beispielsweise eine spezielle Auswahl von Publikationen abgefragt wird. Beispiele hierfür sind die *Leseranalyse Entscheidungsträger (LAE),* Jugend-Media Analyse (JUMA) oder die *Leseranalyse Medizinische Fachzeitschriften (LAMed)*[5].

Lebenswelt-/Lifestyle-Typologien

Da soziodemographische Variablen (wie Alter, Geschlecht, formale Bildung, Einkommen etc.) für sich alleine wenig Erklärungskraft besitzen und traditionelle soziale Strukturen zusehends auseinander brechen, werden soziodemographische Leserstrukturen zunehmend durch Life-Style- oder Lebenswelt-Typologien ersetzt und ergänzt. Solche Typologien versuchen Verbraucher nach Einstellungen, Werthaltungen, Konsumverhalten und Mediennutzung zu gruppieren. In der *Mediennutzertypologie (MNT)* wird beispielsweise unterschieden zwischen »Jungen Wilden«, »Erlebnisorientierten«, »Leistungsorientierten«, »Neuen Kulturorientierten«, »Unauffälligen«, »Aufgeschlossenen«, »Häuslichen«, »Klassisch Kulturorientierten« und »Zurückgezogenen« (vgl. Hartmann/Neuwöhner 1999). Typologien wie diese stellen eine weitere detailliertere Beschreibung von (potenziellen) Zielgruppen dar, mit deren Hilfe Programmplanung in Hörfunk und Fernsehen optimiert sowie Marketingmaßnahmen gut entwickelt werden können (vgl. Buß/Neuwöhner 1999; Oehmichen 1999).

Die jährlich erscheinende *Typologie der Wünsche Intermedia* (Burda Advertising Center) erhebt neben Konsumgewohnheiten auch die Mediennutzung (190 Zeitschriften, zehn überregionale und regionale Tageszeitungen, 87 TV-Formate, Hör-

---

5   Für eine Übersicht mit Kurzsteckbriefen der Studien siehe W&V Online (2001).

funk- und Online-Nutzung in einem mündlichen Interview. Die rund 20.000 (zufällig ausgewählten) Befragten werden zudem nach verschiedensten Einstellungen zu Privatleben, Beruf, Konsum etc. befragt. Dies ermöglicht die Analyse von Zielgruppen nach unterschiedlichen Modellen, wie etwa den Sinus-Milieus. Durch die Abfrage der gesamten Mediennutzung können mit der TDWI auch intermediale Werbepläne evaluiert werden (vgl. Typologie der Wünsche Intermedia 2001).

Weitere wichtige Typologien sind beispielsweise in der *Kommunikationsanalyse* (Brigitte/Gruner+Jahr) oder in *Markenprofile* (stern) zu sehen.[6]

Kennwerte der Reichweiten- und Leserschaftsforschung

In der Reichweiten- und Leserschaftsforschung gibt es Kennwerte, anhand derer es möglich ist, Mediaplanung vorzunehmen und Zielgruppen zu bestimmen. Die wichtigsten sind (vgl. AG.MA 2001b; Hess 1996, S. 121ff; Koschnik 1995, S. 1074ff):

- *Reichweite*: Sie bringt zum Ausdruck, wie viele Personen mit einer Publikation (Zeitung, Zeitschrift) erreicht werden. Die national verbreitete »Bild«-Zeitung beispielsweise, die auflagenstärkste Straßenverkaufszeitung Deutschlands (4,5 Mio. Auflage) mit ihren 31 Ausgaben, hatte der Media Analyse 2001 zufolge eine bundesweite Reichweite von 11,2 Mio Lesern, das entspricht 17,5 Prozent der Bevölkerung über 14 Jahre. Bei nicht national verbreiteten Blättern etwa – und dies sind in Deutschland die weit überwiegende Mehrzahl der meist regional oder lokal verbreiteten Tageszeitungen – ist es nur sinnvoll, die Reichweite für das jeweilige (Haupt-)Verbreitungsgebiet einer Tageszeitung (samt allen ihren Ausgaben) anzugeben.
- *Struktur der Leserschaft:* Sie gibt Aufschluss über bestimmte, meist soziodemographische Merkmale der Leserschaft wie Alter, Bildung, Geschlecht, Einkommen, Nutzung anderer Medien etc. Aus der Struktur der Leserschaft kann man ersehen, wie die Nutzerschaft eines Printmediums charakterisiert ist und welche Kaufkraft sie hat.
- Definition *Leser:* Leser sind alle Personen, die eine Ausgabe einer Zeitung oder Zeitschrift »...gelesen oder durchgeblättert haben« (so etwa die MA). Aus dieser Formulierung (»... oder durchgeblättert«) geht hervor, dass es bei Nutzungsstudien oftmals gar nicht so sehr um das wirkliche Lesen, sondern nur um Kontakte geht, insbesondere um mögliche Kontakte des Lesers mit Anzeigen. Es handelt sich also eher um ein »weiches« Leser-Kriterium (auch wenn dies die Auftraggeber der Studien nicht gerne hören).
- *Leser pro Nummer (LpN)* sind alle Personen, die mit einer durchschnittlichen Ausgabe einer Zeitung oder Zeitschrift Kontakt haben. Der LpN wird nicht nach der Nutzung einer bestimmten Ausgabe abgefragt, sondern nach der Nutzung irgendeiner Ausgabe im Erscheinungsintervall (bei Tageszeitungen ein Tag,

---

6   Für eine Übersicht mit Kurzsteckbriefen der Typologien siehe W&V Online (2001).

bei wöchentlich erscheinenden Periodika sieben Tage, bei Monatszeitschriften vier Wochen). Der Grund für dieses Verfahren liegt darin, dass es zu aufwändig wäre, eine bestimme Ausgabe nachzuverfolgen, da eine Ausgabe in der Regel länger als nur innerhalb eines Erscheinungsintervalls gelesen wird. So werden vor allem Wochenzeitungen, Illustrierte und Zeitschriften auch über Lesezirkel vertrieben und liegen daher oftmals weit länger als nur ein Erscheinungsintervall auf.

- *Kumulative Reichweite* bezeichnet den Zuwachs an Lesern, wenn Anzeigen in mehreren Ausgaben eines Mediums hintereinander geschaltet werden.
- Mit *Lesehäufigkeit* wird angegeben, wie viele Ausgaben einer Zeitung oder Zeitschrift innerhalb eines bestimmten Zeitintervalls von einem Leser genutzt wurden.
- Der *weiteste Leserkreis* sind alle Personen, die mindestens eine von zwölf Ausgaben eines Printmediums gelesen oder durchgeblättert haben. Die Zahl zwölf kommt hier ins Spiel, weil es auch monatlich erscheinende Periodika gibt, deren Nutzung übers Jahr gesehen erfasst wird. Sie kann entsprechend auf Medien mit anderem Erscheinungsrhythmus übertragen werden.
- *Leser pro Ausgabe (LpA)* bringt die Nutzungswahrscheinlichkeit einer beliebigen Ausgabe der letzten zwölf Erscheinungsintervalle eines Printmediums zum Ausdruck. Je mehr Ausgaben einer Publikation ein Leser in den letzten zwölf Erscheinungsintervallen genutzt hat, umso höher ist seine individuelle Wahrscheinlichkeit, als Leser pro Ausgabe gezählt zu werden. Unabhängig vom Zeitpunkt der Befragung wird ein Leser, der alle zwölf Ausgaben einer Monatszeitschrift gelesen hat, in jedem Fall als Leser identifiziert. Jemand, der nur eine Ausgabe gelesen hat, hat demnach eine Chance von 1:12, als Leser erfasst zu werden. Dieser potenziellen Verzerrungsquelle trägt der Kennwert LpA Rechnung und gewichtet rechnerisch die Anzahl der Leser mit ihrer individuellen Lesehäufigkeit.
- Der *Tausend-Leser-Preis* gibt den Preis für eine Anzeige pro 1.000 Leser eines Printmediums an. U.a. im Vergleich mit dem Tausend-Leser-Preis konkurrierender Medien ist er für den Werbeplaner wichtig, um seine finanziellen Werbemittel möglichst günstig einzusetzen.
- Der *Kernleser* ist ein regelmäßiger Leser, der mindestens zehn von zwölf Ausgaben nutzt.
- Mit *Leser pro Exemplar* sind alle Leser eines Exemplares gemeint (also Käufer und alle Mitleser).
- Der Kennwert *Leser pro Seite* bringt die Wahrscheinlichkeit des Kontaktes eines Lesers mit einer Seite einer Ausgabe zum Ausdruck.

Methodische Probleme

Bei allen Studien, in denen die Befragung als Methode angewandt wird, ergeben sich ähnliche Probleme: Befragte sollen ihr eigenes Medienverhalten rekonstruieren und dem Interviewer vermitteln. Oftmals sind sie dazu aber nicht oder nur in einge-schränktem Ausmaß in der Lage (z. B. überfordert die Frage nach der Häufigkeit des Lesens in den letzten zwölf Monaten nicht selten ihr Gedächtnis), oder sie *wollen* ihr tatsächliches Medienverhalten nicht offenbaren. So kann z. B. die Frage nach der Lektüre einer weniger renommierten Publikation beim Befragten ein Antwortverhal-ten auslösen, das von »soziale Erwünschtheit« geprägt ist: Es wird dann eine Antwort gegeben, von der angenommen wird, dass sie bei anderen Menschen auf Akzeptanz stößt (vgl. Schnell/Hill/Esser 1995, S. 329ff).

Zudem kann mit herkömmlichen Befragungen zur Zeitungs- und Zeitschriften-nutzung eine sehr wichtige Art der Information nicht erhoben werden, nämlich: wel-che Seiten tatsächlich gelesen bzw. welche Anzeigen beachtet und wie viele Seiten einer bestimmten Publikation gelesen werden. Um Angaben darüber zu erhalten, muss Zu-satzforschung betrieben werden. Dafür kommen beispielsweise Copytests oder Blick-registrierungsgeräte in Frage. Beim *Copytest* gehen Interviewer eine Ausgabe der getes-teten Publikation mit dem Befragten Seite für Seite durch; die Befragten sollen jeweils angeben, welche Inhalte sie auf Grund der Lektüre wiedererkennen (vgl. Hess 1996, S. 68ff). *Blickregistrierungsgeräte* zeichnen den Blickverlauf einer Versuchsperson beim Lesen einer Publikation auf und können so Aufschluss darüber geben, bei welchen Bei-trägen und Anzeigen der Leser wie lange verweilt (vgl. Koschnick 1995, S. 278 ff).

Zur »Kontaktqualität« in der Leserschaftsforschung

Der Kontakt eines Lesers mit einer Publikation kann sehr unterschiedlich ausfallen. Der Kauf einer Publikation durch einen Leser oder auch nur der Kontakt mit einer Zeitung oder Zeitschrift allein sagt noch nichts darüber aus, ob eine bestimmte An-zeige – es geht, wie erwähnt, vor allem um Anzeigenkontakte – auch beachtet wurde. Die Kontaktqualität bei einem Printmedium kann vom Durchblättern und flüchti-gen Überfliegen bis hin zum mehrfachen, gründlichen Lesen reichen. Die Wahr-scheinlichkeit, dass der Leser eine Anzeige auch beachtet, steigt mit der Intensität der Nutzung. Daher sind Informationen darüber für die Mediaplanung wichtig und es werden Versuche unternommen, die Kontaktqualität in die Reichweite mit einzube-ziehen. Dies erfolgt meist über die Erhebung weiterer Daten wie etwa der Lesemenge oder Lesehäufigkeit, der Aufgeschlossenheit gegenüber Werbung (die etwas über die Bereitschaft zur Beachtung von Werbung anzeigt), über das Produktinteresse sowie über die Bindung an eine Publikation. Diese wiederum kann ermittelt werden, in-dem der Leser beispielsweise gefragt wird, ob er sich bemüht, jede Ausgabe zu be-kommen oder auch ob er die Publikation vermissen würde, wenn er sie längere Zeit nicht erhalten könnte (vgl. Koschnik 1995, S. 1184; R. Schulz 1997).

4.4.1.2 Hörerschaftsforschung

Die Hörerschaftsforschung dient ebenso wie die Leserschaftsforschung einerseits der werblichen Vermarktung von Produkten, Konsumgütern und Dienstleistungen im Radio, andererseits aber auch der Programmoptimierung. Auch hier haben sich einige Standardstudien etabliert, die in regelmäßigen Zeitabständen für eine ganze Gruppe von Sendern die Hörfunknutzung erheben. Im Folgenden werden nicht nur solche Standardstudien kurz vorgestellt, sondern auch Arten der so genannten »Ad-hoc-Forschung«, die die einzelnen Rundfunkunternehmen selbst zur Evaluation ihres Programms betreiben (van Eimeren 1995).

Media Analyse (MA)

Die Media Analyse erhebt, wie schon kurz erwähnt, jährlich auch die bundesweite Hörfunknutzung im Tagesverlauf. Im Jahr 2001 wurden in der Funkmedientranche 245 Hörfunksender bei einer repräsentativen Stichprobe von rund 56.000 Personen abgefragt. Seit 2000 wird die Radionutzung nicht mehr in Face-to-face-Interviews erhoben, sondern mittels computergestützter Telefoninterviews (Computer Assisted Telefone Interviews – CATI) (vgl. Klingler/Müller 2000; Müller 1999; AG.MA 2001a). Dieses Verfahren, bei dem nicht erreichte Teilnehmer der Stichprobe automatisch immer wieder angewählt werden, schöpft nicht nur schwer erreichbare Zielgruppen (vor allem jüngere mobile Personen und Berufstätige) besser aus als das persönliche Interview; es verringert auch Interviewereinflüsse, wie sie bei Face-to-face-Interviews auftreten können und erlaubt zudem eine bessere Kontrolle der Interviewer (vgl. Müller 1999). Weitere grundsätzliche Details zur Media Analyse wurden bereits erörtert.

Hörfunk-Trends

Zusätzlich zur Media Analyse werden vor allem Untersuchungen zur regionalen und lokalen Radionutzung durchgeführt. Sie ermöglichen eine genaue Analyse auch reichweitenschwacher Sender. Als Beispiel kann die »Funkanalyse Bayern« genannt werden, die im Auftrag der Bayerischen Landeszentrale für neue Medien (BLM) und unter finanzieller Beteiligung bayerischer Hörfunkanbieter durchgeführt wird. Radiohören wird auch hier im Tagesverlauf erhoben. Im Jahr 2000 bestand die für Bayern repräsentative Stichprobe aus insgesamt 24.116 Personen ab 14 Jahren. 1999 wurde auch bei dieser Studie die Datenerhebungsmethode von der Face-to-face-Befragung auf computergestützte Telefoninterviews (CATI) umgestellt (vgl. BLM 2001).

Qualitative Untersuchungen

In so genannten »qualitativen« Untersuchungen werden die in »quantitativen« Studien erhobenen Nutzungsdaten mit Informationen zu Nutzungsmotiven und Interessen der Zielgruppen ergänzt. Der Terminus »qualitativ« bedeutet in diesem Zusammenhang nicht, dass interpretative oder verstehende Forschung betrieben wird, sondern bezeichnet lediglich den Umstand, dass die Art und Weise der Rezeption, ihre »Qualität« sowie ihre Begleitumstände erforscht werden. Beispielhaft für Studien, die auf Motive der Hörfunkrezeption oder auf Rezeptionskategorien wie Bewertungen von Programmen abzielen, sind die Untersuchungen von Ecke (1991) und Keller

(1992). Ihre Terminologie, dies sei auch erwähnt, weicht von jener der traditionellen Mediaforschung erheblich ab.

Von vielen Sendern werden in Eigenregie auch inhaltliche Evaluationen einzelner Programme oder Sendungen aus Sicht der Hörer durchgeführt. Damit sollen Stärken und Schwächen ermittelt, Programmoptimierungen konzipiert und in die (Radio-) Praxis umgesetzt werden. Gängige Methoden sind Gruppendiskussionen, halbstandardisierte Befragungen und Studiotests, bei denen Testhörer mit konkreten Sendungen konfrontiert werden und über diese Sendungen diskutieren oder ihre Meinung und Verbesserungsvorschläge dazu äußern können (vgl. van Eimeren 1995).

Inhalts- und Formatanalysen

Schließlich werden von vielen Radiosendern Inhaltsanalysen der eigenen und der Konkurrenzprogramme vorgenommen, die beispielsweise die Moderationsstile, den Wort-Musik-Anteil oder die Farbe der Musik erheben (vgl. van Eimeren 1995). Dies dient v.a. der genaueren Profilierung und Darstellung des eigenen Programms, ebenso aber auch der Kontrolle von Maßnahmen zur Anpassung des Programms an seine Zielgruppen.

Kennwerte der Hörerschaftsforschung

Auch in der Hörerschaftsforschung gibt es Kennwerte, deren Kenntnis vor allem für Mediaplaner wichtig ist (vgl. AG.MA 2001b; Koschnik 1995, S. 774ff):

- Die *Hördauer pro Tag* ist die (gesamte) Zeit, die ein Hörer an einem durchschnittlichen Tag mit Radiohören verbringt.
- Der *weiteste Hörerkreis* umfasst alle Personen, die innerhalb von 14 Tagen mindestens einmal Kontakt mit einem bestimmten Sender oder Programm hatten.
- Mit *Hörer gestern* sind alle Personen gemeint, die an einem durchschnittlichen Tag (d.h. »gestern«, also am Vortag der Befragung) während mindestens eines vorgegebenen Zeitsegments ein bestimmtes Programm gehört haben, und zwar unabhängig davon, wie lange. Wird beispielsweise das Radiohören im Tagesablauf in Viertelstundenreichweiten erhoben, so fallen alle Befragten in die »Hörer gestern«-Gruppe, die mindestens eine Viertelstunde Radio gehört haben.

Methodische Probleme

Praktisch alle Verfahren der Radionutzungsforschung basieren auf einem Selbstbericht des befragten Hörers. Da Radiohören oftmals eine Nebenbei-Tätigkeit ist, der die Radiohörer keine besondere Beachtung zukommen lassen, wird nicht zu Unrecht immer wieder die Frage der Validität, also der Gültigkeit der Ergebnisse der Befragungen aufgeworfen. Ähnlich wie bei der Messung der Fernsehnutzung wären auch hier passive Messverfahren ideal, die das Hörverhalten ohne Zutun der Hörer objektiv messen könnten. Solche Messverfahren sind für die Radionutzung bereits testweise in Entwicklung. Es handelt sich um ein Gerät (wie z.B. »RadioWatch«), das – einer

Armbanduhr vergleichbar – vom Hörer getragen wird und das eine in den Radiowellen enthaltene Senderkennung decodieren und speichern kann. Vorteil solcher Verfahren gegenüber Befragungen ist die valide, exakte und unaufdringliche Messung des Hörverhaltens. Dabei kann auch die Radionutzung außer Haus, etwa im Auto oder im Kaufhaus, erfasst werden, da das Gerät mit Radiowellen arbeitet und unabhängig von inhäusigen Apparaten ist. Lediglich die Erfassung der Radionutzung mittels Kopfhörer ist dabei nicht möglich (Koschnik 1995, S. 774ff).

4.4.1.3 Zuschauerforschung

Auch die Zuschauerforschung hat in den Anfängen die Fernsehnutzung mittels Umfrage oder auch Tagebuchverfahren ergründet. Beim Tagebuchverfahren mussten die Befragten ihre Fernsehnutzung anhand eines vorgegeben Schemas (mit Zeitleisten und aufgelisteten TV-Sendern) einem Tagebuch vergleichbar eintragen. Sehr bald jedoch wurden elektronische (»telemetrische«) Messverfahren entwickelt, die einer ständigen Verbesserung unterzogen wurden, inzwischen gut ausgereift sind und die TV-Nutzung elektronisch recht präzise erfassen (vgl. Buß 1998; Darkow 1995; Wiedemann 1985).

GfK-Fernsehforschung

In Deutschland stellt die GfK-Fernsehforschung das Standardinstrument für kontinuierliche Fernsehforschung dar. Die Abkürzung GfK steht für *Gesellschaft für Konsum-, Markt- und Absatzforschung,* die das Messgerät entwickeln ließ und die seit vielen Jahren im Auftrag der *Arbeitsgemeinschaft Fernsehforschung* (AGF) die Untersuchung durchführt. Die AGF ist ein Zusammenschluss von öffentlich-rechtlichen (ARD, ZDF) und privaten TV-Veranstaltern (RTL, SAT.1, ProSieben, RTL2, Kabel1) in Deutschland. Die Daten der Fernsehnutzung können von den der AGF angehörenden TV-Sendern sowie von Lizenznehmern verwendet werden.

Das GfK-Panel besteht gegenwärtig aus 5.640 Haushalten (oder etwas mehr als 13.000 Personen). Sie wurden in einer Voruntersuchung nach detaillierten Quotenvorgaben wie etwa Haushaltsgröße, Bildung des Haushaltsvorstandes und Bundesland etc. ausgewählt, sodass sie ein verkleinertes Abbild der Grundgesamtheit der 33 Mio. Fernsehhaushalte in Deutschland ergaben und in diesem Sinne als repräsentativ anzusehen sind. In diesen Haushalten sind telemetrische Messgeräte (GfK-Meter bzw. TV-Control) an die Fernsehgeräte angeschlossen, die alle Vorgänge am TV-Gerät wie Ein-, Aus- und Umschalten sowie TV-Kanal, Verweildauer bei einem Kanal, Videorekorder- und Videotextnutzung sekundengenau registrieren. Für jedes Haushaltsmitglied (Vater, Mutter, Kind 1, Kind 2 etc.) gibt es eine Taste auf der zum GfK-Meter gehörenden Fernbedienung, mit der es seine Anwesenheit vor dem Fernseher durch Tastendruck »anmelden« und »abmelden« kann; für Gäste existieren spezielle Gästetasten. Die Fernsehnutzung dieser 13.000 Personen wird auf die deutsche Bevölkerung hochgerechnet, wodurch eine relativ genaue Beschreibung der durch eine Fernsehsendung erreichten Zielgruppe möglich ist. Die Fernsehnutzungsdaten werden aus den Haushalten jeweils in der Nacht (um 3.00 Uhr) per Telefonleitung automatisch in die GfK-Datenzentrale übermittelt und sind bereits am folgenden Morgen für die Mitglieder der AGF und für die Lizenznehmer als Sehbeteiligungen verfügbar (vgl. Buß 1998; Müller 2000).

Die Validität der Messung durch das GfK-System ist immer wieder Gegenstand von Diskussionen und unterliegt demnach auch einer ständigen Begleitforschung (vgl. Buß 1998, S. 798ff). Die Strukturdaten des Panels werden laufend überprüft. Wenn Abweichungen auftreten, werden entsprechende Haushalte nachgeworben, um immer wieder eine strukturelle Gleichheit zwischen Stichprobe (Panel) und Grundgesamtheit herzustellen. Jedes Jahr wird ein Fünftel des Panels erneuert. Zudem werden die telemetrisch erhobenen Daten auch stets mit extern ermittelten Daten abgeglichen: In »Coincidental Checks« wird in einer Stichprobe der dem Panel angehörenden Haushalte per Telefon nachgefragt, ob tatsächlich ferngesehen wird, welches Programm, von welchen Personen. Die Resultate werden sodann mit den GfK-Daten verglichen. Die Übereinstimmung hinsichtlich der Nutzung betrug bei der letzten Koinzidenzuntersuchung 95,2 Prozent (vgl. Buß 1998, S. 808). In externen Coincidental Checks wird zusätzlich eine vom Fernsehpanel unabhängige Stichprobe gezogen und nach ihrer Fernsehnutzung (zu bestimmten Zeitpunkten) befragt. Die Unterschiede zwischen diesen Werten und den GfK-Daten sind ebenfalls nur geringfügig (vgl. Buß ebd.). Die GfK-Daten können auch über Informationen der Telekom z.B. zur Senderempfangbarkeit validiert werden. Nicht zuletzt werden die Daten selbst im Hinblick auf ihre Plausibilität kontrolliert: Wenn etwa in einem dem TV-Panel angehörenden Haushalt sich ein Haushaltsmitglied noch nie (per Fernbedienung) angemeldet hat, löst dies einen Kontrollanruf der GfK aus, ob die Person noch im Haushalt wohnt (vgl. Buß 1998, S. 803f).

Homescan Single Source Panel (ACNielsen)

Das bekannte Marktforschungsunternehmen ACNielsen betreibt in Deutschland eine kontinuierliche Messung des Konsum- und Einkaufsverhaltens von Haushalten in einem Single-Source-System (*alle* Daten stammen aus *einer* Erhebung). Die Teilnehmer dieses *Homescan Consumer Panels* sind angehalten, per Scanner die Strichcodes aller von ihnen gekauften Produkte einzulesen. Zusätzlich liegen Daten über Einkaufsort, Einkaufsdatum und einkaufende Person vor sowie allgemeine Charakteristika der Haushalte, die Demographie und das Vorhandensein von langlebigen Geräten. Zusätzlich wird in einem Subpanel, dem *Homescan Single Source Panel,* neben den Einkaufsdaten auch die Fernsehnutzung telemetrisch erhoben. So wie auch das GfK-Meter ermöglicht das *Eurometer* von ACNielsen eine personenindividuelle und sekundengenaue Registrierung des Fernsehverhaltens. Die Nutzung anderer Medien wird nur grob erfasst: So wird etwa bei Printmedien lediglich ein (vorhandenes) Abonnement oder der Einzelkauf registriert, nicht aber deren Nutzung genau erfasst. Daneben werden in gesonderten Untersuchungen Werbemaßnahmen der Produkthersteller im Print- und TV-Bereich sowie die Preise, Produktplatzierungen und Sonderangebote des Handels erfasst.

Dies ermöglicht eine umfassende Analyse von Einflussfaktoren auf das Kaufverhalten des Konsumenten (vgl. ACNielsen 2001a, b; Koschnik 1995, S. 1313ff).

Kennwerte der Zuschauerforschung

Wie bei der Nutzung von Print- und Funkmedien gibt es auch in der Fernsehzuschauerforschung Kennwerte (vgl. Buß 1998, S. 787ff), deren Kenntnis für Medienforscher, Mediplaner und Programmschaffende wichtig ist:

- Die *Einschaltquote oder Haushaltsreichweite* meint den Anteil jener Haushalte, die innerhalb eines bestimmten Zeitraumes einen bestimmten Sender sehen. Der Kennwert misst jedoch nicht, wie viele Personen tatsächlich vor dem Fernsehgerät sitzen, sondern nur, wie viele Fernsehgeräte (innerhalb des GfK-Panels) eingeschaltet sind. Dieser Kennwert stammt aus der Zeit vor 1975, als die Fernsehnutzung in Deutschland noch mit solchen Telemetern (Tammeter, Teleskomat) gemessen wurde, die Fernsehnutzung nur auf Haushalts-, nicht aber auf Personenebene gemessen werden konnte. Der Kennwert ist heute, mit dem Einsatz personenbezogener Messgeräte (»Peoplemeter«), nicht mehr gebräuchlich.
- Die *Sehbeteiligung* bringt den Anteil jener Personen zum Ausdruck, die innerhalb eines bestimmten Zeitraumes einen bestimmten Sender sehen. Die Sehbeteiligung kann für verschiedene Zeiträume ausgewiesen werden, etwa für eine ganze Sendung oder für eine ganze Programmschiene. Dabei werden die Personen nach der Dauer, die sie im Zeitintervall beim betrachteten Sender verbringen, gewichtet. D.h.: Eine Person, die eine Sendung von Anfang bis Ende gesehen hat, bekommt bei der Sendungsreichweite ein höheres Gewicht als eine, die nur zwei Minuten dabeigeblieben ist. Die Sehbeteiligung wird (missverständlich) häufig auch »Reichweite« genannt.
- Die *Sehdauer* ist die durchschnittliche Dauer der Fernsehnutzung, umgerechnet auf alle Personen in TV-Haushalten.
- Der *Marktanteil* gibt den Anteil der durchschnittlichen Sehdauer der Bevölkerung wieder, die auf einen Sender entfällt. (Beispiel: Im Jahr 2000 betrug die Sehdauer 190 Minuten täglich pro Person. Das Erste Deutsche Fernsehen (ARD) hatte daran einen Anteil von 14,3 Prozent; vgl. ARD 2001)
- Mit der *Verweildauer* ist die durchschnittliche Dauer der Fernsehnutzung gemeint, und zwar nur auf diejenige bezogen, die in einem bestimmten Zeitraum auch ferngesehen haben.
- Die *Nettoreichweite* meint alle Zuschauer, die in einem Zeitintervall mindestens 60 Sekunden konsekutiv ferngesehen haben.
- Demgegenüber bringt die *Bruttoreichweite* die Summe aller Kontakte mit einem Werbeträger zum Ausdruck, wobei jede Person nur einmal gezählt wird, auch wenn sie mehrfach Kontakt hatte.

Methodische Probleme

Die Validität, also die Gültigkeit der Messergebnisse der Fernseh(nutzungs)forschung, wird oft in Zweifel gezogen: Die Teilnehmer müssen sich in den GfK-Haushalten, wie dargestellt, mittels Knopfdruck auf der TV-Fernbedienung individuell am System an- und abmelden und damit bekunden, ob sie zusehen oder nicht. Dieses »Push-Button-Verfahren« bedeutet für die Teilnehmer am GfK-Panel einen relativ hohen Aufwand und setzt auch ihre Kooperationsbreitschaft voraus. Es kann daher vorkommen, dass Fernsehteilnehmer des GfK-Panels, wenn sie den Fernsehraum kurzfristig verlassen, sich nicht abmelden, oder dass das eine oder andere Familienmitglied sich gar nicht anmeldet. Solches Verhalten führt verständlicherweise zu Messfehlern, denen die Fernsehforscher beispielsweise mittels der erwähnten telefonischen Coincidental-Checks beizukommen versuchen (vgl. Buß 1998, S. 803ff)

Daher existieren Bestrebungen, passive Verfahren der Fernsehnutzungsmessung zu entwickeln, bei denen die Anwesenheit der Teilnehmer vor dem TV-Gerät ohne deren Zutun registriert wird. Zum einen sind dies Video-Verfahren: Personen, die vor dem TV-Gerät sitzen, werden (vom Fernsehempfangsgerät aus) mit einer Videokamera gefilmt oder mit einem Fotoapparat in sehr kurzen Zeitabständen fotografiert, sodass nachvollziehbar ist, wer wie lange vor dem Fernsehgerät sitzt und wie aufmerksam zusieht. Vorteil dieses Systems ist, dass der Zuschauer nicht aktiv werden muss. Weitreichende Probleme bzw. Nachteile stehen aber den Vorteilen gegenüber. Ein solches Messverfahren bedeutet einen nicht unerheblichen Eingriff in die Privat- bzw. Intimsphäre der Nutzer, sodass die Bereitschaft beim Publikum wohl nur sehr gering ist, sich über einen längeren Zeitraum hinweg beim Fernsehen filmen zu lassen. Außerdem müssen die Videoaufnahmen erst einmal in eine quantitative Form gebracht werden, was (vor allem bei einer großen Stichprobe) arbeitsaufwändig und sehr teuer ist. Ein solches Verfahren ist auch deshalb schon kaum realisierbar, da die Daten ja sehr rasch (am nächsten Morgen) verfügbar sein müssen. Andere Verfahren, die (beispielsweise mittels Infrarotstrahlen) nur eine automatische Personenerkennung ermöglichen, waren bisher aus technischen Gründen nicht erfolgreich (vgl. Koschnik 1995, S. 1353ff).

Zum anderen wird – ähnlich wie in der Radionutzungsforschung – an der Entwicklung so genannter »passiver People-Meter« gearbeitet. Das sind Messgeräte, die wie Armbanduhren getragen werden und den rezipierten Fernsehsender über Zusatzinformationen erkennen, die in das Fernsehsignal eingebaut sind. Der Vorteil solcher Geräte liegt im geringeren Aufwand für die Teilnehmer bei gleichzeitig sehr genauer Messung; auch kann mit solchen Geräten die Fernsehnutzung außer Haus erfasst werden. Die Messung der Fernsehnutzung mittels solcher Geräte setzt voraus, dass die Teilnehmer an einem solchen Panel auch bereit sind, ständig ein Gerät bei sich zu tragen. Solche Geräte befinden sich gegenwärtig zudem erst in Entwicklung (vgl. Koschnik 1995, S. 1357f).

Kontaktqualität

Telemetrische Messverfahren erfassen die Fernsehnutzung und insbesondere solche Verhaltensweisen, die (wie etwa Umschaltungen) durch mündliche oder schriftliche Befragungen nur schlecht abzubilden sind, sehr präzise und vor allem rasch. Über die *Kontaktqualität*, darüber also, wie viel Aufmerksamkeit einem gesehenen Programm zuteil wurde, können jedoch keine Aussagen getroffen werden. Diese Aufmerksamkeit kann bekanntlich durch psychische Abwesenheit oder durch Nebentätigkeiten beim Fernsehen erheblich beeinträchtigt sein. Kontaktqualität muss über Zusatzforschung ermittelt werden. Dies kann beispielsweise durch Beobachtungen oder durch experimentelle Forschung geschehen.

4.4.1.4 Internet-User-Forschung

Das neue Medium Internet (besser: die Kommunikationsplattform WWW) konnte in den letzten Jahren einen beträchtlichen Zuwachs an Nutzern bzw. »Usern« gewinnen und ist immer noch ein Wachstumsmedium. Immer mehr Dienste im WWW finanzieren sich durch Werbung und sind somit auch darauf angewiesen, die Kontakte der User mit einzelnen Angeboten zu messen sowie die Nutzerschaft in ihren relevanten (Ziel-)Gruppen zu erfassen. Im Wesentlichen kann dies auf dreierlei Arten geschehen: Zum einen kann man die automatisch von den WWW-Servern aufgezeichneten Zugriffe analysieren (vgl. Werner 1999, S. 214ff); zum anderen kann man die Nutzer »online« befragen (vgl. Bandilla 1999); und schließlich drittens sind konventionelle Telefon- oder Face-to-face-Befragungen repräsentativer Bevölkerungsstichproben möglich – das schließt User wie Nicht-User mit ein und ermöglicht damit vergleichende Analysen (vgl. Bronold 1999; van Eimeren/Öhmichen/Schröter 1997). Die nachfolgend genannten Datenquellen und Studien stehen zur Verfügung:

Kontaktmessungen

Für die WWW-Nutzung existiert in Deutschland seit 1997 ein standardisiertes Messmodell, das zunächst von der *Informationsgemeinschaft zur Feststellung der Verbreitung von Werbeträgern (IVW)* organisiert und weiterentwickelt wurde. Ähnliche Verfahren gibt es auch in vielen anderen Ländern, so auch in Österreich und in der Schweiz. Die IVW setzt verbindliche Definitionen für Kennwerte der Kontaktmessung im WWW fest und übt damit für den Online-Bereich eine Standardisierungsfunktion aus. Die Zugriffe auf Online-Angebote werden kontinuierlich bei angeschlossenen Anbietern über die Kennwerte *PageImpressions* und *PageVisits* gemessen. Auf diese Weise ist die Kontaktmessung über verschiedene Online-Angebote hinweg vergleichbar (vgl. IVW 2001b). Seit September 2002 wird die Messung von der *InfOnline-GmbH* für die IVW durchgeführt.

Die WWW-Nutzung wird grundsätzlich über automatisch von den WWW-Servern erstellte Protokolle zum Datenabruf gemessen: Jeder Aufruf einer Datei jedes einzelnen Nutzers hinterlässt eine Datenspur in den Log-Files des benutzten Servers. Somit lässt sich die Nutzung jedes einzelnen Web-Angebots vollständig, sozusagen in einer »Vollerhebung ohne Verzerrungen« (vgl. Werner 1999, S. 214), abbilden. Einige Probleme bei diesem Messprinzip verursachen jedoch die Proxy-Server, die als Zwischenspeicher für bestimmte Serverdaten die Datenübertragung vom Server zum User verkürzen sollen. Ruft ein User Information von einem Proxy-Server ab, so ist nicht in allen Fällen sichergestellt, dass der Abruf auch auf dem Server registriert wird. Man muss also davon ausgehen, dass Kennwerte, die auf Log-Files beruhen, die tatsächliche Nutzung nicht ganz zutreffend abbilden (vgl. IVW 2001c; Werner 1999, S. 214f). Kennwerte der IVW-Kontaktmessung sind (vgl. IVW 2001d):

- *PageImpressions* (früher auch PageViews genannt) sind Indikatoren für die Nutzung einzelner Seiten eines Angebots. Sie messen die Anzahl der Sichtkontakte mit einer HTML-Seite.
- Ein *PageVisit* ist ein zusammenhängender Nutzungsvorgang (Besuch) eines WWW-Angebots, d.h. ein technisch erfolgreicher Seitenzugriff eines Internet-Browsers von außen.
- Die *ViewTime* ist die Zeit, die von einem User mit einer Web-Site verbracht wird. Der Kennwert dient primär der Optimierung des Angebots und nicht als Indikator für Werbewirkung. Ein solcher ist im Click auf die Banner-Werbung zu sehen, die den User dann auf das Web-Angebot des Werbers umleitet (vgl. Werner 1999, S. 220f).
- *Click-Streams* sind Seitenabrufe während eines Visits; sie stellen den Weg eines Users im Web-Angebot dar.

Probleme der Kontaktmessung

Die Analyse von Log-Files spiegelt grundsätzlich nur die Nutzung bestimmter Seiten wider, stellt also eine angebotsbezogene Analyse dar. Für die Markt- und Medienforschung ist in aller Regel aber auch die Perspektive des Users interessant, vor allem die Frage, welche Kombinationen von Angeboten genutzt werden. Wichtig ist nicht zuletzt, die Nutzerschaft typologisieren zu können, Überschneidungen in der Nutzerschaft verschiedener Angebote festzustellen und Werbevorhaben somit besser planen zu können. So können den Log-Files alleine wichtige Informationen nicht entnommen werden wie: Wer sind die Nutzer? Welches Geschlecht, welche formale Bildung, welchen Beruf, welches Einkommen haben sie? Dies sind in der klassischen Medienforschung Kriterien, die neben der bloßen Anzahl an erreichten Rezipienten die Werbepreise und die Streuplanung entscheidend mitbeeinflussen (vgl. Bronold 1999, S. 39ff).

Einen ersten systematischen Versuch, sowohl Nutzungsdaten als auch Befragungsdaten in einer Stichprobe zu erheben, stellt das Online-Panel von *mmxi europe* dar, einem Joint Venture, an dem u.a. auch die GfK beteiligt ist. Es ist dies eine Stichprobe von Personen, die über einen Online-Zugang verfügen. Seit 1999 wird diese Stichprobe analog zum Fernsehpanel kontinuierlich in ihrer Computer-Nutzung beobachtet. Mit einer speziellen Software wird nicht nur die Nutzung von Anwendungen, sondern auch die Nutzung von Online-Diensten sowie aller angewählten WWW-Seiten sekundengenau erhoben. *mmxi europe* unterhält repräsentative Online-Panels in Deutschland, Frankreich, Schweden und Großbritannien.

Userbefragungen

Wie erwähnt, wird vor allem die für die Werbungtreibenden wichtige Struktur der Nutzerschaft von Onlinemedien aus Logfiles nicht ersichtlich. Daher werden, um die Internet-Nutzung zu ergründen, Befragungen im Netz selbst durchgeführt, meist über das WWW, aber auch über E-Mail oder Newsgroups:

- Wird ein Fragebogen über *E-Mail* verschickt, so kann sich das Problem stellen, dass unerwünschte Fragebogensendungen einen ähnlichen Stellenwert wie Werbe-Mail haben und ungeöffnet vom Empfänger gelöscht werden. Dazu kommt, dass der Empfänger der Mail die Download-Kosten sowie die Kosten zum Zurücksenden des ausgefüllten Fragebogens übernehmen muss. Es ist folglich anzunehmen, dass nur eine bestimmte Gruppe mit einer besonderen Teilnahmemotivation antwortet und die Stichprobe daher hochgradig verzerrt ist (vgl. Hauptmanns 1999, S. 23).
- Werden Fragebögen an Teilnehmer von *Newsgroups* gestreut, können ähnliche Probleme auftreten wie Befragungen via E-Mails. Zudem werden vielfach versandte Nachrichten aus Newsgroups automatisch herausgefiltert. Außerdem ist in aller Regel die Nutzerschaft von Newsgroups relativ klein, sodass man über sie ohnehin nur einen Bruchteil der gesamten Internet-Nutzerschaft erreicht und sie somit keine wirklich günstige Anlaufstelle von Befragungen darstellen (vgl. Hauptmanns 1999, S. 24).
- Befragungen über das *World Wide Web* haben grundsätzlich den Vorteil, viele Nutzer zu erreichen. Auch sind die technischen Möglichkeiten prinzipiell gut, eine Fragebogendatei für viele Menschen unabhängig von ihrer Rechnerausstattung verfügbar zu machen. Bestehen bleiben allerdings die vom Nutzer zu tragenden Kosten des Internetzuganges während des Ausfüllens des Fragebogens und das Auffinden des Fragebogens unter der Vielzahl von Web-Adressen. Letzteres erfordert Werbemaßnahmen für die Befragung auf häufig aufgesuchten Seiten im Web oder den Eintrag in Suchmaschinen oder auch das Setzen von Links auf inhaltlich verwandten Seiten (vgl. Hauptmanns 1999, S. 24). Außerdem besteht bei Umfragen im Web das Problem der Selbstselektion der Respondenten, wodurch die Repräsentativität der Ergebnisse in Frage gestellt wird.

Im Folgenden seien zwei Studien vorgestellt, deren Ergebnisse auf Befragungen von Usern basieren und bei denen auf die eben erwähnten Probleme im Besonderen verwiesen werden muss:

GVU-Studien

Bereits seit 1994 führt das *Graphics, Visualization & Usability Center (Georgia Institute of Technologie)* zweimal jährlich internationale WWW-Umfragen durch (vgl. GVU 2001). Es werden dabei die Nutzung des WWW, die Nutzerdemographie und in jüngster Zeit auch die kommerzielle Nutzung des Web (wie Werbung, E-Commerce, Intranetnutzung etc.) abgefragt. Die Stichprobe für die Befragung ist selbstselegiert, d.h.: Ein Fragebogen wird in Newsgroups, über Mailinglisten oder über Werbebanner bei großen Suchmaschinen beworben. Personen, die diese Botschaft sehen, können sich zu einer Teilnahme an der Befragung bereiterklären. Die Stichprobengröße variiert(e) dementsprechend zwischen anfangs 4.000 und 20.000 Befragten.

W3B

Als Vorbild für die in Deutschland entwickelte W3B-Studie dienten die GVU-Surveys. W3B steht dabei für WWW (=W3)-Befragung. Die Teilnehmer treffen selbst die Entscheidung über das Ausfüllen eines Fragebogens – es handelt sich mithin ebenso wie bei den GVU-Surveys um ein selbstselektiertes Sample. Erhoben werden unter anderem das Nutzerverhalten, die Soziodemographie, Kommunikation und Werbung im WWW sowie der Bereich des E-Commerce. In den W3B-Themenbänden werden auch Ergebnisse zu spezifischeren Fragestellungen dargestellt wie etwa Reisen, Finanzdienstleistungen, Bücher etc. (vgl. Fittkau & Maaß 2001).

Repräsentativbefragungen zur Internet-Nutzung

Im Unterschied zu den WWW-Befragungen werden Repräsentativbefragungen nicht online, sondern mit konventionellen Methoden (z.B. Telefonbefragung) durchgeführt. Dies hat den Vorteil, dass das entscheidende Manko der Online-Befragungen, nämlich die Unmöglichkeit, zu repräsentativen Stichproben zu gelangen, ausgeglichen wird. Damit ist es möglich, präzise und repräsentative Aussagen über die Online-Nutzung zu machen – etwa wie viel Prozent der Bevölkerung Online-Medien nutzen, von welchen Nutzungsmöglichkeiten (E-Mails versenden, im Netz surfen, Hauptinteressen der E-Mail-Nutzung ermitteln etc.) die User tatsächlich Gebrauch machen oder etwa wie lange die regelmäßigen Internetnutzer pro Tag durchschnittlich im Netz bleiben. Solche Studien sind in Deutschland:

ARD/ZDF-Online-Studie

Die ARD/ZDF-Online-Studie wird seit 1997 jährlich im Auftrag von ARD und ZDF durchgeführt. Grundlage bildet eine für Onlinenutzer repräsentative Stichprobe mit jeweils rund 1.000 Befragten. Im Jahr 2000 beispielsweise wurden per CATI (Computer Assisted Telefone Interviews) 1.005 Onlinenutzer in Deutschland befragt. Ermittelt wurde neben allgemeinen Fragen zur Online-Nutzung wie Häufgkeit und Dauer der Nutzung etwa, welche Dienste oder Inhalte des WWW wie oft genutzt werden, welche Probleme dabei auftauchen und auch, inwiefern die Web-Auftritte konventioneller Medien genutzt werden. Die Resultate der ARD/ZDF-Online-Studie werden jährlich in der Fachzeitschrift Media Perspektiven veröffentlicht (vgl. van Eimeren/Gerhard 2000).

GfK Online-Monitor

Im Unterschied zur ARD/ZDF-Online-Studie bezieht der von der Gesellschaft für Konsumforschung erarbeitete GfK-Online-Monitor auch Nicht-Nutzer in die Studie mit ein. Ziel der zweimal jährlich stattfindenden Befragung ist es, repräsentative Daten über die soziodemographische Struktur der Nutzer sowie Nutzungshäufigkeit und -motive zu erheben sowie Nutzertypologien zu erstellen. Dazu wurde 1997 erstmals eine Zufallsstichprobe von rund 10.000 Personen zwischen 14 und 69 Jahren telefonisch zu ihrem Onlineverhalten befragt. Die nachfolgenden Erhebungen wurden mit zwei Wellen pro Jahr durchgeführt (vgl. Bronold 1999, S. 42f). Erhebungsmethode ist auch hier CATI. Beispielsweise wurden in der sechsten Welle im Sommer 2000 insgesamt rund 8.000 Interviews geführt (vgl. GfK Online Monitor 2001).

ACTA

Das Institut für Demoskopie in Allensbach führt seit 1997 einmal pro Jahr die *Allensbacher Computer- und Telekommunikations-Analyse (ACTA)* durch. Neben der Onlinenutzung fragt sie auch die Nutzung anderer Technologien ab (wie Handy, Fax, Computernutzung allgemein etc.). Daneben wird auch die Nutzung konventioneller Medien erhoben sowie das Potenzial von Zielgruppen über die Konsumwünsche und Kaufkriterien eingeschätzt. Damit ist die ACTA in erster Linie ein Instrument der Marktforschung und Streuplanung. In der ACTA 2000 wurden rund 10.000 repräsentativ ausgewählte Personen befragt, darunter auch 3.000 Online-Nutzer (vgl. ACTA 2001).

Methodische Probleme

Das größte Problem in der Internetforschung besteht in der Bestimmung der Grundgesamtheit: Zum einen ist ein Abgrenzungskriterium für »Internetnutzer« schwierig zu finden (z. B. Besitz eines Modems? Direkter Zugang zum Internet? Zugang über kommerziellen Online-Dienst? Etc.). Zum anderen ist eine Auflistung der Grundgesamtheit nicht möglich, da sie weder bekannt ist, noch eine organisierte Form der Registration existiert. Daher ist bei WWW-Befragungen eine Zufallsauswahl, die Voraussetzung für eine repräsentative Stichprobe, nicht möglich (vgl. Hauptmanns 1999, S. 26f). Stichproben bei Umfragen im Web sind folglich willkürliche Auswahlen und durch die Selbstselektion der Befragten verzerrt (vgl. Bandilla 1999, S. 11). Ferner unterscheiden sich WWW-Befragungen von anderen Erhebungsarten in folgenden Punkten (vgl. Bandilla 1999, S. 12): (1) Der Hinweis auf eine Befragung muss vom (zu befragenden) User erst gefunden werden, was von der individuellen Nutzungsintensität und -häufigkeit abhängt. Eine Verzerrung in Richtung Vielnutzer ist somit wahrscheinlich. (2) Die Teilnahme an Umfragen im Netz verursacht für den befragten User Kosten (Telefon, Provider).

Kontaktqualität

Auch bei der WWW-Nutzung stellt sich die Frage, inwieweit das Besuchen einer Website Indikator für die Beachtung von Werbung ist: Findet beim Besuch einer Site eine intensive Auseinandersetzung mit dem Inhalt statt oder besteht er nur aus einem mehr oder weniger flüchtigen Hinsehen? Um solche Fragen zu klären, sind die bisher besprochenen Datenquellen unzulänglich. Denn Kontaktmessungen sagen gerade über die Art und Weise des Kontaktes selbst nichts aus. Und Umfragen im Netz selbst oder auch Repräsentativbefragungen außerhalb des Netzes sind defizitär, weil sie abgekoppelt von der konkreten Rezeptionssituation operieren und damit die Befragten mit Fragen nach der Intensität der Auseinandersetzung mit bestimmten Angeboten einfach überfordern. Aus diesem Grunde werden vornehmlich in experimentellen Designs die Rezeptionsqualitäten untersucht, insbesondere die Abhängigkeit von bestimmten Gestaltungsmerkmalen der Websites. Ein Beispiel stellt hier die Studie von Schweiger und Reisbeck (1999) dar, die die Rolle von Animation und Platzierung von Werbebannern untersuchen. Auch die Forschung zur Nutzerfreundlichkeit (Usability) von Websites ist unter die Zusatzforschung zur Kontaktqualität zu subsumieren. Aus der Usability-Forschung können Anleitungen für die Konstruktion von Websites gewonnen werden. So beispielsweise sollten Textseiten so konzipiert sein, dass sie in das Browserfenster eines 15-Zoll-Bildschirms passen oder die erste überblicksartige Orientierung durch übersichtliche Gestaltung mit Schlagzeilen, Absätzen und kurzen Texten erleichtern (vgl. Wandke/Hurtienne 1999).

4.4.1.5 Die »Langzeitstudie Massenkommunikation«

Unter den intermediär vergleichenden Mediennutzungsstudien ragt die *Langzeitstudie Massenkommunikation* heraus. Sie wird seit 1964 im Auftrag der öffentlich-rechtlichen Rundfunkanstalten Deutschlands durchgeführt. Ihr Ziel war ursprünglich, den Wettbewerb der Medien untereinander vor allem im Hinblick auf die Vermittlung politischer Information zu untersuchen. Insbesondere ging es um die Frage, ob das (damals) relativ neue Medium Fernsehen die etablierten Medien Hörfunk und Zeitung verdrängt bzw. ersetzt (Substitution) oder ob sich die Angebote von Zeitung, Radio und Fernsehen gegenseitig ergänzen (Komplementarität). Durch die Wiederholung der Studie mit einem im Wesentlichen unveränderten Befragungsinstrument in den Jahren 1970 und 1974 konnte die Substitutionshypothese widerlegt werden, womit die ursprüngliche Forschungsfrage beantwortet war (vgl. Berg/Kiefer 1996, S. 18f).

Die Studie wurde dennoch weitergeführt, nunmehr mit dem Ziel, die Entwicklung von Mediennutzung und Gesellschaftswandel in Deutschland zu beschreiben. Seither fanden jeweils in Abständen von fünf bis sechs Jahren immer wieder Befragungen statt. Insgesamt geschah dies bisher in sieben Befragungswellen, zuletzt im

Jahr 1995. Es wurde jeweils eine repräsentative Stichprobe von anfangs 2.700 (im Jahr 1964), ab 1990 ca. 6.000 deutschen Staatsbürgern ab 14 Jahren befragt. Das Mediennutzungsverhalten wurde mit der Tagebuchmethode erhoben. Dabei wird der Tagesablauf des Vortages in Viertelstundenintervallen mit den wichtigsten Tätigkeiten, darunter die Mediennutzung, rekonstruiert (vgl. Berg/Kiefer 1996, S. 18ff). Hier einige zentrale Ergebnisse:

Wesentliche Rahmenbedingungen für die Entwicklung der Mediennutzung waren einerseits der technische und organisatorische Wandel der deutschen Medienlandschaft seit Mitte der 1980er-Jahre (Einführung von privatem Hörfunk und Fernsehen), andererseits die weit reichende gesellschaftliche Veränderung mit der deutschen Wiedervereinigung ab 1990. Nach einer Phase der stagnierenden Fernsehnutzung in den 1980er-Jahren wird das Medium Fernsehen seit Beginn der 1990er-Jahre regelmäßiger und zeitintensiver genutzt. Die Bindung an das Fernsehen hat zugenommen. Allerdings schätzen die Bundesbürger die politische Informationsfunktion als zunehmend geringer ein und nutzen die politische Information auch weniger intensiv. Im Gegensatz dazu werden Unterhaltungsangebote deutlich positiver gesehen und auch mehr genutzt. Seit 1995 kann eine Stagnation der Hörfunknutzung registriert werden, die Tageszeitung muss deutliche Leserverluste hinnehmen. Die Bindung an beide Medien (Radio, Zeitung) hat abgenommen: Immer weniger Bundesbürger würden Radio und Tageszeitung vermissen. Was die Glaubwürdigkeit der Medien betrifft, so liegt das Fernsehen immer noch weit vorne. Seit 1990 muss es jedoch einen Glaubwürdigkeitsverlust hinnehmen, die Glaubwürdigkeit der Zeitung steigt hingegen etwas an (vgl. Berg/Kiefer 1996, S. 265ff). Möglicherweise – dies ist aber nur eine Vermutung – ist der Glaubwürdigkeitsverlust des Mediums Fernsehen auf die Einführung privaten Fernsehens ab Mitte der 1980er-Jahre mit seinen eher breitenwirksam und unterhaltungsorientiert angelegten Massenprogrammen zurückzuführen.

4.4.1.6 Exkurs: Daten zur Mediennutzung 2001

Nachdem zahlreiche Verfahren zur Ermittlung von Reichweiten der Massenmedien erörtert wurden, sollen im Folgenden einige Eckdaten zur Reichweite von Zeitung, Radio, Fernsehen und Online-Medien dargelegt werden. Sie sind allesamt klassischen Studien entnommen, nämlich der Media Analyse 2001 (für die Zeitungs- und Hörfunknutzung), der GfK-Fernsehforschung (für das Fernsehen) sowie der ARD/ZDF-Online-Studie 2001 für die Online-Medien. (Aktuelle Daten zur Mediennutzung sind jeweils der Zeitschrift Media Perspektiven zu entnehmen).

Zeitungen

Die bundesdeutschen Tageszeitungen verfügten 2001 über eine nationale Reichweite von 77,9 Prozent. Die Regional- bzw. Lokalzeitungen erreichten 67,8 Prozent der Bundesbürger ab 14 Jahre, die Straßenverkaufszeitungen 21,4 Prozent und die überregional verbreiteten Blätter 5,4 Prozent. Es gibt (eher geringfügige) Unterschiede zwischen Männern (79,4 Prozent) und Frauen (76,6 Prozent) sowie zwischen den Reichweiten in den alten Ländern (78,6 Prozent) und in den neuen Ländern (75,3 Prozent). In den Altersgruppen erzielt die Tageszeitung bei den 60- bis 69-Jährigen die größte Reichweite (86,1 Prozent), die geringste bei den 14- bis 19-Jährigen (55,4 Prozent). Über Aktionen wie Zeitung in der Schule, Schnupperabonnements sowie über ihre Online-Auftritte versuchen die Tageszeitungen daher, mehr junge Leser für das Printprodukt zu gewinnen. Die tägliche Lesedauer betrug 2001 insgesamt 30 Minuten. Im Tagesverlauf wird die Zeitung am häufigsten zwischen 6.00 Uhr und 9.00 Uhr morgens gelesen. Die Verfügbarkeit der »Zeitung am Frühstückstisch« ist offenbar recht wichtig. Daher versorgen die Verlagshäuser ihre Abonnenten nachts oder am ganz frühen Morgen über eigene Zustelldienste mit der Zeitung. Betrachtet man die Entwicklung der Zeitungsreichweiten in den vergangenen Jahren, so erweisen sie sich – trotz geringer Rückläufigkeit – insgesamt als recht stabil (vgl. Eggert 2001).

In weiteren Leserschaftsstudien wurde herausgefunden, dass es bei Zeitungen im Wesentlichen zwei Nutzungstypen gibt, den »Informationssucher« sowie den »Scanner«. Der *Informationssucher* sucht gezielt nach bestimmten Themen bzw. Rubriken und macht auch vom Inhaltsverzeichnis Gebrauch; er ist eher »Spezialist«. Der *Scanner* hingegen wendet kein bestimmtes Suchverfahren an; er ist eher der »Generalist«, der die Universalität des Mediums nutzt (vgl. Mathes 1995).

Über die Nutzung von Zeitschriften liegen ebenfalls Daten vor, da vor allem die Nutzung von Publikumszeitschriften in der Media Analyse (sowie auch in anderen Reichweitenstudien) mit erhoben wird. Im Unterschied zu tagesaktuellen Medien werden Zeitschriften, zu denen beispielsweise auch teils beruflich, teils privat konsumierte Fachzeitschriften gehören, individueller genutzt. Es ist daher schwierig, generelle Aussagen zu treffen.

Radio

Der Hörfunk (mit seinen rund 60 öffentlich-rechtlichen sowie über 200 privaten Radioprogrammen) erzielte laut Media Analyse 2001 eine Tagesreichweite von 79,3 Prozent. Die Hördauer betrug 2001 im Bundesdurchschnitt 203 Minuten täglich (dabei sind die Nicht-Hörer mit eingerechnet). Die Verweildauer jener Personen, die das Radio nutzen, machte 265 Minuten täglich aus. Das Radio ist insgesamt also das reichweitenstärkste Massenmedium. Die Hörfunknutzung verteilt sich zu 60 Prozent im Haus, zu 40 Prozent außer Haus (also beispielsweise am Arbeitsplatz oder auch beim Autofahren). Im Tagesverlauf erreicht die Hörfunknutzung gegen 9.30 Uhr ihre Spitze – zu diesem Zeitpunkt sind die meisten Geräte eingeschaltet. Ältere Menschen hören häufiger und länger, jüngere (v.a. die 20- bis 29-Jährigen) am kürzesten. Im Durchschnitt nutzt der Hörer täglich nur 1,5 Programme, ist dem von ihm präferierten Sender also sehr treu. Die Hörfunkprogramme der öffentlich-rechtlichen Sender erzielten laut Media Analyse 2001 im Bundesdurchschnitt etwas höhere Reichweiten als ihre privaten Mitbewerber, allerdings gibt es regionale Unterschiede.

Diesen Unterschieden gehen vor allem Funkmedienanalysen auf den Grund, wie sie von den Landesmedienanstalten oftmals in Verbindung mit den (öffentlich-rechtlichen) Landesrundfunkanstalten für einzelne Bundesländer gesondert von der Media Analyse durchgeführt werden (vgl. Klingler/Müller 2001).

In der Hörerforschung wurden zudem verschiedene Hörertypen ermittelt, nämlich: der *Geräuschkulissenhörer*, der typischerweise nebenbei hört und seitens der Sender einfach zu bedienen ist; der *unterhaltungsorientierte Hörer*, der differenzierte Vorstellungen vom Programm hat und vom Radio vielfältige Unterhaltung erwartet; den *informationsorientierte Hörer*, der, wie sein Name sagt, primär Information und Orientierung erwartet; weiterhin Hörer, für die *Radio als Lebensinhalt* zu sehen ist und die die Vielfalt unterschiedlicher Programmeigenschaften schätzen; schließlich der *Radionörgler*, der zwar mit den bestehenden Programmen unzufrieden ist, aber dennoch Radio hört (vgl. Weiß H. J.1991; Weiß R./Hasebrink 1997).

Fernsehen

Gemäß den elektronisch ermittelten Daten der Fernsehforschung, die, wie erwähnt, im Auftrag der Arbeitsgemeinschaft für Fernsehforschung (AGF) von der Gesellschaft für Konsum-, Markt und Absatzforschung (GfK) erhoben werden, betrug im Jahr 2000 die Tagesreichweite des Fernsehens 73 Prozent. Die Sehdauer machte 190 Minuten täglich aus, wobei hier auch die Nichtseher mit berücksichtigt sind. Die Verweildauer jener, die fernsehen, betrug im Bundesdurchschnitt 259 Minuten täglich. Am meisten wird zwischen 18.00 und 21.00 Uhr ferngesehen. Es ist dies die »Prime Time«, eine Zeitzone, die für TV-Werbung verständlicherweise besonders interessant ist, zumal Werbebotschaften in dieser Zeit hohe Kontaktchancen erzielen. Ältere sehen länger fern (Verweildauer: 303 Minuten täglich), Jüngere weniger lange (Verweildauer: 222 Minuten). In den alten Ländern wird weniger lange ferngesehen (Verweildauer: 253 Minuten) als in den neuen Ländern (Verweildauer 281 Minuten). Jüngere Zuschauer nutzen tendenziell die Unterhaltungsprogramme stärker (Filme, Shows etc.), ältere Zuschauer tendenziell die Informationsprogramme (Nachrichten, Magazine etc.). Die Informationsnutzung liegt zu immerhin 67 Prozent bei den öffentlich-rechtlichen Programmen (v.a. Tagesschau, heute, Tagesthemen, heute-journal). Marktführer bei den bundesweit empfangbaren Programmen war im Jahr 2000 die ARD (14,3 Prozent), die gleichauf mit RTL lag (ebenfalls 14,3 Prozent). Es folgten das ZDF (13,3 Prozent), die Dritten Programme (12,7 Prozent), SAT.1 (mit 10,2 Prozent) sowie ProSieben (8,2 Prozent). Alle anderen TV-Sender erzielten Marktanteile unter diesen Werten. Im Hinblick auf die Programmarten lagen im Jahr 2000 »Fiction« (37 Prozent) und »Unterhaltung« (14 Prozent) zusammen mit 51 Prozent an der Spitze, gefolgt von den Informationsprogrammen mit 30 Prozent. »Werbung« erzielte im Durchschnitt einen Anteil von zehn Prozent, »Sport« ganze neun Prozent. Im Mittel wurden täglich sechs TV-Programme genutzt – im Vergleich zum Radio wechseln die Zuschauer also doch deutlich öfter den Sender (vgl. van Eimeren/Ridder 2001; Gerhards et al. 2001).

Die Zuschauerforschung unterscheidet im Allgemeinen zwischen verschiedenen Zuschauertypen: die *Nichtseher*, die weniger als eine Minute pro Tag fernsehen; die *Wenigseher*, die zwischen einer Minute und einer Stunde pro Tag fernsehen; die *Durchschnittsseher*, die zwischen einer und drei Stunden täglich fernsehen; sowie schließlich die *Vielseher*, deren TV-Konsum mehr als drei Stunden pro Tag beträgt (vgl. Buß 1985 und 1997).

Online-Nutzung

Der ARD/ZDF-Online-Studie 2001 zufolge hatten im Jahr 2001 insgesamt 38,8 Prozent der Bundesbürger über 14 Jahre einen Online-Zugang (zu Hause und/oder am Arbeitsplatz). Das waren damals (Erhebungszeitpunkt: zweites Quartal 2001) hochgerechnet 24,77 Mio. Personen. (Infolge des raschen Wachstums der Online-Nutzung liegt diese Zahl inzwischen wohl deutlich höher). Online-Nutzer waren 2001 im Durchschnitt an 4,3 Tagen der Woche im Netz, die Verweildauer des Users im Internet mit seinen zahlreichen Kommunikations- und Medienanwendungen betrug 107 Minuten täglich. Die Online-Nutzung ist relativ gleichmäßig über den ganzen Tag verteilt, die Nutzung erfolgt, was die gesuchten Inhalte betrifft, komplementär zu Zeitung, Radio und Fernsehen. Es ist also nicht zu befürchten, dass die Online-Medien die klassischen Medien verdrängen bzw. substituieren. Am meisten genutzte Online-Anwendungen sind das Empfangen und Senden von E-Mails, gezielte und weniger gezielte Informationssuche, die Nutzung regionaler und lokaler Informationen und Serviceleistungen sowie das Herunterladen von Dateien (v. a. bei den jüngeren Usern) (vgl. van Eimeren et al. 2001).

Die einzelnen Medientypen zeichnen sich auch durch nutzungsbedingte Besonderheiten aus.

- So wird die Zeitung *situationsspezifisch* genutzt – beim Frühstück, auf der Fahrt zur Schule bzw. zum Arbeitsplatz, in Arbeitspausen, durchaus auch – wenn es die berufliche Position erfordert – am Arbeitsplatz. Zeitunglesen bedingt volle Zuwendung, erfordert hohe Konzentration auf das Gelesene, kann aber recht bequem und zu beinahe jeder Zeit und an jedem Ort wahrgenommen werden. Jeder Leser kann die Informationsaufnahme und das Aufnahmetempo individuell bestimmen sowie vor- oder zurückblättern, um sich einen Inhalt besser zu erschließen (vgl. Köhler 1989; Angermann/Diem/Pürer 1996).
- Das Radio wird nicht ausschließlich, aber vorwiegend als Tagesbegleitmedium bei unterschiedlichen Gelegenheiten und Tätigkeiten *backgroundspezifisch* genutzt – es läuft gewissermaßen als Geräuschkulisse im Hintergrund. Radiohören bedingt keine volle Konzentration; es ist daher ein flüchtiges Medium, dem sich viele Hörer eher nur sporadisch zuwenden. Der Hörer ist auf das Programm (vorerst noch) angewiesen und muss seinem Ablauf folgen (vgl. Köhler 1989; Angermann/Diem/Pürer 1996). Digitales Radio wird auch »Radio on demand« (also je nach individuellem Bedarf) ermöglichen.

- Das Fernsehen wird vorwiegend *freizeitspezifisch* genutzt. Seine Nutzungsmöglichkeiten schränken den Zuschauer räumlich ein: Er ist verhaltensgebunden, muss also dort fernsehen, wo sich das TV-Gerät befindet. Auch ist er auf das TV-Programm angewiesen; allerdings ermöglichen Video- und DVD-Rekorder eine nicht mehr ausschließlich auf fixe Programmzeiten eingegrenzte, sondern zeitversetzte Nutzung. Das digitale Fernsehen (wie in Deutschland »Premiere World«) erweitert persönliche Nutzungspräferenzen. Fernsehen bedingt weitgehend Zuwendung auf das Gesehene und verfügt, wie erwähnt, durch Bild und Ton über hohe Glaubwürdigkeit. Beim Fernsehen ist übrigens eine unübersehbare Tendenz zur backgroundspezifischen Nutzung beobachtbar (vgl. Köhler 1989; Angermann/Diem/Pürer 1996).
- Online-Medien werden, ähnlich wie Zeitung und Zeitschrift, *situationsspezifisch* genutzt, und zwar sowohl zu Hause wie auch am Arbeitsplatz. Tragbare Minicomputer, wie Organizer und internetfähige Handys, erweitern die situationsspezifische Nutzung von Anwendungen des Internets beträchtlich. Keine anderen Medien verlangen allerdings einen so *aktiven* Nutzer wie die Online-Medien. Abgesehen davon, dass technische Kompetenzen erforderlich sind, stellen sich die meisten Online-Angebote im WWW infolge ihrer hypertextuellen Struktur als nicht-lineare Medienangebote dar. Es obliegt ganz dem Nutzer, wie er sich im Web von Text zu Text bzw. Hypertext bewegt – und allenfalls zurück. Auch bei Online-Medien kann der Nutzer das Tempo der Informationsaufnahme (weitestgehend) selbst bestimmen. Bei interaktiven Online-Anwendungen wie Chats, Newsgroups und MUDs interagieren die Nutzer mittels Computer mit- und untereinander.

Die hier dargestellten und je unterschiedlichen nutzungsspezifischen Besonderheiten der einzelnen Medien resultieren weitestgehend aus deren technischen Bedingtheiten und Zwängen, wie sie in Kapitel 4.3.3 erörtert wurden.

4.4.2 Rezeptionsforschung[7]

Die Rezeptionsforschung ist eine vorwiegend akademische Disziplin. Sie setzt sich im Gegensatz zur Publikumsforschung mit Aspekten der Rezeption auseinander, die über die reine *Nutzung* der Medienbotschaft hinausgehen. Sie beschäftigt sich mit folgenden Fragen:

- Wie wählen Menschen Medienbotschaften aus? (Selektionsforschung, vgl. Kapitel 4.4.2.1)
- Warum wählen Menschen bestimmte Medieninhalte und -produkte aus und andere nicht? (Selektionserklärungen, vgl. Kapitel 4.4.2.2)

---

7   Helena Bilandžić

336

- Wie erleben Menschen die Rezeption in der kommunikativen Phase? (Rezeptionsqualität, vgl. Kapitel 4.4.2.3)
- Wie ist Medienrezeption in soziale Strukturen und den Alltag eingebettet? (soziale Bedeutung der Medienrezeption, vgl. Kapitel 4.4.2.4)
- Wie werden Medienbotschaften wahrgenommen und verarbeitet? (Verarbeitung von Medieninformation, vgl. Kapitel 4.4.2.6)

Die Rezeptionsforschung kennt, wie im Übrigen auch alle anderen Gebiete der Sozialforschung, zwei grundsätzliche Herangehensweisen:

Zum einen die deduktiv-nomologische Forschungstradition, bei der der Untersuchungsgegenstand (Rezipient/Medienbotschaft) in einzelne Merkmale zerlegt wird, die in erklärende und zu erklärende Variablen eingeteilt werden können. Erklärungen für Phänomene der Realität werden aus allgemeinen Gesetzen abgeleitet (daher »deduktiv«; Deduktion = Ableitung)(Friedrichs 1980, S. 65f; Prim/Tillmann 1989). Alle anderen Merkmale werden vernachlässigt, weil sie in theoretischer Hinsicht nicht relevant sind. Ziel ist, vom Einzelfall zu abstrahieren und allgemeine Erklärungen und Gesetzmäßigkeiten zu finden (daher »nomologisch«; griech. nomos = Gesetz).

Zum anderen hat sich eine alternative Forschungsorientierung etabliert, die man unter dem Label »qualitative«, »interpretative« oder »verstehende« Ansätze fassen kann. Hier besteht der Erkenntnisgewinn darin, den Untersuchungsgegenstand ganzheitlich zu erfassen, d.h. ohne Zergliederung in vom Forscher vorbestimmte Merkmale und unter Berücksichtigung des sozialen und politischen Kontexts. Die Sichtweisen und subjektiv relevanten Sachverhalte der handelnden Menschen fließen explizit in die Erklärung von sozialem Handeln ein und nicht nur vom Forscher vorbestimmte Aspekte (Kelle 1997, S. 47). Erkenntnisse werden im Nachvollzug und im Verstehen von sozialen Sachverhalten gewonnen. Es werden keine standardisierten, sondern qualitative Instrumente verwendet, z.B. offene Befragungen, bei denen Menschen sich in ihren eigenen Worten zu einem Problem oder Thema äußern können. Die Auswertung erfolgt in der Regel ebenfalls über qualitative Verfahren wie etwa die Interpretation oder die qualitative Inhaltsanalyse.

Im folgenden Abschnitt sollen beide Richtungen in einem integrativen inhaltlichen Überblick berücksichtigt werden.

4.4.2.1 Selektionsforschung

Nicht alle publizierten Informationen werden von allen Rezipienten genutzt, die von einer Botschaft angesprochen werden sollen. Einem sehr großen Medienangebot steht eine vergleichsweise geringe Kapazität des Publikums an Zeit und Rezeptionsbereitschaft gegenüber. Rezipienten müssen also aus der Vielzahl der angebotenen publizistischen Produkte immer auswählen. Welche Produkte dabei ausgewählt werden und auf welche Weise die Auswahl erfolgt, ist Gegenstand der Selektionsforschung.

Wolfgang Donsbach teilt Selektionsentscheidungen der Rezipienten danach ein, auf welche Einheit des Medienangebotes sie sich beziehen und findet vier Ebenen (Donsbach 1989, S. 393ff): (1) Zunächst können Menschen entscheiden, ob sie überhaupt Medien nutzen oder sich anderen Beschäftigungen widmen. (2) Rezipienten müssen sich für ein bestimmtes Medium entscheiden, entweder *intermediär* als Entscheidung zwischen den verschiedenen Mediengattungen Fernsehen, Hörfunk, Zeitung etc., oder *intramediär* als Entscheidung für ein bestimmtes Medienprodukt innerhalb einer Mediengattung, z.B. ARD, ZDF, RTL etc. (3) Ferner steht eine Entscheidung für ein bestimmtes redaktionelles Angebot – einen Artikel, Kommentar, eine Glosse, ein Bild – an. (4) Innerhalb eines redaktionellen Angebots selegiert der Rezipient einzelne Informationen, denen er Aufmerksamkeit widmet, sie ganz oder teilweise rezipiert und eventuell auch im Gedächtnis behält.

Diese vier Ebenen stellen die möglichen Ansatzpunkte einer Medienentscheidung dar, nicht aber tatsächliche »Phasen«, die bei jeder Rezipientenentscheidung durchlaufen werden. Ein Rezipient kann sich beispielsweise aus Mangel an Alternativen vor den Fernseher setzen, muss sich dann aber für einen Sender und eine Sendung entscheiden. Er kann per Abonnement täglich eine Zeitung bekommen und sie gewohnheitsmäßig zum Frühstück in die Hand nehmen – er wird sicherlich nicht jeden Tag von neuem überlegen, ob er nicht besser spazieren gehen oder Radio hören sollte. Selektion ist Voraussetzung für Medienwirkung; wenn eine Information nicht ausgesucht und rezipiert wird, kann sie auch nicht wirken – aus diesem einfachen Grund hat auch die Wirkungsforschung (vgl. Kapitel 4.4.3) Erkenntnisinteresse an Publikumsselektionen. Manche Wirkungsansätze integrieren explizit Konzepte des selektiven Medienumgangs und erklären so Abschwächungen oder Verstärkungen von Medieneffekten. Ein Beispiel dafür ist die *Theorie der kognitiven Dissonanz*, die davon ausgeht, dass Menschen sich nur Medieninhalten zuwenden, die ihrer eigenen Meinung entsprechen, mit dem Ziel, unangenehme innere Spannungszustände von vornherein zu vermeiden (Festinger 1978). Die frühe Kommunikationsforschung hat mit selektiver Nutzung und Wahrnehmung den so genannten Verstärkereffekt der Massenmedien erklärt: Medien vermögen Lazarsfeld, Berelson und Gaudet (1944/1960) zufolge kaum bestehende Meinungen zu *verändern*, wohl aber zu *verstärken*.

Im Folgenden sollen theoretische Vorstellungen und empirische Forschungsergebnisse zur Selektion anhand der vier Ebenen von Donsbach (1989) dargestellt werden.

Selektionsebene der Mediennutzung und ihrer Alternativen

Auf der ersten Ebene muss zunächst einmal die Entscheidung für oder gegen Mediennutzung im Vergleich zu alternativen Handlungen und Beschäftigungen getroffen werden: Gehe ich z.B. spazieren oder bleibe ich daheim und sehe mir einen Film im Fernsehen an? Dies determiniert wohlgemerkt noch nicht, *welches* Medium und *welcher* Inhalt genutzt werden; die Verfügbarkeit oder Nicht-Verfügbarkeit alternativer Handlungen kann aber durchaus die konkrete Medienhandlung *beeinflussen*. Sind etwa außerhäusige Aktivitäten durch fortgeschrittenes Alter oder Vereinsamung eingeschränkt, so wird sicherlich die Mediennutzung als Beschäftigung in den Vordergrund rücken. Beispielsweise stellt Marie-Louise Kiefer in der Langzeitstudie Massenkommunikation eine besonders intensive Fernsehnutzung bei den »Alten, .. Armen und .. Ungebildeten« (Kiefer 1985, S. 173) fest. Sie führt dies zurück auf »eine soziale Situation, die durch Mangel an Alternativen gekennzeichnet zu sein scheint, von ganz konkreten finanziellen Begrenzungen über eingeschränkte Mobilität durch Alter und Lebenssituation bis zu einem bildungsmäßig verengten Spektrum an Interessen und Freizeitaktivitäten« (Kiefer 1985, S. 173)

Wesentlich auf dieser Ebene ist also zunächst einmal die Verfügbarkeit nicht-medialer Handlungsalternativen. Ferner ist hier von Bedeutung, ob eine andere Handlungsalternative die Mediennutzung überhaupt ersetzen kann: Keine Alternativen gibt es, wenn ein bestimmter Nutzen nur über Massenmedien zu erzielen ist. So bekommt man einen Überblick über die wichtigsten aktuellen Nachrichten nur in den Medien. Der zweite Aspekt, der bei der Auswahl auf dieser ersten Ebene zum Tragen kommt, ist also der Grad der funktionalen und inhaltlichen Einzigartigkeit massenmedialer Botschaften.

Selektionsebene des Mediums und Medienprodukts

Auf der zweiten Ebene findet eine Selektion jenes Mediums statt, das rezipiert wird. Möchte ich Zeitung lesen, Radio hören oder fernsehen? Möchte ich ARD, RTL oder SAT 1 sehen? Die Auswahl kann in Abhängigkeit von den Motiven des Rezipienten erfolgen: So kann die Zeitung genutzt werden, um ausführliche politische Informationen zu erlangen, während das Radio der Nebenbei-Unterhaltung dient. Natürlich ist es gerade die Ebene des Mediums und des Medienproduktes, an der eine gewohnheitsmäßige Nutzung ansetzt; man denke nur an das regelmäßige Einschalten des Fernsehers um 19 oder 20 Uhr, um die Nachrichten zu sehen, oder an die tägliche Lektüre der Tageszeitung am Frühstückstisch etc. Faktoren wie Image, Glaubwürdigkeit, Kompetenzzuschreibung oder politische Tendenz des Medienproduktes können hier auswahlrelevante Faktoren darstellen (Donsbach 1989, S. 394).

Selektionsebene des redaktionellen Angebots

Unterhalb der Ebene des Mediums findet eine Selektion eines redaktionellen Programmangebots statt – welcher Artikel in einer Zeitung wird gelesen, welche Fernsehsendung wird gesehen? Diese Auswahlstufe erhielt bisher die umfassendste Aufmerksamkeit der Kommunikationsforscher.

Auswahlmodelle

Carrie Heeter hat ein umfassendes Modell zum Selektionsverhalten beim Fernsehen vorgelegt, das auch auf Selektionsentscheidungen bei anderen Medien übertragen werden kann (Heeter 1988). Ebenso wie das Fernsehen einzelne thematisch und formal unterschiedliche Sendungen anbietet, enthalten Zeitungen und Zeitschriften eine Vielzahl von relativ eigenständigen Einheiten in Form von Beiträgen und Artikeln. Um eine Auswahl zu treffen, verschaffen sich Rezipienten erst einmal einen Überblick über das Angebot, indem sie etwa die Zeitung durchblättern, sich das Inhaltsverzeichnis einer Zeitschrift anschauen oder das Fernsehprogramm vom ersten bis zum letzten Kanal »durchscannen«. Solche Orientierungsstrategien werden von Carrie Heeter in ihrem Modell zusammengetragen und klassifiziert.

Heeter unterscheidet in Anlehnung an das Modell der Informationsverarbeitung von Richard R. Shiffrin und Walter Schneider (1977) zunächst zwischen automatischer und kontrollierter Verarbeitung: Automatische Verarbeitung bedeutet, dass die Optionen in der Reihenfolge geprüft werden, in der sie vorgegeben sind (Heeter 1988, S. 14). Beim Fernsehen schalten Rezipienten im *automatischen* Modus vom ersten im Fernseher programmierten Kanal bis zum letzten. Bei Zeitungen und Zeitschriften blättern sie die Seiten von vorne nach hinten durch. *Kontrollierte* Verarbeitung hingegen bedeutet, dass die Optionen in einer geordneten, absichtsvollen Reihenfolge geprüft werden. So können bei Zeitungen und Zeitschriften erst einmal die Lieblingsrubriken geprüft werden und dann erst die restlichen Seiten.

Das Suchrepertoire der Rezipienten ist *erschöpfend*, wenn das Suchmuster alle oder fast alle Optionen mit einbezieht; es ist *begrenzt*, wenn nur bestimmte Optionen überhaupt als Auswahlgrundlage in Betracht gezogen werden (Heeter 1988, S. 14). Ein Fernsehzuschauer weist ein erschöpfendes Suchmuster auf, wenn er alle Kanäle vom ersten bis zum letzten anwählt, um das Programmangebot zu evaluieren. Begrenzt wäre es dann, wenn er z.B. nur die Kanäle 1 bis 20 anwählt oder nur seine vier Lieblingssender. Bei Zeitungen und Zeitschriften liegt ein erschöpfendes Suchrepertoire vor, wenn alle Teile und Seiten nach interessanten Beiträgen »gescannt» werden. Rainer Mathes fand beispielsweise heraus, dass die Mehrheit der Leser eine Zeitung zunächst komplett durchblättert, sie von »A bis Z« »scannt«, ehe sie sich einem einzelnen Beitrag widmet (Mathes 1995, S. 72).

Weiter können Selektionsentscheidungen nach der Strategie der Evaluation beschrieben werden: Zum einen kann der Rezipient alle Optionen prüfen und dann zu derjenigen zurückkehren, die ihm am besten erscheint; oder aber er bleibt bei der ersten akzeptablen Option (Heeter 1988, S. 14).

Die Modellvorstellung des Selektionsprozesses von Heeter ist dynamisch, da der Nutzer die Bewertung einer Option im Laufe der Rezeption revidieren und sich einer anderen Option zuwenden kann, anstatt die einmal ausgewählte bis zum Schluss zu verfolgen (Heeter 1988, S. 15). Revisionen kann man beispielsweise bei der Fernsehnutzung beobachten, wenn Zuschauer eine Sendung nicht von Anfang bis Ende verfolgen, sondern die Rezeption mittendrin abbrechen oder mehrere Sendungen parallel verfolgen (Heeter/Greenberg 1988). Bei der Printnutzung findet sich die Reevaluation darin wieder, dass Leser den Anfang eines Artikels anlesen, dann aber weiterblättern, um sich anderen Beiträgen zu widmen. Die Nutzung von Printmedien ist sogar in hohem Maße von Reevaluation geprägt. Fast die Hälfte aller Zeitungsartikel, die Beachtung finden, werden nur teilweise gelesen. Unterstützt wird dieses Verhalten durch den umgekehrt pyramidenartigen Aufbau von Zeitungsartikeln, der die wichtigsten Informationen an den Anfang stellt. Im Vergleich dazu wird nur ein knappes Fünftel der Artikel ganz gelesen (Graber 1988, S. 97).

Alle genannten Strategien hängen wesentlich von früheren Erfahrungen mit dem Medium ab. Eine kontrollierte Verarbeitung und ein begrenztes Suchrepertoire setzen beispielsweise voraus, dass der Rezipient sich schon mit dem Medium vertraut gemacht hat und über gewisse Präferenzen verfügt. Diese Erfahrungen und Präferenzen münden im Laufe der Zeit in Mediengewohnheiten.

Vor allem selektive Fernsehnutzungsstrategien stehen im Zentrum des Interesses der Selektionsforschung. Mit der Vervielfachung des Fernsehprogrammangebots durch neue Sender und digitale Übertragungstechniken haben Zuschauer immer mehr Möglichkeiten der Auswahl. Die Fernbedienung bietet eine bequeme Möglichkeit, das Programm durch Umschaltungen zu evaluieren, auszuwählen und abzuwählen. Diese »individuelle Fernsehnutzung« und die Zusammenstellung von »Fernsehmenüs« ist in jüngster Zeit zum Gegenstand intensiver Forschung geworden (Hasebrink/Krotz 1993 und 1996; Krotz 1994).

Folgende jeweils unterschiedliche Funktionen können Umschaltungen erfüllen (Heeter/Greenberg 1988; Niemeyer/Czycholl 1994):

- *Flipping* (»Durchblättern«): Umschaltungen am Fernseher, die zu Beginn der Fernsehrezeption einen Überblick über das laufende Angebot verschaffen sollen.
- *Switching* (»Umschalten«): Im laufenden Fernsehprogrammangebot wird durch Umschalten nach weiteren Angeboten gesucht, um ein besseres Programm zu finden.
- *Hopping* (»Hüpfen«): Gleichzeitiges Verfolgen mehrerer Sendungen am Fernseher, indem immer wieder nacheinander zwei oder mehr Kanäle für einige Zeit per Fernbedienung angewählt werden.
- *Scanning* (»Absuchen, Überfliegen«): Evaluation des verfügbaren Fernsehprogrammangebots durch Umschaltungen.
- *Grazing* (»Weiden, Grasen«): Schnelle Umschaltungen durch das laufende Fernsehprogrammangebot, um eine interessante Sendung oder ein interessantes Bruchstück zu finden (wird oft synonym zu *Scanning* und *Switching* verwendet).
- *Zapping* (»Abknallen, Fertigmachen«): Vermeiden von Fernsehwerbung z.B. durch Umschalten oder Verlassen des Raumes.

Diese sechs Kategorien sind in der angewandten Nutzungsforschung geläufig: Programmbetreiber haben natürlich Interesse daran, den Umfang der Werbevermeidung zu kennen und auf Basis dieser Kenntnisse Gegenstrategien zu entwickeln, insbesondere dann, wenn Werbung die einzige Finanzierungsquelle eines Fernsehsenders darstellt. In der Regel wird ein großer Aufwand betrieben, um die Zuschauer im Fluss des eigenen Programms zu halten. Dieser optimale »audience flow« wird erreicht, wenn man die einmal gewonnenen Zuschauer im Programm hält und bei Übergängen von einer Sendung zur nächsten möglichst wenige verliert. Dafür setzen die Sender diverse Strategien ein (Adams 1993): Um die Zuschauer zum Sehen zu motivieren, werden die Themen einer Sendung am Anfang oder vor einer Werbepause in einem Kurzüberblick dargestellt (Eastman et al. 1997). Nicht selten treten solche »Teaser« sogar in Form von eigenen Kurztrailern auf. Auch ist es üblich, ganze Programmblöcke mit ähnlichen Sendungen zu belegen: Etwa drei Arztserien am Stück, die Sitcom-Schiene oder der Talkshow-Nachmittag. Eine weitere Strategie liegt darin, während des Abspanns in einem geteilten Bildschirm bereits die nächste Sendung anzukündigen. Spielfilme und Serie beginnen häufig nicht mit einem Vorspann, sondern gleich und unmittelbar mit der Handlung (»cold start«), was die Zuschauer möglichst schnell involvieren soll (Eastman et al. 1995).

Dieses originär angewandte Forschungsinteresse erklärt die theoretische Unvollständigkeit der Konzepte Hopping, Zapping, Switching etc. sowie die Heterogenität der logischen Ebenen: So erklärt nur Zapping, *warum* ein Zuschauer selektiv handelt, indem implizit wird, dass Werbung als Genre unbeliebt ist. Bei den anderen Selektionsformen, die eine Programm-im-Programm-Selektion, also werbeunabhängige Umschaltungen (Niemeyer/Czycholl 1994), beinhalten, liegt die Erklärung keineswegs auf der Hand. Es steckt vermutlich eine Suche nach etwas Besserem darin; wie aber dieses »Bessere« aussieht und wie man getätigte Selektionen erklären und prognostizieren kann, bleibt ungewiss. Für eine wirkliche Erklärung müssen zusätzliche Konzepte herangezogen werden, die sich nicht nur auf Verhalten beziehen, sondern auch auf die Absichten, Bedürfnisse, Interessen, Gewohnheiten, Themenpräferenzen und sonstige selektionsrelevante Merkmale des Zuschauers.

Methodisch stößt dieses Desiderat auf große Probleme: Die Handlungserklärung besteht aus dem beobachtbaren Verhalten (also Selektion) und den verursachenden Aspekten (Absichten, Bedürfnisse etc.). Mit der Methode der Beobachtung kann nur der erste Teil, mit der Befragung nur der zweite Teil erhoben werden. Um die Handlungserklärungen der Dynamik der Rezeption anzupassen, müssen (a) Methodenkombinationen angewandt werden und (b) Untersuchungen in der konkreten Rezeptionssituation, während der Rezeption selbst, stattfinden. Damit rückt die kommunikative Phase (Rezeptionsphase) in den Vordergrund der Forschung. Nur so können Umentscheidungen und Reevaluationen wirklich erforscht werden, ebenso wie die Veränderungen, denen der Zuschauer im Laufe der Rezeption unterliegt, wenn sich etwa seine Stimmung ändert, er seinen Informationsbedarf gestillt hat, müde geworden ist etc.

Peter Vorderer (1992) beispielsweise erhebt parallel zur Fernsehnutzung das Involvement der Zuschauer, also das Ausmaß an Ich-Beteiligung. Im Abstand von einer Minute wurden Probanden während der Rezeption eines Films durch einen Piepston aufgefordert, ihr »Mitleben im Film« zu spezifizieren. Sie konnten sich auf einer Skala von »gar nicht im Film mitleben« bis »sehr intensiv im Film mitleben« einordnen (Vorderer 1992, S. 218f). Vorderer erklärt den Abbruch der Filmrezeption mit einem niedrigen Involvement (1992, S. 233). Helena Bilandžić und Bettina Trapp (2000) erheben fernsehrezeptionsbegleitende psychische Prozesse mithilfe des lauten Denkens und erklären Auswahl und Abbruch mit Aspekten der psychischen Akivität wie z.B. Exploration, Erwartungen, Bewertungen und Assoziationen. Werner Wirth und Michael Brecht (1999) untersuchen die Nutzung des WWW mit einer Kombination aus Beobachtung und Lautem Denken. Der Fokus auf die kommunikative Phase stellt eine aktuelle Entwicklung der Rezeptionsforschung dar und spiegelt sich in einer Vielzahl empirischer Studien zu diesem Bereich (vgl. Rössler/Gehrau/Kubisch 2002).

Bisher wurden vor allem Aspekte des Verhaltens erörtert und wie sich Orientierungs- und Evaluationsstrategien im Verhalten der Zuschauer manifestieren. Der eigentliche Evaluationsprozess aber wurde noch nicht behandelt. Wie die Evaluation der zur Verfügung stehenden Optionen tatsächlich ausfällt oder welche Sendung gesehen und welcher Artikel gelesen wird, ist unter anderem von weiteren individuellen Merkmalen der Rezipienten und von sozialen Faktoren abhängig. So kann die Suche nach bestimmten Effekten der Mediennutzung, etwa ein gewünschter Nutzen oder die Regulierung der Stimmung, rezeptionsleitend sein (vgl. Kapitel 4.4.2.3). Auch die Herstellung von Rezeptionserlebnissen, die als angenehm empfunden werden, kann als (impliziter, nicht-bewusster) Bewertungsmaßstab für Selektionsentscheidungen dienen. Dies ist etwa der Fall, wenn Zuschauer wegen ihrer Lieblingsfiguren eine Sendung immer wieder sehen (parasoziale Interaktion) oder einen persönlichen Bezug zum Medienangebot herstellen können (Involvement) (vgl. Kapitel 4.4.2.3). Soziale Faktoren werden selektionsleitend, wenn z.B. eine Fernsehsendung nur verfolgt wird, weil auf diese Weise ein konfliktloses Beisammensein der Familie ermöglicht wird (vgl. Kapitel 4.4.2.5).

In den genannten Ansätzen ist die Verbindung zwischen Selektion und erwartetem Effekt oder Rezeptionsqualität »idiosynkratisch«, d.h. sie hängt ganz stark von der individuellen Interpretation des Inhalts ab. Nachrichten können ja durchaus als unterhaltend, Spielfilme als informativ empfunden werden; den Hobbyangler involviert eine Sendung über die neuesten Köder und Haken, während das gleiche Thema den Hobbygärtner überhaupt nicht tangiert. Neben diesen individuellen Faktoren, die bestimmen, welche Medienbotschaft als relevant oder interessant empfunden wird, existieren auch überindividuelle Botschaftsmerkmale, die bei allen Menschen gleichermaßen eine Auswahl begünstigen, indem sie die Aufmerksamkeit gegenüber der Botschaft erhöhen. Diese Mechanismen gehören zur Selektionsebene der einzelnen Information und werden im Folgenden dargestellt.

Selektionsebene der einzelnen Informationen

Rezipienten können schließlich aus einem redaktionellen Angebot auch einzelne Informationen selegieren und auch überdauernd im Gedächtnis behalten.[8] Die Selektion einzelner Informationen für die Rezeption ist von Wahrnehmungs- und Auf-

---

8 Das selektive Speichern von Information gehört zu den kognitiven Wirkungen von Medienbotschaften (d.h. Wirkungen, die das Wissen und Denken von Rezipienten betreffen) und werden im Kapitel 4.4.3 im Detail dargestellt.

merksamkeitsprozessen bestimmt. Theoretische Vorstellungen solcher Prozesse finden sich in der kognitiven Psychologie und werden in zunehmendem Maße auch in der Kommunikationswissenschaft auf die Verarbeitung von Medieninformationen angewandt. Annie Lang (2000) liefert ein solches Modell für die Fernsehrezeption, das auf allgemeineren kognitionspsychologischen Theorien aufbaut (vgl. Shiffrin/ Schneider 1977; Kahnemann 1973). Sie geht von zwei grundlegenden Annahmen aus:

- Menschen verarbeiten Informationen, indem sie Umweltreize (darunter Medienbotschaften) wahrnehmen, sie in mentale Repräsentationen umwandeln und sie unter bestimmten Umständen auch wiedergeben können.
- Die Fähigkeit zur Informationsverarbeitung ist begrenzt. Es werden mentale Ressourcen benötigt, die aber nur in begrenztem Ausmaß verfügbar sind.

Der Aufmerksamkeitsprozess läuft dann folgendermaßen ab: Eine Botschaft muss zunächst die sensorischen Rezeptoren (Auge, Ohr etc.) ansprechen. Sie gelangt in sensorische Speicher, die spezifisch für jeden Sinn und in ihrer Kapazität fast unbegrenzt sind. Allerdings dauert die Speicherung nur sehr kurze Zeit an; wenn eine Information nicht zur weiteren Verarbeitung ausgewählt wird, geht sie verloren. Aus all der eingehenden Information aus dem sensorischen Speicher muss also eine Selektion erfolgen, damit sie für den darauf folgenden Prozess der *Encodierung*, der Schaffung einer mentalen Repräsentation des physikalischen Stimulus, bereitsteht. Diese Selektion kann kontrolliert oder automatisch erfolgen. Eine *kontrollierte* Selektion erfolgt dadurch, dass ein Rezipient seine Konzentration absichtsvoll auf eine Botschaft richtet, z.B. weil er einen Nachrichtenbeitrag zu einem bestimmten Thema sehen oder einen Film verfolgen will. Eine *automatische* Selektion erfolgt nicht-intentional und unbewusst; die Aufmerksamkeit wird von Merkmalen der Medienbotschaft unwillkürlich angezogen. Lang führt aus, dass es zwei Arten von Stimuli gibt, die automatische Selektionsprozesse auslösen: Zum einen sind dies Informationen, die relevant für die Ziele und Bedürfnisse des Rezipienten sind; zum anderen Informationen, die auffällig sind, sich stark von der Umgebung abheben, sich verändern oder unerwartet auftauchen (Lang 2000).

Auch für das Zeitungslesen sind solche Reize identifiziert worden, die unabhängig von der individuellen Interpretation regelmäßig Aufmerksamkeit auslösen. Hier sind es vor allem Layoutbestandteile, die entscheidend bestimmen, in welcher Reihenfolge Leser Artikel, Designelemente und Fotos in einer Zeitung beachten und rezipieren. Soweit Leser nicht gezielt nach bestimmten Elementen suchen, die sie z.B. gewohnheitsmäßig lesen, wie etwa Kolumnen, Cartoons etc., haben sie keine festen Punkte für den Einstieg in eine Seite. Vielmehr bestimmen visuelle Gestaltungsmerkmale, welchen Teilen einer Seite sich die Leser zuerst widmen: So werden Bilder vor Textteilen beachtet, mehrfarbige Bilder vor einfarbigen, Überschriften vor Fließtext (Garcia/Stark 1991, S. 30f; Barmettler 1996, S. 275; Kroeber-Riel/Weinberg 1998,

S. 253ff). Begleiten solche formalen Merkmale wie Überschriften, Bilder, Grafiken einen Artikel, so steigt die Wahrscheinlichkeit, dass auch der Artikel beachtet und gelesen wird (Donsbach 1989,S. 395; Donsbach 1991; Graber 1988, S. 250).

Auch inhaltliche Merkmale können überindividuell eine Selektion begünstigen: Nachrichtenfaktoren, wie sie aus der Kommunikatorforschung her bekannt sind, zeigen den Nachrichtenwert an, der einem Ereignis zugeschrieben wird. Sie können auf der Rezipientenseite einen guten Teil der Selektionsentscheidungen erklären, z.B. können Merkmale wie »Überraschung« und »Faktizität« die Beachtung eines Zeitungsartikels begünstigen (Donsbach 1991; Eilders 1997).

Rainer Mathes etwa entwickelt ein mehrstufiges Modell der Zeitungsnutzung (Mathes 1995): Die erste Selektionsstufe ist die bloße Beachtung des Beitrags (Ansehen), die zweite die Nutzung von Kurzinformationen wie Überschrift oder Vorspann und die dritte die ausführliche Lektüre. Auch Graber (1988) findet diese Mehrstufigkeit in ihrer Untersuchung zur Zeitungsrezeption wieder: Leser »scannen« die Zeitung nach Schlüsselworten, die ein individuell interessantes Thema anzeigen oder aber Relevanzanzeichen aus ihrer sozialen Umgebung enthalten, wenn das Thema z.B. Gesprächsstoff im Freundeskreis ist oder viel öffentliche Aufmerksamkeit erhält. Dies führt dann zu einer ausführlicheren Rezeption.

4.4.2.2 Gesuchte und erhaltene Wirkungen als Selektionserklärung

Motive und Gratifikationen der Mediennutzung

In den 1960er-Jahren entwickelte sich die Frage, welche Medieninhalte vom Publikum ausgewählt werden, außerhalb der Wirkungsforschung zu einer Perspektive mit eigenständigem Erkenntnisinteresse. Einer der Pioniere der Gratifikationsforschung, Elihu Katz, beschrieb diesen Wandel in der wissenschaftlichen Tagesordnung als Abkehr von der Frage »Was machen die Medien mit den Menschen« (»medienzentriert«, stellvertretend für die Wirkungsforschung) und Zuwendung zur Frage »Was machen die Menschen mit den Medien?« (»publikumszentriert«, stellvertretend für die Gratifikationsforschung) (Katz 1959, S. 2). Mit diesem »Paradigmenwechsel« ist keineswegs eine vollständige Revolution aller wissenschaftlichen Maßstäbe gemeint, etwa in dem Sinne, dass bisher verfolgte Fragen obsolet werden. Er bringt lediglich das Aufkommen einer Fragestellung mit eigenständiger Existenzberechtigung zum Ausdruck. Als grundlegende Veränderung wird das Bild der Rezipienten und ihrer Rolle im Kommunikationsprozess genannt: In den »medienzentrierten Ansätzen« begnügt sich die »Masse der Rezipienten – die Zuschauer, Hörer, Leser – .., ziel-, absichts- und interessenlos auf die Botschaften der Medien zu warten, um dann ›reagieren‹ zu können« (Renckstorf 1989, S. 317). In den »publikumszentrierten Ansätzen« hingegen handeln Rezipienten sinnvoll und zielgerichtet, indem sie unter Kenntnis ihrer Bedürfnisse und der entsprechenden Mittel gezielt Medien zu ihrem Vorteil nutzen. Diese Eigeninitiative und Emanzipation brachte dem Publikum in diesen Ansätzen das Attribut »aktiv« ein.

Das publikumszentrierte Modell stellt kein geschlossenes theoretisches Programm dar, sondern besteht vielmehr aus einer Vielzahl von Ansätzen, die allerdings die folgenden theoretischen Prämissen gemeinsam haben (Renckstorf 1989, S. 319):

1. Das aktive Bild des Publikums: Das Publikum wählt aus dem Medienangebot zielgerichtet Inhalte aus, die ihm vor dem Hintergrund seiner subjektiv wahrgenommenen Interessen als nützlich erscheinen.
2. Die Ziele und Absichten des Publikums stehen im Vordergrund und nicht diejenigen des Kommunikators.
3. Die Zuwendung zu Medienangeboten ist das zu erklärende Konzept und nicht deren Wirkung.

Unter diesen Ansätzen können im Wesentlichen zwei Richtungen identifiziert werden: Die eine Richtung steht in der Tradition der funktionalen Analyse der Soziologie und bestreitet den größten Teil der Gratifikationsforschung. Vertreter sind die Klassiker des Uses-and-Gratifications-Approach: Katz, Blumler, Rosengren, Wenner, Palmgreen. Die andere Richtung modelliert den Rezipienten und sein Medienverhalten mithilfe des Symbolischen Interaktionismus und ist vor allem in Deutschland als »Nutzenansatz« verbreitet, mit seinen Hauptvertretern Renckstorf und Teichert.

Der Uses-and-Gratifications-Approach

Im Uses-and-Gratifications-Approach erklären grundlegende Bedürfnisse und Motive des Publikums selektive Mediennutzung. Verschiedene Ansätze innerhalb dieser Forschungsrichtung behandeln mit jeweils unterschiedlichem Schwerpunkt einen oder mehrere der folgenden Punkte (Katz/Blumler/Gurevitch 1974, S. 20):

1. die sozialen und psychologischen Ursprünge von
2. Bedürfnissen, die
3. Erwartungen generieren in Bezug auf
4. Massenmedien oder andere Quellen, die
5. zu unterschiedlichen Nutzungsmustern führen (oder anderen Tätigkeiten), die
6. Bedürfnisbefriedigung (»need gratification«) und
7. anderen Konsequenzen nach sich ziehen.

Elihu Katz, Jay G. Blumler und Michael Gurevitch (1974, S. 21f) haben fünf Prämissen des Ansatzes formuliert:

1. Das Publikum ist aktiv: Es wird angenommen, dass ein großer Teil der Mediennutzung zielgerichtet ist und von den Erwartungen an Medieninhalte bestimmt wird. Aktivität ist ausschließlich als Selektivität konzipiert, *nicht* als kognitive Konstruktivität (Krotz 2001, S. 74).
2. Potenzielle Medienwirkungen werden durch die Selbstbestimmung des Rezipi-

enten begrenzt: Einseitige Wirkungsvorstellungen, dass sich Medieninhalte linear auf die Meinungen und Einstellungen des Publikums auswirken, werden aufgehoben angesichts der Tatsache, dass der Rezipient über Rezeption oder Nicht-Rezeption entscheidet.

3. Medien konkurrieren mit anderen Quellen der Bedürfnisbefriedigung: Bedürfnisse selbst determinieren noch nicht, welche Mittel dafür eingesetzt werden müssen. Massenmedien sind daher nur eine Möglichkeit von vielen, eine »funktionale Alternative« (da sie die gleiche Funktion erfüllen), um Bedürfnisse zu befriedigen.

4. Menschen sind sich ihrer Interessen und Motiv soweit bewusst, dass sie darüber Auskunft geben können oder sie zumindest, wenn sie in verständlicher Form vorgegeben sind, wiedererkennen können.

5. Die Publikumsorientierungen werden unter Rückbezug auf deren eigene Begrifflichkeiten untersucht – Urteile über die kulturelle Wertigkeit von Massenkommunikation seitens der Forscher sollten mit Rücksicht auf diese Zielsetzung außen vor bleiben.

In der empirischen Forschung stand das Zusammentragen und Prüfen der verschiedenen Gratifikationen in Bezug auf bestimmte Medien oder Medieninhalte immer im Vordergrund. Zwei Motivlisten haben durch ihren umfassenden Charakter besondere Bedeutung erlangt: McQuail/Blumler/Brown 1972 sowie Greenberg 1974. McQuail/Blumler/Brown beispielsweise entwickelten ihren Katalog in einer Gruppendiskussion und prüften ihn daraufhin in einer quantitativen Befragung. Sie fanden dabei die Dimensionen »Ablenkung/Zeitvertreib«, »persönliche Beziehungen«, »persönliche Identität« und »Kontrolle der Umgebung« (McQuail/Blumler/Brown 1972, S. 155).

Das *Eskapismus-Konzept* nimmt eine besondere Stellung in der Gratifikationsforschung ein: Es postuliert, dass Menschen Spannungen, die aus ihrer täglichen Rollenausübung in der Gesellschaft resultieren, mit dem Konsum eskapistischer Medieninhalte zu kompensieren versuchen. Solche Medieninhalte sind in der Regel fiktiv und lenken von der eigenen Situation insofern ab, als dass sie eine ganz eigene Welt darstellen. Die Menschen erhalten aus dem Medienkonsum kompensatorische Gratifikationen (vgl. Schenk 1987, S. 380).

Während zu Anfang der Gratifikationsforschung noch keine Unterscheidung zwischen den Bedürfnissen, die zum Medienkonsum antreiben, und den Resultaten der Nutzung, also den befriedigten Bedürfnissen, gemacht wurde, wurde diese Unterscheidung mit dem GS/GO- Modell eingeführt (Palmgreen/Wenner/Rayburn 1980). Dabei steht GS für »gratifications sought« (gesuchte Gratifikationen) und GO für »gratifications obtained« (erhaltene Gratifikationen). Die Differenz zwischen gesuchten und erhaltenen Gratifikationen kann zum *einen* den Programmmachern anzeigen, wie bedarfsgerecht das angebotene Programm ist; sie kann zum Zweck der Programmoptimierung im Sinne einer Anpassung an die Bedürfnisse des Publikums eingesetzt werden. Zum *anderen* können Selektionen von Mediennutzern damit prognostiziert werden: Die Differenz zwischen gesuchten und erhaltenen Gratifikationen kann verwendet werden, um die wahrgenommene Nützlichkeit einzelner Programme aus der Sicht eines individuellen Rezipienten vergleichbar zu machen. In theoretischer Hinsicht hat dasjenige Programm mit der geringsten Diskrepanz auf allen Gratifikationsdimensionen die höchste Chance, ausgewählt zu werden (Palmgreen/Wenner/Rayburn 1980).

Eine weitere Präzisierung erhielt das GS/GO-Modell mit dem Einbezug von Entstehungsfaktoren für die gesuchten Gratifikationen. In Anlehnung an die Erwartungs-Werttheorie von Fishbein/Ajzen (1975) entwickelten Philip Palmgreen und J.D. Rayburn das Erwartungs-Bewertungs-Modell gesuchter und erhaltener Gratifikationen (Palmgreen 1984; Palmgreen/Rayburn 1982 und 1985; Rayburn/Palmgreen 1984). In diesem Modell entstehen die gesuchten Gratifikationen *einerseits* aus der subjektiven Erwartung, dass das betrachtete Medienobjekt eine bestimmte Eigenschaft besitzt oder eine bestimmte Folge nach sich zieht und *andererseits* aus der affektiven Bewertung dieser Eigenschaft oder Folge (Palmgreen/Rayburn 1985, S. 63). Palmgreen/Rayburn nennen folgendes Beispiel für eine Konstellation aus Erwartung, Bewertung und gesuchten Gratifikationen: Wer »Informationen über aktuelle Themen und Ereignisse« positiv bewertet und auch erwartet, dass das Fernsehen solche Information bieten kann, wird motiviert sein, solche Informationen auch beim Fernsehen zu suchen. Welche Gratifikationen dann tatsächlich vom Fernsehen erhalten werden, hat eine Rückwirkung auf die Erwartungen und beeinflusst somit die folgenden Selektionsprozesse (Palmgreen/Rayburn 1985, S. 64f).

Insbesondere an den beiden zuletzt dargestellten Modellen kristallisiert sich ein wichtiger Kritikpunkt an der Uses-and-Gratifications-Forschung heraus: Es stellt ein »rationalistisches« Konzept des menschlichen Verhaltens dar; in theoretischer Hinsicht kann man an Rational-Choice-Theorien in Psychologie und Soziologie anknüpfen (vgl. Simon, 1993; Esser 1990 und 1999). Der Mensch, so wird angenommen, analysiert seine Bedürfnisse und evaluiert verfügbare Auswahloptionen (z.B. Mediennutzung vs. andere Tätigkeit, Fernsehen vs. Radio, ARD vs. RTL, Leitartikel vs. Feature, Schlagzeile vs. Artikel); aus diesen Optionen wählt er diejenige aus, von der er sich unter den gegebenen Umständen und mit seinem momentanen Kenntnisstand am meisten Nutzen verspricht. »Rationales Handeln« ist in diesem Kontext nicht als objektiv nutzenbringendstes Handeln zu sehen, sondern als subjektiv vernünftiges, das aus *subjektiver* Sicht nach Maßgabe bestimmter Handlungsmaximen den größten Nutzen verspricht. Bereits die Prämisse, dass die Rezipienten sich ihrer Bedürfnisse bewusst sind, ist problematisch. Weiterhin erscheint zweifelhaft, ob die treibenden Handlungsmaximen wirklich konstant bleiben und in jeder Situation gleichermaßen handlungsleitend wirken; Erwartungen, Bewertungen und gesuchte Gratifikationen werden als stabil und langfristig gültig betrachtet, was situative Faktoren aus der Handlungserklärung ausschließt (z.B. konkreter Informationsbedarf nach der Bundestagswahl, Müdigkeit, Stimmung). Warum jemand die Rezeption einer Sendung abbricht, ist mit langfristigen Präferenzen nicht erklärbar.

In rationalen Handlungstheorien wird angenommen, dass die Handelnden über die verfügbaren Alternativen informiert sind und diese gründlich gegeneinander abwägen. Dieser aufwändige und zeitintensive Prozess ist bei einer alltäglichen und eher unwichtigen Handlung wie der Mediennutzung nicht sehr wahrscheinlich. Schließlich ist es nicht anzunehmen, dass nur außerhalb der Rezeption liegende Nützlichkeitserwägungen die Rezeption anleiten. Spieltheoretische und kulturtheoretische Ansätze verneinen eine ausschließlich externe Motivation und sehen den Grund für Mediennutzung in einem Rezeptionsvergnügen, einem spielerischen Motiv. Medienrezeption wird dabei als ästhetische Erfahrung oder kulturelle Handlung begriffen, die ihren Sinn in sich selbst hat und nicht erst in den Folgen (vgl. Vorderer 1992, S. 31). Wie andere Hobbies und Freizeitbeschäftigungen macht die Mediennutzung Spaß und bereitet Genuss – in diesem Sinne ist Medienrezeption ein Kommunikationsvergnügen (*communication-pleasure*; Stephenson 1967, S. 45f).

Ein anderes Handlungskonzept wendet sich gegen den beträchtliche Aufwand in rationalen Modellen, der für das Informiertsein und die Entscheidung anfällt, sowie gegen stabile Handlungsmaxime: Das Framing-Konzept sieht kurzfristige Handlungsziele vor, die situativ vom Handelnden definiert werden; je nach Situation werden andere Handlungen als angemessen betrachtet (Esser 1990). So ist es möglich, dass ein Zuschauer nach einem harten Arbeitstag Ablenkung in einer Fernsehkomödie sucht, nach einem entspannten Sonntag aber einen anspruchsvollen Kunstfilm bevorzugt. Auch Umentscheidungen sind mit dem Framing gut erklärbar: Der aktuelle Frame wird in Interaktion mit den Fernsehinhalten ständig überprüft, revidiert oder neu definiert (vgl. Bilandžić 2002; auch Renckstorf [1989] berücksichtigt die Situationsdefinition in seinem theoretischen Entwurf).[9]

Der Nutzenansatz

Der Nutzenansatz, von Will Teichert und Karsten Renckstorf in den 1970er-Jahren entwickelt, versucht den Grundgedanken eines aktiven Publikums mit dem Handlungsmodell aus der soziologischen Theorie des Symbolischen Interaktionismus weiterzuentwickeln (Renckstorf 1973 und 1989; Teichert 1972 und 1973). Der Ansatz stellt somit keine bloße Übertragung des Uses-and-Gratifications-Ansatzes ins Deutsche dar, sondern eine explizite theoretische Neuorientierung. Der wesentliche Unterschied ist, dass »Aktivität« wesentlich weit reichender konzipiert ist als im Sinne einer Selektivität, wie sie der Uses-and-Gratifications-Ansatz postuliert. Vielmehr wird der Rezipient auch im Sinne einer »kognitiven Konstruktivität« aktiv: Der Me-

---

9   Die »klassischen« Anwendungsgebiete frametheoretischer Ansätze in der Kommunikationswissenschaft sind jedoch außerhalb der Rezeptionsforschung zu finden: Frames können journalistische Nachrichtenselektion sowie die Art der Darstellung erklären. Die Berichterstattung wiederum kann Rezipienten als Interpretationsrahmen dienen und die Bewertung der dargestellten Ereignisse sowie das Verhalten beeinflussen (Framing-Effekt; vgl. Iyengar 1991; Scheufele 1999; Scheufele/Brosius 1999).

diennutzer weist einer Medienbotschaft eine bestimmte Bedeutung zu, interpretiert sie, erst dann erlangt sie für ihn eine Relevanz und wird verstanden. »Jedenfalls stellen die von den Medien angebotenen Aussagen und Inhalte keine ›Stimuli‹ per se dar, sondern – interpretationsbedürftige – ›Objekte‹, die ... sorgsam wahrgenommen, thematisiert und diagnostiziert werden« (Renckstorf 1989, S. 330). In diesem Sinne ist der Kommunikator zwar der objektive Produzent einer Botschaft, der Rezipient aber sein subjektiver Gegenpart, zumal erst dessen Bedeutungszuweisungen die gültige Botschaft ausmachen (Renckstorf 1989, S. 331 und 1973, S. 190). Dies ist eine der Grundfesten der Theorie der Symbolischen Interaktion: Menschen orientieren sich in ihrem Handeln und Denken nicht an den physikalischen Reizen selbst, sondern an der Interpretation, die sie den physikalischen Reizen zuschreiben. Die Interpretation ist dabei nicht willkürlich von Individuum zu Individuum verschieden, sondern orientiert sich an den Konventionen und dem gemeinsamen Wissensvorrat der Gesellschaft (Renckstorf 1989, S. 330f). Ein weiterer wichtiger Aspekt, der eng mit der Interpretationsleistung zusammenhängt, ist die Situationsdefinition: Der Mensch nimmt laufend eine Diagnose seiner aktuellen Situation vor (Renckstorf 1989: 330): Was ist zu tun? Was ist zu entscheiden? Welche Möglichkeiten gibt es? Damit ist ein großes Problem der Uses-and-Gratifications-Forschung behoben: Dem Rezeptionsprozess wird eine Dynamik zugestanden, die Umentscheidungen des Rezipienten auf theoretischer Ebene zulässt und erklärbar macht. Eine weitere Verbesserung durch den Nutzenansatz stellt die Einführung von Routinehandeln in das Modell dar. Damit kann der Rezipient nach der Diagnose einer Situation entscheiden, ob es sich um ein »unproblematisches Problem« handelt – ein Sachverhalt, dessen Interpretation mit dem Wissen und den Erfahrungen des Menschen übereinstimmt und dessen »Bearbeitung« routinemäßig ablaufen kann; oder ob es sich um ein »problematisches Problem« handelt, dessen Interpretation gewisse Diskrepanzen zum bisherigen Wissen aufwirft und dessen Bearbeitung eine weitere bewusste Beschäftigung damit erfordert (Renckstorf 1989, S. 329f).

Stimmung

Ein weiterer Effekt, den Rezipienten durch die Mediennutzung zu erreichen versuchen, ist die Regulierung ihrer Stimmung. Die »Mood-Management«-Hypothese postuliert, dass Stimmungen gezielt durch Selektion von Medieninhalten in einem für das Individuum angenehmen Bereich gehalten oder gebracht werden (Zillmann 1988a und 1988b; Zillmann/Bryant 1984). Zu Grunde liegt die hedonistische Annahme, dass Menschen grundsätzlich danach streben, schlechte Stimmungen zu beseitigen und gute Stimmungen aufrechtzuerhalten. Menschen würden sich internen und externen Stimuli so aussetzen, dass schlechte Stimmungen minimiert und gute maximiert werden (Zillmann 1988a, S. 328).

Stimmungen hängen im Mood-Management-Konzept stark mit der physiologischen Erregung zusammen. Eine hohe Erregung, z.B. durch Angst, Wut oder Überstimulation, hat für das Individuum Stress zur Folge. Zu niedrige Erregung, »Unterstimulation«, wird als Zustand der Langeweile erlebt. Menschen empfinden beide Extreme als aversiv und streben danach, die Erregung in einen mittleren, angenehmen Bereich zu bringen, indem im einen Fall (Stress) das Wahrnehmen weiterer erregungssteigernder Reize vermieden wird und im anderen Fall (Langeweile) erregende Reize aktiv gesucht werden (Zillmann 1988a, S. 332f). Wird das Fernsehen als Mittel der Stimmungsregulierung benutzt, so würden sich gelangweilte Menschen demnach eher anregenden Medieninhalten (z.B. Thriller, Erotikfilme) zuwenden, während gestresste Menschen eher reizarme Inhalte bevorzugen (z.B. Tierdokumentationen).

Dieses Verhalten muss den Menschen nicht bewusst sein: Zunächst ist es Zufall, welchen Reizen (z.B. welchem Fernsehprogramm) ein Mensch in guter oder schlechter Stimmung ausgesetzt ist. Wird dabei zufällig eine schlechte Stimmung gelindert, so wird eine Gedächtnisspur angelegt, die es wahrscheinlicher macht, dass ein ähnliches Fernsehprogramm wieder genutzt wird (Zillmann 1988b, S. 148).

Um die Mood-Management-Annahme zu prüfen, wurden in der Regel Laborexperimente durchgeführt, in denen eine Experimentalgruppe gestresst (z.B. durch Zeitdruck bei Rechenaufgaben oder unlösbare Aufgaben) und eine andere in den Zustand starker Unterforderung versetzt wurde (z.B. durch monotone Tätigkeiten). Die Probanden durften im Anschluss fernsehen und sich eine Sendung frei aussuchen. Die verfügbare Auswahl an Programmen wurde ohne Wissen der Probanden von einem Videorekorder eingespeist und enthielt anregende und beruhigende Sendungen (Zillmann 1988a, S. 333). In vielen solcher und ähnlicher Experimente konnte der Effekt stabil bestätigt werden (für einen Überblick vgl. Zillmann 1991).

4.4.2.3 Rezeptionsqualität

Involvement

Die Intensität, mit der sich ein Rezipient mit der Medienbotschaft auseinandersetzt, kann sehr unterschiedlich ausfallen. Ein Konzept, das diese Intensität beschreiben kann, ist das *Involvement-Konzept*. Involvement drückt die Betroffenheit der Rezipienten von der Medienbotschaft oder seine Ich-Beteiligung aus (Donnerstag 1996, S. 48). Ein hohes Involvement liegt vor, wenn Rezipienten viele Verbindungen zwischen der Medienbotschaft und ihrem eigenen Leben herstellen können (Krugman 1965, S. 355; Levy/Windahl 1985, S. 112). Dies ist dann möglich, wenn ein Thema ihnen persönlich wichtig erscheint oder ganz konkrete Konsequenzen für das eigene Leben hat (Petty/Cacioppo 1981, S. 107). Involvement kann einerseits die Erklärung für die Selektion von Medieninhalten sein, da Medienbotschaften umso eher rezipiert werden, wenn sie die eigene Person betreffen. Andererseits kann auch die *Wirkung* der Medienbotschaft modifiziert werden: Je involvierter der Rezipient bei der Rezeption ist, umso besser wird die Information verarbeitet und später auch erinnert (Donnerstag 1996, S. 142).

Urspünglich aus der Konsumentenpsychologie stammend, erreichte das Involvement-Konzept in den 1980er-Jahren auch die Kommunikationswissenschaft, wo es als selektionsauslösendes Motiv in Uses-and-Gratifications-Modelle eingebaut wurde (Donnerstag 1996, S. 24 f).

Krugman (1965) bezieht das Involvement-Konzept auf Werbewirkung. Er geht davon aus, dass Werbung beim Konsumenten tendenziell unerwünscht ist und ihn nicht involviert. Information, die nicht involviert, wird nur schlecht behalten und kann daher keinen direkten Effekt zeitigen, etwa eine positive Einstellung zum Produkt oder sogar den Kauf.

In Krugmans »Low-Involvement-Modell« hingegen erfolgt durch eine Werbebotschaft zunächst eine graduelle Veränderung in der Wahrnehmungsstruktur, d.h. dass sich Konsumenten der Existenz des beworbenen Produktes bewusst werden. Dieses oberflächliche Wissen über das Produkt wird dann in einer konkreten Konsumsituation aktiviert – es kommt zum Kauf. Eine Einstellung, die in klassischen Modellen der Werbewirkung immer *vor* einer Verhaltensänderung kommt, wird erst *nach* dem Kauf ausgebildet (Krugman 1965, S. 355).

Petty und Cacioppo integrieren das Involvement-Konzept in ein Informationsverarbeitungsmodell und erklären den Einfluss unterschiedlicher Verarbeitungsmodi auf Einstellungsveränderungen nach der Medienrezeption: Ist der Rezipient vom Thema involviert, so investiert er mehr Mühe, die Botschaft zu verstehen, sich mit den Argumenten auseinander zu setzen, kurz: sie zu elaborieren. Dies ist die »zentrale Route« bei der Verarbeitung. Hier spielen die Argumente der Botschaft und inhaltliche Aspekte eine große Rolle, ob jemand seine Einstellung ändert oder nicht. Die »periphere Route« hingegen wird genommen, wenn der Rezipient wenig involviert ist; Information wird nur oberflächlich verarbeitet, Argumente werden nicht wirklich abgewogen. Von Bedeutung sind hier eher nicht-inhaltliche Faktoren wie die Anzahl der Argumente, die Attraktivität des Kommunikators, visuelle und akustische Darstellung oder Mimik (Petty/Cacioppo 1981 und 1986).

Parasoziale Interaktion

Ebenfalls die Rezeptionsqualität betrifft die »Interaktion« mit Medienpersönlichkeiten, insbesondere mit Fernsehpersonen. Donald Horton und Richard Wohl entwickelten das Konzept der Parasozialen Interaktion bereits 1956. Es geht davon aus, dass die Wahrnehmung von Fernsehpersonen ähnlich abläuft wie die Wahrnehmung echter Menschen in direktem realen Umfeld. Folglich sind auch die Reaktionen auf Fernsehpersonen ähnlich und können vergleichbare soziale Folgen haben. Insbesondere das Fernsehen mit seiner spezifischen Angebotsweise ist geeignet, Prozesse der parasozialen Interaktion hervorzurufen (Horton/Wohl 1956, S. 215ff). Sendungen und Genres, die dem Zuschauer explizit ein Rollenangebot zur »Interaktion« machen, sind hier besonders hervorzuheben: Nicht-fiktionale Sendungen wie Shows oder Nachrichten stellen Moderatoren und Sprecher (»personae«) in den Vordergrund, die die Zuschauer ausdrücklich als solche ansprechen und überhaupt ihr gesamtes kommunikatives Handeln auf sie ausrichten (Horton/Wohl 1956, S. 216). Reagiert der Zuschauer mit einer adäquaten Rollenübernahme, geht er also dieses

»Interaktionsangebot« ein, findet parasoziale Interaktion statt (Gleich 1997, S. 38). Im Prinzip funktioniert dies auch bei fiktionalen Sendungen, auch wenn hier eine direkte Ansprache des Zuschauers nicht stattfindet. Dennoch kann man sagen, dass die »Bedürfnisse, Wünsche und Motive, Einstellungen, Erwartungen und Normen [der Rezipienten] implizit mitgedacht sind« (Gleich 1997, S. 60) und die Zuschauer durch die Beobachtung der medial vermittelten sozialen Situation in eine parasoziale Interaktion treten.

Wiederholte Erlebnisse parasozialer Interaktion können, wenn sie für die Zuschauer befriedigend verlaufen sind, in die Entstehung parasozialer Beziehungen münden. Die »gemeinsamen« Erlebnisse und das geteilte Wissen lassen beim Zuschauer die Illusion entstehen, dass er die Fernsehperson wie eine Person seines natürlichen Umfeldes kennt (Horton/Wohl 1956, S. 228). Uli Gleich modelliert den Zusammenhang zwischen parasozialen Interaktionen und Beziehungen in einem Kreis-Prozess-Modell parasozialer Beziehungen; er nimmt an, dass der aktuelle Zustand einer Beziehung von vorhergehenden Interaktionen bestimmt ist und gleichzeitig die folgenden Interaktionen determiniert (Gleich 1997, S. 73f).

Kommunikationsvergnügen und Rezeptionsgenuss

Gegen die Ansicht, dass allein »äußere« Gründe für Medienrezeption verantwortlich sind, richten sich Positionen, die das Unterhaltungserleben und das Vergnügen während der Rezeption in den Vordergrund stellen. Das Vergnügen ist eines der zentralen Konzepte der Cultural Studies, die sich als alternativer Ansatz zur gängigen Wirkungsforschung und einen kultursoziologischen und kritischen Ansatz der Medienrezeption darstellen (Morley 1992; Fiske 1987). Im Prozess der Rezeption wird der Rezipient als gleichberechtigter Akteur neben dem »Text« (als Oberbegriff für kulturelle Artefakte, unabhängig davon, ob in Bild, Ton oder Schrift; vgl. Krotz 1995, S. 249) und seinem Produzenten gesehen: Ein Medieninhalt muss erst von einem Rezipienten interpretiert werden, bevor er eine Rolle in der Rezeption spielen kann. Diese Interpretation (»Lesart«) ist aber nicht bei jedem Leser gleich: Ein Text kann ein bestimmtes Verständnis oder eine Interpretation der enthaltenen Information (»Lesart«) nahe legen, sie jedoch nicht völlig determinieren. Stuart Hall unterscheidet drei Lesarten: Eine *dominante*, die der Interpretation des Kommunikators entspricht; eine *oppositionelle*, bei der der Rezipient den Text entgegengesetzt zur dominanten Position liest; sowie eine *verhandelte*, bei der der Leser zwar die dominante Lesart anerkennt, in bestimmten Fällen aber dennoch oppositionell decodiert (Hall 1980, S. 136f). Rezeption wird stets als in die Alltagskultur eingebettet gesehen: »Das Lesen eines Textes in einer Zeitung ist zwar auch Informationsaufnahme, aber eben auch ein dramatischer und ritualisierter Akt (...), in dem gesellschaftliche, kulturelle und subkulturelle Normen und Werte thematisiert und reproduziert werden« (Krotz 1995, S. 249).

John Fiske (1987) betont insbesondere die Möglichkeit oppositioneller Lesarten und geht von einem aktiven Publikum aus, das, statt sich der dominanten Lesart anzuschließen, sich seine eigene Bedeutung aus den Medientexten konstruiert. Der

Text sei dafür ausreichend offen, polysemisch, und erlaube eine »semiotic democracy« (Fiske 1987). In diesem Widerstand aber liegt nach Fiske das eigentliche Vergnügen, das es dem Zuschauer erlaubt, den »hegemonialen Diskursen« zu entkommen (Hepp 1998, S. 102). Bei seiner Konzeptualisierung von Vergnügen greift Fiske auf Überlegungen von Roland Barthes zurück: Dieser unterscheidet zwischen »plaisir« (Vergnügen) und »jouissance« (Genießen). Mit *plaisir* ist eine Art intellektuelles Vergnügen am Text gemeint. Der Leser ist vertraut mit den relevanten kulturellen Mustern und erkennt diese oder seine Variationen im Text wieder, was das Gefühl des plaisir hervorruft. Auf diese Wiese kann z.B. die Machart eines Textes Vergnügen bereiten. Im Gegensatz dazu ist die *jouissance* ein außerordentliches, unmittelbares und »körperliches« Erleben von Lust am Text, ohne kulturelle Voraussetzungen. Beispiele dafür sind Emotionen wie etwa Angst, Wut, Schmerz (Hepp 1998, S. 101f).

Aus einer völlig anderen, psychologischen Tradition stammt die Forschung zum Phänomen »Spannung« und, damit zusammenhängend, Rezeptionsgenuss (für einen Überblick siehe Vorderer 1997). Dolf Zillmann sieht Spannung als eine Erfahrung der Unsicherheit, die durch die empathische Teilnahme am Schicksal der Protagonisten entsteht. Voraussetzung für das Auftreten von Spannung ist dabei, dass der Protagonist dem Publikum sympathisch erscheint und der positive Ausgang zumindest unsicher ist (Zillmann 1996). Nach Noel Carroll entsteht Spannung nicht wegen der Fernsehfiguren, sondern in erster Linie durch die Moral einer Geschichte: Spannung entsteht dann, wenn die Rezipienten befürchten, das »Gute« könnte verlieren und das »Böse« gewinnen (Carroll 1996). Damit sind die Bedingungen für Spannung in zwei verschiedenen Ansätzen beschrieben; warum Rezipienten sich aber diesem eigentlich belastenden Erlebnis aussetzen wollen, das mit Angst, zumindest mit Stress verbunden ist, kann durch einen weiteren Ansatz Zillmanns erklärt werden: Er übertrug den *Excitation-Transfer-Ansatz*, der aus der Gewaltforschung bekannt ist, auf die Spannung. Während der Rezeption wird der Zuschauer physiologisch aktiviert; diese unspezifische Aktivierung wird nicht von vornherein als ein bestimmtes Gefühl empfunden, sondern muss erst vom Zuschauer interpretiert werden. Mündet der Film in ein positives Ende, so empfindet der Zuschauer dies als Erleichterung. Die restliche Aktivierung, die zu diesem Zeitpunkt noch vorhanden ist, wird dann ebenfalls als positives Gefühl interpretiert – die Erregung wird »verlagert« (daher *excitation transfer*) wodurch das Gefühl stärker ausfällt, als es von einer nicht erregten Ausgangsposition möglich wäre (Zillmann 1983).

Neugier und Exploration

Neugiertheorien bieten Erklärungsversuche dafür an, warum Menschen wahrnehmen und denken, ohne dass äußere Anreize (wie etwa eine explizite Aufforderung durch Lehrer, Versuchsleiter etc.) vorhanden sind. Damit sind sie potenziell geeignet, auch Medienverhalten zu erklären.

Das absichtsvolle Wahrnehmen bestimmter äußerer Reize wird als Exploration betrachtet. Heidi Keller und Hans-Georg Voss definieren Exploration als »visuelle, haptische, motorische oder ›gedankliche‹ Tätigkeiten, die dem Individuum *neue* Informationen zur Verfügung stellen, die zur Beseitigung einer Unsicherheit, eines Problems, Auflösung eines Widerspruchs etc. notwendig sind« (Keller/Voss 1976, S. 137f). Eines der ersten Konzepte zur Neugier wurde von D.E. Berlyne (1974) vorgelegt. Er postuliert, dass das Ausmaß einer explorativen Reaktion von Merkmalen des jeweiligen Reizes gesteuert wird. Diese Merkmale nennt er kollative Variablen (»Variablen des Vergleichs«), weil sie ein Reiz im Vergleich zu anderen besonders auszeichnet, wie etwa Überraschung, Neuheit, Veränderung, Inkongruenz und Ambiguität. Kollative Variablen lösen eine erhöhte Aktivierung beim Betrachter aus, die als unangenehm empfunden wird. Der Betrachter strebt danach, die hohe Aktivierung zu beseitigen und sie auf das optimale und als angenehm empfundene mittlere Niveau zu reduzieren. Das geschieht durch Exploration (Berlyne 1974, S. 243ff). Diesem Neugierkonzept liegt eine mechanistische Vorstellung zu Grunde, da allein die Stimulusvariablen über eine Aktivierung und damit das explorative Verhalten bestimmen. Norbert Groeben und Peter Vorderer ergänzten den hedonistischen Grundgedanken in Berlynes Konzept, der sich im Streben nach einem optimalen Zustand äußert, um handlungstheoretische Elemente: In ihrer »epistemologisch-sozialen Neugiertheorie« beziehen sie die Interpretation des aktiv-konstruktiven, reflexiven Menschen mit ein (Groeben/Vorderer 1988, S. 164f). Während Berlyne die Komplexität (und damit das Aktivierungspotenzial) eines Stimulus als Eigenschaft des Textes modellierte, hängt die Komplexität in der Konzeption von Groeben und Vorderer immer auch vom Leser ab, seiner individuellen Analysekompetenz, seiner psychischen Lage etc. (Groeben/Vorderer 1988, S. 162f). Sie sprechen auch nicht mehr davon, dass *Erregung* ausgelöst wird, sondern *Unsicherheit*. In diesem Sinne ist Neugier als das Streben nach auflösbarer Unsicherheit zu verstehen (Groeben/Vorderer 1988, S. 164).

4.4.2.4 Medienrezeption, Kultur, Alltag

Kultursoziologische Ansätze vertreten die Ansicht, dass die Medienrezeption nicht kontextlos als Interaktion zwischen Rezipient und Medieninhalt betrachtet werden kann. Medien sind Teil des Alltags und in diesen Alltag eingebettet (Krotz 1995, S. 247f). Ein viel zitiertes Beispiel des Kulturwissenschaftlers Hermann Bausinger verdeutlicht dies: In einer von Bausinger beobachteten Familie sieht die Mutter mit dem Sohn gemeinsam fern. An der Sendung ist sie nicht interessiert – das gemeinsame Fernsehen bietet ihr aber die Möglichkeit, mit dem Sohn zusammen zu sein und zu kommunizieren (Bausinger 1984). Eine solche Einbettung der Medienrezeption in den Alltag und die umgebende Kultur nehmen die Cultural Studies vor (Morley 1992; Ang 1991). Grundlegend ist die konstruktive Sichtweise der Rezeption: Ein Text (also ein mediales Produkt) wird zunächst vom Rezipienten vor dem Hintergrund seines kulturellen Wissens und seiner Erfahrungen interpretiert; »der emittierte Text ist nur ein Vorprodukt, eine Art aktualisierte Konserve, und erst der ›gelesene‹ und wie auch immer verstandene Text ist in der Rezeptionsforschung von Bedeutung, denn darin konstituiert er sich erst als soziale Tatsache« (Krotz 1995, S. 249).

Dies hat den Satz »Texts are made by their readers« geprägt (Krotz 1997, S. 75). Die Interpretation des Textes ist jedoch nicht völlig frei: Der Text ist zwar offen, legt jedoch immer eine bestimmte Bedeutungskonstruktion nahe; Hall spricht in seinem Encoding/Decoding-Modell von »preferred readings« (Hall 1980, S. 134). Auch Morley verwirft die »naive Vorstellung von einer vollständigen Offenheit von Texten« (Morley 1996, S. 47). Die Kultur wird in diesem Ansatz nicht als Hochkultur verstanden, sondern weiter gefasst als » ›whole way of life‹, also das symbolisch Geprägte und Prägende des gesellschaftlichen Lebens« (Krotz 1995, S. 247). Die Interpretation von Texten ist durch die so verstandene Kultur maßgeblich geprägt (was die interpretative Freiheit weiter einschränkt): »Leser und Leserinnen beziehen sich auf gesellschaftliche Diskurse ..., sie zitieren diese gewissermaßen als Interpretationsfolie und rezipieren den Text dadurch« (Krotz 1995, S. 78).

Die strukturanalytische Rezeptionsforschung stellt einen ähnlich konstruktivistischen und kulturgebundenen Ansatz dar: In einer Rezeptionssituation setzt sich ein Rezipient, der in eine soziale Situation eingebettet ist und über ein bestimmtes individuelles Vorwissen und Erfahrungen verfügt, mit einem medialen Angebot auseinander. Dabei interessiert vor allem, welche Aspekte des Alltags in die Rezeption eingebracht (z.B. Auswahl von Angeboten, die mit der eigenen Lebenssituation in Verbindung stehen) und welche wiederum aus der Rezeption in den Alltag eingebracht werden (Anwendung von medialen Konfliktlösungsmustern im Alltag) (Charlton 1997, S. 22ff). In diesem Sinne wird untersucht, welche Rolle Medien für die Lebensbewältigung und Identitätsbildung spielen (Aufenanger 1994, S. 403). Mit diesem Forschungsinteresse steht die strukturanalytische Rezeptionsforschung am Schnittpunkt zwischen Rezeptions- und Wirkungsforschung.

4.4.2.5 Verarbeitung von Medieninformationen

Kognitionspsychologische Grundlagen

Die aktive Auseinandersetzung des Rezipienten mit der Medienbotschaft sowie die menschliche Informationsverarbeitung sind ein weiteres zentrales Gebiet der Rezeptionsforschung. Eine Medienbotschaft wird durchaus nicht von allen Menschen in der gleichen Weise und auch nicht unbedingt in der vom Kommunikator intendierten Bedeutung verstanden; das Verstehen einer Medienbotschaft ist, wie erwähnt, ein aktiver, konstruktiver Prozess, bei dem der Rezipient die Information aus der Medienbotschaft mit seinem Vorwissen verknüpft, sie auf diese Weise versteht und in seinen Wissensbestand integriert.

Die Zuteilung von Aufmerksamkeit, die Wahrnehmung sowie die Informationsverarbeitung durch den Rezipienten hängen einerseits von der Beschaffenheit des Reizes ab und andererseits von den Voraussetzungen, die der Rezipient mitbringt (etwa Vorerfahrungen, Erinnerungen, thematische Vorlieben und Interessen); diese Interaktion kennzeichnet ganz allgemein die Informationsverarbeitungsperspektive. Grundlegend für alle diese Prozesse ist der Abgleich des neuen Reizes mit bereits bekannten und im Gehirn gespeicherten Informationen. Neu eintreffende Reize werden nicht eins zu eins im Gedächtnis abgelegt, sondern erfahren eine Reihe von Modifikationen. Zunächst findet eine Encodierung statt, die »Übersetzung eintreffender Reizenergie in einen einzigartigen neuralen Code, den das Gehirn verarbeiten kann« (Zimbardo 1995, S. 314). Ein Erkennen und Verstehen des Reizes ist dadurch möglich, dass die mentale Repräsentation des Reizes mit bereits bestehenden Mustern im Gehirn verglichen wird. Dieser Vorgang wird Klassifikation genannt. Ein prominentes Modell, wie solche Klassen ähnlicher Information organisiert sind, ist die Schematheorie. *Schemata* sind große Wissenseinheiten, die nicht nur Begriffe oder Einzelinformationen umfassen, sondern auch Informationen zu einem bestimmten Ereignis oder zu Arten von Ereignissen enthalten. Schemata dienen dazu, einkommende Information zu selektieren, zu interpretieren (handlungsanleitende Funktion) und zu speichern (Speicherfunktion) (Brosius 1991; Banyard/Hayes 1995, S. 135).

Die Schemata weisen Verbindungen zueinander auf, sodass das menschliche Gedächtnis als ein Netzwerk von Bedeutungseinheiten gesehen werden kann (Ballstaedt et al. 1981, S. 23f). Ein Abruf aus dem Gedächtnis aktiviert die entsprechenden Knoten. Werden Knoten häufig zusammen aktiviert, so werden die Verbindungen zwischen ihnen gestärkt und die Erinnerung eines Konzepts bei Abruf des anderen wahrscheinlicher gemacht (Fiske/Taylor 1991, S. 297). Es gibt in einem solchen Modell des Gedächtnisses als assoziatives Netzwerk keine strenge Unterscheidung zwischen Kurz- und Langzeitgedächtnis: Das Kurzzeitgedächtnis (auch »Arbeitsspeicher« genannt) besteht aus den gerade aktivierten Erinnerungen. Das Langzeitgedächtnis besteht aus den nicht-aktivierten Erinnerungen. Je mehr jemand über die gerade rezipierte Botschaft nachdenkt, umso mehr Verbindungen werden zwischen der neuen und der bereits gespeicherten Information gemacht. Die Speicherung besteht darin, dass neue Information mit alter verbunden wird (Lang 2000, S. 49f).

Die Prozesse, die zwischen dem Reiz und allen Wissensbeständen des Rezipienten ablaufen, können grob in »top-down-Prozesse« und »bottom-up-Prozesse« unterteilt werden. Bei *top-down-Prozessen* wird die Wahrnehmung von höheren Prozessen, wie z.B. dem Vorwissen, geleitet. Bei *bottom-up-Prozessen* wird die Wahrnehmung von Reizcharakteristika geleitet. Die Wahrnehmung jedoch wird nicht ausschließlich vom einem dieser Prozesse bestimmt; vielmehr findet eine Interaktion aus beiden statt, bei der sich der Schwerpunkt von einem zum anderen Prozess dynamisch verlagern kann (Cassells/Green 1995, S. 77f).

Nachrichtenrezeption

Ein wichtiges Anwendungsgebiet der Informationsverarbeitung ist die Forschung zur Rezeption von Nachrichten. Der Umgang mit Medieninhalten kann ähnlich wie die Wahrnehmung und Verarbeitung von Informationen der uns umgebenden Realität modelliert werden. Auch hier ist eine Eins-zu-Eins-Abbildung der Information (Nachrichten) im Rezipienten unrealistisch. Nachrichten treffen immer auf einen Rezipienten, der über ein gewisses Weltwissen und individuelle Interessen verfügt;

die Wahrnehmung neuer Inhalte erfolgt stets vor dem Hintergrund dieser »semantischen Strukturen«, in denen das Wissen über unsere Umwelt und ihre Funktionsweise organisiert ist (Brosius 1995, S. 101). Ein Beispiel für solche semantischen Strukturen sind Schemata. Doris A. Graber (1988) hat die Schematheorie für die Untersuchung der Nachrichtenrezeption nutzbar gemacht. Sie identifiziert *vier* Hauptfunktionen von Schemata:

(1) Sie bestimmen, welche Informationen wahrgenommen, verarbeitet und gespeichert werden. (2) Neue Information wird mit ihrer Hilfe organisiert und bewertet und in die bestehende Wissensstruktur eingebettet. (3) Verstehen wird nicht zuletzt durch Inferenzen ermöglicht, die aus der Kombination von Stimulus und im Schema organisiertem Wissen gemacht werden können. (4) Schemata sind schließlich auch nützlich, um die Handlungsrelevanz einer Mitteilung abzuschätzen und eine angemessene Reaktion zu finden, da auch solche Informationen im Schema enthalten sind (Graber 1988, S. 29).

Schemata helfen dem Rezipienten, so Graber, mit der täglichen Informationsflut umzugehen. Ergebnisse, die besagen, dass von 15 bis 18 Nachrichtenmeldungen in einer Sendung nur eine so behalten wird, dass sie in irgendeiner Form wiedergegeben werden kann, seien vor einem schematheoretischen Hintergrund auch als nicht so schwerwiegend zu bewerten, wie sie auf den ersten Blick erscheinen: Viele Meldungen werden ignoriert, da es sich dabei um die Wiederholung früherer Meldungen handelt. Überdies selegieren die Rezipienten nur die wichtig erscheinende Information, um sie in die bestehenden Wissensvorräte zu integrieren. Es ist in diesem Sinne wichtiger, den Kern eines Problems zu verstehen als einen vollständigen Bericht über die rezipierten Nachrichten liefern zu können (Graber 1988, S. 250).

Hans-Bernd Brosius entwirft das Modell der Alltagsrationalität der Nachrichtenrezeption. Es wird der begrenzten Kapazität der Rezipienten zur Informationsverarbeitung und ihrer Tendenz zur Vereinfachung mentaler Prozesse gerecht (Brosius 1995). Zunächst einmal geht Brosius davon aus, dass Menschen sich in der Regel in einem Zustand geringer Involviertheit den alltäglichen Nachrichten zuwenden, da die Themen auf wenig Interesse stoßen und nur wenige persönliche Bezüge gemacht werden können (Brosius 1995, S. 120f). Daher wird eine vollständige, gründliche Verarbeitung der Nachrichteninformationen unwahrscheinlich. Menschen verarbeiten Informationen erstens konzeptgesteuert mithilfe von Schemata und wählen somit bestimmte Informationen zur Wahrnehmung und zum Behalten je nach individuellem Vorwissen und Einstellungen aus (Brosius 1995, S. 127f). Zweitens benutzen sie beim Bewerten und Beurteilen der wahrgenommenen Information, was letztendlich zur Ausbildung einer Meinung und zur Persuasion beiträgt, ebenfalls keine umfassende Prozedur, sondern wenden Heuristiken an. Das sind Entscheidungshilfen oder Faustregeln, die diesen Prozess vom zeitlichen und mentalen Aufwand her verkürzen (Brosius 1995, S. 107). Rezipienten entscheiden in diesem Modell von Fall zu Fall, ob sie bei einer Nachricht eher die ausführliche, »wissenschaftlich-rationale« Verarbeitung oder eine »alltagsrationale«, verkürzte und weniger aufwändige

Prozedur ansetzen. Brosius findet in Experimenten zum Modell der Alltagsrationalität heraus, dass Rezipienten vor allem diejenige Information zu einer Urteilsbildung heranziehen, die durch auffällige Merkmale der Botschaft akzentuiert ist, etwa durch Bebilderung – hier insbesondere emotionale Bilder – oder durch die Verwendung von Fallbeispielen (Brosius 1995, S. 302). Die schematische Verarbeitung bewirkt, dass Einzelheiten einer Nachricht nicht gespeichert werden und die »komplexe Ansammlung von Einzelinformationen in eine einfache und regelhafte Verallgemeinerung überführt« wird. Auch findet die Urteilsbildung nicht erst nach der vollständigen Rezeption einer Nachricht statt, sondern schon während der Informationsaufnahme (Brosius 1995, S. 303).

Die Low-Involvement-Verarbeitung von Nachrichten konnte ebenfalls bestätigt werden: Nur bei außergewöhnlichen Ereignissen oder subjektiv besonders wichtigen Themen widmen Rezipienten ihre volle Aufmerksamkeits- und Gedächtniskapazität den Nachrichten; nach Brosius bedeutet dies jedoch nicht, dass geringe Involviertheit zu geringen Medieneinflüssen führt, sondern nur zu *subtileren* Beeinflussungen (Brosius 1995, S. 304f).

Diese Forschungsrichtung hat in der Kommunikationswissenschaft enorme praktische Relevanz: Auf Basis dieser Erkenntnisse können konkrete Regeln für Journalisten und Medienschaffende entwickelt werden, wie eine Medienbotschaft gestaltet werden sollte, damit sie leicht verständlich ist und von den Rezipienten in der vom Kommunikator intendierten Weise verstanden wird.

4.4.3 Medienwirkungsforschung[10]

Im Unterschied zur Nutzungs- und Rezeptionsforschung versucht die Medienwirkungsforschung weiter reichende Konsequenzen der Mediennutzung zu ergründen – Konsequenzen, die nicht etwa (nur) an eine einzelne Botschaft, ein Medium oder eine bestimmte Rezeptionssituation gebunden sind. Unter Wirkungen oder Folgen im weitesten Sinne des Wortes versteht man alle Veränderungen bei Individuen und in der Gesellschaft, die – meist in Interaktion mit anderen Faktoren – auf Medienbotschaften zurückzuführen sind. Beim einzelnen Individuum können dies Folgen auf das Wissen, das Denken, das Fühlen und das Handeln als personale und soziale Wesen sein. Damit sind auch jene Bereiche individueller Wirkungen angesprochen, auf die allgemein verwiesen wird und die entweder für sich oder auch in Verbindung mit- und zueinander ergründet werden: Wirkungen auf Kenntnisse und Wissen, auf Einstellungen und Meinungen, auf Gefühle und Empfindungen sowie auf Handlungen und Verhaltensweisen. Die Medienwirkungsforschung lässt sich übrigens nicht eindeutig von der Nutzungs- oder Rezeptionsforschung abgrenzen. So kann beispielsweise das Ausmaß der Medienzuwendung (Nutzungsforschung) als Variable zur Erklärung von Medienwirkungen he-

---

10 Friederike Koschel und Helena Bilandžić

rangezogen werden, wie dies etwa aus spezifischer Sicht in der Kultivierungsforschung der Fall ist (vgl. Kapitel 5.3.3).

Die empirische Medienwirkungsforschung untersucht im Allgemeinen kausale, also ursächliche Einflüsse der Medien auf Menschen und Gesellschaft. Die Medienbotschaft wird dabei als ursächliche (erklärende, unabhängige) Variable betrachtet; Veränderungen bei den Rezipienten oder der Gesellschaft als Folge (zu erklärende, abhängige Variable). Das einfachste Modell, das diese kausale Beziehung beschreiben kann, ist das Stimulus-Response-Modell (S-R-Modell). Es setzt den Reiz (z.B. Fernsehgewalt) gesetzhaft in Beziehung zur Reaktion (aggressives Verhalten): Das Auftreten des Reizes löst dem S-R-Modell zufolge immer die gleiche Reaktion bei allen Menschen aus. Dieses »Gesetz« wird weder durch intervenierende Variablen (individuelle Merkmale wie z.B. Erziehung, Persönlichkeit, Bildung) eingeschränkt, noch durch Absichten und Wünsche des Menschen (z.B. Absicht, einen Konflikt ohne Gewalt zu lösen). Da individuelle Unterschiede zwischen Menschen existieren und der Mensch nicht zuletzt auch willentlich eine Handlung ausführen oder sie unterlassen kann, ist das Stimulus-Response-Modell als Erklärungsansatz für Medienwirkungen nicht adäquat. Es kann allenfalls als basales Kausalmodell begriffen werden, das zwar keinen eigenen Erklärungswert hat, aber nützlich ist, um empirische Forschungsrichtungen und auch konkrete empirische Studien zu evaluieren (zum Stimulus-Response-Modell und seiner Rezeption im Fach vgl. Brosius/Esser 1998).

Die Medienwirkungsforschung stellt angesichts der Fülle vorliegender empirischer Studien ein inzwischen schwer überschaubares Forschungsfeld dar. Es erweist sich daher als relativ schwierig, dieses Feld zu systematisieren und zu strukturieren. Zudem gibt es auch hier Theorien bzw. Theorieansätze unterschiedlicher Reichweite und Güte. Neuere Versuche, die Medienwirkungsforschung vor allem für Studienanfänger übersichtlich und systematisch aufzuarbeiten, liegen jüngst von Michael Schenk (2002), Heinz Bonfadelli (1999), Michael Jäckel (1999), Peter Winterhoff-Spurk (1999) und Hans-Bernd Brosius (1998) vor.

Im vorliegenden Buch wird das Feld der Medienwirkungsforschung nachfolgend in vier Teilgebiete untergliedert, nämlich: (1) Wirkungen auf Einstellungen und Verhalten, (2) auf Kenntnisse und Wissen, (3) auf Wertvorstellungen und Weltbilder sowie (4) auf integrative Wirkungen. Nicht alle in diese Gebiete fallenden Wirkungsansätze werden nachfolgend erörtert. So werden eher mikroperspektivisch angelegte Wirkungstheorien wie die Persuasionsforschung (Überzeugungskommunikation) und so genannte konsistenztheoretische Modelle in Kapitel 5.2.3 abgehandelt. Die Theorie der Schweigespirale, ein Erklärungsversuch der Entstehung von öffentlicher Meinung, enthält das Kapitel 5.2.5. Fragen der Wirkung von Gewaltdarstellungen in den Massenmedien sind Gegenstand der Ausführungen in Kapitel 5.3.1.8. Diese und noch andere Wirkungsaspekte werden im folgenden Abschnitt daher nur kurz angesprochen und an geeigneter Stelle jeweils mit entsprechenden Querverweisen auf die anderen Kapitel versehen).

4.4.3.1 Wirkungen auf die Einstellung und das Verhalten

Ihren Ursprung nahm die Medienwirkungsforschung mit dem Erstarken der Massenmedien Anfang des 20. Jahrhunderts. Die Frage, inwieweit Menschen in ihren Einstellungen durch Werbung oder Propaganda beeinflusst werden können und inwieweit Massenmedien die Menschen auch in ihrem Verhalten so manipulieren können, dass sie ein bestimmtes Produkt kaufen, eine Partei wählen oder die Gewalttaten einer fiktiven Medienperson nachahmen, bestimmte die frühe kommunikationswissenschaftliche Forschung.

Einstellungen bzw. Einstellungsänderungen sind Gegenstand der *Persuasionsforschung*. Eine Forschergruppe um Carl Hovland hat systematisch Faktoren untersucht, die eine »Überredung« durch massenmediale Botschaften fördern oder verhindern können. Solche Faktoren sind bei Kommunikator (z.B. Glaubwürdigkeit), Botschaft (z.B. ein- oder zweiseitige Argumentation) und Rezipient (z.B. Bildung) gleichermaßen zu finden (vgl. z.B. Hovland/Janis/Kelly, 1953). Resultat dieser Studien ist ein systematischer Katalog von Wirkungsfaktoren, der auch als Gestaltungsgrundlage für persuasive Kommunikation – etwa Werbung – dienen kann.

In der Wahlforschung geht es um die Frage, wie Medienberichterstattung Menschen in ihrer politischen Meinung und ihrem Wahlverhalten beeinflusst. Aus diesem Bereich stammt eine klassische Studie der Kommunikationsforschung: Anfang der 40er-Jahre führten Lazarsfeld, Berelson und Gaudet begleitend zu den amerikanischen Präsidentschaftswahlen eine Studie durch, die einen *indirekten Einfluss der Massenmedien* fand: Die Forscher stellten fest, dass Massenmedien die Wähler nicht unmittelbar und direkt in ihren politischen Ansichten betreffen, sondern eher über aktivere Menschen, die in vielerlei Kontakten zu Menschen ihres sozialen Umfeldes stehen, sich in größerem Maße über Massenmedien informieren und häufig um Rat gefragt werden (Meinungsführer). Informationen fließen nun von den Massenmedien zu den Meinungsführern und von dort zu den weniger aktiven Segmenten der Bevölkerung (Zwei-Stufen-Fluss der Kommunikation; Lazarsfeld/Berelson/Gaudet 1944/1960).

Ein anderer Ansatz beschäftigt sich mit dem *Entstehen der öffentlichen Meinung* und der Rolle der Medien dabei: Die Theorie der Schweigespirale von Elisabeth Noelle-Neumann geht davon aus, dass Menschen Angst vor sozialer Isolation haben und sie in öffentlichen Situationen aus diesem Grund eher schweigen, wenn sie sich mit ihrer Meinung über ein aktuelles, gesellschaftlich relevantes Thema in der Minderheit wähnen. Die Medien vermögen dieser Theorie zufolge, den Menschen einen Eindruck von den Mehr- und Minderheitsmeinungen in der Bevölkerung zu vermitteln und haben auf diese Weise einen starken Einfluss auf die öffentliche Meinung, d.h. die Meinung, die in der Öffentlichkeit geäußert werden kann, ohne sich zu isolieren (vgl. Kapitel 5.2.5).

Ein zweifelsohne brisantes und populäres, aber recht disparates Forschungsgebiet stellt die *Gewaltforschung* dar. Die Frage, ob massenmediale Gewaltdarstellungen die

Gewaltbereitschaft in der Gesellschaft erhöhen und zu Nachahmungstaten anregen, ist Gegenstand unzähliger Studien. Konkurrierende und widersprüchliche Thesen und Theorien zeigen, dass einfache Erklärungen in diesem komplexen Bereich scheitern müssen (vgl. Kapitel 5.3.1.8).

4.4.3.2 Wirkungen auf das Wissen

Anfang der 70er-Jahre entstanden mehrere Forschungsansätze, die sich mit *kognitiven Wirkungen*, d.h. Wirkungen auf das *Wissen*, beschäftigen. Bisher hatte man vorwiegend untersucht, inwiefern massenmediale Inhalte eine Veränderung der *Einstellung* und des *Verhaltens* der Rezipienten bewirken können. Dabei musste man erkennen, dass Medieninhalte allenfalls *ein Faktor* unter vielen sind, die Einstellungen und Verhalten beeinflussen: Die Forschungsergebnisse etwa zur Gewaltforschung waren und sind disparat, denn offensichtlich sind die Prozesse, die eine eindeutige Veränderung auf Grund massenmedialer Inhalte hervorbringen, zu komplex und die Messmethoden, die diese Prozesse erfassen können, zu ungenau. Die Wirkungsforschung, die sich nun mit kognitiven Prozessen beschäftigt, konzeptualisiert Einstellungen und Verhalten eher als intervenierende Größen, die einen Einfluss etwa auf den Wissenserwerb oder die Wahrnehmung haben können.

Im Folgenden werden drei Ansätze vorgestellt, die sich mit kognitiven Medieneffekten auseinander setzen: Die *Diffusionsforschung* fragt nach den Prozessen, wie sich Neuigkeiten in sozialen Gruppen verbreiten und angenommen werden. Einen Schritt weiter geht die *Wissenskluft-Hypothese*, die konkrete Bedingungen für den Wissenserwerb durch Massenmedien nennt: Personen mit einem höheren sozioökonomischen Status und höherer Bildung eignen sich mehr Wissen schneller an als Personen mit niedrigerem sozioökonomischen Status und niedrigerer Bildung. Einer der wichtigsten Ansätze der Kommunikationswissenschaft beschäftigt sich ebenfalls mit kognitiven Wirkungen: Die *Agenda-Setting-Hypothese* nimmt an, dass die Medien den Menschen zwar nicht in ihren Meinungen beeinflussen können, wohl aber bestimmen, was die wichtigen Themen einer Gesellschaft sind und worüber geredet wird (Themenstrukturierung). Die Menschen *lernen* also aus den Massenmedien, welche Themen zurzeit relevant sind. Die gesellschaftliche Brisanz dieser These liegt darin, dass diese Wahrnehmung grundlegend für die politische Meinungsbildung des Einzelnen ist, z.B. wird eine Partei als modern und wertvoll wahrgenommen, wenn sie die »wichtigen Themen der Zeit« aufgreift. Obwohl also Agenda Setting ein Modell der beschränkten Medienwirkungen darstellt, können Massenmedien auch hier weit reichende Konsequenzen haben.

Diffusionsforschung

Die *Diffusionsforschung* beschäftigt sich mit der Frage, wie Informationen, Nachrichten und Innovationen sich in einer Gesellschaft verbreiten, welche Kanäle dabei genutzt werden und auf welche Weise sich neues Wissen in der Gesellschaft in verändertem Verhalten niederschlägt. Dabei schließt die moderne Diffusionsforschung an das »Two-Step-Flow«-Modell (vgl. u.a. Berelson/Lazarsfeld/McPhee 1954) und in seiner Weiterentwicklung an das »Multi-Step-Flow«-Modell an, wie es u.a. Renckstorf (1970) dargestellt hat: Das ursprüngliche Modell des Zwei-Stufen-Flusses der Massenkommunikation nimmt an, dass eine mediale Botschaft in einem ersten Schritt von so genannten Meinungsführern aufgenommen wird, die diese Information verarbeiten und dann in einem zweiten Schritt an Mitglieder von sozialen Gruppen, denen sie selbst angehören, weitergeben. In diesem Modell diffundiert eine Botschaft demnach über »Relaisstationen« in ein soziales System. Dies bedeutet, dass (1) bestimmte Rezipientengruppen früher von einer Neuigkeit erfahren als andere, die ihrerseits (2) neue Informationen nicht über die Massenmedien, sondern nur mittels interpersoneller Kommunikation rezipieren. In Hinblick auf die Wirkungschancen der Massenmedien ist das »Two-Step-Flow«-Modell das erste, das eine direkte Wirkung der Medien auf Einstellungen und Verhalten ablehnt und der interpersonellen Kommunikation eine hohe persuasive Kraft beimisst. Diese recht eindimensionale Vorstellung des Informationsflusses wird in der Annahme eines »Multi-Step-Flow of Communication« differenzierter modelliert: Das Modell nimmt an, dass bereits im ersten Schritt der Informationsdiffusion mediale Botschaften nicht nur von Meinungsführern rezipiert werden, sondern ein Teil auch direkt zu anderen Mitgliedern einer sozialen Gruppe gelangt. Auf einer zweiten Stufe, der Phase der interpersonellen Kommunikation, geben deshalb nicht nur die Meinungsführer Informationen aus den Massenmedien an die Mitglieder einer sozialen Gruppe weiter; auch die Opinion Leader selbst erhalten neue Informationen. Der interpersonalen Kommunikation wird also in diesem Modell nicht mehr der überragende Stellenwert wie im »Two-Step-Flow«-Modell beigemessen; sie hat im Meinungsbildungsprozess nur noch eine ergänzende Funktion (vgl. Renckstorf 1970, S. 325). Diese Forschungsrichtung, die sich mit der Frage befasst, wie *Kommunikationsstrukturen* in sozialen Systemen bzw. Gruppen entstehen, über welche Kanäle neue Botschaften in diese Systeme gelangen und dort weiterverarbeitet werden, wird in der *Netzwerkforschung* bzw. der *Soziometrie* aufgegriffen und weiterentwickelt (siehe hierzu insbesondere Schenk 1995, Friedrichs 1980). Im Weiteren wollen wir uns im Zusammenhang mit Ansätzen der Medienwirkungsforschung mit dem Diffusionsprozess von Nachrichten im engeren Sinn befassen.

Diffusion kann zunächst als ein Prozess beschrieben werden, in welchem eine Neuigkeit über verschiedene Kanäle und über einen gewissen Zeitraum hinweg an die Mitglieder eines sozialen Systems kommuniziert wird. In dieser knappen Definition sind bereits die wesentlichen Elemente enthalten, die bei der Entfaltung dieses Forschungsstranges analysiert werden müssen: (1) die Nachricht bzw. Innovation, die diffundiert; (2) die verschiedenen Kommunikationsmodi, mittels derer die Neuigkeiten transportiert werden; (3) die Rezipienten bzw. Mitglieder eines sozialen Kontextes, für die die Nachrichten bestimmt sind sowie (4) das dynamische, zeitliche Element des Diffusionsprozesses (vgl. schematische Darstellung des Diffusionsprozesses bei Rogers 1995, S. 11).

Abbildung 19:
Diffusionsforschung: Kategorisierung von Übernehmern einer Innovation auf der
Grundlage der relativen Adaptionen nach Rogers

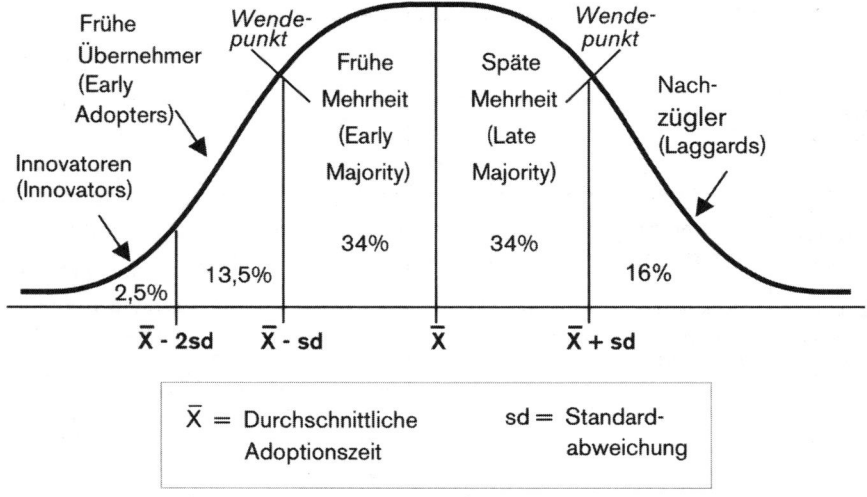

Quelle: Kunczik, Michael; Zipfel, Astrid (2001): Publizistik. Ein Studienbuch. Köln, Wien, Weimar, S. 334 (nach
Rogers, Everett [1962]: Diffusions of Innovations. New York, London, S. 162)

Die Diffusionsforschung lässt sich in zwei Zweige gliedern. Man kann grob unterscheiden zwischen der Forschung, die sich (a) mit der Informationsverbreitung von
Ereignissen beschäftigt, und derjenigen, die (b) den Prozess der Übernahme einer
technischen Innovation beschreiben will, unterscheiden. Zu Fragen der *Informationsverbreitung*, die im Bereich der Medienwirkungsforschung zu verorten sind, würde
man beispielsweise untersuchen, wie (schnell) sich die Nachricht vom Terroranschlag
auf das World Trade Center am 11. September 2001 verbreitet hat: Waren es eher die
Massenmedien wie das Fernsehen, denen die Rezipienten die Neuigkeit entnahmen,
oder erfuhren die Menschen von dem Ereignis eher durch das persönliche Gespräch?
Und wer, welche sozialen Gruppen, erfuhren als Erste, welche eher später von diesem
Ereignis? Die Frage nach der *Diffusion von technischen Innovationen* tangiert eher die
Nutzer einer Innovation: Welche Menschen nutzen Innovationen wie etwa das Handy oder das Internet als Erste, wie kann man die Gruppe der Nachzügler beschreiben?
Und warum gelingt es manchen Neuerungen überhaupt nicht, sich in einer Gesellschaft oder sozialen Gruppe durchzusetzen? Diese Forschungsrichtung entstand bereits Anfang des 20. Jahrhunderts, als sich Wissenschaftsbereiche wie die Soziologie
oder die Pädagogik als empirische Wissenschaften entwickelten. Wir finden allerdings auch Studien aus dem Bereich der Volkswirtschaftslehre, der Geografie und
später vor allem aus dem Marketing. Die Studien beschäftigten sich mit Fragen wie[11]:

- Wie werden Innovationen in der Landwirtschaft wie etwa neue Anbaumethoden von den Landwirten an- bzw. übernommen?
- Wie (schnell) verbreiten sich neue pädagogische Lehr- und Lernmethoden innerhalb eines Lehrerkollegiums?
- Unter welchen Bedingungen verändern Ärzte ihre Verschreibungspraxis von Medikamenten?
- Warum konnte sich Instantkaffee in Deutschland der 60er-Jahren zunächst nicht durchsetzen?[12]
- Wie setzen sich neue Dienstleistungen, zum Beispiel Reservierungssysteme über das Internet, bei den Kunden durch?

Diese Forschungsrichtungen berücksichtigen eher randständig die Frage nach dem Einfluss der Massenmedien bei diesen Prozessen. Die Typologien und Verlaufsformen, unter denen die verschiedenen Diffusionsprozesse ablaufen, sind jedoch auch für die Medienwirkungsforschung relevant: Rogers (1995, S. 22f) beschreibt fünf verschiedene »Übernehmer«-Typen innerhalb eines definierten sozialen Systems: (1) so genannte *Innovatoren*, die sich durch einen hohen und dauerhaften Medienkonsum auszeichnen und ständig auf der Suche nach Informationen über (technische) Neuigkeiten sind. Innovatoren sind risikofreudig, d.h. sie verlassen sich nicht auf Erfahrungen oder Erprobungen einer technischen Neuigkeit durch ihr soziales Umfeld, sondern exponieren sich – beispielsweise in der Mode. Nicht zuletzt deshalb sind sie »Grenzgänger«, die kommunikative Kontakte zu mehreren sozialen Gruppen unterhalten. Die weiteren Übernehmer-Typen beschreibt Rogers als (2) *frühe Übernehmer*, (3) *frühe Mehrheit*, (4) *späte Mehrheit* und (5) die *Nachzügler*. Diese Typen werden von Rogers nicht weiter definiert; lediglich der Zeitpunkt der Übernahme bzw. das veränderte Verhalten ordnet sie einer der genannten Kategorien zu. Im Überblick erhält man eine Adoptionsfunktion, die mit einer Normalverteilung abgebildet werden kann (vgl. Rogers 1995, Abb. 7.2, S. 262).

Dies trifft auch für die Darstellung des *Innovations-Entscheidungsprozesses* zu. Rogers (1995, S. 161f, Abb. 5.1, S. 163) unterscheidet fünf Stufen der Übernahme, wobei zu jedem Zeitpunkt neue und zusätzliche Information gesucht wird, um »Unsi-

---

11   Eine gelungene Übersicht über die Diffusionsforschung seit ihren Anfängen findet sich bei Everett M. Rogers, der sich profund mit diesem Forschungsfeld befasst hat (vgl. Rogers 1995, S. 42f)

12   Instantkaffee war in den USA sehr erfolgreich am Markt und konnte im Wirtschaftswunderland Deutschland nicht reüssieren. Man fand heraus, dass trotz der massiven Werbe- und Informationskampagnen zu diesem neuen Produkt, das gegenüber dem herkömmlichen Kaffeepulver keinerlei Nachteile im Geschmack, sondern nur Vorteile – vor allem in der schnellen, unkomplizierten Zubereitung – versprach, die deutschen Hausfrauen mit der beworbenen einfachen und schnellen Zubereitung *Faulheit* verbanden. Wer wollte sich das schon nachsagen lassen...? Erst eine Umstellung in der (werblichen) Ansprache und Kommunikation konnte Abhilfe schaffen. Rogers (1995, S. 4f) schildert einen ähnlichen Fall, in dem eine Gemeinde in Peru partout nicht davon zu überzeugen war, abgekochtes Wasser wegen der verbesserten Hygiene für die Speisenzubereitung zu verwenden. Hier lag die Lösung im Aberglauben der Menschen, die heiße Gerichte mit *Krankheit* verbanden. Allgemein gesprochen: Der Erfolg technischer Innovationen erfordert detaillierte Kenntnisse des sozialen Systems, in das die technische Innovation diffundieren soll.

cherheiten über die erwarteten Konsequenzen der Innovation zu verringern« (Rogers 1995, S. 36): Auf einer ersten Stufe erlangt das Individuum (bzw. eine definierte soziale Gruppe) erstmals *Wissen* über eine technische Neuigkeit, was auf der zweiten Stufe eine (positive oder negative) *Einstellung* bezüglich dieser Neuigkeit produziert. Sodann erfolgt drittens eine *Entscheidung* zur Befürwortung oder Ablehnung der Neuerung, was bei einer positiven Entscheidung viertens zur Verhaltensänderung, sprich *Übernahme*, führt, die allerdings – fünftens – von den Individuen bzw. der sozialen Gruppe *überprüft* wird; denn immerhin ist möglich, dass man mit der Neuerung nicht zufrieden ist oder die Übernahme zu kognitiven Dissonanzen führt, die abgebaut werden sollen.

Der Forschungszweig zur *Diffusion von Nachrichten* beschäftigt sich mit der Verbreitung von Ereignissen, insbesondere Krisenereignissen, in definierten sozialen Systemen: *Wie und in welchem Zeitraum erfahren welche Rezipienten von einer Neuigkeit?* Die theoretische Verortung der Forschung basiert auf demokratietheoretischen Erwägungen, die nach der Rolle und den Funktionen, insbesondere der Informationsfunktion, der Massenmedien in unserer Gesellschaft fragen. Auf diesen normativen Gesichtspunkten aufbauend versucht die Diffusionsforschung vor allem die Frage zu beantworten, *welche Faktoren identifiziert werden können, die (1) die Diffusionsgeschwindigkeit und (2) die Diffusionsrate beeinflussen.* Man will wissen, warum sich manche Ereignisse sehr schnell, andere langsamer verbreiten und warum manche Ereignisse nahezu alle Mitglieder eines sozialen Systems erreichen, von anderen wiederum nur ein Teil erfährt.[13] Dabei stehen die verschiedenen Typen der Massenkommunikationsmittel, die Rolle der interpersonellen Kommunikation, die individuelle Mediennutzung und der Einfluss von Nachrichtenfaktoren im Mittelpunkt des wissenschaftlichen Interesses.

Wie sich eine Nachricht verbreitet, wurde von amerikanischen Sozialforschern erstmals in den 40er-Jahren des 20. Jahrhunderts untersucht, als man wissen wollte, wie die Menschen über den Tod ihres Präsidenten Theodore Roosevelt erfuhren (vgl. DeFleur 1987, S. 109, der in diesem Aufsatz ähnliche Studien zwischen 1945 und 1985 im Überblick darstellt). Als zentrales Ergebnis findet man dort wie auch in weiteren Studien zur Diffusion von Nachrichten, dass die *zugeschriebene Wichtigkeit eines Ereignisses den Verbreitungsgrad und die Schnelligkeit der Verbreitung gleichermaßen beeinflusst* (vgl. Perse 2001, S. 63). Die Datenerhebung zu diesem Phänomen erfolgt so, dass (1) festgestellt werden muss, wann und in welchen Medien ein Ereignis erstmals publiziert wurde. Dabei spielt die angenommene Wichtigkeit keine Rolle. Sodann werden (2) Rezipienten nach ihrem Kenntnisstand zu dem Ereignis, wo sie sich zum Zeitpunkt der Ersterscheinung aufhielten und durch welches

---

13 Dass man diese zentralen Fragen immer auf eine definierte Gruppe beziehen muss, liegt auf der Hand: Manche Ereignisse sind eben nur für bestimmte Gruppen wichtig und werden deshalb nur in deren Umfeld publiziert. Dass im Bayerischen Wald vorgestern ein kapitaler Hirsch erlegt wurde, interessiert vermutlich nur das nähere Umfeld, sodass diese Meldung nur in der örtlichen Presse zu finden sein wird, ein Münchner also von diesem Ereignis in aller Regel nie erfahren wird.

Medium sie von diesem Ereignis erfuhren, befragt. Diese Befragung wiederholt man mehrfach, um die Intervalle des Diffusionsprozesses zu bestimmen. Im Resultat erhält man sowohl Daten zur Bedeutung der verschiedenen Kommunikationsmodi[14] für die Diffusion einer Nachricht als auch zur Geschwindigkeit, mit der sich Botschaften in der Bevölkerung verbreiten und wie viele Menschen von einem bestimmten Ereignis überhaupt erfahren. Steigt die Diffusionsrate sehr schnell an, kann man Rückschlüsse auf die Wichtigkeit des Ereignisses ziehen. Karl E. Rosengren (1987) hat diesen Prozess, der anlässlich der Ermordung des damaligen schwedischen Ministerpräsidenten Olof Palme für elf verschiedene Länder untersucht wurde, zusammenfassend dargestellt. Dabei zeigt sich, dass in den nordischen Ländern, also Schweden, Dänemark, Norwegen und Finnland, innerhalb von zwölf Stunden nahezu jedermann Kenntnis über dieses Ereignis hatte, während zu diesem Zeitpunkt im restlichen Europa sowie in Japan etwa die Hälfte der Bevölkerung, in den USA lediglich rund dreißig Prozent von der Ermordung wussten. Die »Sättigungsgrenze« der Diffusionsrate wurde in diesem Fall durchschnittlich nach etwa 20 Stunden erreicht; sie lag wie erwähnt in den nordischen Ländern bei hundert Prozent, während sie in den USA bei rund zwei Dritteln verharrte. Diese Unterschiede deuten auf den *Nachrichtenwert* hin, den das Ereignis in einem gegebenen System hat sowie auf die Distanz bzw. die *(politische) Relevanz*, die Schweden für seine europäischen Nachbarn bzw. die USA repräsentiert.

Der Vergleich zwischen zwei oder mehreren Diffusionsprozessen kann die *relative Wichtigkeit* eines Ereignisses und die (politischen) Auswirkungen, die ihm zugeschrieben werden, verdeutlichen. In den 1960er-Jahren wurde von Richard W. Budd und Kollegen untersucht, wie schnell sich die Nachricht von der Absetzung Nikita Chruschtschows, dem damaligen Generalsekretär der KPdSU, in den USA durchsetzte. Tatsächlich verbreitete sie sich wie ein Lauffeuer: Nach weniger als acht Stunden war die Nachricht bei nahezu fünfundneunzig Prozent der amerikanischen Bevölkerung »angekommen«, was für die enorme zugeschriebene (!) Wichtigkeit spricht, die ein derartiges Ereignis auf die weltpolitische Lage mitten im Kalten Krieg haben würde. Am selben Tag wurde unter dem damaligen Präsident Lyndon B. Johnson in den USA der Stabschef des Weißen Hauses, Walter Jenkins, wegen homosexueller Betätigung aufgegriffen und in Gewahrsam genommen – ein für das prüde Amerika unerhörter Skandal. Trotzdem hatten während der ersten acht Stunden lediglich die Hälfte der Amerikaner von diesem Ereignis Kenntnis. Das Ereignis konnte weder eine ähnlich hohe Diffusionsgeschwindigkeit noch -rate wie der »Chruschtschow-Fall« erzielen: Offensichtlich hatte letzterer für die Amerikaner eine höhere Wichtigkeit als der Fall Jenkins (vgl. Budd/McLean/ Barnes 1966).

---

14 Aus dem Blickwinkel der Medienwirkungsforschung ist die Frage relevant, ob es die Massenmedien sind, über die Informationen in eine Gesellschaft diffundieren oder interpersonelle Quellen. Sind es die Medien, die mit bestimmen, welche Erfahrungen wir machen, über welche Themen wir nachdenken und wie wichtig wir ein Thema finden? Im Agenda-Setting-Ansatz, der später in diesem Abschnitt vorgestellt wird, werden im Anschluss an die Ergebnisse der Diffusionsforschung diese zentralen Fragestellungen untersucht.

Durch welches Medium werden die Rezipienten *zuerst* von einer Neuigkeit informiert? Ist es eher das Fernsehen, das Radio, eine Tageszeitung, oder sind es persönliche Kontakte? Bei dieser Frage spielen die *Tageszeit*, zu der ein Ereignis stattfindet, *journalistische Routinen* und die *individuellen Nutzungsgewohnheiten* eine entscheidende Rolle. Diese Faktoren bestimmen mit, wie schnell sich Informationen verbreiten können. Als prominentes Beispiel kann hier der Golfkrieg Anfang der 1990er-Jahre genannt werden. Bradley S. Greenberg und seine Mitarbeiter (1993) konnten zeigen, dass habitualisiertes Medienverhalten die Diffusionsgeschwindigkeit und -rate gut erklären. Sie interviewten Rezipienten aus den vier amerikanischen Zeitzonen und fanden heraus, dass zum Zeitpunkt des ersten Bombardements der US-Truppen auf den Irak an der Ostküste knapp siebzig Prozent der Bevölkerung von dem Ereignis durch das Fernsehen erfuhren, während es an der Westküste lediglich fünfzig Prozent waren: An der Ostküste war es halb sieben Uhr abends[15], an der Westküste früher Nachmittag; an der Ostküste waren die Menschen bereits zu Hause und nutzten den Fernseher, an der Westküste arbeitete die Mehrheit noch. Dort waren es dann eher persönliche Kontakte, durch die man von den kriegerischen Handlungen erfuhr.

Zum Einfluss redaktioneller Routinen konstatiert der schwedische Medienforscher Rosengren (1987), dass zum Zeitpunkt der Ermordung Olof Palmes, die sich um Mitternacht zutrug, alle schwedischen Redaktionen geschlossen waren, weshalb erst eineinhalb Stunden nach dem Anschlag die erste Meldung über die Massenmedien verbreitet werden konnte; die meisten Menschen in Schweden schliefen, sodass in den allerersten Stunden nach dem Ereignis die Diffusionsgeschwindigkeit in Japan höher war als in Schweden. Der Zeitpunkt, zu dem ein Ereignis stattfindet sowie tageszeitliche Routinen von Kommunikatoren *und* Rezipienten sind offensichtlich Faktoren, die den Kommunikationsmodus sowie die Diffusionsgeschwindigkeit gerade in der ersten Phase gut erklären.[16]

Je wichtiger ein Ereignis ist, desto weniger spielen die Merkmale der Rezipienten bei Diffusionsgeschwindigkeit und -rate eine Rolle (vgl. Perse 2001, S. 69). Zwar nehmen sozioökonomische Faktoren und Persönlichkeitsmerkmale Einfluss; die Tagesroutinen der Rezipienten scheinen allerdings insbesondere die sozioökonomischen Merkmale in ihrer Erklärungskraft zu überlagern. So erfuhren junge Menschen vom Tod Olof Palmes früher als ältere, was vermutlich daran lag, dass sie abends länger ausgehen.[17]

---

15 Dass man heute vermutet, das erste Bombardement sei auf die »Prime Time« abgestimmt gewesen, kann hier nur erwähnt werden.

16 Es kann vermutet werden, dass die Verbreitung des Internet die Erklärungskraft tageszeitlicher Mediennutzungsroutinen verringert. Die Chance, an aktuelle Informationen zu gelangen, sind heute deutlich weniger an physische Gegebenheiten geknüpft: Nicht nur, dass das World Wide Web den Zugriff auf Informationen rund um den Globus ermöglicht. Handies, Palm Tops oder ähnliche Geräte machen den Nutzer darüber hinaus räumlich und zeitlich unabhängig von den Beschränkungen, die andere Massenmedien haben.

17 Geschlecht und Tagesroutine sind vermutlich im Durchschnitt keine voneinander unabhängige Variablen.

Interessant erscheint eine etwas jüngere Forschungsrichtung, die nach der Rolle von affektiven Persönlichkeitsvariablen bei der Verbreitung von Neuigkeiten in sozialen Gruppen fragt. Sind zum Beispiel ängstliche Menschen, die von einem katastrophalen Ereignis erfahren, eher geneigt dieses weiterzuerzählen, weil sie Schutz suchen und auf diese Weise zu einer erhöhten Diffusionsgeschwindigkeit und -rate beitragen? Hier sind die Ergebnisse disparat und Trends noch nicht abzusehen (u.a. Kubey/Peluso 1990; Riffe/Stovall 1989).

Die Wissenskluft-Hypothese

Wie stets in der empirischen Sozialforschung, so reflektiert auch die Medienwirkungsforschung nicht nur den innerwissenschaftlichen Fortschritt, sondern auch gesellschaftspolitische Strömungen. Gerade bei der Hypothese zur Entstehung von Wissensklüften kann man zeigen, dass empirische Kommunikationsforschung (auch) gesellschaftspolitisch motiviert und inspiriert ist. Ebenso wie sich beispielsweise die Persuasionsforschung aus dem Bestreben heraus entwickelte, die Wirkung politischer Propaganda im zweiten Weltkrieg zu verstehen und zu kontrollieren, fragte man nun in den 1970er-Jahren nach den Bedingungen, wie politisches Wissen der Menschen entsteht und sich in der Gesellschaft verteilt. Der »Bildungsoptimismus«, der sich etwa in Deutschland anhand der Reformen des Schulsystems verdeutlichen lässt, zeigt sich auch im Forschungsansatz zur Wissenskluftperspektive. Die zentrale (gesellschaftspolitische) Zielsetzung, Bildungschancen und politische Partizipation für alle Bevölkerungsschichten mithilfe der Massenmedien gleichermaßen zu verbessern und auszugleichen, wird in dieser Forschungsperspektive kritisch aufgegriffen und hinterfragt.

Das sich permanent ausweitende, medial vermittelte Informationsangebot erreicht nicht alle Bevölkerungsschichten gleichmäßig und führt vor allem nicht zu einem gleichmäßig verteilten Wissen, so die Vermutung. Die Massenmedien können deshalb unter demokratietheoretischen Aspekten möglicherweise auch dysfunktionale Konsequenzen für eine Gesellschaft haben. Die Forschergruppe, die sich erstmals mit diesem Thema befasst, formuliert dies entsprechend: »*As the infusion of mass media information into a social system increases, segments of the population with higher socioeconomic status tend to acquire this information at a faster rate than the lower status segments, so that the gap in knowledge between these segments tend to increase rather than decrease.*« (Tichenor/Donohue/Olien 1970, S. 159). Phillip J. Tichenor et al. postulierten auf Grund von Sekundäranalysen, dass der Zusammenhang zwischen Bildung und Wissenserwerb dazu führt, dass sich höher Gebildete bei der Aneignung von politischem und wissenschaftlichem Wissen einen uneinholbaren Vorsprung verschaffen.[18] Politische, medienvermittelte Information,

---

18 Bei den herangezogenen Studien handelt es sich um Fragestellungen zur Diffusionsforschung, zur Wirkung von Informationskampagnen und um ein Feldexperiment, das anlässlich eines Zeitungsstreiks durchgeführt wurde. Dabei fand man, dass sich Wissensklüfte zu politischen Themen zu schließen beginnen, wenn das »Elite«-Medium Zeitung ausbleibt und lediglich andere Informationsquellen wie etwa das Fernsehen zur Verfügung stehen.

die in ein Sozialsystem diffundiert, so die zentrale These, wird von Bevölkerungssegmenten mit höherem Sozial- und Bildungsniveau schneller aufgenommen als von Gruppen mit vergleichsweise geringerem Bildungsniveau, sodass sich die Wissenskluft zwischen den sozialen Gruppen tendenziell vergrößert. Somit wendet sich die Hypothese der Minnesota-Gruppe um Tichenor gegen idealistische Medientheorien, die »vom informierten und darum auch mündigen Bürger ausgehen« (Bonfadelli 1994, S. 73).

Die (formale) Bildung nimmt in dieser ursprünglichen Fassung der Wissenskluft-hypothese eine zentrale Rolle ein. Tichenor et al. begründeten den Zusammenhang zwischen der formalen Bildung (als Indikator des sozioökonomischen Status') und dem Wissenserwerb mit fünf Faktoren, die einerseits die Aneignung von Wissen begünstigen und sich andererseits aus (besserer) Bildung ableiten: Höher Gebildete verfügen (1) über bessere *Lese- und Verstehensfertigkeiten* (»communication skills«); sie haben (2) auf Grund ihrer früheren Mediennutzung ein höheres *Vorwissen* (»stored knowledge«); sie diskutieren (3) in ihrem Bekanntenkreis eher über politische Themen, die zum Wissensvorsprung beitragen (»relevant social contact«); und sie gehen (4) insgesamt zielführender mit den Medien um, sodass diese selektive Nutzung zu einer besseren Aufnahme und Erinnerung politischer Informationen führt (»selective exposure, acceptance, and retention of information«), was gesellschaftspolitisch auf »einen demokratisch bedenklichen kommunikativen Privilegierungs- und Benachteiligungszusammenhang« hindeute (vgl. Saxer 1988, S. 279). Dabei nahmen die Autoren damals (5) zusätzlich an, dass den Printmedien, insbesondere den Tageszeitungen, eine Sonderrolle zukommt: Printmedien würden für besser Gebildete produziert, demnach sei die Themenauswahl auf die Bedürfnisse dieser Lesergruppen zugeschnitten; dies führe in der Konsequenz zu immer mehr politischem und wissenschaftlichem Wissen bei den höher Gebildeten im Vergleich zu den weniger Gebildeten.

Die Ausgangshypothese macht somit mehrere implizite und explizite *Annahmen*, die von der Forschung zu einem späteren Zeitpunkt aufgegriffen und differenzierter betrachtet wurden: (1) Der Wissens(ab)stand zwischen Privilegierten und Unterprivilegierten nimmt beständig zu. (2) Der Zusammenhang zwischen Bildung und Wissen ist kausal: Wenig Bildung führt zu wenig Wissen, viel Bildung zu viel Wissen. (3) Der mediale Informationsfluss in die sozialen Systeme bewirkt stets das Phänomen der Wissenskluft. (4) Die Wirkung der medial vermittelten Botschaften ist in den jeweiligen Bildungssegmenten homogen: Der Zugang zur Information, die Nutzung und Verarbeitung von Botschaften sowie die zugeschriebene Relevanz der Informationen ist bei den Mitgliedern einer Gruppe konstant.

So eingängig und auf den ersten Blick plausibel die Aufstellung der Wissenskluft-Hypothese erschien, so war sie doch von Beginn an der wissenschaftlichen Kritik ausgesetzt. Diese setzte vor allem an der *Vernachlässigung mediatisierender Faktoren* an, wie etwa themenbezogenes Interesse oder Motivation, die auf Bildung und Wissen einwirken können. Genauso problematisch erscheint die Fokussierung auf den Faktor »formale Bildung« als zunächst einzige erklärende Variable für die Entstehung von Wissensklüften. Weiterhin wird kritisiert, dass zentrale Begriffe wie Wissen, Informationsfluss oder sozioökonomischer Status nicht hinreichend definiert und theoretisch verankert wurden, vielmehr in der Ursprungshypothese Information implizit mit dem Konstrukt Wissen synonym gebraucht wurde. Außerdem wurde angemerkt, dass das Medium Fernsehen völlig unberücksichtigt bleibt.[19]

Im Jahr 1975, nachdem Tichenor und Kollegen eigene Querschnittstudien durchgeführt hatten, reformulierten und differenzierten sie ihre These zur Wissenskluft und nahmen damit Abstand von der impliziten Vorstellung, Wissensklüfte seien gleichmäßig hinsichtlich Themen, Zeitverlauf und sozialen Gruppen verteilt. Sie finden heraus, dass sich Wissensklüfte wieder schließen können, wenn die Publizität zu bestimmten Themen abnimmt. Umgekehrt entstehen Wissensklüfte zwischen den höher und weniger Gebildeten erst gar nicht, wenn ein Thema besonders konflikthaltig oder von besonderem öffentlichen Interesse für eine Region ist. Folgerichtig konnten sie zeigen, dass in kleinen, sozial homogenen Gemeinden bzw. Gruppen Wissensklüfte weniger zu erwarten sind als in großen, heterogenen (Donohue/ Tichenor/Olien 1975, S. 21).

James Ettema und Gerald Kline (1977) befassten sich erstmals mit motivationalen Aspekten bei der Entstehung von Wissensklüften. In ihrer alternativen Hypothese, auch *Differenzhypothese* genannt (vgl. Wirth 1997, S. 34), ersetzten sie den bis dahin zentralen Faktor Bildung durch individuelles Interesse: »*As the infusion of mass information into a social system increases, segments of the population motivated to acquire that information and/or for which that information is functional tend to acquire the information at a faster rate than those not motivated or for which it is not functional, so that the gap in knowledge between these segments tend to increase rather than decrease*« (Ettema/ Kline 1977, S. 188). Damit verließen diese Autoren die »*rezipientenbezogene Dimension des Sozialen*« (Bonfadelli 1994, S. 78), betonten vielmehr allgemeine Persönlichkeitsmerkmale jenseits von Schichtzugehörigkeit und Bildungsdifferenzen, die zu differenzieller Informationsaufnahme führen. Nun konnten erstmals auch abnehmende bzw. gleich bleibende Wissensklüfte erklärt werden (vgl. Horstmann 1991, S. 29). Man konnte zeigen, dass unter bestimmten Umständen der (zeitliche) Wissensvorsprung von Privilegierten verschwindet. Diese so genannten *Decken- oder Ceilingeffekte* treten auf, wenn das Faktenwissen zu einem Thema nicht beliebig vermehrbar ist, also von den Rezipienten keine zusätzliche Hintergrundinformation eingeholt werden kann. In diesen Fällen haben die zunächst weniger Informierten die Chance, Faktenwissen »nachzuholen«, sodass sich im Zeitverlauf eine Wissenskluft wieder schließt. Wissensunterschiede bleiben gleich (klein), wenn auf Grund der Thematik *Motivation bzw. Interesse als wesentliche Faktoren* zur Erklärung von Informationsaufnahme identifiziert werden können (beispielsweise Europawahlen, vgl. Horstmann 1991; fettarme Ernährung, vgl. Viswanath et al. 1993). Auch wenn die

---

19   Einen vollständigen Überblick über die Kritikpunkte bieten u.a. Bonfadelli (1994) und Wirth (1997).

Differenzhypothese »makrostrukturelle Bezüge ausblendet, demokratietheoretisch angreifbar ist und zudem den Blick auf näher liegende und differenziertere Zusammenhänge verstellt« (Wirth 1997, S. 40), so richtet sich nun das Forschungsinteresse zunehmend auf die intervenierenden Variablen, mediatisierende Prozesse und die Frage, inwiefern diese den Einfluss von Bildung und sozioökonomischem Status beim Wissenserwerb verstärken oder mindern.[20] Einstellungs- und Verhaltensvariablen wie Lebensstile, Mediennutzung allgemein oder politische Partizipation fließen nun als unabhängige Variablen in die Wissenskluftforschung ein.

Betrachtet man die empirische Forschung zur Wissenskluft-Hypothese, so fällt vor allem die Vielfältigkeit der methodischen und theoretischen Herangehensweisen auf. Bonfadelli bezeichnet sie als »dispers und disparat zugleich«, (...) »weil es sich nicht um ein explizit ausformuliertes und geschlossenes theoretisches System handelt, sondern eher um eine Perspektive, die auf verschiedenste Wirkungsphänomene anwendbar ist« (Bonfadelli 1985, S. 72). In der Summe wird deutlich, dass Wissensklüfte zwar ein empirisch vorfindbares Phänomen darstellen; allerdings wird nicht klar, »ob sie als *Ausdruck sozial-kultureller Defizite* zu verstehen sind, oder ob diese unterschiedlichen Kultur- und Kommunikationsmuster als Folge andersartig geprägter Lebensanforderungen und Lebensweisen entstanden sind« (Bonfadelli 1994, S. 231). Wissenskluftforschung bezogen auf das Individuum befasst sich folgerichtig mit dem Einfluss intervenierender Faktoren, die auf den *Zusammenhang zwischen Bildung und Wissen* wirken können. Hierbei kann man zunächst im Sinne der Differenzhypothese zwischen *transsituationalen* Faktoren (die im weitesten Sinn zu den sozioökonomischen Variablen zu zählen sind) und den *situationalen* Variablen (in erster Linie motivationale Faktoren, wie man sie aus der Uses-and-Gratification-Forschung kennt) unterscheiden. Wissensunterschiede können einerseits durch extramediale Faktoren nivelliert werden: Persönliche Betroffenheit, interpersonale Kommunikation oder themenbezogenes Interesse gleichen bildungsbedingte Benachteiligungen aus, weil eine entsprechende *Aktivierung* verstärkte Medienzuwendung und Informationsaufnahme zur Folge hat, wie dies ja auch in transaktionalen Wirkungskonzepten empirisch wie theoretisch dargelegt werden konnte (vgl. Kap. 4.4.3.4). Es zeigt sich jedoch andererseits, dass *sowohl* diesen motivationalen Faktoren *als auch* den Schichtungsvariablen zugleich eine zentrale Bedeutung bei der Erklärung des Zusammenhangs zukommt (vgl. z.B. Lovrich/Pierce 1984; Viswanath et al. 1993; im Überblick: Wirth 1997); weder die transsituationalen Variablen wie Schulbildung noch situationale Faktoren wie etwa politisches Interesse können separat einen Wissenszuwachs erklären. Offenbar ist es das Zusammenspiel zwischen diesen Aspekten, das sowohl die unterschiedliche Informationsrezeption als auch den unterschiedlichen Wissenszuwachs erklärt. Dieses Phänomen hat Werner Wirth (1997) ausführlich untersucht. Er fand Hinweise, dass die Informationsrezeption häufig mit einem gleich bleibenden Bündel

---

20 Einen synoptischen Überblick vermittelt Bonfadelli (1994, S. 33f), wobei er die Hauptkategorien Sozialsystem, Mediensystem – Informationsfluss, Inhalte – Themen, Nutzung und Rezeption identifiziert.

von Einflussfaktoren erklärt werden kann: Politisches Interesse, Orientierung an den Printmedien, politische Expertise sowie eine aufmerksame und informationsorientierte Rezeption politischer Fernsehinhalte sind als »Syndrom« *bildungsabhängig* (vgl. Wirth 1997, S. 297). Diese »Basismotivationen« findet man unabhängig von einem bestimmten Thema bei den höher gebildeten Bevölkerungssegmenten. Rogers (1976) prägte in diesem Zusammenhang den Begriff des »Knowledge-Effect-Gap«, der den Einfluss individueller Einstellungen und Verhaltensweisen auf unterschiedliches Wissen betont. Das »kommunikative Potenzial« eines Rezipienten, das sich grob gesprochen aus Merkmalen der Persönlichkeit, der sozialen Position sowie der sozialen Struktur, in der sich Menschen bewegen, entwickelt, entscheide über den Erwerb von sozialen Werten und die generelle Disposition zur Informationsaneignung. Es ist demnach denkbar, dass besser Gebildete im Verlauf ihrer Sozialisation nicht nur ihre kognitiven Fähigkeiten schulen, und sich dabei einen »Vorsprung« erarbeiten, sondern sich Werte zu Eigen machen, die sie als »mündige« und informierte Staatsbürger auszeichnen: *Informiert zu sein*, auch wenn man bestimmte Informationen nicht unmittelbar praktisch nutzen kann, ist bei besser Gebildeten nicht nur ein Wert an sich, sondern führt im Zusammenhang mit der Wissenskluftforschung tatsächlich zu Unterschieden in der Informationsrezeption, die auf Bildungsunterschiede zurückzuführen sind.

Als weiterer, wichtiger Einflussfaktor erweist sich die *Art der Mediennutzung*, wie dies ja schon in der Ursprungshypothese als Annahme formuliert wird. Dabei gilt als gesichert, dass (1) die Printmedien die informationsreicheren im Vergleich zum Fernsehen sind, sowie (2) weniger gebildete Bevölkerungsschichten mehr fernsehen als höher Gebildete. Wenig eindeutig sind dagegen die empirischen Befunde: Das Lesen von Printmedien wie Tageszeitungen kann, muss aber nicht, Wissenslücken weniger gebildeter Bevölkerungssegmente ausgleichen. Ebenso gibt es disparate Befunde zu der These, das Fernsehen sei ein »*Knowledge Leveler*« (Tichenor/Donohue/Olien 1970, S. 170). Die Annahme besagt, dass geringer Gebildete von ihrem erhöhten TV-Konsum profitieren und auf Grund des spezifischen Medienkonsums Wissensunterschiede mit der Zeit ausgleichen können. Dagegen fand Bonfadelli (1994) in einer eigenen Panelstudie heraus, dass sich Wissenslücken eher verstärken. Das Fernsehen hat allerdings bei der Informations- und Wissensvermittlung dann einen hohen Stellenwert, wenn es sich um Themen von allgemein hohem Interesse handelt, die »mediumsspezifisch« sind, wie etwa Fernsehdebatten von Wahlkämpfern (vgl. u.a. Drew/Weaver 1991). Dass sich in diesem Zusammenhang keine eindeutigen Trends abzeichnen, kann man nach Wirth (1997, S. 54f) unter Umständen mit *angebotsbedingten, nutzungsbedingten und rezeptionsbedingten Wissensklüften* erklären. *Angebotsbedingte Wissensklüfte* können entstehen, wenn bestimmte Informationen nicht in allen Medientypen gleichermaßen vorfindlich sind. Wenn ein bestimmter Medientyp wie etwa das Fernsehen von weniger Gebildeten genutzt wird, haben diese Segmente keine Chance an Informationen zu kommen, die ausschließlich oder vorwiegend in den Qualitätszeitungen thematisiert werden. *Nutzungsbedingte Wis-*

sensklüfte tangieren die Nutzungsintensität: Höher gebildete Segmente nutzen bestimmte Informationsangebote häufiger als weniger Gebildete, sodass sie insgesamt mehr Informationen aufnehmen, verarbeiten und in Wissen übersetzen können, was zu *rezeptionsbedingten Wissensklüften* führen kann. Offenbar rezipieren besser Gebildete informationsorientierter und mit höherer Aufmerksamkeit als weniger Gebildete, die sich eher unterhaltungsorientierten Inhalten zuwenden.[21]

In diesem Zusammenhang stellt sich auch die Frage, ob elektronische Medien Wissensklüfte eher vergrößern oder verringern. Dies ist angesichts der stetig zunehmenden Relevanz der »neuen Medien« von hoher Aktualität – und das nicht nur hinsichtlich der Informationsaufnahme und -verarbeitung in westlichen Industriestaaten, sondern auch in der so genannten Dritten Welt (vgl. hierzu Wirth 1999). Während einerseits erhofft wird, dass die »neuen Medien« den Zugriff für Jedermann auf das Wissen der Welt ermöglichen, befürchtet man andererseits, dass die Zugangs- und Nutzungsbarrieren wegen finanzieller und infrastruktureller Defizite die Wissensklüfte zwischen den sozialen Schichten (weiter) vergrößern werden.

Agenda-Setting

Einer der wohl am häufigsten zitierten Sätze der Medienwirkungsforschung lautet: »The Press ›may not be successful much of the time in telling people what to think, but it is stunningly successful in telling its readers what to think *about*«‹ (Cohen 1963, zit. bei McCombs/Shaw 1972, S. 177; kursiv im Original, Anm. d. A.). Dabei war es nicht der Autor selbst, der die Annahme populär machte, sondern Maxwell E. McCombs und sein Kollege, die erstmals formulierten, dass die Medien die Themenagenda setzen und auf diese Weise mitbestimmen, *worüber* die Rezipienten nachdenken (vgl. McCombs/Shaw 1972). Die Autoren stehen dabei in der Tradition der amerikanischen Wahlforschung, die mit der »Wahlstudie« von Paul Lazarsfeld, Bernard Berelson und Hazel Gaudet (1944/1960) ihren Anfang nahm. Egal nun, ob man nach Veränderungen der Einstellung und des (Wahl-)Verhaltens fragt, wie dies Berelson et al. taten und mit ihren Ergebnissen das Postulat einer schwachen Medienwirkung auf die Tagesordnung setzten, oder ob man kognitive Medienwirkungen untersucht, wie dies in der Agenda-Setting-Forschung geschieht: Ausgangspunkt der Wahlforschung innerhalb der Medienwirkungsforschung ist die Feststellung, dass Kandidaten ihrem (Wahl-)Publikum vorwiegend über die Medien, nur in seltenen Fällen über direkten Kontakt, vorgestellt und vertraut werden. Tatsächlich ist gerade das Wissen über politische Sachverhalte eine Art »Second-Hand-Wissen«, das die Menschen den Massenmedien entnehmen (vgl. Lang/Lang, 1966). Mit dieser Grundannahme formulierten McCombs und Shaw (1972) erstmals die These, dass

---

21 Hier sei noch einmal auf die Problematik der bis dato wenig elaborierten theoretischen Auseinandersetzung zum Begriff Wissen hingewiesen: Legt man einen eher normativ orientierten Wissensbegriff zu Grunde, so nimmt es nicht Wunder, dass Menschen mit einem niedrigeren sozialen Status »schlecht« abschneiden, weil möglicherweise das Wissen, das abgefragt wird, für sie überhaupt nicht relevant ist. Systematisch erforscht hat dies Wirth (1997).

die Massenmedien ihre Rezipienten nicht nur über bestimmte Themen informieren, sondern durch Informationsmenge und -platzierung die *Wichtigkeit eines Themas* vorgeben. In den Köpfen der Rezipienten entsteht auf diese Weise eine Prioritätenliste von wichtigen und weniger wichtigen Themen, die auf Mediennutzung zurückzuführen ist. Ganz im Sinne der »kognitiven Wende« in den empirischen Sozialwissenschaften argumentieren die Autoren, dass das Publikum, respektive der Wähler, von den Medien *lernt*. Im Falle eines Wahlkampfes nehmen die Menschen die Wichtigkeit von Themen so wahr, wie sie in den Massenmedien betont werden. Die Medien hätten zwar wenig Einfluss auf die Richtung und die Intensität von politischen Einstellungen, würden jedoch *die Agenda* eines Wahlkampfes bestimmen und auf diese Weise nahe legen, welche Themen vordringlich und welche weniger wichtig seien (vgl. McCombs/Shaw 1972, S. 177). Die Themen und Argumente, die von den Massenmedien mehr oder weniger stark in den Vordergrund gerückt werden, werden von den Rezipienten, so die Vorstellung, gewissermaßen eins zu eins übernommen. Die Autoren vermuten demnach eine starke Medienwirkung, denn die Massenmedien geben vor, über welche Inhalte wir nachdenken.[22]

Um ihre These zu überprüfen, interviewten die Autoren im Herbst 1968, während der Wahlkampfphase um die amerikanische Präsidentschaft, hundert zufällig aus Wählerlisten ausgesuchte Personen in Chapel Hill. Die Befragten waren *unentschlossene Wähler*, von denen man vermutete, dass sie sich besonders aufmerksam und intensiv den Medieninhalten zuwenden würden. Die Schlüsselfrage, die der Studie von Trenaman und McQuail[23] entnommen war (vgl. McCombs/Shaw 1972, S. 178) lautete: »What are you *most* concerned about these days? That is, regardless of what politicians say, what are the two or three *main* things which you think the government *should* concentrate on doing something about?« (kursiv im Original, Anm. d. A.). Um die Medieninhalte zu erheben, führten die Forscher eine Inhaltsanalyse der wichtigsten Tageszeitungen sowie zweier Nachrichtensendungen aus dem Befragungszeitraum durch. Die Ergebnisse brachten zunächst eine Überraschung. McCombs und Shaw fanden heraus, dass die Medien hinsichtlich das Wahlkampfes weniger über Inhalte als über den Wahlkampf selbst berichteten: »Wer wird gewinnen?«[24] war das überragende »Thema« der Medien, und die Autoren bemerken spitzzüngig: »This may give pause to those who think of campaign news as being primarily about the *issues*.« (McCombs/Shaw 1972, S. 179). Als Nächstes identifizierten die Autoren The-

---

22 Nicht erst bei McCombs und Shaw wird vermutet, dass die Massenmedien beeinflussen, über welche Themen Menschen nachdenken. Lippmann (1922) formulierte frühzeitig, dass Menschen sich wegen mangelnder Primärerfahrungen ein vereinfachtes Bild der Welt zurechtdächten, wobei sie dabei auf die Darstellung der Realität in den Massenmedien zurückgreifen würden.

23 »Television and the Political Image«, veröffentlicht 1961, vgl. McCombs/Shaw (1972), S. 176, Fußnote 3.

24 Unter dem Begriff »Horserace« (wer hat die Nase vorne) ist dieses Phänomen bis heute bei Politikern gefürchtet – hier zu Lande beispielsweise aufgegriffen im »Politbarometer«, das vierwöchentlich in den großen Tageszeitungen abgedruckt und kommentiert wird und u.a. die Beliebtheit von Politikern sowie die berühmte »Sonntagsfrage« präsentiert.

men bzw. Argumente[25], die sich im Schwerpunkt den Kandidaten der verschiedenen Parteien zuordnen lassen: Den demokratischen Bewerbern ließen sich eher außenpolitische Themen zuordnen, während die Themen Recht und Sicherheit, also eher Innenpolitisches, den unabhängigen Kandidaten sowie den Republikanern zugeschrieben wurden. Der statistische Zusammenhang nun, den die Autoren zwischen diesen Medien-»Issues« und der wahrgenommenen Issue-Wichtigkeit der Befragten ermittelten, lag nahezu bei 100%[26]. Die Interpretation der Forscher war eher vorsichtig. Sie fanden zwar ihre Hypothese im Trend bestätigt, keinesfalls jedoch valide überprüft. Sie empfahlen, weitere Studien anzustellen, die auf Individualebene sowohl persönliche (Vor)-Einstellungen als auch individuelle Mediennutzung mit erheben sollten (vgl. McCombs/Shaw 1972, S. 184f).[27] Sie interpretierten ihre nahezu perfekten statistischen Zusammenhänge allerdings als einen guten Hinweis darauf, dass die Massenmedien tatsächlich einen Einfluss auf die Themenstrukturierung der Rezipienten und Wähler haben, wobei die Argumentation von McCombs und Shaw vor allem auf die Plausibilität des Ausgangsarguments abhob: Wähler hätten auch in der persönlichen Kommunikation in aller Regel keine Chance, Argumente und Einschätzungen der Politiker direkt und unvermittelt aufzunehmen und zu beurteilen. Vielmehr würde auch die »Folgekommunikation« überwiegend auf der Berichterstattung der Massenmedien beruhen: »For most, mass media provide the best – and only – easily available approximation of ever-changing political realities« (McCombs/Shaw 1972, S. 185), sodass die Massenmedien mehr oder weniger exklusiv die Themen und Themenstrukturen der öffentlichen Diskussionen vorgäben.

Mit der »Chapel-Hill Studie« war der Startschuss für eine bis heute andauernde intensive wissenschaftliche Auseinandersetzung gegeben, nämlich um die Frage, ob und unter welchen Umständen die Medien vorgeben, über was Menschen nachdenken. Nach gut zwanzig Jahren Agenda-Setting-Forschung zählt man über zweihundert Studien (vgl. Brosius 1994, S. 271), von denen gut die Hälfte starke Agenda-Setting-Effekte findet (vgl. Perse 2001, S. 100). Warum kann man nun das Phänomen nicht immer, oder nur unter bestimmten Umständen identifizieren? Die Agenda-Setting-Forschung entwickelt sich – wie dies bei empirischer Forschung oftmals der Fall ist – »auf den Schultern der Alten«, d.h.: Der einfache, so plausible Zusammenhang

---

25 Hier stoßen wir auf ein Übersetzungs- bzw. ein semantisches Problem. Der englische Begriff »Issue« ist mit dem deutschen Wort »Thema« nur unvollständig bezeichnet (vgl. dazu sehr ausführlich und luzide: Eichhorn 1996, S. 15f, wobei er an dieser Stelle den deutschen Begriff »öffentliche Streitfrage« vorschlägt); außerdem – darauf wollen wir hier jedoch nur hinweisen – ist nicht exakt definiert, geschweige denn valide operationalisiert, was genau unter dem Begriff zu verstehen ist.

26 Über das verwendete Korrelationsmaß gibt es zumindest in diesem Aufsatz keine Angaben. Generell: Korrelationsmaße, die einen (linearen) Zusammenhang ausdrücken, können zwischen 0 (überhaupt kein Zusammenhang) und 1 (perfekter Zusammenhang) liegen und drücken damit sowohl die Richtung (positiv, negativ) als auch die Stärke des Zusammenhangs (0% – 100%) aus.

27 Entgegen späterer Kritik am methodischen Vorgehen ist den Autoren also durchaus die eingeschränkte Aussagekraft von Aggregatdaten, die miteinander korreliert werden, bewusst.

zwischen Medien- und Publikumsagenda, der anfangs angenommen und tatsächlich gefunden wird, erscheint den wissenschaftlichen Nachfolgern methodisch wie theoretisch zu simplifizierend, sodass sich empirische Forschung und theoretischer Unterbau im Verlauf der Zeit immer stärker ausdifferenzieren.[28]

Dies betrifft zunächst *das Wirkungsmodell*[29], auf dem Agenda-Setting-Prozesse beruhen. Die ersten Konzeptionen kommen, wenn auch noch wenig differenziert, von McCombs (1977). Er schlägt drei Wirkungsmodelle vor:

- *Das Priorities-Modell* nimmt an, dass sowohl bei den Medien als auch auf Rezipientenseite »natürlicherweise« eine Rangordnung von Themen existiert. Agenda-Setting-Effekte würden in diesem Modell bedeuten, dass das Publikum die Rangordnung der Medien übernimmt.
- *Das Awareness-Modell* postuliert, dass die Betonung bestimmter Themen durch die Massenmedien das Publikum auf diese Themen aufmerksam macht, wobei hier noch nicht dargestellt wird, unter welchen Bedingungen Aufmerksamkeit überhaupt erheischt wird.
- Das *Salience-Modell* stellt einen konzeptionellen Zusammenhang zwischen der Menge der Berichterstattung und der wahrgenommenen Wichtigkeit beim Publikum her. Zwar erscheint plausibel, dass die Häufigkeit, mit der ein Thema berichtet wird, einen Hinweis auf dessen Wichtigkeit zulässt. Allerdings kann man nicht davon ausgehen, dass für alle Rezipienten alle Themen dieselbe Wichtigkeit einnehmen, sodass bereits in diesem einfachen Wirkungsmodell intervenierende Persönlichkeitsvariablen kontrolliert werden müssen.[30]

Einer der wichtigsten Einwände gegen die ersten Studien ist methodischer Art: Mit *Querschnittsuntersuchungen*, die ja die Agenden der Massenmedien und des Publikums zu einem bestimmten Zeitpunkt erheben, kann keine Richtung des Zusammenhangs, also kein kausales Verhältnis, nachgewiesen werden, das ja bei der Interpretation der Ergebnisse im Sinne eines *Wirkungs*verhältnisses zumindest implizit angenommen wird. Tatsächlich kann bei Daten von Querschnittsuntersuchungen auch

---

28 Hier können nur die wichtigsten Entwicklungen und Kritikpunkte angedeutet werden, denn je nach wissenschaftlicher Fragestellung und dem jeweiligen Forschungs- und Darstellungsinteresse existieren die unterschiedlichsten Systematisierungen sowohl der Kritikpunkte als auch der Forschungsrichtungen innerhalb der Agenda-Setting-Forschung. Gute zusammenfassende Überblicke bieten u.a. Brosius (1994), Eichhorn (1996), Rössler (1997).

29 Wirkungsmodelle, die die kognitiven Strukturen bzw. Informationsverarbeitungskapazitäten der Rezipienten modellieren sowie dynamische und transaktionale Wirkungen berücksichtigen, sind ausführlich bei Eichhorn (1997, S. 22f) dargestellt.

30 Ein gewichtiger Einwand gegen die Ursprungsstudie bezog sich auf die Tatsache, dass die Autoren Aggregatdaten miteinander verglichen, was zu ökologischen Fehlschlüssen führen kann: Dabei schließt man fälschlich von Eigenschaften eines Aggregats auf Eigenschaften der »Mitglieder« des Aggregats. In unserem Zusammenhang wäre es demnach falsch anzunehmen, eine bestimmte Rangfolge der Publikumsagenda sei die Summe aller gleich lautenden Rangfolgen der einzelnen Rezipienten. Tatsächlich kann es sein, dass keine einzige individuelle Rangreihe der aggregierten Publikumsagenda entspricht!

eine Wirkungsrichtung vermutet werden, die von einer Publikums- zur Medienagenda deutet.[31] In keinem Fall lässt sich jedoch mit derlei Untersuchungsanlagen der dynamische Prozess des Agenda-Setting beschreiben, »weil die zeitliche Struktur, also die Zeitverzögerung zwischen Veränderungen in der Berichterstattung und Veränderungen in der Themenstruktur der Rezipienten, nicht beschrieben werden kann« (Brosius 1994, S. 273). Heute findet man keine Untersuchungen mehr vor, die sich ausschließlich auf Daten eines Erhebungszeitpunktes stützen; vielmehr ist man bestrebt (was allerdings stets eine Frage von Zeit und Geld ist), mehrere Querschnittsmesspunkte mit longitudinalen Studien[32] zu verknüpfen, um sowohl die *Entwicklung eines Themas* als auch die *Themenkonkurrenz* zu einem definierten Zeitpunkt darstellen zu können. Die erste Längsschnittuntersuchung unternahm G. Ray Funkhouser (1973). Er verglich die Entwicklungen von Medien- und Publikumsagenden für mehrere Themen getrennt, die in den 60er-Jahren auf der Tagesordnung standen. Dabei fand er heraus, dass die Häufigkeit der Berichterstattung zu einem Thema zwar einen starken Einfluss auf die Wahrnehmung, nicht so sehr aber auf die Einstellungen des Publikums im Zeitverlauf hatte. Wie entscheidend die Wahl der Untersuchungsanlage die Ergebnisse beeinflusst, konnten Hans-Bernd Brosius und Hans Mathias Kepplinger (1990) nachweisen. Sie unterzogen Medien- und Publikumsdaten einmal diversen Querschnitts- und einer Längsschnittanalyse. Ein Vergleich der Ergebnisse erbrachte, dass Agenda-Setting-Effekte, die sich in den Querschnittsanalysen zeigten, in der Längsschnittanalyse nicht mehr nachgewiesen werden konnten.

Bereits in ihrer ersten Studie erhoben McCombs und Shaw *Persönlichkeitsmerkmale*, von denen sie einen intervenierenden Einfluss auf die Mediennutzung vermuteten (McCombs/Shaw 1972, S. 185f). Neben formaler Bildung und allgemeinem politischen Interesse erfassten sie auch den *kognitiven Stil* ihrer Befragten, weil sie glaubten, dass dieser mitbestimmen könnte, wie Rezipienten Informationen zu bestimmten Themen sammeln.[33] Es zeigte sich zwar kein Zusammenhang zwischen kognitivem Stil und den beiden anderen erhobenen Persönlichkeitsmerkmalen der Befragten, wohl aber hängen scheinbar die Suche nach Information und kognitiver Stil zusammen.[34]

---

31 Insbesondere dann, wenn eine erkenntnistheoretische Perspektive angelegt wird, die die Medien als »Spiegel der Realität« annimmt, könnte man argumentieren, dass die Medien eben das aufgreifen, was sich ohnehin in der öffentlichen Diskussion befindet, also die Medienagenda auf der Publikumsagenda beruht.

32 Mit Längsschnittstudien lässt sich datenanalytisch vor allem der gerichtete Zusammenhang zwischen Medien- und Publikumsagenda nachweisen – wir wollen hier nicht von Kausalität sprechen, denn streng genommen lässt sich Kausalität nur in einem experimentellen Untersuchungsdesign nachweisen, vgl. dazu Kapitel 6.5. Mit so genannten »Kreuzkorrelationen« kann man zeigen, ob sich zuerst eine Medienagenda bildet, auf der dann zu einem späteren (Mess-)Zeitpunkt die Publikumsagenda beruht, oder ob die Entwicklung umgekehrt verläuft. Des Weiteren decken verbesserte statistische Verfahren wie etwa ARIMA-Modellierungen Scheinkorrelationen auf, da eine Kontrolle von möglichen intervenierenden Drittvariablen möglich wird (vgl. dazu ausführlich Kirchgässner 1981; Scheufele 1999).

33 *Kognitiven Stil* operationalisierten sie als »salience of affect«, also als emotionale Bedeutung, die ein Respondent einem Issue bzw. einem Kandidaten zuerkannte. Dafür ließen sie die Befragten offene Sätze zu den Kandidaten schriftlich beenden und codierten diese Antworten als »sehr emotional« bis »überhaupt nicht emotional«.

Befragte, die das für sie wichtigste Thema auch sehr emotional bewerteten, hatten in den letzten vierundzwanzig Stunden deutlich weniger die Massenmedien nach weiteren Informationen zu diesem Thema abgesucht als solche Befragte, die ihr wichtigstes Thema eher sachlich beschrieben. Dies trifft sowohl auf politisch Interessierte als auch eher Uninteressierte zu. Der kognitive Stil scheint außerdem die interpersonelle Kommunikation zu fördern. Die Ergebnisse deuten zumindest in die Richtung, dass das individuelle kommunikative Verhalten von Rezipienten die Mediennutzung und in der Folge vermutlich auch die Stärke von Agenda-Setting-Effekten beeinflusst.

Einen großen Stellenwert nimmt in späteren Studien das so genannte *Orientierungsbedürfnis* (»need for orientation«) der Rezipienten ein, das in der Ursprungsstudie nur intuitiv berücksichtigt wurde: McCombs und Shaw hatten ja nur diejenigen Wähler in ihrer Befragung berücksichtigt, die (noch) unentschlossen waren und von denen sie offensichtlich vermuteten, dass sie ein besonders großes Informationsbedürfnis hätten. Auch wenn die Erkenntnislage zu diesem zentralen Konstrukt durchaus als disparat bezeichnet werden kann, so lässt sich doch im Trend feststellen, dass »Need for Orientation« sowohl die Mediennutzung als auch die interpersonelle Kommunikation beeinflusst (vgl. u.a. Rössler 1997, S. 186); beide Kommunikationsmodi haben dann im zweiten Schritt einen Einfluss auf die Stärke von Agenda-Setting-Effekten beim Rezipienten.

Während man frühzeitig die Bedeutung intervenierender Variablen auf Rezipientenseite erkannte, gibt es bis heute keinen festen »Kanon« inhaltsorientierter intervenierender Variablen. Problematisch sind zunächst die verschiedenen *Definitionen und Auswahlkriterien der Themen*: Was ist ein Thema? Und welche Themen müssen für eine Studie ausgewählt werden? Da sowohl über die Definition als auch die Operationalisierung wenig Einigkeit herrscht, sind die Ergebnisse der Studien vielfältig und im Prinzip nicht zu vergleichen. Als gesichert gilt allerdings, dass die Stärke von Agenda-Setting-Effekten offensichtlich von der »*Aufdringlichkeit*« eines Themas abhängt. Agenda Setting scheint insbesondere bei denjenigen Themen aufzutreten, die die Rezipienten nicht direkt in ihrer sozialen Umwelt wahrnehmen können (vgl. dazu u.a. Iyengar et al. 1982; Weaver et al. 1981; Zucker 1978). Wenn dagegen Sachverhalte direkt erfahren werden, wie dies etwa bei *Inflation*, wahrnehmbar als gestiegene Preise im Supermarkt oder an der Tankstelle oder *Arbeitslosigkeit*, wahrnehmbar in der eigenen Familie oder der Nachbarschaft, der Fall ist, brauchen die Rezipienten keine Berichterstattung der Massenmedien, um das Thema als wichtig einzustufen. Agenda-Setting Effekte sind dann kaum zu finden, weil den Rezipienten alternative Informationsquellen zur Verfügung stehen.

Ebenfalls wenig berücksichtigt sind in der Forschung die *Präsentationsmerkmale* von Botschaften im Hinblick auf ihre Wirkungen auf die Rezipientenagenda. Es er-

---

34 Aufgrund der kleinen Stichprobe verwendeten die Autoren keine statistischen Verfahren, sondern stellten lediglich die Persönlichkeitsmerkmale sowie Mediennutzung zu einem bestimmten Thema als prozentuales Verhältnis dar.

scheint plausibel, dass Medieninhalte unterschiedlich stark wahr- und für wichtig genommen werden, je nach dem, ob sie als Hintergrundbericht, Kurzmeldung oder Ti-
telgeschichte erscheinen: »Die implizite Annahme [dass alle Botschaften unabhängig
von ihrer Darstellungsform gleichgewichtig die Agenda der Rezipienten beeinflussen; Anm. d. A.] ist sicher nicht gerechtfertigt und erhöht gewissermaßen die Fehler-
varianz in den empirischen Studien« (Brosius 1994, S. 272). Mit anderen Worten:
Welche Botschaften die Rezipienten für wichtig halten, ist offensichtlich nicht nur
im Inhalt, sondern auch in formalen Merkmalen einer Botschaft zu suchen und in
der Analyse zu berücksichtigen.

Eine Innovation in der Agenda-Setting-Forschung bildete die Studie von Lutz Erbring, Edie N. Goldenberg und Arthur N. Miller (1980), die erstmals sowohl intervenierende Publikumsvariablen als auch externe Daten zur tatsächlichen Ereignislage
in die Analyse aufnahmen. Sie nahmen an, dass die »Real World Cues« einen Einfluss
auf die wahrgenommene Wichtigkeit von Themen haben. Sie konnten nachweisen,
dass die Publikumsagenda lediglich beim Thema »Kriminalität«, nicht jedoch bei
den Themen »Arbeitslosigkeit«, »Inflation« und »Rassenprobleme« signifikant von
der Medienagenda bestimmt wird. Daraus schließen sie, dass die Rezipienten unabhängig von ihrer Mediennutzung eine persönliche Agenda entwickeln. Sie schlagen
ein »Audience-Effects«-Modell vor, »which assumes that media coverage interacts
with the audience's pre-existing sensitivities to produce changes in issue concern« (Erbring et al. 1980, S. 45).

Der Zusammenhang zwischen Medien- und Publikumsagenda im Verhältnis zur
tatsächlichen Ereignislage ist bis heute vielfach untersucht worden, denn er ist nicht
zuletzt unter demokratietheoretischen Erwägungen hoch relevant. Dabei rücken die
Funktionen der Massenmedien, die ihnen in unserer Gesellschaft zugeschrieben werden, in den Mittelpunkt der Überlegung: »As a general functional requirement of society, agenda-setting is practically indispensable« (McCombs 1981, S. 136). Den
Massenmedien wird in dieser Sichtweise eine Thematisierungs- und Strukturierungs-
funktion zugewiesen, die für die Gesellschaft einen integrierenden Aspekt beinhaltet. »Die Medien definieren den inhaltlichen Rahmen, innerhalb dessen die soziale
Realität kollektiv wahrgenommen wird, und formen damit die Basis für soziales
Handeln« (Rössler 1997, S. 19). Die negative Konnotation, die häufig implizit mit
dem Begriff Medienwirkung verbunden wird, muss demnach in diesem Zusammenhang abgelehnt werden. Gerade diejenigen Realitätsausschnitte, die für die meisten
Menschen direkt nicht erfahrbar, für eine funktionierende Demokratie jedoch essen-
ziell sind – wie etwa der gesamte Bereich der Politik – werden erst über die Medien
erfahr- und begreifbar. Zu problematisieren ist in diesem Zusammenhang allerdings,
inwiefern und in welchen Grenzen Abweichungen in der Berichterstattung von der
sozialen Realität erwünscht oder nicht hinnehmbar sind. Da die reale Ereignislage in
den Medien nicht eins zu eins abgebildet werden kann, müssen die Journalisten auswählen, Schwerpunkte setzen, Themen auch wieder von der Tagesordnung nehmen,
wenn andere nachrücken. Einige prominente Beispiele zeigen, dass es in diesem Be-

reich Verschiebungen zwischen tatsächlicher Ereignislage und Medienberichterstattung gibt. Bertram T. Scheufele und Hans-Bernd Brosius (2001) untersuchten die Berichterstattung zur PKK- und Kurdengewalt sowie fremdenfeindlichen Straftaten. Es zeigte sich, dass die Berichterstattung über diese Thematik in den Massenmedien immer noch ein »major issue« war, als sich die tatsächliche Ereignislage bereits wieder beruhigt hatte, in der Folge allerdings auf der Grundlage der Berichterstattung neuerlich entfacht wurde. Wie stark die Thematisierungsfunktion der Massenmedien wirkt, konnten Dearing und Rogers (1996) belegen. Ein Fernsehbericht über die Hungerkatastrophe in Äthiopien »biblischen Ausmaßes«, der im Oktober 1984 während einer Nachrichtensendung auf NBC ausgestrahlt wurde, trat eine Welle von nie da gewesener Hilfsbereitschaft los bis hin zum berühmten Rockkonzert von Bob Geldorf. Menschen, die sich normalerweise nicht für politische Nachrichten interessierten, nahmen über einen langen Zeitraum hinweg Anteil an diesem Thema und beurteilten es als persönlich wichtig. Durch die Berichterstattung wurde demnach im Sinne einer Initialzündung erreicht, dass Menschen politisch aktiv wurden. Einen weniger positiven Effekt wiesen Hans Mathias Kepplinger und Herbert Roth (1978) angesichts der so genannten Ölkrise nach. Eine Analyse der Wirtschaftsberichterstattung aus dieser Zeit offenbart, dass sich in der Folge der kontinuierlichen und konsonanten Berichterstattung über die Probleme der Abhängigkeit vom Energielieferanten Öl – Anlass war ein Beschluss der OPEC zur zukünftigen Marktsteuerung – ein problemkonformes Verhalten in der Bevölkerung durchsetzte: Die panikartigen Benzin- und Heizölkäufe führten zu einem Angebotsengpass, der zu einer realen Lage führte, die den Namen Ölkrise verdiente. Dabei handelte es sich weniger um eine Öl-, denn um eine Informationskrise.

Die hier vorgenommene zusammenfassende Darstellung zeigt bereits, dass sich der konzeptionelle Zugang zum Phänomen des Agenda-Setting im Zeitverlauf stark ausgeweitet hat. Heute werden vor allem kognitive Ansätze modelliert, die davon ausgehen, dass die Themensetzung der Medien nicht nur die wahrgenommene Wichtigkeit beim Publikum beeinflusst, sondern in der Folge auch weitergehende Einschätzungen über Sachverhalte bzw. Personen hervorruft. Shanto Iyengar und Kollegen haben mehrfach gezeigt, dass die Schwerpunktsetzung der Medien auf bestimmte politische Bereiche wie etwa die Außen- oder Wirtschaftspolitik bei den Rezipienten zu einer allgemeinen Bewertung der politischen Führung führt. Dabei fungieren die thematisierten Sachverhalte sozusagen als »Schätzmaß«. So wurde etwa Präsident George Bush sen. stark im Zusammenhang mit außenpolitischen Themen (Erster Golfkrieg) beurteilt, während es bei Präsident Reagan ökonomische Sachverhalte waren, mittels derer die Wähler ihn beurteilten (vgl. Iyengar/Simon 1993; Iyengar/Kinder 1987). Dieser *Priming-Effekt* lenkt also die Aufmerksamkeit der Rezipienten auf bestimmte, von den Medien besonders betonte Aspekte. Die Medien legen gewissermaßen nahe, nach welchen Kriterien (politische) Personen beurteilt werden sollen. Wichtig bei diesem Vorgang ist vor allem, dass diese »Vorinformationen«, die ja zunächst in keinem direkten Zusammenhang mit der Darstellung einer Person stehen, von den Rezipienten besonders leicht abgerufen werden können, wenn sie häufig wiederholt werden. Auf diese Weise entsteht ein festes Schema, nach dem wie im dargestellten Fall die Präsidenten Reagan oder Bush beurteilt werden. Agenda-Setting muss in diesem Modell als das erste Phänomen »einer mehrstufigen Medienwirkungskette, die bei einfachen Wahrnehmungen und Gewichtungen von Themen beginnt und bei weitergehenden Einstellungs- und Meinungsänderungen endet« gesehen werden (Brosius 1997, S. 280). Agenda-Setting-Forschung muss also Forschungsfelder, insbesondere der Sozialpsychologie, die auf individuelle Informationsverarbeitung abhebt, rekurieren, will man die Ursachen für den eingangs so einfach dargestellten Zusammenhang zwischen Medien- und Publikumsagenda valide prüfen.

4.4.3.3 Wirkungen auf Wertvorstellungen und Weltbilder

Nicht nur Wissen, Einstellungen und Verhalten unterliegen einem medialen Einfluss, sondern auch tiefer liegende Wertvorstellungen und Weltbilder. Werte und Normen einer Gesellschaft werden unter anderem durch Massenmedien transportiert, vom Publikum rezipiert und unter Umständen in Lernprozessen angeeignet. Die *Sozialisationsforschung* untersucht, inwieweit Massenmedien Werte und Normen vermitteln können und dem Individuum dabei Handlungsorientierungen innerhalb der Gesellschaft bieten (vgl. Kapitel 5.3.1).

Kultivierungsforschung

Die Kultivierungsforschung widmet sich einer ähnlich langfristigen Art von Medienwirkung: Die *Kultivierungshypothese* besagt, dass Zuschauer durch eine intensive Fernsehnutzung die Welt so wahrnehmen, wie sie im Fernsehen dargestellt wird. Dabei sind die »kulturellen Indikatoren« – das sind Elemente in der Fernsehbotschaft, die unsere Kultur widerspiegeln – wirksam und prägen das Weltbild (Gerbner/Gross 1976; Gerbner et al. 1978; Shanahan/Morgan 1999; Weimann 2000). Das Fernsehen spielt eine herausragende Rolle unter den Medien, da es als »chief creator of synthetic cultural images« (Gross/Morgan 1985, S. 223) fungiert. Solche kulturellen Indikatoren können dargestellte Verhaltensmuster sein (z.B. Gewalt) oder bestimmte Merkmale der Gesellschaft (z.B. Anteil von Frauen oder Minoritäten an der Gesamtbevölkerung, oder Anteil von Rechtsanwälten, Richtern, Polizisten an allen Berufstätigen; vgl. Gerbner et al. 1994). Der angenommene Einfluss auf die Wahrnehmung der Zuschauer betrifft im Unterschied zur Sozialisation nicht spezifische und problemorientierte Muster des Verhaltens und Denkens, sondern greift tiefer und setzt bei der Enkulturation an (vgl. Gross/Morgan1985, S. 223). Dies ist der Prozess, in dem der Mensch von Geburt an die Grundzüge der eigenen Kultur erlernt und dadurch ein Mitglied dieser Kultur wird (Fuchs-Heinritz et al. 1994, S. 167; vgl. auch Kapitel 5.3.1.2).

Im *ersten* Schritt zur Erforschung von Kultivierungseffekten werden die häufigsten, stabilsten und genreübergreifenden Muster des Fernsehinhalts mithilfe der »message system analysis«, einer Inhaltsanalyse des fiktionalen Fernsehprogramms, erfasst.

Merkmale, die über alle Genres und Sendezeiten hinweg am häufigsten auftauchen, sind für die regelmäßigen Zuschauer unausweichlich (vgl. Gerbner et al. 1994, S. 19). Gerbner richtet sein Augenmerk auf Themen, deren Fernsehdarstellungen deutlich von der Realität abweichen. Um Diskrepanzen zwischen Fernsehwelt und realer Welt zu identifizieren, greift er auf Datenarchive wie etwa Kriminalstatistiken zurück. In einem *zweiten* Schritt werden aus den Merkmalen der sozialen Realität, die einerseits die Fernsehwelt und andererseits die reale Welt kennzeichnen, Fragen konstruiert und in Befragungen verwendet. Oftmals wurden auch Sekundäranalysen von USA-weiten Umfragen verwendet, soweit darin Sachverhalte abgefragt wurden, die im Fernsehen »verzerrt« dargestellt werden. Dieser zweite Schritt, der in der Befragung besteht und den Einfluss des Fernsehens auf die Zuschauereinstellungen sowie auf deren Verhalten untersucht, wird als *cultivation analysis* bezeichnet (Morgan/Signorielli 1990, S. 15).

Gewalt und Verbrechen eignen sich in besonderem Maße zur Kultivierungsanalyse, da Fernsehwelt und Realität in diesem Bereich stark auseinander klaffen: Die Fernsehwelt ist wesentlich gewalttätiger als die reale Welt. George Gerbner und Larry Gross (1976) finden in ihrer *message system analysis*, dass zwei Drittel aller Fernsehfiguren in der Prime Time in Gewalt verwickelt sind, während Polizeistatistiken eine jährliche Rate von 0,41 Vorfällen pro 100 Personen für das Jahr 1973 anzeigen. Befragte wurden nach ihrer Einschätzung gefragt, wie viele Menschen in einer Woche in Gewalt verwickelt sind: »eher 1 zu 10« (was die Fernsehantwort widerspiegelt) oder »eher 1 zu 100«. 39 Prozent aller Wenigseher gaben hier die »Fernsehantwort«, aber 52 Prozent aller Vielseher. Die Befragten wurden auch um eine Einschätzung gebeten, wie viele Personen im Bereich der Aufklärung und Verfolgung von Verbrechen arbeiten. Wieder waren es mehr Vielseher (59 Prozent) als Wenigseher (50 Prozent), die die Fernsehantwort »5 Prozent aller Berufstätigen« gaben an Stelle der Reale-Welt-Antwort »1 Prozent aller Berufstätigen«. Vielseher hegen auch eher eine »Mean-World-Ansicht« und stimmen Items zu wie z.B. »Die meisten Leute nutzen ihre Mitmenschen aus, wenn sie dazu Gelegenheit haben« oder »Im Umgang mit anderen Menschen kann man nicht vorsichtig genug sein« (Gerbner/Gross 1976).

Es gibt zwei Arten von Effekten, die Fernsehen auf Vielseher haben kann: einerseits Effekte auf das Faktenwissen und andererseits auf Einstellungen. Das Faktenwissen (*first-order-beliefs*) bezieht sich auf die Schätzung von Häufigkeiten, mit denen bestimmte Ereignisse vorkommen, die sowohl im Fernsehen als auch in der Realität auftreten, z.B. Einschätzung des Gewaltrisikos, Anteil von Berufsgruppen in der Verbrechensaufklärung. Allgemeine Einstellungen zur Welt (*second-order-beliefs*) können aus der Fernsehinformation geschlossen werden und haben kein messbares Äquivalent, weder in der Fernsehwelt noch in der Realität (z.B. Mean-World-Ansicht, Angst vor Verbrechen). Zuschauer würden Angst vor Verbrechen demnach nicht aus dem Fernsehen lernen, sondern aus der Vielzahl von dargestellten Gewalttaten schließen, dass man in dieser Welt Angst haben muss (vgl. Hawkins/Pingree 1990, S. 49).

Das Fernseh-Weltbild wird verstärkt, wenn sich die Erfahrungen aus der realen und medialen Welt decken, wenn z.B. ein Zuschauer die hohe Kriminalitätsrate, die er im Fernsehen beobachtet, in seiner Wohngegend bestätigt sieht (»Resonanzeffekt«; Morgan/Signorielli 1990, S. 21). Häufiges Fernsehen vermag nach Gerbner Unterschiede in den Weltbildern zwischen Zuschauern zu nivellieren: Gruppen, die sich in ihren Ansichten normalerweise deutlich unterscheiden, wie etwa hoch und niedrig Gebildete oder Liberale und Konservative, nähern sich einander an, wenn sie viel fernsehen (»Mainstreaming-Effekt«; Morgan/Signorielli 1990, S. 22).

Gerbner und seine Kollegen erschließen den kultivierenden Einfluss des Fernsehens über den Umfang der Nutzung. Ob dabei die inhaltsanalytisch gemessenen kulturellen Indikatoren tatsächlich rezipiert wurden oder etwa nur nicht-fiktionale Sendungen, wird nicht unterschieden. Hinter dieser Vorgehensweise stecken zwei Prämissen (Potter 1993, S. 570):

1. Gerbner nimmt an, dass die Fernsehinhalte insofern homogen sind, als die Massenproduktion von Sendungen ein schlüssiges Set von Bildern und Botschaften hervorbringt. Er vermutet sogar, dass sich diese Übereinstimmung über verschiedene Genres hinweg, auch über nicht-fiktionale wie Nachrichten, erstreckt. Grund dafür sei die Tatsache, dass das Fernsehen auf ein größeres Publikum angewiesen sei und daher seine Inhalte auf die Werte und Normen der Masse ausrichte (vgl. Gerbner et al. 1994, S. 18f).
2. Weiterhin geht Gerbner davon aus, dass die Nutzung des Fernsehens unselektiv und ritualisiert erfolgt. Nutzungsmuster richten sich weniger nach Inhalten als nach dem Tagesablauf. Insofern spielt es keine Rolle, welche Genres und Sendungen Vielseher bevorzugen: Sie werden stets mit denselben Mustern von Inhalten konfrontiert sein. Dies ist überhaupt erst die Voraussetzung für Kultivierung: Nur die repetitive, langfristige und konsistente Nutzung weit verbreiteter Muster kann in Kultivierungseffekte münden (Gerbner et al. 1994, S. 25).

Beide Annahmen sind in einer Fernsehumgebung unter den heutigen Vielkanalbedingungen nicht mehr aufrecht zu erhalten. Zum einen sind weit reichende Unterschiede in der Dichte kultureller Indikatoren zwischen einzelnen Sendungen und Genres gut belegt, vor allem was Gewaltdarstellungen betrifft (Unterschiede in der Gewaltmenge zwischen Sendern, Genres und Sendezeiten: z.B. Gerbner/Gross 1976 und Gerbner et al. 1978; auch Art und Begleitumstände der Gewalt differieren in verschiedenen Genres: Greenberg et al. 1980; Potter et al. 1997 und Groebel/Gleich 1993). Zum anderen unterscheiden sich Zuschauer hinsichtlich ihrer gesuchten Gratifikationen, Themeninteressen oder Genrepräferenzen und wählen ihr Fernsehprogramm auch danach aus, anstatt konsequent das Programm eines beliebigen Senders zu erfassen (z.B. Heeter 1988; Hasebrink/Krotz 1996).

In letzter Zeit hat die Ablehnung dieser beiden Prämissen Gerbners zu verschiedenen Neuorientierungen in der Kultivierungsforschung geführt: Zunehmend wird die

Art der Sendung in die Überlegungen, wie Zuschauer kultiviert werden, mit einbezogen. Genrebezogene Fernsehnutzungsmaße werden in vielen Untersuchungen eingesetzt, um Kultivierung zu erklären (z.B. Alexander 1985; Bilandžić 2002; Hawkins/Pingree 1980 und 1981a; O'Keefe 1984; Potter 1993; Potter/Chang 1990; Roßmann 2002; Weaver/Wakshlag 1986).

Neuere Forschung versucht, über das Replizieren von Zusammenhängen zwischen Fernsehkonsum und Weltbildern hinaus zu gehen und widmet sich der Frage, *warum* Kultivierungseffekte eigentlich auftreten – und erforscht damit die Mechanismen, die der Kultivierung zu Grunde liegen. So legen z.B. Hawkins/Pingree (1981b und 1982), Potter (1991) und Tapper (1995) Modelle vor, die auf Lern- und Urteilsbildungstheorien der (Sozial-)Psychologie beruhen. Alle drei Modelle gehen davon aus, dass sowohl mediale als auch reale Informationen in einem einheitlichen Langzeitspeicher im Gedächtnis gespeichert werden – dies ist jedoch problematisch, da die Zuschauer beim Sehen fiktionaler Sendungen nicht über die reale, sondern die mediale Welt lernen und eine Übertragung von Erkenntnissen über die eine auf die andere Welt nicht ohne weiteres stattfinden muss. Der Schluss von erlerntem Faktenwissen über die Fernsehwelt auf Faktenwissen und Einstellungen über die reale Welt konnte empirisch nicht konsistent nachgewiesen werden (Hawkins/Pingree/Adler 1987; Potter 1988).

Peter Winterhoff-Spurk (1989) führt diese Idee in einem Drei-Speicher-Modell aus: (1) Informationen aus der real-personalen Umwelt, (2) medial vermittelte Information über die Realität sowie (3) medial vermittelte fiktionale Information werden jeweils in getrennten Teilen des Langzeitgedächtnisses gespeichert. Zur Verarbeitung eines Informationstyps wird der jeweils spezifische Speicher aktiviert. Wenn nach Informationen über die real-personale Umwelt gefragt wird (wie es bei den Kultivierungsurteilen der Fall ist), dann wird die entsprechende Information auch aus dem real-personalen Speicher abgerufen und nicht aus dem medial-fiktionalen. Unter bestimmten Umständen kann jedoch der Transfer von medial-fiktionaler Information in das Wissen über die reale Welt stattfinden: etwa wenn der personal-reale Speicher keine Information zu einem bestimmten Thema vorhält; oder wenn emotionale Beweggründe den Transfer anregen, wenn etwa ein bewunderter Star imitiert wird (Winterhoff-Spurk 1989, S. 175ff).

Auch die theoretischen Konzeptionen von L. J. Shrum (1995 und 2001) und Shrum/Wyer/O'Guinn (1998) sehen eine Trennung von medialer und realer Information vor und heben zudem die Bedeutung des Urteilsbildungsprozesses hervor: Um eine Entscheidung zu treffen oder eine Einschätzung abzugeben, wird in den meisten Situationen, vor allem bei den alltäglichen, unwichtigen Sachverhalten, kein aufwändiger Prozess veranlasst, um alle möglichen Informationen zu sammeln und zu evaluieren. Vielmehr betrachten Menschen, wenn sie ein Kultivierungsurteil abgeben sollen, nur eine kleine Stichprobe ihres Wissens, was gegenüber einer ausführlichen Such- und Entscheidungsprozedur Zeit und Mühe spart (»Heuristik«, Fiske/ Taylor 1991, S. 381ff). Eine heuristische Verarbeitung wird durch die Befragungssituation begünstigt, weil die Befragten nur wenig involviert sind und sie in der Regel möglichst schnell hinter sich bringen wollen (Shrum 1997, S. 351).

4.4.3.4 Integrative Wirkungsvorstellungen

Integrative Wirkungsmodelle beziehen nicht nur einige Arten von Wirkung oder einige intervenierende Variablen mit ein, sondern versuchen, den Kommunikationsprozess umfassend zu erklären. So sind diese Modelle auch keine reinen Wirkungsmodelle, sondern sind vielseitig auch auf Rezeptionsprozesse oder gesellschaftliche Wirkungen anzuwenden. Als ein solches Modell kann die Cultural-Studies-Forschung betrachtet werden (vgl. Kapitel 5.3.3).

Das dynamisch-transaktionale Modell

Auch transaktionale Ansätze sind in diesem Sinne integrativ. Das *dynamisch-transaktionale Modell* wurde Anfang der 1980er-Jahre von Werner Früh und Klaus Schönbach vorgelegt (Früh/Schönbach 1982; Schönbach/Früh 1984; Früh 2001a). Es konzipiert Medienwirkungen als einen Prozess zwischen Kommunikator und Rezipient, der von beiden Seiten gleichermaßen beeinflusst wird. Sowohl die Wirkabsichten des Kommunikators, die Merkmale der Botschaft als auch die Ziele und Wünsche, Vorwissen und Interessen des Rezipienten bestimmen, wie Medienrezeption und -wirkung ausfallen. Daher bezeichnen die Autoren ihr Modell auch als eine Integration von Wirkungs- und Rezipientenperspektive (Früh/Schönbach 1982, S. 28).

Eine grundlegende Annahme des dynamisch-transaktionalen Modells ist, dass die Medienbotschaft nicht als physikalischer Reiz in den Kommunikationsprozess eingeht, sondern erst vom Rezipienten in seiner Bedeutung interpretiert werden muss. Der »Stimulus hat keine fixe Identität« (Früh/Schönbach 1982, S. 38) und erlangt sein eigentliches Wirkungspotenzial erst durch eine aktive Bedeutungszuweisung durch den Rezipienten. Dieses Zusammenspiel der »objektiven« Vorgaben der Medienbotschaft (also ihren auditiven, visuellen und textlichen Merkmalen) und der aktiven Bedeutungszuweisung durch den Rezipienten wird als *Inter-Transaktion* bezeichnet (Früh/Schönbach 1982, S. 28ff). Während der Rezipient die Botschaft selegiert (zur Rezeption auswählt), und elaboriert (mit eigenem Wissen anreichert), kann die Medienbotschaft den Rezipienten stimulieren und manipulieren. In einem konventionellen Wirkungsprozess würde man die Medienbotschaft als unabhängige Variable betrachten. Beispielsweise beeinflussen etwa dem Kultivierungsansatz zufolge die kulturellen Indikatoren (unabhängige Variable) das Weltbild von Zuschauern (abhängige Variable). Dynamisch-transaktional betrachtet sind es nicht die kulturellen Indikatoren, die wirken, sondern erst die *individuellen Interpretationen* der kulturellen Indikatoren durch die Rezipienten. In dieser Betrachtungsweise ist somit die unabhängige Variable nicht völlig unabhängig, sondern wird von all dem beeinflusst, was die Interpretationsleistung des Rezipienten bestimmt, also etwa seinem Vorwissen, der Aufmerksamkeit und seinem Interesse. Da erst das Ergebnis, die interpretierte Botschaft das »Wirkungspotenzial« ergibt, reden die Autoren auch von einer Aufhebung der strikten Trennung von unabhängiger und abhängiger Variable (Früh/ Schönbach 1982, S. 38).

Die aktive Bedeutungszuweisung selbst besteht im Modell aus zwei Komponenten: einerseits aus dem Wissen, das der Rezipient über die Welt oder einen spezifischen Themenbereich hat, und andererseits aus der Aktivation, einer Art von Bereitschaft zur Informationsaufnahme. Das Zusammenwirken von Wissen und Aktivation stellt die *Intra-Transaktion* dar (Früh/Schönbach 1982, S. 30).

Die Grundgedanken des dynamisch-transaktionalen Ansatzes sind einfach und stützen sich im Kern auf drei Grundannahmen (Früh 2001a, S. 16ff):

1. Transaktionen wirken als spezielle Art der Beziehung zwischen den betrachteten Elementen. Sie stellen Wechselwirkungen dar, bei denen sich die beteiligten Komponenten nicht nur gegenseitig beeinflussen, sondern sich auf Grund dieser Wechselwirkungen auch selbst verändern. Dabei können keine linearen Wirkungen mit linearen Rückantworten nachverfolgt werden; beides erfolgt vielmehr simultan (Früh/Schönbach 1982, S. 30).
2. Dynamik verweist auf die Dimension der Zeit und betont somit die Prozessualität von Medienrezeption und -wirkung.
3. Eine molare oder ökologische Perspektive sieht die Vorgänge der Massenkommunikation eingebettet in den Lebenskontext des Individuums sowie gesellschaftliche, politische und andere Zusammenhänge.

Dies macht das Modell auf viele Forschungsrichtungen anwendbar, z.B. die Gewaltforschung (Früh 2001b) oder die Wissenskluftforschung (Wirth 1997). In diesem Sinne kann der dynamisch-transaktionale Ansatz als »Denkmuster [begriffen werden], das noch vor jeder gegenstandsbezogenen Theorie anzusiedeln ist« (Früh 2001a, S. 11). Der Vorteil des Modells, auf viele Gegenstände anwendbar zu sein, ist gleichzeitig ein Nachteil, da ohne die Hinzunahme weiterer Theorien keine Hypothesen abgeleitet werden können.

Transaktionale Modelle haben in den Sozialwissenschaften bereits einige Tradition. Als Konzept zur Erklärung menschlicher Handlungen wurde es bereits 1949 von John Dewey und Arthur F. Bentley ausgearbeitet (Dewey/Bentley, 1949/1960). Transaktion wurde dort als ganzheitlicher Prozess des Zusammenwirkens von Umwelt und Mensch gesehen, den man im Unterschied zu einer Interaktion nicht in Einzelteile zerlegen kann. In der Transaktion interpretieren die Menschen laufend die sie umgebenden Umweltreize, verändern sich dabei selbst und dadurch auch die künftigen Interpretationen (Eichhorn 2000, S. 31). Barnlund legte 1970 ein transaktionales Modell der Kommunikation vor und formulierte darin sieben Postulate (vgl. Barnlund 1970, S. 87ff):

1. Die Entwicklung von Bedeutung: Nicht die Dinge unserer Welt an sich tragen von alleine Bedeutung, vielmehr wird diese ihnen von Menschen zugeschrieben

oder gegeben. Dies erfolgt nicht als Reaktion auf oder als Interaktion mit Stimuli der Umwelt, sondern in einer Transaktion, bei der der Mensch Bedeutungen »erfindet« und zuschreibt, um seine Ziele zu verwirklichen.

2. Kommunikation ist dynamisch und verändert sich von Augenblick zu Augenblick nach eigenen inneren Gesetzmäßigkeiten.

3. Kommunikation ist kontinuierlich: Sie hat keinen Anfang und kein Ende, ist eher eine »Bedingung des Lebens«.

4. Kommunikation ist zirkulär: Vergangenes Tun kann eine Reaktion auf vorheriges sein, und jenes wieder der Stimulus zu neuem Tun – so ist jedes Tun teilweise unabhängige und teilweise abhängige Variable. Hier versagen lineare Modelle, weil sie eine klare Trennung zwischen unabhängiger und abhängiger Variable verlangen.

5. Kommunikation ist unwiederholbar: Im Gegensatz zu einfachen Reiz-Reaktions-Mechanismen, bei denen durch den gleichen Reiz auch die gleiche Reaktion ausgelöst wird, kann sich Kommunikation nicht noch einmal in der genau gleichen Form wiederholen, oder durch die gleichen Umweltreize ausgelöst werden. Dies hat seinen Grund darin, dass Kommunikation als Prozess Eigengesetzlichkeiten hat, die verhindern, dass Umweltreize immer gleich wirken (Barnlund nennt dies »element of caprice«; Barnlund 1970, S. 92).

6. Kommunikation ist irreversibel: Sie kann nicht rückgängig gemacht werden, in dem Sinne etwa, wie ein Eiswürfel zu Wasser wird und dann wieder eingefroren werden kann. Das, was sich durch die Kommunikation verändert hat, kann nicht wieder entfernt werden.

7. Kommunikation ist komplex, nicht nur wegen der eben genannten Merkmale, sondern auch wegen der Vielzahl möglicher kommunikativer Zwecke, sozialer Kontexte und Botschaftsformen.

Im Vergleich zu den früheren transaktionalen Modellen sieht Wolfgang Eichhorn die Bedeutung des dynamisch-transaktionalen Modells von Früh/Schönbach weniger in den auch früher bereits berücksichtigten Elementen der Transaktion und Dynamik, sondern eher in seinem integrativen Charakter, der etwa intra- und interpersonale Transaktionen in einem Modell zusammenführt und eine Anbindung an quantifizierende Methoden ermöglicht (Eichhorn 2000, S. 36).

Literatur

ACNielsen Deutschland (2001a): Media Measurement. Fernsehzuschauerforschung (Television Audience Measurement/TAM). http://www.acnielsen.de/new/services/media/tam.htm (Stand: 20.3.01).

ACNielsen Deutschland (2001b): Consumer Panels. Single Source *F: Die Media-Planungssoftware von ACNielsen und IMMEDIATE. http://www.acnielsen.de/new/services/consumer/singles-rc.htm (Stand: 20.3.01).

ACTA (2001): Allensbacher Computer- und Telekommunikations-Analyse 2000: Technische Daten. http://www.acta-online.de/ [→ Steckbrief] (Stand: 20.3.01).

Adams, William J. (1993): TV program scheduling strategies and their relationship to new program renewal rates and rating changes. Journal of Broadcasting and Electronic Media, 37, S. 465-474.

AG.MA (2001a): Arbeitsgemeinschaft Media-Analyse/ Media-Micro-Census: Methodensteckbrief MA 2001. http://www.agma-mmc.de/pages/inforech/helpset.HTM [→Methodensteckbrief] (Stand: 18.3.01).

AG.MA (2001b): Arbeitsgemeinschaft Media-Analyse/ Media-Micro-Census: Begriffsdefinitionen. http://www.agma-mmc.de/pages/inforech/helpset.HTM [→ Begriffsdefinitionen], (Stand: 18.3.01).

Alexander, Alison (1985): Adolescents' soap opera viewing and relational perceptions. Journal of Broadcasting and Electronic Media, 29, S. 295-308.

Ang, Ien (1991): Desperately seeking the audience. London, New York.

Angermann, Peter et al. (1996): Publikumsforschung in Österreich. In: Pürer, Heinz (Hrsg.): Praktischer Journalismus in Zeitung, Radio und Fernsehen. Mit einer Berufs- und Medienkunde für Journalisten in Österreich, Deutschland und der Schweiz. 2., überarb. u. erw. Aufl. Konstanz.

ARD (2001): Medien Basisdaten. http://www.ard.de/ard_intern/mediendaten [→ Fernsehnutzung], (Stand: 26.3.01).

Aufenanger, Stefan (1994): Strukturanalytische Rezeptionsforschung. Familienwelt und Medienwelt von Kindern. In: Hiegemann, Susanne / Swoboda, Wolfgang (Hrsg.): Handbuch der Medienpädagogik. Opladen, S. 403-412.

AWA (2001): Allensbacher Werbeträgeranalyse: Untersuchungssteckbrief AWA 2000. http://www.awa-online.de/ [→ Steckbrief], (Stand: 18.3.01).

Ballstaedt, Steffen-Peter; Mandl, Heinz; Schnotz, Wolfgang; Tergan, Sigmar-Olaf (1981): Texte verstehen, Texte gestalten. München, Wien, Baltimore.

Bandilla, Wolfgang (1999): WWW-Umfragen – eine alternative Datenerhebungstechnik für die empirische Sozialforschung? In: Batinic, Bernad; Werner, Andreas; Gräf, Lorenz; Bandilla, Wolfgang: Online Research. Methoden, Anwendungen, Ergebnisse. Göttingen, S. 9-19.

Banyard, Philip / Hayes, Nicky (1995): Denken und Problemlösen. In: Banyard, Philip (Hrsg.): Einführung in die Kognitionspsychologie. München, Basel, S. 121-152.

Barmettler, Clemens (1996): Kommunikationsdesign. In: Pürer, Heinz (Hrsg.): Praktischer Journalismus. Konstanz, S. 273-300.

Barnlund, Dean C. (1970). A transactional model of communication. In: Sereno, Kenneth K.; Mortensen, C. David (Hrsg.). Foundations of communication theory. New York, S. 83-102.

Bausinger, Hermann (1984): Media, technology and daily life. In: Media, Culture and Society, 6, S. 343-351.

Berelson, Bernard R.; Lazarsfeld, Paul F.; McPhee, William (1954). Voting: A Study of Opinion Formation in a Presidential Campaign. Chicago, Il.

Berg, Klaus / Kiefer, Marie-Louise (1996): Massenkommunikation 5. Schriftenreihe Media-Perspektiven.

Berlyne, D.E. (1974): Konflikt, Erregung, Neugier. Weinsberg.

Bilandžić, Helena (2002): Situative Frames in der Dynamik der Fernsehrezeption. Eine Inhaltsanalyse von Gedankenprotokollen zur selektiven Fernsehnutzung. In: Patrick Rössler/ Gehrau, Volker/ Kubisch, Susanne: Empirische Perspektiven der Rezeptionsforschung. München, S. 75-95.

Bilandžić, Helena (2002): Genrespezifische Kultivierung durch Krimirezeption. Medienpsychologie 14, 2, S. 60-68.

Bilandžić, Helena; Trapp, Bettina (2000): Die Methode des lauten Denkens: Grundlagen des Verfahrens und die Anwendung bei der Untersuchung selektiver Fernsehnutzung bei Jugendlichen. In: Paus-Haase, Ingrid / Schorb, Bernd (Hrsg.): Qualitative Kinder- und Jugendmedienforschung. München, S. 183-209.

BLM (2001): Bayerische Landeszentrale für neue Medien: Funkanalyse Bayern. http://www.blm.de/ funkanalyse/analyse.htm (Stand: 18.3.01).

Bonfadelli, Heinz (1994). Die Wissenskluft-Perspektive. Massenmedien und gesellschaftliche Information. Konstanz.

Bonfadelli, Heinz (1985). Die Wissenskluft-Konzeption: Stand und Perspektiven der Forschung. In: Ulrich Saxer (Hg.) Gleichheit oder Ungleichheit durch Massenmedien? Homogenisierung – Differenzierung der Gesellschaft durch Massenkommunikation. München, S. 65-86.

Bonfadelli, Heinz (1999): Medienwirkungsforschung I. Konstanz.

Bronold, Roland (1999): Mediengerechte Online-Forschung: Das GfK Online-Forschungsprogramm. In: Batinic, Bernad/ Werner, Andreas/ Gräf, Lorenz/ Bandilla, Wolfgang: Online Research. Methoden, Anwendungen, Ergebnisse. Göttingen, S. 39-45.

Brosius, Hans-Bernd (1991): Schema-Theorie - ein brauchbarer Ansatz für die Wirkungsforschung? Publizistik, (36), 2, S. 285-297.

Brosius, Hans-Bernd (1994): Agenda Setting nach einem Vierteljahrhundert Forschung. In: Publizistik 39:1994, S. 269-288.

Brosius, Hans-Bernd (1995): Alltagsrationalität in der Nachrichtenrezeption. Ein Modell zur Wahrnehmung und Verarbeitung von Nachrichteninhalten. Opladen.

Brosius, Hans-Bernd (1998): Modelle und Ansätze der Medienwirkungsforschung. Bonn.

Brosius, Hans-Bernd, Esser, Frank (1998). Mythen der Medienwirkungsforschung: Auf der Suche nach dem Stimulus-Response-Modell. Publizistik 4, S. 341-361.

Brosius, Hans-Bernd; Kepplinger, Hans Mathias (1990): The Agenda-Setting-Function of Television News. In: Communication Research 17:1990, S. 183-211.

Budd, Richard W.; MacLean, M.; Barnes, A. (1966). Regularities in the Diffusion of Two Major News Events. Journalism Quarterly, 43, S. 221-230.

Buß, Michael (1985): Die Vielseher. Frankfurt/Main.

Buß, Michael (1997): Fernsehen in Deutschland - Vielseher 1979/80 und 1995 im Vergleich. Frankfurt/Main.

Buß, Michael (1998): Das System der GfK-Fernsehforschung: Entwicklung und Nutzung der Forschungsmethode. In: Klingler, Walter et al. (Hrsg.): Fernsehforschung in Deutschland. Themen – Akteure – Methoden. Baden-Baden 1998, S. 787-813.

Buß, Michael; Neuwöhner, Ulrich (1999): Die MedienNutzerTypologie in der Fernsehprogrammplanung. In: Media Perspektiven, Heft 10/1999, S. 540-548.

Carroll, Noel (1996): The paradox of suspense. In: Vorderer, Peter; Wulff, H.J.; Friedrichs, Mike: Suspense. Conceptualizations, theoretical analyses and empirical explorations. Mahwah, NJ, S. 71-91.

Cassells, Annette; Green, Patrick (1995): Wahrnehmung. In: Banyard, Philip (Hrsg.): Einführung in die Kognitionspsychologie. München, Basel, S. 41-91.

Charlton, Michael (1997): Rezeptionsforschung als Aufgabe einer interdisziplinären Medienwissenschaft. In: Charlton, Michael; Schneider, Sonja (Hrsg.): Rezeptionsforschung. Opladen, S. 16-39.

390

Darkow, Michael (1995): Methoden und Ergebnisse der Zuschauerforschung. In: Landeszentrale für Private Rundfunkveranstalter (Hrsg.): LPR Medien Colloquium: TV-Zuschauerforschung – das Maß aller Dinge? Vortragssammlung. LPR-Schriftenreihe Bd. 11. Ludwigshafen, S. 9-37.

Dearing, James W.; Rogers, Everett M. (1996). Communication Concepts 6: Agenda Setting. Thousand Oaks u.a. Sage.

DeFleur, Melvin L. (1987) The Growth and Decline of Research on the Diffusion of the News, 1945 – 1985. Communication Research 14, S. 109-130.

Dewey, John/ Bentley, Arthur F. (1949/1960) Knowing and the known. Boston.

Donnerstag, Joachim (1996). Der engagierte Mediennutzer. Das Involvement-Konzept in der Massenkommunikationsforschung. München.

Donohue, George A.; Tichenor, Phillip J.; Olien, Clarice N. (1975). Mass Media and the Knowledge-Gap: A Hypothesis Reconsidered. Communication Research 2, S. 3-23.

Donsbach, Wolfgang (1989). Selektive Zuwendung zu Medieninhalten. Einflußfaktoren auf die Auswahlentscheidung der Rezipienten. Kölner Zeitschrift für Soziologie und Sozialpsychologie, Sonderheft 30, S. 392-405.

Donsbach, Wolfgang (1991). Medienwirkung trotz Selektion. Einflußfaktoren auf die Zuwendung zu Zeitungsinhalten. Köln.

Drew, Dan; Weaver, David (1991). Voter Learning in the 1988 Presidential Election: Did the Debates and the Media matter? Journalism Quarterly, 68, S. 27-37.

Eastman, Susan T.; Neal-Lunsford, Jeffrey; Riggs, Karen E. (1995): Coping with grazing: Prime-time strategies for accelerated program transitions. Journal of Broadcasting and Electronic Media, 39, S. 92-108.

Eastman, Susan T./Newton, Gregory D.; Riggs, Karen E.; Neal-Lunsford, Jeffrey (1997): Accelerating the flow: A transition effect in programming theory? Journal of Broadcasting and Electronic Media, 41, S. 265-283.

Ecke, Jörg-Oliver (1991): Motive der Hörfunknutzung. Nürnberg.

Eggert, Christian (2001): Acht von zehn lesen Zeitung. In: Zeitungen 2001. Hrsg. vom Bundesverband Deutscher Zeitungsverleger (BDZV). Berlin, S. 106-115.

Eichhorn, Wolfgang (1996). Agenda-Setting-Prozesse. Eine theoretische Analyse individueller und gesellschaftlicher Themenstrukturierung. München.

Eichhorn, Wolfgang (2000). Der Begriff der Transaktion im Wandel. In: Brosius, Hans-Bernd (Hrsg.): Kommunikation über Grenzen und Kulturen. Konstanz.

Eilders, Christiane (1997): Nachrichtenfaktoren und Rezeption. Eine empirische Analyse zur Auswahl und Verarbeitung politischer Information. Opladen.

Erbring, Lutz; Goldenberg, Edie N.; Miller, Arthur M. (1980). Front-Page News and Real-World Cues: A New Look at Agenda-Setting by the Media. American Journal of Political Science 24, 1, S. 16-49.

Esser, Hartmut (1990): »Habits«, »Frames« und »Rational Choice«: Die Reichweite von Theorien der rationalen Wahl. In: Zeitschrift für Soziologie, Jg. 19, Heft 4, S. 231-247.

Esser, Hartmut (1999): Soziologie. Spezielle Grundlagen. Band 1: Situationslogik und Handeln. Frankfurt/Main.

Ettema, James; Kline, Gerald (1997). Deficits, Differences and Ceilings: Contingent Conditions for Understanding the Knowledge Gap. Communication Research, 4, S. 179-202.

Festinger, Leon (1978). Theorie der kognitiven Dissonanz. Herausgegeben von Martin Irle und Volker Möntmann. Bern u.a.

Fishbein, Martin; Ajzen, Icek (1975): Belief, attitude, intention and behavior: an introduction to theory and research. Reading.

Fiske, John (1987): Television culture. London, New York.

Fiske, Susan T.; Taylor, Shelley E. (1991): Social Cognition. 2. Aufl. New York u.a.

Fittkau & Maaß (2001): Hintergrund der W3B-Umfrage. http://www.w3b.de/hintergrund/default.html (Stand: 18.3.01).

Friedrichs, Jürgen (1980): Methoden empirischer Sozialforschung. Opladen.

Früh, Werner (2001a): Der dynamisch-transaktionale Ansatz. Ein integratives Paradigma für Medienrezeption und Medienwirkungen. In: Rössler, Patrick / Hasebrink, Uwe / Jäckel, Michael (Hg.): Theoretische Perspektiven der Rezeptionsforschung. München, S. 11-34.

Früh, Werner (2001b): Gewaltpotenziale des Fernsehangebots. Programmangebot und zielgruppenspezifische Interpretation. Wiesbaden.

Früh, Werner; Schönbach, Klaus (1982). Der dynamisch-transaktionale Ansatz. Ein neues Paradigma der Medienwirkungen. Publizistik, 27, 74-88. Abgedruckt in: Früh, Werner (1991): Medienwirkungen. Das dynamisch-transaktionale Modell. Opladen. S. 23-40.

Funkhouser, G. Ray (1973). The Issues of the Sixties: An Exploratory Study in the Dynamics of Public Opinion. Public Opinion Quarterly, 37, S. 62-75.

Galloway, John (1977). The Analysis and Significance of Communication Effect Gaps. Communication Research 4, S. 363-385.

Garcia, Mario R.; Stark, Peggy (1991): Eyes on the news. St. Petersburg, Florida.

Gerbner, George; Gross, Larry (1976): Living with television: the violence profile. Journal of Communication 26(2), S. 173-199.

Gerbner, George; Gross, Larry; Jackson-Beeck, Marilyn; Jeffries-Foy, Suzanne; Signorielli, Nancy (1978): Cultural Indicators: the violence profile no. 9. Journal of Communication 28(3), S. 176-207.

Gerbner, George; Gross, Larry; Morgan, Michael; Signorielli, Nancy (1994): Growing up with television: the cultivation perspective. In Bryant, Jennings; Zillman, Dolf (eds.): Media effects: Advances in theory and research. New Jersey, S. 17-41.

Gerhards, Maria et al. (2001): Programmangebote und Spartennutzung im Fernsehen 2000. Eine Analyse auf Basis der GfK-Sendungscodierung. In: Media Perspektiven, Heft 5/2001, S. 247-257.

GfK Online Monitor (2001): 6. Untersuchungswelle August 2000. http://www.gfk.de [→ GfK-Studien → Studien im Bereich Medien → GfK-Online-Monitor 6. Untersuchungswelle] (Stand: 20.3.01).

Gleich, Uli (1997): Parasoziale Interaktionen und Beziehungen von Fernsehzuschauern mit Personen auf dem Bildschirm. Ein theoretischer und empirischer Beitrag zum Konzept des aktiven Rezipienten. Landau.

Graber, Doris. A. (1988). Processing the news. How people tame the information tide. 2. Aufl. New York.

Greenberg, Bradley S. (1974): Viewing and listening parameters among British youngsters. Journal of Broadcasting 17, S. 173-188.

Greenberg, Bradley S.; Edison, Nadyne; Korzenny, Felipe; Fernandez-Collado, Carlos; Atkin, Charles K. (1980): Antisocial and prosocial behavoirs on television. In: Greenberg, Bradley S. (ed.): Life on television: Content analyses of US TV drama. Ablex Publishing Company. Norwood, NJ.

Greenberg, Bradley S.; Cohen, E.; Li, H. (1993). How the U.S. found out about the War. In: Bradley Greenberg (Hg.) Desert Storm and the Mass Media, Cresskill, S. 145-152.

Groebel, Jo; Gleich, Uli (1993): Gewaltprofil des deutschen Fernsehprogramms. Eine Analyse des Angebots privater und öffentlich-rechtlicher Sender. Opladen.

Groeben, Norbert; Vorderer, Peter (1988): Leserpsychologie: Lesemotivation – Lektürewirkung. Münster.

Gross, Larry; Morgan, Michael (1985): Television and enculturation. In: Dominick, J. R.; Fletcher, J. E. (Hrsg.): Broadcasting research methods. Boston. [Kapitel 15].

GVU (2001): Graphic, Visualization, & Usability Center's: GVU's 10th WWW User Survey: http://www.gvu.gatech.edu/gvu/user_surveys/survey-1998-10/#methodology (Stand: 20.3.01.)

Hall, Stuart (1980): Encoding/Decoding. In: Hall, Stuart; Hobson, D. (Hrsg.): Culture, Media, Language. London, S. 128-138.

Hartmann, Peter H.(1999): Neuwöhner, Ulrich: Lebensstilforschung und Publikumssegmentierung. Eine Darstellung der MedienNutzerTypologie (MNT). In: Media Perspektiven, Heft 10/1999, S. 531-539.

Hasebrink, Uwe; Krotz, Friedrich (1993). Wie nutzen die Zuschauer das Fernsehen? Konzept zur Analyse individueller Nutzungsverhalten anhand telemetrischer Daten. Media Perspektiven, Heft 12, S. 515-527.

Hasebrink, Uwe; Krotz, Friedrich (1996). Individuelle Nutzungsmuster von Fernsehzuschauern. In Hasebrink, Uwe; Krotz, Friedrich (Hrsg.), Die Zuschauer als Fernsehregisseure? Zum Verständnis individueller Nutzungs- und Rezeptionsmuster. Baden-Baden, S. 116-137.

Hauptmanns, Peter (1999): Grenzen und Chancen von quantitativen Befragungen mithilfe des Internet. In: Batinic, Bernad; Werner, Andreas; Gräf, Lorenz; Bandilla, Wolfgang (1999): Online Research. Methoden, Anwendungen, Ergebnisse. Göttingen, S. 21-38.

Hawkins, Robert; Pingree, Suzanne (1990): Divergent psychological processes in constructing social reality from mass media content. In: Signorielli, Nancy; Morgan, Michael (Hrsg.): Cultivation analysis: New directions in media effects research. Sage, Newbury Park, S. 35-50.

Hawkins, Robert; Pingree, Suzanne (1987): Searching for cognitive processes in the cultivation effect. Adult and adolescent samples in the United States and Australia. Human Communication Research 13(4), S. 553-577.

Hawkins, Robert; Pingree, Suzanne (1982): Television's influence on social reality. In Pearl, D.; Bouthilet, L.; Lazar, J. (Hrsg.): Television and social behavoir: Ten years of scientific progress and implications for the eighties. Government Printing Office, Washington, S. 224-247.

Hawkins, Robert; Pingree, Suzanne (1981): Using television to construct social reality. Journal of Broadcasting 25 (4), S. 347-364.

Hawkins, Robert; Pingree, Suzanne (1981a): Uniform messages and habitual viewing: Unnecessary assumptions in social reality effects. Human Communication Research 7 (4), S. 291-301.

Hawkins, Robert; Pingree, Suzanne (1980): Some processes in the cultivation effect. Communication Research, 7(2), S. 193-226.

Heeter, Carrie (1988): The choice process model. In: Heeter, Carrie; Greenberg, Bradley S. (Hg.): Cableviewing. Norwood. S. 11-32.

Heeter, Carrie; Greenberg, Bradley S. (1988): Profiling the Zappers. In: Heeter, Carrie; Greenberg, Bradley S. (Hrsg.): Cableviewing. Norwood. S. 67-73.

Hepp, Andreas (1998): Fernsehaneignung und Alltagsgespräche. Fernsehnutzung aus der Perspektive der Cultural Studies. Opladen, Wiesbaden.

Heß, Eva Maria (1996): Die Leser. Konzepte und Methoden der Printforschung. München.

Horstmann, Reinhold (1991). Medieneinflüsse auf politisches Wissen. Zur Tragfähigkeit der Wissenklufthypothese. Wiesbaden.

Horton, Donald; Wohl, Richard (1956): Mass communication and parasocial interaction. Journal of Psychiatry, 19, S. 215-229.

Hovland, Carl I.; Janis, I. L.; Kelly, H. H. (1953). Communication und persuasion. New Haven, London. In: Donohew, L. et al.: Communication, social cognition, and affect. Hillsdale, NJ, S. 147-171.

IVW (2001a): Informationsgemeinschaft zur Feststellung der Verbreitung von Werbeträgern: Die Aufgabe der IVW. http://www.ivw.de/org/org_index.html (Stand: 18.3.01).

IVW (2001b): Informationsgemeinschaft zur Feststellung der Verbreitung von Werbeträgern: Messung der Werbeträgerleistung von Online-Medien. http://www.ivw.de/verfahren/einf.html (Stand: 18.3.01).

IVW (2001c) Informationsgemeinschaft zur Feststellung der Verbreitung von Werbeträgern: Proxy-Problematik. http://www.ivw.de/verfahren/caches.html (Stand: 18.3.01).

IVW (2001d) Informationsgemeinschaft zur Feststellung der Verbreitung von Werbeträgern: Definition der Messkriterien. http://www.ivw.de/verfahren/messkrit.html (Stand: 18.3.01).

Iyengar, Shanto (1991): Is anyone responsible? How television frames political issues. Chicago.

Iyengar, Shanto; Kinder, Donald R. (1987): News that matters: Television and American Public Opinion. Chicago.

Iyengar, Shanto; Peters, Mark D.; Kinder, Donald R. (1982): Experimental Demonstrations of the ›not-so-minimal‹ Copnsequences of Television News Programs. American Political Science Review, 76, S. 848-858.

Iyengar, Shanto; Simon, A.(1993): News Coverage of the Gulf Crisis and Public Opinion. Communication Research, 20, S. 365-383.

Jäckel, Michael (1999): Medienwirkungen. Opladen.

Kahneman, Daniel (1973): Attention and effort. New Jersey.

Katz, Elihu (1959): Mass communication research and the study of popular culture. Studies in Communication, 2, S. 1-6.

Katz, Elihu; Blumler, Jay G.; Gurevitch, Michael (1974): Utilization of mass communication by the individual. In: Blumler, Jay G.; Katz, Elihu (eds.): The uses of mass communications. Current perspectives on gratifications research. Beverly Hills, S. 19-32.

Kelle, Uwe (1997): Empirisch begründete Theoriebildung. Zur Logik und Methodologie interpretativer Sozialforschung. 2. Aufl. Weinheim.

Keller, Heidi; Voss, Hans-Georg (1976): Neugier und Exploration. Theorien und Ergebnisse. Stuttgart.

Keller, Michael (1992): Affektive Dimensionen der Hörfunknutzung. Nürnberg.

Kepplinger, Hans Mathias; Roth, Herbert (1978): Kommunikation in der Ölkrise des Winters 1973/74. Publizistik 4, S. 337-356.

Kiefer, Marie-Louise (1985): Homogenisierung und Differenzierung kommunikativer Verhaltensmuster. In: Saxer, Ulrich: Gleichheit oder Ungleichheit durch Massenmedien. München.

Kirchgässner, Gebhard (1981): Einige neuere statistische Verfahren zur Erfassung kausaler Beziehungen zwischen Zeitreihen. Darstellung und Kritik. Göttingen.

Klingler, Walter; Müller, Dieter K. (2001): MA 2001 Radio: Kontinuität bei Methode und Ergebnissen. In: Media Perspektiven, Heft 9/2001, S. 434-449.

Koschnick, Wolfgang (1995): Standard-Lexikon für Mediaplanung und Mediaforschung in Deutschland. Band 1 und 2. 2. Aufl. München.

Kroeber-Riel, Werner; Weinberg, Peter (1998): Konsumentenverhalten. München.

Krotz, Friedrich (1994): Alleinseher im »Fernsehfluss«. Rezeptionsmuster aus dem Blickwinkel individueller Fernsehnutzung. Media Perspektiven, Heft 10, S. 505-516.

Krotz, Friedrich (1995): Fernsehrezeption kultursoziologisch betrachtet. Soziale Welt, 46, S. 245-265.

Krotz, Friedrich (1997): Kontexte des Verstehens audiovisueller Kommunikate. Das sozial positionierte Subjekt der Cultural Studies und die kommunikativ konstruierte Identität des Symbolischen Interaktionismus. In: Charlton, Michael; Schneider, Sonja (Hrsg.): Rezeptionsforschung. Opladen.

Krugman, H.E. (1965): The impact of television advertising: Learning without involvement. Public Opinion Quarterly, 29, S. 349-356.

Kubey, R. W.; Peluso, T (1990): Emotional Response as a Cause of Interpersonal News Diffusion: The Case of the Space Shuttle Tragedy. Journal of Broadcasting & Electronic Media, 34, S. 69-76.

Kunczik, Michael; Zipfel, Astrid (2001): Publizistik. Köln, Weimar, Wien.

Lang, Annie (2000): The limited capacity model of mediated message processing. In: Journal of Communication. 50 (1): S. 46-70.

Lang, Kurt; Lang, Gladys. E. (1966) The Mass Media in Voting. In: Berelson, Bernard; Janowitz, Morris (Hrsg.): Reader in Public Opinion and Communication. New York, S. 455-472.

Lazarsfeld, Paul Felix; Berelson, Bernard R.; Gaudet, Hazel (1944/1960): The people's choice. How the voter makes up his mind in a presidential campaign. 2. ed., 5. print. New York.

Levy, M.R.; Windahl, Sven (1985): The concept of audience activity. In: Rosengren, Karl E.; Wenner, Lawrence; Palmgreen, Philip: Media Gratifications research. Current Perspectives. Beverly Hills, London u.a., S. 109-122.

Lippmann, Walter (1992) Public Opinion. New York, London.

Lovrich, Nicholas; Pierce, John (1984): »Knowledge Gap« Phenomena. Effect of Situation-Specific anmd Transsituational Factors. Communication Research 11, S. 415-434.

Maletzke, Gerhard (1998): Kommunikationswissenschaft im Überblick. Grundlagen, Probleme, Perspektiven. Opladen.

Mathes, Rainer (1995): Konzepte zur Nutzung und Bewertung von Tageszeitungen. In: Böhme-Dürr, Karin; Graf, Gerhard (Hrsg.): Auf der Suche nach dem Publikum. Medienforschung für die Praxis. Konstanz, S. 69-90.

McCombs, Maxwell E. (1977): Agenda Setting Function of Mass Media. Public Relations Review, 3, S. 89-95.

McCombs, Maxwell E. (1981): The Agenda-Setting-Approach. In: D. Nimmo & K. Sanders (Hg.) Handbook of Political Communication. Beverly Hills, London, S. 121-140.

McCombs, Maxwell E.; Shaw, Donald F. (1972): The Agenda-Setting Function of Mass Media. Public Opinion Quarterly, 36, S. 176-187.

McQuail, Denis (1983): Mass Communication Theory. An Introduction. London.

McQuail, Denis; Blumler J.G.; Brown, J.R. (1972): The television audience: a revised perspective. In: McQuail, Denis (Hrsg.): Sociology of mass communication. Harmondsworth 1972, S. 135-165.

Morgan, Michael; Signorielli, Nancy (1990): Cultivation analysis: conceptualisation and methodology. In: Signorielli, Nancy; Morgan, Michael (Hrsg.): Cultivation analysis: New directions in media effects research. Newbury Park, S. 13-34.

Morley, David (1992): Television, audiences and cultural studies. London.

Morley, David (1996): Medienpublika aus Sicht der Cultural Studies. In Hasebrink, Uwe; Krotz, Friedrich (Hrsg.), Die Zuschauer als Fernsehregisseure? Zum Verständnis individueller Nutzungs- und Rezeptionsmuster. Baden-Baden, S. 37-51.

Müller, Dieter K. (1999): Die Optimierung der Hörfunkabfrage in der Media Analyse. Der lange Weg von Face-to-face zu CATI. In: Media Perspektiven Heft 10/1999, S. 518-530.

Müller, Dieter K. (2000): Fernsehforschung ab 2000 – Methodische Kontinuität. Organisatorische Modifikationen und inhaltliche Erweiterungen beim System der AGF/GfK Fernsehforschung. In: Media Perspektiven, Heft 1, S. 2-7.

Niemeyer, Hans-Georg; Jörg Michael Czycholl (1994): Zapper, Sticker und andere Medientypen. Eine marktpsychologische Studie zum selektiven TV-Verhalten. Stuttgart.

O'Keefe, Garrett J. (1984): Public views on crime: Television exposure and media credibility. In R.N. Bostrom (Ed.), Communication Yearbook, Beverly Hills, S. 514-535.

Oehmichen, Ekkehardt (1999): Die MedienNutzerTypologie als Beratungsinstrument im Hörfunk. In: Media Perspektiven, Heft 10, S. 549-556.

Palmgreen, Philip (1984): Der Uses and Gratifications Approach. Theoretische Perspektiven und praktische Relevanz. In: Rundfunk und Fernsehen, 32, S. 51-62.

Palmgreen, Philip; Rayburn, J.D. (1982). Gratifications sought and media exposure: An expectancy value model. In: Communication Research, 9, S. 561-580.

Palmgreen, Philip; Rayburn, J.D. (1985): An expectancy-value approach to media gratifications. In: Rosengren, Karl E.; Wenner, Lawrence A.; Palmgreen, Philip: Media Gratifications research. Current Perspectives. Beverly Hills, London u.a., S. 61-72.

Palmgreen, Philip; Wenner, Lawrence A.; Rayburn, J.D. (1980): Relations between gratifications sought and obtained. In: Communication Research 7, S. 161-192.

Perse, Elizabeth M. (2001): Media Effects and Society. Mahwah u.a.

Petty, Richard E.; Cacioppo, John T. (1981): Attitudes and Persuasion: Classic and contemporary Approaches. Dubuque.

Petty, Richard E.; Cacioppo, John T. (1986): Communication and persuasion – central and peripheral routes to attitude change. New York u.a.

Potter, James W.; Warren, Ron; Vaughan, Misha; Howley, Kevin; Land, Art; Hagemeyer, Jeremy (1997): Antisocial acts in reality programming in television. Journal of Broadcasting and Electronic Media, 41, S. 69-89.

Potter, W. James (1988): Three strategies for elaborating the cultivation hypothesis. Journalism Quarterly 65, S. 930-939.

Potter, W. James (1991): Examining cultivation from a psychological perspective. Communication Research, 18, S. 77-102.

Potter, W. James (1993): Cultivation theory and research: A conceptual critique. Human Communication Research 19, S. 564-601.

Potter, W. James; Chang, Ik Chin (1990): Television exposure measures and the cultivation hypothesis. Journal of Broadcasting and Electronic Media, 34, S. 335-350.

Prim, Rolf; Tilmann, Heribert (1989): Grundlagen einer kritisch-rationalen Sozialwissenschaft: Studienbuch zur Wissenschaftstheorie. Opladen.

Rayburn, J.D.; Palmgreen, Philip (1984): Merging uses and gratifications and expectancy-value theory. In: Communication Research. Vol. 11, S. 537-562

Renckstorf, Karsten (1970): Zur Hypothese des »Two-step-Flow« der Massenkommunikation. Rundfunk und Fernsehen 18, S. 314-333.

Renckstorf, Karsten (1973): Alternative Ansätze der Massenkommunikationsforschung: Wirkungs- vs. Nutzenansatz. Rundfunk und Fernsehen, 21, S. 183-197.

Renckstorf, Karsten (1989): Mediennutzung als soziales Handeln. Zur Entwicklung einer handlungstheoretischen Perspektive der empirischen Massenkommunikation. In: Kaase, Max; Schulz, Winfried (Hg.). Massenkommunikation: Theorien, Methoden, Befunde. Opladen, S. 314-336.

Riffe, D.; Stovall, J.G. (1989): Diffusion of News of Shuttle Disaster: What Role for Emotional Response? Journalism Quarterly, 66, S. 551-556.

Rogers, Everett M. (1995): Diffusion of Innovations. 4[th]ed., New York.

Rogers, Everett M. (Hg.) (1976): Critical Perspectives: Communication and Development. London, Newbury Park.

Rosengren, Karl. E. (1987): Conclusion: The Comparative Study of news Diffusion. European Journal of Communication 2, S. 227-255.

Rössler, Patrick (1997): Agenda-Setting. Theoretische Annahmen und empirische Evidenzen einer Medienwirkungshypothese. Opladen.

Rössler, Patrick; Gehrau, Volker; Kubisch, Susanne (2002): Empirische Perspektiven der Rezeptionsforschung. München.

Roßmann, Constanze (2002): Die heile Welt des Fernsehens. Eine Studie zur Kultivierung durch Krankenhausserien. München.

Saxer, Ulrich (1988): Zur Theorie der wachsenden Wissenskluft und ihrer Tragweite aus politischer und sozialer Sicht. Media Perspektiven, 5, S. 279-286.

Schenk, Michael (1987): Medienwirkungsforschung. Tübingen. *[Neuauflage 2002]*

Schenk, Michael (1995): Soziale Netzwerke und Massenmedien. Tübingen.

Scheufele, Bertram (1999): Zeitreihenanalysen in der Kommunikationsforschung. Eine praxisorientierte Einführung in die uni- und multivariate Zeitreihenanalyse mit SPSS for Windows. Stuttgart.

Scheufele, Bertram (1999): (Visual) Media Framing und Politik. Zur Brauchbarkeit des Framing-Ansatzes im Kontext (visuell) vermittelter politischer Kommunikation und Meinungsbildung. In: Hofmann, Wilhelm (Hg.): Die Sichtbarkeit der Macht. Theoretische und empirische Untersuchungen zur visuellen Politik. Baden-Baden, S. 91-107.

Scheufele, Bertram; Brosius, Hans-Bernd (1999): The frame remains the same? Stabilität und Kontinuität journalistischer Selektionskriterien am Beispiel der Berichterstattung über Anschläge auf Ausländer und Asylbewerber. In: Rundfunk & Fernsehen, 47(3), S. 409-432.

Scheufele, Bertram; Brosius, Hans-Bernd (2001): Gewalt durch ›Fremde‹ – Gewalt gegen ›Fremde‹. Die Berichterstattung über PFF- und Kurdengewalt und fremdenfeindliche Straftaten. Politische Vierteljahresschrift 42, 3, S. 447-1473.

Schnell, Rainer; Paul Hill; Elke Esser (1995): Methoden der empirischen Sozialforschung. 5. Aufl., München.

Schönbach, Klaus; Früh, Werner (1984): Der dynamisch-transaktionale Ansatz II: Konsequenzen. Rundfunk und Fernsehen, 32, 314-329. Abgedruckt in: Früh, Werner (1991): Medienwirkungen. Das dynamisch-transaktionale Modell. Opladen, S. 41-58.

Schulz, Rüdiger (1997): Mediaforschung. In: Noelle-Neumann, Elisabeth et al. (Hrsg.): Fischer Lexikon Publizistik/Massenkommunikation. Frankfurt/Main, S. 187-218.

Schulz, Winfried (1999): Kommunikationsprozess. In: Noelle-Neuman, Elisabeth et al. (Hrsg.) (1999): Fischer Lexikon Publizistik/Massenkommunikation. Frankfurt/Main, S. 140-171.

Schweiger, Wolfgang; Reisbeck, Monika (1999): Bannerwerbung im Web. Zum Einfluss der Faktoren Animation und Platzierung auf die Selektion. In: Wirth, Werner; Schweiger, Wolfgang: Selektion im Internet. Empirische Analysen zu einem Schlüsselkonzept. Opladen, S. 221-247.

Shanahan, James; Morgan; Michael (1999): Television and its viewers: Cultivation theory and research. Cambridge University Press, Cambridge.

Shiffrin, Richard M.; Schneider, Walter (1977): Controlled and automatic human information processing: II. Perceptual learning, automatic attention and a general theory. Psychological Review, 84(2), S. 127-190.

Shrum, L.J. (1995): Assessing the social influence of television: A social cognition perspective on cultivation effects. Communication Research, 22 (4), S. 402-429.

Shrum, L.J. (1997): The role of source confusion in cultivation. Effects may depend on processing strategy. A comment on Mares (1996). Human Communication Research, 24(2), S. 349-358.

Shrum, L.J. (2001): Processing strategy moderates the cultivation effect. Human Communication Research 27(1), S. 94-120.

Shrum, L.J.; Wyer, Robert S.; O'Guinn, Thomas C. (1998): The effects of television consumption on social perceptions: The use of priming procedures to investigate psychological processes. Journal of Consumer Research, 24 (4), S. 447-458.

Siegert, Gabriele (1993): Marktmacht Medienforschung. Die Bedeutung der empirischen Medien- und Publikumsforschung im Medienwettbewerbssystem. München.

Simon, Herbert A. (1993): Homo rationalis. Die Vernunft im menschlichen Leben. Frankfurt/Main.

Stephenson, William (1967): The play theory of mass communication, Chicago.

Tapper, John (1995): The ecology of cultivation: a conceptual model for cultivation research. Communication Theory 5(1), S. 36-57.

Teichert, Will (1972): Fernsehen als soziales Handeln. Rundfunk und Fernsehen, 20, S. 421-439.

Teichert, Will (1973): Fernsehen als soziales Handeln (2). Rundfunk und Fernsehen, 21, S. 356-382.

Tichenor, Phillip J.; Donohue, George A.; Olien, Clarice N. (1970): Mass Media Flow and Differential Growth in Knowledge. *Public Opinion Quarterly* 50, S. 159-170.

Typologie der Wünsche Intermedia (2001): Über die »Typologie der Wünsche Intermedia«; Menschen; Medien. http://www.tdwi.com/ [→Über die »Typologie der Wünsche Intermedia«], [→ Menschen], [→ Medien] (Stand: 20.3.01).

van Eimeren, Birgit (1995): Methoden der Hörfunkforschung und ihre Anwendung in einer öffentlich-rechtlichen Rundfunkanstalt. In: Graf, Gerhard / Böhme-Dürr, Karin: Auf der Suche nach dem Publikum. Konstanz.

van Eimeren, Birgit; Ekkehardt Oehmichen; Christian Schröter (1997): ARD-Online-Studie 1997: Onlinenutzung in Deutschland. Nutzung und Bewertung der Onlineangebote von Radio- und Fernsehsendern. In: Media Perspektiven 10, S. 548-557.

van Eimeren, Birgit; Heinz Gerhard (2000): ARD/ZDF-Online-Studie 2000: Gebrauchswert entscheidet über Internetnutzung. Entwicklung der Onlinemedien in Deutschland. In: Media Perspektiven, Heft 8/2000, S. 338-349.

van Eimeren, Birgit et al. (2001): ARD/ZDF-Online-Studie 2001: Internetnutzung stark zweckgebunden. In: Media Perspektiven Heft 8/2001, S. 382-397.

van Eimeren, Birgit; Ridder, Christa-Maria (2001): Trends in der Nutzung und Bewertung der Medien 1970-2000. In: Media Perspektiven Heft 11/2001, S. 538-553.

Verlagsgruppe Bauer (2001): VerbraucherAnalyse 2000: Wertewandel in der Bevölkerung. Allgemeine Informationen zur Verbraucheranalyse. http://www.hbv.de/ [→ Studien → VerbraucherAnalyse 2000] (Stand: 20.3.01).

Viswanath, Kasisomayajula; Kahn, Emily, Finnegan, John; Hertog, James; Potter, John (1993). Motivation and the Knowledge Gap. Effects of a Campaign to Reduce Diet-Related Cancer Risk. Communication Research 20, S. 546-563.

Vorderer, Peter (1992). Fernsehen als Handlung. Berlin.

Vorderer, Peter (1997): Action, Spannung, Rezeptionsgenuß. In: Charlton, Michael; Schneider, Sonja: Rezeptionsforschung. Opladen, S. 241-253.

W&V Online (2001): Studien-Steckbriefe. Ein Service von media & marketing. http://www.wuv.de/ servlet/wuv/studien/search.html (Stand: 20.3.01)

Walter Klingler; Dieter K. Müller (2000): MA 2000 Radio: Erstmals mit Telefoninterviews erhoben. Hörfunknutzung und -präferenzen in Deutschland. In: Media Perspektiven, Heft 9, S. 414-426.

Wandke, Hartmut; Hurtienne, Jörn (1999): Psychologische Analysen und Gestaltungsvorschläge zur Informationsauswahl im World Wide Web. In: Wirth, Werner; Schweiger, Wolfgang: Selektion im Internet. Empirische Analysen zu einem Schlüsselkonzept. Opladen, S. 271-292.

Weaver, James B.; Graber, Doris A.; McCombs, Maxwell E; Eyal, Chaim H. (1981). Media Agenda-Setting in a Presidential election: Issues, Images, and Interest. New York.

Weaver, James; Wakshlag, Jacob (1986): Perceived vulnerability to crime, criminal victimization experience and television viewing. Journal of Broadcasting and Electronic Media, 30(2), S. 141-158.

Weimann, Gabriel (2000): Communicating reality. Modern media and the construction of reality. Thousand Oaks, CA.

Weiß, Hans-Jürgen (1991): Programmbindung und Radionutzung. Eine Studie zur Ermittlung von Hörertypen an sechs Standorten lokaler Radios in Bayern. München. (BLM-Schriftenreihe 13).

Weiß, Ralph, Hasebrink, Uwe (1997): Hörertypen und ihr Medienalltag. Plädoyer für eine hörerzentrierte Nutzungsanalyse. In: Publizistik 42/1997, S. 164-180.

Werner, Andreas (1999): Kontaktmessung im WWW. In: Batinic, Bernad; Werner, Andreas; Gräf, Lorenz; Bandilla, Wolfgang (1999): Online Research. Methoden, Anwendungen, Ergebnisse. Göttingen, S. 213-225.

Wiedemann, Joachim (1985): GfK Fernsehforschung. In: Media Perspektiven, Heft 2, S. 131-142.

Winterhoff-Spurk, Peter (1989): Fernsehen und Weltwissen. Der Einfluss von Medien auf Zeit-, Raum- und Personenschemata.

Winterhoff-Spurk, Peter (1999): Medienpsychologie. Stuttgart.

Wirth, Werner (1997): Von der Information zum Wissen: Die Rolle der Rezeption für die Entstehung von Wissensunterschieden. Ein Beitrag zur Wissenskluftforschung. Opladen.

Wirth, Werner (1999): Neue Wissenskluft durch das Internet? Eine Diskussion relevanter Befunde und Konzepte. Medien Journal, 3, S. 3-19.

Wirth, Werner; Michael Brecht (1999): Selektion und Rezeption im WWW: Eine Typologie. In: Wirth, Werner; Schweiger, Wolfgang (Hrsg.): Selektion im Internet. Opladen. S. 149-180.

Zillmann, Dolf (1983): Transfer of excitation in emotional behavior. In: Cacioppo, John T.; Petty, Richard E. (Hrsg.): Social psychophysiology: A sourcebook. New York, S. 215-240.

Zillmann, Dolf (1988a): Mood management through communication choices. American Behavioral Scientist, 31 (3), S. 327-340.

Zillmann, Dolf (1988b): Mood management: using entertainment to full advantage. In: Donohue, L. et al.: Communication, social cognition and affect. Hillsdale, N.Y.

Zillmann, Dolf (1991): Television Viewing and physiological arousal. In: Bryant, Jennings; Zillmann, Dolf: Responding to the screen. Hillsdale, NJ.

Zillmann, Dolf (1996): The psychology of suspense in dramatic exposition. In: Vorderer, Peter; Wulff, H.J.; Friedrichs, Mike: Suspense. Conceptualizations, theoretical analyses and empirical explorations. Mahwah, NJ, S. 199-231.

Zillmann, Dolf; Bryant, Jennings (1984): Affect, mood, and emotion as determinants of selective exposure. In Zillmann, Dolf; Bryant, Jennings (Hrsg.): Selective exposure to communication. Hillsdale, NJ, S. 157-190.

Zimbardo, Philip G. (1995) : Psychologie. 6. Aufl. Berlin.

Zucker, Harold G. (1978). The Variable Nature of News Media Influence. In: Brent D. Ruben (ed.) Communication Yearbook, 2, Brunswick, S. 225-240.

5. Kommunikationswissenschaft als interdisziplinäre Sozialwissenschaft

Wie in der Einleitung erwähnt, wird die Kommunikationswissenschaft auch im deutschen Sprachraum seit geraumer Zeit aus einem sozialwissenschaftlichen Verständnis heraus und interdisziplinär betrieben. Zugänge an Gegenstände der Kommunikationswissenschaft aus unterschiedlichen fachlichen Perspektiven sind damit aber nicht grundsätzlich neu. Den Ausführungen über die Entwicklung der Fachgeschichte (vgl. Kapitel 2) kann man entnehmen, dass sich bereits im Vor- und Umfeld der Etablierung der wissenschaftlichen Zeitungskunde Staatswissenschaftler, Nationalökonomen, Historiker, Soziologen, Germanisten, Juristen, Theologen etc. mit Fragen und Themen des Zeitungswesens sowie des Journalismus befassten.

Die gegenwärtige sozialwissenschaftliche Ausrichtung ist in der Kommunikationswissenschaft seit Mitte der 1960er-Jahre vorzufinden. Damals begannen vor allem aus dem angloamerikanischen Raum kommende soziologische und (sozial-)psychologische sowie politologische Konzepte und sozialwissenschaftliche Methoden in die deutschsprachige Publizistikwissenschaft einzufließen. Heute reiht sich die deutschsprachige Kommunikationswissenschaft gemeinsam mit der Politikwissenschaft, der Soziologie, der Psychologie und der Sozialpsychologie in den Kanon der Sozialwissenschaften ein; und sie bedient sich zur Klärung ihrer Fragestellungen vielfach auch empirischer Methoden.

Nachfolgend sind daher einige ausgewählte, wichtige Aspekte der Kommunikationswissenschaft aus politologischer, (sozial-)psychologischer und soziologischer Perspektive Gegenstand der Ausführungen, ehe in Kapitel 6 die sozialwissenschaftlichen Methoden und Forschungstechniken erörtert werden.

5.1 Politologische Aspekte der Kommunikationswissenschaft

Unter politologischen Aspekten beschäftigt sich die Kommunikationswissenschaft vorwiegend mit politischen und rechtlichen sowie auch wirtschaftlichen Themen der Massenkommunikation. Es geht dabei auch um funktionale Fragen der Massenkommunikation und des Journalismus. Das Fach bedient sich zur Klärung dieser Themen- und Fragestellungen im Wesentlichen der Politikwissenschaft, der Rechtswissenschaft und der Wirtschaftswissenschaften (vgl. Tonnemacher 1996, S. 12). Im Zentrum politologischer Aspekte der Kommunikationswissenschaft stehen Themen, die mit der rechtlich-politischen Ausgestaltung von gesellschaftlicher Kommunikation, insbesondere von Massenkommunikation, zu tun haben. Dazu gehören drei größere, miteinander in Beziehung stehende Themenfelder, nämlich: a) die Ausstattung politischer Systeme mit Kommunikationsgrundrechten und Möglichkeiten des Medienzuganges; b) die jeweils vorfindbaren Medienorganisationsformen sowie c) die Massenkommunikationsfunktionen. Bevor im Folgenden diese Themenkreise im Einzelnen erörtert werden, erfolgt vorab die Klärung der Begriffe *Kommunikationspolitik* und *Medienpolitik*. Außerdem werden den Ausführungen grundsätzliche demokratietheoretische Überlegungen über die Einbindung der Massenmedien in monistische und pluralistische politische Systeme vorangestellt. Nur so nämlich ist zu verstehen, welcher eminente Stellenwert den Massenmedien in jeweils grundlegend unterschiedlichen politischen Systemen zukommt.

5.1.1 Kommunikationspolitik – Medienpolitik

Die Begriffe Kommunikationspolitik und Medienpolitik werden oftmals synonym verwendet, obwohl sie – genau genommen – unterschiedliches bedeuten (vgl. Roegele 1971; Ronneberger 1978 und 1980 und 1986).

Mit *Kommunikationspolitik* werden im übergreifenden Sinne alle Aktivitäten staatlicher Institutionen bezeichnet, die sich auf die Regelung des Prozesses der gesellschaftlichen Kommunikation richten (vgl. Glotz/Pruys 1981, S. 117; Schreiber 1983, S. 419). Kommunikationspolitik versucht, das Verhältnis von Staat, Gesellschaft, Kommunikation und Massenkommunikation ordnend zu beeinflussen bzw. soziale Kommunikation rechtsverbindlich zu regeln (vgl. Kepplinger 1994, S. 116). In demokratischen Systemen ist Kommunikationspolitik primär auf Medienkommunikation bezogen, obwohl beispielsweise auch die Telekommunikation (und damit etwa technisch vermittelte zwischenmenschliche Kommunikation wie etwa der ungehinderte Telefon-, Fax- und Briefverkehr sowie neue technische Anwendungen der computervermittelten Kommunikation wie E-Mail, SMS, MMS etc.) durch kommunikationspolitische Maßnahmen mit erfasst ist.

In totalitären Systemen wie etwa dem Nationalsozialismus oder dem Kommunismus bezog sich Kommunikationspolitik nicht nur auf die Massenmedien und die technisch vermittelte zwischenmenschliche Kommunikation, sondern – beispielsweise durch Spitzelsysteme, Observation und Denunziation – auch und insbesondere auf die persönliche, zwischenmenschliche Kommunikation (vgl. Glotz/Pruys 1981, S. 117). In der DDR etwa war ein ganzes Ministerium, nämlich das Ministerium für Staatssicherheit (MfS), mit Aufgaben der Observation zwischenmenschlicher Kommunikation befasst, im nationalsozialistischen Dritten Reich war es die Geheime Staatspolizei (Gestapo).

Kommunikationspolitik stellt also alles zielgerichtete und normbestimmte Handeln im Hinblick auf ein bestehendes oder zu schaffendes Ordnungsgefüge dar und dient, abstrakt ausgedrückt, der »Schaffung, Durchsetzung oder Erhaltung von Normen im Bereich der Information und Kommunikation« (Tonnemacher 1996, S. 18). Im Zeitalter von grenzüberschreitender Medienkommunikation (wie Satellitenrundfunk, Multimedia, Online-Kommunikation etc.) erweist sich Kommunikationspolitik als zunehmend schwieriger zu reglementierende Materie.

Unter *Medienpolitik* versteht man zweierlei. Zum einen ist in Medienpolitik jener Teilaspekt von allgemeiner Kommunikationspolitik zu sehen, der sich speziell und konkret mit der Rechtsstellung, den Organisationsformen, den Funktionen sowie mit der personellen und materiellen Ausstattung von Presse und Rundfunk sowie anderen Massenmedien befasst (vgl. Roegele 1973, S. 1, Ronneberger 1986). Zum anderen versteht man unter Medienpolitik aber auch die Bemühungen von Regierungen, Verbänden, gesellschaftlichen Institutionen, (wirtschaftlichen) Organisationen sowie politischen und kulturellen Lobbys, Einfluss auf die Massenmedien auszuüben (vgl. Roegele ebd.; Ronneberger ebd.; Schreiber 1983). Es geschieht dies übrigens auch – in unterschiedlicher Weise – vonseiten der Medien selbst (vgl. Ronneberger 1986). Als ein Beispiel unter anderen können die Einflussversuche von politischen Kräften oder kulturellen Lobbys auf die öffentlich-rechtlichen Rundfunkanstalten erwähnt werden. Solche Einflussversuche erfolgen in aller Regel über deren pluralistisch zusammengesetzte Kontrollorgane: In den Rundfunk- und Verwaltungsräten wird seitens der Mitglieder immer wieder versucht, vor allem auf Personal-, aber auch auf Programm- und Wirtschaftsentscheidungen interessenspolitisch einzuwirken.

Zwischen Kommunikationspolitik und Medienpolitik sollte also unterschieden werden, wenngleich einzuräumen ist, dass vor allem in der politischen Praxis die Grenzen fließend sind. Kommunikationspolitik meint eher abstraktes staatliches Einwirken durch Gesetze, Verfassungsgerichtsurteile und Verordnungen; Medienpolitik meint die konkrete praktische Umsetzung kommunikationspolitischer Zielvorstellungen. Ergänzend ist anzumerken, dass auch in der Betriebswirtschaft der Begriff Kommunikationspolitik vorzufinden ist. Er wird allerdings in einem ganz anderen Sinn verstanden und verwendet: Im Bereich des *Marketings* versteht man unter Kommunikationspolitik »die Gestaltung sämtlicher auf den Markt zielender Kommunikationsbeziehungen eines Unternehmens« (vgl. Kepplinger 1994, S. 117). Dazu gehören Absatzwerbung, Direktmarketing, Sponsoring, Product-Placement, Verkaufsförderung und Public Relations für Produkte und Dienstleistungen.

Die Begriffe *Kommunikationspolitik* und *Medienpolitik* haben erst Mitte der 60er-Jahre des 20. Jahrhunderts, also vor vierzig Jahren, Eingang in die politik- und kommunikationswissenschaftliche Literatur gefunden (vgl. Ronneberger 1966, Roegele 1971). In der politischen Praxis aber gibt es Kommunikations- und Medienpolitik de facto bereits seit der zweiten Hälfte des 15. Jahrhunderts. So gab es bald nach dem Aufkommen des Buchdrucks (1445), der das rasche Vervielfältigen von Texten und Bildern ermöglichte, einschneidende kommunikationspolitische Maßnahmen in Form der kirchlichen und weltlichen Zensur (vgl. Wilke 1984). Hans Mathias Kepplinger sieht den Beginn von Kommunikationspolitik spätestens in der Auseinandersetzung zwischen feudalistischem System und liberalem Bürgertum um die Pressefreiheit (vgl. Kepplinger 1982, S. 9).

Seither ziehen sich zahlreiche kommunikations- und medienpolitische Maßnahmen durch den Lauf der Geschichte. Peter Glotz und Karl Hugo Pruys (1981, S. 118f) verweisen in diesem Zusammenhang auf fünf »Typen der Kommunikationsordnung mit je verschiedenen Legitimitätsgründen«: die absolutistische, die konstitutionalistische, die faschistische, die kommunistische und die demokratische. Mit Ausnahme der demokratischen verfolg(t)en die anderen genannten Kommunikationsordnungen in je unterschiedlichem Ausmaße kommunikationspolitisch restriktive und die Informations- und Meinungsfreiheit einschränkende Ziele (vgl. Fischer 1982; Wilke 1984). Erst demokratische Kommunikationspolitik dient dem Schutz, der Erhaltung und Weiterentwicklung der Kommunikations- und Medienfreiheit, um ein konkurrierendes Angebot von Informationen und Meinungen im Wettbewerb der Massenmedien zu fördern und zu gewährleisten. Dabei wird die Kommunikationsfreiheit als Individualrecht mit Sozialwirkung gesehen und – wie alle anderen Grundrechte – als Abwehrrecht des Bürgers gegen den Staat (vgl. Maaßen/Decker 1983).

5.1.2 Politische Ordnung und Kommunikationspolitik

Da es einen Zusammenhang zwischen politischem System und Kommunikationspolitik gibt, stellt sich die Frage, wie es um die Vereinbarkeit von kommunikationspolitischen Zielen mit der jeweiligen politischen Ordnung steht. Grundsätzlich ist hinsichtlich politischer Ordnungen zunächst zu unterscheiden zwischen »monistischen« und »pluralistischen« Herrschaftsstrukturen. In *monistischen* Systemen existiert nur *ein* Herrschaftszentrum: der Regent (»von Gottes Gnaden«), der Führer (z. B. im Dritten Reich), die Partei (z. B. in sozialistischen Systemen wie der ehemaligen DDR). In *pluralistischen* Systemen ist die Herrschaft auf zahlreiche demokratisch legitimierte Machtträger verteilt. Es gibt *mehrere* konkurrierende politische Parteien mit unterschiedlichen weltanschaulichen Haltungen und politischen Zielen. Monistische und pluralistische Systeme können aber auch in Mischformen auftreten, wie dies beispielsweise in modernen konstitutionellen Monarchien (z.B. Großbritannien, Spanien, Belgien, Dänemark, Schweden) der Fall ist. Kommunikationspolitisch relevant ist in allen politischen Systemen, in welcher Form die Massenmedien in das politische System eingebunden sind.
Politische Systeme bzw. Ordnungen können demokratietheoretisch durch folgende qualitative Kriterien bestimmt werden: durch die Struktur der Herrschaft, die Organisation der Willensbildung sowie das Ausmaß der Repräsentation (Kepplinger 1997, S. 117f):

- Unter *Struktur der Herrschaft* versteht man, wie die politische Macht aufgeteilt ist und welche politischen bzw. sozialen Institutionen zu letzten Entscheidungen befugt sind: einer (der Herrscher, die Partei) oder viele (mehrere Parteien bzw. politische Institutionen).

- Mit *Organisation der Willensbildung* ist die kommunikative Vorbereitung und Beeinflussung politischer Entscheidungen gemeint. Sie kann entweder monopolisiert (ein Herrscher, eine Partei, zentral gesteuerte Medien) oder konkurrierend (mehrere Parteien, pluralistische Medien) sein. Für die Organisation der Willensbildung spielt die Art und Weise der Einbindung der Massenmedien in das politische System eine wichtige Rolle.

- Im Hinblick auf das Kriterium der *Repräsentation* stellt sich die Frage, welche gesellschaftlichen Sachverhalte Gegenstand herrschaftlicher Entscheidung sind. Repräsentation kann total oder partiell sein. Bei *totaler* Repräsentation sind in aller Regel alle gesellschaftlichen Sachverhalte herrschaftlicher Entscheidung, wie dies in monistischen Systemen der Fall ist. Bei *partieller* Repräsentation bleiben bestimmte gesellschaftliche Sachverhalte von herrschaftlicher Entscheidung ausgenommen (z.B. Trennung von Staat und Kirche, Freiheit von Bildung, Wissenschaft, Wirtschaft und Kultur, Freiheit der Massenmedien etc.).

Die Massenmedien besitzen zwar gesellschaftliche Macht, sie verfügen aber weder in monistischen noch in pluralistischen Systemen über politische Entscheidungsgewalt. Vielmehr gehören sie in beiden politischen Ordnungen zum Bereich der Organisation der Willensbildung (in monistischen Systemen allenfalls noch zur Repräsentation). Gravierende Unterschiede ergeben sich dabei jedoch hinsichtlich der kommunikationspolitischen Einbindung der Massenmedien in das politische System (vgl. Kepplinger 1989, siehe auch Abbildung 20):

- In *monistischen* Systemen sind die Massenmedien in das Prinzip der Gewaltenkonzentration eingebunden, d.h. sie stellen gleichsam den verlängerten Arm des Staates, des Führers bzw. der Partei und Regierung dar. Die Medien besitzen nach innen eine Steuerungs- und nach außen eine Repräsentationsfunktion. Sie sind von der Exekutive weisungsabhängig. Der Berufszugang für Journalisten ist staatlich kontrolliert. Nachrichten werden zentral (durch eine Monopolagentur) beschafft, gesteuert und verbreitet. Beispiele für monistische Systeme im europäischen Raum sind Faschismus bzw. Nationalsozialismus (Drittes Reich) sowie Sozialismus bzw. Kommunismus (die DDR und ihre sozialistischen »Bruderländer«).

- Anders ist dies in *pluralistischen* Systemen. Die Massenmedien, ob öffentlich-rechtlich oder privat-kommerziell organisiert, nehmen *keine* staatlichen Funktionen wahr. Sie sind von der Exekutive *nicht* weisungsabhängig. Der Zugang zum journalistischen Beruf ist *nicht* geregelt, sondern steht grundsätzlich jeder Person offen. Nachrichten können *frei* beschafft, selektiert, aufbereitet und verbreitet werden. Da die Medien in pluralistischen Systemen nicht in die Staatsgewalt eingebunden sind (und dies mit demokratischen Verfassungen auch nicht vereinbar wäre), können sie auch keine »Vierte Gewalt« sein. Dessen ungeachtet steht ihre Kontrollfunktion außer Frage.

Infolge dieser unterschiedlichen Arbeitsweisen der Massenmedien in verschiedenen politischen Ordnungen kam es vor 1989, als die Welt gleichsam noch in zwei Blöcke geteilt war, zu zahlreichen Konflikten in der internationalen Kommunikationspolitik (vgl. Breunig 1994). Vor allem der freie Fluss von Information aus dem Westen in den Osten unterlag auf vielen Ebenen wesentlichen Einschränkungen und Behinderungen. Dies betraf sowohl den Bereich der zwischenmenschlichen Kommunikation wie auch – und dies in noch viel größerem Ausmaß – die Massenkommunikation. Hinzu kamen Probleme des Nachrichtenaustausches mit der Dritten Welt. So schickte sich die UNESCO im Jahr 1976 auf ihrer Generalkonferenz an, Grundlagen für eine »Neue Weltinformationsordnung« zu schaffen, um den freien Nachrichtenfluss zu gewährleisten und vor allem die Dritte Welt aus ihrer Benachteiligung zu befreien. Diese Diskussion, der auch eine Resolution der UNESCO-Generalkonferenz von 1980 folgte, wurde jedoch spätestens mit dem Zusammenbruch vieler Länder des Ostblocks beendet. Eine kompakte Zusammenfassung der wesentlichsten Aspekte dieser Debatte findet sich bei Kunczik/Zipfel (2001, S. 421-433; vgl. auch Breunig 1987 und 1996). Bemühungen, den Informationsautausch zwischen den west- und osteuropäischen Ländern zu verbessern, gingen 1975 von der »Konferenz für Sicherheit und Zusammenarbeit in Europa« (KSZE) aus (vgl. Bredow 1992; Jacobson et al. 1978). Ihre Aufgaben hat 1994 die Organisation für Sicherheit und Zusammenarbeit in Europa (OSZE) übernommen (vgl. Bortloff 1996); deren in Wien ansässiger Beauftragter für Medienfreiheit versucht, Missstände im Pressewesen der europäischen Länder aufzuzeigen und in Rücksprache mit dem Rat der OSZE sowie mit dem betroffenen Land zu beseitigen.

Was nationale Kommunikationspolitik betrifft, so sind seit dem Wiederaufbau Deutschlands bereits ab 1945 sowie seit der Gründung der Bundesrepublik Deutschland 1949, nicht zuletzt aber auch im Zusammenhang mit der Wiedervereinigung der beiden deutschen Staaten im Jahr 1990 zahlreiche kommunikationspolitische Entscheidungen gefällt und eine große Fülle medienpolitischer Maßnahmen getroffen worden (vgl. Wulff-Nienhüser 1994). Auf fünf große Felder bzw. Bereiche ist dabei zu verweisen, nämlich (vgl. Tonnemacher 1996): Pressepolitik, Rundfunkpolitik (Hörfunk und Fernsehen), Telekommunikationspolitik, Filmpolitik sowie Kommunikationspolitik für den Journalismus. Kommunikationspolitische Konflikte haben sich dabei vor allem an folgenden Problemen entzündet: »... der regionalen Gliederung des öffentlich-rechtlichen Rundfunks, seinen Organen, seinem Monopol, der Kompetenzabgrenzung von Bund und Ländern, der Pressekonzentration sowie der inneren Pressefreiheit. In den letzten Jahren sind zu diesen Themen zwei neue Problemfelder hinzugekommen – die Organisation und die Programminhalte des privaten Rundfunks sowie das Verhältnis zwischen den privaten und den öffentlich-rechtlichen Anstalten« (Kepplinger 1997, S. 121; vgl. auch Stuiber 1998, S. 1099ff).

5.1.3 Die Kommunikationsgrundrechte

Die verfassungsrechtliche Ordnung der meisten demokratischen Staaten, so auch jene der Bundesrepublik, orientiert sich an unumstößlichen Grundwerten. Als oberster Wert gilt die Würde des Menschen, die im Zentrum des Menschenrechtskerns steht. Zu ihm gehören die Freiheit der Persönlichkeitsentfaltung, das Recht auf Leben und körperliche Unversehrtheit, die Freiheit der Person, das Prinzip der Gleichbehandlung aller Individuen, die Glaubens-, Gewissens- und Bekenntnisfreiheit sowie nicht zuletzt die Informations- und Meinungsfreiheit. Alle diese Grundrechte stellen Abwehrrechte des Bürgers gegen den Staat dar und sollen die Freiheitssphäre des Einzelnen vor Eingriffen der öffentlichen Gewalt schützen (vgl. Maaßen/Decker 1983). Neben der Informations- und Meinungsfreiheit gehören des Weiteren die Versammlungsfreiheit und das Demonstrationsrecht, die Vereinigungsfreiheit sowie das Petitionsrecht zu den Kommunikationsgrundrechten.

5.1.3.1 Informations- und Meinungsfreiheit

Oberste Kommunikationsgrundrechte sind in der Informations- und Meinungsfreiheit zu sehen. In der Bundesrepublik Deutschland sind sie in Art. 5 des Grundgesetzes festgehalten und haben damit Verfassungsrang. Dort heißt es:

»(1) Jeder hat das Recht, seine Meinung in Wort, Schrift und Bild frei zu äußern und sich aus allgemein zugänglichen Quellen ungehindert zu unterrichten. Die Pressefreiheit und die Freiheit der Berichterstattung durch Rundfunk und Film werden gewährleistet. Eine Zensur findet nicht statt.

(2) Diese Rechte finden ihre Schranken in den Vorschriften der allgemeinen Gesetze, den gesetzlichen Bestimmungen zum Schutz der Jugend und dem Recht der persönlichen Ehre.

(3) Kunst, Wissenschaft, Forschung und Lehre sind frei. Die Freiheit der Lehre entbindet nicht von der Treue zur Verfassung«.

Die durch die Verfassung geschützte Informations- und Meinungsfreiheit umfasst zunächst zwei wichtige Komponenten, nämlich: eine gebende und eine nehmende:
Die *gebende* Komponente besteht darin, dass der Einzelne die Möglichkeit hat, seine Meinung frei zu äußern, zu vertreten, zu verbreiten sowie weiterzugeben. »Der Schutz der Meinungsfreiheit soll [...] nicht nur dem Einzelnen grundsätzlich die aktive Teilhabe am Prozess der öffentlichen Meinungs- und Willensbildung ermöglichen, sondern auch gleichzeitig einen freien Austausch und die Auseinandersetzung der Meinungen in der freiheitlichen Demokratie gewährleisten. Insofern ist ›Meinungsfreiheit‹ als umfassende *Rede- und Mitteilungsfreiheit* zu verstehen« (Pürer/Raabe 1996, S. 264 mit Bezugnahme auf Brahnal 1992, S. 17). Dieser Schutz der Mei-

nungsfreiheit umfasst insbesondere auch Meinungs*äußerungen* im Sinne wertender Stellungnahmen, wie sie beipielsweise vor allem in Presse und Rundfunk in Form von Glossen, Kommentaren oder Leitartikeln, in Leserbriefen, Flugblättern und Flugschriften ihren Ausdruck finden (vgl. Branahl 1992).

Die *nehmende* Komponente ist in dem Recht zu sehen, »sich aus allgemein zugänglichen Quellen ungehindert zu unterrichten«. Dies bedeutet nicht nur, »frei und ungehindert Informationen anderer entgegennehmen zu können, sondern auch, sich durch das Aufsuchen von Informationsquellen aktiv zu informieren« (Pürer/Raabe 1996, S. 265 mit Bezugnahme auf Gädeke 1990, S. 139). Das Recht der Informationsfreiheit steht, wie das Recht auf freie Meinungsäußerung, jeder Person, also auch ausländischen Mitbürgern zu. Es hat eine individuelle und eine demokratische Komponente. Informationsfreiheit ermöglicht es dem Einzelnen, seinen Wissensdurst zu stillen, ohne vom Staat daran gehindert zu werden (individuelles Abwehrrecht). Die Informationsfreiheit schafft aus demokratietheoretischer Sicht »zugleich mit der Meinungsfreiheit die Voraussetzung dafür, dass ein rational fundierter Prozess öffentlicher Meinungs- und Willensbildung möglich wird« (Branahl 1992, S. 19).

5.1.3.2 Pressefreiheit

Während bei Informations- und Meinungsfreiheit (Art. 5, Abs. 1, Satz 1) das Gewicht eher auf der individualrechtlichen Seite liegt, steht bei der in Art. 1, Abs. 1, Satz 2 des Grundgesetzes gewährleisteten Freiheit der Massenmedien der *demokratiepolitische* Aspekt im Vordergrund: *Die Freiheit der Massenmedien ist für den sozialen und politischen Prozess freiheitlich-demokratischer Ordnungen konstitutiv.* Durch die Pressefreiheit soll sichergestellt werden, dass die Massenmedien ihre Rolle als Medium und Faktor im Prozess der öffentlichen Meinungs- und Willensbildung wahrnehmen können. Somit kommt den Massenmedien eine *dienende* Funktion zu. Ihre wesentlichen Aufgaben sind (hier nach Pürer/Raabe 1996, S. 167 in Anlehnung an Gädeke 1990, S. 234):

- »die *Bildung öffentlicher Meinung* zu ermöglichen und damit gleichzeitig die Voraussetzung für die Ausübung staatsbürgerlicher Rechte zu schaffen;
- ihre *Kontrollfunktion* gegenüber Staat, Regierung und deren ausführenden Organen wahrzunehmen sowie
- zwischen den Bürgern und den Trägern staatlicher Zuständigkeit als *Vermittler* zu wirken«.

Damit sind bereits wichtige Leistungen der Massenmedien in demokratischen Systemen angesprochen (vgl. Kap. 5.1.6). Voraussetzung für ihr Funktionieren ist, dass die Massenmedien *staatsunabhängig* organisiert sind und in ihnen nach Möglichkeit alle gesellschaftlichen Gruppen und geistigen Richtungen zu Wort kommen. Im Wesentlichen ist diese Vielfalt in der Bundesrepublik Deutschland durch die binnenplurale Organisation öffentlich-rechtlicher Rundfunkanstalten sowie durch die außenplurale Vielfalt im ausdifferenzierten Presse- und Rundfunkwesen privatwirtschaftlicher Natur gegeben (auch wenn bei den privat-kommerziellen Medien sowohl im Print- wie auch im Funkmedienbereich eine unübersehbare Tendenz zur Bildung marktbe- herrschender Konzerne feststellbar ist).

5.1.3.3 Weitere Kommunikationsgrundrechte

Dem Grundrecht auf Meinungs- und Informationsfreiheit sowie der verfassungs- rechtlich garantierten Pressefreiheit sind weitere Kommunikationsgrundrechte zur Seite gestellt, die für die Verwirklichung politischer Meinungs- und Willensbildung unerlässlich sind. Es sind dies, wie erwähnt, die Versammlungsfreiheit (Art. 8 GG), die Vereinigungsfreiheit (Art. 9 GG) sowie das Petitionsrecht (Art. 17 GG).

Mit der *Versammlungsfreiheit* wird dem Bürger die Möglichkeit garantiert, an Ver- sammlungen und Demonstrationen teilzunehmen. Das bedeutet zugleich auch die Möglichkeit, die Vermittlungsinstanz der Massenmedien zu umgehen, die eigene Meinung unmittelbar in die öffentliche Diskussion einzubringen und sich direkt ein Urteil zu bilden. Geschützt wird durch die Versammlungsfreiheit auch die mit der Teilnahme an einer Versammlung oder Demonstration zum Ausdruck gebrachte Haltung (vgl. Maaßen/Decker 1983, S. 56).

Die *Vereinigungsfreiheit* garantiert das Grundrecht, Vereine zu bilden. Vereine zeichnen sich im Unterschied zu Versammlungen durch das Kriterium der Dauerhaf- tigkeit sowie durch die organisierte Willensbildung aus. »Vereine bzw. Vereinigungen dienen in der Regel dazu, politische oder andere für die Gemeinschaft relevante Mei- nungen und Interessen zu bilden (bzw. zu artikulieren), zu verbreiten und sie auch der Gesellschaft oder staatlichen Organen gegenüber zu vertreten« (Pürer/Raabe 1996, S. 266 in Anlehnung an Maaßen/Decker 1983, S. 57).

Das *Petitionsrecht* schließlich gesteht dem Bürger die Möglichkeit zu, »sich einzeln oder in Gesellschaft mit anderen schriftlich mit Bitten oder Beschwerden an die zu- ständigen Stellen und an die Volksvertretung zu wenden« (so der Wortlaut in Art. 17 GG). Es räumt allen Bürgern die Möglichkeit ein, sich ohne Zwischenträger – bei- spielsweise mit einem offenen Brief oder eben einer Petition – unmittelbar an die Verantwortlichen im Staat zu wenden (Maaßen/Decker 1983, S. 57).

5.1.3.4 Grenzen und Schranken der Kommunikationsgrundrechte

Aus Art. 5 des Grundgesetzes geht auch hervor, dass die Informations- und Mei- nungsfreiheit nicht grenzenlos ist. Sie findet gemäß Art. 5 Abs. 2 GG »ihre Schran- ken in den Vorschriften der allgemeinen Gesetze, den gesetzlichen Bestimmungen zum Schutz der Jugend und in dem Recht der persönlichen Ehre«. Das bedeutet, dass es Rechtsgüter gibt, die mit der Pressefreiheit kollidieren können. Im Einzelfalle ist daher durch eine sorgfältige Güterabwägung der zu schützenden Interessen gewissen- haft zu prüfen, welchem Recht – hier öffentliches Interesse, dort beispielsweise schutzwürdige Interessen einer Person (Persönlichkeitsschutz) – der Vorzug einzu- räumen ist. Bei inkriminierten Verstößen der Pressefreiheit gegen gleichwertige (oder höhere) Rechtsgüter liegt es an den Gerichten, Recht zuzuerkennen.

Schutzwürdige Rechtsgüter gegenüber der Pressefreiheit können neben allgemeinen Gesetzen vor allem sein (vgl. Branahl 1992; Löffler/Ricker 1994):

- *Gemeinschaftsinteressen* wie: der Schutz der äußeren Sicherheit des Staates; der Schutz des inneren Friedens; der Schutz der öffentlichen Sicherheit; die Gefährdung des demokratischen Staates durch Propaganda für rechtswidrige Organisationen oder die Verunglimpfung des Staates und seiner Organe.
- Im Weiteren gibt es der Pressefreiheit gegenüber zu schützende *Individualinteressen* wie: den Persönlichkeitsschutz und das Recht der persönlichen Ehre; den Schutz religiöser Gesinnung oder Weltanschauung sowie den Schutz der Gesundheit, der Sittlichkeit und der Moral.
- Mit den Bestimmungen zum *Schutz der Jugend* sollen schließlich Gefahren abgewendet werden, wie sie entstehen können, wenn Gewalttaten oder Verbrechen glorifiziert werden, Rassenhass provoziert und Krieg verherrlicht sowie beispielsweise sexuelle Vorgänge in grob schamverletzender Weise dargestellt werden (Pornografie) und zu Fehlentwicklungen führen können.
- Der *Schutz der persönlichen Ehre* gegenüber der Informations- und Meinungsfreiheit wird hergeleitet aus dem Schutz der Würde des Menschen, die, wie erwähnt, im Zentrum des Menschenrechtskerns steht. Gemäß Art. 1 GG ist sie unantastbar, und alle staatliche Gewalt ist verpflichtet, sie zu achten und zu schützen. Dies gilt insbesondere auch für Geisteskranke und ebenso für Personen, die sich schwerer Gesetzesverletzungen schuldig gemacht haben (vgl. Hubmann 1967).

5.1.3.5 Das Recht der Massenmedien

Die Rechtsgrundlagen der Massenmedien sind in zahlreichen demokratischen Staaten, so auch in der Bundesrepublik Deutschland, auf eine große Zahl von Gesetzesmaterien verteilt (vgl. Fechner 2001). In Deutschland ist dies u.a. auch bedingt durch die föderale Struktur der Bundesrepublik. Zu den wichtigsten nationalen Gesetzen und anderen Rechtsmaterien gehören:

- das Grundgesetz
- Urteile des Bundesverfassungsgerichts (Print, Funk)
- die Verfassungen der einzelnen Länder
- die Landespressegesetze
- die Landesrundfunkgesetze (öffentlich-rechtlicher Rundfunk)
- Staatsverträge der Länder in Rundfunkangelegenheiten
- die Landesmediengesetze (privater Rundfunk)
- das Mediendienste-Gesetz
- das Teledienste-Gesetz
- das Informations- und Kommunikationsdienste-Gesetz (IuK-Gesetz)
- der Mediendienste-Staatsvertrag

- medienrelevante zivil- und strafrechtliche Bestimmungen
- das Kartellgesetz (Medienfusionskontrolle)
- das Fernmelderecht
- das Urheberrecht
- das Betriebsverfassungsgesetz (mit seinen Tendenzschutzbestimmungen)
- die Tarifverträge
- Betriebsvereinbarungen
- das Standesrecht (codifizierte, aber nicht rechtsverbindliche Grundsätze bzw. Richtlinien für die journalistische Arbeit des Deutschen Presserates)
- u.a.m.

In Ergänzung zu diesen nationalen Rechtsgrundlagen sind darüber hinaus supranationale und internationale Übereinkünfte und Rechtsmaterien zu erwähnen, die wichtige Voraussetzungen für die Presse- und Informationsfreiheit auf internationaler Ebene darstellen. Dazu gehören u.a.:

- die Allgemeine Erklärung der Menschenrechte der Vereinten Nationen
- die Konvention zum Schutz der Menschenrechte und Grundfreiheiten des Europarates
- der Internationale Pakt über bürgerliche und politische Rechte (Menschenrechtspakt der Vereinten Nationen)
- das Internationale Post- und Telekommunikationsabkommen der International Television Union ITU (Fernmeldeverkehr)
- die Schlussakte der Konferenz über Sicherheit und Zusammenarbeit in Europa, insbesondere der »Korb 3« der KSZE-Schlussakte (Helsinki 1975)
- die UNESCO-Mediendeklaration
- die EU-Fernsehrichtlinie
- das Übereinkommen des Europarates über grenzüberschreitendes Fernsehen
- u.a.m.

Kommunikationsrecht ist in gesetzliche Normen gegossene Kommunikationspolitik. Dieses ist für Deutschland, wie die vorstehende Auflistung von Gesetzesmaterien zeigt, auf Länder-Ebene, Bundes-Ebene, Europa-Ebene (EU) und Globale Ebene (UNO, ITU) verteilt. Infolge der Kulturhoheit der Länder (Art. 70 GG) liegt in Deutschland die Gesetzgebungsbefugnis für Medienangelegenheiten grundsätzlich bei den einzelnen Bundesländern wie etwa die Länderverfassungen, die Landespressegesetze, die Landesrundfunkgesetze, die Landesmediengesetze sowie die Staatsverträge der Länder zeigen.

Es gibt daneben aber auch Gesetzgebungsaufgaben des Bundes. Seine Zuständigkeiten liegen: in Rahmenvorschriften über die Allgemeinen Rechtsverhältnisse der Presse (bisher nur teilweise realisiert), des Films sowie der neuen Informations- und Kommunikationstechniken; in der Verhütung des Missbrauchs wirtschaftlicher

Machtstellung von Printmedien (Kartellrecht); in der Gesetzgebungsbefugnis für die Telekommunikationspolitik und – teilweise noch – für die sendetechnische Ausstattung des Rundfunks; in der Gesetzgebungskompetenz für die Rundfunkanstalt des Bundesrechts (Deutsche Welle) sowie für das Informations- und Kommunikationsdienstegesetz (IuKD).

Einen recht guten Überblick über die in Deutschland geltenden, auf verschiedene Rechtskomplexe aufgeteilten Bestimmungen zum Recht der Massenmedien und des Journalismus sowie medienrelevanter zivil- und strafrechtlicher Bestimmungen enthält das von Frank Fechner publizierte Lehrbuch »Medienrecht« (Fechner 2001). Es lohnt sich, für weitere Vertiefungen der Materie dort nachzusehen.

5.1.4 Der Medien-Zugang

Die in demokratischen Systemen jeder Person zustehenden aktiven Kommunikationsgrundrechte können in der gesellschaftlichen Realität nicht von jeder Person in gleichem Maße verwirklicht werden. Während es für den einzelnen Bürger vergleichsweise einfach ist, Vereine zu gründen, an Versammlungen und Demonstrationen teilzunehmen oder vom Petitionsrecht Gebrauch zu machen, ist die Ausübung der Informations- und Meinungsfreiheit vor allem im Hinblick auf die *gebende* Komponente in aller Regel Einschränkungen unterlegen. Zwar ist es im Zeitalter hochleistungsfähiger Kopieranlagen für den Einzelnen relativ einfach und auch nicht allzu kostenaufwändig, etwa ein Flugblatt zu veröffentlichen oder – freilich sofern er über die computertechnische Ausstattung und Kompetenz verfügt – Informationen und Meinungen über das Internet anzubieten und zu verbreiten; die Verwirklichung der Pressefreiheit über die klassischen (und damit auch vergleichsweise öffentlichkeitswirksameren) Massenmedien Zeitung, Zeitschrift, Hörfunk und Fernsehen ist im Wesentlichen Verlegern, Herausgebern, Chefredakteuren, Intendanten, Programmdirektoren sowie vor allem Journalisten, Moderatoren, Entertainern und vielen anderen Medienschaffenden vorbehalten. Es ist daher durchaus legitim, mit Bezugnahme auf die gebende und nehmende Komponente der Informationsfreiheit von aktivem und passivem Medienzugang zu sprechen.

- Mit *aktivem* Medienzugang ist gemeint, wer tatsächlich die Möglichkeit hat, Informationen und Meinungen über Presse und Rundfunk sowie andere Medien öffentlichkeitswirksam zu verbreiten und damit im günstigsten Fall einen Beitrag zur (politischen) Meinungs- und Willensbildung zu leisten. In der gesellschaftlichen Wirklichkeit sind dies, wie erwähnt, die Medienschaffenden (auch wenn es beispielsweise jeder Person möglich ist, etwa über Leserbriefe in Zeitungen und Zeitschriften sowie über E-Mails an Redaktionen von Online-Medien zu gesellschaftlich wie auch immer relevanten Themen Stellung zu nehmen).
- Der *passive* Medienzugang spricht die Möglichkeit für den einzelnen Bürger an, sich aus dem vielfältigen Angebot an Massenmedien persönlich zu informieren,

zu bilden oder zu unterhalten und damit aus eigenem Interesse, aus eigener Initiative und zum eigenen Nutzen zur individuellen (politischen) Meinungs- und Willensbildung beizutragen. Es geht also um die Mediennutzung.

5.1.4.1 Aktiver Medienzugang – die Medienschaffenden

Bei rund 80 Mio. Einwohnern gibt es in der Bundesrepublik Deutschland nach Angaben des Deutschen Journalistenverbandes DJV rund 61.500 Journalisten (Stand: 2000). Einer Anfang der 1990er-Jahre durchgeführten Erhebung zufolge sind davon etwa 30.000 bis 35.000 Personen als fest angestellte Journalisten und feste freie Mitarbeiter tätig, etwa 20.000 bis 25.000 Personen als freie Journalisten (vgl. Weischenberg/Löffelholz/Scholl 1993 und 1994). Die meisten Journalisten arbeiten bei Tages- und Wochenzeitungen sowie Zeitschriften – zusammen sollen es rund 23.000 Personen sein. Weitere 8.500 sind im öffentlich-rechtlichen sowie privaten Rundfunk (Hörfunk wie Fernsehen) tätig, rund 1.200 bei Nachrichtenagenturen sowie weitere 2.500 bei Anzeigenblättern (vgl. Weischenberg/Löffelholz/Scholl 1993). Die Zahl der freiberuflich tätigen Journalisten steigt stetig an. Es ist dies darauf zurückzuführen, dass zahlreiche Medienbetriebe (Print wie Funk) wegen geringerer Kosten publizistische Leistung von außen dazukaufen oder durch so genanntes »Outsourcing« publizistische Arbeit aus den eigenen Betrieben auslagern. So gibt es vor allem für die audiovisuellen Medien Radio und Fernsehen eine immer größer werdende Zahl von Hörfunk- und Fernsehproduktionsfirmen, die sowohl den öffentlich-rechtlichen Rundfunk, in viel höherem Maße aber private Veranstalter mit Programmen unterschiedlicher Art beliefern. Die Zahl der in diesen Unternehmungen tätigen Rechercheure, Reporter, Journalisten, Programmschaffenden etc. ist nicht bekannt.

Da der Journalismus in Deutschland ein frei zugänglicher Beruf ist und es auch keine Berufslisten gibt, ist die genaue Zahl der Medienschaffenden nicht bekannt. Auch gibt es keine zuverlässigen Angaben darüber, wie viele Journalisten oder mit journalismusähnlichen Aufgaben betraute Personen in den Online-Medien tätig sind. Zur Berufsstruktur, zum Berufsbild, zur Soziodemographie sowie zum Fremdbild der Journalisten liegen Daten vor, die in Kapitel 4.1.1.4 im Detail dargestellt wurden und hier daher nicht wiederholt werden müssen. In Relation zur bundesdeutschen Gesamtbevölkerung (80 Mio. Personen) ist die Berufsgruppe der Journalisten (im weitesten Sinne des Wortes) jedoch eine relativ kleine Gruppe und macht allenfalls ein Promille der Gesamtbevölkerung aus. Sie nimmt das Grundrecht auf Informations- und Meinungsfreiheit – sei es in Informations-, Bildungs- oder Unterhaltungsprogrammen – stellvertretend für die Bürger wahr. Sie verwaltet dieses Recht, wie der langjährige Intendant des ZDF, Dieter Stolte, sagt, gleichsam treuhänderisch – sollte also darauf bedacht sein, mit diesem kostbaren Gut sorgfältig umzugehen (vgl. Stolte 1988, S. 18).

5.1.4.2 Passiver Medienzugang – Mediennutzung

Deutschland ist eines der medienreichsten Länder Europas. Die Möglichkeiten, sich aus einem breit gefächerten und vielfältig ausdifferenzierten Informations- und Kommunikationsangebot »alter« und »neuer« Medien zu unterrichten, sind groß: Im Jahr 2001 gab es in Deutschland 136 redaktionell selbstständige Tageszeitungen (publizistische Einheiten), die in 1.584 Ausgaben erschienen und eine gemeinsame Auflage von knapp 24 Mio. Exemplaren hatten (vgl. Zeitungen 2001). Neben 24 Wochenzeitungen (1,9 Mio. Auflage) und 7 Sonntagszeitungen (4,5 Mio. Auflage) gab es – geschätzt – zwischen 8.000 und 12.000 Zeitschriften, deren gemeinsame Auflage nicht bekannt ist. Die Auflage der Publikumszeitschriften betrug 127,85 Mio. Exemplare pro Erscheinungsintervall, jene der Kundenzeitschriften 45,56 Mio. Exemplare, jene der Fachzeitschriften 17,90 Mio. Die mehr als 1.300 Anzeigenblätter bzw. Gratiszeitungen brachten es auf mehr als 70 Mio. Exemplare (vgl. Zeitungen 2001; vgl. auch Kapitel 4.3.5.1).

Diesem beachtlichen Angebot an Printmedien steht ein nicht minder üppiges Funkmedienangebot gegenüber. So gibt es in der Bundesrepublik rund 260 landesweit, regional oder lokal empfangbare Radioprogramme (60 öffentlich-rechtliche sowie rund 200 privat-kommerzielle) (vgl. ARD-Jahrbuch 2001). Hinzu kommen 15 öffentlich-rechtliche sowie rund 115 private, national, regional oder lokal verbreitete private Fernsehprogramme. In den bundesdeutschen Kabel- und Satellitenhaushalten sind im Durchschnitt 35 Fernsehprogramme empfangbar (vgl. ARD-Jahrbuch 2001; ZDF-Jahrbuch 2001; ALM-Jahrbuch 2001).

Hinzu kommen die zahlreichen Online-Auftritte der Print- und Funkmedien mit ihren vielfältigen Informations-, Unterhaltungs- und Service-Angeboten – es gibt kaum Tageszeitungen, Wochenzeitungen, Magazine und Illustrierte sowie Hörfunk- und Fernsehsender, die nicht mit Online-Auftritten im WWW vertreten sind. Das weltumspannende Web sowie die fortschreitende Digitalisierung ermöglichen zudem zahlreiche Formen grenzüberschreitender, globaler Kommunikation und Massenkommunikation (vgl. Wilke 1999).

Die deutschen Bundesbürger machten im Jahr 2001 von diesem Angebot reichlich Gebrauch, wie in Kapitel 4.4.1.6 dargestellt wurde. Knapp 78 Prozent lasen täglich eine Zeitung (und dies im Durchschnitt 30 Minuten lang); 79,3 Prozent hörten täglich Radio (im Durchschnitt rund 200 Minuten, also mehr als drei Stunden); 73 Prozent sahen täglich fern (im Durchschnitt 190 Minuten). Hinzu kommt die nicht exakt quantifizierbare Nutzung von Printmagazinen, Publikumszeitschriften sowie der Fachpresse. 38,3 Prozent nutzten 2001 das Internet. Die Zeitungs- (und weitgehend auch die Zeitschriften-)nutzung ist eher informationsorientiert, die Radio- und Fernsehnutzung – bei guter Nutzung der Informationsprogramme – eher unterhaltungsorientiert. In der Summe belegen die Mediennutzungsdaten das große Interesse der Bürger an den Massenmedien. Und sie verdeutlichen auch, dass die »alten« Medien Zeitung, Zeitschrift, Radio und Fernsehen im Alltag der Menschen nach wie vor eine große Rolle spielen. Nicht unerwähnt bleiben soll aber, dass die Glaubwürdigkeit der Medien abnimmt. Lediglich die Tageszeitungen konnten ein leichtes Plus verzeichnen, wie aus der Studie Massenkommunikation V (1996) hervorging. Inwiefern der ansteigende Glaubwürdigkeitsverlust des Fernsehens mit dem Marktzutritt privater Fernsehveranstalter und ihren massenattraktiven Programmen in Verbindung zu sehen ist, kann hier nicht beurteilt (sondern allenfalls vermutet) werden.

5.1.5 Organisationsformen der Massenmedien

Je nach Einbindung der Massenmedien in das politische System sind auch unterschiedliche Organisationsformen (nicht Rechtsformen) der Massenmedien vorzufinden. In den pluralistischen Demokratien haben sich im Wesentlichen zwei Grundmodelle herausgebildet, nämlich das wirtschaftliche Konkurrenzmodell sowie das administrative Kooperationsmodel (vgl. Kepplinger 1994, S. 119).

5.1.5.1 Privatwirtschaftlich operierende Medien

»Beim *wirtschaftlichen Konkurrenzmodell* bieten private Unternehmer Informationen, Meinungen, Unterhaltung zum Kauf an. Der Käufer (Leser, Hörer oder Zuschauer – Erg. H. P.) entscheidet mit seiner Kaufentscheidung über den wirtschaftlichen Erfolg des Unternehmers und regelt so über die Nachfrage das Angebot. Das Angebot kann, weil es sich an der Nachfrage orientieren muss, als Spiegel der Interessen, Meinungen und Einstellungen in der Bevölkerung betrachtet werden.« (Kepplinger 1994, S. 119).

Dieses wirtschaftliche Konkurrenzmodell liegt (von Ausnahmen wie Betriebs-, Kunden- und Verbandszeitschriften etc. abgesehen) allen privatwirtschaftlich verfassten Medien zu Grunde. Sie agieren und funktionieren wie andere kommerziell geführte Unternehmen auch (Angebot und Nachfrage entscheiden über Erfolg oder Misserfolg), und oft ist daher auch von privat-kommerziellen Medienunternehmen die Rede. In Kapitel 4.3.4 wurde bereits auf wichtige Merkmale solcher Medien hingewiesen, und auch ihre Finanzierungsformen wurden bereits erörtert (vgl. Kapitel 4.3.5.4). Wichtige Aspekte dazu seien im Folgenden zusammengefasst:

- Privatwirtschaftlich organisierte Medien werden vom Medieninhaber (welcher gesellschaftsrechtlichen Konstruktion auch immer) auf eigenes Risiko betrieben und streben Gewinnerzielung an.
- Sie setzen ihre Produkte wie Information, Unterhaltung, Bildung, Werbung etc. in aller Regel auf zwei Märkten ab, aus dem sie ihre Erlöse erzielen: auf dem Markt des Publikums sowie auf dem Markt der Anzeigenkunden.
- Beide Märkte sind eng miteinander verbunden: Je höher die Auflage und/oder Reichweite eines Mediums, umso höher ist für den Medienbetreiber in aller Regel der zu erzielende Preis für Anzeigenwerbung. Dies gilt vor allem auch für

klassische Zeitungs- und Zeitschriftenverlage (und daher findet man, wie erwähnt, auch den Begriff vom »Koppelprodukt Zeitung« vor).

- Anzeigenblätter und Gratiszeitungen, die kostenlos an die Leser verteilt werden, finanzieren sich ausschließlich aus Werbung für Anzeigen; ihr redaktioneller Teil ist normalerweise nicht besonders umfangreich (in vielen, meist lokalen Anzeigenblättern ist oftmals aber der Service-Charakter stark ausgeprägt).

- Privatwirtschaftlich organisierte Rundfunkanstalten finanzieren sich (von der Programm- und Rechteverwertung abgesehen) zumindest im deutschen Sprachraum entweder (nur) aus Werbung oder (nur) aus Gebühren. Die etwa in Deutschland empfangbaren, im privatwirtschaftlichen Sinne betriebenen regionalen und lokalen Hörfunkprogramme erzielen ihre Erlöse aus (weitgehend) lokaler Werbung. Bei den national empfangbaren, privat-kommerziellen Fernsehveranstaltern ist zu unterscheiden zwischen rein werbefinanzierten Sendern (wie RTL, Sat.1, ProSieben, Vox, n-tv etc.) einerseits sowie dem auch Entgelt- oder Bezahlfernsehen genannten Pay-TV wie »Premiere World« andererseits.

- Die redaktionelle Linie bzw. das Programm privatwirtschaftlich organisierter Medien bestimmt der Medieninhaber. Die Medienschaffenden, insbesondere Journalisten und Programmgestalter, müssen sich daher an ihrer inhaltlichen Richtung – z. B. Blattlinie bei Printmedien – orientieren.

- Als Kontrollinstanzen privat-kommerzieller Medien fungieren in aller Regel – je nach Rechts- bzw. Gesellschaftsform – Präsidien, Vorstände, Aufsichtsräte etc., in ganz kleinen Unternehmen auch Einzelpersonen.

- Privatwirtschaftlich organisierte Medien sind, auch wenn sie weltanschaulichen Gruppen nahe stehen (und sofern sie nicht von solchen herausgegeben werden) in aller Regel frei von genuin parteipolitischen Einflüssen bzw. Zwängen; sie können aber Einflussversuchen politischer, wirtschaftlicher und kultureller Lobbys ausgeliefert sein.

- In hoch konzentrierten Medienmärkten gestalten sich Versuche ökonomischer Einflussnahme der Werbewirtschaft (etwa durch Entzug von Werbeschaltungen bei negativer Berichterstattung über ein werbungtreibendes Unternehmen) zunehmend schwieriger, da die werbenden Firmen und Betriebe ihrerseits auf die Massenmedien als Träger von Werbebotschaften und Firmenmarken angewiesen sind.

- Die hohe Angewiesenheit auf Erlöse aus Anzeigen und Werbung macht privat-kommerzielle Medienbetriebe in starkem Ausmaß konjunkturabhängig. Nicht selten führen ausbleibende Werbeerträge zur (zumindest teilweisen) Einschränkung des publizistischen Angebotes, was in negativer Weise auf die Wettbewerbsfähigkeit mit anderen (privaten) Medien durchschlagen kann.

Von den genannten wenigen Ausnahmen abgesehen ist der gesamte Printmedienmarkt in Deutschland privatwirtschaftlich verfasst. Seit 1984 gibt es, wie erwähnt, auch privat-kommerziell organisierte Hörfunk- und Fernsehprogramme (vgl. Kapitel

4.3.5.2). Es wird allgemein angenommen, dass viele Zeitungs- und Zeitschriftenunternehmen sowie zahlreiche privat-kommerzielle Hörfunk- und Fernsehveranstalter mit ihren vielfältigen Produkten und Programmangeboten Garanten für ein *außenplurales* Medienangebot, für publizistischen Wettbewerb und für Meinungspluralismus sind. Andererseits ist nicht zu übersehen, dass privatwirtschaftlich organisierte Medien infolge des zunehmenden Wettbewerbs zu publizistischer und/oder ökonomischer Konzentration sowie crossmedialer Verflechtung (Print/Radio/Fernsehen) tendieren, wodurch Vielfalt wieder eingeschränkt werden kann. Über diese Verflechtungen bundesdeutscher Medien geben in regelmäßigen Abständen erscheinende Veröffentlichungen beispielsweise in der Zeitschrift Media Perspektiven Auskunft (vgl. z.B. Röper 2001). Durch immer wieder vorkommende Veränderungen bei Beteiligungsverhältnissen ist es schwierig, den jeweils aktuellen Stand solcher Verflechtungen zu vermitteln. Wie rasch sich Veränderungen auf dem Medienmarkt ergeben können, wurde im Jahr 2002 beispielsweise durch die in wirtschaftliche Probleme geratene Kirch-Gruppe deutlich.

5.1.5.2 Öffentlich-rechtlich organisierte Medien

Das *administrative Kooperationsmodell* liegt dem öffentlich-rechtlichen Rundfunk zu Grunde: »Beim administrativen Kooperationsmodell werden auf der Grundlage von rechtlichen Regelungen Kontrollorgane geschaffen, in denen alle relevanten sozialen Gruppen entsprechend ihrer gesellschaftlichen Bedeutung vertreten sind. Kontrollorgane haben u.a. die Aufgabe, darüber zu wachen, dass die Berichterstattung ein Mindestmaß an Ausgewogenheit besitzt. Auch in diesem Fall kann man die Berichterstattung als Spiegel der Interessen, Meinungen und Einstellungen der Bevölkerung betrachten« (Kepplinger 1994, S. 119f).

Ausführungen über Einrichtung und Organisationsmerkmale öffentlich-rechtlicher Rundfunkanstalten (Kapitel 4.3.5.2) sowie über deren Finanzierung (vgl. Kapitel 4.3.5.4) wurden ebenfalls bereits abgehandelt. Daher konzentrieren sich die nachfolgenden Bemerkungen auf eine kompakte Zusammenfassung wichtiger Merkmale und Gemeinsamkeiten solcher Rundfunkunternehmen:

- Öffentlich-rechtlicher Rundfunk wird zwar vom Staat – in Deutschland durch die Bundesländer – durch Gesetze konstituiert, unterliegt aber *nicht* staatlicher Kontrolle. Öffentlich-rechtlicher Rundfunk ist daher auch kein staatlicher Rundfunk (wiewohl Staatsnähe durch Einflussversuche auf Personal-, Programm- und Finanzentscheidungen über die Aufsichtsorgane entstehen kann).
- Öffentlich-rechtlicher Rundfunk unterliegt der Kontrolle durch die Gesellschaft in Form von Rundfunkräten und Verwaltungsräten. Es sind dies pluralistisch zusammengesetzte Aufsichtsorgane, in denen die gesellschaftlich relevanten Gruppen (wie politische Parteien, Interessenvertretungen, Gewerkschaften, Kirchen etc.) vertreten sind.

417

- Den Kontroll- bzw. Aufsichtsorganen obliegt die Bestellung (und Abberufung) des Intendanten sowie dessen Beratung in Programm-, Finanz- und Verwaltungsfragen. Sie achten auch auf die Einhaltung der Programmgrundsätze.
- Öffentlich-rechtliche Rundfunkanstalten werden von einem Intendanten geleitet. Er vertritt die Anstalt nach außen und ist für den Betrieb des Unternehmens verantwortlich. Die Befugnisse des Intendanten sind in den jeweiligen Rundfunkgesetzen genau geregelt.
- Dem Intendanten stehen zur Erfüllung seiner umfassenden Aufgaben Funktionsträger wie Programmdirektor, Chefredakteur, technischer Direktor, Verwaltungsdirektor etc. zur Seite. In aller Regel ist aber der Intendant den Aufsichtsgremien gegenüber verantwortlich.
- Öffentlich-rechtliche Rundfunkanstalten haben gesetzlich jeweils genau festgelegte Programmaufgaben wie Information, Kultur, Bildung, Unterhaltung zu erfüllen. (In Deutschland wurde, wie erwähnt, dem öffentlich-rechtlichen Rundfunk im Kontext der Entstehung und Ausprägung des dualen Rundfunksystems durch die Zulassung privater Rundfunkveranstalter vom Bundesverfassungsgericht wiederholt die Aufgabe der Grundversorgung mit Programm zugewiesen. Grundversorgung bedeutet jedoch nicht Mindestversorgung.)
- Die Programme öffentlich-rechtlicher Rundfunkanstalten sind nach den Prinzipien der Ausgewogenheit sowie des (Binnen-)Pluralismus zu gestalten. Die Anliegen der gesellschaftlich relevanten Gruppen sind innerhalb des Gesamtprogramms angemessen zu berücksichtigen.
- Die Finanzierung öffentlich-rechtlicher Rundfunkanstalten erfolgt in Deutschland in Form der Mischfinanzierung aus Teilnehmergebühren und Werbeerlösen (sowie zu einem geringen Teil auch aus der Programmrechte-Verwertung). Haupteinnahmequelle sind die Teilnehmergebühren, die für die Bereitstellung der Programme zu entrichten sind – ungeachtet ihrer Nutzung.
- Finanztechnisch werden öffentlich-rechtliche Rundfunkanstalten nach dem Gesichtspunkt der Kostendeckung geführt (was Überschüsse nicht ausschließt). Allfällige Überschüsse sind jedoch in das jeweilige Rundfunkunternehmen zu reinvestieren, sei es in Programm, Personal, Technik, Ausstattung etc. Vor allem um im Wettbewerb um Programmrechte mit dem privaten Rundfunk bestehen zu können, benötigen auch öffentlich-rechtliche Rundfunkanstalten finanziellen Spielraum.

Der dem Gemeinwohl und zum *Binnenpluralismus* verpflichtete öffentlich-rechtliche Rundfunk, wie es ihn im gesamten deutschen Sprachraum gibt, hatte als Medientyp in Europa die 1927 errichtete British Broadcasting Corporation (BBC) zum Vorbild. Der Grundgedanke war damals, das Rundfunkwesen einer öffentlichen Anstalt zu überantworten, die gleichsam treuhänderisch nationale Interessen wahrnimmt, einer öffentlichen Daseinsvorsorge (»Public Service«) dient und daher mit einem kulturellen Programmauftrag ausgestattet wurde. Bei der Wiedererrichtung des Rundfunks in Deutschland nach dem Zweiten Weltkrieg standen durchaus verschiedene Modelle zur Disposition (vgl. Kapitel 4.3.5.1). Schließlich wurde nach der Übergabe der von den Besatzungsmächten errichteten Rundfunkanstalten an die deutsche Hoheitsverwaltung dem öffentlich-rechtlichen Modell der Vorzug eingeräumt. Die 1950 gegründete »Arbeitsgemeinschaft der öffentlich-rechtlichen Rundfunkanstalten der Bundesrepublik Deutschland« (ARD) sowie das 1961 gegründete (und 1963 in Betrieb gegangene) »Zweite Deutsche Fernsehen« (ZDF) sind typische, öffentlich-rechtlich verfasste Medienbetriebe. Wie erwähnt, unterscheiden sie sich voneinander dadurch, dass die ARD eine föderalistische Binnenstruktur aufweist (mit derzeit zehn Landesrundfunkanstalten), das ZDF hingegen eine zentralistische (mit Landesstudios in den Bundesländern).

Das private Fernsehen mit seinen massenattraktiven Programmen stellt eine ernste Konkurrenz für den öffentlich-rechtlichen Rundfunk dar. Dessen (medien-)politische Legitimation wird in Zukunft wesentlich davon abhängen, ob es ihm gelingt, in der Gunst des Publikums zu bestehen, ohne seinen genuin öffentlich-rechtlichen Auftrag zu vernachlässigen.

5.1.5.3 Exkurs: Staatlicher Rundfunk westlichen Typs

Staatliche Medienanstalten westlichen Typs, wie es sie beispielsweise in Griechenland, Israel oder Spanien gibt, werden vom Staat eingerichtet, ganz oder teilweise aus öffentlichen Geldern finanziert sowie durch parlamentarisch-pluralistisch zusammengesetzte Aufsichtsorgane kontrolliert. Die Bestellung ihrer Funktionsträger erfolgt entweder durch die Regierung oder ein Ministerium, dem der staatliche Rundfunk zugeordnet ist. Im Hinblick auf ihre Kontrolle weisen staatliche Medien westlichen Typs Ähnlichkeiten mit dem öffentlich-rechtlichen Rundfunk auf. Staatliche Rundfunkanstalten können in ihrer politischen Berichterstattung tendenziell Regierungsnähe erkennen lassen. Ihnen stehen private Radio- und Fernsehveranstalter gegenüber; diese stellen nicht selten Gegengewichte zu staatlichen Anstalten dar und versuchen für einen Programm- und Meinungspluralismus zu sorgen, um Tendenzen des staatlichen Rundfunks (mehr oder weniger effektiv) entgegenzuwirken (vgl. Internationales Medienhandbuch 2002/03).

5.1.5.4 Freie (nicht-kommerzielle) Medien

Neben privaten und öffentlich-rechtlich organisierten Medien gibt es in pluralistischen Systemen einen Medientyp, der in gängige Organisationsmodelle kaum einzuordnen ist. Gemeint sind vorwiegend lokale Kleinmedien, die von allen jenen politischen und ökonomischen Zwängen frei sein wollen, durch die privat-kommerzielle oder öffentlich-rechtliche Medien gekennzeichnet sind. Diese »Freien Medien« sind vorwiegend als sog. »Freie Radios« bekannt geworden, aber auch Teile der alternativen Zeitschriftenpublizistik sind zu ihnen zu zählen. »Freie Medien« beanspruchen für sich Unabhängigkeit von gesellschaftlicher Kontrolle und ökonomischen Interessen. Sie sind daher auch nicht gewinnorientiert, sondern finanzieren sich aus Mitgliedsbeiträgen, Abonnements, Veranstaltungen, Spenden sowie aus »unverdächtiger Werbung«. »Freie Medien« fordern für ihre Finanzierung Unterstützung durch die öffentliche Hand, ohne dass daraus jedoch Abhängigkeiten resultieren. Um Unabhängigkeit zu gewährleisten, organisieren und verwalten sich »Freie Medien« selbst. Ihr gesellschaftspolitisches Ziel ist es, Hilfsmittel für die Artikulation und Selbstorganisation politischer, gesellschaftlicher, sozialer und kultureller Interessen zu sein (vgl. Weichler 1987; Osterchrist 1994).

Organisatorisch sind bei »Freien Medien« Genossenschaftsmodelle bekannt, bei denen man Anteile erwerben kann, sowie basisdemokratische Modelle, bei denen die Mitglieder die Inhalte und die Programmpolitik entscheiden sowie den publizistischen Betrieb koordinieren. Technischer und journalistischer Standard der »Freien Medien«, ob Radios oder Zeitschriften (bzw. ganz vereinzelt auch Fernsehen), sind im Regelfall nicht sonderlich hoch, da ihre Inhalte bzw. ihr Programm weitgehend von journalistischen Laien geplant, gestaltet und produziert wird.

5.1.5.5 Exkurs: Totalitär organisierte Medien

Totalitär organisierte Medien sind im deutschen Sprachraum historisch aus dem Nationalsozialismus sowie aus der DDR bekannt. Sie waren jeweils Teil des Herrschaftssystems, stellten also den verlängerten Arm von Partei und Staat dar. Folgende Gemeinsamkeiten können für totalitär organisierte Medien benannt werden (vgl. Kepplinger 1994; Wilke 1994; Holzweißig 1989 und 1991 und 1997; Abel 1968; Pürer/Raabe 1996, S. 63ff; S. 351ff; Geißler 1986; Frei/Schmitz 1989; Kirkamm 1992):

- Sie sind in das Prinzip der Gewaltenkonzentration eingebunden und von den Exekutivorganen weisungsabhängig (Kepplinger 1997; Wilke 1997; Geißler 1986).
- Sie stellen Führungs- und Kampfinstrumente dar und nehmen nach innen Steuerungsfunktionen, nach außen Repräsentationsaufgaben wahr (Kepplinger 1997; Wilke 1997; Geißler 1986).
- Nachrichten werden in totalitär organisierten Mediensystemen zentral gelenkt und über Presseanweisungen von Regierung und Partei sowie über staatliche Nachrichtenagenturen an die Medien weitergeleitet (Kepplinger 1997; Wilke 1997; Holzweißig 1991 und 1997).
- Die Ausbildung der Journalisten sowie der Berufszugang zu den Medien ist staatlich geregelt bzw. kontrolliert. Die Medienschaffenden sind der Regierung bzw. der Partei gegenüber verpflichtet (Blaum 1980; Holzweißig 1989; Frei/Schmitz 1989; Kirkamm 1992).
- Totalitär organisierte Medien unterliegen der staatlichen Lizenzpflicht (die es im Nationalsozialismus nicht gab) sowie der Kontingentierung von Papier-, Satz- und Druckkapazitäten (diese erfolgte im Nationalsozialismus erst im Krieg). In sozialistischen Systemen hat die staatliche Post zudem das Beförderungsmonopol für Printmedien (Holzweißig 1989; Pürer/Raabe 1996; Wilke 1997).

- Totalitär organisierte Medien verfolgen eine Veränderung der gesellschaftlichen Verhältnisse. Der Nationalsozialismus berief sich dabei auf seine Rasse und den dem (deutschen) Volk angeborenen Führungsanspruch, der Sozialismus (bzw. Kommunismus) verfolgte die Egalisierung der ökonomischen Verhältnisse und die damit verbundene Aufhebung der Klassenunterschiede (Glotz/Pruys 1981).
- Totalitär organisierte Medien unterliegen der Aufsicht durch Staat und Partei. Medienlenkung erfolgt durch täglich ergehende detaillierte Inhaltsdirektiven, strenge Sprachregelungen sowie durch Anweisungen für Aufmachung, Platzierung, Illustration und Gestaltung der Beiträge in Print- wie in Funkmedien (Abel 1968; Holzweißig 1991 und 1997; Pürer/Raabe 1996).
- Totalitäre Medien werden vom Staat finanziell direkt oder indirekt unterstützt. Zeitungsabonnements und Rundfunk-Teilnehmerentgelte sind nicht teuer, um ihren Bezug bzw. ihren Empfang jedem Bürger zu ermöglichen und um optimale Verbreitungsbedingungen für die staatlich gesteuerte Information zu schaffen (Wilke 1997; Holzweißig 1989; Pürer/Raabe 1996).

Totalitär organisierte Medien folgen *einem* politischen Willen und lassen keinen Informations- oder Meinungspluralismus zu. Durch bis ins Detail geregelte, von den Medienschaffenden strikt einzuhaltende Presseanweisungen (die auch für Hörfunk und Fernsehen gelten) erübrigen sich weitgehend Maßnahmen der Vor- und Nachzensur (vgl. Holzweißig 1991 und 1997). Die in den Dienst von Partei und Staat gestellten Medien stellen willenlose Vollzugsorgane dar und dienen nicht nur der Festigung, sondern vor allem der Aufrechterhaltung des politischen Systems. Der ideologische Kampf wird nicht nur über Informationsinhalte ausgetragen, sondern erstreckt sich auf alle Bereiche der Berichterstattung, insbesondere auch auf bildende und kulturvermittelnde Medienangebote sowie – oftmals in subtiler Weise – auch auf den Bereich der medienvermittelten Unterhaltung. Art und Weise der Medienlenkung im Nationalsozialismus (Drittes Reich) und im Kommunismus (DDR) waren ideologisch zwar unterschiedlich begründet, wiesen in der politischen Praxis jedoch verblüffende Ähnlichkeiten auf. Dies galt insbesondere für den gesamten Modus der Presse- bzw. Medienanleitung und die dazu benutzten Kanäle (vgl. Pürer/Raabe 1996, S. 63ff, S. 351ff).

Die Medienlenkung erfolgte im *Dritten Reich* über vier Ebenen (vgl. Hale 1965; Abel 1968; Frei/Schmitz 1989; Pürer/Raabe 1996, S. 64ff): eine institutionelle, eine rechtliche, eine wirtschaftliche sowie eine inhaltliche. Auf der *institutionellen* Ebene ist das Reichsministerium für Volksaufklärung und Propaganda zu erwähnen. Es verschaffte sich über die Reichskulturkammer, einer Zwangsorganisation, der auch Print- und Funkjournalisten angehörten, Durchgriff auf Presse und Rundfunk. Auf der *rechtlichen* Ebene reglementierte das Schriftleitergesetz die Tätigkeit der Medienschaffenden (Journalisten, Programmgestalter, Verleger), die auf den Staat verpflichtet wurden. Über *wirtschaftliche* Maßnahmen verschaffte sich die NSDAP das Monopol im Bereich der Presse, von der zuerst die Linkspresse, dann die sonstige Parteipresse sowie schließlich die konfessionelle Presse (und die Generalanzeigerpresse) aus- bzw. gleichgeschaltet wurde. Die *inhaltliche* Anleitung der Medien erfolgte über tägliche Pressekonferenzen der Reichsregierung mit genau festgelegten und von den Medienschaffenden strikt zu beachtenden inhaltlichen und formalen Direktiven. Die Medienlenkung erfolgte fernschriftlich und fernmündlich über eine staatliche Agentur, das »Deutsche Nachrichtenbüro« (DNB).

An der Spitze der Anleitung der Massenmedien in der *Deutschen Demokratischen Republik* stand die »Abteilung für Agitation beim Zentralkomitee der SED«, eine Parteieinrichtung, die direkt dem SED-Politbüro unterstand. Dieses hatte die politisch-ideologische Kompetenz für die Anleitung der Medien. Zentrales Lenkungsorgan bzw. staatliches Lenkungsamt war auf Regierungsebene das »Presseamt beim Ministerrat der DDR«, dem auch das »Staatliche Komitee für Rundfunk« und das »Staatliche Komitee für Fernsehen« unterstanden. Technisch abgewickelt wurde die Medienlenkung über die staatliche Agentur ADN, den »Allgemeinen Deutschen Nachrichtendienst«. Die Medienanleitungen enthielten – wie im Nationalsozialismus – von den Journalisten strikte einzuhaltende inhaltliche, argumentative und formale Direktiven. Die politischen Funktionen von Presse und Rundfunk waren der leninistischen Pressetheorie zufolge Propaganda, Agitation und Organisation. Die auf Partei und Staat verpflichteten Journalisten waren den Prinzipien der Parteilichkeit, der Wissenschaftlichkeit und der Massenverbundenheit verpflichtet. Durch längerfristige (wöchentliche, monatliche, vierteljährliche) Planung der Medienanleitung wurde zugleich ein »geistiger Vorlauf« für die Arbeit in Presse und Rundfunk geschaffen (vgl. Wilke 1997; Pürer/Raabe 1996, S. 364ff; Holzweißig 1989 und 1991 und 1997).

5.1.6 Funktionen der Massenmedien

Jene Funktionen, die die Massenmedien in einem politischen System erbringen, sind mit der jeweiligen Gesellschaftsform und der Rechtsordnung eng verknüpft. In totalitären Systemen sind dies andere als in offenen demokratischen Gesellschaften, in Entwicklungsländern können es andere sein als in hoch entwickelten Industrienationen. Im Mittelpunkt der folgenden Ausführungen stehen Funktionen der Massenmedien in modernen pluralistischen Systemen, wie die meisten mittel-, west- und nordeuropäischen Staaten, in zunehmendem Maße aber auch osteuropäische Reformländer es sind. Diese Funktionen erscheinen aus politologischer Perspektive als den Massenmedien mehr oder weniger normativ zugewiesene Aufgaben, aus soziologischer Perspektive als beobachtbare Leistungen der Massenmedien für die Gesellschaft und ihre Mitglieder. Die meisten der im Folgenden genannten Funktionen sind jedenfalls gesetzlich nicht vorgeschrieben. Allenfalls kann man darauf verweisen, dass in manchen Ländern und ihren Verfassungen von der »öffentlichen Aufgabe« der Presse und der anderen Massenmedien direkt oder indirekt die Rede ist: Die Medien stellen in demokratischen Staaten zweifellos unverzichtbare Instrumente dar, um unabhängig von staatlichen Einflüssen Öffentlichkeit über bedeutende Vorgänge in Politik, Gesellschaft, Wirtschaft und Kultur herzustellen und den politisch-welt-anschaulichen Diskurs zu reflektieren; insofern spielen die Massenmedien für die (politische) Willensbildung eine wichtige Rolle. So heißt es beispielsweise in § 3 des Landespressegesetzes von Baden-Württemberg: »Die Presse erfüllt eine öffentliche Aufgabe, wenn sie in Angelegenheiten von öffentlichem Interesse Nachrichten beschafft und verbreitet, Stellung nimmt, Kritik übt oder auf andere Weise an der Meinungsbildung mitwirkt.«

5.1.6.1 Die Massenmedien – *keine* »Vierte Gewalt«

In diesem Zusammenhang ist in der wissenschaftlichen und medienpolitischen Diskussion immer wieder von den Medien als einer »Vierten Gewalt« die Rede (z.B. Bergsdorf 1980; Riese 1994; von Graevenitz et al. 1999). Gemeint ist damit, dass die Massenmedien gegenüber dem Gesetzgeber (Legislative), der Regierung und den ausführenden Organen (Exekutive) sowie den Instanzen der Rechtsprechung (Judikative) wichtige Kontrollaufgaben erfüllen. Dabei sind die Massenmedien jedoch *nicht* als Vierte Gewalt, als »Publikative« anzusehen: Weder geht dies aus den Verfassungs- oder Landespressegesetzen hervor, noch verfügen dazu die Medienschaffenden über die erforderliche Kompetenz. Allenfalls ließe sich in Anlehnung an Rousseau von einer »vierten Säule« des Staates sprechen, zumal die Massenmedien die wichtigsten Träger der öffentlichen Meinung sind und »besonders berufen erscheinen, gegenüber dem Machtstreben der den Staatsapparat beherrschenden Parteiengruppen (sowie dem Herrschaftsstreben mächtiger Wirtschafts-, Gewerkschafts- und anderer Interessensverbände – Erg. H. P.) das gesunde Gegengewicht zu bilden« (Löffler 1984, S. 248; siehe auch Pürer/Raabe, S. 260, FN 359). In diesem Kontext darf allerdings nicht übersehen werden, dass Teile der Massenmedien – vor allem die großen Presse- und Medienkonzerne – selbst mächtige Institutionen darstellen, die ihrerseits (im Schutz der »öffentlichen Aufgabe«) Machtinteressen vertreten und daher selbst der Kontrolle bedürfen. Diese Kontrolle darf in demokratischen Staaten aus Gründen der Pressefreiheit jedoch nicht inhaltlicher Natur sein, sondern tangiert den Bereich publizistischer und/oder ökonomischer Vormachtstellung, um demokratiegefährdende Medienübermacht zu verhindern. Für Deutschland ist in diesem Kontext beispielsweise die Pressefusionskontrolle zu erwähnen, die im Rahmen des Kartellrechtes geregelt ist (vgl. Thiel 1992; Pürer/Raabe 1996, S. 139f); sowie die Konzentrationskontrolle für den privaten Rundfunk auf der Basis des so genannten »Zuschauer-Marktanteilsmodells«, die seit 1997 im Medienstaatsvertrag geregelt ist (vgl. Stuiber 1998, S. 668-673).

Diese Formen der Medienkontrolle sind zu unterscheiden von Formen der freiwilligen Selbstkontrolle, der sich die Massenmedien mehr oder weniger bereitwillig und effektiv unterziehen. Im Bereich der Presse (und seit 1996 auch bei den Online-Zeitungen) findet diese Selbstkontrolle in Deutschland über den 1956 von Verleger- und Journalistenverbänden gegründeten *Deutschen Presserat* statt, der seine Spruchpraxis penibel dokumentiert, ständig weiterentwickelt und jährlich veröffentlicht (vgl. z.B. Deutscher Presserat – Jahrbuch 2002), Sein Ehrenkodex umfasst 16 Ziffern bzw. Richtlinien, die auf Anstand und Verantwortungsbewusstsein im Journalismus abzielen; seine Sanktionsmöglichkeiten bestehen aus Verweisen und Rügen, die in aller Regel aber ohne Konsequenzen bleiben (vgl. Wiedemann 1994 und 1996). Im Bereich des Fernsehens sind es Selbstbeschränkungen der öffentlich-rechtlichen Rundfunkanstalten sowie die 1993 von privaten TV-Anbietern ins Leben gerufene *Freiwillige Selbstkontrolle Fernsehen* (FSF) mit Empfehlungen für Ausstrahlungszeiten und evtl. Schnittauflagen für fiktionale Programme im Sinne des Jugendschutzes (etwa im Hinblick auf Gewaltdarstellungen und Pornografie – vgl. Ludwig/Pruys 1998). Die bereits 1949 gegründete *Freiwillige Selbstkontrolle der Filmwirtschaft* (FSK) wiederum befasst sich mit Prädikationen und Empfehlungen von Filmen und Videokassetten hinsichtlich ihrer Eignung für bestimmte Altersgruppen (Kinder und Jugendliche). Dabei wird geprüft, ob Inhalte gegen das Sittengesetz, die Menschenwürde, die freiheitlich-demokratische Grundordnung oder das friedliche Zusammenleben der Völker verstoßen. Die seit 1997 bestehende, von Medienverbänden und Unternehmen errichtete *Freiwillige Selbstkontrolle Multimedia-Diensteanbieter* (FSM) verfügt nicht nur über einen Verhaltenskodex für Anbieter und Vermittler von Online-Produkten. »Sie stellt eine jedem Bürger offen stehende Beschwerdestelle für jugendgefährdende und strafbare Inhalte im Internet und in Online-Diensten dar. Außerdem fördert sie das Angebot entsprechender technischer Sperrungsmöglichkeiten« (Kunczik/Zipfel 2001, S. 211). Nicht zuletzt ist auf den 1972 vom Zentralverband der Deutschen Werbewirtschaft gegründeten *Deutschen Werberat* zu verweisen. Er versucht, »auf der Grundlage der allgemeinen Gesetze, der werberechtlichen Bestimmungen, eigener Verhaltensregelungen zu Spezialbereichen (...) und in der Gesellschaft herrschender moralischer Auffassungen Missstände in der Werbung aufzufinden und abzustellen« (Kunczik/Zipfel2001, S. 211f).

Was konkret die Aufgaben der Massenmedien betrifft, so sind verschiedene, mehr oder weniger normative Funktions- und Leistungskataloge entwickelt worden wie: die Herstellung von Öffentlichkeit (Informationsfunktion); Kritik- und Kontrolle des soziopolitischen, -ökonomischen und -kulturellen Geschehens (sog. Wächter- oder watchdog-Funktion); die Ermöglichung sozialer Interaktion und Integration (Sozialisationsfunktion); die Vermittlung von Bildung und Kultur; die Wahrnehmung der Unterhaltungsfunktion; die Dienstleistungsfunktion; sowie nicht zuletzt die Werbefunktion (vgl. Bergsdorf 1980). Es sind dies sehr allgemein gehaltene Aufgaben, weswegen es sinnvoll erscheint, im Folgenden eine etwas differenziertere Funktionsbeschreibung vorzunehmen. Dies erfolgt in Anlehnung an Roland Burkart (1998, S. 368ff), dessen umsichtig erarbeiteter Funktionskatalog (soziale Funktionen, politische Funktionen, ökonomische Funktionen, Informationsfunktion) um Leistungen für den Einzelnen ergänzt wurde (vgl. Pürer/Raabe 1996). Als wichtigste Aufgabe der Massenmedien erscheint dabei die Informationsfunktion. Im Weiteren sollen Leistungen der Massenmedien erörtert werden, die aus Bedürfnissen der Gesellschaft und ihrer Teilsysteme, wie des politischen und des ökonomischen Systems, resultieren. Nicht zuletzt sind aber auch Bedürfnisse des Einzelnen nicht zu übersehen.

5.1.6.2 Die Informationsfunktion

Eine der zentralen Leistungen der Massenmedien ist in der Informationsfunktion zu sehen. Für die Politologen Wildenmann und Kaltefleiter ist sie die »ursprünglichste Funktion der Massenmedien« (Wildenmann/Kaltefleiter 1996, S. 15). Sie entzieht sich einer genaueren Zuordnung, da die Massenmedien sowohl im Hinblick auf das soziale, politische und ökonomische System als Ganzes Informationsleistungen ebenso erbringen wie für gesellschaftliche Gruppen oder einzelne Mitglieder der Gesellschaft (vgl. Burkart 1998, S. 391ff). Die Bedeutung der Informationsfunktion für den Einzelnen wie für das System liegt dabei in der Erweiterung des Kenntnisstandes im Bereich der Sekundärerfahrung, also bei Wissen und Erfahrung, die wir nicht primär aus dem direkten Umgang mit unserer unmittelbaren Umwelt gewinnen können. Die Massenmedien prägen, soweit es keine Möglichkeit der Primärerfahrung gibt, »den Erkenntnisstand unserer Gesellschaft« und »die ›Bilder in unseren Köpfen‹« in entscheidendem Maße (Schulz 1974, S. 57). Die Kenntnis dessen, was außerhalb unserer persönlichen Erfahrungswelt liegt, ist laut Burkart von Bedeutung für die öffentliche Debatte und Willensbildung, für die gesellschaftliche Integration und auch für Prozesse der Kapitalverwertung (Burkart 1998, S. 396).

Die Informationsfunktion bildet folglich die Grundlage für alle übrigen Leistungen der Massenmedien (und wird im Weiteren daher auch wiederholt angesprochen). Aus ihrer fundamentalen Bedeutung heraus ergeben sich auch die (normativen) Ansprüche an die Qualität massenmedialer Informationsvermittlung, nämlich die Postulate nach Vollständigkeit, Objektivität und Verständlichkeit (vgl. Wildenmann/Kaltefleiter 1965, S. 15; vgl. Burkart 1998, S. 396ff). Auch wenn – zu Recht – eingewendet werden kann, dass diese Postulate de facto nicht erfüllbar sind, können sie für die journalistische Arbeit als Orientierungsrahmen gelten. Mit *Vollständigkeit* ist (möglichst) umfassende Information gemeint, nicht nur Themenvielfalt, sondern auch Vielfalt der zu Wort kommenden gesellschaftlichen Gruppen. Unter *Objektivität* versteht man eine möglichst unverzerrte, faktengetreue Berichterstattung aus möglichst vielen Blickwinkeln, auch die Trennung von Nachricht und Meinung. Die Forderung nach *Verständlichkeit* schließlich postuliert eine Aufbereitung der Information, die auch von Nicht-Experten, also von Laien verstehbar ist und die ihre Bedeutung im gesellschaftlichen Kontext erkennen lässt, ohne jedoch dass die dargestellten Sachverhalte durch grobe Vereinfachung verzerrt werden.

Aus der Perspektive desjenigen, für den die Massenmedien bestimmte Funktionen erfüllen (sollen), lassen sie sich auch als »Bedürfnisse« des gesellschaftlichen Gesamtsystems an das Kommunikationssystem begreifen (vgl. Burkart 1998, S. 368ff). Insbesondere ist zu verweisen auf Bedürfnisse der Gesellschaft allgemein, auf Bedürfnisse des politischen Systems, des ökonomischen Systems sowie schließlich auf Bedürfnisse des Einzelnen in der Gesellschaft.

5.1.6.3 Funktionen für die Gesellschaft

Was die Leistungen der Massenmedien für die Gesellschaft allgemein betrifft, so ist der klassische Bereich der Funktionen der Massenmedien angesprochen. Zu ihnen gehören sowohl politische als auch soziale Funktionen. Als die wichtigsten *politischen* Funktionen gelten:

- die *Herstellung von Öffentlichkeit*, durch die die Massenmedien einen Austausch der Informationen zwischen den Organisationen und Institutionen und den Bürgern ermöglichen sollen, womit sie zugleich Transparenz schaffen (auch Artikulationsfunktion genannt; vgl. Ronneberger 1974, S. 199; Starkulla 1963, S. 562ff);
- die *politische Sozialisation und Integration*, welche die Medien für die einzelnen Staatsbürger im Hinblick auf Einübung und Aktualisierung der Rolle des Einzelnen als Staatsbürger (wie Wähler, Parteimitglied, Opponent, Demonstrant) zu erbringen hat (vgl. Ronneberger 1971, S. 50; 1974, S. 201);
- *Kritik und Kontrollaufgaben* im Sinne einer Rundumkontrolle vor allem im Hinblick auf politische Entscheidungen (Normenfindung und Normenkontrolle) sowie hinsichtlich der Transparenz des ökonomischen und kulturellen Systems (einschließlich der Massenmedien selbst);
- die *politische Bildungsfunktion*, die einen Beitrag zur Fähigkeit des Einzelnen leisten soll, politische Informationen aufzunehmen und zu verstehen, und die auch zur politischen Meinungs- und Urteilsbildung befähigen soll (vgl. Ronnebeger 1974, S. 204).

Neben diesen gleichsam normativ-manifesten Funktionen ist auf soziale Funktionen zu verweisen, die als latente Funktionen erscheinen:

- die *Sozialisationsfunktion*, die zum einen Normen- und Wertevermittlung innerhalb der Gesellschaft und zum anderen die Vermittlung von Denkformen und Verhaltensweisen für die Einzelnen in der Gesellschaft umfasst, und die sich (indirekt) aus dem Gesamtangebot der Medien erschließt (vgl. Hess 1969, S. 284; Ronneberger 1971; Saxer 1974);
- die *Funktion der sozialen Orientierung*, mit der durch Vermittlung von Umweltkenntnissen ein Zurechtfinden in der immer unüberschaubarer werdenden Umwelt des Einzelnen in modernen hochzivilisierten Gesellschaften ermöglicht werden soll (vgl. Ronneberger 1971);
- sowie schließlich die *Rekreationsfunktion*, verstanden als gesellschaftlicher Anspruch an die Massenmedien, einen Beitrag zur Entlastung und Zerstreuung ihrer Gesellschaftsmitglieder zu leisten (vgl. Ronneberger 1971, S. 50; Saxer 1974, S. 32).

5.1.6.4 Funktionen für das politische System

Für das politische System erfüllen Presse und Rundfunk insofern wichtige Aufgaben, als dass sie einerseits Öffentlichkeit über politische Entscheidungen bereits im Vorfeld ihrer Entstehung schaffen, andererseits aber auch das politische System, insbesondere die darin Handelnden, mit Informationen über Stimmungen in der Bevölkerung versorgen. Daraus resultieren Bedürfnisse des politischen Systems an die Massenmedien, nämlich (vgl. Ronneberger 1971, S. 52f und 1978, S. 103; Bergsdorf 1980, S. 75ff):

- das *Unterrichtungsbedürfnis*, mit dem das politische System selbst informiert werden will im Blick auf Meinungs-, Einstellungs- und Verhaltensveränderungen innerhalb der Bevölkerung sowie bei gesellschaftlichen Funktionen und Organisationen (die Artikulationsfunktion der Medien, die Informationsvermittlung von »unten« nach »oben«);
- das *Mitteilungsbedürfnis* des politischen Systems bzw. der darin Handelnden gegenüber der Öffentlichkeit im Hinblick auf politische Entscheidungen, Programme, Nah- und Fernziele (die Informationsvermittlung von »oben« nach »unten«);
- das *Akzeptanzbedürfnis* bzw. die Notwendigkeit der Unterstützung des politischen Systems, die nur durch eine öffentlich wirksame politische Selbstdarstellung erreicht werden kann; sowie schließlich
- *internationale Kommunikationsbedürfnisse* im Blick auf die Außenbeziehungen des politischen Systems, zumal die »Medien-Diplomatie« in der internationalen Kommunikation seit Jahren doch eine immer wichtiger werdende Rolle spielt.

Die Massenmedien erfüllen die genannten Bedürfnisse in unterschiedlicher Weise. Teils beschränken sie sich auf (nachrichtliche) Vermittlungsaufgaben und würdigen Vorgänge in Politik und Gesellschaft kritisch in Kommentaren, Glossen und Leitartikeln; teils ergreifen sie selbst politisch Partei, besonders wenn sie politischen Gruppen weltanschaulich nahe stehen oder – wie dies beispielsweise bei Parteizeitungen der Fall ist – ihnen zugehörig sind. Es ist dies alles legitim. Wichtig für den Mediennutzer ist aber zu wissen, mit welchem Medium er es zu tun hat, damit er für sich die (politische) Position des jeweils genutzten Mediums weltanschaulich einschätzen sowie erforderlichenfalls ideologiekritisch beurteilen kann. In zahlreichen demokratischen Ländern gibt es daher Bestimmungen, wonach Presse und Rundfunk ihre weltanschauliche Position (z.B. Blattlinie bei Printmedien) transparent machen müssen.

5.1.6.5 Funktionen für das ökonomische System

Als zentrales Bedürfnis des ökonomischen Systems nennt der Soziologe Horst Holzer die sog. *Zirkulationsfunktion*. Gemeint ist damit, dass die Massenmedien zur »Aktivierung der Ware-Geld-Beziehungen« beitragen und dadurch den Warenumschlag beschleunigen. Sie tun dies auf zweierlei Weise: Als Werbeträger für kommerzielle Anzeigen bzw. Werbespots informieren sie über das Warenangebot, wecken Konsumwünsche und regen zum Kauf an. Sie erfüllen die Zirkulationsfunktion aber auch in der Vermittlung redaktioneller Inhalte v.a. in der Wirtschaftsberichterstattung, in der neben Informationen über Produkte und Dienstleistungen auch über aktuelle Trends und Entwicklungen im Konsumverhalten informiert wird und dabei seitens der Medien auch normsetzend gewirkt werden kann (vgl. Holzer 1973 und 1975 und 1994).

5.1.6.6 Funktionen für den Einzelnen

Nicht zuletzt ist auf Leistungen der Massenmedien zu verweisen, die aus Bedürfnissen des Einzelnen gegenüber Zeitung, Radio und Fernsehen beruhen – Leistungen also, die die Individuen von den Massenmedien erwarten (vgl. Pürer/Raabe 1996, S. 309f). Denis McQuail hat aus empirischen Studien, die Motiven der Mediennutzung auf den Grund gegangen sind, die folgenden Bedürfnisse ausfindig gemacht (vgl. McQuail 1983; Schulz 1997, S. 164f):

- das *Bedürfnis nach Information*, d.h. Unterrichtung über relevante Ereignisse aus dem lokalen, regionalen, nationalen und internationalen Geschehen, Ratsuche in praktischen Fragen, die Befriedigung von Neugier sowie der Wunsch nach Reduktion von Unsicherheit durch Wissen;
- das *Bedürfnis nach persönlicher Identität* wie die Bestärkung persönlicher Werthaltungen, die Suche nach Verhaltensmodellen, die Identifikation mit anderen (in den Medien) sowie die Selbstfindung;
- das *Bedürfnis nach Integration und sozialer Interaktion*, wobei die Medien einmal ein (soziales) Wir-Gefühl erzeugen oder gar mangelnde Sozialkontakte kompensieren helfen sollen, der gemeinsame Medienkonsum oder das Gespräch über Medieninhalte soziale Kontakte fördern und soziale Empathie und die Annahme (eigener) sozialer Rollen ermöglichen soll;
- das *Unterhaltungsbedürfnis*, das sich aufgliedert in Wünsche nach Zerstreuung und Entspannung, Wirklichkeitsflucht und Ablenkung von (Alltags-)Problemen, Verminderung der Langeweile, kulturelle und ästhetische Erbauung, sexuelle Stimulation sowie emotionale Spannung und Entlastung.

Die Vielzahl der hier genannten Leistungen bzw. Funktionsanforderungen können von den verschiedenen Medien nicht in gleicher Weise erfüllt bzw. gewährleistet werden. Vor allem für die gesamtgesellschaftlich relevanten und das aktuelle Tagesgeschehen übergreifende Sozialisations- und Orientierungsfunktionen fällt es äußerst schwer, die jeweiligen Leistungsstärken der verschiedenen Medien exakt auszuloten und zu benennen. Aber auch im Hinblick auf Information, Meinungsbildung und Unterhaltung lassen sich die Funktionen der Massenmedien nicht exklusiv entweder den Print- oder den Funkmedien zuordnen: Zu verschieden sind innerhalb der Mediengruppen (Zeitung, Zeitschrift, Radio, Fernsehen, WWW) die einzelnen Typen,

Abbildung 20:
Organisation, Arbeitsweise und Funktionserwartungen in unterschiedlichen politischen Systemen

Organisation und Arbeitsweise der Massenmedien in unterschiedlichen politischen Systemen*	
Monistisches System (monopolisierte Willensbildung, totale Repräsentation)	Pluralistisches System (konkurrierende Willensbildung, partielle Repräsentation)
<ul><li>Die Medien</li><li>besitzen nach innen eine Steuerungs-, nach außen eine Repräsentationsfunktion</li><li>sind von der Exekutive weisungsabhängig</li><li>der Berufszugang für Journalisten ist staatlich kontrolliert</li><li>die Nachrichten werden zentral durch eine Monopolagentur gesteuert und verbreitet</li></ul>	<ul><li>Die Medien</li><li>nehmen keine staatlichen Funktionen wahr (auch nicht der öffentliche Rundfunk)</li><li>sind von der Exekutive nicht weisungsabhängig</li><li>der Zugang zum journalistischen Beruf ist nicht geregelt, sondern grundsätzlich für jeden offen</li><li>Nachrichten können frei beschafft werden</li></ul>
Funktionserwartungen**	
<ul><li>kollektiver Agitator, Propagandist, Organisator</li><li>Instrument der Planung, Leitung und Lenkung</li><li>den *einen* politischen Willen verfestigen</li><li>das Agieren der Regierenden und Verwaltenden akklamieren</li><li>das politische Handeln der Regierenden als Wille des Volkes darstellen</li><li>affirmativ agieren (materialistisch fundierte Ansprüche)</li></ul>	<ul><li>Herstellung von Öffentlichkeit und öffentlicher Meinung</li><li>Instrument der Kritik und Kontrolle</li><li>zur pluralistischen und demokratischen Willensbildung beitragen</li><li>das Agieren der Regierenden und Verwaltenden transparent machen und kontrollieren</li><li>den politisch Handelnden auf die Finger schauen</li><li>diskursiv agieren (edle Ziele: »Vierte Macht«)</li></ul>

*   Erstellt in Anlehnung an: Kepplinger, Hans Mathias: Kommunikationspolitik. In: Noelle-Neumann, Elisabeth/Schulz, Winfried/Wilke, Jürgen (Hrsg.): Fischer Lexikon Publizistik/Massenkommunikation. Frankfurt/Main 1994, S. 118.

**   Erstellt in Anlehnung an: Schmolke, Michael: Von der repräsentativen zur präsentativen Demokratie. Die Teilhabe der Medien an der Macht. In: Freie Argumente. Freiheitliche Zeitschrift für Politik 1988, Folge 3, S. 25ff.

die seitens ihrer Leser, Hörer und Zuschauer auch aus unterschiedlichen Motiven heraus genutzt werden. Allenfalls kann man darauf verweisen, dass die klassische Tageszeitung und die Wochenzeitungen bzw. politischen Magazine eher als Hörfunk und Fernsehen in der Lage sind, Information (welcher Art auch immer) differenzierter aufzubereiten und mit Hintergrund auszustatten. Unbestritten ist wohl auch, daß die Stärke von Radio und Fernsehen (neben der aktuellen Information) in der Unterhaltung liegt. So verfügen die einzelnen Medien zwar über je unterschiedliche Leistungsstärken; aus ihnen jedoch exklusive Funktionen herleiten zu wollen, ist schwer möglich.

Literatur

Abel, Karl-Dietrich (1968): Presse im NS-Staat. Berlin.

ALM-Jahrbuch 1997/98 (1998). Hrsg. von der Arbeitsgemeinschaft der Landesmedienanstalten in der Bundesrepublik Deutschland (ALM). München.

ALM-Jahrbuch 2001/02 (2002). Hrsg. von der Arbeitsgemeinschaft der Landesmedienanstalten in der Bundesrepublik Deutschland. München.

ARD-Jahrbuch 1997 (1997). Hrsg. von der ARD. Hamburg.

ARD-Jahrbuch 2001 (2001). Hrsg. von der ARD. Hamburg.

Aufermann, Jörg (1971) (Hrsg.): Pressekonzentration. Eine kritische Materialsichtung und Systematisierung. München.

Berg, Klaus; Kiefer, Marie-Luise (Hrsg.) (1996): Massenkommunikation V. Eine Langzeitstudie zur Mediennutzung und Medienbewertung 1966-1995. Baden-Baden.

Bergsdorf, Wolfgang (1980): Die vierte Gewalt. Mainz.

Blaum, Verena (1980): Marxismus-Leninismus, Massenkommunikation und Journalismus. Zum Gegenstand der Journalistikwissenschaft in der DDR. München.

Bortloff, Jens (1996): Die Organisation für Sicherheit und Zusammenarbeit in Europa. Eine völkerrechtliche Bestandsaufnahme. Berlin.

Branahl, Udo (1992): Medienrecht. Eine Einführung. Opladen.

Bredow, Wilfried von (1992): Der KSZE-Prozeß. Von der Zähmung zur Auflösung des Ost-West-Konflikts. Darmstadt.

Breunig, Christian (1987): Kommunikationspolitik der UNESCO. Dokumentation und Analyse der Jahre 1946-1987. Konstanz.

Breunig, Christian (1994): Kommunikationsfreiheiten. Ein internationaler Vergleich. Konstanz.

Breunig, Christian (1996): Internationale Kommunikationspolitik im Wandel. Alte und neue Initiativen der UNESCO. In: Meckel, Miriam; Kriener, Markus (Hrsg.): Internationale Kommunikation. Eine Einführung. Opladen, S. 67-84.

Burkart, Roland (1998): Kommunikationswissenschaft. Grundlagen und Problemfelder. Umrisse einer interdisziplinären Sozialwissenschaft. Wien, Köln, Weimar.

Deutscher Presserat (Hrsg.) (2002): Jahrbuch 2002. Konstanz.

Diederichs, Helmut H. (1973): Konzentration in den Massenmedien. Systematischer Überblick zur Situation in der BRD. München.

Einführung in die Kommunikationswissenschaft (1983). Der Prozeß der politischen Meinungs- und Willensbildung. 2 Teile. 3., verb. Aufl. München [zuerst 1975].

Fechner, Frank (2001): Medienrecht. Lehrbuch des gesamten Medienrechts unter besonderer Berücksichtigung von Presse, Rundfunk und Multimedia. Tübingen.

Fischer, Heinz-Dietrich (1982) (Hrsg.): Deutsche Kommunikationskontrolle des 15. bis 20. Jahrhunderts. München.

Frei, Norbert; Schmitz, Johannes (1989): Journalismus im Dritten Reich. München.

Gädeke, Peter (1990): Informationsfreiheit. In: Schiwy, Peter; Schütz, Walter J. (Hrsg.): Medienrecht. Lexikon für Wissenschaft und Praxis. Neuwied, S. 234-242.

Geißler, Rainer (1986) Vom Kampf der Agitatoren mit einem widerspenstigen Publikum. Die Massenmedien der DDR im Überblick. In: medium 2/19986, S. 18-23.

Glotz, Peter; Langenbucher, Wolfgang R. (1993): Der missachtete Leser. (Neuauflage). München.

Glotz, Peter; Pruys, Karl Hugo (1981): Kommunikationspolitik. In: Koszyk, Kurt; Pruys, Karl Hugo (Hrsg.): Handbuch der Massenkommunikation. München, S. 117-122.

Graevenitz, Gerhard von et al. (1999): Vierte Gewalt? Medien und Medienkontrolle. Konstanz.

Hale, Oron J. (1965): Presse in der Zwangsjacke 1933-1945. Düsseldorf.

Hess, Henner (1969): Ein soziologischer Bezugsrahmen für die Massenkommunikationsforschung. In: Publizistik 3:1969, S. 277-286.

Holtz-Bacha, Christina (1986): Mitspracherechte für Journalisten. Redaktionsstatuten in Presse und Rundfunk. Köln.

Holzer, Horst (1973): Kommunikationssoziologie. Hamburg.

Holzer, Horst (1975): Theorie des Fernsehens. Fernsehkommunikation in der Bundesrepublik Deutschland. Hamburg.

Holzer, Horst (1994): Medienkommunikation. Einführung in handlungs- und gesellschaftstheoretische Konzeptionen. Opladen.

Holzweißig, Gunter (1989): Massenmedien in der DDR. Berlin.

Holzweißig, Gunter (1991): DDR-Presse unter Parteikontrolle. Kommentierte Dokumentation. Analysen und Berichte des Gesamtdeutschen Instituts Nr. 3/1991. Bonn.

Holzweißig, Gunter (1997): Zensur ohne Zensor. Die SED-Informationsdiktatur. Bonn.

Hubmann, Heinrich (1967): Das Persönlichkeitsrecht. Köln, Wien.

Internationales Handbuch für Hörfunk und Fernsehen 1998/99. Hamburg.

Internationales Handbuch Medien 2002/03 (2002). Hrsg. vom Hans-Bredow-Institut für Medienforschung. Baden-Baden.

Jacobson, Hans-Adolf et al. (1978): Sicherheit und Zusammenarbeit in Europa (KSZE). Analyse und Dokumentation 1973-1978. Köln.

Kepplinger, Hans Mathias (1982): Massenkommunikation. Rechtsgrundlagen, Medienstrukturen, Kommunikationspolitik. Stuttgart.

Kepplinger, Hans Mathias (1994): Kommunikationspolitik. In: Noelle-Neumann, Elisabeth; Schulz, Winfried; Wilke, Jürgen (Hrsg.): Fischer Lexikon Publizistik/Massenkommunikation. Frankfurt/Main, S. 116-139.

Kieslich, Günter (1968): Wettbewerb der Massenmedien und Konzentration im Pressewesen. Dokumentation der drei Untersuchungskommissionen und der parlamentarischen Diskussion. In: Publizistik 13:1968, S. 180-196.

Kirkamm, Wolfgang (1992): Über den Berufszugang als Journalist in der DDR und die Journalistenausbildung. In: Mahle, Walter A. (Hrsg.): Pressemarkt Ost. Nationale und internationale Perspektiven. München, S. 119-123.

Kisker, Klaus; Knoche, Manfred; Zerdick, Axel (1979): Wirtschaftskonjunktur und Pressekonzentration. München.

Klatt, Hartmut (1987): Medienpolitik in einer sich wandelnden Medienlandschaft. In: Medienpolitik. Hrsg. von der Landeszentrale für politische Bildung Baden-Württemberg. Stuttgart, Berlin, S. 11-37.

Knoche, Manfred (1978): Einführung in die Pressekonzentrationsforschung. Berlin.

Koszyk, Kurt; Pruys, Karl Hugo (1981): Handbuch der Massenkommunikation. München.

Kunczik, Michael; Zipfel, Astrid (2001): Publizistik. Ein Studienhandbuch. Köln, Weimar, Wien.

Kutsch, Arnulf (1990) (Hrsg.): Publizistischer und journalistischer Wandel in der DDR. Vom Ende der Ära Honecker bis zu den Volkskammerwahlen im März 1990. Bochum.

Lerche, Peter (1971): Verfassungsrechtliche Fragen zur Pressekonzentration. Rechtsgutachten auf Anregung des Bundesverbandes Deutscher Zeitungsverleger. Berlin.

Löffler, Martin (1984): Der Verfassungsauftrag der Presse. In: Wilke, Jürgen (Hrsg.): Pressefreiheit. Darmstadt, S. 343-356.

Löffler, Martin; Ricker, Reinhard (1994): Handbuch des Presserechts. 3., überarb. Auflage. München.

Ludwig, Hans-Werner; Pruys, Guido Marc (1998): Gewaltdarstellungen im Fernsehen. Die öffentliche Debatte und die Produktion. In: Klingler, Walter u.a. (Hrsg.): Fernsehforschung in Deutschland. Themen – Akteure – Methoden. Teilband 2. Baden-Baden, S. 579-596.

Maaßen, Ludwig; Decker, Horst (1983): Normative Konzeptionen von politischer Öffentlichkeit – Demokratietheoretische Aspekte. In: Einführung in die Kommunikationswissenschaft. Der Prozeß der politischen Meinungs- und Willensbildung. Teil 1 (Studieneinheit 2). 3., verb. Aufl. München, S. 51-88.

McQuail, Denis (1983): Mass Communication Theory. An Introduction. London.

Medienbericht der Bundesregierung 1974. Bonn.

Medienbericht der Bundesregierung 1978. Bonn.

Medienbericht der Bundesregierung 1985. Bonn.

Medienbericht der Bundesregierung 1998. Berlin.

Mestmäcker, Ernst Joachim (1978): Medienkonzentration und Meinungsvielfalt. Baden-Baden.

Meyn, Hermann (1999): Massenmedien in Deutschland. Berlin.

Osterchrist, Brigitte (1994): Von der Alternativzeitschrift zum Kulturmagazin. Eine empirische Untersuchung zur Entwicklung alternativer Stadtmagazine. Phil. Diss. München.

Papier, Hans-Jürgen; Möller, Johannes (1999): Presse- und Rundfunkrecht. In: Wilke, Jürgen (Hrsg.): Mediengeschichte der Bundesrepublik Deutschland. Bonn, S. 449-468.

Pürer, Heinz; Raabe, Johannes (1996): Medien in Deutschland I: Presse. 2. Aufl. Konstanz.

Riese, Hans-Peter (1984): Der Griff nach der vierten Gewalt. Köln.

Roegele, Otto B. (1971): Kommunikationspolitik. Grundlagen, Werte, Ziele. In: Noelle-Neumann, Elisabeth; Schulz, Winfried (Hrsg.): Fischer Lexikon Publizistik/Massenkommunikation. Frankfurt/Main, S. 76-78.

Roegele, Otto B. (1973): Medienpolitik – und wie man sie macht. Osnabrück.

Ronneberger, Franz (1966): Ziele und Formen der Kommunikationspolitik. In: Publizistik, 11:1966, S. 399-406.

Ronneberger, Franz (1971): Sozialisation durch Massenkommunikation. In: Ronneberger, Franz (Hrsg.): Sozialisation durch Massenkommunikation. Stuttgart, S. 32-101.

Ronneberger, Franz (1974): Die politischen Funktionen der Massenmedien. In: Langenbucher, Wolfgang R. (Hrsg.): Zur Theorie der politischen Kommunikation. München, S. 193-205.

Ronneberger, Franz (1978): Kommunikationspolitik. Band I: Institutionen, Prozesse. Mainz.

Ronneberger, Franz (1980): Kommunikationspolitik. Band II: Kommunikationspolitik als Gesellschaftspolitik. Mainz.

Ronneberger, Franz (1986): Kommunikationspolitik. Band III: Kommunikationspolitik als Medienpolitik. Mainz.

Röper, Horst (1991): Die Entwicklung des Tageszeitungsmarktes in Deutschland nach der Wende in der ehemaligen DDR. In: Media Perspektiven 7/1991, S. 421-430.

Röper, Horst (2001): Formationen deutscher Medienmultis 1999/2000. Entwicklungen und Strategien der größten deutschen Medienunternehmen. In: Media Perspektiven 1/2001, S. 2-30.

Saxer, Ulrich (1974): Funktionen der Massenmedien in der modernen Gesellschaft. In: Kurzrock, Rupert (Hrsg.): Medienforschung. Berlin, S. 22-33.

Schiwy, Peter; Schütz, Walter J. (1990) (Hrsg.): Medienrecht. Lexikon für Wissenschaft und Praxis. Neuwied.

Schneider, Beate (1992): Die ostdeutsche Tagespresse – eine (traurige) Bilanz. In: Media Perspektiven 7/1992, S. 428-441.

Schreiber, Norbert (1983): Demokratische Kommunikationspolitik. In: Einführung in die Kommunikationswissenschaft. Der Prozeß der politischen Meinungs- und Willensbildung. Teil 2 (Studieneinheit 13). 3., verb. Aufl. München, S. 417-458.

Schulz, Winfried (1974): Bedeutungsvermittlung durch Massenkommunikation. Grundgedanken zu einer analytischen Theorie der Medien. In: Publizistik 19:1974, S. 148-164.

Schulz, Winfried (1997): Kommunikationsprozeß. In: Noelle-Neumann, Elisabeth; Schulz, Winfried; Wilke, Jürgen (Hrsg.): Fischer Lexikon Publizistik/Massenkommunikation. Frankfurt/Main, S. 140-171.

Schütz, Walter J. (1956): Deutsche Tagespresse in Tatsachen und Zahlen. Ergebnisse einer Strukturuntersuchung des gesamten deutschen Zeitungswesens. In: Publizistik 1:1956, S. 31-48.

Schütz, Walter J. (1966): Die redaktionelle und verlegerische Struktur der deutschen Tagespresse. In: Publizistik 11:1966, S. 13-44.

Schütz, Walter J. (1971): Pressekonzentration. In: Arndt, Helmut (Hrsg.): Die Konzentration in der Wirtschaft. Band 2. Berlin, S. 667-687.

Schütz, Walter J. (1978): Zeitungsdichte und Zeitungswettbewerb in der Bundesrepublik Deutschland 1976. In: Publizistik 23:1978, S. 58-74.

Schütz, Walter J. (1991): Grenzübergang und Neubeginn – Zur Erweiterung des Zeitungsangebots in den neuen Ländern. In: Zeitungen 91. Hrsg. vom Bundesverband Deutscher Zeitungsverleger (BDZV). Bonn, S. 119-144.

Schütz, Walter J. (1999): Entwicklung der Tagespresse. In: Wilke, Jürgen (Hrsg.): Mediengeschichte der Bundesrepublik Deutschland. Bonn, S. 109-134.

Starkulla, Heinz (1963): Publizistik und Kommunikation. In: Publizistik 5:1963, S. 562-571.

Stolte, Dieter (1988): Die Rolle der Massenmedien in einer freiheitlichen Gesellschaft. München.

Stuiber, Heinz-Werner (1998): Medien in Deutschland, Band 2: Rundfunk. 2 Teile. Konstanz.

Thiel, Michael H. (1992): Presseunternehmen in der Fusionskontrolle. München.

Tonnemacher, Jan (1996): Kommunikationspolitik in Deutschland. Eine Einführung. Konstanz.

Weichler, Kurt (1987): Die anderen Medien. Theorie und Praxis alternativer Kommunikation. Berlin.

Weischenberg, Siegfried; Löffelholz, Martin; Scholl, Armin (1993): Journalismus in Deutschland. Design und erste Befunde der Kommunikatorstudie. In: Media Perspektiven Heft 1/1993, S. 21-33.

Weischenberg, Siegfried; Löffelholz, Martin; Scholl, Armin (1994): Merkmale und Einstellungen von Journalisten in Deutschland II. In: Media Perspektiven Heft 4/1994, S. 156-167.

Wiedemann, Verena (1994): Die 10 Todsünden der freiwilligen Selbstkontrolle. In: Rundfunk und Fernsehen 41:1994, S. 82-94.

Wiedemann, Verena (1996): Dem Presserat die Zähne schärfen. In: Hamm, Ingrid (Hrsg.): Verantwortung im freien Medienmarkt. Gütersloh, S. 93-103.

Wildenmann, Rudolf; Kaltefleiter, Werner (1965): Funktionen der Massenmedien (= Demokratische Existenz heute, Heft 12). Frankfurt/Main, Bonn.

Wilke, Jürgen (1984) (Hrsg.): Pressefreiheit. Darmstadt.

Wilke, Jürgen (1994): Medien DDR. In: Noelle-Neumann, Elisabeth; Schulz, Winfried; Wilke, Jürgen (Hrsg.): Fischer Lexikon Publizistik/Massenkommunikation. Frankfurt/Main, S. 219-143.

Wilke, Jürgen (1999): Zukunft Multimedia. In: Wilke, Jürgen (Hrsg.): Mediengeschichte der Bundesrepublik Deutschland. Köln, S. 751-774.

Wilke, Jürgen; Noelle-Neumann, Elisabeth (1997): Pressegeschichte. In: Noelle-Neumann, Elisabeth; Schulz, Winfried; Wilke, Jürgen (Hrsg.): Fischer Lexikon Publizistik/Massenkommunikation. Frankfurt/Main, S. 417-452.

Wulff-Nienhüser, Marianne (1994): Medienpolitik. Dokumentation deutscher Kommunikationspolitik zwischen 1945 und 1990. Konstanz.

ZDF-Jahrbuch 1997 (1997). Hrsg. vom Zweiten Deutschen Fernsehen. Mainz

ZDF-Jahrbuch 2001 (2001). Hrsg. vom Zweiten Deutschen Fernsehen. Mainz.

Zeitungen 1990 (1990). Hrsg. vom Bundesverband Deutscher Zeitungsverleger (BDZV). Bonn.

Zeitungen 1998 (1998). Hrsg. vom Bundesverband Deutscher Zeitungsverleger (BDZV). Bonn.

5.2. (Sozial-) Psychologische Aspekte der Kommunikationswissenschaft

Unter psychologischen Aspekten befasst sich die Kommunikationswissenschaft primär mit individuellen Wirkungen von Kommunikation und Massenkommunikation. Ihnen stehen gesellschaftliche Wirkungen gegenüber, für deren Ergründung soziologisch orientierte Fachvertreter zuständig sind. Zusammenhänge zwischen individuellen und gesellschaftlichen Wirkungen werden vorwiegend von Sozialpsychologen untersucht. Die Trennung in individuelle und soziale Wirkungen ist allerdings nicht unproblematisch: Individuelle Wirkungen sind – z. T. zumindest – gesellschaftlich bedingt; und soziale Wirkungen resultieren durchaus auch aus individuellen. Der Begriff »Wirkungen« ist in der Massenkommunikationsforschung, wie erwähnt, nicht gänzlich unumstritten. Er unterstellt bisweilen – vor allem im umgangssprachlichen Gebrauch und Verständnis – einen in der Tendenz eher einseitigen, aktiv (Kommunikator bzw. Medienbotschaft) – passiven (Rezipient) Vorgang, wobei Wirkung implizit mit der negativen Bedeutung des Begriffs »Beeinflussung« einhergeht. An Stelle des Begriffs »Wirkungen« ist daher auch die Bezeichnung »Folgen« von Medienkommunikation vorzufinden (vgl. z. B. Six 1982, S. 23; vgl. Merten 1991 und 1994 und 1999, S. 223ff). Mit »Folgen« ist nämlich mehrerlei gemeint, und dies trifft den Kern der Sache auch besser: Folgen für das Individuum, Folgen für die Menschen in ihrer alltäglichen Lebenswelt, Folgen für die Gesellschaft (vgl. Hunziker 1988, S. 22ff). Die beiden Begriffe werden im Weiteren daher synonym gebraucht.

Wenn es unter psychologischer Perspektive also primär um individuelle Wirkungen von Kommunikation geht, so meint man damit Wirkungen im Bereich der Kenntnisse und des Wissens, der Einstellungen und der Meinungen, der Gefühle bzw. Emotionen sowie der Handlungen und Verhaltensweisen: Die Massenmedien vermitteln uns permanent neue Daten, Fakten und Informationen, die wir in unsere Wissensstrukturen aufnehmen und integrieren (Kenntnis, Wissen). Sie machen uns beispielsweise mit politischen Meinungen vertraut, die wir akzeptieren, ablehnen oder denen wir indifferent gegenüberstehen (Einstellungen, Meinungen). Sie zeigen uns oder wecken in uns Gefühle, wenn in Nachrichtensendungen etwa über das Elend flüchtender Menschen aus Kriegsgebieten berichtet wird oder wenn wir in Spielfilmen zu Tränen gerührt werden (Gefühle, Emotionen). Und sie veranlassen uns vielleicht, infolge überzeugender Berichterstattung an einer Demonstration gegen Ausländerfeindlichkeit teilzunehmen oder ein in einer Anzeigenwerbung geschickt beworbenes Produkt zu kaufen (Handeln, Verhaltensweisen).

Wie so viele andere Fachgebiete der Kommunikationswissenschaft umfasst auch die psychologisch ausgerichtete Wirkungsforschung ein weites und nur schwer zu überblickendes Forschungsfeld (das auch die Rezeptionsforschung tangiert – vgl. Kapitel 4.4). Darin ist wohl auch der Grund zu sehen, weswegen kaum Überblicksdarstellungen existieren. Sehr wohl gibt es aber Bemühungen, psychologische Fragen im Kontext von Medienwirkungen generell zu erörtern (vgl. etwa Bonfadelli 1999; Jäckel

1999; Kunczik/Zipfel 2001; Schenk 2002), wobei auch hier ein solcher Überblick nicht geleistet werden kann. Die nachfolgenden Ausführungen beschränken sich vielmehr auf die Darstellung einiger mikrotheoretischer Ansätze (wie Überzeugungskommunikation und Gleichgewichtstheorien) sowie einer Makrotheorie (die Schweigespirale). Zuvor werden einige Begriffe geklärt, die in der psychologischen Medienwirkungsforschung eine wichtige Rolle spielen wie der zentrale Begriff »Einstellung« und die mit ihm zusammenhängenden Begriffe »Vorurteil« und »Stereotyp«.

5.2.1 Relevante Begriffe

Der Einstellungs-Begriff stellt in der psychologischen Forschung generell einen Schlüsselbegriff dar. Als Synonyme für ihn findet man auch die Begriffe »Attitüde«, »Haltung« und »Werthaltung« vor. Im Zusammenhang mit Kommmunikation und vor allem mit Massenkommunikation stellt sich vor allem die Frage, inwiefern medial übermittelte Botschaften in der Lage sind, Einstellungen zu bilden, zu verfestigen, abzuschwächen, zu verändern etc. Die Persuasionsforschung, die Bedingungen der Überzeugungskommunikation auf den Grund geht, war es, die sich bereits in den 1950er-Jahren eingehend damit befasst hat (vgl. Kap. 5.2.2). Im Folgenden wird daher versucht, den Einstellungsbegriff sowie mit ihm einhergehende weitere Begriffe (»Vorurteil«, »Stereotyp«) kurz zu klären.

5.2.1.1 Einstellungen

Einstellungen, so Ulrike Six, »sind aus Beobachtungen erschlossene *Konstrukte* (eines Menschen – Erg. H. P.), durch die Vorstellungen über *Merkmale oder Verhaltensweisen von Umweltobjekten* (Individuen, Gruppen, Nationen, aber auch von Sachverhalten – wie Ideen und Programmen – oder Situationen) bezeichnet werden« (Six 1982, S. 18). Einstellungen prädisponieren die selektive Ausrichtung des Denkens, Erkennens, Wahrnehmens, Urteilens, Wertens und Verhaltens (vgl. Silbermann 1982, S. 74).

Der Kommunikationswissenschaftler Michael Schenk unterscheidet mit Bezug auf den Psychologen Erwin Roth (Roth 1967) vier Bestimmungskriterien für Einstellungen:

* Einstellungen sind hypothetische Konstrukte, d.h. sie werden aus konsistentem Verhalten erschlossen.
* Einstellungen sind gegenstandsbezogen, d.h. Gegenstand von Einstellungen ist all das, was Inhalt des subjektiven Erlebens eines Einstellungsträgers ist.
* Einstellungen werden im Laufe der individuellen (Lern-)Geschichte erworben, sie entstehen unter dem Einfluss konkreter persönlicher Erfahrungen.
* Einstellungen stellen ein System dar, das die psychische Einheit von Kognition, Emotion und Motivation repräsentiert (vgl. Schenk 1987, S. 35f).

Die Einstellungsforschung zeichnet sich durch einen Perspektivenreichtum aus. Im Folgenden geht es primär um soziale Einstellungen, zumal diese den Umgang mit und das Verhältnis zu unseren Mitmenschen prägen. Folgende Charakteristika sozialer Einstellungen lassen sich zusammentragen (Six 1982, S. 18f):

Indem Einstellungen aus der Erziehung resultieren sowie aus Wissen und Beobachtungen erschlossene Konstrukte sind, haben sie individuelle und soziale Komponenten. Einstellungen stellen ein psychisches System dar, durch das der Einstellungsträger soziale Reize bewusst oder unbewusst »zu ordnen *(Kategorisierung)*, zu interpretieren und zu bewerten *(Evaluierung)* versucht« (Six, ebd.). Einstellungen sind nicht angeboren, sondern in ihrer Entstehung, Richtung und Ausprägung abhängig von direkten und indirekten Erfahrungen eines Individuums mit Einstellungsobjekten. Für die Bildung und Ausprägung von Einstellungen sind Einflüsse durch Primär- (Elternhaus bzw. Familie) und Sekundärgruppen (im Kindergarten, in der Schule, am Ausbildungs- und Arbeitsplatz etc.) von Bedeutung.

Einstellungen gegenüber verschiedenen Objekten stehen zueinander in Beziehung, bilden also ein Einstellungssystem. Sie bestehen aus einer jeweils verschiedenartigen Kombination mehrerer Elemente, nämlich der kognitiven Komponente, der affektiven Komponente (Gefühle) sowie der konativen Komponente:

- Mit der *kognitiven* Komponente meint man das Wissen eines Individuums um einen Gegenstand, ein Objekt, eine Person oder eine Sache.
- Unter der *affektiven* Komponente versteht man Gefühle und Empfindungen gegenüber einem Objekt oder einer Person. Solche Gefühle und Empfindungen können positiv, negativ oder indifferent sein.
- Mit der *konativen* Komponente ist die Handlungs- oder Verhaltensbereitschaft gegenüber Einstellungsobjekten gemeint. Dabei muss eine grundsätzliche Handlungsbereitschaft nicht zwingend zu einer tatsächlichen Ausführung der Handlung führen. Die drei Komponenten bilden ein System und stehen untereinander in Beziehung.

Einstellungen erfüllen für ihre »Träger« bestimmte Funktionen. Die *Wissensfunktion* dient »der kognitiven Orientierung in der komplexen Umwelt« und erleichtert »die Interpretation und Einordnung von Umweltreizen«. Die *Anpassungsfunktion* dient »der Anpassung an die jeweiligen Lebensbedingungen und somit der Maximierung von Belohnungen und der Minimierung von Bestrafungen aus der Umwelt«. Die *Abwehrfunktion* dient »dem Schutz vor einem allzu negativen Selbstbild und der Abwehr von Schuldgefühlen, innerpsychischen Konflikten und Selbstkritik…«. Die *Selbstdarstellungsfunktion* dient »der Selbstdarstellung gegenüber der Umwelt« und trägt somit auch zur Imagebildung bei. Die *Abgrenzungsfunktion* dient einerseits der Abgrenzung gegenüber Außengruppen; andererseits fördern Einstellungen, die man mit anderen teilt, »das Gefühl der Zusammengehörigkeit und gegenseitige Sympathie.« Mit der *Steuerungs- und Rechtfertigungsfunktion* ist gemeint, dass Einstellungen einerseits »der Steuerung von Verhaltensweisen dienen«, andererseits aber auch »der nachträglichen Rechtfertigung von Verhaltensweisen vor der eigenen Person (...), indem die Einstellungen dem eigenen ausgeführten Verhalten angepasst werden« können (Six, ebd.).

Die hier genannten Funktionen von Einstellungen sind z. T. eng miteinander verbunden »und wesentlich für ein Verständnis von sozialen Einstellungen im Alltag«, respektive auch für die »Bedeutsamkeit von Einstellungen in zwischenmenschlicher wie massenmedialer Kommunikation« (Six 1982, S. 19).

Heinz Bonfadelli weist bezüglich der Bildung von Einstellungen darauf hin, dass Einstellungen gelernt werden. Für die Bildung der *kognitiven* Komponente spielt die direkte Konfrontation mit dem Einstellungsgegenstand im Rahmen der persönlichen Sozialisation eine Rolle. Dabei sind neben dem persönlichen Erfahrungsraum auch interpersonal vermittelte Erfahrungen (durch Freunde, Kameraden, Familienmitglieder etc.) von Bedeutung. Bei der Formung der kognitiven Komponente durch soziale Wahrnehmungsprozesse ist die Kategorienbildung von Relevanz: »Sie wird notwendig, weil die aufgenommene Information nicht umfassend und undifferenziert im Gedächtnis gespeichert werden kann: *Informationsreduktion durch Selektion*« (Bonfadelli 1999, S. 92). Dabei führt zu starke und nicht an der Realität orientierte Informationsreduktion zur Bildung von Stereotypen (vgl. Kap. 5.2.1.2). Bei *direkter* Erfahrung wird die selektive Informationsverarbeitung und Kategorienbildung durch bestehende Prädispositionen einer Person gesteuert – es erfolgt eine sog. schemageleitete Assimilation der primären Erfahrungen an bestehende Wissensstrukturen. (Schemata sind im Gehirn netzwerkartig angelegte, kognitive Gedächtnisstrukturen, in die neue Informationen aufgenommen werden, wodurch der Wissensbestand erweitert wird). Dagegen ist die *indirekte* und beispielsweise medial vermittelte Erfahrung »vorgängig durch die jeweilige Informationsquelle strukturiert. Dies ist bei neuen Einstellungsgegenständen von Relevanz, weil Medien als Informationsquellen nicht nur die Inhalte, sondern ebenfalls die kognitive Strukturierung der Wissensinhalte beeinflussen« (Bonfadelli 1999, S. 92). Die *affektive* Komponente »besteht aus positiven bzw. negativen Emotionen gegenüber dem Einstellungsobjekt.« Schließlich ist die Entwicklung der *Verhaltenskomponente* »an das Vorhandensein von bestehenden *sozialen Normen* geknüpft: Sollvorstellungen über richtiges oder falsches Verhalten. Diese sind jedoch unterschiedlich ausgeprägt und können sich von Gruppe zu Gruppe unterscheiden: Die Beziehung der drei Einstellungskomponenten untereinander scheint mit dem *Alter* zunehmend konsistenter zu werden« (Bonfadelli 1999, S. 93).

Im Zusammenhang mit dem Einstellungs-Begriff und einer auf diesen Aspekt ausgerichteten Kommunikationsforschung ist auf zwei weitere Begriffe – »Stereotyp« und »Vorurteil« – zu verweisen.

5.2.1.2 Stereotyp

Unter einem *Stereotyp* versteht man die Äußerung einer auf verhältnismäßig wenige Orientierungspunkte verminderten, längerfristig unveränderten und trotz neuer oder sogar gegenteiliger Erfahrungen verfestigten, starren Einstellung. Das Stereotyp hat die Form eines Urteils, das a) in ungerechtfertigt vereinfachender und verallgemeinernder Weise und b) in gefühlsmäßig wertender Tendenz bestimmten Personen und Gruppen Eigenschaften oder Verhaltensweisen zu- oder aberkennt. Stereotype sind also harte, feste Gepräge – Bilder in uns über andere. Es sind immer die gleichen, also »typischen« Bilder, die sich in aller Regel auf Personen (»der Medienkanzler Schröder«, »das System Kohl«), Personengruppen (»die BMW-Fahrer«, »die Journalisten« etc.) und nationale Gruppen beziehen (»die Österreicher«, »die Preußen«, »die Juden« etc.). Feindbilder sind ein Sonderfall von Stereotypen – jener Sonderfall, in dem das feste Bild so negativ besetzt ist, dass es in uns Abwehrbereitschaft, Feindseligkeit und Aggression auslöst. (Die Presse-Karikatur arbeitet übrigens in starkem Maße mit Stereotypen und stellt somit ein gut geeignetes bildliches Mittel zur Darstellung von Stereotypen dar).

Charakteristisch für Stereotypen ist also, dass sie nur in groben Umrissen gezimmert sind und nur eine geringe Quantität an Informationen aufweisen; dass sie bewertend sind, d.h. über ihr Objekt und Subjekt anonyme und ungenaue Beurteilungen enthalten; und dass sie sich an psychologischen und äußerlichen Charakteristika orientieren und affektgeladen sind (vgl. Silbermann 1982, S. 431).

5.2.1.3 Vorurteil

Ein *Vorurteil* ist ein Urteil über Sachverhalte, Sachzusammenhänge, Gegenstände, Personen oder Personengruppen, das falsch ist oder zumindest beträchtliche Unstimmigkeiten aufweist – ein Urteil, das sich trotz bestehender Möglichkeiten einer Korrektur, d.h. einer Überprüfung seiner Richtigkeit entzieht. Bei einem Vorurteil sind a) der urteilenden Person bereits vorhandene Informationen und Erklärungen zum Gegenstand des Urteils entweder noch nicht ausreichend bekannt, oder sie werden b) von ihr nicht in jenem Maße berücksichtigt, wie es ein sachgerechtes Urteil erfordert. Oft werden solche Informationen zur Richtigstellung einfach nicht wahrgenommen, und es besteht eine psychisch-geistige Sperre gegen die Aufnahme oder Berücksichtigung von Informationen, die mit dem Vorurteil nicht vereinbar sind.

Ulrike Six verweist auf weitere wichtige Aspekte zum Vorurteil (Six 1982, S. 20):

- Vorurteile weisen nicht nur affektive (z.B. negative Bewertungen) und konative (diskriminierende Verhaltensweisen), sondern auch kognitive Komponenten auf. Als solche sind a) »die *vereinfachende Kategorisierung* von Objekten (z.B. das Einordnen von Personen in ein ›Schubladensystem‹ nach ihrer ethnischen Zugehörigkeit)«, b) »die *an sozialen Normen orientierte Bewertung* der Objekte«, c) die »zur Urteilsverzerrung beitragende Übergeneralisierung« sowie d) »die damit verbundene Überakzentuierung« zu nennen.
- Vorurteile werden durch kognitive Prozesse gesteuert, »sie steuern aber auch ihrerseits wieder kognitive Prozesse, wie z. B. die *selektive Wahrnehmung* von Infor-

mationen über Vorurteilsobjekte und die Anpassung (*Umdeutung*) von Informationen an bestehende Vorurteile.«

- Vorurteile werden – anders als Einstellungen – »mehr durch indirekte als durch direkte Erfahrungen mit Umweltobjekten erworben; ihre Existenz gründet selten auf dieser empirischen Basis und ist selbst bei Vorliegen widersprechender Informationen stark resistent gegen Änderungsversuche.«
- Die Änderungsresistenz von Vorurteilen hängt u. a. damit zusammen, »dass Vorurteile durch ihre starke Orientierung an sozialen Normen ständige Bekräftigung durch Personen der Eigengruppe erfahren.« Zu erwähnen sind des Weiteren aber auch Abgrenzungstendenzen gegenüber Fremdgruppen und die Aufwertung der eigenen Gruppe (»ideologischer Kitt«).
- Nicht zuletzt aber schützen Vorurteile »vor Unsicherheit und Selbstkritik der Eigengruppe und rechtfertigen (leider – Erg. H. P.) Diskriminierungen und Aggressionen gegenüber Fremdgruppen« (Six 1982, S. 29).

Vorurteile finden oftmals ihren Ausdruck in Stereotypen – man denke beispielsweise nur daran, wie Journalisten in Spielfilmen dargestellt werden. In der Bundesrepublik Deutschland sind, um ein anderes Beispiel zu nennen, Vorurteile gegenüber den Bürgern im jeweils anderen Teil Deutschlands vorzufinden: »die arroganten und besserwisserischen ›Wessis‹«, »die larmoyanten und unzufriedenen ›Ossis‹«. Eine berechtigte Frage der Medienwirkungsforschung ist nun, inwieweit die Massenmedien – nicht zuletzt infolge des Zwanges zu Vereinfachungen – Vorurteile und Stereotypen schaffen, prägen und verfestigen oder umgekehrt Vorurteile relativieren und zu ihrem Abbau beitragen (können).

Heinz Bonfadelli versucht, den Unterschied zwischen Stereotypen und Vorurteilen wie folgt zu erklären: *Stereotype* sind solche Einstellungen, die einseitig nur bestimmte Kognitionen (Kenntnisse) über ein Einstellungsobjekt betonen, während andere Informationen darüber nicht zur Kenntnis genommen werden. *Vorurteile* sind eher affektgeladene Stereotype, die Abwehrfunktionen haben und auch durch widersprechende Erfahrungen kaum beeinflussbar sind (vgl. Bonfadelli 1999, S. 89).

5.2.1.4 Einstellungsänderungen

Doch zurück zum Begriff Einstellungen. In der Einstellungsforschung geht es vor allem darum, welche durch die Umwelt hervorgerufenen Einflüsse sich auf bereits bestehende Einstellungsstrukturen auswirken können und wodurch Einstellungsänderungen zu Stande kommen. Bonfadelli verweist auf vier Typen von Einstellungsänderungen (vgl. Bonfadelli 1999, S. 93), nämlich:

- auf die »*Meinungsbildung* als Neubildung von Einstellungen, wenn gegenüber bestimmten Einstellungsobjekten noch keine verfestigten Einstellungen vorhanden sind. Der Umwelteinfluss als direkte oder indirekte, medial vermittelte Erfahrung ist in diesen Fällen eher groß«;

- auf die »*Verstärkung bestehender Einstellungen* durch Information, die zu den vorhandenen Strukturen konsistent ist. Einstellungen werden so aktiviert und auch verfestigt«;
- auf die »*Abschwächung bestehender Einstellungen,* wenn Medienaussagen sich wiederholen, aber die Erwartungen des Rezipienten (Einstellungsträgers – Erg. H. P.) nicht ganz erfüllen. Neue Informationen können bestehende Kognitionen differenzieren, was zur Abschwächung der affektiven Komponente, mit der Zeit sogar zu einem Einstellungswandel führen kann«.
- Eine totale »*Änderung bestehender Einstellungen* ist relativ selten und durch Medienaussagen nur schwer herbeizuführen.« Eine Möglichkeit beispielsweise könnte sein, dass Veränderungen in der kognitiven Komponente durch neue Informationen (neue Einsichten also) eine Änderung der affektiven Komponente nach sich ziehen. Es können aber auch neue und affektiv belohnende Erfahrungen mit einem Einstellungsgegenstand zu einer Änderung der kognitiven Komponente führen. »Die Beeinflussbarkeit der bestehenden Einstellung hängt von der Funktion ab, die sie für die Person hat« (Bonfadelli 1999, S. 93).

Der Begriff Einstellung wird bisweilen in der wissenschaftlichen Literatur sowie vor allem umgangssprachlich nicht selten synonym für den Begriff »Meinung« gebraucht – und umgekehrt. In der sozialpsychologischen Forschung wird dennoch unterschieden. *Einstellungen* (auch Attitüden) sind tiefer in der Persönlichkeit des Menschen verankert, daher auch stabiler und besitzen eine stärkere Motivationskraft für das Handeln – im engeren Sinne manifestieren sich Einstellungen in Äußerungen, die sich auf Personen, Objekte, Gruppen und Symbole beziehen. *Meinungen* (opinions) stellen mehr äußerliche und allgemeinere Stellungnahmen dar, die relativ leicht verbalisierbar sind und relativ geringe Motivationskraft für das Handeln haben (vgl. Maletzke in Graumann 1972, S. 1530).

5.2.2 Kommunikation und Persuasion

Die psychologisch orientierte Wirkungsforschung ist bereits in den 1940er-Jahren Fragen auf den Grund gegangen, wie mithilfe von Überredungskommunikation (Persuasion) Einstellungsänderungen beim Rezipienten herbeigeführt werden können. Für die politische Kommunikation (Wahlkommunikation, Propaganda) sowie für die Werbekommunikation (Absatzbemühungen für Konsumgüter, Produkte und Dienstleistungen) waren und sind Antworten auf diese Fragen von besonderer Relevanz. Eine bedeutende Rolle spielte in diesem Zusammenhang eine Forschergruppe um den US-amerikanischen Sozialpsychologen Carl I. Hovland von der Yale Universität. Er gehörte mit seinem »Yale Communication and Attitude Change Programm« zu den Protagonisten dieser Forschungsrichtung, der heute noch von der Werbepsychologie hohe Aufmerksamkeit zuteil wird (vgl. Koeppler 2000).

Die kommunikationswissenschaftliche Forschung hat von Hovlands Arbeiten zweifellos auch profitiert, steht seinen vielfältigen und anerkennenswerten Bemühungen heute jedoch etwas zurückhaltender gegenüber (vgl. Schenk 1987, Burkart 1998, Jäckel 1999, Kunczik/Zipfel 2001). Seine vor allem in den 1950er-Jahren, also vor einem halben Jahrhundert (!) entwickelten Forschungsdesigns waren von einem Ursache-Wirkungs-Denken geprägt, dem die moderne Kommunikationswissenschaft so nicht mehr folgt. Zudem handelte es sich bei der großen Mehrzahl der Studien um sog. Laborstudien mit experimentellem Design. Unbestritten und verdienstvoll ist aber, dass die Gruppe um Hovland versucht hat, potenzielle Faktoren für die Wirkung von Überzeugungskommunikation ausfindig zu machen (und daher werden sie im Folgenden auch dargestellt). Dazu gehören Faktoren, die nicht nur beim Kommunikationsstimulus (Aussage), sondern auch beim Kommunikator (bzw. bei der Quelle) sowie beim Rezipienten und seinem sozialen Umfeld liegen (können). Die Arbeiten von Hovland et al. sind als »Yale-Studies« bzw. als »wissenschaftliche Rhetorik« (so Hovland selbst) in die kommunikationswissenschaftliche Wirkungsforschung eingegangen. Die Hauptfaktoren des Wirkungsprozesses, wie Hovland et al. sie ermittelten, sind aus Abbildung 21 ersichtlich.

Mit Überredungs- oder Überzeugungskommunikation bzw. Persuasion wird der gezielte Versuch verstanden, durch kommunikative Stimuli »die Einstellung eines Individuums gegenüber sich selbst, gegenüber anderen Personen, Objekten und Sachverhalten zu bilden bzw. zu ändern und damit auch sein Verhalten zu beeinflussen« (Koeppler 2000, S. 15). Dies setzt voraus, dass die Botschaft die Aufmerksamkeit des Rezipienten findet, von ihm aufgenommen und verstanden sowie nicht zuletzt auch akzeptiert wird. Hovland et al. fanden heraus, dass erfolgreiche Persuasion sowohl auf Merkmalen des Kommunikators, der medialen Botschaft als auch auf jenen der Rezipienten beruht.

5.2.2.1 Merkmale der Aussage bzw. Botschaft

Für die Wirksamkeit einer Aussage kommen inhaltliche wie formale Merkmale (Gestaltung) zum Tragen. Im Wesentlichen ging und geht es den Persuasionsforschern um die Klärung folgender Fragen: Wie soll in nach Überzeugung strebender Kommunikation argumentiert werden? Wie soll die Anordnung der Argumente erfolgen? Soll innerhalb der Anordnung der Argumente deren Überzeugungskraft schrittweise gesteigert oder gesenkt werden? Welche Form der Schlussfolgerung soll gewählt werden? Welche Rolle spielen Appelle, respektive Angst auslösende Appelle?

Zu den genannten Fragenkomplexen liegt eine große Zahl von Studien vor, die vor allem in den Jahren zwischen 1949 und 1961 entstanden (und auf zahlreiche, zum Teil schwer zugängliche Quellen verteilt sind). Mehrere Autoren haben versucht, die beinahe unzähligen Ergebnisse in Überblicken zusammenzufassen. Zu verweisen ist insbesondere auf die Arbeiten von Arthur R. Cohen (1964), Frank Bledjian (1969), Franz Dröge, Rainer Weißenborn und Hennig Haft (1973), Michael Schenk (1987), Harry C. Triandis (1975) sowie jüngst Michael Kunczik und

Abbildung 21: Hauptfaktoren des Wirkungsprozesses nach Hovland et al.

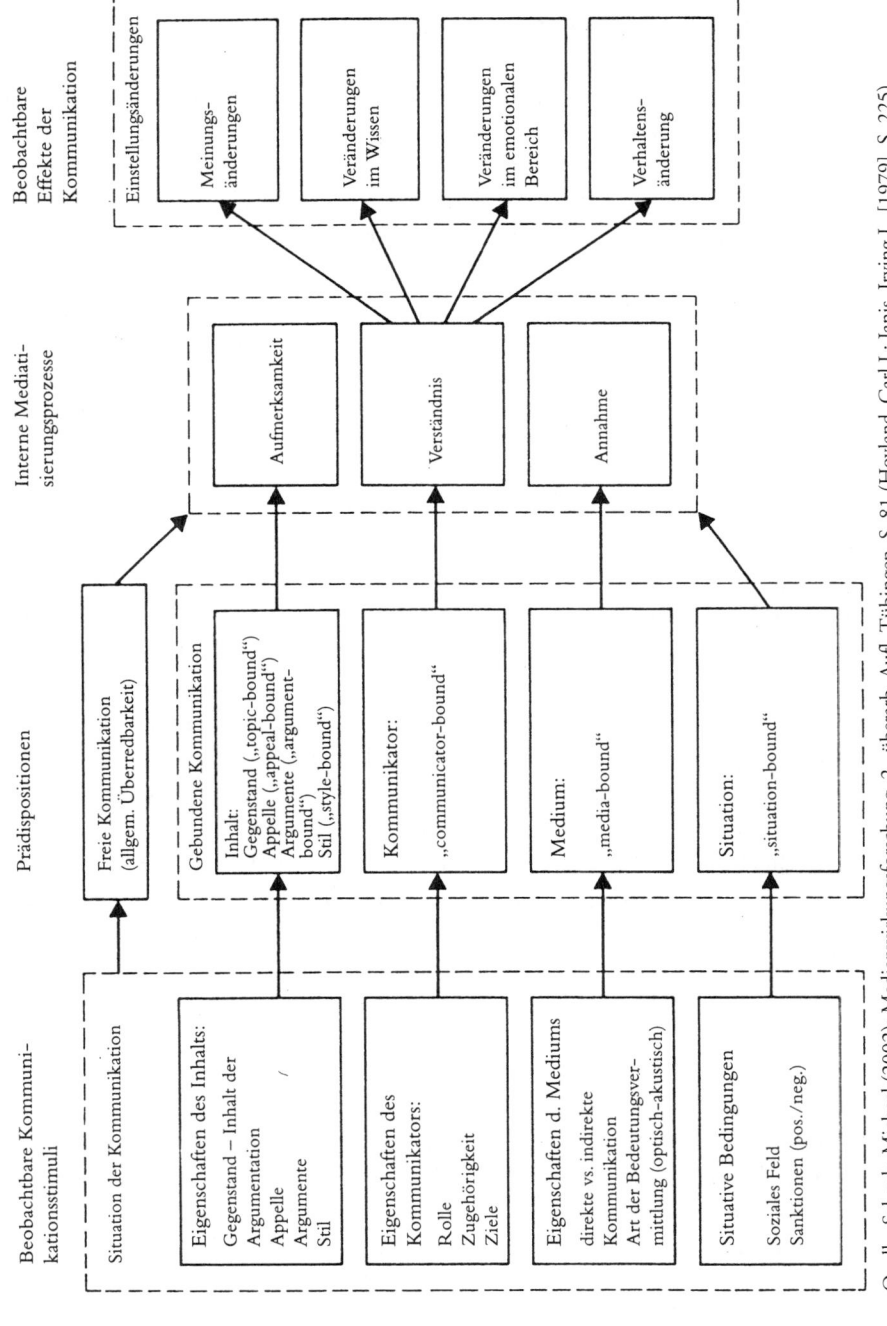

Quelle: Schenk, Michael (2002): Medienwirkungsforschung, 2., überarb. Aufl. Tübingen, S. 81 (Hovland, Carl I.; Janis, Irving L. [1979], S. 225)

443

Astrid Zipfel (2001). Mit Bezugnahme auf Schenk und Kunczik/Zipfel seien einige Resultate hier vorgestellt:

Einseitige oder zweiseitige Argumentation

Hier geht es um die Frage, ob es wirksamer ist, in der persuasiv angelegten Kommunikation nur die eigene Meinung (pro) darzulegen oder ob die Übernahme der vom Kommunikator beabsichtigten Meinung durch den Rezipienten begünstigt wird, wenn auch Gegenargumente (contra) präsentiert werden. Auf folgende Ergebnisse kann u.a. verwiesen werden (vgl. Hovland/Lumsdaine/Sheffield 1949): Bei Personen, die der intendierten Meinung des Kommunikators von vornherein zustimmen, ist die einseitige Argumentation (also nur pro) erfolgreicher. Bei Rezipienten, die ursprünglich gegenteiliger Ansicht waren, erwies sich die zweiseitige Argumentation (pro und contra) als wirksamer. Auch der Faktor Bildung spielte eine Rolle. Bei formal besser gebildeten Personen war zweiseitige, bei weniger gut Gebildeten einseitige Argumentation erfolgreicher. Zweiseitige Argumentation ist auch dann erfolgreicher als einseitige, wenn zu erwarten ist, dass die Rezipienten mit Gegenpropaganda konfrontiert werden (vgl. Hovland/Janis/Kelley 1953).

Anordnung der Argumente

Im Zusammenhang mit der zweiseitigen Argumentation stellt sich die Frage, welche Reihenfolge der Darbietung widersprüchlicher Argumente wirksamer ist: Erzielt die zuerst präsentierte Aussage (primacy) stärkere Effekte als die Letzte (recency)? Ist es wirksamer, zuerst die eigenen Argumente darzustellen und anschließend den Gegenstandpunkt zu widerlegen oder umgekehrt? Pauschale Aussagen dazu sind nicht möglich (vgl. Hovland 1954 sowie Hovland/Harvey/Sherif 1957). Die Wirksamkeit der Anordnung der Argumente variiert mit dem themenspezifischen Interesse und Wissen der Rezipienten. Bei Rezipienten, die ein starkes Interesse am kommunizierten Thema besitzen und daher meist auch über themenspezifische Kenntnisse verfügen, geht von der zuletzt präsentierten Aussage die stärkste Wirkung (recency effect) aus. Bei Zuhörern, die am zur Diskussion stehenden Thema nicht interessiert sind und die auch über wenig Wissen dazu verfügen, erweist sich die vom Kommunikator zuerst präsentierte Aussage (primacy effect) als wirkungsvoller (vgl. Insko 1967, Triandis 1975).

Climax- oder Anticlimax-Anordnung

Im Hinblick auf die Anordnung der Argumente wurde des Weiteren versucht herauszufinden, in welcher Reihenfolge bestimmte Aussagenelemente *innerhalb* einer Aussage dargeboten werden sollen. Präziser geht es um die Frage, ob bei persuasiver Kommunikation die Überzeugungskraft der Argumente einer Aussage schrittweise steigen (climax) oder sinken (anticlimax) soll. Sollen starke Argumente schwachen folgen (climax) oder schwache Argumente starken (anticlimax)? Erneut sind eindeutige Antworten nicht möglich. Es ist allenfalls zu vermuten, dass die Climax-Anordnung, also starke vor schwachen Argumenten, bei Inhalten wirksamer ist, die den Rezipienten vertraut sind und für die sie sich interessieren. Dagegen scheint die Anticlimax-Ordnung (schwache vor starken Argumenten) bei Inhalten effektiver zu sein, die den Rezipienten unvertraut sind und nur geringes Interesse hervorrufen (vgl. Hovland 1953). Die Ergebnisse wurden im Kontext der Erforschung der Primacy-Recency-Argumentation ermittelt.

Explizite oder implizite Schlussfolgerungen?

Den Forschern um Hovland et al. ging es auch um die Beantwortung der Frage, ob es bei persuasiv angelegter Kommunikation vorteilhafter ist, die Schlussfolgerung einer Aussage in der Botschaft mitzuliefern (explizite Schlussfolgerung) oder die Schlussfolgerung den Rezipienten selbst zu überlassen (implizite Schlussfolgerung). Die Antwort auf die Frage hängt (erneut) von der Komplexität des Themas sowie der Bildung und Motivation der Rezipienten ab. Explizite Schlussfolgerungen sind effektiver, wenn ein zu kommunizierendes Thema komplex und den Rezipienten nicht (sonderlich) vertraut ist sowie wenn keine persönliche Betroffenheit vorliegt. Umgekehrt erweist sich eine implizite Schlussfolgerung als effektiver, wenn ein Thema eine einfache Struktur aufweist und den Rezipienten vertraut ist (vgl. Hovland/Mandell 1952). Ferner scheint die Kommunikatorglaubwürdigkeit als höher eingeschätzt zu werden, wenn die Schlussfolgerung den Rezipienten überlassen wird.

Emotionale Appelle

In der Persuasionsforschung stellt sich darüber hinaus die Frage nach der Überzeugungskraft affektiver oder emotionaler Elemente des Kommunikationsinhalts, insbesondere der Wirkung Furcht erregender oder Angst auslösender Appelle. Es sind dies, so Michael Schenk, Appelle, die für den Empfänger ungünstige Konsequenzen beschreiben und die für ihn dann eintreten, wenn er die Schlussfolgerungen des Kommunikators nicht befolgt (vgl. Schenk 1987, S. 59). Die Ergebnisse der Persuasionsforscher über die Wirkung Angst erregender Appelle sind widersprüchlich. So haben, beispielsweise im Kontext mit dem Thema mangelnde Zahnpflege, geringe Furcht erregende Appelle größere Effekte erzielt als starke Furchtappelle (vgl. Janis/Feshbach 1953). Intensive Furchtappelle können beim Rezipienten zu einer starken Feindseligkeit gegenüber dem Kommunikator führen, sodass in der Konsequenz möglicherweise sogar ein gegenteiliger als der beabsichtigte Effekt (»Bumerang-Effekt«) erzielt wird. In anderen Studien haben geringe Furchtappelle zu wenig Interesse und Beachtung des Themas geführt (vgl. McGuire 1969, Triandis 1975).

5.2.2.2 Merkmale des Kommunikators bzw. der Quelle

In der zwischenmenschlichen Kommunikation wie auch in der Massenkommunikation ist im Hinblick auf mögliche (Persuasions-)Effekte nicht nur von Bedeutung, *was* (Inhalt) und *wie* (Form) etwas kommuniziert wird, sondern auch *wer* (Kommunikator) eine Botschaft vermittelt bzw. aus welcher Quelle sie stammt. Daher sind für die Wirkung von Kommunikation Merkmale und Eigenschaften wichtig, die dem Kommunikator vom Rezipienten zugeschrieben werden.

Glaubwürdigkeit

Carl I. Hovland, Irving L. Janis und Harold H. Kelley haben aufbauend auf anderen Arbeiten in einer erstmals 1953 publizierten Studie die Glaubwürdigkeit des Kommunikators als wichtige Variable für die Wirkung einer Kommunikation ermittelt (Hovland/Janis/Kelley 1953). Glaubwürdigkeit resultiert diesen Studien zufolge aus den Komponenten Expertentum bzw. Kompetenz (expertness) und Vertrauenswürdigkeit (trustworthiness) (vgl. auch Six/Schäfer 1985). *Kompetenz* bzw. expertness hat ein Kommunikator oder eine Kommunikationsquelle »in dem Ausmaß, in dem der Rezipient glaubt, dass [er oder] sie die Fähigkeit zur korrekten Information besitzt« (Koeppler 2000, S. 183). Expertentum ist gewissermaßen die dem Kommunikator bzw. der Quelle vom Rezipienten »zugeordnete Sachkenntnis über einen Gegenstandsbereich« (Koeppler, ebd.). *Vertrauenswürdigkeit* (trustworthiness) wiederum ist die einem Kommunikator oder einer Kommunikationsquelle vom Rezipienten »zugeschriebene Absicht, korrekt zu informieren« (Koeppler 2000, S. 183). Eine Quelle, der Kompetenz zugeschrieben wird, muss nicht zwingend eine sein, die auch korrekt informiert. Insofern erscheint nur als glaubwürdig, wem beide Eigenschaften zugewiesen werden.

Das Thema Glaubwürdigkeit stellt ein komplexes Untersuchungsfeld dar (vgl. Jäckel 1999, S. 132-157; Bentele 1988; Wirth 1999; Nawratil 1997), das hier nicht ausgeleuchtet werden kann. Mit Bezug auf die Studien von Hovland, Janis und Kelley lässt sich, wie Kunczik/Zipfel zusammenfassen, festhalten: »(1) [Eine] von einer als unglaubwürdig eingestuften Quelle kommende Kommunikation wird eher als unfair und verzerrt wahrgenommen. (2) Glaubwürdigere Kommunikatoren sind kurzfristig effektiver als unglaubwürdige Kommunikatoren. (3) Diese größere Effektivität ist nicht die Folge erhöhter Aufmerksamkeit oder besseren Verständnisses; die Glaubwürdigkeit scheint vielmehr die ›kurzfristige‹ Bereitschaft (des Rezipienten – Erg. H. P.) zu erhöhen, die Argumente zu akzeptieren« (Kunczik/Zipfel 2001, S. 296). Im Hinblick auf Experimente von Walster/Festinger (1962) und Brock/Becker (1965) ergänzen Kunczik/Zipfel, dass die Wahrnehmung einer manipulativen Absicht des Kommunikators dessen Glaubwürdigkeit und damit das kurzfristige Wirkungspotenzial beeinträchtigt (vgl. Kunczik/Zipfel 2001, S. 296).

Sleeper-Effekt

Im Zusammenhang mit der Glaubwürdigkeit des Kommunikators bzw. der Quelle ist in den Arbeiten der Hovland-Gruppe ein Phänomen aufgetaucht, das die Forscher »Sleeper-Effekt« (»Überschlafens-Effekt«) nannten (vgl. Hovland/Weiss 1951). Festgestellt wurde, dass eine von den Rezipienten ursprünglich als weniger glaubwürdig eingestufte Quelle (»low credibility«) nachträglich an Glaubwürdigkeit bzw. Überzeugungskraft gewann – die Verbindung zwischen Quelle und Aussage in der Erinnerung der Rezipienten mit der Zeit also schwächer wurde bzw. die Quelle in Vergessenheit geriet (vgl. Hovland/Janis/Kelley 1953, S. 255f; Kelman/Hovland 1953). Erst wenn die Befragten auf die ursprüngliche Quelle hingewiesen wurden, relativierte sich der Sleeper-Effekt und stellte sich bei den Probanden die ursprüngliche Einschätzung (wenig glaubwürdig) wieder ein (vgl. Kelman/Hovland 1953). Empirisch überzeugend abgesichert ist die These vom Sleeper-Effekt nicht. Auch in jüngeren Studien konnte er nur selten belegt werden (vgl. die Zusammenfassung von Koeppler 2000, S. 253-263).

Attraktivität bzw. Ähnlichkeit

In Bezug auf Kommunikatoreigenschaften hat sich die Persuasionsforschung neben der Glaubwürdigkeit auch mit den Faktoren Attraktivität bzw. Ähnlichkeit befasst. Zusammenfassende Ergebnisse über Forschungen zu diesem Thema finden sich bei Richard M. Perloff (1993), Ute Nawratil (1997) und jüngst bei Karlfritz Koeppler (2000). U.a. wurde bereits in frühen Studien festgestellt, dass ein Kommunikator für den Rezipienten als attraktiv gilt und von ihm überzeugend wahrgenommen wird, wenn der Rezipient ein hohes Maß an Ähnlichkeit zwischen ihm und dem Kommunikator empfindet (vgl. Weiss/Fine 1958; Byrne 1971). Es gibt aber, wie Harry C. Triandis in seinem Überblick über die Einstellungsforschung zeigt, auch manche entgegengesetzten Resultate (vgl. Triandis 1975, S. 263f). Zu persuasionsfördernden Merkmalen kann auch die physische Attraktivität des Kommunikators gehören; ebenso können von Prominenten (wie Künstlern, Sportlern, Politikern, Medienfiguren etc.) überzeugungswirksame Effekte ausgehen (vgl. Peters 1996; siehe auch Koeppler 2000).

5.2.2.3 Persönlichkeitsmerkmale des Rezipienten

In der Persuasionsforschung setzte sich des Weiteren die Erkenntnis durch, dass neben dem Kommunikationsstimulus (Aussage) und dem Kommunikator (bzw. der Quelle) auch Merkmale des Rezipienten für Überzeugungskommunikation eine Rolle spielen. Als Persönlichkeitsfaktoren erwiesen sich die intellektuellen Qualitäten des Rezipienten, Faktoren der Motivation sowie Voreinstellungen gegenüber den kommunizierten Inhalten. Auch der soziale Kontext der Rezipienten ist für Überzeugungskommunikation von Bedeutung.

Intelligenz, Bildung

In ihrer Zusammenfassung von Forschungsresultaten der Hovland-Gruppe zu diesem Themenkreis weisen Kunczik/Zipfel darauf hin, dass im Hinblick auf intellektuelle Qualitäten zu unterscheiden ist zwischen den Komponenten Lernfähigkeit, Kritikvermögen sowie der Fähigkeit, Schlussfolgerungen zu ziehen (vgl. Kunczik/Zipfel 2001, S. 306). Personen mit hoher Bildung sind besser in der Lage, (neue) Medieninhalte zu lernen. Auf Grund ihrer Fähigkeit, Schlussfolgerungen zu ziehen, werden bei rationaler und logischer Argumentation stärkere Wirkungen erzielt. Dagegen lassen sie sich infolge ihres Kritikvermögens von einer unlogischen, irrelevanten oder falschen Argumentation kaum überzeugen (vgl. Hovland/Lumsdaine/Sheffield 1949; Hovland/Janis/Kelley 1953, S. 181ff; Hovland 1954, S. 1084-1086). Die Bedeutung intellektueller Fähigkeiten erweist sich generell als wichtiger Faktor für Beeinflussbarkeit, insbesondere Kritikfähigkeit wirkt als Schutz gegen Manipulationen.

Motivfaktoren (Selbsteinschätzung)

Unter den wirkungsrelevanten Persönlichkeitsfaktoren befinden sich des Weiteren Charaktereigenschaften, die in der Summe als Motivfaktoren in die Forschung eingegangen sind. Personen (als Rezipienten), die über wenig Selbstvertrauen verfügen, eher aggressionsgehemmt sind und zu depressiven Stimmungen neigen, sind – möglicherweise aus Angst vor sozialer Missbilligung – für hohe Überredbarkeit stärker prädisponiert als Personen mit hoher Selbsteinschätzung (vgl. Janis 1954 und 1959; Hovland/Janis/Kelley 1953). Relativ resistent gegenüber sozialer Beeinflussbarkeit sind Personen, die zu aggressivem Verhalten neigen, sozial isoliert sind sowie neurotische Symptome aufweisen (vgl. Janis 1954).

Voreinstellung

Neben den erwähnten Persönlichkeitsmerkmalen hat sich auch die Voreinstellung der Rezipienten gegenüber dem Kommunikationsinhalt bzw. den Botschaften erwiesen. Von Carl I. Hovland, O.J. Harvey und Muzafer Sherif (1957) wurde untersucht, wie die ursprüngliche Einstellung der Rezipienten zu einem bestimmten Thema die Reaktion auf eine von dieser Einstellung abweichende Kommunikationsabsicht beeinflusst. Dabei wurden die Probanden mit Botschaften konfrontiert, die von ihrer eigenen Ansicht stark bzw. schwach abwichen. Als Ergebnis zeigte sich (wie Kunczik/Zipfel resümieren), a) dass bei starker Diskrepanz die Glaubwürdigkeit des Kommunikators bezweifelt wurde; b) dass Kommunikationsbotschaften mit stärker abweichenden Meinungen als von der eigenen Meinung der Rezipienten weiter entfernt wahrgenommen wurden; c) dass Kommunikationsinhalte mit schwächer abweichenden Meinungen als ähnlicher wahrgenommen wurden als sie waren; d) dass Rezipienten, deren Ansichten nicht zu stark von jenen des Kommunikators abwichen, eher im Sinne des Kommunikators beeinflusst wurden (vgl. Kunczik/Zipfel 2001, S. 307).

Sozialer Kontext

Harold H. Kelley und Edmund H. Volkart (1952) haben herausgefunden, dass Primär-und Bezugsgruppen von Rezipienten für die Wirkung einer Kommunikation von Bedeutung sind. Botschaften, die gegen die Bezugsgruppe oder ihr Wertesystem gerichtet sind, werden vor allem von Personen abgelehnt, die der Bezugsgruppe besonders verbunden sind. Der Widerstand gegen einen beabsichtigten Einstellungswandel ist umso größer, je mehr eine Einstellung gruppenverankert ist – oder anders gesagt: Je stärker Gruppennormen verinnerlicht sind, umso geringer fallen die Chancen auf Meinungsänderung aus (vgl. Kelley 1955; Charters/Newcomb 1958). »Indirekt nehmen ... Gruppennormen auch Einfluss auf die Glaubwürdigkeit eines Kommunikators einerseits und die Bereitschaft zur Nonkonformität andererseits« (Jäckel 1999, S. 144).

5.2.2.4 Kritik an den Yale-Studies

Die »Magic Keys« of Communication and Persuasion (Hovland/Janis/Kelley 1953) sind nach Ansicht der Persuasionsforscher also a) in Merkmalen und Eigenschaften des Kommunikators, b) im Inhalt, c) in der Präsentationsform des Inhalts, d) in den Persönlichkeitsmerkmalen der Rezipienten sowie e) in der Einbindung der Rezipienten in soziale Gruppen zu sehen (vgl. auch Jäckel 1999, S. 145). Obwohl die Yale-Studies also mehrere Faktoren ausfindig gemacht haben, die für die Wirkung von Überzeugungskommunikation von Bedeutung sein können, sind die Arbeiten der Gruppe um Hovland von Kritik nicht verschont geblieben. Diese Kritik ist freilich vor dem Hintergrund zu sehen, dass die wissenschaftlichen Arbeiten der Persuasionsforscher lange zurückliegen und heute ein anderer (Er-)Kenntnisstand existiert, der (zum Teil zumindest) auf den Arbeiten von Janis et al. aufbauen kann. Insofern relativiert sich diese Kritik.

Zum einen entzündete sich diese Kritik an der Künstlichkeit der Laborsituation. Diese lässt den realen sozialen Kontext, in welchem Kommunikation normalerweise vor sich geht, unberücksichtigt. Außerdem gilt der festgestellte kausale Zusammenhang zwischen unabhängigen und abhängigen Variablen jeweils nur unter den konkret vorliegenden Bedingungen der Laborsituation. »Wird auch nur ein wenig an diesen Randbedingungen verändert, so lassen sich möglicherweise schon konträre Beziehungen zwischen Ursache und Wirkung vorfinden« (Schenk 1987, S. 98) und werden andere Resultate erzielt. U. a. sind die teilweise verwirrenden Ergebnisse zur Frage der Anordnung von Argumenten ein gutes Beispiel dafür. Fraglich bleibt somit generell, ob sich die in der künstlichen Situation des Labors gewonnenen Erkenntnisse »auch auf natürliche Kommunikationssituationen übertragen lassen« (Jäckel 1999, S. 144). Auch die selektive Wahrnehmung der Versuchspersonen ist im Labor wesentlich eingeschränkt. »Normalerweise wählen die Menschen aus, was sie sehen, hören oder lesen wollen; die Versuchspersonen im Laboratorium sind aber ein ›captive audience‹, ein ›gefangenes Publikum‹. Sie sehen, hören, lesen, erleben, was man ihnen vorsetzt – egal ob es sie interessiert oder nicht« (Noelle-Neumann 2000, S. 528). Im Zusammenhang mit dieser Kritik ist aber einzuräumen, dass Hovland selbst ein Auseinanderklaffen von Ergebnissen der Wirkungsforschung im Labor (relativ starke Wirkungen) und in Feldstudien (äußerst geringe Wirkungen) aufgefallen ist (vgl. Hovland 1959).

Zum Zweiten: Die Yale-Forscher bezogen sich explizit auf lerntheoretische Konzepte, auf Überlegungen also, wonach sich Einstellungen von Menschen durch Lernprozesse ändern. Der vom Kommunikator präsentierte Stimulus stellt diesem Konzept zufolge ein Schlüsselelement im Prozess der Einstellungsänderung dar. »Er muss einen *Anreiz zur Akzeptierung* durch das Individuum haben, weil sich das Verhalten an Belohnungen ausrichtet. Das Ausmaß der Anreize oder (symbolischen) Belohnungen, die mit dem Kommunikationsinhalt verbunden sind, motiviert die Einstellungsänderung, sofern sie als Belohnung auch perzipiert werden« (Bonfadelli 1999, S. 96). Diese Anreize wurden zu wenig berücksichtigt bzw. untersucht, sodass viele Arbeiten der Hovland-Gruppe theorielos erscheinen (vgl. Schenk 1987, S. 97) und zudem mit einem wenig differenzierten Einstellungsbegriff operieren. Auch im Hinblick auf diese Kritik ist einzuwenden, dass Hovland et al. einräumen, nicht versucht haben zu wollen, »eine formale Theorie des Persuasionsprozesses zu bilden, sondern dass es ihnen eigentlich nur um die Isolation von Schlüsselvariablen ging, um so überhaupt einen Anfang für die spätere Erstellung von Theorien zu machen« (Schenk 1987, S. 97 mit Bezug auf Hovland/Janis/Kelley 1953). Dies freilich hat dazu geführt, dass zahlreiche Ergebnisse der Yale-Forscher teils widersprüchlich sind, teils auf sehr dünnen theoretischen Grundlagen fußen und auch empirisch bisweilen nicht sonderlich überzeugen (vgl. auch Petermann 1978, S. 76ff). Gleichwohl wird vielen Ergebnissen, wie u.a. Karlfritz Koepplers jüngst erschienener Band »Strategien erfolgreicher Kommunikation« unter Beweis stellt, im Kontext auch jüngerer Forschung anerkennende Aufmerksamkeit zuteil (vgl. Koeppler 2000).

5.2.3 Konsistenztheoretische Ansätze[1]

Auch die Konsistenztheorien haben den Einfluss von Kommunikation auf Einstellungsänderungen zum Gegenstand. Im Unterschied zum Forschungsprogramm der Hovland-Gruppe steht hier jedoch nicht der Kommunikationsstimulus im Zentrum des Forschungsinteresses, sondern es sind die kognitiven Strukturen des Rezipienten und die Mechanismen, »die zwischen dem Empfang einer Botschaft und einem möglichen Einstellungswandel liegen« (Kunczik/Zipfel 2001, S. 308). Besondere Aufmerksamkeit wird der Voreinstellung, der präkommunikativen Einstellungsstruktur der Rezipienten, in ihrer Bedeutung für Überredungskommunikation und Einstellungswandel gewidmet. Während die Yale-Studies primär stimulus-orientiert verfuhren, sind die konsistenztheoretischen Ansätze also primär response-orientiert.

Alle Konsistenztheorien (wie das Balance-Modell, das Kongruenz-Modell und die Theorie der kognitiven Dissonanz) gehen von der Annahme aus, dass dem Individuum im Rahmen seines Lebensvollzuges ein Streben nach Harmonie und innerem Gleichgewicht innewohnt (vgl. Burkart 1998, S. 203). Menschen sind in aller Regel bestrebt, ihre persönlichen, gegenüber unterschiedlichen Umweltobjekten wie Personen, Gegenständen, Sachverhalten etc. vorhandenen Einstellungen untereinander sowie persönliche Einstellungen und persönliche Verhaltensweisen miteinander in Einklang zu bringen und im Einklang zu halten. Dieser Zustand der inneren Über-

---

1   Susanne Wolf

einstimmung (kognitives Gleichgewicht) und der Vereinbarkeit von Denken, Fühlen und Handeln wird als *Konsonanz, Konsistenz* oder *Kongruenz* bezeichnet. Kognitives Ungleichgewicht dagegen, innere Dissonanzen, Inkongruenzen und Inkonsistenzen also, werden vom Individuum als unangenehmer psychischer Spannungszustand empfunden, der nach Aufhebung drängt.

Die Rezeption von inkonsistenten Aussagen bzw. Botschaften führt beim Rezipienten folglich zu Anpassungsmechanismen in Bezug auf Einstellungen, Gefühle und Verhaltensweisen, um inneres Gleichgewicht wiederherzustellen. Zur Erklärung solcher Anpassungsmechanismen gibt es unterschiedliche Theorien, nämlich das »Balance-Modell«, das »Kongruenz-Modell« sowie die »Theorie der kognitiven Dissonanz«. Diese drei Ansätze sollen im Folgenden erläutert werden. Gegenstand weiterer Ausführungen soll auch sein, welche informationellen »Strategien« Rezipienten entwickeln, um Dissonanzen und Inkonsistenzen abzubauen.

5.2.3.1 Das Balance-Modell

Der amerikanische Psychologe Fritz Heider beschreibt in seinem *Balance-Modell* (1946) die Beziehungen von Personen zu anderen Personen und zu ihrer Umwelt. Er beschäftigt sich in diesem Kontext mit »der Entwicklung und Stabilisierung der interpersonalen Wahrnehmung« (Bonfadelli 1999, S. 100 mit Bezugnahme auf Heider 1946).

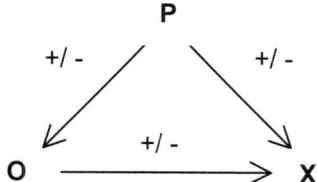

Vereinfacht wird diese Wahrnehmung mithilfe der folgenden drei Elemente dargestellt (s. Abb.): Eine Person (P) hat zu einer anderen Person (O) und zu einem sozialen Objekt aus seiner Umwelt (X) eine Beziehung. Dabei ist P in der Lage, auch die Beziehung von O zu X wahrzunehmen und einzuschätzen.

Ein konsistenter, balancierter Zustand liegt vor, wenn sich P, O, und X mögen, die drei Beziehungen also positiv (+) sind; oder aber, wenn zwei der Beziehungen negativ (-) sind: d.h., P mag O, aber nicht X, und O mag X auch nicht; P und O sind sich also einig bezüglich ihrer Beziehung zu X.

Das Gleichgewicht der kognitiven Struktur von P wird gestört, wenn ein Element das Beziehungsvorzeichen ändert, zum Beispiel wenn O X plötzlich doch mag. Nach Heider führt dieses Ungleichgewicht zu Einstellungsänderungen: eines oder mehrere Vorzeichen wechseln, bis die Balance wieder hergestellt ist. Hier wird in aller Regel die Form des geringsten Widerstandes gewählt, wobei die Relation P – O größere Bedeutung hat als P – X, beide aber wichtiger sind als O – X. Balancierte Zustände hingegen sind gegenüber Einstellungsänderungen resistent, da das Individuum dazu tendiert, sein kognitives System im Gleichgewicht zu halten (vgl. Bonfadelli 1999, S. 100). Dazu ein Beispiel: Ein von einem Studenten (P) geschätzter Hochschullehrer (O) lobt ein Buch (X), das der Student (P) ebenso als gut befindet – die kognitive Struktur von P ist ausbalanciert. Kritisiert O jedoch das Buch X negativ, wird P – wahrscheinlich – seine positive Einstellung zum Buch X korrigieren (Zur Brauchbarkeit des Modells bezüglich Medienwirkungen siehe Kepplinger 1985).

5.2.3.2 Das Kongruenz-Modell

Während Heider sich besonders mit der interpersonalen Wahrnehmung beschäftigte, bezieht sich das *Kongruenz-Modell* von Charles Osgood und Percy Tannenbaum (1955) explizit auf die Massenkommunikation. Kann die Frage nach einer Einstellungsänderung bei Heider nur mit ja oder nein beantwortet werden, so erlaubt dieses Modell zudem genaue Aussagen über Richtung und Ausmaß von Einstellungsänderungen.

Elemente des Modells (s. Abb.) sind die präkommunikative Einstellung einer Person (P) zu einer Informationsquelle (S) und zu einem sozialen Objekt oder Sachverhalt (O), über das S eine wertende Aussage macht.

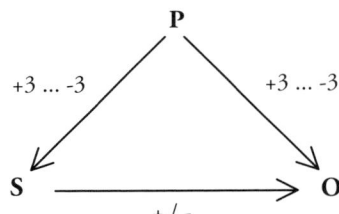

Plädiert nun zum Beispiel die Bild-Zeitung (S) für die Pflege von Traditionen (O) und bewertet eine Person (P) Bild-Zeitung und Traditionspflege positiv, liegt bei P Konsistenz bzw. Kongruenz vor. Lehnt P jedoch die Pflege von Traditionen ab, ergibt sich ein inkongruenter Zustand: Es passt nicht in die kognitive Struktur von P, dass sich S positiv über die Traditionspflege äußert. Dieser Spannungszustand wird nun dadurch ausgeglichen, dass P seine Einstellung zu S *und* O ändert. Art und Ausmaß der Einstellungsänderung ermitteln Osgood und Tannenbaum, indem sie auf einer Skala von -3 (sehr negativ) bis +3 (sehr positiv) die Intensität der Einstellungen von P zu S und O zu bestimmen versuchen (S → O wird nur durch +/- bestimmt). Dabei ist der Druck auf die Änderung einer Einstellung umso größer, je weniger extrem diese ausgeprägt ist. Die stärker ausgeprägte Einstellung hat quasi mehr »Durchsetzungsvermögen«, wodurch sie die schwächer ausgeprägte Einstellung deutlich auf ihre Seite (der Skala) zieht. Die extremere hingegen muss als Ausgleich nur einen kleinen »Schritt« in die andere Richtung machen, damit die »Einstellungsbilanz«, also die kognitive Struktur von P wieder im Gleichgewicht ist. Bezogen auf das oben genannte Beispiel bedeutet das: Die leicht negative Einstellung von P zur Pflege von

Traditionen sorgt für eine minimale Verschlechterung seiner Einstellung gegenüber der extrem positiv bewerteten Quelle Bild-Zeitung (S), die Einstellung gegen die Traditionspflege wird von der positiven Quelle deutlich geändert und verbessert. Osgood und Tannenbaum ermitteln den genauen Grad der Einstellungsänderung mithilfe mathematischer Formeln, wie sie bei Bonfadelli (1999, S. 101) dargestellt sind.

Kongruenz kann aber auch durch die Abwertung einer Informationsquelle hergestellt werden. Bei politischen Diskussionen, Wahlkämpfen beispielsweise, ist dies eine übliche Reaktion. So ändern überzeugte Anhänger einer Partei ihre Einstellung gegenüber dieser Partei nicht, wenn eine eigentlich positiv bewertete Quelle diskrepante Ansichten zu dieser Partei äußert. Die Anhänger zeigen eine gesteigerte Widerstandskraft, die Glaubwürdigkeit der Quelle wird dabei einfach abgewertet, wodurch der so genannte »Bumerang-Effekt« in Kraft tritt (vgl. Kuncik/Zipfel 2001, S. 309f).

5.2.3.3 Die Theorie der kognitiven Dissonanz

Für die Kommunikationsforschung am wichtigsten geworden ist die *Theorie der kognitiven Dissonanz* von Leon Festinger (zuerst 1957, in deutscher Sprache 1968). Dieser Ansatz bietet Erklärungen für die Auswahl (Selektion) von Medieninhalten durch die Rezipienten.

Kognitive Dissonanz ist dabei wieder als psychischer Spannungszustand aufzufassen. Ein häufig genanntes Beispiel ist in jenem des Rauchers zu sehen, der um die gesundheitsschädigende Wirkung des Rauchens von Zigaretten weiß, aber dennoch raucht. Ein weiteres, gerne gewähltes Beispiel ist Folgendes: Eine Person kauft ein neues Auto, obwohl sie hohe Schulden hat (und sich das Auto also gar nicht leisten dürfte). Kognition und Verhalten eines Menschen stehen nicht in Einklang miteinander, es entsteht eine innere Dissonanz.

Ebenso wie bei den bereits erläuterten Konsistenzmodellen stellt sich an dieser Stelle wieder die Frage nach den möglichen Anpassungsmechanismen, die zur Reduktion der Dissonanz ablaufen (vgl. Festinger 1968, S. 27-38; ebenso Schenk 1987, S. 114-116; Bonfadelli 1999, S. 107).

Festinger weist dabei zunächst auf eine Verhaltensänderung hin. Bezogen auf das eingangs genannte Beispiel bedeutet dies: Der Raucher gibt das Rauchen auf. Dissonanzreduktion kann auch durch die Änderung der psychischen und physischen Umwelt erreicht werden. Wie man sich vorstellen kann, ist dies jedoch nicht immer möglich. Denkbar ist weiterhin die Verringerung der Bedeutung dissonanter Elemente (»Differenzierung«).

Aus kommunikationswissenschaftlicher Sicht interessieren vor allem die Möglichkeiten zur Dissonanzreduktion, die das (mediale) Informationsverhalten von Personen erklären können. Nach Festinger sucht jemand, der Dissonanz empfindet, (1) aktiv nach Informationen, die die Dissonanz reduzieren, also konsonanzsteigernd sind, und vermeidet (2) Informationen, die zur Erhöhung der Dissonanz führen (Selective Exposure). Angewendet auf das Raucherbeispiel bedeutet das: Informationen, die das Rauchen als weniger gefährlich einstufen, wird der Raucher suchen. Dagegen wird er

Informationen meiden, die einen Zusammenhang zwischen Tabakkonsum und Lungenkrebs vermitteln.

Wie Danuta Ehrlich et al. (1957) bei Eigentümern gerade gekaufter neuer Autos feststellen konnten, wurden Anzeigen für das gerade gekaufte Auto mehr gelesen, als Anzeigen für andere Wagen. Die Personen »polsterten« sozusagen eine bereits getroffene Entscheidung durch zusätzlich eingeholte bestätigende Informationen ab (»Bolstering«: Vermehrung der Zahl und Stärke der konsonanten Relationen).

Weitere Forschungen haben ergeben, dass Individuen sich nicht nur selektiv bestimmten Inhalten der Massenmedien zuwenden (Selective Exposure), sondern diese oft auch nur selektiv wahrnehmen. Denn sollten Rezipienten doch einmal inkonsistente Inhalte aufgenommen haben, werden diese so lange verzerrt, bis sie zur bestehenden Einstellung passen *(Selective Perception)*. Außerdem erinnern sich Rezipienten häufig nur an solche Informationen, die mit ihren Einstellungen übereinstimmen (*Selective Retention)*.

Selektion, gezielte Auswahl also, als Schutzschild gegen inkonsistente Informationen, gegen Beeinflussung der Rezipienten durch Medieninhalte? Kunczik und Zipfel zufolge konnte diese Vorstellung in zahlreichen nachfolgenden Studien nicht belegt werden (vgl. Kuncik/Zipfel 2001, S. 314). Anzumerken ist außerdem, dass sich das Konzept der selektiven Informationsnutzung von Festinger nur auf Situationen bezieht, in denen Rezipienten bereits Dissonanz empfinden. Es bleibt also z.B. offen, ob sich Menschen auch im Falle von Konsonanz selektiv verhalten.

Wolfgang Donsbach hat in seiner 1991 erschienenen Publikation »Medienwirkung trotz Selektion« (Donsbach 1991, S. 55f) folgende Bilanz aus den Forschungsresultaten zur dissonanztheoretischen Selektionsforschung gezogen (vgl. auch Kunczik/Zipfel 2001, S. 314) :

- Das Streben nach Konsonanz und die Vermeidung von Dissonanz spielen bei der Zuwendung zu Informationen eine eigenständige Rolle.
- Ursachen für Informationsselektion sind jedoch auch Nützlichkeit, Attraktivität, und Vertrautheit von Informationen sowie Interesse und Neugier des Rezipienten. Die Bedeutung des Dissonanz-Faktors wurde überschätzt.
- Rezipientenmerkmale wie Ängstlichkeit oder Selbstvertrauen, Informationsmerkmale wie Dissonanzstärke und Glaubwürdigkeit wirken als intervenierende Variablen.
- Wichtigste Randbedingungen sind die Relevanz der Informationen für den einzelnen Rezipienten, er muss sich außerdem für seine Handlungs- und Wahrnehmungsentscheidungen verantwortlich fühlen.
- Die Suche nach konsonanten Informationen konnte eher belegt werden als die Vermeidung dissonanter Informationen.

An dieser Stelle sei noch auf eine weitere Strategie der Informationsauswahl verwiesen, die als »Gegenposition zu den konsistenztheoretischen Ansätzen« (Schenk 1987,

S. 132) gelten kann: *information processing*. Lewis Donohew und Leonard Tipton (1973) erklären die Aufnahme inkonsistenter Informationen sowie die Möglichkeit eines Einstellungswandels damit, dass Individuen stets ein bestimmtes Maß an Aktivierung (Erregung) aufrechterhalten möchten. Im Gegensatz zu den Konsistenztheorien suchen sie daher in bestimmten Lebenslagen gezielt nach Abwechslung (Inkonsistenz), die durch die Selektion von Informationen erreicht werden kann. Das Informationsverhalten findet dabei in folgender Weise statt: Befindet sich eine Person im Zustand höchster Erregung, weil sie ein bestimmtes Maß an Abwechslung überschritten hat (und Entspannung braucht), wird sie konsistente Informationen suchen. Empfindet sie dagegen Langeweile, wird sie Informationen auswählen, die mehr Abwechslung und Neuigkeitswert versprechen, also inkonsistent sind. Inkonsistente Informationen werden z.B. auch dann rezipiert, wenn ein Individuum sich neuen oder verändernden Situationen anpassen muss. Aus dieser Inkonsistenz heraus kann sich ein erneuter Bedarf nach Information ergeben, wenn bezüglich der neuen Situation eine Entscheidung zu einer Handlung erforderlich wird, die mit den bisherigen Vorstellungen nicht getroffen werden kann.

Das Information-Processing-Modell lässt also »sowohl das Eindringen inkonsistenter Informationen in das individuelle kognitive System zu, als auch Änderungen in den Überzeugungen, Einstellungen, Verhaltensweisen, im Wissen usw.« (Schenk 1987, S. 137). Die individuelle Informationsaufnahme und -verarbeitung kann dadurch z.B. unter dem Aspekt sich ändernder sozialer Umwelten besser erklärt werden, denn die Dissonanztheorie blockt ja inkonsistente Informationen durch das Konzept des »Selective Exposure« vor dem kognitiven System ab (vgl. Schenk 1987, S. 138).

Abschließend bleibt festzuhalten, dass ebenso wie den Ergebnissen der Yale-Studies auch den Erkenntnissen der drei Konsistenztheorien aus heutiger Sicht eher mit Vorsicht zu begegnen ist. Zwar beziehen die Modelle und Theorien den Rezipienten und seine Dispositionen mehr in die Überlegungen ein und verfügen über einen differenzierteren Einstellungsbegriff. Dennoch beruhen auch sie größtenteils auf Laborexperimenten, in denen auch widersprüchliche Ergebnisse erzielt wurden (vgl. Burkart 1998, S. 205). Interessant sind die Konsistenztheorien jedoch allemal, insbesondere für die psychologische Forschung. Ein sorgfältig zusammengestellter Forschungsüberblick dazu findet sich bei Michael Schenk (vgl. Schenk 1987, S. 109f, S. 112f sowie S. 122-132).

5.2.4 Exkurs: Mediating Factors

Die Arbeiten des amerikanischen Sozial- und Kommunikationsforschers Joseph T. Klapper hatten großen Einfluss auf die Vorstellung, wonach die Massenmedien relativ wirkungslos sind. Seine wichtigsten Erkenntnisse hat er in der 1960 publizierten Veröffentlichung »The Effects of Mass Communication« (vgl. Klapper 1960), der mehrere andere Publikationen vorausgegangen sind, zusammengefasst. Im Unterschied zu anderen Forschern seiner Zeit wich er von der Auffassung ab, wonach Massenmedien eine hinreichende Ursache von Wirkungen seien; vielmehr sah er in den Massenmedien Einflussfaktoren, die in aller Regel nur zusammen mit anderen Einflüssen wirken. Klapper berücksichtigte in seinen Arbeiten mögliche Wirkungen von Massenmedien, wie sie bereits dargestellt wurden. Darunter befanden sich auch die Erkenntnisse, wonach Medien zum Aufbau bzw. zur Neubildung von Einstellungen beitragen können, ebenso aber auch zur Verstärkung bestehender Einstellungen, zu deren Abschwächung und – in eher seltenen Fällen – zu deren totalem Wandel. Nach Durchsicht verschiedener Studien gelangte er zum Schluss, dass die Verstärkung bestehender Einstellungen durch Massenmedien am häufigsten auftritt (Verstärker-Hypothese), am seltensten ein Wandel. Den Grund dafür sah Klapper in verschiedenen intervenierenden Faktoren, die die direkte Beeinflussung des Empfängers durch die Medien beeinträchtigen. Er nennt sie »mediating factors«. Auf fünf solcher Faktoren ist hinzuweisen, wie Rainer Geißler (1981) mit Bezugnahme auf Klapper (1960 und 1967 und 1973) recht gut zusammenfasst:

1. *Prädispositionen, also Voreinstellungen der Rezipienten zu bestimmten Inhalten und daraus folgende Auswahlprozesse* (nämlich selektive Zuwendung, selektive Wahrnehmung und selektive Erinnerung).
2. *Die Einbindung der Rezipienten in (soziale) Gruppen* (wobei relativ stabile Gruppennormen einen Einstellungswandel behindern).
3. *Die interpersonale Verbreitung von Medieninhalten* (die Tatsache also, dass in der interindividuellen Kommunikation über Medieninhalte gesprochen wird, diese Kommunikation sich eher zwischen Gleichgesinnten vollzieht und daher auch eher verstärkend wirkt).
4. *Meinungsführerschaft* (damit ist, wie dargelegt, gemeint, dass Medienkommunikation nicht direkt wirkt, sondern über so genannte Meinungsführer in der Gruppe. Diese verhalten sich besonders gruppenkonform, woraus eine eher stabilisierende Wirkung auf bestehende Einstellungen resultiert).
5. *Die Struktur der Massenmedien in einer freien Marktwirtschaft* (d.h. Massenmedien sind als gewinnorientierte Unternehmen auf möglichst viele Empfänger angewiesen; sie passen sich den Ansichten ihres Publikums an und vermeiden nach Möglichkeit abweichende Ansichten).

Führt Massenkommunikation bei Rezipienten dennoch zu einem Wandel bestehender Einstellungen, so sind nach Klapper bei diesen Personen entweder die mediatisierenden Faktoren unwirksam (sodass Medien doch direkt auf die Rezipienten wirken), oder die mediatisierenden Faktoren wirken selbst auf eine Veränderung hin.

5.2.5 Konformitätsdruck – die Theorie der Schweigespirale

Im Kontext sozialpsychologischer Fragen von Medienwirkungen ist auch die Theorie der Schweigespirale zu erwähnen (vgl. Noelle-Neumann 1980 und 1996). Diese von der deutschen Publizistikwissenschaftlerin und Meinungsforscherin Elisabeth Noelle-Neumann begründete Makro-Theorie stellt auch einen Erklärungsversuch der Entstehung von öffentlicher Meinung dar (vgl. Noelle-Neumann 1974 und 1977). Die Theorie bzw. der Theorieentwurf ist, wie noch dargelegt werden wird, wissenschaftlich durchaus nicht unumstritten. Gleichwohl gehört sie (mit dem dynamisch-transaktionalen Ansatz von Werner Früh und Klaus Schönbach etwa) zu jenen wenigen aus dem deutschen Sprachraum stammenden kommunikationswissenschaftlichen Arbeiten, die nicht nur in Deutschland (vgl. z. B. Deisenberg 1986; Donsbach/Stevenson 1986; Donsbach 1987; Scherer 1990; Fuchs/Gerhards/Neidhardt 1992), sondern auch im angloamerikanischen Raum aufmerksam rezipiert und kritisch gewürdigt wurden (vgl. Glynn/McLeod 1984; Salmon/Kline 1985; Lasorsa 1991; Salmon/Glynn 1996; Glynn/Hayes/Shanahan 1997).

5.2.5.1 Das Grundkonzept

Die Theorie der Schweigespirale baut auf sozialpsychologischen Beobachtungen zum Verhalten von Menschen in öffentlichen Situationen, publizistikwissenschaftlichen Überlegungen zur Rolle der Massenmedien bei der Meinungsbildung sowie philosophiegeschichtlichen Erkenntnissen zum Begriff der öffentlichen Meinung auf. Die Darstellung des Zusammenhangs psychologischer, kommunikationswissenschaftlicher und sozialer Aspekte begründet eine Theorie, die den Prozess öffentlicher Meinungsbildung erklären und empirisch nachweisen will. Die Kernthese dabei lautet, dass Menschen, die glauben, die Mehrheitsmeinung der Bevölkerung hinter sich zu haben, tendenziell eher bereit sind, sich öffentlich zu ihrer Meinung zu bekennen als diejenigen, die glauben, eine abweichende Meinung zu vertreten. Der Prozess läuft, vereinfacht dargestellt, wie folgt ab (vgl. Noelle-Neumann 1980):

- Öffentliche Meinung versteht Noelle-Neumann als »soziale Haut«, die die Gesellschaft im Innersten zusammenhält. Diese »soziale Haut« versinnbildlicht Integration, Zusammenhalt und Ausgleich zwischen den Individuen.
- Menschen streben nach Harmonie und wollen in der Gesellschaft nicht im sozialen Abseits stehen. Sie befürchten – ob zu Recht oder zu Unrecht ist nicht entscheidend – gesellschaftlich isoliert zu werden (Isolationsfurcht), wenn sie eine vermeintlich »unpassende«, sozial nicht anerkannte Meinung zu einem brisanten, sozial oder politisch aufgeladenen Thema äußern.
- Menschen sind in der Lage, Meinungsverteilungen in der Bevölkerung recht genau wahrzunehmen. Obwohl ihnen kein Analyseinstrument wie etwa der professionellen Meinungsforschung zur Verfügung steht, können sie, so Noelle-Neumann, mit einer Art intuitiv-mentalem »quasistatistischem Wahrnehmungsor-

gan« feststellen, welche Meinung zu einem relevanten Thema überwiegt bzw. sich in der Minderheit befindet. Dabei steht den Menschen die direkte Umweltbeobachtung und die indirekte, nämlich die durch die Medien vermittelte, als Quelle zur Verfügung.

- Menschen, die meinen, mit ihrer persönlichen Auffassung zu politisch oder gesellschaftlich relevanten und in der öffentlichen Diskussion befindlichen Themen mit der vermuteten Mehrheitsmeinung (in Gesellschaft und Massenmedien) übereinzustimmen, also gleichsam konsonant zu sein, weisen tendenziell eine zunehmende Bereitschaft auf, sich in der Öffentlichkeit zu äußern (und sei es nur im Rahmen von Diskussionen am Arbeitsplatz oder im Bekanntenkreis).

- Personen hingegen, die glauben, mit ihrer persönlichen Meinung zu solchen Themen mit der vermuteten Mehrheitsmeinung *nicht* übereinzustimmen, also gleichsam dissonant zu sein, tendieren eher dazu, ihre Meinung in der Öffentlichkeit *nicht* zu artikulieren. Sie schweigen oder vertreten in der Öffentlichkeit (und sei es nur in einer Gruppe) mitunter sogar eine gegenteilige, nämlich die vermutete Mehrheitsmeinung, um sich von den Mitmenschen nicht zu isolieren.

- Eine konsonante, also in einer bestimmten Meinungsrichtung dominante Berichterstattung der Medien zu einem aktuellen Thema kann sich von der tatsächlichen Meinungsverteilung in der Bevölkerung unterscheiden. Aufgrund ihrer indirekten Umweltwahrnehmung, also der täglichen Mediennutzung, glauben die Menschen jedoch an die Dominanz der in den Medien vertretenen Meinung und verfallen zunehmend in Schweigen, weil sie glauben, einer Minderheitsmeinung anzugehören – obwohl sie doch möglicherweise in der Mehrheit sind. Die schweigende Mehrheit wird gewissermaßen von den Medien als Minderheitsmeinung marginalisiert. Der Eindruck der Mehrheitsmeinung wieder, die de facto jedoch nur von einer Minderheit vertreten wird, entsteht lediglich dadurch, weil ihre Vertreter die Rückendeckung der Medien haben und sich lautstark äußern. Durch »die Tendenz zum Reden der einen und zum Schweigen der anderen« kommt ein »Spiralprozess« in Gang, »der eine Meinung immer fester und fester als herrschende Meinung etabliert« (Noelle-Neumann 1979, S. 173).

Im Unterschied zu anderen Medienwirkungstheorien, wie sie u.a. vorstehend abgehandelt wurden, stellt die Theorie der Schweigespirale einen komplexen Entwurf einer (Makro-)Theorie dar. Ihre genuinen sozialpsychologischen, kommunikationswissenschaftlichen und gesellschaftstheoretischen Überlegungen hat Wolfgang Donsbach mit Bezugnahme auf Noelle-Neumanns Publikationen bereits 1987 kompakt zusammengefasst (vgl. Donsbach 1987, S. 324).

(Sozial-)Psychologisch relevant sind die Beobachtungen über das Konformitätsverhalten von Menschen in Gruppensituationen bzw. in Situationen des Umwelt- und Gruppendrucks. Solomon Asch (1952) hat dies bereits in den 1950er-Jahren experimentell untersucht (vgl. auch Noelle-Neumann 1980, S. 59ff). Konformitätsverhalten bzw. Isolationsangst ist nicht nur eine Angst vor der Absonderung, sondern auch

eine Furcht vor dem Zweifel an der eigenen Urteilsfähigkeit. Daraus resultieren Redebereitschaft oder Schweigetendenz und – unter Einbeziehung des Zeitfaktors – der damit verbundene spiralartige Prozess.

Die so genannte Rede- oder Schweigebereitschaft von Personen wurde von Noelle-Neumann empirisch mithilfe des sog. »Eisenbahntests« ermittelt (vgl. Noelle-Neumann 1980). Er geht wie folgt vor sich: Die Versuchspersonen werden zunächst nach ihrer eigenen Meinung zu politisch kontrovers diskutierten Themen befragt (z.B. Tempobegrenzung auf deutschen Autobahnen). Daran schließt die Frage nach der Einschätzung der Mehrheitsmeinung zu diesem Thema (Tempobegrenzung) in der Bevölkerung sowie ggf. nach der vermuteten zukünftigen Entwicklung der Meinungsverteilung in der Bevölkerung an. Schließlich folgt die Frage an die Versuchsperson, ob sie bereit wäre, im Rahmen einer Eisenbahnfahrt sich im Abteil mit einem Mitreisenden zu unterhalten, der eine zur eigenen Meinung gegenteilige Ansicht vertritt, um dessen Standpunkt näher kennen zu lernen. In mehreren Befragungen zu unterschiedlichen Themen zeigte sich bei solchen Eisenbahntests im demoskopischen Interview eine deutliche Redebereitschaft bzw. Schweigetendenz der verschiedenen Meinungslager. Personen, die sich auf der Seite der Mehrheit sahen, (bzw. siegessicher waren bezüglich der Zukunftsentwicklung der von ihnen vertretenen Position), erwiesen sich als redebereiter als Personen, die sich in der Minderheit sahen bzw. auf der Verliererseite wähnten. Diese tendierten eher zum Schweigen (vgl. Noelle-Neumann 1996, S. 33ff).

Kommunikationstheoretisch von Bedeutung ist, dass für die Umweltbeobachtung dem Individuum im Wesentlichen zwei Quellen zur Verfügung stehen: »die direkte Umweltbeobachtung im sozialen Kontext und die indirekte Beobachtung über die Inhalte der Massenmedien. Während die direkte Beobachtung dem Individuum vor allem Eindrücke vermittelt, mit welchen Meinungen man sich in der Öffentlichkeit isolieren kann, geben die Medieninhalte vor allem Eindrücke davon, wie die Mehrheit denkt« (Donsbach 1987, ebd.). Die besondere Einflusskraft der Medieninhalte resultiert laut Noelle-Neumann aus den beiden Faktoren Konsonanz und Kumulation mit damit verbundenen Effekten (Noelle-Neumann 1973). Mit *Konsonanz* ist die inhaltlich oftmals übereinstimmende Berichterstattung vieler Medien gemeint. Sie resultiert aus den identischen Auswahlkriterien der Journalisten (z. B. Nachrichtenfaktoren, vgl. Kapitel 4.1.2) sowie aus der Tatsache, dass die Journalisten eine relativ homogene Berufsgruppe darstellen, die sich stark an sich selbst (und nicht am Publikum) orientiert. Die Folge sei eine Medienkultur, die von der Realkultur abweiche und zu einem »doppelten Meinungsklima« führen kann. Ein solches kann Noelle-Neumann zufolge »nur entstehen unter ganz besonderen Umständen, nur dann, wenn das Meinungsklima der Bevölkerung und die vorherrschende Meinung unter Journalisten auseinander fallen« (Noelle-Neumann 1980, S. 242) und Personen je nach Mediennutzung ein unterschiedliches Meinungsklima wahrnehmen (vgl. Noelle-Neumann 1996, S. 243). Mit *Kumulation* ist gemeint, dass die Menschen den Medien ständig ausgesetzt sind und ihre weitgehend identische Berichterstattung permanent auf das Medienpublikum einwirkt. Dem Medium Fernsehen, für Noelle-Neumann ein »getarnter Elefant« (vgl. Noelle-Neumann 1977), wird dabei besondere Bedeutung zugeschrieben. Es habe a) auf Grund seiner höheren Aktualität die Möglichkeit, Themen (vor der Zeitung) zuerst zu bewerten; es verfügt b) vor allem wegen seiner Bilder über hohe Glaubwürdigkeit und vermittelt Authentizität (Miterleben des Empfängers); und es reduziert c) die Selektionsmöglichkeiten des Nutzers (man muss – beispielsweise auch und vor allem in Nachrichtensendungen – dem Programmablauf, den einzelnen Meldungen, folgen – man kann Fernsehen »nicht umblättern«). Konsonanz und Kumulation führen zu einem Effekt, nämlich zu der vom Rezipienten über die Medien wahrgenommenen Realitätsvorstellung (vgl. Noelle-Neumann 1973). Die Massenmedien sind Noelle-Neumann zufolge in der Lage, Realitätsvorstellungen zu prägen sowie Ideen, Ereignissen und Personen Öffentlichkeit zu verleihen, und zwar nur mit denjenigen Zügen, die ihnen die Medien zuschreiben.

Unter Einfluss der Medienberichterstattung – besser: des Medien*tenors* als journalistische Darstellung des Meinungsklimas zu einem kontroversen Thema in der Medienberichterstattung – lässt sich der Prozess der Schweigespirale wie folgt beschreiben: »Der Medientenor beziehungsweise die Veränderung des Medientenors läuft der Veränderung der Einschätzung des Meinungsklimas durch die Bevölkerung voraus. Die Veränderung der Einschätzung des Meinungsklimas läuft der Änderung der eigenen Einstellungen voraus. Das Verhalten – Redebereitschaft – folgt der Einschätzung des Meinungsklimas in einer Interaktion, die den Spiralprozess hervorbringt« (Noelle-Neumann 1996, S. 359). Noelle Neumann verweist allerdings auf drei (Rand-)Bedingungen, die gegeben sein müssen, damit der Prozess der Schweigespirale in Gang kommen kann: (1) Es muss sich um Meinungs- und Einstellungsbereiche handeln, die im Fluss sind, bei denen ein *Wandel* stattfindet. (2) Es muss sich um Meinungen handeln, die eindeutig *moralisch belegt* sind und bei denen die Auseinandersetzung nicht um die rational richtige oder falsche, sondern um die moralisch gute oder schlechte Position geführt wird. (3) Es muss sich um Prozesse handeln, in denen die Massenmedien eine *identifizierbare Position* einnehmen (vgl. Noelle-Neumann 1980, S. 91ff, S. 229ff, S. 244ff; siehe auch Noelle-Neumann 1996, S. 366ff).

Nicht zuletzt ist auf *gesellschaftstheoretische* Überlegungen zu verweisen. So kann man im System der permanenten Umweltbeobachtung der Menschen (der direkten wie der medial vermittelten) und der »Bestrafung« von Abweichlern durch soziale Isolation eine wichtige Funktion zur Stärkung des sozialen Verbandes sehen: Erst ein Mindestmaß an Konformität sowie an Verpflichtung auf gemeinsame Normen und Werte unter den Gesellschaftsmitgliedern führt nämlich zu jener Integration, die Gesellschaft überhaupt erst möglich macht (vgl. Donsbach 1987, S. 326). In der öffentlichen Meinung sieht Noelle-Neumann, wie erwähnt, eine »soziale Haut«, die das Gesamtsystem zusammenhält. Noelle-Neumann versteht *öffentliche Meinung* als »wertgeladene, insbesondere moralisch aufgeladene Meinungen und Verhaltensweisen, die man – wo es sich um fest gewordene Übereinstimmung handelt, zum Beispiel Sitte, Dogma – öffentlich zeigen *muss*, wenn man sich nicht isolieren will; oder bei im Wandel begriffenem ›flüssigem‹ Zustand öffentlich zeigen *kann*, ohne sich zu isolieren« (Noelle-Neumann 1983, S. 141; Hervorhebungen im Original).

Elisabeth Noelle-Neumann legt mit der Schweigespirale einen komplexen theoretischen Ansatz zur Erklärung der Wirkung der Massenmedien vor. Er zeichnet sich durch folgende Merkmale bzw. Ansprüche aus (und zwar unabhängig davon, ob bzw. inwieweit diese auch überzeugend umgesetzt bzw. eingelöst werden): (1) Er möchte nicht mehr entweder nur auf Mikro- oder auf Makro-Prozesse fokussieren, sondern trachtet danach, beides zu verbinden. (2) Er stellt von der Untersuchung der Wirkung auf das einzelne Individuum um auf die Analyse der Wirkung im Hinblick auf die Gesellschaft. (3) Er setzt nicht allein auf die Beobachtung kurzfristiger Wirkungseffekte, sondern möchte längerfristige Wirkungen in den Analysebereich mit aufnehmen. (4) Er gibt eine statische Betrachtungsweise explizit auf zugunsten der Beobachtung dynamischer Prozesse der Massenkommunikation (vgl. Schulz 1982).

5.2.5.2 Empirische Überprüfung

Die empirische Überprüfung ihres Theorieentwurfs – bzw. besser und richtiger: einzelner seiner Komponenten – nahm Elisabeth Noelle-Neumann hauptsächlich anhand politischer Themen vor. Wichtige Anstöße dazu erhielt sie u.a. aus (zunächst nicht erklärbaren) Umfrageergebnissen im Vorfeld der deutschen Bundestagswahlen von 1965 und 1972. Damals wichen, je näher der Wahltermin jeweils rückte, beabsichtigtes Wahlverhalten einerseits und vermutete Siegererwartung andererseits voneinander ab. Erst im letzten Moment kam es bei beiden Wahlgängen, so die Erklärung von Noelle-Neumann, zu einem »Mitläufereffekt«, zu einem »Last-Minute-Swing«, bei dem das Meinungsklima bezüglich der allgemeinen Siegeserwartung schließlich auf das Wahlverhalten durchschlug (1965 gingen CDU/CSU als Sieger aus den Wahlen hervor, 1972 war es die SPD). Noelle-Neumann sah im Wahlverhalten einen auf das öffentliche Meinungsklima zurückzuführenden Ausdruck der Isolationsfurcht, die bei einem Teil der Wähler jeweils zur Anpassung an die vermutete Mehrheitsmeinung führte (vgl. Noelle-Neumann 1991, S. 258 und 1996, S. 16ff).

Ein solches Umschlagen des Meinungsklimas versucht Noelle-Neumann auch am Beispiel der Bundestagswahl vom 3. Oktober 1976 (mit den Spitzenkandidaten Helmut Schmidt, SPD, und Helmut Kohl, CDU) nachzuweisen, die zu Gunsten der damals regierenden SPD/FDP-Koalition entschieden wurde (vgl. Noelle-Neumann 1980, S. 228ff). In repräsentativen Bevölkerungsumfragen (»Wer gewinnt die Wahl?«) im Vorfeld der Wahl war innerhalb von sechs Monaten unter den Befragten ein Rückgang der Siegeserwartungen für die CDU/CSU um 11 Prozentpunkte und ein entsprechender Anstieg der Siegeserwartungen für die SPD/FDP um 12 Prozentpunkte zu verzeichnen. Nach Medienkonsum durchgeführte Auswertungen ergaben, dass sich diese Verschiebung in den Siegeserwartungen bei Personen, die viel fernsahen, wiederspiegelte, während Personen, die wenig fernsahen, CDU/CSU und SPD/FDP in der Siegeserwartung gleichauf sahen. Der Grund für den Wechsel im Meinungsklima unter den Vielnutzern wurde von Noelle-Neumann beim Fernsehen vermutet, das mit seiner Berichterstattung ein Klima zu Gunsten der SPD erzeugte und das von den Zuschauern so wahrgenommen wurde. Dem Phänomen wurde von Noelle-Neumann mit einer Umfrage unter Journalisten im Juli 1976 über den zu erwartenden Wahlausgang sowie über die Wahlabsicht nachgegangen. 76 Prozent der befragten Journalisten erwarteten einen Wahlausgang zu Gunsten der SPD/FDP-Koalition, aber nur 33 Prozent der Gesamtbevölkerung (und 80 Prozent der Journalisten äußerten eine Wahlabsicht zu Gunsten SPD/FPD, jedoch nur 50 Prozent der Bevölkerung). Mögliche Schlussfolgerung: Da die große Mehrheit der Journalisten einen Wahlsieg der SPD/FDP-Koalition wollte, sahen sie die Welt gleichsam mit »sozial-liberalen Augen« und gaben diese Sicht über die Fernsehberichterstattung weiter.

Als Zwischenfazit kann an dieser Stelle darauf verwiesen werden, dass Noelle-Neumann über ihre Umfragen im Wahlkampf zur Bundestagswahl 1976 in der Bevölkerung sowie unter den Journalisten ein »doppeltes Meinungsklima« feststellte: jenes in der Bevölkerung, das ein offenes Rennen zwischen den beiden großen politischen Blöcken (CDU/CSU, SPD/FDP) sah; sowie jenes im Fernsehen mit einer Siegeserwartung von SPD/FDP. Personen, die sich dem Medium Fernsehen stärker zuwandten, wurden – so die Vermutung – in ihrer persönlichen Einschätzung unsicher. Dies habe zu einer Verschlechterung der Siegeschancen der CDU/CSU geführt (vgl. Noelle-Neumann 1980, S. 234f).

Noelle-Neumann hat den Journalisten keine offenkundige Manipulation von Nachrichteninhalten unterstellt, wollte aber dennoch einen Beweis dafür, dass Fernsehjournalisten ihre Einstellungen möglicherweise in versteckten Botschaften weitergeben. Der u.a. auch zu Rate gezogene amerikanische Medienforscher Percy Tannenbaum schlug vor, eine Umfrage unter deutschen TV-Kameraleuten durchzuführen, um herauszufinden, mit welchen optischen Mitteln der Darstellung von Personen, respektive von Politikern, es möglich ist, positive oder negative Effekte zu erzeugen. Kameraaufnahmen von Personen in Augenhöhe (Frontansicht), so das Ergebnis einer solchen Umfrage, wirken für den Dargestellten eher vorteilhaft (sympathisch, ruhig, ungezwungen); starke Draufsicht (also Vogelperspektive) oder Untersicht (Froschperspektive) wirken unvorteilhaft und vermitteln eher Antipathie, Schwäche und Leere (vgl. Noelle-Neumann 1980, S. 235f).

In diesen Ergebnissen schien nun der Schlüssel für das Umschlagen des Meinungsklimas gefunden zu sein. Hans Mathias Kepplinger führte eine Inhaltsanalyse der gesamten TV-Berichterstattung von ARD und ZDF über den Wahlkampf zur Bundestagswahl 1976 (zwischen 1. April und 3. Oktober) auf die verwendeten optischen Mittel durch (vgl. Kepplinger 1980). Erst bei der Analyse der optischen Darstellung der Spitzenkandidaten wurden Unterschiede deutlich: Helmut Schmidt (SPD) wurde nur 31 mal aus der ungünstigen Frosch- oder Vogelperspektive gezeigt, Helmut Kohl (CDU) hingegen 55 mal (Unterschied: 24). Auch bei einigen anderen Elementen, die für das vermittelte Klima von Bedeutung sind (wie Beifall, Haltung der Zuhörer, Unmutsbekundungen, Buh-Rufe etc.) sowie bei der intensiver wirkenden Halbtotale oder Großaufnahmen und bei der distanzierter wirkenden Totale wurden einige Unterschiede zu Gunsten der Darstellung von SPD/FDP deutlich (vgl. Noelle-Neumann 1980, S. 237ff).

Peter Winterhoff-Spurk fasst in diesem Kontext zusammen: »Stark vereinfacht wäre also im Wahljahr 1976 die Schweigespirale (besser: das Umschlagen des Meinungsklimas, H. P.) wie folgt zu Stande gekommen: Die Kameramänner wie ihre journalistischen Kollegen sind mehrheitlich der SPD/FDP-Koalition zugeneigt und vom Wahlsieg dieser Gruppierung überzeugt. Demzufolge bilden sie ihre Sicht der politischen Welt in einer bestimmten, für die von ihnen favorisierte Gruppe positiveren Weise ab: Der SPD-Spitzenkandidat (Helmut Schmidt – Erg. H. P.) wird seltener in der ungünstigen Frosch- oder Vogelperspektive gezeigt, für positive Publikumsreaktionen wird die intensivere Halbtotale oder Großaufnahme gewählt und negative Reaktionen werden kaum wiedergegeben. Vielseher rezipieren diese optischen Darstellungsmittel als einen Wandel im Meinungsklima, dem sie sich anschließen, um auf der Seite der nun (von ihnen so gesehenen) Mehrheit zu bleiben. So entschieden letzten Endes bei der Bundestagswahl vom 3. Oktober 1976 die Kameraleute des Fernsehens die Wahl, die mit einer Differenz von rund 350.000 Stimmen (bei 38 Millionen Wählern) zu Gunsten der Koalitionsparteien ausging« (Winterhoff-Spurk 1999, S. 120).

5.2.5.3 Diskussion

Die Behauptung, das Fernsehen habe die Bundestagswahl von 1976 entschieden, war verständlicherweise nicht nur von wissenschaftlicher, sondern auch von medienpolitischer Brisanz: Just dem zu Ausgewogenheit und Unabhängigkeit verpflichteten öffentlich-rechtlichen Fernsehen (damals gab es noch keine privaten TV-Sender) wurde immerhin vorgehalten, wahlentscheidenden Einfluss zu Gunsten einer politischen Partei (hier der SPD) ausgeübt zu haben. Wenn nämlich die optischen Darstellungsmittel des Fernsehens wirklich derart nachhaltig die Image-Bildung von Politikern beeinflussen können und bis in die Wahlkabine hineinreichende Folgen haben, so ist es nicht verwunderlich, wenn die politischen Parteien in noch stärkerem Ausmaß als bisher über die entsprechenden Kontrollorgane (wie Rundfunk- und Verwaltungsräte) auf den öffentlich-rechtlichen Rundfunk Einfluss nehmen wollen (vgl. Winterhoff-Spurk 1986, S. 116). So hat sich denn auch die ordnungspolitische Diskussion über das Rundfunkwesen verschärft und auch eine Debatte über die Objektivität der Medien und des Journalismus entwickelt (vgl. Bentele/Ruoff 1982). Gleichzeitig ist aber auch teils heftige (und im Ton bisweilen unangemessene) Kritik an den von Noelle-Neumann und Hans Mathias Kepplinger vorgelegten Studien zur Bundestagswahl geübt worden (vgl. Kiefer 1977; Atteslander 1980; Merten 1983 und 1985). Unter anderem wurde bezweifelt, dass 24 über ein halbes Jahr verteilte Kameraeinstellungen derartige Wirkungen zeitigen können und bemängelt, dass allein von der Fernsehnutzung auf Einstellungsänderungen geschlossen wurde; Wahlentscheidungen aber seien relativ stabile Werturteile. Bezugsgruppen der Befragten, die im Kontext politischer Kommunikation von Relevanz sind, seien, so ein weiterer Kritikpunkt, ebenso unzureichend berücksichtigt worden wie die für Medieneffekte nicht unbedeutenden Persönlichkeitsfaktoren der Befragten. Die behauptete Konsonanz der Berichterstattung sei empirisch nicht nachgewiesen; (dem Fernsehen wurde inhaltlich Ausgewogenheit attestiert, die Printmedien bzw. deren Wahlberichterstattung und deren Nutzung durch das Publikum sind nicht ergründet worden). Es sei problematisch, von der Einschätzung des Wahlausganges und von den Parteipräferenzen der Journalisten bzw. Kameraleute auf das Handeln der Journalisten zu schließen. Die Stichprobe der befragten Journalisten sei mit 100 Personen (darunter nur 20 Fernsehjournalisten) sehr klein gewesen. Klaus Merten versuchte auch, anhand einer Reanalyse der ihm zur Verfügung stehenden Daten einige der vorgelegten Befunde zu relativieren und zu korrigieren (vgl. Merten 1983).

Ungeachtet dieser auf den konkreten Fall (Bundestagswahl 1976) bezogenen Kritik wird die Theorie der Schweigespirale generell wissenschaftlich intensiv diskutiert, zumal Elisabeth Noelle-Neumann zur Schweigespirale inzwischen weitere Arbeiten vorgelegt hat (vgl. Noelle-Neumann 1996). Es ist nicht möglich, diese kritische Diskussion hier gänzlich wiederzugeben. Wolfgang Donsbach hat dies bereits 1987 auf der Basis von damals vorhandenen wissenschaftlichen Arbeiten versucht (vgl. Donsbach 1987, S. 331ff), weitere Beiträge von anderen Autoren sind zwischenzeitlich gefolgt (vgl. Scherer 1990; Gerhards 1996; Glynn/Hayes/Shanahan 1997; Kunczik/Zipfel 2001, S. 379-384). Einige der wichtigsten Aspekte dieser Diskussion seien aber herausgegriffen. Sie kreisen vorwiegend um die Isolationsfurcht, die damit zusammenhängende Rede- und Schweigebereitschaft sowie um die Frage nach der Fähigkeit zur Wahrnehmung des Meinungsklimas durch das Publikum.

Bezüglich der über den Eisenbahntest ermittelten *Bekenntnisbereitschaft* (Reden oder Schweigen), die laut Noelle-Neumann beim Menschen hoch ist, wenn seine Isolationsfurcht niedrig ist (und umgekehrt), wird die Validität dieses Messinstruments hinterfragt. Im Rahmen von Umfragen erbrachte empirische Überprüfungsversuche deuten darauf hin, »dass die Kommunikationsbereitschaft in solchen Situationen weniger durch soziale als vielmehr psychische Faktoren bestimmt ist« (Fuchs/ Gerhards/ Neidhardt 1991, S. 22). Eine Rolle dafür spielen das politische Interesse, die subjektiv empfundene Wichtigkeit des Themas sowie der Glaube, den Kommunikationspartner auch beeinflussen zu können. Für Rede- oder Schweigetendenzen ist auch die jeweilige Art von Öffentlichkeit von Bedeutung. Die unmittelbare Bezugsgruppe (also eine nur kleine und vertraute Öffentlichkeit) übt diesbezüglich einen größeren Einfluss auf das Individuum aus als die anonyme (große) Öffentlichkeit; d.h. die Menschen sind in ihrer unmittelbaren Bezugsgruppe durchaus bereit, ihre von der wahrgenommenen Mehrheitsmeinung der Öffentlichkeit abweichende Position zu äußern (vgl. Scheufele/Moy 2000). Es gibt sogar Hinweise darauf, dass sich bei Personen, die sich im Einklang mit ihrer Bezugsgruppe, aber im Widerspruch zur vermuteten Mehrheitsmeinung befanden, die Redebereitschaft verstärkt hat (vgl. Oshagan 1998). Eindeutige wissenschaftliche Aussagen zu dieser komplexen Teilkomponente der Schweigespirale werden allerdings, und dies ist unbedingt zu beachten, durch uneinheitliche Operationalisierungen von Öffentlichkeit in verschiedenen Studien erschwert (vgl. Scheufele/Moy 2000).

Bezüglich der *Isolationsfurcht* räumt Noelle-Neumann selbst ein, dass diese von Person zu Person unterschiedlich ist. Jürgen Gerhards weist darauf hin, dass der Anteil von Personen, die sich in einer Kommunikationssituation entsprechend den Annahmen der Schweigespirale verhalten, eher gering ist (vgl. Gerhards 1996). Er ermittelte unter den von ihm für die Bundesrepublik repräsentativ Befragten fünf Rede- bzw. Schweigetypen: die »Anpasser« (reden nur, wenn die im Eisenbahnabteil vertretene Meinung ihrer eigenen entspricht – nur 3,5 Prozent der Befragten); die »Missionare« (verhalten sich genau entgegengesetzt – 5,2 Prozent der Befragten); die »Reder« (wollen ihre Ansicht in allen Situationen äußern – knapp 39,2 Prozent der Befragten); die »Schweiger« (bekunden grundsätzlich keine Bereitschaft, ihre Meinung zu äußern – 30,9 Prozent der Befragten); sowie schließlich die »Inkonsistenten« (schwanken zwischen Rede- und Schweigebereitschaft – 21,2 Prozent). Eine der Mehrheitsposition entgegengesetzte Einflussnahme auf die öffentliche Meinung kann Gerhards zufolge nur von den »Redern« und den »Missionaren« ausgehen.

Auch Helmut Scherer zieht die Redehemmung von Personen, die sich in der Minderheit sehen oder wähnen, in Zweifel. Nach seinen Ergebnissen im Kontext einer Untersuchung zur Volkszählung von 1987 (pro und contra) neigte jene Gruppe von Befragten am meisten zum Schweigen, die sich weder der Minderheit noch der Mehrheit zuordnen ließ (vgl. Scherer 1992). Auch er stellte einen »Missionarseffekt« fest und fand darüber hinaus heraus, dass die Identifikation mit einem Thema für die Redebereitschaft entscheidender war als die Mehrheitswahrnehmung.

Michael Schenk und Patrick Rössler wiederum konstatieren in Übereinstimmung mit neueren Untersuchungen Noelle-Neumanns, dass die *Persönlichkeitsstärke* für von der Mehrheit abweichende Meinungen von Bedeutung ist. Menschen mit hoher Persönlichkeitsstärke beschreiben sich öfter als von der Mehrheitsmeinung abweichend; Personen mit niedriger Persönlichkeitsstärke sehen sich eher in Übereinstimmung mit der öffentlichen Meinung (vgl. Schenk/Rössler 1997).

Die den Menschen eigene *Fähigkeit zur Wahrnehmung von Mehrheits- und Minderheitsverhältnissen* in der Meinungsverteilung der Öffentlichkeit (von Noelle-Neumann, wie erwähnt, als »quasistatistisches Wahrnehmungsorgan« bezeichnet) wird von einigen Autoren in Frage gestellt. Die amerikanischen Medienforscher James Fields und Howard Schuman beispielsweise verweisen vielmehr auf die »Looking-Glass-Hypothese«, die die Kausalitätsrichtung der Schweigespirale umkehrt (vgl. Fields/Schumann 1976). Sie besagt, dass die bereits vorhandene Einstellung einer Person gegenüber einem Thema die Einschätzung des Meinungsklimas beeinflusst (und nicht etwa umgekehrt das von der Person wahrgenommene Meinungsklima die Einstellung); was eher zu einer verzerrten Wahrnehmung führen kann (vgl. auch Taylor 1982; Salmon/Kline 1985; Scherer 1992). Ein anderes Phänomen verzerrter Wahrnehmung kann vom »Third-Person-Effekt« ausgehen, demzufolge Menschen annehmen, dass die Medien andere Menschen stärker beeinflussen als sie selbst (vgl. Davison 1986 und 1996; Brosius/Engel 1997). Michael Kunczik und Astrid Zipfel verweisen auf eine Arbeit von Diana Mutz (1989), die den Third-Person-Effekt »insofern mit der Schweigespirale verbunden [hat], als sie folgenden Zusammenhang vermutet: die Menschen, die andere Personen durch die Massenmedien für beeinflussbarer halten als sich selbst, dürften annehmen, dass die Aussagen, die in den Medien dominieren, die breite Öffentlichkeit beeinflussen und zur Mehrheitsmeinung werden. Dies wiederum werde die Redebereitschaft derer, die eine abweichende Position vertreten, verringern« (Kunczik/Zipfel 2001, S. 384 mit Bezugnahme auf Mutz 1989).

Kritik an der Schweigespirale wird weiterhin daran geübt, dass in mehreren Studien Noelle-Neumanns Inhaltsanalysen über die Gewichtung der vermeintlichen Meinungsverteilung in den Medien fehlen (vgl. Burkart 1998, S. 264). Damit ist das Problem angesprochen, dass – wie etwa bei der Studie von 1976 – aus der Befragung von Journalisten (oder Kameraleuten) bzw. aus Untersuchungen zu deren (mutmaßlich relativ homogenen) politischen Einstellungen auf die Wirkung von Inhalten geschlossen wird, ohne dass geklärt wird, ob sich solche Einstellungen durch entsprechende Tendenzen in den journalistischen Produkten niederschlagen. Grundsätzlich ist solcher Kritik zuzustimmen. Es sei jedoch auf ein Beispiel verwiesen, in welchem für den Zeitraum von 1977 bis 1988 sowohl Daten aus Inhaltsanalysen als auch aus Bevölkerungsumfragen vorhanden waren: nämlich Noelle-Neumanns Analyse zur öffentlichen Meinungsbildung über die Atomenergie in Deutschland (vgl. Noelle-Neumann 1991, hier S. 272ff). Aus Inhaltsanalysen bundesdeutscher Printmedien ging damals hervor, dass – bei starkem negativem Medientenor – die Berichterstattung über die Kernkraft ab den 1980er-Jahren stark anstieg. Zugleich konnte demoskopischen Umfragen entnommen werden, dass die Befürworter der Kernenergie deutlich abnahmen, die Gegnerschaft der Kernenergie im gleichen Zeitraum deutlich zunahm. Zugleich ging das Meinungsklima zu Gunsten der Kernenergie (pro) auffällig zurück, die Einschätzung der Gegnerschaft (contra) nahm deutlich zu. Noelle-Neumann folgert daraus, dass ein beträchtlicher Teil der bundesdeutschen Bevölkerung seine Einstellungen an das wahrgenommene, vom Medientenor beeinflusste Meinungsklima anpasste. Erneut wurde die Redebereitschaft mithilfe des Eisenbahntests (Bereitschaft, im Rahmen einer längeren Eisenbahnfahrt im Abteil für bzw. gegen die Kernenergie zu sprechen) ermittelt: Diese nahm im Untersuchungszeitraum bei Gegnern der Kernenergie auffällig zu. Noelle-Neumann fand in der Untersuchung allerdings auch Befürworter der Kernenergie heraus, die – obwohl sie sich in der klaren Minorität befanden und den Meinungsdruck gegen sich hatten – eine beobachtbare Bereitschaft zu reden zeigten (also offenbar resistent waren). Noelle-Neumann bezeichnet diese Gruppe als »harten Kern« bzw. »Avantgarde«. Der Gruppe wird von Noelle-Neumann die Fähigkeit zuerkannt, durch ihre Redebereitschaft den öffentlichen Meinungsbildungsprozess wieder in Bewegung zu bringen, möglicherweise sogar in eine andere Richtung (vgl. Noelle-Neumann 1991, S. 274).

Zurückkommend und bezogen auf Phänomene der politischen Kommunikation sei weiterhin noch die grundsätzliche Frage angesprochen, *ob das Fernsehen in der Lage ist, Wahlen zu entscheiden.* Winfried Schulz versucht darauf eine Antwort zu geben (vgl. Schulz 1994). Allerdings ist dabei zu berücksichtigen, dass die von Schulz unterbreiteten Überlegungen aus dem Jahr 1994 stammen, einer Medienepoche also, in der in Deutschland auch das 1984 zugelassene private Fernsehen etabliert war und sich gegenüber den 1970er-Jahren generell ein Wandel im Mediensystem vollzogen hatte. Von diesem Medienwandel war – durch Neugründungen im Bereich der politischen Magazine (Stichwort »Focus«) sowie der Wochenzeitungen (Stichwort »Die Woche«, »Wochenpost« sowie zahlreiche Programmzeitschriften) – auch der Printsektor betroffen. Schulz stellt den imageprägenden Charakter des Fernsehens, seine Instrumentalisierung durch die Politik und seine Bedeutung als Quelle der ersten Information für das Publikum (wie übrigens auch für die Journalisten) absolut nicht in Frage. Er verweist jedoch im Hinblick auf die Meinungsbildung der Bürger auch a) auf den hohen Stellenwert der Zeitungs- und anderen Printmediennutzung sowie b) auf die große Bedeutung persönlicher Gespräche in der Familie, im Freundes- und Bekanntenkreis sowie am Arbeitsplatz. Zudem finde c) seit der Einführung privaten Rundfunks (Radio, Fernsehen) im dualen Rundfunksystem mit seinen vielen Programmen eine Fragmentierung des Publikums statt und es werde das Fernsehen – trotz seiner zahlreichen Informationsprogramme auf öffentlich-rechtlichen wie privaten Kanälen – zunehmend unterhaltungsorientiert genutzt (vgl. Schulz 1994).

Wie diese und andere (hier nicht erwähnte) Stimmen zeigen, findet um die Theorie der Schweigespirale eine intensive wissenschaftliche Diskussion statt und haben Noelle-Neumanns Studien zu zahlreichen weiteren wissenschaftlichen Untersuchungen geführt. Die Rezeption des Modells im Inland wie im Ausland sowie entsprechende Überprüfungsversuche sind beträchtlich, die Ergebnisse erweisen sich bisweilen als uneinheitlich und widersprüchlich. Außerdem sind »bislang nur einzelne Komponenten, nicht jedoch alle psychologischen, kommunikationstheoretischen und soziologischen Elemente der Schweigespirale gemeinsam einer Überprüfung unterzogen worden« (Kunczik/Zipfel 2001, S. 379 in Anlehnung an Donsbach 1987). Da es sich um einen »Makro-Ansatz unter Einbeziehung einer Vielzahl von Variablen und des Zeitfaktors« handelt, ist die Theorie, wie Wolfgang Donsbach anmerkt, auch kritikanfällig (Donsbach 1987, S. 340). Elisabeth Noelle-Neumann selbst meint, dass sich die Theorie der Schweigespirale »nicht in vertraute Denkweisen und Kategorien« einpasst, »und sie ist angreifbar, weil sie unfertig ist« (Noelle-Neumann 1986, S. 312). Es bleibt also abzuwarten, wie dieser Theorieentwurf weiterentwickelt wird.

Literatur

Asch, Solomon E. (1952): Group Forces in the Modification and Distortion of Judgements. Social Psychology. New York, S. 450-473. *[Siehe auch die deutschsprachige Publikation von Asch, Solomon (1973): Änderung und Verzerrung von Urteilen unter Gruppendruck. In: Irle, Martin (Hrsg.): Texte aus der experimentellen Sozialpsychologie. Neuwied, Darmstadt, S. 57-73].*

Atteslander, Peter (1980): Ist Medieneinfluß bei Wahlen messbar? In: Media Perspektiven Heft 9/1980, S. 597-604.

Bledjian, Frank (1969): Ergebnisse und neuere theoretische Ansätze über die Wirkungen der Massenkommunikation auf die Einstellungen der Rezipienten. Nürnberg.

Bentele, Günter (1988): Der Faktor Glaubwürdigkeit. Forschungsergebnisse und Fragen für die Sozialisationsperspektive. In: Publizistik 33:1988, S. 406-426.

Bentele, Günter; Ruoff, Robert (Hrsg.) (1982): Wie objektiv sind unsere Medien? Frankfurt/Main.

Bonfadelli, Heinz (1999): Medienwirkungsforschung I. Grundlagen und theoretische Perspektiven. Konstanz.

Brosius, Hans Bernd; Engel, Dirk (1997): »Die Medien beeinflussen vielleicht die anderen, aber mich doch nicht«: Zu den Ursachen des Third-Person-Effektes. In: Publizistik 42. Jg. 1997, S. 325-345.

Brock, Timothy C.; Becker, Lee A. (1965): Ineffectiveness of Overheard Counterpropaganda. In: Journal of Personality and Social Psychology, Vol II, S. 654-660.

Burkart, Roland (1998): Kommunikationswissenschaft. Grundlagen und Problemfelder. 3. Aufl. Köln, Wien.

Byrne, D. (1971): The Attraction Paradigm. San Diego (CA).

Charters, Werret W.; Newcomb, Theodore M. (1958): Some Attitudinal Effects of Experimentally Increased Salience of a Membership Group. In: Maccobby, Eleanor E.; Newcomb, Theodore M. et al. (Ed.): Readings in Social Psychology. 3. Aufl. New York u.a., S. 276-281.

Cohen, Arthur R. (1964): Attitude Change and Social Influence. New York.

Davison, W. Phillips (1983): The Third Person Effect in Communication. In: Public Opinion Quarterly, 47. Jg. 1983, S. 1-15.

Davison, W. Phillips (1996): The Third Person Effect Revisited. In: International Journal of Public Opinion Research 8:196, S. 113-119.

Deisenberg, Anna Maria (1986): Die Schweigespirale – Die Rezeption des Modells im In- und Ausland. München.

Donohue, Lewis; Tipton, Leonard (1973): A Conceptual Model of Information Seeking, Avoiding, and Processing. In: Clarke, Peter (Ed.): New Models for Mass Communication Research. Beverly Hills (CA), London, S. 243-268.

Donsbach, Wolfgang (1987): Die Theorie der Schweigespirale. In: Schenk, Michael: Medienwirkungsforschung. Tübingen, S. 324-343.

Donsbach, Wolfgang (1991): Medienwirkung trotz Selektion. Einflußfaktoren auf die Zuwendung zu Zeitungsinhalten. Köln, Weimar, Wien.

Donsbach, Wolfgang; Stevenson, Robert L. (1986): Herausforderungen, Probleme und empirische Tendenzen der Theorie der Schweigespirale. In: Publizistik 31. Jg. 1986, S. 7-34.

Dröge, Franz; Weißenborn, Rainer; Haft, Hennig (1973): Wirkungen der Massenkommunikation. Frankfurt/Main.

Ehrlich, Danuta et al. (1957): Postdecision Exposure to Relevant Information. In: Journal of Abnormal and Social Psychology, 54:1957, S. 98-102.

Festinger, Leon (1957): A Theory of Cognitive Dissonance. Stanford.

Festinger, Leon (1968): Die Lehre von der »kognitiven Dissonanz«. In: Schramm, Willbur (Hrsg.): Grundfragen der Kommunikationsforschung. 2. Aufl. München *[zuerst 1963: The Science of Human Communication. New York].*

Fields, James M.; Schuman, Howard (1976): Public Beliefs about Beliefs of the Public. In: Public Opinion Quarterly 40:1976, S. 427-448.

Fuchs, Dieter; Gerhards, Jürgen; Neidhardt, Friedhelm (1991): Öffentliche Kommunikationsbereitschaft. Ein Test zentraler Bestandteile der Theorie der Schweigespirale. Berlin *[Wissenschaftszentrum Berlin WZB. Siehe auch: Fuchs, Dieter; Gerhards, Jürgen; Neidhardt, Friedhelm (1992): Öffentliche Kommunikationsbereitschaft. In: Zeitschrift für Soziologie, 21:1992, S. 284-295.].*

Geißler, Rainer (1981): Wandel durch Massenmedien. Die Verstärker-Doktrin neu durchdacht. In: Communications. Internationale Zeitschrift für Kommunikationsforschung 7:1981, S. 169-185. *[Wieder abgedruckt in: Burkart, Roland (Hrsg.) (1992): Wirkungen der Massenkommunikation. Theoretische Ansätze und empirische Ergebnisse. Studienbücher zur Kommunikationswissenschaft, Bd. 5. Wien, S 23-35].*

Gerhards, Jürgen (1996): Reder, Schweiger, Anpasser und Missionare. Eine Typologie öffentlicher Kommunikationsbereitschaft und ein Beitrag zur Theorie der Schweigespirale. In: Publizistik 41:1996, S. 1-14.

Glynn, Carroll J.; McLeod, Jack (1984): Public Opinion du Jour: An Examination of the Spiral of Silence. In: Public Opinion Quarterly 48:1984, S. 731-740.

Glynn, Carroll J.; Hayes, Andrew F.; Shanahan, James (1997): Perceives Support for One's Opinion and Willingness to Speak Out. A Meta-Analysis of Survey Studies on the »Spiral of Silence«. In: Public Opinion Quarterly 61:1997, S. 452-463.

Heider, Fritz (1946): Attitudes and Cognitive Organizations. In: Journal of Psychology 21:1946, S. 107-112.

Hovland, Carl I. (1954): Effects of the Mass Media of Communication. In: Lindzey, Gardener (Ed.): Handbook of Social Psychology. Vol. II: Special Fields and Applications. Cambridge, S. 1062-1103.

Hovland, Carl. I. (1959): Reconciling Conflicting Results Derived from Experimental and Survey Studies to Attitude Change. In: The American Psychologist. 14:1959, S. 8-17.

Hovland, Carl I.; Lumsdaine, Arthur A.; Sheffield, Fred D. (1949): Experiments on Mass Communication. Princeton.

Hovland, Carl I.; Weiss, Walter (1951): The Influence of Source Credibility on Communication Effectiveness. In: Public Opinion Quarterly, Vol 15:1951, S. 635-650.

5:Hovland, Carl I.; Mandell, Wallace (1952): An Experimental Comparison of Conclusion Drawing by the Communicator and by the Audience. In: Journal of Abnormal and Social Psychology, 47:1952, S. 581-588.

Hovland, Carl I.; Janis, Irving L.; Kelley, Harold D. (1953): Communication and Persuasion. Psychological Studies of Opinion Change. New Haven, London.

Hovland, Carl I.; Harvey, O.J.; Sherif, Muzafer (1957): Assimilation and Contrast Effects in Reactions to Communication and Attitude Change. New Haven, London.

Hunziker, Peter (1988): Medien, Kommunikation und Gesellschaft. Darmstadt.

Insko, Chester A. (1967): Theories of Attitude Changes. New York.

Janis, Irving L. (1954): Personality Correlates of Susceptibility to Persuasion. In: Journal of Personality, Vol 22:1954, S. 504-518.

Janis, Irving L. (1959): Sex Differences and Personality Factors Related to Persuasibility. In: Hovland, Carl I.; Janis, Irving L. et al. (Ed.): Personality and Persuasibility. New Haven, S. 55-68.

Janis, Irving L.; Feshbach, Seymur (1953): Effects of Fear-Arousing Communications. In: Journal of Abnormal and Social Psychology, 48:1953, S. 78-92.

Jäckel, Michael (1999): Medienwirkungen. Ein Studienbuch zur Einführung. Opladen, Wiesbaden.

Kelley, Harold L. (1955): Salience of Membership and Resistance to Change of Group-Anchored Attitudes. In: Human Relations, 8:1955, S. 275-289.

Kelley, Harold L.; Volkart, Edmund H. (1952): The Resistance to Change of Group-Anchored Attitudes. In: American Sociological Review, 17:1952, S. 453-465.

Kelman, Herbert C.; Hovland, Carl I. (1953): Reinstatement of the Communicator in Delayed Measurement of Opinion Change. In: Journal of Abnormal and Social Psychology, Vol 48:1953, S. 327-335.

Kepplinger, Hans Mathias (1980): Optische Kommentierung in der Fernsehberichterstattung über den Bundestagswahlkampf 1976. In: Ellwein, Thomas (Hrsg.): Politikfeld-Analysen. Opladen, S. 163-179.

Kepplinger, Hans Mathias (1985): Meinungsverteilung und Medienwirkungen. Eine empirische Untersuchung zur Balancetheorie Fritz Heiders. In: Saxer, U. (Hrsg.): Gleichheit oder Ungleichheit durch Massenmedien. München, S. 33-48.

Kiefer, Marie-Luise: Rundfunkjournalisten als Wahlhelfer? Zur Diskussion über die Wahlniederlage von CDU/CSU und ihre möglichen Ursachen. In: Media Perspektiven Heft 1/1977, S. 1-10.

Klapper, Joseph T. (1960): The Effects of Mass Communication. Glencoe.

Klapper, Joseph T. (1963): Die gesellschaftlichen Auswirkungen der Massenkommunikation. In: Schramm, Wilbur (Hrsg.) (1968): Grundfragen der Kommunikationsforschung. 2. Aufl. München. *[Im Original: Schramm, Wilbur (1963): The Original of Human Communication. New York].*

Klapper, Joseph T. (1967): Mass Communication, Attitude Stability, and Change. In: Sherif, Carolyn W.; Sherif, Muzafar (Ed.): Attitude, Ego-Involvement and Change. New York, S. 297-310.

Klapper, Joseph T. (1973): Massenkommunikation – Einstellungskonstanz und Einstellungsänderung. In: Aufermann, Jörg et al. (1973): Gesellschaftliche Kommunikation und Information. Forschungsrichtungen und Problemstellungen. Ein Arbeitsbuch zur Massenkommunikation, Band 1. Frankfurt/Main, S. 49-63.

Koeppler, Karlfritz (2000): Strategien erfolgreicher Kommunikation. München, Wien.

Kunczik, Michael; Zipfel, Astrid: Publizistik (2001): Ein Studienhandbuch. Köln, Weimar, Wien.

Lasorsa, Dominic (1991): Political Outspokenness: Factors Working against the Spiral of Silence. In: Journalismus Quarterly, 68:1991, S. 131-140.

Maletzke, Gerhard (1972): Massenkommunikation. In: Graumann, C. F. (Hrsg.): Handbuch der Psychologie. Bd. 7/2, Göttingen, S. 526-532.

McGuire, William J. (1964): Inducing Resistance to Persuasion. In: Berkowitz, Leonard (Ed.): Advances in Experimental and Social Psychology, Vol. I, New York, S. 191-229.

Merten, Klaus (1983): Wirkungen der Medien im Wahlkampf. Fakten oder Artefakte? In: Schulz, Winfried; Schönbach, Klaus (Hrsg.): Massenmedien und Wahlen. München, S. 424-441.

Merten, Klaus (1985): Some Silence in the Spiral of Silence. In: Sanders, Keith; Kaid, Lynda Lee; Nimmo, Dan (Ed.): Political Communication Yearbook I. Carbondale (Il.), Edwardsville, S. 31-42.

Merten, Klaus (1991): Artefakte der Wirkungsforschung. Kritik klassischer Ansätze. In: Publizistik 36:1991, S. 36-55.

Merten, Klaus (1994): Wirkungen von Kommunikation. In: Merten, Klaus u.a. (Hrsg.): Die Wirklichkeit der Medien. Eine Einführung in die Kommunikationswissenschaft. Opladen, S. 291-328.

Merten, Klaus (1999): Einführung in die Kommunikationswissenschaft. Münster.

Mutz, Diana C. (1989): The Influence of Perceptions in Media Influence: Third Person Effects and the Public Expression of Opinions. In: International Journal of Public Opinion Research I, S. 3-23.

Nawratil, Ute (1997): Glaubwürdigkeit in der sozialen Kommunikation. Opladen.

Noelle-Neumann, Elisabeth (1973): Konsonanz, Kumulation und Öffentlichkeitseffekt. Ein neuer Ansatz zur Analyse der Wirkung von Massenmedien. In: Publizistik 18. Jg. 1973, S. 26-55.

Noelle-Neumann, Elisabeth (1974): Die Schweigespirale. Über die Entstehung öffentlicher Meinung. In: Forsthoff, Ernst; Höstel, Reinhard (Hrsg.): Standorte im Zeitstrom. Festschrift für Arnold Gehlen zum 70. Geburtstag. Frankfurt/Main, S. 299-233 *[Wiederabdruck in: Noelle-Neumann, Elisabeth (1977): Öffentlichkeit als Bedrohung. Freiburg i. Br./München].*

Noelle-Neumann, Elisabeth (1977): Öffentlichkeit als Bedrohung. Beiträge zur empirischen Kommunikationsforschung. Festschrift für Elisabeth Noelle-Neumann zum 60. Geburtstag. Hrsg. von Jürgen Wilke. Freiburg i. Br., München.

Noelle-Neumann, Elisabeth (1979): Massenmedien und sozialer Wandel – Methodenkombination in der Wirkungsforschung. In: Zeitschrift für Soziologie 8:1979, S. 164-182.

Noelle-Neumann, Elisabeth (1980): Die Schweigespirale. Öffentliche Meinung – unsere soziale Haut. München [Neuauflage 2001].

Noelle-Neumann, Elisabeth (1983): Neue Forschungen im Zusammenhang mit der Schweigespiralen-Theorie. In: Saxer, Ulrich (Hrsg.): Politik und Kommunikation. München, S. 133-144.

Noelle-Neumann, Elisabeth (1986): Nachwort. In: Deisenberg, Anna Maria: Die Schweigespirale – Die Rezeption des Modells im In- und Ausland. München, S. 301-326.

Noelle-Neumann, Elisabeth (1991): The Theory of Public Opinion: The Concept of the Spiral of Silence. In: Anderson, James A. (Ed.): Communication Yearbook 14:1991, Newbury Park (Ca.), London, New Delhi, S. 256-287.

Noelle-Neumann, Elisabeth (1996): Öffentliche Meinung. Die Entdeckung der Schweigespirale. Frankfurt/Main, Berlin 1996.

Noelle-Neumann, Elisabeth (2000): Wirkung der Massenmedien auf die Meinungsbildung. In: Noelle-Neumann, Elisabeth; Schulz, Winfried; Wilke, Jürgen (Hrsg.): Fischer Lexikon Publizistik/ Massenkommunikation. Frankfurt/Main, S. 518–571.

Osgood, Charles E.; Tannenbaum, Percy (1955): The Principle of Congruity in the Prediction of Attitude Change. In: Psychological Review 62:1955, S. 42-55.

Oshagan, Hayg (1998): Reference Group Influence on Opinion Expression. In: International Journal of Public Opinion Research, 8.:1998, S. 335-354.

Petermann, Franz (1978): Veränderungsmessung. Stuttgart.

Peters, Hans-Peter (1996): Massenmedien als Vermittler zwischen Experten und Nichtexperten. In: Kärner, Max (Hrsg.): Aufstand der Laien. Expertentum und Demokratie in der technischen Welt. Aachen, S. 61-88.

Perloff, Richard M. (1993): The Dynamics of Persuasion. Hillsdale (N. J.), Hovel, London.

Roth, Erwin (1967): Einstellung als Determination individuellen Verhaltens. Göttingen.

Salmon, Charles T.; Kline, Gerald F. (1985): The Spiral of Silence Ten Years later: An Examination and Evaluation. In: Sanders, Keith R.; Kaid, Lynda Lee; Nimmo, Dan (Ed.): Political Communication Yearbook 1984. Carbondale (Il.), Edwardsville.

Salmon, Charles T.; Glynn, Carroll J. (1996): Spiral of Silence. Communication and Public Opinion as Social Controll. In: Salwen, Michael B.; Stacks, Don W. (Ed.): An Integrated Approach to Communication Theory and Research. Mahwah (N. J.), S. 165-180.

Schenk, Michael (1987): Medienwirkungsforschung. Tübingen [Neuauflage 2002].

Schenk, Michael; Rössler, Patrick (1997): The Rediscovery of Opinion Leaders. An Application of the Personality Strength Scale. In: Communications. The European Journal of Communication Research, 22:1997, S. 5-30.

Scherer, Helmut (1990): Massenmedien, Meinungsklima und Einstellung. Eine Untersuchung zur Theorie der Schweigespirale. Opladen.

Scherer, Helmut (1992): Das Verhältnis von Einstellungen und Redebereitschaft in der Theorie der Schweigespirale. In: Wilke, Jürgen (Hrsg.): Öffentliche Meinung. Theorie, Methoden, Befunde. Beiträge zu Ehren von Elisabeth Noelle-Neumann. Freiburg i. Br., München, S. 103-121.

Scheufele, Dietram A.; Moy, Patricia (2000): Twenty-Five Years of the Spiral of Silence: A Conceptual Review und Empirical Outlook. In: International Journal of Public Opinion Research 12. Jg. 2000, S. 3-28.

Schulz, Winfried (1982): Ausblick am Ende des Holzweges. Eine Übersicht über die Ansätze der neuen Wirkungsforschung. In: Publizistik 27:1982, S. 49-73.

Schulz, Winfried (1994): Wird die Wahl im Fernsehen entschieden? Der »getarnte Elefant« im Lichte neuerer Forschung. In: Media Perspektiven 7/1994, S. 318-327.

Silbermann, Alphons (1982): Einstellung. In: Silbermann, Alphons: Handwörterbuch der Massenkommunikation und Medienforschung. Bd. 1 (Teil A-K). Berlin, S. 74.

Silbermann, Alphons (1982): Stereotyp. In: Silbermann, Alphons: Handwörterbuch der Massenkommunikation und Medienforschung. Bd. 2 (Teil L-Z). Berlin, S. 431-432.

Six, Ulrike (1982): Einstellungen und Vorurteile. In: Kagelmann, H. Jürgen; Wenninger, Gert (Hrsg.): Medienpsychologie. Ein Handbuch in Schlüsselbegriffen. München, Wien, Baltimore, S. 18-25.

Six, Bernd; Schäfer, Bernd (1985): Einstellungsänderung. Stuttgart.

Taylor, D. Garth (1982): Pluralistic Ignorance and the Spiral of Silence. A Formal Analysis. In: Public Opinion Quarterly 46:1982, S. 311-335.

Triandis, Harry C. (1975): Einstellungen und Einstellungsänderungen. Weinheim, Basel.

Walster, Elaine; Festinger, Leon (1962): The Effectiveness of ›Overheard‹ Persuasive Communication. In: Journal of Abnormal and Social Psychology, Vol. 65, S. 395-402.

Weiss, Walter; Fine, Bernard J. (1958): The Effects of Induced Aggressiveness on Opinion Change. In: Maccobby, Eleanor E.; Newcomb, Theodore M.; Hartley, Eugene, L. (Ed.): Readings in Social Psychology. 3. Aufl., New York u.a., S. 149-56.

Winterhoff-Spurk, Peter (1986): Fernsehen. Psychologische Befunde zur Medienwirkung. Bern.

Winterhoff-Spurk, Peter (1999): Medienpsychologie. Eine Einführung. Stuttgart.

Wirth, Werner (1999): Methodologische und konzeptionelle Aspekte der Glaubwürdigkeit. In: Rössler, Patrick; Wirth, Werner (Hrsg.): Glaubwürdigkeit im Internet. Fragestellungen, Modelle, empirische Befunde. München, S. 47-66.

5.3 Soziologische Aspekte der Kommunikationswissenschaft

Unter soziologischen Aspekten befasst sich die Kommunikationswissenschaft in vielfältiger Weise mit gesellschaftlichen Fragen der Massenkommunikation. Sie alle können hier nicht erörtert werden, sodass eine Auswahl getroffen werden muss. Von Bedeutung ist u.a. (1) der Stellenwert der Massenmedien für die Integration des einzelnen in die Gesellschaft – also das, was man in der Fachsprache als »Sozialisation durch Massenkommunikation« bezeichnet. Gemeint ist die Leistung der Massenmedien als Vermittler gesellschaftlicher Normen, kultureller Werte und sozialer Verhaltensweisen für die gesellschaftliche Integration. Umstritten ist in diesem Kontext, welche Zusammenhänge es zwischen Gewaltdarstellungen in den Massenmedien und der Gewalt in der Gesellschaft gibt. Dieser Thematik ist ebenfalls ein eigener Abschnitt gewidmet.

Angesprochen ist (2) aber auch allgemein das Verhältnis von Gesellschaft, Massenmedien und Kultur. Dabei stellt sich die Frage, ob die Gesellschaft und die Kultur die Inhalte der Massenmedien prägen – oder umgekehrt die Massenmedien ihrerseits Gesellschaft und Kultur. Zweifellos klingt hier, um bei einem Alltagsbild zu bleiben, die Frage nach Henne und Ei an, und diese Frage ist auch nicht einfach zu beantworten, wie etwa (3) die wissenschaftlichen Bemühungen von Repräsentanten der Cultural Studies zeigen. Es ist dies eine Forschungsrichtung, die dem Verhältnis Medien – Kultur – Gesellschaft aus einer gleichermaßen gesellschaftskritischen wie gesellschaftsintegrativen Perspektive auf den Grund zu gehen versucht. Diese drei Themenfelder sind Gegenstand der nachfolgenden Ausführungen; ihr Schwerpunkt liegt auf dem Gebiet Sozialisation durch Massenkommunikation.

5.3.1 Sozialisation durch Massenkommunikation

Gerhard Wurzbacher sieht den Prozess der Sozialisation als komplexe Wechselwirkung zwischen Individuum, Gesellschaft und Kultur mit dem Ziel der Integration des Einzelnen in Gesellschaft und Kultur (vgl. Wurzbacher 1971, S. 22). In diesem Prozess spielen auch die Massenmedien eine wichtige Rolle. »Für viele soziale Bereiche, mit denen der Einzelne keine direkten Erfahrungen machen kann, sind sie die einzigen Informationsquellen« (Bonfadelli 1981, S. 252). Und für viele Lebensbereiche der Gesellschaft vermitteln sie durchaus »sinnhafte Interpretations- und Erklärungsraster, die das einzelne Gesellschaftsmitglied übernehmen kann« (Bonfadelli, ebd.). Dies gilt ungeachtet der Tatsache, dass zahlreiche Medieninhalte, vor allem solche des Fernsehens, umstritten sind (wie etwa die Fülle an gewalthaltigen oder an Pornografie grenzenden Programmen).

Bevor jedoch das Thema Sozialisation durch Massenkommunikation konkret angesprochen wird, seien wichtige Begriffe geklärt, die mit dem Thema Sozialisation generell in Verbindung zu bringen sind.

5.3.1.1 Relevante Begriffe in der Sozialisationsforschung

Mit *Sozialisation* bezeichnet man allgemein jenen natürlichen oder gesteuerten Prozess, während dessen ein Individuum in die Gesellschaft hineinwächst. Im Verlauf dieses Prozesses lernt und erwirbt bzw. übernimmt das Individuum in der Gesellschaft vorhandene Normen, Werte, Rollen und Verhaltensweisen. Das engere soziale Umfeld, vor allem der Familienverband sowie das soziale Milieu, in welchem Menschen heranwachsen, spielen dabei eine bedeutende Rolle. In einem *weiteren* Sinn versteht man unter Sozialisation auch den Austausch von gesellschaftlichen Normen, Werten und Rollen zwischen Gruppen, Institutionen und Organisationen.

Sozialisation im *engeren* Sinn ist, wie Gerhard Wurzbacher sagt, ein lebenslang andauernder »Vorgang der Führung, Betreuung und Prägung des Menschen durch die Verhaltenserwartungen und Verhaltenskontrollen seiner Beziehungspartner (vgl. Wurzbacher 1963, S. 12). Diese Partner sind zunächst die Eltern und Geschwister, im Weiteren Institutionen wie Kindergarten, Schule und Ausbildung, Bezugsgruppen Gleichaltriger (peers), schließlich Berufskollegen, Freunde und (Lebens-)Partner sowie nicht zuletzt auch die Massenmedien, die uns lebenslang eher mehr als weniger intensiv begleiten.

Neben dem übergeordneten Begriff »Sozialisation« sind zudem weitere Begriffe zu erwähnen, die auf Teilaspekte des Vorganges der Sozialisation verweisen. Es sind dies die Fachbegriffe »Enkulturation« und »Personalisation« bzw. »Individuation«. Unter *Enkulturation* versteht man die »Aneignung oder Verinnerlichung von Erfahrungen, ›Gütern‹, Maßstäben und Symbolen der Kultur zur Erhaltung, Entfaltung, Differenzierung und Sinngebung der eigenen Existenz sowie der Gruppenexistenz« (Wurzbacher 1963, S. 12). Enkulturation »umfasst diejenigen Sozialisationsvorgänge, die die Übertragung allein von evaluativen Verhaltenselementen, also von Wertorientierungen und Sinndeutungen beinhalten« (Neidhardt 1971, S. 4 in Anlehnung an Wurzbacher 1963). *Personalisation* wiederum meint die Ausbildung und Anwendung der menschlichen Fähigkeit zu seiner Integration in den sozialen und kulturellen Pluralismus (vgl. Wurzbacher 1963, S. 12ff). »Personalisation«, so Neidhardt (wieder in Anlehnung an Wurzbacher), »ist der Sozialisation ... nachgeschaltet. Sie ist ein mögliches Ergebnis, dann nämlich, wenn die Sozialisation den Aufbau relativ stabiler Persönlichkeitssysteme mit relativ konsistenten Verhaltensdispositionen fördert« (Neidhardt 1971, S. 4). In Enkulturation und Personalisation (bzw. Individuation) sind folglich »distinkte Teilprozesse eines einzigen übergeordneten Prozesses der ›sozialindividualen Integration‹« zu sehen (Neidhardt 1971, S. 4).

Mit Sozialisation ist also der komplexe Prozess des Hineinwachsens der Individuen in die Gesellschaft gemeint (vgl. Hunziker 1988, S. 106), oder, wie der Soziologe Wolfgang Weiß recht treffend beschreibt: Sozialisation ist der »Prozess, in dessen Verlauf der Mensch (...) durch das – bewusste oder unbewusste – Erlernen sozialer Normen, Rollen und Verhaltensweisen zum eigenständigen, handlungsfähigen personalen und sozialen Wesen wird« (Weiß 1986, S. 269).

Im Zusammenhang mit Sozialisation spricht der Kommunikationssoziologe Peter Hunziker noch den Aspekt der *Integration* an. Er versteht darunter im Wesentlichen »das Bewusstsein der Zugehörigkeit der Individuen, Gruppen und Organisationen zu übergeordneten Sozialgebilden und letztlich auch zur Gesamtgesellschaft« (Hunziker 1988, S. 106). Von Bedeutung ist dabei »die Identifikation mit den elementaren kollektiven Grundwerten des relevanten sozialen Umfeldes. (...). Integration befähigt die Gesellschaftsglieder zu gegenseitigem Verständnis und trägt zur geordneten gesellschaftsinternen und -externen Konfliktregelung bei« (Hunziker, ebd.). Die Massenmedien, so Hunziker weiter, erbringen wesentliche Integrationsleistungen. So werde durch »umfassende Information, die alle bedeutsamen Standpunkte und Meinungen zum Ausdruck bringt, (...) Transparenz bezüglich der Gemeinsamkeiten und Divergenzen hergestellt« (Hunziker 1988, S. 106). Nach der Wende und Wiedervereinigung wurden beispielsweise die relativ größeren Integrationspotenziale für neue und alte Bundesbürger im wieder vereinigten Deutschland beim öffentlich-rechtlichen Fernsehen vermutet; dies vor allem auf Grund seiner Verpflichtung zu umfassender und ausgewogener Berichterstattung über gesellschaftlich relevante Probleme im wieder vereinten Deutschland. Die Frage, inwiefern diese Potenziale tatsächlich ausgeschöpft wurden und ob sie auch eine Wirkung zeitigten, ist bis heute jedoch unbeantwortet (und wird wohl insgesamt sehr schwer zu beantworten sein).

Bezüglich des Vorganges Sozialisation ist des Weiteren zunächst auf zwei zu unterscheidende Rollenkomplexe zu verweisen, nämlich auf den des Sozialisators und den des Sozialisanden. Der *Sozialisator* (also z. B. Vater, Mutter, Lehrer, Freund, Vorgesetzter, Partner) demonstriert, vermittelt und oktroyiert vielleicht auch Werte, Normen, Rollen, Verhaltensweisen; und er übt gegebenenfalls zudem Druck durch Belohnung und Bestrafung auf den Sozialisanden aus. Der *Sozialisand* (z.B. das Kind, der Bruder, die Schwester, der Schüler, der Lehrling usw.) lernt, indem er bewusst oder unbewusst Wertorientierungen, Normenbindungen, Rollenerwartungen und Verhaltensweisen übernimmt.

Es wäre jedoch nicht richtig, den Vorgang der Sozialisation als einen einseitigen Akt der Übertragung vom Sozialisator auf den Sozialisanden zu sehen. Sozialisation spielt sich vielmehr im Rahmen sehr komplexer Interaktionsprozesse zwischen Sozialisator und Sozialisand ab. Daher lässt sich das Verhalten von Sozialisatoren gegenüber dem Verhalten der Sozialisanden und umgekehrt nicht in der Dimension aktiv (der Sozialisator) – passiv (der Sozialisand) zuverlässig differenzieren. Der Sozialisand ist nämlich keineswegs nur Objekt. Er kann den Sozialisationsprozess auf seine Weise beeinflussen bzw. auf mindestens dreierlei Weise kontrollieren, wie Friedhelm Neidhardt ausführt: »(1) Das Ausmaß der Einwirkung eines Sozialisators auf einen Sozialisanden hängt davon ab, ob Letzterer dazu neigt, Interaktionen mit dem Sozialisator zu verstärken oder abzubauen. Ein Schulkind kann die Sozialisationseinflüsse Gleichaltriger mindern, indem es seinen Spielgruppen fernbleibt; es kann sich den Angeboten der Massenmedien entziehen; es kann gegenüber seinen Eltern ›abschalten‹. (2) Die Art des Verhaltens eines Sozialisators ist vom Sozialisanden dadurch mitbestimmt, dass das Verhalten des Sozialisators Teil einer Verhaltenssequenz ist, in welcher der Part des einen eine Antwort auf die Stimuli des anderen darstellt. Lehrer reagieren auf ihre Schüler, und die Eltern verändern sich mit ihren Kindern und durch sie. (3) Der Sozialisationserfolg, den der Sozialisator schließlich erreicht, hängt nicht zuletzt von den Wertorientierungen, Normbindungen, Gefühlen und Kenntnissen ab, die der Sozialisand vorher gelernt hat und nun in die Situation mitbringt. Nach Maßgabe der schon übernommenen Verhaltensdispositionen und in Abhängigkeit vom Ausmaß des durch vorangegangene Lernprozesse erreichten Personalisierungsgrades verwirft, adaptiert und korrigiert der Sozialisand das vom Sozialisator Angesonnene oder exemplarisch Demonstrierte...« (Neidhardt 1971, S. 5). In der primären Sozialisation (Kindheit) erworbene persönliche Wertorientierungen, Normbindungen und Verhaltensweisen können für solche Reaktionen in der sekundären Sozialisation (ab dem Schulalter und später) maßgebend sein.

Damit sind zugleich auch die *Sozialisationsphasen bzw. -stadien* angesprochen, die in der begrifflichen Analyse zu erwähnen, im Alltag als Lebensabschnitte jedoch nicht trennscharf voneinander abzugrenzen sind, nämlich (vgl. Hüther 1975, S. 25f; Saxer 1988, S. 198): a) die *primäre* Sozialisation in der Kindheit, die vorwiegend im Rahmen intimer und personenhafter Sozialbeziehungen (meist im Familienverband) erfolgt; sowie b) die *sekundäre* Sozialisation, jener lebenslang andauernde Prozess, der das Jugend- und Erwachsenenalter permanent begleitet und sowohl über persönliche wie auch über unpersönliche sowie abstrakte Sozialbeziehungen im engeren und weiteren gesellschaftlichen Umfeld vor sich geht (wie Schule, Berufsbereich, Bezugsgruppe Gleichaltriger, Freundeskreis, Partnerschaft, soziale Bezugsgruppen etc.). Die Massenmedien, besonders das Fernsehen, dringen immer früher in den Prozess der Sozialwerdung von Menschen ein, zumal bereits Kleinkinder nachgewiesenermaßen fernsehen. Es ist daher wohl nicht unzulässig, auch das Fernsehen als (wie auch immer zu bewertende) Sozialisationsinstanz bereits im Kontext der primären Sozialisation zu verorten.

In Abbildung 22 ist der Themenkomplex Sozialisation im Überblick dargestellt und zusammengefasst. Dabei kommen weitere Begriffe zur Sprache, die zum Themenkomplex Sozialisation gehören.

Der Vorgang Sozialisation stellt, wie erwähnt, einen vielschichtigen, dynamischen Prozess dar, in dessen Verlauf es um die Übertragung, die Verinnerlichung, den Erwerb von »Rollen«, »Normen«, »Werten« und »Verhaltensweisen« sowie damit allenfalls verbundene »Sanktionen« bzw. Konsequenzen geht. Diese oftmals auch in der Alltagssprache gebrauchten Begriffe sollen nachfolgend in ihrer wissenschaftlichen Bedeutung geklärt werden.

- Unter (sozialer) *Rolle* versteht man ein »Bündel normativer Verhaltenserwartungen, die von einer oder mehreren Bezugsgruppe(n) an Inhaber bestimmter sozialer Positionen heran getragen werden« (Peuckert 1986, S. 252). Diese Verhaltenserwartungen richten sich zwar an ein Individuum, beziehen sich aber auf die

Abbildung 22: Variablen der Sozialisation

		Sozialisation	
Variable	abstrakt (in der Theorie)	konkret (in der Praxis)	
Sozialisationsakteure	Sozialisator	Mutter, Vater, Lehrer, Freund, Vorgesetzter, Partner, Massenmedium	
		Gruppe, Institution, Organisation	
	Sozialisationsinhalt	Normen, Werte, Verhaltensweisen, Rollen	
	Sozialisand	primär Individuum, auch Gruppe, Institution, Organisation	
Sozialisationsstadien (-phasen)	Primäre Sozialisation	Kindheit - Intimbeziehungen im Elternhaus und Familienverband	
	Sekundäre Sozialisation	Jugend, Erwachsenenphase - persönliche und unpersönliche, abstrakte Beziehung im engeren und weiteren Sozialumfeld	
Sozialisationsfelder (-instanzen)	Familie	Eltern, Verwandte	
	Vorschule	Kindergarten, Vorschule	
	Schule/Lehre	Vorbildung, Allgemeinbildung, Ausbildung, Leistung	
	Gruppen	polit.-weltanschauliche, religiöse etc.; Gruppenzwang, -verhalten	
	Beruf	Profession, Tätigkeit, Leistung	
	Partnerschaft	Lebensgemeinschaft, Ehe	
	Freundeskreis	Verwandte, Bekannte, peers	
	Freizeit	Hobby, Urlaub, Kreativität	
Sozialisationsrichtungen	physisch	Körper, Leib - individuell (z.B. Reinlichkeit)	
	psychisch	Seele - individuell (z.B. Gläubigkeit)	
	sozial	auf Gemeinschaft gerichtet und angelegt	
Sozialisationsmanifestationen	Kenntnis/Wissen	über Personen, Sachverhalten, Gegenständen	
	Meinung/Einstellung	gegenüber Personen, Sachverhalten, Gegenständen, Beziehungen	
	Emotion/Gefühl	gegenüber Personen, Sachverhalten, Institutionen	
	Handeln/Verhalten	gegenüber Personen, Sachverhalten, Institutionen	
Sozialisationssanktionen	Lob/Tadel	Bestätigung, Verunsicherung, Zurechtweisung, Belohnung, Bestrafung	
Sozialisationsziele	Verhalten/Handeln	gegenüber Personen, Institutionen, Gruppen.	
	Veränderung ⎱		
	Verfestigung ⎰	von Meinungen, Einstellungen, Kenntnis, Wissen, Emotion, Gefühl, Verhalten	
	Übertragung		

Quelle: Pürer, Heinz (1998): Einführung in die Publizistikwissenschaft. 6. Aufl. Konstanz, S. 89

soziale(n) Position(en), den »Status«, den ein Individuum einnimmt (vgl. Peuckert ebd.). Ein solcher *Rollenträger* kann beispielsweise ein Schüler sein, der
Klassensprecher ist. An ihn werden Erwartungen als Schüler herangetragen (von
den Lehrpersonen einerseits und von den Eltern andererseits), aber auch drittens
von der Schulklasse, die der Klassensprecher den Lehrern und der Schule gegenüber vertritt. Oftmals ist eine einzelne Person also Träger mehrerer Rollen zugleich. Mit einem *Rollensatz* (set of roles) bezeichnet man daher die Gesamtheit
aller sich ergänzenden Teil-Rollen, die mit einer Person verbunden sind (vgl.
Peuckert 1986, 252f).

- *Normen*, auch soziale Normen, sind »mehr oder weniger verbindliche, allgemein
  geltende Vorschriften für menschliches Handeln. Soziale Normen legen implizit
  fest, was in spezifischen und sich wiederholenden (sozialen – Erg. H. P.) *Situationen* geboten oder verboten ist und können als Spezifikationen allgemeiner sozio-
  kultureller *Wertvorstellungen* aufgefasst werden« (Peuckert 1986, S. 217). Soziale
  Normen werden im Sozialisationsprozess von den Menschen verinnerlicht und
  durch Sanktionen abgesichert (vgl. Peuckert, ebd.). Soziale Normen erfüllen verschiedene Funktionen. (1) Sie sind Voraussetzungen für soziales Miteinander in
  einer Gesellschaft ganz generell. Mit ihrer Anerkennung und praktischen Durchsetzung gewährleisten sie die Vereinheitlichung sozialer Handlungsabläufe, ohne
  die soziales Leben in komplexen Gemeinschaften nicht möglich ist. (2) Soziale
  Normen entlasten auf diese Weise das Individuum vom Zwang, in jeder Situation
  neue, situationsgerechte Handlungsweisen entwerfen zu müssen. Damit ist die
  dritte Funktion angesprochen: (3) Sie geben dem Einzelnen also Verhaltenssicher-
  heit im Umgang mit seiner sozialen Umwelt, weil sie die gesellschaftlich anerkannten und erwarteten Gewohnheiten, Sitten und Bräuche repräsentieren und
  für das Anknüpfen neuer sozialer Beziehungen wichtig sind (vgl. Böttcher 1979,
  S. 108). Zwar findet man soziale Normen nicht 1:1 in kodifizierter Form wieder;
  jedoch bilden sie die Grundlage für die Verfassung und die Gesetze, die sich eine
  Gesellschaft gibt. Somit ist das Recht die staatlich gesetzte Norm, die in Kodizes
  festgehalten ist und von staatlichen Sanktionsinstanzen garantiert wird. Ebenso
  wie der Sozialisationsprozess als Ganzes sind auch soziale Normen einem ständigen Wandel unterworfen. Im Verlauf des sozialen Wandels ändern sich Werte und
  Moralvorstellungen. Dieser soziale Wandel von Normen wird damit erklärt, dass
  immer dann, wenn Normenverstöße durch die Mitglieder einer Gesellschaft ein
  hohes Ausmaß erreichen, die soziale Norm folglich in eine Legitimitätskrise gerät,
  nicht mehr beachtet wird und schließlich verfällt (vgl. Peuckert 1986, S. 219).
  Beispiele dafür aus jüngerer Vergangenheit sind etwa die durch Gesetz legitimierten Lebensgemeinschaften gleichgeschlechtlicher Lebenspartner, die Debatte um
  die Zulassung aktiver Sterbehilfe oder etwa die Frage um die Legitimierung des
  Konsums leichter Drogen per Gesetz.
- *Werte* sind »allgemeine, grundlegende Vorstellungen des Wünschenswerten, die
  die Wahl von Handlungsarten und Handlungszielen beeinflussen« (Peuckert

1986, S. 373f). Werte »steuern zwar in gewisser Weise das menschliche Verhalten; auf Grund ihrer Allgemeinheit sind sie aber nur die generellsten Wegweiser sozialen Handelns und liefern auch keine direkten Verhaltensanweisungen« (Peuckert, ebd.). Werte sind immer aufs Engste mit einer spezifischen Gesellschaft verbunden und damit kulturspezifisch. Allgemein unterscheidet man, wie Peuckert ausführt, zwischen Grundwerten und Bereichswerten. *Grundwerte* sind höchste, in aller Regel nicht weiter hinterfragbare Werte; sie hängen oft eng mit dominierenden Glaubensvorstellungen, Weltanschauungen und Herrschaftsverhältnissen einer Gesellschaft zusammen. Solche Werte sind beispielsweise Freiheit, Gerechtigkeit, Solidarität, Ordnung, Nächstenliebe, Achtung, Liebe, Treue u.a.m. Sie sind auf Grund ihres leeren und formelhaften Charakters, der oftmals mehrere Deutungen zulässt, als Legitimationsgrundlage vielseitig verwendbar. Werte sind auch keine ewigen, unveränderlichen Tatsachen, sondern jeweils an einen gesellschaftlichen Kontext gebunden. *Bereichswerte* wieder bilden sich auf einer den Basiswerten untergeordneten Ebene; sie schlagen sich in den einzelnen Lebensbereichen oder Subsystemen der Gesellschaft (Politik, Wirtschaft, Familie, Freizeit, Medien etc.) nieder und werden dort akzentuiert und präzisiert (vgl. Peuckert, S. 374f).

Der in der zweiten Hälfte des 20. Jahrhunderts beobachtbare *Wertewandel* (oder zumindest die Werteverschiebung) soll Ronald Inglehart zufolge vorwiegend durch den Generationenwechsel bedingt gewesen sein. Inglehart (1979), dessen Thesen nicht unumstritten waren, stellte Ende der 1960er-Jahre in einer vergleichenden Studie in sechs westeuropäischen Ländern fest, dass die ältere, in schwierigen wirtschaftlichen Zeiten (Nachkriegszeit, Wiederaufbau, Schaffung von Wohlstand) aufgewachsene Generation materialistische Werte wie Leistung, Pflichterfüllung, Lebensstandard, Erfolg und Ansehen betonte. Hingegen wendete sich die bereits im Wohlstand aufgewachsene jüngere Generation (insbesondere höherer sozialer Schichten) zunehmend postmaterialistischen Werten wie Selbstentfaltung, Autonomie und partizipatives Engagement zu. Postmaterialistische Werte entstehen Inglehart zufolge erst dann, wenn die materialistischen Bedürfnisse hinreichend befriedigt sind (vgl. Peuckert 1986, S. 376 mit Bezugnahme auf Inglehart 1979; vgl. dazu auch Klages/ Kmieciak 1984).

- *Verhalten* ist eine vor allem in der Psychologie gebräuchliche allgemeine Bezeichnung für alle Aktivitäten eines menschlichen Organismus. Der Begriff wird sowohl fach- wie umgangssprachlich oftmals auch synonym für Handeln verwendet (vgl. Gukenbiehl 1986, S. 355f). Für Max Weber ist Handeln ein spezifisches menschliches Verhalten (egal ob äußeres oder innerliches Tun, Dulden oder Unterlassen), »wenn und sofern der Handelnde damit einen subjektiven Sinn verbindet« (vgl. Weber 1980, S. 11). Abweichendes Verhalten (»Devianz«) ist ein Verhalten, das mit geltenden Normen und Werten nicht übereinstimmt und daher in Konflikt gerät. Verhaltensverstöße gegen gesetzlich festgelegte Normen sind kriminelles Verhalten (Erwachsene) oder delinquentes Verhalten (Jugendliche) (vgl. Peuckert 1986, S. 357-359).

- *Sanktionen* sind »Reaktionen auf Abweichungen von erwarteten Verhaltensregelmäßigkeiten« (Peuckert 1986, S. 256). Durch Sanktionen »wird demonstriert, dass das als abweichend angesehene Verhalten nicht (oder nicht so ohne weiteres – Erg. H. P.) hingenommen wird« (Peuckert 1986, S. 256f). Der Begriff »Sanktionen« wird in Soziologie und Psychologie in jüngerer Zeit umfassender definiert, nämlich im Sinne positiver und negativer Sanktionen. Positive Sanktionen bestehen in der Belohnung besonders konformen Verhaltens; negative Sanktionen bedeuten Bestrafung abweichenden bzw. nichtkonformen Verhaltens. Als Mittel der Verhaltenssteuerung dienen beide Sanktionsformen dem Zweck, Verhaltenskonformität zu erzielen oder zu wahren (vgl. Peuckert 1986, S. 257).

5.3.1.2 Exkurs: Zur Bedeutung familiärer Sozialisation

Das Thema Sozialisation umfasst alleine für sich ein weites Forschungsfeld: familiäre Sozialisation, Sozialisation in der Schule und in Jugend- bzw. Gleichaltrigengruppen (peers), Sozialisation in Beruf und Partnerschaft, Politik und Sozialisation, Massenmedien und die von ihnen ausgehenden Sozialisationsleistungen, Sozialisation im Alter – nicht alles kann hier behandelt werden. Bevor im Weiteren Fragen der Mediensozialisation erörtert werden, sei wenigstens ein wichtiger Bereich angesprochen, der für die soziale Prägung jeder Person sehr wichtig ist: die primäre Sozialisation in der Familie mit ihren personenhaften und intimen Sozialbeziehungen.

Elternhaus und Familie verlieren als Sozialisationsinstanz zwar an Bedeutung, weil zahlreiche Aufgaben an Pflegemütter, Kinderkrippen, Kindergarten und Schule abgetreten werden und auch die Medien schon sehr früh in die kindliche Entwicklung eindringen. Gleichwohl ist unbestritten, dass durch die intimen und personenhaften Sozialbeziehungen des Kindes im Familien- bzw. im elterlichen Partnerschaftsverband die Fundamente für die Entwicklung der Persönlichkeitsstruktur und die Verhaltensdispositionen des Einzelnen gelegt werden (vgl. Geißler 1983, S. 328):

- Intelligenz, Aggressivität und geistiges Interesse entwickeln sich zu einem großen Teil in den ersten Lebensjahren.
- Dispositionen zu abweichendem Verhalten (»Devianz«), zu Kriminalität und Verwahrlosung sind bereits im sechsten Lebensjahr vorhanden.
- Die sprachlichen Fähigkeiten der Kinder werden nachweislich stark durch die sprachliche Kompetenz der Eltern und durch familiale Kommunikationsstrukturen geprägt. Diese sprachlichen Fähigkeiten stellen für die Anteilnahme an gesellschaftlichem Geschehen sowie für den späteren Sozialerfolg in Schule und Beruf eine wichtige Voraussetzung dar.

Familiäre Sozialisation ist ein in starkem Maße schichtspezifischer Vorgang, in dessen Verlauf sich gesellschaftlich relevante Persönlichkeitsmerkmale herausbilden, wie autoritäre und autonome Charaktereigenschaften. In unteren sozialen Schichten wird nicht zuletzt auf Grund a) weniger partnerschaftlicher Beziehungen zwischen den Elternteilen, b) einer stärker geschlechtsspezifischen Rollentrennung sowie c) stärkerer machtbezogener Sanktionen die Herausbildung autoritärer Charaktermerkmale begünstigt; in mittleren und oberen Schichten eher der autonome Charakter. Diese Persönlichkeitsmerkmale prägen das Denken, Fühlen und Verhalten: Sie sind für die weitere soziale Entwicklung des Einzelnen von Bedeutung, weil sie auf alle (späteren) Lebensbereiche durchschlagen. In diesem Kontext sind beispielsweise Verhaltensmodelle, wie sie vor allem in Fernsehfilmen für Kinder beobachtbar sind, für die Sozialwerdung von Relevanz: Sofern diese Modelle in der elterlichen Erziehung grundgelegt wurden, bieten sie dem Kind nämlich Identifikationsmöglichkeiten mit dargestellten Personen und Handlungen (vgl. Geißler 1983; Hüther 1975).

5.3.1.3 Fernsehen und Sozialisation

Damit ist das Medium Fernsehen als Sozialisationsinstanz angesprochen. Es vermittelt fiktiv oder real Muster für Realitätswahrnehmung – seien es Berufs- oder Geschlechtsrollenbilder, seien es Kauf- und Konsumgewohnheiten, Generationen- oder Nationenbilder, sei es Kunst und Kultur, Angst und Gewalt etc. Es gibt kaum einen Lebensbereich, der nicht durch die Medien repräsentiert ist, und für Heinz Bonfadelli sind die Massenmedien daher auch »definers of social reality« (Bonfadelli 1981, S. 252). Daher ist es verständlich, dass den Massenmedien, und im Besonderen dem Fernsehen, im Hinblick auf (potenziell) sozialisierende Leistungen Aufmerksamkeit zuteil wird.

Bevor nachfolgend beispielhaft solche potenziell sozialisierenden Leistungen der Massenmedien dargestellt werden, seien noch einige Bemerkungen zur medialen Sozialisationssituation angebracht, auf die Bonfadelli verweist (vgl. Bonfadelli 1981, S. 64ff):

- Hauptcharakteristikum der Rezeptionssituation in der Massenkommunikation ist ihre doch vorwiegende Einbettung in den Freizeitkontext bzw. in periphere Freizeit-/Arbeitskontexte (z.B. Zeitunglesen beim Frühstück, während der Fahrt in Bus oder U-Bahn zu Schule oder Arbeitsplatz, in Arbeitspausen; Radiohören neben Arbeiten, die keine volle Konzentration erfordern; Fernsehen hauptsächlich nach der Arbeit frühabends und abends). »Während man sich der interpersonalen Sozialisationssituation in der Familie oder Schule meist nicht aus völlig freiem Willen aussetzt und die soziale Kontrolle entsprechend hoch sein kann, wendet man sich den Massenmedien aus eigenen Motiven zu« (Bonfadelli 1981, S. 64). Dies führt neben einer informationsorientierten (z.B. Zeitunglesen) eine weitgehend unterhaltungsorientierte Erwartungshaltung (Radio, Fernsehen) nach sich – und damit »eine geringe Kontinuität der Zuwendung und Aufmerksamkeit wie ein praktisch kaum vorhandenes Sanktionspotenzial« (Bonfadelli, ebd.). D.h. in der medialen Rezeptionssituation fehlen »anleitende« Mitteilungen und Direktiven, wie sie z. B. in der familiären oder schulischen Sozialisationssituation oft vorkommen und beim Sozialisanden Lernprozesse und Veränderungen im Verhalten oder in der Wahrnehmung verlangen (vgl. Bonfadelli 1981, S. 64ff).

- Dem Medium Fernsehen wird im Rahmen der Sozialisationsforschung besondere Aufmerksamkeit zuteil. Dies vor allem deshalb, weil Fernsehen (und Film) als vor allem visuelles Medium stärker als andere Medien Möglichkeiten der parasozialen Interaktion eröffnet: Die emotionalen Beziehungen zwischen dem Zuschauer und den (fiktionalen) Personen im Fernsehen entsprechen in der Fernsehwirklichkeit relativ stark der Face-to-face-Interaktion – vor allem in Fernsehserien, Talkshows und anderen moderierten Sendungen, bei denen Personen im Zentrum stehen, die den Fernsehzuschauer wie in einer normalen Gesprächssituation anzusprechen scheinen. Dadurch kann beim Zuschauer (vor allem in Serien mit den immer wiederkehrenden Personen und den von ihnen gespielten Rollen) ein Gefühl persönlicher Nähe und Intimität entstehen. So entspricht Fernsehen einem Prozess der parasozialen Interaktion mit realen oder fiktionalen Personen des Bildschirms (vgl. Bonfadelli 1981, S. 214f). Diese parasoziale Interaktion unterscheidet sich dennoch in typischer Weise von der Alltagswirklichkeit. Sie ist nämlich – im Unterschied zu zwischenmenschlichem Handeln und Verhalten von Angesicht zu Angesicht – durch keine persönlichen Verpflichtungen, keinen physischen und psychischen Aufwand, keine Verantwortung und keine sozialen Zwänge und Risiken gekennzeichnet, erlaubt aber emotionales Engagement und Scheinintimität (vgl. Bonfadelli 1981, S. 215f).
- Schließlich drittens kann Fernsehen, wie erwähnt, aus vielerlei Gründen Identifikation mit real (in Nachrichtensendungen und Liveshows etc.) oder fiktiv (in Spielfilmen und Serien etc.) agierenden Personen am Bildschirm ermöglichen und »Lernen am Modell« zur Folge haben. Dieses läuft nach Albert Bandura (1979) wie folgt ab: (1) Zunächst erweckt ein Modellverhalten beim Zuschauer Aufmerksamkeit. Im Weiteren (2) erfolgt beim Zuschauer die kognitive Verarbeitung und Erinnerung an das Modellverhalten, dem (3) eine reale Umsetzbarkeit des Verhaltens folgt. Schließlich (4) entscheiden motivationale Verstärkungsprozesse darüber, welche Verhaltensweisen tatsächlich umgesetzt werden (vgl. Bandura 1979).

Monokausale Schlussfolgerungen – hier (im Fernsehen) ein medialer Verhaltensstimulus in Form einer bestimmten Rolle, dort (beim Zuschauer) eine entsprechende Wirkung in Form der Nachahmung der Rolle oder der Internalisierung von gezeigten Verhaltensweisen – sind nicht statthaft. Von dieser ursprünglichen Wirkungsannahme im Sinne der Übertragung bzw. bewussten oder unbewussten Übernahme von im TV gezeigten Normen, Rollen, Handlungen und Verhaltensweisen auf den

Zuschauer ist man in der Kommunikationswissenschaft seit geraumer Zeit abgerückt. Dieses einfache Denkmuster wurde abgelöst durch differenziertere Sichtweisen, die berücksichtigen, dass auch andere Faktoren den medialen Prozess der Sozialisation beeinflussen können. Anzusprechen ist u.a. das Denk- und Reflexionsvermögen des Fernsehzuschauers, das es ihm in vielen Situationen ermöglicht, die im Medium vermittelten Inhalte auf seine eigenen Handlungsentwürfe und seine Interessen zu beziehen und zu hinterfragen (vgl. Bonfadelli 1981, S. 160).

Dennoch ist nicht zu übersehen, dass das Medium Fernsehen in den Sozialisationsprozess immer früher eindringt: Kinder ab drei Jahren sehen regelmäßig fern (vgl. Feierabend/Erk 2000). Das bedeutet, dass Kinder schon in sehr frühen Jahren an Stelle von und neben Primärerfahrungen mit *Sekundär*erfahrungen (Erfahrungen bzw. Wirklichkeit »aus zweiter Hand«, nämlich des Fernsehens) konfrontiert werden, deren Überprüfung bzw. Korrektur für das Kind oft nicht möglich ist – es sei denn, die Eltern oder andere Erziehungsberechtigte helfen ihm durch anschließende Gespräche dabei. Generell verbreiten die Massenmedien, respektive das Fernsehen, täglich eine Fülle von Normen, Werten und Verhaltensweisen, die in Rollenangeboten und Verhaltensmustern ihren Ausdruck finden. Dazu gehören neben den bereits erwähnten Geschlechts- und Berufsrollenbildern sowie der Anwendung von physischer und psychischer Gewalt eine Fülle von alltäglichen Sozialtechniken in Beruf und Freizeit einschließlich geschlechtsspezifischer Verhaltensweisen und Sexualtechniken.

Es ist schwierig, dieses komplexe Feld in sich schlüssig zu strukturieren. In Anlehnung an Ulrich Saxer (1988) lassen sich die »mannigfaltigen Dimensionen der Sozialisation zur und durch Medienkommunikation« (Saxer 1988, S. 214) wie folgt mehr oder weniger thesenhaft zusammenfassen (vgl. Saxer 1988, S. 214f; Hervorhebungen im Original):

- »Medienkommunikation *strukturiert* in umfassender Weise Zeit und Umwelt von Personen« (Saxer 1988, S. 214). Sie prägt Zeit- und Raumvorstellungen und wirkt auf die Lebensgestaltung ein. Davon ist nicht nur, aber vor allem der Bereich Freizeit (einschließlich Freizeitgestaltung und -orientierung) betroffen. Beispielsweise werden Einteilung und Struktur des Alltags durch unsere Mediennutzungsgewohnheiten nicht unwesentlich mitbestimmt. Alle Medien sind daran beteiligt, besonders aber das Fernsehen, wenn wir uns beispielsweise für das Ansehen bestimmter Sendungen die Zeit frei halten und dadurch Sozialkontakte einschränken oder andere Inhouse- oder Outdoor-Aktivitäten dem Fernsehen unterordnen. Fernsehen ist für viele Menschen, ohne dass es ihnen bewusst ist, ein »Zeitstaubsauger« (vgl. Neverla 1992). Die Medien bringen uns die Welt ins Wohnzimmer, und indem sie über weit von uns weg stattfindende Ereignisse berichten, verringern sie scheinbar zugleich geografische Raumdistanzen.
- »Unter dem Einfluss von Medienkommunikation erwerben Personen je nach (Ausmaß und Intensität der – Erg. H. P.) Mediennutzung unterschiedliche *Medienkompetenz* mit entsprechenden Konsequenzen für den späteren Sozialerfolg.

An Spracherwerb und Alphabetisierung als Basis für andere Medienkompetenzen, insbesondere auch einer qualifizierten Fernsehrezeption, sind die Massenmedien maßgeblich und höchst widersprüchlich beteiligt« (Saxer 1988, S. 214). Lesen stellt *die* Kulturtechnik als Voraussetzung für die Annahme und Ausprägung anderer Kultur- und Medientechniken dar.

* »Medien als Freizeitangebote fördern, mit Ausnahme des Buches, die *kognitive Sozialisation* äußerst fragmentarisch und wenig strukturiert. Was jemand aus ihnen beiläufig lernt, ist eher ein ›Konversationswissen‹ als zusammenhängende, durchorganisierte Wissensbestände. Den formalen medienspezifischen Angebotsweisen (die bei Printmedien, Hörfunk und Fernsehen jeweils andere sind – Erg. H. P.) kommt für den Informationseffekt entscheidende Bedeutung zu« (Saxer 1988, S. 214). Zeitunglesen erfordert Aufmerksamkeit und Konzentration, Gedrucktes kann man nachlesen und erforderlichenfalls dem besseren Verständnis erschließen. Druckmedien ermöglichen die Darstellung von Kontext und Sinnzusammenhang eher als die Funkmedien. Hörfunk wie Fernsehen reihen Information eher fragmentarisch, additiv und aggregiert aneinander; sie sind flüchtige Medien mit einem für den Zuschauer zeitlich unveränderlichen Ablauf der Information.

* »*Emotionale Sozialisation* (also das Erwerben von Stimmungen und Gefühlsausprägungen – Erg. H. P.) durch Medienkommunikation, erfolgt in so vielfältiger und unterschiedlicher Weise, dass Verallgemeinerungen schwer fallen. (...). Immerhin ist vielfach belegt, wie sehr zumal auditive Medien den Jugendlichen den Umgang mit ihren Stimmungen erlernen helfen« (Saxer 1988, S. 214f). Viele Menschen nutzen unterschiedliche Medienangebote aus Stimmungslagen heraus – lesen ein unterhaltsames Buch, hören ein anregendes Hörspiel, vertiefen sich in Musik oder verfolgen einen spannenden Fernsehfilm. So können Medien auch dem Stimmungsmanagement (Mood-Management) und dem inneren Ausleben von Gefühlen dienen.

* »Die vielen Formen von *Sozialisation im engeren Sinn*, d.h. das Hineinwachsen in soziale Rollen gemäß bestimmten normativen Erwartungen, aber auch das Gewahrwerden von sozialen Beziehungen überhaupt erfolgen in Zusammenhang mit Medienkommunikation in erster Linie durch so genanntes »Modell-Lernen«. Dieses impliziert vor allem die Akzeptanz bestimmter Problemlösungen im Gefolge der diese legitimierenden Sozialisationsinstanz Medium, verändert hingegen auf anderem Wege schon ansozialisierte Einstellungen nicht grundsätzlich« (Saxer 1988, S. 215). Des Weiteren ist »die Einübung parasozialer Interaktion individuell wie gesamtgesellschaftlich von großer Wichtigkeit, weil jemand auf diese Weise lernt, Sozialkontakte in einem gewissen Maß durch Medienkommunikation zu substituieren« (Saxer 1988, S. 215). Problematisch ist freilich, wenn infolge übermäßigen Fernsehkonsums reale Sozialkontakte auf ein Minimum reduziert werden und Wirklichkeit nahezu ausschließlich aus zweiter Hand erfahren wird.

- »Schließlich ist auch noch ganz summarisch das Erlernen *institutioneller* Partizipation von Sozialisanden im Zusammenhang mit Medienkommunikation zu erwähnen. (...) Es zeigen sich sehr komplexe Zusammenhänge zwischen demographischen Merkmalen, Motivation, Medienkompetenz, Mediennutzung, politischem Informations- und Aktionsniveau. Insbesondere der Faktor Bildung wirkt sich intensiv auf die Bereitschaft aus, stärker als üblich politische und unterhaltende Medienangebote zu nutzen, und diese wiederum haben je andere Folgen für die politische Sozialisation« (Saxer 1988, S. 215). Die Lektüre einigermaßen qualifizierter Druckmedien »vermittelt mehr und strukturierteres politisches Wissen (...) als das Fernsehen, das unter Umständen eher politische Irrationalität fördert« (Saxer 1988, S. 215).

Dass die Menschen von den Massenmedien Leistungen erwarten, die sozialisierender Natur sind, geht aus Befragungen über Erwartungen und Gründe der Mediennutzung sowie damit verbundener Gratifikationen hervor – Gratifikationen, die auf Grund von Mediennutzung seitens der Rezipienten von den Medien erwartet werden. Aus dem bereits erwähnten Nutzungs- und Gratifikationenkatalog von Denis McQuail (1983) sind solche Leistungen ersichtlich. Gemeint sind vor allem solche Leistungen der Massenmedien, die *Bedürfnisse nach persönlicher Identität* sowie nach *Integration und sozialer Interaktion* erfüllen. Solche Bedürfnisse sind (vgl. McQuail 1983, S 82f; ebenso Schulz 1997, S 164f):

- Bestärkung der persönlichen Werthaltungen;
- Suche nach Verhaltensmodellen;
- Identifikation mit anderen (in den Medien);
- Selbstfindung;
- sich in die Lebensumstände anderer hineinversetzen können (soziale Empathie);
- sich mit anderen identifizieren können und ein Gefühl der Zugehörigkeit zu haben;
- eine Grundlage für Gespräche und soziale Interaktion erhalten;
- Hilfe bei der Annahme sozialer Rollen finden;
- Kontakt zur Familie, zu Freunden und zur Gesellschaft finden.

Im Folgenden werden die Ergebnisse einiger ausgewählter empirischer Studien, die mit Sozialisation durch Massenmedien im weiteren oder engeren Sinn zu tun haben, vorgestellt. Zunächst geht es um den Einfluss des Fernsehens auf das Sozialverhalten allgemein. Sodann sind Kinder, Jugendliche und Erwachsene Gegenstand der Ausführungen. Auch politische Sozialisation durch Massenmedien ist weiterhin u.a. Gegenstand nachfolgender Ausführungen. Schließlich wird auch das Thema der Gewaltdarstellungen in den Medien und ihr möglicher Einfluss auf das soziale Verhalten angesprochen.

Ein nicht unerheblicher Teil der wissenschaftlichen Literatur zum Thema Sozialisation erbringt nicht immer direkte empirische Belege für sozialisationswirksame Effekte durch Massenkommunikation. Bisweilen wird indirekt von konsumierten Sendungen auf sozialisierende Effekte geschlossen. Oftmals erscheint dies durchaus plausibel. Andererseits entsteht dadurch der Eindruck, dass manche Autoren einem einfachen Ursache-Wirkungs-Denken folgen, was hier aber nicht unterstellt werden soll (und wovon man, wie erwähnt, in der Kommunikationswissenschaft seit geraumer Zeit abgerückt ist).

5.3.1.4 Medien und allgemeines Sozialverhalten

Mitte der 1970er-Jahre wurde in Kanada eine Langzeitstudie über den Einfluss des Fernsehens auf das Sozialverhalten durchgeführt (vgl. Böhme-Dürr 1987 mit Bezugnahme auf Williams 1986). Konkret sind die Forscher in einem kanadisch-amerikanischen Grenzgebiet den gesellschaftlichen Folgen der Einführung des Fernsehens auf den Grund gegangen. Es gab in diesem Gebiet einen Ort *ohne* Fernsehen (von den Forschern »Notel« für no television bezeichnet), einen Ort mit *einem* TV-Programm (»Unitel«) sowie einen Ort mit *mehreren*, nämlich mit vier TV-Programmen (»Multitel«). Die Forscher nutzten die Gelegenheit zu untersuchen, wie sich die Einführung des Fernsehens in »Notel« sowie die Vermehrung der Programme in »Unitel« auswirkt. Das Forschungsprojekt wurde noch vor der Einführung des Fernsehens in »Notel« gestartet. Die Forscher analysierten das Medienangebot in allen drei Orten gründlich auf seinen Inhalt und befragten, testeten und beobachteten weit über eintausend Kinder und Erwachsene. Einige der wichtigsten Ergebnisse dieses Projektes waren (vgl. Böhme-Dürr 1987):

- Das Fernsehen ersetzt andere, sinnvolle Tätigkeiten wie etwa das Lesen. Leseanfänger aus »Unitel« und »Multitel« schnitten in Tests zur Leseflüssigkeit schlechter ab als »Notel«-Kinder. Bei Lesegewandten gab es nach der Einführung des Fernsehens keine Veränderungen.
- Fernsehen hemmt die Kreativität von Kindern. Zu Beginn der Forschung erhielten die »Notel«-Kinder höhere Kreativitätspunktzahlen als jene in »Unitel« und »Multitel«. Wahrscheinlich substituiert das Fernsehen die Muße des Nichtstuns und die planlose Freizeit, die für ungewöhnliche Reflexionen aber wichtig sind.
- Fernsehkinder zeigen auch keinen größeren Zuwachs im Vokabular als Nichtseher.
- Das Sozialverhalten wird generell stark beeinflusst. Jugendliche ohne Fernsehen waren deutlich aktiver in das Gemeindeleben integriert als die Fernsehenden. Der Besuch von Restaurants (v.a. Abendessen), Partys und Sportveranstaltungen war in jenen Dörfern, in denen es Fernsehen bereits gab, beeinträchtigt.
- Die geschlechtsspezifischen Rollendarstellungen im Fernsehen förderten die Klischeevorstellungen von Kindern (Ärzte sind Männer, Frauen sind Krankenschwestern oder Hausfrauen).

- Bei »Notel«-Kindern nahm nach der Einführung des Fernsehens mit dem täglichen Fernsehkonsum die Aggressivität – verbale wie körperliche Aggression – signifikant zu, und zwar sowohl bei den Knaben wie auch bei den Mädchen. Es unterbleibt durch Fernsehen offensichtlich das, was man Austollen am Spielplatz nennt. Als wichtigster Faktor für den Einfluss von Aggressivität erwies sich das soziale Milieu. Darstellung von Gewalt im Fernsehen, so die These damals, setzt offenbar so genannte »soziale Kontrollprozesse« außer Kraft, etwa nach dem Motto »Die andern tun's ja auch«.
- Das Fernsehen hat negativen Einfluss auf kreative Problemlösungen bei Erwachsenen. Nichtseher lösten vorgegebene Kreativitätsaufgaben im Durchschnitt auffallend schneller als TV-Seher. Selbst als die »Notel«-Leute Fernsehen empfangen konnten, waren sie noch ausdauernder als die in »Unitel« und »Multitel«.

Zugegebenermaßen liegt die Feldarbeit, also die Datenerhebung der Studie, schon knapp drei Jahrzehnte zurück. Auch gibt es seit geraumer Zeit zahlreiche, nach pädagogischen Erkenntnissen gestaltete Fernsehprogramme für Kinder, die derart negativen Folgen entgegenzuwirken versuchen. Nicht übersehen werden soll auch, dass die Faszination des Fernsehens bei vielen Menschen nach einem ersten großen Interesse zu schwinden beginnt und sie auch wieder anderen Freizeitinteressen nachgehen. Gleichwohl sollten die Ergebnisse der Studie auch heute nicht unterbewertet werden.

5.3.1.5 Kinder und Fernsehen

Zur Mediennutzung von Kindern

Vom Medium Fernsehen geht vor allem für Kinder große Faszination aus: Fernsehen ist – nach dem Spielen – die beliebteste Freizeitaktivität, und knapp zwei Drittel aller Kinder werden in Deutschland täglich vom Fernsehen erreicht. 1999 beispielsweise betrug die tägliche Fernsehnutzung der Kinder (drei bis 13 Jahre) im Durchschnitt 97 Minuten, bei Kindern mit eigenem Fernsehgerät sogar 124 Minuten (in 29 Prozent der bundesdeutschen Haushalte verfügen Kinder über ein eigenes TV-Gerät). In den neuen Bundesländern sahen 1999 die Kinder täglich um 25 Minuten länger fern als in den alten. Wie aus der Fernsehnutzung der Kinder weiterhin hervorging, sah jedes Kind im Jahresdurchschnitt 120 Stunden Zeichentrickfilme, 50 Stunden Unterhaltungssendungen, 48 Stunden spannende Sendungen der Sparte Fiktion sowie 39 Stunden fiktive komödiantische Sendungen. Die Teletubbies und Pokemons waren bei den Drei- bis Fünfjährigen sehr beliebt, Zeichentrickfilme bei den Sechs- bis Neunjährigen; Zehn- bis 13-Jährige wenden sich bereits in hohem Ausmaß Programmen zu, die für Erwachsene gedacht sind (vgl. Feierabend/Simon 2000; siehe auch Klingler/Windgasse 1994). Insgesamt sehen Kinder sowohl für sie gedachte als auch andere Sendungen, in denen alle Gefühlsstimmungen (Freude, Leid, Angst, Hoffnung etc.) auftreten; ebenso aber auch Erwachsenenprogramme mit Gewaltinhalten, Sex und Aggression (vgl. Klingler/Windgasse 1994).

Fernsehen – kindliche Entwicklung – sozialisierende Einflüsse

Welche Rolle spielt das Fernsehen für die kindliche Entwicklung und welche potenziell sozialisierenden Einflüsse gehen von ihm aus? Diese und ähnliche Fragen sollen im Folgenden anhand international vergleichender wie nationaler Studien wenigstens im groben Überblick erörtert werden. So hat eine 1994 veröffentlichte, international vergleichende Analyse von 1.500 Studien über Kinder und Medien in den 1980er- und 1990er-Jahren folgende Resultate erbracht (vgl. Groebel 1994):

- Bereits Kleinkinder (Babys) wachsen in Räumen mit TV-Ausstattung auf, haben also schon sehr früh Kontakt mit dem Fernsehen. Offenbar üben bewegte Bilder am TV-Schirm bereits für die Kleinsten einen besonderen Reiz aus. Die Sehhäufigkeit und die Sehdauer steigt spätestens vom dritten Lebensjahr bis zum Schulalter kontinuierlich an. (Dabei gibt es regionale Unterschiede: allen voran mit besonders langen Nutzungszeiten, nämlich vier bis sieben Stunden täglich, liegen die USA und Japan).
- Was das Verstehen von Fernsehinhalten betrifft, so können Kinder mit zunehmendem Alter immer besser abstrahieren und die Absichten von Fernsehinhalten erkennen (also beispielsweise zentrale Sendungsinhalte von peripheren unterscheiden, Geschichten in größere Einheiten aufteilen sowie Realität und Fiktion auseinander halten).
- Die formalen Darstellungsweisen sind für das Verstehen von Fernsehinhalten von Bedeutung: Jüngere Kinder beziehen ihr Urteil über Fernsehfiguren aus deren *Aussehen,* ältere Kinder aus dem tatsächlichen *Verhalten* der Fernsehfiguren. Kinder bis zum sechsten Lebensjahr verarbeiten Fernsehinhalte anders als Erwachsene. Erst etwa ab dem siebten bis neunten Lebensjahr haben Kinder ihre Fähigkeit so weit entwickelt, dass ein ähnliches Verständnis von Fernsehsendungen zwischen Kindern und Eltern vorausgesetzt werden kann.
- Die soziale Umgebung spielt beim TV-Konsum eine wichtige Rolle. Gespräche der Eltern mit den Kindern über das Gesehene beeinflussen Verstehens- und Verarbeitungsprozesse positiv, sind aber leider selten. Oft sitzen Kinder alleine vor dem Bildschirm.
- Die international am häufigsten genannten Gründe für den TV-Konsum von Kindern sind Ablenkung und Vermeidung von Langeweile. Fernsehen dient bereits den Kindern als »Stimmungsmanagement« (Mood-Management) zur Herstellung von innerem Gleichgewicht. Biologische Dispositionen und Rollensozialisation wirken dabei zusammen. Dies erklärt, warum Knaben Action-Filme bevorzugen (höhere Risikobedürfnisse), Mädchen hingegen Shows, Serien und Musik.
- Das Alter stellt einen entscheidenden Faktor für Programmpräferenzen dar, und man kann von einem so genannten Drei-Phasen-Modell sprechen (das übrigens bereits 1954 vom amerikanischen Kommunikationsforscher Wilbur Schramm entwickelt wurde): Die *Jüngsten* sehen am liebsten vermenschlichte Tiere, wie sie

in Comics, Cartoons und Vorschulserien gezeigt werden. Die Spielkomponente überwiegt (ähnlich wie dies etwa jüngst bei den Teletubbies der Fall war). *Schulkinder* wenden sich Helden zu, die ihnen als Vorbilder für die Rollensozialisation dienen können. *Teenager* haben ein meist ausgeprägtes Interesse an Sitcoms, Jugend- und Beziehungsfilmen.

- Eltern sind Vorbilder für spätere Medienpräferenzen der Kinder (und damit der späteren Erwachsenen). Vielsehende Eltern haben meist vielsehende Kinder; insofern besitzen Eltern eine Vorbildfunktion, die Kinder passen sich an die Sehgewohnheiten der Eltern an. Mit dem eigenen TV-Gerät im Kinderzimmer beginnt das Vielsehen. Vielsehen schädigt das Sozialverhalten, geschädigtes Sozialverhalten fördert das Vielsehen.
- Kinder entwickeln intensive Beziehungen zu Personen bzw. Figuren, die sie aus dem Fernsehen kennen. Ende der 80er-/Anfang der 90er-Jahre waren dies im deutschen Sprachraum beispielsweise Alf und Pumuckl. Diese Figuren boten den Kindern u.a. die Möglichkeit, sich stellvertretend den Wunsch nach all den Verhaltensweisen zu erfüllen, die eigentlich verboten sind, wie: frech zu sein; Dinge besser zu wissen als Erwachsene; die Situation zu kontrollieren.
- Bezüglich der Wirkungen des Fernsehens auf das Wissen der Kinder ist die Unterscheidung notwendig zwischen Faktenwissen und prozeduralem Wissen. *Faktenwissen* bezieht sich auf die Kenntnis von Personen, Daten, Bildern. *Prozedurales Wissen* entspricht den angemessenen kognitiven Prozessen, um Probleme lösen oder richtig auf die Hintergründe schließen zu können. Kinder, die verschiedene Medien nutzen, verfügen oftmals auch über ein höheres Faktenwissen als Kinder, die wenige Medien bzw. nur das Fernsehen nutzen. Vielseher sind schlechter in der Lage, differenzierte Probleme zu lösen als Wenigseher (wobei Kinder mit starker Fernsehnutzung tendenziell häufiger aus eher niedrigen Bildungsschichten stammen).

Aus in Deutschland durchgeführten Untersuchungen zur Fernsehnutzung von Kindern gehen Resultate hervor, die die dargelegten Ergebnisse aus international vergleichend analysierten Untersuchungen im Wesentlichen bestätigen (vgl. Klingler/ Windgasse 1994). Die Medienforscherin Sabine Jörg versucht in diesem Kontext die Frage zu beantworten, was Fernsehen für die kindliche Entwicklung bedeutet (vgl. Jörg 1994).

- Märchen beispielsweise sind recht gute Mittel für Angstbewältigung: Sie führen zunächst durch ein »Tal der Angst und Verlassenheit«, um dann neue Hoffnungen zu eröffnen; belohnt wird in aller Regel, wer durchhält. Heute bieten sich den Vorschulkindern Bilderbücher, Kassetten, Videos und das Fernsehen als Alternativen an. Sie können beliebig oft abgespielt und wiederholt werden; die gleich lautenden Geschichten bieten dem Kind bei wiederholter Nutzung Sicherheit, das Kind weiß, was kommt.

- Das Fernsehen ist für das Ausleben der menschlichen Gefühlspalette, insbesondere aller Arten von Lust und Unlust, wichtig. Dies gilt auch für Kinder, vor allem für die Angstbewältigung. Kinder sind auf Grund moderner Lebensgewohnheiten (Berufstätigkeit beider Elternteile) oftmals alleine. Daher hilft das Fernsehen den Kindern einerseits, das Alleinsein bzw. Verlassenheitsängste zu mildern. Kinder wähnen sich beim Fernsehen in menschlicher Nähe, es dient als Surrogat des zwischenmenschlichen Beisammenseins. Die gesprochene Sprache verheißt menschliche Nähe, und diese Nähe brauchen Kinder, um ihre Lebensangst zu bezwingen.
- Allerdings unterdrückt Fernsehen bei Kindern Ängste und Aggressivität nur, es hat sozusagen »aufschiebende Wirkung«. Hinzu kommt, dass Fernsehen bei Kindern neue Ängste und damit Aggressionen verstärkt. In solchen Situationen wäre es wichtig, dass Kinder im Anschluss an gesehene Sendungen die Möglichkeit haben, mit Bezugspersonen zu sprechen. Ist dies nicht der Fall, kommt es zu einer Angst-Aggressions-Spirale, die zu den uns bekannten Verhaltensweisen führt: Fernseh-Gewalt – Kinder-Gewalt.
- Neben der Angst benennt Sabine Jörg in Anlehnung an Bruno Bettelheim eine weitere Bedingung, die Sozialisation entscheidend mit prägt: die *Muße*. Es ist dies jene Zeit, in der Kinder ihren eigenen Gedanken nachhängen können, was für die Entwicklung der Kreativität notwendig ist. Die modernen Lebensbedingungen berauben die Kinder jedoch der Muße. Und die viele Zeit, die Kinder vor dem Fernsehapparat verbringen, verändert folglich insgesamt ihre Entwicklung – und damit sie selbst: Beiläufig lernen sie einen Umgang mit Lebenszeit, respektive auch mit Langeweile kennen, die – als unangenehm erlebt – produktive Prozesse zu ihrer Überwindung in Gang setzt; Langeweile wird »durch Knopfdruck« verscheucht. Die Rückkehr aus der Fernsehwelt hinterlässt jedoch Gefühle der Leere, wenn das Kind anschließend mit niemandem über das Gesehene sprechen kann.
- Solche Gespräche wären aber wichtig, und dies aus mehreren Gründen: Durch solche Gespräche a) lernen die Kinder ihre Gefühle zu bewerten (vor allem auch ihre Ängste), zumal Fernsehen ein starkes Instrument zur Gefühlssteuerung darstellt; b) lernen sie eher das Wertesystem der Eltern zu übernehmen; c) finden die Kinder (vor allem nach dem Ansehen von moralischen Inhalten) eher emotionalen Halt; d) tritt die Fantasie eher als Mittlerin zwischen Wunsch und Wirklichkeit auf; e) differenzieren sie das Gesehene und lernen, was sie vom Gezeigten glauben und nicht glauben sollen.

Helga Theunert und ihre Mitarbeiter (vgl. Theunert et al. 1992) weisen schließlich darauf hin, dass es im Hinblick auf das *Gewaltverständnis* einen Unterschied zwischen Knaben (Jungen) und Mädchen gibt. Der Gewaltbegriff der *Jungen* ist enger; sie lassen nur harte, existenzielle Formen physischer Gewalt gelten. *Mädchen* hingegen titulieren auch harmlosere Formen von Gewalt. Diese unterschiedliche Wahrnehmung von Gewalt schlägt sich auch in Vorlieben von Jungen und Mädchen für bestimmte Sendungen nieder. Und auf Grund ihres Gewaltverständnisses legen Kinder bei der Wahrnehmung und Beurteilung von medial vermittelter Gewalt eine Schwelle an. Was oberhalb dieser Schwelle liegt, lehnen sie oft, aber nicht immer ab. Vor allem bei Knaben kann beobachtet werden, dass sie aus gesehenen Sendungen die dort aufscheinenden Legitimationsmuster übernehmen. Das Klischee »Für den guten Zweck ist auch Gewaltanwendung gerechtfertigt« kann sich so in den Köpfen der Kinder festsetzen.

Kaum erforscht sind übrigens die Möglichkeiten des Fernsehens, so genannte »prosoziale Gefühle« zu fördern, Gefühle also für den Nächsten, die Mitmenschen, die Gemeinschaft. Dies liegt u.a. daran, dass prosoziale Inhalte meist mit einer weit weniger aufwändigen Dramaturgie verbunden sind und deshalb eine geringere Wirkungswahrscheinlichkeit haben (vgl. Theunert et al. 1992). Welche Möglichkeiten sich Kindern bieten, mit sie überfordernden Angst erregenden Fernsehinhalten umzugehen, wurde von Bernd Schorb aufgezeigt und können in dessen Publikation »Medienlust – Medienlast« nachgelesen werden (vgl. Schorb/Stiehler 1996, S. 127-142).

5.3.1.6 Jugend und Fernsehen

Zur Altersbegrenzung von Jugend

Zum Thema Jugend und Medien, respektive Jugend und Fernsehen, liegen ebenfalls einschlägige Studien vor. Bezüglich der nach Altersstufen vorgenommenen Einordnung und Definition von Jugend werden dabei unterschiedliche Maßstäbe angelegt (vgl. van Eimeren/Maier-Lesch 1997). Die Altersbegrenzung reicht einmal von 12 bis 19 Jahre, dann von 13 bis 20, von 13 bis 24 (etwa die »Shell-Studien«) sowie von 13 bis 29 Jahre. Es liegt dies daran, dass der biologische und kognitive Reifungsprozess einerseits immer früher beginnt, andererseits die Phase der Jugend auf Grund längerer Ausbildungszeiten weiter nach hinten verschoben wird. Hinzu kommt, dass es einen Bedeutungsverlust traditionell wichtiger Statuspassagen wie Heirat und Gründung eines Haushalts gibt. Eine pragmatische Einordnung des Jugendalters ist jedoch in der Spanne 12 bzw. 13 bis 19 Jahre zu sehen: die Phase beginnt mit dem Austritt aus dem Kindheitsalter (12 bis 13 Jahre) und endet mit dem Eintritt ins junge Erwachsenenleben (etwa 19 Jahre). Die Jugendphase stellt zudem eine »doppelt geprägte biografische Zeit« dar: »Subjektive Bedürfnisse auf der einen, der individuellen Seite, stehen Erwachsenwerden und Identitätsfindung auf der anderen, der gesellschaftlichen Seite gegenüber. Dies schlägt sich auch im Zugang zu und Umgang mit den Medien nieder« (Gerhards/Klingler 2001, S. 65).

Zur Mediennutzung der Jugend

Jugendliche nutzen neben dem Fernsehen auch andere Medien wie Radio, Musikkassetten, CDs, Zeitungen und Zeitschriften sowie das Internet. Das Fernsehen nimmt jedoch auch bei ihnen die Rolle des Leitmediums ein. Im Jahr 2000 etwa wurden knapp zwei Drittel der Jugendlichen (61 Prozent) täglich vom Fernsehen erreicht. Die Verweildauer jener Jugendlichen, die täglich fernsahen, lag bei 188 Minuten, also gut drei Stunden pro Tag. »Die Sehdauer, die auf Basis aller Jugendlichen berechnet wird, unabhängig davon, ob ferngesehen wird oder nicht, erreichte 118 Minuten oder knapp zwei Stunden« pro Tag (Gerhards/Klingler 2001, S. 65). Jugendliche in den neuen Bundesländern sehen (u.a. wegen des Mangels an anderen Freizeitalternativen) etwas länger fern als jene in den alten Ländern. Und jüngere Jugendliche (12 bis 15 Jahre) verbringen mehr Zeit vor dem Bildschirm als ältere Jugendliche (16 bis 19 Jahre). Die höchste TV-Verweildauer ist bei den Jugendlichen am Wochenende festzustellen (214 Minuten samstags, 216 Minuten sonntags). Von einzelnen Programm-Events wie »Domino Day – Der Weltrekordversuch« sowie von der einen oder anderen Folge der Quiz-Sendung »Wer wird Millionär« abgesehen, finden sich Spielfilme und Unterhaltungssendungen auf den Hitlisten der jugendlichen Fernsehzuschauer. Weibliche Jugendliche beispielsweise sehen Serien wie »Gute Zeiten, Schlechte Zeiten« recht gern. »Dem Fernsehen kommt bei 12- bis 19-Jährigen beispielsweise gleichermaßen die Rolle zu, die häusliche Abendsituation mit den Eltern zu gestalten oder eigene Langeweile zu überwinden sowie bei Sorgen und Problemen einfach abzutauchen« (Gerhards/Klingler 2001, S. 73). Unter den Informationssendungen erfreuen sich eher Sendungen privat-kommerzieller Anbieter vergleichsweise größerer Beliebtheit, aber auch die »Tagesschau« wird häufig genutzt.

Medienbilder und Jugend

Die Fernsehnutzung von Jugendlichen ist in den Freizeitkontext eingebunden, bei dem eher Unterhaltung und Spaß an der Spitze stehen. Birgit van Eimeren und Brigitte Maier-Lesch (1997) weisen darauf hin, dass die Jugendlichen bereits seit den 1950er-Jahren Möglichkeiten haben, sich an Vorbildern zu orientieren, die gesellschaftlich bedingt waren und auch durch die Massenmedien mitgeprägt wurden:

- In den 1950er-Jahren waren dies filmische und musikalische Vorbilder. Zu erwähnen sind etwa James Dean (»Denn sie wissen nicht, was sie tun«) oder Elvis Presley und Bill Haley. Die Entstehung des Rock'n Roll fällt in diese Zeit.
- Die 1960er und 1970er-Jahre brachten die u.a. auch durch die Medien vermittelten Jugendbewegungen hervor wie die 68er-Bewegung (Außerparlamentarische Opposition APO), die Hippie-Kultur, die Friedens- und Umweltbewegungen sowie die Ökologische Bewegung. Die Jugendszenen, die u.a. durch Musik und Kleidermoden Identität und Identifikation stifteten, wechselten immer schneller.
- In den 1980er und 1990er-Jahren bildete sich eine Vielzahl neuer Jugendkulturen und -szenen heraus. Spezielle Musikgenres (Rapper, Raver, Heavymetal Rockers u.a.m.) boten dabei in hohem Maße Identifikationsmöglichkeiten, Protestpotenzial sowie gleichzeitig Abgrenzungsmöglichkeiten von der Erwachsenenwelt.
- Die jüngst beobachtbare Diversifizierung der jugendkulturellen Szenen führt(e) gleichzeitig zu einem Rückgang der traditionellen Jugendgruppen mit ausge-

prägt institutionellem – also beispielsweise konfessionellem, parteipolitischem oder gewerkschaftlichem – Charakter. Allenfalls stehen Sportvereine (noch) hoch im Kurs, die ihr zeitgemäßes Pendant in den Fitnessklubs sowie in diversen Aktivszenen finden (vgl. van Eimeren/Maier-Lesch 1997, S. 590ff).

Medien, Freunde (peer group), Sport

Im Hinblick auf ihre Freizeitgestaltung setzen die Jugendlichen weitgehend auf drei Säulen: auf die Medien, die Freunde (»peer group«, also Angehörige der selben Gruppe) und den Sport. (1) Zunächst zu den *Medien*: Fernsehen, Musikhören von Tonträgern (Dancefloor, Rap/Hip Hop, Techno etc.), Zeitungen und Zeitschriften lesen sowie Video, Computerspiele und die Beschäftigung mit dem Computer nehmen breiten Raum ein. (2) Die *Freunde* (peer group) sind für die Jugendlichen nach wie vor wichtigster Erlebnis- und Artikulationsraum zum Erlernen und Erproben sozialer Verhaltensweisen – aber auch zur Abgrenzung gegenüber der Erwachsenenwelt, die in vielen Aspekten dieser Altersphase als nicht erstrebenswert gilt. Zugleich ist die Peer-Group eine wichtige Informationsquelle von Jugendlichen, um sich über Aktuelles auf dem Laufenden zu halten. Mit Beginn des Jugendalters »gewinnt die Gleichaltrigengruppe für die Herausbildung von Einstellungen und Meinungen immer mehr an Bedeutung. Die Peer-Group (...) übernimmt teilweise die Funktion, die vorher die Eltern hatten. (3) Beim *Sport* haben viele Jugendliche große Sympathien für Fußball, Skating, Rollerblading usw. mit jeweils geschlechtsspezifischen Unterschieden. Bei den männlichen Jugendlichen dominiert nach wie vor Fußball. Junge Mädchen fühlen sich eher Trendsportarten zugehörig (vgl. van Eimeren/Maier-Lesch 1997).

Da es hier vor allem um den Stellenwert der Massenmedien für die Sozialisation der Jugendlichen geht, soll diesem Aspekt im Weiteren Aufmerksamkeit geschenkt werden (vgl. van Eimeren/Maier-Lesch 1997). Besonders die elektronischen Medien prägen das Alltagserleben der Jugendlichen. Sie vermitteln ihnen Handlungsmuster und Normen, und sie helfen den Jugendlichen, sich mit der Welt der Erwachsenen auseinanderzusetzen. Gleichzeitig schaffen sie die Möglichkeit, dem Alltagserleben zu entfliehen und neue Welten, vor allem solche außerhalb des eigenen Erfahrungsbereiches, kennen zu lernen. Die Medien generell und die elektronischen Medien im Besonderen spielen auch eine Rolle bei der Etablierung von Jugendkulturen, »indem sie neue Sprachstile und Kommunikationsräume schaffen und die Zugehörigkeit zur peer-group markieren« (van Eimeren/Maier-Lesch 1997, S. 593).

Medien und Alltagserleben

Der Stellenwert, den die Massenmedien im Alltagserleben der Jugendlichen einnehmen, ist auf zweierlei zurückzuführen: zum einen auf die Vervielfachung des Angebots vor allem bei Hörfunk und Fernsehen (hier ist seit 1990 mindestens eine Verzehnfachung festzustellen); zum anderen aber auch auf veränderte Lebensumstände der Jugendlichen. Die tendenziell beobachtbare Lockerung der traditionellen Familien- und Beziehungsstrukturen führen zu einer verstärkten Individualisierung »mit der Folge, dass Erfahrungen vermehrt außerhalb des familiären Umfeldes und über die mediale Vermittlung gemacht werden« (van Eimeren/Maier-Lesch 1997, S. 593). Die Fernsehpräferenzen der 12- bis 19-Jährigen liegen eher auf den privaten Programmen (ProSieben, RTL, Viva, MTV). Für viele Jugendliche ist das Fernsehen primär ein Abspielmedium für Spielfilme, Serien und Daily Soaps (wie »Gute Zeiten, schlechte Zeiten« oder »Verbotene Liebe« bei den jugendlichen Mädchen und wie etwa »Akte X« bei den Jungen). In Anlehnung an Gerhards/Klingler (2001, S. 67f), Schorb (1995) und van Eimeren/Maier-Lesch (1997) lässt sich zusammenfassen:

- Unterhaltende Fernseh- (und Kino-)Filme, Fiction, Daily Soaps und Serien, Comics und Sitcoms/Comedy gehören zu den von den Jugendlichen am meisten genutzten Fernsehangeboten. Auch »Big Brother« wurde in der ersten Staffel häufig genutzt.
- Fernsehserien können sich zu Kultserien der Jugendszene entwickeln und steuern dann nicht nur die Inhalte der Kommunikation, sondern nehmen auch Einfluss auf den Kauf von Kleidungsstücken und Accessoires.
- Dort, wo das Fernsehen auf die Entwicklung und die Inhalte jugendlicher Subkulturen einwirkt, erhält es eine klare integrative Funktion.
- Musikkanäle wie VIVA und MTV sind bei Jugendlichen beliebt, weil sie als »angesagt, flippig, jung und hektisch« gelten (Schorb 1995). Ihr Programm bietet nicht selten den Gesprächsinhalt von Freundschaftsgruppen. Der Look der Generation X beispielsweise wurde eindeutig von MTV und VIVA mitbestimmt.
- Die Musikkanäle erfüllen für Jugendliche auch eine Prestige-Funktion. Das bedeutet mehrerlei: Man sieht fern, um mitreden zu können; man hat Ahnung von dem, was vermeintlich wichtig ist; man weiß Bescheid und wird als Gesprächspartner geschätzt; Medien-, Musik- und Szene-Wissen verschafft den Jugendlichen die Möglichkeit, eigene Kompetenz zu demonstrieren. Nicht zuletzt dient musikalische Kompetenz schulisch eher schwachen Jugendlichen als Quelle für alternatives Prestige (vgl. Schorb 1995).
- Die Jugendlichen sind politisch nicht uninteressiert, Informationssendungen mit politischen Inhalten werden jedoch im Vergleich zu anderen Programmsparten weniger genutzt. Das Desinteresse an politischen Informationssendungen wird u.a. auch mit der aus der Sicht der Jugendlichen langweiligen Präsentationsform begründet. Entsprechend schauen Jugendliche eher Nachrichten bzw. Informationssendungen und TV-Magazine bei den privaten Programmveranstaltern (wie ProSieben und RTL) an. In diesen Sendungen wird stärker personalisiert als bei den öffentlich-rechtlichen Programmen, und das Berichtete wird offenbar auch besser nachvollziehbar gemacht. Personalisierung und Nachvollziehbarkeit scheinen die Schlüssel zur Aufmerksamkeit der Jugendlichen zu sein (vgl. van Eimeren/Maier-Lesch).
- Mit zunehmendem Alter und höherer Bildung nimmt auch bei den Jugendlichen das Interesse an Politik und politischen Inhalten zu. Die älteren Jugendli-

chen, die 18- bis 19-Jährigen, steigen dann auf Informationssendungen der ARD um.

Lebensthemen – Medienthemen

Aus jüngster Zeit liegen Studien vor, die den Funktionen von Medien im Prozess des Heranwachsens auf den Grund gehen. Bei einigen dieser Arbeiten handelt es sich um so genannte »qualitative Untersuchungen«, bei denen u.a. mittels Intensivinterview geforscht wurde. Jürgen Barthelmes beispielsweise hat den Zusammenhang von Lebensthemen und Medienthemen herauszufinden versucht, indem er Jugendliche darüber befragte, welche Filme sie sich am liebsten ansehen und warum (Barthelmes 2001). Dabei konnte er feststellen, dass die von ihm befragten Jugendlichen (insgesamt 22 Personen, darunter zu gleichen Teilen Hauptschüler, Realschüler und Gymnasiasten) »als persönliche Lieblingsfilme immer solche Spielfilme (aus Fernsehen und Kino – Erg. H.P.) nennen, die mit ihren Entwicklungsthemen und Lebenssituationen (symbolisch und unmittelbar) zu tun hatten« (Barthelmes 2001, S. 86). Die Jugendlichen suchen in diesen Filmen Frauen- und Männerbilder sowie Geschichten, in denen es um die Verlässlichkeit von Beziehungen geht. Medien dienen als Spiegel für das Selbst, und Medieninhalte werden als Abbilder der eigenen Wirklichkeit wiedererkannt. Spielfilme sind auch in der Lage, den Jugendlichen bestimmte Seiten des Lebens erst richtig bewusst zu machen. Spielfilme können auch »dazu herausfordern, das eigene Selbstbild oder die eigene Sicht von Leben und Welt in Frage zu stellen« (Barthelmes 2001, S. 87). Mädchen sehen sich Filme an, »die auch die schmerzhaften Seiten der Liebe und Treue zeigen und nicht nur romantische Geschichten erzählen« (Barthelmes 2001, ebd.). Jugendliche ohne Vater oder zumindest mit oft abwesendem Vater suchen in den von ihnen bevorzugten Filmen (wie etwa »Rambo«, »Terminator«, »Indiana Jones«, »Schindlers Liste«, »Der mit dem Wolf tanzt«, »Star Wars« usw.) das Vaterbild. Die gesehenen Medieninhalte sind Thema von Gesprächen mit Freundinnen und Freunden, mit Geschwistern und Eltern – haben also kommunikationsstiftenden Charakter. »Das Sprechen über Serien oder Spielfilme erlaubt es den Jugendlichen, die Mediengeschichten abzuwandeln, indem sie beim Erzählen ihre eigenen Gefühle mit einbeziehen und so nicht gleich mit ihrem eigenen Thema oder ihrer eigenen Meinung herausrücken müssen« (Barthelmes, ebd.). Nach dem gemeinsamen Anschauen von Beziehungsfilmen sprechen die Jugendlichen die Eltern auch auf ihre Paar-Beziehung an. In den Familien wird aber auch über heikle Themen wie Aids, Drogen, Sexualität, Trennung/Scheidung etc. gesprochen. Nicht selten werden Medieninhalte ein »Fenster zur Medienbiographie der Eltern«; und sie »öffnen den Jugendlichen auch den Blick in die Jugendzeit der Eltern« (Barthelmes 2001, S. 88).

Jugend und Talkshows

Eine Gruppe von deutschen Medienforschern hat den Stellenwert von Talkshows im Alltag von Jugendlichen ergründet (vgl. Paus-Haase et al. 1999; ebenso Paus-Haase/

Hasebrink 2001; Bente/Fromm 1997). TV-Talk-Shows gehören zu Fernsehformaten, die dem »Affektfernsehen« zugeordnet werden. Dieses zeichnet sich durch Merkmale wie Personalisierung, Authentizität des Dargestellten, Intimisierung und Emotionalisierung aus (Bente/Fromm 1997, S. 20). »Diese Aspekte spielen gerade bei jungen Menschen, die sich noch in der Identitätsentwicklung befinden, eine zentrale Rolle. So stellt sich die Frage nach dem Einfluss dieser Angebote« (Paus-Haase/Hasebrink 2001), die auf Grund ihrer schlüpfrigen Themen 1998 ins Gerede gekommen und für einige Zeit zum Gegenstand einer empörten öffentlichen Diskussion geworden sind. Es ist zu beobachten, »dass sich diese Formate sowohl in ihrer Gestaltung, ihren Themen, in der Auswahl ihrer Gesprächsgäste als auch in ihrem Moderatorenprofil an typischen Jugendprogrammen orientieren« (Paus-Haase/Hasebrink 2001). Eine Repräsentativumfrage unter Jugendlichen ergab, dass immerhin knapp drei Viertel (73,5 Prozent) der Befragten angab, diese Sendungen zumindest gelegentlich zu sehen, viele von ihnen etwa 4,5 Talkshowausgaben pro Woche (vgl. Paus-Haase/Hasebrink 2001). Es verwundert dies insofern nicht, als Talkshows den jugendlichen Rezipienten die Möglichkeit bieten, »emotional Anteil zu nehmen, mitzuerleben, mitzufiebern, sich selbst zu dem Gesagten in Beziehung zu setzen, entweder durch Zustimmung oder Abgrenzung« (Paus-Haase/Hasebrink 2001). Beliebteste Sendungen waren der Studie zufolge »Arabella« und »Andreas Türck« (beide auf ProSieben).

Die Medienforscher gelangten schließlich zur Erkenntnis, dass es unterschiedliche Rezeptionsweisen unter den Jugendlichen gibt (vgl. Paus/Haase 2001, S. 146ff). Diese sind gekennzeichnet durch die Pole

- naive vs. reflektierte Rezeption,
- involvierende vs. distanzierende Rezeption,
- Suche nach Unterhaltung vs. Suche nach Orientierung sowie
- positive Bewertung vs. negative Bewertung der Shows.

Diese Rezeptionsweisen sollen hier nicht im Detail erörtert, sondern lediglich zentrale Ergebnisse hervorgehoben werden (vgl. Paus-Haase/Hasebrink 2001, ebd.):

Der Umgang von jungen Menschen mit Daily Talks ist geprägt von den Faktoren Geschlecht und Bildungsstand. Weibliche Jugendliche sehen Talkshows wesentlich öfter (fast doppelt so oft) als männliche Jugendliche. Ebenso widmen sich formal weniger Gebildete den Talkshows in stärkerem Maße als formal höher Gebildete. Und: »Sich involvierend Befragte treten in einen inneren Dialog mit den angebotenen Inhalten (Personen und Themen), sodass ihre eigenen Selbst- und Weltkonzepte zum Thema werden, während ›distanziert‹ rezipierende Jugendliche einer solchen Auseinandersetzung weitgehend ausweichen« (Paus-Hase/Hasebrink 2001, S. 148). Eine nach Orientierung suchende Rezeptionsweise verweist auf eine starke innere Bereitschaft der betreffenden Jugendlichen, ihre Perspektiven an Talkshows auszurichten; solche Jugendliche sind geneigt, die in den Talks vorgeführten Meinungen und Lebensstile zu überprüfen und auf sich zu beziehen, sähen gern ihre eigenen Probleme verhandelt oder begreifen Talkshows generell als Problemlöser und Ratgeber (vgl. Paus-Haase/Hasebrink 2001).

Die im Kontext der Rezeption von Talkshows durchgeführten qualitativen Studien »lassen deutlich werden, dass junge Menschen Daily Talks insbesondere vor dem spezifischen Hintergrund ihrer lebensweltlichen Bedingungen nutzen. Vor allem junge Menschen, die Talkshows uneingeschränkt positiv bewerten und naiv nutzen und sie vor allem als Forum für Problemlösungen und Orientierungshilfe verstehen – im Vordergrund stehen dabei jüngere Mädchen in lebensweltlich problematischen Verhältnissen – rezipieren die Wirklichkeitskonstruktion der Daily Talks als ›Abbild von Realität‹. Auf Grund ihres problematischen Alltags stilisieren sie Daily Talks gewissermaßen zum ›Retter in der Not‹« (Paus-Haase/Hasebrink 2001, S. 154). Die Zahl solcher Nutzer ist insgesamt gesehen jedoch eher gering.

5.3.1.7 Politische Sozialisation und Massenmedien

Mit politischer Sozialisation wird allgemein die Gesamtheit politikbezogener Lernprozesse in Kindheit, Jugend und Erwachsenenalter bezeichnet (vgl. Bonfadelli 1998, S. 344). Die politische Sozialisation ist ein lebenslang andauernder Vorgang, in dessen Verlauf von einem Individuum politische Grundeinstellungen erworben, weiterentwickelt und durchaus auch verändert bzw. modifiziert werden (können). Die ältere Sozialisationsforschung war auf die abgegrenzten Lebensphasen (Kindheit, Jugend, Erwachsenenalter) fixiert, die jüngere Sozialisationsforschung hingegen betont »die Offenheit des Sozialisationsprozesses als lebenslanges Lernen« (Bonfadelli, ebd.). Und so erweist sich auch »die Entwicklung der politischen Persönlichkeit als ein äußerst komplexer, lebenslanger und offener Prozess im Spannungsfeld verschiedenster sozialer Instanzen, wobei Phasen der Kontinuität durch Instabilität und Wandel, ausgelöst durch gesellschaftliche Krisen oder Umbrüche der persönlichen Lebenssituation, abgelöst werden können« (Bonfadelli 1998, ebd.). In demokratischen Systemen stellt sich im Hinblick auf politische Sozialisation »die Frage nach der *Herausbildung eines demokratischen Charakters* (Hervorh. im Orig.) im Zusammenhang mit Rollenmerkmalen wie aktive Partizipation am politischen Prozess, Bereitschaft zur politischen Kommunikation, hoher Wissensstand, Verfechtung demokratischer Prinzipien und anderer politischer Einstellungen und Werthaltungen« (Bonfadelli 1998, S. 342).

Bezogen auf Massenkommunikation ist in diesem Zusammenhang von Interesse, welchen Beitrag die Massenmedien zur politischen Sozialisation leisten. Die Annahme, »dass die Massenmedien beim Erlernen der Staatsbürgerrolle mitwirken, indem sie politisches Wissen, Motive, Einstellungen, Handlungsmodelle, Normen und Wertorientierung vermitteln«, ist nämlich nicht unbegründet (Schulz 1997, S. 108). Immerhin sind die Massenmedien rund um die Uhr um uns präsent und vermitteln eine Fülle von Sekundärerfahrungen aus allen Lebensbereichen, insbesondere auch aus der Welt der Politik. Dies gilt nicht nur, aber vor allem für das Medium Fernsehen, das nachweislich das von allen Bevölkerungsgruppen am meisten genutzte Massenmedium ist: Im Jahr 1999 betrug seine Nutzung im Durchschnitt der bundesdeutschen Bevölkerung immerhin knapp 200 Minuten täglich, wovon ein gutes Viertel auf die Nutzung von Informationssendungen entfiel (vgl. Darschin/Kayser 2000). Und aus einer Schätzung geht hervor, dass deutsche Kinder und Jugendliche bis zum Alter von 18 Jahren zwischen 8.000 und 10.000 Stunden vor dem Fernsehapparat verbringen (vgl. Schulz 1997, S. 111). Vorwiegend handelt es sich dabei zwar um Unterhaltungsfernsehen. »Gleichwohl ist das Fernsehen für Kinder und Jugendliche – wie auch für Erwachsene – die wichtigste Quelle politischer Information, und die Massenmedien allgemein – neben dem Fernsehen vor allem noch Radio und die regionale Tageszeitung – sind weit wichtigere Informationsquellen als Eltern, Schule und Gleichaltrige« (Schulz 1997, S. 111; vgl. auch Eggert 2001, S. 75-83). Politische Diskussionen »im Familien- und Freundeskreis stimulieren die Informationssuche in den Massenmedien, und die Mediennutzung regt wiederum familiäre Diskussionen an. Nach ähnlichen Wechselbeziehungen vollzieht sich die Aneignung politischen Wissens und politischer Einstellungen« (Schulz 1997, S. 112). Die relative Bedeutung der Massenmedien soll dabei sogar größer sein als die der personalen Kommunikation (vgl. Schulz, ebd.).

Aus demokratiepolitischer Perspektive soll politische Sozialisation durch Massenmedien vor allem der *politischen Aufklärung* der Staatsbürger dienen. So ist in Deutschland das Grundgesetz »am normativen Leitbild des mündigen, d.h. in öffentlichen Belangen selbständig handlungskompetenten Staatsbürgers orientiert« (Pöttker 1996, S. 149). Art. 5 des Grundgesetzes garantiert Informations- und Meinungsfreiheit, die durch unabhängige Massenmedien gewährleistet werden soll. Horst Pöttker sieht bei dem Versuch, das Ziel der Vermittlung öffentlicher Handlungskompetenz (Aufklärung) genauer und konkreter zu bestimmen, drei verschiedene Teilziele legitimer politischer Sozialisation durch Massenmedien in westlichen Demokratien, nämlich: Sachwissen/Information; Partizipationsbereitschaft/Politisierung sowie Kritik und Kontrolle/Konfliktbereitschaft (vgl. Pöttker 1996, S. 150f). Dazu im Einzelnen:

Sachwissen/Information: Politische Handlungskompetenz der Staatsbürger »setzt zunächst hinreichende Grundkenntnisse in den Problembereichen voraus, die durch staatliches Handeln reguliert werden. (...). In modernen, weit ausdifferenzierten Gesellschaften ist nur ein relativ kleiner, meist mit dem jeweiligen Beruf zusammenhängender Realitätssektor der unmittelbaren Erfahrung des einzelnen Menschen zugänglich. Das Erfahrungswissen ist hier außerordentlich zersprengt« (Pöttker 1996, S. 150). Daher stellt sich – unabhängig von ihrer jeweiligen politischen Verfassung – den Massenmedien die Aufgabe, »fehlende unmittelbare Erfahrung zu ersetzen.« Folglich sind »die Vermittlung von Sachwissen und Komplexitätsüberbrückung« ganz wichtige Bestandteile des Auftrags zur möglichst »*objektiven Information* an die Massenmedien« (Pöttker, ebd.).

498

Partizipationsbereitschaft/Politisierung: »Politische Handlungskompetenz«, so Pöttker, »setzt (...) nicht nur die Fähigkeit, sondern auch die Motivation voraus, sich an der staatlichen Willensbildung und Entscheidungsfindung zu beteiligen. Hieraus ergibt sich für Massenmedien westlicher Demokratien die Aufgabe, die *Partizipationsbereitschaft* der Rezipienten zu fördern. (...). Um einen partizipationsstärkenden Sozialisationseffekt zu erzielen, gilt es für die Massenmedien zu zeigen, dass der in komplexen Gesellschaften ebenfalls ausdifferenzierte und daher der unmittelbaren Wahrnehmung weitgehend entzogene Bereich der staatlichen Regulierung tatsächlich erhebliche Auswirkungen auf die alltägliche Lebenswirklichkeit hat – und umgekehrt die Handlungsweisen der Bürger (Medienrezipienten) nicht ohne Folgen für Staat und Gesellschaft sind« (Pöttker 1996, S. 150).

Kritik und Kontrolle/Konfliktbereitschaft: Ein wichtiges Teilziel der Aufklärung durch Massenmedien schließlich ist die Kontrolle derjenigen, die die Herrschaft ausüben. Diese Kontrolle erfolgt nicht zuletzt dadurch, dass Kritik an politischen Absichten und Entscheidungen öffentlich gemacht wird. »Der dabei angestrebte Sozialisationseffekt ist eine grundsätzlich skeptische Einstellung der Rezipienten gegenüber staatlicher Macht und ihren Trägern« (Pöttker 1996, S. 151). Grundsätzliche Machtkritik ist durchaus auch als Ideologiekritik zu sehen, »die scheinobjektive Rechtfertigungen interessengebundener Machtpositionen oder -ambitionen als solche entlarvt« (Pöttker 1996, S. 151). Dabei kann freilich nicht übersehen werden, dass viele Massenmedien – vor allem große Medienkonzerne – selbst Machtinteressen verfolgen und daher selbst der Kontrolle bedürfen. In aller Regel erfolgt diese Kontrolle, wie erwähnt, mehr oder weniger effizient durch die gegenseitige Kontrolle der Medien untereinander.

Neben dieser kommunikationswissenschaftlichen Perspektive gibt es noch andere disziplinäre Zugriffe zum Thema politische Sozialisation. Aus psychologischer Perspektive beispielsweise ist die Herausbildung der politischen Identität oder Persönlichkeit von Interesse; aus soziologischer Perspektive die Frage, was politische Sozialisation zur Integration in die Gesellschaft bzw. ins politische System leistet. Sozialisation wird als lebenslanges Lernen, politische Sozialisation als lebenslanges politisches Lernen gesehen. »Dieser *Lernprozess* wird zudem nicht mehr nur einseitig als Anpassung und passive Übernahme gesellschaftlicher Rollenverpflichtungen thematisiert, sondern als Interdependenzbeziehung im Sinne einer aktiven Auseinandersetzung oder gar als produktives Spannungsverhältnis zwischen Individuum und gesellschaftlichen (respektive politischen – Erg. H. P.) Sozialisationsinstanzen verstanden. (...) Dadurch veränderte sich (im Laufe der Zeit – Erg. H. P.) die Auffassung von Politik selbst. Ein inhaltsarm-enger Begriff von Politik als staatsbezogenem Handeln mit gouvernementalistischer Akzentuierung wich einem materialreich-weiten Konzept von Politik als Gesamtheit aller ordnenden Einrichtungen und Prozesse der Gesellschaft« (Bonfadelli 1998, S. 344). Im Rahmen seiner (politischen) Sozialisation

»wächst der Mensch in die Gesellschaft im Allgemeinen und in die Politik im Speziellen hinein, erlernt die für die Rolle des politischen Bürgers wesentlichen Normen und Verhaltensmuster und eignet sich die damit zusammenhängenden kognitiven Elemente der (politischen) Kultur an« (Bonfadelli 1998, S. 345).

So verwundert es nicht, dass im Gefolge der Vielfalt von disziplinären Zugriffen und der Breite von Fragestellungen sich das Forschungsfeld Politische Sozialisation und Massenkommunikation als »äußert *disparat und heterogen*« erweist und deshalb »nur schwer zu überblicken« ist (Bonfadelli 1998, S. 347; vgl. auch Schulz 1997, S. 107ff). In der Kommunikationswissenschaft gab es in den 1970er- und frühen 1980er-Jahren eine Reihe beachtenswerter Veröffentlichungen zum Thema (vgl. Ronneberger 1971; Gottschalch et al. 1971; Geißler 1973 und 1975; Hüther 1975; Bonfadelli 1981); seither sind aber vor allem Arbeiten zur politischen Sozialisation durch Massenkommunikation eher selten. »Besonders spärlich sind insbesondere jüngere empirische Untersuchungen aus dem deutschen Sprachraum; entsprechend lückenhaft präsentiert sich der aktuelle Forschungsstand. Obwohl zum Problembereich in den verschiedenen Studien durchaus wertvolle Einzelbefunde vorliegen, fehlt eine aktuelle, umfassend und integral angelegte Forschung« (Bonfadelli 1998, S. 347).

Nachfolgend seien dennoch einige Ergebnisse zum Thema politische Sozialisation und Massenkommunikation vorgestellt. Sie müssen notgedrungen eher kursorisch, lückenhaft und unvollständig sein, wie Bonfadelli selbst schreibt (vgl. Bonfadelli 1998). Sie beruhen auf zwei Veröffentlichungen von Winfried Schulz (1997) und Heinz Bonfadelli (1998), die ihrerseits auf relevante Ergebnisse aus der einschlägigen Forschung zum Thema verweisen (vgl. dazu auch die bei Schulz und Bonfadelli weiterführenden Literaturhinweise):

• Seit den 1960er-Jahren ist ein genereller Anstieg des politischen Interesses der Wahlbevölkerung in der BRD festzustellen. Ungeachtet dessen liegen 18- bis 24-Jährige in ihrem politischen Interesse unter dem Durchschnitt der Bevölkerung. Es scheint, dass in dieser Lebensphase erst langsam die Einübung in Politik erfolgt. Gleichwohl ist auch bei jüngeren Menschen eine hohe Sensibilisierung bezüglich aktueller politischer Probleme (z. B. Krieg, Umweltschutz, Atomenergie etc.) festzustellen (vgl. Bonfadelli 1998, S. 347).

• Kinder und Jugendliche kommen heute relativ früh mit dem näheren und weiteren politischen Geschehen in Kontakt – hauptsächlich über die Nutzung der elektronischen Medien Fernsehen und Hörfunk. Die gezielt politikorientierte Nutzung der Medien, respektive der Zeitung, bildet sich aber erst allmählich im Entwicklungsablauf heraus (vgl. Bonfadelli 1998, S. 348). Art und Umfang der Nutzung von Massenmedien als Quelle politischer Information werden im Kindesalter durch das Mediennutzungsverhalten der Eltern geprägt. Politische Diskussionen im Familien- und Freundeskreis stimulieren die Informationssuche in den Massenmedien, und die Mediennutzung regt wiederum familiäre Diskussionen an (vgl. Schulz 1997, S. 112).

- Politische Mediennutzung ist eine Frage des Alters, der Bildung und des Geschlechts. Die Nutzung politischer Beiträge aller wichtigen publizistischen Medien nimmt bis zur Altersgruppe der 40- bis 50-jährigen stetig zu (ab dieser Altersstufe gibt es sowohl politisch weiterhin Interessierte als auch weniger Interessierte) (vgl. Schulz 1997, S. 113). Der Einfluss der Bildung auf die Nutzung politischer Inhalte ist deutlich geringer als jener des Alters (vgl. Schulz 1997, S. 117). Gleichwohl präferieren in Deutschland besser Gebildete die öffentlich-rechtlichen Programme, gleichzeitig sind die besser Gebildeten stärker informationsorientiert und auch mehr an Politik interessiert. Formal weniger Gebildete tendieren verstärkt zu den Privatsendern und sind auch stärker unterhaltungsorientiert (vgl. Bonfadelli 1998, S. 348). Politische Beiträge im Fernsehen erreichen Frauen und Männer gleich gut (vgl. Schulz 1997, S. 117).

- Politisches Wissen, politisches Interesse und Mediennutzung hängen eng miteinander zusammen (vgl. Bonfadelli 1998, S. 348). »Unabhängig vom Interesse haben ein überdurchschnittliches politisches Wissen Personen im Alter von über 50 Jahren, Personen mit einer besseren Ausbildung (...) und Männer gegenüber Frauen. Da alle drei demographischen Variablen einen spezifischen Effekt haben, wirken sie sich additiv auf das politische Wissen aus; das heißt: Je mehr der drei Kriterien zutreffen, desto ausgeprägter ist das politische Wissen« (Schulz 1997, S. 122). Politisch interessierte Jugendliche nutzen die Massenmedien politikorientiert intensiver und sind dementsprechend im Allgemeinen über politische Belange besser informiert (vgl. Bonfadelli 1998, S. 348).

- In der Forschung zur politischen Sozialisation durch Massenkommunikation wird immer wieder die Wissenskluft-These angesprochen. Sie lautet sinngemäß, dass von einem wachsenden Angebot an Information durch die Massenmedien eher die statushöheren (d.h. die formal besser gebildeten, in gehobenen Positionen beruflich Tätigen sowie gut Verdienenden) als die statusniederen Bevölkerungsschichten profitieren, sodass die Kluft zwischen den schon in Bezug auf Wissen Privilegierten und den Unterprivilegierten wächst. Nur ein Teil dieser Studien betrachtet Wissensveränderungen im Zeitverlauf, wie es eine Prüfung der Hypothese von der wachsenden Wissenskluft eigentlich erfordern würde. Von 26 Longitudinalstudien weist gut die Hälfte ein Anwachsen von Wissensklüften auf (vgl. Schulz 1997, S. 124; vgl. dazu vor allem auch Bonfadelli 1994 sowie Wirth 1997), allerdings vorwiegend bezogen auf den angloamerikanischen Raum. Für Deutschland liegen kaum Studien vor, die Wissensklüften über solche Zeiträume nachgegangen wären, in denen es durch den Wandel des Mediensystems eine deutliche Zunahme des verfügbaren Informationsangebotes gegeben hat (wie etwa im Gefolge der Ausbreitung des Fernsehens in den 1960er-Jahren oder in der Zeit nach dem Marktzutritt privaten Rundfunks ab Mitte der 1980er-Jahre). Eine Ausnahme stellt beispielsweise die Arbeit von Isabella-Afra Holst dar, die die Realitätswahrnehmung von politischen Konflikten untersuchte (vgl. Holst 2000). Als wichtigster Faktor für den Erwerb politischen Wissens erweist sich das politische Interesse (das bildungsbedingt höher ausgeprägt sein kann, nicht jedoch sein muss – vgl. Horstmann 1991; Wirth 1997).

- Ein modifizierter Ansatz der Wissenskluft-Hypothese geht davon aus, dass die Kommunikationssituation selbst zu Erwerb bzw. Nichterwerb von (politischem) Wissen führen kann. Der Kommunikationsforscher Everett Rogers hat in seiner Konzeption eine *Kommunikationseffekte-Kluft* entdeckt: Nicht das Wissen allein sei für entstehende Wissensklüfte entscheidend, sondern zusätzlich auch die interpersonelle Kommunikation sowie die Präsentation der politischen Inhalte selbst (Rogers 1976). Prakah Shingy und Bella Mody (1976) fanden auf der Basis dieses Konzeptes beispielsweise heraus, dass allein eine von Fremdwörtern und komplizierten Satzkonstruktionen befreite Sprache dazu führen kann, dass politische Inhalte dauerhafter rezipiert und memoriert werden. Dies ist für die politische Sozialisation durch Massenmedien bedeutsam: Nicht das Quantum an Wissen allein, das vermittelt werden soll, ist entscheidend für einen dauerhaften Wissenszuwachs, sondern offenbar auch die angemessene Darstellung der Inhalte.

Neben diesen Ergebnissen sei noch auf zwei weitere Aspekte verwiesen, die im Zusammenhang mit politischer Sozialisation durch Massenkommunikation eine Rolle spielen. So wird von Winfried Schulz im Kontext der politischen Sozialisationsforschung auch die Kultivationsforschung in der Tradition George Gerbners gesehen. Dabei steht das Medium Fernsehen im Mittelpunkt, dem allgemein größere Einflusschancen zugebilligt werden: Es hat eine hohe Reichweite, wird extensiv genutzt, ist für die meisten Menschen die wichtigste Informationsquelle, wirkt durch die Anschaulichkeit der Bilder authentischer und verfügt über eine hohe Glaubwürdigkeit. »Die Allgegenwart und intensive Nutzung des Fernsehens macht es zu einer ›elektronischen Umwelt‹, nach der die Fernsehnutzer ihre Vorstellung von Wirklichkeit, den *facts of life* bilden. Entsprechend den statistischen Verteilungen in der ›Fernsehwirklichkeit‹ entwickeln sich beispielsweise Vorstellungen von der – vermeintlich – realen Bedeutung einzelner sozialer Gruppen oder von sozialen Risiken (...) Da im amerikanischen Fernsehen Gewalt und Kriminalität stark verbreitet sind, ›kultiviert‹ das Fernsehen Angst und Misstrauen und infolgedessen das Bedürfnis nach Gesetz und Ordnung, es begünstigt die etablierten politischen Verhältnisse, ist der Garant des status quo. Die politische Kultivation des Fernsehens führt darüber hinaus zum so genannten *mainstreaming*, einer Tendenz zur Mittelposition und Mehrheitsmeinung in politisch kontroversen Fragen« (Schulz 1997, S. 140). Dies trifft oftmals auf so genannte Vielseher zu; das sind Personen, die in weit höherem Maße fernsehen als der Durchschnittsbürger.

Im Hinblick auf die Thematik des Vielsehens wird im Gefolge der Einführung privaten Fernsehens (und damit einer Vervielfachung verfügbarer Fernsehkanäle sowohl terrestrisch, vor allem aber in Kabel- und Satellitenhaushalten) in Deutschland neben der Sehdauer auch dem *Channel Repertoire* besondere Aufmerksamkeit zuteil. Gemeint sind damit die von den Zuschauern tatsächlich realisierten Wahlmöglichkeiten unter den empfangbaren Fernsehsendern; in den bundesdeutschen Kabel- und Satellitenhaushalten sind im Durchschnitt 34 TV-Programme zu empfangen. Die meisten Fernsehzuschauer haben einer 1995 durchgeführten Umfrage zufolge ein begrenztes Channel Repertoire: Sie nutzen im Durchschnitt zwischen zwei und fünf TV-Kanäle. Immerhin aber 32 Prozent der Befragten gaben damals an, sechs oder mehr Sender häufig zu sehen. Diese Vielkanalseher widmen dem Fernsehen, respektive den privaten Fernsehprogrammen, deutlich mehr Zeit und Aufmerksamkeit (201 Minuten) als Wenigkanalseher (106 Minuten). Nachdenklich stimmt nun, dass Vielkanalseher über ein deutlich negativeres Politikbild verfügen als Wenigseher. Mit der Zahl der genutzten Kanäle und mit dem Umfang der Fernsehnutzung »verschlechtert sich die Einstellung zur Politik und nimmt das Gefühl politischer Entfremdung zu. Vielseher, Vielkanalseher und auch extensive Nutzer von Information im Fernsehen haben ein besonders negatives Politikbild. (...). Vor allem die Informationsnutzung im privaten Fernsehen hat ungünstige Folgen für die Einstellung zur Politik. Je mehr jemand von den Vielkanalbedingungen Gebrauch macht, desto mehr neigt er zur Politikverdrossenheit« (Schulz 1997, S. 145f).

Für diesen Befund gibt es, so Winfried Schulz, zwei Teilerklärungen. Zum einen: Die Angebotsbreite unter Vielkanalbedingungen »verleitet dazu, auf vielen Fernsehkanälen (nur – Erg. H. P.) Informationsbruchstücke aufzunehmen. Die durch *zapping, hopping* und *grazing* zusammengetragenen Bruchstücke werden jedoch nicht kontextualisiert und nicht tief genug verarbeitet. Es kommt nicht zu einem adäquaten Politikverständnis. (...). Zum anderen begünstigt ein oberflächlicher, fragmentarischer Nutzungsstil den Kontakt vor allem mit solchen politischen Informationen, die im Medienangebot eine hohe Auffälligkeit haben. Und dazu gehören vor allem Meldungen mit hohem Nachrichtenwert, die sich oft auf besonders spektakuläre, sensationelle und negative Aspekte von Politik beziehen« (Schulz 1997, S. 147). Die auf Informationsinhalte bezogene Medienkost von Vielkanalsehern und Extensivnutzern besteht vermutlich »in überdurchschnittlich hohem Anteil aus Informationen, die einen eher ungünstigen Eindruck von politischem Geschehen vermitteln« (Schulz 1997, S. 147). Offenbar ist der Wandel im Mediensystem (Einführung privaten, kommerziellen Fernsehens) auch mit einem Wandel im Journalismus verbunden, der dieses negative Bild durch seine zunehmende Tendenz zu Negativismus und Skandalisierung zu begünstigen scheint.

5.3.1.8 Gewalt und Massenmedien

Ein weiteres Teilgebiet der medialen Sozialisationsforschung stellt das Thema Massenmedien und gesellschaftliche Gewalt dar. Die Vorstellung, wonach medienvermittelte Gewalt zu (noch) mehr Gewalt in der Gesellschaft führt, ist weit verbreitet und im Prinzip auch nicht so ohne weiteres von der Hand zu weisen. Allerdings ist, wie darzulegen sein wird, eine differenziertere Sichtweise erforderlich. Dem Medium Fernsehen wird im Kontext dieser Debatte nicht zuletzt im Hinblick auf seine vergleichsweise größere Authentizität und Realitätsnähe erneut besondere Aufmerksamkeit zuteil. Unbestritten ist außerdem, dass bereits Kinder außerordentlich viel Gewalt durch das Fernsehen vermittelt erhalten. Sie können dabei viele Methoden sehen und auch kennen lernen, wie man andere Menschen durch die Anwendung von physischer (und psychischer) Gewalt verletzen und erniedrigen kann. Oftmals wird violentes, also gewalttätiges Verhalten auch als erfolgreiches Mittel zu Erreichung persönlicher und sozialer Ziele dargestellt; und in vielen in Fernsehen und Film gezeigten Situationen erscheint Gewalt als sozial akzeptiert und wird zudem nicht selten auch belohnt (vgl. Bonfadelli 1981, S. 259f). Problematisch ist in diesem Zusammenhang auch, dass Gewalt zur Durchsetzung gesellschaftlich anerkannter Ziele wie Recht und Gerechtigkeit legitimiert wird.

Klassische Gewaltforschung

Zum Thema Gewalt und Medien liegen weltweit an die 5.000 kommunikationswissenschaftliche Studien vor (vgl. Früh 1995), und bisweilen ist es schwierig, diese Studien soziologischer oder sozialpsychologischer Herkunft eindeutig zuzuordnen – die Grenzen sind da mitunter fließend. Viele dieser Studien stellen so genannte Laboruntersuchungen mit experimentellem Design dar. Dabei wurden in einem eigens für experimentelle Zwecke hergerichteten Raum die anwesenden Versuchspersonen via Kino- oder TV-Film einem Gewaltstimulus ausgesetzt und anschließend u.a. ihre psychophysische Reaktion gemessen. Außerdem wurden die Versuchspersonen vor und nach dem Experiment im Hinblick auf ihre Einstellungen zu Fragen der Gewalt einer wissenschaftlichen Befragung unterzogen. Oftmals waren die Teilnehmer solcher Studien nur studentische Gruppen, sodass die Generalisierung mancher Ergebnisse nicht unproblematisch ist. Gleichwohl sind zahlreiche dieser Untersuchungen für den Erkenntnisfortschritt in der Wirkungsforschung über Gewalt in den Medien, vor allem im Fernsehen, von Bedeutung gewesen. Michael Kunczik beobachtet das Feld der Medien-Gewaltforschung weltweit seit vielen Jahren. Seinem regelmäßig aktualisierten Buch über »Gewalt und Medien« (Kunczik 1998), das sich dem Thema auch historisch annähert, sind die wichtigsten, nachfolgend aufgelisteten Thesen bzw. Gewalttheorien im Einzelnen zu entnehmen. Diese lassen sich kurz wie folgt skizzieren (vgl. Kunczik 1998, S. 55ff):

Gewaltdarstellungen in Film und Fernsehen ...

- ... tragen zum Abbau von vorhandener persönlicher Gewalt und Aggression beim Zuschauer bei, indem andere – im Fernsehen – stellvertretend Gewaltakte ausführen und dadurch ein »reinigender Effekt« beim Zuschauer ausgelöst wird (*Katharsis-These;* gilt als widerlegt – vgl. Feshbach 1961);
- ... lösen aggressive Impulse aus, die jedoch durch anerzogene Angst vor Bestrafung zurückgedrängt werden; die Folge ist eine geringere Gewaltbereitschaft beim Zuschauer (*Inhibitionsthese*);
- ... ist (fiktiv oder real) so alltäglich, dass der Zuschauer gegenüber Gewaltdarstellungen abstumpft (*Habitualisierungsthese,* auch *Desensibilisierungsthese*);

504

- ... kann (besonders bei zuvor frustrierten Personen) zumindest kurzfristig Aggressionsbereitschaft beim Zuschauer auslösen (*Stimulationsthese* – vgl. Berkowitz 1969*)*;
- ... kann unter bestimmten Bedingungen etwa bei psychisch labilen Personen zu (beispielsweise selbstmörderischen) Nachahmungstaten führen (*Suggestionsthese* – vgl. Phillips 1974*);*
- ... versorgt ihre Zuschauer mit Handlungsmustern, die unter bestimmten Bedingungen übernommen (gelernt) und vor allem von Vielsehern als Verhaltensmuster in die Tat umgesetzt werden (*Lerntheoretische Position,* wird gegenwärtig favorisiert – vgl. Bandura 1962 und 1964);
- ... führt (auf Basis der lerntheoretischen Position) – ex ante und ex post facto – zur Rechtfertigung von Aggressivität und Verbrechen *(Rechtfertigungsthese);*
- ... führt zu erhöhter emotionaler Erregung beim Zuschauer, ohne dass daraus jedoch ein gewalttätiges Handeln oder Verhalten resultiert (*These der allgemeinen Erregung* – vgl. Tannenbaum 1972);
- ... zieht auf der individuellen Wirkungsebene – außer in pathologischen Fällen – keine reale Gewalt nach sich (*These der Wirkungslosigkeit*);
- ... löst nur dann aggressives Verhalten aus, wenn es vorher auf vorhandene Frustrationen trifft (*Frustrations-Aggressionstheorie* – Basis für die *Stimulationsthese*);
- ... führt zur Verstärkung und Entwicklung ängstlicher Weltbilder, sodass reale Gefahren im Leben vom Zuschauer überschätzt werden (*Theorie der ängstlichen Weltbilder* – vgl. Gerbner 1969; 1978; 1981).

Wie erwähnt, wird die – an Albert Bandura angelehnte – lerntheoretische Position gegenwärtig favorisiert (vgl. Bandura 1962; 1964; 1979). Sie basiert im Wesentlichen auf zwei Stützpfeilern (vgl. Kunczik 1998, S. 91ff mit Bezugnahme auf Bandura): Erstens: Aggressives Verhalten ist überwiegend gelerntes Verhalten, das aus der Beobachtung resultiert. Zweitens: Die durch Beobachtung erworbene Übernahme von Handlungsmustern ist abhängig von den beobachteten Konsequenzen des Verhaltens an der Modellperson (Belohnung, Bestrafung, keine Konsequenz). Für die Wirkung von Gewaltdarstellungen im Fernsehen lassen sich aus den zur Lerntheorie durchgeführten Untersuchungen vier relevante Erkenntnisse extrahieren, und zwar: (1) Ein erfolgreiches Modellverhalten wird eher imitiert als ein nicht erfolgreiches. (2) Beobachtete Verhaltensmuster werden umso eher nachgeahmt, je realitätsnäher sie sind. (3) Kinder scheinen eher männliche als weibliche aggressive Modelle zu imitieren. (4) Für das Lernen aggressiven Verhaltens gilt, dass a) zunächst die unmittelbare familiäre Umgebung, die »Subkultur«, das Milieu, in dem man lebt, und b) das kulturelle System Quellen sind, aus denen aggressives Verhalten gelernt wird. Erst dann treten die massenmedial angebotenen symbolischen aggressiven Modelle hinzu (vgl. Kunczik 1998, S. 92-99 in Anlehnung an Bandura).

In diesem Kontext soll die Suggestionsthese noch einmal angesprochen werden. Es geht bei ihr um das Imitationsverhalten im Zusammenhang mit fiktiver wie non-fiktiver Fernsehberichterstattung in Bezug auf Selbstmordvarianten prominenter Persönlichkeiten. Nach dem Selbstmord von Marilyn Monroe beispielsweise hat die Selbstmordziffer zugenommen (so genannter »Werther-Effekt«, genannt nach Goethes literarischer Vorlage »Leiden des jungen Werther«), ebenso nach dem Selbstmord von Uwe Barschel, dem ehemaligen schleswig-holsteinischen Ministerpräsidenten. Ähnliche Effekte gab es etwa auch nach der Aufführung des mehrteiligen Fernsehfilms »Tod eines Schülers« (vgl. Kunczik 1998). Hans-Bernd Brosius und Frank Esser (1995) beispielsweise haben festgestellt, dass fremdenfeindliche Gewalt im Zusammenhang mit Berichterstattung über fremdenfeindliche Gewalt zugenommen hat. Die beiden Verfasser weisen allerdings darauf hin, dass bezüglich der Suggestionsthese mehrere Faktoren berücksichtigt werden müssen, nämlich: soziale Prozesse; die Motivlage in der Bevölkerung; die Persönlichkeitsstrukturen potenzieller Gewalttäter; sowie Legitimationsmuster. In Film oder Fernsehen gezeigte Gewalt ist per se noch kein gewaltstimulierender Faktor. Erst im Zusammenspiel mit den anderen Faktoren wirken Film oder Fernsehen: Es *kann* der »Auslöser« sein, muss es aber nicht (vgl. Brosius/Esser 1995).

Kulturvergleichende Gewaltforschung

Auf ähnliche Überlegungen hat bereits 1988 Jo Groebel hingewiesen, als er Ergebnisse einer kulturvergleichenden Studie zum Thema Sozialisation durch Fernsehgewalt veröffentlichte (vgl. Groebel 1988). Sozialisation ist eng verbunden mit dem engeren und weiteren familiären und kulturellen Umfeld, dem Milieu und dem Fernsehen als Kulturträger. Ziel der Untersuchung Groebels war es, im Hinblick auf die kurz- und langfristigen Wirkungen von Gewalt im Fernsehen die Bedeutung der umgebenden Kultur (Elternhaus, Fernsehkonsum, Personen- und Situationsvariablen, sonstige umgebende Kultur, Milieu) in ihrer Wechselbeziehung auf Aggression etwas genauer zu bestimmen. Auf Basis a) einer Programmanalyse des Fernsehens in den USA, Australien, Finnland, Israel, Niederlande, Deutschland und Polen; b) einer Befragung von 900 sieben- bis elfjährigen Schülern und deren Eltern in diesen Ländern; sowie c) der Beobachtung von Schülern über drei Jahre hinweg kommt Groebel zu folgenden Ergebnissen (vgl. Groebel 1988, S. 476ff):

- (Kindliche) Aggression steht in systematischem Zusammenhang mit dem Verhalten der Eltern. Dies zeigt sich interkulturell. Eltern sind zunächst die wichtigste Sozialisationsinstanz. Insgesamt gilt, dass bestrafende und ablehnende Elternreaktionen mit einer höheren Aggression der Kinder korrespondieren. Das aggressive Elternverhalten setzt eine aggressive Interaktion zwischen Kind und Eltern – und später der Umwelt – in Gang.
- Gewalt in der konkreten Umwelt (Familie, Spielplatz, Milieu), eine »normative Heterogenität« (sehr voneinander abweichende gesellschaftliche Werte) und ein

homogenes gewaltbezogenes Fernsehprogramm tragen zu einem reziproken Prozess der Aggressionsentwicklung bei. Bereits früh im Sozialisationsprozess erworbene Aggression ist langfristig mit hoher Konstanz in allen untersuchten Ländern wirksam. Aggression weist universal über die Zeit eine hohe Stabilität auf.

- Das Ausmaß der Wirkung von Fernsehgewalt auf aggressives Verhalten ist kulturabhängig. Aggressiver Fernsehkonsum in einer aggressiven Umwelt hat (mit Ausnahme der Versuchspersonen in Australien und den Niederlanden) einen variierend signifikanten Einfluss auf spätere Aggression. Dies gilt insbesondere für Israel und die USA, wo die konkrete Umwelt besonders aggressive Kognitionen erzeugt. Belege für eine langfristige Senkung von Aggression durch Gewaltdarstellungen finden sich in keinem der untersuchten Länder.

- Der Anteil der Medien an diesem Prozess hängt von ihrer Dominanz gegenüber anderen Faktoren ab. Er ist kulturspezifisch unterschiedlich hoch, am höchsten in Israel (wo es ein hohes Maß an Alltagsgewalt alleine schon durch den Konflikt mit den Palästinensern gibt) und in den USA. Am wahrscheinlichsten sind aggressive Verhaltenstendenzen dann, wenn alle Sozialisationsfaktoren zusammenwirken und sich damit gegenseitig verstärken: Elternerziehung, Beispiele in der konkreten Umwelt (Milieu), Medienangebot, Fehlen oder Mehrdeutigkeit gegensteuernder kultureller Normen und geringe kognitive Kapazitäten bei den Menschen, um sich von diesen Einflüssen zu lösen (vgl.Groebel 1988, S. 478-479).

Kultivierungsforschung

Was mögliche sozialpsychologisch bedingte Wirkungen von Gewaltdarstellungen im Fernsehen betrifft, so soll (noch einmal) die bereits erwähnte *Kultivierungsthese* von George Gerbner angesprochen werden (vgl. Gerbner 1969; 1978; 1981). Kultivierung meint die beim Rezipienten beobachtbare, langfristige Ausbildung von Wahrnehmungen und Annahmen über die Welt als Ergebnis der Mediennutzung. Die Kultivierungsforscher (vgl. etwa Schulz 1986) gehen davon aus, dass vor allem das Fernsehen beim Zuschauer ein bestimmtes Weltbild prägt, das die Zustände der Fernsehwelt widerspiegelt. Im Zusammenhang mit Gewaltdarstellungen wird untersucht, ob Mediengewalt auch Angst *auslösende* Wirkungen haben kann. Dabei werden Kultivierungseffekte vor allem bei denjenigen erwartet, die sehr viel fernsehen. Kultivierung wiederum entsteht durch eine Interaktion zwischen Fernsehen und Publikum – eine Interaktion, die in die Ausbildung von Meinungen und Einstellungen mündet. Gefragt wird im Kontext von Gewaltdarstellungen im Fernsehen u.a. also, ob es gewissermaßen eine Angst erregende Welt des Vielsehers gibt (vgl. Gerbner 1978). Gemessen wird Kultivierung über a) Inhaltsanalysen des Fernsehprogramms und b) Befragungen von Vielsehern und Wenigsehern. Indikator für Kultivierungseffekte ist die Differenz zwischen den Ansichten von Wenigsehern und Vielsehern. Einige Ergebnisse dazu liegen vor allem aus US-amerikanischen Studien vor (vgl. dazu Schulz 1986; Bonfadelli 1981, S. 259-265):

- So lassen die Antworten von Vielsehern auf verschiedene gewaltbezogene Fragen in stärkerem Ausmaß Strukturen der Fernsehrealität erkennen als die Antworten von Wenigsehern.
- Vielseher nehmen ihre Umwelt als krimineller und gewalttätiger wahr als sie in Wirklichkeit ist.
- Vielseher zeigen mehr Angstgefühle und erwarten in höherem Ausmaß in Gewalttätigkeiten verwickelt zu werden.
- Vielseher sind Erwachsenen gegenüber misstrauischer und treffen eher Vorsichtsmaßnahmen gegen Gewalt und Verbrechen als Wenigseher.
- Vielseher unter Kindern meinen öfter, dass es richtig ist, jemanden zu schlagen, auf den man wütend ist, als Wenigseher.

Die hier referierten Ergebnisse lassen die Frage offen, wie die Zusammenhänge im Einzelnen zu interpretieren sind und ob die starke Fernsehnutzung als einziger und verursachender Faktor anzusehen ist. Gewalt in der Umwelt, die persönlichen Beziehungen sowie der individuelle Umgang mit Konflikten stellen sich als mindestens genauso wichtige Faktoren dar.

Gewalt aus der Sicht der Zuschauer

Einen anderen Weg, sich dem Thema Gewalt und Medien anzunähern, wählt der deutsche Kommunikationswissenschaftler Werner Früh. Er bemängelt an der klassischen Gewaltwirkungsforschung, wie sie an den vorhin dargestellten Thesen sichtbar wird, mehreres. So würde in den meisten Analysen nur physische Gewalt gegen Personen erfasst (psychische beispielsweise ebenso nicht wie strukturelle Gewalt). Gewalt würde normativ definiert, d.h. »es wurde unterstellt, dass das, was der Forscher/ Kommunikator als Gewalt definiert, vom Publikum auch als Gewalt rezipiert wird« (Früh 1995, S. 172). Es würden in aller Regel »immer nur die starken und damit relativ eindeutigen Gewaltakte erfasst«. Gewaltdefinitionen seien höchstwahrscheinlich empirisch nicht strikt umgesetzt worden, »da gewisse violente Handlungen unseres kulturspezifischen Lebensvollzugs als ›normal‹ und somit gewaltlos gelten.« Weiterhin werde Gewalt universell definiert , d.h. »es wurde unterstellt, dass jede Gewaltdarstellung auf alle Rezipienten gleich wirkt bzw. von ihnen als gleich gewalthaltig interpretiert wird.« Es sei nur selten beachtet worden, »dass nicht der Gewaltakt selbst, sondern der medial dargestellte Gewaltakt Gegenstand der Analyse ist, sodass medienspezifische Verstärkungen, Abschwächungen oder sonstige Modifikationen mit berücksichtigt werden müssen« (Früh 1995, S. 172; Früh 2001).

Auf der Basis des dynamisch-transaktionalen Ansatzes (vgl. Kapitel 4.4.3.4) und dem diesem Ansatz zugrunde liegenden Rezeptionsmodell, wonach Medienbotschaft und Publikumswahrnehmung in wechselseitiger, dynamischer Abhängigkeit stehen, entwickelt Früh einen neuen Gewaltbegriff. Dieser Begriff wird nicht aus der Sicht des Forschers hergeleitet, sondern aus der Wahrnehmung der Rezipienten (vgl. Früh 1995, S. 173f). Als Gewaltdarstellung gilt in diesem Sinn die interpretierte normative Gewalt, d.h. das, was jeder Zuschauer für sich als gewalttätig einstuft, und zwar: a) in Abhängigkeit von dargestellter Gewaltabsicht (bewusst/unbewusst); b) der Richtung von Gewalt (Personen/Sachen); c) dem Realitätsbezug (real/fiktional); d) dem Gewalttyp (physische/psychische Gewalt); e) der Intensität von Gewalt (Ausführlichkeit und Länge der Darstellung/Humor als Relativierung); f) dem Legitimationspotenzial (Gesetz, Norm, Konvention); g) dem Tätertyp sowie h) der Folgenschwere von Gewalt.

Um herauszufinden, was die Menschen als Gewalt wahrnehmen und wie sie das tun, hat Früh eine experimentelle Versuchsanordnung gewählt. Er führte 167 aus dem Fernsehprogramm von ARD, ZDF, RTL, SAT.1 und ProSieben zusammengeschnittene Film- bzw. TV-Sequenzen aus Nachrichtensendungen und Spielfilmen mit insgesamt 270 unterscheidbaren Gewalt- und Schadensvarianten insgesamt 176 Versuchspersonen vor. Die in vier Gruppen aufgeteilten Versuchspersonen hatten die Möglichkeit, auf einer Skala zwischen 1 und 100 jede Gewaltszene nach ihrer subjektiv empfundenen Gewalthaftigkeit einzustufen. Die dabei zustande gekommenen Bewertungen der Versuchspersonen erbrachten folgendes Bild (vgl. Früh 1995, S. 178ff):

- Direkt dargestellte Gewalt wird deutlich gewalthaltiger identifiziert als verbal berichtete Gewalt.
- Physische Gewalt wird stärker wahrgenommen als psychische Gewalt.
- Reale Gewalt wird etwas gewalthaltiger gesehen als fiktionale Gewaltdarstellungen.
- Je stärker das Ausmaß des Schadens durch Gewalt gezeigt und je brutaler und detailreicher Gewalt dargestellt wird, desto gewalthaltiger wird Gewalt bzw. werden Schädigung eingestuft.
- Darstellungsmittel wie Zoom, Zeitlupe und Musik vermitteln Zuschauern insgesamt den Eindruck, Gewalt sei in stärkerem Maße vorhanden als dies »objektiv« der Fall ist.
- Humor reduziert die Gewaltwahrnehmung vor allem im lustigen Kontext. Humoristisch verfremdete Gewalt gegen Sachen wird kaum als solche wahrgenommen.
- Zeichentrickdarstellungen reduzieren die Gewaltwahrnehmung stark, können es jedoch nicht gänzlich tilgen.
- Gewalthaltigkeit aus Vorgängen des normalen Lebensvollzugs (z.B. Zerstörung einer Bierdose, Anbrennen von Speisen am Herd etc.) wird mitunter nicht als gewalthaft wahrgenommen).
- Jüngere Personen unter 35 Jahren sehen weniger Gewalt in den gezeigten Gewaltsequenzen als Ältere.
- Frauen schätzen Mediengewalt als gewalthafter ein als Männer.
- Als kaum gewalthaltig werden schädigende Handlungen gegen sich selbst und gegen das eigene Eigentum wahrgenommen.

- Auch wird nicht als gewaltträchtig aufgefasst, ob Menschen infolge der mutwilligen Zerstörung der Umwelt zu Schaden kommen oder unter sozialem Zwang und wirtschaftlich bedingten widrigen Lebensumständen zu leiden haben.
- Die formale Bildung spielt für die Einschätzung von Gewalt keine Rolle.

Früh versteht seine Studie nur als einen »Baustein innerhalb anderer Forschungskonzepte. Bei allen interessanten Ergebnissen, die Einblick in die Art und Weise geben, wie das Publikum mit Fernsehgewalt umgeht, liegt darin nicht der eigentliche wissenschaftliche Ertrag. Das Wesentliche ist vielmehr die Servicefunktion der Daten für alle Studien, die sich mit Fernsehgewalt beschäftigen« (Früh 1995, S. 184). Früh meint vor allem, für Wirkungsstudien den tatsächlich wirksamen bzw. zumindest wahrgenommenen Stimulus zielgruppenspezifisch bestimmt zu haben (vgl. Früh, ebd). Eine Gesamtdarstellung seiner umfassenden Untersuchungen zu diesem Thema ist der 2001 erschienenen Publikation »Gewaltpotenziale des Fernsehangebots« zu entnehmen (vgl. Früh 2001).

5.3.2 Kultur – Medien – Gesellschaft

Im Zusammenhang mit soziologischen Aspekten der Publizistik- und Kommunikationswissenschaft sind (in den Bereich der Soziologie gehörende) kulturwissenschaftliche Gesichtspunkte des Verhältnisses Kultur – Medien – Gesellschaft zu erwähnen, denen in jüngerer Zeit – in den 1980er- und 1990er-Jahren – Beachtung zuteil wurde. Drei Thesen stehen dabei, wie Michael Kunczik zusammenfasst, im Widerstreit (vgl. Kunczik 1988):

- die These, wonach die Medien die in einer Gesellschaft dominanten Wertvorstellungen bzw. kulturellen Leitmotive (nur) reflektieren und nicht umgekehrt etwa prägen (= *Reflexionsthese);*
- die These, wonach massenmediale Inhalte kulturelle Trends schaffen und prägen und der Wertewandel auf die Medien zurückzuführen ist (= *Kontrollthese);*
- die These, wonach massenkulturelle Produkte wesentlich zur Systemstabilisierung beitragen, wobei davon ausgegangen wird, dass diese Produkte allein für den Massenmarkt unter dem Gesichtspunkt der Verkäuflichkeit und des Warencharakters hergestellt werden (= *These der sozialen Kontrolle).*

Im Verlaufe der Diskussion über das Verhältnis Kultur – Medien – Gesellschaft ist das Faktum nicht zu übersehen, dass jedes neue Medium zunächst negativ bewertet und angegriffen wird. Keine der drei »Kommunikationsrevolutionen« – die Erfindung der Schrift, die Erfindung des Drucks mit beweglichen Lettern, die Erfindung elektrischer (bzw. später elektronischer) Übertragungstechniken – blieb von dieser Diskussion verschont (vgl. Kunczik 1988).

- So habe die *Schrift* zu einer Trennung von Mythos und Geschichte geführt und werde Kultur unabhängig von Personen (Plato meinte u.a., die Schrift führe zu Vergessenheit infolge der Erinnerung).
- Die *Drucktechnik* habe zu einem Machtverlust der Eliten geführt, eine Änderung der Überlieferung und Traditionsfixierung zur Folge gehabt und biete Möglichkeiten zu kritischer Reflexion sowie zu Manipulation.
- Die *Funktechnik* ist der größten Kritik ausgesetzt und Generalangriffe werden vor allem in Richtung Fernsehen geführt. Protagonisten dieser Kritik sind u.a. Jerry Mander (1979), Marie Winn (1979) und Neil Postman (1985).

Folgende Vorwürfe wurden gegen das Fernsehen erhoben, wie Gerhard Maletzke (1988) zusammenzufassen versucht:

- Das Fernsehen beschleunige den beobachtbaren Kulturverfall;
- die Menschen würden nicht mehr historisch denken (das Fernsehen mit seinem Aktualitätszwang behindere historisches Denken);
- Fernsehen bedrohe die Buch- und Lesekultur;
- Fernsehen trage nichts zum Wissen bei und zerstöre außerdem die kulturelle Identität (vor allem durch amerikanische Serien);
- Fernsehen mache alles zur Unterhaltung, sei nichts als Showbusiness;
- durch das Fernsehen verkümmere der öffentliche Diskurs und verflache die Politik;
- die Informationsflut überwältige den Menschen, Fernsehnachrichten seien nutzlos und schädlich;
- Fernsehen mache die Menschen passiv und anteilnahmslos, vor allem im gesellschaftlichen bzw. politischen Engagement;
- Fernsehen verstärke und fördere die Gewalttätigkeit;
- Fernsehen gefährde das Familienleben und die persönliche Kommunikation;
- Fernsehen beeinträchtige wertvolle Eigenschaften des Individuums.

Diese Argumente wurden in den 1980er-Jahren einer intensiven und sehr kontrovers geführten Diskussion unterzogen (vgl. Pluch 1984; Maletzke 1988; Huter 1988; Frank/Maletzke/Müller-Sachse 1991). Kritik wurde damals vor allem daran geübt, dass Erscheinungen der US-amerikanischen Medien- und Kommunikationskultur uneingeschränkt und in undifferenzierter Weise auf den europäischen bzw. deutschsprachigen Kommunikationsraum übertragen wurden (was heute, knapp 20 Jahre nach der Einführung privaten Fernsehens in Deutschland, möglicherweise aber anders zu beurteilen ist). Hochproblematisch sind jedenfalls aber monokausale Erklärungsversuche und Kurzschlüsse. Dennoch sind viele der gegen das Fernsehen gerichteten Argumente einer kritischen Prüfung und Würdigung zu unterziehen.

5.3.3 Theorie und Praxis der Cultural Studies[2]

Cultural Studies sind ein Forschungs- und Analyseansatz, dessen namhafte Vertreter sich bis heute häufig gegen eine klare inhaltliche Bestimmung ihrer Forschungsperspektive zur Wehr setzen. Als sperriges Konstrukt, das sich auf unterschiedliche und zum Teil miteinander konkurrierende intellektuelle Strömungen bezieht, weist es darüber hinaus auch eine Vielzahl von mehr oder weniger (in)konsistenten Erkenntnisobjekten auf. So werden Cultural Studies auf der einen Seite in einem relativ klar umrissenen Verständnis als »eine bestimmte Art der Kontextualisierung und Politisierung intellektueller Praxis« (Grossberg 1994, S. 12) gesehen, während die Frage, »what cultural studies really is«, auf der anderen Seite »for all times and places« als unspezifizierbar gilt (Nelson/Treichler/Grossberg 1992, S. 3). Über die Jahrzehnte ihrer Entwicklung hinweg haben Cultural Studies aber mittlerweile eine deutliche *Linie* entwickelt, weshalb sich auch ein bestimmter *fester Kern* beschreiben lässt, der sie gegenüber anderen methodischen und theoretischen Paradigmen durchaus abgrenzbar macht.

Gerne wird der Ansatz auf der Basis des von Lawrence Grossberg (1997) eingeführten Bildes einer *Straßenkreuzung* (crossroad) beschrieben: Cultural Studies sind demnach ein inter- und transdisziplinäres *Projekt,* das sich sowohl aus dem Blickwinkel von *Akteuren* als auch *Strukturen* gut zur *Analyse von kulturellen Distinktionen und Bedeutungssystemen* eignet. Eine präzisere Herangehensweise schlägt Andreas Hepp (1999, S. 14ff) vor. Zur Bewältigung des höchst schwierigen Unterfangens, den Ansatz zu definieren, würden sich seiner Ansicht nach zwei Möglichkeiten anbieten, nämlich (1) eine wissenschaftsgeschichtliche Definition sowie (2) eine inhaltliche Beschreibung. Dazu im Einzelnen:

Wissenschaftsgeschichtliche Definition
In diesem Rahmen stellen sich Cultural Studies als ein kulturtheoretischer Ansatz mit einer britischen Gründungsgeschichte dar, die seit den 80er-Jahren in eine US-amerikanische Erfolgsgeschichte mündete. Für die Entwicklung waren mehrere Faktoren verantwortlich: a) In den 1950er- und vor allem in den folgenden 1960er-Jahren vollzog sich ein Wandel der Geistes- und Sozialwissenschaften als akademische Forschungs- und Lehrgegenstände; b) innerhalb der Studentenschaft gab es gravierende soziale Umschichtungen und c) die Schnittstellen zwischen den Universitäten einerseits und der Kultur- und Medienindustrie andererseits wurden starken Veränderungen unterworfen. In diesem Umfeld erregten Ende der 1950er-/Anfang der 1960er-Jahre die Arbeiten von Williams, Hoggart und Thompson zur Kultur der englischen Arbeiterklasse einige Aufmerksamkeit. Fortsetzung fanden diese Studien vor allem in der Forschungsarbeit des 1964 gegründeten »Centre for Contemporary Cultural Studies« (CCCS) an der Universität von Birmingham. Vorstände dieser zentralen *Keim-*

---

2   Rudi Renger

zelle für die Weiterentwicklung des Ansatzes waren Richard Hoggart, Stuart Hall und Richard Johnson. Darüber hinaus zählen die meisten der Mitglieder des CCCS zu den bis heute bekanntesten Vertretern der Cultural Studies – so z.B. Dorothy Hobson, Angela McRobbie, David Morley, Paul Willis, Colin Sparks u.a.; aber auch Lawrence Grossberg als ehemaliger Stipendiat.

Es wäre jedoch falsch, Cultural Studies als eine *Schule* zu konzeptionalisieren, die sich ausschließlich in Birmingham entwickelt hat. Ebenso notwendig erscheint es, auf eine Reihe von *Ungleichzeitigkeiten und Brüche* ihrer Entwicklung hinzuweisen. Entsprechend hält Andreas Hepp (1999, S. 15ff) ein zweites Vorgehen für sinnvoll, um Cultural Studies nicht nur als ein historisch, geografisch und politisch-gesellschaftlich verortetes Unternehmen darstellen zu können. Dabei geht es zum einen um den Gegenstand, mit dem sich der Ansatz beschäftigt, zum anderen insbesondere aber um die spezifische Forschungspraxis und methodische Basis.

Inhaltliche Definition

In ihrer Theoriefindung vertreten Cultural Studies ein offenes, wenn nicht *eklektisches* Prinzip. Diese Arbeits- und Denkweise mag einerseits in der Frühgeschichte des Ansatzes begründet sein, wo in erster Linie historische, literaturwissenschaftliche, soziologische und politische Grundlagen die Ausgangsbasis waren. Andererseits wollen Cultural Studies aber auch als interdisziplinäres Feld begriffen werden, in dem unterschiedliche wissenschaftliche Herangehensweisen miteinander konvergieren. In diesem Sinne hat Stuart Hall (1992, S. 278) den Ansatz (Foucault folgend) – als ein ganzes *Set von diskursiven Formationen* bezeichnet; bzw. – wie Lawrence Grossberg (1994, S. 19) ergänzt – von kontextuell spezifischen theoretischen und institutionellen Formationen.

In Anlehnung an Grossberg (1994, S. 18) kann vom Cultural Studies Approach auch als »Projekt« gesprochen werden. Diese Metapher weist nicht zuletzt darauf hin, dass sich der Ansatz als Forschungspraxis in einem kontinuierlichen Prozess stets neu definieren muss. Während Grossberg (1994, S. 20ff) fünf wichtige Schlagwörter zur inhaltlichen Beschreibung der Cultural Studies liefert, sieht Tony Bennett (1998, S. 53ff) den Ansatz in sechs zentralen Merkmalen definiert. Beide Entwürfe lassen sich zu einer Liste von sieben Punkten zusammenfassen:

- *Radikale Kontextualität* meint, dass kein kulturelles Produkt und keine kulturelle Praxis außerhalb des (sozial-, politisch-, historisch-)kontextuellen Zusammenhangs fassbar sind, in dem sie stehen. Der Kontext kann eng gefasst sein (z.B. eine Schule, an der xenophobe Zustände herrschen) oder sehr weit (z.B. *die* neoliberalistische Wirtschaftsordnung).
- Das *Theorieverständnis* der Cultural Studies bleibt deshalb stets auf den Kontext bezogen, zu dessen Erfassung sie entwickelt wurde; der Wert der Theorie bemisst sich daran, inwieweit sie geeignet ist, das Verständnis von bestimmten Kontexten zu verbessern.

513

- Der Ansatz verficht folglich ein *interventionistisches Moment*, das auch auf den politischen Charakter der Cultural Studies verweist. Nicht die zweckfreie Wissensproduktion ist das Ziel, sondern die Produktion von Wissen, auf Grund dessen die Lösung aktueller sozio-kultureller Probleme ermöglicht werden könnte. Es geht also auch um einen präsenten Verwertungszusammenhang analytischen Wissens, das eine bestimmte politische bzw. praktische Relevanz aufweisen muss.
- Die *Interdisziplinarität* resultiert v .a. daraus, dass das primäre Erkenntnisobjekt der Cultural Studies – die Kultur – nicht in den methodisch-theoretischen Grenzen einer einzigen Disziplin erfasst werden kann. Cultural Studies weisen in der Analyse von *gelebter Erfahrung des Alltags,* deren Manifestationen in *Texten* (im weitesten Sinn) sowie von *Sozialen Strukturen,* die all das determinieren, aber auch über viele Disziplinen hinaus; sie sind demnach *transdisziplinär* angelegt.
- In der Bewertung der Cultural Studies sind bestimmte Formen von Kultur immer mit der Organisation und Ausführung von *Macht* verstrickt. Die Wirkungsweise des Projektes erstreckt sich deshalb von der Rolle der Kultur in der Reproduktion von sozialen Klassenstrukturen (Cultural Studies im engeren Sinn) über die gesellschaftliche Organisation und Konstruktion von Geschlecht (gender studies; gay and lesbian studies) bis zur Untersuchung von rassistischen Machtstrukturen (race studies; colonial studies).
- Für Cultural Studies besteht Kultur nicht nur aus Texten, Bedeutungen und ihren institutionellen Bedingungen, sondern sie fungiert im Prozess der Produktion, Verteilung und Wirkung selbst als *Institution*, d.h. als Netzwerk von sozial-materiellen und sozial-semiotischen Beziehungen.
- Zuletzt ist der Ansatz durch seine *Selbstreflexion* charakterisiert, die konsequent und kontinuierlich in der wissenschaftlichen Analyse- und Schreibpraxis vollzogen wird.

Forschungsgegenstand und Forschungspraxis

Das zentrale Forschungsobjekt der Cultural Studies ist – wie oben erwähnt – die Kultur, verstanden auf der einen Seite als *Lebensweise* (whole way of life), die Ideen, Verhalten, Gewohnheiten, Sprachen, Institutionen und Machtstrukturen umfasst; auf der anderen Seite als ein *weites Feld von kultureller Praxis,* das sich in künstlerischen Formen, Texten, Architektur etc. zeigt. Wesentlich ist, dass Kultur als ein widersprüchlicher und sich kontinuierlich vollziehender *sozialer Prozess von kultureller Produktion, Zirkulation und Konsum* begriffen wird.

Methodisch werden im Rahmen der Forschungspraxis des Ansatzes *interpretativ-qualitative Verfahren* bevorzugt, wobei die Auswahl der Gegenstände überwiegend in Richtung *Fallstudien* geht. Besteht für Grossberg (1994, S. 26) das methodologische Verfahren der Cultural Studies in der »Artikulation«, d.h. der theoriegebundenen Deskription (und Dekonstruktion) der *Beziehungen eines komplexen Textes zur Vorstellungswelt seiner Leser,* so ließe sich dieses Verfahren (im Sinne van Dijks) auch pauschal als *Diskursanalyse* bezeichnen.

Rezeption der Cultural Studies im deutschen Sprachraum

Im deutschsprachigen Raum wurden Cultural Studies lange Zeit als eine Art von *Zauberdisziplin* verklärt. Dass die grundlegenden Arbeiten der britischen, amerikanischen und australischen Kulturanalytiker erst mit Beginn der 1990er-Jahre systematisch rezipiert wurden, hat hauptsächlich zwei Gründe: Zum einen wurden die Analysen von Massenkultur hier zu Lande jahrzehntelang vom theoretischen Gedankengebäude der *Kritischen Theorie* bzw. der *Frankfurter Schule* dominiert; zum anderen sind auch *soziokulturelle Unterschiede auf einer nationenspezifischen Ebene* für die schleppende Aufarbeitung der Cultural Studies verantwortlich. Denn weder die britische Erfahrung von gesellschaftlichen Klassenstrukturen noch die amerikanische Erfahrung der Populärkultur sind in dieser Ausprägung für Deutschland typisch, meint etwa Lothar Mikos (1997, S. 160). Im Zusammenhang einer verstärkten Rezeption wurden auch Versuche gestartet, den Ansatz unter dem Dach der Kommunikationswissenschaft zu subsumieren (z.B. Jäckel/Peter 1997). Wenig zufrieden stellend – so kritisiert etwa Roman Horak (1999, S. 111) – enden auch Bemühungen, Cultural Studies für einen (medien-)pädagogischen Diskurs zu instrumentalisieren.

Eine *Reihe von neuen Publikationen und Übersetzungen von Originaltexten* (Hepp/Winter 1997; Renger 1997; Bromley/Göttlich/Winter 1999; Hepp 1999; Lutter/Reisenleitner 1999; Fiske 2000; Renger 2000) ist in jedem Fall ein deutliches Zeichen dafür, dass innerhalb der deutschsprachigen Medienforschung und Kommunikationswissenschaft eine zunehmende Beachtung der Cultural Studies vonstatten geht.

Literatur

Bandura, Albert (1962): Social Learning through Imitation. In: Jones, M. E. (Ed.): Nebraska Symposion on Motivation. Lincoln 1962.

Bandura, Albert (1964): What TV Violence can do to your Child. In: Larsen, O. N. (Ed.): Violence and the Mass Media. New York.

Bandura, Albert (1979): Sozial-kognitive Lerntheorie. Stuttgart *[zuerst 1973]*.

Barthelmes, Jürgen (2001): Funktionen von Medien im Prozess des Heranwachsens. In: Media Perspektiven 2/2001, S. 84-89.

Bennett, Tony (1998): Cultural Studies: A reluctant Discipline. In: Cultural Studies (4), S. 528-545.

Bente, Gary; Fromm, Bettina (1997): Affektfernsehen. Motive, Angebotsweisen und Wirkungen. Opladen.

Berkowitz, Leonard (1969): The Frustration-Aggression Hypothesis revisited. In: Berkowitz, Leonard (Ed.): Roots of aggression. New York.

Böhme-Dürr, Karin (1987): Die tumben Seher. In: Die Zeit, Nr. 47/1987, S. 90.

Böttcher, Lutz (1979): Soziologie in Stichworten. Kiel.

Bonfadelli, Heinz (1981): Die Sozialisationsperspektive in der Massenkommunikationsforschung. Berlin.

Bonfadelli, Heinz (1994): Die Wissenskluft-Perspektive. Massenmedien und gesellschaftliche Information. Konstanz.

Bonfadelli, Heinz (1998): Politische Kommunikation als Sozialisation. In: Jarren, Otfried; Sarcinelli, Ulrich; Saxer, Ulrich (Hrsg.): Politische Kommunikation in der demokratischen Gesellschaft. Ein Handbuch mit Lexikonteil. Opladen, S. 342-351.

Bromley, Roger; Göttlich, Udo; Winter, Carsten (1999) (Hrsg.): Cultural Studies. Grundlagentexte zur Einführung. Lüneburg.

Brosius, Hans-Bernd; Esser, Frank (1995): Fernsehen als Brandstifter? Unerwünschte Nebenwirkungen der Berichterstattung über fremdenfeindliche Gewalt. In: Friedrichsen, Mike; Vowe, Gerd (Hrsg.): Gewaltdarstellungen in den Medien. Opladen, S. 235-257.

Claußen, Bernhard (1996): Die Politisierung des Menschen und die Instanzen der politischen Sozialisation: Problemfelder gesellschaftlicher Alltagspraxis und sozialwissenschaftlicher Theorienbildung. In: Claußen, Bernhard; Geißler, Rainer (Hrsg.): Die Politisierung des Menschen. Instanzen der politischen Sozialisation. Ein Handbuch. Opladen, S. 15-48.

Darschin, Wolfgang; Kayser, Susanne (2000): Tendenzen im Zuschauerverhalten. Fernsehgewohnheiten und Programmbindungen. In: Media Perspektiven 4/2000, S. 146-158.

Die Medien – Das letzte Tabu der offenen Gesellschaft (1986): Die Wirkung der Medien auf Politik und Kultur. Mainz.

Eco, Umberto (1985): Apokalyptiker und Integrierte. Zur kritischen Kritik der Massenkultur. Frankfurt/Main.

Eggert, Susanne (2001): Fernsehen als Informationsmedium Jugendlicher: Präferenzen und Barrieren. Ergebnisse einer qualitativen Untersuchung bei Zwölf- bis 17-Jährigen. In: Media Perspektiven 2/2001, S. 75-83.

Eimeren, Birgit van; Maier-Lesch, Brigitte (1997): Mediennutzung und Freizeitgestaltung von Jugendlichen. Ergebnisse einer Repräsentativbefragung von rund 1.000 Jugendlichen zwischen 12 und 19 Jahren. In: Media Perspektiven 11/1997, S. 590-603.

Einführung in die Kommunikationswissenschaft (1983): Der Prozeß der politischen Meinungs- und Willensbildung. Ein Kurs im Medienverbund, erarb. von einer Projektgruppe am Institut für Kommunikationswissenschaft der Universität München. 2 Teile. München (bes. Studieneinheit 10, S. 323-358).

Escher, Ronald (1978): Familiensozialisation durch Fernsehwerbung. Phil. Diss. Salzburg (= Salzburg Dokumentationen 25).

Feierabend, Sabine; Erk, Simon (2000): Was Kinder sehen. In: Media Perspektiven Heft 4/2000, S. 159-170.

Fernsehen und Bildung (1975): Internationale Zeitschrift für Medienpsychologie und Medienpraxis. München (Themenheft Sozialisation durch Massenkommunikation).

Feshbach, Seymour (1961): The stimulating versus cathartic effects of a vicarious aggressive activity. In: Journal of Abnormal and Social Psychology 63:1961.

Fiske, John (2000): Lesarten des Populären. Wien.

Frank, Bernward; Maletzke, Gerhard; Müller-Sachse, Karl H. (1991): Kultur und Medien. Angebote, Interessen, Verhalten. Eine Studie der ARD/ZDF-Medienkommission. Baden-Baden.

Frey, Hans-Peter (1974): Theorie der Sozialisation. Integration von system- und rollentheoretischen Aussagen in einem mikrosoziologischen Ansatz. Stuttgart.

Friedrichsen, Mike; Vowe, Gerd (Hrsg.) (1995): Gewaltdarstellungen in den Medien. Opladen.

Früh, Werner (1995): Die Rezeption von Fernsehgewalt. In: Media Perspektiven 4/1995, S. 172-185.

Früh, Werner (2001): Gewaltpotenziale des Fernsehangebots. Programmangebot und zielgruppenspezifische Nutzung. Opladen, Wiesbaden.

Geißler, Rainer (1973): Politische Bewußtseinsbildung durch Massenmedien. Zur Rolle der Massenmedien in der politischen Sozialisation. In: Vorgänge Heft 6/1973, S. 30-50.

Geißler, Rainer (1975): Instanzen der politischen Sozialisation. In: Einführung in die Kommunikationswissenschaft. Der Prozess der politischen Meinungs- und Willensbildung. Teil 2. München 1975, Studieneinheit 10.

Geißler, Rainer (1983): Instanzen der politischen Sozialisation. In: Einführung in die Kommunikationswissenschaft. Der Prozeß der politischen Meinungs- und Willensbildung, Teil 2. 3., verb. Aufl. München, S. 323-358.

Gerbner, George (1969): The Television World of Violence. In: Baker, R. K.; Ball, S. J. (Ed.): Violence and the Mass Media. Washington, D.C.

Gerbner, George (1978): Über die Ängstlichkeit von Vielsehern. In: Fernsehen und Bildung 12:1978, S. 48-58.

Gerbner, George (1981): Die angsterregende Welt des Vielsehers. In: Fernsehen und Bildung 15:1981, S. 16-42.

Gerhards, Maria; Klingler, Walter (2001): Jugend und Medien: Fernsehen bleibt dominierend. Nutzung und Bedeutung des Fernsehens für Jugendliche im Jahr 2000. In Media Perspektiven 2001, Heft 2, S. 65-74.

Göttlich, Udo et al. (2001): Daily Soaps und Daily Talks im Alltag von Jugendlichen. Opladen.

Gottschalch, Wilfried u.a. (1971): Sozialisationsforschung. Materialien, Probleme, Kritik. Frankfurt/ Main.

Groebel, Jo (1988): Sozialisation durch Fernsehgewalt. Ergebnisse einer kulturvergleichenden Studie. In: Publizistik 33:1988, S. 468-480.

Groebel, Jo (1994): Kinder und Medien. Nutzung, Vorlieben, Wirkung. Zum Stand der internationalen Forschung. In: Media Perspektiven 1/1994, S. 21-27.

Grossberg, Lawrence (1994): Cultural Studies. Was besagt ein Name. In: Cultural Studies. Eine Intervention. IKUS Lectures (17+18), S. 11-40.

Grossberg, Lawrence (1997): Der Crossroad Blues der Cultural Studies. In: Hepp, Andreas/Winter, Rainer (Hrsg.): Kultur – Medien – Macht. Cultural Studies und Medienanalyse. Opladen, S. 15-29.

Gukenbiehl, Hermann L. (1986): Verhalten. In: Schäfers, Bernhard (Hrsg.): Grundbegriffe der Soziologie. Opladen, S. 355-356.

Hepp, Andreas (1999): Cultural Studies und Medienanalyse. Opladen.

Hepp, Andreas; Winter, Rainer (1997) (Hrsg.): Kultur – Medien – Macht. Cultural Studies und Medienanalyse. Opladen.

Hermanns, Arnold (1972): Sozialisation durch Werbung. Sozialisationswirkung von Werbeaussagen in den Massenmedien. Düsseldorf.

Holst, Isabella-Afra (2000): Realitätswahrnehmung in politischen Konflikten. Grundlagen einer Theorie der Wissenskluft. Konstanz.

Horak, Roman (1999): Cultural studies in Germany (and Austria): And why there is no such thing. In: European Journal of Cultural Studies (2), S. 109-115.

Horstmann, Reinhold (1991): Medieneinflüsse auf politisches Wissen. Zur Tragfähigkeit der Wissenskluft-Hypothese. Wiesbaden.

Hunziker, Peter (1988): Medien, Kommunikation und Gesellschaft. Einführung in die Soziologie der Massenkommunikation. Darmstadt.

Huter, Alois (1988): Zur Ausbreitung von Vergnügung und Belehrung. Fernsehen als Kulturwirklichkeit. Zürich.

Hüther, Jürgen (1975): Sozialisation durch Massenmedien. Ziele, Methoden, Ergebnisse einer jugendbezogenen Medienkunde. Opladen.

Inglehart, Ronald (1979): Die stille Revolution. Königstein/Ts. *[zuerst 1971]*.

Jäckel, Michael; Peter, Jochen (1997): Cultural Studies aus kommunikationswissenschaftlicher Perspektive. Grundlagen und grundlegende Probleme. In: Rundfunk und Fernsehen (1), S. 46-68.

Jörg, Sabine (1994): Kindliche Entwicklung und die Rolle des Fernsehens. Entwicklungspsychologische Vorbedingungen der Medienrezeption. In: Media Perspektiven 1/1994, S. 28-34.

Kinder-Medien-Fernsehen. Ein Literatur- und Forschungsbericht. Frankfurt/Main 1981. (= Schriftenreihe Media Perspektiven).

Klages, Helmut; Kmieciak, Peter (1984) (Hrsg.): Wertwandel und gesellschaftlicher Wandel. Frankfurt/Main, New York.

Klingler, Walter; Windgasse, Thomas (1994): Was Kinder sehen. Eine Analyse der Fernsehnutzung von Sechs- bis Dreizehnjährigen. In: Media Perspektiven 1/1994, S. 2-13.

Kreutz, Henrik (1971): Einfluß von Massenmedien, persönlicher Kontakt und formelle Organisation. Kritik und Weiterführung der These des »Two-step Flow of Communication«. In: Ronneberger, Franz (Hrsg.): Sozialisation durch Massenkommunikation. Stuttgart, S. 172- 241.

Kunczik, Michael (1988): Medien, Kommunikation, Kultur. Zum Einfluß der Medien auf Kultur und Gesellschaft. In: Bertelsmann-Briefe Heft 123 vom Mai 1988, S. 5-19.

Kunczik, Michael (1998): Gewalt und Medien. 4., überarb. Aufl. Köln, Weimar, Wien.

Lutter, Christina; Reisenleitner, Markus (1999): Cultural Studies. Eine Einführung. Wien.

Maletzke, Gerhard (1988): Kulturverfall durch Fernsehen? Berlin.

Mander, Jerry (1979): Schafft das Fernsehen ab! Eine Streitschrift gegen das Leben aus zweiter Hand. Reinbek bei Hamburg.

McQuail, Denis (1973): Soziologie der Massenkommunikation. Berlin.

McQuail, Denis (1983): Mass Communication Theory. An Introduction. London.

Mikos, Lothar (1997): Die Rezeption des Cultural Studies Approach im deutschsprachigen Raum. In: Hepp, Andreas; Winter, Rainer (Hrsg.): Kultur – Medien – Macht. Cultural Studies und Medienanalyse. Opladen, S. 159-169.

Neidhardt, Friedhelm (1971): ›Modernisierung‹ der Erziehung. Ansätze und Thesen zu einer Soziologie der Sozialisation. In: Ronneberger, Franz (Hrsg.): Sozialisation durch Massenkommunikation. Der Mensch als soziales und personales Wesen. Bd. IV. Stuttgart, S. 1-20.

Nelson, Carey; Treichler, Paula A.; Grossberg, Lawrence (1992): An Introduction. In: Grossberg, Lawrence; Nelson, Carey; Treichler, Paula A. (Hrsg.): Cultural Studies. New York, London, S. 1-22.

Neverla, Irene (1992): Fernseh-Zeit. Zuschauer zwischen Zeitkalkül und Zeitvertreib. Eine Untersuchung zur Fernsehnutzung. München.

Paus-Haase, Ingrid u.a. (1999): Talkshows im Alltag von Jugendlichen. Der tägliche Balanceakt zwischen Orientierung, Amüsement und Ablenkung. Opladen.

Paus-Haase, Ingrid; Hasebrink, Uwe (2001): Talkshows im Alltag von Jugendlichen: Zusammenfassung der ›Talkshow-Studie‹. In: Göttlich, Udo; Krotz, Friedrich; Paus-Haase, Ingrid (Hrsg.) (2001): Soaps und Talks im Alltag von Jugendlichen. Opladen, S. 137-154.

Peuckert, Rüdiger (1986): Norm, soziale. In: Schäfers, Bernhard (Hrsg.): Grundbegriffe der Soziologie. Opladen, S. 217-219.

Peuckert, Rüdiger (1986): Rolle, soziale. In: Schäfers, Bernhard (Hrsg.): Grundbegriffe der Soziologie. Opladen, S. 252-256.

Peuckert, Rüdiger (1986): Sanktion. In: Schäfers, Bernhard (Hrsg.): Grundbegriffe der Soziologie. Opladen, S. 256-259.

Peuckert, Rüdiger (1986): Sozialisation. In: Schäfers, Bernhard (Hrsg.): Grundbegriffe der Soziologie. Opladen, S. 269-271.

Peuckert, Rüdiger (1986): Verhalten, abweichendes. In: Schäfers, Bernhard (Hrsg.): Grundbegriffe der Soziologie. Opladen, S. 357-359.

Phillips, David P. (1974): The Influence of Suggestion on Suicide: Stubstantive and Theoretical Implications of the Werther Effect. In: American Sociological Review 39:1974, S. 340-354.

Pluch, Thomas (1984): Großer Bruder Fernsehen. Die elektronische Kulturrevolution. Wien.

Postman, Neil (1985): Wir amüsieren uns zu Tode. Urteilsbildung im Zeitalter der Unterhaltungsindustrie. Frankfurt/Main.

Pöttker, Horst (1996): Politische Sozialisation durch Massenmedien: Aufklärung, Manipulation und ungewollte Einflüsse. In: Claußen, Bernhard; Geißler, Rainer (Hrsg.): Die Politisierung des Menschen. Instanzen der politischen Sozialisation. Ein Handbuch. Opladen, S. 149-157.

Renger, Rudi (1997): Cultural Studies – Forschung & Rezeption. Schwerpunktheft von: Medien Journal (4).

Renger, Rudi (2000): Populärer Journalismus. Bedeutungsproduktion und -rezeption zwischen Information und Unterhaltung. Wien, Innsbruck.

Rocek, Roman (1974): Mediengefahr. Mißverständnisse, Analysen, Wirkungen. Wien, München.

Rogers, Everett (1976): Communication and Development. The Passing of the Dominant Paradigm. In: Communication Research 3/1976, S. 213-240.

Ronneberger, Franz (1971): Sozialisation durch Massenkommunikation. In: Ronneberger, Franz (Hrsg.): Sozialisation durch Massenkommunikation. Der Mensch als personales und soziales Wesen. Bd. IV. Stuttgart, S. 32-101.

Ronneberger, Franz (Hrsg.) (1971): Sozialisation durch Massenkommunikation. Der Mensch als personales und soziales Wesen. Bd. IV. Stuttgart.

Saxer, Ulrich (1988): Zur Sozialisationsperspektive in der Publizistik-/Kommunikationswissenschaft. In: Sozialisation durch Massenmedien. Themenheft der Zeitschrift Publizistik. Konstanz, S. 197-222.

Schäfers, Bernhard (1986): Grundbegriffe der Soziologie. Opladen.

Schorb, Bernd (1995): Der Umgang Jugendlicher mit dem Medium Fernsehen. In: Kofler, Georg; Graf, Gerhard (Hrsg.): Sündenbock Fernsehen? Aktuelle Befunde zur Fernsehnutzung von Jugendlichen, zur Wirkung von Gewaltdarstellungen im Fernsehen und zur Jugendkriminalität. Berlin, S. 81-106.

Schorb, Bernd (1996): Kinder rezipieren, be- und verarbeiten Gewaltdarstellungen im Fernsehen. Ein Überblick aus vier Forschungsprojekten. In: Schorb, Bernd; Stiehler, Hans-Jörg (Hrsg.): Medienlust – Medienlast. Was bringt die Rezipientenforschung den Rezipienten? München, S. 127-142.

Schulz, Winfried (1986): Das Vielseher-Syndrom. Determinanten der Fernsehnutzung. In: Media Perspektiven 12/1986, S. 762-775.

Schulz, Winfried (1997): Politische Kommunikation. Theoretische Ansätze und Ergebnisse empirischer Forschung. Opladen, Wiesbaden.

Schulz, Winfried (2000): Kommunikationsprozess. In: Noelle-Neumann, Elisabeth; Schulz, Winfried; Wilke, Jürgen (Hrsg.): Fischer Lexikon Publizistik/Massenkommunikation. Frankfurt/Main, S. 140-171.

Shingi, Prakah; Mody, Bella (1976): The Communications Effects Gap. A Field Experiment on Television and Agricultural Ignorance in India. In: Communication Research 3/1976, S. 171-190.

Silbermann, Alphons; Krüger, Udo Michael (1973): Soziologie der Massenkommunikation. Stuttgart.

Sozialisation durch Massenmedien (1988). Themenheft der Zeitschrift Publizistik. Konstanz.

Sturm, Hertha (1971): Fernsehen und Entwicklung der Intelligenz. Kritische Überlegungen zu medienspezifischen Sozialisationswirkungen. In: Ronneberger, Franz (Hrsg.): Sozialisation durch Massenkommunikation. Stuttgart, S. 290-304.

Tannenbaum, Percy H. (1972): Studies in Film- and Television-Mediated Arousal and Aggression: A Progress Report. In: Comstock, George A.; Rubinstein, Eli A.; Murray, John P. (Ed.): Television and Social Behaviour. Vol. 5, Rockville, S. 309-350.

Theunert, Helga u.a. (1992): Zwischen Vergnügen und Angst. Fernsehen im Alltag von Kindern. Berlin.

Weber, Max (1980): Wirtschaft und Gesellschaft. Grundrisse einer verstehenden Soziologie. 5., revidierte Aufl. *[von Johannes Winckelmann]*. Tübingen.

519

Weiß, Wolfgang W. (1986): Sozialisation. In: Schäfers, Bernhard (Hrsg.): Grundbegriffe der Soziologie. Opladen, Wiesbaden, S. 269-270.

Williams, Tannis McBeth (1986): The Impact of Television. Orlando.

Winn, Marie (1979): Die Droge im Wohnzimmer. Für die kindliche Psyche ist Fernsehen Gift. Reinbek bei Hamburg.

Winterhoff-Spurk, Peter (1989): Fernsehen und Weltwissen. Der Einfluß der Medien auf Zeit-, Raum- und Personen-Schemata. Opladen.

Wirth, Werner (1997): Von der Information zum Wissen. Die Rolle der Rezeption für die Entstehung von Wissensunterschieden. Ein Beitrag zur Wissenskluftforschung. Opladen.

Wurzbacher, Gerhard (1963): Sozialisation – Enkulturation – Personalisation. In: Wurzbacher, Gerhard (Hrsg.): Der Mensch als soziales und personales Wesen. Bd. I: Beiträge zu Begriff und Theorie der Sozialisation. Stuttgart.

6. Empirische Forschungstechniken der Kommunikationswissenschaft[1]

Die Klärung wissenschaftlicher Fragestellungen verlangt stets nach dem Einsatz geeigneter Methoden und Forschungstechniken, um Antworten auf diese Fragen zu finden. Dabei bestimmt die Fragestellung die Methode (und nicht umgekehrt). In der Kommunikationswissenschaft finden, wie in der Einleitung erwähnt, je nach theoretischem Standort des Forschers und je nach konkreter wissenschaftlicher Fragestellung unterschiedliche Methoden Anwendung: die historische Methode, die beschreibt und analysiert; der hermeneutisch-interpretative Weg, der phänomenologisch und ganzheitlich ausgerichtet ist; sowie der Einsatz quantitativer und qualitativer empirisch-analytischer Verfahren, die gegenwärtig im Fach überwiegen. Ausgehend von einem sozialwissenschaftlich orientierten Selbstverständnis des Faches wird in diesem Abschnitt versucht, jene quantitativen empirischen Forschungstechniken und -strategien vorzustellen, derer sich die Kommunikationswissenschaft bedient, um ihre Lehr- und Forschungsfragen aufzuarbeiten. Was im Folgenden nicht geleistet wird, sind Reflexionen zu wissenschaftstheoretischen Erwägungen über die Methoden der Sozialwissenschaften. Die Logik der Forschung, also die Frage nach den Ursprüngen sozialwissenschaftlichen Forschens und den ihr angemessenen Vorgehensweisen, wird nur kurz thematisiert. Gleiches gilt für Überlegungen zur Statistik, also zu jenen mathematischen Prüfverfahren, die im Kontext der Anwendung empirischer Methoden zur Auswertung der Daten herangezogen werden. Zu beidem wird nachfolgend, an geeigneter Stelle, auf weiterführende Literatur verwiesen.

6.1 Allgemeine Anforderungen empirischen Forschens

Doch zurück zu den (quantitativen) Methoden der empirischen Sozialforschung, die in einer sich gesellschaftswissenschaftlich verstehenden Kommunikationswissenschaft angewendet werden. Ausgehend von einem sozialwissenschaftlich orientierten Selbstverständnis der Publizistik- und Kommunikationswissenschaft wird in diesem letzten Kapitel versucht, jene empirischen Forschungstechniken und -strategien vorzustellen und kurz zu beschreiben, derer sich das Fach bedient, um seine Lehr- und Forschungsfragen aufzuarbeiten. Die wichtigsten Methoden der empirischen Kommunikationsforschung sind

- das wissenschaftliche Interview/die Befragung,
- die Inhalts-/Aussagenanalyse,
- die wissenschaftliche Beobachtung.

---

1 Friederike Koschel unter Mitarbeit von Heinz Pürer

Das *wissenschaftliche Experiment*, das in jüngster Zeit auch in der Kommunikationswissenschaft verstärkt zum Einsatz kommt, ist im strengen Sinn keine Methode, sondern eine *Untersuchungsanordnung*. Man unterscheidet also zwischen experimentellen und nicht-experimentellen Untersuchungsanordnungen. Die Methoden der Kommunikationsforschung – Befragung, Inhaltsanalyse und Beobachtung – können demnach auch im Rahmen einer experimentellen Untersuchungsanordnung eingesetzt werden. Dies wäre beispielsweise der Fall, wenn zwei Gruppen von Befragten einen Fragebogen ausfüllen müssten, in dem lediglich die Reihenfolge von zwei Fragen vertauscht ist. Wenn sich nach der Auswertung der Fragebögen herausstellt, dass sich beide Gruppen in der Beantwortung dieser beiden Fragen systematisch unterscheiden, kann man folgern, dass die Reihenfolge der Fragestellung einen Effekt auf die Beantwortung hat. Man hätte in diesem Fall eine Befragung im Rahmen eines wissenschaftlichen Experiments durchgeführt (Noelle-Neumann/Petersen 1996, S. 469f).

Unter einer empirischen Methode versteht man allgemein das Verfahren, Daten zu erheben. Oder konkreter formuliert: Empirische Methoden bzw. Forschungstechniken sind Vorgehensweisen, durch deren systematische Anwendung im Rahmen eines festgelegten Forschungsplans wissenschaftliche Fragestellungen beantwortet werden sollen. In dem Begriff »Forschungstechnik« sind per Definitionem vier wesentliche Aspekte enthalten:
(1)   das Postulat der Wissenschaftlichkeit,
(2)   die Forderung nach systematischer Anwendung,
(3)   eine festgelegte Vorgehensweise,
(4)   die Beantwortung einer oder mehrerer Forschungsfragen.

(1) *Das Postulat der Wissenschaftlichkeit* beschäftigt sich mit dem Verhältnis von Wissenschaft und Alltagsverstand. Eine sich sozialwissenschaftlich und empirisch verstehende Kommunikationswissenschaft will gültige Aussagen über Fragen zur uns umgebenden sozialen Realität machen. Dies können beispielsweise Fragen nach den Ursachen für Wahlergebnisse durch Medienberichterstattung, nach Motiven des individuellen Fernsehkonsums oder nach den Themenstrukturen und -agenden von Tageszeitungen sein. All dies sind zunächst Fragen, mit denen sich Menschen auch »privat« befassen. Sie diskutieren das letzte Wahlergebnis, fragen, was die Freunde gestern im Fernsehen angeschaut oder ob sie heute schon die Zeitung gelesen haben. Worin liegt nun der Unterschied zwischen Alltagsverstand und wissenschaftlicher Fragestellung? Der so genannte Alltagsverstand, die subjektive Meinung eine Person, ist ein willkürlicher, partikularer Aspekt aus allen ebenfalls existierenden Meinungen. Er hat zwar für die Person, vielleicht für eine Gruppe von Freunden (so genannte peer groups) Relevanz; keineswegs kann jedoch eine singuläre Meinung allgemein relevante Aussagen über »die Gesellschaft«, »den Fernsehzuschauer« oder »die Qualitätszeitungen« machen. Einzelne Meinungen genügen dem Postulat der Wissenschaftlichkeit aus mehreren Gründen nicht (vgl. Brosius/Koschel 2001):

- Sie sind nicht, wie dies beim wissenschaftlichen Vorgehen der Fall sein muss, systematisch erhoben und bewertet worden.
- Sie folgen keinem festgelegten Forschungsplan, sind also willkürlich und planlos zu Stande gekommen. Wissenschaftliches Vorgehen erfordert einen solchen systematischen Plan.
- Sie repräsentieren keine Meinung, die auf eine größere Population übertragen werden könnte, sondern verharren in ihrer einzigartigen Besonderheit.

(2) *Die Forderung nach systematischer Anwendung einer Methode* bedeutet, dass zum Beispiel bei einer wissenschaftlichen Befragung nicht irgendwelche Fragen gestellt werden, die dem Interviewer spontan in den Sinn kommen, sondern dass vielmehr systematisch hergeleitete und konsequent aufeinander abfolgende Fragen allen zu Befragenden in gleicher Weise gestellt werden. Nur so können bei der Auswertung die Antworten miteinander verglichen werden. Systematische Anwendung bedeutet bei einer wissenschaftlichen Befragung ebenfalls, dass nicht irgendwer befragt wird, sondern nur Personen, die in einem statistisch abgesicherten Verfahren ausgewählt wurden. Die Forderung nach Systematik ist demnach eine Forderung nach

- planvoller Entwicklung eines Erhebungsinstrumentes (z.B. eines Fragebogens)
- planvoller Durchführung der Datenerhebung (z.B. die Befragung von Münchner Studenten)
- planvoller Analyse der Daten und der Ergebnisdarstellung.

(3) All dies gilt selbstverständlich auch für wissenschaftliche Inhaltsanalysen, bei denen vom Forscher festgelegt werden muss, welche Medien und welche Beiträge der zu untersuchenden Fragestellung zufolge zu analysieren sind. Ebenso ist bei einer Beobachtung vorzugehen. Dabei gilt stets, dass sich alle Schritte auf das Forschungsinteresse beziehen müssen. Insofern gilt als weiteres Postulat *die Befolgung einer festgelegten Vorgehensweise.* Wieder am Beispiel der Befragung dargestellt heißt dies, dass etwa die Fragen eines Fragebogens nur dann sinnvoll konzipiert werden können, wenn man zuvor die Aufgabenstellung und Zielsetzung der geplanten wissenschaftlichen Studie genau definiert.

(4) *Die Beantwortung einer oder mehrerer Fragestellungen* ist der einfachste Nenner, wissenschaftliches Forschen zu beschreiben. Egal, mit welcher Methode man seine Frage beantworten möchte: Der sozialwissenschaftliche Forschungsprozess folgt letztlich immer einer einfachen Struktur. Eine wesentliche Voraussetzung allen Forschens ist zunächst die gesellschaftliche Relevanz des Themas. Weil Kommunikationswissenschaft etwas zu Problemlösungen in der Gesellschaft beitragen möchte, sind in aller Regel nur solche Themen von Belang, die entweder in der öffentlichen Diskussion sind und ergründet werden sollen oder die als gesellschaftlich relevante Themen von einem Auftraggeber zur wissenschaftlichen Analyse vergeben werden.

6.1.1 Der Forschungsablauf im Überblick

In Abbildung 23 sind die einzelnen Schritte des wissenschaftlichen Forschungsablaufes in groben Zügen dargestellt. In der Praxis laufen die einzelnen Stufen häufig zeitlich nebeneinander ab und stellen sich wesentlich differenzierter dar als in diesem schematischen Überblick. Das Prinzip jedoch ist letztlich immer dasselbe:

Zunächst muss ein gesellschaftlich relevantes Problem in eine wissenschaftliche Fragestellung überführt werden *(Stufen 1 und 2)*, denn sie ist später die Voraussetzung für eine systematische Ergebnisdarstellung. Genauso wichtig sind eine genaue Definition der zumeist abstrakten Begriffe (z.B. »Gewalt«[2]) und ihre Einordnung in das vorhandene theoretische Wissen über sie *(Stufen 3 und 4)*. Der Forscher greift also auf bewährte Theorien und Ansätze der Massenkommunikation und erforderlichenfalls einschlägiger Nachbarwissenschaften zurück, um seinen Untersuchungsgegenstand wissenschaftlich einzuordnen. In dieser Phase der theoretischen Aufbereitung kristallisiert sich bereits die Wahl der besten Methode heraus *(Stufe 5)*, mit der an einem ausgewählten Untersuchungsmaterial eine theoretisch begründete Fragestellung empirisch überprüft werden soll. Es kann vorkommen, dass zwei oder mehrere Methoden angewendet werden müssen, um eine Forschungsfrage zu beantworten. Von der Forschungsfrage hängt ebenfalls ab, auf welches Auswahlverfahren *(Stufe 7)* zurückgegriffen werden muss, um eine gute Stichprobe für die Untersuchung zu erhalten (ausführlicher im Exkurs »Auswahlverfahren« auf Seite 537). Nachdem die Erhebungsinstrumente *(Stufe 6)* – also ein Fragebogen, ein inhaltsanalytisches Kategorienschema oder ein Beobachtungsplan – entwickelt und vor der eigentlichen Untersuchung getestet sowie eine Stichprobe gezogen wurde, kann die Feldphase beginnen *(Stufe 8)*. Darunter versteht man bei einer Befragung das Interview selbst, bei einer Inhaltsanalyse die Codierung – das ist die systematische Erfassung bestimmter Merkmale von Texten mithilfe eines Kategorienschemas – und bei der wissenschaftlichen Beobachtung die Erhebung von sozialem Verhalten, zum Beispiel das Umschaltverhalten von Fernsehzuschauern per GfK-Meter[3]. In der Feldphase erhebt der Forscher mit seinen Mitarbeitern demnach die Daten, die später in der Datenanalyse *(Stufe 9)* mit adäquaten statistischen Verfahren ausgewertet werden. Entscheidend ist, dass die Forschungsergebnisse in der abschließenden Darstellung, also einem Forschungsbericht, einem wissenschaftlichen Aufsatz, einer Magister- oder Diplomarbeit, auf das relevante Problem rückbezogen werden.

---

2   Die Definitionen sozialwissenschaftlicher Provinienz erheben keinen »Absolutheitsanspruch« wie etwa in der Mathematik. Wenn Kommunikationswissenschaftler »Gewalt« definieren, legen sie für ihr Forschungsvorhaben genau fest, was sie unter »Gewalt« verstehen, wenn sie etwa die Gewalthaltigkeit von Jugendsendungen im deutschen Fernsehen untersuchen möchten. So wird zum Beispiel definiert, ob Comics auch als »Gewalt« gelten, ob nur physische oder auch psychische Gewalt erhoben werden soll und was man dann genau unter psychischer Gewalt versteht.

3   Das GfK-Meter ist eine eigens entwickelte Box, die von jedem Familienmitglied in ausgewählten Haushalten das individuelle Nutzungsverhalten sekundengenau misst. Mit diesen Daten ermittelt die Gesellschaft für Konsum-, Markt- und Absatzforschung in Nürnberg die Einschaltquoten für alle deutschen Sender (s. Kap. 4.4.1.3.

Abbildung 23: Der wissenschaftliche Forschungsablauf im Überblick

Abfolge	Allgemein	Beispiel
1. Stufe	Öffentliche Diskussion, Auftrags-vergabe	»Die Fernsehsender zeigen zu viel Gewalt, und das ist schädlich für unsere Kinder.«
2. Stufe	Überführung des gesellschaftlich relevanten Problems bzw. des allge-meinen Auftrags in eine Wissenschaftliche Fragestellung	Vergleich gewalthaltiger Medieninhalte zwi-schen ARD, ZDF, RTL, Pro 7 und SAT 1. Welche Medieninhalte gewalthafter Natur werden in den Sendern gezeigt?
3. Stufe	Überführung der allgemeinen Fra-gestellung in ein exakt definiertes theoretisches Konstrukt	Definition von »gewalthaltigem Medieninhalt«
4. Stufe	Begründung durch eine/mehrere kommunikationswissenschaftliche Befunde, Thesen, Entwicklung von Arbeitshypothesen für das eigene Forschungsvorhaben	Ergebnisse zur Gewaltforschung Ergebnisse zu Messungen über Gewalt im Fernsehen »Es existiert kein Unterschied hinsichtlich der Menge an gezeigter Gewalt zwischen öffent-lich-rechtlichen und privaten Fernsehen-dern.«
5. Stufe	Auswahl der Methode zur Überprü-fung der Hypothese(n)	Quantitative Inhaltsanalyse
6. Stufe	Entwicklung der Erhebungsinstru-mente	Konstruktion eines Kategorienschemas
7. Stufe	Auswahlverfahren	Festlegung und Ziehung einer Stichprobe (Auswahl der zu untersuchenden Sendungen)
8. Stufe	Durchführung	Erhebung der ausgewählten Medieninhalte anhand des Kategorienschemas und mithilfe eines Codebuches
9. Stufe	Datenanalyse	z.B. mit Datenverarbeitungsprogrammen
10. Stufe	Darstellung der Ergebnisse, Beantwortung der Forschungs-frage(n), Forschungsbericht (für Auftraggeber)	z.B.: Die analysierten Sender unterscheiden sich/unterscheiden sich nicht. Schlussfolge-rungen z. B. im Lichte der Debatte über gesellschaftlichen Auftrag der TV-Veranstalter (öffentlich-rechtlich/privat)

In aller Regel können die Ergebnisse empirischer Forschung nur einen kleinen Teil zu Problemlösungen in der Gesellschaft beitragen. Wissenschaft kann in diesem be-grenzten Rahmen jedoch helfen, beispielsweise mit Vorurteilen aufzuräumen und die öffentliche Diskussion etwa zum Thema »Mediengewalt« zu versachlichen. Aufgabe der Wissenschaft ist es, a) auf Grund eines für jedermann nachvollziehbaren, transparenten Vorgehens, b) der systematischen Bearbeitung der einzelnen Schritte und c) einer statistisch begründeten Auswahl Ergebnisse zu liefern, die eine höhere Gültigkeit besitzen als eine subjektive Einschätzung zu einem Thema durch eine einzelne Person.

6.1.2 Wahl der Methode

Gemeinsam ist allen empirischen Forschungstechniken, durch planmäßiges und systematisches Vorgehen Daten und Informationen über die Vielfalt gesellschaftlicher Phänomene sowie individueller und sozialer Meinungen und Einstellungen, Handlungen und Verhaltensweisen auf intersubjektiv nachprüfbare Weise zu erhalten. In aller Regel können beim empirischen Forschen freilich nur kleine Ausschnitte sozialer Realität erfasst werden. In der Kommunikationswissenschaft können dies beispielsweise sein: die Berufsgruppe der Journalisten (Kommunikatorforschung); die Berichterstattung von Medien über ein bestimmtes Thema (Aussagen-, Inhaltsforschung); Medienstrukturen wie beispielsweise die Struktur der bundesdeutschen Regional- und Lokalzeitungen (Medienforschung); Meinungen der Fernsehzuschauer über Reality-TV (Rezipientenforschung); die Wirkung von Werbebotschaften auf das Kaufverhalten (Rezipienten-/Wirkungsforschung).

Der Forscher kann also aus der Vielfältigkeit eines komplexen Problems einen singulären Aspekt herausgreifen. Insofern ist die Auswahl des Untersuchungsgegenstandes subjektiv. Was keinesfalls subjektiv sein darf, ist dann der Forschungsablauf selbst sowie die (Ein)-Stellung des Forschers zu seinem Untersuchungsgegenstand. Zunächst einmal wird an jede Forschungsstrategie die Anforderung der *intersubjektiven Nachvollziehbarkeit* gestellt. Dies bedeutet, dass eine Studie zu jedem beliebigen Zeitpunkt und von jedem beliebigen Forscher exakt repliziert werden kann und dass alle Schritte der Analyse transparent und in sich logisch vorliegen. Ein weiteres Gütekriterium, das an wissenschaftliches Vorgehen angelegt wird, ist das der *Objektivität*.[4] Hierbei wird gefordert, dass sich der Forscher bei seiner Untersuchung nicht von persönlichen Vorlieben und Erfahrungen leiten lassen darf, die einen verzerrenden Einfluss auf die Ergebnisse haben könnten. Vielmehr soll er sich als neutraler Beobachter verstehen, der nach wissenschaftlich festgelegten Regeln systematisch und methodisch korrekt vorgeht. Der überwiegende Teil der Lehr- und Forschungsfragen der Kommunikationswissenschaft hat zwischenmenschliche und öffentliche Kommunikation zum Gegenstand. Die Methoden der empirischen Sozialforschung finden in den verschiedenen Forschungsfeldern, also der Kommunikator-, der Aussagen-, der Medien-, der Rezipienten- und der Wirkungsforschung, ihre Anwendung. Dabei

---

4   Zwei weitere Gütekriterien, die an jede wissenschaftliche Methode angelegt werden, sind die der *Validität* (Gültigkeit) und *Reliabilität* (Zuverlässigkeit). Was genau darunter zu verstehen ist und wie diese Kriterien geprüft werden, wird bei der Darstellung der Methoden selbst (vgl. Kapitel 6.3) ausführlich erläutert.

eignet sich nicht jede Methode für jede Fragestellung. Texte können nicht befragt, Menschen nicht inhaltsanalytisch untersucht werden. So determiniert die Fragestellung die Wahl der Methode.

Abbildung 24:
Die Wahl der Methode hängt von der wissenschaftlichen Fragestellung ab

Forschungsfeld	Mögliche Methode	Beispiel
Kommunikatorforschung	Befragung	Journalistenbefragung zum Thema Nachrichtenauswahl
	Experiment	zur Orientierung von Journalisten an Kollegen und Vorgesetzten
	Beobachtung	zu den Arbeitsbeziehungen der Journalisten in Redaktionen
Aussagenforschung	Inhaltsanalyse	in der Regel massenmedial verbreitete Texte in Print, TV, Internet etc. (z.B. zu Themenstrukturen)
Medienforschung	Befragung (Externe Informationen wie Gesetzestexte, wirtschaftliche Kenngrößen etc.)	Befragung von Zeitungsverlegern zum Engagement im WWW (Online-Zeitungen) Darstellung wirtschaftlicher Verflechtung von Medienkonzernen
Rezipienten- und Medienwirkungsforschung	Befragung	Mediennutzungsverhalten, Motivforschung zur Mediennutzung
	Experiment	Umschaltverhalten (Zapping), Wirkung von TV-Werbung

Nicht selten findet man in der empirischen Kommunikationsforschung die Kombination zweier Methoden zur Klärung einer Forschungsfrage vor. Man spricht dann von einem »Methodenmix«. Und oftmals erfordert eine Fragestellung auch, für ihre Beantwortung externe Informationen (wie etwa Gesetzestexte oder volkswirtschaftliche Kennwerte) zusätzlich zu den eigenen Daten heranzuziehen.

Für jede Methode bzw. Forschungsstrategie benötigt man konkrete und je eigene forschungstechnische Messinstrumente, die der Forscher je nach abzuklärender Fragestellung und angewendeter Methode entwickeln muss. Es sind dies:

für die Befragung/das Interview	ein Fragebogen
für die Inhaltsanalyse	ein Kategorienschema
für die wissenschaftliche Beobachtung	ein Beobachtungs- bzw. Interaktionsplan
für das Experiment	ein experimentelles Design

Bei den im Folgenden beschriebenen Methoden bzw. Forschungstechniken handelt es sich um Verfahren, wie sie in der empirischen Sozialforschung generell, also auch in der Soziologie, der Psychologie, der Pädagogik oder den Politikwissenschaften, eingesetzt werden. In diesem Sinn hat die Kommunikationswissenschaft kein »eigenes« Methodenwerkzeug geschaffen. Allenfalls kann man festhalten, dass im Laufe langjähriger Forschung insbesondere die Methode der Inhaltsanalyse von der Kommunikationswissenschaft verbessert und weiterentwickelt wurde.

6.2 Die Befragung

Von allen wissenschaftlichen Methoden und Forschungsstrategien ist die Befragung, auch wissenschaftliches Interview genannt, die gebräuchlichste und bekannteste. Wer kennt nicht die »Hitlisten« zur Beliebtheit von Politikern, die auf repräsentativen Bevölkerungsumfragen beruhen oder ist nicht selbst schon einmal am Telefon oder per Briefpost zu einem (wissenschaftlichen) Interview gebeten worden? Kaum eine andere Methode der empirischen Sozialforschung ist im Laufe ihrer Anwendung weiter entwickelt worden als die Befragung. So weiß man beispielsweise, dass die Reihenfolge der Fragen im Fragebogen einen Einfluss auf das Antwortverhalten der Interviewten haben kann; oder, um ein anderes Beispiel zu nennen, dass die Befragungssituation zwischen Interviewer und Befragtem das Ergebnis »verzerren« kann. Im Folgenden wird versucht, diese Forschungstechnik vorzustellen, die Entwicklung eines Fragebogens zu erörtern, die verschiedenen Befragungsarten darzustellen sowie einige Fallstricke dieser Methode aufzuzeigen.

6.2.1 Allgemeines zur Befragung

Befragungen werden im Rahmen der Kommunikationswissenschaft insbesondere in der Kommunikator-, der Medien- und der Rezipientenforschung angewandt. Mithilfe dieses Forschungsinstrumentes kann man beispielsweise folgende Fragestellungen beantworten, wie sie aus Abbildung 25 ersichtlich sind.

Abbildung 25: Typische Einsatzgebiete des wissenschaftlichen Interviews

Forschungsfeld	Forschungsfragen
Kommunikatorforschung	»Unterscheidet sich das Rollenverständnis von Journalisten aus Online-Redaktionen von denen aus Tageszeitungs-Redaktionen?« »Welche Informationsquellen nutzen Journalisten?«
Medienforschung	»Wird das Internet die klassische Tageszeitung ersetzen?« »Wie stark ist in den letzten zehn Jahren die Medienkonzentration vorangeschritten?«
Rezipienten- und Medienwirkungsforschung	»Haben Menschen, die viel fernsehen, ein anderes Weltbild als Menschen, die wenig fernsehen?« »Wie wirkt sich die Themensetzung der Printmedien auf politische Kenntnisse der Menschen aus?«

Ganz allgemein lässt sich die Methode der Befragung als ein Forschungsinstrument beschreiben, *mit welchem unter der Maßgabe einer wissenschaftlichen Zielsetzung und einer systematischen Vorgehensweise Wissen, Kenntnisse, Einstellungen, Meinungen (sowie sozioökonomische Daten) von Befragten nach einem festgelegten Schema schriftlich oder mündlich erhoben werden* (vgl. Noelle-Neumann/Petersen 1996).

Diese Beschreibung umfasst explizit die folgenden wesentlichen Kriterien:

- Die Befragung gründet auf einer *wissenschaftlichen Zielsetzung* bzw. Fragestellung.
- Darauf aufbauend wird ein *Forschungsplan* entwickelt, der *systematisch*, d.h. Schritt für Schritt und für jedermann nachvollziehbar, erarbeitet und abgearbeitet werden muss (vgl. Abbildung 23 »Der wissenschaftliche Forschungsablauf im Überblick«, S. 525).
- Der Fragebogen, auch Forschungs- oder Messinstrument genannt, muss ebenfalls systematisch und *nach einem festgelegten Schema* bearbeitet werden. Er kann *vollständig standardisiert* sein, wie dies beispielsweise bei repräsentativen Bevölkerungsumfragen etwa zum Medienkonsum der Fall ist. Man spricht dann auch von einem standardisierten oder strukturierten Interview. Es gibt aber auch weniger strukturierte Interviews, bei denen zwar so genannte *Leit-* oder *Strukturfragen* festgelegt, jedoch auch spontane Zusatzfragen möglich sind. Dies ist z.B. in so genannten Leitfadeninterviews der Fall.
- Mittels eines wissenschaftlichen Interviews erhält man *verbale Daten (Informationen)* von Befragten, die (auch bei mündlichen Interviews) in schriftlicher Form niedergelegt und weiterverarbeitet werden.

- Mittels Befragung erhält der Forscher in aller Regel Informationen über *Einstellungen und Meinungen*, nicht jedoch unmittelbar über das (soziale) Verhalten der Befragten.

Angenommen, ein Forscherteam interessiert sich für den möglichen Zusammenhang zwischen Fernsehkonsum gewalthaltiger Filme und physischer Gewalt in der Familie. Es wählt aus der deutschen Bevölkerung Familien mit zwei Kindern aus und führt mündliche Befragungen in den Haushalten durch. Nachdem zunächst die Fernsehgewohnheiten abgefragt werden, kommt der Interviewer zu der Frage an den Vater: »Es soll ja in den besten Familien vorkommen, dass einem ab und zu die Hand ausrutscht. Sagen Sie, passiert Ihnen das gelegentlich auch?« Ob der Interviewer auf diese Frage eine wahre Antwort erhält, ist fraglich, und die Ergebnisse einer derartigen Befragung werden vermutlich nicht gültig sein. Denn Züchtigung von Kindern ist in unserer Gesellschaft ein Thema, über das im Allgemeinen nicht offen gesprochen wird. Es ist also zu vermuten, dass der Interviewer hier Antworten erhält, die *sozial erwünscht* sind: Die Befragten passen – bewusst oder unbewusst – ihr Antwortverhalten den in unserer Gesellschaft allgemein akzeptierten Wertvorstellungen an. Was jedoch gravierender ist: Man würde mit einer solchen Befragung nicht das *wahre* Verhalten der Väter, sondern ihre Einstellungen und Meinungen *über* ihr Verhalten, also *verbalisiertes Sozialverhalten*, abfragen: Eine geäußerte Meinung muss also nicht unbedingt mit einem bestimmten Verhalten konform gehen (vgl. Atteslander 2000, S. 126f). Wenn es also darauf ankommt, soziales Verhalten direkt zu erheben, muss der Forscher eher eine Beobachtung oder ein Feldexperiment durchführen, bei dem die »Versuchspersonen« in aller Regel nicht wissen, dass sie beobachtet und Daten von ihnen erhoben werden (vgl. dazu Kapitel 6.4).

Neben dem erwähnten Problem der sozialen Erwünschtheit kennt die Methodenforschung weitere Gesichtspunkte, die sich verzerrend auf die Ergebnisse von Befragungen auswirken können. Hier eine Auswahl, die bedacht und bei der Fragebogenentwicklung berücksichtigt werden sollte (vgl. Brosius/Koschel 2001):

Abbildung 26: Intervieweffekte

Effekt	Wirkung
Soziale Erwünschtheit	Befragter antwortet gemäß von ihm gelernter gesellschaftlicher Normen und Werte und nicht gemäß seiner wahren Einstellung
Konsistenzeffekt	Befragter will ein stimmiges Bild von sich vermitteln: Beantwortet Fragen so, dass sie »zusammenpassen«, aber nicht notwendig seine wahre Meinung zeigen
Primacy- / Recency-Effekte	Bei einer verbal vermittelten Auflistung von Antwortmöglichkeiten erinnern sich Befragte vorwiegend an die erst- (primacy) oder letztgenannten (recency) Antworten, nicht jedoch an die in der Mitte
Tendenz zur Mitte	Befragte neigen bei Fragen, bei denen Skalen vorgegeben sind, zu »mittleren« Antworten, weil sie sich nicht mit einer eher extremen Meinung bloßstellen wollen. Ungerade Skalen verstärken diesen Effekt

Alle hier dargestellten Probleme beziehen sich auf die so genannten standardisierten Befragungen, also diejenigen Befragungstypen, die sich durch einen komplett vorformulierten Fragebogenkatalog sowie genaue Anweisungen an den Interviewer auszeichnen.

Interviewerschulung

Letztgenannter Aspekt ist für die erfolgreiche Durchführung einer Befragung von zentraler Bedeutung: Wie erreicht der Interviewer, dass ein Interview nicht vorzeitig abgebrochen wird? Wie verhält man sich an der Haustür oder im Wohnzimmer der befragten Personen? Wie behandelt man Einwände oder Kritik? All dies sind Fragen, die in der *Interviewerschulung* angesprochen und gelöst werden (vgl. Noelle-Neumann/Petersen 1996, S. 318f). Die Schulungen, die von durchführendem Forschungsinstitut zu Institut unterschiedlich intensiv ausfallen, haben vor allem zum Zweck,

- Verhalten, Auftreten und Umgangsformen der Interviewer zu standardisieren,
- Fehlerquellen möglichst zu minimieren,
- Kontrolle zur Vermeidung von Fälschungen durch den Befragten auszuüben.

Die Pflege des Interviewerstammes ist einerseits eine kosten- und zeitaufwändige Maßnahme. Andererseits lohnt sie sich aber, weil gut geschulte und motivierte Interviewer zur Verbesserung der Ergebnisse wesentlich beitragen. Nicht zuletzt hängt das Renommee eines Umfrageforschungsinstitutes, sei es ein privat geführtes oder von der öffentlichen Hand getragenes, vom Auftreten seiner Interviewer ab.

6.2.2 Die Lehre von der Frage

Grundsätzlich gilt: Nur wer richtig fragt, erhält auch die richtigen Antworten. Anders gesagt: Wer sich über sein Forschungsvorhaben nicht dezidiert im Klaren ist, wird mit großer Wahrscheinlichkeit falsch fragen. Dies betrifft zunächst die Art der Fragen: Muss man »offen« oder »geschlossen« fragen?

Offene Fragen sind solche, die eine völlig freie, unstrukturierte Antwort ermöglichen. Will man zu einem Forschungsgegenstand Hintergrundinformationen vom Befragten einholen oder ist der Forscher an der Einschätzung komplexer Sachverhalte interessiert, werden offene Fragen eingesetzt. In aller Regel werden dann die so genannten W-Fragen verwendet: »Warum haben Sie dieses Unterhaltungsprogramm gewählt?«, »Weshalb bevorzugen Sie Tageszeitungen gegenüber dem Fernsehen?«. Als geschlossene Fragen bezeichnet man hingegen diejenigen, die mindestens zwei (»ja«, »nein«) oder mehrere Antwortkategorien vorgeben, aus denen der Befragte die zutreffende Antwort angeben soll. *Geschlossene Fragen* werden beispielsweise immer bei Fragen nach den soziodemographischen Daten, also bei den Fragen nach Geschlecht, Einkommen, formaler Bildung, Alter etc. eingesetzt, aber auch dann, wenn ein so genanntes »isoliertes Merkmal«, zum Beispiel die Parteienpräferenz für eine Wahl, erhoben werden soll. Im Fragebogen ist dann zu der Frage: »Welche Partei würden Sie wählen, wenn am nächsten Sonntag Wahl wäre?« ein Antwortschema mit allen wählbaren Parteien vorgegeben sowie die Kategorien »weiß nicht« und »wähle nicht«. Der Befragte braucht die Antwort dann nur im Fragebogen anzukreuzen. Diese Fragentypen werden beispielsweise beim deutschen »Politbarometer« verwendet, das einmal im Monat Auskunft über die Beliebtheit von Politikern, Wahlabsichten und allgemeine politische Meinungstrends in der deutschen Bevölkerung gibt.

Des Weiteren empfiehlt es sich, folgende Gesichtspunkte bei der *Frageformulierung* zu berücksichtigen (vgl. Noelle-Neumann/Petersen 1996, S. 93f):
- auf optimale Verständlichkeit der Fragen achten,
- keine Fachausdrücke verwenden,
- kurze Sätze gebrauchen,
- immer nur einen Aspekt pro Frage abfragen,
- keine doppelten Verneinungen – sie können zu Missverständnissen führen,
- keine Suggestivfragen stellen, diese verzerren Ergebnisse,
- (bei geschlossenen Fragen) vollständige Antwortkategorien anbieten.

6.2.3 Fragebogenentwicklung

Die Konstruktion eines Fragebogens ist weit umfangreicher als ein wissenschaftlicher Laie vielleicht vermutet. Es kommt nicht nur darauf an, eine Frage adäquat zu formulieren, sondern, ausgehend von einer zentralen Forschungsfrage, die richtigen Fragen in der richtigen Reihenfolge zu entwickeln. In aller Regel muss die zentrale Forschungsfrage zunächst in ihre relevanten Dimensionen zerlegt werden. Dies geschieht unter Hinzuziehung theoretischen Vorwissens, das es in der Wissenschaft zu einem bestimmten Untersuchungsgegenstand gibt (vgl. dazu auch Abbildung 23, S. 525). In der Fragebogentheorie nennt man diesen Prozess die Entwicklung von so genannten *Programmfragen*. Meistens sind diese Programmfragen ihrerseits nicht geeignet, direkt an die Befragten weitergegeben zu werden, weil sie den Untersuchungsgegenstand nur »grob« in seine Hauptdimensionen zerlegen. Der zentrale Schritt hin zur »eigentlichen« Frage erfolgt mit der »Übersetzung« dieser Programmfragen in die *Testfragen*, die »den Wortlaut [der Frage] enthält, wie sie einheitlich an die Befragten gerichtet wird« (Noelle-Neumann/Petersen 1996, S. 93f). In dieser Phase kommt es vor allem auf *Vollständigkeit* an, d.h. die Fragen müssen alle Felder abdecken, die zur Beantwortung der Forschungsfrage notwendig sind. Hierbei unterscheidet man für gewöhnlich vier Varianten von Testfragen:

- Wissensfragen,
- Informationsfragen,
- Einstellungs- und Meinungsfragen sowie
- Verhaltensfragen.

Wissensfragen, also zum Beispiel die nach einem amtierenden deutschen Minister, sind zwar bei manchen Untersuchungen unerlässlich, jedoch heikel: Sie können beim Befragten nämlich (zumal dann, wenn er die Frage nicht beantworten kann) Reaktanz bzw. ablehnenden Widerstand hervorrufen, was bis zum Abbruch des Interviews führen kann.

Informationsfragen sind solche, die jeder Befragte ohne lange nachzudenken beantworten kann. Sie dienen häufig zur Filterung des Fragebogens (s. unten): »Verfügen Sie über einen Fernsehapparat?« wäre so eine Informationsfrage.
Einstellungs- und Meinungsfragen werden insbesondere dann eingesetzt, wenn man etwas über das Selbstverständnis des Befragten, seine Stellung zur Gesellschaft, zu Freunden, zum politischen System und ähnlichen soziologischen Dimensionen erfahren möchte: »Sind Sie eher für oder gegen einen Schwangerschaftsabbruch?«, »Wie stehen Sie der deutschen Wiedervereinigung gegenüber?« und ähnliche Fragen gehören in diese Kategorie.

Verhaltensfragen sind zwar die interessantesten, denn letztlich will der Forscher etwas über das soziale Verhalten der Menschen erfahren; sie sind jedoch mittels Befragung (wie erwähnt) nur schwer zu erheben. Menschen tendieren nämlich im Allgemeinen dazu, ihr Verhalten in der Form zu rationalisieren, dass sie über ihr Verhalten reden, das Verhalten jedoch selbst nicht preisgeben. Soziales Verhalten beinhaltet Wahlverhalten ebenso wie etwa Drogenkonsum. Deshalb ist zu erwarten, dass bei moralisch aufgeladenen Themen oder sozialen Tabuthemen die »Lügenrate« hoch sein wird.

Testfragen sind für die im Sinne des Forschungsanliegens vollständige Datenerhebung also zentral wichtig, machen allerdings noch keinen kompletten Fragebogen aus. Erst die *Strukturierungsfragen* verleihen einem Fragebogen ein rundes Bild. So kann es beispielsweise entscheidend sein, den richtigen Einstieg ins Interview zu finden, damit die Befragten »warm« werden und »bei der Stange« gehalten werden können. Bei Strukturierungsfragen unterscheidet man zwischen:

- *Eisbrecherfragen*, die den Einstieg in das Interview erleichtern sollen und den Befragten »aufwärmen«. Man fragt nach Dingen, die für die spätere Analyse nicht relevant sind, den Befragten jedoch »aufwärmen«. Typische Eisbrecherfragen sind solche nach der Meinung zum Fernsehprogramm, Modetrends und ähnlich unverfänglichen Themen, zu denen jeder eine Meinung hat.
- *Erholungsfragen*, die dem Befragten eine Verschnaufpause zwischen zwei Themengebieten bieten, können sich ebenfalls mit allgemeinen Themen befassen, sollten jedoch thematisch nicht völlig abweichen, um keinen Bruch im Interview zu riskieren. Diese Art der »Konversation« sollte in jeder Hinsicht neutral gestaltet sein. Es sind also weder Fragen nach der Meinung über einen Politiker noch nach dem letzten Urlaub (zu privat!) angebracht.
- *Überleitungsfragen*, die eine Dimension thematisch beenden und zur nächsten führen, geben dem Befragten Orientierung. Sie zeigen ihm, dass nun ein Bereich abgeschlossen ist, ein nächster beginnt. Diese Fragen beginnen zumeist mit Formulierungen wie »Nun haben wir uns in den letzten zehn Minuten mit Ihren Fernsehgewohnheiten beschäftigt; kommen wir nun (zuletzt) zu Fragen rund um das Radio...«
- *Filter- und Trichterfragen*, die vermeiden, dass Befragte Fragen vorgelegt bekommen, die sie nicht beantworten können. Wer etwas über die Benutzung von öffentlichen Verkehrsmitteln erfahren möchte, muss in einer vorgeschalteten Frage klären, ob der Befragte überhaupt diese Verkehrsmittel nutzt. Im Fragebogen steht dann in der Regel eine Interviewer-Anweisung, die ihm sagt, an welcher Stelle im Fragebogen weitergegangen werden muss, wenn ein Befragter diese Frage mit »nein« beantwortet.

Eine Sonderstellung nehmen die *Fragen nach den soziodemographischen Daten* ein. Sie beantworten keine Forschungsfragen und sind deshalb keine Testfragen, können aber auch nicht als Strukturierungsfragen bezeichnet werden. Generell stehen sie am Ende einer Befragung, weil man annimmt, dass die Befragten diese Antworten auch dann noch geben werden, wenn sie schon erschöpft sind und eigentlich »keine Lust« mehr haben.

6.2.4 Befragungsformen

Wissenschaftliche Interviews können in verschiedenen Formen und in verschiedener Art und Weise durchgeführt werden. Bezüglich der Formen unterscheidet man zwischen vollständig standardisierten, halbstandardisierten und vollkommen unstrukturierten Interviews, wobei die Grenzen durchaus fließend sein können.

6.2.4.1 Vollständig standardisiertes Interview

Das vollkommen standardisierte oder strukturierte Interview zeichnet sich dadurch aus, dass Fragenfolge, Fragenablauf und die Fragen selbst bis ins kleinste Detail festgelegt sind. Auch das, was bei mündlichen Interviews der Interviewer tun und sagen darf, ist auf einem solchen Fragebogen genau vermerkt. So darf der Interviewer nicht einfach eine Frage weglassen oder Anweisungen vorlesen, die nur für ihn bestimmt sind. Die Standardisierung betrifft darüber hinaus sein Auftreten gegenüber dem Befragten während des Interviews, umfasst also die komplette Durchführung. Ziel vollständig standardisierter Interviews ist es, unter für alle zu Befragenden möglichst gleich bleibenden Bedingungen ganz bestimmte, ausgewählte Merkmale von Personen massenhaft zu erheben. Der Forscher ist in einem solchen Fall nicht am Befragten als Menschen in allen sozialen Fassetten und komplexen Rollenstrukturen interessiert, sondern nur an Merkmalen und Ausprägungen, die er – der Forschungsfrage entsprechend – abfragen, auswerten und erklären will. Nachfolgend sind einige Beispiele aufgelistet:

Abbildung 27: Beispiele für die Definition von Merkmalen und ihren Ausprägungen

Merkmalsträger	Merkmal	Ausprägungen
Person	Beruf	Lehrer Rechtsanwalt Koch ...
Person	Tägliche Mediennutzungsdauer in Stunden	Unter 1 Stunde 1-2 Stunden 2-3 Stunden über 3 Stunden
Rundfunk in Deutschland	Öffentlich-rechtliche und private Sender	ARD ZDF ... PRO 7 RTL .... Sonstige
Haushalt	Ausstattung mit elektronischen Medien	Fernseher Radio PC Sonstiges

Eine in der Kommunikationswissenschaft bekannte Studie, bei der vollständig standardisierte Interviews zum Einsatz kommen, ist die »Langzeitstudie Massenkommunikation«, die von den beiden Medienforschern Klaus Berg und Marie-Luise Kiefer seit rund dreißig Jahren im Auftrag von ARD und ZDF durchgeführt wird (vgl. auch Kapitel 4.4.1.5). Die Studie zielt darauf ab, das Mediennutzungsverhalten der deutschen Bevölkerung, ihre politischen Einstellungen, das Freizeitverhalten, sich wandelnde Wertvorstellungen und ähnliche Variablen, die sich im Zeitverlauf verändern, zu analysieren. Für die Befragung, die etwa alle sechs bis sieben Jahre stattfindet, werden etwa 6.000 wahlberechtigte Personen, also deutsche Staatsbürger über 18 Jahre, ausgewählt. Vollständig standardisierte Befragungen wie diese kommen zum Einsatz, wenn man bestimmte Informationen über eine große Population benötigt. In aller Regel handelt es sich dann um Gegenstandsbereiche, die bereits gut erforscht sind und keine neuen Theorien prüfen sollen. Wenn man also, wie dies bei der »Langzeitstudie Massenkommunikation« der Fall ist, Aussagen zum Mediennutzungsverhalten der deutschen Bevölkerung machen möchte, erhebt man nur *bestimmte Merkmale,* wie Nutzungsdauer, Senderwahl oder Ähnliches, und beschäftigt sich nicht mit den Nutzungsmotiven eines jeden Einzelnen. Ein weiteres Charakteristikum vollständig standardisierter Interviews sind deshalb die *geschlossenen Fragen.*

Abbildung 28: Die wichtigsten Interviewformen

Interviewform	Struktu-rierungs-grad	Auswahl-verfahren	Stichprobe	Erhebungs-ziel	Frageform	Wer fragt?	Repräsen-tativität
vollständig standardisiert	hoch	Zufalls-auswahl	große Popula-tionen, z.B. deutsche Bevölkerung	Erhebung einzelner, isolierter Merkmale	geschlossen	geschulter Interviewer	ja
Leitfaden-interview	mittel	bewusste Auswahl	Experten, definierte soziale Teil-populationen	Hinter-grund- und Detailwissen erfragen	geschlossen und offen	Interviewer mit wissen-schaftlichem Background	zumeist nein
Tiefen-interview	niedrig	bewusste Auswahl	Einzelfall-analysen	Erkennen komplexer Verhaltens-muster	offen	der Forscher selbst	nein

Exkurs: Auswahlverfahren

Ähnlich wie in den anderen Sozialwissenschaften hat man es auch in der empirischen Kommunikationsforschung bei vielen Studien mit dem Problem großer Grundge-samtheiten zu tun.

Das gilt für alle Lehr- und Forschungsfelder des Faches: Es ist beispielsweise viel zu zeit- und kostenaufwändig, alle rund 60.000 hauptberuflich tätigen Journalisten Deutschlands nach ihrem Berufsverständnis zu befragen (Kommunikatorforschung). Auch erscheint es unmöglich, alle bundesdeutschen Tageszeitungen mit ihren rund 1.500 Ausgaben über einen bestimmten Zeitraum auf sämtliche Inhalte hin zu un-tersuchen (Medieninhaltsforschung). Vor ähnlichen Problemen steht der Forscher, wenn er die Strukturen aller in Deutschland vorhandenen Medienbetriebe (Print wie Funk) beschreiben möchte (Medienstrukturforschung) oder die bundesdeutsche Be-völkerung zu ihrem Mediennutzungsverhalten befragen will (Rezipientenforschung). Und erst recht ist es ausgeschlossen, allen in Deutschland beobachtbaren individuel-len und sozialen Folgen (Wirkungen) der Medienberichterstattung auf den Grund zu gehen. Immer müssen in der empirischen Sozialforschung, wenn man große Grund-gesamtheiten untersuchen will, statistische Verfahren zur Anwendung gelangen, mit deren Hilfe es möglich ist, von einer relativ kleinen Auswahl bzw. Stichprobe auf die Grundgesamtheit bzw. Population zu schließen.

Wer beispielsweise Aussagen über die wahlberechtigte Bevölkerung Deutschlands machen möchte, legt damit also eine *Grundgesamtheit* (auch: Population) fest. In Ab-hängigkeit vom Forschungsinteresse muss definiert werden, über welche Population eine wissenschaftliche Aussage gemacht werden soll. Eine Grundgesamtheit kann – im Falle der Bevölkerung Deutschlands – sehr groß sein, kann sich aber auch auf zeit-lich und räumlich eng umgrenzte »Elemente« beschränken, wie zum Beispiel eine

Schulklasse in einem bestimmten Schuljahr. Wenn eine Inhaltsanalyse durchgeführt werden soll (vgl. Kapitel 6.3), schöpft man die zu untersuchenden Texte oder Fernsehausschnitte ebenfalls aus einer definierten Grundgesamtheit, zum Beispiel alle Ausgaben einer Tageszeitung aus einem bestimmten Zeitabschnitt. Damit ist schon angedeutet, dass der Forscher – wiederum in Abhängigkeit vom Forschungsgegenstand – entweder die komplette Grundgesamtheit oder nur Teile aus ihr befragen oder inhaltsanalytisch untersuchen kann. Man spricht deshalb von *Voll- bzw. Teilerhebungen*. Im Falle der wiederholt erwähnten Langzeitstudie »Massenkommunikation« handelt es sich um eine Teilerhebung. Man befragt nur einen kleinen Ausschnitt der gesamten Bevölkerung (hier: 6.000 Personen) und überträgt die Ergebnisse aus dieser Stichprobe auf die Grundgesamtheit. Wenn man dann beispielsweise in dieser Stichprobe ermittelt, dass die Befragten durchschnittlich drei Stunden am Tag fernsehen, erhält man damit eine Aussage über das Fernsehnutzungsverhalten der Bevölkerung insgesamt. Diese Stichprobe ist also ein *verkleinertes, strukturgleiches Abbild* einer Grundgesamtheit.

Warum nun ist ein *Repräsentationsschluss* von der Stichprobe auf die Gesamtpopulation zulässig? Möglich wird dies durch das statistisch korrekte Auswahlverfahren: Stichproben von repräsentativen Bevölkerungsumfragen werden mittels einer *Zufallsstichprobe* gezogen. Nur dann darf man im statistisch korrekten Sinn Ergebnisse einer Teilmenge auf die Gesamtpopulation übertragen.[5] Der *Zufall* bei der Ziehung gewährleistet, dass in der Stichprobe tatsächlich dieselbe Struktur vorfindlich ist wie in der Grundgesamtheit. Natürlich kann es bei derartigen Ziehungen auch Abweichungen geben, etwa dass Frauen im Verhältnis zu ihrer tatsächlichen Verteilung in der Bevölkerung unter- oder überrepräsentiert in der Stichprobe auftauchen. Diese *Irrtumswahrscheinlichkeit* nimmt man in den Sozialwissenschaften jedoch in Kauf, weil sie in der Regel marginal ist. Stattdessen geht man auf Grund des *Gesetzes der Großen Zahl* davon aus, dass die Ergebnisse einer Stichprobe mit vielen Elementen mit hoher Wahrscheinlichkeit nahe am *wahren Wert*, also der tatsächlichen Verteilung in einer gegebenen Grundgesamtheit, liegen werden. Eine Stichprobe muss also ausreichend groß gewählt werden. Bei Bevölkerungsumfragen werden in aller Regel Größenordnungen von einigen tausend Befragten gewählt. Fällt die Stichprobe zu klein aus, ist die Chance, sich zu irren, größer. Diese Erkenntnis der Statistik ist sowohl für die Wissenschaft als auch für die angewandte Marktforschung äußerst wichtig. In beiden Fällen kommt es nämlich darauf an, möglichst genaue Aussagen darüber zu ermitteln, mit welcher Wahrscheinlichkeit ein bestimmtes Ergebnis eintreten wird, etwa bei einem Wahlausgang oder bei der Einführung eines neuen Produktes.

In den Sozialwissenschaften wurden im Wesentlichen zwei methodisch-statisti-

---

5 An dieser Stelle streiten sich die Gelehrten. Vertreter von Quota-Verfahren verweisen auf die Strukturgleichheit ihrer Stichprobe mit der Grundgesamtheit und sind deshalb der Auffassung, auch ihr Auswahlverfahren berechtigte zu dem genannten Repräsentationsschluss (vgl. Noelle-Neumann/Petersen 1998, S. 255f) Im statistisch strengen Sinn ist hier ein Repräsentationsschluss allerdings nicht möglich.

sche Verfahren entwickelt, diese Problematik zu bewältigen. Zum einen sind dies die zufallsgesteuerten Auswahlverfahren (Random-Verfahren), zum anderen bewusste Auswahlverfahren (Quota-Verfahren). Mit einer Stichprobe, die nach dem *Zufallsprinzip* gezogen wurde, erzielt man die höchste Wahrscheinlichkeit, die wahre Verteilung von Merkmalen einer Grundgesamtheit in einer Stichprobe abzubilden. Von einer Zufallsstichprobe spricht man, wenn jedes Element der Grundgesamtheit dieselbe Chance hat, in eine Stichprobe aufgenommen zu werden. Das einfachste und zugleich mathematisch korrekte Auswahlverfahren ist die »einfache« oder auch *uneingeschränkte Zufallsauswahl*. Will man zum Beispiel eine Stichprobe der Einwohner einer Großstadt ziehen, müsste man aus einem vollständiges Register aller Elemente (gemeldete Bewohner) aus der Grundgesamtheit (die Großstadt) nach einer festgelegten Auswahlregel (»ziehe jedes 7. Element, beginne mit A«) eine ausreichend große Teilmenge auswählen.

Neben dem Prinzip der Zufallsauswahl kennt die empirische Sozialforschung weitere Verfahren, Stichproben zu ziehen. Will man beispielsweise einen möglichen Zusammenhang zwischen sozialem Verhalten und extrem hohem Fernsehkonsum erforschen, würde eine Zufallsstichprobe wenig Sinn machen. Man würde deshalb solche Personen *bewusst auswählen*, die von sich sagen, dass sie regelmäßig sehr viel fernsehen. Man erhält eine *Stichprobe typischer Fälle*. Die Ergebnisse haben dann lediglich Gültigkeit für genau diese Stichprobe. Insbesondere dann, wenn über einen Gegenstand der sozialen Realität in der Wissenschaft noch wenig bekannt ist, greift die Forschung auf diese Auswahlverfahren zurück.

Ein weiteres, bekanntes Verfahren bewusster Auswahl ist das so genannte *Quota-Verfahren*. Beim Quota-Verfahren werden die bekannten Merkmale einer Grundgesamtheit 1:1 auf die Stichprobe übertragen. Diese Merkmale sind in der Regel soziodemographische, also Alter, Geschlecht, Wohnort, Einkommen oder Beruf. Voraussetzung für die Ziehung einer Stichprobe nach dem Quota-Verfahren ist die genaue Kenntnis der Verteilung dieser Merkmale in der Grundgesamtheit. Die Daten dazu liefern die statistischen Landes- und Bundesämter. Man weiß zum Beispiel, wie viele Menschen in einem Bundesland leben; also wird in der Stichprobe der exakt gleiche Anteil der Bevölkerung vertreten sein. Die Befragten werden demnach nicht zufällig, sondern nach einem Quotenplan bewusst ausgewählt.

Der Vorteil einer Quotierung ist es, dass die Stichprobe *hinsichtlich der quotierten Merkmale* zu 100% ein strukturgleiches Abbild der Grundgesamtheit darstellt, also keine Irrtumswahrscheinlichkeit wie bei Zufallsverfahren über die strukturgleiche Verteilung in der Stichprobe existiert. Der Nachteil besteht darin, dass eben *nur* die Verteilung der soziodemographischen Merkmale bekannt ist. Von allen anderen Merkmalen, insbesondere denjenigen, die bei einem Forschungsvorhaben untersucht werden sollen, kennt man im Unterschied zu einer Auswahl nach dem Zufallsprinzip die Verteilung in der Stichprobe nicht. Gerade weil bei Quota-Verfahren keine uneingeschränkte Zufallsauswahl angewendet wird, kann es also passieren, dass die zu untersuchenden Merkmale in der Stichprobe systematisch verzerrt abgebildet sind. In der

Praxis zeigt sich allerdings, dass die Ergebnisse von Marktforschungsinstituten, die mit Quota-Verfahren ihre Stichprobe realisieren[6], keineswegs »realitätsferner« sind als von denjenigen, die repräsentative Bevölkerungsstichproben per Zufallsauswahl ziehen.

6.2.4.2 Leitfadeninterview

Einen Platz zwischen vollständig strukturierter und unstrukturierter Befragung nimmt das Leitfadeninterview ein. Während bei einer vollkommen standardisierten Befragung jedes Detail festgelegt ist, hat der Interviewer bei dieser Form der Befragung größere Spielräume. Zunächst gibt es auch in Leitfadeninterviews Bereiche, die mit geschlossenen Fragen abgefragt werden. Dies sind meist Angaben zu den soziodemographischen Variablen wie Geschlecht, Alter, formale Bildung oder Einkommen usw. Auch andere, leicht abfragbare Variablen werden strukturiert erfasst. Die Reihenfolge der Fragen bzw. die allgemeine Struktur des Fragebogens sind bei dieser Befragungsform ebenfalls festgelegt. »Offen« ist ein Leitfadeninterview jedoch in zweierlei Hinsicht. Zum einen bezieht sich Offenheit auf die Freiheitsgrade des Interviewers. Da viele, aber nicht zwingend alle Fragen exakt vorgegeben sind, hat der Interviewer die Möglichkeit, je nach Verlauf des Interviews zusätzliche Fragen zu stellen, nachzufragen, auf eine bestimmte Fragestellung im Interview zurückzukommen und Ähnliches mehr. Zum Zweiten meint Offenheit die Art der Fragestellung an den Befragten: Der Interviewte ist gleichsam »gezwungen«, sich so ausführlich wie möglich – eben offen – zu äußern. Leitfadeninterviews können folglich unterschiedlich lange dauern.

Wie oben beispielhaft dargestellt wurde, beschäftigt sich die »Langzeitstudie Massenkommunikation« mit der Erhebung der Mediennutzung der deutschen Bevölkerung. Wollte man nun in einem weiteren Forschungsvorhaben ausgewählte Nutzer sehr detailliert zu ihrem Nutzungsverhalten befragen, würde man die Form des Leitfadeninterviews wählen. Einmal von Datenschutzproblemen abgesehen, wäre es denkbar, aus den 6.000 interviewten Personen diejenigen herauszufiltern, die im Vergleich zu den anderen Befragten besonders viel fernsehen. Man würde also eine *bewusste Auswahl* einer ganz *bestimmten, definierten sozialen Gruppe* treffen. Da Leitfadeninterviews in aller Regel viel Zeit in Anspruch nehmen und relativ kompliziert auszuwerten zu sind, würde man diese Gruppe mit vielleicht 100 Personen klein halten. Bei solchen Untersuchungen stehen deshalb nicht die Repräsentativität der Erhebung, sondern die Fülle der Details und die genaue Aufzeichnung des Gesagten im Vordergrund. Im Rahmen der empirischen Kommunikationsforschung werden diese nicht-repräsentativen Befragungen häufig für Pilotstudien oder so genannte explorative Forschungsvorhaben eingesetzt, d.h.: *Einige Wenige werden intensiv befragt.* Die gewonnenen Erkenntnisse können beispielsweise der Weiterentwicklung von Frageformulierungen oder Antwortkategorien dienen, die später in standardisierten Bevölkerungsbefragungen eingesetzt werden können.

---

6   Das Institut für Demoskopie Allensbach ist der prominenteste Vertreter dieses Verfahrens.

Während bei vollständig strukturierten Befragungen geschulte Interviewer zum Einsatz kommen, benötigt man bei Leitfadeninterviews in der Regel Interviewer, die den Hintergrund des Forschungsvorhabens gut kennen. Denn nur dieses Know-how erlaubt es, relevante Fragen spontan stellen zu können, wie es in dieser Interviewform häufig vorkommt. Diese Befragungsform ähnelt folglich eher einem Gespräch von Experte zu Experte. Sie hat zudem den Vorteil, dass das Interview durch das flexiblere Frage-Antwortschema einer alltäglichen Gesprächssituation recht nahe kommt und im Hinblick auf die soziale Wirklichkeit aussagekräftiger ist als ein vollständig strukturiertes Interview. Die Validität, die Gültigkeit der ermittelten Ergebnisse, ist in Leitfadeninterviews höher als die einer standardisierten Befragung: Man nimmt an, dass die erhobenen Daten eines Leitfadeninterviews annähernd »deckungsgleich« mit den »wahren« Meinungen und Einstellungen der Befragten sind, da die gesamte Befragungssituation weniger künstlich ist als in einer standardisierten Befragung, die dem Respondenten keinen Spielraum für die Beantwortung von Fragen lässt.

Ein nicht zu übersehendes Problem aller halbstrukturierten Interviews stellt deren Auswertung dar. Hat man es bei repräsentativen Bevölkerungsumfragen in der Regel mit rein quantitativen Auszählungen zu tun, so existieren bei diesem offenen Befragungstyp a priori keine Merkmalskategorien, denen man die (offenen) Antworten ohne weiteres zuordnen kann. Diese können in aller Regel erst nachträglich bei der Auswertung gebildet werden. Dadurch erweisen sich halbstrukturierte Interviews als sehr auswertungsintensiv.

6.2.4.3 Unstrukturiertes Interview

Das nicht-strukturierte Interview, auch *Tiefeninterview* genannt, ist die freieste Interviewform. Zwar greift der Interviewer, der in solchen Befragungen immer identisch mit dem Forscher ist, auf einen Fragenkatalog zurück, in dem die Kernthemen des Interviews fixiert sind. Aber je nach Verlauf und Tagesform des Befragten kann der Forscher die Fragen umstellen, neue Fragen spontan entwickeln oder den Befragten ganz einfach ungebremst sprechen lassen. Die Verlaufsform hängt dabei stets von der Forschungsfrage ab, mit der der Forscher an die Befragten herangeht. Wenn man etwa die Hypothese entwickelt, dass das Mediennutzungsverhalten im Zusammenhang mit der kindlichen Sozialisation steht, wird man dem Befragten viel Spielraum bei der Schilderung seiner Kindheit lassen, um größtmögliche Detailgenauigkeit zu erreichen. Zudem erzielt der Forscher mit diesen unstrukturierten bis völlig freien Erzählsituationen eine recht hohe Ähnlichkeit zu den alltäglichen Lebensumständen des Befragten. Im Vergleich zu den beiden anderen Befragungsformen erzielt man sicher die beste Genauigkeit, wenn es um den *Realitätsgehalt der Antworten* geht. Die Befragten verhalten sich im Interview – je länger es dauert – so natürlich wie in einem Gespräch. Die Freiräume sind hier für Interviewer und Befragten am größten.

Hinsichtlich der Repräsentativität der Aussagen der Befragten ähneln sich Leitfaden und Tiefeninterview. Für beide Formen gilt das Gütekriterium Repräsentativität *nicht* bzw. nur äußerst eingeschränkt. Es geht bei unstrukturierten Interviews nicht um prognosefähiges Datenmaterial wie etwa in der rein quantitativen Mediennutzungsforschung der Media Analyse. Vielmehr stehen ganzheitliche, komplexe Darstellungen der sozialen Realität im Vordergrund, die mit einer nur quantitativen Datenerhebung in dieser Tiefe nicht beschrieben werden können. Während man in Leitfadengesprächen in erster Linie Zusatzinformationen zu quantitativ erhobenen Daten erwartet, dienen Tiefeninterviews besonders dazu, ganz neue Forschungsgebiete zu ergründen. Es geht also in erster Linie um die *Sammlung* und spätere *Systematisierung* beobachtbarer Phänomene. Es versteht sich von selbst, dass für diese Zwecke nur Experten befragt werden können. Diese gewinnt man am einfachsten durch eine bewusste *Auswahl nach dem Schneeballprinzip*: Man wählt zu Beginn der Untersuchung eine Person aus, von der man annehmen darf, dass sie Experte auf einem Gebiet ist. Nach der Befragung bittet man um den Namen von Kollegen oder Bekannten, die auch Experten sein könnten, weil man annimmt, dass im näheren sozialen Umfeld der befragten Person weitere Experten anzutreffen sind.

Die Entscheidung darüber, welche Form des Interviews als Forschungstechnik gewählt wird, hängt also ganz wesentlich vom Untersuchungsgegenstand und von der konkreten Forschungsfrage ab. Darüber hinaus spielen Gesichtspunkte wie die Verfügbarkeit des zu befragenden Personenkreises, die Größe dieser Gruppe sowie finanzielle und zeitliche Aspekte eine wichtige Rolle, wenn es um die Wahl des angemessenen Befragungstypus geht.

6.2.5 Befragungsmodus

Wissenschaftliche Interviews können in verschiedenen Befragungsmodi durchgeführt werden. Grundsätzlich unterscheidet man zwei Formen: die mündliche und die schriftliche Befragung. Beide können in unterschiedlichen Formen durchgeführt werden: die mündliche Befragung in Form der Face-to-face-Befragung sowie des Telefoninterviews; die schriftliche Befragung in Form der postalischen Umfrage oder neuerdings als Online-Umfrage. Jede der nachfolgend erwähnten vier Versionen hat Vorzüge und Nachteile. Im Folgenden sollen die Verfahren in ihren wichtigsten Aspekten kurz dargestellt werden (vgl. u.a. Laatz 1993).

6.2.5.1 Schriftlich-postalische Befragungen

Wie erwähnt, hängt die Wahl der Interviewform und insofern auch die Wahl des Interviewmodus neben der konkreten Forschungsfrage vom zu befragenden Personenkreis sowie von den zeitlichen und finanziellen Mitteln einer durchzuführenden Studie ab. Die schriftlich-postalische Befragung eignet sich besonders dann,

- wenn der Personenkreis für ein mündliches Interview schwer zu erreichen ist,
- wenn der Zeitfaktor eine weniger wichtige Rolle spielt (der Fragebogen muss versandt, eine Frist zum Rücksenden eingeräumt werden),

- wenn Informationen von den Befragten verlangt werden, die sie nicht auswendig präsent haben (z.B. bei Fragen zum Konsumverhalten: Wer gefragt wird, wann er das letzte Mal einen Fernseher gekauft hat, weiß dies nicht auswendig, sondern muss vielleicht in einem Ordner nach der Rechnung suchen).

Einmal angenommen, eine repräsentative Auswahl von innenpolitischen Redakteuren bundesdeutscher Tageszeitungen soll zu ihrem Berufsbild befragt werden. Es ist schwierig, angesichts der Zeitnot und dem Zeitdruck, unter dem innenpolitische Journalisten ständig stehen, mündliche Interviews durchzuführen. Außerdem wären die Kosten für mündlich in der gesamten Republik durchzuführende Interviews sehr hoch. Hier empfiehlt sich der Einsatz des schriftlich-postalischen Interviews mit weitgehend standardisiertem Fragebogen und nur wenigen offenen Fragen. Ein hoher Standardisierungsgrad hat generell den Vorteil, dass die erhobenen Daten relativ einfach auszuwerten sind. Darüber hinaus bietet sich im genannten Beispiel ein standardisiertes Erhebungsinstrument an, weil geschlossene Fragen mit vorgegebenen Antwortmöglichkeiten üblicherweise schneller beantwortet werden können als offene Fragen, zu denen die Befragten Stellung nehmen müssen. Der schriftlich-postalische Befragungsmodus gibt dem Befragten zudem die Chance, den Zeitpunkt der Bearbeitung selbst zu wählen und so den Fragebogen dann in aller Ruhe ausfüllen zu können.

Die schriftlich-postalische Umfrage hat aber durchaus auch Nachteile. So ist für den Forscher nicht überprüfbar, wer den Fragebogen wirklich ausgefüllt bzw. beantwortet hat (der befragte Redakteur selbst, vielleicht aber auch ein Mitarbeiter oder eine Sekretärin). In so einem Fall wäre die Gültigkeit der Erhebung stark beeinträchtigt. Oft ist die Rücklaufquote bei schriftlich-postalischen Interviews sehr niedrig, sodass die Stichprobe, die man am Ende der Befragung erzielt, zu klein sein kann, um etwa Rückschlüsse von der Stichprobe auf die Grundgesamtheit zu ziehen (vgl. dazu die Ausführungen zur Repräsentativität im Exkurs »Auswahlverfahren«, S. 537). Um die Rücklaufquote zu verbessern, ist es daher angebracht, dem Fragebogen ein mit der Adresse des Forschers/des Forschungsinstituts versehenes Rückantwortkuvert beizufügen und dieses zum Postversand auch frei zu machen. Schriftliche Umfragen erfordern in aller Regel telefonische Nachfassaktionen. Diese sind zeitaufwändig und kosten Geld. Auf Grund der Rücklaufkontrolle (etwa in Form der Nummerierung der Fragebögen) ist dem Forscher allerdings bekannt, wer den Fragebogen schon zurückgesendet hat. Es entspricht der Ethik des Forschers, diese Rücklaufkontrolle nicht zu verletzen und damit die Antworten anonym zu halten.

6.2.5.2 Online-Befragungen

Eine relativ neue Variante der schriftlichen Befragungen sind Online-Befragungen. Dabei wird der in aller Regel voll durchstrukturierte Fragebogen als HTML-Datei für einen bestimmten Zeitraum bei einem oder mehreren Online-Anbietern ins Netz gestellt. Die Befragung kann auch via E-Mail oder über die Teilnehmer an Newsgroups und Mailing-Lists durchgeführt werden. Vom Programmieraufwand abgesehen bietet dieser Umfragemodus einen enormen Zeit- und Kostenvorteil: Die Antworten können normalerweise ohne Übertragungsfehler in ein Datenauswertungsprogramm übergeführt werden und stehen damit sehr rasch zur Verfügung.

Jedoch hat auch die Online-Befragung ihre Nachteile. Zunächst bereiten Online-Befragungen dieselben Probleme wie jeder andere schriftliche Befragungsmodus. Darüber hinaus wirkt der technische Zugang (noch) als Teilnahmebarriere und beeinträchtigt die allgemeine Gültigkeit der Ergebnisse von Online-Befragungen in hohem Maße. Nach wie vor verfügt nicht jeder private Haushalt über einen Online-Anschluss. Und es sind insbesondere die weniger Gebildeten, die zumeist über weniger Einkommen verfügen, ebenso wie die Älteren, die sich schwer tun mit diesem Medium, die von diesem Zugang ausgeschlossen bleiben und deshalb als Nutzer weit unterrepräsentiert sind. Hinsichtlich der Strukturgleichheit von Stichprobe und Grundgesamtheit muss man also bei Online-Befragungen Abstriche in Kauf nehmen. Ebenso wie bei postalischen Befragungen wird man nur solche Forschungsfragen valide beantworten können, bei denen entweder die sozioökonomischen Daten der Befragten keine Wirkung auf die Antworten haben oder die Grundgesamtheit namentlich bekannt ist. Zum Zweiten stellt sich das Problem der Selbstselektion: Der Umstand, dass Teilnehmer an freiwilligen Befragungen gemäß ihren eigenen Bedürfnissen und Vorerfahrungen entscheiden, ob sie sich beteiligen oder nicht, gefährdet potenziell die Repräsentativität der Ergebnisse, da die Auswahlwahrscheinlichkeit von individuellen Merkmalen der Befragten wie Zeit, Interesse am Thema und Ähnlichem, abhängt. Selbstselektion ist allerdings kein spezifisches Problem der Online-Befragung, sondern tritt auch bei Offline-Befragungen auf.

6.2.5.3 Persönliche Interviews

Eine seit langem und vielseitig eingesetzte sowie gut entwickelte Form des wissenschaftlichen Interviews ist die persönliche Befragung (auch Face-to-face-Befragung). Dabei stellt der Interviewer anhand eines (mehr oder weniger) strukturierten Fragebogens Fragen an den Interviewten und hält dessen Antworten im Fragebogen fest. Diese mündliche Form des Interviews[7] kommt vor allem zum Einsatz, wenn

- man repräsentative Ergebnisse anstrebt, d.h. wenn von den Resultaten einer Stichprobe auf eine große Population geschlossen werden soll,
- der Befragte zum Reden gebracht werden soll (wie dies vor allem in Tiefeninterviews der Fall ist),
- die Interviews zeitaufwändig sind, wie zum Beispiel bei der genannten »Langzeitstudie Massenkommunikation« zum Mediennutzungsverhalten, bei der die Befragung etwa drei Stunden dauert,

---

7 Man unterscheidet zwei Varianten beim mündlichen Befragungsmodus: persönliche, also Face-to-face-Interviews sowie mündliche Befragungen, die per Telefon durchgeführt werden. Dazu Näheres im Kapitel 6.2.4.4.

- der Einsatz von unterstützendem visuellem Material wie Karten, Grafiken o. Ä. erforderlich ist, das dem Befragten als Hilfestellung zur Beantwortung bestimmter Fragen vorgelegt wird.

Die »Langzeitstudie Massenkommunikation«, aber auch die Allensbacher Markt- und Werbeträger-Analyse (AWA) oder die Media Analyse (MA) werden mit solchen Face-to-face-Befragungen erstellt. Egal, ob es sich um eine wissenschaftliche Fragestellung oder – wie oftmals in der kommerziellen Forschung – um die Ermittlung von Konsumneigungen handelt: In allen diesen Fällen muss sich der Forscher darauf verlassen können, dass die ermittelten Ergebnisse in der Stichprobe tatsächlich die Einstellung, Meinung oder Konsumneigung der Grundgesamtheit widerspiegeln. Repräsentative Umfragen sind zwar auch per Telefon denkbar; die Güte der Stichprobe sowie die Möglichkeiten im Interview selbst sind bei den persönlichen Interviews jedoch weit größer.

Auch für persönliche Interviews müssen verständlicherweise Interviewpartner ermittelt werden. Bei einer quantitativen Befragung mit weitgehend strukturierten Interviews, wie dies bei den meisten auf Repräsentativität angelegten mündlichen Umfragen der Fall ist, wird per Zufallsauswahl zunächst die Stichprobe ermittelt. Es folgt – meist telefonisch – eine Terminvereinbarung. Ist diese Eintrittsbarriere überwunden, so sind die Chancen meistens gut, das Interview auch wirklich durchführen zu können. Die Problematik der Ermittlung einer Stichprobe stellt sich nicht, wenn seitens des Forschers nicht Repräsentativität, sondern Exklusivität angestrebt wird. Dies ist bei Tiefeninterviews und teilweise auch bei Leitfadeninterviews der Fall. Hier hat der Forscher meist genaue Informationen über einen bestimmten, in aller Regel eingeschränkten Personenkreis, der befragt werden soll. (Als beispielsweise die ersten Online-Zeitungen in Deutschland eingeführt wurden, kam es in jenen Redaktionen zu Experten- und Leitfadeninterviews, die maßgeblich an der Entwicklung dieser ersten Online-Zeitungen beteiligt waren. Auf diese Weise kam man zu Informationen, auf deren Grundlage man später Umfragen unter einem weitaus größeren Personenkreis durchführen konnte. Oft haben, wie erwähnt, Experten- und Tiefeninterviews explorativen, d.h. erstmals ausforschenden und hypothesenfindenden Charakter.)

Eine Besonderheit beim mündlichen Interview stellt die *soziale Situation* dar, in der sich Interviewer und Befragter befinden. Während der Befragte in schriftlichen Interviews den Fragebogen selbstständig und allein ausfüllt, sieht er sich in mündlichen Befragungen einer ihm unbekannten Person, dem Interviewer, gegenüber. Ihm soll er – je nach Befragungsthema und -gegenstand – antworten und u. U. vielleicht auch recht private Dinge anvertrauen. Deshalb ist für die mündliche Befragung, bei der Interviewer und Befragter eine persönliche Beziehung aufbauen, die Interviewerschulung von besonderer Bedeutung. Großes Gewicht erhält das Postulat der Neutralität des Interviewers bei den standardisierten Interview-Formen. Hier ist besonders wichtig, dass die Situation, in der das Interview geführt wird, bei allen Befragten möglichst immer gleich, d.h. »konstant« gehalten wird. Ist dies nicht gewährleistet, können möglicherweise verzerrte und damit ungültige Ergebnisse produziert werden.

Der Zwang, der durch die soziale Situation bei mündlichen Interviews herrscht, kann jedoch auch Vorteile haben. So ist erwiesen, dass mündlich Befragte die Befragung nicht so schnell abbrechen. (Bei schriftlichen Befragungen landet der Fragebogen nicht selten im Papierkorb, bei telefonischen Interviews kann der Befragte, auch wenn dies nicht gerade den Umgangsformen entspricht, den Hörer auflegen, wenn er nicht mehr weitermachen will.) Auch die Interviewdauer spielt eine Rolle. Es empfiehlt sich, die voraussichtliche Dauer dem Befragten schon vorher mitzuteilen, sodass er sich auf diese Zeit und die damit verbundene Situation einstellen kann.

Angenommen, ein Befragter soll zu den von ihm genutzten Zeitschriften befragt werden. Im mündlichen Interview hat der Interviewer nun die Möglichkeit, die Zeitschriftentitel als Kärtchen bereit zu halten, zu mischen, dem Befragten vorzulegen und auf diese Weise immer wieder eine neue, zufällige Reihenfolge der Zeitschriftentitel für die Abfrage herzustellen. Man darf bei mehreren hundert oder tausend Interviews dann davon ausgehen, dass die Reihenfolge der gezeigten Titelkarten keinen Einfluss mehr auf das Ergebnis insgesamt hat. Dies ist beispielsweise beim Telefon-Interview anders: Hier liest der Interviewer dem Befragten am Telefon mehrere Zeitschriftentitel vor, um ihn dann zu fragen, welche Titel er (der Befragte) nutzt. Dabei läuft der Forscher Gefahr, ein Ergebnis zu erhalten, das dem »*Primacy-/Recency-Effekt*« unterliegen kann: In aller Regel wird sich der telefonisch Befragte an die zuerst (primacy) oder zuletzt (recency) genannten Titel erinnern. Die in der Mitte genannten drohen aus dem Kurzzeitgedächtnis des Befragten zu verschwinden. Dies führt mit hoher Wahrscheinlichkeit zu verzerrten oder falschen Ergebnissen.

Die wichtigsten Vorteile der Face-to-face-Befragung sind demnach (vgl. Brosius/Koschel 2001, S. 130f)

- eine hohe Rücklaufquote, zumal der Interviewer beauftragt ist, den Befragten erforderlichenfalls mehrfach aufzusuchen, wenn er ihn zum vereinbarten Zeitpunkt nicht am vereinbarten Ort antrifft;
- eine hohe Gültigkeit der Ergebnisse, wenn unerwünschte Interviewereffekte kontrolliert werden können;
- eine Minimierung von Interviewffekten, die vom Fragebogen ausgehen können; der Respondent kann an den Interviewer (besser als im telefonischen Interview) Rückfragen stellen, wenn er eine Frage beispielsweise nicht gleich auf Anhieb versteht;
- eine Minimierung von Fragebogeneffekten wie zum Beispiel Primacy-/Recency-Effekte oder die Tendenz zur Mitte.

Die mündliche Befragung hat aber auch Nachteile, deren sich ein Forscher oder Forscherteam bewusst sein muss:

- Sie ist mit hohen Kosten zunächst für die Interviewerschulung, vor allem aber für die persönlich durchzuführenden Intrerviews verbunden. Es kann vorkommen, dass Interviewte mehrmals aufgesucht werden müssen, weil der Interviewer (trotz Terminvereinbarung) sie nicht antrifft.

- Es kann zu einem Fälscherproblem kommen, wenn Interviewer auf Erfahrungen von bereits durchgeführten Befragungen (und der Kenntnis der Antworten) zu einem Thema so genannte »Luftinterviews« produzieren, d.h. wenn sie einige oder mehrere zu Befragenden gar nicht mehr aufsuchen, sondern den Fragebögen selbst ausfüllen.
- Die Stichprobenziehung ist zeit- und kostenintensiv, wenn die Teilnehmer per Random-Route-Verfahren ausgewählt werden müssen. Darunter versteht man die Adressenermittlung von zu Befragenden, die nach einem genau vorgeschriebenen Prozedere ablaufen muss. Der Mitarbeiter erhält beispielsweise den Auftrag, zwanzig Adressen zu ermitteln. Dabei wird ihm u.a. der genaue Startpunkt (»Beginnen Sie in der Bahnhofstraße 1«) und die genaue Route, die er abgehen soll (»Wenden Sie sich an der ersten Straße nach rechts«) vorgegeben (detailliert dazu: Noelle-Neumann/Petersen 1996, S. 245 f).

6.2.5.4 Telefonische Interviews

Zu den mündlichen Interviews zählen auch *telefonische Interviews.* Diese werden heute durchweg mit Computerunterstützung durchgeführt (daher auch CATI-Interviews: Computer Assisted Telefone Interviews). Sie kommen vor allem dann zum Einsatz, wenn man schnell repräsentative Ergebnisse über ein relevantes Thema haben will, wie dies beispielsweise bei Telefonumfragen zur Ermittlung der Wahlabsicht der Fall ist und die »Sonntags-Frage« gestellt wird (»Wenn am kommenden Sonntag Bundestagswahlen wären, wen würden Sie wählen...«). In der Praxis laufen diese Befragungen so ab, dass in einem Studio eine große Zahl von Telefoninterviewern sitzen und ausgestattet mit einem PC die ihnen per Computer zugewiesenen Telefonnummern bearbeiten. Die Telefone wählen computergesteuert die ausgewählten Nummern der zu Befragenden an, bis diese sich melden. Der Interviewer sieht am Bildschirm die Fragen, die er an den Befragten richtet und gibt die erhaltenen Antworten direkt in den Computer ein. Die eingegeben Daten werden in der Folge direkt in ein Datenauswertungsprogramm übergeführt und gespeichert, sodass sie rasch zur Verfügung stehen. Für Telefoninterviews, vor allem für so genannte »Blitzinterviews«, eignen sich in aller Regel eher einfache Fragen, wie etwa die nach der Wahlabsicht. Anders als im persönlichen Interview lassen sich telefonisch Befragte nur für eine eher kurze Zeit »bei der Stange« halten. Man rechnet mit maximal zwanzig Minuten. Danach wächst die Abbrecherquote stark an. Trotzdem setzt sich dieser Befragungsmodus vor allem in den großen Umfrageinstituten zunehmend durch, nicht zuletzt infolge ständig verbesserter technischer Voraussetzungen bei Hard- und Software in den computerunterstützten Verfahren. Zudem sind die Telefongebühren seit der Liberalisierung des Telekommunikationswesens vergleichsweise niedrig.

Nicht übersehen kann man bei telefonischen Befragungen ein Problem, das sich bei der Ziehung von Stichproben ergibt. Oftmals werden die zu Befragenden mittels

Zufallsgenerator ausgewählt (z.B. jede siebente Nummer in einem Telefonbuch). Will man allerdings eine repräsentative Stichprobe erreichen, so werden bei Telefoninterviews folgende Personengruppen nicht vertreten sein (vgl. Brosius/Koschel 2001, S. 134ff):

- Personen, die kein Telefon besitzen,
- Teilnehmer, die über keinen Festnetzanschluss mehr verfügen, sondern nur ein Handy besitzen, dessen Nummer im Telefonverzeichnis nicht erfasst ist;
- Personen (meist Frauen), die von anonymen Anrufern nicht belästigt werden wollen und deren Telefonnummern folglich in den Verzeichnissen nicht aufscheinen;
- Personen, die – aus welchen Gründen auch immer – ihre Privatsphäre schützen wollen. Unter ihnen sind vor allem besonders Wohlhabende sowie Prominente.

Zusammenfassend lassen sich folgende Vor- und Nachteile des jeweiligen Befragungsmodus festhalten:

Abbildung 29: Vor- und Nachteile der verschiedenen Befragungsmodi

Befragungsmodus	Vorteile	Nachteile
Postalisch	Befragter hat Zeit Anonymität Minimierung sozialer Erwünschtheit	Kontrolle, wer ausfüllt Repräsentativität Zeitaufwändig Geringer Rücklauf
Online	Attraktivität des Mediums Schneller Rücklauf Anonymität	Kontrolle, wer ausfüllt Repräsentativität Selbstselektion Zugangsbarrieren
Face-to-face	Ausführlichkeit der Befragung Kontrolle von Fragebogeneffekten Repräsentativität Hoher Rücklauf	Hohe Kosten Fälscherproblem Stichprobenauswahl langwierig
Telefonisch	Schnell durchführbar Geringe Fehlerquote bei Datenübertragung Geringe Kosten	Repräsentative Stichprobenauswahl kritisch Abbrecherquote

6.3 Die Inhaltsanalyse

Eine zweite, in der Kommunikationswissenschaft häufig angewendete Methode ist die Inhaltsanalyse. Sie hat in dieser Disziplin einen besonderen Stellenwert, denn sie ist jene Methode, mit deren Hilfe kommunikative Inhalte jedweder Art erhoben, gemessen und analysiert werden können. Solche Inhalte können zum Beispiel sein:

- Texte einschließlich Fotos, Grafiken und sonstigen Illustrationen von Printmedien
- Sendungsinhalte aus Radio- und Fernsehprogrammen
- Werbebotschaften aus Presse und Rundfunk
- Inhalt, Dramaturgie und Gestaltung von Spielfilmen
- Content von Online-Medien sowie Inhalte, die in Chats und Newsgroups des Internets vorfindbar sind;
- Manuskripte öffentlicher Reden u.a.m.

Die Inhaltsanalyse wird, wie dieser Aufzählung zu entnehmen ist, nicht nur auf schriftlich fixiertes Material angewendet; sie nahm aber ursprünglich davon ihren Ausgangspunkt. In der empirischen Kommunikationsforschung werden Inhaltsanalysen vor allem in der Medieninhaltsforschung eingesetzt. Die Inhaltsanalyse eignet sich aber auch zur Kommunikatorforschung, beispielsweise wenn es Ziel eines Forschers ist, besondere Merkmale im Kommunikationsstil von Moderatoren von Talkshows zu erfassen oder den Redestil und Wortgebrauch öffentlicher Redner zu analysieren.

Abbildung 30: Typische Einsatzgebiete der Inhaltsanalyse

Forschungsfeld	Forschungsfragen
Kommunikatorforschung	»Welchen Wortschatz nutzen Moderatoren von Talkshows?« »Schreiben Journalisten von Online-Zeitungen verständlicher als ihre Kollegen in den Printausgaben?«
Medienforschung	»Wie unterscheiden sich die außenpolitischen Themensetzungen national verbreiteter deutscher, österreichischer und schweizerischer Tageszeitungen?« »Wie berichten die großen deutschen Fernsehsender ARD, ZDF, RTL, SAT.1 und ProSieben in ihren Nachrichtensendungen über den Umweltskandal X?« »Wie wird in ausgewählten regionalen Tageszeitungen Deutschlands über Minderheiten berichtet?«

Die Inhaltsanalyse findet nicht nur auf aktuelle Texte und andere Kommunikate der Gegenwart Anwendung. Sie eignet sich auch besonders gut für medienhistorische Forschung, u.a. auch für die Ergründung des Stellenwertes von Medien für die Geschichtsschreibung. Insbesondere aber können Zeitungs- und Zeitschriftentexte Aufschluss über die politische, wirtschaftliche, kulturelle und soziale Realität der Vergangenheit geben. So gesehen ist man mithilfe der Inhaltsanalyse in der Lage, mit gewissen Einschränkungen von Texten auf soziale Kontexte zu schließen. Das gilt selbstverständlich im Besonderen für aktuelle und zeitgenössische Texte und andere Medienkommunikate, deren Analyse gut auf gesellschaftliche Gegebenheiten verweisen kann. Fragestellungen für Inhaltsanalysen sind daher sehr vielfältig: Sie können politisch oder wirtschaftlich begründet sein, sie können sich, wie dies in der Gender-Forschung der Fall ist, auch der Frage widmen, wie unterschiedlich Männer und Frauen in den Inhalten der Massenmedien oder der Werbung dargestellt werden. Auf Grund dieser Inhaltsanalysen lassen sich dann Rückschlüsse auf den sozialen Kontext, beispielsweise auf die Rolle der Frau in der Gesellschaft, ziehen.

Nicht selten schöpfen inhaltsanalytisch gewonnene Ergebnisse aus der Kombination mit anderen empirisch ermittelten Daten ihre Aussagekraft. Dies ist beispielsweise in der Agenda-Setting-Forschung der Fall. Dabei werden den inhaltsanalytisch ermittelten Daten zur Themensetzung der Massenmedien Daten aus Umfragen zur wahrgenommenen Bedeutung relevanter Themen der Bevölkerung gegenübergestellt: Im Weiteren wird versucht herauszufinden, ob es kausale Zusammenhänge zwischen der Themenstruktur der Medien (Medienagenda) und den für wichtig gehaltenen Themen in den Köpfen der Menschen (Publikumsagenda) gibt.

6.3.1 Entwicklung und Definition der Methode

Inhaltsanalysen im Sinne empirischer Sozialforschung gibt es im deutschen Sprachraum seit der Wende vom 19. zum 20. Jahrhundert. Die Forschungstechnik wurde damals verständlicherweise nur auf gedruckte Medien angewendet. Mit dem Aufkommen von Film, Radio und Fernsehen wurde die Forschungstechnik auch auf die Analyse dieser damals neuen Medien ausgeweitet. Die inhaltsanalytisch ausgerichtete Kommunikationsforschung erhielt durch die politische Entwicklung, insbesondere den Zweiten Weltkrieg, Aufschwung. Vor allem in der Propaganda-Forschung fanden Inhaltsanalytiker ein bemerkenswertes Tätigkeitsfeld. Hier sind insbesondere Hovland und seine Mitarbeiter zu nennen, die untersuchten, ob politische Medieninhalte persuasiv, d.h. überzeugend im Sinne einer intendierten Meinungsänderung, auf die Rezipienten wirken (vgl. Hovland et al. 1961).

»Mit der Verbreitung der Methode hat sich die Bandbreite ihrer Anwendung erheblich erweitert. Außer in der Kommunikationswissenschaft wird sie in nennenswertem Umfang in der Soziologie, in der Politikwissenschaft, in der Erziehungswissenschaft, in der Sozialpsychologie und in der Literaturwissenschaft eingesetzt (...). Kommunikationswissenschaftliche Untersuchungen analysieren vielfach die Berichterstattung über bestimmte Ereignisse (z.B. Golfkrieg, Gipfeltreffen, Wahlen), über bestimmte Themen (z.B. Umwelt, Technik, Gewalt), über bestimmte Länder oder Weltregionen, über einzelne Personen oder Bevölkerungsgruppen (Politiker, Frauen, Ausländer, Farbige usw.). Bei der Analyse von Nachrichten geht es oft um Fragen der Genauigkeit (accuracy), der Verzerrung (bias) oder der Konstruktion von Wirklichkeit« (Schulz 2000, S. 45ff). Von der Einführung privaten Rundfunks ging ein weiterer Impuls für Inhaltsanalysen aus. Seither werden in großem Umfang Studien erarbeitet, in denen vor allem Fernsehprogramme inhaltsanalytisch vergleichend untersucht werden – dies betrifft nicht nur, aber vor allem Vergleiche der Programme öffentlich-rechtlicher Sender mit jenen privater Veranstalter (vgl. Merten 1994; Krüger 1992).

Die methodologische Entwicklung der Inhaltsanalyse lässt sich an den Definitionen ablesen, die für diese Forschungstechnik in den letzten fünfzig Jahren erarbeitet wurden. Die wohl bekannteste ist jene des amerikanischen Kommunikationsforschers Bernard Berelson aus dem Jahr 1952. Für ihn ist die Inhaltsanalyse (content analysis) »*a research technique for the objective, systematic, and quantitative description of the manifest content of communication.*« (Berelson 1952, S. 18). Die hier zum Ausdruck kommenden Postulate der Objektivität, der Systematik sowie der quantitativen Beschreibung, die seither für die Inhaltsanalyse als methodische Regeln gelten, können wie folgt erläutert werden (vgl. Früh 1998):

Unter *Objektivität* versteht man, dass der Forscher unter Wahrung einer neutralen Stellung zu seinem Untersuchungsmaterial – also zu den zu analysierenden Texten – seine untersuchungsleitenden Fragestellungen theoretisch begründet und alle untersuchungsleitenden Begriffe sorgfältig definiert. Die Operationalisierung der Fragestellung, also ihre forschungstechnische Umsetzung durch ein Kategorienschema, muss plausibel und intersubjektiv nachvollziehbar sein. »Intersubjektiv überprüfbar ist eine Inhaltsanalyse, wenn die Untersuchung in allen Phasen, insbesondere in der Phase der Datenerhebung (Codierung), so gut dokumentiert ist, dass sie – wenigstens im Prinzip – wiederholbar ist« (Schulz 2000, S. 51). Eine solche Wiederholung (auch: Replikation) müsste zu denselben Ergebnissen führen, wenn ein anderer Forscher dasselbe Untersuchungsmaterial unter gleichen Untersuchungsbedingungen (Anwendung des gleichen Kategorienschemas) anwendet.

Unter dem Kriterium der *Systematik* versteht man, dass sämtliche in eine inhaltsanalytische Untersuchung einbezogenen Daten (seien es nun verbale oder visuelle) »unter gleichen Gesichtspunkten und in gleicher Weise analysiert werden. (...) Das Analysematerial muss auf das gesamte zu untersuchende Material vollkommen gleich angewendet werden. (...). Zur Systematik gehört auch, dass die zu analysierenden Mitteilungen nicht beliebig, sondern nach einem genau festgelegten Plan entsprechend der Untersuchung ausgewählt wurden« (Schulz 2000, S. 51).

Die Forderung nach *Quantifizierung* des manifesten Inhalts bedeutet, dass die Häufigkeiten der zu untersuchenden Texte bzw. Textelemente mithilfe eines systematisch erarbeiteten Kategoriensystems mit eindeutig definierten Kategorien erfasst werden. Die Kategorien müssen trennscharf voneinander abgegrenzt sein, damit die zu erhebenden Texte oder Textelemente den Kategorien bei der Codierung eindeutig zugeordnet werden können (vgl. auch Schmidt/Zurstiege 2000, S. 42).

Aus heutiger Sicht ist die Vorstellung problematisch, Kommunikation konstituiere sich über einen *manifesten Inhalt*. Dies bedeutet gerade für die Erforschung sozialen Verhaltens eine enorme Einschränkung; denn alle a priori uneindeutigen bzw. abstrakten Begriffe mit zunächst latentem Bedeutungsgehalt fallen bei dieser engen Sichtweise aus dem Fokus der Betrachtung heraus: »Gewalt«, »Rassismus«, »Motivation« – all diese Konstrukte, mit denen sich die empirische Kommunikationsforschung befasst, sind weder greifbar noch eindeutig, eben nicht manifest.

Moderne Autoren beschränken die Inhaltsanalyse nicht auf die Messung manifester Inhalte. Sie gehen davon aus, dass eindeutige operationale Definitionen von Kategorien ausreichen, auch *latente* Inhalte von Texten bzw. Textmerkmalen systematisch und intersubjektiv nachvollziehbar zuordnen zu können. So zum Beispiel definiert der Kommunikationswissenschaftler Werner Früh die Inhaltsanalyse als »*eine empirische Methode zur systematischen, intersubjektiv nachvollziehbaren Beschreibung inhaltlicher und formaler Merkmale von Mitteilungen*« (Früh 1998, S. 24). Früh vermeidet nicht nur das problematische Attribut »manifest«; er enthält sich auch der expliziten Unterscheidung von quantitativer und qualitativer Inhaltsanalyse. Für ihn kann ein quantitativ ermitteltes Ergebnis auch eine Qualität eines Inhaltes bzw. des Merkmals eines Inhaltes zum Ausdruck bringen.

Gleichwohl ist die Unterscheidung quantitativ – qualitativ nicht ganz von der Hand zu weisen. Quantitative Inhaltsanalysen unterscheiden sich von qualitativen Inhaltsanalysen durch das prinzipielle Erkenntnisinteresse sowie die konkret anzuwendende Forschungstechnik.

Bei einer *quantitativen* Inhaltsanalyse werden massenmedial verbreitete Kommunikationsinhalte auf ganz bestimmte, vom Forscher klar definierte Merkmalsausprägungen hin untersucht. Es können dies *inhaltliche* Merkmale (z.B. die Themen der Lokalberichterstattung zweier konkurrierender Lokalzeitungen) sowie *formale* Merkmale (also z.B. Platzierung, Umfang, Darstellungsform, Illustration etc. der Beiträge der Lokalberichterstattung der beiden Zeitungen) sein. Diese Merkmale werden bei einer quantitativen Inhaltsanalyse den zutreffenden Kategorien des Kategorienschemas zugeordnet. Man erfasst also primär die Häufigkeitsverteilung von inhaltlichen und formalen Textmerkmalen. Um bei unserem einfachen Beispiel einer Inhaltsanalyse zu bleiben: Man würde mit der quantitativen Untersuchung der Lokalberichterstattung zweier konkurrierender Lokalzeitungen herausfinden, inwiefern sich diese Berichterstattung inhaltlich (Themen) und formal (Aufmachung, Gestaltung etc.) unterscheidet – oder auch nicht.

Wissenschaftliche Untersuchungen, die sich *qualitativer Inhaltsanalysen* bedienen, befassen sich mit anderen Fragestellungen. In aller Regel sollen keine großen Textmengen auf bestimmte Merkmale hin untersucht werden, sondern im Umfang kleinere Kommunikate, deren gesamte Komplexität, ihr historischer oder gesellschaftspolitischer Kontext mit erfasst und systematisch analysiert werden soll (vgl. u.a.

Spöhring 1995, S. 191f). Ein weiteres wichtiges Unterscheidungskriterium zur quantitativen Inhaltsanalyse besteht darin, dass Letztere theoriegeleitet und insofern hypothesenprüfend, deduktiv vorgeht, während die qualitative Inhaltsanalyse ihren Fokus auf der empiriegeleiteten Kategorienbildung hat, also induktiv, hypothesengenerierend ist. (vgl. Schmidt/Zurstiege 2000, S. 42f). Während man also in einer quantitativen Inhaltsanalyse bestimmte Merkmale (von Texten, Bildern, Sendungen etc.) mittels Kategorienschema misst, entwickelt man diese Kategorien in qualitativen Inhaltsanalysen weitgehend erst während der Untersuchung selbst. Qualitative Inhaltsanalysen werden deshalb auf Forschungsgebieten eingesetzt, auf denen die Wissenschaft noch keine bewährte Theorie vorlegen oder nicht auf Ergebnisse früherer Forschung zurückgreifen kann. In der Forschungspraxis zeigt sich immer wieder, dass gerade bei komplexeren Studien sowohl Elemente der qualitativen als auch der quantitativen Inhaltsanalyse verwendet werden, sodass die strenge Unterscheidung zwischen beiden Verfahren eher analytischer denn praktischer Natur ist. So kommt es zum Beispiel relativ häufig vor, dass zunächst ein Kategorienschema theoriegeleitet entwickelt wird, welches dann unter Zuhilfenahme des vorliegenden Textmaterials um weitere Kategorien empiriegeleitet ergänzt wird (vgl. Früh 1998, S. 91).

Für den Kommunikationswissenschaftler Klaus Merten ist die Inhaltsanalyse »*eine Methode zur Erhebung sozialer Wirklichkeit, bei der von Merkmalen eines manifesten Textes auf Merkmale eines nichtmanifesten Kontextes geschlossen wird*« (Merten 1995, S. 59). Solche Schlussfolgerungen werden Inferenzen genannt. Bei der Inferenz wird unterstellt, dass es eine Korrespondenz zwischen Merkmalsausprägungen eines Textes und denen sozialer Wirklichkeit gibt, man also »unter bestimmten Bedingungen (...) davon ausgehen [kann], dass Inhalte soziale Wirklichkeit reflektieren resp. repräsentieren« (Merten 1995, S. 111).

Inhaltsanalysen sind ganz offensichtlich ein flexibles Instrument der Datenauswertung. Von einer einfachen Frequenzanalyse (beispielsweise die Aufzählung einzelner Themen einer Ausgabe einer Tageszeitung) über Beschreibungen von Text- und Programmstrukturen bis hin zu komplexen Sprach- oder Text/Bild-Analysen kann die empirische Kommunikationsforschung Medieninhalte systematisch erfassen und in der Weise interpretieren, dass Rückschlüsse auf soziale Kontexte oder sogar die Kommunikatoren möglich werden.

6.3.2 Konzeption der Inhaltsanalyse

Wie bereits eingangs erwähnt, lassen sich kommunikative Inhalte jedweder Art inhaltsanalytisch untersuchen. Insofern spielt es keine Rolle, in welcher Form das Ausgangsmaterial vorliegt. Dies kann ein Film genauso sein wie eine Nachrichtensendung oder Texte und Fotos aus Printmedien. Alle diese Ausgangsmaterialien sollen bei ihrer Untersuchung in ihre relevanten Merkmale zerlegt und den Kategorien systematisch zugeordnet werden.

Jeder Inhaltsanalyse muss zuallererst eine theoretisch begründete Forschungsfrage zugrunde gelegt werden. Im Falle der inhaltsanalytisch vergleichenden Untersuchung zweier konkurrierender Lokalzeitungen müsste der Forscher theoretisch begründen, warum sich die beiden Zeitungen (vermutlich) unterscheiden, und er müsste seine theoretische(n) Annahme(n) in eine Forschungsfrage überführen. Diese Forschungsfrage wird in aller Regel in mehrere Teilfragen oder Hypothesen unterteilt. Erst dann fällt die Entscheidung über die konkret zu wählende inhaltsanalytische Methode. Der Forscher muss im Weiteren festlegen, a) *welche Texte* der Analyse unterzogen werden sollen. (In unserem Beispiel würden dies alle Texte sein, die im Lokalteil der beiden Tageszeitungen aufscheinen). Ebenso muss er begründen und bestimmen, b) über *welchen Zeitraum* die zu analysierenden Medien bzw. Texte zu untersuchen sind. Schließlich c) muss er auch begründen, ob (über den zu untersuchenden Zeitraum) eine *Vollerhebung* vorgenommen werden soll oder nur eine *Teilerhebung*, also eine Auswahl von Texten innerhalb des gewählten Zeitraumes. Dann erst setzt die eigentliche inhaltsanalytische Forschungsarbeit ein, nämlich die Kategorienbildung, die Definition der Kategorien sowie die Anfertigung eines Codeplanes samt Codebuch. Bei eher einfachen Struktur- oder Frequenzanalysen, wie sie in zahlreichen Magister- oder Diplomarbeiten Anwendung finden, fallen folgende Arbeitsschritte an, die aber im Wesentlichen auch für anspruchsvollere Analysen gelten. In Anlehnung an Früh (1998) gliedert sich eine Inhaltsanalyse in folgende Schritte:

- erste Sichtung des zu analysierenden Materials (um bei unserem Beispiel zu bleiben: die Lokalteile der zwei zu untersuchenden Lokalzeitungen anhand einiger Exemplare der beiden Zeitungen);
- Entwicklung eines Kategorienschemas und Definitionen der einzelnen Kategorien;
- Entwicklung eines Codeplanes und eines Codebuches mit operationalen Definitionen und mit genauen Anweisungen für die Codierer (aus den Codieranweisungen muss exakt hervorgehen, wie die Beiträge den Kategorien zuzuordnen sind;
- Schulung der Codierer: Das sind jene Personen, die anhand von Codeplan und Codebuch die zu analysierenden Beiträge den zutreffenden Kategorien zuordnen, also die Erhebungsarbeit durchführen;
- Durchführung eines Pretests mit einem kleinen Teil des Untersuchungsmaterials, um zu prüfen, ob Kategorienschema, Codeplan und Codebuch eine eindeutige Zuordnung der zu erhebenden Beiträge und ihrer Merkmalsausprägungen zu den Kategorien erlauben. Erforderlichenfalls ist das Kategorienschema nachzujustieren und sind auch Korrekturen beim Codeplan und im Codebuch vorzunehmen;
- Durchführung der Analyse, d.h. Erhebung der Beiträge und ihre Zuordnung zu den Kategorien durch die Codierer.

Die eigentliche Analyse ist also der letzte Schritt nach einem wichtigen, mehrstufigen Vorverfahren. Besondere Sorgfalt muss bei der Erarbeitung des Kategorienschemas aufgewendet werden: Die *Entwicklung des Kategorienschemas* ist nämlich das Herzstück jeder Inhaltsanalyse. Bereits Berelson verweist darauf, dass die Inhaltsanalyse mit den Kategorien steht oder fällt (»Content analysis stands or falls by its categories« – Berelson 1952, S. 147). Die Kategorien müssen die Zwecke der Untersuchung widerspiegeln und das zu analysierende (Text-)Material erschöpfend erfassen. Sie bestimmen, welche Merkmale der Texte untersucht werden und wie dies zu geschehen hat (vgl. Schulz 2000, S. 53). Nach Früh kann die Bildung der Kategorien sowohl theoriegeleitet als auch empiriegeleitet erfolgen (vgl. Früh 1998, S. 91). Bei der *theoriegeleiteten* Kategorienbildung entwickelt der Forscher sein Kategorienschema auf der Grundlage bewährter Theorien und Modelle; bei der *empiriegeleiteten* Kategorienbildung erarbeitet sich der Forscher seine Kategorien aus dem vorliegenden Textmaterial.

Nach Holsti müssen für jede Entwicklung eines Kategorienschemas sechs Anforderungen erfüllt sein, damit das Schema valide ist (vgl. Holsti 1969, S. 95; Merten 1995, S. 98f):

- Das Kategorienschema muss den wissenschaftlichen Untersuchungsgegenstand adäquat widerspiegeln.
- Das Kategorienschema muss im Sinne der Hypothesen und zentralen Definitionen vollständig sein; die zu messenden Merkmalsausprägungen von Kommunikaten müssen also komplett in einem Kategorienschema darstellbar sein.
- Die Kategorien müssen sich wechselseitig ausschließen, sie dürfen sich inhaltlich nicht überschneiden.
- Die Kategorien müssen trennscharf sein, also eindeutig voneinander unterscheidbar definiert sein.
- Die Kategorien müssen einem festgelegten Abstraktionsniveau genügen; einzelne Merkmalsausprägungen dürfen also nicht auf unterschiedlichen »Sinn«-Ebenen gemessen werden.
- Alle Kategorien müssen deshalb eindeutig definiert werden.

Alle Kategorien mit sämtlichen Ausprägungen werden im so genannten *Codeplan* in einer festgelegten Reihenfolge zusammengefasst. Um bei der Codierung eine verlässliche Zuordnung der zu untersuchenden Beiträge, Texte oder Textelemente zu den Kategorien zu ermöglichen, erarbeitet der Forscher zu jeder Kategorie auch eine möglichst präzise *operationale Definition*. Mit den operationalen Definitionen werden Begriffe messbar gemacht. Die Kategoriendefinitionen sowie die operationalen Definitionen werden mit anderen Anleitungen für den oder die Codierer im *Code-Buch* festgehalten. Das Codebuch ist also vergleichbar mit einer Gebrauchsanleitung für die Codierer. Je mehr Sorgfalt und Mühe der Forscher für Kategoriendefinition sowie operationale Definitionen aufwendet, desto eindeutiger ist für die Codierer die

Zuordnung des zu analysierenden Materials und damit auch die Verlässlichkeit der Untersuchung. Im Codebuch muss ebenfalls die so genannte *Untersuchungseinheit* festgelegt werden. Das sind zumeist formale Merkmale des zu untersuchenden Materials. Im Falle von Printerzeugnissen kann eine Untersuchungseinheit eine Überschrift, lediglich ein Wort, ein Satz oder ein ganzer Artikel sein; bei Fernsehsendungen sind dies beispielsweise Schnitte, Themenblöcke, die durch An- und Abmoderationen gekennzeichnet sind oder komplette Werbespots. Die Untersuchungseinheit legt somit die Zähleinheit fest, innerhalb der die Merkmale den Kategorien zugeordnet werden sollen.

In der *Codiererschulung* werden die Codierer mit dem Projekt, dem Codeplan und vor allem mit dem Codebuch vertraut gemacht. Wichtigstes Ziel bei dieser Schulung ist die übereinstimmende Codierung: Die Codierer sollen für ein und denselben Text dieselben Zuordnungen der Ausprägungen des zu analysierenden Textes dem Codeplan und Codebuch zufolge vornehmen. Gleichzeitig wird angestrebt, dass ein Codierer bei wiederholter Zuordnung der Merkmale des gleichen Textes zu identischen Zuordnungen und damit identischen Ergebnissen gelangt.

Dieser Phase der Schulung folgt der *Pretest*, bei dem ein kleiner Teil des Untersuchungsmaterials von den Codierern zur Probe codiert wird. Danach stellt man fest, ob alle vorgenommenen Codierungen übereinstimmen. Ist dies nicht der Fall, müssen die Kategoriendefinitionen, die operationalen Definitionen und andere Codieranleitungen überprüft und erforderlichenfalls verbessert bzw. korrigiert werden, d.h. Kategorien müssen gegebenenfalls abgeändert, modifiziert oder neu hinzugefügt werden. Erst wenn die Codierungen weitgehend übereinstimmen, beginnt die eigentliche Codierung des Untersuchungsmaterials. Heute erfolgt dies in aller Regel mittels Computerunterstützung, d.h. die vergebenen Ausprägungen werden direkt in den Computer eingegeben, sodass Übertragungsfehler minimiert werden.

6.3.3 Exkurs: Zuverlässigkeit und Gültigkeit von Messungen

Messungen sind jedermann im Alltag vertraut: Wie groß man ist, wie viel man wiegt, welchen Durchschnitt man im Abgangszeugnis erreicht: All das sind Messungen, die mit einem standardisierten Messinstrument – dem Zentimetermaß, der Waage, den Schulnoten – durchgeführt werden. Ebenso verhält es sich bei Befragungen, Inhaltsanalysen, Beobachtungen oder experimentellen Anordnungen in der empirischen Sozialforschung: Immer werden Phänomene des Alltags mithilfe der Methoden der empirischen Sozialforschung »gemessen«. Messinstrumente sind der Fragebogen, das inhaltsanalytische Kategorienschema, der Beobachtungsplan. Bei allen Messungen in der empirischen Forschung stellt sich die Frage, ob das jeweilige von einem Forscher entwickelte Messinstrument auch verlässlich (»reliabel«) ist und gültige (»valide«) Ergebnisse zu Tage fördert. Die *Reliabilität* zeigt die immer wiederkehrende Zuverlässigkeit eines Messverfahrens an. *Validität* meint die Gültigkeit einer Messung. Eine zuverlässige Messung ist notwendige Bedingung für die Gültigkeit einer Messung.

Dazu einige erklärende Hinweise:

Mit *Reliabilität* (Verlässlichkeit) bezeichnet man allgemein die Fähigkeit einer Messung, unter gleichen Anwendungsbedingungen auf eine zu untersuchende Fragestellung zu gleichen Ergebnissen zu gelangen. Übertragen auf die Forschungstechnik der Inhaltsanalyse würde dies konkret Folgendes bedeuten: Mehrere Personen analysieren unabhängig voneinander mit dem gleichen Kategorienschema das gleiche Untersuchungsmaterial. Gelangen sie zu weitgehend gleichen Ergebnissen, so kann man annehmen, dass das angewendete methodische Erhebungsinstrument« reliabel, also verlässlich ist. Der Übereinstimmungsgrad kann mithilfe von Formeln errechnet werden. Am geläufigsten ist die nach dem Sozialwissenschaftler Holsti benannte Formel, deren Quotient zwischen 0 und 1 die Verlässlichkeit eines Messinstrumentes anzeigt (vgl. Holsti 1969)[8]. Die Verlässlichkeit eines inhaltsanalytischen Kategorienschemas ist abhängig von der Komplexität des Untersuchungsmaterials, von der Genauigkeit der Kategoriendefinitionen, vom Erklärungsgrad der Zuordnungsregeln sowie von der Urteilsfähigkeit und Ausbildung der Codierer. Gelangen die unabhängig voneinander messenden Personen zu nicht übereinstimmenden bzw. abweichenden Ergebnissen, so ist das Messinstrument unbedingt einer Prüfung zu unterziehen bzw. sind Nachschulungen für die Codierer vorzunehmen.

Mit *Validität* (Gültigkeit) ist der Anspruch einer Forschungstechnik gemeint, das zu messen, was gemessen werden soll. Bei einer Inhaltsanalyse etwa sollen mithilfe eines Kategorienschemas konkrete, vom Forscher festgelegte inhaltliche und formale Merkmale von (verbalen oder visuellen) Texten ermittelt bzw. gemessen werden. Im Kategorienschema sind diese Merkmale, wie erwähnt, genau festgelegt und definiert. Würden nun beispielsweise bei der Anwendung des Kategorienschemas Merkmale nicht gemessen werden können, die im Text aber aufscheinen, so wäre die Messung nicht valide: Es misst nicht, was gemessen werden soll. Bei der inhaltsanalytischen Kategorienbildung ist daher unbedingt auf die Vollständigkeit der Kategorien sowie auf die Trennschärfe zu achten. Eine Kategorie ist dann *vollständig*, wenn alle ihre Bedeutungsaspekte, theoretisch und empirisch begründet, festgelegt wurden. Eine Kategorie ist dann nicht vollständig, wenn die Ausprägung »Sonstiges« fehlt: Es gibt nämlich in jeder inhaltsanalytischen Untersuchung Textmerkmale, die keiner Ausprägung eindeutig zuzuordnen sind bzw. wegen zu großer Detailliertheit nicht zugeordnet werden sollen. Jeder kennt dieses Verfahren bei den Hochrechnungen zu

---

8 Ein Quotient nahe 1 steht für eine hohe, ein Quotient nahe 0 für geringe Reliabilität des Messinstrumentes. A priori ist allerdings nicht festgelegt, ob etwa ein Quotient von 0.8 für hohe oder niedrige Zuverlässigkeit spricht. Bei formalen Kategorien wie zum Beispiel dem Erscheinungsdatum einer Zeitung wäre dieser Quotient zu niedrig, weil man davon ausgehen muss, dass jeder Codierer in Lage ist, ein Datum korrekt zu notieren. In so einem Fall müsste man vermutlich derart ungenau arbeitende Codierer von ihrer Aufgabe entbinden. Derselbe Quotient gilt als gut, wenn dagegen von den Codierern Merkmalsausprägungen vercodet werden sollen, die zum Beispiel eine Bewertung verlangen. Hier ist die »Schwankungsbreite«, wie eine bestimmte Merkmalsausprägung zugeordnet werden muss, wesentlich größer; deshalb wird eine derartige Zuordnung immer etwas ungenauer ausfallen als bei rein formalen Merkmalen.

Wahlen in Deutschland, bei denen nur diejenigen Parteien explizit mit den gewonnenen Prozentpunkten erwähnt werden, die über der 5%-Hürde liegen. Alle anderen Parteien fallen unter die Ausprägung »Sonstige«. *Trennscharf* ist eine Kategorie, wenn sie sich in ihrer Bedeutung eindeutig von allen anderen abgrenzt. Beide Kriterien sind in der empirischen Sozialforschung wichtige Zielvorgaben; die vom Forscher – trotz größtem Bemühen – nicht immer hundertprozentig realisiert werden können.

6.3.4 Computerunterstützte Inhaltsanalyse

Ebenso wie bei Befragungen hat der Computer Einzug bei der Methode der Inhaltsanalyse gehalten. Heute werden nicht etwa nur die Codierungen direkt in ein entsprechendes Programm eingegeben, was die Weiterverarbeitung präziser und vor allem schneller macht. Es existieren mittlerweile eine Reihe von bewährten Softwarepaketen (wie AQUAD oder TEXTPACK), die sowohl in der quantitativen wie auch der qualitativen Inhaltsanalyse unterstützend eingesetzt werden. Nach Philipp Mayring (1995) bewährt sich die computerunterstützte Inhaltsanalyse bei folgenden Arbeitsschritten:

* automatische Erkennung und Codierung von Worten bzw. Textteilen,
* automatische Zusammenfassung dieser Textteile als Volltext,
* Rückverfolgung dieser Textstellen im Originaltext,
* nachträgliche Verfeinerung und Ausweitung des Kategorienschemas,
* schnelles Auffinden von Zitaten für Codieranweisungen,
* Vorbereitung möglicher quantitativer Analysen.

Bei quantitativen Inhaltsanalysen ist der Einsatz dieser Software besonders sinnvoll, wenn etwa *einzelne Wörter gezählt* werden sollen (wenn also die Untersuchungseinheit nur ein einzelnes Wort umfasst). Dabei muss vorausgesetzt werden können, dass dieses Wort eindeutig ist und in dieser Eindeutigkeit einen zu untersuchenden Sachverhalt gut beschreibt. Ein bekanntes Beispiel der amerikanischen Kommunikationswissenschaft sind Untersuchungen zur Tendenz der Wirtschaftsberichterstattung, bei denen das Wort »Rezession« in allen landesweit verbreiteten Tageszeitungen über einen bestimmten Zeitraum hinweg gemessen wurde. Dem lag die berechtigte Vermutung zu Grunde, dass die häufige Erwähnung des Wortes eine eher schlechte, die seltene Benutzung eine eher günstige Wirtschaftslage widerspiegeln würde. Der Indikator »Rezession« bildet also das Konstrukt »Wirtschaftslage« ab. Das Wort selbst hat einen eindeutigen, eng umgrenzten Bedeutungsraum und wird nur in bestimmten Kontexten verwendet (vgl. Stevenson et al. 1994).

Schwierig bis gar unmöglich wird der Einsatz dieser Programme, wenn die theoretischen Konstrukte komplexer bzw. die Bedeutung von Wörtern bzw. Indikatoren nicht auf einen Bedeutungsaspekt zu reduzieren (zu »monosemieren«) sind. Dann »weiß« der Computer nicht, was er zählen soll. Zwar bieten die erwähnten Programme Zusatzfunktionen an, die beispielsweise das Wort im Kontext zeigen. Für die korrekte Zuordnung benötigt man dann allerdings einen vernunftbegabten »Zähler«. Der Computer erkennt nämlich die Bedeutung von Texten nicht, sondern nur die Anordnung einer Buchstabenkombination, die in aller Regel ein Wort ergibt. Damit er diese Wörter erkennen kann, muss vom Forscher ein *umfangreiches Wörterbuch* angelegt werden, das alle relevanten Wörter für die Auszählung erfasst. Das Wörterbuch kann dabei sowohl aus einzelnen Wörtern als auch aus Wortfolgen bestehen. Dieser Vorgang der *Lexikalisierung* ist mit der Kategorienbildung bei der konventionellen Inhaltsanalyse vergleichbar. Generelle Voraussetzung für den Einsatz derartiger Software ist eine digitalisierte Version des Untersuchungsmaterials. Mittlerweile stehen Archive mit Volltext vieler großer Tageszeitungen in dieser Form zur Verfügung, sodass computerunterstützte Inhaltsanalysen leichter durchführbar sind. Bei Inhaltsanalysen nicht digitalisierter Jahrgänge, historischer Dokumente oder für die Auswertung von Filmmaterial können diese Programme für den Einsatz rein quantitativer Inhaltsanalysen nicht eingesetzt werden.

Dies verhält sich anders, wenn es um qualitative Inhaltsanalysen geht. Hier werden nicht elektronisch gespeicherte Textmengen durch den Computer »gejagt« und den Begriffen des Wörterbuches automatisch zugeordnet. Der Computer hilft bei der Kategorisierung bzw. Gruppierung von Bedeutungs- und Sinnzusammenhängen individueller, kleiner Textmengen. Was bei der herkömmlichen qualitativen Inhaltsanalyse per Hand geschehen musste, wird nun im Computer elektronisch verwaltet und übersichtlich am Bildschirm dargestellt. Der Vorgang der Kategorienbildung selbst – entweder deduktiv nach theoretischen Erwägungen oder induktiv am vorliegenden Textmaterial – muss freilich nach wie vor vom Forscher bzw. seinen Codierern vorgenommen werden, da die Software (noch) keine Möglichkeit bietet, Sinn und Bedeutung von Text(en) automatisch zu erfassen und zuzuordnen (Bos/Tarnai 1998).

6.4 Die Beobachtung

Eine weitere Methode der empirischen Kommunikationsforschung ist die wissenschaftliche Beobachtung. Sie unterscheidet sich durch ihr systematisches und planmäßiges Vorgehen von der individuellen und nur zufälligen Alltagsbeobachtung wesentlich. Die wissenschaftliche Beobachtung ist die einzige Methode der empirischen Kommunikationsforschung, mit deren Hilfe es gelingt, soziales Verhalten *direkt* zu erfassen, also zu jenem Zeitpunkt, zu dem es auch tatsächlich stattfindet. Darin unterscheidet sich diese Methode insbesondere von der Befragung, bei der ja nur die Einstellung und Meinung *über* soziales Verhalten zu einem Zeitpunkt gemessen wird, zu dem es *nicht* stattfindet und insofern das Problem aufgeworfen werden muss, ob verbalisiertes und De-facto-Verhalten tatsächlich übereinstimmen.

In der Kommunikationswissenschaft wird diese Forschungstechnik vorwiegend in der Kommunikator- und Rezipientenforschung angewendet. Wenn beispielsweise in der Kommunikatorforschung die Handlungen von Redakteuren in einer Redaktion untersucht werden sollen, so stellt die Beobachtung dazu eine gut geeignete Forschungstechnik dar (vgl. Rühl 1969; Dygutsch-Lorenz 1971; Hienzsch 1990). In der Rezipientenforschung eignet sie sich beispielsweise dazu, das Umschaltverhalten von Fernsehzuschauern zu ermitteln (vgl. Bilandžić 1998) oder – um ein anderes Beispiel zu nennen – zu beobachten, wie sich Kinder verhalten, nachdem sie einen Film gesehen haben, in welchem gewalthaltige Handlungen vorkommen (vgl. Böhme-Dürr 1988).

Abbildung 31: Typische Einsatzgebiete der wissenschaftlichen Beobachtung

Forschungsfeld	Forschungsfragen
Kommunikatorforschung	»Wie verhalten sich Redakteure in ihrem Arbeitsumfeld?« »Wie wirkt sich die Gestaltung des Arbeitsplatzes auf das Auswahlverhalten von Journalisten aus?«
Rezipientenforschung	»Welches Umschaltverhalten ist bei gemeinsamen Fernsehabenden zu beobachten?« »Wie kann man Kommunikation auf öffentlichen Plätzen beschreiben?«

In der empirischen Kommunikationsforschung lässt sich die wissenschaftliche Beobachtung allgemein beschreiben als *eine Methode, die soziales Handeln und Verhalten systematisch, planvoll und intersubjektiv nachvollziehbar direkt erfasst.* Diese Definition enthält die folgenden, für wissenschaftliches Vorgehen wichtigen Kriterien:

- Wissenschaftliches Beobachten setzt ein *systematisches* Vorgehen voraus. Es basiert auf theoretisch begründeten Annahmen, aus denen das methodische Vorgehen systematisch hergeleitet wird. Das Erkenntnisinteresse des Forschers spielt eine zentrale Rolle für die Entwicklung des Beobachtungsschemas und der anzuwendenden Form der Beobachtung.
- Wissenschaftliches Beobachten verlangt nach *planmäßigem* Vorgehen: Der Forscher erarbeitet – vor allem bei der strukturierten Beobachtung – einen detailreich elaborierten Beobachtungsplan, in welchem die räumlichen und zeitlichen Beobachtungseinheiten, insbesondere die zu messenden Verhaltenseinheiten sowie die Hilfsmittel zur Aufzeichnung der Beobachtungen genau festgehalten sind. (Der Beobachtungsplan entspricht also dem Kategorienschema bei der Inhaltsanalyse oder dem Fragebogen beim Interview.)
- Das methodische Vorgehen bei der wissenschaftlichen Beobachtung muss so angelegt sein, dass es in sich schlüssig und für jedermann *nachvollziehbar* ist. Dies gilt, wie erwähnt, auch für Inhaltsanalyse und Interview.

Wie bei jeder anderen Methode auch ist die Entwicklung des Messinstrumentes das Herzstück der Untersuchung. Im Falle der wissenschaftlichen Beobachtung spricht man von einem Beobachtungsplan, der zunächst die *räumlichen und zeitlichen Beobachtungseinheiten* festlegt und, analog zur Entwicklung des Kategorienschemas in der Inhaltsanalyse, die zu messenden *Verhaltenseinheiten* definiert. Und ebenso wie bei der Inhaltsanalyse steht vor jeder eigentlichen Erhebung die intensive Schulung des Beobachters, um in erster Linie sicherzustellen, dass durch selektive Wahrnehmung und Erinnerung des Beobachters relevante Verhaltenssequenzen nicht übersehen werden. Mit dem Einsatz moderner Technik kann dies allerdings gut bewerkstelligt werden. Dazu zwei Beispiele: Bei der telemetrischen Beobachtung der Fernsehnutzung handelt es sich de facto um eine Beobachtung im natürlichen Umfeld des Beobachteten: Ein Computer (das GfK-Meter) hält sämtliche Ein-, Um- und Ausschaltvorgänge jeder Person, die dem GfK-Panel angehört, sekundengenau fest (vgl. Bilandžić 1998). In diesem Fall ist also das Messinstrument sozusagen der Beobachter. Ebenso können Beobachtungsfehler vermieden werden, wenn für die Beobachtung beispielsweise Videokameras benutzt werden. Anhand der Videoaufzeichnungen können Verhaltenssequenzen in aller Regel detailgenau analysiert werden (vgl. Böhme-Dürr 1988). Ist der Einsatz technischer Geräte aus forschungsethischen oder forschungspraktischen Gründen nicht möglich, so muss der Beobachter anhand seines Beobachtungsplanes selbst »messen« und dazu vom Forscher entsprechend geschult werden. Umso wichtiger ist daher, dass der Beobachtungsplan es dem Beobachter ermöglicht, alle denkbaren Verhaltenssequenzen und Interaktionen der zu Beobachtenden festzuhalten. Beobachtungspläne, in denen solche Interaktionen festgehalten sind, nennt man daher auch *Interaktionsdiagramme* (vgl. Merkens/Seiler 1978).

Beobachtungen mittels Beobachtungplänen oder -schemata sind mitunter nicht unumstritten. So wird vor allem von qualitativ orientierten Forschern eingewendet, die mittels Beobachtungsplan strukturierte Beobachtung würde nicht das tatsächliche, reale Verhalten messen, sondern ein künstliches Produkt hervorbringen – ein Artefakt, das der Forscher konstruiert habe. Es sei zudem nicht möglich, mittels Beobachtungsplan zu ergründen, was Menschen im Sinn haben, wenn sie bestimmte Handlungen vollziehen. Sie fordern daher, dass die Interpretation des beobachteten Verhaltens durch den Beobachteten selbst in die Ergebnisdarstellung einzufließen habe, wie dies beispielsweise in den so genannten pädagogischen Lebensweltanalysen geschieht (vgl. Bauer 1988). Dem hält der Methodenspezialist Jürgen Friedrichs entgegen, »dass jede subjektive Interpretation (...) irrelevant [bleibt], wenn sie nicht mit einer anderen kontrastiert wird, nämlich der subjektiven, aber durch den Zusammenhang der Wissenschaft objektivierten und standardisierten Interpretation des Forschers« (Friedrichs 1990, S. 270).

Anhand von vier Paaren können die unterschiedlichen Möglichkeiten dargestellt werden, wie eine wissenschaftliche Beobachtung durchgeführt werden kann (vgl. Greve/Wentura 1997):

- Beobachtungen in natürlicher (»Feld«-) oder künstlicher (»Labor«-) Umgebung,
- Beobachtungen mit offener oder verdeckter Messung,
- teilnehmende oder nicht-teilnehmende Beobachtung,
- strukturierte oder unstrukturierte Beobachtung.

Dazu nun im Einzelnen in den folgenden Kapiteln.

6.4.1 Beobachtungen im »Feld« – Beobachtungen im »Labor«

Zunächst unterscheidet man danach, ob eine Beobachtung im Feld oder im Labor durchgeführt wird. Mit der Beobachtung im *Feld* ist gemeint, dass sie an unveränderten, alltäglichen Orten stattfindet, an denen Menschen sozial agieren. Dies kann ein Kaufhaus ebenso sein wie ein öffentlicher Platz, ein Hörsaal an der Universität, ein Klassenzimmer oder – wie im Falle der eingangs erwähnten Redaktionsbeobachtung – eine Zeitungs-, Radio- oder Fernsehredaktion. Die Wahl des Ortes hängt vom Untersuchungsziel ab, das ein Forscher verfolgt: Wer Studenten beobachten möchte, wird vermutlich eine Beobachtung im Universitätsgebäude, einem Hörsaal oder der Mensa durchführen. Er wird also einen Ort für seine Feldstudie wählen, an dem sich die zu beobachtenden Personen ganz natürlich verhalten. Die Natürlichkeit der Situation ist demnach der große Vorteil einer solchen »Anordnung«. Natürlich kann es dabei vorkommen, dass unvorhersehbare Ereignisse die Beobachtung derart stören, dass die Ergebnisse unbrauchbar werden und die Beobachtung gegebenenfalls wiederholt werden muss.

Als *Labor* bezeichnet man dagegen eine künstlich erzeugte Umgebung, in die die Untersuchungspersonen gebeten werden, um eine Beobachtung durchführen zu können. Damit sich diese möglichst »normal« verhalten, werden diese Labore natürlichen Lebenssituationen nachempfunden: Dies wird etwa bei Studien zum Medienrezeptionsverhalten gemacht, bei denen man die Probanden – meist aus untersuchungstechnischen Gründen – nicht zu Hause untersuchen will oder kann. Damit im Labor die Stimmung nicht steril erscheint, wird dann das Ambiente eines Wohnzimmers hergestellt: ein Sofa, ein Couchtisch und eine Stehlampe, gedämpftes Licht und Teppichboden werden installiert; ebenso sind ein TV-Gerät und andere Medien vorhanden. Eine Laboruntersuchung hat grundsätzlich den Vorteil, dass man – anders als im Feld – alle zufälligen Einflüsse steuern bzw. ausschalten kann, was insbesondere bei experimentellen Untersuchungsanordnungen eine wichtige Rolle spielt (vgl. Kapitel 6.5.1). Der Nachteil jeder Laborbeobachtung liegt allerdings in der Künstlichkeit der Situation, was unter Umständen gravierende Auswirkungen auf die Validität der Ergebnisse haben kann, weil sich die Menschen unnatürlich verhalten. Im Falle der Medienrezeption im Labor könnte sich zum Beispiel ihr Umschaltverhalten in der Weise ändern, dass sie weniger häufig und zu anderen Sendern schalten als zu Hause.

6.4.2 Offene oder verdeckte Beobachtung

Wissenschaftliche Beobachtungen können offen oder verdeckt durchgeführt werden. Bei der *offenen* Beobachtung ist den Beobachteten bekannt, dass sie Gegenstand der Beobachtung sind (und was beobachtet wird). Bei einem solchen Vorgehen muss der Forscher meist einen für die Beobachtung unbrauchbaren Vorlauf in Kauf nehmen, bis sich die Untersuchungspersonen an die Situation gewöhnt haben: Das Problem ist nicht zu übersehen, dass sich die Beobachteten anfangs vielleicht unnatürlich verhalten und der Forscher verzerrte Ergebnisse erhält. Bei der *verdeckten* Beobachtung wissen die Beobachteten nicht, dass sie Gegenstand einer Beobachtung sind. Verdeckte Beobachtungen liegen beispielsweise vor, wenn – wie etwa in der pädagogischen Forschung – über nicht sichtbar montierte Kameras oder auch über so genannte One-Way-Windows in Klassen oder Hörsälen Verhaltensweisen und Interaktionen von Lehrern und Schülern beobachtet werden. (vgl. Merkens/Seiler 1978)

6.4.3 Teilnehmende Beobachtung – nicht-teilnehmende Beobachtung

Mit der Teilnahme oder Nicht-Teilnahme des Forschers an einer Beobachtung wird die Stellung des Beobachters zum Gegenstand der Beobachtung zum Ausdruck gebracht: »Die teilnehmende Beobachtung ist die geplante Wahrnehmung des Verhaltens von Personen in ihrer natürlichen Umgebung durch einen Beobachter, der an den Interaktionen teilnimmt und von den anderen Personen als Teil ihres Handlungsfeldes angesehen wird.« (Friedrichs 1980, S. 288). Dabei ist zu bedenken, dass aktive Teilnahme oder auch nur passive Anwesenheit des Beobachters Auswirkungen auf das soziale Verhalten der Beobachteten haben kann. Bei der *teilnehmenden, passiven* Beobachtung ist der Forscher bzw. wissenschaftliche Beobachter anwesend, greift jedoch nicht zielgerichtet oder verändernd in den Untersuchungsprozess ein. Er versucht vielmehr, verzerrende Einflüsse durch seine Anwesenheit zu vermeiden und bemüht sich, möglichst viele und tief gehende Informationen zu sammeln. Bei der *aktiv-teilnehmenden* Beobachtung befindet sich der Beobachter innerhalb der zu beobachtenden Gruppe und nimmt an ihren Interaktionen teil, während er seine Beobachtungen aufzeichnet. Redaktionsbeobachtungen beispielsweise können auf beiderlei Arten durchgeführt werden. Bei einer aktiv-teilnehmenden Redaktionsbeobachtung schlüpft der Beobachter selbst in die Rolle eines Redakteurs, arbeitet in der Redaktion mit und beobachtet zugleich. Bei der passiv-teilnehmenden befindet sich der Beobachter in der Redaktion, beschränkt sich jedoch darauf, sie zu beobachten.

6.4.4 Strukturierte Beobachtung – unstrukturierte Beobachtung

Bei der *strukturierten* Beobachtung wird die zu beobachtende Situation bzw. das zu untersuchende Sozialverhalten von Personen oder Gruppen mittels eines exakt ausgearbeiteten und vorgetesteten Beobachtungsplanes erfasst. Darin sind alle Beobachtungskategorien und Beobachtungseinheiten (z.B. Interaktionen), die Beobachtungs(zeit)intervalle sowie die Hilfsmittel zur Aufzeichnung der Beobachtungen enthalten. Diese Form der Beobachtung setzt beim Forscher die genaue Kenntnis der zu beobachtenden Situation voraus, die er zuvor beispielsweise durch unstrukturiertes Beobachten ermittelt haben kann. Strukturierte Beobachtungen dienen meist der Hypothesenprüfung (vgl. Greve/Wentura 1997).

Die *unstrukturierte, unstandardisierte* Beobachtung, die stets auch eine teilnehmende Beobachtung ist, ist eine Forschungstechnik, bei der – ebenfalls auf theoretischer Grundlage – eine zu untersuchende Situation mittels eines weniger elaborierten Beobachtungsplanes erhoben wird, bei dem lediglich die Hauptdimensionen eines Untersuchungsgegenstandes theoretisch definiert sind. Die Vorgehensweise des Forschers ist in diesem Fall nicht linear, einem standardisierten Messinstrument folgend, festgelegt, sondern eröffnet die Möglichkeit, in jeder Hinsicht »offen« an eine Situation heranzugehen. Er folgt also keinem fertigen Beobachtungsplan, er hat keine vorformulierten Fragebögen »abzuarbeiten«, sondern nimmt alles auf, was auf Grund seiner theoretischen Vorüberlegungen relevant ist (vgl. Flick 1995, S. 121f).

Die hier dargestellten Differenzierungspaare schließen einander nicht aus, sondern sind in der Beobachtungspraxis je nach theoretischer Ausgangslage des Forschers, nach Aufgabenstellung, Untersuchungsgegenstand und Untersuchungssituation entsprechend zu kombinieren. Die bereits erwähnten Studien zu Redaktionsbeobachtungen von Manfred Rühl (1969 und 1979), Ilse Dygutsch-Lorenz (1971) und Ulrich Hienzsch (1990) wurden als strukturierte, offene und aktiv-teilnehmende Beobachtungen durchgeführt. Bei der elektronischen Messung der Fernsehnutzung mittels GfK-Meter handelt es sich um eine technisch unterstützte, offene Form der Beobachtung ohne Teilnahme des Beobachters.

6.4.5 Probleme der Beobachtung

Ebenso wie bei Inhaltsanalyse und Befragung sind die Ergebnisse einer Beobachtung nur dann wissenschaftlich brauchbar, wenn Reliabilität und Validität gewährleistet sind. In der methodologischen Reflexion über die Forschungstechnik der Beobachtung werden u.a. folgende Probleme angesprochen, die das Erhebungsinstrument (also den Beobachtungsplan), den Forscher (also den Beobachter) und den zu Beobachtenden tangieren können (vgl. Atteslander 1995, S. 125-127):

- Das Problem der *Leistungsgrenze* der Beobachtung: Jedes beobachtete Verhalten wird durch Faktoren ausgelöst bzw. mitbeeinflusst, die in der Beobachtungssituation wirken. Es stellt sich die Frage, ob die vom Forscher festgelegten *Beobachtungskategorien* die Komplexität der jeweiligen Beobachtungssituation erschöpfend erfassen, ob also der Beobachtungsplan alle in der Beobachtungssituation auftretenden Interaktionen, Handlungen und Verhaltensweisen vollständig erfassen kann. Hier sind demnach Probleme der Vollständigkeit und Trennschärfe des Messinstrumentes angesprochen, wie sie schon bei der Methode der Inhaltsanalyse dargestellt wurden.

- Das Problem des *Einflusses des Beobachters* auf die Beobachteten während der Beobachtung bei hohem Partizipationsgrad des Beobachters. Bewahrt sich der Beobachter die erforderliche Distanz zum zu beobachtenden Geschehen? In diesem Zusammenhang kennt man vor allem:
- *Halo-Effekte:* Soziale Handlungen werden nicht so kategorisiert und interpretiert, wie sie auftreten, sondern wie sie mit dem Gesamteindruck übereinstimmen, den der Beobachter von der sozialen Situation hat.
- *Erwartungseffekte/hypothesenkonforme Erhebung:* Auf Grund seines Vorwissens erhebt der Beobachter soziales Verhalten, das er erwartet – und nicht jenes, das tatsächlich vorkommt.
- *Emotionale Beteiligung:* Dieser Effekt tritt vor allem bei teilnehmenden Beobachtungen auf, die über einen längeren Zeitraum laufen und in denen der Forscher bewusst oder unbewusst soziale Bindungen eingeht.
- *Selektive Erinnerung:* Auf Grund von Kapazitätsgrenzen und der selektiven Wahrnehmung des Beobachters/der Beobachter werden nur bestimmte, nicht jedoch alle Aspekte sozialen Verhaltens erfasst.
- Das Problem *abweichenden Verhaltens* der Beobachteten auf Grund der Tatsache, dass sie beobachtet werden – vor allem in der offenen, teilnehmenden Beobachtung: Die Problematik, dass es aufseiten der Beobachteten zu *reaktivem* Verhalten kommen kann, wurde wiederholt angesprochen. Man versteht darunter, dass sich eine Person auf Grund einer Untersuchungssituation anders verhält, als sie sich normalerweise in einer vergleichbaren alltäglichen Situation verhalten würde. Das Problem ist auch aus der Methode der Befragung hinlänglich bekannt.
- Schließlich das Problem, wie *Zufallskonstellationen*, also nicht vorhersehbare, die Beobachtungssituation beeinflussende Faktoren erkannt und zum Zeitpunkt der Erhebung bewältigt werden können.

Dass der Methode der wissenschaftlichen Beobachtung in dieser Einführung vergleichsweise wenig Platz eingeräumt wird, hat seinen Grund. In der empirischen Kommunikationswissenschaft kommt diese Methode eher selten zum Einsatz. Dies liegt in erster Linie an den Fragestellungen unseres Fachs. In der überwiegenden Mehrzahl will die empirische Kommunikationsforschung Aussagen über Nutzung und Wirkung von Massenmedien auf die Bevölkerung machen; Fragestellungen zu individuellen Verhaltensweisen, die mit der wissenschaftlichen Beobachtung hervorragend erhoben werden können, sind eher in der Minderzahl. Eine Ausnahme bildet dabei die Redaktions- und Kommunikatorforschung sowie die Messung des Umschaltverhaltens von Rezipienten, wobei einschränkend betont werden muss, dass es sich bei dieser Anwendung eigentlich um eine Variante der wissenschaftlichen Beobachtung handelt. Wesentlich elaborierter wird diese Methode beispielsweise in der

Psychologie und der Pädagogik eingesetzt, sodass sich auch die vertiefende Literatur aus diesen Wissenschaftsbereichen rekrutiert.

6.5 Das Experiment

»Frauen sind technisch unbegabter als Männer«, »wenn ich eine Schmerztablette nehme, vergeht mein Kopfweh«, »zu viel Fernsehen schadet Kindern.« Von welchem Lebensbereich auch immer die Rede ist – das Alltags-(psychologische)Wissen, das wir von früher Kindheit an durch Erfahrung erwerben und das uns hilft, das Leben zu strukturieren und zu bewältigen, ist eine Ansammlung von singulären Erfahrungen und (Vor-)Urteilen, die allesamt unsystematisch und ungeprüft »in der Welt« sind. Sie bringen – wissenschaftlich gesprochen – eine so genannte *Kovariation* zum Ausdruck: den mehr oder weniger engen Zusammenhang zwischen einer Ursache (Kopfweh) und einer Wirkung (Tablette – keine Kopfschmerzen mehr). Wir unterstellen mit der Aussage zwar, dass es sich bei diesem Verhältnis um ein *kausales* handelt, prüfen jedoch nicht, ob etwa auch andere Einflüsse wie frische Luft und Ruhe die Kopfschmerzen vertreiben. Das wissenschaftliche Experiment ist die einzige Forschungstechnik, mit deren Hilfe wir in der Lage sind, kausale Zusammenhänge bzw. Ursache-Wirkungs-Verhältnisse systematisch und kontrolliert nachzuweisen. Dabei wird man im Unterschied zu den Naturwissenschaften im Bereich der Sozialwissenschaft kaum auf eindeutig deterministische Zusammenhänge treffen. Das Ziel empirischer (Kommunikations-)Forschung, die sich des Experiments bedient, ist vielmehr, eine *Annäherung* an Kausalzusammenhänge zu beschreiben. Weil wir es in der empirischen Sozialforschung mit Menschen zu tun haben, deren Handlungen nie zuverlässig, also deterministisch, vorhersehbar sind, können wir nicht eindeutig nachweisen, dass ein *bestimmtes* Verhalten kausal auf einen *bestimmten* Medienstimulus zurückzuführen ist. Man kann mithilfe des Experiments lediglich Rahmenbedingungen festlegen und beschreiben, unter denen ein bestimmtes soziales Verhalten unter Einwirkung eines Faktors beobachtet wird (vgl. Brosius/Koschel 2001).

Bis vor kurzer Zeit waren wissenschaftliche Experimente eine Domäne der psychologischen und sozialpsychologischen Forschung: Denk- und Wahrnehmungspsychologie, Prozesse interpersoneller Wahrnehmung, Entscheidungstheorie, Aggressionsforschung, lerntheoretische Forschungen oder Probleme der kognitiven Dissonanz sind fast ausschließlich in Laborexperimenten untersucht worden. In jüngerer Zeit gehört das wissenschaftliche Experiment als Forschungsstrategie jedoch fest zum Methodenkanon der empirischen Kommunikationsforschung. Die Rezeptions- und Medienwirkungsforschung sind die wichtigsten Forschungsfelder, auf denen das wissenschaftliche Experiment eingesetzt wird. Hier können u.a. zum Beispiel folgende Fragestellungen untersucht werden:

- Verbessern Tandemspots der Fernsehwerbung die Erinnerungs- bzw. Behaltensleistung beim Zuschauer?
- Verändern pornografische Medieninhalte langfristig die Einstellung von Männern gegenüber Frauen?
- Hat die Gestaltung von Hypertexten Auswirkungen auf das Nutzungsverhalten von Online-Zeitungen?
- Machen gewalthaltige Medieninhalte den oder die Zuschauer aggressiv?

Beim Experiment handelt es sich nicht um eine Methode, Daten zu erheben und auszuwerten, sondern um eine *Untersuchungsanordnung* (vgl. Kapitel 6.1). Prinzipiell sind also experimentelle und nicht-experimentelle Untersuchungsanlagen denkbar. So können beispielsweise Befragungen oder Beobachtungen, die Methoden der Daten*erhebung* sind, auch als experimentelle Untersuchungsanordnungen konzipiert werden. Inhaltsanalysen dagegen sind stets nicht-experimentell, da die Untersuchungsgegenstände – verbale oder visuelle Texte – nicht »reagibel« sind.

Dazu zwei Beispiele:
So genannte *Fragebogenexperimente* untersuchen, ob die Reihenfolge der Fragen Auswirkungen auf das Antwortverhalten der Befragten hat oder die Frageformulierung verzerrend wirkt. Dazu wird ein Teil der Befragten nach einem Fragebogen mit der Reihenfolge A, der andere Teil nach dem Fragebogen mit der Reihenfolge B interviewt. Signifikante Unterschiede zwischen den beiden Gruppen würden dann für Reihenfolgeeffekte sprechen. *Beobachtungen,* die im Rahmen von experimentellen Feldstudien durchgeführt werden, sollen die Einstellung von Menschen zu Organisationen überprüfen. Dazu bedient man sich der *Lost-Letter-Technique,* die erstmals von Milgram und seinen Mitarbeitern 1965 vorgestellt wurde: Man legt eine Reihe verschlossener, adressierter und frankierter Briefe an verschiedenen Orten wie z.B. in Telefonzellen oder Supermärkten so aus, dass sie wie verloren gegangen aussehen. Die auf diesen Briefen genannten Adressaten sind Organisationen unterschiedlicher Art wie Parteien, Kirchen, Gewerkschaften, Umwelt- oder Gesundheitsverbände u.a.m. Die »Finder« dieser Briefe haben bekanntlich mehrere Möglichkeiten: Sie können die Briefe entweder zerreißen, liegen lassen oder bei der Post aufgeben. Anhand der Rücklaufquote der Briefe wird versucht, Rückschlüsse auf das Ansehen der jeweiligen Organisation zu ziehen (Milgrim/Mann/Harter 1965).

Auf Grund dieser ersten allgemeinen Überlegungen lässt sich für das Experiment folgende Begriffsbestimmung festhalten: *Ein wissenschaftliches Experiment zeichnet sich durch eine »manipulierte« und kontrollierte Untersuchungssituation aus, in der die Wirkung einer oder mehrerer unabhängiger Variable(n) auf eine oder mehrere Experimentalgruppen systematisch gemessen wird. Die Wirkungen können sich in verändertem Verhalten oder veränderten Einstellungen der Untersuchungspersonen niederschlagen.*

6.5.1 Manipulation und Kontrolle im Experiment

Wesentliche Kennzeichen des wissenschaftlichen Experiments sind a) die Manipulation der Variablen, deren Wirkung man messen will und b) die Kontrolle der experimentellen Bedingung. Beides ist wichtig, um Kausalschlüsse ziehen zu können. Die Variablen – »Stimulus« oder »Treatment« genannt – werden bei Experimenten üblicherweise in verschiedenen Ausprägungen variiert.

Abbildung 32: Experimentelle Variable mit möglichen Variationen

Unabhängige Variable	Treatment/Stimulus
Brief	verschiedene Adressaten
Schmerzmittel	Tablette, Placebo
Werbespot	Variation des Erotik-Anteils pro Werbeblock
Erziehungsstil	autoritär, demokratisch, antiautoritär

Manipulation bedeutet im Kontext einer experimentellen Versuchsanordnung, dass ein Stimulus gezielt verändert wird, sodass eine mögliche Wirkung, die er auf eine Versuchsperson haben kann, bekannt ist. Beispielsweise werden in Werbewirkungsexperimenten, die einen Zusammenhang zwischen sexistischen Inhalten und Erinnerungsleistung zeigen sollen, vom Forscher Werbeblöcke mit vielen, mäßigen und keinen sexistischen Inhaltselementen zusammengestellt. Die inhaltlich unterschiedlich gestalteten Werbeblöcke werden drei Versuchsgruppen vorgeführt. Anschließend wird untersucht, ob Unterschiede in der Erinnerungsleistung der jeweiligen Zuschauergruppen festzustellen sind und ob diese Unterschiede auf den »Sex-Gehalt« zurückgeführt werden können.

Kontrolle heißt in einer experimentellen Anordnung, dass der Forscher alle Bedingungen der Untersuchungsanlage als möglicherweise Einfluss nehmende Rahmenbedingungen genau definiert. Er kann auf diese Weise die Rahmenbedingungen konstant halten – mit dem Ziel, dass sie keinen verzerrenden Einfluss auf das Messergebnis haben. Bei der Kontrolle geht es im Experiment also in erster Linie um die Kontrolle störender Einflüsse, die der Forscher unbedingt vermeiden will. Wirken soll(en) ausschließlich der gezielt eingeführte Stimulus/die eingeführten Stimuli. Nachfolgend sind einige Beispiele für die Kontrolle von Versuchsbedingungen aufgeführt.

Abbildung 33: Beispiele für Störvariablen

Kontrolle der Eigenschaften des Versuchsleiters	Kontrolle der technischen, zeitlichen und räumlichen Bedingungen
Konstantes Verhalten gegenüber Versuchspersonen: Aussehen, Kleidung, Sprache	Raumtemperatur, Beleuchtung, Einrichtungsgenstände, Standort von Möbeln etc.
Ermüdungserscheidungen ausschalten	Gleichhaltung des Untersuchungzeitpunktes, der Untersuchungsdauer
Erwartungseffekte ausschalten	Gleichhaltung der Außenbedingungen (Lärmquellen, Störungen aller Art)

Diese *Störvariablen* haben dann einen möglichen Einfluss bezüglich der Wirkung der unabhängigen Variablen (also beispielsweise ein Werbespot mit viel, wenig oder gar keinem sexistischen Inhalt) auf die abhängige Variable, also etwa die Behaltensleistung. Je mehr störende Einflüsse auf die Versuchsperson wirken, desto weniger genau lässt sich nachweisen, dass verändertes Verhalten oder veränderte Einstellungen tatsächlich kausal vom Einsatz der unabhängigen Variable herrühren. Zusammenfassend lässt sich festhalten: Das Prinzip wissenschaftlichen Experimentierens ist die systematische Variation einer oder mehrerer Variablen und die Messung der auftretenden Effekte bei gleichzeitiger Eliminierung möglicher Effekte weiterer Variablen.

6.5.2 Zur Generalisierbarkeit experimentell gewonnener Ergebnisse

Nachdem die zwei Grundvoraussetzungen eines jeden experimentellen Designs – Manipulation und Kontrolle – dargestellt wurden, soll ein in der Kommunikationsforschung viel diskutiertes Problem vorgestellt werden: die *Generalisierbarkeit* experimentell gewonnener Ergebnisse.

Das zentrale Anliegen experimenteller Untersuchungsanordnungen ist der *Nachweis von Unterschieden zwischen einer Experimental- und einer Kontrollgruppe*, die sich auf die Gabe eines Stimulus zurückführen lassen. Während man bei Befragungen oder Inhaltsanalysen Aussagen trifft, deren Signifikanz mit statistischen Verfahren nachgewiesen werden können, darf man bei experimentellen Untersuchungsanlagen die gewonnenen Ergebnisse nicht auf eine Grundgesamtheit übertragen. Gleichwohl möchte man generalisieren. Man fragt also danach, ob Ergebnisse, die in einer bestimmten Untersuchungsgruppe gefunden wurden, verallgemeinerbar sind. Diese Frage hängt nun ganz wesentlich mit der abhängigen Variable zusammen, die untersucht wird. Häufig handelt es sich bei den untersuchten Einstellungen oder Verhaltensweisen um *universelle Variablen*, die nicht unmittelbar mit soziodemographischen oder psychophysiologischen Eigenschaften der Versuchspersonen zusammenhängen. Wer beispielsweise die Fahrtüchtigkeit in Abhängigkeit vom Alkoholkonsum misst, kann seine Ergebnisse in der Regel verallgemeinern, weil nicht zu erwarten ist, dass die Wirkung des Alkohols von soziodemographischen Merkmalen wie Einkommen oder Bildung abhängt. Wer jedoch Behaltensleistungen von Werbespots feststellen möchte und seine Versuchspersonen lediglich aus einem studentischen Seminar rekrutiert, darf diese Ergebnisse nicht ohne weiteres generalisieren, denn die Erinnerungsleistung von Studenten wird vermutlich von derjenigen der »durchschnittlichen« Bevölkerung abweichen.

Die Problematik, ob experimentell gewonnene Ergebnisse generalisiert werden dürfen, tangiert die Validität, also die Gültigkeit eines Experiments. Bei experimentellen Anordnungen spricht man von *externer Validität*, also der Übertragbarkeit von Labor- oder Feldergebnissen auf »die Realität«. Dabei fällt bei Feldstudien die externe Validität grundsätzlich höher aus als bei Laborexperimenten, da das Setting bei ersteren ja bereits nahe an der sozialen Realität orientiert bzw. identisch mit ihr ist. Die *interne Validität* von Experimenten bemisst sich daran, wie gut es gelingt, alle Störvariablen zu kontrollieren bzw. zu eliminieren. Sie ist demnach in Laborexperimenten in der Regel recht hoch, da der Forscher in diesem Fall die Möglichkeit der Manipulation und Kontrolle hat. Interne und externe Validität stehen dabei in einem umgekehrt proportionalen Verhältnis zueinander: Wenn hohe interne Validität erzielt wird, sinkt die externe etwa im selben Maß.

6.5.3 Arten von Experimenten

Ebenso wie bei Befragungen oder Beobachtungen unterscheidet man verschiedene Möglichkeiten, experimentelle Designs durchzuführen. Dies geschieht auf vier Ebenen:

- einfaktorielle versus mehrfaktorielle Designs,
- univariate versus multivariate Designs,
- Labor- versus Feldstudien,
- echte versus Quasi-Experimente.

Einfaktorielle Versuchsanordnungen sind solche, bei denen nur eine unabhängige Variable untersucht wird. Dies kann allerdings in mehreren Ausprägungen erfolgen. Misst man beispielsweise die Behaltensleistung von Werbespots mit sexistischen Inhalten, so kann man die Menge sexistischer Inhalte in den Spots variieren und experimentell prüfen, ob in den getesteten Gruppen signifikante Unterschiede in der Behaltensleistung der Spots feststellbar sind. Nun ist aber, wie eingangs erwähnt, menschliches Denken oder Verhalten nur sehr selten auf monokausale Ursachen zurückzuführen. Insofern wäre es möglicherweise zu kurz gegriffen, in den Spots nur die »Menge« an Sex zu variieren. Denkbar wäre auch, dass die Schnittgeschwindigkeit des Werbespots, die Farben, der Sprecher oder musikalische Untermalung ebenfalls für eine bessere Behaltensleistung verantwortlich sind. Führte man also weitere Variablen in die Untersuchung ein, spräche man von einem *mehrfaktoriellen Design*. Diese Untersuchungsanlagen haben den Vorteil, dass sie in ihrer erhöhten Komplexität der sozialen Realität näher kommen. Gleichzeitig erhöht sich jedoch für den Forscher der experimentelle Aufwand, da alle möglichen Ausprägungen aller Variablen miteinander kombiniert werden müssten. Die Untersuchungsdesigns werden also immer komplexer. Bei drei Variablen mit je drei unterschiedlichen Ausprägungen hätte man bereits 27 verschiedene Kombinationen, die getestet werden müssen.

Von *univariaten Experimenten* spricht man, wenn nur *eine* abhängige Variable (in unserem Beispiel mit den Werbespots die Behaltensleistung von Versuchspersonen), untersucht werden soll. *Multivariate Versuchspläne* würden vielleicht noch die Stimmung der Versuchspersonen messen oder auch die körperliche Befindlichkeit mit untersuchen. Auch hier gilt: Univariate Lösungen sind forschungstechnisch einfacher zu bewältigen, aber auch weniger valide; multivariate Lösungen sind schwieriger zu realisieren und sehr komplex zu berechnen.

Die Unterscheidung in *Labor- und Felduntersuchungen* wurde bereits im Kapitel über die Forschungstechnik der Beobachtung dargestellt. Der Vorteil von Laborexperimenten liegt zweifelsohne in der besseren Kontrolle des gesamten Settings. Dies gilt vor allem für die Auswahl der Personen sowie für systematische oder zufällige Störungen, die die interne Validität eines Experiments schmälern. Ebenso wie bei der Methode der Beobachtung hängt die Wahl von Feld- oder Laborexperiment von der zentralen Forschungsfrage ab.

Quasi-Experimente sind solche Experimente, bei denen der Forscher nicht in der Lage ist, die Störvariablen zu kontrollieren. Eine wichtige Bedingung des Experiments, die Kontrolle, ist bei solchen Experimenten deshalb nicht erfüllt. Insofern ist jedes Experiment, das »im Feld« durchgeführt wird, auch ein Quasi-Experiment. Der Forscher hat bei dieser Variante also lediglich die Möglichkeit, die zu untersuchende Variable aktiv zu variieren bzw. zu manipulieren.

6.5.4 Zur Durchführung von Experimenten

Nach Huber (1995, S. 7-138) sind für die Entwicklung eines wissenschaftlichen Experiments die folgenden Arbeitsschritte einzuhalten:

1. Formulierung der zentralen Fragestellung
2. Aufstellen der zu prüfenden Hypothesen
3. Operationalisierung
4. Entwicklung des Versuchsplans
5. Kontrolle der Störvariablen
6. Auswahl der Versuchspersonen
7. Überführung der Hypothesen in empirische Voraussagen
8. Durchführung des Experiments, Messung
9. Auswertung der Daten
10. Rückschluss auf die Hypothesen
11. Diskussion und Bericht

Wie bei den bereits dargestellten Methoden auch, ähnelt dieser Ablauf dem allgemeinen Vorgehen empirischer Kommunikationsforschung. Gleichwohl ist auf einige Besonderheiten zu verweisen: Nach der Entwicklung der Hypothesen, die auf der theoretisch hergeleiteten, zentralen Forschungsfrage beruhen (1, 2), werden im Rahmen der Operationalisierung (3) die zentralen Begriffe in messbare Variablen überführt und die entsprechenden Ausprägungen definiert. Um bei unserem Beispiel mit dem sexistischen Werbespot zu bleiben, der – in einem Laborexperiment – auf zufällig ausgewählte Versuchspersonen einwirkt und deren Behaltensleistung testen soll:

- Die *unabhängige* Variable ist im sexistischen Werbespot zu sehen, der – vielleicht in modifizierten Formen mit mehr und weniger sexistischen Inhalten (unterschiedliche Ausprägungen) – gezielt auf die Versuchspersonen einwirkt.
- Die *abhängige* Variable ist die Behaltensleistung bei den Versuchsgruppen, die gemessen werden soll.

Die Definition der Variablen bildet stets die Grundlage für die *Aufstellung eines Versuchsplanes (4)*. Die einfachste Variante ist ein einfaktorieller, univariater Versuchsplan.

$$E : M_1 \ X \ M_2$$
$$K : M_3 \quad M_4$$
$$t_1\text{------}t_2$$

Dieser »echte« Versuchsplan zeigt, dass eine unabhängige Variable (X), also beispielsweise ein Werbespot mit sexistischem Inhalt, einer Experimentalgruppe (E) »verabreicht« wird. Die Kontrollgruppe (K) erhält das so genannte »Treatment« nicht. Um einen Unterschied zwischen beiden Gruppen nachzuweisen, wird zu einem Zeitpunkt (t_1) vor der Gabe des Treatments und einem Zeitpunkt (t_2) danach gemessen. Man muss also 4 Messungen (M_1-M_4) vornehmen. Ein zweifaktorieller Versuchsplan, man spricht auch von einem 2×2-Design, würde folgendermaßen aussehen:

	Y_1	Y_2
X_1	M_1	M_2
X_2	M_3	M_4

Hier misst man zwei Variablen (X und Y) in je zwei Ausprägungen. Insgesamt muss wie im Beispiel zuvor viermal gemessen werden. Jedoch verzichtet man auf eine *Kontrollmessung*; jede Gruppe erhält ein Treatment. Man spricht deshalb von einer quasi-experimentellen Anordnung.

Die Kontrolle der Störvariablen (5) könnte im vorgestellten Beispiel nun u.a. so aussehen, dass der Versuchsleiter und seine Mitarbeiter für eine konstante Laborsituation sorgen, indem sie Temperatur, Licht, Ausstattung etc. für alle Gruppen gleich gestalten. In einer experimentellen Anordnung, in der ja versucht wird, die Wirkung eines Treatments ursächlich bestimmen zu können, können Störvariablen aber auch in der Versuchsanordnung selbst, der Abfolge von Fragen u.v.m. bestehen. Auch in diesen Fällen muss der Forscher mögliche störende Einflüsse bestimmen und eliminieren. Zuletzt können Merkmale der Versuchspersonen selbst Störvariablen sein, die kontrolliert und (statisch) gleich gehalten werden müssen. Für eine Untersuchung zu sexistischen Werbespots müsste sicher gestellt sein, dass in beiden Gruppen Männer und Frauen gleich oft vertreten sind. Wäre dies nicht der Fall, erhielte man mit hoher Wahrscheinlichkeit verzerrte Ergebnisse hinsichtlich der Behaltensleistung, weil Frauen vermutlich auf die Inhalte *systematisch* anders reagieren als Männer. Da das Geschlecht jedoch nicht das einzige störende Merkmal sein wird, das sich vermutlich negativ auf die Gültigkeit der Ergebnisse auswirkt, sondern vielleicht auch Merkmale, wie die individuelle Mediennutzungsdisposition (z.B. Werbevermeider; Viel-/Wenigseher), das Alter (Behaltensleistung) oder die religiöse Orientierung (Moralvorstellungen), dürfen die Kandidaten nicht bewusst auf beide Gruppen verteilt werden, sondern müssen mittels Zufallsauswahl den Gruppen zugeordnet werden (vgl. hierzu die Erläuterungen im Exkurs »Auswahlverfahren«, S. 537).

Neben dem soeben dargestellten Auswahlverfahren (6), dem *Randomisieren*, gibt es ein zweites, wesentlich seltener durchgeführtes Auswahlverfahren, das so genannte *Matching* oder *Parallelisieren*. Dieses Verfahren ist sehr aufwändig und deshalb kostspielig und wird vor allem dann eingesetzt, wenn nicht Gruppen-, sondern Einzelexperimente durchgeführt werden sollen. Ein einfaches Beispiel für Parallelisierung ist die bewusste Zuordnung der Versuchspersonen nach ihrem Geschlecht. Ein solches Vorgehen wird man als Forscher wählen, wenn anzunehmen ist, dass das Geschlecht die wesentliche Störvariable für ein Untersuchungsergebnis sein kann. Die Untersuchungsgruppen müssen dann so zusammengesetzt sein, dass der Frauen- und Männeranteil gleich groß ist.

Nachdem aus den zentralen Hypothesen die Variablen entwickelt und operationalisiert wurden, der Versuchsplan steht, die Störvariablen kontrolliert und die Versuchspersonen ausgewählt sind, werden auf dieser Grundlage und unter Einbezug des theoretischen Vorwissens die empirischen Voraussagen für die Ergebnisse der Untersuchung gemacht (7). Diese empirischen Voraussagen formulieren einen kausalen Zusammenhang zwischen unabhängiger und abhängiger Variable. Im erwähnten Beispiel würde man also einen Zusammenhang zwischen Sex-Gehalt und Behaltungsleistung prognostizieren: In der Experimentalgruppe, also derjenigen, die den Werbespot mit großem sexistischen Inhalt zu sehen bekommt, wird die Behaltungsleistung besser sein als in der Kontrollgruppe, die einen Werbespot ohne diese Inhalte zu sehen bekam. Gerade in der Werbewirkungsforschung gibt es unzählige Studien, die einen kausalen Zusammenhang zwischen Behaltensleistung und bestimmten werblichen Formen und Inhalten prüfen und in empirischen Vorhersagen (Hypothesen) formulieren (vgl. dazu Rossmann 2000).

In diese vorbereitende Phase fällt auch die *Schulung des/der Versuchsleiter(s).* Sie sind den Codierern einer Inhaltsanalyse oder den Interviewern bei einer Befragung vergleichbar. Sie müssen mit allen Details des Experiments gut vertraut gemacht werden, damit sie bei der unmittelbaren Durchführung des Experiments nicht selbst einen Störfaktor darstellen. Ganz lassen sich Störungen, die von den Versuchsleitern ausgehen, nicht immer ausschalten. So können psychophysiologische Merkmale des Versuchsleiters, wie sein Geschlecht, sein Alter, seine Sprache und sein Ausdruck, seine Sympathie u.a.m. Störvariablen darstellen, wenn der Versuchsleiter den Teilnehmern der Versuchsgruppen Anleitungen und Anweisungen erteilt oder Dinge erklärt, die sie im Zusammenhang mit dem Experiment wissen müssen. Um solche Störvariablen auszuschalten, bedient man sich beispielsweise technischer Hilfsmittel wie Tonbandaufzeichnungen, auf denen diese Anleitungen und Anweisungen aufgenommen sind und den Versuchspersonen vorgespielt werden. Auf die eigentliche Durchführung (8) experimenteller Designs soll an dieser Stelle nicht weiter eingegangen werden, da diese je nach Untersuchungsdesign vielfältig variieren können. Die Auswertung und Interpretation der Daten, mit der die zentrale(n) Hypothese(n) gestützt oder widerlegt werden, wird, ebenso wie bei allen wissenschaftlichen Studien auch, in einem Forschungsbericht niedergelegt und somit der (Fach-)Öffentlichkeit zugänglich gemacht.

Abschließend sei kurz auf ethische Grenzen von Experimenten hingewiesen. Vor allem stellen sich die Fragen, was man als Forscher den Versuchspersonen zumuten darf und ob es legitim ist, sie – im wissenschaftlichen Interesse – allenfalls auch zu täuschen. Der Forscher muss hier immer eine sorgfältige Güterabwägung vornehmen und prüfen, ob ein wissenschaftliches Interesse den Einsatz experimenteller Designs rechtfertigt, bei denen ethisch-moralische Grenzen notwendigerweise überschritten werden müssen oder gar die Würde von Versuchspersonen verletzt wird. Ist dies aus berechtigten Gründen der Fall, so ist vom Forscher unbedingt für eine möglicherweise erforderliche psychologische Betreuung zu sorgen und müssen die Versuchspersonen nach dem Experiment über sein Ziel aufgeklärt werden, ist also ein professionelles *Debriefing* der Versuchspersonen vorzunehmen.

6.6 Zusammenfassung

Die in diesem Abschnitt dargelegten Ausführungen können und wollen nur einen ersten Einblick in empirische Forschungstechniken bieten, wie sie auch in der Kommunikationswissenschaft angewendet werden. Nähere Informationen über die einzelnen Methoden und ihre konkrete Anwendung in der Forschungspraxis sind der einschlägigen Forschungsliteratur zu entnehmen, auf die entsprechend hingewiesen wurde. Ein speziell für angehende Kommunikationswissenschaftler gedachtes Lehrbuch über (quantitative) Methoden der empirischen Kommunikationsforschung ist kürzlich von Hans-Bernd Brosius und Friederike Koschel (2001) vorgelegt worden; ihm ist ebenfalls zahlreiche weiterführende Literatur zu entnehmen.

Im Überblick lassen sich Leistungsfähigkeit und Anwendungsgebiete der hier abgehandelten empirischen Grundforschungstechniken abschließend wie folgt darstellen:

Abbildung 34:
Die Forschungstechniken der empirischen Kommunikationsforschung

Forschungstechnik	Leistungsfähigkeit Erfassung von:	Primäre Anwendung
Befragung/Interview	• verbalisierten Meinungen, Einstellungen und Verhalten	• Kommunikatorforschung • Rezipientenforschung • Wirkungsforschung
Inhaltsanalyse	• Form und Inhalt kommunikativer Aussagen • Sprachanalysen kommunikativer Aussagen	• Aussagenforschung • Medienforschung • Kommunikatorforschung
Beobachtung	• direktem Individual- und Sozialverhalten in Labor- oder Feldsituationen	• Kommunikatorforschung • Rezipientenforschung • Wirkungsforschung
Experiment	• »manipuliertem« Individual- und Sozialverhalten in Labor- oder Feldsituationen	• Rezipientenforschung • Wirkungsforschung • Medienforschung

Literatur

Aster, Reiner (Hrsg.) (1989): Teilnehmende Beobachtung. Werkstattberichte und methodologische Reflexionen. Frankfurt/Main.

Atteslander, Peter (2000): Methoden der empirischen Sozialforschung. 9., erw. Aufl. Berlin, New York.

Bauer, Karl-Oswald (1988): Plädoyer für eine »kategoriefreie« und »subjektive« Unterrichtsbeobachtung. In: Deutsches Jugendinstitut (Hrsg.): Medien im Alltag von Kindern und Jugendlichen. Weinheim, München, S. 73-92.

Berelson, Bernard (1952): Content Analysis in Communication Research. Glencoe.

Berelson, Bernard (1971): Content Analysis in Communication. Research. (Facs. of 1952 ed.). New York.

Bilandžić, Helena (1998): Formale Merkmale individueller Fernsehnutzung. In: Klingler, Walter; Roters, Gunnar; Zöllner, Oliver: Fernsehforschung in Deutschland, S. 743-763.

Böhme-Dürr, Karin (1988): Schwierigkeiten bei der Erfassung von Mediennutzung und Medienbewertung. In: Deutsches Jugendinstitut (Hrsg.): Medien im Alltag von Kindern und Jugendlichen. Weinheim, München, S. 93-112.

Bos, Wilfried; Tarnai, Christian (1998): Computerunterstützte Inhaltsanalyse in den Empirischen Sozialwissenschaften. Theorie, Anwendung, Software. Münster u.a.

Bredenkamp, Jürgen (1980): Theorie und Planung psychologischer Experimente. Darmstadt.

Brosius, Hans-Bernd; Koschel, Friederike (2001): Einführung in die Methoden der empirischen Kommunikationsforschung. Opladen.

Brown, Steven R.; Melamded, Lawrence (1990): Experimental Design and Analysis. Newbury Park, London, New Delhi.

Cicourel, Aaron von (1974): Methode und Messung in der Soziologie. Frankfurt/Main.

Cocherau, William (1983): Planning and Analysis of Observational Studies. New York u.a.

Dygutsch-Lorenz, Ilse (1971): Die Rundfunkanstalt als Organisationsproblem. Düsseldorf.

Fassnacht, Gerhard (1995): Systematische Verhaltensbeobachtung. Eine Einführung in Methodologie und Praxis. 2. Aufl. Stuttgart.

Flick, Uwe (1995): Qualitative Forschung. Theorie, Methoden, Anwendung in Psychologie und Sozialwissenschaften. 5. Aufl. Reinbek.

Fortschritte der Medieninhaltsanalyse. Themenheft der Zeitschrift »Medien Journal«, Heft 3/1997.

Frey, James; Kunz, Gerhard; Rüschen, Günter (1990): Telefonumfragen in der Sozialforschung. Opladen.

Friedrichs, Jürgen; Lüdtke, Hartmut (1971): Teilnehmende Beobachtung. Zur Grundlegung einer sozialwissenschaftlichen Methode empirischer Feldforschung. Weinheim u.a.

Friedrichs, Jürgen (1990): Methoden der empirischen Sozialforschung. 14. Aufl. Opladen.

Friedrichs, Jürgen; Schwinges; Ulrich (1999): Das journalistische Interview. Opladen.

Früh, Werner (1998): Inhaltsanalyse. Theorie und Praxis. 4. überarb. Aufl. Konstanz.

Früh, Werner (1989): Semantische Struktur- und Inhaltsanalyse (SSI). Eine Methode zur Analyse von Textinhalten und Textstrukturen und ihre Anwendung in der Rezeptionsanalyse. In: Kaase, M; Schulz, W. (Hrsg.): Massenkommunikation. Theorien, Modelle, Befunde. (KZfSS), Sonderheft 30/1989.

Greve, Werner; Wentura, Dirk (1997): Wissenschaftliche Beobachtung in der Psychologie. Eine Einführung. Weinheim.

Greenwood, John (1989): Explanation and Experiment in Social Psychological Science. New York u.a.

Hager, W.; Westermann, R. (1983): Planung und Auswertung von Experimenten. In: Jürgen Bredenkamp (Hrsg.): Hypothesenprüfung. Göttingen, S. 24-238.

Hienzsch, Ulrich (1990): Journalismus als Restgröße. Redaktionelle Rationalisierung und publizistischer Leistungsverlust. Opladen.

Holsti, Ole R. (1969): Content Analysis for the Social Sciences and Humanities. Reading.

Hovland, Carl I. et al. (1961): Communication and Persuasion. Psychological Studies of Opinion Change. New Haven.

Huber, Oswald (1995): Das psychologische Experiment. Eine Einführung. Bern u.a.

Kern, Horst (1982): Empirische Sozialforschung. Ursprünge, Ansätze, Entwicklungslinien. München.

König, René (1975): Beobachtung und Experiment in der Sozialforschung. 8. Aufl. Köln.

Krippendorff, Klaus (1980): Content Analysis. An Introduction to its Methodology. London.

Krüger, Udo M. (1992): Programmprofile im dualen Fernsehsystem 1985-1990. Eine Studie der ARD-ZDF-Medienkommission. Baden-Baden.

Lisch, Ralf; Kriz, Jürgen (1978): Grundlagen und Modelle der Inhaltsanalyse. Bestandsaufnahme und Kritik. Reinbek bei Hamburg.

Laatz, Wilfried (1993): Empirische Methoden. Ein Lehrbuch für Sozialwissenschaftler. Thun u.a.

Lamnek, Siegfried (1995): Qualitative Sozialforschung. 2 Bde. (Bd.1: Methodologie; Bd. 2: Methoden und Techniken). Weinheim.

Mangione, Thomas (1990): Standardized Survey Interviewing. Newbury Park, u.a.

Mayring, Philipp (1995): Qualitative Inhaltsanalyse. 5. Aufl. Weinheim.

Merkens, Hans; Seiler, Heinrich (1978): Interaktionsanalyse. Stuttgart.

Merten, Klaus; Teipen, Petra (1991): Empirische Kommunikationsforschung. Darstellung, Kritik, Evaluation. München.

Merten, Klaus (1994): Konvergenz der deutschen Fernsehprogramme. Eine Langzeituntersuchung 1980-1993. Münster.

Merten, Klaus (1995): Inhaltsanalyse. Einführung in Theorie, Methode und Praxis. Opladen.

Milgram, Stanley (1997): Das Milgram-Experiment. Zur Gehorsamkeitsbereitschaft gegenüber Autorität. Reinbek bei Hamburg.

Milgram, Stanley/Mann, Leon; Harter, Susan (1965): The Lost-Letter-Technique: A Tool of Social Research. Public Opinion Quarterly 29, S. 437-438.

Miller, Delbert C. (1991): Handbook of Research Design and Social Measurement. Newbury Park.

Noelle- Neumann, Elisabeth/Petersen, Thomas (1996): Alle, nicht jeder. Einführung in die Methoden der Demoskopie. München.

Noelle-Neumann, Elisabeth (2000): Methoden der Publizistik- und Kommunikationswissenschaft. In: Noelle-Neumann et al. (Hrsg.): Fischer Lexikon Publizistik/Massenkommunikation. 7. Aufl. Frankfurt/Main, S. 267-307.

Rossmann, Raphael (2000): Werbeflucht per Knopfdruck. Ausmaß und Ursachen der Vermeidung von Werbefernsehen. München.

Rühl, Manfred (1979): Die Zeitungsredaktion als organisiertes soziales System. 2. Aufl. Freiburg (Schweiz).

Rühl, Manfred (1979): Vom Gegenstand der Inhaltsanalyse. Einige Bemerkungen zu traditionellen Denkprämissen. In: »Rundfunk und Fernsehen« 24, S. 367-378.

Rust, Holger (1980): Struktur und Bedeutung. Studien zur qualitativen Inhaltsanalyse. Berlin.

Sarris, Viktor (1992): Methodologische Grundlagen der Experimentalpsychologie. Bd. 2. München.

Schimunek, Franz-Peter (1997): Beobachtungsverfahren in der pädagogischen, psychologischen und soziologischen Forschung. Erfurt.

Schmidt, Siegfried J.; Zurstiege, Guido (2000): Orientierung Kommunikationswissenschaft. Reinbek.

Schnell, Rainer; Hill Paul/Esser, Elke (1999): Methoden der empirischen Sozialforschung. 6., völlig überarb. Aufl. München, Wien.

Scholl, Armin (1993): Die Befragung als Kommunikationssituation. Zur Reaktivität im Forschungsinterview. Opladen.

Schulz, Winfried (2000): Inhaltsanalyse. In: Noelle-Neumann, Elisabeth; Schulz, Winfried; Wilke, Jürgen: Fischer Lexikon Publizistik/Massenkommunikation. 7. Aufl., S. 41-63.

Schulz, Thomas et al. (1981): Theorie. Experiment und Versuchsplan in der Psychologie. Stuttgart.

Schuhmann, Siegfried (1997): Repräsentative Umfrage: Praxisorientierte Einführung in die empirische Methode und statistische Analyseverfahren. München.

Spöhring, Walter (1995): Qualitative Sozialforschung. 2. Aufl. Stuttgart.

Stevenson et al. (1994): Economic Recession and the News. In: Mass Communication Review 21:1994, S. 4-19.

Topitsch, Ernst (Hrsg.) (1984): Logik der Sozialwissenschaften. 11. Aufl. Königstein.

Wirth, Werner; Lauf, Edmund (Hrsg.)(2002): Inhaltsanalyse. Perspektiven, Probleme, Potenziale. Köln.

Anhang

Abbildungsverzeichnis

Personenregister

Sachregister

pro Studium

Heinz Pürer
**Publizistik- und
Kommunikationswissenschaft**
Ein Handbuch
2003, ca. 600 Seiten, gebunden
UTB 8249
ISBN 3-8252-8249-X

Lothar Mikos
Film- und Fernsehanalyse
2003, 368 Seiten, broschiert
UTB 2415
ISBN 3-8252-2415-5

Marion G. Müller
**Grundlagen der visuellen
Kommunikation**
Theorieansätze und Analysemethoden
2003, 304 Seiten, broschiert
UTB 2414
ISBN 3-8252-2414-7

Armin Scholl
**Die Befragung in der
Kommunikationswissenschaft**
2003, ca. 300 Seiten, broschiert
UTB 2413
ISBN 3-8252-2413-9

Jan Tonnemacher
**Kommunikationspolitik
in Deutschland**
Eine Einführung
2. überarbeitete Auflage
2003, ca. 440 Seiten, broschiert
UTB 2416
ISBN 3-8252-2416-3

www.uvk.de

Ralf Adelmann, Jan O. Hesse,
Judith Keilbach, Markus Stauff,
Matthias Thiele (Hg.)
**Grundlagentexte zur
Fernsehwissenschaft**
Theorie – Geschichte – Analyse
2002, 512 Seiten, broschiert
UTB 2357
ISBN 3-8252-2357-4

Andreas Hepp
Martin Löffelholz (Hg.)
**Grundlagentexte zur
transkulturellen Kommunikation**
2002, 898 Seiten, broschiert
UTB 2371
ISBN 3-8252-2371-X

Irene Neverla, Elke Grittmann,
Monika Pater (Hg.)
Grundlagentexte zur Journalistik
2002, 774 Seiten, broschiert
UTB 2356
ISBN 3-8252-2356-6

Nils Borstnar, Eckhard Pabst,
Hans Jürgen Wulff
**Einführung in die Film-
und Fernsehwissenschaft**
2002, 230 Seiten, broschiert
UTB 2362
ISBN 3-8252-2362-0

Heinz Bonfadelli
Medieninhaltsforschung
Grundlagen, Methoden,
Anwendungen
2002, 212 Seiten, broschiert
UTB 2354
ISBN 3-8252-2354-X

Volker Gehrau
**Die Beobachtung in der
Kommunikationswissenschaft**
Methodische Ansätze
und Beispielstudien
2002, 208 Seiten, broschiert
UTB 2355
ISBN 3-8252-2355-8

www.uvk.de